KB186423

Practical English Usage

Practical
English
Usage 실용어법사전

발행인   허문호
발행처   YBM

편집   정윤영
디자인   김혜경
마케팅   전경진, 정연철, 박천산, 고영노, 박찬경, 김동진, 김윤하

초판발행   2019년 1월 10일
8쇄발행   2024년 7월 1일

신고일자   1964년 3월 28일
신고번호   제 300-1964-3호
주소   서울시 종로구 종로 104
전화   (02) 2000-0515 [구입문의] / (02) 2000-0463 [내용문의]
팩스   (02) 2285-1523
홈페이지   www.ybmbooks.com

ISBN 978-89-17-23058-1

Practical English Usage Fourth Edition was originally published in English in 2016 © Michael Swan 2016.
This bilingual edition is published by arrangement with Oxford University Press.
Practical English Usage 실용어법사전 © Oxford University Press and YBM 2019
Oxford is a registered trademark of Oxford University Press.

서면에 의한 저자와 출판사의 허락 없이 내용의 일부 혹은 전부를 인용 및 복제하거나 발췌하는 것을 금합니다.
낙장 및 파본은 교환해 드립니다.
구입철회는 구매처 규정에 따라 교환 및 환불처리 됩니다.

Practical English *Usage*

MICHAEL SWAN 저

실용어법사전

감사의 글

4판을 준비하는 데 도움을 주신 모든 분들께 감사드립니다. 특히 University College, London 의 바스 아츠 교수와 Linacre College, Oxford의 캐서린 월터 박사에게 큰 도움을 받았습니다. 이 책의 모든 초안 자료들을 읽고 상세한 의견과 제안을 해준 덕분에 이 책이 많이 개선될 수 있었습니다. 또한 이 책을 읽고 미국 어법에 관한 질문에 조언을 해준 Central Washington University의 로레타 그레이 교수에게도 큰 도움을 받았습니다. Practical English Usage를 어떻게 바꾸면 좋겠느냐는 설문에 여러 나라의 많은 영어 선생님이 친절하게 답변을 보내주었습니다. 모든 분들과 관련 단체에 진심으로 감사드립니다. 이 책을 사용하는 방법을 탐구하기 위해 고안된 매우 건설적인 워크숍에 친절하게 참여해주신 London School of English의 직원들에게도 감사의 말을 전합니다. 일부 전문가들은 언어와 언어 사용의 특정 영역에 대한 지식을 아낌없이 나누었으며, 많은 선생님들, 학생, 동료들은 특정 항목에 관한 의견이나 제안을 하기 위해 많은 어려움을 겪었습니다. 그분들의 의견도 이 책에 상당한 도움이 되었습니다. 저는 많은 분들께 다시 한번 감사하다는 말씀을 드리고 싶습니다. 이전 판을 준비할 때 받았던 도움과 조언들이 4판에도 중요한 기여를 해주었습니다.

문법학자라면 누구나 언어학자들에게 많은 신세를 지고 있습니다. 지난 100여 년 동안 학계에서 활동한 학자들 가운데 직간접적으로 저에게 영향을 미친 모든 분들과 제가 물려받은 지식을 여기서 일일이 언급할 수는 없습니다. 하지만 현대의 기념비적인 참고도서 두 권에게만큼은 경의를 표하고자 합니다. 쿼크, 그린바움, 리치, 스바르트비크의 Comprehensive Grammar of the English Language(Longman, 1985)와 허들스턴, 풀럼의 Cambridge Grammar of the English Language(Cambridge University Press, 2002)가 바로 그 두 책입니다. 이들 책에서 볼 수 있는 구문과 어법에 대한 권위 있는 설명은 오늘날 문법 교재를 저술하는 모든 이들에게 필수적인 자료입니다.

마지막으로 저자의 작업에 실수가 없도록 세심히 신경을 써준 옥스포드 대학출판부의 편집, 디자인, 제작 부서에게 기쁜 마음으로 감사를 표합니다.

목차

머리말

Practical English Usage는 실용적인 지침과 학습자를 위한 문법이 결합된 책이다. 이 책이 주안점으로 삼는 독자층은 외국어 또는 제2언어로 영어를 배우고자 하는 중급 이상의 학생과 교사이다. 영어가 모국어인 학습자에게는 다른 유형의 교재가 필요하다.

용법 안내서

이 책은 용법 안내서로, 까다로운 단어나 구문, 또는 의견이 분분한 쟁점들을 설명하고 있다. 외국어를 배울 때는 해결해야 할 문제가 한둘이 아닌데 영어 역시 마찬가지다. 물론 의문문 만드는 법이나 since와 for의 차이점, after all의 의미처럼 설명하기 쉬운 내용도 있다. 하지만 어떤 문제는 무척 까다로워 실력 있는 학생이나 영어 교사조차 쩔쩔매곤 한다. 현재 완료의 정확한 용법은 무엇일까? 공손한 어투를 위해 과거 시제를 사용하는 경우는 언제일까? 장소를 나타낼 때 at, on, in의 차이점은 무엇일까? 왜 a chair leg라고는 하면서 a cat leg라고는 하지 않을까? do so라는 표현은 어떤 경우에 쓸 수 있을까? 최상급에 the를 붙이는 경우는 언제일까? unless는 if not과 같을까? come과 go, each와 every의 차이점은 무엇일까? big, large, great의 차이점은? fairly, quite, rather, pretty의 차이점은 무엇일까? There's three more bottles in the fridge.는 올바른 문장일까? 3 × 4 = 12를 영어로는 어떻게 말할까?

Practical English Usage는 이런 문제에 대한 해답을 제시하고 있다. 이 책은 외국어로 영어를 배우면서 흔히 부딪치는 난제 1,000여 개를 다루고 있다. 또한 특정 구문의 용법을 잘 모르거나 실수한 부분이 왜 틀렸는지 알고 싶은 학습자에게 매우 유용한 책이다. 영어를 가르치는 교사라면 이 책에서 어려운 문제에 대한 명쾌한 설명을 찾을 수 있다. 이 책은 흔히 부딪치는 어휘 관련 문제들은 물론, 문법에 대해서도 포괄적으로 설명하고 있다. 그리고 학생과 교사 모두 관심을 가질 만한 일반적인 문제들(예를 들면 격식이나 속어, 표준어와 방언의 특징 등)도 명쾌하게 설명하고 있다.

대체로 항목별로 따로 분리되어 있으므로 각각의 내용이 명쾌하고 충분하게 설명되어 있어 독자 여러분은 필요한 정보가 담긴 항목만 찾아서 보면 된다. 분량이 다소 긴 항목의 경우, 먼저 기본적인 정보를 개괄한 다음 상세한 설명과 더 깊이 있는 내용에 대한 논의를 덧붙였다.

학습자를 위한 포괄적인 문법

Practical English Usage에서는 문법을 28개 섹션으로 나누어 설명하고 있다(예: 현재 시제, 수동태, 명사와 명사구, 전치사, 관계사절). 따라서 이 책은 실용적인 용법에 관한 안내서일뿐 아니라 체계적인 문법 참고서이다. 문법 섹션별로 학습하려는 사람들을 위해 각 섹션 앞에 해당 문법에 대한 개요를 설명한 뒤 흔히 범하기 쉬운 실수들을 나열하고 이어지는 항목들에서 자세히 내용을 설명하고 있다.

어휘

문법 섹션들에는 특정 단어가 사용되는 구문에 관한 많은 정보가 담겨 있다. 특히 마지막 3개 섹션은 A-Z까지, 250개가 넘는 까다로운 어휘 문제를 다루고 있다.

설명 방식

가능한 한 실용성에 초점을 맞춰 설명하고자 했다. 각 항목에는 까다로운 문제에 대한 설명과 올바른 용례, 그리고 (필요한 경우) 틀리기 쉬운 부분 등이 제시되어 있다. 어떤 어법(예를 들어 조건법이나 간접화법)에 대한 종래의 규칙이 항상 정확하거나 도움이 되는 것은 아니므로 기존의 문법책과 다른 설명이 있을 수도 있는데, 될 수 있는 대로 간단한 일상용어를 사용해 설명했다. 전문적인 문법용어를 써야 하는 부분에서도 간단하고 이해하기 쉬운 일반적 용어를 택했다. 물론 오해의 소지가 있을 경우에는 전문용어를 사용했다. 학계의 문법학자들은 이런 식의 용어 사용(예: 미래 시제)을 불편하게 여길 수도 있겠지만 이 책은 전문가용이 아니라는 점을 고려해야 한다. 이 책에서 사용된 용어들은 22-29쪽에 정리해 놓았다.

이 책에서 다루는 영어

이 책은 주로 남부 영국의 일상 영어를 다루고 있지만 영국 영어와 미국 영어의 차이도 상세히 설명하고 있다. 기다 다양한 영어(예: 호주 영어와 인도 영어)에 대해서도 간단히 언급하고 있다. 필요한 경우 문체의 차이(예를 들어 격식체와 비격식체, 문어체와 구어체)에 대한 정보도 제공하고 있다.

정확성과 규칙

어떤 어형이 '틀렸다'고 할 때는 여러 가지 경우가 있다. 예를 들어 I have seen her yesterday. 같은 문장은 영어가 모국어가 아닌 사람들만 흔히 쓰는 표현이다. 또한 (fewer people 대신) less people을 쓰는 경우도 지적할 수 있다. 표준어에서 자주 눈에 띄지만 일각에서는 틀린 것으로 간주하는 어법이다. ain't나 이중 부정 같은 어형을 틀렸다고 지적할 수도 있다. 영국인이나 미국인이 대화에서 많이 쓰는 말이지만 표준말이나 문어체에서는 잘 쓰지 않는다. 이 책은 주로 첫 번째 사례에서 볼 수 있는 정확성에 초점을 맞추고 있다. 즉 영국인이나 미국인이 쓰는 영어와 외국인이 사용하는 영어의 차이점을 지적하는 데 중점을 둔다. 덧붙여 표준어의 다양한 어법과 몇 가지 중요한 방언 어형에 관한 내용도 담고 있다.

이 책에 제시된 규칙은 기술적이다. 즉 표준 구어 및 문어에서 실제로 사용되는 용례를 설명하고 있다. 일부 용법은 규범적 규칙을 제시하고 있다. 규범적 규칙이란 정리된 문법 체계를 좋아하고 언어의 오염을 막고자 하는 사람들이 고안한 문법이다. 이런 규칙은 실제 용례와 반드시 일치하지는 않는다(예를 들어 복수명사 앞에 less를 쓰지 않는다). Practical English Usage에서는 실제로 사용되는 언어를 반영하지 않는 규칙들은 언급하지 않지만 유용한 경우에는 이런 규칙들도 언급하고 있다.

실용적 정보

Practical English Usage는 영어에 관한 완벽한 안내서는 아니다. 제목에서 알 수 있는 것처럼 이 책은 실용서이다. 학생과 교사가 흔히 부딪치는 문제를 해결하는 데 필요한 가장 중요한 정보를 제공하는 것이 목적이다. 이런 틀 안에서 최대한 완벽하고 정확하게 설명하려고 했다. 그러나 이런 실용서에서 복잡한 어법의 세부 사항을 전부 다루는 것은 가능하지도, 유용하지도 않기 때문에 이 책에서 설명하는 문법 규칙 일부는 예외가 있을 수도 있다. 그리고 이 책은 사전 대용이 아니다. 많은 단어의 용법과 관련된 일반적인 문제를 다루고 있지만, 해당 문제와 관계없는 단어의 뜻이나 용법은 설명하지 않는다. 또한 학습자가 부딪치는 모든 어휘 문제를 다루고 있지도 않으므로 다른 교재가 필요할 수도 있다.

4판의 특징

독자들의 의견을 참고해, 알파벳 순으로 배치한 1-3판과 달리 4판은 주제에 따라 배열해 원하는 정보를 더 쉽게 찾을 수 있게 했다. 최근의 변화를 반영해 일부 항목은 수정되었다. 예를 들어 일부 서법 조동사의 등장 빈도가 감소했고, 영국 영어에서 미국 영어의 용법을 수용한 경우, shall이 제외되었다.

실수의 비중

실수에 어느 정도의 비중을 둘지는 외국어를 쓰거나 말할 때 어느 정도의 정확성을 원하는지에 따라 달라진다. 업무나 시험, 또는 개인의 목표에 따라 실수의 비중이 중요한 경우도 많으므로 Practical English Usage는 표준 영국/미국 원어민의 용법을 배울 수 있도록 돕고 있다. 그러나 이런 학습자라도 정확성에 지나치게 집착하거나 실수할까 전전긍긍할 필요는 없다. 원어민처럼 말하거나 쓰지 않아도 원활한 의사소통에는 지장이 없고, 외국어를 완벽하게 구사하는 성인은 무척 드물기 때문이다. 정확성이 그다지 중요하지 않은 학습자도 있다. 원어민의 용법에서 벗어난 문법을 사용해도 의사소통에 큰 지장은 없다. 하지만 격차가 너무 크면 이해하기 힘들어지므로 웬만큼 정확성을 기하는 것이 좋다.

'실수'는 상대적인 용어라는 사실을 기억하기 바란다. 이 책에 열거된 실수들은 표준 영국 영어 또는 미국 영어를 쓰려는 사람의 관점에서 보면 실수이지만, 다른 언어 환경에서는 반드시 틀렸다고 할 수 없는 경우도 있다.

원하는 정보 찾기: 색인

특정 사항에 관한 정보를 가장 손쉽게 찾으려면 이 책 끝부분에 있는 색인을 보면 된다. 대다수 주요 내용이 여러 용어로 색인에 정리되어 있으므로 어렵지 않게 필요한 항목을 찾을 수 있다. 예를 들어 I hope to, I'd like to처럼 to 뒤에 나오는 동사원형을 생략하는 용법에 관해 알고 싶다면 색인에서 'to', '부정사', '생략'을 찾으면 관련 내용이 설명된 항목들을 찾을 수 있다. (특정 동사의 용례가 아니라 to부정사 구문에 관한 일반적인 규칙에 관한 내용이므로 'hope', 'want'로 찾아보는 것은 도움이 되지 않는다.)

원하는 정보 찾기: 목차

굵직굵직한 문법 사항(예: '단순 현재', '관사', '재귀대명사')은 11-21페이지에 있는 목차를 통해서도 쉽게 찾을 수 있다.

자잘한 문법 내용은 따로 항목으로 분리되지 않아서 목차에 없을 수도 있다. 그러므로 예를 들어 expect, hope의 용법이나 phenomenon의 정확한 복수형이 궁금하다면 색인을 찾아보는 것이 좋다.

색인 활용하기

280 생략: to부정사

1 to부정사 대신 to: We hope to.

의미가 분명한 경우 동사의 반복을 피하기 위해 to부정사의 동사(및 나머지 어구)를 생략하고 to만 쓰기도 한다.

> Are you and Gillian getting married? ~ We hope **to**.
> 너와 질리언은 결혼할 거니? ~ 그러고 싶어.
> Let's go for a walk. ~ I don't want **to**. 산책하러 가자. ~ 싫어.
> I don't dance much now, but I used **to** a lot.
> 나는 지금은 춤을 별로 추지 않지만 한때는 많이 췄다.
> Sorry I shouted at you. I didn't mean **to**. 소리 질러서 미안해. 그럴 생각이 아니었는데.
> Somebody ought to clean up the bathroom. ~ I'll ask Jack **to**.
> 누가 욕실 청소를 해야겠어. ~ 잭한테 부탁해 볼게.

be와 소유를 나타내는 have는 대체로 생략하지 않는다.

> There are more flowers than there used **to be**.
> 예전보다 더 많은 꽃들이 피어 있다. (NOT ... than there used to.)
> She hasn't been promoted yet, but she ought **to be**.
> 그녀는 아직 승진하지 않았지만 승진해야 한다. (NOT ... but she ought to.)
> You've got more freckles than you used **to have**.
> 너는 예전보다 주근깨가 더 많아졌다. (NOT You've got more freckles than you used to.)

원하는 정보 찾기: 목차

굵직굵직한 문법 사항(예: '단순 현재', '관사', '재귀대명사')은 11-21페이지에 있는 목차를 통해서도 쉽게 찾을 수 있다.

자잘한 문법 내용은 따로 항목으로 분리되지 않아서 목차에 없을 수도 있다. 그러므로 예를 들어 expect, hope의 용법이나 phenomenon의 정확한 복수형이 궁금하다면 색인을 찾아보는 것이 좋다.

세부 목차

세부 목차는 이 책에서 다루는 주제를 개괄적으로 보여줍니다. 그러므로 모든 내용을 완전히 소개하는 것은 아닙니다. 각 표제어에 붙은 번호는 항목의 번호입니다. 특정 항목에 대한 정보를 찾으려면 894-932쪽에 있는 색인을 참조하세요.

6 Passives 수동태

7 Modal Auxiliary Verbs

서법 조동사

8 Infinitives, -ing forms and Past Participles

부정사, -ing형, 과거분사

9 Infinitives, -ing forms and Past Participles after Nouns, Verbs, etc

명사, 동사 뒤에 오는 부정사, -ing형, 과거분사

용어 설명

abstract noun 추상명사(**concrete noun**(구상명사)의 반의어)
시각이나 촉각 등이 아니라 관념으로 체험하는 것을 일컫는 말. 예: doubt; height; geography

active 능동태   breaks, told, will help 같은 능동태 동사형(is broken, was told, will be helped는 수동태(**passive**) 동사형). 능동태 동사의 주어는 대개 행위를 하거나 사건의 원인이 되는 사람이나 사물이다.

adjective 형용사   green, hungry, impossible처럼 사람과 사물 및 사건 등을 묘사할 때 쓰는 말. 형용사는 명사 및 대명사와 함께 쓰인다. 예: a **green apple**; She's **hungry.**

adjective clause 형용사절   관계절(**relative clause**)의 다른 이름

adverb 부사   tomorrow, once, badly, there, also처럼 어떤 일이 언제, 어디서, 어떻게 일어나는지 언급할 때 쓰는 말.

adverbial 부사어구   부사어나 부사구. 예: I **usually** get up **at seven o'clock on weekdays.**

adverbial clause 부사절   부사 역할을 하는 절. 예: On Sundays I usually get up **when I wake up**; I'll phone you **if I have time.**

adverb particle 부사 불변화사   up, out, off 등 구동사의 일부인 짧은 부사(예: clean **up**, look **out**, tell **off**).

affirmative 긍정문   긍정적으로 진술하는 평서문으로 부정문이나 의문문과 구별된다. I agree는 긍정문, I don't agree는 부정문.

agent 행위자   행위를 일으킨 사람이나 사물. 예: This picture was probably painted by a **child.**

article 관사   a, an은 부정관사, the는 정관사.

aspect 동사의 상(相)   문법학자들은 진행 시제나 완료 시제보다 진행상이나 완료상이라는 용어를 선호한다. 지속이나 완료 등 시간 이외의 다른 개념도 나타낼 수 있기 때문이다. 하지만 이 책에서는 시제라는 용어에 상의 의미를 포함시켰다.

attributive 형용사의 한정적 용법   명사 앞에 위치한 형용사는 한정적 용법으로 사용된다. 예: a **green** shirt; my **noisy** son. **predicative**(형용사의 서술적 용법) 참조.

auxiliary verb 조동사   be, have, do처럼 시제나 수동태 등을 표현하기 위해 다른 동사와 함께 쓰는 동사. 예: She **was** writing; Where **have** you put it? **modal auxiliary verb**(서법 조동사) 참조.

base form 동사원형   부정사, 명령문, 현재시제(3인칭 단수 예외)에 사용되는 동사의 기본형. 예: I'd like to **phone**; **Pass** the salt.

clause 절   문장의 한 부분으로 주어와 동사를 지니며 문장의 나머지 부분과 접속사로 연결돼 있다. 예: **Alex couldn't come today.** I'll be glad **when Harry gets back.** 때때로 분사나 부정사를 포함한 구문에서도 사용된다. 예: **Not knowing what to do,** I telephoned Robin. **co-ordinate clause**(등위절), **main clause**(주절), **subordinate clause**(종속절) 참조.

cleft sentence 분열문   it 혹은 what 구문을 사용해 한 부분(예: 주어나 목적어)을 특별히 강조하는 문장. 예: It was you that caused the accident; What I need is a drink.

collective noun 집합명사   집합을 가리키는 단수형 단어. 예: family, team.

comparative 비교급   형용사나 부사에 -er을 붙인 형태(예: older, faster). 또한 〈more + 형용사/ 부사〉 형태도 있다(예: more useful, more politely).

complement 보어   (1) (서술 보어) 문장의 한 요소로 주어에 대한 보충 설명을 제공하며(be, seem 등의 동사 뒤에 위치) 어떤 구문에서는 목적어를 설명한다. 예: You're **the right person to help**; She looks **very kind**; They elected him **President.**
(2) 명사, 형용사, 동사 또는 전치사 뒤에 필요한 구문이나 단어로 의미를 완성한다. 예: the intention **to travel**; full **of water**; try **phoning**; down **the street.**

compound 복합어 명사, 동사, 형용시, 전치사 등을 결합해 만든 것으로 두 단어 이상으로 이루어져 있다. 예: bus driver; get on with; one-eyed.

concrete noun 구상명사(**abstract noun**(추상명사)의 반의어) 시각이나 촉각 등으로 체험할 수 있는 것을 일컫는 말. 예: cloud; petrol; raspberry.

conditional 조건법 if(또는 이와 비슷한 뜻의 단어)를 사용한 절이나 문장. 그리고 조건을 나타내는 동사형이 포함된 절이나 문장. 예: If you try you'll understand, I would be surprised if she knew; Supposing the train had been late, what would you have done?

conjunction 접속사 and, but, although, because, when, if처럼 절을 연결하는 데 사용할 수 있는 단어. 예: I rang **because** I was worried.

consonant 자음 b, c, d, f, g 같은 문자와 그 소리(30쪽 발음 기호 참조). **vowel**(모음) 참조.

continuous 진행형 **progressive**(진행형)와 동일.

contraction 축약형 주어와 조동사 또는 조동사와 not을 합쳐서 한 단어로 줄인 말. 일반동사 용법의 be와 have도 축약형이 가능하다. 예: I'm; who've; John'll; can't.

co-ordinate clause 등위절 둘 이상의 주절이나 종속절이 대등하게 연결된 것. 예: **Shall I come to your place** or **would you like to come to mine?; It's cooler today** and **there's a bit of a wind. clause**(절), **main clause**(주절), **subordinate clause**(종속절) 참조.

co-ordinating conjunction 등위접속사 등위절을 연결하는 접속사. 예: and but, or.

countable noun 가산명사 car, dog, idea처럼 복수형이 가능하고 부정관사인 a/an과 함께 쓸 수 있는 명사. **uncountable noun**(불가산명사) 참조.

declarative question 평서의문문 문법적으로 평서문과 같은 형태의 의문문. 예: That's your girlfriend?

definite article 정관사 the.

defining relative 한정적 용법의 관계사절 **identifying relative**(한정적 용법의 관계사절) 참조.

demonstrative 지시대명사 this, these, that, those.

determiner 한정사 명사구를 시작하는 단어들로 a/an, the, my, this, each, either, several, more, both, all 등이 있다.

direct object 직접목적어 **object**(목적어) 참조.

direct speech 직접화법 다른 사람이 한 말을 시제나 대명사 등을 바꾸지 않고 그대로 옮겨 전하는 것. 예: She looked at me and said '**This is my money**'. **indirect speech**(간접화법) 참조.

discourse marker 담화 표지어 현재 말하고 있는 내용과 전체 문맥의 연관을 보여주는 단어나 표현. 예를 들어 한 문장을 그 앞이나 뒤와 연결하는 말이나 어떤 이의 말에 대한 화자의 태도를 나타내는 말. 예: on the other hand; frankly; as a matter of fact.

duration 지속 어떤 것이 계속되는 정도를 나타낸다. 전치사 for는 지속 시간을 나타내는 표현과 함께 사용한다.

ellipsis 생략 문맥을 통해 단어의 의미를 짐작할 수 있을 때 그 단어를 생략하는 것. 예: (It's a) Nice day, isn't it?; It was better than I expected (it would be).

emphasis 강조 단어나 문장의 한 부분에 특별히 중점을 두는 것(예를 들어 그 부분을 더 크게 발음하거나 대문자로 표기한다. 또는 긍정문에서 do를 사용하거나 어순을 바꾼다).

emphatic pronoun 재귀대명사의 강조 용법 명사나 대명사를 강조하기 위해 재귀대명사(myself, yourself 등)를 쓴다. 예: I'll tell him **myself**; I wouldn't sell this to the president **himself**. **reflexive pronoun**(재귀대명사) 참조.

ending 어미 단어의 끝에 붙이는 것. 예: -er, -ing, -ed.

finite verb 정형동사 문법에서 시간(예: goes, went)을 나타내는 동사를 '정형동사'라고 하며, 다른 형태(예: written, playing)를 '비정형동사'라고 한다.

first person 1인칭 **person**(인칭) 참조.

formal 격식체 처음 사람을 만나거나 특별한 행사가 열리는 경우 혹은 문학작품이나 업무용 서신 등에서 공손하게 말할 때 쓰는 문체. 예를 들어 commence는 start에 비해 격식을 차린 말이다.

frequency 빈도　얼마나 자주 일어나는지 빈도를 나타내는 부사. 예: often; never; daily; occasionally; every three days.

fronting 전치　절의 일부분을 특별히 강조하기 위해 문두로 옮기는 것. 예: **Jack** I like, but **his wife** I can't stand.

full verb 본동사　조동사가 아닌 동사. 예: work, remove, explain.

future 미래　〈조동사 will/shall + 동사원형〉의 형식. 예: I **will arrive** on Tuesday evening.

future perfect 미래 완료　〈shall/will + have + 과거분사〉의 형식. 예: I **will have finished** by lunchtime.

future progressive(future continuous) 미래 진행형　〈shall/will + be + -ing의〉형식. 예: I **will be needing** the car this evening.

gender 성별　남성, 여성, 중성 또는 인간과 비인간의 차이를 나타내는 문법적 형식. 예: he; she; it; who; which.

gerund 동명사　-ing로 끝나는 동사형으로 명사처럼 문장의 주어나 목적어 등의 역할을 한다. 예: **Smoking** is bad for you; I hate **getting** up early. **present participle**(현재분사) 참조.

gradable 정도를 나타낼 수 있는 형용사　pretty, hard, cold 등 정도를 나타낼 수 있는 형용사. 정도를 나타내는 부사(rather, very 등)는 이들 형용사와 함께 쓸 수 있다. perfect나 dead는 more perfect, less perfect, very dead라고 말할 수 없으므로 정도를 나타낼 수 없는 형용사들이다.

grammar 문법　어떠한 의미를 표현하기 위해 어떻게 단어를 결합하고 배열하며 변화시켜야 하는지 알려주는 규칙.

hypothetical 가정　몇몇 단어와 구문(서법 조동사, if절 등)을 이용해 가정의 상황을 나타낸다. 예: What would you do if you had six months free?

identifying(defining) relative clause 한정적 용법의 관계사절　명사를 한정하는 관계사절은 구체적으로 어떤 사람이나 사물이 언급되고 있는지 알려준다. 예: There's the woman **who tried to steal your cat.** (관계사절인 who tried to steal your cat이 여성을 한정하므로 어떤 여성을 말하는지 알 수 있다.) **non-identifying relative clause**(계속적 용법의 관계사절) 참조.

imperative 명령형　명령이나 제안에 사용하는 동사형. 예: **Bring** me a pen; **Have** a good holiday.

indefinite article 부정관사　a/an.

indirect object 간접목적어　**object**(목적어) 참조.

indirect speech 간접화법　다른 사람이 한 말을 문장의 일부로 만들어 전달하는 것(따라서 시제, 어순, 대명사 등이 원래의 화자가 사용한 것과 다를 수 있다). 비교: He said 'I'm tired'(원래의 화자가 한 말을 직접화법으로 전달), He said **that he was tired**(원래의 화자가 한 말을 간접화법으로 전달).

infinitive 부정사　(보통 to가 붙는) 단어의 기본형으로 다른 동사나 형용사 또는 명사 뒤에서 문장의 주어나 보어 역할을 한다. 예: I want **to go** home; It's easy **to sing**; I've got a plan **to start** a business; **To err** is human, **to forgive** divine.

informal 비격식체　공손하거나 조심스럽게 말해야 할 특별한 이유가 없는 평상시 대화나 개인적 편지 등에서 사용하는 문체. I'll은 I will에 비해 격식을 차리지 않은 표현이다. get은 주로 비격식체에서 쓰인다. start는 commence에 비해 격식을 차리지 않은 단어다.

-ing form -ing형　-ing로 끝나는 동사형. 예: finding; keeping; running. **gerund**(동명사), **present participle**(현재분사) 참조.

initial 모두(冒頭)　sometimes는 문장의 맨 앞에 올 수 있는 부사다. 예: **Sometimes** I wish I had a different job.

intensifying 강의(講義)　very와 terribly는 의미를 더욱 강조하는 부사다.

interrogative 의문문　질문할 때 쓰이는 문장 형태. 의문문에서는 조동사(또는 일반동사 용법의

be)가 주어 앞에 온다(예: Can you swim?; Are you ready?). what, who, where는 의문사다.

intonation 억양   말의 가락. 의미 및 문장의 구조나 서법을 나타내기 위한 목소리의 높낮이.

intransitive 자동사   목적어를 취할 수 없거나 수동태 구문을 만들 수 없는 동사. 예: smile; fall;
come; go.

inversion 도치   조동사 및 다른 동사가 주어 앞에 오는 구문. 예: Never **had she** seen such a
mess; Here **comes John**.

irregular 불규칙   정상적인 규칙을 따르지 않거나 일반적 형태를 갖지 않는 것. 불규칙 동사의
과거형과 과거분사(또는 둘 중 하나)는 -ed로 끝나지 않는다(예: swam, taken). children은 불규칙
복수형이다.

link verb(copular verb) 연결동사   be, seem, feel 같은 동사는 주어와 보어를 연결한다. 예: My
mother **is** in Jersey; He **seems** unhappy; This **feels** soft.

main clause, subordinate clause 주절과 종속절   일부 문장의 경우 주절과 하나 이상의 종속절로
이루어지며 종속절은 주절의 일부처럼 기능한다(예를 들어 주어, 목적어, 부사 어구). 예: **Where she
is** doesn't matter(종속절 where she is는 주절의 주어); I told you **that I didn't care**(종속절
that I didn't care는 주절의 직접목적어); You'll find friends **wherever you go**(종속절
wherever you go는 주절의 부사처럼 기능한다. You'll find friends **anywhere**와 비교).

main verb 본동사   동사구는 흔히 본동사와 함께 하나 이상의 조동사를 갖는다. 본동사는 중심이 되는
의미를 나타내며 조동사는 주로 문법적 정보를 추가한다(예를 들어 동사가 진행형인지 미래형인지
완료형인지 수동형인지 보여준다). 예: is **going**; will **explain**; has **arrived**; would have been
forgotten.

manner 양태부사   어떤 일이 일어나는 모양이나 형편을 묘사하는 부사. 예: well; suddenly; fast;
without any delay.

mid-position 중간 위치   부사는 문장 중간에서 동사와 함께 쓰인다. 예: I have **never** been to
Africa.

misrelated participle(hanging or dangling participle) 현수분사구문   의미상 주어가
주절의 주어와 다른 분사구문. 예: **Looking** out of the window, the mountains appeared very
close. (이 문장을 보면 마치 산맥이 창밖을 내다보는 것 같다.) 이러한 구문은 오해의 소지가 있으므로
피하는 것이 보통이다.

modal auxiliary verb 서법 조동사   can, could, may, might, must, will, shall, would,
should, ought 등.

modify 수식하다   어떤 단어나 어구가 함께 쓰인 단어나 어구의 의미를 부연하거나 한정하는 것.
이를테면 형용사는 명사를 '수식한다'. 예: a **fine** day; my **new** job. 부사는 동사(예: run **fast**),
형용사(예: **completely** ready) 등의 단어나 어구를 수식한다. in **sports** car의 경우는 첫 번째
명사가 두 번째 명사를 수식한다.

negative 부정문   not을 동사와 함께 쓴 문장. 예: I did**n't** know.

nominal relative clause 명사적 관계사절   문장에서 주어, 목적어, 보어로 기능하는 관계사절(보통
what으로 시작된다). 예: I gave him **what he needed**.

non-affirmative(non-assertive) 비긍정어   some, somebody, somewhere 등은 주로
긍정문에서 사용한다. 다른 종류의 문장에서는 any, anybody, anywhere 등을 쓰는데 이러한
단어를 비긍정어라고 부른다. yet, ever 역시 비긍정어에 속한다.

non-identifying(non-defining) relative clause 계속적 용법의 관계사절   명사를 한정하지
않는 관계사절(어떤 사람과 사물을 언급하는지 이미 알 수 있기 때문이다). 예: There's Hannah
Smith, **who tried to steal my cat.**(관계사절 who tried to steal my cat은 사람을 한정하지
않는다. 그 사람은 이미 Hannah Smith라는 이름으로 확인되기 때문이다). **identifying relative
clause**(한정적 용법의 관계사절) 참조.

noun 명사   oil, memory, arm처럼 관사와 함께 쓸 수 있는 단어로 대부분 사람이나 사물의 이름을

일컫는다. 인명(예: George)과 지명(예: Birmingham)은 '고유명사'라고 부르며 대개 관사 없이
쓴다.

noun phrase 명사구　예를 들어 〈관사 + 형용사 + 명사〉의 형태로 모인 단어들은 절에서 주어,
목적어, 보어로 기능한다. 예: the last bus.

number 수　단수와 복수의 차이를 문법적으로 나타내는 방식. house와 houses, mouse와 mice,
this와 these의 차이는 단수와 복수의 차이이다.

object 목적어　능동태 절에서 주로 동사 뒤에 오는 명사구 또는 대명사. 직접목적어는 동사의
동작에 영향을 받는 사람(들)이나 사물(들)을 말한다. Take **the dog** for a walk에서는 the dog이
직접목적어다. 간접목적어는 직접목적어를 받는 사람(들)이다. Anna gave **me a watch**라는
문장에서 간접목적어는 me, 직접목적어는 a watch다. **subject**(주어) 참조.

participle 분사　**present participle**(현재분사)와 **past participle**(과거분사) 참조.

participle clause 분사구문　분사가 들어 있는 구문. 예: **Discouraged by his failure**, he
resigned from his job; **Having a couple of hours to spare**, I went to see a film.

passive 수동태　〈be + 과거분사〉형식의 동사형. 예: is broken; was told; will be
helped(breaks, told, will help는 능동태 동사형이다). 수동태 동사형의 주어는 대개 동사의 동작에
영향을 받는 사람이나 사물이다. They sent Lucas to prison for five years(능동태), Lucas was
sent to prison for five years(수동태). **active**(능동태) 참조.

past participle 과거분사　broken, gone, stopped처럼 완료 시제와 수동태를 만드는 데 사용하거나
형용사로 쓸 수 있는 동사형. (명칭은 과거분사지만 반드시 과거를 의미하는 것은 아니다.)

past perfect 과거 완료　〈had + 과거분사〉형식의 동사형. 예: I **had forgotten**; The children
had arrived; She **had been working**; It **had been raining**. 첫 두 문장은 단순 과거 완료,
마지막 두 문장(had been + -ing)은 과거 완료 진행이다.

past progressive(continuous) 과거 진행　〈was/were + -ing〉형식의 동사형. 예: I **was
going**; They **were stopping**.

past simple 단순 과거　**simple past**(단순 과거) 참조

perfect 완료형　〈have + 과거분사〉형식의 동사형. 예: I **have forgotten**; She **had failed**;
having arrived; **to have finished**.

perfect conditional 완료형　조건법〈should/would have + 과거분사〉. 예: I **should/would
have agreed**; He **would have known**.

perfect infinitive 완료 부정사　〈(to) have + 과거분사〉. 예: to have arrived.

perfect participle 완료 분사　having lost, having arrived와 같은 구문.

person 인칭　말을 하는 사람(1인칭), 말을 듣는 사람(2인칭), 말의 대상이 되는 사람과 사물(3인칭)을
문법적으로 구분하기 위한 방법. I, you와 he/she 및 am, are와 is의 차이는 인칭의 차이이다.

personal pronouns 인칭대명사　I, me, you, he, him 등.

phrase 구　둘 이상의 단어가 모여 기능하는 것. 예: dead tired; the silly old woman; would
have been repaired; in the country.

phrasal verb 구동사　〈동사 + 부사 불변화사〉로 이루어진 동사형. 예: fill up; run over; take in.

plural 복수형　둘 이상의 사람이나 사물을 나타내는 문법적 형식. 예: we; buses; children; are;
many; these. **singular**(단수형) 참조.

possessive 소유격　소유 및 이와 유사한 개념을 나타내는 데 쓰이는 형식. 예: John's; our; mine.

possessive pronoun 소유대명사　my, your, his, her, mine, yours, his, hers 등. my, your
등은 명사 앞에 쓰이므로 한정사이기도 하다. ('소유형용사'라고 부르기도 하지만 정확한 명칭은
아니다.) mine, yours 등은 뒤에 오는 명사 없이 사용한다.

postmodifier 후치 수식어　어떤 단어를 뒤에서 수식하는 어구. 예를 들어 The people **invited** all
came late에서 invited가 후치 수식어. **premodifier**(전치 수식어) 참조.

predicative 형용사의 서술적 용법　be, seem, look 같은 동사 뒤에 오는 형용사는 서술적 용법으로

사용된다. 예: The house is **enormous**; She looks **happy**. **attributive**(형용사의 한정적 용법) 참조.

prefix 접두사　의미를 추가하거나 다른 의미를 부여하기 위해 단어 앞에 붙이는 것으로 ex-, anti-, un- 등이 있다. 예: **ex**-wife, **anti**-British, **un**happy. **suffix**(접미사) 참조.

premodifier 전치 수식어　어떤 단어를 앞에서 수식하는 어구. 예를 들어 an **invited** audience에서 invited가 전치 수식어. **postmodifier**(후치 수식어) 참조.

preparatory subject, preparatory object 가주어와 가목적어　문장의 주어가 부정사나 절일 경우 대개 주어를 문장의 끝에 놓고 대명사 it을 가주어로 사용한다. 예: **It** is important to get enough sleep. 또한 it을 가목적어로도 사용할 수 있다. 예: He made **it** clear **that he disagreed**. there is... 나 이와 유사한 구문에서는 there가 일종의 가주어 기능을 한다. 예: **There** is somebody at the door.

preposition 전치사　on, off, of, into처럼 명사나 대명사 앞에 오는 단어.

prepositional verb 전치사 수반 동사　동사와 전치사로 이루어진 동사형. 예: insist on; care for; listen to.

present participle 현재분사　-ing로 끝나는 동사형. 형용사나 동사 또는 동사의 일부로 사용된다. 예: a **crying** baby; **Opening** his newspaper, he started to read; She was **running**. (명칭은 현재분사지만 반드시 현재를 의미하는 것은 아니다.) **gerund**(동명사) 참조.

present perfect 현재 완료　〈have/has + 과거분사〉 형식의 동사형. 예: I **have forgotten**; The children **have arrived**; I've **been working** all day; It **has been raining**. 첫 두 문장은 단순 현재 완료, 마지막 두 문장(have been + -ing)은 현재 완료 진행이다.

present progressive(continuous) 현재 진행　〈am/are/is + -ing〉 형식의 동사형. 예: I **am going**, She **is staying** for two weeks.

present simple 단순 현재　**simple present**(단순 현재) 참조.

progressive(continuous) 진행형　〈be + -ing〉 형식의 동사형. 예: to **be going**; We **were wondering**; I'll **be seeing** you.

progressive(continuous) infinitive 진행 부정사　to **be going**; to **be waiting** 같은 형식.

pronoun 대명사　정확한 명사나 명사구(the cat, Tom's self, the family's 등) 대신 쓰는 단어(it, yourself, their 등). 또한 대명사는 생략된 명사의 의미를 포함하는 한정사의 기능을 할 수 있다. 예: I'll take **these**.

proper noun(proper name) 고유명사　특정한 사람, 장소, 단체 등의 이름으로 대부분 관사 없이 사용한다. 예: Alex, Brazil, the European Union.

quantifier 수량 형용사　many, few, little, several처럼 언급하는 대상의 수량을 나타내기 위해 명사구에서 사용하는 한정사.

question tag 부가의문문　do you? 또는 isn't it?처럼 〈조동사(또는 일반동사 용법의 be 또는 have) + 주격대명사〉로 구성된 표현으로 문장 끝에 놓는다. 예: You don't eat meat, **do you?**; It's a nice day, **isn't it?**

reflexive pronoun 재귀대명사　myself, yourself, himself 등. 예: I cut **myself** shaving this morning. **emphatic pronoun**(재귀대명사의 강조 용법) 참조.

regular 규칙　정상적인 규칙을 따르거나 일반적 형태를 갖는 것. hoped는 규칙적인 과거형이고 cats는 규칙적인 복수형이다. **irregular**(불규칙) 참조.

relative clause 관계사절　명사를 수식하는 절로 who나 which 같은 관계대명사가 이끄는 절. 예: I like people **who** like me. **identifying relative clause**(한정적 용법의 관계사절), **non-identifying relative clause**(계속적 용법의 관계사절) 참조.

relative pronoun 관계대명사　관계사절과 명사를 연결하는 데 사용하는 대명사. who, whom, whose, which, that이 관계대명사로 사용될 수 있고 때로는 when, where, why가 사용되기도 한다. 예: There's the man **who** wants to buy my car; This is the room **which** needs painting; Do you remember the day **when** we met?

reply question 호응 의문문   관심을 표명하기 위해 상대방의 말에 대한 반응으로 사용하는 의문문. 부가의문문과 비슷한 구문이다. 예: I've been invited to spend the weekend in London. ~ **Have you, dear?**

second person 2인칭   **person**(인칭) 참조.

sentence 문장   서술, 명령, 질문, 감탄을 표현하는 일련의 단어들. 문장은 하나 이상의 절로 구성되며 최소한 하나의 주어와 동사를 갖는다. 글을 쓸 때 문장은 대문자로 시작하고 마침표나 물음표 또는 느낌표로 끝낸다.

short answer 단축형 대답   주어와 조동사(또는 일반동사 용법의 be 또는 have)로 이루어진 대답. 예: Has anybody phoned the police? ~ **Jack has.**; Who's ready for more? ~ **I am.**

simple past(past simple) 단순 과거   조동사 없이 긍정문에 사용된 동사의 과거형. 예: I **stopped**; You **heard**; We **knew**.

simple present(present simple) 단순 현재   조동사 없이 긍정문에 사용된 동사의 현재형. 예: He **goes** there often; I **know**; I **like** chocolate.

simple 단순형   진행형이 아닌 동사형.

singular 단수형   하나의 사람이나 사물 또는 셀 수 없는 양이나 덩어리를 나타내는 문법적 형식. 예: me; bus; water; is; much; this. **plural**(복수형) 참조.

slang 속어   주로 격식을 차리지 않은 대화나 특정 부류의 사람들 사이에서 사용하는 말이나 표현. 예: thick(= stupid); lose one's cool(= get upset); sparks(= electrician).

split infinitive 분리 부정사   to와 동사원형 사이에 부사가 오는 것. 예: to easily understand. 분리 부정사를 잘못된 표현으로 여기는 사람들도 있지만 표준 어법에서 널리 사용된다.

standard 표준어   행정, 법률, 비즈니스, 교육, 문학 등의 분야에서 보편적으로 사용되는 언어. I'm not은 표준어이고 I ain't는 표준어가 아니다.

statement 평서문   질문이 아니라 정보를 제공하는 문장. 예: I'm cold; Daniel didn't come home last night.

stress 강세   단어, 구, 문장의 일부분을 강조하기 위해 강하게 발음하거나 고음을 사용하는 것. particular라는 단어의 경우 두 번째 음절에 강세가 있다(parTIcular). Where's the new secretary?에서는 세 부분에 강세가 있다(WHERE'S the NEW SEcretary?).

strong form, weak form 강세형과 약세형   일부 단어는 두 가지로 발음된다. 모음을 천천히 또박또박 발음하거나(강세형) 빠르게 /ə/ 또는 /ɪ/로 발음한다(약세형). 예: can(/kæn/, /kən/), was (/wɒz/, /wəz/), for(/fɔː(r)/, /fə(r)/).

subject 주어   긍정문에서 주로 동사 앞에 오는 명사구 또는 대명사. (능동태에서는) 동사가 의미하는 행위를 누가 혹은 무엇이 하는지 말해준다. 예: **Ellie** gave me a wonderful smile; **Oil** floats on water. **object**(목적어) 참조.

subjunctive 가정법   특정 구문에서 사용되는 동사형(영국 영어에서는 드물다). 예: If I **were** you …; It's important that he **be** informed immediately; We prefer that he **pay** in cash.

subordinate clause 종속절   다른 절의 일부로 기능하는 절. 예: 문장의 주절에서 주어, 목적어 또는 부사적 어구로 사용된다. 예: I thought **that you understood**; **What I need** is a drink; I'll follow you **wherever you go**. **clause**(절), **main clause**(주절) 참조.

subordinating conjunction 종속 접속사   문장에 종속절을 연결하는 접속사. 예: when, if, because

suffix 접미사   의미를 추가하거나 다른 의미를 부여하기 위해 단어 끝에 붙이는 것으로 -ology, -able, -ese 등이 있다. 예: climatology; understandable; Chinese. **prefix**(접두사) 참조.

superlative 최상급   형용사나 부사에 접미사 -est를 붙인 형태(예: oldest, fastest). 또한 〈most + 형용사/부사〉의 형태도 있다(예: most intelligent, most politely).

swear word 욕설   격한 감정을 나타내거나 강조하기 위해 사용하는 금기어(대체로 단어 원래의 의미가 바뀜). 예: Fuck!.

syllable 음절　cat은 1음절, cattle은 2음절, cataract는 3음절, category는 4음절이다. 한 음절은 보통 하나의 모음을 갖고 있으며 모음 앞과 (또는) 뒤에는 하나 이상의 자음이 붙어 있다. 때로는 l, m, n으로 발음되는 자음이 음절로 기능하기도 한다(예: bottle /ˈbɒtl/, capitalism /ˈkæpɪtəlɪz(ə)m/, button /ˈbʌtn/).

taboo word 금기어　자유롭게 말할 수 없는 주제(이를테면 **sex**)와 관련된 단어(**fuck** 등). 격식을 갖춘 말이나 글에서는 사용하지 않으며 불쾌감을 줄 수 있으므로 많은 사람들이 기피하는 단어다. **swear word**(욕설) 참조.

tag 부가어　예를 들어 〈주격대명사 + 조동사〉 형식의 짧은 어구로 문장의 끝에 추가된다. 특히 구어에서 자주 쓰인다. 예: He likes to talk, **Josh does**; You can't swim, **can you?**; Very noisy, **those kids**. **question tag**(부가의문문) 참조.

tense 시제　행위나 사건이 발생한 시간이나 어떤 상태의 시간을 보여주는 동사형. 예: worked, saw, will go; is sitting.

third person 3인칭　**person**(인칭) 참조.

transitive 타동사　목적어를 취할 수 있는 동사. 예: eat (a meal); drive (a car); give (a present). **intransitive**(자동사) 참조.

uncountable noun 불가산명사　복수형을 갖지 않는 명사로 보통 관사 a/an과 함께 쓸 수 없다. 예: mud; rudeness; furniture.

verb 동사　ask, wake, play, be, can처럼 주어와 함께 절의 근간을 이루는 단어. **auxiliary verb**(조동사), **modal auxiliary verb**(서법 조동사), **verb phrase**(동사구) 참조.

verb phrase 동사구　둘 이상의 요소를 갖는 동사. 예: would have been forgotten.

vowel 모음　a, e, i, o, u 같은 문자와 이 문자들의 조합 및 소리(30쪽 발음 기호 참조). **consonant**(자음) 참조.

weak form 약세형　**strong form** 강세형과 약세형

발음 기호

영어 단어의 발음을 표시하기 위해서는 특별한 문자를 사용해야 한다. 일반적인 영어 알파벳으로는 모든 말소리를 나타낼 수 없기 때문이다. 아래 목록은 이 책에서 사용한 발음 기호들이다.

모음과 이중모음

i: seat /siːt/, feel /fiːl/

ɪ sit /sɪt/, in /ɪn/

e set /set/, any /'eni/

æ sat /sæt/, match /mætʃ/

ɑː march /mɑːtʃ/, after /'ɑːftə(r)/

ɒ pot /pɒt/, gone /gɒn/

ɔː port /pɔːt/, law /lɔː/

ʊ good /gʊd/, could /kʊd/

uː food /fuːd/, group /gruːp/

ʌ much /mʌtʃ/, front /frʌnt/

ɜː turn /tɜːn/, word /wɜːd/

ə away /ə'wei/, collect /kə'lekt/, until /ən'til/

eɪ take /teɪk/, wait /weɪt/

aɪ mine /maɪn/, light /laɪt/

ɔɪ oil /ɔɪl/, boy /bɔɪ/

əʊ no /nəʊ/, open /'əʊpən/

aʊ house /haʊs/, now /naʊ/

ɪə hear /hɪə(r)/, deer /dɪə(r)/

eə air /eə(r)/, where /weə(r)/

ʊə tour /tʊə(r)/, endure /ɪn'djʊə(r)/

자음

p pull /pʊl/, cup /kʌp/

b bull /bʊl/, rob /rɒb/

f ferry /'feri/, life /laɪf/

v veri /'veriː/, live /lɪv/

θ think /θɪŋk/, bath /bɑːθ/

ð then /ðen/, with /wɪð/

t take /teɪk/, set /set/

d day /deɪ/, red /red/

s sing /sɪŋ/, rice /raɪs/

z zoo /zuː/, days /deɪz/

ʃ show /ʃəʊ/, wish /wɪʃ/

ʒ pleasure /'pleʒə(r)/, occasion /ə'keɪʒn/

tʃ cheap /tʃiːp/, catch /kætʃ/

dʒ jail /dʒeɪl/, bridge /brɪdʒ/

k case /keɪs/, take /teɪk/

g go /gəʊ/, rug /rʌg/

m my /maɪ/, come /kʌm/

n no /nəʊ/, on /ɒn/

ŋ sing /sɪŋ/, finger /'fɪŋgə(r)/

l love /lʌv/, hole /həʊl/

r round /raʊnd/, carry /'kæri/

w well /wel/

j young /jʌŋ/

h house /haʊs/

(') 기호는 강세를 나타냄(▶313 참조).

30

Practical English Usage

Section 1   **Verbs** 동사

개요

형태

동사는 문장의 중심이 되는 요소이다. 우리가 쓰는 말은 대부분 동사를 중심으로 구성된다. 영어 동사는 1단어가 최대 5개의 형태를 가지고 있다(be동사는 예외로, 8가지 형태). 5가지 형태는 다음과 같다:

- **원형**: go, write, play처럼 사전에 등재된 형태. I, we, you(단수 및 복수), they 뒤에서 현재 시제로 쓰이며 부정사, 명령문에서 사용된다.

    We **go** skating on Saturdays. 우리는 토요일마다 스케이트를 타러 간다.

    I must **write** to Laura. 나는 로라에게 편지를 써야 한다.

    Please **play** something. 뭔가 연주해 주세요.

- **3인칭 현재 단수형**: goes, writes, plays 등
- **과거형**: went, wrote, played 등
- **과거분사형**: gone, written, played 등. 규칙 동사의 경우 과거형과 과거분사형의 형태가 같다.
- **-ing형**: going, writing, playing 등. -ing형은 쓰임새에 따라 '현재분사' 또는 '동명사'라고 부른다(▶93.1 참조).

    시제를 나타내는 동사 형태(예: goes, went)를 종종 문법 용어로 정형이라고 부르며 그 밖의 형태들(예: written, playing)을 비정형이라고 부른다.

시제

시제는 단독으로, 또는 조동사(아래 참조)와 함께 행위나 상황이 일어난 시간을 보여 주는 동사 형태이다.

　　We **went** home. 우리는 집으로 갔다. (단순 과거)

　　Have you **written** to Jamie? 제이미에게 편지 썼니? (현재 완료)

능동태 시제는 ▶2.3 참조. 수동태 시제 및 능동태 구문과 수동태 구문에 관한 설명은 ▶57 참조.

조동사

조동사('돕는' 동사)는 다른 동사와 함께 쓰여 다양한 의미를 추가한다. be, have, do는 진행형 및 완료형 문장, 의문문, 부정문을 만드는 데 쓰인다(아래 내용 및 ▶Section 2 참조).

서법 조동사(must, can, could, will, would, may, might, shall, should, ought)는 다른 동사와 함께 쓰여 미래, 확실성, 개연성, 의무, 허락 등의 개념을 추가한다. 자세한 내용은 ▶Section 7 참조.

동사 뒤에 올 수 있는 것

조동사를 제외한 다양한 동사 뒤에는 다양한 품사와 구문이 올 수 있다. 어떤 품사나 구문이 오는지는 의미에 의해 결정되기도 한다. 예를 들어 eat, break 같은 동사 뒤에는 명사가 오는 것이 자연스럽다. try, stop 같은 동사 뒤에는 동사가 오는 것이 자연스럽다. 또한 의미와 상관없이 문법에 따라 결정되기도 한다. 동사 wait 뒤에는 목적어 앞에 for가 오지만 expect 뒤에는 전치사가 오지 않는다. 동사 tell은 tell somebody something의 형태로 쓰지만 동사 explain은 ~~explain somebody something~~의 형태로 쓰지 않는다. 누군가를 보고 싶을 때 hope to see somebody라고 하지만, look forward to를 쓸 때는 look forward to seeing somebody라고 한다. 누군가에게 의사의 진찰을 받으라고 조언할 때는 advise somebody to see the doctor라고 하지만 ~~suggest somebody to see the doctor~~라고 하지는 않는다. 어떤 일이 일어날 가능성을 언급할 때 think that something will happen이라고 하지만 ~~want that it will happen~~이라고 하지는 않는다. 아쉽게도 간단한 규칙은 없으므로 각 동사 뒤에 어떤 구문이 오는지 학습해야 한다.

명사, 목적어를 갖는 동사에 관한 지세한 내용은 ▶ 7 참조.
부사 불변화사(up, out, off 등 구동사의 일부인 짧은 부사), 전치사와 결합한 이어동사(예: pick up, look at)에 관한 내용은 ▶ 12-13 참조.
동사 뒤에 동사가 오는 구문은 ▶ 15-16 참조.

다음 문장은 왜 틀렸을까?

- ❌ I laid down and went to sleep. ▶ 1.2 참조
- ❌ She switched off it. ▶ 12.4 참조
- ❌ What are you thinking of the government? ▶ 4.3 참조
- ❌ I'm seeing what you mean. ▶ 4.3 참조
- ❌ Is raining again. ▶ 7.1 참조
- ❌ Give back me my watch. ▶ 12.4 참조
- ❌ Is that the light off which you switched? ▶ 12.4 참조
- ❌ You never listen me. ▶ 13.1 참조
- ❌ Listen to! ▶ 13.1 참조
- ❌ About what are you thinking? ▶ 13.3 참조
- ❌ He gave you it. ▶ 8.3 참조
- ❌ Who did you buy it? ▶ 8.4 참조
- ❌ I'd like him to explain us his decision. ▶ 8.6 참조
- ❌ Can you suggest me a good dentist? ▶ 8.6 참조
- ❌ Please describe us your wife. ▶ 8.6 참조
- ❌ Sing us. ▶ 8.7 참조
- ❌ He painted red the wall. ▶ 10.1 참조
- ❌ She made that she disagreed clear. ▶ 10.5 참조
- ❌ You surprised! ▶ 7.2 참조
- ❌ Do sit that chair. ▶ 7.2 참조
- ❌ The problem appears impossibly. ▶ 11.3 참조
- ❌ Isabel sudden appeared in the doorway. ▶ 11.3 참조
- ❌ He fell unconsciously on the floor. ▶ 11.5 참조
- ❌ He pulled his belt tightly and started off. ▶ 11.5 참조
- ❌ She crossed the garden dancing. ▶ 14 참조

Section 1 목차

1 불규칙 동사

1 대표적인 불규칙 동사

다음은 대표적인 불규칙 동사들이다.

동사원형	단순 과거	과거분사
arise	arose	arisen
awake	awoke	awoken
be	was, were	been
bear	bore	born(e)
beat	beat	beaten
become	became	become
begin	began	begun
bend	bent	bent
bet	bet, betted	bet, betted
bind	bound	bound
bite	bit	bitten
bleed	bled	bled
blow	blew	blown
break	broke	broken
bring	brought	brought
broadcast	broadcast	broadcast
build	built	built
burn	burnt, burned	burnt, burned
burst	burst	burst
buy	bought	bought
catch	caught	caught
choose	chose	chosen
come	came	come
cost	cost	cost
cut	cut	cut
deal	dealt /delt/	dealt /delt/
dig	dug	dug
do	did	done
draw	drew	drawn
dream	dreamt /dremt/ dreamed /driːmd/	dreamt /dremt/ dreamed /driːmd/
drink	drank	drunk
drive	drove	driven
eat	ate /et, eɪt/	eaten /'iːtn/
fall	fell	fallen
feed	fed	fed
feel	felt	felt
fight	fought	fought
find	found	found
fly	flew	flown

동사원형	단순 과거	과거분사
forbid	forbade /fə'bæd, fə'beɪd/	forbidden
forget	forgot	forgotten
forgive	forgave	forgiven
freeze	froze	frozen
get	got	got
give	gave	given
go	went	gone, been
grow	grew	grown
hang	hung	hung
have	had	had
hear /hɪə(r)/	heard /hɜːd/	heard /hɜːd/
hide	hid	hidden
hit	hit	hit
hold	held	held
hurt	hurt	hurt
keep	kept	kept
kneel	knelt	knelt
know	knew	known
lay	laid	laid
lead	led	led
lean	leant /lent/, leaned /liːnd/	leant /lent/, leaned /liːnd/
leap	leapt /lept/, leaped	leapt /lept/, leaped
learn	learnt, learned	learnt, learned
leave	left	left
lend	lent	lent
let	let	let
lie	lay	lain
light	lit, lighted	lit, lighted
lose	lost	lost
make	made	made
mean /miːn/	meant /ment/	meant /ment/
meet	met	met
pay	paid	paid
put	put	put
quit	quit, quitted	quit, quitted
read /riːd/	read /red/	read /red/
ride	rode	ridden
ring	rang	rung
rise	rose	risen
run	ran	run
say	said /sed/	said /sed/
see	saw	seen
sell	sold	sold
send	sent	sent

동사원형	단순 과거	과거분사
set	set	set
shake	shook	shaken
shine	shone /ʃɒn/	shone /ʃɒn/
shoot	shot	shot
show	showed	shown
shrink	shrank, shrunk	shrunk
shut	shut	shut
sing	sang	sung
sink	sank	sunk
sit	sat	sat
sleep	slept	slept
slide	slid	slid
smell	smelt, smelled	smelt, smelled
speak	spoke	spoken
speed	sped	sped
spell	spelt, spelled	spelt, spelled
spend	spent	spent
spill	spilt, spilled	spilt, spilled
spin	span, spun	spun
spit	spat	spat
split	split	split
spoil	spoilt, spoiled	spoilt, spoiled
spread	spread	spread
stand	stood	stood
steal	stole	stolen
stick	stuck	stuck
sting	stung	stung
strike	struck	struck
swear	swore	sworn
sweep	swept	swept
swing	swung	swung
swim	swam	swum
take	took	taken
teach	taught	taught
tear	tore	torn
tell	told	told
think	thought	thought
throw	threw	thrown
understand	understood	understood
wake	woke	woken
wear	wore	worn
win	won	won
wind /waɪnd/	wound /waʊnd/	wound /waʊnd/
write	wrote	written

2 혼동하기 쉬운 동사

동사원형	단순 과거	과거분사
fall	fell	fallen
feel	felt	felt
fill	filled	filled
find (= get back something lost)	found	found
found (= start up an organisation or institution)	founded	founded
flow (of a liquid = move)	flowed	flowed
fly (= move in the air)	flew	flown
flee (= run away)	fled	fled
lay (= put down flat)	laid	laid
lie (= be down)	lay	lain
lie (= say things that are not true)	lied	lied

    lay(놓다), lie(눕다), lie(거짓말하다)에 대해서는 ▶ 507 참조.

leave	left	left
live	lived	lived
raise (= put up)	raised	raised
rise (= go/get up)	rose	risen
strike (= hit)	struck	struck
stroke (= pass the hand gently over)	stroked	stroked
wind /waɪnd/ (= turn, tighten a spring 등)	wound /waʊnd/	wound /waʊnd/
wound /wuːnd/ (= injure in a battle)	wounded	wounded

3 유의사항

- 표준 미국 영어에서 ate와 shone은 /eɪt/와 /ʃoʊn/으로 발음한다. ate의 /et/은 미국 영어에서는 표준 발음이지만 영국 영어에서는 변형 발음이다.
- 미국 영어에서는 burn, dream, kneel, lean, learn, smell, spell, spill, spoil은 모두 규칙 동사다. 영국 영어에서는 끝에 -t를 붙인 형태가 과거 또는 과거분사로 널리 쓰인다.
- 영국 영어에서는 dive가 규칙 동사지만, 미국 영어에서는 불규칙 동사로 쓰기도 한다. (dive-dived/dove (/doʊv/)-dived)
- 고대 영어에서 쓰이던 과거분사 drunken을 형용사로 쓰기도 하지만(예: a drunken argument 취중 언쟁, drunken driving 음주 운전), 이런 경우는 극히 드물다.
- 미국 영어에서 fit과 quit은 대체로 불규칙 동사로 쓰인다.
  fit-fit-fit, quit-quit-quit
- 미국 영어에서는 get의 과거분사로 got, gotten을 둘 다 쓴다(▶ 472.6 참조).

- hang은 '교수형에 처하다'이 의미일 때는 규칙 동사로 쓰인다.
- 규칙 동사 prove의 과거분사로 proved 대신 불규칙 과거분사 proven을 쓰기도 한다. proven은 형용사 역할을 한다. (예: a proven liar 자타공인 거짓말쟁이).
- says는 /sez/로 발음한다.
- speed는 규칙 동사(예: speeded up)로 쓰이기도 한다.
- 미국 영어에서는 spit의 과거, 과거분사로 spit과 spat을 둘 다 쓴다.
- sing의 과거 sang 대신 sung, sink의 과거 sank 대신 sunk를 쓰기도 한다.

2 능동태 동사의 시제

1 동사의 시제(현재, 미래, 과거)와 형태(단순, 진행, 완료)

동사에는 현재, 미래, 과거 세 가지 시제가 있다.

> 현재: **I'm watching** you. 너를 지켜보고 있다.
>
> 미래: She **will see** you tomorrow. 그녀는 내일 너를 만날 것이다.
>
> 과거: Who **said** that? 누가 그런 말을 했는가?

대부분의 동사는 각각 단순형, 진행형(be + -ing, ▶ 3 참조), 완료형(have + 과거분사, ▶ 6 참조) 시제로 만들 수 있다.

> 단순 현재: **I start** 나는 시작한다.
>
> 현재 진행: **I am starting** 나는 시작하고 있다.
>
> 현재 완료: **I have started** 나는 시작해 왔다.

일부 문법학자들은 goes와 went 같은 단순형에만 '시제'라는 용어를 사용한다. is going이나 has gone은 진행상(相)이나 완료상(相)이라고 말하기를 선호하며, 영어에는 '미래 시제라는 건 없다'라고 말한다. 이는 주로 용어의 문제이며, 문법적인 사실은 아니므로 실제적으로 중요하지는 않다. 본 교재에서 '시제'는 시간을 나타내는 모든 동사의 형태 및 문장 구조를 나타내는 용어로 사용된다.

2 시제와 시간

동사형과 시간 사이에 직접적인 연관성은 없다. go를 예로 들면, 과거의 사건을 표현할 때도 동사의 과거형 went를 쓰지만(예: We **went** to Morocco last January. 우리는 지난 1월 모로코에 갔다.) 현실과 다르거나 불확실한 현재 또는 미래의 일을 나타낼 때도 과거형 went를 쓴다(예: It would be better if we **went** home now. 지금 집에 가면 좋을 텐데.). 또한 현재형으로 미래의 사건을 묘사하기도 한다(예: **I'm seeing** Daniel tomorrow. 내일 다니엘을 만날 거야.). 동사의 진행형과 완료형은 시간을 나타낼 뿐 아니라 동작의 지속이나 완료를 나타내거나 현재를 강조한다.

3 능동태 동사의 시제

다음은 일반동사의 능동형을 표시하고 용어, 예문과 함께 간략한 용법을 곁들인 것이다. 형태와 용법에 대한 자세한 내용은 ▶ Sections 3-5 참조.

용어	형태	예문	용법
simple present 단순 현재	동사원형이 오며, 3인칭 단수의 경우 동사 뒤에 -s를 붙인다. (예: I / you / we / they work; he / she works)	It always **rains** in November. 11월에는 항상 비가 온다.	'일반적인' 시간; 영속적인 상황 (▶31 참조)
present progressive 현재 진행	am / are / is -ing	I can't talk to you now; I'**m working.** 지금은 얘기할 수 없어. 근무 중이야.	말하고 있는 시점에 진행되고 있는 행동 (▶32 참조)
present perfect 현재 완료	have / has + 과거분사	I **have worked** with children before, so I know what to expect. 나는 전에 아이들을 다루는 일을 해본 적이 있기 때문에 어떨지 알고 있다.	과거의 동작이 현재까지 영향을 미치는 상황 (▶47 참조)
present perfect progressive 현재 완료 진행	have / has been -ing	It **has been raining** all day. 하루 종일 비가 내리고 있다.	현재까지 계속되고 있는 상황 (▶50 참조)
(simple) future (단순) 미래	will + 동사원형 (I / we shall도 가능)	It **will rain** tomorrow. 내일은 비가 올 것이다.	미래에 대한 정보 (▶38 참조)
future progressive 미래 진행	will be -ing (I / we shall도 가능)	This time tomorrow I'**ll be lying** on the beach. 내일 이 시간에 나는 해변에 누워 있을 것이다.	미래의 특정 시점에 지속되고 있는 상황 (▶41 참조)
future perfect 미래 완료	will have + 과거분사 (I / we shall도 가능)	I **will have finished** the repairs by this evening. 오늘 저녁까지는 수리 작업을 마칠 것이다.	미래의 특정 시점까지 사건이 완료 (▶40 참조)
future perfect progressive 미래 완료 진행	will have been -ing (I / we shall도 가능)	In June I **will have been working** here for ten years. 6월이 되면, 나는 10년째 여기에서 근속한 셈이 된다.	미래의 특정 시점까지 상황이 지속 (▶40 참조)
simple past 단순 과거	규칙 동사: 원형 + -(e)d 불규칙 동사: 형태 다양	I **worked** all last weekend. 나는 지난 주말 내내 일했다. I **saw** Jack yesterday. 나는 어제 잭을 봤다.	과거에 일어난 일 (▶44 참조)
past progressive 과거 진행	was / were -ing	I saw Jack when I **was coming** out of the supermarket. 나는 슈퍼마켓에서 나오다가 잭을 봤다.	특정 과거 시점에 지속되는 사건을 묘사 (▶45 참조)
past perfect 과거 완료	had + 과거분사	I couldn't get in because I **had lost** my keys. 나는 열쇠를 잃어버렸기 때문에 들어갈 수 없었다.	특정 과거 시점 이전에 일어난 일을 묘사 (▶53 참조)
past perfect progressive 과거 완료 진행	had been -ing	I was tired because I **had been working** all day. 나는 온종일 일해서 피곤했다.	과거의 특정 시점까지 상황이 지속 (▶55 참조)

불규칙 동사의 과거와 과거분사는 ▸1 참조.　　이른문은 ▸216 참조.　　부정문은 ▸217 참조.
미래를 나타내는 동사의 현재형은 ▸35-37 참조.　　현재 또는 미래를 나타내는 동사의 과거형은 ▸46 참조.
가정법에서 쓰는 동사(예: ... that she go)는 ▸232 참조.　　수동태 동사형은 ▸57 참조.　부정사는 ▸89 참조.
명령문의 동사는 ▸224 참조.　　동사의 -ing형은 ▸93 참조.　　조동사는 ▸15 참조.
서법 조동사와 함께 쓰는 동사 형태는 ▸68.1 참조.

3 진행형

1 구조

진행형 동사는 〈be동사 + -ing〉의 형태로 쓴다.

I **am waiting** for the shops to open. 나는 상점들이 문을 열기를 기다리고 있다. (현재 진행)

Your suit **is being cleaned.** 손님 양복은 지금 세탁 중입니다. (현재 진행 수동태)

She phoned while I **was cooking**. 그녀는 내가 요리하는 사이에 전화했다. (과거 진행)

Will you **be going** out this evening? 오늘 저녁에 외출할 거야? (미래 진행)

I'd like **to be lying** on the beach now. 지금 해변에 누워 있었으면 좋겠다. (진행 부정사)

진행형과 완료형을 결합할 수도 있다.

I didn't know how long she **had been sitting** there.
나는 그녀가 그곳에 얼마나 오래 앉아 있었는지 몰랐다. (과거 완료 진행)

2 용어 및 용례

진행형은 단순한 시간적 의미뿐만 아니라 사건을 바라보는 화자의 시각도 드러낸다. 즉, 진행형은 완료되었거나 영구적인 사건이 아니라, 진행 중이거나 일시적인 성격의 사건임을 나타낸다. (이런 이유로 영문법에서는 진행형을 설명할 때 '진행 시제(progressive tenses)' 대신 '진행상(progressive aspect)'이라는 용어를 쓰기도 한다.) 비교)

- **I've read** your email. 나는 네 이메일을 읽었다. (완료된 행위)

  I've been reading a lot of thrillers recently.
  나는 최근 스릴러물을 많이 읽고 있다. (완료된 행위가 아닐 수도 있음)

- The Rhine **runs** into the North Sea. 라인 강은 북해로 흘러들어간다. (영구적 상황)

  We'll have to phone the plumber – water**'s running** down the kitchen wall.
  배관공에게 전화해야겠어. 물이 부엌 벽을 타고 흘러내리고 있어. (일시적 상황)

순간적 동작을 표현하는 진행형에는 대체로 반복의 의미가 담겨 있다.

Why **are** you **jumping** up and down? 왜 그렇게 펄쩍펄쩍 뛰고 있어?

The door **was banging** in the wind. 바람에 문이 쾅쾅 부딪치고 있었다.

3 완곡한 표현: I was wondering ...

요청, 질문, 발언 등의 의미를 완곡하게 전달할 때도 진행형을 쓴다. (진행형은 완결된 상황이 아니라 한시적인 상황이라는 의미를 내포하고 있으므로 단순 시제보다는 어투가 부드럽고 완곡한 느낌을 준다.)

I'm hoping you can lend me £10. 10파운드만 빌려주었으면 합니다만.
(I hope ...보다 완곡한 표현)

What time **are** you **planning** to arrive? 언제쯤 도착할 계획이십니까?

I **'m looking** forward to seeing you again. 다시 뵙게 되기를 고대하고 있습니다.
I'm afraid we must **be going**. 죄송하지만 그만 가 봐야 할 것 같습니다.
I **was wondering** if you had two single rooms. 1인실 두 개 있는지요.
Will you **be going** away at the weekend? 주말에 나들이 계획이 있으신가요?

완곡어법은 ▶311 참조.   진행형의 자세한 용법은 현재 진행, 과거 진행 등의 항목 참조.

4 진행형을 쓰지 않는 동사

1 진행형을 대체로 쓰지 않는 동사
일부 동사의 경우 대체로 진행형으로 쓰지 않는다.

I **like** this music.
나는 이 음악을 좋아한다. (NOT ~~I'm liking this music.~~)

I called her because I **needed** to talk.
나는 할 말이 있어서 그녀에게 전화했다. (NOT ... ~~because I was needing to talk.~~)

특정 의미로는 진행형을 쓰지 않는 동사들도 있다. 비교)

I **'m seeing** the doctor at ten o'clock.
나는 10시에 의사의 진찰을 받을 것이다.

I **see** what you mean.
무슨 말인지 알아. (NOT ~~I'm seeing what you mean.~~)

이렇게 진행형으로 쓰지 않는 동사들 중 상당수는 행위가 아닌 상태를 나타내는 동사들이다. know, think, believe 등 인지 상태를 나타내는 동사나 smell, taste 등 지각을 나타내는 동사는 진행형으로 쓰지 않는다.

can, must 등의 서법 조동사 역시 진행형이 없다(▶68.1 참조).

2 진행형을 쓰지 않는 대표적인 동사
다음은 진행형을 대체로 쓰지 않는 동사, 그리고 특정 의미로는 진행형을 쓰지 않는 동사들이다.

정신적, 심리적 상태를 나타내는 동사

believe	(dis)like	see (= understand)
doubt	love	suppose
feel (= have an opinion)	prefer	think (= have an opinion)
hate	realise	understand
imagine	recognise	want
know	remember	wish

감각 기능을 나타내는 동사

feel	see	sound
hear	smell	taste

의사를 전달하거나 반응을 유발하는 동사

agree	impress	promise
appear	look (= seem)	satisfy
astonish	mean	seem
deny	please	surprise
disagree		

기타

be	deserve	measure (= have length 등)
belong	fit	need
concern	include	owe
consist	involve	own
contain	lack	possess
depend	matter	weigh (= have weight)

동사별 자세한 용법은 색인에 표시된 해당 항목 참조.

3 의미에 따라 진행형으로 쓰거나 쓰지 않는 동사

앞서 열거한 동사들 중에는 의미에 따라 진행형으로 쓰거나 쓸 수 없는 경우가 있다. 비교〉

- **I'm feeling** fine. 기분 좋아. (OR I **feel** fine. ▶ 463.1 참조)

  I **feel** we shouldn't do it. 나는 우리가 그 일을 해서는 안 된다고 생각한다.

  (NOT ~~I'm feeling we shouldn't do it.~~ – 여기서 feel은 'have an opinion(견해를 갖다)'과 같은 의미)
- What **are** you **thinking** about? 무슨 생각을 하고 있니?

  What **do** you **think** of the government? 정부에 대해 어떻게 생각하니?

  (NOT ~~What are you thinking of the government?~~ – 여기서 think는 'have an opinion(견해를 갖다)'과 같은 의미)
- **I'm seeing** Leslie tomorrow. 나는 내일 레슬리를 만난다.

  I **see** what you mean. 무슨 말인지 알아.

  (NOT ~~I'm seeing what you mean.~~ – 여기서 see는 'understand(이해하다)'와 같은 의미)
- Why **are** you **smelling** the meat? Is it bad? 왜 고기 냄새를 맡고 있어? 상했어?

  Does the meat **smell** bad? 고기에서 상한 냄새가 나?

  (NOT ~~Is the meat smelling bad?~~ ▶ 581 참조)
- **I'm** just **tasting** the cake to see if it's OK. 케이크가 괜찮은지 맛보고 있어.

  The cake **tastes** wonderful. 케이크가 정말 맛있다.

  (NOT ~~The cake's tasting wonderful.~~ ▶ 603 참조)
- The scales broke when I **was weighing** myself this morning.

  오늘 아침 몸무게를 재보는데 저울이 부서졌다.

  I **weighed** 68 kilos three months ago – and look at me now!

  내 몸무게는 석 달 전에 68킬로였어. 그런데 지금 날 보라고!

  (NOT ~~I was weighing 68 kilos~~ ... – 여기서 weigh는 'have weight(무게가 나가다)'의 의미)

일반적으로는 진행형으로 쓰지 않지만 변화나 발전의 의미를 강조하기 위해 진행형을 쓰는 경우도 있다.

These days, more and more people **prefer / are preferring** to retire early.
요즘에는 점점 더 많은 사람들이 조기 퇴직을 선호하고 있다.

The water **tastes / is tasting** better today.　오늘은 물 맛이 더 좋다.

As I get older, I **remember / I'm remembering** less and less.
나는 나이가 들면서 기억력이 점점 나빠지고 있다.

I'm **liking** it here more and more as time goes by.
나는 시간이 갈수록 이곳이 점점 더 마음에 든다.

need, want, mean은 미래 진행이나 현재 완료 진행으로 쓸 수 있다.

Will you **be needing** the car this afternoon?　오늘 오후에 차 필요해?

I've **been wanting** to go to Australia for years.　오래전부터 호주에 가고 싶었거든.

I've **been meaning** to tell you about Andrew. He ....
너한테 앤드류에 대해 말하려고 했어. 그는 …

4　can see 등

특히 영국 영어에서는 see, hear, feel, taste, smell, understand, remember와 함께 can을 써서 상황의 진행을 나타내기도 한다. (▶84 참조)

I **can see** Emma coming down the road.　엠마가 길을 따라 오는 모습이 보여.

Can you **smell** something burning?　뭔가 타는 냄새 안 나?

5　-ing형

진행 시제로는 결코 쓰지 않는 동사들도 다른 유형의 구문에서는 -ing형을 취할 수 있다.

Knowing her tastes, I bought her a large box of chocolates.
그녀의 취향을 알기 때문에 나는 그녀에게 커다란 상자에 든 초콜릿을 사주었다.

You can respect people's view without **agreeing** with them.
사람들의 의견에 동의하지 않더라도 그들의 의견을 존중할 수 있다.

5　always 등과 함께 쓰는 진행형

always, continually 등과 함께 진행형을 쓰면 '아주 빈번하게' 일어나는 사건이나 행위를 나타낸다.

I'm **always losing** my keys.　나는 걸핏하면 열쇠를 잃어버린다.

Granny**'s always giving** people little presents.
할머니는 사람들에게 늘 소소한 선물들을 주신다.

I'm **continually running** into Oliver these days.　나는 요즘 올리버와 계속 마주치게 된다.

That cat**'s forever getting** shut in the bathroom.　저 고양이는 툭하면 욕실에 갇힌다.

이 구문은 예기치 않은 일이 아주 빈번하게(예상보다 더 자주) 일어나는 상황을 언급할 때 쓰인다. 비교)

- When Alice comes to see me, I **always meet** her at the station.
앨리스가 나를 만나러 올 때면 나는 항상 역으로 마중나간다. (규칙적이고 계획적인 만남)

I'm **always meeting** Mrs Bailiff in the supermarket.
나는 늘상 슈퍼마켓에서 베일리프 부인과 마주친다. (예기치 못한 우연한 만남)

– When I was a child, we **always had** picnics on Saturdays in the summer.
어린 시절 우리는 여름철 토요일이면 늘 소풍을 갔다. (규칙적이고 계획적인 일)

Her mother **was always arranging** little surprise picnics and outings.
그녀의 어머니는 언제나 단출한 깜짝 소풍이나 나들이를 준비하곤 하셨다. (불규칙적이고 예기치 못한 일)

이 구조는 종종 비난하는 말에 사용된다.

He**'s always scratching** himself in public. 그는 종종 사람들 앞에서 긁는다.

6 완료형

1 구조

동사의 완료형은 〈**have + 과거분사**〉 형태를 취한다.

She **has lost** her memory. 그녀는 기억을 잃었다. (현재 완료)

I told him that I **had** never **heard** of the place.
나는 그런 곳은 들어본 적이 없다고 그에게 말했다. (과거 완료)

When I went back to the village the house **had been pulled** down.
내가 그 마을로 돌아갔을 때 그 집은 이미 헐린 상태였다. (과거 완료 수동태)

We **will have finished** by tomorrow afternoon.
내일 오후까지 작업을 완료할 것이다. (미래 완료)

I'm sorry **to have disturbed** you. 방해해서 죄송합니다. (완료 부정사)

Having seen the film, I don't want to read the book.
영화를 보고 나니 그 책을 읽고 싶지 않다. (완료 분사구문)

완료와 진행형을 결합할 수 있다.

They **have been living** in Portugal for the last year.
그들은 지난해 포르투갈에 살고 있었다. (현재 완료 진행)

2 용어 및 용례

동사의 완료형은 보통 어떤 사건의 시점이 다른 시점(과거, 현재, 미래)보다 앞서 있다는 사실을 나타낸다. 하지만 완료형으로 표현되는 것이 사건의 시점만은 아니다. 완료 동사형은 사건을 바라보는 화자의 시각도 보여준다. 이를테면 이후 사건과 연관성이 있는 일로 보는지, 아니면 특정 시점에 완결된 일로 보는지를 나타낸다. 이런 이유로 학술적인 영문법에서는 종종 '완료 시제(perfect tense)'보다는 '완료상(perfect aspect)'이라고 언급하는 편이다.

완료형의 용법에 대한 자세한 내용은 해당 항목 참조.

7 주어, 목적어, 보어

1 주어

동사의 '주어(subject)'는 평서문에서 동사 앞에 오는 명사구, 명사나 대명사이다. 주어는 종종 동사 행위의 주체가 되는 '행위자(agent)'를 나타낸다.

My brother gave me this. 우리 형이 내게 이것을 주었다.

Rain stopped play.　비 때문에 경기를 중단했다.

You woke me up.　네가 나를 깨웠다.

주어는 또 동사에 따라 행동을 받는 주체나 경험자를 나타내기도 한다.

All the soldiers **got** medals.　모든 군인들이 메달을 받았다.

I **saw** the accident.　나는 사고를 목격했다.

보통 주어는 생략할 수 없다.

NOT ~~He has changed his plans; will arrive tomorrow.~~

NOT ~~Is raining.~~

주어를 생략할 수 있는 특수 구문은 ▶ 224, 275 참조

2　타동사와 자동사

invite, surprise처럼 직접목적어(direct object)로 명사, 명사구나 대명사를 수반하는 동사들이 있다. 이런 동사들은 '타동사(transitive)'라고 하는데, 주로 누가 또는 무엇이 동사의 행위에 영향을 받는지를 보여준다.

Let's **invite Sophie and Bruce**.　소피와 브루스를 초대하자. (BUT NOT ~~Let's invite.~~)

You **surprised me**.　놀랐어요. (BUT NOT ~~You surprised.~~)

sit, sleep처럼 직접목적어를 수반하지 않는 동사들도 있다. 이런 동사를 '자동사(intransitive)'라고 한다.

Do **sit** down.　앉으세요. (BUT NOT ~~Do sit that chair.~~)

I usually **sleep** well.　대체로 잠을 잘자는 편이에요. (BUT NOT ~~She slept the baby.~~)

자동사와 타동사 모두로 쓰이는 동사들도 많다. 비교)

- England **lost the match**.　잉글랜드는 경기에서 졌다.

  England **lost**.　잉글랜드는 졌다.

- I can't **eat this**.　못 먹겠어.

  Let's **eat**.　먹자.

두 개의 목적어(간접목적어와 직접목적어)를 취할 수 있는 동사도 있다. 자세한 내용은 ▶ 8 참조.

I'll **send you the form** tomorrow.　내일 양식을 보내드리겠습니다.

I'm going to **buy Sarah some flowers**.　나는 사라에게 꽃 몇 송이를 사줄 거야.

주어에 따라 타동사나 자동사로 쓰임새가 바뀌는 동사들도 있다. 자동사로 쓰일 경우는 다소 수동적(▶ 9 참조)이거나 재귀적(▶ 178 참조)인 의미가 내포되어 있다. 비교)

- She **opened the door**.　그녀는 문을 열었다.

  The door **opened**.　문이 열렸다.

- The wind's **moving the curtain**.　바람이 커튼을 흔들고 있다.

  The curtain's **moving**.　커튼이 흔들리고 있다.

목적어와 목적어를 설명하는 목적격 보어를 함께 취하는 타동사도 있다. 자세한 내용은 ▶ 10 참조.

You **make me nervous**.　너 때문에 신경 쓰여.

Let's **paint it blue**.　그거 파란색으로 칠하자.

3 장소를 나타내는 보어

장소 앞에는 대체로 전치사가 필요하다.

> She **arrived at the station** last night. 그녀는 어젯밤 역에 도착했다.
> (NOT She ~~arrived the station~~ ...)
>
> Don't **walk on the grass**. 잔디를 밟지 마라. (NOT ~~Don't walk the grass.~~)

일부 동사는 장소를 나타내는 명사를 직접목적어로 취한다.

> I like **climbing mountains**. 나는 등산을 좋아한다. (NOT ~~I like climbing on mountains.~~)

장소를 나타내는 어구 없이는 문장을 구성할 수 없는 동사도 있다.

> He **lives in York**. 그는 요크에 산다. (BUT NOT ~~He lives.~~)

4 연결동사

일부 동사는 목적어 대신 주격 보어를 수반한다. 이런 동사를 '연결동사(linking verb)'라고 하며 주격 보어는 주어를 설명해주는 역할을 한다. 자세한 내용은 ▶11 참조.

> Your room **is a mess**. 네 방 엉망이구나.
>
> That **looks nice**. 좋은데.
>
> The bathroom **is upstairs**. 화장실은 위층에 있다.
>
> I **felt a complete idiot**. 나는 완전히 바보가 된 기분이었다.

8 두 개의 목적어를 취하는 동사

1 간접목적어와 직접목적어: I gave Jack the keys.

다수의 동사들이 흔히 사람과 사물, 두 개의 목적어를 취한다. 대체로 사물이나 정보 등을 건네거나 전달하는 동사(수여동사)가 이처럼 두 개의 목적어를 취한다. 대표적인 동사는 다음과 같다:

bet	get	offer	post	send	tell
bring	give	owe	promise	show	throw
build	leave	pass	read	sing	wish
buy	lend	pay	refuse	take	write
cost	make	play	sell	teach	

수여되는 사물이 '직접목적어(direct object)', 수여 받는 사람이 '간접목적어(indirect object)' 가 된다. 대체로 간접목적어가 먼저 나온다.

> I bet **you ten dollars** you can't beat me at chess.
> 네가 체스 게임에서 나를 이길 수 없다는 데 10달러 건다.
>
> He built **the children a tree house**. 그는 아이들을 위해 나무 위에 집을 지어주었다.
>
> Shall I buy **you some chocolate** while I'm out? 밖에 나가는데 초콜릿 좀 사다 줄까?
>
> Could you bring **me the paper**? 신문 좀 갖다 줄래요?
>
> The repair cost **me a lot**. 수리비가 많이 나왔다.
>
> I gave **Jack the keys**. 나는 잭에게 열쇠를 주었다.
>
> If you're going upstairs, could you get **me my coat**?
> 위층에 올라가면 내 코트 좀 가져다 줄래요?

He left **his children nothing** when he died.
그는 죽으면서 자식들에게 아무것도 남기지 않았다.

Lend **me your bike**, can you? 네 자전거 좀 빌려줄래?

I'll make **you a cake** tomorrow. 내일 케이크 만들어줄게.

I owe **my sister a lot of money**. 나는 언니에게 거금을 빚고 있다.

Can I play **you some relaxing music**? 편안한 음악 좀 틀어줄까?

I'll send **her the report** tomorrow. 나는 내일 그녀에게 보고서를 보낼 것이다.

They promised **me all sorts of things**. 그들은 나에게 온갖 것을 약속했다.

Daddy, read **me a story**. 아빠, 이야기책 읽어주세요.

He sent **his mother a postcard**. 그는 어머니에게 엽서를 보냈다.

Let's take **her some flowers**. 그녀에게 꽃을 좀 가지고 가자.

Will you teach **me poker**? 포커 치는 법 좀 가르쳐줄래?

We bought **the children pizzas**. 우리는 아이들에게 피자를 사주었다.

Throw **me the ball**. 나한테 공 던져.

We wish **you a Merry Christmas**. 즐거운 크리스마스 보내길.

의미는 유사하지만 용법이 다른 동사들도 있다(▶ 8.6 참조).

2 간접목적어가 뒤로 가는 경우: I gave the keys to Jack.

간접목적어를 직접목적어 뒤에 쓸 수도 있다. 이 경우 대체로 to, for 등의 전치사가 쓰인다.

I gave the keys **to Jack**. 나는 열쇠를 잭에게 주었다.

I handed my licence **to the police officer**. 나는 면허증을 경찰관에게 건넸다.

Mrs Norman sent some flowers **to the nurse**. 노먼 여사는 그 간호사에게 꽃을 좀 보냈다.

Mother bought the ice cream **for you**, not **for me**.
어머니는 내가 아니라 너를 위해 아이스크림을 샀다.

(일부 문법학자들은 이런 전치사구를 '간접목적어'라고 부르지 않는다.)

3 대명사 두 개가 쓰이는 경우: Lend them to her.

목적어들이 모두 대명사일 경우에는 대체로 간접목적어를 뒤에 쓴다. 격식을 차리지 않은 영국 영어에서는 직접목적어 it 뒤에 to를 생략하기도 한다.

Lend them **to her**. 그녀에게 그것들을 빌려줘.

Send some **to him**. 그에게 몇 개 보내.

Give it **(to) me**. 나에게 그걸 줘.

간접목적어를 먼저 쓸 수도 있다.

Give **her** one. 그녀에게 하나 줘.

Send **him** some. 그에게 몇 개 보내.

간접목적어가 먼저 나오는 구문을 피하는 경우도 있다. 직접목적어인 it이나 them이 문장 끝에 오면(예: He gave you it. 또는 Send them them.) 어색하므로 이 경우 간접목적어를 문장 끝에 둔다.

4 wh-의문문: Who did you buy it for?

wh-의문문에서는 간접목적어 앞에 오는 전치사를 생략하지 않는다.

> **Who did you buy it for?** 그거 누구 주려고 샀어? (NOT ~~Who did you buy it?~~)
>
> **Who was it sent to?** 그거 누구한테 보냈어? (NOT ~~Who was it sent?~~)

5 수동태: I've been given a picture.

이러한 동사들이 수동태 구문에 쓰일 경우 수여되는 사물이 아니라 수여 받는 사람을 주어로 쓰는 경우가 많다.

> **I**'ve just been given a lovely picture. 나는 방금 멋진 그림 한 점을 받았다.
>
> **We** were all bought little presents. 우리 모두는 소소한 선물을 받았다.

그러나 필요할 경우 수여되는 사물이 주어가 될 수도 있다.

> **What happened to the stuff he left behind? ~ Well, the picture** was given to Mr Ferguson. 그가 두고 간 물건은 어떻게 됐어? ~ 응, 그 그림은 퍼거슨 씨에게 전달됐어.

수동태 구문의 자세한 내용은 ▶61 참조.

6 동사가 donate, push, carry, explain, suggest, describe, take인 구문

수여의 의미를 가진 동사라고 해서 반드시 〈**간접목적어 + 직접목적어**〉 형태의 구문을 쓸 수 있는 것은 아니다. 이를테면, donate, push, carry, explain, suggest, describe는 이런 구문을 쓸 수 없다.

> They donated **money to the museum.** 그들은 박물관에 돈을 기부했다.
> (BUT NOT ~~They donated the museum money.~~)
>
> I pushed **the plate to Anna.** 나는 접시를 애나에게 밀었다.
> (BUT NOT ~~I pushed Anna the plate.~~)
>
> He carried **the baby to the doctor.** 그는 아기를 의사에게 데리고 갔다.
> (BUT NOT ~~He carried the doctor the baby.~~)
>
> I'd like him to explain **his decision to us.**
> 나는 그가 자신의 결정을 우리에게 설명해 줬으면 한다. (BUT NOT ~~... to explain us his decision.~~)
>
> Can you suggest **a good dentist to me?** 괜찮은 치과의사 추천해 줄래요?
> (BUT NOT ~~Can you suggest me a good dentist?~~)
>
> Please describe **your wife to us.** 우리에게 당신 아내의 인상 착의를 말해 주세요.
> (BUT NOT ~~Please describe us your wife.~~)

take (to)는 〈**간접목적어 + 직접목적어**〉 형태의 구문을 쓸 수 있지만 take from은 이렇게 쓸 수 없다.

> I **took her some money.** (= I took some money to her, NOT ~~... from her.~~)
> 나는 그녀에게 돈을 좀 가져다 주었다.

7 목적어가 한 개 또는 두 개인 경우

간접목적어 또는 직접목적어만 취하거나, 또는 둘 모두 취할 수 있는 동사도 있다.

> I asked **Jack.** 나는 잭에게 물었다.
>
> I asked **a question.** 나는 질문을 했다.
>
> I asked **Jack a question.** 나는 잭에게 질문을 했다.

대표적인 예로 teach, tell, pay, show, sing, play, write 등이 있다.

주의 sing, play, write는 직접목적어가 없으면 간접목적어 앞에 to를 써야 한다. 비교)
– Sing **her** a song. 그녀에게 노래 한 곡 불러줘.
  Sing **to her**. 그녀에게 노래 불러줘. (NOT ~~Sing her.~~)
– Write **me** a letter. 나한테 편지해.
  Write **to me** when you get home. 집에 도착하면 나한테 편지해.
  (영국 표준 영어에서는 Write me ...보다 널리 쓰임)

목적격 보어가 쓰이는 구문(예: They made him captain.)은 ▶ 10 참조.

9 능동적 의미와 수동적 의미를 모두 지닌 동사

1 She opened the door. / The door opened.

주어에 따라 타동사, 또는 자동사로 쓰임새가 달라지는 동사도 있다. 자동사로 쓰일 때는 다소 수동적인 의미(▶57 참조)나 재귀적인 의미(▶178 참조)를 내포한다. 비교)
– She **opened** the door. 그녀는 문을 열었다.
  The door **opened**. 문이 열렸다.
– The wind's **moving** the curtain. 바람이 커튼을 흔들고 있다.
  The curtain's **moving**. 커튼이 흔들리고 있다.
– Marriage has really **changed** her. 결혼은 참으로 그녀를 바꾸어 놓았다.
  She's **changed** a lot since she got married. 그녀는 결혼한 이후로 많이 변했다.
– We're **selling** a lot of copies of your book. 우리는 당신의 책을 많이 팔고 있다.
  Your book's **selling** well. 당신의 책은 잘 팔리고 있다.
– Something **woke** her. 무언가 그녀를 깨웠다.
  Suddenly she **woke**. 갑자기 그녀는 깼다.
– I can't **start** the car. 자동차의 시동을 걸 수 없다.
  The car won't **start**. 자동차 시동이 안 걸린다.

2 It scratches easily.

재료나 사물에 가하는 행위를 나타내는 동사들은 대체로 자동사 구문을 쓴다. bend, break, crack, melt, polish, scratch, stain, tear, unscrew 등이 여기에 속한다.

Be careful what you put on the table - it **scratches** easily.
(= You can easily scratch it.) 식탁에 놓는 물건을 조심해. 쉽게 긁히니까.
(= 식탁을 쉽게 긁을 수 있다.)

These glasses are so fragile: they **break** if you look at them.
이 유리잔들은 자칫하면 깨져. 쳐다보기만 해도 깨질 정도야.

The carpet's made of a special material that doesn't **stain**.
그 카펫은 얼룩이 지지 않는 특수 소재로 제작되었다.

The handle won't **unscrew** - can you help me? 손잡이가 안 떼어져. 도와줄래?

10 동사 + 목적어 + 보어: You make me nervous.

1 형용사 보어와 명사 보어

목적어와 목적어를 설명하는 목적격 보어를 함께 수반하는 동사들이 있다. 이 경우 목적격 보어로는 대체로 형용사(구)나 명사(구)가 온다.

> You make **me nervous**. 너 때문에 신경 쓰여.
>
> She's driving **us crazy**. 그녀 때문에 우리가 미칠 지경이야.
>
> Let's paint **it blue**. 파란색으로 페인트칠하자.
>
> I find **her attitude strange**. 그녀의 태도가 수상쩍어.
>
> Don't call **me a liar**. 날 거짓말쟁이라고 부르지마.
>
> I don't know why they elected **him President**.
> 나는 그들이 그를 대통령으로 선출한 이유를 모르겠다.
>
> Would you like to join the committee? ~ I would consider **it an honour**.
> 위원회에 가입하시겠어요? ~ 그렇게 된다면 영광이겠습니다.

목적어가 긴 경우에는 목적어 앞에 목적격 보어가 올 수도 있다. 비교)

> He painted **the wall red**. 그는 벽을 붉은색으로 칠했다. (NOT ~~He painted red the wall.~~)
>
> He painted **red the walls, the window frames and ceiling**.
> 그는 벽, 창틀과 천장을 붉은색으로 칠했다.

2 I see you as …

일부 동사의 경우 목적어 뒤에 목적격 보어로 〈as + 목적격 보어〉를 취한다. 대체로 사람 또는 사물을 보거나 묘사하는 시각을 언급할 때 이 구문을 쓴다.

> I **see** you **as** a basically kind person. 나는 네가 근본 심성이 따뜻한 사람이라고 생각한다.
>
> She **described** her attacker **as** a tall dark man with a beard.
> 그녀는 자신을 공격한 사람을 턱수염을 기르고 피부가 검은 키 큰 남성으로 묘사했다.
>
> His mother **regards** him **as** a genius. 그의 어머니는 그를 천재라고 생각한다.
>
> After tests, they **identified** the metal **as** gold. 검사 후 그들은 그 금속을 금으로 판명했다.

as 대신 as being을 쓸 수도 있다.

> The police do not regard him **as** (**being**) dangerous.
> 경찰은 그를 위험 인물로 여기지 않는다.

3 I considered him to be …

격식체에서는 생각이나 감정, 견해 등을 나타내는 인지동사(believe, consider, feel, know, find, understand 등)는 〈목적어 + to부정사(대체로 to be)〉 형태를 취한다. 비격식체에서는 흔히 that절을 쓴다.

> I **considered him to be** an excellent choice. 나는 그를 탁월한 선택이라고 생각했다.
> (비격식체: I considered that he was an excellent choice.)
>
> We **supposed them to be** married. 우리는 그들이 결혼했다고 추측했다.
> (비격식체: We supposed that they were married.)
>
> They **believed her to be** reliable. 그들은 그녀가 믿을 만하다고 생각했다.
> (비격식체: They believed that she was reliable.)

think의 경우 이 구문을 거의 쓰지 않는다.

> I **thought that** she was mistaken. 나는 그녀가 틀렸다고 생각했다.
> (I thought her to be mistaken.보다 자연스러움)

consider 뒤에서는 to be를 생략할 수 있다.

> I **considered him** (**to be**) an excellent choice. 나는 그를 탁월한 선택이라고 생각했다.

to be 구문을 수동태로 쓰기도 하는데 능동태가 더 격식을 차린 표현이다(▶ 10.6번 참조).

feel 구문의 자세한 내용은 ▶463 참조. know 구문은 ▶504 참조. think 구문은 ▶606 참조.

4 They found her (to be) ...

〈**find + 목적어**〉 뒤에 to be를 써서 실험이나 조사를 통해 알게 된 사실을 나타낸다. 비교〉

– Everybody **found her very pleasant**. 모두는 그녀가 아주 명랑하다는 것을 알게 되었다.
   The doctors **found her to be perfectly fit**.
   의사들은 그녀가 지극히 건강하다는 것을 알게 되었다.

– I **found the bicycle very comfortable** to ride.
   나는 그 자전거가 타기에 아주 편안하다는 것을 알게 되었다.
   The testers **found this bicycle to be the best** value for money.
   실험자들은 이 자전거가 가격 대비 최고의 가치라는 것을 알게 되었다.

5 가목적어 it: She made it clear that ...

동사의 목적어가 절, to부정사, -ing 구문을 취하고 목적격 보어가 따라오는 경우에는 주로 가목적어 it을 쓴다. 비교〉

> She made **her views clear**. 그녀는 자신의 의견을 분명히 밝혔다.
> She made **it clear that** she disagreed. 그녀는 자신이 반대한다는 것을 분명히 했다.
> (NOT ~~She made that she disagreed clear.~~)

이 구문의 자세한 내용은 ▶269 참조.

6 수동태 구문

수동태 구문도 흔히 쓰인다. (▶65 참조)

> It **was painted** blue. 그것은 푸른색 칠이 되어 있다.
> He **was elected** President. 그는 대통령으로 선출되었다.
> Her attacker **was described** as a tall man with a beard.
> 그녀를 공격한 사람은 턱수염을 기른 키 큰 남자로 묘사되었다.
> The metal **was identified** as gold. 그 금속은 금으로 판명되었다.
> He **is not regarded** as being dangerous. 그는 위험 인물로 간주되지 않는다.
> For a long time he **was thought** to be a spy. 그는 오랫동안 스파이로 인식되었다.
> She **was believed** to belong to a revolutionary organisation.
> 그녀는 혁명 조직에 속한 것으로 생각되었다.
> Seven people **are understood** to have been injured in the explosion.
> 폭발로 일곱 명이 부상당했다고 한다.
> It **was considered** impossible to change the date.
> 날짜를 변경하는 것은 불가능하다고 생각되었다.

11 연결동사: be, seem, look 등

1 대표적인 연결동사

형용사 보어나 명사 보어를 주어와 연결시켜 주는 동사를 '연결동사(linking verb, copulas, copular verb)'라고 한다. be, seem, appear, look, sound, smell, taste, feel, become, get 등이 대표적인 연결동사들이다.

The weather **is** horrible. 날씨가 정말 끔찍하다.

I do **feel** a fool. 나 정말 바보 같아.

That car **looks** fast. 그 차는 빨라 보인다.

She **became** a racehorse trainer. 그녀는 경주마 조련사가 되었다.

The stew **smells** good. 그 스튜 냄새가 좋다.

It's **getting** late. 늦었다.

2 연결동사 + 형용사

연결동사 뒤에는 부사가 아닌 형용사를 쓴다. 비교)

He **spoke intelligently.** 그는 재치 있게 말했다.

(intelligently는 부사. 그의 말하는 태도를 나타낸다.)

He **seems intelligent.** 그는 총명해 보인다.

(intelligent는 형용사. He is intelligent.와 마찬가지로 그의 지적 능력을 나타낸다. seem은 연결동사)

3 기타 용례

연결동사 중 일부는 일반동사로 쓰이기도 한다. 이 경우 의미가 달라지며, 형용사가 아닌 부사와 함께 쓰인다. 비교)

The problem **appeared impossible.** 그 문제는 불가능한 것처럼 보였다. (NOT ... ~~impossibly.~~)

Isabel **suddenly appeared** in the doorway.

이사벨이 갑자기 출입구에 모습을 드러냈다. (NOT ... ~~sudden~~ ...)

연결동사와 일반동사 두 가지로 모두 쓰이는 동사로는 look(▶518 참조), taste(▶603 참조), feel(▶463 참조) 등이 있다.

4 변화를 나타내는 연결동사: become, get, grow 등

상황의 변화나 지속을 나타내는 연결동사도 있다. 대표적인 동사로 become, get, grow, go, turn, stay, remain, keep 등이 있다.

It's **becoming** colder. 점점 추워지고 있다.

It's **growing** late. 점점 늦어지고 있다.

How does she **stay** so young? 그녀는 어떻게 젊음을 유지하지?

Keep calm. 침착해.

I'm **getting** sleepy. 점점 졸려.

The leaves **are going** brown. 나뭇잎들이 갈색으로 변하고 있다.

I hope you will always **remain** so happy. 늘 행복하길 바라.

His hair **is turning** grey. 그의 머리가 백발로 변하고 있다.

이러한 동사들의 차이점은 ▶394 참조.

5 형용사를 수반하는 기타 동사

이 밖에도 형용사를 수반하는 동사들이 있는데 동작이나 행위가 아니라 주어의 상태를 묘사할 때 이런 구문들이 쓰인다. 대표적인 예로 sit, stand, lie, fall 등이 있다.

The valley **lay quiet** and **peaceful** in the sun.
햇살을 받은 골짜기는 고요하고 평화로웠다.

She **sat motionless**, waiting for their decision.
그녀는 그들의 결정을 기다리며 꼼짝 않고 앉아 있었다.

He **fell unconscious** on the floor.
그는 마룻바닥 위에 실신해 있었다. (NOT ... ~~unconsciously~~ ...)

목적어의 상태를 표현할 때는 〈**동사 + 목적어 + 형용사**〉 형태를 쓴다.

New SUPER GUB washes clothes SUPER **WHITE**.
신제품 SUPER GUB은 옷을 새하얗게 세탁해 줍니다. (NOT ... ~~WHITELY~~ ...)

He pulled his belt **tight** and started off.
그는 안전벨트를 단단히 맨 뒤 출발했다. (NOT ... ~~tightly~~ ...)

형용사와 부사의 차이는 ▶ 193 참조.   drive slow, think positive 등의 구문은 ▶ 194.2, 194.4 참조.
동사 뒤에 쓰이는 구문의 자세한 내용은 ▶ 16 참조.   특정 연결동사의 용법은 해당 항목 참조.

12 이어동사: 구동사

1 동사 + 부사 불변화사: get back, walk out

영어에는 짧은 부사 불변화사(adverb particle)를 수반하는 동사들이 많다. 이런 이어동사를 가리켜 '구동사(phrasal verb)'라고 한다.

Get back! 물러서!
She **walked out**. 그녀는 걸어 나갔다.
I **switched** the light **off**. 나는 불을 껐다.

흔히 쓰이는 부사 불변화사: about, across, ahead, along, (a)round, aside, away, back, by, down, forward, in, home, off, on, out, over, past, through, up

이런 부사들 중 일부는 전치사로 쓰이기도 한다. 비교)

I **switched** the light **off**. 나는 불을 껐다. (부사 불변화사)
I **jumped off** the wall. 나는 담에서 뛰어내렸다. (전치사)

자세한 비교는 ▶ 195 참조.

2 관용적 의미: break out; turn up

이어동사의 의미는 각각의 단어가 나타내는 의미와 다를 때가 많다.

War **broke out** in 1939. 전쟁은 1939년에 일어났다. (broke out은 broke + out의 의미가 아님)
Joe **turned up** last night. 조는 어젯밤 나타났다.
(turned up은 appeared와 같은 의미로 turned + up의 의미가 아님)
I **looked** the word **up** in the dictionary. 나는 그 단어를 사전에서 찾아보았다.
(look up은 look + up의 의미가 아님)

We **put off** the meeting till Tuesday 우리는 화요일까지 회의를 연기해야 해다
(put off는 put + off의 의미가 아님)

3 목적어를 취하는 경우와 취하지 않는 경우
일부 구동사는 자동사로 쓰여 목적어를 취하지 않는다.

I **got up** at 7.00 today. 나는 오늘 7시에 일어났다.
That colour really **stands out**. 저 색은 정말 눈에 띈다.

나머지 구동사는 타동사로 쓰인다.

Could you **switch the light off**? 불을 꺼주시겠어요?
I helped Anna to **clean up the room**. 나는 애나가 방을 청소하는 것을 도왔다.

4 목적어가 있을 때의 어순
대부분의 부사(▶ 196.1 참조)와는 달리, 부사 불변화사는 목적격 앞이나 뒤에 쓸 수 있다.

She switched **off the light**. OR She switched **the light off**. 그녀는 불을 껐다.

그러나 목적어가 대명사일 경우 부사 불변화사를 목적어 뒤에 쓴다.

She switched **it off**. 그녀는 그것을 껐다. (NOT She switched off it.)
Is that the light **which** you switched **off**? 저게 네가 끈 전등이야?
(NOT ... the light off which you switched?)
Give **me back** my watch. OR Give **me** my watch **back**. 내 시계 돌려줘.
(NOT Give back me my watch.)

13 이어동사: 전치사 수반 동사

1 동사 + 전치사: listen to; look at
많은 동사들이 목적어 앞에 전치사를 항상 수반한다.

You never **listen to** me. 너는 내 말을 전혀 안 듣는구나. (NOT You never listen me.)
Luke walked down the road without **looking at** anybody.
루크는 아무도 쳐다보지 않고 길을 걸어갔다.

목적어가 없으면 전치사를 쓰지 않는다.

Listen! 들어봐! (NOT Listen to!)

2 숙어: look after, get over
이어동사의 의미는 각각의 단어가 나타내는 의미와 다른 경우가 많다.

Could you **look after** the kids while I'm out? 제가 외출한 사이 아이들 좀 돌봐주시겠어요?
(look after는 look + after의 의미가 아님)
It took ages to **get over** his illness. 그는 병을 이겨내는 데 오래 걸렸다.
(get over는 get + over의 의미가 아님)

3 어순: What are you thinking about?

의문문이나 관계사절처럼 목적어가 절의 앞에 올 경우, 이어동사의 형태를 유지하여 전치사의 목적어를 따로 떼어 옮길 수 있도록 전치사는 문장 끝에 위치한다. 전치사로 끝나는 문장에 대한 자세한 내용은 ▶ 209 참조.

> **What** are you thinking **about**? 무슨 생각하고 있어?
>
> (NOT ~~About what are you thinking?~~)
>
> I've found the book **which** I was looking **for**. 나는 찾고 있던 책을 발견했다.
>
> (비격식체에서는 ... the book for which I was looking.보다 자연스러움)

4 전치사와 부사 불변화사를 함께 취하는 동사

일부 동사는 부사 불변화사와 전치사를 함께(동사 + 부사 불변화사 + 전치사) 쓸 수도 있다(▶ 12 참조).

> I **get along with** her quite well. 나는 그녀와 아주 잘 지낸다.
>
> Stop talking and **get on with** your work. 이야기 그만하고 계속 일해.
>
> It's hard to **put up with** people who won't stop talking.
> 쉴새 없이 떠들어대는 사람들은 참기 어렵다.
>
> If you're on the road on Saturday night, **look out for** drunk drivers.
> 토요일 밤에 운전하게 되면 음주 운전자들을 조심해라.
>
> I'll think about it and **get back to** you. 생각해보고 다시 연락드리겠습니다.
>
> She **went up to** the officer and explained her problem.
> 그녀는 경찰에게 다가가서 자신의 문제를 설명했다.
>
> I'm **looking forward to** the party. 나는 파티를 고대하고 있다.

전치사와 부사 불변화사의 차이는 ▶ 195 참조.   수동태에서의 전치사 수반 동사 ▶ 62 참조.

14 동작을 나타내는 동사: she ran in 등

하나의 동작을 설명할 때 동작의 방향, 특성을 표현하는 방법은 다양하다.

첫째, 각각 다른 단어를 써서 표현할 수 있다:

> She **came in running**. 그녀는 뛰어들어왔다.

둘째, 방향 개념이 내포된 동사를 쓰고 동작의 특성만을 따로 표현할 수도 있다.

> She **entered running**. 그녀는 뛰어들어왔다.

셋째, 동작의 특성을 명확히 나타내는 동사를 쓰고 방향을 따로 나타내는 방법이다.

> She **ran in**. 그녀는 뛰어들어왔다.

영어에서는 세 번째 방식이 가장 널리 쓰인다.

> I **walked back**. 나는 걸어서 돌아갔다. (I went back walking.보다 더 자연스러움)
>
> She **danced across** the garden. 그녀는 정원을 가로지르면서 춤을 추었다.
>
> (She crossed the garden dancing.보다 더 자연스러움)

I **jumped down** the stairs. 나는 계단을 뛰어내려갔다.

(I came down the stairs jumping.보다 더 자연스러움)

They **crawled out** of the cellar. 그들은 지하실에서 기어 나왔다.

The eagle **flew away**. 독수리가 날아가 버렸다.

15 동사 + 동사: 조동사

1 조동사의 필요성

영어 문장에서 동사구는 중요한 의미들을 표현한다. 의문문과 부정문을 만들 때, 완료형 및 진행형 등 시제를 표현할 때, 행위의 반복성, 화자의 의지, 가능성, 의무 등을 나타낼 때도 동사구가 요긴하게 쓰인다. 그러나 be동사를 제외한 일반동사의 어형은 그리 다양하지 않아 최대 다섯 가지(예: see, sees, seeing, saw, seen) 정도다. 그래서 이런 다양한 의미들을 표현하기 위해 본동사와 더불어 '보조하는(auxiliary)' 동사를 쓰는데, 크게 두 가지 유형이 있다.

2 be, do, have

be는 다른 동사와 함께 써서 진행형 또는 수동태 문장을 만든다.

Is it raining? 비가 오니?

She **was** imprisoned by a military court. 그녀는 군사 법정에 의해 복역했다.

do는 의문문, 부정문을 만드는 데 쓰이며 일반동사를 강조할 때도 쓰인다.

Do you smoke? 담배 피우세요?

It **didn't** matter. 그것은 문제가 되지 않았다.

Do come in. 어서 들어오세요.

have는 완료형 문장을 만드는 데 쓰인다.

What **have** you done? 무슨 일을 했어?

I realised that I **hadn't** turned the lights off. 나는 전등을 끄지 않았다는 것을 깨달았다.

자세한 내용은 ▶ Section 2 참조.

3 서법 조동사

will, shall, would, should, can, could, may, might, must, ought는 흔히 '서법 조동사(modal auxiliary verb)'라고 부른다. 이런 조동사들은 다른 동사와 함께 쓰여 '확실성'과 '의무' 등 다양한 의미를 덧붙여 준다.

She **may** be in Mexico. 그녀는 멕시코에 있을 지도 모른다.

You **must** call Uncle Arthur. 너는 아서 삼촌에게 전화를 해야 한다.

자세한 내용은 ▶ Section 7 참조.

4 기타 〈동사 + 동사〉 구문

〈동사 + 동사〉 구문에 쓰이는 동사들(예: seem)은 대체로 '서법 조동사'라고 부르지 않는다. 중요한 차이 중 하나는 문법적 특징이다. 조동사의 경우는 do를 쓰지 않고 의문문과 부정문을 만들 수 있지만, 그 밖의 〈동사 + 동사〉 구문은 조동사 do를 첫 번째 동사 앞에 넣어야 의문문이나 부정문을 만들 수 있다. 비교)

– She should understand. 그녀는 이해해야 한다.

   Should she understand? 그녀는 이해해야 하는가?

– He is swimming. 그는 수영하고 있다.

   He **is not** swimming. 그는 수영하고 있지 않다.

– She seems to understand. 그녀는 이해하는 것 같다.

   Does she seem to understand? 그녀가 이해하는 것 같은가?

– He likes swimming. 그는 수영을 좋아한다.

   He **doesn't like** swimming. 그는 수영을 좋아하지 않는다.

이 구문에 대한 자세한 내용은 ▸ 16 참조.

16 동사 + 동사: 기타 구문

1 to부정사, -ing 형태, 절

조동사 이외에도 다른 형태의 동사나 절을 취하는 경우도 있다. 이를테면 어떤 행위에 대한 생각을 표현할 때, 첫 번째 동사는 생각, 두 번째 동사는 행위를 가리킨다. 그리고 뒤에 나오는 동사 구문은 앞에 오는 동사의 직접목적어처럼 쓰인다.

   I **hope to see** you soon. 조만간 뵙길 바랍니다.

   I **enjoy playing** cards. 나는 카드놀이를 즐겨 한다.

   I **saw that she was crying**. 나는 그녀가 울고 있는 것을 보았다.

동사에 따라 쓸 수 있는 구조나 구문들이 다양하다. to부정사나 원형부정사를 취하는 동사도 있고(▸ 97-98 참조), 전치사와 함께(또는 전치사 없이) -ing형을 취하는 동사도 있으며(▸ 100 참조), 뒤에 절이 따라오는 동사도 있다. 일부 동사는 한 가지 이상의 구문을 취할 수 있으며 이 경우 어떤 구문을 취하느냐에 따라 의미와 용법이 달라지기도 하므로, 어느 구문이 가능한지 알아야 한다.

   We **seem to have** a problem. 우리에게 문제가 생긴 것 같아.

   (NOT We seem having a problem.)

   Can I **help wash** the dishes? 설거지 도와줄까?

   It's not very easy to **stop smoking**. 금연은 그다지 쉽지 않다. (NOT ... to stop to smoke.)

   We're **thinking of moving**. 우리는 이사를 고려하고 있다. (NOT We're thinking to move.)

   I **suggest that you see** a solicitor. OR I **suggest seeing** a solicitor.

   변호사를 만나보는 게 어때. (NOT I suggest you to see a solicitor.)

〈동사 + 동사〉 구조로 문장이 구성될 경우, 첫 번째 동사는 주어에 대한 정보를 주기보다는 두 번째 동사가 의미하는 행위를 설명하는 경우도 있다.

   I **happened to see** Alice the other day. 나는 며칠 전에 우연히 앨리스를 만났다.

   We're **starting to get invited** to some of the neighbours' parties.
   우리는 이웃들의 파티에 초대를 받기 시작했다.

   My keys **seem to have disappeared**. 내 열쇠가 없어진 것 같다.

동사들이 사슬처럼 연결되어 제각기 뒤에 이어지는 동사들과 연관되는 구문도 있다.

I **keep forgetting to go** shopping. 나는 쇼핑하러 가야 하는데 자꾸 잊어버려.

Don't **let me stop** you **working**. 내가 방해가 되면 얘기해.

He **seems to be trying to sit up**. 그는 일어나 앉으려고 애쓰는 것 같아.

I don't **want to have to get** her **to start telling** lies.
나는 그녀가 거짓말을 시작하게끔 만들고 싶지 않아.

2 동사 + 목적어 + 동사

목적어와 또 다른 동사의 형태를 수반하기도 한다.

I'd like **you to meet** Sophie. 소피를 소개할게요.

We all want **you to be** happy. 우리 모두는 네가 행복하기를 바라.

(NOT We all want ~~that you are happy~~.)

We've got to **stop him making** a fool of himself. 우리는 그가 바보짓을 못하게 해야 한다.

When are you going to **get the clock repaired**? 시계는 언제 수리할 거야?

Nobody **told me that you were here**. 네가 여기 있다고 아무도 나에게 말해 주지 않았다.

〈동사 + 목적어 + 부정사〉와 〈동사 + 목적어 + -ing형〉 구문의 자세한 내용은 ▶ Section 9 참조.
get the clock repaired와 같은 〈동사 + 목적어 + 과거분사〉 구문의 자세한 내용은 ▶ 107-109 참조.
〈동사 + that절〉 구문의 자세한 내용은 ▶ 258-259, 264 참조.

Section 2 **be, have, do**

개요

이 3가지 동사는 이중으로 쓰인다. 우선 조동사로 쓰여 의문문, 부정문, 강조, 완료 시제, 진행 시제, 수동태 등을 만들 수 있다. be는 연결 동사로도 쓰이며 have, do는 본동사로도 쓰인다. 따라서 이 3가지 동사는 하나의 구절에서 두 번 등장할 수 있다.

> I **am being** served. 주문했어요.
> **Have** you **had** an invitation? 초대 받으셨나요?
> What **do** you **do?** 무슨 일을 하세요?

특히 have의 경우 어법이 복잡하다.
자세한 내용은 다음 항목들을 참조하라.

다음 문장은 왜 틀렸을까?

- ❌ I was being depressed when you phoned. ▶18 참조
- ❌ I don't often be sick. ▶19 참조
- ❌ A hole is in my sleeve. ▶20.1 참조
- ❌ It is a lot of noise in the street. ▶20.1 참조
- ❌ I don't know how many people there is in the waiting room. ▶20.1 참조
- ❌ There was swimming a girl in the lake. ▶20.4 참조
- ❌ There seems to be some problems. ▶20.5 참조
- ❌ There was the door open. ▶20.7 참조
- ❌ Do you have heard the news? ▶22.2 참조
- ❌ I'm not having seen her anywhere. ▶22.3 참조
- ❌ Had you a good trip? ▶23.2 참조
- ❌ I've lunch at 12.30 most days. ▶23.2 참조
- ❌ She is having three brothers. ▶24.2 참조
- ❌ Do you have got a headache? ▶24.6 참조
- ❌ Have you got a pen? ~ Sorry, I haven't got. ▶24.6 참조
- ❌ I had got a cold last week. ▶24.6 참조
- ❌ You have right. ▶25.1 참조
- ❌ She has nearly thirty. ▶25.2 참조
- ❌ It's 37 kilos heavy. ▶25.2 참조
- ❌ Like you football? ▶27.1 참조
- ❌ Do you can play football? ▶27.1 참조
- ❌ I like not football. ▶27.2 참조
- ❌ I haven't got time to get the tickets. Who's going to do so? ▶29.2 참조
- ❌ I like the saxophone, and I have always done it. ▶29.3 참조

Section 2 목차

17 be: 일반적인 쓰임

be는 진행형이나 수동태 구문에서 조동사(auxiliary verb)처럼 쓰일 수 있다. (▶ 3, 57 참조)

What are you doing? 넌 지금 뭐하고 있어?

We **weren't** told about the meeting. 우리는 그 회의에 관해 듣지 못했다

조동사 be는 수동태 구문에서 진행형으로 쓸 수 있다. (▶ 57.2 참조)

The hospital **is being** rebuilt. 병원은 건설 중에 있다.

I knew we **were being** watched. 나는 우리가 감시 당하고 있다는 것을 알았다.

be는 주어와 보어를 연결하는 연결동사(linking verb)로 사용될 수 있다.

This **is** difficult. 이것은 어렵다.

Andy **was** very tired. 앤디는 아주 피곤했다.

연결동사는 보통 진행형으로 쓰지 않는다.

It's cold today. 오늘은 날씨가 춥다. (NOT It's being cold today.)

하지만 어떤 경우에는 사용 가능하다. (▶ 18 참조)

You're **being** stupid. 넌 어리석게 굴고 있어.

be동사의 의문문이나 부정문은 do가 필요하지 않으며, 부정 명령문이나 명령문을 강조할 때는 do를 쓴다. (▶ 19 참조)

Don't be afraid. 무서워하지 마.

Do be careful. 정말 조심해. (Be careful. 보다 더 강한 의미)

불특정한 주어를 소개할 때 사용되는 there is 구문은 ▶ 20 참조.

〈be + to부정사〉 (예: She is to arrive tomorrow.) 구문은 ▶ 42 참조.　　　축약 (예: I'm, isn't)은 ▶ 337 참조.

18 be: 진행형

　I am being / you are being 등 + 형용사/명사

이 구문은 일시적인 상황에서의 행위나 태도를 나타낼 때 쓰며, 기분을 나타낼 때는 잘 쓰지 않는다. 비교〉

- You're **being** stupid. (= You're doing stupid things.) 넌 어리석게 굴고 있어.

  I **was being** very careful. (= I was doing something carefully.)
  나는 아주 조심했어.

  Who's **being** a silly baby, then? 그럼 누가 유치하게 굴고 있을까, 응?

- I'm happy at the moment. 나는 지금 행복하다. (NOT I'm being happy at the moment.)

  I **was** depressed when you phoned. 네가 전화했을 때 우울했어.

  (NOT I was being depressed ...)

주의 He's being sick.(영국 영어 = He's vomiting. 그가 토하고 있다.)과 He's sick.(= He's ill. 그는 아프다.)의 차이에 유의한다.

수동태의 동사형에서 am being의 용례는 ▶ 57.2 참조.

19 be: 조동사 do와 함께 사용하는 경우

일반적으로 be와 조동사 do는 함께 쓰지 않는다.

I'm not often sick. 나는 자주 아프지는 않는다. (NOT ~~I don't often be sick.~~)

그러나 be동사로 부정의 명령문(남에게 어떤 행동을 하지 말라고 말하는 경우)을 만들 때는 do 가 필요하다.

Don't be silly! 어리석게 굴지 마!

Don't be such a nuisance! 귀찮게 좀 굴지 마!

긍정의 명령문에 강조의 뜻을 더할 때는 do be를 쓴다.

Do be careful! 제발 조심해!

Do be quiet, for God's sake! 제발 좀 조용히 해!

비격식체에서는 명령문과 비슷한 의미를 지닌 구문에 be동사와 do를 함께 쓰기도 한다.

Why **don't** you **be** a good boy and sit down? 착하게 좀 앉아있으면 안되겠니?

If you **don't be** quiet you'll go straight to bed. 조용히 있지 않을 거면 당장 가서 자.

조동사 do의 기타 용법은 ▶ 27 참조.

20 there is

1 용례

there는 어떤 사람, 사물 등의 존재 유무를 언급하는 문장에서 일종의 가주어 기능을 하여 진주 어를 동사 뒤로 도치시키는 역할을 한다. 이때 there는 /ðeə(r)/가 아니라 /ðə(r)/로 발음한다.

There's a hole in my sleeve. 내 소매에 구멍이 났다. (A hole is in my sleeve.보다 더 자연스러움)

There's ice on the lake. 호수에 얼음이 얼었다. (Ice is on the lake.보다 더 자연스러움)

이런 용법으로는 it을 쓸 수 없다.

There is a lot of noise in the street.
거리에 소음이 심하다. (NOT ~~It is a lot of noise in the street.~~)

주어가 복수일 때는 there are를 쓴다.

I don't know how many people **there are** in the waiting room.
대기실에 몇 명이나 있는지 모르겠다. (NOT ... ~~how many people there is~~ ...)

그러나 비격식체에서는 there's 뒤에 복수 주어를 쓰기도 한다.

There's two men at the door, Dad. 문 앞에 두 사람이 있어요, 아빠.

There's some grapes in the fridge, if you're still hungry.
아직도 배고프다면 냉장고에 포도가 좀 있어.

2 불특정한 대상이 주어일 때

특히 주어 앞에 관사가 없거나, 주어가 some, any, no 등 부정(不定) 한정사의 수식을 받거나, somebody, nothing 등의 부정(不定) 대명사가 주어일 때 흔히 쓰인다.

There are **some people** outside. 밖에 몇 사람이 있다

There were **no footsteps** to be seen. 발자국은 전혀 보이지 않았다.

Is there **anybody** at home? 집에 아무도 없어요?

There was **dancing** in the streets. 거리에서는 춤을 추고 있었다.

There's **something** worrying me. 걱정되는 것이 있다.

wrong, the matter(▶524 참조)를 활용하는 용법에도 유의한다.

There's something **wrong**. 뭔가 잘못됐어.

Is there anything **the matter**? 무슨 문제 있어?

sense, point, use(▶373 참조), need와 함께 쓰이는 구문에도 유의한다.

There's **no sense** in making him angry. 그를 화나게 하면 곤란하다.

Is there **any point** in talking about it again? 다시 얘기해 봐야 의미가 있을까?

Do you think there's **any use** trying to explain? 해명하려고 한들 소용이 있을까?

There's **no need** to hurry – we've got plenty of time.
서두를 필요 없어. 시간은 충분하니까.

3 모든 시제 활용

there 뒤에는 모든 시제의 be동사를 쓸 수 있다.

Once upon a time **there were** three wicked brothers.
옛날옛적에 심술궂은 삼형제가 살았다.

There has never **been** anybody like you. 너 같은 사람은 이제껏 없었어.

There will be snow later in the week. 이번 주 말에 눈이 내릴 것이다.

부가의문문에도 there를 쓸 수 있다(▶306.4 참조).

There'll be enough for everybody, **won't there?** 모두에게 충분한 양이 있을 거야. 안 그래?

4 조동사 be 구문

there는 be동사의 진행형이나 수동태 구문과도 사용 가능하다. 어순에 유의한다.

There was a girl **swimming** in the lake. (= A girl was swimming ...)
호수에서 수영을 하는 소녀가 있었다. (NOT ~~There was swimming a girl~~ ...)

There have been more Americans **killed** in road accidents than in all the wars
since 1900. (= More Americans have been killed ...)
1900년 이후 일어난 모든 전쟁에서 사망한 사람보다 교통사고로 사망한 미국인 수가 더 많다.
(NOT ~~There have been killed more Americans~~ ...)

There'll be somebody **meeting** you at the airport. 공항에 마중 나온 사람이 있을 겁니다.

5 복합 구문

there 뒤에 〈서법 조동사 + be〉 형태와 〈seem/appear/happen/tend + to be〉 형태도 쓸 수
있다.

There might be drinks if you wait for a bit. 조금만 기다리면 음료가 나올지도 몰라.

There must be something we can do. 우리가 할 수 있는 뭔가가 있을 거야.

If the police hadn't closed the road, **there could have been** a bad accident.
경찰이 도로를 폐쇄하지 않았더라면 심각한 사고가 발생했을 것이다.

There seem to be some problems. 문제가 좀 있는 것 같다. (NOT ~~There seems to be~~ ...)

Could you be quiet? **There happens to be** a lecture going on.
조용히 해주실래요? 강의가 진행되고 있습니다.

There tends to be jealousy when a new little brother or sister comes along.
남동생이나 여동생이 생기면 질투를 하는 경향이 있다.

there is/are certain/sure/likely/bound to be 구문도 가능하다.

There is sure to be trouble when she gets his message.
그녀가 그의 메시지를 받으면 필시 사단이 날 거야.

Do you think **there are likely to be** delays? 지연될까?

to부정사(there to be)와 -ing형(there being)도 쓰인다.

I don't want **there to be** any more trouble. 나는 더 이상 문제가 생기는 것을 바라지 않는다.

What's the chance of **there being** an election this year?
올해 선거를 치를 가능성은 얼마나 될까?

6 기타 동사: there lived...

격식체나 문어체에서는 주어의 상태나 등장을 묘사할 때 be동사 이외의 다른 동사를 there 뒤에 쓰기도 한다.

In a small town in Germany **there** once **lived** a poor shoemaker.
독일의 어느 작은 마을에 가난한 구두 수선공이 살았다.

There remains nothing more to be done. 더 이상 할 일이 없다.

Suddenly **there entered** a strange figure dressed all in black.
갑자기 온통 검은색으로 차려 입은 낯선 인물이 들어왔다.

There followed an uncomfortable silence. 거북한 침묵이 뒤따랐다.

7 특정한 대상이 주어일 때

주어가 특정한 대상(예: 주어에 정관사가 붙거나 고유 명사가 주어)인 경우에는 대체로 there를 쓰지 않는다.

The door was open. 문이 열려 있었다. (NOT ~~There was the door open.~~)

James was at the party. 제임스는 파티에 있었다. (NOT ~~There was James at the party.~~)

문제 해결 방안으로 사람이나 사물을 지적할 경우 예외적으로 there를 쓸 수 있다.

Who could we ask? ~ Well, **there's James**, or Miranda, or Anna, or Emma, ...
누구한테 물어볼까? ~ 음, 제임스도 있고 미란다, 애나, 엠마 …

Where can he sleep? ~ Well, **there's** always **the attic**.
그는 어디에서 자면 될까? ~ 음, 다락방이 있잖아.

또 하나의 예외로 '어떤 …이 있었다'라는 식으로 이야기의 운을 뗄 때 쓰는 there was this … 가 있다. 여기서 this는 막연한 어떤 사람이나 사물 등을 가리킨다.

There was this man, see, and he couldn't get up in the mornings. So he ...
어떤 남자가 있었는데, 아침에 일어날 수가 없는 거야. 그래서 그는 …

21 have: 개요

have는 여러 가지 다양한 용법으로 쓰인다.

a 완료형을 만드는 조동사 (▶22 참조)

Have you **heard** about Daniel and Corinne? 다니엘과 코린 소식 들었어?

I remembered his face, but I **had forgotten** his name.

그의 얼굴은 기억나는데 이름은 잊어버렸다.

b 행위나 경험 (▶23 참조)

I'm going to **have** a bath. 목욕할 거야.

What time do you usually **have** breakfast? 보통 몇 시에 아침을 먹니?

c 소유나 관계 등 각종 상태 (▶24 참조)

They **have** three cars. 그들은 차를 석 대 갖고 있다.

Have you **(got)** any brothers or sisters? 남자 형제나 여자 형제가 있나요?

Do you often **have** headaches? 두통이 자주 있나요?

d must와 마찬가지로 의무를 나타내는 〈have + to부정사〉 (▶74 참조)

I **had to work** last Saturday. 나는 지난 토요일 근무를 해야 했다.

e 자신이 일으키거나 당한 행위 또는 사건을 나타내는 〈have + 목적어 + 동사〉 형태 (▶109 참조)

He soon **had everybody laughing**. 그는 곧 모든 사람을 웃게 만들었다.

I must **have my shoes repaired**. 구두를 수선해야겠다.

We **had our car stolen** last week. 우리는 지난주에 차를 도난당했다.

기타 구문이나 의미는 이후 항목들 참조.

축약형(I've, haven't 등)은 ▶337 참조.   약세형 발음은 ▶315 참조.   〈had better + 동사원형〉은 ▶77 참조.

22 have: 조동사

> have + 과거분사

1 동사의 완료형

have 뒤에 과거분사를 써서 동사의 완료형을 만드는데, 이 경우 have는 조동사의 역할을 한다.

You**'ve heard** about Daniel and Corinne?

다니엘과 코린 소식 들었어? (현재 완료: ▶47, 52 참조)

I realised that I **had met** him before.

나는 전에 그를 만난 적이 있다는 걸 깨달았다. (과거 완료: ▶53-55 참조)

We**'ll have been living** here for two years next Sunday.

다음 주 일요일이면 우리가 여기서 산지 2년이 된다. (미래 완료 진행: ▶40 참조)

I'd like **to have lived** in the eighteenth century.

18세기에 살았더라면 좋았을 텐데. (완료 부정사: ▶89 참조)

Having been there before, he knew what to expect.
전에 그곳에 가본 적이 있었기 때문에 그는 어떨지 알고 있었다. (완료 분사)

2 의문문과 부정문

have가 조동사 기능을 할 경우 다른 조동사와 마찬가지로 do 없이 의문문과 부정문을 만들 수 있다.

Have you heard the news? 소식 들었어? (NOT ~~Do you have heard~~ ...?)

I haven't seen them. 나는 그들을 보지 못했다. (NOT ~~I don't have seen them.~~)

3 진행형은 쓸 수 없음

조동사 기능을 하는 have는 진행형으로 쓸 수 없다.

I haven't seen her anywhere. 나는 어디서도 그녀를 보지 못했다.
(NOT ~~I'm not having seen her anywhere.~~)

축약형은 ▸337 참조.   약세형 발음은 ▸315 참조.

23 have: 행위

1 의미 및 관용표현

〈have + 목적어〉는 비격식체로 행위나 경험 등을 설명할 때 쓰인다.

Let's **have a drink**. 한잔하자.

I'm going to **have a bath**. 목욕할 거야. (영국 영어)

I'll **have a think** and let you know what I decide.
생각해 보고 결정되면 알려줄게. (영국 영어)

Have a good time. 즐거운 시간 보내.

이런 관용표현에서 have는 eat, drink, enjoy, experience 등의 의미로 쓰이며, 뒤에 따라오는 명사에 따라 의미가 달라진다. 널리 쓰이는 관용표현은 다음과 같다:

have breakfast / lunch / supper / dinner/ a meal
아침을 / 점심을 / 저녁을 / 정찬을 / 식사를 먹다

have tea / coffee / a drink 차를 / 커피를 / 음료를 마시다

have a bath(영국 영어) / a wash / a shave / a shower(영국 영어)
목욕을 / 세수를 / 면도를 / 샤워를 하다

have a rest / have a lie-down(영국 영어) / have a sleep / have a dream
휴식을 취하다 / 잠깐 쉬다 / 잠을 자다 / 꿈을 꾸다

have a good time / a bad day / a nice evening
좋은 시간을 / 운수 나쁜 날을 / 멋진 저녁을 보내다

have a day off / have a holiday(영국 영어)
하루 휴가를 내다 / 휴일을 보내다

have a good journey / flight / trip 등
좋은 여행을 / 비행을 / 여행을 즐기다

have a talk / a chat / a word with somebody / have a conversation
…와 이야기를 나누다 / 대화하다

have a disagreement / a row(영국 영어) / a quarrel / a fight
의견 충돌이 / 의견 대립이 / 언쟁이 / 싸움이 있다

have a swim / a walk / a ride / a dance / a game of tennis 등
수영을 / 산책을 / 승차를 / 춤추기를 / 테니스 경기를 하다

have a try / a go(영국 영어) 한번 해보다

have a look　한번 보다

have a baby(= give birth)　출산하다

have difficulty / trouble (in) -ing　…하는 데 어려움을 겪다

have an accident / a nervous breakdown　사고를 / 신경쇠약을 겪다

have an operation　수술 받다

주의 미국 영어에서는 **take** a bath(목욕하다), **take** a shower(샤워하다), **take** a rest(휴식하다), **take** a swim(수영하다), **take** a walk(산책하다) 등으로 쓴다.

have는 'receive(받다)'의 의미로도 쓰인다. (예: I've **had** a phone call from Emma. 엠마에게 전화를 받았다.)

명사를 써서 행위를 표현하는 다른 구문은 ▶ 132 참조.

2 어법

이 구문은 do를 써서 의문문과 부정문을 만들며 현재 진행형도 가능하다. 그러나 have의 축약형이나 약세형은 쓰지 않는다.

Did you **have** a good time? 즐거운 시간을 보냈니? (NOT ~~Had you a good time?~~)

I'm **having** a bad day. 일진이 나쁜 하루야.

I **have** lunch at 12.30 most days. 나는 대체로 12시 30분에 점심을 먹는다. (NOT ~~I've lunch ...~~)

24 have (got): 소유, 관계 및 상태

1 의미

have는 소유, 관계, 질병, 사람이나 사물의 특성 등을 설명할 때 흔히 쓰인다.

Her father **has** an office in Westminster. 그녀의 아버지는 웨스트민스터에 사무실이 있다.

They hardly **have** enough money to live on. 그들은 생계를 꾸릴 돈이 넉넉지 않다.

Do you **have** any brothers or sisters? 남자 형제나 여자 형제가 있나요?

The Prime Minister **had** a bad cold. 총리는 독감에 걸렸다.

My grandmother **didn't have** a very nice personality.
우리 할머니는 그다지 상냥한 편이 아니셨다.

have를 써서 특수한 상황에서의 상태를 표현할 수도 있다.

She **has** a houseful of children this weekend. 이번 주말 그녀의 집은 애들로 북적댈 것이다.

I think we **have** mice. 쥐가 있는 것 같아.

2 진행형을 쓰지 않는 경우

형제나 질병 등의 소유/보유 개념을 나타낼 때는 have를 진행형으로 쓰지 않는다.

She **has** three brothers. 그녀에게는 남자 형제가 셋 있다. (NOT ~~She is having three brothers.~~)

Do you **have** a headache? 두통이 있으신가요? (NOT ~~Are you having a headache?~~)

3 do를 써서 만드는 의문문과 부정문

미국 영어와 현대 영국 영어에서는 보통 do를 써서 의문문과 부정문을 만든다.

Does the house **have** a garden? 그 집에는 정원이 있습니까?

Her parents **did** not **have** very much money. 그녀의 부모는 재산이 그리 많지 않았다.

4 do를 쓰지 않는 의문문과 부정문: have you ...?; she has not

고대 영어에서는 do가 없는 의문문과 부정문(예: have you ...?, she has not ...)을 흔히 썼다. 그러나 현대 영어에서는 'I haven't the faintest idea.(전혀 짐작이 안 간다.)'와 같은 일부 관용 표현을 제외하면, 다소 격식에 치우친 어법이라 여겨 거의 쓰지 않으며, 특히 미국 영어에서는 드물다.

- **Have you** an appointment? 예약하셨나요? (격식을 차린 영국 영어에서만 사용)

  Do you **have** an appointment? 예약하셨나요? (미국 영어/영국 영어)

- Angela **has not** the charm of her older sisters.
  안젤라에게는 언니들에게 있는 매력이 없다. (격식을 차린 영국 영어에서만 사용)

  Angela **does** not **have** the charm ...
  안젤라에게는 매력이 없다 …. (미국 영어/영국 영어)

5 have got

대화나 격식을 차리지 않은 글에서는 동사가 중복되는 have got의 형태도 자주 쓰인다.

I've got a new boyfriend. 새 남자친구가 생겼어.

(일상 대화에서는 I have a new boyfriend.보다 더 자연스러움)

Has your sister **got** a car? 너희 언니 차 갖고 있어?

I **haven't got** your keys. 네 열쇠 나한테 없어.

주의 이 경우 have got은 have와 의미의 차이가 없으며, have는 get의 현재 완료 시제를 만들기 위한 일종의 조동사가 아니라 일반동사의 현재형이다.

6 have got: 상세 용법

have got 구문의 의문문이나 부정문을 만들 때는 do를 쓰지 않는다.

Have you **got** a headache? 두통이 있으신가요? (NOT ... ~~Do you have got~~ ...)

The house **hasn't got** a cellar.

그 아파트에는 와인 저장실이 없다. (NOT ~~The house doesn't have got~~ ...)

단축형 대답이나 부가의문문에는 have got을 쓰지 않는다.

Have you got a light? ~ No, I **haven't**.

불 있으세요? ~ 아니, 없습니다. (NOT ~~No, I haven't got.~~)

Anne's got a bike, **hasn't** she? 앤한테 자전거 있지 않니?

과거 시제로는 거의 쓰지 않는다.

I **had** some problems last week.

나는 지난주 문제가 좀 있었다. (NOT ~~I had got some problems~~ ...)

Did you **have** good teachers when you were at school?

학창 시절 좋은 선생님들이 계셨니?

67

got은 대체로 to부정사나 have의 분사형 또는 ing형과 같이 쓰이지 않으므로, **to have got a headache**나 having got a brother처럼 쓸 수 없다. have got은 서법 조동사와 더불어 쓰일 때도 있다. (예: She must have got a new boyfriend. 그녀에게 새로운 남자친구가 생긴 게 틀림없다.)

미국 영어에서는 대체로 have got을 쓰지 않으며, 특히 의문문이나 부정문에는 거의 쓰지 않는다.

미국 영어에서는 격의 없는 대화에서 앞의 축약형 've를 생략하기도 한다('s는 생략하지 않음).

> I('ve) **got** a problem. 문제가 생겼어.

미국 영어에서는 특히 have got을 쓴 의문문에 대한 단축형 대답이나 호응 의문문, 또는 부가의문문에서 got을 do로 받기도 한다.

> I've **got** a new apartment. ~ You **do**? 새 아파트를 장만했어. ~ 그래?

7 반복: got을 쓰지 않음

반복적이거나 습관적인 상태에는 have got을 쓰지 않는다. 비교)

- I **have** / I've **got** headache. 두통이 있다.
  I often **have** headaches. 나는 자주 두통이 있다.
- **Do** you **have** / **Have** you **got** time to go to London this weekend?
  이번 주말에 런던에 갈 시간 있어?
  Do you ever **have** time to go to London? 런던에 갈 시간이 있니?
- Sorry, I **don't have** / **haven't got** any beer. 미안하지만 맥주가 없어요.
  We **don't** usually **have** beer in the house. 우리집에는 보통 맥주가 없어요.

8 반복: 영국 영어의 변화

영국 영어에서는 습관적으로 반복되는 상태를 언급할 때 have와 do를 함께 써왔다. 비교)

> **Do** you often **have** meetings? 회의를 자주 하나요?
> **Have** you **(got)** a meeting today? 오늘 회의가 있나요?

그러나 미국 영어의 영향을 크게 받는 현대 영국 영어에서는 반복의 의미가 없는 경우에도 do를 덧붙여 쓴다.

> **Do** you **have** time to go to the beach this weekend?
> 이번 주말에 해변에 갈 시간 있니? (미국 영어/현대 영국 영어)

25 be, have

1 신체 상태: 배고픔, 갈증 등

배고픔, 갈증, 더위, 추위 등 신체가 흔히 경험하는 상태를 나타낼 때 일반적으로 〈**have + 명사**〉 구문 대신 〈**be/feel + 형용사**〉 구문을 쓴다.

be hungry 배고프다 (NOT ~~have hunger~~)	be thirsty 목마르다	be warm 따뜻하다
be hot 덥다	be cold 춥다	be sleepy 졸리다	be afraid 무섭다

옳고 그름, 운이 있고 없음도 〈**be + 형용사**〉로 표현한다.

> be right 옳다   be wrong 그르다   be lucky 운이 좋다

2 나이, 높이, 무게, 크기, 색깔

나이, 높이, 길이, 무게, 크기, 모양, 색깔을 나타낼 때도 be를 쓴다.

I'm nearly thirty. 나는 거의 서른 살이다. (NOT ~~I have nearly thirty.~~)

She **is** nearly my age. 그녀는 거의 내 나이다.

He **is** six feet tall. 그는 키가 6피트다.

I wish I **was** ten kilos lighter. 몸무게가 10킬로만 덜 나갔으면 좋겠다.

What size **are** your shoes? 신발 사이즈가 어떻게 되나요?

The room **is** ten metres long. 그 방은 길이가 10미터다.

What colour **are** his eyes? 그의 눈은 무슨 색인가?

She **is** the same height as her father. 그녀는 아버지랑 키가 똑같다.

be heavy는 무게를 나타내는 단위와 함께 쓰지 않는다.

It **weighs** 37 kilos. 그것은 무게가 37킬로그램 나간다. (NOT ~~It's 37 kilos heavy.~~)

have a bath, have a drink, have a walk 등에 쓰이는 have 용법은 ▸23 참조.

26 do: 개요

do는 크게 세 가지 용법으로 쓰인다.

1 조동사

조동사 do는 일반동사가 쓰인 문장을 의문문과 부정문으로 바꿀 때와 동사를 강조할 때, 짧게 대답하거나 응수할 때 쓰인다. 자세한 내용은 ▸27 참조.

Did you remember to buy milk? 우유 사는 거 잊지 않았지?

This **doesn't** taste very nice. 이건 맛이 별로야.

I **do** like your earrings. 네 귀걸이 아주 마음에 들어.

Jack eats too much. ~ He certainly **does**. 잭은 너무 많이 먹어. ~ 정말 그래.

2 일반동사

일반동사 기능을 하는 do는 거의 모든 종류의 행위를 나타낼 수 있으며, 정확하게 말할 필요가 없거나 말할 수 없을 때도 쓰인다. do와 make의 차이를 포함한 자세한 내용은 ▸435 참조.

What are you **doing**? 뭐하고 있어?

Don't just stand there. **Do** something. 거기 우두커니 서 있지만 말고 어떻게 좀 해봐.

I've finished the phone calls, and I'll **do** the letters tomorrow.
전화는 다 했고 내일은 편지를 쓸 것이다.

3 대동사

영국 영어에서는 조동사 뒤에 본동사 대용으로 do를 단독으로 쓰기도 한다. 자세한 내용은 ▸28 참조.

Do you think Jack will come? ~ He might **do**.
잭이 올 것 같아? ~ 아마 올 거야. (미국 영어: He might.)

다른 동사나 뒤에 이어지는 내용이 반복을 피할 때는 do so/it/that을 쓴다. 자세한 내용은 ▶ 29 참조.

I need to take a rest, and I shall do so as soon as I can find time.
나는 휴식이 필요하다. 시간이 나는 대로 바로 쉴 것이다.

He told me to open the door. I did it as quietly as I could.
그는 나에게 문을 열라고 말했다. 나는 최대한 살그머니 문을 열었다.

4 조동사와 일반동사의 혼용

조동사 do와 일반동사 do가 함께 쓰이는 경우도 있다.

Do you do much gardening? 정원 손질을 많이 하나요?

How do you do? 반갑습니다.

The company didn't do very well last year. 그 회사는 지난해 실적이 썩 좋지 않았다.

27 do: 조동사

조동사 do 뒤에는 동사원형이 온다. 조동사 do는 몇 가지 용법으로 쓰인다.

1 의문문

일반동사가 있는 문장은 do를 써서 의문문을 만든다. 그러나 다른 조동사가 있을 경우 의문문에 do를 쓰지 않는다(▶ 216 참조). 비교)

Do you like football? 축구를 좋아하니? (NOT ~~Like you football?~~)

Can you play football? 축구를 할 줄 아니? (NOT ~~Do you can play football?~~)

일반동사 do가 있는 문장은 조동사 do를 써서 의문문을 만든다.

What do you do in the evenings? 저녁에는 보통 뭘 해?

2 부정문

일반동사(일반동사 do 포함)가 있는 문장을 부정문으로 만들 때는 do를 쓴다. 그러나 다른 조동사가 있을 경우 부정문에 do를 쓰지 않는다(▶ 217 참조).

I don't like football. 나는 축구를 좋아하지 않는다. (NOT ~~I like not football.~~)

Don't go. 가지 마.

I don't do much in the evenings. 나는 저녁에는 별로 하는 일이 없다.

BUT **I can't play football.** 나는 축구를 할 줄 모른다. (NOT ~~I don't can play football.~~)

3 강조

긍정문에서 동사를 강조할 때 do를 쓴다.

Do sit down. 앉아라.

You do look nice today! 너 오늘 정말 멋지다!

She thinks I don't love her, but I do love her.
그녀는 내가 자기를 사랑하지 않는다고 생각하는데, 나는 정말 그녀를 사랑한다.

I don't do much sport now, but I did play football when I was younger.
나는 요즘에는 운동을 많이 안 하지만 젊었을 때는 축구를 즐겼다.

4 도치

동사를 주어 앞에 두는 도치 구문에도 do를 쓴다(▶270 참조).

At no time **did** he lose his self-control. 그는 결코 자제력을 잃지 않았다.

5 생략

do는 의문문과 부정문은 물론 긍정문에서도 동사구 전체를 대신하는 조동사로 쓰인다
(▶279 참조).

She doesn't like dancing, but I **do**. (= ... but I like dancing.)
그녀는 춤추는 것을 좋아하지 않지만 나는 좋아한다.

That meat smells funny. ~ Yes, it **does**, **doesn't** it?
그 고기에서 이상한 냄새가 나는데. ~ 맞아, 냄새나, 그렇지?

Anna thinks there's something wrong with James, and so **do** I.
애나는 제임스에게 뭔가 문제가 있다고 생각하는데, 나도 그렇게 생각해.

be와 함께 쓰이는 do 용법은 ▶19 참조. do와 does의 발음 약화는 ▶315 참조. 단축형은 대답에 쓰이는 do는 ▶308 참조.

28 **do**: 대동사 (I may do.)

조동사 + do

영국 영어에서는 조동사 뒤에서 do가 대동사로 쓰일 수 있다. (미국 영어에는 이런 용법이 없다.)

Come and stay with us. ~ I may (**do**), if I have the time.
와서 같이 지내. ~ 시간이 되면 그렇게 할게. (미국 영어: I may, if ... OR I may come, if ...)

He's supposed to have locked the safe. ~ He has (**done**).
그가 금고를 잠갔어야 하는데. ~ 잠갔어. (미국 영어: He has. OR He has locked it.)

He didn't pass his exam, but he could have (**done**) if he'd tried harder.
그는 시험에 합격하지 못했지만 더 열심히 공부했더라면 합격할 수도 있었다.

He smokes more than he used to (**do**). 그는 예전보다 담배를 더 많이 피운다.

진행형도 가능하지만 흔히 쓰이지는 않는다.

You should be getting dressed. ~ **I am (doing)**. 옷 갈아입어야 해. ~ 갈아입고 있어.

주의 다음과 같은 구문에서는 조동사에 강세를 둔다.

Close the door. ~ I **HAVE** done. 문 닫아. ~ 벌써 닫았어. (NOT ~~I have DONE.~~)

완전한 동사구 대신 쓰이는 조동사 용법은 ▶279 참조.

29 **do so / it / that**

1 do so

동사와 동사의 목적어, 또는 보어의 반복을 피하고자 할 때 do so를 쓰며, 이는 다소 격식을 차린 표현이다.

Put the car away, please. ~ I've already **done so**.

차를 치워주세요. ~ 벌써 치웠어요.

Eventually she divorced Joshua. It was a pity she had not **done so** earlier.

그녀는 결국 조슈아와 이혼했다. 그녀가 좀 더 빨리 이혼하지 않은 것이 안타까웠다.

He told me to get out, and I **did so** as quietly as possible.

그는 나더러 나가라고 했고, 나는 최대한 조용히 그렇게 했다.

2 do so와 do it/that

do so 대신 do it이나 do that을 쓸 수 있다.

I promised to get the tickets, and I will **do so/it** as soon as possible.

나는 티켓을 구하겠다고 약속했고, 가능한 한 빨리 구할 것이다.

She rode a camel: she had never **done so/that** before.

그녀는 낙타를 탔는데, 전에 한 번도 해본 적 없는 일이었다.

do so는 주어 및 행위가 앞에 언급한 내용과 모두 동일한 경우에만 쓴다. 그 밖의 경우에는 do it/that을 쓰거나 do만 단독으로 쓴다.

I haven't got time to get the tickets. Who's going to **do it**?

나는 표를 살 시간이 없어. 누가 살 거야? (NOT ... ~~Who's going to do so?~~)

I rode a camel in Morocco. ~ I'd love to **do that**.

모로코에서 낙타를 탔어. ~ 나도 타고 싶어. (NOT ... ~~to do so.~~)

I always eat peas with honey. My wife never **does**.

나는 언제나 꿀을 넣은 완두콩 요리를 먹는다. 아내는 절대로 먹지 않는다.

(NOT ... ~~My wife never does so.~~)

3 do so/it/that: 의도적인 행위를 나타낸다

do so/it/that은 주로 의도적이면서 역동적인 행위를 나타낸다. 비자발적인 행위나 상태를 나타내는 fall, lose, like, remember, think, own 같은 동사는 do so/it/that으로 대체할 수 없다.

I like the saxophone, and I always **have (done)**. (미국 영어 ... and I always **have**.)

나는 색소폰이 좋다. 늘 그랬다. (NOT ... ~~and I have always done so/it/that.~~)

She lost her money. I wasn't surprised that she **did**.

그녀는 돈을 잃어버렸다. 그녀가 그랬다는 게 놀랍지 않았다. (NOT ... ~~that she did so/it/that.~~)

I think Jake's wrong. I **did** when he first spoke to me.

나는 제이크가 틀렸다고 생각한다. 그가 처음 내게 말했을 때부터 그렇게 생각했다.

(NOT ... ~~I did so/it/that when~~ ...)

4 기타 동사

so, it, that은 일반적으로 조동사 뒤에서는 이런 용법으로 쓰이지 않는다. I can so, She was it 또는 I have that 같은 표현은 표준 영어라고 할 수 없다.

so I am, so it is 등은 ▸309.3 참조.   so do I, so am I 등은 ▸309.1 참조.   〈say + so〉, 〈tell + so〉는 ▸586 참조.
〈think, believe, hope 등의 동사 + so〉는 ▸585 참조.
동사구 전체를 대체하는 조동사 do의 용법은 ▸279 참조.   it과 that의 차이는 ▸145 참조.

Section 3　**Present Tenses** 현재 시제

개요

두 가지 현재 시제

영어 동사에는 대부분 두 가지 형태의 현재 시제가 있다. I wait, she thinks 같은 형태를 '단순 현재', I am waiting, she's thinking 같은 형태를 '현재 진행'이라고 한다.

일반적인 시간: 단순 현재

시대를 초월한 진리, 영구적인 상황, 반복하여 발생하는 일에는 대체로 단순 현재를 사용한다(자세한 내용은 ▶30-31 참조).

Water **freezes** at 0° Celsius.　물은 섭씨 0도에서 언다.

My parents **live** near Dover.　우리 부모님께서는 도버 인근에 사신다.

I often **go** swimming.　나는 자주 수영하러 간다.

현재 전후: 현재 진행

바로 지금 또는 현재 전후 시점에 잠시 지속되는 행위나 사건을 언급할 때 현재 진행 시제를 사용한다(▶32 참조).

What **are** you **doing**? ~ I'**m reading**.　뭐하고 있어? ~ 책 읽고 있어.

I'**m travelling** a lot these days.　나는 요즘 여행을 많이 다니고 있다.

미래

단순 현재와 현재 진행 모두 미래를 나타낼 수 있다(▶31.4, 36-37 참조).

I'll meet you when you **arrive**.　도착하면 만나자.

Call me if you'**re passing** through London.　런던을 거쳐 가면 전화해.

용어: 시제와 상(相)

학계에서는 진행형을 언급할 때 종종 '상(相)'이라는 용어를 사용한다. 이 책에서는 시간을 나타내는 모든 동사 형태를 '시제'라고 부른다.

다음 문장은 왜 틀렸을까?

- ✘ That baby crys all the time.　▶30.2 참조
- ✘ What are frogs eating?　▶31.1 참조
- ✘ The kettle boils – shall I make tea?　▶31.2 참조
- ✘ I'm liking this wine very much.　▶4.1 참조
- ✘ I promise I don't smoke any more.　▶31.4 참조
- ✘ There's the doorbell. ~ I get it.　▶31.4 참조
- ✘ I'll phone you when I'll get home.　▶31.4 참조
- ✘ I know her since 1990.　▶32.8 참조
- ✘ I'm going to the mountains twice a year.　▶34.1 참조
- ✘ I'm swearing that I will tell the truth.　▶34.4 참조
- ✘ Here is coming your husband.　▶34.5 참조

Section 3 목차

30 단순 현재: 형식

1 형식

평서문	의문문	부정문
I work	do I work?	I do not work
you work	do you work?	you do not work
he / she / it works	does he / she / it work?	he / she / it does not work
we work	do we work?	we do not work
they work	do they work?	they do not work

- 부정형 축약(▶ 337 참조): I don't work, he doesn't work 등
- 부정 의문문(▶ 218 참조): do I not work? 또는 don't I work? 등

수동태(예: The work is done.)는 ▶ 57 참조.

2 3인칭 단수형의 철자법

대부분의 동사: 동사원형 + -s	work → works sit → sits stay → stays
〈자음 + y〉로 끝나는 동사: y를 i로 고치고 + -es	cry → cries hurry → hurries reply → replies
주의 〈모음 + y〉:	enjoy → enjoys
-s, -z, -ch, -sh, -x로 끝나는 동사: 동사원형 + -es	miss → misses buzz → buzzes watch → watches push → pushes fix → fixes
예외:	have → has go → goes do → does

3 3인칭 단수형의 발음

-(e)s로 끝나는 발음은 바로 앞에 오는 소리에 따라 달라진다. 발음 규칙은 명사의 복수형에 붙는 -(e)s와 동일하다(▶ 118 참조).
불규칙 발음: says (/seɪz/가 아닌 /sez/로 발음), does (/duːz/가 아닌 /dʌz/로 발음)

31 단순 현재: 용법

1 일반적인 시간: It always rains in November.

변하지 않는 진실, 오래 지속되거나 영구적인 상황, 규칙적이거나 반복적으로 일어나는 일 등을 언급할 때는 단순 현재를 쓴다.

What do frogs eat? 개구리는 무엇을 먹을까? (NOT ~~What are frogs eating?~~)

Alice **works** for an insurance company. 앨리스는 보험회사에 다닌다.
It always **rains** here in November. 이곳은 11월이면 항상 비가 온다.
I **play** tennis every Wednesday. 나는 수요일마다 테니스를 친다.

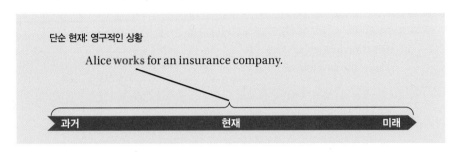

2 현재의 일시적인 일에는 사용 불가

현재 시점에 국한되어 일어나는 일시적인 상황이나 행위에는 대체로 단순 현재를 쓰지 않는다.
비교〉

- Water **boils** at 100° Celsius. 물은 섭씨 100도에서 끓는다.
  The kettle**'s boiling** – shall I make tea?
  주전자 물이 끓고 있어요. 차를 탈까요? (NOT ~~The kettle boils~~ ...)
- It usually **snows** in January. 1월에는 대체로 눈이 온다.
  Look – it**'s snowing**! 봐. 눈이 내리고 있어! (NOT ~~Look – it snows!~~)
- I **play** tennis every Wednesday. 나는 수요일마다 테니스를 친다.
  Where's Bernard? ~ He**'s playing** tennis.
  버나드는 어디 있어? ~ 테니스 치고 있어. (NOT ... ~~He plays tennis.~~)

3 진행형을 쓰지 않는 동사

그러나 진행형으로 쓰지 않는 동사들은 단순 현재로 일시적인 상황을 나타낸다(▶4 참조).
I **like** this wine. 이 와인 마음에 드는 걸. (NOT ~~I'm liking~~...)
I **believe** you. 난 널 믿어. (NOT ~~I'm believing you.~~)

4 미래에 대한 언급

미래를 언급할 때는 대체로 단순 현재를 쓰지 않는다.
I promise I **won't smoke** any more. 약속해. 다시는 담배 안 피울게.
(NOT ~~I promise I don't smoke~~ ...) (▶79.3 참조)

We're going to the theatre this evening. 우리는 오늘 저녁에 극장에 갈 거야.
(NOT ~~We go to the theatre this evening.~~)

There's the doorbell. ~ **I'll get** it.
초인종 소리가 나는데. ~ 내가 나갈게. (NOT ~~I get it.~~) (▶79.1 참조)

그러나 일정상 시간이 지정된 미래의 일에는 단순 현재를 쓸 수 있다(▶37.1 참조).

His train **arrives** at 11.46. 그가 탈 기차는 11시 46분에 도착한다.

I **start** my new job tomorrow. 나는 내일부터 새 일을 시작한다.

미래를 나타내는 종속절에는 흔히 will 대신 단순 현재를 쓴다(자세한 내용은 ▶231 참조).

I'll kill anybody who **touches** my things.
누구든 내 물건에 손대면 죽여버릴 거야. (NOT ... ~~who will touch~~ ...)

I'll phone you when I **get** home. 집에 도착하면 전화할게. (NOT ... ~~when I'll get home.~~)

제안을 나타내는 Why don't you ...? 구문에도 단순 현재를 쓴다.

Why **don't** you **take** a day off tomorrow? 내일 하루 쉬는 게 어때?

5 일련의 사건: 시연, 실황 중계, 구두 설명, 이야기

일련의 완결된 행위나 사건에 대해 언급할 때 종종 단순 현재를 쓴다. 대표적인 예로 시연, 실황 중계, 구두 설명, 현재 시제의 이야기 등이 있다(자세한 내용은 ▶33 참조).

First I **take** a bowl and **break** two eggs into it.
먼저 그릇을 꺼내 계란 두 개를 깨 넣습니다. (NOT ~~First I am taking~~ ...)

Lydiard **passes** to Taylor, Taylor **shoots** – and it's a goal!
리디아드가 테일러에게 패스합니다. 테일러 슛, 골인!

How **do** I **get** to the station? ~ You **go** straight on until you **come** to the traffic lights, then you **turn** left, ...
역에 어떻게 가죠? ~ 신호등이 있는 곳까지 쭉 가다가 왼쪽으로 돌아서 …

So I **go** into the office, and I **see** this man, and he **says** to me ...
그래서 내가 사무실로 들어갔더니 어떤 남자가 있더라. 그런데, 그 사람이 나한테 말하기를…

6 지속된 기간을 언급할 때는 현재 시제 사용 불가

현재의 행위나 상황이 지속되어 온 기간을 설명할 때는 단순 현재가 아니라 현재 완료 시제를 쓴다(자세한 내용은 ▶52 참조).

I've **known** her since 1990. 나는 그녀를 1990년부터 알고 지냈다.
(NOT ~~I know her since 1990.~~)

32 현재 진행

1 현재 진행: 형식

am / are / is + -ing

I **am waiting**. 나는 기다리고 있다.

Are you **listening?** 내 말 듣고 있어?

She **isn't working** today. 그녀는 오늘 비번이다.

-ing 형의 철자는 ▶ 346-347 참조.   수동태 형식(예: The work **is being done.**)은 ▶ 57 참조.

2 용례: 현재를 전후한 시점

현재 또는 현재를 전후한 시점에 일어나고 있는 행위나 상황에는 현재 진행 시제를 쓴다.

Hurry up! We**'re** all **waiting** for you! 서둘러! 다들 널 기다리고 있어! (NOT ~~We all wait~~ ...)

What **are** you **doing?** ~ I**'m writing** emails.

뭐하고 있어? ~ 이메일 쓰고 있어. (NOT ... ~~I write emails.~~)

He**'s working** in Saudi Arabia at the moment. 그는 지금 사우디아라비아에서 일하고 있다.

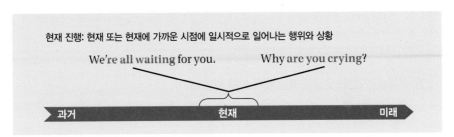

현재 진행: 현재 또는 현재에 가까운 시점에 일시적으로 일어나는 행위와 상황

We**'re** all **waiting** for you.   Why **are** you **crying?**

과거   현재   미래

3 반복되는 행위

반복되는 행위나 사건이 현재를 전후한 시점에 일시적으로 일어나고 있는 경우 현재 진행을 쓴다(자세한 내용은 ▶ 34.1 참조).

Why **is** he **hitting** the dog? 그는 왜 자꾸 개를 때리는 거야?

I**'m travelling** a lot these days. 나는 요즘 여행을 많이 다니고 있다.

4 변화

발전이나 변화를 언급하는 경우에도 현재 진행을 쓴다.

That child**'s getting** bigger every day. 그 아이는 하루가 다르게 쑥쑥 크고 있다.

House prices **are going** up again. 집값이 다시 상승하고 있다.

5 미래에 대한 언급

미래에 대해 언급할 때도 흔히 현재 진행을 쓴다(▶ 36 참조).

What **are** you **doing** tomorrow evening? 내일 저녁에 뭐할 거야?

Come and see us next week if you**'re passing** through London.

런던을 지나가게 되면 다음 주에 우리를 보러 와.

6 항상 일어나는 일: 현재 진행 사용 불가

규칙적이거나 반복적으로 발생하는 일이나 영구적인 상황에는 대체로 현재 진행을 쓰지 않는다.

비교)

- Look - the cat**'s eating** your breakfast!

  저것 봐. 고양이가 네 아침밥을 먹고 있어!

  What **do** bears **eat?** ~ Everything.

  곰은 무엇을 먹죠? ~ 뭐든 다. (NOT ~~What are bears eating?~~ ...)

   – Why **is** that girl **standing** on the table? 저 소녀는 왜 탁자 위에 서 있는 거지?

      Chetford Castle **stands** on a hill outside the town.

      체트포드 성은 그 도시 외곽의 언덕 위에 자리잡고 있다. (NOT ... **is standing** ...)

   – My sister**'s living** at home for the moment. 우리 언니가 잠시 집에 머물고 있다.

      Your parents **live** in North London, don't they?

      너희 부모님은 북런던에 살고 계시지 않니?

7 진행형으로 쓰지 않는 동사

일부 특정 동사의 경우 현재 시점에 일어나는 일을 의미한다 해도 진행형으로 쓰지 않는다(▶ 4 참조).

      I **like** this wine. 이 와인 괜찮은데. (NOT ~~I'm liking this wine.~~)

      Do you **believe** what he says? 그가 하는 말을 믿어? (NOT ~~Are you believing ...?~~)

      The tank **contains** about 7,000 litres at the moment.

      탱크에는 현재 약 7,000리터가 들어 있다.

8 지속된 기간을 언급할 때는 현재 시제 사용 불가

현재의 행위나 상황이 지속되어 온 기간을 설명할 때는 현재가 아니라 현재 완료를 쓴다(자세한 내용은 ▶ 52 참조).

      I'**ve been learning** English for years.

      나는 수년간 영어를 배우고 있다. (NOT ~~I'm learning English for years.~~)

33 이야기, 실황 중계, 구두 설명

1 이야기

격식을 차리지 않고 이야기를 들려줄 경우는 주로 현재 시제를 쓴다. 이 경우 사건들을 발생한 순서대로 단순 현재로 나타낸다. 이전에 발생하여 이야기의 '상황적 배경'이 되는 사건이나 이야기 도중에 진행되는 일은 현재 진행으로 표현한다. (단순 과거와 과거 진행의 차이와 유사하다. ▶45.3 참조)

      So I **open** the door, and I **look** out into the garden, and I **see** this man.

      He'**s wearing** pyjamas and a policeman's helmet. 'Hello,' he **says** ...

      그래서 문을 열고 정원을 내다봤는데 어떤 남자가 보였어. 잠옷을 입고 경찰 헬멧을 쓰고 있더라.

      '안녕하세요.'라고 그 사람이 인사를 하면서 …

      There'**s** this Scotsman, and he'**s walking** through the jungle when he **meets** a

      gorilla. And the gorilla'**s eating** a snake sandwich. So the Scotsman **asks** ...

      스코틀랜드 사람이 하나 있었는데 정글 속을 걸어가다가 고릴라를 만난 거야. 그 고릴라는 뱀 샌드위치를 먹고

      있었지. 그래서 스코틀랜드 사람이 묻기를 …

연극이나 소설 등의 내용을 요약할 때도 주로 단순 현재를 쓴다.

      In Act I, Hamlet **sees** the ghost of his father. The ghost **tells** him ...

      1막, 햄릿이 아버지의 유령을 본다. 유령이 그에게 말하기를 …

      Chapter 2: Henry **goes** to Scotland and **meets** the Loch Ness Monster.

      2장: 헨리는 스코틀랜드에 가서 네스 호 괴물을 만난다.

2 실황 중계

스포츠 등의 실황 중계에서도 이와 유사한 현재 시제 용법이 쓰인다. 미처 설명하기도 전에 끝나 버리는 빠른 동작이나 상황을 언급할 때는 단순 현재를 쓰며, 비교적 오래 지속되는 행위나 상황에는 현재 진행을 쓴다. 이를테면 축구 경기 해설에서는 조정 경기 해설보다 단순 시제를 더 많이 쓰며, 진행 시제는 덜 쓴다.

> Smith **passes** to Devaney, Devaney to Barnes - and Harris **intercepts** ... Harris **passes** back to Simms, nice ball - and Simms **shoots**!
> 스미스가 드배니에게 패스합니다. 드배니는 바네스에게 그리고 해리스가 가로챕니다 ⋯ 해리스가 다시 심스에게 패스. 좋아요. 심스 슛!

> Oxford **are pulling** slightly ahead of Cambridge now; they**'re rowing** with a beautiful rhythm; Cambridge **are looking** a little disorganised ...
> 옥스포드가 현재 케임브리지를 약간 앞서고 있습니다. 일사불란하게 노를 젓고 있습니다. 반면 케임브리지는 조직력이 약간 흐트러진 것 같습니다 ⋯

3 구두 설명 및 시연

구두 설명이나 시연, 길 안내에도 대체로 현재 시제를 쓴다.

> OK, let's go over it again. You **wait** outside the bank until the manager **arrives**. Then you **radio** Louie, who**'s waiting** round the corner, and he **drives** round to the front entrance. You and Louie **grab** the manager ...
> 좋아. 작전을 다시 점검하자고. 자네는 지점장이 도착할 때까지 은행 밖에서 기다리게. 그가 도착하면 루이에게 무전 연락을 하라고. 루이는 모퉁이에서 대기 하고 있다가 차를 몰고 정문으로 와. 자네와 루이가 지점장을 붙잡고 ⋯

> First I **put** a lump of butter into a frying pan and **light** the gas; then while the butter**'s melting** I **break** three eggs into a bowl, like this ...
> 우선 버터 한 덩이를 프라이팬에 넣고 가스 불을 켭니다. 그리고 버터가 녹는 동안 달걀 세 개를 그릇에 깨뜨려 넣으세요. 이렇게 ⋯

34 현재 시제: 고급 용법

1 반복되는 행위: 단순 시제 또는 진행 시제?

반복되는 행위나 사건이 발화 시점 전후에 일어나고 있을 경우 현재 진행을 쓸 수 있다.

> Why **is** he **hitting** the dog? 그는 왜 자꾸 개를 때리는 거야?
> Jake**'s seeing** a lot of Felicity these days. 제이크는 요즘 펠리시티를 자주 보고 있다.

그러나 현재의 발화 시점과 긴밀한 연관성 없이 반복되는 행위나 사건에는 현재 진행을 쓰지 않는다.

> Water **boils** at 100° Celsius.
> 물은 섭씨 100도에서 끓는다. (NOT ~~Water is boiling at 100° Celsius.~~)
> I **go** to the mountains about twice a year. 나는 일 년에 두 번 정도 산에 간다.

그러나 반복되는 행위나 사건을 전후해 진행되는 일에는 현재 진행을 쓸 수 있다.

> At seven, when the post **comes**, I'm usually **having** breakfast.
> 7시에 우편물이 올 때면 나는 대체로 아침을 먹고 있다.

You look lovely when you're smiling. 너는 웃을 때가 예쁘다.

2 장기적인 변화

상당한 기간에 걸쳐 지속되는 변화나 발전을 언급할 때는 현재 진행을 쓴다.

The climate **is getting** warmer.

기후가 점점 더워지고 있다. (NOT ~~The climate gets warmer.~~)

The universe **is expanding**, and has been since its beginning.

우주는 태초부터 꾸준히 팽창해왔으며 지금도 팽창하고 있다.

3 I promise ... 등

약속, 동의 등에는 대체로 단순 현재를 쓴다.

I **promise** never to smoke again.

다시는 담배 안 피우겠다고 약속할게. (NOT ~~I'm promising~~ ...)

I **swear** that I will tell the truth ... 진실을 말할 것을 선서합니다 …

I **agree**. 동의합니다. (NOT ~~I am agreeing.~~)

He **denies** the accusation. 그는 혐의를 부인하고 있다. (NOT ~~He is denying~~ ...)

4 I hear 등

I hear, I see, I gather, I understand 등 대화 서두에 쓰이는 표현들(▶ 482 참조)은 단순 현재로 현재완료의 의미(= I have learnt)를 나타낼 수 있다.

I **hear** you're getting married. (= I have heard ...)

결혼한다는 소식 들었어.

I **see** there's been trouble down at the factory.

보아하니 공장에 문제가 있었군.

I **gather** Daniel's looking for a job.

듣자하니 다니엘이 직장을 구하고 있다면서.

다른 사람의 진술, 의견 등을 인용할 때도 단순 현재(says)를 쓴다.

It **says** in the paper that petrol's going up again.

신문에서 보도하기를 유가가 다시 오르고 있다고 한다.

No doubt you all remember what Hamlet **says** about suicide.

아마도 여러분 모두 햄릿이 자살에 대해 한 말을 기억할 것입니다.

5 Here comes ... 등

'here comes ... (…이 오다/등장하다)'와 'there goes ... (…이 저기 간다)' 등의 관용구에도 단순시제를 쓴다.

Here comes your husband. 당신 남편이 오시는군요. (NOT ~~Here is coming~~ ...)

There goes our bus. 우리 버스가 저기 가네.

6 I feel / I'm feeling

feel, hurt, ache 등 신체의 감각을 표현하는 동사는 단순 시제와 진행 시제로 모두 쓸 수 있으며 의미의 차이는 별로 없다.

How **do** you **feel**? OR How **are** you **feeling**? 몸은 좀 어때?

My head **aches**. OR My head **is aching**. 머리가 아프다.

7 격식을 차린 서한

편지글, 이메일 등에 쓰이는 일부 관용표현의 경우, 단순 현재와 현재 진행을 모두 쓸 수 있다. 다만 단순 현재가 현재 진행보다 좀 더 격식을 차린 표현이다.

We **write** to advise you ... 우리는 귀하에게 …을 조언하고자 편지를 보냅니다.

(비격식체: We **are writing** to let you know ...)

I **enclose** a recent photograph. 최근 사진을 동봉합니다. (비격식체: I **am enclosing** ...)

I **look forward** to hearing from you. 소식 기다리겠습니다.

(비격식체: I'm **looking forward** to hearing ...)

always 등과 함께 쓰는 진행형(예: She's always losing her keys.)은 ▶ 5 참조. 일반적인 진행형 용법은 ▶ 3 참조.
진행형을 사용한 완곡어법은 ▶ 311 참조. 고대 영어의 단순 시제와 진행 시제는 ▶ 318.10 참조.

Section 4 **Talking about the future**
미래를 표현하는 방법

개요

영어에서는 동사를 다양하게 활용해 미래를 언급한다. 복잡한 문법 영역으로, 뜻의 차이와 다양한 구문의 용법을 명확하게 분석하고 설명하기가 쉽지 않다. 전부는 아니지만, 많은 경우 비슷한 의미를 여러 개의 구문으로 표현할 수 있다.

현재 시제 형태: I'm leaving; I'm going to leave

현재의 사실과 연관성이 있는 미래의 사건, 즉 이미 계획되었거나 결정된 일, 또는 현재 시점에서 보아 앞으로 확실히 발생할 일에는 종종 현재 시제를 사용한다. 주로 현재 진행 시제가 사용된다. 자세한 내용은 ▶36 참조.

> **I'm seeing** Jack tomorrow. 내일 잭을 만날 거야.
> What **are** you **doing** this evening? 오늘 저녁에 뭐 해?

종종 go의 현재 진행형(be going to …)을 사용해 미래를 언급한다. 자세한 내용은 ▶35 참조.

> Sandra **is going to have** a baby. 산드라는 아기를 낳을 것이다.
> When **are** you **going to get** a job? 언제 취직하니?

이 현재형은 특히 구어체에서 널리 쓰이는데, 대화는 주로 이미 계획된 일이나 발생할 것이 확실한 일에 관한 내용이 많기 때문이다.

will/shall

단순히 미래에 관한 정보를 전달하거나, 계획되지 않은 미래의 사건, 또는 발생 여부가 불투명한, 있음 직한 미래 사건에는 대체로 〈will(또는 가끔 shall) + 동사원형〉을 쓴다. 미래를 언급하는 가장 보편적인 방식이다. 자세한 내용은 ▶38 참조.

> Nobody **will** ever **know** the truth. 진실은 아무도 알 수 없을 것이다.
> I think Liverpool **will win**. 리버풀이 이길 것 같다.

의도나 타인을 향한 태도를 나타낼 때도 will(또는 가끔 shall)을 사용한다. 제안, 요청, 위협, 약속, 결심을 밝힐 때 흔히 쓰인다. ▶79-80 참조.

> **Shall** I **carry** your bag? 가방 들어 드릴까요?
> **I'll hit** you if you do that again. 또 그러면 때릴 거야.

단순 현재: the train leaves …

단순 현재로도 미래를 나타내지만 특정 상황에서만 쓰인다. 자세한 내용은 ▶37 참조.

> The train **leaves** at half past six tomorrow morning.
> 기차는 내일 아침 6시 반에 떠난다.

기타 미래를 언급하는 방법

일정 시간까지 완성되거나 마치는 일, 달성되는 일에는 미래 완료를 사용한다. 자세한 내용은 ▶40 참조.

> By next Christmas we**'ll have been** here for eight years.
> 다음 크리스마스 때면 우리가 이곳에 온 지 8년이 된다.

미래의 특정 시간에 진행될 일에는 미래 진행 시제를 사용한다. 자세한 내용 및 이 시제의 다른 용법은 ▶41 참조.

This time tomorrow I**'ll be lying** on the beach.
내일 이맘 때쯤 난 해변에 누워 있을 거야.

〈**be about to + 동사원형**〉(▶353 참조)은 아주 가까운 미래 사건을 나타낸다.
The plane**'s about to take off.** 비행기가 곧 이륙한다.

〈**be + to부정사**〉는 계획, 약속, 일정을 언급하거나 지시한다. 자세한 내용은 ▶42 참조.
The President **is to visit** Beijing. 대통령은 베이징을 방문할 예정이다.
You**'re not to tell** anybody. 아무에게도 이야기하지 마.

'과거 속의 미래'
특정한 과거의 시점에서 아직 다가오지 않은 미래의 일을 언급할 때 미래 구문의 과거 형태를 사용한다.
자세한 내용은 ▶43 참조.

Something **was going to** happen that **was to** change the world.
세상을 바꾸어 놓을 어떤 일이 다가오고 있었다.

I knew she **would** arrive before long.
나는 그녀가 곧 도착한다는 것을 알았다.

종속절
많은 경우 종속절에는 〈**will + 동사원형**〉 대신 현재 시제로 미래의 일을 언급한다. 자세한 내용은 ▶231
참조.

Phone me when you **have** time. 시간 날 때 전화해. (NOT ... ~~when you'll have time.~~)
I'll follow him wherever he **goes.**
나는 그가 어디를 가든지 따라갈 것이다. (NOT ... ~~wherever he'll go.~~)

다음 문장은 왜 틀렸을까?

ⓧ What do you do this evening? ▶36.1 참조
ⓧ I'm seeing him this evening and I'm really telling him what I think. ▶36.2 참조
ⓧ It's snowing before long. ▶36.2 참조
ⓧ Lucy comes for a drink this evening. ▶37.4 참조
ⓧ I promise I phone you soon. ▶37.4 참조
ⓧ There's the doorbell. ~ I go. ▶37.4 참조
ⓧ See those clouds? It will rain. ▶35.3 참조
ⓧ I'll phone you when I will arrive. ▶37.2 참조
ⓧ I'll tell you what I'll find out. ▶37.2 참조

Section 4 목차

35 going to

1 현재 시제

이 구문은 사실상 현재 시제(go의 현재 진행형) 용법으로, 현재 시점에서 실현 가능성(present reality)을 확인할 수 있는 미래의 행위를 언급할 때 쓴다. 즉, 이미 계획했거나 결정된 일, 또는 곧 일어나거나 일어날 것을 미리 알고 있는 일 등에 주로 쓰이며, 비격식체, 특히 회화체에서 널리 쓰인다.

2 계획: We're going to get a new car.

비격식체에서 계획을 언급할 때 〈**be going to + 동사원형**〉을 쓴다. 이 구문은 흔히 의도한 일이거나 이미 결정된 사실임을 강조한다.

> We**'re going to get** a new car soon.
> 우리는 곧 새 차를 마련할 것이다.

> Jack says he**'s going to phone** this evening.
> 잭이 오늘 저녁에 전화한대.

> When **are you going to get** your hair cut?
> 머리 언제 자를 거야?

> I**'m going to keep** asking her out until she says 'Yes'.
> 나는 그녀가 좋다고 할 때까지 계속 데이트를 신청할 거야.

> I**'m going to stop** him reading my emails if it's the last thing I do.
> 무슨 일이 있어도 그가 내 이메일을 읽는 걸 막겠어.

3 가까운 미래에 있을 일: She's going to have a baby.

〈**be going to + 동사원형**〉 구문은 현재의 정황을 토대로 예측할 수 있는 미래 상황, 가까운 미래에 일어날 행위나 사건을 언급할 때도 쓰인다.

> Sandra**'s going to have** another baby in June.
> 산드라는 6월에 아기를 또 출산할 예정이다.

> Look at the sky. It**'s going to rain**.
> 하늘 좀 봐. 비가 오려고 해.

> Look out! We**'re going to crash**! 조심해! 충돌하겠어!

4 명령과 거절

타인에게 어떤 일을 하라고 혹은 하지 말라고 명령할 때 〈**be going to + 동사원형**〉을 쓴다.

> You**'re going to finish** that soup if you sit there all afternoon!
> 오후 내내 거기 앉아 있는 한이 있어도 그 수프를 다 먹도록 해!

> She**'s going to take** that medicine whether she likes it or not!
> 그녀는 좋든 싫든 그 약을 복용해야 해!

> You**'re not going to play** football in my garden. 내 정원에서 축구하면 안 돼.

단호히 거절할 때도 〈**be going to + 동사원형**〉을 쓴다.

> I**'m not going to sit up** all night listening to your problems!
> 밤새 뜬눈으로 네 고민 들어주는 일은 없을 거야!

5　gonna

격식을 차리지 않은 회화에서는 going to를 흔히 /gənə/로 발음한다. 특히 미국 영어에서는 글에
도 종종 gonna를 쓴다.

> **Nobody's gonna** talk to me like that.
> 누구도 나한테 그런 식으로 말할 수는 없어.

was going to, has been going to 등은 ▶43 참조.　　현재 진행형과 be going to ...의 비교는 ▶36.2 참조.
will과 be going to ...의 비교는 ▶39 참조.

36　미래를 나타내는 현재 진행

1　실현 가능성 높은 행위: I'm washing my hair this evening.

현재 시점에서 보아 실현 가능성이 높은 미래의 행위나 사건에 대해 언급할 때 현재 진행형을 쓴
다. 주로 시간이나 장소가 이미 결정된 개인적인 약속, 계획 등을 언급한다.

> What **are** you **doing** this evening? ~ I**'m washing** my hair.
> 오늘 저녁에 뭐해? ~ 머리 감을 거야.

> I**'m seeing** Larry on Saturday.　토요일에 래리를 만날 거야.

> Did you know I**'m getting** a new job?
> 나 곧 새 직장에서 일하는 거 알아?

> We**'re touring** Mexico next summer.
> 우리는 내년 여름에 멕시코를 관광할 것이다.

> What **are** we **having** for dinner?
> 우리 저녁에 뭘 먹을까?

> My car**'s going** in for repairs next week.
> 내 차는 다음 주 수리에 들어간다.

동작을 나타내는 동사가 현재 진행형이면 어떤 행위를 막 하려고 하는 상태를 나타낸다.

> **Are** you **coming** to the pub?　그 술집으로 올 거야?

> I**'m** just **going** next door. Back in a minute.
> 잠시 옆집에 다녀올 거야. 금방 올게.

> Get your coat on! I**'m taking** you down to the doctor!
> 코트 걸쳐! 병원에 데려다 줄게!

> 주의 단순 현재로 미래를 표현하는 경우는 드물다(▶37 참조).
>
> What **are** you **doing** this evening?
> 오늘 저녁에 뭐해? (NOT ~~What do you do this evening?~~)

2　현재 진행형과 be going to의 차이

이 두 구문은 동일한 의미로 쓰일 때가 많다.

> I**'m washing / going to wash** my hair this evening.
> 오늘 저녁에 머리 감을 거야.

그러나 약간의 의미 차이가 있다. 이미 약속된 일일 때는 현재 진행형을 쓰지만 의도나 결정을
말할 때는 〈**be going to** + 동사원형〉을 쓴다. 비교〉

- **I'm seeing** Jake tonight. 오늘밤 제이크를 만날 거야. (약속한 인임은 강조)

  I'm really **going to tell** him what I think of him.
  내가 그를 어떻게 생각하고 있는지 꼭 말하고 말 거야. (의도를 강조: NOT ~~I'm really telling him~~ ...)

- **Who's cooking** lunch? 누가 점심 준비하기로 했지? (이미 결정된 일에 대한 질문)

  Who's going to cook lunch? 누가 점심을 준비할 거지? (결정을 촉구하는 질문)

현재 진행형은 주로 개인적인 약속을 언급할 때 쓰이며, 사람이 통제할 수 없는 일을 예측할 때는 〈**be going to + 동사원형**〉 구문을 쓴다.

  It's going to snow before long.
  머지 않아 눈이 올 것이다. (NOT ~~It's snowing before long.~~)

  I can see that things **are going to get** better soon.
  상황은 곧 나아질 것이다. (NOT ... ~~things are going better soon.~~)

현재 진행형은 대체로 행위나 사건을 언급할 때 쓰이며, 영구적인 상태를 언급할 때는 쓰이지 않는다. 비교)

  Our house **is getting** / **is going to get** new windows this winter.
  올 겨울에 우리집 창문을 새로 교체할 것이다.

  Their new house **is going to look** over the river.
  그들의 새 집은 강을 조망하게 된다. (NOT ~~Their new house is looking over the river.~~)

3　명령과 거절

타인에게 어떤 일을 하라고 혹은 하지 말라고 명령할 때 현재 진행형을 쓸 수 있다.

  She's taking that medicine whether she likes it or not!
  그녀는 좋든 싫든 그 약을 복용해야 해!

  You're not wearing that skirt to school. 그 치마 입고 학교 가면 안 돼.

단호히 거절할 때도 흔히 현재 진행형을 쓴다.

  I'm sorry - **you're not taking** my car. 미안하지만 내 차는 못 가져가.

  I'm not washing your socks - forget it! 네 양말 안 빨 거야. 꿈 깨!

will과 현재 진행형의 비교는 ▶ 39 참조.

37　미래를 나타내는 단순 현재

1　시간표 등: The summer term starts ...

시간표나 일정에 따라 예정된 일에는 단순 현재로 미래를 표현한다.

  The summer term **starts** on April 10th.
  여름 학기는 4월 10일에 시작된다.

  What time **does** the bus **arrive** in Seattle?
  버스는 몇 시에 시애틀에 도착합니까?

  My plane **leaves** at three o'clock. 내 비행기는 3시에 출발한다.

  The sun **rises** at 6.13 tomorrow. 내일 일출 시간은 6시 13분이다.

이 경우에는 will도 쓸 수 있다.

The summer term will start on April 10th.
여름 학기는 4월 10일에 시작된다.

2 종속절: when she gets a job

what, where, when, until, if, than 등 접속사로 시작하는 종속절에서는 흔히 단순 현재로 미래를 나타낸다. 자세한 내용은 ▸ 231 참조.

I'll tell you what I find out. 뭔가 알아내면 말해줄게. (NOT ... ~~what I'll find out.~~)

She'll pay us back when she gets a job.
그녀는 취업하면 우리에게 돈을 갚을 거야. (NOT ... ~~when she'll get a job.~~)

Alex will see us tomorrow if he has time.
알렉스는 시간이 되면 내일 우리를 만날 거야. (NOT ... ~~if he will have time.~~)

3 지시: Where do I pay?

지시를 내리거나 받을 때는 단순 현재로 미래를 나타낼 수 있다.

Where do I pay? 어디에서 계산하죠?

Well, what do we do now? 자, 이제 뭘 하죠?

So when you get to London you go straight to Victoria Station, you meet up with the others, Ramona gives you your ticket, and you catch the 17.15 train to Dover. OK?
런던에 도착하면 빅토리아 역으로 곧장 가서 일행을 만날 겁니다. 라모나가 표를 주면 도버행 오후 5시 15분 열차를 타세요. 알겠죠?

4 기타

그 밖의 경우에는 미래를 언급할 때 단순 현재를 잘 쓰지 않는다.

Lucy's coming for a drink this evening.
루시가 오늘 저녁에 한잔하러 올 거야. (NOT ~~Lucy comes~~ ...)

I promise I'll call you this evening.
약속해. 오늘 저녁에 전화할게. (NOT ~~I promise I call you this evening.~~)

There's the doorbell. ~ I'll go. 초인종이 울리는데. ~ 내가 가볼게. (NOT ... ~~I go.~~)

38 will

1 형태

> will + 동사원형

It will be cold tomorrow. 내일은 추울 것이다.

Where will you spend the night? 어디서 밤을 보낼 거야?

일부 영국인은 I will, we will 대신 I shall, we shall을 쓰기도 하는데, 대체로 의미상 차이는 없다. 하지만 미국 영어에서는 대체로 shall을 쓰지 않는다. (shall을 쓰는 경우는 ▸ 80.2 참조).

축약형: I'll, you'll 등; won't /wəʊnt/

2 용법: 미래에 대한 징조 제공 또는 예측

미래에 대한 정보를 언급하거나 요청할 때는 〈**will + 동사원형**〉을 쓴다.

It**'ll be** spring soon.　곧 봄이 온다.

Will all the family **be** at the wedding?　식구들 모두 결혼식에 참석하나요?

Karen **will start** work some time next week.　카렌은 다음 주 중에 일을 시작할 것이다.

In another thirteen minutes the alarm **will go** off. This **will close** an electrical contact, causing the explosive to detonate.
13분 후면 경보음이 울릴 것이다. 그러면 전기 접점이 서로 붙으면서 폭발물이 폭발하게 된다.

미래에 어떤 일이 일어나리라고 추정할 때도 종종 will을 쓴다.

Tomorrow **will be** warm, with some cloud in the afternoon.
내일은 오후에 구름이 좀 끼겠지만 따뜻하겠습니다.

Who do you think **will win** on Saturday?　토요일에 누가 이길 것 같아?

You**'ll** never **finish** that book.　너는 결코 저 책을 다 읽지 못할 것이다.

3 조건: You'll fail if you're not careful.

'~하면 …한다'는 의미로 조건의 의미를 나타낼 때는 주절에 will을 쓴다.

He**'ll have** an accident **if** he goes on driving like that.
계속 저런 식으로 운전한다면 그는 사고를 낼 것이다.

If the weather's fine, we**'ll have** the party in the garden.
날씨가 좋으면 우리는 정원에서 파티를 할 것이다.

Look out – you**'ll fall!**　조심해. (좀 더 조심하지 않으면) 넘어지겠어!

Come out for a drink. ~ No, I**'ll miss** the film on TV **if** I do.
한잔 하러 나와. ~ 안 돼, TV에서 하는 영화를 못 보잖아.

Don't leave me. I**'ll cry!**　떠나지 마. 울어 버릴 거야!

4 이미 결정된 미래의 일: will을 쓰지 않음

이미 결정된 미래의 일이나 일어날 것을 알고 있는 일에는 미래 시제 대신 현재형을 쓴다. 이 경우 주로 현재 진행형이나 〈**be going to + 동사원형**〉 구문을 쓴다.

I**'m seeing** the headmaster on Monday.　나는 월요일에 교장 선생님을 만날 예정이다.

My sister**'s going to have** a baby.　언니가 곧 출산할 예정이야.

자세한 내용은 ▶ 35-36 참조.

5 종속절에는 will을 쓰지 않는다: when I arrive

종속절에는 대체로 will 대신 현재 시제를 쓴다(▶ 231.2 참조).

I'll phone you **when** I **arrive.**　도착하면 전화할게. (NOT ... ~~when I will arrive.~~)

예외는 ▶ 231.4, 243 참조.

will의 기타 용례는 ▶ 69.5, 73, 79-80 참조.

88

39 will, going to 및 현재 진행형: 고급 용법

미래를 표현하는 기본적인 단어는 조동사 will이다. 굳이 현재형을 써야 할 이유가 없을 경우
will을 쓴다.

1 실현 가능성이 높은 미래의 일

현재 시점에서 보아 이미 예정되어 있어 실현될 가능성이 높은 미래의 일을 언급할 때는 대개 현
재 진행형이나 〈**be going to + 동사원형**〉을 쓰며(▶ 35-36 참조), 그 밖의 경우에는 will을 쓴다.
비교〉

  – I'm **seeing** Jessica on Tuesday. 화요일에 제시카를 만날 거야. (현재 약속된 사항)

   I wonder if she'**ll recognise** me. 그녀가 나를 알아볼지 모르겠어. (현재 알 수 있는 사실이 아님)

  – We'**re going to get** a new car. 우리는 새 차를 살 거야. (이미 결정된 사항)

   I hope it **will be** better than the last one.

   지난 번 차보다 나은 거면 좋겠어. (현재 알 수 있는 사실이 아님)

2 예측: 미래에 대한 생각 또는 추측

이를 테면 하늘의 먹구름이나 곧 떨어질 것 같은 사람 등, 눈에 보이는 상황을 두고 날씨나 어떤
사건을 예측할 때는 〈**be going to + 동사원형**〉을 쓴다.

   See those clouds? It'**s going to rain**.

   저 구름 보이니? 비가 올 것 같아. (NOT ~~See those clouds? It will rain.~~)

   Look – that kid'**s going to fall** off his bike.

   저것 봐. 저 꼬마 자전거에서 떨어질 것 같아. (NOT ~~Look! That kid'll fall off his bike.~~)

눈에 보이는 명확한 증거가 없는 예측에는 대체로 will을 쓴다. 즉, 화자가 알고 있거나 믿고 있
는 일, 추론 등을 언급할 경우, 또는 증거를 보일 수는 없지만 믿으라고 주장하는 경우에 will을
쓴다. 비교〉

  – Look out – we'**re going to crash**! 조심해. 충돌하겠어! (눈에 보이는 증거가 있음)

   Don't lend him your car. He's a terrible driver – he'**ll crash it**.

   그에게 차를 빌려 주지 마. 운전을 아주 험하게 하거든. 충돌 사고나 낼 걸. (화자가 알고 있는 사실)

  – I've just heard from the builder. That roof repair'**s going to cost** £7,000.

   방금 건축업자한테 연락을 받았어. 지붕 수리비가 7,000 파운드 나올 거래.
   (눈에 보이는 증거 – 건축업자의 편지)

   I reckon it'**ll cost** about £3,000 to put in new lights.

   내 계산으로는 조명을 새로 하는 데 3,000 파운드 정도 들 거야. (화자의 의견)

  – Alice **is going to have** a baby. 앨리스는 아기를 낳을 거야.
   (눈에 보이는 증거 – 그녀는 지금 임신 중이다.)

   The baby **will** certainly **have** blue eyes, because both parents have.

   그 아기는 틀림없이 눈동자가 푸른색일 거야. 부모가 다 그러니까. (화자가 유전에 대해 알고 있는 지식)

3 will 과 현재형 모두 가능한 경우

미래의 일을 언급할 때 쓰는 구문들의 의미 차이가 항상 명확하지는 않다. 의도나 예정된 일정
등 현재 시점의 생각이 다소 반영된 경우라 해도, 그 의미가 그다지 중요하지 않다면 will이나
현재형(특히 be going to) 중 어느 쪽을 써도 무방하다. 강조하고자 하는 측면에 따라 will을 쓸
수도 있고 현재형을 쓸 수도 있다.

- What **will** you **do** next year?
  내년에는 뭘 할 거니? (아직 뚜렷한 계획이 없는 미래에 대한 막연한 질문)

  What **are** you **doing** next year?
  내년에는 뭘 할 거니? (예정된 계획을 강조)

  What **are** you **going to do** next year?
  내년에는 뭘 할 거니? (의도를 강조)

- All the family **will be** there.
  가족 모두 거기 있을 거야.

  All the family **are going to be** there.
  가족 모두 거기 있을 거야.

- If your mother comes, you**'ll have** to help with the cooking.
  어머니가 오신다면 요리를 도와드려야겠구나.

  If your mother comes, you**'re going to have** to help with the cooking.
  어머니가 오신다면 요리를 도와드려야겠구나.

- You **won't believe** this.
  무슨 일이 있었는지 알아?

  You**'re not going to believe** this.
  무슨 일이 있었는지 알아?

- Next year **will be** different. 내년은 다를 거야.

  Next year **is going to be** different. 내년은 다를 거야.

- Jack **will explain** everything to you.
  잭이 너에게 모든 걸 설명해 줄 거야.

  Jack**'s going to explain** everything to you.
  잭이 너에게 모든 걸 설명해 줄 거야.

확고한 의도나 결정을 나타낼 때는 be going to …(▶35 참조)를 쓸 수도 있고 will(▶79.1 참조)에 강세를 주어 표현할 수도 있다.

  I'm really **going to stop** smoking! 금연 꼭 하고야 만다!
  I really **will stop** smoking! 금연 반드시 하고야 만다!

이 경우 양쪽 모두 옳은 표현이며 의미의 차이는 거의 없다.

4 공식 일정: The Princess will meet the President at 14.30.
공식 일정 등 객관적이고 정해진 일정을 언급할 때는 현재형보다 will을 쓴다. 비교〉

  We**'re meeting** Sandra at 6.00.
  우리는 6시에 산드라를 만날 겁니다.

  The Princess **will arrive** at the airport at 14.00. She **will meet** the President at 14.30, and **will then** attend a performance of traditional dances.
  공주는 오후 2시에 공항에 도착할 예정입니다. 오후 2시 30분에는 대통령을 만나고, 그 다음 전통 무용 공연을 관람할 예정입니다.

5 예견형 명령: The regiment will attack at dawn.
직접적으로 행동을 지시하는 명령 대신 반드시 어떻게 되어야 한다고 단호하게 지시할 때는 will을 쓴다. 군대에서 흔히 쓰는 어법이다.

The regiment **will attack** at dawn.
연대, 동틀 녘에 공격한다.

You **will start** work at six o'clock sharp.
정각 6시에 작업 개시한다.

6 will you ...?의 다양한 의미

will you...? 구문에 상태 동사를 써서 정보를 묻는다.

How soon **will you know** your travel dates?
여행 날짜를 언제쯤이면 알 수 있어?

Will you be here next week?
다음 주에 여기 있을 거야?

will you ...? 구문에 행위를 나타내는 동사를 쓰면 명령이나 요청을 나타낸다(▶80.1 참조).

Will you turn off that music!　그 음악 좀 꺼!

Will you do the shopping this afternoon, please?
오늘 오후에 장 좀 봐줄래요?

미리 계획된 일에 대해 묻는 경우에는 현재형(▶35-36 참조)이나 미래 진행형(▶41 참조)을 쓴다.

When **are** you **going to see** Andy?
앤디를 언제 만날 거야?

Are you **doing** the shopping this afternoon?
오늘 오후에 장 볼 거야?

Will you **be doing** the shopping ...?
…를 쇼핑할 거야?

7 현재 또는 과거의 확실한 일

충분히 짐작할 수 있거나 확신할 수 있는 현재의 일에는 will을 쓸 수 있다.

There's somebody at the door. ~ That**'ll be** the electrician.
누가 찾아왔어. ~ 전기 기사일 거야.

Don't phone them now – they**'ll be having** dinner.
전화하지 마. 저녁 식사 중일 거야.

충분히 짐작할 수 있거나 확신할 수 있는 과거의 일을 언급할 때는 〈**will have + 과거분사**〉를 쓴다.

As you **will have noticed**, there is a new secretary in the front office.
알고 계시겠지만 사무실 앞에 신입 비서가 와 있습니다.

It's no use expecting Barry to turn up. He**'ll have forgotten**.
배리가 나타날 거라고 기대해 봐야 소용없어. 잊어버린 모양이야.

will의 각종 용법은 ▶69.5, 73, 79-80 참조.

8 의무: shall

계약서를 비롯한 각종 법률 문서에는 흔히 3인칭 주어 뒤에 shall을 써서 의무를 표현한다.

The hirer **shall be responsible** for maintenance of the vehicle.
임차인은 차량 유지보수에 대해 책임을 진다.

일반적인 상황에서 의무를 표현할 때는 통상 will, must, should 등을 쓴다.

40 미래 완료

> will have + 과거분사

미래의 특정 시점에 어떤 일이 완료될 때 '미래 완료(future perfect)'를 쓴다.
The builders say they **will have finished** the roof by Tuesday.
시공자들은 지붕 공사를 화요일까지 끝내겠다고 한다.

I'**ll have spent** all my savings by the end of the year.
나는 연말이면 모은 돈을 다 써버리고 없을 것이다.

계속되는 행위에는 미래 완료 진행형을 쓴다.
I'**ll have been teaching** for twenty years this summer.
올 여름이면 교사 생활 20년이 된다.

확실한 과거의 일을 나타낼 때 쓰이는 〈will have + 과거분사〉 (예: It's no use phoning - he'll have left by now.)는 ▶ 39.7
참조.

41 미래 진행

> shall / will be + -ing

1 미래에 계속 진행 중인 일

미래의 특정 시점에 계속 진행되고 있을 일을 언급할 때는 '미래 진행형(future progressive)'을
쓴다.
This time tomorrow I'**ll be lying** on the beach.
내일 이맘때면 나는 해변에 누워 있을 것이다.

Good luck with the exam. We'**ll be thinking** of you.
시험 잘 봐. 응원하고 있을게.

2 확정되었거나 예견되는 사건

이미 결정된 미래의 일이나 거의 틀림없이 일어날 것으로 예견되는 미래의 일을 언급할 때 미래
진행형을 쓴다.
Professor Baxter **will be giving** another lecture on Roman glass-making at the
same time next week.
백스터 교수는 다음 주 이 시간에도 로마 시대의 유리 제조에 대한 또 다른 강의를 하고 있을 것이다.

I'**ll be seeing** you one of these days, I expect.
조만간 다시 뵙겠습니다.

이사 결정과는 상관없이 일어나는 일에는 미래 진행형을 쓴다.

> **Shall I pick up** the laundry for you? ~ Oh, no, don't make a special journey. ~ It's
> OK. **I'll be going** to the shops anyway.
> 세탁물 가져다 줄까? ~ 아냐, 일부러 그런 걸음 하지 마. ~ 괜찮아. 어차피 가게에 갈 거니까.

상대방의 계획에 대해 정중하게 질문할 때도 미래 진행형을 쓴다. (미래 진행형을 써서 상대방의 결정에 대해 물어봄으로써 상대방의 의사 결정에 영향을 미칠 의도가 없다는 것을 드러낸다.)

비교〉

> **Will** you **be staying** in this evening?
> 오늘 저녁에 숙박하실 건가요? (매우 예의를 갖춘 질문으로 상대의 의향이나 계획을 알고 싶다는 어감)

> **Are** you **going to stay** in this evening?
> 오늘 저녁에 숙박하실 거예요? (상대의 결정을 촉구하는 어감)

일반적으로 진행형으로 잘 쓰지 않는 동사(▶4 참조)의 경우에도 이런 표현이 가능하다.

> **Will** you **be wanting** lunch tomorrow?　내일 점심도 포함하실 건가요?

3 진행의 의미를 나타내는 be going to

〈**be going to + 동사원형**〉 구문으로 진행형을 만들 수도 있다.

> **I'm going to be working** all day tomorrow, so I won't have time to shop.
> 내일 하루 종일 일할 거라 쇼핑할 시간이 없을 거야.

확실한 현재 사실을 나타내는 will be + -ing(예: Don't phone now - they'll be having lunch.)는 ▶39.7 참조.

42　be + to부정사: I am to …, you are to … 등

1 계획과 예정: He is to visit Nigeria.

〈**be + to부정사**〉 구문은 격식체로 공식·비공식적인 일정이나 계획 등을 언급할 때 쓰인다.

> The President **is to visit** Nigeria next month.
> 대통령은 다음 달에 나이지리아를 방문할 예정이다.

> We **are to get** a 10 per cent wage rise in June.
> 6월에 10% 임금 인상이 있을 것이다.

> I felt nervous because I **was** soon **to leave** home for the first time.
> 나는 곧 처음으로 집을 떠날 예정이었기 때문에 긴장되었다.

계획한 일이 실행되지 않았을 때는 to부정사의 완료형을 쓴다.

> I **was to have started** work last week, but I changed my mind.
> 나는 지난주 일을 시작할 계획이었지만 마음이 바뀌었다.

2 운명: We were to meet again.

〈**be + to부정사**〉를 써서 운명적으로 일어날 수밖에 없는 일, 미래에 실현될 일을 나타내기도 한다.

> I thought we were saying goodbye for ever. But **we were to meet** again, many
> years later, under very strange circumstances.
> 나는 우리가 영원히 작별하는 줄 알았다. 하지만 우리는 몇 년 뒤 매우 기이한 상황에서 다시 만날 운명이었다.

3 전제 조건: If we are to get there in time ...

흔히 if절에 〈**be + to부정사**〉를 써서 의도나 소망을 나타낸다. 이때 주절은 그런 의도나 소망이 성취되기 위한 전제 조건을 표현한다.

If we are to get there by lunchtime, we had better hurry.
점심 시간까지 그곳에 도착하려면 서두르는 게 좋다.

He knew he would have to work hard **if he was to pass** his exam.
그는 시험에 합격하려면 열심히 공부해야 한다는 것을 알고 있었다.

4 명령: You are to do your homework.

〈**be + to부정사**〉를 써서 단호한 명령을 나타낸다. 주로 부모가 아이에게 명령할 때 쓰인다.

You **are to do** your homework before you watch TV.
TV를 보기 전에 숙제부터 해야 한다.

She can go to the party, but she**'s not to be** back late.
그녀는 파티에 갈 수 있지만 늦게 귀가해서는 안 된다.

5 be + 수동형 부정사: It is not to be removed.

〈**be + 수동형 부정사**〉 구문은 공지나 사용 설명서 등에서 흔히 쓰인다.

> am / are / is (not) to be + 과거분사

This cover **is not to be removed**. 이 덮개를 벗기면 안 됩니다.

간혹 수동형 부정사만 쓰기도 한다.

To be taken three times a day after meals.
하루에 세 번, 식후에 복용하십시오. (약병의 문구)

〈**be + 수동형 부정사**〉의 기타 용례는 다음과 같다.

There**'s nothing to be done**.
할 일이 없다.

She **was nowhere to be found**.
그녀는 어디에도 보이지 않았다.

I looked out of the window, but there **was nothing to be seen**.
나는 창밖을 내다보았지만 아무것도 보이는 게 없었다.

43 과거 시점에서의 미래

과거의 일을 언급하면서 당시에는 아직 일어나지 않았던 일을 말할 경우 미래를 나타내는 시제 (▶35-42 참조)를 쓰되, 동사만 과거형으로 바꾸면 된다. 즉, is going to 대신 was going to, 현재 진행형 대신 과거 진행형, will 대신 would, is to 대신 was to를 쓴다.

Last time I saw you, you **were going to start** a new job.
지난번에 봤을 때 너는 새로운 일을 시작할 참이었어.

I had no time to shop because I **was leaving** for Germany in two hours.
두 시간 후면 독일로 떠나야 했기 때문에 쇼핑할 시간이 없었다.

In 1988 I arrived in the town where I **would spend** ten years of my life.

나는 1988년 내 인생의 10년을 보내게 될 도시에 도착했다.

I went to have a look at the room where I **was to talk** that afternoon.

나는 그날 오후 강연하게 될 방을 살펴보러 갔다.

be going to는 완료 시제도 가능하다.

I've **been going to write** to you for ages, but I've only just found time.

오랫동안 너에게 편지 쓰려고 했는데, 이제야 짬이 났어.

〈was to have + 과거분사(예: She was to have taken over my job, but she fell ill.)〉는 ► 42.1 참조.

Section 5 **Past and Perfect Tenses**
과거 시제와 완료 시제

개요

영어에는 6가지 형태의 동사로 과거의 사건과 상황을 언급한다.

명칭	예
단순 과거	I worked
과거 진행	I was working
(단순) 현재 완료	I have worked
현재 완료 진행	I have been working
(단순) 과거 완료	I had worked
과거 완료 진행	I had been working

학계에서는 종종 '시제'(현재 또는 과거)와 '상'(완료와 진행)을 구별한다. 시제는 시점을 나타내며
상은 사건이 진행되는 과정에 목격되었는지, 아니면 특정 시점에 완료되었는지를 나타낸다. 본 책은
실용서이므로 시간을 나타내는 모든 동사 형태를 간편하게 '시제'로 통일하여 표시하고 있다.
이어지는 항목에서 6가지 동사 형태의 다양한 용법을 다루고 있다.

다음 문장은 왜 틀렸을까?

- ✘ gallopped regreted ► 44.3 참조
- ✘ What did you do at eight o'clock yesterday evening? ~ I watched TV. ► 45.2 참조
- ✘ When I got up this morning the sun shone and the birds sang. ► 45.2 참조
- ✘ When I was a child we were walking to school every day. ► 45.4 참조
- ✘ She said she wasn't believing me. ► 45.5, 4 참조
- ✘ Some people think that Shakespeare has travelled in Germany. ► 47.2 참조
- ✘ Once upon a time a beautiful princess has fallen in love with a poor farmer.

    ► 48.1-48.2 참조

- ✘ When has the accident happened? ► 48.2 참조
- ✘ I know her for years. ► 52.1 참조
- ✘ How long are you studying English? ► 52.1 참조
- ✘ Why are you crying? ~ Granny has hit me. ► 49.1 참조
- ✘ The Chinese have invented paper. ► 49.1 참조
- ✘ It's not as big as I have expected. ► 49.2 참조
- ✘ I've only been knowing her for two days. ► 51.1 참조
- ✘ Look at all the rose bushes I've been planting! ► 51.3 참조
- ✘ This is the first time I hear her sing. ► 52.2 참조
- ✘ During our conversation, I realised that we met before. ► 53.2 참조
- ✘ I told her that I have finished. ► 53.2 참조
- ✘ Alex Cary, who had worked for my father a few years ago, is now living in Greece.

    ► 53.2 참조

- ✘ I had left a jacket to be cleaned. Is it ready yet? ► 53.3 참조
- ✘ She told me that her father was ill since Christmas. ► 53.5 참조
- ✘ When I opened the windows, I sat down. ► 54.1 참조
- ✘ We were walking since sunrise, and we were very hungry. ► 55.3 참조

Section 5 목차

44 단순 과거

단순 과거 시제는 simple past 또는 past simple이라고 한다.

1 형식 (규칙 동사)

긍정문	의문문	부정문
I worked	did I work?	I did not work
You worked	did you work?	you did not work
he / she / it worked 등	did he / she / it work? 등	he / she / it did not work 등

– 부정어 축약 (▶337 참조): I didn't work, you didn't work 등
– 부정의문문 (▶218 참조): did I not work? 또는 didn't I work? 등
– 불규칙 동사의 과거형은 ▶1 참조.
– 불규칙 동사의 의문문과 부정문 구성 방법은 규칙 동사와 동일하다(**did + 동사원형**)

의문문의 자세한 내용은 ▶216 참조.　　부정문은 ▶217-221 참조.　　수동태 구문(예: Work was done.)은 ▶57 참조.

2 -ed발음

규칙 동사의 과거형에 붙는 -ed는 다음과 같이 발음된다.

- /d/: 모음이나 /d/를 제외한 유성 자음 뒤
  유성 자음: /ð/, /b/, /v/, /z/, /ʒ/, /dʒ/, /g/, /m/, /n/, /ŋ/, /l/
  tried /traɪd/　　lived /lɪvd/　　seemed /siːmd/　　failed /feɪld/

- /t/: /t/를 제외한 무성 자음 뒤
  무성 자음: /θ/, /p/, /f/, /s/, /ʃ/, /tʃ/, /k/
  stopped /stɒpt/　　passed /pɑːst/　　laughed /lɑːft/　　watched /wɒtʃt/
  worked /wɜːkt/

- /ɪd/: /d/ 또는 /t/ 뒤
  ended /'endɪd/　　started /'stɑːtɪd/

aged, naked 등의 형용사는 ▶191 참조.

3 규칙 동사의 과거형 철자법

대부분의 규칙 동사: -ed를 붙인다.	work → work**ed** stay → stay**ed** show → show**ed** wonder → wonder**ed** visit → visit**ed** gallop → gallop**ed**
-e로 끝나는 동사: -d만 붙인다.	hope → hope**d** decide → decide**d**

〈단모음(강세 있음) + 단자음(w, y는 제외)〉으로 끝나는 동사: 마지막 자음을 반복해 쓰고 -ed를 붙인다.	shop → shop**ped** plan → plan**ned** re'fer → refer**red** re'gret → regret**ted**
주의 마지막 음절에 강세가 없는 경우:	'offer → offer**ed** 'visit → visit**ed**
〈자음 + -y〉로 끝나는 동사: y를 i로 바꾸고 -ed를 붙인다.	hurry → hurr**ied** cry → cr**ied** study → stud**ied**
주의 〈모음 + -y〉로 끝나는 경우:	play → play**ed**

-c로 끝나는 동사의 과거형은 c를 ck로 바꾸고 -ed를 붙인다. (예: picnic → picnicked)
영국 영어에서는 단모음에 강세가 붙지 않더라도 -l로 끝날 경우 -l을 한 번 더 쓰고 -ed를 붙인다. (예: 'travel → travelled)

4 용례

단순 과거는 금방 끝난 행위나 사건은 물론, 오래 지속되거나 거듭되었던 상황 등 다양한 과거의 일을 언급할 때 쓴다.

> Daniel **broke** a window last night. 다니엘은 어젯밤에 창문을 깨뜨렸다.
>
> I **spent** all my childhood in Scotland. 나는 스코틀랜드에서 유년기를 보냈다.
>
> Regularly every summer, Jessica **fell** in love.
> 여름철만 되면 제시카는 어김없이 사랑에 빠지곤 했다.

과거에 있었던 일을 설명하거나 이야기할 때는 단순 과거를 쓴다.

> One day the Princess **decided** that she **didn't like** staying at home all day, so she **told** her father that she **wanted** to get a job ...
> 어느 날 공주는 하루 종일 집에만 있는 것이 싫어졌다. 그래서 공주는 부왕에게 일을 하고 싶다고 말했는데 …

단순 과거 시제는 흔히 종료 시점을 나타내는 표현과 함께 쓰인다.

> I **saw** Jack **yesterday morning**. He **told** me ... 어제 아침에 잭을 만났어. 그가 내게 말하길 …

단순 과거는 과거의 일을 언급할 때 일반적으로 쓰는 시제다. 즉, 다른 과거형 시제를 쓸 특별한 이유가 없을 때는 단순 과거를 쓴다.

단순 과거: 종료 시점을 나타내는 표현과 함께 쓰인다.

One day the Princess decided ...   I saw Jack yesterday.

과거   one day   yesterday   현재

현재나 미래의 의미를 지닌 단순 과거(예: It's time you went.)는 ▶46 참조.   종속절 시제의 특수 용법은 ▶231 참조.

45 과거 진행

1 형식

> was / were + -ing

I was working. 나는 일하고 있었다.
Were you listening to me? 내 말 듣고 있었어?
She was not trying. 그녀는 노력하지 않았다.

의문문 형식의 자세한 내용은 ▶216 참조.   부정문은 ▶217-221 참조.   수동태(예: Work was being done.)는 ▶57 참조.
sitting, stopping처럼 마지막 자음을 한 번 더 쓰는 경우는 ▶347 참조.

2 용례: What were you doing at eight o'clock?

과거 진행 시제는 과거의 특정 시점에 진행 중이었던 상황을 언급한다.

> **What were you doing** at eight o'clock yesterday evening? ~ **I was watching** TV.
> 어제 저녁 8시에 뭐하고 있었니? ~ TV 보고 있었어.
> (NOT What did you do ...? ~ I watched TV.)
>
> When I got up this morning the sun **was shining**, the birds **were singing**, ...
> 오늘 아침 일어나 보니 햇살은 빛나고 새들은 지저귀고…
> (NOT ... the sun shone, the birds sang ...)

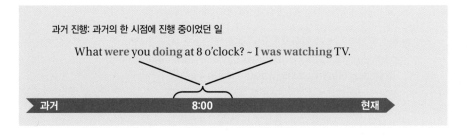

과거 진행: 과거의 한 시점에 진행 중이었던 일

What **were** you **doing** at 8 o'clock? ~ I **was watching** TV.

| 과거 | 8:00 | 현재 |

3 과거 진행과 단순 과거의 차이: 배경 상황

종종 과거 진행 시제와 단순 과거 시제를 함께 쓰기도 한다. 과거 진행은 이전부터 계속되어 오던 '배경' 행위나 상황을 나타내며, 단순 과거는 이런 상황이나 행위 도중에 발생한 일시적 사건이나 행위를 나타낸다.

> As I **was walking** down the road, I **saw** James.
> 나는 거리를 걸어가다 제임스를 보았다.
>
> The phone **rang** while I **was having** dinner.
> 내가 저녁을 먹고 있는데 전화벨이 울렸다.
>
> Mozart **died** while he **was composing** the *Requiem*.
> 모차르트는 레퀴엠을 작곡하던 도중에 사망했다.

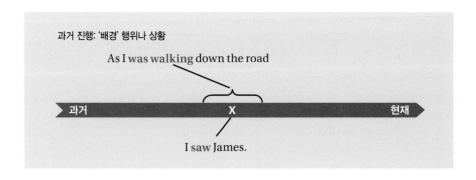

과거 진행: '배경' 행위나 상황

As I was walking down the road

| 과거 | X | 현재 |

I saw James.

4 반복적 행위에는 쓰지 않음

반복적이거나 습관적인 과거의 행위를 언급할 때는 대체로 과거 진행형을 쓰지 않으며, 대신 단순 과거를 쓴다.

> I **rang** the bell six times.
> 나는 초인종을 여섯 번이나 눌렀다. (NOT I ~~was ringing the bell six times~~.)

> When I was a child we **walked** to school.
> 내가 어렸을 때 우리는 학교에 걸어 다녔다. (NOT ... ~~we were walking to school~~.)

그러나 반복적인 행위가 주요 사건의 '배경'이 되는 경우에는 과거 진행형을 쓸 수 있다.

> At the time when it happened, I **was travelling** to New York a lot.
> 그 일이 일어났을 때, 나는 뉴욕을 자주 왕래하고 있었다.

5 진행형으로 쓸 수 없는 동사: She said she believed

진행형으로 쓸 수 없는 동사들도 있다(▶4 참조).

> She said she **believed** Joe was dying.
> 그녀는 조가 죽는 줄 알았다고 말했다. (NOT ~~She said she was believing~~ ...)

6 한시적인 행위나 상황에 사용

다른 진행 시제(▶3 참조)와 마찬가지로 과거 진행 시제 역시 한시적인 행위나 상황에 쓴다. 장기간에 걸쳐 영구적인 상황을 표현할 때는 단순 과거를 쓴다. 비교)

- It happened while I **was living** in Eastbourne last year.
  그 사건은 내가 지난해 이스트번에 살고 있을 때 일어났다.

  I **lived** in London for ten years while I was a child.
  나는 어릴 적에 10년 동안 런던에 살았다.

- When I got home, water **was running** down the kitchen walls.
  집에 돌아와 보니, 부엌 벽에서 물이 줄줄 흘러내리고 있었다.

  When they first discovered the river, they thought it **ran** into the Atlantic.
  그들이 그 강을 처음 발견했을 당시에는 강이 대서양으로 흘러 들어간다고 생각했다.

7 특수 용례

과거 진행 시제는 주요한 소식이나 정보가 아니라 그 '배경'이 되는 상황에 쓰이므로, 특별히 강조할 의도가 없는 상황에는 과거 진행 시제를 쓴다. 비교)

I **had lunch** with the President yesterday. 어제 대통령과 점심 식사를 했네. (중요한 소식)

I **was having lunch** with the President yesterday, and she said ...

내가 어제 대통령과 점심 식사를 하는 도중에, 대통령께서 이런 말씀을 하셨네 …

(대통령과의 점심 식사가 화자에게는 별일 아닌 듯한 느낌을 준다.)

발화동사는 주로 과거 진행 시제로 쓰는데, 이렇게 하면 뒤에 언급되는 내용을 강조하는 효과가 있다.

Jack **was saying** that he still can't find a job.

잭이 그러던데, 아직도 직장을 못 구했다는 거예요.

always나 continually 등의 단어와 함께 과거 진행 시제를 쓰면 반복적이거나 예기치 않게 벌어진 사건을 나타낸다(▶5 참조).

Aunt Lucy **was always turning up** without warning and bringing us presents.

루시 이모는 항상 느닷없이 나타나서 우리에게 선물을 안겨주곤 하셨다.

I didn't like him – he **was continually borrowing** money.

난 그를 싫어했어. 걸핏하면 돈을 빌려갔거든.

과거 진행의 완곡 어법(예: I was wondering whether you'd like to come out with me this evening.)은 ▶311 참조.

46 과거 동사: 현재 또는 미래의 의미

과거 시제가 항상 과거를 의미하는 것은 아니다. I had, you went, I was wondering처럼 과거 동사를 써서 현재나 미래를 표현하는 경우도 있다.

1 접속사 뒤에서 would 대신 사용: If I paid now...

대부분의 종속절(예: if, supposing, wherever, what이 이끄는 절)에서는 가정이나 조건의 개념(▶231.6 참조)으로 과거 시제를 쓴다(would 제외).

If I **had** the money now I'd buy a car. 지금 수중에 돈이 있다면 차를 한 대 살 텐데.

If you **caught** the ten o'clock train tomorrow, you would be in Edinburgh by supper-time, unless the train **was** delayed, of course.

네가 내일 10시 기차를 탄다면 저녁 식사 시간까지 에든버러에 도착할 수 있을 거야. 물론 기차가 연착하지 않는다면 말이지.

Supposing we **didn't go** abroad next year? 우리 내년에 해외에 못 가면 어쩌지?

Would you follow me wherever I **went**? 내가 가는 곳이면 어디든 따라올래?

In a perfect world, you would be able to say exactly what you **thought**.

이상적인 세계에서는 자신의 생각을 그대로 표현할 수 있을 것이다.

Ten o'clock – it's time (that) you **went** home. (▶502 참조)

10시네. 너 집에 가야 할 시간이야.

Don't come and see me today – I'd rather (that) you **came** tomorrow. (▶566.3 참조)

오늘은 날 보러 오지 마. 내일 왔으면 좋겠어.

I wish (that) I **had** a better memory. (▶632.4 참조)

기억력이 더 좋으면 좋을 텐데.

2 완곡한 질문이나 요청: I wondered if ...

질문이나 요청, 제의 등을 완곡하게 (그래서 더 공손하게 들리도록) 표현할 때 과거 시제를 쓴다. (이런 식의 완곡어법은 ▶311 참조). 흔히 쓰는 관용어구로는 I wondered, I thought, I hoped, did you want 등이 있다. (▶311.1 참조)

I wondered if you were free this evening. 오늘 저녁에 시간이 있으신지 모르겠군요.

I thought you might like some flowers. 꽃을 좋아하실 것 같아서요.

Did you want cream with your coffee, sir? 손님, 커피에 크림 넣어드릴까요?

과거 진행 시제(I was thinking/wondering/hoping 등)를 쓰면 더욱 완곡한 표현이 된다. (▶311.2 참조)

I was thinking about that idea of yours.
귀하의 아이디어를 검토하던 참이었습니다.

I was hoping we could have dinner together.
저녁 식사를 함께 했으면 합니다.

3 '과거형' 조동사: could, might, would, should

'과거형' 조동사인 could, might, would, should는 대체로 현재 또는 미래를 나타내며 완곡어법에서 can, may, will, shall 대신 쓰인다. (▶311.4 참조)

Could you help me for a moment? 잠시만 저를 도와주시겠어요?

Would you come this way, please? 이쪽으로 오시겠어요?

I think it **might** rain soon. 곧 비가 내릴 것 같아요.

Alice **should** be here soon. 앨리스가 곧 올 거예요.

4 현재까지 지속되는 상황: It was such a nice place.

과거의 일을 언급할 때, 설령 사실이나 상황이 현재에도 그대로 지속되고 있어도 대체로 과거 시제를 쓴다.

Are you deaf? I asked how old you **were**.
귀가 먹었니? 몇 살이냐고 물었잖아.

I'm sorry we left Liverpool. It **was** such a nice place.
리버풀을 떠나서 아쉬워. 참 멋진 곳이었는데.

Do you remember that nice couple we met in Greece? They **were** German, **weren't** they?
그리스에서 만난 그 멋진 부부 기억나? 독일인이었지, 안 그래?

I got this job because I **was** a good driver. 나는 운전 솜씨가 좋아서 이 일자리를 얻었다.

James applied to join the police last week, but he **wasn't** tall enough.
제임스는 지난주에 경찰에 지원했지만 신장 기준에 미달되었다.

간접화법은 ▶259, 263 참조.

47 현재 완료: 개요

이 항목은 단순 현재 완료를 다루고 있다. 현재 완료 진행 시제는 ▶50-51 참조.

1 형식

> have / has + 과거분사

I **have broken** my glasses. 안경이 부러졌다.
Have you **finished?** 다 마쳤어?
She **hasn't phoned.** 그녀는 전화하지 않았다.

고대 영어에서는 현재 완료에 have 대신 be동사를 쓰는 경우도 있었지만(예: Winter **is** come),
현대 영어에서는 드물다(예외는 ▶ 66, 466 참조).

의문문의 자세한 내용은 ▶216 참조.   부정문은 ▶217-221 참조.
현재 완료 수동태(예: The work has been done.)는 ▶57 참조.

2 현재와 연관성이 있으며 완료된 사건

완료된 사건이나 행위가 현재와 연관성이 있음을 나타내기 위해 현재 완료를 쓴다. 즉, 완료된
사건이나 행위의 결과가 현재에 영향을 미칠 경우에 현재 완료 시제를 쓴다. 따라서 화자가 현재
완료로 상황을 서술한다는 것은 현재와 과거를 동시에 고려하고 있다는 것을 시사한다.

I **can't go** skiing because I **have broken** my leg.
나는 다리가 부러져서 스키를 타러 갈 수 없다.

현재 완료 문장을 유사한 의미의 현재 시제 문장으로 바꿀 수 있다.

I've **broken** my leg. → My leg **is broken** now.
나는 다리가 부러졌다. → 내 다리는 지금 부러진 상태다.

Some fool **has let** the cat in. → The cat **is** in.
어떤 멍청이가 고양이를 들여 놓았다. → 고양이가 안에 있다.

Utopia **has invaded** Fantasia. → Utopia **is** at war with Fantasia.
유토피아가 판타지아를 침입했다. → 유토피아는 판타지아와 전쟁 중이다.

Emily **has had** a baby. → Emily now **has** a baby.
에밀리가 아기를 낳았다. → 에밀리는 지금 아기 엄마다.

Our dog **has died.** → Our dog **is dead.**
우리 개가 죽었다. → 우리 개는 숨을 거두었다.

Have you **read** the Bible? → **Do** you **know** the Bible?
성경을 읽어 보았니? → 성경을 아니?

All the wars in history **have taught** us nothing. → We **know** nothing.
역사의 그 모든 전쟁들은 우리에게 어떤 교훈도 주지 않았다. → 우리는 아무것도 모른다.

현재 완료는 '완료'나 '성취'의 의미를 나타내기도 한다.

At last! I've **finished!** 드디어 끝냈어!
Have you **done** all the housework? 집안일 다 끝냈어?

현재와 관련이 없는 경우 현재 완료를 쓰지 않는다(▶48.1 참조). 비교)

I've **travelled** in Africa a lot. (= I know Africa.)
나는 아프리카 여행을 많이 다녔다. (= 그래서 나는 아프리카를 잘 알고 있다.)

Some people think that Shakespeare **travelled** a lot in Germany.
셰익스피어가 독일 여행을 자주 했다고 생각하는 사람들도 있다.

(NOT ~~Some people think that Shakespeare has travelled~~ ...)

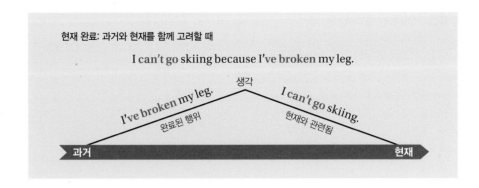

현재 완료: 과거와 현재를 함께 고려할 때

I can't go skiing because I've broken my leg.

생각

I've broken my leg.
완료된 행위

I can't go skiing.
현재와 관련됨

과거　　　　　　　　　　　　　　　　　　　현재

3 시간부사: ever, before, recently 등

완료된 사건을 ever, before, never, yet, recently, lately, already 등 현재와 관련된 시간부사
와 함께 언급할 때는 대체로 현재 완료를 쓴다. (미국식 용례는 ▶ 49.7 참조)

Have you **ever seen** a ghost? 유령을 본 적 있어?

She**'s never said** 'sorry' in her life.
그녀는 지금까지 살아오면서 한 번도 '미안하다'고 말한 적이 없다.

I'm sure we**'ve met before.** 우리는 분명히 전에 만난 적이 있다.

Has Dan **phoned yet?** 댄한테 전화 왔어?

We **haven't seen** Beth **recently.** 우리는 요즘 베스를 보지 못했다.

Could you clean the car? ~ I**'ve already done** it. 세차 좀 해줄래? ~ 벌써 했어.

4 현재까지 반복되는 동작: I've written six emails ...

현재까지 반복되는 동작이나 사실에는 현재 완료를 쓴다.

I**'ve written** six emails since lunchtime.
나는 점심 시간 이후로 이메일을 여섯 통 썼다.

often, sometimes, occasionally를 포함한 빈도부사는 현재 완료 문장에 흔히 쓰인다.

How **often have** you **been** in love in your life?
살면서 몇 번이나 사랑에 빠져봤어?

I**'ve sometimes thought** of moving to Australia.
나는 가끔 호주 이민을 생각하곤 했다.

5 현재까지 지속되는 일: I've known her for years

현재까지 지속되어 온 행위나 상황에는 단순 현재 완료나 현재 완료 진행을 쓴다(동사의 종류나
의미에 따라 달라질 수 있다. 자세한 내용은 ▶ 51 참조).

I**'ve known** her for years. 나는 몇 년 동안 그녀를 알고 지냈다.

(NOT ~~I know her for years.~~ ▶ 52.1 참조)

I**'ve been thinking** about you all day. 나는 하루 종일 네 생각을 하고 있었다.

미래를 대신하는 현재 완료 시제(예: I'll take a rest when I've finished cleaning the kitchen.)는 ▶ 231.3 참조.

48 현재 완료와 단순 과거

1 현재를 염두에 두지 않는 경우

과거와 현재를 함께 염두에 두고 있을 때, 즉 현재와 과거의 연관성을 시사할 때 현재 완료를 쓴다. 현재와의 연관성을 고려하지 않을 경우 현재 완료를 쓰지 않는다. 비교)

– My sister **has learnt** French.
우리 언니는 프랑스어를 배웠다. (그녀는 현재 프랑스어를 할 수 있다.)

Shakespeare probably **learnt** Italian.
셰익스피어는 아마 이탈리아어를 배웠을 것이다. (NOT ~~Shakespeare has probably learnt Italian.~~)

– We**'ve studied** enough to pass the exam.
우리는 시험에 합격할 수 있을 만큼 열심히 공부했다. (아직 시험을 앞두고 있는 상태)

We **studied** enough to pass the exam.
우리는 시험에 합격할 만큼 열심히 공부했다. (시험이 끝난 상태)

– Anna and Daniel **have got** married! 애나와 다니엘이 결혼했대! (소식)

My parents **got** married in Canada. 우리 부모님은 캐나다에서 결혼하셨다.

동화 따위의 이야기 전개에는 현재 완료를 쓰지 않는다.

Once upon a time a beautiful princess **fell** in love with a poor farmer.
옛날 옛적에 아름다운 공주가 가난한 농부와 사랑에 빠졌어요. (NOT ... ~~has fallen in love~~ ...)

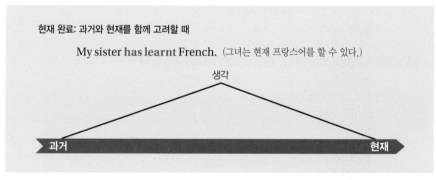

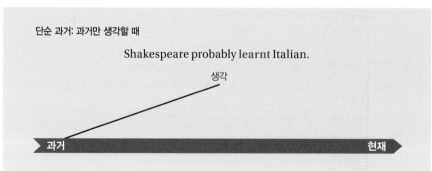

2 종료된 시간을 나타내는 어구: 현재 완료 사용 불가

현재 완료는 yesterday(어제), last week(지난주), then(그때), when(언제), three years ago(3년 전에), in 1970(1970년에) 등과 같이 완전히 종료된 과거의 시간을 나타내는 표현과 함께 쓰지 않는다. 현재 완료는 현재에 초점을 두는 반면, 이런 어구들은 과거에 초점을 맞추고 있어 서로 모순되기 때문이다. 비교)

- **Have** you **seen** Lucy anywhere? 혹시 루시 어디서 봤어?
  I **saw** Lucy **yesterday**. 나는 어제 루시를 보았다. (NOT ~~I have seen Lucy yesterday.~~)
- Tom **has hurt** his leg; he can't walk. 톰은 다리를 다쳐서 걷지 못한다.
  Tom **hurt** his leg **last week**. 톰은 지난주에 다리를 다쳤다.
  (NOT ~~Tom has hurt his leg last week.~~)
- What **have** you **done** with the car keys? I can't find them.
  차 열쇠 어떻게 했어? 못 찾겠어.
  What **did** you **do then**? 그래서 넌 뭘 했어? (NOT ~~What have you done then?~~)
- My brother **has had** an accident. He's in hospital.
  우리 형이 사고를 당했어. 지금 병원에 있어.
  When did the accident **happen**? 사고가 언제 일어났는데?
  (NOT ~~When has the accident happened?~~)
- All my friends **have moved** to London. 내 친구들은 모두 런던으로 이사갔다.
  Sam **moved three years ago**. 샘은 3년 전에 이사갔다.
  (NOT ~~Sam has moved three years ago.~~)

그러나 ever, before, never, yet, recently, already 등은 일반적으로 현재 완료와 함께 쓴다 (▸47.3 참조).

> **Have** you **ever been** to Chicago? 시카고에 가본 적 있어?
> I**'ve seen** this film **before**. 나는 이 영화를 본 적이 있다.

just나 just now와 함께 쓰는 시제는 ▸ 503 참조.

3 시간을 언급하지 않을 경우

직접 시간을 언급하지 않더라도 '현재까지의 시간'을 염두에 두고 있다면 현재 완료를 쓴다.

> **Have** you **seen** 'Romeo and Juliet'? 〈로미오와 줄리엣〉 봤어?
> ('언젠가 본 적이 있어?' 또는 '지금 공연하고 있는 연극을 봤어?' 두 가지 의미 모두 가능)
> You**'ve done** a lot for me. 너는 내게 많은 걸 해줬어. (지금까지)

반면 직접 언급하지 않더라도 이미 '종료된 특정 시점'을 염두에 두고 있다면 현재 완료를 쓰지 않는다.

> **Did** you **see** 'Romeo and Juliet'?
> 〈로미오와 줄리엣〉 봤어? (어젯밤에 TV에서 방영되었다.)
> My grandfather **did** a lot for me.
> 우리 할아버지께서는 나를 위해 많은 것을 해주셨다. (할아버지가 살아계셨을 때)

4 소식과 부연 설명

소식을 전할 때는 대체로 현재 완료를 쓴다.

> **Have** you **heard**? Andy **has won** a big prize! 소식 들었어? 앤디가 큰 상을 받았대.

하지만 내용을 좀 더 상세히 부연 설명할 때는 대체로 과거 시제로 바꾼다.

> Joe **has passed** his exam! He **got** 87%. 조가 시험에 합격했어! 87점 받았대.

There **has been** a plane crash near Bristol. Witnesses say that there **was** an
explosion as the aircraft **was taking off**, ...

브리스톨 인근에서 비행기 사고가 발생했습니다. 목격자들에 따르면, 비행기 이륙 당시에 폭발이 있었다고
하며 …

The Prime Minister **has had** talks with President Kumani. During a three-hour
meeting, they **discussed** the economic situation, and **agreed** on the need for
closer trade links between the two countries.

총리가 쿠마니 대통령과 회담을 가졌습니다. 3시간 동안의 회담에서 두 정상은 경제 상황에 대해 논의하고
양국간에 더욱 긴밀한 통상관계가 필요하다는 데 동의했습니다.

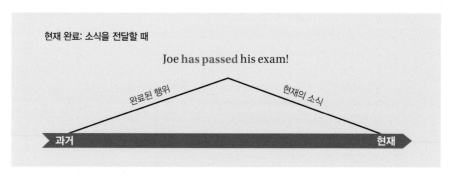

현재 완료: 소식을 전달할 때
Joe has passed his exam!
완료된 행위
현재의 소식
과거 / 현재

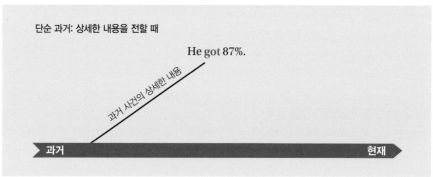

단순 과거: 상세한 내용을 전할 때
He got 87%.
과거 사건의 상세한 내용
과거 / 현재

더 자세한 내용과 예외, 그리고 미국식 용법은 ▶ 49.6-49.7 참조.

49 현재 완료와 단순 과거: 고급 용법

1 원인과 유래: Who gave you that?

과거의 사건과 더불어 그로 인한 현재의 결과를 염두에 두고 말할 때는 대체로 현재 완료를 쓴다
(▶ 47.2 참조).

> **I can't come** to your party because **I've broken** my leg.
> 나는 다리가 부러져서 네 파티에 갈 수 없다.

그러나 현재의 상황을 초래한 인물이나 사건, 상황을 밝힐 때는 대체로 과거 시제를 쓴다. 이 경
우 현재의 결과가 아니라 과거의 원인에 초점을 맞추고 있기 때문이다. 비교)

- Look what Jack **'s given** me! 잭이 내게 준 선물 좀 봐! (선물에 초점을 둔 경우)

  Who **gave** you that? 그거 누가 줬어? (물건을 준 과거 행위에 초점을 둔 경우)
- Somebody **has spilt** coffee on the carpet. 누군가가 카펫에 커피를 쏟았다.

  Who **spilt** all that coffee on the carpet? 누가 카펫에 커피를 쏟았니?

기타 예)

Why are you crying? ~ Granny **hit** me.

왜 울고 있어? ~ 할머니가 때렸어. (NOT ... ~~Granny has hit me.~~)

I'm glad you **were** born. 네가 태어나서 기뻐.

How **did** you **get** that bruise? 어쩌다 그렇게 멍이 들었어?

That's a nice picture. **Did** you **paint** it yourself? 근사한 그림인데. 네가 직접 그린 거니?

Some people think that 'Pericles' **was** not **written** by Shakespeare.

〈페리클레스〉는 셰익스피어의 작품이 아니라고 생각하는 사람들도 있다.

The Chinese **invented** paper.

중국인이 종이를 발명했다. (NOT ~~The Chinese have invented paper.~~)

2 예측과 현실: You're older than I thought.

막 진위가 밝혀진 어떤 일(상황)을 예측했다는 의미로는 과거 시제를 쓴다.

It's not as big as I **expected**. 내가 기대했던 것만큼 크지 않다. (NOT ... ~~as I have expected.~~)

You're older than I **thought**. 제가 생각했던 것보다 나이가 많으시군요.

(NOT ... ~~than I have thought.~~)

But you **promised** ...! 하지만 네가 … 약속했잖아! (NOT ~~But you have promised~~ ...)

I **knew** you would help me! 네가 도와줄 줄 알았어! (NOT ~~I have known~~ ...)

3 today, this week 등

today, this week 등 명확한 시점을 지칭하는 표현은 현재 완료나 단순 과거에 모두 쓸 수 있다. '현재까지의 기간 전체'를 중시할 때는 주로 현재 완료를 쓰고, 그 기간 중에 '종료된 시점'을 중시할 때는 단순 과거를 쓴다. 비교)

- I **haven't seen** Jack this week. 이번 주에는 잭을 못 봤다.

  (현재까지 이번 주 내내 – 현재 완료가 더 자연스러움)

  I **saw** Jack this week, and he said ... 이번 주에 잭을 봤는데, 그의 말로는…

  (이번 주의 어느 한 시점 – 단순 과거가 더 자연스러움)
- **Has** Anna **phoned** today? 오늘 애나가 전화했어?

  (시간에 관계없이 오늘 중 언제라도 전화한 적이 있느냐는 의미)

  Did Anna **phone** today? 오늘 애나가 전화했어?

  (전화가 오리라 예상했던 시간에 왔느냐는 의미)

4 always, ever, never

비격식체에서는 always, ever, never와 함께 단순 과거 시제를 써서 '현재까지의 시간'을 나타내기도 한다.

I **always knew** I could trust you.

넌 믿어도 된다는 걸 언제나 알고 있었어. (OR I've always known ...)

Did you **ever see** anything like that before?

저런 걸 전에 본 적 있어? (OR Have you ever seen ...?)

5 과거 시간 표현과 함께 쓰는 현재 완료

문법적으로는 현재 완료를 종료된 시점과 함께 쓸 수 없다. 이를테면, I have seen him.이나 I saw him yesterday.라고 할 수 있지만, ~~I have seen him yesterday.~~라고 할 수는 없다. 그러나 이런 표현들이 드물긴 해도 학습자들이 피하는 게 좋지만 전혀 쓰이지 않는 것은 아니다. 실제로 짤막한 뉴스 보도처럼 지면의 제약으로 새로운 소식을 전하는 동시에 세부 내용까지 한 문장 내에서 해결해야 할 때 흔히 이런 어법이 쓰인다.

다음은 뉴스 보도, 신문 기사, 광고, 편지, 대화 등에서 발췌한 실례들이다.

Police **have arrested** more than 900 suspected drugs traffickers in raids throughout the country **on Friday and Saturday**.
경찰은 금요일과 토요일에 전국적으로 기습 작전을 펼쳐 900여 명의 마약 밀매 용의자들을 체포했습니다.

A 24-year-old soldier **has been killed** in a road accident **last night**.
어젯밤 24세의 군인이 교통 사고로 사망했습니다.

The horse's trainer **has had** a winner here **yesterday**.
그 조련사의 말이 어제 이곳에서 우승했습니다.

... indicating that the geological activity **has taken place a very long time ago**.
아주 오래 전에 지질 활동이 있었다는 사실을 보여주며 …

Perhaps what **has helped** us to win eight major awards **last year** alone ...
우리가 지난해만 주요 상을 여덟 차례나 수상하는 데 도움이 되었던 것은 아마도 …

I **have stocked** the infirmary cupboard **only yesterday**.
어제서야 겨우 양호실 장에 물품들을 채워 넣었다.

I am pleased to confirm that Lloyds Bank ... **has opened** a Home Loan account for you **on 19th May**.
로이드 은행이 5월 19일자로 귀하의 주택 대출 계좌 개설을 확인해 드리게 되어 기쁩니다.

6 뉴스에 쓰이는 단순 과거

최근 영국의 일부 신문들은 간략한 보도 기사에 통상 단순 과거를 쓰고 있는데 아마도 지면 절약이 목적인 듯하다. 또한 TV의 자막 뉴스에서도 이런 경향이 나타나고 있다. 다음은 신문이나 방송에서 발췌한 실례들이다.

An unnamed businessman **was shot** dead by terrorists ...
신원미상의 사업가 한 명이 테러리스트의 총격으로 사망했습니다 …

A woman **was jailed** for six months after taking a baby boy from his mother.
한 여성이 남자 아이를 친모에게서 납치한 죄로 6개월의 징역형을 선고 받았습니다.

Driving wind and rain **forced** 600 out of 2,500 teenagers to abandon the annual 'Ten Tor' trek across Dartmoor.
세찬 비바람 때문에 다트무어를 횡단하는 연례 트레킹 행사인 '텐토르'에 참가한 청소년 2,500명 가운데 600명이 기권했습니다.

7 미국 영어

미국 영어에서는 소식을 전할 때 흔히 단순 과거를 쓴다.

Did you hear? Switzerland **declared / has declared** war on Mongolia! 소식 들었어?
스위스가 몽골에 선전포고 했어! (영국 영어: Have you heard? Switzerland has declared war ...)

Uh, honey, I **lost /I've lost** the keys.
어, 여보, 내가 열쇠를 잃어버렸어. (영국 영어: ... I've lost the keys.)

Lucy just **called / has just called.**

- 루시가 방금 전화했어. (영국 영어: Lucy has just called.)

미국 영어에서는 또한 already, yet, ever, before 등 막연한 과거를 나타내는 부사와 함께 단순 과거를 쓰기도 한다.

Did you **eat already?** OR **Have** you **eaten ...?**

벌써 식사했어? (영국 영어: Have you eaten already?)

I **didn't call** Bobby **yet** OR I **haven't called ...**

나는 아직 바비에게 전화 안 했어. (영국 영어: I haven't called ...)

미국 영어의 영향을 받고 있는 영국 영어에서도 이런 용법이 점차 널리 쓰이고 있다.

just와 함께 쓰는 시제의 자세한 내용은 ▶ 503 참조.   영국 영어와 미국 영어의 차이는 ▶ 319 참조.

8 잘못된 문법(1): '특정 시간'

현재 완료는 '특정 시간'을 나타내는 표현과 함께 쓸 수 없다고 규정하는 문법책들도 있는데, 자칫 혼동을 일으킬 수 있는 부분이다. 현재 완료가 종료된 시간과 함께 쓰이는 경우가 드물지만 특정한 시간을 나타내는 어구와 함께 쓰이는 경우가 흔하기 때문이다. 비교)

I've **lived** here for **exactly three years, seven months and two days**.

나는 정확히 3년 7개월하고도 이틀을 이곳에서 살고 있다. (명확한 시간 표현과 함께 현재 완료 사용)

Once upon a time a little girl **lived** with her mother in a lonely house in a dark forest.

옛날옛적 어느 어두운 숲 속 외딴 집에서 어린 소녀가 엄마와 함께 살았어요. (막연한 시간 표현과 함께 단순 과거 사용)

9 잘못된 문법(2): '완료된 행위'

일부 문법서의 설명과 달리, 현재 완료와 단순 과거 중 어느 시제를 쓰느냐는 '완료된 행위 (finished actions)'인지 여부에 따라 결정되지 않는다. (그러나 현재와의 연관성 여부는 시제 선택에 영향을 미칠 수 있다.) 비교)

That cat **has eaten** your supper.

저 고양이가 네 저녁을 먹어버렸다. (완료된 행위 – 현재 완료)

I **ate** the last of the eggs this morning.

나는 오늘 아침에 마지막 남은 달걀을 먹었다. (완료된 행위 – 단순 과거)

10 잘못된 문법(3): '최근의 행위'

현재 완료와 단순 과거 중 어느 시제를 쓰느냐는 행위나 사건의 '최근 발생' 여부에 따라 결정되는 것도 아니다. 최근 사건은 대체로 뉴스일 가능성이 높고, 사람들은 대체로 그런 사건의 현재 결과에 지대한 관심을 갖는다. 따라서 최근 사건을 전할 때 실제로 현재 완료를 흔히 쓴다. 그러나 아주 오래 전에 일어난 일에도 현재 완료를 쓰는 경우가 있다. 비교)

The French revolution **has influenced** every popular radical movement in Europe since 1800. 프랑스 혁명은 1800년 이래로 유럽에서 발생한 모든 급진적 민중운동에 영향을 미쳤다. (200년 전의 사건 – 현재 완료)

Anna **phoned** five minutes ago.

애나가 5분 전에 전화했다. (아주 최근의 사건 – 단순 과거)

11 둘 다 가능한 경우

현재 완료와 단순 과거의 차이가 항상 명확히 구분되는 것은 아니다. 어떤 시제를 쓰느냐는 대체로 초점을 어디에 두는지에 따라 결정된다. 즉, 과거 사건이 현재와 연관성이 있다는 점을 중시하는지, 아니면 과거 사건 자체에 치중하는지에 따라 결정된다. 현재 완료와 단순 과거 중 어느쪽을 써도 의미상 큰 차이가 없는 경우도 있다.

> We (**have**) **heard** that you have rooms to let. 세 놓으실 방이 있다고 들었습니다.
> **Has** Mark **phoned?** OR **Did** Mark **phone?** 마크가 전화했어?
> I've **given** / I **gave** your old radio to Philip. 네 오래된 라디오를 필립에게 줬어.

50 현재 완료 진행

1 형식

> have / has been + -ing

> I **have been thinking** about you. 네 생각을 하고 있었어.
> **Have** you **been waiting** long? 오래 기다렸어?
> I **haven't been studying** very well recently. 나는 요즘 공부가 잘 되지 않는다.

sitting, stopping처럼 마지막 철자가 반복되는 경우는 ▶ 347 참조.

2 계속되는 행위나 상황

과거에 시작되어 현재에도 여전히 진행 중인 행위나 상황을 언급할 때 현재 완료 진행을 쓴다.

> I've **been working** very hard recently. 나는 요즘 무척 열심히 일하고 있다.
> It's **been raining** all day. I'm tired of it. 하루 종일 비가 내리네. 지긋지긋해.
> House prices **have been going** up steadily all this year.
> 집값이 올해 내내 꾸준히 상승하고 있다.

현재까지 시간을 어떻게 보냈는지를 언급할 때 흔히 현재 완료 진행을 쓴다.

> Hi! What **have** you **been doing** with yourself? ~ I've **been trying** to write a novel.
> 안녕! 뭐하고 지냈어? ~ 소설을 써보고 있어.
> That kid **has been watching** TV non-stop since breakfast.
> 저 아이는 아침부터 줄곧 TV를 보고 있다.

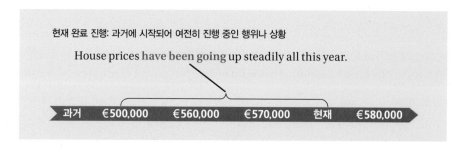

현재 완료 진행: 과거에 시작되어 여전히 진행 중인 행위나 상황

House prices **have been going** up steadily all this year.

| 과거 | €500,000 | €560,000 | €570,000 | 현재 | €580,000 |

3 방금 중단된 행위나 상황

방금 중단된 행위나 상황이지만 그 결과가 현재에 영향을 미칠 때는 현재 완료 진행을 쓴다.

You look hot. ~ Yes, I**'ve been running**. 더워 보이는데. ~ 응, 달리기를 하고 있었거든.

Sorry I'm late. **Have** you **been waiting** long? 늦어서 죄송합니다. 오래 기다리셨나요?

I must just go and wash. I**'ve been gardening**.
가서 좀 씻어야겠어. 정원을 손보고 있었거든.

4 반복된 행위

지속적이거나 반복된 행위에는 현재 완료 진행을 쓸 수 있다.

People **have been phoning** me all day. 사람들이 하루 종일 나에게 전화하고 있다.

I**'ve been waking** up in the night a lot. I think I'll see the doctor.
밤잠을 설치는 날이 많아. 의사의 진찰을 받아야 할 것 같아.

5 시간 표현: recently, lately, this week, since ..., for ... 등

현재 완료 진행 시제에는 recently(요즈음), lately(최근에), this week(이번 주에), since January(1월부터), for the last three days(지난 3일간)처럼 '현재까지 지속되는 기간'을 나타내는 표현이 자주 쓰인다.

The company **has been losing** money **recently**. 그 회사는 최근 들어 손실을 보고 있다.

Jack**'s been walking** in Scotland **all this week**.
잭은 이번 주 내내 스코틀랜드에서 도보 여행을 하고 있다.

I**'ve been doing** a new job **since January**. 나는 지난 1월부터 새로운 일을 하고 있다.

It**'s been raining for the last three days**. 지난 사흘 동안 계속 비가 내리고 있다.

since와 for의 차이는 ▶ 469 참조.

6 종료된 시점을 나타내는 표현과 함께 사용 불가

현재 완료 진행은 종료된 시점을 나타내는 표현과 함께 쓸 수 없다.

You look tired. ~ Yes. I **was cycling from ten this morning until five o'clock**.
지쳐 보이네. ~ 응. 오늘 오전 10시부터 5시까지 자전거를 탔거든.

(NOT ... ~~I've been cycling from ten this morning until five o'clock.~~)

7 how long?

행위나 상황이 지속된 시간을 언급할 때는 현재 진행이 아니라 현재 완료 진행을 쓴다.

How long **have** you **been studying** English?
영어 공부를 얼마 동안 했죠? (NOT ~~How long are you studying ...?~~)

I**'ve been working** here for two months.
나는 여기서 두 달째 일하고 있다. (NOT ~~I'm working here for two months.~~)

자세한 내용은 ▶ 52 참조.

8 현재 완료 진행과 (단순) 현재 완료

현재까지 지속된 행위나 상황을 언급할 때 단순 현재 완료를 쓸 수도 있다. 비교)

- How long **have** you **been working** with her? 그녀와 얼마 동안 함께 일했니?

  How long **have** you **known** her? 그녀를 안 지 얼마나 됐어?

That man **has been standing** on the corner all day.
저 남자는 하루 종일 모퉁이에 서 있었다.

For 900 years the castle **has stood** on the hill above the village.
그 성은 900년 동안 마을 위쪽 언덕에 자리잡고 있었다.

두 시제의 차이는 ▶ 51 참조.

9 잘못된 문법

문법에서는 종종 '과거에 시작해서 현재까지 계속되는 행위나 상황'을 현재 완료 진행으로 표현한다고 말한다. 이것은 맞는 말이기는 하지만 완벽한 설명은 아니며 도움도 되지 않는다. 과거에 시작해서 현재까지 계속되는 행위나 상황에 관해 말하기 위해 우리는 보통 '현재(present) 시제'를 사용한다. (현재 진행되고 있는 모든 일이 과거에 시작된 것이다!) 우리가 현재까지 계속되고 있는 것을 돌이켜볼 때, 예를 들어, 그것이 얼마나 오랫동안 지속되었는지를 말할 때 현재 완료 진행을 쓴다. 비교)

- **It's raining.** 비가 오고 있다.
  It's been raining all day. 하루 종일 비가 오고 있다.
- **I'm working** very hard at the moment. 나는 지금 아주 열심히 일하고 있다.
  I've been working very hard recently. 나는 요즘 아주 열심히 일하고 있다.

51 단순 현재 완료와 현재 완료 진행

1 진행형을 쓰지 않는 동사

일부 특정 동사들은 진행형으로 쓰지 않는다(▶ 4 참조). 이런 동사들은 진행의 의미가 분명하더라도 진행형으로 쓸 수 없는데, 가장 대표적인 예로 be, have, know가 있다.

Jack**'s been** ill all week. 잭은 일주일 내내 아팠다. (NOT Jack's been being ill ...)

She**'s had** a cold since Monday.
그녀는 월요일부터 감기를 앓고 있다. (NOT She's been having a cold ...)

I**'ve** only **known** her for two days.
그녀를 안지 고작 이틀 밖에 안 됐다. (NOT I've only been knowing her ...)

2 일시적 성격 또는 영구적 성격

현재 완료 진행은 대체로 기간이 비교적 짧거나 일시적인 행위 또는 상황에 쓴다. 장기간 지속되거나 영구적인 상황에는 대체로 (단순) 현재 완료를 쓴다. 비교)

- **I've been playing** the piano all afternoon, and I'm really tired.
  나는 오후 내내 피아노를 쳐서 정말 피곤하다.

  My grandmother **has played** the piano since she was a little girl.
  우리 할머니는 어린 소녀 때부터 피아노를 치셨다.

- **I haven't been working** very well recently. 나는 요즘 일이 잘 안 되고 있다.
  He **hasn't worked** for years. 그는 몇 년간 일을 하지 않았다.

- **I've been living** in Emma's place for the last month.
  나는 지난 한 달 동안 엠마의 집에서 지냈다.

  My parents **have lived** in Bristol all their lives. 우리 부모님은 평생 브리스톨에서 사셨다.

현재 완료 진행과 (단순) 현재 완료가 둘 다 가능한 경우도 있는데, 강조하는 의미가 약간 다를 수 있다.

  It's been raining / It**'s rained** steadily since last Saturday.
  지난 토요일부터 줄기차게 비가 내리고 있다/비가 내렸다.

  Harry **has been working** / **has worked** in the same job for thirty years.
  해리는 30년 동안 같은 직종에 종사해오고 있다/종사해왔다.

지속적인 변화나 발전을 언급할 때는 영구적인 현상이라 하더라도 대체로 현재 완료 진행을 쓴다.

  Scientists believe that the universe **has been expanding** steadily since the beginning of time.
  과학자들은 우주가 태초부터 끊임없이 팽창하고 있다고 믿는다.

3 일의 성취 수준(how much?)이나 행위의 빈도수(how often?)는 단순 현재 완료
성취한 수준(또는 양, 정도)이나 행위의 빈도를 언급하는 경우에는 단순 현재 완료를 쓴다. 비교)

  – **I've been planting** rose bushes all afternoon. 나는 오후 내내 장미 나무를 심고 있었다.
  Look at all the rose bushes **I've planted**!
  내가 심어 놓은 이 많은 장미 나무들 좀 봐! (NOT ... ~~I've been planting.~~)

  – We**'ve been painting** the house. 우리는 집에 페인트칠을 하고 있었다.
  We**'ve painted** two rooms since lunchtime.
  우리는 점심 시간 이후로 방 두 개를 페인트칠했다.
  (NOT ~~We've been painting two rooms since lunchtime.~~)

  – **I've been playing** a lot of tennis recently. 나는 최근에 테니스를 많이 치고 있다.
  I've played tennis three times this week. 나는 이번 주에 테니스를 세 번 쳤다.

52 현재 완료와 단순 현재

1 지속된 기간을 언급할 때는 현재 완료
상황이나 행위가 현재까지 지속된 기간을 언급할 때는 현재 완료를 쓴다. 비교)

  – It**'s raining** again. 다시 비가 내리고 있다.
  It**'s been raining** since Christmas.
  크리스마스부터 계속 비가 내리고 있다. (NOT ~~It's raining since Christmas.~~)

  – **Are** you **learning** English? 영어를 배우고 있니?
  How long **have** you **been learning**?
  얼마나 오랫동안 배운 거야? (NOT ~~How long are you learning?~~)

  – I hear you**'re working** at Smiths. ~ Yes, I**'ve been working** there for a month.
  너 스미스 상점에서 일한다며. ~ 맞아, 거기서 일한 지 한 달 됐어. (NOT ~~I'm working there for~~ ...)

  – I **know** her well. 나는 그녀를 잘 안다.
  I've known her for years.
  나는 그녀를 알고 지낸 지 몇 년 되었다. (NOT ~~I know her for years.~~)

  – My brother**'s** a doctor. 우리 형은 의사다.
  How long **has** he **been** a doctor?
  그는 의사가 된 지 얼마나 됐어? (NOT ~~How long is he a doctor?~~)

비교)

How long **are** you here for? (= until when; when are you leaving?)

여기 얼마나 오래 있을 거야? (= 언제까지; 언제 떠나는가?)

How long **have** you **been** here for? (= since when; when did you arrive?)

여기 얼마나 오래 있었어? (= 언제부터; 언제 도착했는가?)

단순 현재 완료와 현재 완료 진행의 차이는 ▸ 51 참조.   since와 for의 차이는 ▸ 469 참조.
since와 함께 쓰이는 시제는 ▸ 579 참조.

2 This is the first time 등

this is the first time that ..., it's the second ... that ... (~하기는 이번이 처음이다/두 번째다) 등의 구문(▸ 56 참조) 뒤에는 (단순) 현재 완료를 쓴다.

This is **the first time** that I've **heard** her sing.

그녀가 노래하는 것을 듣기는 이번이 처음이다. (NOT ~~This is the first time that I hear her sing.~~)

It's **the fifth time** you've **asked** me the same question.

너는 똑같은 질문을 다섯 번째 묻고 있다.

This is only **the second** opera I've **ever** seen.

내가 오페라를 관람한 것은 이번이 겨우 두 번째다.

현재 완료 수동태와 단순 현재 수동태가 비슷한 의미인 경우(예: The shop has been / is closed.)는 ▸ 66 참조.

53 과거 완료: 개요

이 항목에서는 단순 과거 완료 시제를 설명한다. 과거 완료 진행 시제는 ▸ 55 참조.

1 형식

had + 과거분사

I **had forgotten**. 나는 잊어버렸다.

Where **had** she **been**? 그녀는 어디에 있었어?

It **hadn't rained** for weeks. 몇 주 동안 비가 오지 않았다.

수동태(예: The work had been done.)는 ▸ 57 참조.

2 의미 및 용례: 대과거

과거 완료는 '과거보다 더 앞선 과거'를 나타낸다. 일반적인 용법은 어떤 과거의 일보다 더 먼저 일어난 일이라는 사실을 명확히 하기 위한 것이다.

During our conversation, I realised that we **had met** before.

대화를 나누다 보니 나는 우리가 이전에 만난 적이 있음을 깨달았다.

(NOT ~~I realised that we met before.~~ OR ~~... have met before.~~)

When I arrived at the party, Lucy **had** already **gone** home.

파티 장소에 도착해 보니 이미 루시는 집에 가고 없었다.

(NOT ... ~~Lucy already went home.~~ OR ... ~~has already gone home.~~)

따라서 과거 완료는 인지동사나 발화동사의 과거형 뒤에 쓰일 때가 많다. 그런 생각이나 말을 하기 이전에 이미 일어났던 일을 설명하기 때문이다.

> I **told** her that I **had finished**.
> 나는 마쳤다고 그녀에게 말했다. (NOT ... ~~that I (have) finished.~~)
>
> I **wondered** who **had left** the door open. 나는 누가 문을 열어 놓았는지 궁금했다.
>
> I **thought** I **had sent** the money a week before.
> 나는 일주일 전에 그 돈을 보냈다고 생각했다.

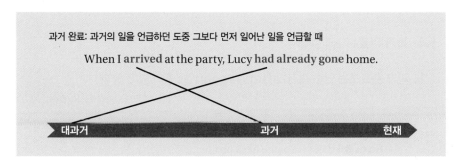

과거 완료: 과거의 일을 언급하던 도중 그보다 먼저 일어난 일을 언급할 때

When I **arrived** at the party, Lucy **had already gone** home.

대과거   과거   현재

3 과거 완료를 쓰지 않는 경우

과거 완료는 대체로 앞서 설명한 경우에만 쓰인다. 어떤 일이 단순히 과거에 일어났다는 사실을 언급하거나 현재 상황의 단초가 된 과거의 일을 언급할 때는 과거 완료를 쓰지 않는다.

> Alex Cary, who **worked** for my father in the 1980s, is now living in Greece.
> 1980년대에 아버지 회사에서 일했던 알렉스 캐리는 지금 그리스에 거주하고 있다.
> (NOT ~~Alex Cary, who had worked for my father~~ ...)
>
> I **left** a jacket to be cleaned. Is it ready yet?
> 재킷을 세탁해 달라고 맡겼는데, 아직 안 되었나요? (NOT ~~I had left a jacket~~ ...)

4 과거 사실에 반대되는 가정: if 등

if(▶ 241 참조), wish(▶ 632 참조), would rather(▶ 566 참조) 뒤에 과거 완료 시제를 써서 과거에 일어나지 않았던 사건을 나타낸다.

> **If** I **had gone** to university I would have studied medicine.
> 내가 대학에 갔더라면 의학을 공부했을 것이다.
>
> I **wish** you **had told** me the truth.
> 네가 사실대로 말했더라면 좋았을 텐데.
>
> **I'd rather** she **had asked** me before borrowing the car.
> 차를 빌리기 전에 그녀가 먼저 내게 물어봤더라면 좋았을 텐데.

5 지속된 기간: 단순 과거 대신 과거 완료 사용

더 오랜 과거부터 과거 어느 한 시점까지 지속된 기간을 나타낼 때는 단순 과거 대신 과거 완료를 쓴다. 특히 be, have, know처럼 진행형을 쓸 수 없는 동사들은 과거 완료 시제를 쓴다.

> She told me that her father **had been** ill since Christmas.
> 그녀는 크리스마스부터 아버지가 편찮으셨다고 말했다.
> (NOT ... ~~that her father was ill since Christmas.~~)

I was sorry to sell my car. I **had had** it since College.
차를 팔게 되어 섭섭했다. 대학생 때부터 몰고 다니던 차였는데. (NOT ... ~~I had it since College.~~)

When they got married, they **had known** each other for 15 years.
결혼할 당시 그들은 15년간 알고 지내던 사이였다. (NOT ... ~~they knew each other for 15 years.~~)

그 밖의 동사 대부분은 과거 완료 진행형을 쓴다(▶55 참조).

since와 for의 차이는 ▶469 참조.

54 과거 완료: 고급 용법

1 과거 완료 또는 단순 과거: after, as soon as 등과 함께 쓸 때

순차적으로 일어난 행위나 사건을 언급할 때는 시간을 나타내는 접속사(after, as soon as, when, once 등)를 쓴다. 이 경우 과거 완료 시제를 쓰지 않을 수도 있다. 하나의 행위나 사건이 일어난 시점보다 더 먼 과거로 거슬러 올라가는 것이 아니라 순차적으로 진행되기 때문이다.

After it **got** dark, we came back inside. 날이 저문 뒤 우리는 다시 안으로 들어왔다.

As soon as Megan **arrived**, we sat down to eat. 메간이 도착하자마자 우리는 앉아서 먹었다.

Once it **stopped** raining, we started the game again.
비가 그치자 우리는 경기를 다시 시작했다.

그러나 첫 번째 사건이 두 번째 사건과 별개의 일이며 두 번째 사건이 일어나기 전에 완료되었다는 사실을 강조할 때는 after, as soon as 등과 함께 과거 완료를 쓸 수 있다.

She didn't feel the same **after** her dog **had died**.
키우던 개가 죽고 난 뒤 그녀는 예전 같지 않았다.

As soon as he **had finished** his exams, he went to Paris for a month.
그는 시험이 끝나자마자 파리로 가서 한 달을 보냈다.

두 사건의 선후관계를 분명히 하기 위해 when절에 과거 완료 시제를 쓰기도 한다. 비교〉

– When I **had opened** the windows, I sat down and had a cup of tea.
나는 창문을 연 다음 앉아서 차를 한 잔 마셨다.
(NOT ~~When I opened the windows, I sat down~~ ... – 첫 번째 행위는 두 번째 행위와 별개)

When I **opened** the window, the cat jumped out. 창문을 열자 고양이가 뛰쳐나갔다.
(When I had opened the window, ... 보다 자연스러움 – 첫 번째 행위가 두 번째 행위의 원인)

– When I **had answered** my emails, I did some gardening.
이메일에 회신을 하고 나서 나는 정원을 좀 손질했다.
(NOT ~~When I answered my emails, I did some gardening.~~)

When I **wrote** to her, she came at once. 내가 편지를 보내자 그녀가 곧바로 왔다.

2 실현되지 않은 소망이나 바람; 과거에 일어나지 않았던 일

실현되지 않은 소망이나 바람 등에도 과거 완료를 쓸 수 있다. 이 경우는 had에 강세를 준다.

I **HAD hoped** we would leave tomorrow, but it won't be possible.
우리가 내일 떠나기를 바랐는데 힘들 것 같다.

He **HAD intended** to make a cake, but he ran out of time.
그는 케이크를 구우려고 했지만 시간이 없었다.

3 It was the first/second... that ... 구문

'it was the first/second ... that ...' 등의 구문 뒤에 과거 완료를 쓴다(▶ 56 참조).

It was **the first time** that I **had heard** her sing.
그녀가 노래하는 것을 듣기는 그때가 처음이었다.

It was **the fifth time** she **had asked** the same question.
그녀는 똑같은 질문을 다섯 번째 물었다.

It was only **the second opera** I **had seen** in my life.
그것이 내 평생 두 번째로 본 오페라였다.

before와 함께 쓰이는 과거 완료 시제(예: He went out before I had finished my sentence.)는 ▶ 250.3참조.

55 과거 완료 진행

1 형식

> had been + -ing

I **had been working.** 나는 일하던 중이었다.
Where **had** she **been staying?** 그녀는 어디에 머물고 있었어?
They **hadn't been listening.** 그들은 듣지 않고 있었다.

sitting, stopping처럼 마지막 자음을 반복하는 경우는 ▶ 347 참조.

2 용례

과거의 어느 한 시점, 또는 바로 그 직전까지 계속되고 있었던 행위나 상황에는 과거 완료 진행 시제를 쓴다.

At that time we **had been living** in the caravan for about six months.
그 당시 우리는 여섯 달 가량 이동식 주택에서 살고 있었다.

When I found Emily, I could see that she **had been crying**.
에밀리를 발견했을 때, 나는 그녀가 울고 있었다는 것을 눈치챘다.

I went to the doctor because I **had been sleeping** badly.
나는 심한 불면증에 시달리다가 의사를 찾아갔다.

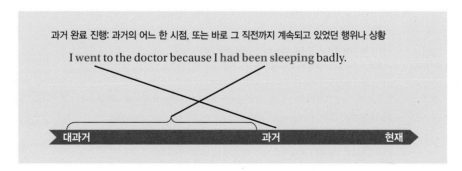

과거 완료 진행: 과거의 어느 한 시점, 또는 바로 그 직전까지 계속되고 있었던 행위나 상황

I went to the doctor because I had been sleeping badly.

대과거　　　　　　　과거　　　　　　　현재

3 지속된 기간: 과거 진행 대신 과거 완료 진행 사용

더 오랜 과거부터 과거의 어느 한 시점까지 지속된 기간을 나타낼 때는 과거 진행형이 아니라 과거 완료 진행형을 쓴다.

> We'd been walking since sunrise, and we were hungry.
> 동틀 녘부터 걸었더니 우리는 허기가 졌다. (NOT ~~We were walking since sunrise~~ ...)
>
> When she arrived, she had been travelling for twenty hours.
> 도착 당시 그녀는 20시간의 여정을 거쳐온 상태였다. (NOT ... ~~she was travelling~~ ...)

since와 for의 차이는 ▶ 469 참조.

4 진행 시제와 단순 시제의 차이

진행 시제는 대체로 한시적인 행위나 상황을 언급할 때 쓴다. 장기간 지속되거나 영구적인 상황에는 단순 시제를 쓴다. 비교)

> My legs were stiff because I had been standing still for a long time.
> 오랫동안 가만히 서 있었더니 다리가 뻣뻣했다.
>
> The tree that blew down had stood there for 300 years.
> 바람에 쓰러진 그 나무는 300년 동안 그곳에 서 있었다.

진행 시제는 대체로 행위의 지속성을 강조하고 단순 시제는 완료의 개념을 강조한다.

> I had been reading science fiction, and my mind was full of strange images.
> 공상과학 소설을 계속 읽었더니 머릿속이 괴상한 이미지들로 꽉 차버렸다.
>
> I had read all my magazines, and was beginning to get bored.
> 갖고 있던 잡지들을 다 읽었더니 슬슬 지루해지기 시작했다.

의미상 진행 시제가 더 적절해도 대체로 진행형을 쓰지 않는 동사도 있다(▶ 4 참조).

> I hadn't known her for very long when we got married.
> 우리가 결혼할 당시 나는 그녀와 썩 오랫동안 알고 지내던 사이는 아니었다.
> (NOT ~~I hadn't been knowing her~~ ...)

56 This is the first / last ... 등

1 This is the first time 등

this/it/that is the first/second/third/only/best/worst 등이 이끄는 절에는 현재 완료 시제를 쓴다.

> This is the first time that I've heard her sing.
> 그녀가 노래하는 것을 듣기는 이번이 처음이야. (NOT ~~This is the first time that I hear her sing.~~)
>
> This is the first time I've seen a volcano.
> 화산을 본 게 이번이 처음이야. (NOT ~~This is the first time to see a volcano.~~)
>
> This is the fifth time you've asked me the same question.
> 네가 똑같은 질문을 한 게 이번이 다섯 번째야. (NOT ~~This is the fifth time you ask~~ ...)
>
> That's the third cake you've eaten this morning.
> 저 케이크는 오늘 아침 네가 세 번째로 먹은 케이크야.

It's one of the most interesting books I**'ve** ever **read**.

그 책은 내가 지금까지 읽은 책들 중 손꼽히게 재미있어.

I'm flying to New York tomorrow. It'll be the first time I**'ve travelled** by plane.

나는 내일 비행기를 타고 뉴욕에 가. 내가 비행기로 하는 첫 여행이 될 거야.

과거 사실을 언급할 때는 과거 완료 시제를 쓴다.

It was the third time he **had been** in love that year.

그는 그 해에 세 번째로 사랑에 빠졌다.

2 This is the last ... 등과 함께 쓰이는 시제

This is the last ... 등이 이끄는 절에는 현재(단순 현재 및 진행형)와 미래 시제를 모두 쓸 수 있다.

This is the last time I **pay** / I**'m paying** for you.

네 대신 돈을 내는 건 이번이 마지막이야. (OR This is the last time I'll pay for you.)

That's the last email he **gets** / he**'s getting** from me.

그가 나한테 받는 마지막 이메일이야. (OR That's the last email he'll get from me.)

This is the last thing I**'m going** to say to you.

마지막으로 내가 하려는 말은 이거야.

Section 6 **Passives** 수동태

개요

능동태 구문과 수동태 구문

비교〉

- They **built** this house in 1486. 그들은 1486년에 이 집을 건축했다. (능동태)
  This house **was built** in 1486. 이 집은 1486년에 건축되었다. (수동태)
- Most Austrians **speak** German. 대다수 오스트리아 사람들은 독일어를 쓴다. (능동태)
  German **is spoken** by most Austrians. 독일어는 많은 오스트리아 사람들에 의해 통용된다. (수동태)
- A friend of ours **is repairing** the roof. 우리 친구 중 한 명이 지붕을 수리하고 있다. (능동태)
  The roof **is being repaired** by a friend of ours.
  지붕이 우리 친구 중 한 명에 의해 수리되고 있다. (수동태)
- This book **will change** your life. 이 책이 당신의 인생을 바꿔 놓을 것이다. (능동태)
  Your life **will be changed** by this book. 당신의 인생은 이 책으로 바뀌게 될 것이다. (수동태)

'A가 B에게 무엇을 행하다'라는 의미는 두 가지 방식으로 서술할 수 있다. A('행위자')를 주어로
하고 싶으면 동사의 능동형(예: built, speak, is repairing, will change)을 쓴다. 만약 B(행위의
'대상자')를 주어로 한다면(▶67 참조) 동사의 수동형(예: was built, is spoken, is being repaired,
will be changed)을 쓴다.

능동태 동사의 목적어는 수동태 동사의 주어와 일치한다.

                    목적어

능동태: They **built** ⎡this house⎤ in 1486. 그들은 1486년에 이 집을 건축했다.

수동태: ⎡This house⎤ **was built** in 1486. 이 집은 1486년에 건축되었다.
              주어

수동태 문장에서는 능동태 동사의 원래 주어를 밝히지 않는 경우가 많다. 원래의 주어를 밝힐 필요가
있을 때는 전치사 by를 쓴다. 이때 by 뒤에 오는 명사를 '행위자(agent)'라고 한다(▶58 참조).
    This house was built in 1486 **by Sir John Latton.**
    이 집은 1486년 존 래튼 경에 의해 건축되었다.

의미와 용법

문법과 실제 의미가 항상 일치하지는 않는다. 능동태 동사라고 해서 항상 '능동'의 의미를 지니는 것은
아니다. 이를테면 receive나 suffer는 능동태 동사이지만, 의미상으로는 무언가를 받거나 당하는
상황을 나타낸다. 또한 영어의 능동태 동사가 다른 언어에서는 수동태나 재귀 동사로 번역되기도 한다.
    My shoes **are wearing out.** 신발이 해졌다.
    She **is sitting.** 그녀는 앉아 있다.
    Suddenly the door **opened.** 갑자기 문이 열렸다.

또한 영어의 수동태 동사가 다른 언어에서는 능동태나 재귀 동사로 번역되기도 한다.
    I **was born** in 1956. 나는 1956년에 태어났다.
    English **is spoken** here. 이곳에선 영어를 쓴다.

to worry / to be worried, to drown / to be drowned처럼 능동태나 수동태 어느 쪽으로 써도 의미가 유사한 동사도 있다(▶438 참조).

to부정사 역시 능동태와 수동태의 의미가 유사한 경우가 있다.
> There's a lot of work **to do.** 해야 할 일이 많다.
> There's a lot of work **to be done.** 해야 할 일이 많다. (자세한 내용은 ▶106 참조).

또한 능동과 수동의 의미를 모두 지니는 동사도 있다.
> She **opened** the door. 그녀는 문을 열었다.
> The door **opened.** 문이 열렸다. (▶9 참조)

재귀 동사는 ▶178 참조.　능동 또는 수동의 의미를 지닌 과거분사는 ▶96.3-96.4 참조.
need나 want 뒤에서 수동의 의미를 나타내는 -ing형(예: My watch needs cleaning.)은 ▶100.3 참조.
문장에서 정보를 배치하는 방식은 ▶267 참조.

다음 문장은 왜 틀렸을까?

❌ I was very interesting in the lesson. ▶96.3 참조
❌ She has put in prison for life. ▶57.4 참조
❌ Tact is lacked by your mother. ▶57.3 참조
❌ He was shot by a rifle. ▶58 참조
❌ Our house got built in 1872. ▶60 참조
❌ The children were explained the problem. ▶61 참조
❌ We were suggested a meeting place. ▶61 참조
❌ I don't like to be shouted. ▶62.1 참조
❌ He was thrown stones at. ▶62.2 참조
❌ She was broken her mirror. ▶62.2 참조
❌ That she was a spy was thought by nobody. ▶63.1 참조
❌ It is expected to make a profit this year. ▶63.2 참조
❌ They say his company to be in trouble. ▶64.2 참조
❌ Doris was wanted to be the manager. ▶64.6 참조
❌ Emily telling everybody what to do annoyed me. ▶67.4 참조

Section 6 목차

57 수동태의 형식과 동사 형태

1 수동태 동사의 형태

수동태 동사형은 주로 be동사(수동태를 만드는 조동사)와 일반동사의 과거분사(pp)를 결합해 만든다(수동태를 만드는 조동사로 get을 쓰는 경우는 ▶ 60 참조). 아래는 시제에 따른 일반동사의 수동태 형식이다.

시제	형태	예문
단순 현재	am / are / is + pp	English **is spoken** here. 이곳에서는 영어를 쓴다.
현재 진행	am / are / is being + pp	Excuse the mess; the house **is being painted**. 집이 엉망이라서 죄송해요. 페인트를 칠하고 있거든요.
현재 완료	have / has been + pp	**Has** Emily **been told**? 에밀리가 소식을 들었어?
(단순) 미래	will be + pp	You**'ll be told** soon enough. 머지않아 듣게 될 것이다.
미래 완료	will have been + pp	Everything **will have been done** by Tuesday. 화요일까지는 모두 마무리될 것이다.
단순 과거	was / were + pp	I **wasn't invited**, but I went. 나는 초대받지 않았지만 갔다.
과거 진행	was / were being + pp	I felt as if I **was being watched**. 나는 감시 당하고 있다는 느낌이 들었다.
과거 완료	had been + pp	I knew why I **had been chosen**. 나는 내가 선택되었던 이유를 알았다.

미래 진행 수동태(**will be being + pp**)와 완료 진행 수동태(**has been being + pp**)는 드물다.
수동태 부정사: (to) be taken, (to) have been invited
수동태 -ing형: being watched, having been invited

주의 둘 이상의 단어로 이루어진 동사(▶ 12-13 참조) 역시 타동사인 경우 수동태 형식을 취할 수 있다.

The furniture **was broken up** for firewood. 그 가구는 땔감용으로 분해되었다.
She likes **being looked at**. 그녀는 남의 시선을 즐긴다.
I need **to be taken care of**. 나는 보살핌이 필요하다.
He hates **being made a fool of**. 그는 웃음거리가 되는 것을 싫어한다.

문미에 전치사가 오는 구문에 대한 자세한 내용은 ▶ 209 참조.

2 시제

수동태와 능동태는 시제 용법에 있어서 차이가 없다. 이를테면 화자가 말하는 시점에 진행되고 있는 일에는 수동태도 능동태와 마찬가지로 현재 진행 시제를 쓴다(▶ 32 참조).

The papers **are being prepared** now. 지금 서류가 준비되고 있습니다.
The secretary **is preparing** the papers now. 비서가 지금 서류를 준비하고 있습니다.

현재 완료 수동태 또한 현재 완료 능동태처럼 완료된 상황을 나타낸다(▶ 47 참조).

Alex **has been arrested**! 알렉스가 체포됐어!
The police **have arrested** Alex! 경찰이 알렉스를 체포했어!

3 수동태로 쓸 수 없는 동사

수동태로 쓸 수 없는 동사들도 있다. 이를테면 die(죽다), arrive(도착하다)처럼 목적어가 필요 없는 자동사(▶ 7.2 참조)의 경우, 수동태의 주어가 될 수 있는 목적어가 없으므로 수동태로 쓸 수 없다. 한편 타동사 중에서도 수동태로 잘 쓰지 않는 동사들이 있다. 이런 동사들은 대부분 동작 대신 상태를 표현하는 '상태 동사(stative verb)'로, fit, have, lack, resemble, suit 등이 여기 에 속한다.

> They **have** a nice house. 그들은 근사한 집을 갖고 있다.
> (BUT NOT ~~A nice house is had by them.~~)
> My shoes **don't fit** me. 신발이 내게 맞지 않는다. (BUT NOT ~~I'm not fitted by my shoes.~~)
> Sylvia **resembles** a Greek goddess.
> 실비아는 그리스 여신을 닮았다. (BUT NOT ~~A Greek goddess is resembled by Sylvia.~~)
> Your mother **lacks** tact.
> 너희 어머니는 요령이 없으시다. (BUT NOT ~~Tact is lacked by your mother.~~)
> She **was having** a bath. 그녀는 목욕 중이었다. (BUT NOT ~~A bath was being had by her.~~)

4 혼동하기 쉬운 형태

능동태와 수동태 동사형을 혼동하는 경우가 많다.

전형적 실수)

> ~~I was very interesting in the lesson.~~
> ~~We were questioning by the immigration officer.~~
> ~~She has put in prison for life.~~
> ~~These houses build in wood.~~
> ~~We are write to each other in English.~~
> ~~The play performed in the evening.~~
> ~~This exhibition will be visit 5 million people.~~

이런 실수를 하게 되는 이유는 다음과 같다.
1. be동사는 수동태 동사형에도 쓰이지만 능동태 진행 시제에도 쓴다.
2. 과거분사는 수동태 동사형에도 쓰이지만 능동태 완료 시제에도 쓰인다. 비교)

> He **was** calling. 그가 부르고 있었다. (능동태 과거 진행)
> He **was called**. 그가 호출되었다. (수동태 단순 과거)
> He has **called**. 그가 불렀다. (능동태 현재 완료)

능동태 동사형은 ▶ 2 참조.

58 by + 행위자

수동태 문장에서는 행위자(agent)를 밝힐 때 대체로 by를 쓴다. 행위자는 행위나 사건의 주체 가 되는 사람이나 사물을 말한다. (그러나 행위자를 밝히는 수동태 문장은 20퍼센트 정도에 불과 하다.)

> All the trouble was caused **by your mother**. 모든 사단이 다 너희 어머니 때문에 벌어졌다.
> These carpets are made **by children** who work twelve hours a day.

이 카펫들은 하루에 12시간씩 노동하는 아동들에 의해 제조되었다.

마치 형용사처럼 쓰이는 과거분사도 있다(▶96 참조). 이를테면 shocked, worried, frightened 등으로 이런 과거분사 뒤에는 흔히 by 대신 다른 전치사를 쓴다. (이런 구문은 사실 수동태가 아니라 〈be + 형용사〉 구조이다.)

> I was **shocked at/by** your attitude. 나는 네 태도에 충격을 받았다.
>
> We were **worried about/by** her silence. 우리는 그녀의 침묵에 걱정스러웠다.
>
> Are you **frightened of** spiders? 거미가 무서워?

행위자가 사용한 도구를 언급할 때는 with를 쓴다(▶416 참조).

> He was shot (by the policeman) **with a rifle**. 그는 (경찰이 쏜) 총에 맞았다.

59 서법 조동사가 있는 수동태: It can be done tomorrow.

서법 조동사가 있는 문장도 수동태로 쓸 수 있다.

> We **can do** it tomorrow. → It **can be done** tomorrow.
> 우리는 내일 그것을 할 수 있다. → 그것은 내일 될 수 있다.
>
> They **may close** the hospital. → The hospital **may be closed**.
> 그들은 병원 문을 닫을 것이다. → 병원은 문을 닫을 것이다.

흥미롭고도 다소 까다로운 서법 조동사의 특징은 그 의미가 대체로 문장 '전체'에 영향을 미친다는 점이다. 따라서 문장을 능동태에서 수동태로 바꾸어도 의미에는 큰 변화가 없다. 비교〉

- A child **could understand** his theory. 삼척동자도 그의 이론을 이해할 수 있다.

  His theory **could be understood** by a child. 그의 이론은 삼척동자라도 이해할 수 있다.

- You **shouldn't put** adverbs between the verb and the object.
  동사와 목적어 사이에는 부사를 넣을 수 없다.

  Adverbs **shouldn't be put** between the verb and the object.
  부사는 동사와 목적어 사이에 올 수 없다.

- Dogs **may chase** cats. 개는 고양이를 뒤쫓기도 한다.

  Cats **may get chased** by dogs. 고양이는 개에게 쫓기기도 한다.

to부정사를 취하는 동사는 대체로 동사의 의미가 주어에만 영향을 미친다. 따라서 문장이 능동태에서 수동태로 바뀌면 문장의 의미가 완전히 뒤바뀌게 된다. 비교〉

- Dogs **like to chase** cats. 개는 고양이 쫓는 것을 좋아한다.

  Cats **like to be chased** by dogs. 고양이는 개에게 쫓기는 것을 좋아한다.
  (두 문장의 의미가 다르며, 사실이 아님)

- Dan **wants to phone** Anna. 댄은 애나에게 전화하고 싶어 한다.

  Anna **wants to be phoned** by Dan. 애나는 댄의 전화를 받고 싶어 한다.(두 문장의 의미가 다름)

60 수동태를 만드는 get: He got caught.

〈get + 과거분사〉는 〈be동사 + 과거분사〉와 마찬가지로 수동태 구문을 만든다. 〈get + 과거분사〉는 대체로 비격식체에서 널리 쓰이며, 예상치 못한 일이나 제어할 수 없는 일, 좋거나 나쁜 결과를 유발하는 일을 표현한다.

I **get paid** on Fridays. 나는 금요일마다 급여를 받는다.

She's always **getting invited** to parties. 그녀는 늘 파티에 초대를 받는다.

My watch **got broken** while I was playing with the children.
아이들과 놀다가 내 손목시계가 망가졌다.

He **got caught** by the police speeding through the town centre.
그는 도심을 과속으로 운전하다가 경찰 단속에 걸렸다.

오랜 기간에 걸친 행위나 신중하게 계획된 행위에는 〈be동사 + 과거분사〉가 흔히 쓰인다.

The Emperor Charlemagne **was crowned** in the year 800.
샤를마뉴 대제는 800년에 왕위에 올랐다. (The Emperor Charlemagne **got crowned** ...는 어색함)

The new school **will be opened** by the Prime Minister on May 25th.
새 학교가 5월 25일에 수상에 의해 개교될 것이다.

Our house **was built** in 1827.
우리 집은 1827년에 건축되었다. (NOT ~~Our house got built in 1827.~~)

61 수동태 문장에서 두 개의 목적어를 취하는 동사

give, send, show, lend, pay, promise, refuse, tell, offer 등의 동사는 두 개의 목적어, 즉 '간접목적어(indirect object)'와 '직접목적어(direct object)'를 취한다. 대체로 간접목적어는 사람, 직접목적어는 사물을 지칭한다. 이런 경우에 두 가지 형태의 구문이 가능하다.

A. 동사 + 간접목적어 + 직접목적어

She gave her sister the car. 그녀는 여동생에게 그 차를 주었다.
I had already shown the police officer Sam's photo.
나는 이미 그 경찰관에게 샘의 사진을 보여주었다.

B. 동사 + 직접목적어 + 전치사 + 간접목적어

She gave the car to her sister. 그녀는 그 차를 여동생에게 주었다.
I had already shown Sam's photo to the police officer.
나는 이미 샘의 사진을 그 경찰관에게 보여주었다.

두 가지 구문 모두 수동태로 바꿀 수 있다.

A. 간접목적어가 수동태 동사의 주어가 되는 경우

Her sister was given the car. 그녀의 여동생이 그 차를 받았다.
The police officer had already been shown Sam's photo.
그 경찰관은 이미 샘의 사진을 보았다.

B. 직접목적어가 수동태 동사의 주어가 되는 경우

The car was given to her sister. 그 차는 그녀의 여동생이 받았다.
Sam's photo had already been shown to the police officer.
샘의 사진은 이미 경찰관이 보았다.

이미 언급된 정부를 앞에 두는 정부 배열의 원칙에 따라(▶67 2, 67 4 참조), A와 B 중 하나의 수동태 구문을 선택하게 되는데, A구문(예: Her sister was given the car.)이 더 많이 쓰인다.

> **I've** just **been sent** a whole lot of information. 나는 방금 막대한 양의 정보를 받았다.
>
> **You were lent** ten thousand pounds last year.
> 귀하께서는 지난해 1만 파운드를 대출하셨습니다.
>
> **The visitors were shown** a collection of old manuscripts.
> 방문객들에게 고문서 소장본들이 공개되었다.
>
> **They are being paid** a lot of money for doing very little.
> 그들은 하는 일도 없이 엄청난 보수를 받고 있다.
>
> **He was refused** a visa because he had been in prison.
> 그는 전과가 있어서 비자 발급을 거부당했다.
>
> **We will** never **be told** the real truth. 우리는 결코 진실을 듣지 못할 것이다.
>
> How much **have you been offered?** 얼마를 제의 받으셨습니까?

B구문(예: The car was given to her sister.)에서 간접목적어가 대명사일 경우 전치사를 생략하기도 한다.

> This watch was given **(to)** me by my father. 이 시계는 아버지께서 내게 주신 것이다.

explain(▶459 참조)과 suggest (▶598 참조)는 A구문으로 쓸 수 없다.

> **The problem was explained** to the children. 아이들에게 문제를 설명해 주었다.
> (BUT NOT ~~The children were explained the problem.~~)
>
> **A meeting place was suggested** to us. 우리는 모임 장소를 추천 받았다.
> (BUT NOT ~~We were suggested a meeting place.~~)

to the police officer와 같은 전치사구는 '간접목적어'라고 불리지 않는 것에 유의한다.

목적어를 두 개 취하는 동사에 대한 자세한 내용은 ▶8 참조.

62 수동태에서 전치사를 취하는 동사

1 The plan has been looked at carefully.

전치사 수반 동사(prepositional verb)의 목적어는 수동태 구문에서 주어가 될 수 있다.

> We have looked **at the plan** carefully. → **The plan** has been looked at carefully.
> 우리는 그 계획을 신중하게 살펴보았다. → 그 계획은 신중하게 검토되었다.
>
> Nobody listens **to her.** → **She** is never listened to.
> 아무도 그녀에게 귀를 기울이지 않는다. → 그녀의 말을 귀담아 듣는 사람이 없다.
>
> Somebody has paid **for your meal.** → **Your meal** has been paid for.
> 어떤 분께서 손님의 식대를 지불하셨습니다. → 손님 식대는 이미 계산되었습니다.

전치사는 생략할 수 없으므로 어순에 유의한다.

> I don't like to be shouted **at.**
> 누가 나한테 소리지르는 것은 질색이다. (NOT ~~I don't like to be shouted.~~)

전치사로 문장이 끝나는 경우는 ▶209 참조.

2 Stones were thrown at him.

동사 뒤에 직접목적어가 올 경우 전치사의 목적어는 수동태 구문의 주어가 될 수 없다.

> They threw **stones at him.** → **Stones** were thrown at him.
> 그들은 그에게 돌을 던졌다. → 돌이 그에게 날아왔다. (BUT NOT ~~He was thrown stones at.~~)
>
> They stole **a bicycle from him.** → **A bicycle** was stolen from him.
> 그들은 그의 자전거를 훔쳤다. → 그는 자전거를 도난 당했다.
> (BUT NOT ~~He was stolen a bicycle from.~~)
>
> They poured **water on us.** → **Water** was poured on us.
> 그들은 우리에게 물을 끼얹었다. → 물벼락이 우리에게 쏟아졌다.
> (BUT NOT ~~We were poured water on.~~)

> 주의 명사나 대명사의 소유격은 수동태 구문의 주어가 될 수 없다.
>
> They called **Mr Archer's name.** → **Mr Archer's name** was called.
> 그들이 아처 씨의 이름을 불렀다. → 아처 씨의 이름이 호명되었다.
> (BUT NOT ~~Mr Archer was name called.~~)
>
> I broke **her mirror.** → **Her mirror** was broken.
> 나는 그녀의 거울을 깼다. → 그녀의 거울이 깨졌다. (BUT NOT ~~She was broken her mirror.~~)

3 give, send 등

give(주다), send(보내다), lend(빌려주다) 등의 수여동사는 전치사 없이 목적어를 두 개 취할 수 있다(예: They gave him a gold watch. 그들은 그에게 금시계를 주었다.). 수여동사의 수동태 구문(예: He was given a gold watch. 그는 금시계를 받았다., A gold watch was given to him. 금시계는 그에게 주어졌다.)은 ▸ 61 참조.

〈have + 목적어 + **과거분사**(예: We had water poured on us.)〉 구문은 ▸ 109, 267.3 참조.

63 It was thought that ...

1 목적절: Nobody thought that she was a spy.

절을 목적어로 취할 경우 목적절은 대체로 수동태의 주어가 될 수 없다.

> Nobody thought **that she was a spy.** 누구도 그녀가 스파이라고 생각하지 않았다.
> (BUT NOT ~~That she was a spy was thought by nobody.~~)
>
> We felt **that he was the right man for the job.**
> 우리는 그가 그 일의 적임자라고 생각했다. (BUT NOT ~~That he was ... was felt.~~)
>
> The newspapers say **that his company is in trouble.**
> 신문 보도에 따르면 그의 회사가 어려움에 처해 있다고 한다.
> (BUT NOT ~~That his company is in trouble is said ...~~)

그러나 가주어 it(▸ 268 참조)을 활용하면 수동태로 쓸 수 있다.

> **It was thought** that she was a spy. 그녀는 스파이로 간주되었다.
> **It was felt** that he was the right man for the job. 그가 그 일의 적임자라고 생각되었다.
> **It is said** that his company is in trouble. 그의 회사가 어려움에 처했다고 한다.

2 to부정사를 취하는 동사: They decided to ...

decide, agree 등 to부정사를 목적어로 취하는 일부 동사는 it을 가주어로 하는 수동태 문장으로 쓸 수 있다.

They **decided to meet** at twelve. → **It was decided** to meet at twelve.
그들은 12시에 만나기로 결정했다. → 12시에 만나기로 결정되었다.

We **agreed to open** a new branch. → **It was agreed** to open a new branch.
우리는 새 지점을 내는 데 찬성했다. → 새로운 지점 설립이 합의되었다.

그러나 대부분의 동사는 이런 용법으로 쓸 수 없다.

NOT ~~It is started to make a profit.~~ OR ~~It is not expected to rain today.~~

64 He is believed to be ...

1 I was asked to send ...

〈목적어 + to부정사〉 구문을 취하는 동사들도 많다(▶ 98 참조).

He **asked me to send** a stamped addressed envelope.
그는 내게 우표 첨부 회신용 봉투를 보내 달라고 부탁했다.

We **chose Felicity to be** the Carnival Queen.
우리는 펠리시티를 카니발의 여왕으로 뽑았다.

이런 구문들은 대부분 수동태로 바꿔 쓸 수 있다.

I was asked to send a stamped addressed envelope.
나는 우표 첨부 회신용 봉투를 보내달라는 부탁을 받았다.

Felicity was chosen to be the Carnival Queen. 펠리시티가 카니발의 여왕으로 뽑혔다.

We were told not to come back. 우리는 돌아오지 말라는 지시를 받았다.

They are allowed to visit Harry once a week.
그들은 일주일에 한 번 해리를 만날 수 있다.

2 He is believed to be dangerous.

think, feel, believe, know 등의 동사 뒤에 〈목적어 + to부정사〉가 오는 구문은 격식체로 드물게 쓰인다.

They **believe him to be** dangerous.
그들은 그를 위험 인물로 간주한다. (They believe that he ...이 더 널리 쓰임)

그러나 수동태 구문(예: He is believed to be ...)은 널리 쓰이며 특히 뉴스 보도에 자주 쓰인다.

He is believed to be dangerous. 그는 위험 인물로 간주되고 있다.

Moriarty is thought to be in Switzerland. 모리아티는 스위스에 있는 것 같다.

She is known to have been married before. 그녀는 결혼을 한 적이 있다고 한다.

It is considered to be the finest cathedral in Scotland.
그곳은 스코틀랜드에서 가장 멋진 성당으로 간주된다.

참고 say의 경우 수동태 형식으로만 to부정사 구문을 쓸 수 있다.

His company is said to be in trouble.

그의 회사가 어려움에 처했다고 한다. (BUT NOT ~~They say his company to be in trouble.~~)

3 hear, see, make, help

hear, see 등의 지각동사와 make, help 등의 사역동사의 경우 능동태 문장에서 〈**목적어 + 원형 부정사**(▶ 91 참조)〉 구문을 취하며 수동태 문장에서는 to부정사를 쓴다. 비교)

- I saw him **come** out of the house. 나는 그가 집에서 나오는 모습을 보았다.

  He was seen **to come** out of the house. 그가 집에서 나오는 모습이 보였다.

- They made him **tell** them everything. 그들은 그가 모든 사실을 털어놓게 만들었다.

  He was made **to tell** them everything. 그는 모든 사실을 그들에게 털어놓게 되었다.

- They helped him **(to) get** out of the country. 그들은 그가 해외로 도피하도록 도와주었다.

  He was helped **to get** out of the country. 그는 도움을 받아 해외로 도피했다.

4 일종의 가주어 기능을 하는 there

동사 say, think, feel, report, presume, understand 등의 경우 일종의 가주어 역할을 하는 there를 써서 수동태 문장을 만들 수 있다.

There are thought to be more than 3,000 different languages in the world.

(= It is thought that there are ...) 세계에는 3,000개가 넘는 언어가 존재한다고 한다.

There was said to be disagreement between Ministers.

장관들 사이에 의견 대립이 있었다고 한다.

5 완료 부정사, 진행 부정사, 수동 부정사

수동태 동사 뒤에 완료 부정사, 진행 부정사, 수동 부정사가 올 수도 있다.

He is believed **to have crossed** the frontier last night.

그는 어젯밤에 국경을 건넌 것으로 보인다.

I was told **to be waiting** outside the station at six o'clock.

나는 6시에 역 밖에 대기하고 있으라고 들었다.

The hostages are expected **to be released** today.

인질들이 오늘 풀려날 것으로 예상된다.

6 예외: 소망, 바람

want, like 등 소망이나 바람을 나타내는 동사는 대체로 to부정사를 수반하는 수동태 구문으로 쓸 수 없다.

Everybody **wanted Doris to be** the manager. 모두들 도리스가 매니저가 되기를 바랐다.

(BUT NOT ~~Doris was wanted to be the manager.~~)

We **like our staff to say** what they think. 우리는 직원들이 의견을 제시하기를 바란다.

(BUT NOT ~~Our staff are liked to say what they think.~~)

65 He was considered a genius.

일부 특정 동사 뒤에서는 직접목적어가 목적격 보어(object complement)를 수반하는 형태의 구문이 쓰인다. 이때 목적격 보어의 품사는 명사 또는 형용사이며 직접목적어를 설명하거나 분류하는 역할을 한다.

Queen Victoria considered him **a genius**. 빅토리아 여왕은 그를 천재로 여겼다.

They elected Mrs Sanderson **President**. 그들은 샌더슨 여사를 회장으로 선출했다.

We all regarded Kathy as **an expert**. 우리는 모두 캐시를 전문가로 여겼다.

Most people saw him as **a sort of clown**. 대부분의 사람들은 그를 어릿광대로 치부했다.

The other children called her **stupid**. 다른 아이들은 그녀를 멍청이라고 놀렸다.

You've made the house **beautiful**. 너는 집을 멋지게 꾸며 놓았다.

수동태 구문에서는 목적격 보어가 주격 보어(subject complement)로 바뀌어 동사 바로 뒤에 온다.

He was considered **a genius** by Queen Victoria.
그는 빅토리아 여왕에게 천재 대접을 받았다.

Mrs Sanderson was elected **President**. 샌더슨 여사가 회장으로 선출되었다.

Kathy was regarded as **an expert**. 캐시는 전문가로 간주되었다.

He was seen as **a sort of clown**. 그는 어릿광대로 치부되었다.

She was called **stupid** by the other children.
그녀는 다른 아이들에게 멍청이라고 놀림을 받았다.

The house has been made **beautiful**. 그 집은 멋지게 단장되었다.

목적격 보어의 자세한 내용은 ▶ 10 참조.

66 My suitcase is packed.

cut, build, pack, close 등의 동사는 모종의 완료 상태가 결과로서 뒤따르는 행위를 나타낸다. 이런 동사의 과거분사와 수동태 구문들 중 일부는 두 가지 의미로 해석할 수 있다. 즉, 행위 자체를 설명할 경우와 마치 형용사처럼 결과로 나타난 상태를 묘사할 경우가 있다. 비교)

The theatre **was closed** by the police on the orders of the mayor.
극장은 시장의 지시로 경찰에 의해 폐쇄되었다. (폐쇄하는 행위를 설명)

When I got there I found that the theatre **was closed**.
도착해 보니 극장 문이 닫혀 있었다. ('폐쇄된 상태'라는 행위의 결과를 설명)

이런 특성 때문에 현재 시제의 수동태가 현재 완료 수동태와 비슷한 의미가 되기도 한다.

The vegetables **are** all **cut up** – what shall I do now?
(= The vegetables have all been cut up ...)
채소는 모두 썰어 놓았어요. 이제 뭘 할까요?

I got caught in the rain and my suit **'s ruined**. (= ... has been ruined.)
비를 맞는 바람에 옷이 엉망이 되었다.

I think your ankle **is broken**. (= ... has been broken.)
제가 보기에는 발목이 부러진 것 같습니다.

My suitcase **is packed**. (= ... has been packed.)
내 여행 가방은 다 꾸려 놓았다.

67 수동태 구문을 사용하는 경우

1 행위 자체에 주목

수동태는 행위자보다는 행위 자체를 언급하기 위해 쓰는 구문이다. '행위자'(▶58 참조)를 밝히지 않는 수동태 문장은 특히 학술 문서나 과학 관련 문서 등에서 널리 쓰인다.

Those pyramids **were built** around 400 AD. 저 피라미드들은 서기 400년경에 건설되었다.

Too many books **have been written** about the Second World War.
제2차 세계대전에 관한 저서들은 너무나 많다.

The results **have not** yet **been analysed**. 결과는 아직 분석되지 않았다.

2 새로운 정보는 문미에 배치

영어에서는 이미 알고 있는 사실이나 앞에서 언급된 화제로 문장을 시작하고, 새로운 내용이나 정보는 문미에 배치하는 경향이 있다. 이런 식의 정보 배열이 수동태를 쓰는 일반적인 이유 중 하나다. 비교)

Jack's **painting** my portrait. 잭이 내 초상화를 그리고 있다.
(능동태를 써서 새로운 정보인 '초상화(my portrait)'를 문미에 배치)

Nice picture. ~ Yes, it **was painted** by my grandmother.
멋진 그림이네. ~ 응, 우리 할머니께서 그리신 거야.
(수동태를 써서 새로운 정보인 '그림 그린 사람(my grandmother)'을 문미에 배치)

3 주어를 바꾸지 않는 경우

동일한 사람이나 사물에 대해 언급할 때 주어를 바꾸지 않기 위해 능동태와 수동태를 번갈아 써야 하는 경우도 있다.

He **waited** for two hours; then he **was seen** by a doctor; then he **was sent** back to the waiting room. He **sat** there for another two hours – by this time he **was getting angry**. Then he **was taken** upstairs and examined by a specialist, after which he **had to wait** for another hour before he **was allowed** to go home.
그는 두 시간 동안 기다렸다. 그러고 나서 그는 의사의 진찰을 받았다. 그런 다음 그는 다시 대기실로 가 있으라는 지시를 받았다. 그는 거기서 또 두 시간을 앉아 있었는데, 그쯤 되자 슬슬 화가 나기 시작했다. 그리고 그는 위층으로 불려 올라가 전문의에게 검진을 받았다. 그 후 그는 한 시간을 더 기다려야 했고, 그제야 집에 가도 된다는 허락을 받았다.
(He waited for two hours; then a doctor saw him ... 보다 자연스러움)

4 긴 어구를 문미에 배치

길고 복잡한 어구는 흔히 문장 뒤쪽에 배치하는데 이 경우 수동태를 활용한다.

I was annoyed by **Emily wanting to tell everybody what to do**.
나는 에밀리가 모두에게 시시콜콜 간섭해서 짜증이 났다.
(**Emily wanting to tell everybody what to do** annoyed me.라고 하면 주어가 너무 길어 자연스럽지 않음)

재귀 동사는 ▶178 참조.   능동 또는 수동의 의미를 지닌 과거분사는 ▶96.3-96.4 참조.
need나 want 뒤에서 수동의 의미를 나타내는 -ing형(예: My watch needs cleaning.)은 ▶100.3참조.
문장에서 정보를 배치하는 방식은 ▶267 참조.

Section 7 **Modal Auxiliary Verbs**
서법 조동사

개요

서법 조동사의 정의

will, would, shall, should, can, could, ought, may, might, must를 '서법 조동사'라고 한다. 서법 조동사는 다른 동사와 달리 부정사, 분사, 과거 시제가 없다. 자세한 내용은 ▶68.1 참조. have to, be able to, be supposed to, had better, need 등 서법 조동사와 비슷한 용법으로 쓰이는 동사나 표현들도 있다.

의미

대체로 현실에 분명히 존재하는 상황이나 확실히 발생한 특정 사건을 언급할 때는 서법 조동사를 쓰지 않는다. 대체로 예상이나 기대, (불)가능성, 필요성, 소망, 불확실성, 경향, 발생하지 않은 일 등을 언급할 때 서법 조동사를 쓴다. 용법이 복잡해, 하나의 서법 조동사에 여러 가지 용법이 있는가 하면 다양한 서법 조동사들이 동일한 용법으로 쓰이기도 한다. 서법 조동사의 의미는 네 가지로 분류된다.

1 확실성의 정도 (▶69-72 참조)
대다수 서법 조동사를 통해 사실, 상황, 사건의 확실성 정도를 표현할 수 있다. 예를 들어 서법 조동사를 써서 확실성, 개연성, 가능성, 불가능성을 나타낼 수 있다.

It **will** rain tomorrow. 내일은 비가 온다.
She **should** be here soon. 그녀는 곧 여기 올 것이다.
We **may** get a new car. 우리는 새 차를 살 지도 모른다.
It **can't** be true. 사실일 리가 없다.

2 의무, 행동할 자유 등 (▶73-81 참조)
대다수 서법 조동사를 통해 의무, 행동할 자유, 권고되는 행위, 허락, 의지 등과 관련된 다양한 견해를 표현할 수 있다. 흔히 요청, 제의, 권유, 지시 등에 서법 조동사가 사용된다.

Students **must** register by 30 January. 학생들은 1월 30일까지 등록해야 한다.
You **should** see the doctor. 너는 의사의 진찰을 받아야 한다.
If you **will** come this way... 이쪽으로 오시면…
Could I talk to you for a moment? 잠시 이야기 좀 하실까요?

평서문에서는 이런 의미가 화자의 관점에서, 의문문에서는 청자의 관점으로 표현된다는 점에 유의한다.

You **must** go and see Anna. (**I** think it is necessary.)
너는 가서 애나를 만나야 해. (나는 그래야 한다고 생각한다.)
Must you go and see Anna? (Do **you** think it is necessary?)
꼭 애나를 만나러 가겠니? (너는 그래야 한다고 생각하니?)

3 능력 (▶82-85 참조)
서법 조동사, 특히 can, could를 써서 지식, 기술, 계획 등으로 사람이나 사물이 할 수 있는 것을 언급한다.

She **can** speak six languages. 그녀는 6개 국어를 구사한다.
My old car **could** do 120mph. 내 낡은 차는 시속 120마일로 달릴 수 있다.

4 전형적인 양상 (▶86-87 참조)
can, may, will, would, used to를 사용해 사람이나 사물의 현재 또는 과거의 전형적이거나 습관적인 행위를 표현할 수 있다.

Dan **can** really get on your nerves. 댄은 정말 신경에 거슬린다.

Most evenings he'll just sit watching TV. 그는 밤이면 대체로 그냥 앉아서 TV를 본다.

A female crocodile may lay 30-40 eggs. 암컷 악어는 30~40개의 알을 낳는다.

I used to play a lot of tennis. 나는 테니스를 많이 치곤 했다.

다음 문장은 왜 틀렸을까?

- ⊗ I must to water the plants. ▶ 68.1 참조
- ⊗ It mustn't be Emily at the door - she's in Ireland. ▶ 69.2 참조
- ⊗ You mustn't work tomorrow if you don't want to. ▶ 73.4 참조
- ⊗ It can rain this afternoon. ▶ 71.1 참조
- ⊗ May you go camping this summer? ▶ 71.3 참조
- ⊗ I felt very hot and tired. I might be ill. ▶ 71.7 참조
- ⊗ I might read what I liked when I was a child. ▶ 81.3 참조
- ⊗ Next week's exam must be easy. ▶ 69.9 참조
- ⊗ Yesterday I should clean the whole house. ▶ 76.2 참조
- ⊗ James should get back home yesterday. Has anybody seen him? ▶ 70.2 참조
- ⊗ It can rain this afternoon. ▶ 71.1 참조
- ⊗ I'm not sure where Emma is. She can be out shopping. ▶ 71.1 참조
- ⊗ You have better hurry up. ▶ 77.2 참조
- ⊗ The phone's ringing. ~ I'm going to answer it. ▶ 79.1 참조
- ⊗ There's the doorbell. ~ I go. ▶ 79.1 참조
- ⊗ I phone you tonight. ▶ 79.3 참조
- ⊗ May everybody park here? ▶ 81.2 참조
- ⊗ Yesterday evening Daniel could watch TV for an hour. ▶ 81.3 참조
- ⊗ I could run 10km yesterday. ▶ 82.4 참조
- ⊗ I can speak French at the end of this course. ▶ 83.1 참조
- ⊗ He uses to smoke. ▶ 87.2 참조
- ⊗ You used not to like him, used you? ▶ 87.3 참조

Section 7 목차

미래 조동사 will에 대한 자세한 내용은 ▶ 38 참조.   조건문의 would는 ▶ 239, 241 참조.

공손한 표현을 위한 완곡어법에 쓰이는 would는 ▶ 311 참조.

종속절의 should(예: It's funny she should say that.은 ▶ 232.5 참조.

서법 조동사와 비슷한 용법으로 쓰이는 need는 ▶ 532 참조.   서법 조동사와 비슷한 용법으로 쓰이는 dare는 ▶ 431 참조.

68 서법 조동사 : 문법, 발음, 축약

서법 조동사는 여러 가지 면에서 일반 동사와 다르다.

1 용법

a 주어가 3인칭 단수라도 서법 조동사에는 -s를 붙이지 않는다.

> She **may** know his address. 그녀는 그의 주소를 알지도 모른다. (NOT She ~~mays~~ ...)

b do를 쓰지 않고 의문문, 부정문, 부가의문, 단축형 대답을 만든다.

> **Can you** swim? ~ Yes, **I can.**
> 수영할 수 있니?(NOT ~~Do you can swim?~~) ~ 응, 할 수 있어.
> He **shouldn't** be doing that, should he?
> 그 사람 그래서는 안 되잖아, 그렇지? (NOT He ~~doesn't should~~ ...)

c 서법 조동사 뒤에는 동사원형이 온다. 단, ought는 예외다(▶70.1 참조).

> I must **water** the flowers. 나는 꽃에 물을 줘야 한다. (NOT I must ~~to water~~ ...)

진행형, 완료형, 수동형도 가능하다(▶89 참조).

> I may not **be working** tomorrow. 나는 내일 일을 안 할 수도 있다.
> She was so angry she could **have killed** him.
> 그녀는 어찌나 화가 났던지 그를 죽일 수도 있었다.
> The kitchen ought **to be painted** one of these days. 부엌은 조만간 칠을 해야 한다.

d 서법 조동사는 to부정사나 분사 형태로 쓰이지 않는다. 따라서 to may, maying, mayed 형태는 없다. 대체로 과거형이 없으며, 필요한 경우에는 다른 표현으로 바꾸어 쓴다.

> I'd like **to be able to** skate. 스케이트를 탈 수 있으면 좋겠다. (NOT ... ~~to can skate.~~)
> People really **had to** work hard in those days.
> 그 당시에는 사람들이 정말 열심히 일해야 했다. (NOT People really ~~musted work~~ ...)

could, might, would, should는 흔히 현재나 미래에 대해 말하지만, can, may, will, shall의 과거 시제로 쓰이는 경우도 있다.

e 그러나 조동사가 완료형(**have + 과거분사**)과 함께 쓰이면 추측, 후회, 가능성 등 과거 사실에 관한 생각이나 감정을 표현한다.

> You **should have told** me you were coming. 올 거라고 미리 말했어야지.
> I think I **may have annoyed** Aunt Mary. 내가 메리 이모를 화나게 한 것 같아.

이 용법에 대한 자세한 내용은 각 조동사의 개별 항목 참조.

f there가 문두에서 조동사와 be동사를 동반하는 형식이 널리 쓰인다(▶605 참조).

> **There** may be rain later today. 오늘 늦게 비가 올 수도 있다.

2 발음, 축약

서법 조동사는 shall/ʃəl/, should/ʃəd/, can/kən/, could/kəd/, must/məst/로 약하게 발음된다. 약세 발음에 대한 자세한 내용은 ▶315 참조. ought to는 일반적으로 대화에서 /ˈɔːtə/(oughta) 로 발음된다. should have, could have, might have는 흔히 /ˈʃʊdə/, /ˈkʊdə/, /ˈmaɪtə/로 발음

된다. can't는 표준 영국 영어에서는 /kɑːnt/로, 표준 미국 영어에서는 /kænt/로 발음된다. 조동사가 부정어 not과 결합한 축약형은 won't, wouldn't, shan't(영국 영어), shouldn't, can't, couldn't, oughtn't, mightn't, mustn't(주로 영국 영어)이다. will과 would도 주어와 결합되어 축약형('ll, 'd)으로 쓰인다. 축약에 대한 자세한 내용은 ▶337 참조.

69 추론 (어떤 일이 확실하다고 단정할 때): must, can't 등

1 평서문: Emily must have a problem.

must는 어떤 일이 확실하거나 개연성이 높다고 추론 또는 단정할 때 쓰인다. 따라서 논리적으로 보아 타당한 경우, 믿을 만한 근거가 충분한 경우, 정황을 설명하는 유일한 방법일 때 must를 쓴다.

If A is bigger than B, and B is bigger than C, then A **must** be bigger than C.
A가 B보다 크고 B가 C보다 크면, A는 반드시 C보다 크다.

I'm in love. ~ You **must** be very happy. 난 사랑에 빠졌어. ~ 행복하겠구나.

Emily **must** have a problem – she keeps crying.
에밀리에게 문제가 생긴 게 분명해. 계속 울고 있거든.

There's the doorbell. It **must** be George. 초인종이 울리네. 조지일 거야.

have (got) to도 이런 의미로 쓸 수 있다.

There's the doorbell. It **has to** be George. 초인종이 울리네. 조지일 거야.

Getting married next week? You **have to** be joking.
다음 주에 결혼한다고? 설마, 너 지금 농담하는 거지.

Only five o'clock? It**'s got to** be later than that! 겨우 5시라니! 그보다는 더 됐을 텐데!

2 부정문: It can't be Emily.

확실성을 부정하여 '…일 리가 없다'라는 의미로는 must를 부정문에 쓰지 않는다. 어떤 일이 논리적 또는 현실적으로 불가능하거나 개연성이 희박한 경우 cannot/can't를 쓴다.

If A is bigger than B, and B is bigger than C, then C **can't** be bigger than A.
A가 B보다 크고 B가 C보다 크면, C가 A보다 클 리가 없다.

It **can't** be Emily at the door. She's in Ireland.
에밀리가 왔을 리 없어. 걔는 아일랜드에 있잖아. (NOT It mustn't be Emily ...)

She's not answering the phone. She **can't** be at home.
그녀가 전화를 안 받아. 집에 있을 리가 없잖아.

그러나 특히 영국 영어에서 앞에 must가 나온 후 이어지는 부가의문문에는 mustn't를 쓸 수 있다(▶305-306 참조).

It **must** be nice to be a cat, **mustn't it?**
고양이가 된다면 근사할 거야. 안 그래? (NOT ... can't it?)

특히 미국 영어에서는 어떤 일이 일어날 수 없다고 판단할 근거가 있을 때 must not을 쓴다(▶69.8 참조).

3 need not/docs not have to

need not/needn't는 (특히 영국 영어에서) 반드시 어떠하지는 않다는 의미를 나타낸다. does not have to도 쓸 수 있지만 must not은 이런 의미로 쓸 수 없다.

> Look at those tracks. That **must** be a dog. ~ It **needn't** be - it could be a fox.
> 저 발자국들을 봐. 개가 틀림없어. ~ 아닐 수도 있어. 여우일 수도 있잖아.
> (OR ... It **doesn't have to** be ...) (NOT ... ~~It mustn't be~~ ...)

4 That must have been nice.

과거를 단정적으로 추측할 때 〈**must have + 과거분사**〉를 쓴다.

> We went to Rome last month. ~ That **must have been** nice.
> 우리는 지난달에 로마에 갔어. ~ 좋았겠다.
>
> A woman phoned while you were out. ~ It **must have been** Kate.
> 네가 나간 사이 어떤 여자가 전화했어. ~ 분명 케이트였을 거야.

의문문이나 부정문에는 can을 쓴다.

> Where **can** Jack **have put** the matches? He **can't have thrown** them away.
> 잭이 성냥을 어디에 두었을까? 버렸을 리는 없는데.

5 will

현재나 미래의 상황에 대한 확신이나 필연성을 나타낸다.

> As I'm sure you **will** understand, we cannot wait any longer for our order.
> 귀하께서 이해하시리라 믿습니다만 저희는 주문품을 더 이상 기다릴 수 없습니다.
>
> Don't phone them now - they'**ll** be having dinner.
> 그들에게 지금 전화하지 마. 저녁 먹고 있을 거야.
>
> There's somebody coming up the stairs. ~ That'**ll** be Emily.
> 누군가 계단을 올라오고 있어. ~ 에밀리일 거야.
>
> Tomorrow **will** be cloudy, with some rain.
> 내일은 구름이 끼고 비가 조금 오겠습니다.

〈**will have + 과거분사**〉는 과거의 사실에 대한 추측을 나타낸다.

> Dear Sir, You **will** recently **have received** a form ...
> 귀하께서는 최근에 양식을 받으셨을 겁니다 …
>
> We can't go and see them now - they'**ll have gone** to bed.
> 지금 그들을 보러 갈 수는 없어. 잠자리에 들었을 거야.

미래 조동사 will에 대한 자세한 내용은 ▶38 참조.

6 간접화법

must는 과거 사실을 전달하는 동사 뒤에서 과거를 나타낼 수 있다.

> I felt there **must** be something wrong. 나는 틀림없이 뭔가 잘못되었다고 느꼈다.

7 must, should

should는 must보다 약한 추론을 나타낸다(▶70 참조). 비교〉

Anna **must** be at home by now. (= I'm certain she's at home.)
애나는 지금쯤 분명 집에 있을 것이다. (= 나는 그녀가 집에 있다고 확신한다.)

Anna **should** be at home by now. (= I think she's very probably at home.)
애나는 지금쯤 집에 있을 것이다. (= 나는 그녀가 아마도 집에 있을 거라고 생각한다)

8 영국식과 미국식의 차이: can't와 must not

미국 영어에서 must not은 어떤 일이 논리적으로 불가능하지는 않지만, 이번에는 그렇게 볼 수 없는 명백한 증거가 있을 때 자주 쓰인다. 비교〉

– He only left the office five minutes ago. He **can't** be home yet. 그는 불과 5분 전에 사무실을 나갔다. 집에 벌써 도착했을 리가 없다. (그가 집에 있는 건 논리적으로 불가능한 일이다.)

She's not answering the doorbell. She **must not** be at home.
그녀는 초인종에 대답을 하지 않고 있다. 집에 없는 게 분명하다.
(그녀가 집에 있는 건 논리적으로 불가능한 일은 아니다. 그러나 집에 없을 가능성이 높다.)

– The restaurant **can't** be open – the door's locked.
그 식당은 문을 열었을 리가 없어. 문이 잠겨 있잖아.

That restaurant **must not** be any good – it's always empty.
그 식당은 형편없는 게 분명해. 항상 파리만 날리고 있거든.

영국 영어에서는 can't가 두 가지 의미로 모두 쓰인다. (일부 영국인은 '…이 아닌 것이 분명하다' 라는 의미로 must not을 쓰기도 한다.) 비교〉

She walked past without saying 'Hello'. She **must not** have seen you.
그녀는 인사를 하지도 않고 지나쳐 갔다. 너를 못 본 게 분명하다. (미국 영어; 일부 영국인 사용)

She walked past without saying 'Hello'. She **can't** have seen you.
그녀는 인사를 하지도 않고 지나쳐 갔다. 너를 못 본 게 분명하다. (대부분의 영국인 사용)

주의 미국 영어에서는 축약형인 mustn't를 거의 쓰지 않는다.

9 must를 쓰지 않는 경우

should와 ought는 '예측', 즉 발생하리라 예견되는 일을 나타내지만(▶70 참조) must는 이런 용법으로 쓰지 않는다. will은 확신을 표현할 때 쓴다(▶38 참조).

It **will** be fine tomorrow. 내일은 날씨가 좋을 것이다. (NOT ~~It must be fine tomorrow.~~)

Next week's exam **should**/**ought to** be easy.
다음 주 시험은 쉬울 것이다. (NOT ~~Next week's exam must be easy.~~)

70 추론 (어떤 일이 개연성이 높다고 단정할 때): should, ought to 등

1 현재, 미래

should는 어떤 일이 논리적이거나 정상적인 추이로 볼 때 개연성이 높다고 추론할 때 쓰인다.

I've bought three loaves – that **should** be enough.
빵 세 덩이를 샀다. 그러면 충분하다.

I'll phone Ruth – she **should** be home by now.
내가 루스에서 전화할게. 지금쯤이면 집에 있을 거야.

We're spending the winter in Miami. ~ That **should** be nice.

우리는 마이애미에서 겨울을 보낼 거야. ~ 근사하겠는걸.

ought to(▶76.3 참조)도 should와 마찬가지로 어떤 일이 논리적이거나 정상적인 추이로 볼 때 개연성이 높다고 추론할 때 쓰인다.

Henry **ought** to be here soon – he left home at six.

헨리가 곧 이곳에 도착할 거야. 6시에 집을 나섰으니까.

The weather **ought** to improve after the weekend.

주말이 지나면 날씨가 분명히 풀릴 것이다.

2 과거: should have / ought to have ...

과거의 일을 말할 때는 보통 〈should + 동사원형〉을 쓰지 않는다. 그러나 〈**should have/ought to have + 과거분사**〉 형태로 발생 여부가 확실하지 않은 일에 대해 추측하거나 단정할 때도 이런 형태를 쓸 수 있다.

James **should have got** back home yesterday. Has anybody seen him?

제임스가 어제 집에 돌아왔을 텐데 말이야. 제임스 본 사람 있어?

(NOT ~~James should get back home yesterday~~ ...)

현재 또는 미래 시점에 응당 발생하게 될 일을 언급할 때도 쓰인다.

Ten o'clock. She **should have arrived** at her office by now. I'll try calling her.

10시군. 그녀는 지금쯤 사무실에 도착했을 거야. 내가 전화해 볼게.

We **ought to have finished** painting the house by the end of next week.

우리는 다음 주말 전에 집에 페인트칠하는 작업을 끝낼 것이다.

3 be supposed to

〈**be supposed + to부정사**〉는 당연히 해야 하는 일 또는 하기로 예정된 일을 언급할 때 쓰인다.

Cats **are supposed to** be afraid of dogs, but ours isn't.

고양이는 으레 개를 무서워하는 데 우리 집 고양이는 그렇지 않다.

Bill **was supposed to** get back home yesterday. 빌은 어제 집에 돌아왔을 텐데.

주의 supposed to의 발음은 /sə'pəuzd tə/가 아니라 /sə'pəust tə/이다.

의무를 나타내는 be supposed to는 ▶78 참조.

ought 구문에 대한 자세한 내용은 ▶76.3 참조.

71 가능성: may, might, could

1 You may be right; We may go climbing.

어떤 일이 일어나고 있거나 앞으로 일어날 가능성에 대해 언급할 때 may, might, could를 쓴다.

We **may** go climbing in the Alps next summer.

우리는 내년 여름에 알프스 등반을 떠날 수도 있다.

I think Labour are going to win. ~ You **may** be right.

노동당이 승리할 것 같은데. ~ 그럴지도 모르지.

Daniel **might** phone. If he does, ask him to ring later.
다니엘이 전화할지도 몰라. 전화 오면 나중에 전화하라고 말해 줘.

Where's Emma? ~ I don't know. She **might** be out running, I suppose.
엠마 어디 있어? ~ 잘 모르겠어. 달리러 나간 것 같은데.

They've agreed, but they **could** change their minds.
그들은 동의를 했지만, 마음이 바뀔 수도 있어.

may well과 might well은 확실한 가능성을 암시한다.

I think it's going to rain. ~ You **may well** be right – the sky's really black.
비가 올 것 같아. ~ 정말 그러네. 하늘이 정말 컴컴하네.

어떤 일이 일어나고 있거나 앞으로 일어날 가능성에 대해 언급할 때 can은 쓰지 않는다.

NOT ~~It can rain this afternoon.~~

NOT ~~Emma can be out running.~~

2 may, might, could의 차이점

might와 could는 대체로 may와 can의 과거형으로 쓰이지 않는다. might와 could는 모두 현재와 미래의 가능한 상황을 나타낸다. 그러나 might와 could는 may보다 발생 가능성이 상당히 낮거나 불분명한 상황을 나타낸다. 비교)

I **may** go to London tomorrow. 나는 내일 런던에 갈 수도 있다. (50% 정도의 가능성)

Joe **might** come with me. 조가 나와 같이 갈지도 모른다. (30% 정도의 가능성)

3 의문문: may 사용 불가

may는 가능성을 나타내지만 가능성을 묻는 의문문에는 쓸 수 없다.

Are you **likely to** go camping this summer?
이번 여름에 캠핑 갈 것 같니? (NOT ~~May you go camping …?~~)

Has Emma gone running, **I wonder?**
엠마는 달리기하러 간 거야? (NOT ~~May Emma have gone running?~~)

그러나 간접의문문에서는 may를 쓸 수 있다(이를테면 Do you think 뒤).

Do you think you **may** go camping this summer? 이번 여름에 캠핑 갈 것 같니?

might는 직접의문문에 쓸 수 있지만 상당히 격식을 차린 어법이다.

Might you go camping? 캠핑을 가는지요?
(Do you think you may/might …?가 더 자연스러움)

4 부정문의 두 가지 형태: may/might not와 can't

may/might의 부정문을 만드는 방법은 두 가지로 may/might not (= It is possible that … not …) 또는 can't (= It is not possible that …) 구문을 쓴다. 비교)

- She **may** be at home. (= Perhaps she is at home.)
  그녀는 집에 있을지도 모른다. (= 어쩌면 그녀는 집에 있을 것이다.)

  She **may not** be at home. (= Perhaps she is not at home.)
  그녀는 집에 없을지도 모른다. (= 어쩌면 그녀는 집에 없을 것이다.)

  She **can't** be at home. (= She is certainly not at home.)
  그녀는 집에 있을 리가 없다. (= 그녀는 분명히 집에 없다.)

- You **might** win. (= Perhaps you will win.) 네가 이길 수도 있다. (= 어쩌면 네가 이길 것이다.)

  You **might not** win. (= Perhaps you won't win.)

  네가 이길 수 없을지도 모른다. (= 어쩌면 네가 이기지 못할 것이다.)

  You **can't** win. (= You certainly won't win.)

  네가 이길 수 없다. (= 틀림없이 네가 이기지 못할 것이다.)

couldn't는 can't과 같은 의미로 쓸 수 있지만, 흔한 용례는 아니다.

5 might: 조건에 따른 가능성

might와 could는 조건에 따른 가능성을 나타내기도 한다. (may는 이 용법으로 사용 불가)

  Don't play with knives. You **might/could** get hurt.

  (= Perhaps you would get hurt.)

  칼 가지고 장난치지 마. 다칠 수도 있으니까. (= 어쩌면 다칠지도 모른다.)

  If you went to bed for an hour, you **might** feel better.

  (= ... perhaps you would feel better.)

  한 시간 자고 나면 나아질 거야. (= … 아마 나아질 것이다.)

6 간접화법: might/could

직접화법에서 사용된 may는 간접화법의 과거 시제에서 might/could로 나타낸다.

  I **may** go to Scotland. ~ What? ~ I said I **might** go to Scotland.

  나 스코틀랜드에 갈 수도 있어. ~ 뭐라고? ~ 스코틀랜드에 갈 수도 있다고.

7 과거: 〈might/could + 동사원형〉 사용 불가

〈**might/could** + **동사원형**〉은 과거의 가능성을 나타내지 않는다(간접화법은 예외).

  I felt very hot and tired. **Perhaps I was** ill.

  나는 몹시 덥고 피곤했다. 아팠는지도 모른다. (NOT ... I might be ill.) (BUT I thought I **might** be ill.)

8 may/might/could have + 과거분사: She may have missed her train.

그러나 과거에 어떤 일이 발생했을 가능성 또는 사실이었을 가능성을 표현할 때는 〈**may/might / could have** + **과거분사**〉를 쓸 수 있다.

  Polly's very late. ~ She **may have missed** her train.

  (= It is possible that she missed ...) 폴리가 꽤 늦네. ~ 그녀는 기차를 놓쳤을지도 몰라.

  What was that noise? ~ It **might/could have been** a cat.

  무슨 소리였어? ~ 고양이였을지도 몰라.

〈**may/might have** + **과거분사**〉는 현재나 미래를 나타낼 수도 있다.

  I'll try phoning him, but he **may have gone** out by now.

  그에게 전화를 걸어보겠지만 지금쯤 나갔을지도 모른다.

  By the end of this year I **might have saved** some money.

  연말이면 돈이 좀 모일 수도 있다.

9 might/could have + 과거분사: You might/could have killed yourself.

발생할 가능성이 있었지만 실제로 발생하지 않았을 때는 〈**might/could have** + **과거분사**〉를 쓴다.

You were stupid to try climbing up there. You **might/could have killed** yourself.
바보같이 거기에 올라가려 하다니. 하마터면 죽을 뻔했어.

If she hadn't been so bad-tempered, I **might/could have married** her.
그녀가 그렇게 성질이 고약하지 않았더라면 나는 그녀와 결혼했을지도 모른다.

⟨may have + 과거분사⟩ 형식도 같은 의미로 쓰이지만 잘못된 용법으로 보는 시각도 있다.

You were stupid to try climbing up there. You **may have killed** yourself.
바보같이 거기에 올라가려 하다니. 하마터면 죽을 뻔했어.
(You **might/could have killed** yourself.가 더 일반적인 표현)

어떤 일을 하지 않은 것을 비난하는 ⟨might/could have + 과거분사⟩는 ▶80.3 참조.

10 may/might/could, should/ought to의 차이

should와 ought to는 흔히 일어날 수 있는 일을 타당한 이유를 갖고 추론할 때 쓰이며, may, might와 could는 어떤 일이 사실이거나 발생할 수 있는 타당한 이유 없이 단순히 가능한 일을 말할 때 쓰인다. 비교⟩

– Anna **should** be in the office now – it's ten o'clock.
애나는 지금 사무실에 있을 거야. 10시잖아.

Dan **may** be in the office now – I don't know what time he starts work.
댄은 지금 사무실에 있을 거야. 난 그가 몇 시에 일을 시작하는지는 모른다.

– I've got all John's keys here. One of them **ought to** open the safe.
나는 존의 열쇠를 다 가지고 있다. 그 열쇠 중 하나로 금고 문을 열 수 있을 것이다.

Let's ask Amy. She **might** know which is the right one. It's worth a try.
에이미에게 물어보자. 그녀는 어떤 것이 맞는 것인지 알 수 있을 거야. 물어봐서 손해볼 건 없잖아.

72 may, might: 특별 용법

1 기원과 희망을 나타내는 may

may는 기원과 희망을 나타내며 격식을 차린 표현이다. (**might**는 이 용법으로 사용 불가)

I hope that the young couple **may** enjoy many years of happiness together.
나는 그 젊은 부부가 오랜 세월 함께 행복하기를 바란다.

Let us pray that peace **may** soon return to our troubled land.
분쟁으로 점철된 이 땅에 곧 평화가 도래하기를 기도합시다.

may는 종종 문장 첫머리에 오기도 한다.

May you both be very happy! 두 분 모두 행복하시기를!

May God be with you. 하나님이 당신과 함께 하시길.

May the New Year bring you all your heart desires.
새해에는 소망하시는 바 모두 이루시길 바랍니다.

May she rest in peace. 그녀가 편히 쉬길. (애도사)

2 may/might ... but

어떤 주장을 펼칠 때 although나 even if의 의미로 may나 might를 쓰기도 한다. 이를테면 첫 문장에서 may를 사용해 특정 사실을 밝힌 후, 다음 문장에서 그 사실과 상반되는 주장을 한다. 이 두 문장은 보통 but으로 연결된다.

> He **may** be clever, but he hasn't got much common sense.
> (= Even if he's clever, he ... OR Although he's clever, he ...)
> 그는 영리하지만 양식은 별로 없는 사람이다.

> It **may** be a comfortable car, but it uses a lot of fuel.
> 그 차는 안락하기는 하지만 기름이 많이 든다.

> She **might** have had a lovely voice when she was younger, but ...
> 그녀는 젊었을 때 목소리가 아름다웠지만 …

이 구문에서 may와 might는 가능성이 아니라 명백한 사실을 밝힌다는 점에 유의해야 한다.

> You **may** be my boss, but that doesn't mean you're better than me.
> 당신이 내 상사지만 그렇다고 나보다 나은 건 아니죠.

3 may/might as well

이 구문은 비격식체로 달리 흥미롭거나, 유익하거나, 바람직한 일이 없으므로 차라리 다른 일이 낫겠다는 의사를 표시할 때 쓰인다. may와 might의 차이는 거의 없다.

> There's nobody interesting to talk to. We **may as well** go home.
> 얘기를 나눌 만큼 흥미를 끄는 사람이 없어. 집에 가는 게 좋겠어.

> Shall we go and see Fred? ~ OK, **might as well**.
> 우리 프레드 만나러 갈까? ~ 좋아, 그게 낫겠다.

may/might as well과 had better(▶ 77 참조)는 의미의 차이가 있다. 비교)

> We **may as well** eat. (= There is nothing more interesting to do.)
> 우리 뭐라도 좀 먹을까. (= 달리 할 일도 없으니 먹자.)

> We**'d better** eat. (= We ought to eat; there is a good reason to eat.)
> 우리 뭐라도 먹어야겠어. (= 먹어야 할 마땅한 이유가 있다.)

might as well은 어떤 불쾌한 상황을 다른 불쾌한 상황에 견주어 말할 때도 쓰인다.

> This trip isn't much fun. We **might** just **as well** be back home.
> (= Things wouldn't be any different if we were at home.)
> 이번 여행은 별로 재미가 없어. 차라리 집에 돌아가는 게 낫겠어. (= 집에 있는 것만큼이나 재미가 없다.)

> You never listen - I **might as well** talk to a brick wall.
> 도무지 말을 안 듣는구나. 차라리 벽을 보고 얘기하는 게 낫겠어.

73 강한 의무: must, will

다음 설명은 특히 영국 영어에 해당된다. 미국 영어에서는 must 대신 주로 have (got) to를 쓴다(▶ 75 참조). 그러나 미국 영어의 영향을 받아 요즘은 영국 영어에서도 have (got) to가 점점 더 널리 쓰이는 추세다. must는 영국 영어에서나 미국 영어 둘 다에서 자주 쓰지 않는 추세다.

1 평서문: I really must stop smoking.

must는 긍정문에서 필요를 언급할 때 쓰인다. 또한 자신이나 타인에게 강한 어조의 충고나 명령을 내릴 때도 쓸 수 있다.

Plants **must** get enough light and water if they are to grow well.
식물이 잘 자라기 위해서는 충분한 빛과 물이 필요하다.

British industry **must** improve its productivity.
영국 산업은 생산성을 높여야 한다.

I really **must** stop smoking. 나는 기필코 담배를 끊어야 한다.

You **must** be here before eight o'clock tomorrow.
내일 8시 전에 여기 도착해야 한다.

must는 적극적으로 권유하는 초대에도 흔히 쓰인다.

You really **must** come and see us soon. 조만간 꼭 우리를 보러 오세요.

2 의문문: Must I ...?

상대방에게 필요성 여부를 물을 때 의문문에 must를 쓴다.

Must I clean all the rooms? 모든 방을 청소해야 하나요?

Why **must** you always bang the door? 왜 문을 항상 쾅 닫나요?

3 부정문: You mustn't/can't ...

어떤 행위가 옳지 않다고 말하거나, 어떤 행위를 금지할 때 must not/mustn't를 쓴다. 이런 의미로 can't도 쓸 수 있다.

The government **mustn't/can't** expect people to work for no money.
정부는 사람들이 아무런 보수 없이 일하리라 기대해서는 안 된다.

You **mustn't/can't** open this parcel until Christmas Day.
크리스마스까지 이 꾸러미를 풀면 안 돼.

4 mustn't와 needn't/don't have to

mustn't는 어떤 행위가 불필요하다는 의미를 나타내지 않는다. 어떤 행위가 불필요하다는 의미로는 needn't(영국 영어), don't need to(▶ 532 참조), don't have to를 쓴다.

You **needn't** work tomorrow if you don't want to. (영국 영어) OR You **don't have to** work ...
원하지 않는다면 내일 일할 필요 없다. (NOT ~~You mustn't ... if you don't want to.~~)

You **don't need to** get a visa to go to Scotland. OR You **don't have to** get a visa ...
스코틀랜드에 갈 때는 비자가 필요 없다. (NOT ~~You mustn't get a visa to go to Scotland.~~)

5 과거의 필요와 의무: They had to work very hard.

일반적으로 과거의 의무를 언급할 때는 must를 쓰지 않는다(간접화법은 예외 – 아래 참조). must는 주로 명령이나 충고로 사람의 행위에 영향력을 행사하기 위해 쓰이는데 과거에 이미 지나간 일은 바꿀 수 없기 때문이다. 과거의 의무에는 had to를 쓴다.

I **had to** cycle three miles to school when I was a child.
어린 시절 나는 학교까지 3마일 거리를 자전거로 통학해야 했다.

My parents **had to** work very hard to build up their business.
부모님은 사업체를 일구기 위해 아주 열심히 일하셔야 했다.

〈**had to** + 동사원형〉과 〈**must have** + 과거분사〉에는 차이가 있다. 과거의 강한 추측을 나타낼 때는 〈**must have** + 과거분사〉를 쓴다(▶ 69 참조). 비교)

Nadia isn't in her office. She **had to** go home.
(= It was necessary for her to go home.)
나디아는 사무실에 없다. 그녀는 집에 가야만 했다. (= 그녀는 집에 갈 필요가 있었다.)

Nadia isn't in her office. She **must have gone** home.
(= It seems certain that she has gone home.)
나디아는 사무실에 없다. 그녀는 집에 간 게 틀림없다. (= 그녀가 집에 간 게 확실한 것 같다.)

6 명령에 쓰이는 will: Will you be quiet!

타인에게 지시를 내릴 때는 will you를 쓴다.

Will you send me the bill, please? 계산서를 보내 주세요.
Come this way, **will you**? 이쪽으로 오세요.
Will you be quiet! 조용히 해!

긍정문에 will을 써서 단호한 군대식 명령을 표현하기도 한다.

All staff **will** submit weekly progress reports.
전 직원은 주간 경과보고서를 제출해야 합니다.

7 간접화법: He said I must stop.

must는 전달동사의 과거형 뒤에서 과거 시제처럼 쓸 수 있다.

The doctor said that I **must** stop smoking. 의사는 내가 담배를 끊어야 한다고 말했다.

had to나 would have to 역시 간접화법에서 의무를 나타낼 수 있다.

The doctor said that I **had to/would have to** stop smoking.
의사는 내가 담배를 끊어야 한다고 말했다.

8 must, should

should는 must보다 강제성이 약한 필요나 의무를 나타낸다(▶ 76 참조). 비교〉

That carpet **must** be cleaned. (= It is absolutely necessary.)
저 양탄자는 세탁해야 한다. (= 반드시 세탁해야 한다.)

That carpet **should** be cleaned. (= It would be a good idea.)
저 양탄자는 세탁해야 한다. (= 세탁하는 것이 좋을 것 같다.)

74 강한 의무: have (got) to

1 의미: 의무, 확실성

〈**have (got) + to부정사**〉는 의무를 나타내며 의미상 조동사 must와 흡사하다. 차이는 ▶ 75.1 참조.

Sorry, I**'ve got to** go now. 미안, 나 지금 가야 해.
Do you often **have to** travel on business? 출장을 자주 가야 하나요?

2 용법: do를 함께 쓰는 경우, do가 필요 없는 경우, got을 덧붙이는 경우

이 구문에서 have는 일반동사(의문문이나 부정문을 만들 때 do가 필요하다)처럼 쓰일 때도 있고, 조동사(의문문이나 부정문을 만들 때 do가 필요 없다)처럼 쓰일 때도 있다. have가 현재 시제로 조동사 기능을 할 경우 대개 got을 함께 쓸 수 있다.

> When **do you have** to be back? 언제 돌아와야 해?
>
> When **have you** (**got**) to be back? 언제 돌아와야 해?

반복적으로 해야 하는 의무에는 대체로 have got to를 쓰지 않는다.

> I usually **have to** be at work at eight.
> 나는 대개 8시에 출근해야 한다. (NOT ~~I've usually got to~~ ...)

한시적으로 계속되는 의무에는 진행형을 쓸 수 있다.

> I'm **having to** work very hard at the moment.
> 나는 지금 아주 열심히 일해야 한다.

do 또는 got을 함께 쓰는 have 구문의 자세한 용법은 ▶ 24 참조.

3 have to의 발음; gotta

have to는 대체로 /'hæftə/로 발음한다.

> He'll **have to** /'hæftə/ get a new passport soon. 그는 곧 새 여권을 발급받아야 할 것이다.

주의 만화의 대사 등 격식을 차리지 않은 미국 영어에서 볼 수 있는 gotta는 got to의 실제 발음을 그대로 표기한 것이다.

> I **gotta** call home. 집에 전화해야 해.
>
> A man's **gotta** do what a man's **gotta** do. 남자가 칼을 뽑았으면 썩은 무라도 잘라야 한다.

75 have (got) to, must

1 의무의 주체

must가 사용된 평서문에서는 화자가(의문문에서는 청자가) 의무를 부여하는 주체가 된다. 규정이나 제3자의 명령처럼 외부에서 부여되는 의무를 언급할 때는 주로 have to를 쓴다. 비교)

- I **must** do some more work; I want to pass my exam.
  나는 공부를 좀 더 해야 한다. 시험에 합격하고 싶다.

  In my job I **have to** work from nine to five.
  직장에서 나는 9시부터 5시까지 일해야 한다. (... I must work from nine to five.보다 자연스러움)

- We **must** go to New York soon – we haven't seen your mother since Christmas.
  우리는 곧 뉴욕에 가야 한다. 크리스마스 이후 네 어머니를 뵙지 못했다.

  My wife's an interpreter: she often **has to** go to New York.
  나의 아내는 통역사로 뉴욕에 자주 가야 한다. (... she must often go to New York.보다 자연스러움)

- I **must** stop smoking. 나는 담배를 끊어야 한다. (나의 바람)

  I've **got to** stop smoking. 나는 담배를 끊어야 한다. (의사의 지시)

- This is a terrible party. We really **must** go home. 끔찍한 파티야. 우린 집에 가야겠어.

  This is a lovely party, but we've **got to** go home because of the children.
  멋진 파티지만 우리는 애들 때문에 집에 가야 해.

– I've got bad toothache. **I must** make an appointment with the dentist.
치통이 심해. 치과에 예약을 해야겠어.

I can't come to work tomorrow morning because **I've got to** see the dentist.
치과에 가야 하기 때문에 내일 아침 출근할 수 없다.

– You really **must** go to church next Sunday – you haven't been for ages.
다음 주 일요일에는 꼭 교회에 가야 돼. 안 간지 한참 됐잖아. (내가 너에게 지시)

Catholics **have to** go to church on Sundays.
천주교 신자들은 일요일마다 성당에 가야 한다. (종교의 계율)

– **Must** you wear dirty old jeans all the time?
항상 그렇게 낡고 지저분한 청바지를 입고 다녀야겠니? (그것이 개인적으로 네게 중요한 일이냐?)

Do you **have to** wear a tie at work?
직장에서 넥타이를 매야 합니까? (규정이 그러한가?)

have to도 must와 마찬가지로 화자나 청자가 의무를 부여하는 주체가 될 때 쓸 수 있다. '의무'의 의미로 must를 잘 쓰지 않는 미국 영어에서 상용화된 용법이며, 영국 영어에서도 차츰 확산되고 있다.

I really **have to** stop smoking. 나는 정말로 담배를 끊어야 한다. (OR I really must ...)
Do I **have to** clean all the rooms? 모든 방을 청소해야 하나요? (OR Must I ...?)

2 미래의 의무: will have to, have (got) to, must

미래의 의무를 나타낼 때는 will have to를 쓴다(~~will must~~는 쓸 수 없음 ▶68.1 참조). 그러나 미래에 해야 할 일이 이미 예정되어 있는 경우에는 have (got) to가 더 자연스럽다. 비교)

When you leave school you**'ll have to** find a job. 졸업하면 너는 직장을 구해야 한다.
I've got to go for a job interview tomorrow. 나는 내일 취업 면접을 보러 가야 한다.

be going to have to도 가능하다.

We**'re going to have to** repair that window. 우리는 그 창문을 수리해야 한다.

must는 미래의 행동에 관한 명령이나 지시에 쓸 수 있다.

You can borrow my car, but you **must** bring it back before ten.
내 차를 빌려가도 되지만 10시 전에는 가져와야 해.

명령이나 지시를 내린다는 인상을 피하기 위한 완곡어법(▶311 참조)으로 will have to를 쓴다.

You can borrow my car, but you**'ll have to** bring it back before ten.
내 차를 빌려가도 되지만 10시 전에는 가져와야 할 거야.

완곡어법으로 will need to도 가능하다(▶532.4 참조).

have to와 have got to ▶74 참조.　　have got의 용법 ▶24.5-24.6 참조.

76 약한 의무: should, ought to

1 용법

should와 ought to는 의미가 유사하므로 서로 대체할 수 있다.

They **ought to** be more sensible, **shouldn't** they?

그들은 좀 더 현명해져야 해, 그렇지 않을까?

should와 ought는 의무, 임무, 충고, 또는 당연히 해야 하거나 했어야 하는 일을 언급할 때 쓴다. 특히 부정문이나 의문문에서는 ought to보다는 should가 더 널리 쓰인다.

You **should/ought to** see 'Daughter of the Moon' – it's a great film.

〈달의 딸〉을 꼭 봐야 해. 아주 훌륭한 영화야.

You **shouldn't** say things like that to Granny.   할머니께 그런 식으로 말하면 안 돼.

Applications **should** be sent before December 30th.

지원서는 12월 30일 이전에 발송해야 합니다. (Applications must be sent …보다 정중한 표현)

He **ought to** get a medal for living with her.   그가 그녀와 함께 사는 것은 훈장감이다.

상대방의 충고나 설명을 요청할 때 의문문에 should를 쓰는데, shall보다는 완곡한 표현이다 (▶ 80 참조).

Should I go and see the police, do you think?   경찰서에 가야 할까, 어떻게 생각해?

What **should** we do?   어쩌지?

정중한 요청에는 should와 ought to를 쓰지 않는다.

Could you move your head a bit? I can't see.

머리를 조금만 치워주실래요? 안 보여서요. (NOT ~~You should move~~…)

2 과거 시제 용법: should have …

과거의 의무를 말할 때는 흔히 should와 ought to를 쓰지 않으며, 대신 was/were supposed to를 쓴다(▶ 78 참조).

It was going to be a long day. I **was supposed to** clean the whole house.

힘든 하루가 기다리고 있었다. 나는 집안 대청소를 해야 했다. (NOT … ~~I should clean~~ …)

〈**should/ought to have** + 과거분사〉는 '~했어야 했다'라는 의미로 과거에 응당 했어야 하지만 하지 않은 행위 또는 응당 일어나야 했지만 일어나지 않은 일을 지칭한다.

I **should have phoned** Ed this morning, but I forgot.

오늘 아침 에드에게 전화를 했어야 했는데 잊어버렸다.

Alice **ought to have spoken** to James, but I'm not sure she did.

앨리스가 제임스에게 말했어야 할 텐데, 말했을지 모르겠어.

3 ought: 형태

다른 서법 조동사와 달리 ought 뒤에는 to부정사를 쓴다.

You **ought to see** a dentist.   치과에 한번 가 봐.

부가의문문에는 to를 쓰지 않는다.

We ought to wake Ella, **oughtn't we?**

우리는 엘라를 깨워야 해, 안 그래? (NOT … ~~oughtn't we to?~~)

중간 위치 부사들은(▶ 200 참조) ought의 앞이나 뒤에 올 수 있다. 이때 ought 앞에 부사를 두는 형태가 비격식체에 해당한다.

You **always ought to** count your change when you buy things.

물건을 살 때는 잔돈을 세어보아야 한다.

You **ought always to** count your change ... (더 격식적; 미국 영어에서는 잘 쓰지 않음)

미국 영어에서는 부가의문문에 ought to의 축약 부정형(oughtn't)을 쓰지 않는다. 대신 should 를 쓴다.

He ought to be here soon, **shouldn't he?** 그는 곧 도착할 거야, 안 그래?

영국의 일부 방언에서는 **did**를 써서 의문문과 부정문을 만든다(예: She didn't ought to do that). 그러나 표준 영어에서는 이런 형태를 쓰지 않는다.

77 약한 의무: had better

1 의미

누군가(자신도 포함)에게 어떤 행위를 지시하거나 강력하게 권고할 때 쓰인다.

You**'d better** turn that music down before your dad gets angry.
아버지 화내시기 전에 그 음악 소리 좀 줄여.

It's seven o'clock. **I'd better** put the meat in the oven.
7시야. 고기를 오븐에 넣어야겠어.

아주 가까운 미래 상황에 쓰이며 should나 ought보다 더 시급한 상황을 나타낸다. 비교〉

I really **ought to** go and see Fred one of these days. ~ Well, you**'d better** do it soon – he's leaving for South Africa at the end of the month.
조만간 프레드를 꼭 만나야겠어. ~ 그래, 빨리 만나는 게 좋을 거야. 그 친구 이달 말에 남아프리카공화국으로 떠나거든.

정중한 요청에는 had better를 쓰지 않는다. 비교〉

Could you help me, if you've got time? 시간되면 저 좀 도와주실래요? (요청)

You'd better help me. If you don't, there'll be trouble.
나를 도와주는 게 신상에 좋을 걸. 안 그러면 곤란할 거야. (명령/협박)

2 형태

의미상으로는 아주 가까운 미래 상황을 나타내지만 형태는 언제나 과거형으로 쓴다(~~have better~~ 로 쓸 수 없음). 그리고 had better 뒤에는 동사원형이 온다.

It's late - you **had better hurry** up. 늦었어. 서둘러.
(NOT ... ~~you have better~~ ... OR ~~you had better hurrying / to hurry~~ ...)

부정형은 〈**had better not + 동사원형**〉으로 쓴다.

You**'d better not wake** me up when you come in. 들어올 때 나를 깨우지 말아줘.
(영국 영어에서는 You hadn't better wake me...도 가능하지만 드물게 쓰임)

Hadn't ... better ...? 형태의 부정의문문은 가능하다.

Hadn't we **better** tell him the truth? 그에게 사실을 말해주는 게 좋지 않을까?

강세가 없는 단축형 대답은 다음과 같다.

Shall I put my clothes away? ~ **You'd better!** 내 옷들을 치울까? ~ 그래야지!

He says he won't tell anybody.　**He'd better not.**
그는 아무한테도 말하지 않겠대. ~ 말 안 해야지.

격식을 차리지 않은 대화에서는 had/'d를 생략하기도 한다.
You better go now.　이제 가봐.
I better try again later.　나중에 다시 시도해야겠어.

78 예정: supposed to

〈**be supposed + to부정사**〉는 규칙이나 법에 의해 당연히 해야 하는 일(해서는 안 되는 일) 또는 하기로 예정된 일을 언급할 때 쓰인다.

Catholics **are supposed to go** to church on Sundays.
가톨릭 신자들은 일요일마다 교회에 간다.

We**'re supposed to pay** the Council Tax at the beginning of the month.
우리는 월초에 지방세를 납부해야 한다.

You**'re not supposed to park** on double yellow lines.　2중 황색선에는 주차할 수 없다.

계획이나 예측한 대로 되지 않은 경우에도 〈**be supposed + to부정사**〉를 쓴다.

This country **is supposed to be** a democracy.
이 나라는 민주 국가가 되어야 한다.

Lucy **was supposed to come** to lunch. What's happened?
루시가 점심을 먹으러 오기로 했는데. 무슨 일일까?

의문문에 supposed to를 쓰면 문제가 있다는 것을 암시한다.

The train's already left. What **are we supposed to do** now?
기차가 벌써 떠났어. 이제 어쩌지?

How **am I supposed to finish** all this work by ten o'clock?
10시까지 이 많은 일을 어떻게 마친담?

That's a lovely picture, but what**'s it supposed to be**?
훌륭한 그림이긴 하지만 뭘 뜻하는 거지?

믿음이나 생각을 표현할 때도 〈**be supposed + to부정사**〉를 쓸 수 있다.

He**'s supposed to be** quite rich, you know.　그 사람 상당한 자산가래.
This stuff **is supposed to kill** flies. Let's try it.　이걸로 파리를 잡는대. 한번 써보자.

주의 supposed to는 /sə'pəusd tə/가 아닌 /sə'pəuzd tə/로 발음한다.

79 의지: will, can

1 입장 표명: I'll answer it.

그 자리에서 결정을 내릴 경우, 특히 어떤 행위를 하기로 즉석에서 동의할 때 흔히 will을 쓴다.

OK. I**'ll** buy the tickets. You **can** buy supper after the show.
좋아. 내가 표를 살게. 너희는 공연 끝나고 저녁 사.

The phone's ringing. ~ I'll answer it.
전화벨이 울리는데. ~ 내가 받을게. (NOT I'm going to answer it.)

Remember to phone Joe, won't you? ~ Yes, I **will**.
조한테 전화하는 거 잊지 마, 알았지? ~ 응, 전화할게.

결정한 내용을 알릴 때는 단순 현재로 쓰는 경우가 드물다.

I think I'll go to bed. 잠자러 갈래. (NOT I think I go to bed.)

There's the doorbell. ~ I'll go. 초인종이 울리는데. ~ 내가 가볼게. (NOT ... I go.)

이미 결정한 사항을 언급할 때는 통상 〈**be going to + 동사원형**〉이나 현재 진행형을 쓴다
(▶ 35-36 참조).

Well, we've agreed on a price, and I'**m going to** buy it.
자, 가격 흥정이 끝났으니 구매할게요.

I've made my decision and I'**m sticking** to it. 결정했어요. 마음 바꾸지 않을 겁니다.

단호한 의지를 표현할 때는 will에 강세를 둔다.

I **will** stop smoking! I really **will**! 담배를 끊어야겠어! 끊고 말 거야!

2 거절: I won't do it!

거절이나 거부를 나타낼 때는 will not 또는 won't를 쓴다.

I don't care what you say - I **won't** do it. 네가 뭐라 하든 상관없어. 난 안 할 거야.

The car **won't** start. 차 시동이 안 걸려.

3 약속과 협박: I'll phone you tonight.

약속이나 협박을 할 때도 흔히 will/'ll을 쓰는데, 이 경우 단순 현재는 쓸 수 없다.

I promise I **won't** smoke again.
약속해. 다시는 담배를 안 피울게. (NOT I promise I don't smoke ...)

I'**ll** phone you tonight. 오늘밤 전화할게. (NOT I phone ...)

I'**ll** hit you if you do that again. 다시 그런 짓 하면 맞을 줄 알아.

You'**ll** suffer for this! 이 일로 대가를 치르게 될 거야!

영국 영어에서는 주어가 I 또는 We인 경우 shall을 쓰기도 하지만, will이 더 자주 쓰인다.

I **shall** give you a teddy bear for your birthday. 생일 선물로 곰인형을 줄게.

고대 영어에서는 주어가 2인칭이나 3인칭인 문장에서 약속, 협박 등의 의미를 표현할 때 shall을
쓰기도 했지만, 지금은 거의 쓰이지 않는다.

You **shall** have all you wish for. 당신이 원하는 건 다 갖게 될 것이오.

He **shall** regret this. 그 친구 이번 일 후회하게 될 걸.

4 제안: Can I carry your bag?

타인에게 어떤 일을 해주겠다고 제안할 때 can을 쓸 수 있다.

Can I carry your bag? (= Would you like me to ...) ~ Oh, thank you.
가방 들어줄까요? ~ 오, 고마워요.

I **can** babysit for you this evening if you like. ~ No, it's all right, thanks.
괜찮다면 내가 오늘 저녁에 아기를 봐줄게. ~ 아니야, 괜찮아. 고마워.

could를 쓰면 조심스러운 제안이라는 어감을 내포한다.

> I **could** fix your bicycle for you, if that would help.
> 도움이 될지 모르겠지만 내가 당신 자전거를 고쳐줄 수도 있어요.

80 지시와 요청: will, would, can, could, might, shall

1 지시, 요청, 제안: will, would, can, could, might

지시나 명령을 내릴 때는 Will you …? 구문을 쓴다. (공손한 표현으로는 통상 Would you …? 구문을 쓴다)

> **Will you** get me a newspaper when you're out?
> 밖에 나갈 때 신문 좀 사다 줄래?
> **Will you** be quiet, please! 제발 조용히 좀 해!
> Make me a cup of coffee, **will you**? 커피 한 잔 타 줄래?
> **Would you** open a window, please? 창문을 열어 주시겠어요?

정중한 요청에는 if you will/would... 구문을 쓴다.

> **If you'll** just wait here for a moment, I'll see if Mr Andrews is free.
> 여기서 잠깐 기다리고 계시면 앤드류스 씨가 시간이 되나 알아보겠습니다.
> **If you would** come this way... 이쪽으로 오시면 …

지시할 때나 요청을 할 때도 can, could를 쓸 수 있다. could가 can보다 더 공손한 표현이다.

> **Can** you put the children to bed? 아이들을 재워줄래요?
> **Could** you lend me £5 until tomorrow?
> 내일 갚을 테니 5파운드만 빌려주시겠어요?
> Do you think you **could** help me for a few minutes?
> 잠시만 저를 도와주실 수 있나요?

could, might는 제안할 때 많이 쓰인다.

> When you've finished the dishes you **could** iron the clothes, if you like.
> 설거지 다 하면 괜찮으면 옷도 좀 다려주고.
> If you don't know what to do, you **could** sort out your photos.
> 뭘 해야 할지 모르겠으면 네 사진 좀 정리해줘.
> You **might** see if John's free this evening. 오늘 저녁에 존이 한가한지 알아봐.

if ... will에 대한 자세한 내용은 ▶ 243 참조.

2 지침이나 의견을 구할 때: shall

상대에게 지침이나 의견을 구하거나 도움을 줄 경우, 또는 제안을 할 때는 shall I/we로 시작하는 의문문을 쓴다. 미국 영어에서 더 격식체이며, will은 이런 용법으로 쓰이지 않는다.

> **Shall I** open a window? 창문을 열까요? (NOT ~~Will I open a window?~~)
> **Shall I** carry your bag? 가방을 들어 드릴까요?
> What time **shall we** come and see you? 몇 시에 당신을 보러 갈까요?

What on earth **shall we** do? 대체 어떻게 하지?

Shall we go out for a meal? 식사하러 나갈까요?

Let's go and see Lucy, **shall we?** 루시를 보러 가자, 어때?

3 비난: You could have told me …

could, might는 어떤 행위를 하지 않는 것을 비난할 때도 쓰인다.

You **could** ask before you borrow my car.
내 차를 빌리기 전에 먼저 물어봤어야지.

You **might** try to be nicer to my mother.
우리 엄마에게 더 친절했어야지.

과거 행위에 대한 비판에는 〈**could/might have… + 과거분사**〉를 쓴다.

You **could have told** me you were getting married.
결혼한다고 나에게 말해줄 수도 있었잖아.

She **might have warned** us she was going to stay out all night.
그녀는 밤새 나가 놀 거라고 우리에게 알려주었어야 했다.

81 허락: can, could, may, might, be allowed to

1 요청할 때, 허락 구할 때와 거절할 때: Can I …?

허락을 구하거나 허락해 줄 때 can을 쓴다.

Can I ask you something? ~ Yes, of course you **can**.
부탁 좀 해도 될까요? ~ 네, 물론이죠.

You **can** go now if you want to. 가고 싶으면 지금 가도 돼.

허락을 거절할 때는 cannot/can't를 쓰는데, 다른 표현을 함께 써서 거절의 의미를 부드럽게 하는 경우가 많다.

Can I have some more cake? ~ No, I'm afraid you **can't**.
케이크를 좀 더 먹을 수 있을까요? ~ 죄송하지만 안되겠네요.

허락을 구할 때 could를 쓸 수도 있으며 이는 can보다 공손하고 격식을 차린 표현이다. 허락하거나 거절할 때는 could를 쓰지 않는다. could에는 존중의 의미가 담겨 있으므로 허락을 구할 때 쓰는 것이 더 자연스럽다.

Could I ask you something? ~ Yes, of course you can.
부탁 좀 드려도 되나요? ~ 네, 그럼요. (NOT … of course you could.)

may, might도 허락을 구하거나 허락해 줄 때 쓰며, may는 허락해 줄 때 쓴다. may, might는 can/could보다 격식을 차린 표현으로, 흔히 잘 쓰이지 않는다. might는 매우 정중한 격식체로 대체로 간접의문문에 쓰인다.

May I switch on the TV? TV를 틀어도 될까요?

I wonder if I **might** have a little more cheese.
치즈를 좀 더 먹어도 되는지요.

may not은 허가를 거부할 때 쓴다(might not은 쓰지 않음).

> May I smoke? ~ I'm sorry, you **may not**.
> 담배를 피워도 될까요? ~ 죄송하지만 안 되겠어요.

이런 용법에서 may, might이 can, could보다 더 적절하다는 오래된 통설이 있으나, 실제 언어 사용에서는 그렇지 않다.

must not(▶73.3 참조)은 허락을 거절할 때 쓰일 수 있으며, must not은 can't/may not보다 더 강한 표현이다.

2 허가 여부: Can everybody ...?

규칙과 법 등에 의해 허가 또는 금지된 사안을 언급할 때도 can을 쓸 수 있다. may는 대체로 이 용법에서는 쓰지 않는다.

> **Can** everybody park here? 누구나 여기에 주차할 수 있나요?
> (NOT ~~May everybody park here?~~)

3 과거: could를 쓸 수 있는/없는 경우

'언제든지 ~하는 것이 허용되었다'라는 의미로 보편적인 과거 사실에는 could를 쓸 수 있지만 (might는 쓸 수 없음), '그때 ~하는 것이 허용되었다'라는 의미로 특정 행위에 대한 일시적인 허가를 나타낼 때는 could를 쓸 수 없다. 비교

> When I was a child, I **could** watch TV whenever I wanted to.
> 나는 어렸을 때 원하면 언제든지 TV를 볼 수 있었다.

> Yesterday evening, Daniel **was allowed to** watch TV for an hour.
> 어제 저녁 다니엘은 한 시간 동안 TV를 봐도 좋다는 허락을 받았다.
> (NOT ... ~~Daniel could watch TV for an hour.~~)

그러나 could not은 과거의 특정 행위를 언급할 때 쓸 수 있다.

> Daniel **couldn't** watch TV yesterday because he was naughty.
> 다니엘은 말을 안 들어서 어제 TV 시청을 금지 당했다. (could와 was/were allowed to의 차이는 could와 was/were able to의 차이와 유사하다 ▶82.4 참조.)

4 간접화법

허락을 받았다는 사실을 알릴 때는 can, could, may, might를 쓸 수 있다. 주절의 동사가 현재 이면 종속절에 can/may가 오고, 주절의 동사가 과거이면 종속절에 might가 온다.

> She says we **can** park here.
> 그녀의 말로는 우리가 여기에 주차를 해도 된대.

> They told us we **couldn't** go in yet.
> 그들 말로는 우리는 아직 들어갈 수 없대.

> The manager says we **may** leave our coats in the waiting room.
> 지배인 말로는 대기실에 코트를 놔두어도 된대.

> Mr Newson agreed that I **might** look round.
> 뉴슨 씨는 내가 주변을 둘러봐도 된다고 했어. (매우 격식을 차린 표현)

5 be allowed to

서법 조동사는 to부정사나 분사 형태가 없다. 필요한 경우 be allowed to와 같은 다른 표현을 써야 한다.

> She's always **been allowed to** do what she liked.
> 그녀는 언제나 자신이 원하는 것을 할 수 있었다. (NOT ~~She's always could.~~)

82 능력: can, could

1 지식, 기술, 힘 등: I can read Italian.

can을 써서 사람 또는 사물이 지식, 기술, 힘, 속성, 구조 덕분에 어떤 행위를 할 수 있음(혹은 할 수 없음)을 나타낸다.

> I **can** read Italian, but I **can't** speak it. 나는 이탈리아어를 읽을 수는 있지만 말하지는 못한다.
> These roses **can** grow anywhere. 이 장미는 어디에서도 잘 자란다.
> Dogs **can't** climb trees. 개는 나무에 오르지 못한다.
> **Can** gases freeze? 기체는 얼 수 있는가?
> Henry **can** lift 100 kilos. 헨리는 100킬로그램을 들 수 있다.
> My car **can** do 150mph. 내 차는 시속 150마일로 달릴 수 있다.

be able to(▶ 85 참조)도 비슷한 의미지만 주로 사람의 능력을 묘사할 때 쓰인다.

> Henry **is able to** lift 100 kilos. 헨리는 100킬로그램을 들 수 있다.

2 상황에 따른 가능성: We can go to Paris.

can은 화자가 현재 처해 있는 상황 때문에 어떤 행위를 할 수 있거나 혹은 할 수 없음을 나타낸다.

> We **can** go to Paris this weekend, because I don't have to work.
> 우리는 이번 주말에 파리에 갈 수 있어. 일을 안 해도 되니까.
> I **can't** come out this evening: I have to see my brother.
> 나는 오늘 저녁에 나올 수 없어. 형을 만나야 돼.
> There are three possibilities: we **can** go to the police, we **can** talk to a lawyer, or we **can** forget all about it.
> 세 가지 가능성이 있어. 경찰서에 갈 수도 있고, 변호사와 상담할 수도 있고, 아니면 모든 걸 깨끗이 잊어버릴 수도 있지.
> What **can** we do? ~ We **can** try asking Lucy for help.
> 어떻게 하지? ~ 루시에게 도움을 청해 보자.
> Anybody who wants to **can** join the club.
> 원하는 사람은 누구나 클럽에 가입할 수 있습니다.

3 과거: She could read when she was four.

과거를 언급할 때 could를 쓴다.

> She **could** read when she was four.
> 그녀는 네 살 때 글을 읽을 수 있었다.
> My grandmother **could** sing like an angel.
> 우리 할머니는 천사처럼 노래 부르실 수 있었다.

My last car **could** do 160mph.
내 지난번 차는 시속 160마일로 달릴 수 있었다.

In those days everybody **could** find a job.
그 시절에는 누구나 일자리를 구할 수 있었다.

It **could** be quite frightening if you were alone in our big old house.
크고 오래된 우리 집에 너 혼자 있으면 꽤 무서울 거야.

특히 사람의 능력을 나타낼 때는 was/were able to도 쓸 수 있다.

She **was able to** read when she was four.
그녀는 네 살 때 글을 읽을 수 있었다.

4 과거: could를 쓸 수 있는/없는 경우

'일반적인 능력'을 나타낼 때는 could를 쓸 수 있다. 이를테면 원하면 언제든지 어떤 행위를 할 수 있었던 경우에 could를 쓴다.

When I was younger, I **could** run 10km in under 40 minutes.
나는 젊었을 때 10킬로미터를 40분 안에 주파할 수 있었다.

특정한 경우에만 할 수 있었음을 나타낼 때는 일반적으로 could 대신 다른 어구를 쓴다.

I **managed to** run 10km yesterday in under an hour.
나는 어제 10킬로미터를 한 시간 안에 주파할 수 있었다. (NOT I could run 10km yesterday ...)

How many eggs **were** you **able to** get?
달걀을 몇 개나 살 수 있었니? (NOT ... could you get?)

After six hours' climbing, we **succeeded in** getting to the top of the mountain.
여섯 시간 동안 등반한 끝에 우리는 산 정상에 오르는 데 성공했다.
(NOT ... we could get to the top ...)

I **found** a really nice dress in the sale.
나는 세일 기간 중에 정말 멋진 드레스를 발견했다. (NOT I could find ...)

그러나 과거에 하지 못한 특정한 행위를 언급할 때는 couldn't를 쓸 수 있다.

I managed to find the street, but I **couldn't** find her house.
나는 그 거리는 찾아냈지만 그녀의 집은 찾을 수 없었다.

5 could의 기타 용례

could는 조동사 can의 과거형으로 기능할 뿐만 아니라 부드럽고 정중하게 의사를 전달할 때도 쓰인다.

What shall we do tomorrow? ~ Well, we **could** go fishing.
내일 뭘할까? ~ 글쎄, 낚시나 하러 갈까.

When you're in Spain, you **could** go and see Alex.
스페인에 가면 알렉스한테 가보지 그래.

could가 '~할 수 있을 것이다'라는 의미를 나타낸다.

You **could** get a better job if you spoke a foreign language.
네가 외국어를 줄 안다면 더 좋은 직장을 구할 수 있을 것이다.

직접화법의 can은 과거 시제 간접화법에서 could로 대체한다.

Can you help me? ~ What did you say? ~ I asked if you **could** help me.
나 좀 도와줄래? ~ 뭐라고? ~ 나 좀 도와줄 수 있는지 물었어.

6 could have + 과거분사

실현되지 않은 과거의 가능성이나 기회, 즉 할 수 있었으나 시도하지 않은 경우, 또는 발생할 수 있었지만 발생하지 않은 경우를 말할 때 쓴다.

> could have + 과거분사

I **could have married** anybody I wanted to.
나는 내가 원하는 사람 누구하고도 결혼할 수 있었다.

I was so angry I **could have killed** her!
어찌나 화가 나던지 그녀를 죽일 뻔했어!

Why did you jump out of the window? You **could have hurt** yourself.
왜 창문 밖으로 뛰어내렸어? 다칠 뻔했잖아.

I **could have won** the race if I hadn't fallen.
넘어지지만 않았다면 나는 경주에서 우승할 수도 있었다.

어떤 행위를 하지 않은 것을 비난할 때도 쓸 수 있다.

You **could have helped** me - why did you just sit and watch?
나를 도와줄 수도 있었잖아. 왜 그냥 앉아서 구경만 했던 거야?

〈**couldn't have** + **과거분사**〉는 어떤 상황이나 일이 원하거나 시도했더라도 실현 불가능했음을 나타낸다.

I **couldn't have won**, so I didn't go in for the race.
경주에서 이길 수 없었을 거야. 그래서 참가하지 않았어.

I **couldn't have enjoyed** myself more - it was a perfect day.
그보다 더 즐거울 수는 없었을 거야. 완벽한 날이었어.

확실하지 않은 과거의 사건을 묘사할 때도 〈**could have** + **과거분사**〉를 쓴다(〈**may/might have** + **과거분사**〉 구문과 비슷하다 ▶ 71.8 참조).

Who sent those flowers? ~ I'm not sure. It **could have been** your mother.
누가 그 꽃을 보냈어? ~ 잘 모르겠어. 너희 어머니신지도 모르겠다.

〈**could have** + **과거분사**〉는 가능했으나 실현되지 않은 현재 상황을 나타낸다.

He **could have been** Prime Minister now if he hadn't decided to leave politics.
정계를 떠나기로 마음먹지 않았다라면 그는 지금 총리가 되어 있을지도 모른다.

We **could have spent** today at the beach, but we thought it was going to rain so we decided not to.
우리는 오늘 해변에서 시간을 보낼 수도 있었지만, 곧 비가 올 거라 생각해서 그러지 않기로 했다.

7 가능성: Will it happen? / Is it happening? – can을 사용하지 않는 경우

어떤 사건이 미래에 실제로 발생하거나 현재 발생하고 있을 가능성을 나타낼 때는 can을 쓰지 않고 may(▶ 71 참조)를 쓴다.

We **may** go camping this summer.

우리는 올 여름에 캠핑을 갈지도 모른다. (NOT ~~We can go~~ ...)

Where's Sarah? ~ She **may** be with Joe.

사라 어디 있니? ~ 조와 함께 있을 거야. (NOT ~~She can be~~ ...)

그러나 could는 이런 의미로 쓸 수 있다.

It **could** rain later this evening, perhaps.

오늘 저녁 늦게 비가 올 수도 있다. (BUT NOT ~~It can rain later~~ ...)

83 능력: 고급 용법

1 미래: can, will be able to

현재의 능력, 상황, 결정 때문에 미래에 일어날 수 있는 행위를 나타낼 때 can을 쓴다.

She **can** win the race tomorrow if she really tries.

그녀가 정말 노력한다면 내일 경주에서 우승할 수 있다.

I've bought the tent, so we **can** go camping next weekend if we want to.

내가 텐트를 구입했으니 원한다면 우리는 다음 주말에 캠핑을 갈 수 있다.

I haven't got time today, but I **can** see you tomorrow.

오늘은 시간이 없지만 내일은 널 만날 수 있어.

Can you come to a party on Saturday?

토요일 파티에 올 수 있어?

그 밖의 경우에는 will be able to 같은 다른 구문을 쓴다.

I'**ll be able to** speak French at the end of this course.

이 강좌를 다 듣고 나면 프랑스어를 말할 수 있을 것이다. (NOT ~~I can speak French~~ ...)

One day people **will be able to** go to the moon for the weekend.

언젠가 사람들은 주말 동안 달나라에 갈 수 있을 것이다. (OR it will be possible to go ...)

2 과거와 관련해 could를 쓰는 경우

특정한 과거 상황에서 어떤 행위를 했다는 의미로는 대개 could를 쓰지 않는다(▶ 82.4 참조).

I **managed to** buy a really nice coat yesterday.

나는 어제 정말 멋진 코트를 살 수 있었다. (NOT ~~I could buy a really nice coat yesterday.~~)

그러나 see, hear, taste, feel, smell, understand, remember, guess 등의 동사들과 함께 쓰면 특정한 상황을 나타낼 수 있다(▶ 84 참조).

I **could smell** something burning. 뭔가 타는 냄새가 났다.

I **could understand** everything she said.

나는 그녀가 하는 말을 모두 이해할 수 있었다.

부정적 의미를 지닌 hardly나 only 등과 함께 써서 특정 상황을 나타내기도 한다.

She **could hardly** believe her eyes.

그녀는 자신의 눈을 도저히 믿을 수 없었다.

I **could only** get six eggs.

나는 달걀을 겨우 6개 밖에 사지 못했다.

종속절에서 특정 상황을 나타내기도 한다.

I'm so glad that you could come.
네가 올 수 있어서 정말 기쁘다.

3 언어와 악기: She speaks Greek.

언어 구사 능력이나 악기 연주 능력을 언급하는 경우에는 흔히 can을 생략한다.

She speaks Greek. / She can speak Greek.
그녀는 그리스어를 할 줄 안다.

Do/Can you play the piano? 피아노를 칠 수 있니?

4 can/could always

더 나은 방안이 없다는 것을 전제로 하나의 대안을 제시할 때 can/could always를 쓸 수 있다.

I don't know what to get Mark for his birthday. ~ Well, you can always give him a gift card.
마크에게 생일 선물로 뭘 사줘야 할지 모르겠어. ~ 글쎄, 정 그러면 상품권을 주지 그래.

What are we going to eat? ~ We could always warm up that soup.
우리 뭐 먹을까? ~ 저 수프나 데워먹지 뭐.

84 see, hear 등과 함께 쓰이는 can, could

1 see, hear, feel, smell, taste

이런 동사들이 '지각(눈, 귀 등을 통해 외부 정보를 얻는 행위)'의 의미로 쓰일 때는 대체로 진행형을 쓰지 않는다. 영국 영어에서는 특정 시점의 지각 행위를 묘사할 때 주로 can see, can hear 등의 구문을 쓴다.

I can see Susan coming. 수잔이 오는 게 보인다. (NOT ~~I'm seeing~~ ...)

Can you hear somebody coming up the stairs?
누군가 계단 올라오는 소리 들려?

What did you put in the stew? I can taste something funny.
스튜에 뭘 넣었어? 좀 이상한 맛이 나는데.

Suddenly she realised she could smell something burning.
그녀는 갑자기 뭔가 타는 냄새가 난다는 걸 알아차렸다.

미국 영어에서는 같은 의미로 I see, I hear 등의 구문이 널리 쓰인다.

2 guess, tell

can, could는 동사 guess, tell과 함께 쓰이는 경우가 많다. 이때 guess와 tell은 'know(알다)'를 의미하며, '알다'라는 뜻으로 can/could know는 쓰지 않는다(▶504.5 참조).

I could guess what she wanted.
나는 그녀가 뭘 원하는지 알 수 있을 것 같다.

You can tell he's Irish from his accent.
그의 말투를 들어보면 아일랜드 출신이라는 것을 알 수 있다. (NOT ~~You can know~~ ...)

3 understand, follow, remember

이런 동사들 역시 can/could와 어울려 쓰일 때가 많지만, 의미가 크게 달라지지는 않는다.

I **can't/don't understand** what she's talking about.
그녀가 무슨 말을 하는 건지 모르겠다.

Do/Can you **follow** what he's saying?
그의 말을 이해하니?

I **(can) remember** your grandfather.
나는 네 할아버지를 기억한다.

85 be able to

able은 주로 〈**be able + to부정사**〉의 형태로 쓰인다. can과 같은 의미이며(▶82 참조) 부정형은 unable이다.

Some people **are able to / can** walk on their hands.
물구나무 서서 걸을 수 있는 사람들도 있다.

I **am unable to / can't** understand what she wants.
그녀가 무엇을 원하는지 알 수 없다.

'~하는 방법을 안다'는 의미로는 주로 can을 쓰며 can see, can hear처럼 지각동사 앞에도 can을 쓴다(▶84 참조).

Can you **knit**? 뜨개질할 줄 알아? (Are you able to knit?보다 자연스러움)

I **can see** a ship. 배가 보인다. (I am able to see a ship.보다 자연스러움)

be able to는 종종 주어가 사람이나 생물인 경우에 쓰인다. 비교〉

Jake **can** lift / **is able to** lift 150 kilos.
제이크는 150킬로그램을 들 수 있다.

This crane **can** lift 30 tonnes. 이 크레인은 30톤을 들 수 있다.
(This crane is able to lift 30 tonnes.보다 더 자연스러움)

can/could는 원형부정사나 분사형이 없으므로 be able to를 써서 미래 시제나 현재 완료 시제를 표현한다(▶68.1 참조).

One day scientists **will be able to** find a cure for cancer.
과학자들은 언젠가 암 치료법을 발견할 수 있을 것이다.(NOT ... ~~will can find~~ ...)

What **have** you **been able to** find out?
무엇을 발견할 수 있었는가? (NOT ~~What have you could~~ ...?)

I **might be able to** help you. 어쩌면 널 도와줄 수 있을 거야.(NOT ~~I might can~~ ...)

able 뒤에는 대체로 부정사의 수동태를 쓰지 않는다.

He **can't be understood**. 그의 말은 이해되지 않았다.
(He's not able to be understood.보다 자연스러움)

could와 was able의 차이는 ▶82.4, 83.2 참조.

86 전형적인 양상: can, could, may, might, will, would

1 can, could, may, might

전형적인 행동이나 흔히 발생하는 일을 가능성 면에서 언급할 때 흔히 쓰인다. may, might는 can, could 보다 조금 더 격식을 차린 표현으로, 과학이나 학술 용어에서 더 흔히 쓰인다.

Amy **can** really get on your nerves.
에이미는 신경을 정말 거슬리게 한다.

Scotland **can** be very warm in summer.
스코틀랜드는 여름에 매우 따뜻하다.

In the days of sailing ships, a voyage round the world **could** take years.
옛날 범선 시대에 전 세계를 항해하는 것은 수 년이 걸렸을 것이다.

A female crocodile **may** lay 30-40 eggs.
암컷 악어는 30~40개의 알을 낳는다.

The flowers **may** have five or six petals, red or white in colour.
이 꽃은 붉은색이나 흰색 꽃잎이 대여섯 장 달린다.

In those days, a man **might** be hanged for stealing a sheep.
그 시절에는 양을 훔친 죄로 교수형을 당하기도 했다.

2 will, would

습관적인 행동이나 규칙적인 행동을 표현할 때 쓴다.

She**'ll** sit talking to herself for hours. 그녀는 몇 시간 동안 앉아서 혼잣말을 중얼거리곤 한다.

When you look at clouds they **will** often remind you of animals.
구름을 보면 종종 동물이 연상된다.

If something breaks down and you kick it, it **will** often start working again.
고장이 났을 때 걷어차면 다시 작동하는 경우가 왕왕 있다.

Anything that can go wrong **will** go wrong.
잘못될 여지가 있는 일은 어김없이 잘못된다.

Sulphuric acid **will** dissolve most metals.
황산은 대부분의 금속을 녹인다.

Sometimes he **would** bring me little presents without saying why.
때때로 그는 이유도 밝히지 않고 나에게 소소한 선물들을 가져오곤 했다.

On Sundays when I was a child we **would** all get up early and go fishing.
내가 어렸을 때 일요일마다 다들 일찍 일어나서 낚시하러 가곤 했다.

Every summer he **would** go away for a month, without saying where or why.
매년 여름 그는 어디를 가는지 또는 왜 가는지 말하지 않고 한 달씩 여행을 떠난다.

3 비난: She WILL fall in love with the wrong people.

사람들의 행동을 비난하는 의미로 will, would에 강세를 주기도 한다.

She **WILL** fall in love with the wrong people.
그녀는 연분이 아닌 사람들과 사랑에 빠지곤 한다.

Well, if you **WILL** keep telling people what you think of them …
글쎄, 네가 사람들에게 그들을 어떻게 생각하는지 계속 말하면 …

He was a nice boy, but he **WOULD** talk about himself all the time.
그는 다정한 소년이었지만 늘 자기 이야기만 했다.

과거의 특정 행위를 비난하기 위해 would에 강세를 줄 경우도 있는데, '습관을 버리지 못하고 또 그렇게 했다'라는 어감을 나타낸다.

You **WOULD** tell Emily about the party – I didn't want to invite her.
너는 에밀리에게 또 파티 얘기를 했구나. 나는 그녀를 초대하고 싶지 않았단 말이야.

87 특정 행동: used + to부정사

1 의미

〈used + to**부정사**〉는 지금은 더 이상 지속되지 않는 과거의 습관이나 상태를 나타낸다.

I **used to smoke**, but now I've stopped.
나는 한때 담배를 피웠지만 지금은 끊었다. (NOT ~~I was used to smoke~~ ...)

That casino **used to be** a cinema. 저 카지노는 예전에는 극장이었다.

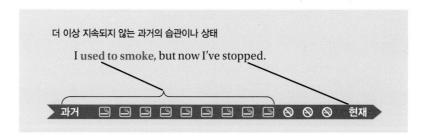

2 과거에만 쓰임

used to ...는 현재형이 없고 진행형이나 완료형, 동사원형이나 -ing형도 없다. 현재의 습관이나 상태를 나타낼 때는 단순 현재 시제를 쓴다(▶31 참조).

He **smokes**. 그는 담배를 피운다. (NOT ~~He uses to smoke.~~)

Her brother still **collects** stamps. 그녀의 남동생은 아직도 우표를 수집한다.

3 의문문과 부정문

의문문과 부정문에는 대체로 did ... use 대신 did ... used를 쓴다. 많은 사람들은 이것을 틀린 것으로 간주한다.

What **did** people **use(d) to do** in the evenings before TV?
텔레비전이 생기기 전에 사람들은 저녁에 뭘 했을까?

I **didn't use(d) to like** opera, but now I do.
나는 예전에는 오페라를 싫어했지만 지금은 좋아한다.

특히 영국 영어에서 축약형 usedn't도 쓸 수 있다.

I **usedn't** to like opera. 나는 예전에는 오페라를 싫어했다.

그러나 부정형으로는 통상 never used ...를 쓴다.

I **never used** to like opera. 나는 예전에는 오페라를 싫어했다.

격식체에서는 do 없이 의문문과 부정문을 쓰기도 하지만 드물게 쓰인다.

I used not to like opera, but now I do.
나는 예전에는 오페라를 싫어했지만 지금은 좋아한다. (OR **I used to not like** opera ...) (영국 영어)

Used you to play football at school? 학교에서 축구했니? (영국 영어)

부가의문문에는 used 대신 did를 쓴다.

You used not to like him, **did you?** 너는 그를 안 좋아했잖아, 그렇지? (NOT ... ~~used you?~~)

4 used to...를 쓰지 않는 경우

used to는 과거에는 사실이었지만 지금은 상황이 바뀌었다는 것을 나타낸다. 단순히 과거에 일어난 일이나 일정 기간 동안 지속된 일, 일정 횟수 발생한 일 등을 나타낼 때는 used to를 쓰지 않는다.

I **worked** very hard last month. 나는 지난달에 아주 열심히 일했다.
(NOT ~~I used to work very hard last month.~~)

I **lived** in Chester for three years. 나는 3년 동안 체스터에 살았다.
(NOT ~~I used to live in Chester for three years.~~)

I **went** to France seven times last year. 나는 지난해 프랑스에 7번 다녀왔다.
(NOT ~~I used to go to France seven times last year.~~)

5 어순

중간 위치의 부사(▶200 참조)는 used의 앞이나 뒤에 쓸 수 있다. 비격식체에서는 종종 부사를 used 앞에 쓴다.

I **always used to be** afraid of dogs. 나는 항상 개를 무서워했다. (비격식체)

I **used always to be** afraid of dogs. 나는 항상 개를 무서워했다. (격식체)

6 발음

[주의] used는 /juːst/, use는 /juːs/로 발음한다.

7 used + to부정사와 be used to + -ing의 차이

⟨used + **to부정사**⟩와 ⟨**be used to + -ing**⟩는 의미가 다르다(▶615 참조). 비교⟩

I **didn't use to drive** a big car. (= Once I didn't drive a big car, but now I do.)
나는 예전에는 대형차를 운전하지 않았다. (= 예전에는 대형차를 운전하지 않았지만 지금은 한다.)
(NOT ~~I wasn't used to drive a big car.~~)

I **wasn't used to driving** a big car. (= Driving a big car was a new and difficult experience – I hadn't done it before.)
나는 대형차를 운전하는 데 익숙하지 않았다. (= 대형차 운전을 해본 적이 없어 낯설고 어려운 경험이었다.)

8 used to, would

used to, would는 둘 다 과거의 반복적인 행위나 사건을 나타낸다.

When she was old, she **used to / would** sit in the corner talking to herself for hours. 그녀는 늙어서는 구석에 앉아 몇 시간 동안 혼잣말을 하곤 했다.

Sometimes he **used to / would** bring me little presents without saying why.
때때로 그는 이유도 밝히지 않고 나에게 소소한 선물들을 가져오곤 했다.

그러나 과거의 상태를 표현할 때는 used to를 쓴다. 미교)

When we were children we **used to / would** go skating every winter.
우리는 어린 시절 겨울마다 스케이트를 타러 가곤 했다.

I **used to** have an old Rolls-Royce.
나는 구형 롤스로이스를 한 대 가지고 있었다. (BUT NOT ~~I would have an old Rolls-Royce.~~)

또한 중요한 습관적 행동을 언급할 때도 would를 쓰지 않고 used to를 쓴다.

Robert **used to** play a lot of football.
로버트는 한때 축구를 많이 했다. (NOT ~~Robert would play~~ ...)

I **used to** smoke. 나는 한때 담배를 피웠다. (NOT ~~I would smoke.~~)

Section 8 Infinitives, -ing forms and Past Participles
부정사, -ing형, 과거분사

개요

Section 8-10은 (to) write(부정사), speaking(-ing형), seen(과거분사) 같은 동사 형태를 다룬다. 이 형태들은 단독으로 시제를 나타내지 않으며(예를 들어 writes, spoke와 달리 시제를 표시하지 않는다) 문법학자들은 이런 동사를 '비정형' 동사라고 부른다. 하지만 조동사와 결합하면 시제를 나타낼 수 있다. 예: will **write**, is **speaking**, has **seen**(▶15 참조). Section 8-10에는 이들 동사 형태의 다양한 용법이 설명되어 있다.

-ing형에는 두 가지 문법 용어가 적용된다. -ing형이 명사처럼 주어나 목적어 역할을 할 때는 '동명사(gerund)'라고 부른다. 다른 언어에서는 부정사가 이런 역할을 하기도 한다.

> **Smoking** is dangerous. 흡연은 위험하다.
> I enjoy **skiing**. 나는 스키를 즐긴다.

-ing형이 동사나 형용사처럼 쓰이면 '현재분사(present participle)'라고 부른다.

> She ran out **laughing**. 그녀는 웃으며 뛰쳐나갔다.
> faster than a **speeding** bullet 날아가는 총알보다 빠르게

-ing형에는 특정한 시제 개념이 없으므로 '현재분사', '과거분사'라는 용어는 오해의 소지가 있다. 분사와 형용사를 명확하게 구분하기 어려운 경우도 있다. ▶96 참조.

부정사, -ing형, 분사로 절을 시작할 수 있다(▶Section 10 참조).

> I'd like **to look at those papers again.** (부정사구)
> 저 서류를 다시 보고 싶어요.
> She ran out **laughing like a hyena.** (분사구)
> 그녀는 하이에나처럼 웃으며 뛰쳐나갔다.
> **Cooked in a slow oven**, it will taste delicious. (분사구)
> 낮은 온도로 오븐에서 요리하면 맛있을 것이다.

앞으로 긴 용어가 필요한 경우가 아니면 부정사구, 분사구를 '부정사', '분사'로 간단히 표기하기로 한다.

다음 문장은 왜 틀렸을까?

❌ Try to not be late. ▶89.5 참조
❌ I wanted go home. ▶89.6 참조
❌ I must to go now. ▶91.1 참조
❌ He shouting gets on my nerves. ▶94.3 참조
❌ Thank you for your waiting. ▶94.3 참조
❌ We're all excited about his arriving. ▶94.6 참조
❌ I was very interesting in the lesson. ▶96.3 참조
❌ Look at all those stopped cars at the crossroads. ▶96.4 참조
❌ The questioned people gave very different opinions. ▶96.6 참조
❌ He's a speaking-French Canadian. ▶96.5 참조
❌ Britain's trade position has been very weakened by inflation. ▶96.8 참조
❌ He's very known in the art world. ▶96.8 참조

Section 8 목차

88 부정사: 개요

부정사는 문장 내에서 다양한 기능을 하며 do나 서법 조동사와 함께 동사구를 이루기도 한다.

Do you **think** she's ready? 그녀가 준비된 것 같니?

We **must get** some more light bulbs. 우리는 전구를 더 많이 사야 한다.

부정사는 단독으로 또는 다른 어휘와 함께 쓰인다.

- 절의 주어 또는 보어 역할(▶92 참조).

  To watch him eating really gets on my nerves.
  그가 먹는 걸 보고 있자면 정말 신경에 거슬린다.

  The main thing is **to relax**. 중요한 건 긴장을 푸는 것이다.

  It's nice **to talk** to you. 얘기 나누게 되어서 기뻐요.

- 동사의 목적어, 형용사 또는 명사의 수식어(▶97-98, 101-102 참조).

  I don't **want to talk**. 말하고 싶지 않아.

  I'm **anxious to contact** your brother. 너희 형에게 연락하고 싶어.

  You have **the right to remain** silent. 묵비권을 행사할 수 있습니다.

- 행위자의 목적(▶112 참조).

  He came to London **to look** for work. 그는 직장을 구하러 런던에 왔다.

부정사 용법에 대한 자세한 내용은 이어지는 항목들 참조.

89 부정사: 형태

부정사는 종종 to와 함께(예: **to go, to start**) 쓰인다. to를 쓰지 않는 부정사는 ▶91 참조. 단순 부정사 외에도 진행 부정사(예: (to) be writing), 완료 부정사(예: (to) have written), 수동 부정사(예: (to) be written) 등이 있다.

1 진행 부정사: (to) be -ing

다른 진행형 (▶3 참조)과 마찬가지로, 진행 부정사 역시 현재, 과거, 미래 등 특정 시점에 진행되고 있는 행위나 사건을 나타낸다.

It's nice **to be sitting** here with you. 너랑 여기 앉아 있으니까 좋다.

I noticed that he seemed **to be smoking** a lot. 그는 담배를 많이 피우는 것 같았다.

This time tomorrow I'll **be lying** on the beach.
내일 이맘때면 나는 해변에 누워 있을 것이다. (미래 진행 시제: ▶41 참조)

Why's she so late? She can't still **be working**.
그녀는 왜 이리 늦는 거야? 아직 일하고 있을 리는 없는데.

2 완료 부정사: (to) have + 과거분사

완료 부정사는 의미상 완료 시제(▶6 참조) 또는 과거 시제(▶44-45 참조)와 유사하다.

It's nice **to have finished** work for the day. (= It's nice that I have finished...)
오늘 일을 마치니 홀가분하다.

I'm sorry not **to have come** on Thursday. (= ... that I didn't come ...)
목요일에 오지 못해서 미안해.

실제로 일어나지 않았거나 일어나지 않았으리라 추정되는 과거의 일을 언급할 때도 흔히 완료 부정사를 쓴다(▶ 90 참조).

3 수동 부정사: (to) be + 과거분사

수동 부정사는 다른 수동형(▶ 57 참조)과 유사하다.

There's a lot of work **to be done**. 해야 할 일이 많다.

She ought **to be told** about it. 그녀에게 말해주어야 한다.

That window must **be repaired** before tonight. 오늘밤까지 저 창문을 수리해야 한다.

명사나 be동사 뒤에 쓰일 경우 능동 부정사와 수동 부정사의 의미에 차이가 없을 때도 있다
(▶ 106 참조).

There's a lot of work **to do / to be done**. 해야 할 일이 많다.

4 혼합형: to have been sitting; could have been killed

완료 부정사의 진행형과 수동형도 흔히 쓰인다.

I'd like **to have been sitting** there when she walked in.
그녀가 걸어 들어올 때 내가 거기 앉아 있었더라면 좋았을 걸.

They were lucky – they could **have been killed**. 그들은 운이 좋았어. 죽을 수도 있었으니까.

수동 부정사의 진행형도 가능하지만 드물게 쓰인다.

What would you like to be doing right now? ~ I'd like **to be being massaged**.
지금 당장 뭘 하고 싶니? ~ 마사지를 받고 싶어.

부정사의 완료 진행형(예: It must **have been being built** at the time. 그 당시 건축되고 있었던 게 분명해.)도 거의 쓰이지 않는다

5 부정형: Try not to be late.

부정사 앞에 not을 써서 부정형을 만든다.

Try **not to be** late. 늦지 않도록 해.
(NOT USUALLY ~~Try to not be late.~~ OR ~~Try to don't be late.~~)

You were silly **not to have locked** your car. 바보 같이 차 문을 안 잠갔구나.

He's very busy. I'm afraid he **can't be disturbed**. 그는 아주 바빠. 방해하기가 좀 그렇네.

6 to

부정사 앞에 붙는 to(예: He wanted **to go**. 그는 가기를 원했다.)는 전치사가 아니다.
전치사 to 뒤에는 -ing형(▶ 104.2 참조)이 온다.
to가 없는 원형부정사(예: I'd like to)는 ▶ 280 참조.

7 분리 부정사: to really understand

to와 부정사 사이에 부사가 삽입되는 경우가 있는데 이런 형태의 부정사를 '분리 부정사(split infinitive)'라고 한다.

I'd like **to really understand** philosophy. 철학을 제대로 이해하고 싶다.

He began **to slowly get up** off the floor. 그는 바닥에서 천천히 몸을 일으키기 시작했다.

분리 부정사 구문은 특히 비격식체에서 널리 쓰인다. 문법에 어긋난다는 의견도 있어 가능하면 부사의 위치를 옮기기도 한다.

He began **slowly to get** up off the floor. 그는 바닥에서 천천히 몸을 일으키기 시작했다.

90 완료 부정사의 용례: glad to have left

1 완료 또는 과거의 의미

완료 부정사(to have gone, to have left 등)는 완료 또는 과거 시제와 동일한 의미를 갖는다.

I'm glad **to have left** school at last. (= I'm glad that I have left ...)
나는 드디어 학교를 떠나서 기쁘다.

She was sorry **to have missed** James. (= ... that she had missed James.)
그녀는 제임스를 못 봐서 서운했다.

We hope **to have finished** the job by next Saturday.
(= ... that we will have finished ...) 우리는 다음 주 토요일까지 그 일을 마쳤으면 한다.

2 완료 부정사: 과거 사실과 반대되는 상황

특정 동사(예: mean, be, would like) 뒤에 완료 부정사를 쓰면 실제 과거 사실과 반대되는 상황을 나타낸다.

I **meant to have telephoned**, but I forgot.
나는 전화하려고 했는데 잊어버렸다. (OR I meant to telephone ...)

He **was to have been** the new ambassador, but he fell ill.
그는 신임 대사로 임명될 예정이었지만 몸져눕고 말았다.

I **would like to have seen** Harry's face when Nadia walked in.
나디아가 걸어 들어올 때 해리의 표정을 봤어야 하는데 말이야.

격식을 차리지 않은 대화에서는 would have liked나 would have preferred 등 뒤에 완료 부정사를 써서 완료형을 이중으로 쓰기도 하는데 이 경우 의미의 차이는 없다.

I **would have liked to have seen** Harry's face. 해리의 표정을 봤어야 하는 건데.

3 서법 조동사: He could have killed himself.

서법 조동사 could, might, ought, should, would, needn't (영국 영어) 뒤에 완료 부정사를 쓰면 주로 사실이 아닌 과거의 상황을 나타낸다.

Did you see him fall? He **could have killed** himself.
그가 넘어지는 거 봤니? 죽을 뻔했어. (실제로는 죽지 않았다.)

You **should have called** - I was getting worried.
전화를 했어야지. 걱정했잖아. (실제로는 전화를 하지 않았다.)

I **would have gone** to university if my parents had had more money.
부모님이 돈이 더 많으셨다면 대학에 갔을 텐데. (실제로는 대학에 가지 못했다.)

She **needn't have sent** me flowers.
그녀는 나에게 꽃을 보낼 필요가 없었다. (영국 영어: 실제로는 꽃을 보냈다.)

조동사 뒤에 완료 부정사를 써서 사실 여부가 확실하지 않은 상황을 언급할 수도 있다.

She **could/should/ought to/may/will/must have arrived** by now.
지금쯤이면 그녀가 도착했을 텐데.

자세한 내용은 각 서법 조동사별 항목 참조.

91 원형부정사: I saw you come in.

부정사 앞에는 통상 to를 붙이지만(예: I want **to know**) 다음과 같은 경우에는 to를 쓰지 않는다('원형부정사(bare infinitive)'라고 불린다).

1 서법 조동사 뒤

서법 조동사 will, shall, would, should, can, could, may, might 뒤에는 원형부정사를 쓴다.

　　I **must go** now. 이제 가봐야겠어. (NOT ~~I must to go now.~~)

　　Can you **help** me? 나 좀 도와줄래?

　　Do you think she **might be** joking? 그녀가 농담하는 거라고 생각해?

　　I **would** rather **go** alone. 혼자 가고 싶어.

had better(▶ 77 참조) 뒤에는 항상, 그리고 dare와 need(▶ 431, 532 참조) 뒤에는 종종 원형부정사를 쓴다.

　　You**'d better see** what she wants. 그녀가 뭘 원하는지 알아야 한다.

　　I **daren't go** out at night. 밤에는 도저히 나갈 수가 없다. (영국 영어)

　　She **needn't do** the washing up. 그녀는 설거지할 필요가 없다.

2 let, make, hear 등의 동사 뒤

let, make, see, hear, feel, watch, notice 뒤에는 〈**목적어 + 원형부정사**〉를 쓴다.

　　She **lets** her children **stay** up very late. 그녀는 아이들이 아주 늦게까지 안 자도 내버려둔다.
　　(NOT ~~She lets her children to stay~~ ... OR ~~She lets her children staying~~ ...)

　　I **made** them **give** me the money back. 나는 그들에게 그 돈을 받아냈다.

　　I didn't **see** you **come** in. 네가 들어오는 걸 못 봤어.

　　We both **heard** him **say** that he was leaving.
　　그가 떠날 거라고 그가 말하는 것을 우리 둘 다 들었다.

　　Did you **feel** the earth **move**? 땅이 움직이는 게 느껴졌니?

help 뒤에도 〈**목적어 + 원형부정사**〉를 쓸 수 있다(▶ 483 참조).

　　Could you **help** me **(to) unload** the car? 차에서 짐 내리는 것 좀 도와줄래요?

have(▶ 109 참조)와 know(▶ 504 참조) 뒤에도 〈**목적어 + 원형부정사**〉를 쓸 수 있다.

　　Have Mrs Hansen **come** in, please.
　　한센 부인 들어오시라고 해요. (특히 미국 영어)

　　I've never **known** him **(to) pay** for a drink.
　　나는 그가 술값 내는 것을 본 적이 없다.

이 구문이 수동태로 바뀌면 원형부정사 대신 to부정사를 쓴다.

He **was made to pay** back the money. 그는 그 돈을 갚아야 했다.

She **was heard to say** that she disagreed. 그녀가 동의하지 않는다고 말하는 것을 들었다.

let 구문의 자세한 용법은 ▶ 512 참조. make는 ▶ 107 참조.
〈see, hear, watch 등 + 목적어 + 동사〉 구문의 자세한 용법은 ▶ 110 참조.
〈목적어 + to부정사〉 형태를 취하는 동사는 ▶ 98 참조.

3 why (not) 뒤

질문이나 제안에는 〈**why (not) + 원형부정사**〉를 쓴다. 자세한 내용은 ▶ 630 참조.

Why pay more at other shops? We have the lowest prices.
뭐하러 다른 가게에서 돈을 더 내십니까? 저희는 최저 가격에 드립니다.

Why stand up if you can sit down? **Why sit down** if you can lie down?
앉을 수 있는데 왜 서 있어? 누울 수 있는데 왜 앉아 있고?

You're looking tired. **Why not take** a holiday?
피곤해 보이네. 휴가 좀 내지 그래?

4 and, or, except, but, than, as, like 뒤

to부정사 두 개가 and, or, except, but, than, as, like 등으로 연결될 때는 흔히 두 번째 to부정사의 to를 생략한다.

I'd like to lie down **and sleep**. 누워서 자고 싶다.

Do you want to have lunch now **or wait** till later?
지금 점심을 먹을래, 아니면 좀 더 기다릴래?

We had nothing to do **except look** at the sea.
우리는 바다를 보는 것 외에는 할 일이 없었다.

I'm ready to do anything **but work** on a farm.
농장에서 일하는 것만 빼고 뭐든 할 용의가 있다.

It's easier to do it yourself **than explain** to somebody else how to do it.
남에게 하는 법을 가르쳐 주는 것보다 직접 하는 편이 더 쉽다.

It's as easy to smile **as frown**. 행복과 불행은 마음먹기에 달려 있다.

I have to feed the animals as well **as look** after the children.
나는 애들도 돌봐야 하고 동물들 먹이도 줘야 한다.

Why don't you do something useful **like clean** the kitchen?
유익한 일 좀 하지 그래, 주방 청소라도 하든가.

rather than 뒤에는 대체로 원형부정사가 온다.

Rather than wait any more, I decided to go home by taxi.
나는 더 기다리느니 택시를 타고 집에 가기로 했다.

5 do가 쓰인 명사절 뒤

All I did was(내가 한 일이라고는 …밖에 없었다)나 What I do is(내가 하는 일은 …이다) 등의 구문 뒤에도 원형부정사를 쓸 수 있다.

All I did was (to) give him a little push.
내가 한 일이라고는 그를 살짝 민 것밖에 없다.

What a fire-door does is (to) delay the spread of a fire.
방화문의 용도는 화재 확산을 지연시키는 것이다.

The only thing we can do is **(to) accept**.
우리가 할 수 있는 유일한 것은 수락하는 것이다.

92 주어, 보어 역할을 하는 부정사

1 주어: To practise is important. / It's important to practise.
부정사(또는 부정사구)를 문장의 주어로 쓸 수 있다.

To practise regularly is important. 규칙적으로 연습하는 것이 중요하다.

To wait for people who were late made him angry.
늦는 사람들을 기다리는 것이 그를 화나게 만들었다.

격식을 차리지 않는 현대 영어에서는 to부정사를 이런 용법으로 쓰는 경우가 드물며, 그 대신 가주어 it을 쓰고 부정사구를 뒤로 돌린다(▸268 참조).

It's important **to practise regularly**. 규칙적으로 연습하는 것이 중요하다.

It made him angry **to wait for people who were late**.
늦는 사람들을 기다리는 것이 그를 화나게 만들었다.

to부정사 구문 대신 -ing 구문을 주어로 문두에 쓸 수 있다(▸94 참조).

Selling insurance is a boring job.
보험 판매는 따분한 직업이다. (To sell insurance ...보다 자연스러움)

2 보어: Your task is to get across the river.
to부정사(구)는 be동사 뒤에서 주격 보어로 쓰이기도 한다.

Your task is **to get across the river** without being seen.
네 임무는 눈에 띄지 않고 강을 건너는 것이다.

My ambition was **to retire at thirty**. 내 꿈은 30세에 은퇴하는 것이었다.

가주어 it을 써서 문장을 구성할 수도 있다(▸268 참조).

It is your task **to get across the river** without being seen.
눈에 띄지 않고 강을 건너는 것이 네 임무다.

It was my ambition **to retire at thirty**. 30세에 은퇴하는 것이 내 꿈이었다.

동사의 목적어로 쓰인 to부정사(구)는 ▸97 참조.　He made it difficult to refuse.와 같은 구문은 ▸269 참조.

93 -ing형: 개요

1 분사(participle)와 동명사(gerund)
-ing형(예: smoking, walking)은 동사뿐만 아니라 형용사나 명사로도 쓰인다. 비교)

You're **smoking** too much these days.
너 요즘 담배를 너무 많이 피운다. (동사: 현재 진행 시제의 일부)

There was a **smoking** cigarette end in the ashtray.
재떨이에 타고 있는 담배꽁초가 하나 있었다. (담배꽁초를 수식하는 형용사)

Smoking is bad for you. 흡연은 몸에 해롭다. (명사: 문장의 주어)

동사나 형용사로 쓰이는 -ing형을 흔히 '현재분사(present participle)'라고 한다. (-ing형은 과거, 현재나 미래 모두에 쓰이므로 '현재'라는 단어를 붙이는 것이 정확한 용어라고 할 수는 없다.)

-ing형은 명사 앞에서 명사처럼 쓰이기도 하고(동명사), 형용사처럼 쓰이기도 한다(분사). 그러나 이 두 구문의 의미는 사뭇 다르다. 비교)

- a **waiting** room (= a room for waiting) 대기실
  (= 대기를 위한 방. waiting은 명사처럼 쓰인 동명사. a guest room과 비교)

  a **waiting** train (= a train that is waiting) 대기 중인 열차
  (= 대기하고 있는 열차. waiting은 형용사처럼 쓰인 분사. an early train과 비교)

- a **sleeping** pill 수면제 (sleeping은 동명사)

  a **sleeping** child 잠자는 아이 (sleeping은 분사)

- **working** conditions 근무 환경 (동명사)

  working men and women 일하고 있는 남자와 여자들 (분사)

2 -ing형의 완료, 수동, 부정

-ing형의 완료, 수동, 부정 구문은 다음과 같다.

Having slept for twelve hours, I felt marvellous.
12시간 동안 푹 자고 나니 아주 개운하다. (완료)

She loves **being looked at**. 그녀는 사람들의 시선을 즐긴다. (수동)

Not knowing what to do, I went home. 나는 어찌 해야 할지 몰라 집에 갔다. (부정)

She's angry about **not having been invited**.
그녀는 초대받지 못해 화가 났다. (수동 완료 부정)

3 구분하기 힘든 분사와 동명사

분사와 동명사의 구분이 항상 명확하지는 않으며, 때때로 어떤 용어를 써야 할지 판단하기도 어렵다. 따라서 '분사'와 '동명사'라는 용어를 쓰지 않는 문법학자도 있다.

-ing형의 철자 규칙은 ▶ 346-347 참조.

94 주어, 목적어, 보어 역할을 하는 -ing형

1 Smoking is bad for you.

명사와 마찬가지로 주어 또는 동사의 보어 역할을 할 수 있다.

Smoking is bad for you. 흡연은 몸에 해롭다. (주어)

My favourite activity is **reading**. 내가 가장 좋아하는 활동은 독서다. (보어)

이 경우 to부정사(예: To smoke is bad for you.)를 쓸 수도 있지만, 격식체 이외에는 거의 쓰이지 않는다.

-ing형은 일부 동사 뒤에서 목적어로 쓰이기도 한다(▶100 참조).

    I hate **packing**. 나는 짐 꾸리는 것을 싫어한다. (목적어)

2 목적어를 취하는 -ing형

주어, 보어, 목적어 역할을 할 경우 명사처럼 쓰이지만, 여전히 동사의 성격도 지니고 있으므로 목적어를 취할 수 있다.

    Smoking cigarettes is bad for you. 흡연은 몸에 해롭다.

    My favourite activity is **reading thrillers**. 내가 가장 즐기는 취미는 스릴러물을 읽는 것이다.

    I hate **packing suitcases**. 나는 여행 가방 꾸리는 것을 싫어한다.

3 the opening of Parliament; my smoking

-ing형 앞에 한정사(예: the, my, this)가 올 수 있다.

    the opening of Parliament 국회의 개원

    Docs **my** smoking annoy you? 제가 담배 피우는 게 거슬리시나요?

    I hate all **this** useless arguing. 이따위 쓸데없는 논쟁이 정말 싫다.

-ing형 앞에 소유격('s)이 올 수도 있다.

    Jack's going to sleep during the wedding was rather embarrassing.
    결혼식 도중 잭이 잠든 것은 정말 황당했다.

    She was angry at **Lina's** trying to lie to her.
    그녀는 리나가 거짓말하려고 한 것에 화가 났다.

-ing형 앞에 주격 대명사는 올 수 없다.

    His shouting gets on my nerves.
    그의 고함소리가 신경에 거슬린다. (BUT NOT ~~He shouting~~ ...)

언급하는 대상이 분명한 경우 -ing형 앞에 소유격이나 대명사를 쓰지 않는다.

    Thank you for **waiting**. 기다려줘서 고마워. (NOT ~~Thank you for your waiting.~~)

-ing형이 관사와 함께 쓰이면 대체로 -ing형 뒤에 바로 직접목적어가 올 수 없다. 이때는 -ing형 뒤에 of를 써서 연결한다.

    the smoking **of** cigarettes 흡연 (NOT ~~the smoking cigarettes~~)

불가능하거나 허용되지 않는 일에는 대체로 -ing형 앞에 no를 붙인다. 표지판, there is 뒤에 흔히 쓰인다.

    NO SMOKING 금연   NO PARKING 주차 금지   NO WAITING 정차 금지

    Sorry – there's **no smoking** in the waiting room. 죄송합니다. 대기실에서는 금연입니다.

    She's made up her mind; there's **no arguing** with her.
    그녀는 마음을 정했어. 그녀와 왈가왈부해 봐야 소용없어.

4 목적격: Do you mind me smoking?

비격식체에서는 -ing형 앞에 소유격(my, Jack's) 대신 목적격(me, Jack)을 쓰며, 특히 동사나 전치사 뒤에는 목적격을 쓴다.

    Do you mind **me smoking**? 담배 피워도 될까요?

    She was angry at **Lina lying** to her. 그녀는 리나가 거짓말을 한 것에 화가 났다.

see, hear, watch, feel 같은 지각동사 뒤에는 대체로 -ing형 앞에 소유격을 쓰지 않는다.

I **saw him getting** out of the car.

나는 그가 차에서 내리는 것을 보았다. (NOT I saw his getting ...)

5 It's nice being with you.

-ing형이 주어나 목적어 역할을 할 때 가주어 it 또는 가목적어 it 구문을 쓸 수 있다(▶ 268-269 참조).

It's nice **being** with you. 너랑 함께 있으니 좋다.

I thought **it** pointless **starting** before eight o'clock.

8시 전에 출발하는 것은 무의미하다고 생각했다.

흔히 any/no good, any/no use, (not) worth(▶ 634 참조)와 함께 쓰인다.

It's no good talking to him – he never listens.

그에게 말해 봤자 소용없어. 들으려고 하지 않으니까.

Is **it any use** expecting them to be on time? 그들이 설마 제시간에 오겠어?

It's no use his/him apologising – I will never forgive him.

그가 사과해도 소용없어. 절대 용서하지 않을 거니까.

I didn't think **it worth** complaining about the meal.

식사에 대해 불평해 봐야 뭐하겠나 싶었어.

6 명사와 -ing형

-ing형과 유사한 의미를 지닌 명사가 있을 경우, 통상 -ing형보다는 명사를 쓴다.

We're all excited about his **arrival**.

우리 모두는 그의 도착에 들떠 있다. (NOT ... about his arriving.)

95 to부정사를 쓰는 경우와 -ing형을 쓰는 경우

to부정사와 -ing형은 여러 가지 측면에서 용법이 비슷하다. 이를테면 특정 동사나 형용사, 명사 뒤에 쓴다(▶ Section 9 참조). 비교)

- He agreed **to wait**. 그는 기다리기로 동의했다.

    He suggested **waiting**. 그는 기다리자고 제안했다. (NOT He suggested to wait.)
- She's ready **to listen**. 그녀는 경청할 자세가 되어 있다.

    She's good at **listening**. 그녀는 남의 말을 잘 들어준다. (NOT She's good to listen.)
- the need **to talk** 논의할 필요

    the idea of **talking** 논의하는 것에 대한 생각 (NOT the idea to talk)

-ing형 구문은 문장의 주어 또는 be동사 뒤에서 보어가 될 수 있다. 이 경우 -ing형 대신 to부정사를 쓸 수 있지만, 비격식체에서는 대체로 -ing형을 쓴다. 비교)

Smoking cigarettes can kill you.

흡연은 당신을 죽음에 이르게 할 수도 있다. (To smoke cigarettes can kill you.보다 자연스러움)

My favourite activity is **reading thrillers**. 내가 가장 즐기는 취미는 스릴러물을 읽는 것이다.

(My favorite activity is to read thrillers.보다 자연스러움)

잘못된 학교 문법

학생 문법에서는 앞으로 있을 일을 언급할 때는 to부정사를 쓰고, 그렇지 않은 경우에는 -ing 형을 쓴다(예: I expect **to see** Megan(메간을 볼 것 같아); I enjoyed **meeting** her parents (그녀의 부모님을 만나 즐거운 시간을 보냈다))고 하기도 한다. 하지만 이는 신뢰할 수 있는 규칙이 아니며, 그럴 경우도 있지만 예외가 너무 많다. (비교) I anticipated **seeing** her brother (그녀의 오빠를 만날 것이 기대된다); I was sorry not **to meet** him(그를 만나지 못해 유감이다)).

96 분사: 형용사 역할을 하는 -ing형, -ed형

1 명칭

-ing형이 문장에서 형용사처럼 쓰일 때 '현재분사(present participle)'라고 한다. 또한 broken, sung, opened, started 같은 형태는 '과거분사(past participle)'라고 한다. 현재분사와 과거분사 두 형태 모두 과거, 현재, 미래 시제에 쓰일 수 있다.

　We were nearly hit by **falling** rocks.　우리는 떨어지는 바위에 맞을 뻔 했다.

　We haven't got a single **working** computer in the office.
　사무실에 작동이 되는 컴퓨터가 한 대도 없다.

　The house is going to be full of **screaming** children.
　그 집은 비명을 지르는 아이들로 가득 찰 것이다.

　I was taken to hospital with a **broken** arm.　나는 팔을 다쳐서 병원으로 이송되었다.

　The cakes are beautifully **cooked**.　케이크가 훌륭히 구워졌다.

　Daniel will be **surprised** to see you.　다니엘은 널 보면 놀랄 거야.

(이런 형태가 동사의 시제의 일부로 쓰일 때도 동일한 용어를 사용한다(▶Section 1 참조).)

2 능동과 수동

-ing형이 형용사처럼 쓰이면 능동의 의미를 나타낸다.

　falling leaves (= leaves that fall)　떨어지는 나뭇잎들

　a meat-**eating** animal (= an animal that eats meat)　육식 동물

과거분사가 형용사처럼 쓰이면 대체로 수동의 의미를 나타낸다.

　a **broken** heart (= a heart that has been broken)　상심

　The house looked **abandoned**. (= … as if it had been abandoned.)
　그 집은 폐가처럼 보였다.

3 분사와 형용사: interested, interesting 등

일부 형용사는 현재분사나 과거분사의 형태이다(형용사와 분사의 차이가 때로는 명백하지 않다). 이런 형용사에도 능동과 수동의 차이가 있다. 이를테면, interesting, boring, exciting, confusing은 '사람들을 흥미롭게 만들다', '사람들을 지루하게 만들다'처럼 능동의 의미를 나타낸다. interested, bored 등은 수동의 의미로, 사람들이 느끼는 기분이나 감정을 나타낸다. 비교)

　–　The lesson was really **interesting**.　그 수업은 정말 흥미로웠다.

　　I was very **interested** in the lesson.
　　나는 그 수업이 무척 흥미로웠다. (NOT ~~I was very interesting in the lesson.~~)

It was a terribly **boring** party. 따분하기 짝이 없는 파티였다.

I didn't enjoy the party because I was **bored**.
나는 지루해서 그 파티가 즐겁지 않았다. (NOT ... ~~because I was boring.~~)

– Granny takes the kids to **exciting** places.
할머니는 아이들을 흥미진진한 곳으로 데려가신다.

The kids get **excited** when Granny comes.
할머니가 오시면 아이들은 신이 난다. (NOT ~~The kids get exciting ...~~)

– He's a very **confusing** writer. 그는 혼란스러운 작가다.

She explained everything, but I was still very **confused**.
그녀는 모든 것을 설명해 주었지만, 나는 여전히 혼란스럽다. (NOT ... ~~very confusing.~~)

4 능동의 의미를 지닌 과거분사: a fallen leaf, advanced students

일부 과거분사는 명사 앞에서 능동의 의미를 지닌 형용사 역할을 한다.

a **fallen** leaf (= a leaf that has fallen) 낙엽	a **collapsed** building 무너진 건물
advanced students 상급 수준의 학생들	a **grown-up** daughter 장성한 딸
developed countries 선진국들	an **escaped** prisoner 탈주범
increased activity 증가한 활동	**faded** colours 바랜 색깔들
vanished civilisations 사라진 문명들	**swollen** ankles 부은 발목
a **retired** general 퇴역 장군	

능동의 의미를 지닌 일부 과거분사는 be동사 뒤에 쓰인다.

She **is retired** now. 그녀는 이제 은퇴했다.

This class **is** the most **advanced**. 이 반이 가장 수준이 높다.

My family **are** all **grown up**. 우리 가족은 모두 성인이다.

My wrist **is swollen**. 내 손목이 부었다.

Those curtains **are** badly **faded**. 저 커튼은 색이 심하게 바랬다.

be동사 뒤에서 능동의 의미를 나타내지만, 명사 앞에서는 이런 용법으로 쓰이지 않는다.

Why **are** all those cars **stopped** at the crossroads?
왜 모든 차들이 교차로에 멈춰 있는 거니? (BUT NOT ... ~~a stopped car~~)

I hope you**'re** fully **recovered** from your operation. 수술 후 쾌차하기를 바랍니다.

We**'re camped** in the field across the stream. 우리는 개울 건너편 들판에서 야영했다.

I**'ll be finished** in a few minutes. 나는 몇 분 있으면 끝날 것이다.

Those days **are gone** now. 이제 그런 시절은 지나갔다.

sat, stood는 비격식체 영국 영어에서 이와 유사하게 쓰인다.

When I saw her she was **sat** on the ground crying.
내가 그녀를 봤을 때 그녀는 바닥에 앉아 울고 있었다.

Why is that man **stood** in the doorway?
저 남자는 왜 출입구에 서 있니?

일부 과거분사는 부사와 함께 쓰여 능동의 의미를 나타낸다.

a **well-read** person 박식한 사람 (BUT NOT ~~a read person~~)

a **much-travelled** man 여행을 많이 한 사람

recently-arrived immigrants 최근에 입국한 이민자들

The train **just arrived** at platform six is the delayed 13.15 from Hereford.
6번 플랫폼에 방금 도착한 기차는 연착된 헤리퍼드발 13시 15분 기차입니다.

5 복합어: English-speaking Canadians

형용사 역할을 하는 분사는 목적어를 취할 수 있다. 이때 어순에 유의해야 한다.

English-speaking Canadians 영어를 사용하는 캐나다인들
(NOT ~~speaking-English Canadians~~)

a **fox-hunting** man 여우를 사냥하는 남자

Is that watch **self-winding**? 저 시계는 태엽이 자동으로 감기나요?

명사 앞에서 분사가 다른 단어와 결합하여 복합어처럼 쓰이기도 한다.

quick-growing trees 빠르게 자라는 나무들

government-inspired rumours 정부가 조장한 소문들

home-made cake 손수 만든 케이크

the **above-mentioned** point 앞서 언급한 요점

a **recently-built** house 최근에 완공된 주택

6 명사 뒤: the people questioned

명사를 규정하거나 한정하기 위해 명사 뒤에 분사를 쓰기도 하는데, 이는 앞에 나온 명사를 한정하는 관계사절의 용법(▶234 참조)과 비슷하다.

We couldn't agree on any of the **problems discussed**.
(= ... the problems that were discussed.)
우리는 논의된 문제들 중 어느 것에도 합의하지 못했다. (NOT ... ~~the discussed problems~~.)

The **people questioned** gave very different opinions.
(= The people who were questioned ...)
질문을 받은 사람들은 상반된 의견들을 제시했다. (NOT ~~The questioned people~~ ...)

I watched the match because I knew some of the **people playing**.
나는 선수들 중 몇 사람을 알았기 때문에 그 경기를 관람했다. (NOT ... ~~the playing people~~.)

I got the only **ticket left**. 나는 마지막 남은 표를 손에 넣었다. (NOT ... ~~the only left ticket~~.)

those가 분사 앞에 오면 '~하는/했던 사람들(the ones who are/were)'이라는 의미로 쓰인다.

Most of **those questioned** refused to answer.
질문 받은 사람들 대부분이 답변을 거부했다.

Those selected will begin training on Monday.
선별된 사람들은 월요일에 훈련을 시작할 것이다.

7 의미 차이

일부 분사는 문장에서의 위치에 따라 의미가 달라진다. 비교)

– a **concerned** expression (= a worried expression) 걱정스러운 표정
the people **concerned** (= the people who are/were affected) 관계자

– an **involved** explanation (= a complicated explanation) 복잡한 설명
the people **involved** (= the people concerned와 같은 의미) 관계자

an **adopted** child (= a child who is brought up by people who are not his/her biological parents) 입양아

the solution **adopted** (= the solution that is/was chosen) 채택된 해결책

8 much admired; very frightened

과거분사가 수동태 구문을 이룰 경우 해당 과거분사는 much 또는 very much의 수식을 받을 수 있다. very는 과거분사를 수식할 수 없다.

He's **(very) much admired** by his students.
그는 제자들로부터 크게 존경 받고 있다. (NOT ... ~~very admired~~ ...)

Britain's trade position has been **(very) much weakened** by inflation.
영국의 무역 위상은 인플레이션으로 매우 약화되었다. (NOT ... ~~very weakened~~ ...)

과거분사가 형용사처럼 쓰이면 대체로 very로 수식한다. 특히 심리 상태, 감정, 반응을 표현하는 과거분사 앞에는 관용적으로 very를 쓴다.

a **very frightened** animal 몹시 겁먹은 동물 (NOT ~~a much frightened animal~~)

a **very shocked** expression 크게 충격을 받은 표정

The children were **very bored**. 아이들은 몹시 지루해 했다.

She looked **very surprised**. 그녀는 무척 놀란 듯했다.

예외)

That's Alice, unless I'm **(very) much mistaken**.
내가 아주 잘못 본 게 아니라면 저 사람은 앨리스다. (NOT ... ~~unless I'm very mistaken.~~)

He's **well known** in the art world. 그는 미술계에서 유명하다. (NOT ... ~~very known~~ ...)

amused의 경우 very와 (very) much 둘 다 가능하다.

I was **very amused / much amused / very much amused** by Miranda's performance. 나는 미란다의 공연이 무척 즐거웠다.

9 frightened by / frightened of

수동태 동사 뒤에 by를 써서 행위나 작용의 주체(▶58 참조)를 밝힌다.

Most of the damage was caused **by your sister**.
대부분의 파손은 네 여동생이 저지른 것이다.

형용사처럼 쓰인 과거분사 뒤에는 다른 전치사를 쓴다. 비교)

- She was **frightened by** a mouse that ran into the room.
  그녀는 방 안으로 들어온 쥐 때문에 소스라치게 놀랐다.
  (frightened는 행위를 나타내는 수동태 동사의 일부)

  She's always been terribly **frightened of** dying.
  그녀는 늘 죽음을 몹시 두려워했다. (frightened는 심리 상태를 나타내는 형용사)

- The kids were so **excited by** the music that they kept screaming.
  아이들은 그 음악에 너무 신이 나서 계속 소리를 질러댔다.

  Joe's **excited about** the possibility of going to the States.
  조는 미국에 갈지도 모른다는 생각에 설렌다.

- I was **annoyed by** the way she spoke to me. 나는 그녀의 말투가 거슬렸다.

  I'm **annoyed with** you. 너 때문에 짜증나.

- The burglar was **surprised by** the family coming home unexpectedly.
  그 빈집털이범은 갑자기 집에 온 가족 때문에 깜짝 놀랐다.

  I'm **surprised at/by** your attitude. 나는 네 태도에 놀랐다.
- He was badly **shocked by** his fall. 그는 위신 실추로 몹시 충격을 받았다.

  We were **shocked at/by** the prices in London. 우리는 런던의 물가에 경악했다.

기타 예〉

His whereabouts are **known to** the police. 그의 행방은 경찰이 알고 있다.

The hills are **covered in** snow. 언덕들이 눈으로 덮여 있다.

The room was **filled with** thick smoke. 방 안은 짙은 연기로 가득했다.

10 특이한 과거분사: drunken laughter

몇몇 과거분사의 고어 형태는 특정 어구에서 명사를 수식하는 형용사 역할을 한다.

drunken laughter/singing, etc 취중의 웃음/노래 등

a **sunken** wreck/ship, etc 침몰한 난파선/배 등

a **shrunken** flower 시든 꽃

rotten fruit/vegetables, etc 썩은 과일/채소 등

Section 9 Infinitives, -ing forms and Past Participles after Nouns, Verbs, etc
명사, 동사 뒤에 오는 부정사, -ing형, 과거분사

개요

동사 + 동사

다양한 동사 뒤에 부정사 구문이나 -ing형을 쓸 수 있다.

I **want to stop** now. 이제 그만하고 싶다. (NOT ... ~~I want stopping now.~~)

We **enjoyed visiting** Edinburgh. 우리는 에든버러에 가서 즐거웠다.

(NOT ... ~~We enjoyed to visit Edinburgh.~~)

일부 동사 뒤에는 〈목적어 + 부정사〉 또는 〈목적어 + -ing형〉이 올 수 있다.

I **expected him to say** something. 나는 그가 무슨 말이라도 할 줄 알았다.

Jack didn't **hear me calling** him. 잭은 내가 부르는 소리를 듣지 못했다.

일부 동사 뒤에는 부정사 구문과 -ing형이 모두 올 수 있는데 의미가 달라지기도 한다.

I don't **remember seeing** her before. 나는 전에 그녀를 본 기억이 없다.

Remember to buy coffee. 잊지 말고 커피 사 와.

일부 동사(예: get, have, hear) 뒤에는 과거분사 구문이 와서 수동의 의미를 나타낼 수 있다.

We **had** our car **broken into.** 우리 차에 도둑이 들었다.

I've just **seen** a man **arrested.** 방금 어떤 남자가 체포되는 것을 봤다.

명사, 형용사, 전치사 뒤에 오는 구문

다양한 명사, 형용사 뒤에 부정사 구문이나 〈**전치사 + -ing**〉 구문이 올 수 있다.

the **need to invest** 투자할 필요

an **excuse for leaving** 떠나는 핑계

happy to see you 당신을 만나서 기쁜

worried about getting old 늙는 것에 대해 걱정하는

아쉽지만 정확히 어떤 동사, 명사, 형용사 뒤에 어떤 구문이 따라오는지 쉽게 알 수 있는 방법은 없다.

전치사 뒤에는 항상 -ing형이 온다는 점에 유의하라.

She left **without saying** goodbye. 그녀는 작별인사도 없이 떠났다.

(NOT ... ~~without to say goodbye.~~)

다음 문장은 왜 틀렸을까?

❌ I enjoy to sail. ▶97 참조

❌ We don't expect that you stay. ▶98 참조

❌ I suggested her to go home. ▶98 참조

❌ He's finished to repair the car. ▶100.1 참조

❌ Cricket is not very interesting to watch it. ▶101.4 참조

❌ Iron is easy to rust. ▶101.4 참조

❌ The thought to fail never entered his head. ▶103.1 참조

❌ Always check the oil before to start the car. ▶104.1 참조

❌ I look forward to hear from you. ▶104.2 참조

❌ I forgot buying the soap. ▶105.1 참조

❌ I wouldn't advise to take the car. ▶105.4 참조

❌ I slowly began understanding how she felt. ▶105.10 참조

❌ Responsible managers never stop to question their decisions. ▶105.12 참조

❌ Susan was nowhere to find. ▶106.2 참조

❌ I made her crying. ▶107.1 참조

❌ I can't make work the washing machine. ▶107.1 참조

❌ I can make myself understand in Japanese. ▶107.2 참조

❌ The rain made wet the grass. ▶107.3 참조

❌ You have made me be a happy man. ▶107.3 참조

❌ I must have repaired my watch. ▶109.2 참조

❌ I saw Emily's crossing the road. ▶110.2 참조

Section 9 목차

97 동사 뒤에 쓰인 **to부정사**: It's beginning to rain.

다수의 동사들이 to부정사를 수반한다.

It's **beginning to rain**. 비가 오기 시작한다.

I don't **want to see** you again. 다시는 널 보고 싶지 않다.

She **seems to be crying**. 그녀가 울고 있는 것 같다.

I **expect to have finished** by tomorrow evening. 내일 저녁까지는 마칠 것 같다.

The car **needs to be cleaned**. 세차를 해야겠다.

to부정사를 수반하는 대표적인 동사는 다음과 같다(각 동사별 자세한 용법은 색인 참조):

afford	begin	fail	intend	prefer	seem
agree	care	forget	learn	prepare	start
appear	choose	go on	like	pretend	swear
arrange	consent	happen	love	propose	trouble
ask	continue	hate	manage	promise	try
attempt	dare	help	mean	refuse	want
(can't) bear	decide	hesitate	neglect	regret	wish
beg	expect	hope	offer	remember	

위에 열거한 동사들 가운데 일부는 뒤에 〈**목적어 + to부정사**〉 형태가 오기도 한다. 이를테면 I **want her to be** happy.(나는 그녀가 행복하기를 바란다.)로 쓸 수 있다. 자세한 내용은 ▸98 참조. 그리고 몇몇 동사의 경우 〈**동사 + for + 목적어 + to부정사**〉 형태를 취한다. 이를테면 I **arranged for her to have** violin lessons.(나는 그녀가 바이올린 강습을 받을 수 있도록 약속을 잡아두었다.)로 쓸 수 있다. 자세한 내용은 ▸113.7 참조.

일부 동사 뒤에는 to부정사는 물론 -ing형도 올 수 있다(to부정사와 -ing의 의미가 다를 수도 있다). 자세한 내용은 ▸105 참조.

그리고 뒤에 to부정사를 쓸 수 없는 동사도 있으며, 이 경우 대체로 -ing형을 취한다(▸100 참조).

I **enjoy sailing**. 나는 요트 타기를 즐긴다. (NOT ~~I enjoy to sail.~~)

동사 뒤에 완료 부정사가 오는 경우는 ▸90 참조. 〈have + to부정사(예: I have to go now.)〉는 ▸74 참조. 〈be + to부정사(예: You are to start tomorrow.)〉는 ▸42 참조.

98 동사 + 목적어 + **to부정사**: I want you to listen.

상당수 동사들은 〈**목적어 + to부정사**〉 형태를 수반한다.

I want **you to listen**. 내 말 좀 들어봐.

일부 동사(예: want, allow) 뒤에는 that절을 쓸 수 없다.

She didn't **want me to go**. 그녀는 내가 가는 것을 원하지 않았다.

(NOT ~~She didn't want that I go.~~)

They don't **allow people to smoke**. 그들은 흡연을 허용하지 않는다.

(NOT ~~They don't allow that people smoke.~~)

I didn't **ask you to pay** for the meal. 나는 너한테 밥값을 내달라고 하지 않았다.
(NOT ~~I didn't ask that you pay for the meal.~~)

〈목적어 + to부정사〉 형태를 수반하는 대표적인 동사는 다음과 같다.

advise	forbid	love	request
allow	force	mean	teach
ask	get (▶108 참조)	need	tell
(can't) bear	hate	oblige	tempt
beg	help (▶ 483 참조)	order	trouble
cause	instruct	permit	want
command	intend	persuade	warn
compel	invite	prefer	wish (▶ 632 참조)
encourage	leave	recommend	
expect	like	remind	

let, make, see, hear, feel, watch, notice, have와 때때로 know, help는 〈목적어 + 원형부정사〉 (▶91 참조)를 수반한다.

Why won't you **let me explain**? 왜 변명할 기회를 주지 않는 거야?

I **heard her open** the door and go out. 나는 그녀가 문을 열고 나가는 소리를 들었다.

suggest를 비롯한 일부 동사는 〈목적어 + to부정사〉 형태를 수반할 수 없다.

I **suggested that** she should go home.
나는 그녀에게 집에 가라고 권유했다. (NOT ~~I suggested her to go home.~~)

위에 열거한 동사들 중 상당수는 뒤에 -ing형이나 that절을 취하기도 한다.

이런 동사의 수동태는 ▶ 64 참조.
〈for + 목적어 + to부정사(예: I arranged for her to go early.)〉를 수반하는 동사는 ▶ 113.7 참조.
〈목적어 + to be + 보어(예: I considered him to be an excellent choice.)〉를 수반하는 인지동사는 ▶ 10.3-10.4 참조.
take 구문(예: The ferry took two hours to unload.)은 ▶ 602 참조.

99 try and ..., go and ... 등

1 try / be sure / wait and ...

비격식체에서는 try/be sure 뒤에 to 대신 and를 쓴다.

Try and eat something – you'll feel better if you do.
뭘 좀 먹도록 해봐. 그러면 한결 나아질 거야.

I'll **try and** phone you tomorrow morning. 내일 아침에 전화할게.

Be sure and ask Uncle Joe about his garden. 조 삼촌에게 정원에 대해 꼭 물어봐.

'일이 돌아가는 상황을 두고 보다', '기다려 보다'라는 의미의 관용표현으로 Wait and see.를 쓴다.

What's for lunch? ~ **Wait and see.** 오늘 점심은 뭐야? ~ 기다려봐.

이 구문은 try/be sure/wait처럼 동사원형에만 적용된다. tries, trying, was sure, waited 같

은 동사형에는 이런 구문을 쓰지 않는다. 비교)

I try and keep a straight face when he talks, but I can't help smiling.
나는 그가 말할 때 웃지 않으려고 애쓰지만, 웃을 수 밖에 없다.

She **tries to keep** a straight face ...
그녀는 웃지 않으려고 애쓴다. (NOT ~~She tries and keeps~~ ...)

Try and eat something. 뭘 좀 먹도록 해봐.

I tried to eat something. 나는 뭐라도 먹어 보려고 했다. (NOT ~~I tried and ate something.~~)

We waited to see what would happen.
우리는 무슨 일이 벌어질지 두고 보았다. (NOT ~~We waited and saw~~ ...)

2 come/go and ...

비격식체에는 come and ..., go and ..., run and ..., hurry up and ..., stay and ... 등이 널리 쓰인다.

Come and have a drink. 와서 한잔해.

Stay and have dinner. 있다가 밥 먹고 가.

Hurry up and open the door. 어서 문 열어.

이런 동사들과 and를 함께 쓸 경우 동사가 원형이 아니어도 된다.

He often **comes and spends** the evening with us.
그는 종종 우리집에 와서 저녁 시간을 함께 보낸다.

She **stayed and played** with the children. 그녀는 머물면서 아이들과 함께 놀았다.

She thought of **going and getting** him. 그녀는 가서 그를 붙잡을까 생각했다.

3 미국 영어

미국 구어체 영어에서는 go, come 같은 동사원형 뒤에 and를 생략하기도 한다.

Let's **go see** if Anne's home. 앤이 집에 있나 가보자.

Go jump in the river. 가서 강에 뛰어들어.

Come sit on my lap. 이리 와서 내 무릎에 앉아.

100 동사 뒤에 온 -ing형: I enjoy travelling.

1 -ing형을 취하는 동사

일부 동사 뒤에는 to부정사를 쓰지 않고 -ing형을 쓴다.

I enjoy travelling. 나는 여행을 즐긴다. (NOT ~~I enjoy to travel.~~)

He's **finished repairing** the car. 그는 차 수리를 마쳤다. (NOT ~~He's finished to repair~~ ...)

She's **given up smoking.** 그녀는 담배를 끊었다. (NOT ... ~~given up to smoke.~~)

The doctor **suggested taking** a long rest.
의사는 오랫동안 휴식을 취하라고 권했다. (NOT ~~The doctor suggested to take~~ ...)

다음 동사들 뒤에는 대체로 -ing형을 쓴다.

admit	endure	(can't) help	put off
appreciate	enjoy	imagine	resent
avoid	escape	involve	resist
burst out (crying/laughing)	excuse	keep (on)	risk
consider	face	leave off	(can't) stand
contemplate	fancy	mention	suggest
delay	feel like	mind	understand
deny	finish	miss	
detest	forgive	postpone	
dislike	give up	practise	

일부 동사 뒤에는 -ing형과 to부정사를 모두 쓸 수 있다. 아래 ▶ 100.4 참조.

2 동사 + 목적어 + -ing형: I dislike people telling me ...

위에 열거된 동사들 중 일부를 비롯해 특정 동사의 경우 〈목적어 + -ing형〉을 수반한다.

I dislike people telling me what to think. 나는 사람들이 생각을 강요하는 게 싫다.

I can't imagine him working in an office. 그가 사무실에서 일하는 모습은 상상이 안 된다.

Nobody can **stop him doing** what he wants to.
누구도 그가 하고 싶은 대로 하는 것을 말릴 수 없다.

He **spends all his time gardening**. 그는 정원 가꾸느라 시간을 다 보낸다.

I **caught the next-door children stealing** my apples.
나는 이웃집 아이들이 사과를 훔쳐가는 것을 봤다.

We **found a dead mouse lying** on the kitchen floor.
우리는 죽은 쥐가 주방 바닥에 드러누워 있는 것을 발견했다.

stop(비격식체)과 prevent 뒤에는 대체로 〈목적어 + from + -ing형〉을 쓴다.

Try to stop/prevent them (from) finding out. 그들이 알아채지 못하게 해.

특히 격식체에서는 일부 동사 뒤에 〈목적어 + -ing형〉 대신 〈소유격 + -ing형〉을 쓴다. 자세한 내용은 ▶ 94.3 참조

3 수동의 의미를 지니는 -ing형: Your hair needs cutting.

deserve, need, require 뒤에 -ing형을 쓰면 수동의 의미를 나타낸다. 미국 영어보다는 영국 영어에서 널리 쓰인다.

I don't think his article **deserves reading**. (= ... deserves to be read.)
그의 논문은 읽을 가치가 없다고 생각한다.

Your hair **needs cutting**. (= ... needs to be cut.)
너 머리 좀 잘라야겠다.

격식을 갖추지 않은 영국 영어에서는 동사 want를 이런 용법으로 쓰기도 한다.

The car **wants servicing**. (= ... needs to be serviced.)
그 차는 수리를 받아야 한다.

4 -ing형, to부정사 모두 취하는 동사

다음 동사들 뒤에는 -ing형과 to부정사를 모두 쓸 수 있다.

advise	forbid	hear	prefer	start
allow	forget	intend	propose	stop
can't bear	go	like	regret	try
begin	go on	love	remember	watch
continue	hate	permit	see	

-ing형과 to부정사 중 어느 쪽을 쓰느냐에 따라 의미가 달라질 수도 있다(▶105, 110 참조).

101 형용사 뒤에 쓴 to부정사: pleased to see you

1 반응 및 감정: pleased to see you

반응 및 감정을 나타내는 형용사 뒤에는 흔히 to부정사를 쓴다.

I'm **pleased to see** you. 뵙게 되어서 기뻐요.

We're **happy to be** here. 여기 오게 되어서 기뻐요.

She's **anxious to go** home. 그녀는 집에 가고 싶어한다.

Jack was **surprised to get** Anna's message. 잭은 애나의 메시지를 받고 놀랐다.

I was **shocked to see** how ill he was. 나는 그가 얼마나 아픈지 보고 놀랐다.

Most people are **afraid to hear** the truth about themselves.
대부분의 사람들은 자신에 대한 진실을 듣는 것을 두려워한다.

이런 형용사 뒤에 항상 to부정사가 오는 것은 아니며, 〈**전치사 + -ing형**〉(▶103 참조) 또는 that절(▶192 참조)이 올 수도 있다. 일부 형용사(예: afraid, sure) 뒤에는 to부정사나 -ing형이 모두 올 수 있는데, 어느 쪽이 오느냐에 따라 의미가 달라지기도 한다. 자세한 내용은 ▶105.13-105.16 참조.

전치사 for를 쓰는 구문(예: She's anxious for the children to go home.)은 ▶113 참조.

2 기타 형용사: certain to win

반응 및 감정을 표현하는 형용사 이외에도 to부정사를 수반하는 형용사가 많다. right, wrong, stupid, certain(▶105.15 참조), welcome, careful, due, fit, able(▶85 참조), likely(▶516 참조), lucky 등이 여기에 속한다.

We were **right to start** early. 우리가 일찍 출발하길 잘했다.

Be **careful not to wake** the children. 아이들 깨우지 않게 조심해.

I was **stupid to believe** him. 나는 어리석게도 그를 믿었다.

It's very **likely to rain**. 정말이지 비가 올 것 같다.

She's **certain to win**. 그녀는 분명 이길 것이다.

You were **lucky not to be killed**. 죽지 않았다니 운이 좋았군.

You're **welcome to stay** as long as you like. 머물고 싶은 만큼 머물러도 좋다.

가주어 it 구문(예: It is important to get enough sleep.)은 ▶268 참조.

3 최상급: the oldest athlete to win ...

형용사의 최상급 뒤에 to부정사가 오기도 하는데, 관계대명사(▶234 참조)처럼 앞에 나오는 명사를 수식하는 역할을 한다.

He's the **oldest athlete** ever **to win** an Olympic gold medal.
(= ... who has ever won ...) 그는 올림픽 금메달을 획득한 최고령 선수다.

first, second, third 등의 서수와 next, last, only 뒤에도 흔히 to부정사를 쓴다.

Who was the **first person to climb** Everest without oxygen?
에베레스트 산을 무산소로 등정한 최초의 인물은 누구였나요?

The **next to arrive** was Mrs Patterson.
다음에 도착한 사람은 패터슨 부인이었다.

She's the **only scientist to have won** three Nobel prizes.
그녀는 노벨상을 세 차례 수상한 유일한 과학자다.

단, 최상급 형용사가 수식하는 명사가 to부정사이 이미상 주어일 경우에만 이 구문을 쓸 수 있다.

Is this the first time that you have stayed here? 여기 머무는 건 이번이 처음인가요?
(NOT ... ~~the first time for you to stay here?~~ – time은 stay의 주체가 아니다.)

4 easy to please

절의 주어가 to부정사의 목적어인 특수 구문에서 to부정사와 함께 쓰이는 형용사도 있다. 대표적인 예로 easy, hard, difficult, impossible, good, ready 등의 형용사와 enough나 too 뒤에 오는 형용사가 있다.

He's **easy to please**. (= To please him is easy. OR It is easy to please him.)
그는 비위를 맞추기 쉽다.

Japanese is **difficult** for Europeans **to learn**.
(= It is difficult for Europeans to learn Japanese.) 일본어는 유럽인들이 배우기 어렵다.

His theory is **impossible to understand**.
(= It is impossible to understand his theory.) 그의 이론을 이해하기란 불가능하다.

Are these berries **good to eat**? 이 산딸기 맛있나요?

The apples were **ripe enough to pick**.
사과가 따도 좋을 만큼 익었다.

The report is **ready for you to check**.
당신이 확인할 수 있도록 보고서가 준비되어 있다.

The box was **too heavy to lift**. 그 상자는 너무 무거워서 들어올릴 수 없었다.

이 구문을 쓰는 문장은 대개 전치사로 끝난다(▶209.5 참조).

She's nice to talk **to**. 그녀는 대화하기 좋은 상대다.

He's very easy to get on **with**. 그는 어울리기 쉬운 사람이다.

It's not a bad place to live **in**. 그곳은 살기에 나쁜 곳은 아니다.

이 구문의 경우 to부정사나 전치사 뒤에 목적격 대명사를 쓰지 않는다.

Cricket is not very interesting to **watch**. 크리켓은 관전하기에 썩 재미있지 않다.
(NOT ~~Cricket is not very interesting to watch it.~~)

She's nice to talk **to**. 그녀는 대화하기 좋은 상대다. (NOT ~~She's nice to talk to her.~~)

형용사가 명사를 앞에서 수식할 경우 대체로 to부정사는 명사 뒤에 온다

It's a **good** wine **to keep**. 그것은 보관할 만한 좋은 포도주다.

(NOT It's a good to keep wine.)

절의 주어가 뒤따르는 동사의 의미상 주어일 경우에는 easy, difficult, impossible 등의 형용사 뒤에 to부정사를 쓸 수 없다.

She has difficulty learning maths.

그녀는 수학을 배우는 데 어려움을 겪고 있다. (NOT She is difficult to learn maths.)

Iron rusts easily. 쇠는 쉽게 녹슨다. (NOT Iron is easy to rust.)

This material can't possibly catch fire.

이 재료는 불이 붙지 않는다. (NOT This material is impossible to catch fire.)

〈enough/too + 형용사 + to부정사〉 구문의 자세한 내용은 ▸450, 610 참조.

〈so + 형용사 + to부정사〉 구문(예: Would you be so kind as to help me?)은 ▸584.8 참조.

102 명사 뒤에 온 to부정사: my decision to leave

1 to부정사를 취하는 동사의 명사형 뒤: no wish to change

to부정사를 목적어로 취하는 동사(예: wish, decide, need)의 명사형 뒤에는 to부정사를 쓸 수 있다.

I have no **wish to change**. (= I do not wish to change.) 나는 바꾸고 싶지 않다.

I told her about my **decision to leave**. (= I told her that I had decided to leave.)
나는 그녀에게 떠나겠다는 내 결심을 알렸다.

Is there any **need to ask** Jasmine? (= Do we need to ask Jasmine?)
재스민에게 부탁할 필요가 있을까?

그러나 뒤에 to부정사를 쓸 수 없는 명사도 있다.

I hate the **thought of getting** old.

나는 나이 들어간다는 생각이 싫다. (NOT ... the thought to get old.)

또한 to부정사를 수반하는 동사의 명사형이라고 해도, 뒤에 to부정사가 오지 않는 경우도 있다.

비교)

- I hope **to arrive**. 나는 도착하기를 바란다.

There's no hope **of arriving**. 도착할 희망이 없다.

- She prefers **to live** alone. 그녀는 혼자 사는 것을 선호한다.

I understand her preference **for living** alone.
나는 그녀가 혼자 사는 것을 선호하는 심정을 이해한다.

- I do not intend **to return**. 나는 돌아갈 생각이 없다.

I have no intention **of returning**. 나는 돌아갈 생각이 없다.

2 형용사 관련 명사 뒤: You were a fool to agree.

형용사와 밀접한 관련이 있거나 의미상 형용사의 역할을 하는 명사 뒤에 to부정사를 쓰기도 한다.

You were a **fool to agree**. (= You were foolish to agree.)
동의하다니 네가 어리석었다.

What a **nuisance to have** to go! (= How annoying to have to go!)
가야 하다니 정말 귀찮군!

It's a **pleasure to see** you again. (= It's pleasant to see you again.)
다시 만나게 되어 기쁩니다.

3 용도: a key to open the door

일반 명사나 something 등의 부정대명사 뒤에 to부정사를 써서 용도나 목적을 나타낸다. 이 경우 해당 명사나 대명사는 to부정사의 의미상 주어일 수 있다.

Have you got a **key to open** this door?
이 문을 열 열쇠 갖고 있니? ('key'가 문을 열 것이다)

It was a **war to end** all wars. 모든 전쟁을 종식시킬 전쟁이었다.

I'd like **something to stop** my toothache. 치통을 멈춰줄 약을 주세요.

해당 명사나 대명사가 to부정사의 의미상 목적어일 수도 있다.

I need some more **books to read**. 나는 읽을 책이 몇 권 더 필요하다. ('I'가 책을 읽을 것이다)

Is there any **milk to put** on the cornflakes? 콘플레이크에 부을 우유 있어?

Did you tell her which **bus to take**? 그녀에게 어떤 버스를 타야 하는지 말해줬니?

Is there **anything to drink**? 마실 것 좀 있어?

해당 명사나 대명사가 to부정사의 의미상 목적어일 경우 to부정사 뒤에 목적격 대명사는 쓰지 않는다.

I gave her a paper **to read**. 나는 그녀에게 읽을 신문을 줬다. (NOT ... ~~a paper to read it.~~)

He needs a place **to live in**. 그는 살 곳이 필요하다. (NOT ... ~~a place to live in it.~~)

somewhere, anywhere, nowhere 뒤에도 to부정사를 쓸 수 있다.

The kids want **somewhere to practise** their music.
그 아이들은 음악 연습할 장소가 필요하다.

4 enough, too much 등

enough, too much/many/little/few, plenty 등 수량을 나타내는 한정사 뒤에 흔히 〈**명사 + to부정사**〉를 쓴다.

There was **enough** light **to see** what I was doing.
내가 무얼 하는지 볼 수 있을 정도의 빛이 있었다.

There's **too much** snow (for us) **to be able** to drive.
폭설이 내려 운전을 할 수 없다.

We've got **plenty** of time **to see** the British Museum.
우리에게는 대영 박물관을 둘러볼 시간이 충분하다.

종종 room과 time 앞에서 enough를 생략한다.

There's hardly **(enough) room to breathe** in here. 숨 쉴 틈도 없이 비좁다.

Do you think we'll have **(enough) time to do** some shopping?
우리가 쇼핑할 시간이 있을 것 같아?

5 전치사와 함께 쓰이는 to부정사: a friend to play with

명사 뒤에 〈**to부정사 + 전치사**〉가 오기도 한다.

> Emily needs a **friend to play with.** 에밀리는 함께 놀 친구가 필요하다.
> They're looking for a **room to meet in.** 그들은 회의를 할 방을 찾고 있다.

매우 격식을 차린 표현에서는 〈**명사 + 전치사 + whom/which + to부정사**〉 구문을 쓴다.

> Emily needs a friend **with whom to play.**
> 에밀리는 함께 놀 친구가 필요하다.
> They're looking for a room **in which to meet.**
> 그들은 회의를 할 방을 찾고 있다.

전치사가 없을 때는 이 구문을 쓸 수 없다. 이를테면, '~~I need a book which to read.~~'라고 할 수 없다.

6 the life to come 등

the life **to come**(= life after death), the world **to come**(저승, 내세), his wife **to be**(=his future wife) 등에서 쓰인 to부정사는 미래를 나타내며, 〈**be + to부정사**〉 구문을 쓴 관계사절(= the life/world that is to come 등)과 유사하다.

행위자의 목적을 나타내는 to부정사는 ▶ 112 참조.
to부정사의 수동형(예: There's work to be done.)은 ▶ 106 참조.
〈for + 목적어 + to부정사〉 (예: Is there any need for us to stay?) 구문은 ▶ 113.5 참조.
〈first, next, last 또는 최상급 + 명사〉 뒤에 쓰이는 to부정사(예: the first woman to climb Everest)는 ▶ 101.3 참조.
전치사로 끝나는 문장에 대한 자세한 내용은 ▶ 209 참조.

103 명사 및 형용사 뒤에 온 -ing형: tired of listening

1 the idea of getting old; tired of listening

일부 명사와 형용사 뒤에는 -ing형을 쓸 수 있다. 이 경우 대체로 전치사로 명사 또는 형용사와 -ing형을 연결한다. 이처럼 -ing형이 오는 명사나 형용사 뒤에는 대체로 to부정사를 쓸 수 없다 (일부 예외는 ▶ 105.11, 105.13-105.16 참조).

> I hate the **idea of getting** old.
> 나는 나이 들어간다는 생각이 싫다. (NOT ... ~~the idea of get old.~~)
> The **thought of failing** never entered his head.
> 그의 머릿속에는 한 번도 실패할 거라는 생각이 떠오른 적이 없었다. (NOT ~~The thought to fail~~ ...)
> I'm **tired of listening** to this. 이것을 듣는 게 신물이 난다. (NOT ~~I'm tired to listen~~ ...)
> She's very **good at solving** problems.
> 그녀는 문제 해결 능력이 탁월하다. (NOT ... ~~good to solve~~ ...)

2 용도: a machine for cutting

명사 또는 something, anything 등 부정대명사 뒤에 〈**for + -ing형**〉을 써서 용도를 나타낸다.

A strimmer is a **machine for cutting** grass and weeds.
스트리머는 잔디와 잡초를 깎는 기계다.

Have you got any **stuff for cleaning** silver? 은 세척제가 있나요?

I need **something for killing** flies. 파리 잡는 데 쓸 무언가가 필요하다.

이 구문은 대체로 물건이나 도구의 종류를 설명할 때 쓰인다. 어떤 물건이나 도구를 쓰는 목적에 초점을 둘 때는 통상 -ing형보다 to부정사를 쓴다(▶ 468.2 참조).

I must find something **to kill** that fly. 저 파리를 잡을 뭔가를 찾아야겠다.

3 -ing형과 to부정사 모두 취하는 경우

일부 명사와 형용사 뒤에는 -ing형과 to부정사를 모두 쓸 수 있으며, 대체로 의미는 동일하다(예외는 ▶ 105.13-105.16 참조).

We have a good **chance of making/to make** a profit.
우리에게 수익을 낼 좋은 기회가 생겼다.

I'm **proud of having won/to have won**. 나는 이겨서 뿌듯하다.

be used to -ing는 ▶ 615 참조.

104 전치사 뒤에 온 -ing형: without breaking eggs

1 전치사 뒤에

전치사 뒤에는 대체로 to부정사 대신 -ing형(동명사)을 쓴다.

You can't make an omelette **without breaking** eggs.
달걀을 깨지 않고 오믈렛을 만들 수는 없다. (NOT ... ~~without to break eggs.~~)

Always check the oil **before starting** the car.
시동을 걸기 전에 항상 오일을 점검해라. (NOT ... ~~before to start the car.~~)

We got the job finished **by working** sixteen hours a day.
우리는 하루 16시간씩 일해 그 일을 끝냈다.

He's talking **about moving** to the country. 그는 시골로 이사 가는 얘기를 하고 있다.

I like to cycle to work **instead of driving**.
차를 가지고 가는 대신 자전거를 타고 회사에 출근하는 것을 좋아한다. (NOT ... ~~instead to drive~~ ...)

2 전치사 to: I look forward to -ing

to는 크게 두 가지로 쓰인다. 하나는 부정사 표지어(infinitive marker)로 뒤에 나오는 단어가 부정사라는 것을 나타내기 위해 동사 앞에 붙이는 경우다(예: **to** swim, **to** laugh). 또 하나는 전치사 to로 명사 앞에 쓰인다(예: She's gone **to** the park, I look forward **to** Christmas).

to가 전치사로 쓰일 때는 뒤에 to부정사 대신 -ing형이 온다. 대표적인 예로 look forward to (…을 고대하다), object to(…에 반대하다), be used to(…에 익숙하다), prefer doing A to doing B (B하기보다 A하기를 선호하다), get round to(…할 시간을 내다), in addition to(…에 더하여) 등이 있다.

전치사 to 뒤에 명사나 ing형이 쓰이는 예는 다음과 같다.

- I look forward **to your next email**. 당신의 다음 이메일을 기다리겠습니다.
  I look forward **to hearing** from you. 소식 기다리겠습니다. (NOT ... ~~to hear from you.~~)
- Do you object **to Sunday work**? 일요일 근무에 반대하나요?
  Do you object **to working** on Sundays? 일요일에 근무하는 것에 반대하나요?
- I'm not used **to London traffic**. 나는 런던의 교통 상황에 익숙하지 않다.
  I'm not used **to driving** in London. 나는 런던에서 운전하는 것에 익숙하지 않다.
- I prefer the seaside **to the mountains**. 나는 산보다 해변이 더 좋다.
  I prefer swimming **to walking**. 나는 걷는 것보다 수영이 더 좋다.
- I'll get round **to the bills** sooner or later. 곧 짬을 내서 지불할게.
  I'll get round **to paying** the bills sooner or later. 곧 짬을 내서 지불할게.

일부 동사나 형용사 뒤에 〈**전치사 to + 명사**〉 형태를 쓸 수 있지만, 동사일 경우에는 to부정사구를 쓴다. 대표적인 예로 agree, consent, entitled, inclined, prone 등이 있다.

She agreed **to our plan**. / She agreed **to do** what we wanted.
그녀는 우리의 계획에 찬성했다. / 그녀는 우리가 원하는 대로 하겠다고 동의했다.

He's inclined **to anger**. / He's inclined **to lose** his temper.
그는 걸핏하면 화를 낸다. / 그는 걸핏하면 성질을 부린다.

accustomed 뒤에는 〈**to + -ing형**〉 또는 to부정사를 모두 쓸 수 있다(▶ 105.11 참조).

3 for + 목적어 + to부정사: for her to arrive

일부 동사 뒤에는 〈**for + 목적어 + to부정사**〉 구문을 쓰며, -ing형은 쓸 수 없다.

We're still waiting **for her to arrive**.
우리는 아직도 그녀가 도착하기를 기다리고 있다. (NOT ... ~~waiting for her arriving.~~)

Can you arrange **for us to get** tickets?
저희가 표를 구하도록 조치해주시겠어요? (NOT ... ~~for our getting tickets?~~)

〈used to + 동사원형〉과 〈be used to + -ing형〉의 차이는 ▶ 87 참조.
접속사 뒤에 -ing형을 쓰는 구문(예: When planning a trip ...)은 ▶ 115.6 참조.　　〈on + -ing형〉은 ▶ 115.6 참조.

105 부정사와 -ing형 모두 취할 수 있는 동사: 의미가 달라질 수도 있는 동사

일부 동사와 형용사 뒤에는 -ing형과 to부정사가 모두 올 수 있다(▶ 100.4 참조).

I **started playing** / **to play** the violin when I was 10.
나는 10살 때 바이올린 연주를 시작했다.

She was **proud of having** / **to have** won.
그녀는 이겨서 뿌듯했다.

이러한 동사 및 형용사의 경우, -ing형, to부정사 중 어느 쪽을 쓰느냐에 따라 의미가 달라질 수도 있다.

1 remember, forget

과거의 일이나 행위를 돌이켜 볼 때 〈**remember/forget + -ing형**〉을 쓴다. 〈**forget + -ing**〉는 주로 I'll never forget -ing의 형태로 쓰여 과거의 일을 결코 잊지 못한다는 의미를 나타낸다.

I still **remember buying** my first bicycle.
나는 지금도 처음 자전거 샀던 때를 기억하고 있다.

I'll never **forget meeting** the Queen.
나는 여왕을 만난 것을 결코 잊지 못할 것이다.

앞으로 할 일 또는 과거에 했어야 할 일을 기억하거나 잊었다는 의미로는 〈**remember/forget + to부정사**〉를 쓴다.

You must **remember to fetch** Mr Lewis from the station tomorrow.
내일 역에서 루이스 씨 모셔오는 것을 잊으면 안 됩니다.

I **forgot to buy** the soap. 나는 비누 사는 걸 깜빡했다.

2 go on

〈**go on + -ing형**〉은 지속적인 행위를 나타낸다.

She **went on talking** about her illness until we all went to sleep.
그녀는 우리 모두가 잠들 때까지 계속 자신의 병에 대해 얘기했다.

〈**go on + to부정사**〉는 행위의 변화를 나타낸다.

She stopped talking about that and **went on to describe** her other problems.
그녀는 그 얘기를 멈추고 자신의 다른 문제로 화제를 돌렸다.

3 regret

〈**regret + -ing형**〉은 과거의 행위를 후회할 때 쓰인다.

I **regret leaving** school at 16 – it was a big mistake.
16살 때 학교를 그만둔 게 후회된다. 그건 엄청난 실수였다.

〈**regret + to부정사**〉는 주로 나쁜 소식을 전하면서 유감의 뜻을 밝힐 때 쓰인다.

We **regret to inform** passengers that the 14.50 train is one hour late.
승객 여러분, 죄송합니다. 오후 2시 50분 열차가 한 시간 연착됩니다.

We **regret to say** that we are unable to help you.
유감이지만 도와드릴 수 없습니다.

4 advise, allow, permit, forbid

위의 동사들은 뒤에 목적어 없이 바로 동사가 이어질 때는 -ing형을 쓰고, 목적어가 있을 때는 to부정사를 쓴다. 비교)

– I wouldn't **advise taking** the car – there's nowhere to park.
차를 가져가지 마세요. 주차할 데가 없거든요.

I wouldn't **advise you to take** the car … 차를 가져가지 마세요 …

– We don't **allow/permit smoking** in the lecture room.
강의실 내 흡연은 허용되지 않습니다.

We don't **allow/permit people to smoke** in the lecture room.
강의실 내 흡연은 허용되지 않습니다.

The headmistress has **forbidden singing** in the corridors.
그 여교장은 복도에서 노래하는 것을 금지해왔다.

The headmistress has **forbidden children to sing** ....
그 여교장은 아이들이 노래하는 것을 금지해왔다 …

수동태 구문으로도 쓸 수 있다.

- **Smoking** is not allowed/permitted in the lecture room.
  강의실 내 흡연은 허용되지 않습니다.

  People are not allowed/permitted **to smoke** in the lecture room.
  강의실 내 흡연은 허용되지 않습니다.

- **Singing** is forbidden. 노래는 금지되어 있습니다.

  Children are forbidden **to sing**. 아이들은 노래하는 것이 금지되어 있습니다.

- Early **reservation** is advised. 조기 예약을 권유합니다.

  Passengers are advised **to reserve** early. 승객들은 조기 예약하시기 바랍니다.

5 see, watch, hear

이러한 지각동사 뒤에 오는 〈목적어 + -ing형〉과 〈목적어 + 원형부정사〉의 차이는 진행 시제와 단순 시제의 차이와 유사하다. 이미 진행되고 있는 사건, 행위를 보거나 들을 때는 -ing형, 처음부터 끝까지 전체를 보거나 들을 때는 원형부정사를 쓴다.

주의 to가 없는 원형부정사를 쓴다. 비교)

- I looked out of the window and **saw Emily crossing** the road.
  나는 창밖을 내다보다가 에밀리가 길을 건너는 것을 봤다.

  I **saw Emily cross** the road and **disappear** into the bank.
  나는 에밀리가 길을 건너 우체국 안으로 사라지는 것을 봤다.

- As I passed his house I **heard him practising** the piano.
  그의 집을 지나가다 그가 피아노 연습하는 소리를 들었다.

  I once **heard Brendel play** all the Beethoven concertos.
  나는 언젠가 브렌델이 베토벤 협주곡 전곡을 연주하는 것을 들었다.

자세한 내용은 ▶110 참조.

6 try

'결과가 어떨지 시험 삼아 해보다'라는 의미로는 〈try + -ing형〉을 쓴다.

I **tried sending** her flowers, **writing** her letters, **giving** her presents, but she still wouldn't speak to me.
꽃도 보내고 편지도 쓰고 선물도 건넸지만 그녀는 아직도 나에게 말조차 걸지 않는다.

힘든 일을 애써서 한다는 의미로는 〈try + to부정사〉와 〈try + -ing형〉을 모두 쓸 수 있다.

I **tried to change** the wheel, but my hands were too cold.
바퀴를 갈아보려고 했지만 추위에 손이 곱았다. (OR I **tried changing** the wheel …)

7 mean

어떤 일이 주요 요소로 포함되어야 한다거나 필연적으로 따라야 한다(▶526 참조)는 의미로 뒤에 -ing형을 쓴다.

If you want to pass the exam, it will **mean studying** hard.
시험에 합격하고 싶다면 열심히 공부해야 한다.

'~할 의도이다', '~할 작정이다'의 의미로는 뒤에 to부정사를 쓴다.

I don't think she **means to get** married for the moment.
그녀는 지금은 결혼할 생각이 없는 것 같다.

8 learn, teach

학습 관련 동사의 경우, 학습 내용이나 학과를 언급할 때는 주로 -ing형을 쓴다.

She goes to college twice a week to **learn coding**.
그녀는 코딩을 배우러 일주일에 두 번 학원에 간다.

Mr Garland **teaches skiing** in the winter.
갈런드 씨는 겨울이면 스키를 가르친다.

그러나 학습의 결과로 기술이나 지식을 터득했다는 의미로는 주로 to부정사를 쓴다.

She **learned to read** German at school, but she **learned to speak** it in
Germany. 그녀는 독일어 독해는 학교에서 배웠지만 회화는 독일에서 배웠다.

I **taught** myself **to code**. 나는 독학으로 코딩을 배웠다.

9 like, love, hate, prefer

위 동사들 뒤에는 to부정사와 -ing형을 모두 쓸 수 있으며, 의미 차이는 크지 않다.

I **hate working / to work** at weekends. 주말에 일하는 건 싫다.

I don't get up on Sundays. I **prefer staying / to stay** in bed.
나는 일요일에는 잠자리에서 일어나지 않는다. 계속 침대에 누워 있다.

⟨like + to부정사⟩는 선택 또는 습관을 나타낸다. 비교)

I **like climbing / to climb** mountains (like = enjoy: 둘 다 사용 가능)
나는 등산을 좋아한다. (취미)

When I pour tea I **like to put** the milk in first.
(like = choose: to부정사가 더 자연스러움) 나는 차를 따를 때 우유를 먼저 넣는다. (선택 또는 습관)

⟨hate + to부정사⟩는 좋지 않을 소식을 전할 때 쓴다.

I **hate to tell** you this, but we're going to miss the train.
이런 말 하고 싶지 않지만, 우리는 기차를 놓칠 거야.

would like, would prefer, would hate, would love 뒤에는 주로 to부정사를 쓴다.

I'**d like to tell** you something.
말씀드릴 게 있는데요. (NOT I'd like telling you something.)

Can I give you a lift? ~ No thanks, I'**d prefer to walk**.
태워 줄까? ~ 아니, 됐어. 걸어갈래. (NOT ... I'd prefer walking.)

비교)

Do you **like dancing**? (= Do you enjoy dancing?) 춤추는 걸 좋아하시나요?

Would you **like to dance**? (= Do you want to dance now?) 춤추실래요?

like의 자세한 용법은 ▶514 참조.   prefer 구문의 자세한 용법은 ▶560 참조.

10   begin, start

begin과 start 뒤에는 to부정사와 -ing형을 모두 쓸 수 있으며 중요한 의미 차이는 없다.

> She **began playing** / **to play** the guitar when she was six.
> 그녀는 여섯 살 때부터 기타를 치기 시작했다.
>
> He **started talking** / **to talk** about golf, and everybody went out of the room.
> 그가 골프 얘기를 꺼내자 모두 방을 나가 버렸다.

begin과 start의 진행형 뒤에는 통상 to부정사를 쓴다.

> **I'm beginning to learn** Taekwondo.
> 나는 막 태권도를 배우기 시작했다. (NOT ~~I'm beginning learning Taekwondo.~~)

begin과 start 뒤에 understand, realise, know가 올 때도 통상 to부정사를 쓴다.

> I slowly **began to understand** how she felt.
> 나는 그녀가 어떤 심정일지 서서히 이해하게 되었다. (NOT ... ~~began understanding~~ ...)
>
> He **started to realise** that if you wanted to eat you had to work.
> 그는 먹고 살려면 일을 해야 한다는 것을 깨닫기 시작했다. (NOT ... ~~started realising~~ ...)

11   attempt, intend, continue, can't bear, be accustomed to, be committed to

이 어구들 뒤에는 -ing형과 원형부정사를 모두 쓸 수 있는데, 의미 차이는 거의 없다.

> I **intend telling** / **to tell** her what I think.   내 생각을 그녀에게 말할 작정이다.
>
> I'm not **accustomed to giving** / **give** personal information about myself to strangers.   나는 모르는 사람에게 개인 정보를 잘 주지 않는다.

〈to + -ing〉 구문의 자세한 내용은 ▶ 104.2 참조.

12   목적을 나타내는 -ing형과 to부정사: stop

-ing형을 취하는 일부 동사 중에는 to부정사를 써서 행위의 목적을 나타내기도 한다(▶ 112 참조). 대표적인 예로 stop을 들 수 있다. 비교)

> I **stopped running.** 나는 달리기를 멈췄다. (NOT ... ~~I stopped to run.~~)
> I **stopped to rest.** 나는 쉬려고 멈췄다. (= ... in order to rest.)

13   afraid

예기치 않은 사고나 우연한 사건에 대한 두려움을 표현할 때 〈afraid of + -ing〉를 쓴다.

> I don't like to drive fast because I'm **afraid of crashing.**
> 나는 사고가 두려워서 과속 운전을 꺼린다.
>
> Why are you so quiet? ~ I'm **afraid of waking** the children.
> 왜 그렇게 조용해? ~ 아이들 깨울까 봐 그래.

그 밖에는 〈afraid of + -ing〉와 〈afraid + to부정사〉를 모두 쓸 수 있으며, 의미상 차이는 없다.

> I'm not **afraid of telling** / **to tell** her the truth. 그녀에게 사실을 말하는 것이 두렵지 않다.

14   sorry

지나간 과거의 일을 후회할 때 〈sorry for/about + -ing〉 구문을 쓴다. (비격식체에서는 흔히 that절을 쓴다.)

I'm **sorry for / about losing** my temper this morning.
오늘 아침에 화내서 미안해. (OR I'm **sorry that I lost** my temper.)

동일한 의미로 〈**sorry + 완료 부정사**〉를 쓰기도 하는데 격식을 차린 표현이다.

I'm **sorry to have woken** you up.
잠을 깨워서 미안해. (OR I'm **sorry that I woke** you up.)

현재의 상황, 즉 현재 하고 있거나 곧 하게 될 일, 또는 방금 한 일에 대해 사과할 때는 〈**sorry + to부정사**〉를 쓴다.

Sorry to disturb you – could I speak to you for a moment?
방해해서 죄송합니다만, 잠시 얘기 좀 할 수 있을까요?

I'm **sorry to tell** you that you failed the exam.　불합격 소식을 전하게 되어 유감입니다.

Sorry to keep you waiting – we can start now.　기다리게 해서 미안해. 이제 출발하자.

15　certain, sure

〈**certain / sure of + -ing**〉는 언급하고 있는 대상의 생각을 나타낸다.

Before the game she felt **certain of winning**, but after a few minutes she realised it wasn't going to be so easy.
그녀는 경기 전에는 승리를 확신했지만, 잠시 후 녹록지 않다는 것을 깨달았다.

You seem very **sure of passing** the exam. I hope you're right.
시험에 합격할 거라고 확신하는구나. 네 생각대로 되면 좋겠다.

그러나 〈**certain / sure + to부정사**〉는 화자 또는 필자 자신의 생각을 나타낸다.

The repairs are **certain to cost** more than you think.
수리비가 생각보다 많이 나올 게 분명하다. (NOT ~~The repairs are certain of costing~~ ...)

Kroftova's **sure to win** – the other girl hasn't got a chance.
크로프토바가 분명 우승할 거야. 상대 여자애는 가망이 없어. (= 나는 그녀가 성공하리라고 확신한다.)

16　interested

경험하거나 알게 된 것에 대한 반응을 나타낼 때 '~하니 흥미롭다'라는 의미로, 〈**interested + to부정사**〉를 쓴다.

I was **interested to read** in the paper that scientists have found out how to talk to whales.
나는 신문에서 과학자들이 고래에게 말을 거는 법을 알아냈다는 기사를 흥미롭게 읽었다.

I'm **interested to see** that Alice and Jake are going out together.
앨리스와 제이크가 사귀는 걸 보니 흥미롭다.

I shall be **interested to see** how long it lasts.
그것이 얼마나 오래 지속될지 지켜보면 흥미로울 것이다.

어떤 사실을 파악하거나 알고 싶다는 의미로는 〈**interested in -ing**〉와 〈**interested + to부정사**〉를 모두 쓸 수 있다.

I'm **interested in finding out / to find out** what she did with all that money.
나는 그녀가 그 많은 돈을 어떻게 했는지 알고 싶다.

Aren't you **interested in knowing / to know** whether I'm pregnant?
내가 임신했는지 어떤지 알고 싶지 않아요?

소망을 표현할 때는 interested 뒤에 -ing형을 쓴다.

I'm **interested in working** in Switzerland. Do you know anybody who could help me? 스위스에서 일하고 싶어. 날 도와줄 사람 어찌 없을까?
(NOT ~~I'm interested in work in Switzerland~~ ...)

106 유사한 의미로 쓰이는 능동형 및 수동형 부정사

1 의무

반드시 해야 하는 의무를 표현할 때 〈**명사 + to부정사**〉를 쓰는데, 이때 to부정사는 능동형과 수동형의 두 가지 형태가 모두 가능한 경우가 많다.

There's a lot of **work to do / to be done**. 해야 할 일이 많다.

Give me the names of the **people to contact / to be contacted**.
연락해야 할 사람들 이름을 줘.

The **people to interview / to be interviewed** are in the next room.
인터뷰할 사람들이 옆방에 있다.

행위자에 중점을 둘 때는 통상 능동형 부정사를 쓴다.

I've got work **to do**. 할 일이 있다. (NOT ~~I've got work to be done.~~)

They've sent **Megan** a form **to complete**.
그들은 메간에게 작성할 양식을 보냈다.

행위 자체, 또는 행위의 대상이 되는 사람이나 사물에 중점을 둘 때는 통상 수동형 부정사를 쓴다.

The **carpets to be cleaned** are in the garage.
세탁해야 할 카펫들이 차고에 있다. (NOT ~~The carpets to clean~~ ...)

His desk is covered with **forms to be filled in**.
그의 책상은 작성되어야 할 양식들로 뒤덮여 있다.

be동사 뒤에는 대체로 수동형 부정사를 쓴다.

These sheets **are to be washed**.
이 시트들은 세탁되어야 한다. (NOT ~~These sheets are to wash.~~)

This form **is to be filled in** in ink.
이 양식은 잉크로 작성되어야 한다. (NOT ~~This form is to fill in~~ ...)

The cleaning **is to be finished** by midday.
청소는 정오까지 끝나야 한다. (NOT ... ~~is to finish~~ ...)

2 to be seen / found / congratulated 등

'어디에도 보이지/발견되지 않는다'라는 의미의 관용표현으로 anywhere/nowhere to be seen/found가 있다.

He wasn't **anywhere to be seen**.
그는 어디에도 보이지 않았다. (NOT ... ~~anywhere to see.~~)

Susan was **nowhere to be found**.
수잔은 어디에서도 발견되지 않았다. (NOT ... ~~nowhere to find.~~)

congratulate(축하하다), encourage(격려하다, 장려하다), avoid(피하다) 등의 동사들로 가치 판단의 의미를 나타낼 때도 수동형 부정사를 쓴다.

> You are **to be congratulated**.
> 너는 축하 받을 자격이 있다. (NOT ... to congratulate.)
> This behaviour is **to be encouraged**. 이런 행위는 장려해야 한다.

[주의] '불행하거나 유감스러운 일에 대해 책임이 있다'는 의미로는 능동형 부정사인 to blame을 쓴다.

> Nobody was **to blame** for the accident. 그 사고는 누구의 탓도 아니었다.

3 nothing to do, nothing to be done 등

nothing to do와 nothing to be done은 서로 다른 의미로 쓰인다.

> I'm bored – there's **nothing to do.** (= There are no entertainments.)
> 따분해. 아무것도 할 일이 없어. (= 재미있는 일이 없다.)
> There's **nothing to be done** – we'll have to buy a new one.
> (= There's no way of putting it right.)
> 어찌 해볼 도리가 없어. 새 걸로 사야겠어. (= 바로잡을 길이 없다.)

She's easy to amuse. 등의 구문은 ▶ 101.4 참조.   take 구문(예: The ferry took two hours to unload.)은 ▶ 602 참조. 〈be + to부정사〉의 자세한 용법은 ▶ 42 참조.

107 사역동사 make 구문

1 make + 목적어 + 원형부정사

〈**make + 목적어**〉 뒤에는 목적격 보어로 원형부정사가 온다(▶ 91 참조).

> I made her **cry**. 나는 그녀를 울렸다. (NOT I made her to cry. OR I made her crying.)

원형부정사는 반드시 목적어 뒤에 와야 한다.

> I can't make the washing machine **work**.
> 세탁기를 작동시킬 수 없다. (NOT I can't make work the washing machine.)

수동태 문장에는 to부정사를 쓴다.

> She was made **to repeat** the whole story. 그녀는 이야기 전부를 되풀이해야만 했다.

2 make oneself understood

make 뒤에는 myself, yourself 등의 재귀대명사와 함께 과거분사가 올 수 있다. 과거분사 understood나 heard를 쓰는 문장에서 주로 이런 문형을 취한다.

> I don't speak good Japanese, but I can **make myself understood**.
> 나는 일어를 능숙하게 구사하지는 못하지만 의사소통은 가능하다.
> (NOT ... make myself understand.)
> She had to shout to **make herself heard**.
> 그녀는 자신의 말이 들리도록 고함을 질러야 했다.

3 make + 목적어 + 목적격 보어: make people welcome

〈**make + 목적어 + 형용사/명사**〉형식으로 어떤 결과나 변화가 초래되었다는 의미를 나타낸다 (▶ 10 참조).

> She **made everybody welcome.** 그녀는 모든 사람을 환영했다.
>
> The rain **made the grass wet.**
> 비가 와서 잔디가 젖었다. (NOT ~~The rain made wet the grass.~~)

이 형식에서 make … be는 쓰지 않는다.

> You have **made me a happy man.**
> 당신이 나를 행복한 사람으로 만들어 줬어. (NOT ~~You have made me be a happy man.~~)

make와 do의 문장 형식과 차이는 ▶ 435 참조.

---

108 준사역동사 get 구문

1 사역동사: Don't get him talking.

〈**get + 목적어 + -ing**〉는 '누군가/무언가로 하여금 …을 시작하게 하다'를 의미한다.

> Don't **get him talking** about his illnesses.
> 그가 자기 병에 대해 말을 꺼내지 못하게 해.
>
> Once we **got the heater going** the car started to warm up.
> 히터를 가동시키자 차 안이 따뜻해지기 시작했다.

2 사역동사: Get Penny to help us.

〈**get + 목적어 + to부정사**〉구문에서 get은 사역동사로 스스로 행하지 않고 타인(또는 사물)에게 행위나 동작을 하게 만든다는 의미를 나타낸다. 대체로 쉽지 않은 일이라는 어감을 내포한다.

> I can't **get that child to go** to bed. 그 아이를 재울 수가 없다.
>
> **Get Penny to help** us if you can.
> 할 수 있다면 페니에게 도움을 청해 봐.
>
> See if you can **get the car to start.**
> 차 시동을 걸 수 있는지 확인해 봐.

〈have + 목적어 + 원형부정사('누군가에게 ~하도록 명령하다/지시하다'는 의미)〉는 ▶ 109.1 참조.

3 사역동사: get something done

〈**get + 목적어 + 과거분사**〉는 타인으로 하여금 어떤 대상(목적어)에게 행위나 동작을 하게 만든다는 의미로, 과거분사는 수동의 의미를 나타낸다.

> I must **get my watch repaired.** (= I want my watch to be repaired.)
> 내 손목시계 수리를 맡겨야겠어.
>
> I'm going to **get my hair cut** this afternoon.
> 오늘 오후에 머리를 자를 거야.

have도 이와 유사한 기능을 한다. ▶ 109.2 참조.

4 경험: We got our roof blown off.

〈**get + 목적어 + 과거분사**〉는 '경험'을 나타내기도 한다.

We **got our roof blown off** in the storm last week.

지난주 폭풍으로 우리집 지붕이 날아갔다.

이런 용법으로는 get보다 have를 더 많이 쓴다(예: We had our roof blown off.). ▶109.4 참조.

5 Get the children dressed.

어떤 일을 끝낸다는 표현으로 〈**get + 목적어 + 과거분사**〉 구문을 쓸 수 있다.

It will take me another hour to **get the washing done**.

세탁을 끝내려면 한 시간은 더 걸린다.

After you've **got the children dressed**, can you make the beds?

아이들 옷을 다 입힌 뒤 잠자리 좀 봐 줄래요?

109 사역동사 have 구문

〈**have + 목적어 + 원형부정사**〉, 〈**have + 목적어 + -ing**〉, 〈**have + 목적어 + 과거분사**〉의 형태로 쓴다.

1 사역동사: have somebody do/doing something

〈**have + 목적어 + 원형부정사**〉 구문은 타인이 어떤 행위를 하도록 만든다는 의미를 나타낸다. 주로 미국 영어에서 지시나 명령을 내릴 때 쓰인다.

I'm ready to see Mr Smith. **Have him come in**, please.

스미스 씨를 만날 준비가 됐어요. 들어오라고 하세요.

The manager **had everybody fill out** a form.

매니저는 모든 사람에게 양식을 작성하게 했다.

〈**have + 목적어 + -ing**〉 구문 역시 타인(목적어)에게 어떤 행위를 하도록 만든다는 의미로, 목적어의 행위에 진행의 의미가 들어 있다. (영국 영어와 미국 영어)

He **had us laughing** all through the meal.

그는 식사 시간 내내 우리를 웃게 만들었다.

어떤 대상을 설득하여 행위나 동작을 하게 만든다는 의미로 쓰이는 〈**get + 목적어 + to부정사**〉는 ▶108.2 참조.

2 사역동사: have something done

〈**have + 목적어 + 과거분사**〉 구문은 목적어가 어떤 상태가 되게 만든다는 의미를 나타낸다. 과거분사는 수동의 의미를 지니므로 이 구문에서 목적어와 과거분사는 능동이 아닌 수동의 관계다.

I must **have my watch repaired**. (= I want my watch to be repaired.)

내 손목시계 수리 맡겨야겠어.

I'm going to **have my hair cut** this afternoon. (= I want my hair to be cut.)

오늘 오후에 머리를 자를 거야.

If you don't get out of my house I'll **have you arrested**.
내 집에서 나가지 않으면 체포될 거요.

get을 쓰는 유사 구문은 ▶ 108.3 참조.

3 경험: have something happen / happening

〈**have + 목적어 + 원형부정사/-ing**〉 구문에서 have는 경험을 나타낸다.

I **had a very strange thing happen** to me when I was fourteen.
나는 14살 때 아주 기묘한 일을 겪었다.

We **had a tax inspector come** to the office yesterday.
어제 세무 조사원이 사무실에 찾아 왔다.

It's lovely to **have children playing** in the garden again.
아이들이 다시 정원에서 노는 모습을 보니 흐뭇하다.

I looked up and found we **had water dripping** through the ceiling.
내가 올려다보니 천장에서 물이 새고 있었다.

원형부정사가 쓰인 첫 번째와 두 번째 예문(이미 일어난 일)과 -ing형이 쓰인 세 번째, 네 번째 예문(현재 또는 과거에 진행 중인 일)의 차이에 유의한다. 단순 시제와 진행 시제의 차이는 ▶ 3.2 참조.

4 경험: We had our roof blown off.

〈**have + 목적어 + 과거분사**〉 구문 역시 경험을 나타낸다. 이 경우에도 과거분사는 수동의 의미를 지닌다.

We **had our roof blown off** in the storm.
폭풍우에 우리집 지붕이 날아갔다.

I **had my car stolen** last week.
나는 지난주에 차를 도둑맞았다.

5 I won't have ...

〈**I won't have + 목적어 + 동사**〉 구문은 어떤 행위나 상태를 묵과하거나 좌시하지 않겠다(=I won't allow ...)는 의지를 표현한다.

I **won't have you telling** me what to do.
당신이 내게 이래라 저래라 하게 내버려두지 않겠어.

I **won't have my house turned** into a hotel.
내 집이 호텔로 변하게 내버려두지 않겠어.

110 hear, see 등 + 목적어 + 동사형

1 I heard him go/going.

hear, see, watch, notice 등의 지각동사 뒤에는 〈**목적어 + 원형부정사**〉 또는 〈**목적어 + -ing 형**〉을 쓸 수 있다.

I **heard him go** down the stairs. OR I **heard him going** down the stairs.
나는 그가 계단을 내려가는 소리를 들었다. (NOT ~~I heard him went down the stairs.~~)

원형부정사를 쓰는 경우와 -ing형을 쓰는 경우 종종 의미 차이가 생긴다. 지각동사 뒤에 원형부정사가 오면 어떤 사건이나 행위를 처음부터 끝까지 보거나 듣는다는 것을 나타내며 -ing형이 오면 한창 진행되고 있는 어떤 사건이나 행위를 보거나 듣는다는 것을 나타낸다. 비교)

- I **saw her cross** the road. (= I saw her cross it from one side to the other.)
  나는 그녀가 길을 건너는 것을 보았다. (= 그녀가 길 한쪽에서 다른 쪽으로 건너가는 것을 끝까지 보았다.)

  I **saw her crossing** the road. (= I saw her in the middle, on her way across.)
  나는 그녀가 길을 건너고 있는 것을 보았다. (= 그녀가 길을 건너고 있는 모습을 보았다.)

- I once **heard him give a talk** on Japanese politics.
  나는 언젠가 그가 일본 정치에 대해 이야기하는 것을 들었다.

  As I walked past his room I **heard him talking** on the phone.
  나는 그의 방 앞을 지나가다 그가 전화 통화하는 소리를 들었다.

- **Watch me jump** over the stream. 내가 개울 뛰어 넘는 걸 봐.

  I like to **watch people walking** in the street.
  나는 거리에 다니는 사람들 구경하는 것을 좋아한다.

- I **heard the bomb explode**.
  나는 폭탄 터지는 소리를 들었다. (NOT I heard the bomb exploding.)

  I **saw the book lying** on the table.
  나는 테이블 위에 놓인 책을 보았다. (NOT I saw the book lie ...)

진행형에는 반복의 의미가 있다.

  I saw her **throwing** stones at the other children.
  나는 그녀가 다른 아이들에게 돌을 던지는 것을 보았다.

can see/hear(진행 중인 행위나 사건의 체험 ▶84 참조) 뒤에는 -ing형만 쓸 수 있다.

  I **could see** Jack **getting** on the bus.
  나는 잭이 버스에 오르는 것을 보았다. (NOT I could see Jack get ...)

see와 hear의 수동태 구문에는 to부정사가 온다.

  He **was** never **heard to say** 'thank you' in his life.
  그는 생전 "고마워요."라고 인사하는 법이 없었다. (NOT He was never heard say ...)

  Justice must not only be done; it must **be seen to be done**.
  정의는 실현되어야 할 뿐 아니라 실현된다는 것이 입증되어야 한다.

watch와 notice는 수동태 구문으로 쓰지 않는다.

2 소유격은 쓰지 않음

지각동사 뒤에 〈**소유격 + -ing형**〉은 쓸 수 없다.

  I saw **Chloe talking** to Mia.
  나는 클로에가 미아와 이야기하고 있는 것을 보았다. (NOT I saw Chloe's talking to Mia.)

3 I heard my name repeated.

과거분사는 수동의 의미를 나타낸다.

  I **heard my name repeated** several times. (= My name was repeated.)
  나는 내 이름이 여러 차례 반복해서 호명되는 소리를 들었다. (= 내 이름이 반복해서 호명되었다.)

Have you ever **seen a television thrown** through a window?
텔레비전이 창문 밖으로 날아가는 걸 본 적 있니?

진행되는 행위나 사건에는 진행형(**being + 과거분사**)을 쓴다.

As I watched the tree **being cut** down ...
나무가 잘리는 걸 보고 있는데 …

I woke up to hear the bedroom door **being opened** slowly.
나는 침실 문이 서서히 열리는 소리에 잠을 깼다.

4   Look at him eating!

look at 뒤에도 〈**목적어 + -ing형**〉을 쓸 수 있으며, 미국 영어에서는 〈**목적어 + 원형부정사**〉 형태로 쓴다.

Look at **him eating!** 저 사람 먹는 것 좀 봐!

Look at **him eat!** 저 사람 먹는 것 좀 봐! (미국 영어)

to부정사와 -ing형 모두 취할 수 있는 동사는 ▶ 105 참조.
hear와 listen의 차이는 ▶ 481 참조.   see, look, watch의 차이는 ▶ 575 참조.

Section 10 Infinitives, -ing forms and Past Participles: Other Uses
부정사, -ing형, 과거분사: 기타 용법

개요

부정사, -ing형, 분사로 절을 시작할 수 있다.

I'd like to look at those papers again. (부정사절)

저 서류를 다시 보고 싶어요.

She ran out **laughing like a hyena.** (분사절)

그녀는 하이에나처럼 웃으며 뛰어나갔다.

Cooked in a slow oven, it will taste delicious. (분사절)

낮은 온도로 오븐에서 요리하면 맛있을 것이다.

이 섹션에서는 이런 유형의 구문 중 좀 더 복잡한 형태를 다루고 있다.

다음 문장은 왜 틀렸을까?

- ❌ I can't understand why to do it. ▶ 111.1 참조
- ❌ How to tell her? ▶ 111.2 참조
- ❌ Looking out of our window, the mountains were marvellous. ▶ 115.4 참조
- ❌ I'm going to Austria for learning German. ▶ 112.1 참조
- ❌ It's probable for her to be in a bad temper. ▶ 113.4 참조
- ❌ I need for you to help me. ▶ 113.7 참조

Section 10 목차

111 의문사 뒤에 온 to부정사: who to ... 등

1 간접의문문: Tell us what to do.

간접의문문(▶ 262.2 참조)에서 who, what, where 등의 의문사 바로 뒤에 to부정사를 쓸 수 있다. (why 뒤에는 대체로 to부정사를 쓰지 않음) 이 구문은 의무, 가능성 등의 의미를 내포한다.

I wonder **who to invite**. (= ... who I should invite.) 누구를 초대해야 할지 모르겠다.

Tell us **what to do**. 뭘 해야 하는지 말해 주세요.

Can you show me **how to get** to the station? (= ... how I can get to the station?)
역까지 어떻게 가는지 알려 주실래요?

I don't know **where to put** the car. 차를 어디에 둬야 할지 모르겠다.

Tell me **when to pay**. 언제 지불해야 하는지 말해 줘.

I can't decide **whether to answer** her email. 그녀의 이메일에 답장을 해야 할지 말아야 할지
결정을 못 내리겠다. (BUT NOT I can't understand why to do it.)

2 직접의문문: What shall we do?

직접의문문을 How to ...?, What to ...? 등으로 시작하는 경우는 없다. 의문사 뒤에는 통상
shall이나 should를 쓴다.

How shall I tell her? 그녀에게 어떻게 말하지? (NOT How to tell her?)

What shall we do? 어떻게 하지? (NOT What to do?)

Who should I pay? 누구한테 지불해야 하지? (NOT Who to pay?)

3 인쇄물 제목: What to do if fire breaks out.

How to ..., What to ... 등은 주로 설명서, 안내문, 책 등 각종 인쇄물의 제목으로 쓰인다.

HOW TO IMPROVE YOUR PRONUNCIATION 발음 향상법

WHAT TO DO IF FIRE BREAKS OUT 화재 시 대처 요령

〈Why (not) + 동사원형〉으로 시작하는 의문문은 ▶ 630 참조.

112 목적을 나타내는 to부정사: I sat down to rest.

1 I sat down to rest.

행위의 목적이나 이유를 설명할 때도 to부정사를 쓴다.

I sat down **to rest**. 나는 쉬려고 앉았다. (NOT I sat down for resting/ for to rest.)

He went abroad **to forget**. 그는 잊으려고 해외로 나갔다.

I'm going to Austria **to learn** German. 나는 독일어를 배우러 오스트리아에 갈 것이다.

To switch on, press red button. 켜려면 빨간 버튼을 눌러라.

2 in order to; so as to

in order to, so as to 역시 목적을 나타낸다. in order to가 좀 더 격식을 차린 표현이다.

He got up early **in order to have time to pack**.
그는 짐 꾸릴 시간을 벌기 위해 일찍 일어났다.

I watched him **in order to know more about him.**

나는 그에 대해 좀 더 알고 싶어서 그를 지켜봤다.

I moved to a new flat **so as to be near my work.**

나는 직장 근처에 살려고 새 아파트로 이사했다.

부정형인 in order not to / so as not to도 흔히 쓰인다.

I'm going to leave now, **so as not to be** late.

늦지 않으려면 나는 지금 떠나야 한다. (I'm going to leave now, not to be late.보다 자연스러움)

타인의 행위와 관련된 목적을 언급할 때는 for 구문(▶113 참조)을 쓴다.

I left the door unlocked **for Harriet to get in.**

나는 해리엇이 들어올 수 있도록 문을 열어 놓았다.

113 for ... to ...

1 to부정사의 의미상 주어

to부정사의 의미상 주어를 따로 밝힐 필요가 있을 경우 〈**for + 명사/대명사 + to부정사**〉 구문을 쓴다. 비교)

- Anna will be happy **to help** you. 애나가 기꺼이 너를 도와줄 것이다. (애나가 도울 것이다.)

  Anna will be happy **for the children to help** you.

  애나는 아이들이 너를 돕게 돼서 기쁠 것이다. (아이들이 도울 것이다.)

- My idea was **to learn** Russian. 내 계획은 러시아어를 배우는 것이었다.

  My idea was **for her to learn** Russian. 내 계획은 그녀가 러시아어를 배우게 하는 것이었다.

- **To ask** Joe would be a big mistake. 조에게 부탁한다면 크게 실수하는 것이다.

  For you to ask Joe would be a big mistake.

  네가 조에게 부탁한다면 크게 실수하는 것이다. (NOT ~~You to ask Joe would be~~ ...)

주의 to부정사의 의미상 주어는 전치사 for의 목적어이기도 하므로 for 뒤에는 목적격 대명사를 쓴다.

Anna will be happy **for them** to help you.

애나는 그들이 너를 돕게 돼서 기쁠 것이다. (NOT ... ~~for they to help you.~~)

2 용법

이 구문은 가능성이나 필요성, 빈도 등을 나타내거나 미래에 대한 소망이나 제안, 계획 등을 언급할 때, 또는 어떤 상황에 대한 개인적인 감상이나 반응을 드러낼 때 흔히 쓰인다. 다른 부정사 구문처럼 형용사, 명사, 동사 뒤에 쓰이며, 의미상 문장의 주어가 될 수도 있다. 의미상 주어로 쓰일 경우 that절과 유사하다. 비교)

It's important **for the meeting to start** on time.

회의는 정시에 시작되어야 한다.

It's important **that the meeting should start** on time.

회의는 정시에 시작되어야 한다.

3 형용사 뒤: anxious for us to see ...

미래 사건의 중요성 또는 가치에 대한 개인적인 판단, 소망, 감정을 표현하는 형용사(예: anxious, eager, delighted, willing, reluctant) 뒤에 ⟨for + 목적어 + to부정사⟩ 구문을 쓸 수 있다.

> 형용사 + for + 목적어 + to부정사

She's **anxious for us to see** her work. 그녀는 우리가 자신의 작품을 봐주기를 몹시 바란다.

I'm **eager for the party to be** a success. 파티가 성황리에 마무리되기를 바란다.

Robert says he'd be **delighted for Emily to come** and stay.
로버트는 에밀리가 와서 머물러 주면 좋겠다고 말한다.

4 It's impossible for ... to ...

가능성, 필요성, 당위성, 긴급성, 빈도, 가치 판단 등을 표현하는 형용사는 흔히 가주어 it(▶268 참조)을 활용한다.

> it + 동사 + 형용사 + for + 목적어 + to부정사
> 동사 + it + 형용사 + for + 목적어 + to부정사

It's impossible **for the job to be** finished in time.
일이 제시간에 끝나는 것은 불가능하다.

Would **it** be easy **for you to phone** me tomorrow?
네가 내일 나한테 전화하는 게 편하겠니?

It's important **for the meeting to start** at eight.
회의는 반드시 8시에 시작되어야 한다.

It seems unnecessary **for him to start** work this week.
그가 이번 주에 일을 시작할 필요는 없을 듯하다.

I consider **it** essential **for the school to be** well heated.
학교는 난방이 잘 되는 것이 중요하다고 생각한다.

Is **it** usual **for foxes to come** so close to the town?
여우들이 그렇게 마을 가까이 오는 것이 흔한 일이니?

I thought **it** strange **for her to be** out so late.
그녀가 그렇게 늦게까지 나가 있는 게 이상하다고 생각했다.

It's not good **for the oil tank to be** so close to the house.
기름 탱크가 그렇게 집 가까이에 있는 것은 좋지 않다.

vital, necessary, pointless, unimportant, common, normal, unusual, rare, right, wrong 등 자주 쓰이는 일부 형용사들도 이 구문으로 쓸 수 있다.

주의 likely와 probable은 이 구문으로 쓸 수 없다.

She's **likely to arrive** this evening.
그녀는 오늘 저녁에 도착할 것 같다. (NOT ~~It's likely for her to arrive this evening.~~)

It's **probable that she'll be** in a bad temper. OR She'll probably be ...
그녀는 아마 언짢아할 것이다. (NOT ~~It's probable for her to be~~ ...)

5 명사 뒤: It's a good idea for us to ...

위에 열거한 형용사와 유사한 의미를 지닌 명사(예: time, a good/bad idea, plan, aim, need, request, mistake, shame) 뒤에도 〈**for + 목적어 + to부정사**〉 구문을 쓴다.

It's **time for everybody to go** to bed. 모두 잠자리에 들 시간이다.

It's **a good idea for us to travel** in separate cars. 차를 따로 타고 여행하는 것이 좋겠다.

There's a **plan for Jack to spend** a year in Japan. 잭은 일본에서 1년 동안 지낼 계획이다.

Our **aim** is **for students to learn** as quickly as possible.
우리의 목표는 학생들이 가능한 한 빨리 배우도록 하는 것이다.

It was a big **mistake for them not to keep** John as manager.
그들이 존을 매니저로 두지 않은 것은 큰 실수였다.

It was a real **shame for them not to win** after all their work.
그들이 그렇게 애쓰고도 이기지 못한 것은 정말 애석한 일이었다.

6 something for me to do

something, anything, nothing 등의 부정대명사 뒤에도 흔히 〈**for + 목적어 + to부정사**〉 구문을 쓴다.

Have you got **something for me to do**? 내가 할 일 있어?

There's **nothing for the cats to eat**. 고양이들이 먹을 게 아무것도 없다.

Is there **anybody for Louise to play** with in the village?
그 동네에 루이스가 같이 놀 사람이 있니?

I must find **somewhere for him to practise** the piano.
나는 그가 피아노 연습할 장소를 찾아야 한다.

7 동사 뒤: ask for ... to ...

일반적으로 for 구문은 동사 뒤에서 목적어로 쓰이지 않는다.

I need you to help me. 나 좀 도와줘. (NOT ~~I need for you to help me.~~)

그러나 전치사 for를 수반하는 동사(예: ask, hope, wait, look, pay, arrange)일 때는 〈**for + 목적어 + to부정사**〉 구문을 쓸 수 있다.

Anna **asked for the designs to be** ready by Friday.
애나는 디자인이 금요일까지 준비되도록 요청했다.

I can't **wait for them to finish** talking. 나는 그들이 빨리 얘기를 끝냈으면 좋겠다.

Can you **arrange for the gold to be** delivered on Monday?
금이 월요일에 배달되도록 해 주실래요? (NOT ... ~~for the gold being delivered~~ ...)

suit이나 take(뒤에 시간이 와서 '시간이 걸리다'의 의미) 등 뒤에도 〈**for + 목적어 + to부정사**〉 구문이 올 수 있다.

When will it **suit** you **for us to call**? 우리가 언제 방문하는 게 편하겠어요?

It **took** twenty minutes **for the smoke to clear**. 연기가 걷히는 데 20분 걸렸다.

격식을 차리지 않은 미국 영어에서는 like, hate, mean, intend를 비롯해 이와 유사한 의미의 동사들 뒤에도 for 구문을 쓸 수 있다. 그러나 영국 영어에서는 이런 용법이 드물다.

I would **like for you to stay** as long as you want.
네가 머물고 싶은 만큼 머물렀으면 해.

She **hates for people to feel** sad. 그녀는 사람들이 비통해 하는 것을 싫어한다.

Did you **mean for Jack to take** the car? 잭에게 차를 가져 가라고 시켰다는 거니?

8 too, enough 뒤에 오는 경우

too와 enough 뒤에도 흔히 for 구문을 쓴다.

This is much **too** heavy **for you to lift**.
이것은 네가 들어올리기엔 너무 무겁다.

There are **too** many people here **for me to talk** to all of them.
전부에게 모두 이야기하기에는 이곳에 사람이 너무 많다.

Do you think it's warm **enough for the snow to melt**? 눈이 녹을 정도로 따뜻한 것 같아?

I explained **enough for her to understand** what was happening.
나는 무슨 일이 벌어지고 있는지 그녀가 이해하게끔 충분히 설명했다.

9 주어 역할

for 구문은 문장의 주어가 될 수 있다.

For us to fail now would be a disaster. 지금 실패한다면 우리는 끝장이다.

For her to lose the election would make me very happy.
그녀가 선거에서 패한다면 나는 기분이 날아갈 것이다.

그러나 가주어 it을 쓰는 용법이 더 일반적이다(위 ▶113.4 참조).

It would make me very happy **for her to lose** the election.
그녀가 선거에서 패한다면 나는 기분이 날아갈 것이다.

10 for there to be

for 뒤에 there is의 to부정사형인 there to be를 쓸 수 있다.

I'm anxious **for there to be** plenty of time for discussion.
논의할 시간이 넉넉히 있다면 좋겠다.

It's important **for there to be** a fire escape at the back of the building.
건물 뒤쪽에 반드시 비상계단이 있어야 한다.

11 that절

특히 미래에 대한 소망이나 추천, 제안, 계획 등을 표현할 때 〈for + 목적어 + to부정사〉 대신 가정법 동사나 should(▶232 참조)를 써서 that절을 구성할 수도 있다. 격식체에서는 for 구문 대신 that절을 쓴다.

It is important **that there should be** a fire escape.
반드시 비상계단이 있어야 한다.

I'm anxious **that the party should be** a success.
파티가 성황리에 마무리되기를 바란다.

His idea is **that we should travel** in separate cars.
그의 생각은 따로 차를 타고 여행하자는 것이다.

It is essential **that the meeting start** at eight.
회의는 반드시 8시에 시작되어야 한다.

He made it difficult for us to refuse. 등의 구문은 ▶269 참조.

114 부정사: 기타 용례

1 I arrived home to find ...

여행이나 일을 마치고 돌아와 보니 어떤 사실을 발견했다는 의미로 to부정사를 쓸 수 있다.

I arrived home **to find that the house had been broken into.**
집에 도착해 보니 도둑이 들었다.

놀라움이나 실망감을 강조하려면 to부정사 앞에 only를 붙인다.

At last we got to Amy's place, **only to discover that she was away.**
마침내 우리는 에이미 집에 도착했지만 그녀는 없었다.

He spent four years studying, **only to learn that there were no jobs.**
그는 공부하느라 4년을 보냈지만 일자리가 없다는 사실을 알게 될 뿐이었다.

2 To hear her talk, you'd think ...

소리나 외양 등이 주는 인상이 잘못된 판단을 유도할 때 to see, to hear 등의 부정사 형태를 쓴다. 이 부정사 구문 뒤에는 대체로 you'd think 등의 어구가 뒤따른다.

To see them, you'd think they were married. But they only met yesterday.
두 사람을 보면 결혼한 사이인 줄 알 거야. 그런데 그 둘은 겨우 어제 만났어.

To see him walk down the street, **you'd never know** he was blind.
그가 거리를 걷는 모습을 보면 시각 장애인이라는 것을 전혀 눈치채지 못할 것이다.

To hear her talk, you'd think she was made of money.
그녀가 말하는 것을 들으면 한때 엄청난 부자였다고 생각할 것이다.

3 to be honest 등

일부 to부정사구는 화자의 태도나 목적을 나타내는 데 쓰인다.

To be honest, I think you're making a mistake.
솔직히 말하면, 나는 네가 실수를 하고 있다고 생각해.

To tell the truth, I'm not sure what to do now.
사실을 말하면 나는 지금 뭘 해야 할지 모르겠어.

To sum up, I think we all accept John's proposal.
요컨대, 내 생각에는 우리가 존의 제안을 받아들여야 할 것 같아.

To put it another way, we're spending more than we're earning.
다시 말하자면, 우리는 버는 것보다 지출이 더 많다.

115 분사구(문)

1 형식

분사를 다른 단어들과 결합시켜 분사구(문)을 만든다.

There's a woman **crying her eyes out** over there.
저기에 어떤 여자가 눈이 퉁퉁 붓도록 울고 있다.

Most of the people **invited to the reception** were old friends.
그 연회에 초대된 사람들은 대부분 오랜 친구들이었다.

Not knowing what to do, I telephoned the police.
나는 어찌할 바를 몰라서 경찰서에 전화했다.

Served with milk and sugar, it makes a delicious breakfast.
우유와 설탕을 곁들이면 맛있는 아침 식사가 된다.

Who's the old man **sitting in the corner?** 모퉁이에 앉아 있는 저 노인은 누구니?

Rejected by society, he decided to become a monk.
그는 사회에서 거부당해 수도승이 되기로 결심했다.

2 명사 뒤: the people invited to the party

명사나 대명사 뒤에 쓸 수 있다.

We can offer you a **job cleaning cars.** 세차 일은 있습니다.

There's Neville, **eating as usual.** 네빌이 저기 있네. 늘 그렇듯 뭘 먹으면서 말이야.

In came **the first runner, closely followed by the second**.
첫 번째 주자가 들어왔고, 곧이어 두 번째 주자가 들어왔다.

I found **him sitting at a table covered with papers**.
나는 그가 서류로 뒤덮인 탁자 앞에 앉아 있는 것을 보았다.

관계사절의 축약(▶237.11 참조)과 용법이 유사하지만 완전한 동사 형태 대신 분사를 쓴다는 점에서 다르다.

Who's **the girl dancing with your brother?** (= ... the girl who is dancing ...)
네 형과 춤추고 있는 여자는 누구니?

Anyone touching that wire will get a shock. (= Anyone who touches ...)
그 전선을 만지는 사람은 누구든 감전될 것이다.

Half of **the people invited to the party** didn't turn up.
(= ... who were invited ...) 그 파티에 초대된 사람들 중 절반이 나타나지 않았다.

완료 분사는 대체로 이런 용법으로 쓰이지 않는다.

Do you know anybody **who's lost a cat?**
고양이를 잃어버린 사람을 알고 있니? (NOT ~~Do you know anybody having lost a cat?~~)

3 분사구문: Putting down my paper, I ...

분사구문은 부사절과 비슷한 기능을 하며 조건, 이유, 때, 결과 등을 나타낸다. 분사구문은 격식체에 해당하며 〈접속사 + 주어 + 동사〉로 이루어진 부사절로 바꿔 쓸 수 있다.

Used economically, one can will last for six weeks.
(= If it is used ...) 아껴 쓰면 한 통을 6주 동안 쓸 수 있다.

Having failed my medical exams, I took up teaching.
(= As I had failed ...) 건강 검진에 통과하지 못했기 때문에 나는 가르치는 일을 계속했다.

Putting down my newspaper, I walked over to the window.
(= After I had put down my newspaper, ...) 신문을 내려놓고 나는 창가로 걸어갔다.

It rained for two weeks on end, **completely ruining our trip**.
(= ... so that it completely ruined our trip.)
2주 내내 줄기차게 비가 내리는 바람에 우리는 여행을 완전히 망쳤다.

주의 be, have, wish, know 등의 동사는 대체로 진행 시제(▶4 참조)로 쓰지 않지만 -ing형의 분사구문은 가능하다. 이 경우, 분사구문은 대체로 이유나 원인을 나타낸다.

Being unable to help in any other way, I gave her some money.
달리 도울 길이 없었기 때문에 나는 그녀에게 돈을 좀 주었다.

Not wishing to continue my studies, I decided to become a dress designer.
나는 학업을 계속하고 싶지 않아서 의상 디자이너가 되기로 결심했다.

Knowing her pretty well, I realised something was wrong.
그녀를 잘 알기 때문에 나는 무언가 잘못되었다는 것을 알아차렸다.

4 현수분사구문: Looking out of the window, the mountains ...
분사구문의 의미상 주어는 대체로 주절의 주어와 같다.

My wife had a talk with Sophie, **explaining the problem**.
아내는 소피와 이야기를 나누며 그 문제를 설명했다. (My wife는 explaining의 주어)

분사구문의 의미상 주어가 주절의 주어와 다른 경우인 소위 '현수분사구문(dangling participle)'은 종종 잘못된 용법으로 간주된다.

Looking out of the window of our hotel room, the mountains were covered with snow.
호텔 방에서 창밖을 내다보니 산이 눈으로 덮여 있었다. (산이 창밖을 내다본다는 의미로 들릴 수 있다.)

Wrapped in red and gold gift paper, I delivered the parcel to my girlfriend.
빨간색과 금색 포장지로 포장된 소포를 여자 친구에게 전달해 주었다.

하지만 실제로는 이런 문장이 널리 쓰이고 있다. 특히 주절의 주어가 가주어 it이나 일종의 가주어 기능을 하는 there인 경우에는 자연스럽게 사용된다.

Being French, it's surprising that she's such a terrible cook.
그녀가 프랑스인인데도 그토록 요리 솜씨가 형편없다는 것이 놀랍다.

Having so little time, there was not much that I could do.
시간이 너무 없어서 내가 할 수 있는 일이 많지 않았다.

화자의 태도나 입장을 나타내는 다양한 관용표현은 주로 현수분사구문이다.

Generally speaking, men can run faster than women.
일반적으로 남자가 여자보다 빨리 달릴 수 있다.

Broadly speaking, dogs are more faithful than cats.
대체로 개가 고양이보다 더 충직하다.

Judging from his expression, he's in a bad mood.
그의 표정으로 판단하건대 기분이 안 좋은 것 같다.

Considering everything, it wasn't a bad year.
두루 생각해 보면 형편없는 해는 아니었다.

Supposing there was a war, what would you do?
전쟁이 일어난다면 넌 어떻게 하겠니?

Taking everything into consideration, they ought to get another chance.
두루 헤아려 볼 때 그들은 한 번 더 기회를 얻어야 한다.

5 자체적으로 주어가 있는 분사구문
분사구문은 그 자체 내에 주어를 가질 수 있는데, 이는 주로 격식체에 해당한다.

Nobody having any more to say, the meeting was closed.
아무도 더 이상 할 말이 없었기 때문에 회의는 종결되었다.

All the money having been spent, we started looking for work.
돈을 전부 써버렸기 때문에 우리는 일자리를 알아보기 시작했다.

A little girl walked past, **her doll** dragging behind her on the pavement.
어린 소녀가 지나갔는데, 뒤에는 아이의 인형이 길바닥에 질질 끌리고 있었다.

Hands held high, the dancers circle to the right.
손을 높이 치켜든 채 무용수들이 오른쪽으로 빙빙 돈다.

분사구문이 부대상황을 나타낼 경우 주어 앞에 with를 쓸 수 있다.

A car roared past **with smoke** pouring from the exhaust.
차가 배기관에서 매연을 쏟아내며 굉음을 내고 질주했다.

With Daniel working in Birmingham, and Lucy travelling most of the week, the house seems pretty empty.
다니엘은 버밍엄에서 일하고 있고, 루시는 한 주 내내 여행을 하고 있으니 집이 텅 빈 것 같다.

6 접속사 및 전치사 뒤에 오는 분사구(문)

다양한 접속사나 전치사 뒤에 -ing형의 분사구(문)을 쓸 수 있다. 많이 쓰이는 전치사로는 after, before, since, when, while, on, without, instead of, in spite of, as 등이 있다.

After talking to you I always feel better. 너와 대화를 나누고 나면 늘 기분이 좋아진다.

After having annoyed everybody he went home.
모든 사람들을 짜증 나게 만든 후 그는 집으로 돌아갔다.

Switch off printer **before replacing** roller. 롤러를 교체하기 전에 프린터를 꺼라.

She's been quite different **since coming** back from America.
그녀는 미국에서 돌아온 후 사뭇 달라졌다.

When telephoning from abroad, dial 1865, not 01865.
해외에서 전화할 때는 01865 말고 1865를 눌러라.

On being introduced, British people often shake hands.
영국인들은 소개를 받으면 보통 악수를 한다.

They left **without saying** goodbye.
그들은 작별 인사도 없이 떠났다.

She struck me **as being** a very nervy kind of person.
그녀는 내가 보기에 신경이 무척 예민한 사람 같았다.

(주로 격식체에서) if, when, while, once, until 뒤에는 과거분사 형태의 분사구문이 올 수 있다.

If asked to look after luggage for someone else, inform police at once.
다른 사람의 가방을 봐달라는 부탁을 받으면 즉시 경찰에 신고하세요.

When opened, consume within three days.
개봉 후에는 사흘 이내에 드세요.

Once deprived of oxygen, the brain dies.
산소가 부족하면 뇌세포는 죽는다.

Leave in oven **until cooked** to a light brown colour.
오븐에 넣고 노릇노릇하게 익히세요.

when ready 등의 구문은 ▶ 251.5 참조.

7 목적격 보어

지각동사(see, hear, feel, watch, notice, smell 등)와 일부 동사(find, get, have, make 등) 뒤에는 〈**목적어 + 분사(구)**〉 형태를 쓴다.

I **saw a small girl standing** in the goldfish pond.
나는 어린 소녀가 금붕어 연못 안에 서 있는 것을 보았다.

Have you ever **heard a nightingale singing**?
나이팅게일이 지저귀는 소리를 들어본 적 있니?

I **found her drinking** my whisky.
나는 그녀가 내 위스키를 마시는 것을 발견했다.

We'll have to **get the car repaired** before Tuesday.
우리는 화요일 전에 차를 수리해야 한다.

Do you think you can **get the radio working**?
네가 라디오를 고칠 수 있겠어?

We'll soon **have you walking** again.
우리는 네가 곧 다시 걸을 수 있도록 해줄 거야.

I can **make myself understood** pretty well in English.
나는 영어로 의사를 능숙하게 전달할 수 있다.

see, hear 구문에 대한 자세한 내용은 ▸ 110 참조.   get은 ▸ 108 참조
have는 ▸ 109 참조.   make는 ▸ 107 참조.

Section 11 **Nouns and Noun Phrases; Agreement**
명사와 명사구; 수일치

개요

house, team, idea, arrival, confusion, Canada 같은 단어를 명사라고 한다. (대체로) 한정사나 형용사 등 다른 단어와 함께 명사구를 이루어 문장에서 주어, 목적어, 보어 역할을 한다.

Our house was miles from anywhere. 우리 집은 인적이 드문 곳에 있었다.

Anna's had **a great idea**. 애나에게 좋은 생각이 있었다.

The discussion left us in **considerable confusion**.
그 토론으로 우리는 엄청난 혼란에 빠졌다.

사람, 장소, 기념일 등의 이름(예: Alice, Canada, Christmas)을 고유명사라고 한다. 고유명사는 관사가 붙지 않는 등 다른 (보통)명사와 문법의 차이가 있다.(▶136.6 참조)

가산/불가산

영어는 가산명사와 불가산명사(또는 물질명사)를 구별한다. 가산명사(예: horse, microphone)는 대체로 따로 분리되어 셀 수 있는 종류이며, 불가산명사(예: water, oxygen)는 대체로 물질, 원료 등 셀 수 있는 단위로 분리할 수 없는 단어들이다. 가산명사에는 단수형과 복수형이 있으며(예: horse, horses), 불가산명사는 대체로 단수형이다. 이밖에도 가산명사와 불가산명사는 몇 가지 문법의 차이가 있다.

일부 사물의 경우, 사물 자체의 속성으로 가산명사인지 불가산명사인지 확실히 구별할 수 있다. 예를 들어 horse, microphone은 각각의 개체로 존재하며, water, oxygen은 각각의 개체로 존재하지 않는다. 반면 대상을 보는 관점에 따라 구분되기도 한다. wool은 물질로 볼 수도 있고, 하나 하나의 가닥으로 볼 수도 있지만 영어에서는 wool을 불가산명사로 취급한다. aggression과 attack은 의미가 비슷하지만 aggression은 대체로 불가산명사, attack은 대체로 가산명사로 취급한다.

소유격

명사에는 단수형, 복수형 외에 소유격이 있다(예: horse's, microphones').

수일치

1. 주어가 단수 명사(구)일 때 대체로 특별한 형태의 현재 시제 동사를 쓴다(예: works, goes). 특수한 경우 명사와 동사의 수일치에 관한 자세한 내용은 ▶128-130 참조.
2. 일부 한정사(예: an, each, many, much)는 단수 명사, 복수 명사, 또는 불가산명사처럼 특정 종류의 명사와 함께 쓰인다. 자세한 내용은 ▶12-13 참조.

명사의 조합

영어에서는 세 가지 방식으로 둘 이상의 명사를 조합한다:

- 소유격 + 명사 (예: the **doctor's secretary**)
- 명사 + 명사 (예: **garden furniture**)
- 명사 + 전치사 + 명사 (예: the **head of the department**)

명사의 조합은 영어 문법에서 아주 복잡한 영역이다. 항목 124-127에서 대략적인 지침을 제시해 두었지만 아쉽게도 특정한 복합 개념을 나타내려면 정확히 어떤 구조를 사용하는지 분명하고 쉽게 알 수 있는 방법은 없다. 흔히 쓰이는 표현은 경험으로 익히게 된다. 확실하지 않을 경우 사전을 참고하면 어떤 형태가 정확하고, 가장 자연스러운지 알 수 있다.

다음 문장은 왜 틀렸을까?

- ✗ The children were climbing like monkies. ▶116.1 참조
- ✗ A new disease is affecting much cattle. ▶117.7 참조
- ✗ A number of people has replied to my advertisement. ▶128.2 참조
- ✗ Half of them lives in Scotland. ▶128.2 참조
- ✗ Where are those five pounds I lent you? ▶129.1 참조
- ✗ Tell the children to blow their nose. ▶131.1 참조
- ✗ Did you have a good travel? ▶119.3 참조
- ✗ Let me give you an advice. ▶119.3 참조
- ✗ Good evening. Here are the news. ▶117.3 참조
- ✗ Is there a parking near here? ▶119.3 참조
- ✗ We're having a terrible weather. ▶119.1 참조
- ✗ You speak an excellent English. ▶120.4 참조
- ✗ I'm doing an interesting work. ▶119.3 참조
- ✗ We were shown the children's room. ▶123.1 참조
- ✗ How did the cat get onto the house's roof? ▶124.3 참조
- ✗ I eat an awful lot of chocolate milk. ▶125.1 참조
- ✗ My sister works in a shoes shop. ▶125.2 참조
- ✗ All the staff were showing tiredness signs. ▶126.1 참조
- ✗ Can you change a hundred euros note? ▶125.3 참조
- ✗ Please stop kicking the table's leg. ▶127.3 참조

Section 11 목차

116 복수형 철자

대체로 단수형에 -s를 붙여 복수형을 만들지만 예외도 있다.

1 〈자음 + y〉로 끝나는 명사의 복수형

〈**자음 + y**(예: -by, -dy, -ry, -ty)〉로 끝나면 대체로 y를 i로 바꾸고 -es를 붙인다.

단수형	복수형
…자음 + y	…자음 + ies

ba**by**	ba**bies**
la**dy**	la**dies**
fer**ry**	fer**ries**
par**ty**	par**ties**

〈**모음 + y** (예: day, boy, guy, donkey)〉로 끝나면 -s를 붙인다(**days, boys, guys, donkeys**).

〈**자음 + y**〉로 끝나는 고유명사는 -s를 붙여 -ys로 만든다.

Do you know the **Kennedys**? 케네디 가를 아는가? (NOT ~~… the Kennedies?~~)

I hate **Februarys**. 나는 2월이 싫다.

2 -sh, -ch, -s, -x, -z로 끝나는 명사의 복수형

-sh, -ch, -s, -x, -z로 끝나는 명사는 -es를 붙인다. 예외: ch로 끝나는 단어로 /k/로 발음한다 (예: stomach/stomachs, monarch/monarchs)

단수형	복수형
…ch / sh / s / x / z	…ches / shes / ses / xes / zes

chur**ch**	chur**ches**
cra**sh**	cra**shes**
bu**s**	bu**ses**
bo**x**	bo**xes**
buz**z**	buz**zes**

-z로 끝나는 명사의 복수형은 -zzes를 덧붙인다: quiz/guizzes, fez/fezzes.

3 -o로 끝나는 명사의 복수형

-o로 끝나는 명사는 -s를 붙인다. 예〉

단수형	복수형	단수형	복수형
avocad**o**	avocad**os**	phot**o**	phot**os**
command**o**	command**os**	pian**o**	pian**os**
concert**o**	concert**os**	radi**o**	radi**os**
eur**o**	eur**os**	sol**o**	sol**os**
kil**o**	kil**os**	soprano	sopran**os**
log**o**	log**os**	zo**o**	zo**os**

-o로 끝나는 명사는 -es를 붙인다. 예〉

단수형	복수형	단수형	복수형
echo	echoes	tomato	tomatoes
hero	heroes	torpedo	torpedoes
potato	potatoes	veto	vetoes

다음 단어들은 -s나 -es를 붙일 수 있는데, -es가 더 일반적이다.

단수형	복수형	단수형	복수형
buffalo	buffalo(e)s	motto	motto(e)s
cargo	cargo(e)s	tornado	tornado(e)s
mosquito	mosquito(e)s	volcano	volcano(e)s

117 불규칙 복수형 및 특수형

1 -ves가 붙는 불규칙 복수형

-f(e)로 끝나는 명사들 중 아래 단어들은 -ves를 붙여 복수형을 만든다.

단수형	복수형	단수형	복수형
calf	calves	self	selves
elf	elves	sheaf	sheaves
half	halves	shelf	shelves
knife	knives	thief	thieves
leaf	leaves	wife	wives
life	lives	wolf	wolves
loaf	loaves		

dwarf, hoof, scarf, wharf는 복수형으로 -fs나 -ves를 모두 쓸 수 있지만, hooves, scarves, wharves가 더 널리 쓰인다.

이 밖에 -f(e)로 끝나는 명사들은 -s를 붙여 복수형을 만든다(예: roofs, beliefs, safes).

2 기타 불규칙 복수형

단수형	복수형	단수형	복수형
child	children	ox	oxen
foot	feet	penny	pence
goose	geese	person	people
louse	lice	tooth	teeth
man	men	woman	women
mouse	mice		

pennies는 영국의 페니 동전(미국에서는 1센트 동전)을 가리키며 가격이나 합산 금액을 의미할 때는 pence를 쓴다. 오늘날 영국에서는 pence를 단수(예: That'll be three pounds and one **pence**, please.)로 쓰기도 한다.

persons는 공적인 글이나 말에서 person의 복수형으로 쓰인다. 또한 people이 단수 명사로 '국민'을 의미할 때 복수형으로 peoples를 쓴다.

3 단수형과 복수형이 같은 경우

-s로 끝나는 단어들 중 일부는 단수형과 복수형이 동일하다. 예〉

단수형	복수형	단수형	복수형
barracks	barracks	series	series
crossroads	crossroads	species	species
headquarters	headquarters	Swiss	Swiss
means	means	works (= factory)	works

주의 일부 불가산명사는 단수형이지만 -s로 끝나며 복수형이 없다. news(뉴스), billiards(당구), draughts(체커 게임, 그 밖에 -s로 끝나는 일부 게임 이름), measles(홍역, 그 밖의 일부 병명) 등이 여기에 속한다.

> **Here is the news.** 여기 뉴스가 있다. (NOT ~~Here are the news.~~)

-ics로 끝나는 단어들 대부분(예: mathematics, physics, athletics)은 단수 불가산명사로 복수형이 없다.

> Too **much mathematics** is usually taught in schools.
> 학교에서 대체로 수학을 너무 많이 가르친다. (NOT ~~Too many mathematics are~~ ...)

-ics로 끝나는 단어들 중 일부(예: politics, statistics)는 복수형으로 취급하기도 한다.

> **Politics is** a complicated business. 정치는 복잡한 문제다.
> (BUT What **are** your **politics**? 당신의 정치적 견해는 무엇입니까?)
> **Statistics is** useful in language testing. 통계학은 언어 테스트에 유용하다.
> (BUT The unemployment **statistics are** disturbing. 실업률 통계가 우려스럽다.)

단수형과 복수형이 동일한 명사로는 교통 수단의 의미로 쓰는 craft (aircraft, hovercraft, spacecraft)와 Chinese, Japanese (그리고 그 밖에 -ese로 끝나는 국적 명사), sheep, deer, fish, 그리고 일부 수렵 동물이나 식용 동식물의 이름들을 들 수 있다. fish는 복수형으로 fishes를 쓰는 경우도 가끔 있지만, 일반적으로는 fish를 복수형으로 쓴다.

dozen, hundred, thousand, million, stone(영국의 체중 단위로 5.2kg에 해당), foot(= 12인치)은 -s를 붙이지 않고 복수형으로 쓰기도 한다. 자세한 내용은 ▸322.14 참조.

보드 게임에 쓰는 dice(주사위)는 원래 die의 복수형이지만, 현재 die는 이런 의미로 쓰이지 않는다. 현대 영어에서는 일반적으로 dice를 단복수 공용으로 쓴다.

data는 원래 datum의 복수형이지만 datum은 현재 쓰이지 않고 있다. 현대 영어에서는 data를 불가산명사(this data is ...)와 가산명사(these data are ...)로 모두 쓸 수 있지만 의미의 차이는 없다.

medium의 복수형으로 라디오, 텔레비전, 신문, 인터넷 등의 매체를 의미하는 media는 오늘날 불가산명사로 쓰이며, 동사 역시 단수형을 취하는 경우가 많다.

4 외래어의 복수형

외래어는 특수한 복수형을 쓰기도 한다. 예)

단수형	복수형
analysis 분석	analy**ses** (라틴어)
appendix 부록	appendices (라틴어)
bacterium 박테리아	bacteria (라틴어)
basis 근거, 기반	bases (그리스어)
cactus 선인장	cacti (라틴어) OR cactuses (드물게 쓰임)
corpus 말뭉치, 코퍼스	cor**pora** (라틴어)
crisis 위기	crises (그리스어)
criterion 기준	criteria (그리스어)
diagnosis 진단	diagnoses (그리스어)
formula 공식	formulae (라틴어) OR formulas
fungus 균류, 곰팡이류	fungi (라틴어) OR funguses
hypothesis 가설	hypotheses (그리스어)
kibbutz 키부츠	kibbutz**im** (히브리어)
nucleus 핵, 중심	nuclei (라틴어)
oasis 오아시스	oases (그리스어)
phenomenon 현상	phenomena (그리스어)
radius 반지름, 반경	radii (라틴어)
stimulus 자극	stimuli (라틴어)
vertebra 척추	vertebrae (라틴어)

주의 agenda, spaghetti 등 일부 외래어는 원래 복수형이지만 영어에서는 단수 취급한다(▶ 119.5 참조).

5 's를 붙이는 복수형

알파벳, 연도나 약어에는 아포스트로피(')를 붙여 복수형을 만든다.

> She wrote 'necessary' with two **c's**. 그녀는 necessary에 c를 두 개 썼다.
> I loved **the 1990's**. 나는 1990년대를 너무 좋아했다. (the 1990s가 더 널리 쓰임)
> **PC's** are getting cheaper. PC는 점점 값이 떨어지고 있다. (PCs가 더 널리 쓰임)

다른 복수형에 -'s를 붙이는 것(예: jean's)은 틀리다.

6 복합명사

〈**명사 + 부사**〉 형태로 구성된 복합어는 대체로 명사에 -s를 붙여 복수형을 만든다.

단수형	복수형
passer-by	**passers**-by
runner-up	**runners**-up

일반적으로 mother-in-law(계모, 장모, 시어머니)의 복수형은 **mothers**-in-law로 쓰지만, mother-**in-laws**로 쓰기도 한다. 군사 법정이나 군사 재판을 뜻하는 court martial의 복수형도 **courts** martial(격식체) 또는 court **martials**(비격식체)로 쓴다.

〈**명사 + 명사**〉 형태의 복합어는 첫 번째 명사가 복수의 의미를 지닌 경우(예: **shoe** shop)에도 대체로 단수로 쓴다. 예외는 ▸ 125.4 참조.

7 단수형이 없는 복수 명사(집합명사)

cattle은 황소, 암소, 송아지를 집합적으로 나타내는 복수형 명사로 단수형이 없으므로, 개수를 표현할 때는 쓸 수 없다. 따라서 ~~three cattle~~이라고 쓸 수 없다.

At one time **many cattle** suffered from a disease called BSE.
한때 많은 소들이 BSE(광우병)라는 질병에 걸려 있다. (NOT ... ~~much cattle suffered~~ ...)

police, staff, crew 등도 복수형으로 취급한다.

The police are looking for a fair-haired man in his twenties.
경찰은 20대의 금발 남성을 찾고 있다. (NOT ~~The police is looking~~ ... OR ~~A police~~ ...)
The staff are on strike. 직원들이 파업 중이다.
(BUT A member of staff said ... , NOT ~~A staff~~ ...)

그러나 이런 단어들 앞에 숫자를 쓸 수 있다(예: four staff, six crew).

the British, the Dutch, the English, the French, the Irish, the Spanish, the Welsh (▸ 188.2 참조) 등도 역시 복수형으로 단수형이 없다.

In 1581 **the Dutch** declared their independence from Spain.
1581년 네덜란드인들은 스페인으로부터 독립을 선언했다.
(BUT A Dutchman came into the shop. NOT ~~A Dutch~~ ...)
(네덜란드인 한 사람이 그 가게로 들어왔다.)

trousers, jeans, pyjamas(미국 영어: pajamas), pants, tights, shorts, scales, scissors, glasses, spectacles(안경), goggles, binoculars, pliers 등처럼 짝을 이루는 물건의 이름은 복수형으로 취급하며 단수형이 없다.

Your jeans are too tight. 네가 입은 청바지는 너무 꽉 낀다. (NOT ~~Your jean is~~ ...)
Where **are** my **glasses**? ~ **They're** on your nose. 내 안경 어디 갔지? ~ 네 코 위에 있잖아.

개별적인 사물로 취급할 때는 a pair of를 쓴다(▸ 121.3 참조).

Have you got **a pair of nail-scissors**? 손톱깎이 하나 있어요?

아래 상용어들은 대체로 불가산명사이며 복수로 취급한다.
arms 무기, clothes 옷(▸ 423 참조), congratulations 축하, contents 내용, 목차, customs 세관, earnings 소득, funds 자금, goods 상품, groceries 식료품류, leftovers 나머지, lodgings 숙소, manners 예의, the Middle Ages 중세시대, *oats 귀리, odds 가능성, odds-and-ends 잡동사니, outskirts 변두리, premises 건물, proceeds 수익금, refreshments 다과, regards 인사, remains 나머지, 유적, savings 저금, supplies 보급품, surroundings 환경, thanks 감사, 사의, troops 군대, valuables 귀중품, wages 임금
*corn(옥수수), wheat(밀), barley(보리), rye(호밀)는 단수 불가산명사.

Congratulations on your new job.
새 직장 구한 것 축하해. (NOT ~~Congratulation~~ ...)
She lives on **the outskirts** of Cambridge.
그녀는 케임브리지 외곽에 산다. (NOT ... ~~the outskirt~~ ...)

복수 명사가 동사의 단수형을 취하고 단수 대명사로 받는 경우(또는 그 반대)는 ▸ 128-129 참조.

118 복수형의 발음

1 /s/, /z/ 및 기타 치찰음으로 끝나는 명사

/s/, /z/, /ʃ/, /ʒ/, /tʃ/, /dʒ/ 같은 치찰음 뒤에 붙는 복수 어미 -es는 /ɪz/로 발음한다.

buses /ˈbʌsɪz/	crashes /ˈkræʃɪz/	watches /ˈwɒtʃɪz/
quizzes /ˈkwɪzɪz/	garages /ˈgærɑːʒɪz/	bridges /ˈbrɪdʒɪz/

2 기타 무성음으로 끝나는 명사

/p/, /f/, /θ/, /t/, /k/ 같은 무성음 뒤에 붙는 복수 어미 -(e)s는 /s/로 발음한다.

cups /kʌps/	cloths /klɒθs/	books /bʊks/
beliefs /bɪˈliːfs/	plates /pleɪts/	

3 기타 유성음으로 끝나는 명사

/z/, /ʒ/, /dʒ/를 제외한 모든 유성 자음 뒤에 붙는 복수 어미 -(e)s는 /z/로 발음한다.

days /deɪz/	clothes /kləʊðz/	legs /legz/
boys /bɔɪz/	ends /endz/	dreams /driːmz/
trees /triːz/	hills /hɪlz/	songs /sɒŋz/
knives /naɪvz/		

4 불규칙 발음의 복수 명사

단수형	복수형
house /haʊs/	houses /ˈhaʊzɪz/
bath /bɑːθ/	baths /bɑːθs/ OR /bɑːðz/
mouth /maʊθ/	mouths /maʊθs/ OR /maʊðz/
path /pɑːθ/	paths /pɑːθs/ OR /pɑːðz/
roof /ruːf/	roofs /ruːfs/ OR /ruːvz/
truth /truːθ/	truths /truːθs/ OR /truːðz/
wreath /riːθ/	wreaths /riːθs/ OR /riːðz/
youth /juːθ/	youths /juːθs/ OR /juːðz/

3인칭 단수형(예: catches, wants, runs)과 소유격(예: George's, Mark's, Joe's)은 복수형 발음 규칙을 그대로 따른다.

119 가산명사와 불가산명사: 개요

1 가산명사와 불가산명사의 차이

가산명사(물질명사)는 셀 수 있는 별개의 사물, 사람, 생각 등을 말한다. 가산명사 앞에는 숫자나 관사 a/an을 붙일 수 있으며 복수형도 가능하다.

a cat 고양이 한 마리　　　　**a newspaper** 신문 한 부
three cats 고양이 세 마리　　**two newspapers** 신문 두 부

불가산명사(물질명사)는 재료, 액체, 추상적인 개념, 집합체 및 기타 명확한 경계가 없어 개별적인 대상으로 보지 않는 명사를 가리킨다.

oil 기름	water 물	steel 강철
oxygen 산소	plastic 플라스틱	granite 화강암
crockery 그릇	equipment 장비	furniture 가구
jewellery 보석류	luggage 수화물	machinery 기계
underwear 속옷	weather 날씨	

불가산명사 앞에는 숫자를 쓸 수 없으며, 대부분의 불가산명사는 복수형 없이 단수로 쓰인다.

불가산명사 앞에는 일반적으로 a/an을 붙이지 않지만 예외도 있다(▶120.4 참조).

clear water 깨끗한 물 (NOT a clear water, two clear waters)
pure wool 순모 (NOT a pure wool, two pure wools)
bad weather 악천후 (NOT a bad weather, three bad weathers)

일부 한정사는 가산명사 앞에만 올 수 있으며(예: many, few), 불가산명사 앞에만 올 수 있는 한정사(예: much, little)도 있다. 비교)

How **many hours** do you work? 몇 시간 근무합니까?
How **much money** do you earn? 돈을 얼마나 법니까?

주의 많은 명사들은 단순히 가산명사나 불가산명사인 것이 아니라 가산명사 용례와 불가산명사 용례가 있다(▶아래 119.4-119.7 참조).

2 가산/불가산 여부를 구분하는 문제

대체로 house(가산명사), water(불가산명사)처럼 가산명사인지 불가산명사인지 쉽게 판단할 수 있다. 그러나 모든 명사가 다 이렇게 명확하지는 않다. 비교)

a journey(가산) – travel(불가산); a glass(가산) – glass(불가산);
vegetables(가산) – fruit(불가산)

3 travel, a journey; a piece of advice

travel과 journey는 비슷한 의미로 쓰인다. 그러나 travel은 대체로 불가산명사(일반적인 여행을 의미)로 취급하는 반면 journey는 가산명사(a journey는 한 장소에서 다른 장소로 이동하는 행위를 나타냄)이며 복수형(journeys)을 취할 수 있다.

I like **travel**, but it's often tiring. 나는 여행을 좋아하지만 힘들 때도 많다.
Did you have **a good journey**? 여행 잘 다녀왔어?

불가산명사를 셀 때는 흔히 명사 앞에 'a piece of' 등의 표현을 덧붙인다.

He never listens to **advice**. 그는 남의 조언에 전혀 귀를 기울이지 않는다.
Can I give you **a piece of advice**? 내가 충고 하나 할까?

다음은 불가산명사와 세는 단위다.

불가산명사	세는 단위
accommodation 거처, 숙소	a place to live (NOT an accommodation)
baggage 수화물	a piece/item of baggage; a case/trunk/bag

bread 빵	a piece/slice/loaf of bread; a loaf; a roll
chess 체스	a game of chess
chewing gum 껌	a piece of chewing gum (NOT ~~a chewing gum~~)
equipment 장비, 설비	a piece of equipment; a tool 등
furniture 가구	a piece/article of furniture; a table, a chair 등
information 정보	a piece of information
knowledge 지식	a fact
lightning 번개	a flash of lightning
luck 행운	a piece/bit/stroke of luck
luggage 짐, 수하물	a piece/item of luggage; a case/trunk/bag
money 돈	a note; a coin; a sum of money
news 소식, 뉴스	a piece of news
poetry 시	a poem
progress 진전, 진행	a step forward; an advance
publicity 홍보, 광고	an advertisement
research 조사, 연구	a piece of research; a study; an experiment
rubbish 쓰레기	a piece of rubbish
slang 속어, 은어	a slang word/expression
thunder 천둥	a clap of thunder
traffic 차량, 교통(량)	cars 등
vocabulary 어휘	a word; an expression
work 일	a piece of work; a job

4 재료: glass, paper 등

재료가 되는 물질을 나타내는 단어는 불가산명사로 취급하지만 같은 단어를 써서 재료로 만들어진 사물을 나타내는 경우 가산명사로 취급할 수 있다. 비교)

- I'd like some typing **paper.** 타이핑 용지 좀 주세요.
  I'm going out to buy **a paper.** (= a newspaper) 신문 사러 나갈 거야.
- The window's made of unbreakable **glass.** 그 창문은 깨지지 않는 유리로 만들어졌다.
  Would you like **a glass** of water? 물 한 잔 드릴까요?

재료, 액체 등을 나타내는 명사가 제품을 나타낼 때는 가산명사로 취급한다.

Not all washing **powders** are kind to your hands.
모든 가루 세제가 손에 무해한 것은 아니다.

We have a selection of fine **wines** at very good prices.
우리는 엄선한 고급 와인들을 매우 저렴한 가격에 제공하고 있습니다.

음료를 주문할 때도 가산명사로 취급한다. 비교)

Have you got **any coffee?** 커피 있나요?
Could I have **two coffees?** (= two cups of coffee) 커피 두 잔 주세요.

5 fruit, rice, wheat, spaghetti, hair; vegetables, peas, grapes

rice, grapes 등은 개별적 요소들이 모인 집합체로 볼 수도 있고 한 덩어리로 볼 수도 있다. 이런 종류의 사물 중에는 불가산명사도 있고 가산명사(대체로 복수형)도 있다. 작은 낱알(예: sand, rice)은 보통 불가산명사이고, 더 큰 낱알이 모여 구성된 집합체(예: peas, grapes)는 종 종 가산명사인 경우가 많다. 하지만 이런 차이는 체계적이지 않다. 비교〉 gravel, pebbles

불가산명사: fruit, rice, spaghetti, macaroni(기타 파스타 포함), sugar, salt, corn, wheat, barley, rye, maize, gravel
가산명사: vegetable(s), bean(s), pea(s), grape(s), lentil(s), pebble(s)

> **Fruit is** very expensive, but **vegetables are** cheap. 과일은 매우 비싸지만 채소는 싸다.
> **Is** the **spaghetti** ready? 스파게티 다 됐어?
> These **grapes are** sour. 이 포도는 시다.

hair는 대체로 불가산명사로 취급한다.

> His **hair is** black. 그의 머리칼은 검은색이다.

그러나 한 올의 머리카락은 a hair(가산명사)로 쓴다.

> So why has he got **two** blonde **hairs** on his jacket?
> 그렇다면 어째서 그의 재킷에 금발 두 올이 붙어 있는 거야?

셀 수 없는 집합체 중 '하나'를 나타낼 때 쓰이는 표현(예: a grain of corn, a blade of grass)은
▶ 121 참조.

6 추상명사: time, life, experience 등
많은 경우 추상명사가 '일반적인' 개념을 의미할 때는 불가산명사, '구체적인' 개념을 의미할 때는 가산명사로 취급한다. 비교〉

- Don't hurry – there's plenty of **time**. 서두르지 마. 시간은 많아.
  Have **a** good **time**. 즐겁게 보내.
  There are **times** when I just want to stop work. 나는 일을 그만두고 싶을 때가 있다.
- **Life** is complicated. 인생은 복잡하다.
  He's had **a** really difficult **life**. 그는 정말 힘겹게 살아왔다.
- She hasn't got enough **experience** for the job. 그녀는 그 일을 하기에는 충분한 경험이 없다.
  I had some strange **experiences** last week. 나는 지난주 신기한 경험을 했다.
- It's hard to feel **pity** for people like that. 그런 사람들에게 연민을 느끼기는 힘들다.
  It's **a pity** it's raining. 아쉽게도 비가 내리고 있다.
- Your plan needs more **thought**. 네 계획은 좀 더 생각해 볼 필요가 있다.
  I had some frightening **thoughts** in the night. 나는 밤에 오싹한 생각이 들었다.
- I need to practise **conversation**. 나는 회화를 연습해야 한다.
  Megan and I had **a** very interesting **conversation**.
  메간과 나는 매우 흥미로운 대화를 나누었다.

time은 ▶ 608 참조.   life는 ▶ 513 참조.

7 질병
영어에서는 -s로 끝나는 병명을 포함하여 대부분의 질병 이름을 단수 불가산명사로 취급한다.

> If you've already had **measles**, you can't get **it** again.
> 홍역을 한 번 앓은 사람은 다시 걸리지 않는다.
> There **is** a lot of **flu** around at the moment. 요즘 주위에 독감이 유행이다.

일부 경미한 병명은 가산명사로 취급하는데, a cold(감기), a sore throat(인후염), a headache (두통)가 여기에 속한다. 그러나 영국 영어에서는 toothache(치통), earache(이통), stomach ache(위통, 복통), backache(요통)를 대체로 불가산명사로 취급하며, 미국 영어에서는 몇 차례 의 발작적인 통증을 의미하는 경우 이 단어들을 주로 가산명사로 취급한다. 비교)

> I've got **toothache**. 치통이 있습니다. (영국 영어)
>
> I have **a toothache**. 치통이 있습니다. (미국 영어)

measles, flu 등 병명 앞에 붙는 the는 ▶ 142.15 참조.
가산명사와 불가산명사의 관사 용법은 ▶ 137 참조.

120 가산명사와 불가산명사: 고급 용법

1 20 square metres of wall

수량의 개념을 표현하기 위해 종종 단수 가산명사를 불가산명사처럼 쓰기도 한다. 이때 명사 앞 에 much, enough, plenty of, a lot of를 쓴다.

> There's **enough paint** for **20 square metres of wall**.
> 20제곱미터의 벽을 칠하기에 충분한 페인트가 있다.
>
> I've got **too much nose** and **not enough chin**. 나는 코가 너무 크고 턱은 빈약하다.
>
> If you buy one of these, you get **plenty of car** for your money.
> 이 차들 중 하나를 구매한다면 돈에 비해 괜찮은 차를 마련하는 것이다.

2 not much difference

가산 추상명사 중 일부는 little, much 등의 한정사 뒤에서 불가산명사처럼 쓰일 수 있다. 이런 식으로 쓰이는 대표적인 추상명사로는 difference, point, reason, idea, change, difficulty, chance, question 등이 있다.

> There's **not much difference** between 'begin' and 'start'.
> 'begin'과 'start'는 의미상 큰 차이가 없다.
>
> I don't see **much point** in arguing about it. 그 문제를 놓고 입씨름해봐야 의미가 없다.
>
> We have **little reason** to expect prices to fall. 물가가 하락하리라고 예상할 근거가 거의 없다.
>
> I haven't got **much idea** of her plans. 나는 그녀의 계획에 대해 아는 바가 별로 없다.
>
> There isn't **any change** in his condition. 그의 병세는 전혀 차도가 없다.
>
> They had **little difficulty** in stealing the painting. 그들은 별 어려움 없이 그 그림을 훔쳤다.
>
> Do you think we have **much chance** of catching the train?
> 우리가 그 기차를 잡을 가능성이 큰 것 같아?
>
> There's **some question** of our getting a new Managing Director.
> 신임 상무이사를 임명해야 할지 논란이 있다.

'~하는 데 어려움을 겪다'라는 의미로 have difficulty (in) -ing를 쓴다.

> I **have difficulty (in) remembering** faces.
> 나는 사람의 얼굴을 잘 기억하지 못한다. (NOT I~~have difficulties~~ ...)

3 in all weathers; on your travels

일부 불가산명사는 관용표현에서 복수형으로 취급한다.

> He goes running **in all weathers**. 그는 비가 오나 바람이 부나 달리기를 한다.

Did you meet anybody exciting **on your travels?** 여행하면서 재미있는 사람을 만났니?
Gulliver's Travels 걸리버 여행기 (조나단 스위프트의 소설)

4 a/an + 불가산명사: a first-class knowledge

일부 불가산명사, 특히 심리적·정신적 활동을 나타내는 명사 앞에 a/an을 붙여 명사의 의미를 구체적으로 한정하기도 한다.

We need a secretary with **a first-class knowledge** of German.
우리는 독일어 실력이 매우 출중한 비서가 필요하다. (NOT ... with first-class knowledge of German.)

She has always had **a deep distrust** of strangers.
그녀는 항상 낯선 이들에게 깊은 불신을 품고 있다.

That child shows **a surprising understanding** of adult behaviour.
그 아이는 어른들의 행동을 놀랄만큼 잘 이해한다.

My parents wanted me to have **a good education.**
우리 부모님은 내가 훌륭한 교육을 받기를 바라셨다. (NOT ... to have good education.)

You've been **a great help.** 네가 큰 도움이 되었어.

I need **a good sleep.** 푹 자야겠어.

주의 다음 명사들은 일반적으로 복수형으로 쓸 수 없으며, 대부분의 불가산명사는 형용사의 수식을 받더라도 그 앞에 a/an을 붙일 수 없다.

My father enjoys **very good health.**
우리 아버지는 매우 건강하시다. (NOT ... a very good health.)

We're having **terrible weather.** 날씨가 고약하다. (NOT ... a terrible weather.)

He speaks **excellent English.** 그는 영어를 유창하게 구사한다. (NOT ... an excellent English.)

It's **interesting work.** 흥미로운 작품이다. (NOT ... an interesting work.)

His speech did serious **damage** to his chances of election.
그의 연설은 당선 기회에 심각한 해를 끼쳤다. (NOT ... a serious damage ...)

5 복수형 불가산명사: the groceries; the customs

일부 불가산명사는 복수형을 취한다. 이런 명사들은 단수형이 없으며 대체로 앞에 수를 쓸 수 없다.

I've bought the **groceries.**
나는 식료품을 샀다. (BUT NOT ... a grocery. OR ... three groceries.)

The Dover **customs** have found a large shipment of cocaine.
도버 세관은 엄청난 양의 코카인을 발견했다. (BUT NOT The Dover custom has ...)

Many **thanks** for your help. 도와줘서 정말 고마워. (BUT NOT Much thank ...)

자세한 내용은 ▶ 117.7 참조.

121 개별/집합을 나타내는 표현: a blade of grass; a bunch of flowers

1 불가산명사를 셀 때: pieces

불가산명사인 물질명사나 추상명사 등은 관사나 복수형을 써서 단복수를 표시할 수 없다. 따라서 불가산명사의 수량을 나타내려면 명사 앞에 단위를 나타내는 표현을 of와 함께 써야 한다. 단위를 나타내는 표현 중에서 가장 대표적인 것으로는 piece와 bit이 있다. bit(비격식체)는 소량이라는 의미를 내포하고 있다.

> a **piece/bit of** cake/bread 케이크 한 조각/빵 한 조각
>
> some **pieces/bits of** paper/wood 종이 몇 장/장작 몇 개비
>
> a **piece/bit of** news/information 뉴스 한 토막/정보 한 가지

그 밖에 단위를 나타내는 표현들은 특정 명사 앞에서 쓰인다. 예)

> a **bar of** chocolate/soap 초콜릿 한 개/비누 한 개
>
> a **lump of** sugar/coal 각설탕 한 개/석탄 한 덩이
>
> a **blade of** grass 풀 한 포기
>
> a **slice of** bread/cake/meat 빵 한 조각/케이크 한 조각/고기 한 점
>
> a **drop of** water/oil/vinegar 물 한 방울/기름 한 방울/식초 한 방울
>
> a **speck of** dust 티끌 한 점
>
> a **grain of** sand/salt/rice/corn/dust/truth
> 모래 한 알/소금 한 알갱이/쌀 한 톨/옥수수 한 알/먼지 한 톨/티끌만큼의 진실성
>
> a **sheet of** paper/metal/plastic 종이 한 장/철판 한 장/플라스틱 시트 한 장
>
> an **item of** information/news/clothing/furniture
> 정보 한 건/뉴스 한 건/의류 한 점/가구 한 점
>
> a **stick of** dynamite/chalk/celery 다이너마이트 한 개/분필 한 개/셀러리 한 대
>
> a **length of** material 피륙 한 필
>
> a **strip of** cloth/tape/land 천 한 조각/테이프 한 조각/땅 한 구획
>
> a **loaf of** bread 빵 한 덩이

2 not a ... of ...

아주 적은 수량을 나타내는 단위를 부정문에 쓰면 'no ... at all(전혀 ~없다)'는 의미가 된다.

> There's **not a grain** of truth in what he says. 그의 말에는 티끌만큼의 진실성도 없다.
>
> There hasn't been **a breath** of air all day. 하루 종일 바람 한 점 불지 않았다.
>
> We haven't got **a scrap/bite** (of food) to eat. 먹을 거라고는 부스러기 하나 없다.
>
> He came downstairs **without a stitch** of clothing on.
> 그는 실오라기 하나 걸치지 않고 아래층으로 내려왔다.

3 pair

pair는 신발처럼 두 개가 하나의 짝을 이루는 것, 또는 안경처럼 두 부분이 붙어 하나로 된 사물을 가리키는 복수 명사 앞에 쓰인다(▶ 117.7 참조).

> a **pair** of shoes/boots/socks/earrings 신발 한 켤레/부츠 한 켤레/양말 한 켤레/귀고리 한 쌍
>
> a **pair** of glasses/binoculars 안경 한 개/쌍안경 한 개
>
> a **pair** of trousers/jeans/shorts/pyjamas/leggings/tights(영국 영어)/pantyhouse(미국
> 영어) 바지 한 벌/청바지 한 벌/반바지 한 벌/잠옷 한 벌/레깅스 한 벌/팬티스타킹 한 벌
>
> a **pair** of scissors/pliers/tweezers 가위 한 자루/펜치 한 자루/핀셋 한 개

4 복수 명사: 집합

일부 복수 명사 앞에 써서 무리나 집합을 의미하는 표현도 있다.

> a **bunch** of **flowers** 꽃 한 다발   a **crowd** of **people** 군중

a **flock** of **sheep/birds** 양 떼/새 떼   a **herd** of **cattle/goats** 소 떼/염소 떼

a **pack** of **cards** 카드 한 벌 (미국 영어: a **deck** of **cards**)

일정한 개수로 한 벌을 구성하는 불가산명사 또는 복수 명사 앞에는 **set**를 쓴다.

a **set** of napkins/dishes/cutlery(미국 영어 flatware/silverware)/spanners
냅킨/접시/날붙이/스패너 한 세트

형용사나 부사를 수식하는 a bit의 용법은 ▸406 참조.

an amount, a lot, a large number 등은 ▸172 참조.   sort, type, kind 등은 ▸592 참조.

122 명사 + 보충어: 명사 뒤에 올 수 있는 것

많은 경우 명사(특히 추상명사) 바로 뒤에 그 의미를 완성해주는 단어나 구, 즉 '보충어 (complement)'가 올 수 있다. 이런 보충어로는 전치사구, to부정사, 절, 〈**전치사 + 절**〉 등이 있다.

Luke's **criticism of the plan** made him very unpopular.
루크는 그 계획을 비판하는 바람에 지지도가 대폭 하락했다.

I hate the **thought of leaving** you. 너를 떠난다는 생각은 정말 하기 싫어.

Does she understand the **need to keep** everything secret?
일체 비밀로 유지해야 한다는 것을 그녀는 이해하고 있는가?

I admire your **belief that** you are always right.
네 자신이 항상 옳다는 너의 신념을 높이 산다.

There's still the **question of whether** we're going to pay her.
우리가 그녀에게 지불할 것이냐 하는 문제가 아직 남아 있다.

명사 뒤에 한 종류 이상의 보충어가 올 수 있다.

He didn't give any **reason for the changes**.
그는 그 변경 조치들에 대한 근거를 제시하지 않았다.

You've no **reason to get** angry. 너는 화를 낼 이유가 전혀 없다.

The main **reason why** I don't believe her is this: ...
내가 그녀를 믿지 않는 주된 이유는 바로 이때문이다: …

일부 명사의 경우 뒤에 올 수 있는 보충어가 제한적이다.

- the **idea of** marriage 결혼 생각
  the **idea that** I might get married 결혼할까 하는 생각 (BUT NOT ~~the idea to get married~~)
- **freedom to** choose 선택할 자유
  freedom of choice 선택의 자유 (BUT NOT ~~freedom of choosing~~)

서로 관련 있는 명사나 동사가 각기 다른 종류의 보충어를 취할 수 있다는 점에 유의한다.

I have no **intention of resigning**. 나는 사임할 생각이 없다.

I do not **intend to resign**. 나는 사임할 생각이 없다.

명사(소유격)가 명사 뒤에서 수식어 역할을 할 수 있다.

my father's company 아버지의 회사   **garden** furniture 정원용 가구

⟨**명사 + 명사**⟩ 구문에 대한 사세한 내용은 ▸ 123-126 참조.

명사 뒤에 오는 -ing형에 대한 자세한 내용은 ▸ 103 참조.　　명사 뒤에 오는 to부정사는 ▸ 102 참조.
명사 뒤에 오는 절에서의 should 용법은 ▸ 264.6 참조.　　명사 뒤에 오는 절의 가정법은 ▸ 232 참조.
일부 보통명사 뒤에 쓰이는 전치사는 ▸ 213 참조.　　절 앞에 오는 전치사는 ▸ 210 참조.
명사 뒤에 관계사절(예: the people who live next door)은 ▸ Section 21 참조.

123 소유격: 명사 + 's (형식)

John's, parents', children's는 소유나 다른 의미를 표현하지만 보통 '소유격(possessive)'이라고 불린다.

1 철자법

단수명사 + **'s**	my **father's** car 우리 아버지의 자동차
복수명사 + **'**	my **parents'** house 우리 부모님의 집
불규칙 복수형 + **'s**	the **children's** room 아이들 방, **men's** clothes 남성복, **women's** rights 여성의 권리, an old **people's** home 양로원

-s로 끝나는 단수 명사에 아포스트로피(')만 붙일 때도 있는데, 특히 문학 작품이나 고전 인물 등을 언급할 때 주로 쓰인다.

Socrates' ideas 소크라테스의 사상들　　　**Dickens'** novels 디킨스의 소설들

그러나 일반적으로는 's를 쓴다.

Mr Lewis's dog 루이스 씨의 개

구 전체에 's 또는 '를 붙이기도 한다.

the man next door's wife 이웃집 남자의 부인
Henry the Eighth's six wives 헨리 8세의 여섯 아내
the Smiths' new house 스미스 가족의 새 집

주의 다음 두 예문의 차이에 유의한다.

Joe and Anna's children 조와 애나의 아이들 (조와 애나 부부의 아이들)
Joe's and Anna's children 조의 아이들과 애나의 아이들 (다른 두 가족의 아이들)

2 발음

명사 뒤에 붙는 's의 발음은 복수형 발음과 동일하다(▸ 118 참조).

doctor's /'dɒktəz/	Jack's /dʒæks/	Madge's /'mædʒɪz/
dog's /dɒgz/	Alice's /'ælɪsɪz/	James's /'dʒeɪmzɪz/
president's /'prezɪdənts/		

parents' 같은 단어는 끝에 아포스트로피가 붙어도 발음이 변하지 않는다. 그러나 고대 그리스 · 로마 시대의 단수형 이름에 아포스트로피가 붙은 's는 소유격 's가 붙은 것처럼 발음한다.

Socrates' /'sɒkrəti:zɪz/ ideas

124 명사의 결합: my father's house

1 소유격 's와 기타 한정사들

소유격 's 구문은 명사구에서 한정사(▶ Section 12 참조) 역할을 한다.

a car 자동차   **this** car 이 자동차   **his** car 그의 자동차   **Jack's** car 잭의 자동차

일반적으로 명사 앞에는 관사를 비롯한 기타 한정사와 소유격을 함께 쓸 수 없다(▶ 143.3 참조). 소유격을 쓰면 정관사는 붙이지 않는다.

the car that is Jack's (= Jack's **car**) 잭의 차 (NOT ~~the Jack's car~~ OR ~~Jack's the car~~)

그러나 소유격 명사 자체에는 관사를 붙일 수 있다.

the car that is **the boss's** (= **the boss's** car) 사장의 차

a/an 또는 this/that 등과 소유격을 함께 쓰려면 이중 소유격, 즉 〈a/an ... + 명사 + of + 독립 소유격('s)/소유대명사〉 형식을 따른다(▶ 177 참조).

She's **a cousin of Jack's**. 그녀는 잭의 사촌이다. (NOT ... ~~a Jack's cousin.~~)

I saw **that** stupid **boyfriend of Angie's** yesterday.
나는 어제 앤지의 멍청한 남자친구를 보았다. (NOT ... ~~that Angie's stupid boyfriend~~ ...)

2 소유격 's의 의미

's는 소유, 관계, 신체적 특징 등을 주로 나타낸다. 특히 첫 번째 명사가 사람, 동물, 나라, 기관(단체), 생물인 경우 대체로 's 형식을 취한다.

That's my **father's** house. 저기가 우리 아버지 집이다. (NOT ... ~~the house of my father~~)

Emily's brother is a lawyer. 에밀리의 오빠는 변호사다. (NOT ~~The brother of Emily~~ ...)

I don't like **Alice's** friends much. 나는 앨리스의 친구들이 탐탁지 않다.

Dan's eyes are like yours. 댄의 눈은 네 눈과 닮았다.

There's something wrong with the **cat's** ear. 고양이의 귀에 문제가 있다.

Scotland's climate is getting warmer. 스코틀랜드의 기후는 점점 더워지고 있다.

What do you think of the **company's** management?
그 회사의 경영에 대해 어떻게 생각하십니까?

또한 사람 또는 어떤 주체가 만들어내는 것을 언급할 때도 소유격을 쓴다.

I didn't believe the **girl's** story. 나는 그 소녀의 이야기를 믿지 않았다.

Have you read **Jack's** email? 잭의 이메일을 읽어보셨습니까?

What are **Norway's** main exports? 노르웨이의 주요 수출품은 무엇입니까?

The **government's** decision was extremely unwise. 정부의 결정은 지극히 어리석었다.

사람의 행위를 나타낼 때도 's나 of를 붙여 쓸 수 있다.

the **Queen's** arrival OR the arrival **of the Queen** 여왕의 도착

the **committee's** second meeting OR the second meeting **of the committee**
위원회의 두 번째 회의

수식어 등으로 소유의 주체가 너무 길어진 경우에는 통상 of를 활용한다. 비교〉

my **sister's** husband 내 여동생의 남편

the husband **of the woman who sent you those papers**
너에게 그 문서를 보낸 여성의 남편

3 소유격 's를 쓰지 않는 경우: the name of the street

사람, 동물, 나라 이름 이외의 명사들은 's를 붙이는 소유격보다는 전치사(주로 of)를 활용한다.

the name **of the street** 도로명 (NOT ~~the street's name~~)

the back **of the room** 방 뒤쪽 (NOT ~~the room's back~~)

the roof **of the house** 집의 지붕 (NOT ~~the house's roof~~)

the top **of the page** 페이지 상단 (NOT ~~the page's top~~)

두 가지 표현을 모두 쓸 수 있는 경우도 있다.

the **earth's** gravity OR the gravity **of the earth** 지구의 중력

the **plan's** importance OR the importance **of the plan** 그 계획의 중요성

the **concerto's** final movement OR the final movement **of the concerto**
협주곡의 마지막 악장

the **train's** arrival OR the arrival **of the train** 기차의 도착

the **world's** oldest mountains OR the oldest mountains **in the world**
세계에서 가장 오래된 산맥 (NOT ... ~~of the world~~) ▶ 206.7 참조.

유용한 일반적인 규칙을 부여할 수는 없으며, 특정 표현에 따라 다르다.

4 주어로 쓰이는 경우

's 형태가 명사를 수식할 경우 대체로 첫 번째 명사를 주어로 하며 have 등의 동사를 쓴 문장과
유사한 의미를 나타낸다.

Joe's brother (Joe **has** a brother) 조의 형 (조는 형이 있다)

the **dog's** tail (the dog **has** a tail) 개의 꼬리 (그 개는 꼬리가 있다)

America's gold reserves (America **has** gold reserves)
미국의 금 보유고 (미국에는 금 보유고가 있다)

the **manager's** decision (the manager **made** a decision)
책임자의 결정 (그 책임자가 결정을 내렸다)

Harris's novel (Harris **wrote** a novel) 해리스의 소설 (해리스가 소설을 썼다)

첫 번째 명사가 동사의 목적어가 되는 경우도 있다.

the **prisoner's** release (they **released** the prisoner)
그 죄수의 석방 (그들은 그 죄수를 석방했다)

5 시간: a day's journey

소유격 's(또는 복수형 's)로 어떤 행위 또는 상황이 지속된 시간을 나타낸다.

a **day's** journey 하루 동안의 여정

twenty minutes' delay 20분간의 지연

숫자가 포함된 경우 소유격 's 대신 〈**명사 + 명사**〉 형태를 쓸 수도 있다(▶ 125.3 참조).

a **three-hour** journey 3시간의 여정

a **twenty-minute** delay 20분간의 지연

6 기타 시간 표현: yesterday's news

특정 시점에 일어난 일이나 사건 등을 나타낼 때도 소유격 's 형식을 쓸 수 있다.

> **yesterday's** news 어제의 뉴스
>
> **last Sunday's** match 지난 일요일의 시합
>
> **tomorrow's** weather 내일의 날씨

7 worth

가격을 나타내는 단위 명사의 소유격 뒤에 worth를 써서 물건의 가격이나 값어치를 나타낸다.

> a **pound's** worth of walnuts 1파운드어치의 호두
>
> **three dollars'** worth of popcorn 3달러어치의 팝콘

복합명사의 소유격(예: a doll's house, cow's milk)은 ▸ 126 참조.

8 명사 없이 쓰는 독립 소유격

의미가 분명한 경우 뒤에 붙는 명사를 생략하고 소유격만 쓸 수 있는데, 이를 독립 소유격이라 한다.

> Whose is that? ~ **Daniel's**. 저건 누구 거죠? ~ 다니엘 거예요.

shop(상점), company(회사), church(교회), house(집)는 이런 식으로 명사 없이 독립 소유격으로 표기할 수 있다. 상점이나 회사 이름에는 흔히 아포스트로피를 생략한다.

> I bought it at **Smiths**. 나는 그것을 스미스 상점에서 샀다.
>
> She got married at **St Joseph's**. 그녀는 성 요셉 성당에서 결혼했다.
>
> We had a nice time at **Jack and Susan's** last night.
> 우리는 어젯밤에 잭과 수잔 부부 집에서 즐겁게 보냈다.

현대 영어에서는 the doctor(의사), the dentist(치과의사), the hairdresser(미용사), the butcher(정육점 주인) 등에는 대체로 's를 붙이지 않는다.

> Alice is at **the dentist('s)**. 앨리스는 치과에 있다.

125 복합명사: milk chocolate

1 milk chocolate; chocolate milk

영어에서는 수많은 개념들이 〈**명사 + 명사**〉 형식의 복합명사로 표현된다. 이 형식에서 첫 번째 명사는 두 번째 명사를 수식하거나 설명하면서 형용사와 비슷한 역할을 한다. 비교)

- milk chocolate (a kind of chocolate) 밀크 초콜릿 (초콜릿의 일종)
  chocolate milk (a kind of milk) 초콜릿 우유 (우유의 일종)
- a horse race (a kind of race) 경마 (경주의 일종)
  a race horse (a kind of horse) 경주마 (말의 일종)
- a garden flower (a kind of flower) 화초 (꽃의 일종)
  a flower garden (a kind of garden) 꽃밭 (정원의 일종)

〈**명사 + 명사**〉 형식에서 두 번째 명사가 의미상 주어, 첫 번째 명사가 의미상 목적어가 되기도 한다.

an oil well (the **well** produces oil) 유정(油井) (갱정이 원유를 산출하다)

a sheepdog (the **dog** looks after sheep) 양치기 개 (개가 양떼를 돌보다)

a Birmingham man (the **man** comes from Birmingham)
버밍엄 남자 (남자가 버밍엄 출신이다)

the airport bus (the **bus** goes to the airport) 공항 버스 (버스가 공항으로 가다)

2 복합명사에서 첫 번째 명사는 단수: a shoe shop

첫 번째 명사는 의미상 복수라도 대체로 단수형을 쓴다(예외는 ▶ 125.4 참조).

a **shoe** shop (= a shop that sells shoes) 신발 가게 (= 신발을 파는 가게)

a **horse** race (= a race for horses) 경마 (= 말들의 경주)

a **tooth**brush (= a brush for teeth) 칫솔 (= 이를 닦는 솔)

coat pockets (= pockets in coats) 코트 호주머니 (= 코트에 있는 호주머니)

a **ticket** office (= an office that sells tickets) 매표소 (= 표를 판매하는 사무소)

3 수치: a five-litre can

〈**명사 + 명사**〉 형식에서 첫 번째 명사 앞에 숫자를 써서 수치를 나타낸다. 대체로 숫자와 첫 번째 명사를 하이픈(-)으로 연결한다.

주의 이때 첫 번째 명사는 대체로 단수형을 쓴다.

a **five-litre** can 5리터짜리 용기 (NOT a~~five-litres can~~)

a **ten-pound** note 10파운드 지폐 (NOT a~~ten-pounds note~~)

a **hundred-dollar** bill 100달러 지폐

a **six-pound** chicken 닭고기 6파운드

a **three-mile** walk 걸어서 3마일 거리

a **five-day** course 5일 과정

a **two-person** tent 2인용 텐트

ten **two-hour** lessons 2시간 분량 교습 10회

숫자 one은 종종 생략된다.

a **(one-)pint** mug 1파인트 머그잔

분수에서 복수형 -s는 생략할 수 없다.

a **two-thirds** share 3분의 2 (NOT a~~two-third share~~)

예외: three quarters 4분의 3 (a **three-quarter** length coat 칠부)

4 예외: 첫 번째 명사가 복수형인 복합어 - a clothes shop

첫 번째 명사가 복수형인 복합어도 있다. clothes처럼 단수형이 없는 경우나 customs처럼 특정 의미로는 단수형을 쓰지 않는 명사, savings처럼 단수형보다 복수형을 널리 쓰는 경우 첫 번째 명사가 복수형이 된다. antique(s), drug(s)처럼 단수형과 복수형이 혼용되는 경우도 있는데, 점차 복수형이 널리 쓰이는 추세다. 예)

a **clothes** shop 옷가게   a **drinks** cabinet 음료 진열대

a **glasses** case 안경집   a **goods** train 화물 열차 (영국 영어)

a **customs** officer 세관 직원   a **sports** car 스포츠카

arms control 군비 억제   a **greeting(s)** card 연하장

a **savings** account 예금 계좌	an **antique(s)** dealer/shop 골동품상/골동품점
the **accounts** department 회계부	the **drug(s)** problem 마약 문제
the **sales** department 영업부	the **arrival(s)** hall (at an airport) (공항의) 입국장
the **outpatients** department (of a hospital) (병원의) 외래 진료실	

또한 어미에 -ics가 붙는 단수 명사 역시 다른 명사 앞에서 뒤의 명사를 수식할 수 있다.

    athletics training 스포츠 훈련　　　　an **economics** degree 경제학 학위

첫 번째 명사가 행위의 주체(주어)인 경우 복수형인 men과 women을 쓰고, 뒤따라 오는 명사 역시 복수형을 취한다. 첫 번째 명사가 행위의 대상(목적어)인 경우에는 단수형인 man과 woman을 쓴다. 비교〉

- **men** drivers (= men who drive) 남성 운전자 (= 운전하는 남성들)

   women pilots (= women who fly planes) 여성 조종사 (= 비행기를 조종하는 여성들)

- **man**-eaters (= lions, tigers or other animals that eat people)

   식인 동물 (= 사람을 먹는 사자, 호랑이나 다른 동물들)

   woman-haters (= people who hate women)

   여성 혐오자 (= 여성을 싫어하는 사람들)

5 관사

〈**명사 + 명사**〉 조합에서 첫 번째 (수식하는) 명사에 원래 붙어 있던 관사는 탈락된다.

    army officers (= officers in **the army**) 육군 장교들 (= 육군에서 복무하고 있는 장교들)

    a **sun** hat (= a hat that protects you against **the sun**)

    햇빛 차단용 모자 (= 태양으로부터 피부를 보호해 주는 모자)

6 둘 이상의 명사가 조합될 경우

둘 이상의 명사가 조합될 수도 있는데, 이 경우 앞에 나열된 명사군이 맨 마지막 명사를 수식한다. 이를 테면 처음 두 명사가 세 번째 명사를 수식하고, 이 세 개의 명사로 이루어진 명사군이 네 번째 명사를 수식한다.

    oil production costs 석유 생산 비용

    road accident research centre 교통사고 조사 센터

명사를 나열하면 지면을 절약할 수 있으므로 신문 헤드라인에서 이런 조합이 널리 쓰인다(▶ 292 참조).

    FURNITURE FACTORY PAY CUT PROTEST 가구 공장 임금 삭감을 둘러싼 갈등

7 발음

〈**명사 + 명사**〉 조합에서는 대체로 첫 번째 명사에 강세를 둔다.

a 'bicycle factory 자전거 공장	a 'fruit drink 과일 음료
'ski boots 스키 부츠	'coffee beans 커피콩

그러나 예외도 적지 않다.

a garden 'chair 정원 의자	a fruit 'pie 과일 파이

강세로 명사 수식어와 형용사 수식어를 구분하기도 한다. 비교〉

    a 'German teacher 독일어 교사 (명사 수식어: a person who teaches German) a German 'teacher 독일인 교사 (형용사 수식어: a teacher who is German)

주의 영국 영어와 미국 영어에 차이가 있다.

도로와 거리 이름의 강세는 ▶ 570 참조.

8 철자법

널리 쓰이는 짤막한 〈**명사 + 명사**〉 조합은 대체로 붙여서 한 단어처럼 쓰인다.

bathroom 욕실   toothbrush 칫솔   seaside 해변

furniture shop, railway station처럼 분리해서 쓰기도 한다. 이처럼 경우에 따라 다양한 방식으로 쓰는데 일부 복합명사는 이 세 가지 방식을 전부 사용하기도 한다(예: lampshade 또는 lamp shade). bathroom처럼 붙여 쓰는 것이 상용화된 짧은 복합명사 외에는 대체로 두 단어를 띄어 쓸 수 있다. 〈**명사 + 명사**〉 조합은 하이픈으로 연결하여 썼으나(예: spectacle-case), 요즘은 하이픈의 사용이 점차 줄어드는 추세다.

각종 복합어의 철자법에 대한 자세한 내용은 ▶ 342 참조.

9 다른 형식

복합적 개념을 전부 〈**명사 + 명사**〉의 형식으로 표현할 수 있는 것은 아니다. 때로는 of를 비롯한 전치사를 쓰거나 소유격('s)을 써야 하는 경우도 있다.

a feeling **of disappointment** 실망감 (NOT ~~a disappointment feeling~~)

letters **from home** 집에서 온 편지들 (NOT ~~home letters~~)

cow's milk 우유 (NOT ~~cow milk~~)

자세한 내용은 ▶ 126 참조.

126 분류의 표현: 명사 + 명사 또는 전치사 구문

1 분류의 표현: a sheepdog

〈**명사 + 명사**〉 형식은 주로 분류, 즉 특정 종류를 나타내는 표현으로 쓰인다.

mountain plants (a special group of plants) 산지 식물 (특별한 식물군)

mineral water (a sort of water) 생수 (물의 일종)

a sheepdog (a particular kind of dog) 양치기 개 (특별한 종류의 개)

〈**명사 + 명사**〉는 특히 널리 알려진 부류에 속한 대상을 언급할 때 쓰이며, 이때 두 명사는 단일 개념을 나타낸다. 다른 경우에는 전치사 형식이 쓰인다. 비교)

the postman, the milkman 우체부, 우유 배달원

(모두 가정집을 정기적으로 방문하는 널리 알려진 부류의 사람들)

a man from the health department 보건부에서 나온 남자 (정기적인 방문객이 아님)

기타예)

– He was reading a **history book**. 그는 역사책을 읽고 있었다. (일반적인 책의 한 종류)

He was reading a **book about the moon**.

그는 달에 관한 책을 읽고 있었다. (NOT ~~a moon book~~)

– She was sitting at a **corner table** in the restaurant.

그녀는 식당의 구석 테이블에 앉아 있었다. (식당에는 보통 구석 테이블이 있음)

Who's the **girl in the corner**? 구석에 있는 소녀는 누구니? (NOT ~~Who's the corner girl?~~)
– What does that **road sign** say? 저 도로 표지판은 무슨 의미야?
She was showing **signs of tiredness**.
그녀는 지친 기색을 드러내고 있었다. (NOT ... ~~tiredness signs.~~)

2 용기: a matchbox; a box of matches

〈**명사 + 명사**〉로 특정 종류의 용기를 표현할 수 있다.

a matchbox 성냥갑   a paint tin 페인트 통   a coffee cup 커피 잔

그러나 내용물이 담긴 용기를 언급할 때는 전치사 of를 쓴다.

a box of matches 성냥 한 갑   a tin of paint 페인트 한 통   a cup of coffee 커피 한 잔

3 단위, 집합체: piece, group 등

piece, slice, lump (of sugar), bunch (of flowers), blade (of grass), pack (of cards), herd, flock, group 등 물건의 단위나 집합체를 나타내는 단어들에도 전치사 of를 쓴다.

a **piece of** paper 종이 한 장 (NOT ~~a paper piece~~)
a **bunch of** flowers 꽃 한 다발 (NOT ~~a flower bunch~~)

4 사물의 원재료: a silk dress; silken skin

〈**명사 + 명사**〉로 사물의 원재료를 나타낼 수 있다.

a silk dress 실크 드레스   a stone bridge 돌다리
an iron rod 철근   a gold ring 금반지

고대 영어에서는 이 경우 주로 전치사 of를 썼다(예: a dress of silk, a bridge of stone). 오늘날에도 은유적 표현으로 이런 형식을 쓰기도 한다.

He rules his family with a **rod of iron**. 그는 가족들을 엄하게 다스린다.
The flowers were like a **carpet of gold**. 꽃들은 마치 금으로 수놓은 양탄자 같았다.

gold와 golden처럼 일부 명사와 형용사는 각기 다른 의미를 나타내는 수식어로 쓰인다. 일반적으로 명사는 재료를 나타내고 형용사는 은유적 의미를 표현한다. 비교)

a **gold** watch 금시계   **golden** memories 소중한 추억
silk stockings 실크 스타킹   **silken** skin 비단결 같은 피부
a **lead** pipe 함석 파이프   a **leaden** sky 우중충한 잿빛 하늘
a **stone** roof 돌지붕   a **stony** silence 무거운 침묵

그러나 wooden과 woolen은 각각 재료를 나타내는 형용사로 '나무로 만든 / 양모로 만든'을 의미한다.

127 's로 나타내는 분류의 표현: a child's toy; cow's milk

1 명사 + 's + 명사: children's clothes; a bird's nest

소유격('s)을 써서 종류를 나타내기도 한다. 보통 사람이나 동물이 사용하는 사물을 언급할 때 이런 형식을 쓴다. 여기서 첫 번째 명사는 사용자를 지칭한다.

children's clothes 아동복	a **man's** sweater 남성 스웨터
women's magazines 여성 잡지	a **bird's** nest 새 둥지

대체로 두 명사 모두 단수형으로 쓰거나 두 명사 모두 복수형으로 쓴다.

  a **child's toy** 아동 장난감   **children's clothes** 아동복

  BUT **a women's magazine** 여성 잡지

사용하는 사물이라도 언제나 소유격('s)을 붙이지는 않는다.

  baby clothes 유아복   a **bird**cage 새장

영국식과 미국식 용법이 다른 경우도 있다. 비교)

a **baby's** bottle 젖병 (영국 영어)	a **baby** bottle (미국 영어)
a **baby's** pram 유모차 (영국 영어)	a **baby** carriage (미국 영어)
a **doll's** house 인형의 집 (영국 영어)	a **doll** house (미국 영어)

2 명사 + 's + 명사: cow's milk; a hen's egg

살아 있는 동물을 통해 얻은 산물을 표현할 때는 소유격('s)을 쓴다.

cow's milk 우유	**lamb's** wool 새끼양의 털
a **hen's** egg 달걀	**sheep's** wool 양털
a **bird's** egg 새알 (BUT **camel** hair, **horse**hair)	

그러나 동물을 도축해서 얻은 산물에는 〈**명사 + 명사**〉 형식을 쓴다.

calf skin 송아지 가죽	**chamois** leather 섀미 가죽
fox fir 여우 털	**chicken** soup 닭고기 수프
a **lamb** chop 양 갈비	**tortoise** shell 거북이 등딱지

3 부분: a man's leg; a table leg

소유격('s)으로 사람이나 동물의 몸 일부를 나타낸다.

  a **man's** leg 사람의 다리   an **elephant's** trunk 코끼리의 코

  a **sheep's** heart 양의 심장

그러나 무생물의 일부를 나타낼 때는 보통 〈**명사 + 명사**〉 형태를 쓴다.

  a **table** leg 탁자 다리 (NOT ~~a table's leg~~)

  a **car** door 자동차 문 (NOT USUALLY ~~a car's door~~)

4 발음

소유격('s)으로 분류나 종류를 표현할 때는 주로 첫 번째 명사에 강세를 둔다. 비교)

 – a 'doll's house (a kind of house) 인형의 집 (집의 한 종류)

   my brother's 'house (not a kind of house) 우리 형의 집 (집의 한 종류가 아님)

 – 'goat's milk (a kind of milk) 염소 젖 (젖의 한 종류)

   the goat's 'tail (not a kind of tail) 그 염소의 꼬리 (꼬리의 한 종류가 아님)

다음과 같은 예외가 있다.

  a child's 'bicycle (a kind of bicycle) 아동 자전거 (자전거의 한 종류)

소유, 관계 등을 나타내는 데 쓰이는 소유격('s) 용법은 ▶ 124 참조.

128 동사의 복수형과 함께 쓰이는 단수 명사

1 집합명사(사람): The team is/are ...

영국 영어의 경우 family, team, government 등 집합적 개념을 나타내는 단수 집합명사는 동사 및 대명사의 단수형과 복수형을 모두 취할 수 있다.

The team is/are going to lose. 그 팀은 질 것이다.

제각기 결정권이 있으며 원하는 것도 서로 다른 개개인들의 집합으로 볼 경우 흔히 동사 및 대명사의 복수형을 취한다. 그러나 구성원들의 개별적 성격이 약한 하나의 집단으로 볼 때는 대체로 단수형을 쓴다. 비교)

– My **family have decided** to move to York. **They're** going in April.
   가족들이 요크로 이사하기로 결정했다. 그들은 4월에 이사를 간다.

   The average **family has** 3.6 members. **It is** smaller than 50 years ago.
   가구당 평균 인원 수는 3.6명이다. 이는 50년 전보다 줄어든 수치다.

– My **company are** wonderful. **They do** all they can for me.
   우리 회사는 최고다. 나를 위해 해줄 수 있는 것은 다 해준다.

   My **company was** founded in the 18th century. 우리 회사는 18세기에 설립되었다.

집합명사를 복수형으로 취급할 때는 통상 관계대명사 who, 단수형으로 취급할 때는 which를 쓴다. 비교)

The committee, **who are** hoping to announce important changes, ...
위원회는 중대한 변화를 발표하기를 바라고 있으며 …

The committee, **which is** elected at the annual meeting, ...
위원회는 연례 회의에서 선출되며 …

집합명사가 단수형에 쓰이는 한정사(예: a/an, each, every, this, that)의 수식을 받을 때는 일반적으로 동사와 대명사 역시 단수형을 취한다. 비교)

The team are full of enthusiasm. 그 팀은 의욕이 넘친다.

A team which is full of enthusiasm **has** a better chance of winning.
의욕이 넘치는 팀이 승산이 높다. (A team who are full …보다 자연스러움)

단수형과 복수형이 혼용되기도 한다.

The group gave **its** first concert in June and **they are** now planning a tour.
그 그룹은 6월에 첫 콘서트를 열었고 이제 순회공연을 계획하고 있다.

영국 영어에서 단수형과 복수형으로 모두 쓰이는 집합명사의 예는 다음과 같다.

bank 은행	company 회사	government 정부
public 대중	the BBC 영국방송협회	England 영국 축구국가대표팀
jury 배심원단	school 학교	choir 성가대
ministry 내각	staff 직원	class 학급
family 가족	orchestra 오케스트라	team 팀
club 클럽	firm 회사, 기업	party 일행
union 노동조합	committee 위원회	

미국 영어에서는 이러한 집합 명사들을 거의 대부분 단수형으로 취급하지만(단, family는 복수형 동사를 쓸 수 있다), 대명사는 복수형으로 쓰기도 한다.

The team **is** in Detroit this weekend. **They** expect to win.
그 팀은 이번 주말 디트로이트에 있다. 그들은 승리하기를 바라고 있다.

2 A number of people have ...

수량을 표현하는 형용사구 중에는 형태는 단수형(▸172 참조)이지만 복수 명사 및 대명사를 수식하는 경우가 많은데, 이 경우 동사는 대체로 복수형을 취한다.

A number of people have tried to find the treasure, but **they** have all failed.
수많은 사람들이 보물을 찾으려고 애썼지만 모두 실패했다.
(A number of people has tried ...보다 자연스러움)

A group of us are going to take a boat through the Dutch canals.
우리 일행은 배를 타고 네덜란드 운하를 통과할 것이다.

A couple of my friends plan to open a travel agency.
내 친구들 중 몇 명은 여행사를 열 계획이다. (NOT A couple of my friends plans ...)

A lot of social problems are caused by unemployment.
수많은 사회문제가 실업으로 야기된다. (NOT A lot of social problems is caused ...)

The majority of criminals are non-violent. 범죄자들의 대부분은 비폭력 사범이다.

Some of these people are relations and **the rest are** old friends.
이 사람들 중 일부는 친척이고 나머지는 오랜 친구들이다.

Half of his students don't understand a word he says.
그의 학생들 중 절반은 그가 하는 말을 한마디도 이해하지 못한다. (NOT Half of his students doesn't ...)

더 많은 표현에 대한 자세한 내용은 ▸172 참조.　　the rest는 ▸569 참조.　　(a) few는 ▸168 참조.
분수/소수의 단수, 복수는 ▸130.10 참조.

129 동사의 단수형과 함께 쓰이는 복수 명사

1 수량: that five pounds

수량을 언급할 때는 명사가 복수형이라도 한정사, 동사, 대명사를 단수형으로 쓴다.

Where **is that five pounds** I lent you?
내가 빌려준 5파운드 갚아야지? (NOT Where are those five pounds ...?)

Twenty miles is a long way to walk. 20마일은 걷기에는 먼 거리다.

We've only got **five cans** of juice left. ~ **That isn't** enough.
주스가 5통밖에 안 남았어. ~ 그걸로는 충분하지 않아.

More than **41 inches** of snow **has** fallen on the city this winter.
올 겨울에 도시에 41인치 이상의 눈이 내렸다.

2 연산

연산에서는 숫자를 나타내는 복수형 주어 뒤에 흔히 동사의 단수형을 쓴다.

Two and two **is/are** four. 2 더하기 2는 4다.

Ten times five **is** fifty. 10 곱하기 5는 50이다. (OR Ten fives **are** fifty.)

연산과 관련된 구어체의 자세한 내용은 ▸322.21-322.22 참조.

3 more than one

more than one(둘 이상)은 대체로 명사 및 동사의 단수형과 함께 쓰인다.

> **More than one person is** going to have to find a new job.
> 두 사람 이상이 새 일자리를 찾아야 할 것이다.

4 one of ...

one of 뒤에 복수 명사가 오면 동사는 대체로 단수형을 취한다.

> **One of my friends is** getting married.
> 내 친구 중 하나가 결혼한다. (NOT ~~One of my friends are~~ ...)

one of ... 뒤에 오는 관계사절에서 동사의 단수형과 복수형은 ▶130.1 참조.

5 and

and로 연결된 일부 어구 중 명사 두 개가 관용적으로 함께 쓰여 단일 대상처럼 취급되는 경우, 단수형 한정사의 수식을 받으며 동사와 대명사도 단수형을 취한다(▶130.4 참조).

> This **gin and tonic isn't** very strong, **is it**? 이 진토닉은 그다지 독하지 않죠, 그렇죠?
> Your **toast and honey is** on the table. 꿀을 바른 토스트가 식탁 위에 있어.

6 국가 및 기관: The United States is ...

복수형으로 된 나라 이름은 대체로 동사와 대명사의 단수형을 취한다.

> **The United States is** anxious to improve **its** image in Latin America.
> 미국은 라틴 아메리카 지역에서 미국의 이미지가 개선되기를 갈망한다.

복수형으로 된 기관명 또한 동사와 대명사의 단수형을 취한다.

> **Consolidated Fruitgrowers has** just taken over Universal Foodstores.
> 컨솔리데이티드 푸르트그로워즈는 막 유니버설 푸드스토어스를 인수했다.

130 단수형과 복수형이 함께 있는 복잡한 구문

문장의 동사가 단수 명사와 복수 명사 모두와 관련이 있는 복잡한 구문도 있다.

1 one of the few women who have climbed Everest

one of the ...(▶544 참조) 등의 어구 뒤에 who, which, that으로 시작되는 관계사절이 올 경우, 관계사절의 동사로 단수형과 복수형을 모두 쓸 수 있다.

> She's **one of the few women** who **have/has** climbed Everest.
> 그녀는 에베레스트를 등반한 몇 안 되는 여성들 중 한 명이다.
> This is **one of those books** that **are/is** read by everybody.
> 이것은 모든 사람들이 읽은 책 중 하나다.

엄밀하게 본다면, the few women who, those books that에 일치되도록 동사의 복수형을 쓰는 것이 맞지만 단수형도 널리 쓰인다. 예〉

> **One of the things** that really **make/makes** me angry is people who don't answer emails. 나를 정말로 화나게 만드는 것들 중 하나는 이메일에 답장하지 않는 사람들이다.

We've got **one of those Japanese cars** that never **break/breaks** down.
우리는 절대 고장나지 않는 일본제 자동차를 한 대 갖고 있다.

2 A serious problem is wasps.

대체로 동사 뒤에 나오는 보어가 아니라 문장의 주어와 동사를 일치시킨다.

The biggest timewaster **is** meetings.
가장 큰 시간 낭비는 회의다. (NOT ~~The biggest timewaster **are** meetings.~~)

A serious problem in our garden **is** wasps.
우리 정원의 심각한 문제는 말벌들이다. (NOT ~~A serious problem ... **are** wasps.~~)

그러나 동사와 주어가 멀리 떨어져 있는 경우에는 보어와 동사를 일치시키기도 한다.

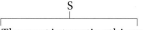

The most interesting thing on radio and television last weekend,

without any doubt, **was/were** the tennis championships.
지난 주말 라디오와 텔레비전에서 가장 재미있었던 것은 의심할 여지 없이 테니스 결승전이었다.

특히 **what**으로 시작되는 관계대명사절이 주어가 되고 보어 부분이 길 경우 흔히 보어에 동사를 일치시킨다.

What I am most interested in **is/are** your immediate personal reactions.
내가 가장 관심 있는 것은 당신의 즉각적이고 개인적인 반응이다.

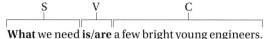

What we need **is/are** a few bright young engineers.
우리에게 필요한 것은 소수의 젊고 명석한 기술자들이다.

의문사 what과 who 뒤에 오는 동사의 단수형과 복수형은 ▶ 130.5 참조.

3 복수 어구의 수식을 받는 단수 주어

단수 주어 뒤에 복수 어구가 와서 주어를 수식할 경우, 동사를 복수형으로 쓰기도 하지만 문법에 어긋난다는 것이 정설이다.

~~Nobody except his best friends like him.~~
그의 절친한 친구들 외에는 아무도 그를 좋아하지 않는다. (더 정확한 표현: Nobody ... **likes** him.)

~~A good knowledge of three languages are necessary for this job.~~
이 일자리에는 3개 국어에 정통한 어학 실력이 필요하다. (더 정확한 표현: A good knowledge ... is ...)

kind(s), sort(s), type(s) 등 뒤에 오는 단수형과 복수형은 ▶ 592 참조.

4 등위접속사로 연결된 주어: A and B, A or B, A as well as B 등

단수 명사 두 개가 and로 연결되어 주어가 될 경우 대체로 동사의 복수형을 쓴다.

Alice and Joseph are going to be late. 앨리스와 조셉은 늦을 것이다.

그러나 and로 연결된 구를 하나의 단일 개념으로 취급할 때는 동사의 단수형을 쓴다(▶ 129.5 참조).

Bacon and eggs is a popular British breakfast.
베이컨과 달걀은 일반적인 영국 아침 식사이다.

주어가 as well as, together with 등으로 연결된 어구일 경우, 앞의 명사가 단수형이면 동사도 대개 단수형으로 쓴다.

The Prime Minister, as well as several Cabinet Ministers, **believes** in a tough
financial policy. 일부 각료들은 물론 총리도 강경한 금융 정책을 신봉한다.

The Managing Director, together with his heads of department, **is** preparing a
new budget. 상무이사는 부서장들과 함께 새로운 예산안을 준비하고 있다.

or로 연결된 어구가 주어일 경우, 뒤의 명사가 단수형이면 동사도 단수형, 뒤의 명사가 복수형이
면 동사 역시 복수형으로 쓴다. 비교)

There's no room – either two chairs **or a table has** got to be moved.
공간이 없어. 의자 두 개나 탁자 하나를 치워야 해.

There's no room – either a table **or two chairs have** got to be moved.
공간이 없어. 탁자 한 개나 의자 두 개를 치워야 해.

주어가 neither ... nor로 연결된 어구일 경우, 격식체에서는 단수형을 쓰지만, 비격식체에서는
복수형을 쓰기도 한다.

Neither she **nor** her husband **has** arrived. 그녀와 그녀의 남편 모두 도착하지 않았다. (격식체)

Neither she **nor** her husband **have** arrived. 그녀와 그녀의 남편 모두 도착하지 않았다. (비격식체)

5 who, what

의문사 who와 what이 주어인 의문문에서는 질문에 대한 대답이 복수형으로 짐작되더라도 대체
로 동사의 단수형을 쓴다.

Who is working tomorrow? ~ Jake, Lucy and Shareena (are working tomorrow).
내일 누가 근무하죠? ~ 제이크와 루시, 쉐리나(가 내일 근무합니다).
(Who are working tomorrow?보다 자연스러움)

Who was at the party? 파티에 누가 왔어? (Who were at the party?보다 자연스러움)

What lives in those little holes? ~ Rabbits (do).
저 조그만 구멍들에 뭐가 살지? ~ 토끼들(이 살아). (NOT ~~What live~~ ...)

의문사 who와 what이 보어인 의문문에서는 동사의 복수형을 쓸 수 있다.

Who are your closest friends? ~ (My closest friends are) Naomi and Bridget.
누구랑 가장 친해? ~ (가장 절친한 친구들은) 나오미와 브리짓이야.

What are your politics? ~ (My politics are) extreme left-wing.
당신의 정치적 성향은 어떤가요? ~ (내 정치관은) 극좌파입니다.

what이 이끄는 관계사절이 주어일 경우 대체로 동사의 단수형을 쓴다.

What she needs is friends. 그녀에게 필요한 것은 친구들이다.
(What she needs are friends.보다 자연스러움)

그러나 보어가 길고 복수형이며, what이 이끄는 관계사절이 길어서 what과 동사가 멀리 떨어져
있을 경우에는 대개 동사의 복수형을 쓴다.

What we need most of all **are some really new ideas.**
무엇보다도 우리에게 필요한 것은 정말 참신한 아이디어들이다.

6 here's, there's, where's

비격식체에서는 here's, there's, where's 구문에서 대체로 복수 명사를 쓴다.

> **Here's** your **keys.** 여기 열쇠가 있어.
>
> **There's** some **children** at the door. 문 앞에 아이들 몇 명이 있다.
>
> **Where's** those **books** I lent you? 내가 빌려준 책들은 어디 있어?

7 another, a/an + 형용사가 앞에 올 때

수량을 나타낼 경우, 복수 명사라 해도 another(▶550 참조)나 ⟨a/an + 형용사⟩가 앞에 올 수 있다.

> I want to stay for **another three weeks.** 나는 3주 더 머물고 싶다.
>
> We'll need **an extra ten pounds.** 우리는 10파운드가 추가로 필요할 것이다.
>
> He's been waiting for **a good two hours.** 그는 꼬박 2시간을 기다리고 있었다.
>
> She spent **a happy ten minutes** looking through the photos.
> 그녀는 사진을 훑어보면서 즐겁게 10분을 보냈다.
>
> I've had **a very busy three days.** 나는 사흘 동안 정신없이 바빴다.

상당히 많은 수량을 나타낼 때는 ⟨a good many/few + 복수 명사⟩(비격식체)를 쓴다.

> I've lain awake **a good many nights** worrying about you.
> 네가 걱정돼서 수많은 밤을 뜬눈으로 지새웠어.
>
> I bet that house could tell **a good few stories.** 저 집에는 분명 많은 사연이 있을 것 같아.

8 kind, sort, type

비격식체에서는 kind, sort, type를 지시사와 함께 쓸 경우, 단수형과 복수형을 혼용하기도 한다. 자세한 내용은 ▶592 참조.

> I don't like **those kind of boots.** 나는 저런 종류의 부츠를 좋아하지 않는다.

9 every (빈도)

every 뒤에는 대체로 단수 명사를 쓰지만 빈도를 나타낼 경우에는 복수 명사를 쓴다.

> I go to Ireland **every six weeks.** 나는 6주마다 아일랜드에 간다.

10 분수

1과 2 사이의 수(분수, 소수)를 나타낼 때는 대체로 복수 명사를 쓴다(▶322.2 참조).

> It weighs **one and a half tons.** 그것은 무게가 1.5톤이다. (NOT ... ~~one and a half ton.~~)
>
> The tallest plants grow to about **1.75 feet.** 가장 키 큰 식물은 1.75피트 가량 자란다.

131 배분 복수형: Tell them to bring raincoats.

1 동일 행위자들을 지칭할 경우

각자 동일한 행위를 하는 다수의 사람들을 언급할 경우 대체로 복수 명사를 쓴다.

Tell the kids to bring **raincoats** to school tomorrow.
아이들에게 내일 학교에 비옷을 가져오라고 말하세요.
(Tell the kids to bring a raincoat ...보다 자연스러움)

소유격 역시 대체로 복수형을 쓴다.

Tell the children to blow **their noses.**
아이들에게 코를 풀라고 하세요. (NOT ... ~~to blow their nose.~~)

Six people lost **their lives** in the accident. 그 사고로 여섯 명이 목숨을 잃었다.

불가산명사의 경우 복수형을 쓸 수 없다.

They were all anxious to increase their **knowledge.**
그들 모두 견문을 넓히려는 열망이 강했다. (NOT ... ~~their knowledges.~~)

2 반복되는 사건

반복되는 사건을 언급할 경우 단수 명사와 복수 명사를 모두 쓸 수 있다. 자세한 설명이 없을 때는 복수 명사를 쓰는 편이 더 자연스럽다.

I often get **headaches.** 나는 자주 두통을 앓는다. (I often get a headache.보다 자연스러움)

She sometimes goes for **rides** over the hills. 그녀는 때때로 언덕 너머로 자전거를 타러 간다.

상황이나 시기 등 자세한 설명을 덧붙일 때는 흔히 단수 명사를 쓴다.

I often get **a headache** when I've been working on the computer.
나는 컴퓨터로 작업할 때 자주 두통을 앓는다.

She often goes for **a ride** over the hills before supper.
그녀는 저녁 식사 전에 종종 언덕 너머로 자전거를 타러 간다.

오해를 피하기 위해 단수 명사를 쓰는 경우도 있다.

I sometimes throw **a stone** into the river and wish for good luck.
나는 때때로 강물에 돌멩이 하나를 던지면서 행운을 빈다.
(I sometimes throw stones ... 보다 명확함 – 한 번에 돌 하나만 던지는 경우)

사건이 반복되는 시기나 시점을 언급할 때는 단수형과 복수형 모두 가능하며 의미의 차이는 없다.

We usually go and see my mother on **Saturday(s).** 우리는 대개 토요일마다 어머니를 보러 간다.

He's not at his best in the **morning(s).** 그는 아침에는 컨디션이 별로다.

3 일반적인 사항이나 규칙

일반적인 규칙 등을 언급할 때는 단수 명사와 복수 명사를 모두 쓸 수 있다.

We use **a past participle** in **a perfect verb form.** 완료 동사형에서는 과거분사를 사용한다.
(OR We use **past participles** in **perfect verb forms.**)

All documents must be accompanied by **a translation** of the **original.**
모든 서류에는 원본의 번역본이 포함되어야 한다.
(OR All documents must be accompanied by **translations** of the **originals.**)

단수형과 복수형을 혼용하는 경우도 있다.

Subjects agree with their **verb.** 주어는 동사와 일치한다.

Children may resemble both their **father** and their **mother** in different ways.
자녀는 서로 다른 방면에서 아버지와 어머니 양쪽 모두 닮을 수 있다.

at the beginning 같은 단수 관용 어구가 올 때도 흔히 단수형과 복수형을 혼용한다.

Discourse **markers** often come **at the beginning** of **sentences**.
담화 표지어는 종종 문두에 온다.

132 동사 대신 명사를 사용할 때: a cough, a taste

1 행위를 표현하는 명사

영어에서는 흔히 동사 대신 명사를 써서 행위를 표현한다. 이런 종류의 명사는 대체로 명사와 동사의 형태가 같다. 비격식체에서 널리 쓰이는 용법이다.

There was a loud **crash**. 시끄러운 꽝음이 났다.

Did I hear a **cough**? 기침 소리였어?

I need a **rest**. 좀 쉬어야 해.

Would you like a **taste**? 맛보실래요?

What about a **drink**? 한잔 어때?

Come on – one more **try**! 힘내, 한 번 더 해봐!

2 상용구

have, take, give, make, go for 등 뒤에 다양한 명사를 써서 여러 가지 행위를 나타낼 수 있다.

I'll **have a think** and let you know what I decide.
내가 생각해보고 결정한 것을 알려줄게. (격식을 차리지 않은 영국 영어)

Let's **have a talk** about your plans. 네 계획에 대해 얘기해보자.

Let your sister **have a go** on the swing. 네 여동생 그네 한번 태워줘. (영국 영어)

Just **take a look** at yourself. 네 자신을 한번 봐.

I like to **have/take a bath** before I go to bed. 나는 잠자기 전에 목욕하는 것을 좋아한다.

If it won't start, let's **give** it **a push**. 시동이 안 걸리면 한번 밀어보자.

I don't know the answer, but I'm going to **make a guess**.
정답은 모르겠지만 한번 알아맞혀 볼게.

go for ...는 신체 활동 명사와 함께 흔히 쓰인다.(▶ 475 참조).

I try to **go for a run** every day. 나는 매일 달리기를 하려고 노력한다.

Let's **go for a walk**. 산책 가자.

do 뒤에는 -ing형을 써서 행위를 나타낸다(▶ 435.3 참조).

She **does a bit of painting**, but she doesn't like to show people.
그녀는 그림을 좀 그리지만 사람들에게 보여주는 것을 좋아하지 않는다.

미리 계획하지 않았거나 우발적이며 가벼운 여가 활동에는 이런 구문들이 널리 쓰인다.

Let's **have a swim**. 수영하자. (Let's swim.보다 자연스러움)

have와 함께 쓰는 '행위 명사'에 대한 자세한 내용과 관용 어구는 ▶ 23 참조.

249

Section 12 **Determiners** 한정사: a/an, the; my, your 등; this, that 등

개요

한정사의 정의

한정사는 명사구, 형용사 앞에 오는 단어들이다. 한정사는 대체로 언급하는 대상이 무엇인지, 얼마나 많은지 나타낸다.

the manager 그 매니저   **a** nice day 화창한 날
my fat old cat 뚱뚱하고 늙은 내 고양이   **this** house 이 집
some problems 몇 가지 문제들   **either** arm 어느 한쪽 팔
every week 매주   **enough** oil 충분한 석유
several young students 몇몇 어린 학생들

한정사는 문법적으로 크게 두 가지로 나뉜다.

1   관사(a/an, the), 소유격(my, your 등), 지시사(this, that 등)
이 한정사들은 특정 분류나 범주에서 어떤 부분을 언급하고 있는지를 나타내는 데 도움을 준다. 과거 문법이나 사전에서는 소유격과 지시사를 '형용사'로 분류했지만 형용사와는 사뭇 다르다.

2   수량사(예: all, some, each, much, most, several) 등
대체로 언급하는 대상의 수량을 나타낸다.
이 섹션에서는 첫 번째 유형을 다루고 나머지는 Section 13에서 다룬다.

관사

관사의 용법은 영어 문법에서 가장 어려운 요소로 손꼽히는데, 특히 관사가 없는 언어를 모국어로 하는 학습자들에게는 어려운 부분이다. 관사의 용법이 어려운 이유는 다음과 같다:

*   관사(그리고 관사를 쓰지 않는 '무관사' 용법)에는 다양한 의미가 있어 의미를 명확하게 구분하기가 어려운 경우가 많다.
*   관사의 의미는 비교적 추상적이므로 설명하기가 쉽지 않다.
*   관사가 있는 언어들(예: 프랑스어, 스웨덴어, 포르투갈어)도 해당 관사를 영어와 동일한 방식으로 쓰지 않는 경우가 있으며, 특히 대상을 통칭할 경우 영어와 용법이 다를 수도 있다(▶ 140 참조).
*   때로는 문법이 아니라 단순히 어휘에 따라 관사가 결정되는 경우가 있다. 어떤 표현에서는 **the**를 사용하지만 비슷한 의미라도 다른 표현에서는 뚜렷한 이유 없이 **a**를 쓰거나 관사를 쓰지 않는 경우도 있다.

    on **the radio** 라디오에서   on **TV** TV에서
    I've got **backache**. 나는 허리가 아프다. (영국 영어)
    I've got **a headache**. 나는 머리가 아프다.
    We took **a wrong turning** and went to **the wrong address**.
    우리는 방향을 잘못 돌려 엉뚱한 주소로 갔다.

그러나 대체로 관사의 용법은 규칙적이며 이어지는 항목에 대한 설명을 보면 크게 도움이 될 것이다. 또한 실용 어법에서 관사를 잘못 쓴다고 해서 큰 문제가 되지는 않으며 오해를 사는 일도 드물다.

소유격: 용어

소유격에는 용어의 문제가 있다. my, your 등(▶ 143 참조)은 종종 '소유 형용사'라고 하며 mine, yours

등(▶176 참조)은 대체로 '소유 대명사'라고 한다. 사실 두 유형의 소유격 모두 명사구를 대신하므로 대명사이다. my는 the speaker's라는 명사구를 대신하며 mine은 조금 더 복잡한 명사구인 the speaker's possession을 대신한다. 차이가 있다면 my 등은 명사구 안에서 한정사 기능을 하며, mine 등은 명사구 대신 사용되며 단독으로 기능한다는 점이다. 실용 언어의 관점에서 보면 이런 문제들은 그다지 중요하지 않으며 어떤 용어로 부를지 신경 쓰기보다는 소유격을 정확하게 쓰는 것이 중요하다.

다음 문장은 왜 틀렸을까?

- ❌ Give it to cat. ▶135.2 참조
- ❌ You shouldn't go out without coat. ▶137.4 참조
- ❌ Annie is engineer. ▶137.3 c 참조
- ❌ I used my shoe as hammer. ▶137.3 c 참조
- ❌ My uncle used to be a MP. ▶137.7 참조
- ❌ The life is complicated. ▶140.1 참조
- ❌ The most birds can fly. ▶140.1 참조
- ❌ It's not always easy to fit in with the society. ▶140.1 참조
- ❌ She's very interested in the nature. ▶140.1 참조
- ❌ Lying by the road we saw a wheel of a car. ▶141.6 참조
- ❌ He's a wrong man for me. ▶141.6 참조
- ❌ The America's economic problems are becoming serious. ▶142.3 참조
- ❌ I was surprised at the amount of the money collected. ▶142.7 참조
- ❌ They appointed him the Head Librarian. ▶142.12 참조
- ❌ What lovely dress! ▶142.14 참조
- ❌ What a nonsense! ▶142.14 참조
- ❌ Katy broke the arm climbing. ▶142.16 참조
- ❌ They're walking in Himalayas. ▶142.18 참조
- ❌ She studied at the Oxford University. ▶142.18 참조
- ❌ Granny's lost the her keys again. ▶143.3 참조
- ❌ The teacher told the children to open their book. ▶143.4 참조
- ❌ He stood there, the eyes closed and the hands in the pockets. ▶143.5 참조
- ❌ The dog's in a good mood. Its just had it's breakfast. ▶143.6 참조
- ❌ I don't know what I'm doing in that country. ▶144.3 참조
- ❌ Have you ever heard from this Scottish boy you used to go out with? ▶144.4 참조

Section 12 목차

133 관사: 개요

1 관사의 정의
관사(article)는 명사 앞에 흔히 쓰이는 짧은 단어로 정관사(definite article) the와 부정관사 (indefinite article) a, an 두 종류가 있다. 관사는 '한정사(determiner)'에 속한다.

2 관사의 용도
관사는 화자/필자 또는 청자/독자가 알고 있는 특정한 대상(정관사)인지 또는 불특정 대상(부정 관사)인지를 구분하는 데 쓰인다.

3 관사의 중요성
영문법에서 어렵기로 손꼽히는 것이 관사의 올바른 용법이다. 그러나 관사를 잘못 사용한다 해 도 크게 문제되지 않는다. 만약 문장에서 관사를 모두 빼버린다 해도 이해하는 데는 무리가 없다.

> Please can you lend me pound of butter till end of week?
> 주말까지 버터 1파운드를 빌려 줄 수 있니?

하지만 가능하다면 관사를 올바르게 사용하는 것이 더 좋다. 134-142에서는 가장 중요한 규칙과 예외를 제시한다.

134 관사: 기본 용법(A)

1 일반적으로 이야기할 때: Life is complicated.
사람이나 사물을 일반적으로 통칭할 경우에는 불가산명사나 복수 명사 앞에 the를 붙이지 않는다.

> **Life** is complicated. 인생은 복잡하다. (NOT ... ~~The life is complicated.~~)
> My sister loves **horses**. 우리 언니는 말을 아주 좋아한다. (NOT ... ... ~~the horses.~~)

2 직업, 종류 등을 말할 때: She's a dentist.
사람의 직업, 종류, 어떤 사람이나 사물이 속하는 단체나 유형, 용도를 언급하는 단수 명사 앞에 는 보통 a/an을 쓴다.

> She's **a dentist**. 그녀는 치과의사다. (NOT ~~She's dentist.~~)
> I'm looking forward to being **a grandmother**. 나는 할머니가 되길 고대하고 있다.
> I used my shoe as **a hammer**. 나는 신발을 망치 삼아 썼다.

관사에 대한 더 자세한 내용은 ▶ 136-142 참조.

135 관사: 기본 용법(B)

1 두 가지 기본 어법
• '화자/필자가 지칭하는 대상을 청자/독자가 알고 있을 때'는 명사 앞에 정관사 the를 붙인다.

> I've been to **the doctor**. 나는 그 의사를 찾아갔다. (내 주치의라는 것을 상대가 알고 있다.)

Have you fed **the dogs?** 개들한테 밥 줬니? (어떤 개들을 말하는지 상대가 알고 있다.)
Could you pass **the salt?** 소금 좀 건네줄래? (내가 원하는 소금을 상대가 보고 있다.)

- 화자/필자가 지칭하는 대상을 청자/독자가 알지 못할 때
- 단수 가산명사 앞에는 a/an을 붙인다(▸137 참조).
  There's **a rat** in the kitchen! 부엌에 쥐가 있어!
  I need **an envelope.** 나는 봉투 한 장이 필요하다.
- 복수 명사와 불가산명사 앞에는 관사를 붙이지 않는다.
  She's afraid of **rats.** 그녀는 쥐를 무서워한다.
  I need **help.** 나는 도움이 필요하다.

화자/필자가 지칭하는 대상을 청자/독자가 알고 있는가?

YES   NO

THE I've been to **the doctor.** Have you fed **the dogs?** Could you pass **the salt?**	단수 가산명사 **A/AN** There's **a rat** in the kitchen. I need **an envelope.**	복수 명사/불가산명사 무관사 She's afraid of **rats.** I need **help.**

2 잘못 쓰기 쉬운 용례 네 가지

- 복수 명사와 불가산명사 앞에는 a/an을 쓰지 않는다.
  Jack collects **stamps.** 잭은 우표를 수집한다. (NOT ... ~~a stamps.~~)
  Our garden needs **water.** 우리집 정원에 물을 줘야 한다. (NOT ... ~~a water.~~)

- 어떤 대상을 통칭할 때는 the를 쓰지 않는다. the는 'all(전체)'을 의미하지 않는다(예외는
  ▸140.2 참조).
  Elephants can swim very well.
  코끼리들은 헤엄을 아주 잘 친다. (NOT ~~The elephants can swim~~ ...)
  Gas is expensive. 휘발유는 비싸다. (NOT ~~The gas~~ ...)

- my, this 같은 한정사 앞에는 관사를 쓰지 않는다.
  my work 내 일 (NOT ~~the my work~~)
  a friend of mine 내 친구 (NOT ~~a my friend~~)
  this problem 이 문제 (NOT ~~the this problem~~)

- 단수 가산명사는 관사나 한정사 없이 단독으로 쓸 수 없다. a cat, the cat, my cat, this
  cat, any cat, either cat, every cat으로 쓸 수 있지만 그냥 cat으로 쓸 수는 없다(예외는
  ▸142 참조).
  Give it to **the cat.** 그걸 고양이에게 주어라. (NOT ~~Give it to cat.~~)
  Annie is **a doctor.** 애니는 의사다. (NOT ~~Annie is doctor.~~)

136 the의 상세 용례

1 the = '어떤 것을 지칭하는지 상대가 알고 있을 때'

the는 통상 '화자가 지칭하는 대상을 상대가 알고 있을 때' 쓴다. 즉, 화자가 어느 사람(들), 사물 (들)을 지칭하는지 청자/독자가 알 때 (또는 쉽게 알 수 있을 때) 그 명사(단수 명사, 복수 명사 또는 불가산명사) 앞에 the를 붙인다. 비교)

– I'm going to **the bank.** 은행에 갈 거야. (청자는 어느 은행인지 알고 있다: 화자가 늘 가는 은행)
   Is there **a bank** near here? 이 근처에 우체국이 있습니까? (어느 은행이든 가까운 은행)

– I didn't like **the film.** 나는 그 영화가 마음에 안 들었어. (화자와 청자가 본 영화)
   Let's go and see **a film.** 나가서 영화 한 편 보자. (화자는 특정 영화를 지칭하고 있지 않다.)

– She arrived on **the 8.15 train.**
   그녀는 8시 15분 기차로 도착했다. (화자는 특정 기차를 지칭하고 있다.)
   She arrived in **an old taxi.**
   그녀는 낡은 택시를 타고 도착했다. (화자는 특정 택시를 지칭하고 있지 않다.)

– Did you wash **the clothes?** 그 옷 빨았니? (청자는 어떤 옷인지 알고 있다.)
   I need to buy **clothes.** 나는 옷을 사야 한다. (청자는 어떤 옷인지 알 수 없다.)

– What did you do with **the coffee** I bought?
   내가 사준 커피 어떻게 했어? (화자는 특정 커피를 지칭하고 있다.)
   I don't drink **coffee.** 나는 커피를 마시지 않는다. (어떤 커피든 마시지 않는다.)

청자/독자 쪽에서 화자가 무엇을 지칭하는지 알 수 있는 경우는 다음과 같다.

a   앞에서 이미 언급한 경우

She's got two children: a boy and a girl. **The boy's** fourteen and **the girl's** eight.
그녀에게는 자녀가 둘 있는데, 사내아이 하나와 여자아이 하나다. 사내아이는 열네 살이고 여자아이는 여덟 살이다.

So what did you do then? ~ Gave **the money** right back to **the policeman.**
그래서 그 다음에 어떻게 했어? ~ 그 돈을 경찰관에게 바로 돌려줬지.
(청자는 이미 돈과 경찰관에 대해 들었다.)

b   지칭하는 대상을 명시한 경우

Who are **the girls over there with Tom?** 저쪽에 톰과 함께 있는 여자애들은 누구지?
Tell Amy **the story about Jack and Susie.** 에이미한테 잭과 수지 이야기를 해줘.
He's already lost **the phone he bought last week.**
그는 지난주에 구입한 전화를 벌써 잃어버렸다.

c   정황으로 보아 분명한 경우

Could you close **the door?** 문 좀 닫아주실래요? (열려 있는 문이 하나뿐이다.)
Anna's in **the kitchen.** 애나는 주방에 있다.
I can't find **the car papers.** 자동차 등록증을 찾을 수 없다.
Did you enjoy **the party?** 파티 재미있었어?
What's **the time?** 몇 시야?

2 the = '단 하나밖에 없는 것'

선택의 여지가 없는 것, 즉 세상에 단 하나뿐인 사물(예: the sun, the moon, the earth, the world, the universe, the future)이거나 한 나라에 하나밖에 없어(예: the government) 화자가 무엇을 지칭하는지 청자가 알 수 있는 경우에는 명사 앞에 the를 붙인다.

> I haven't seen **the sun** for days. 며칠 동안 해를 보지 못했다.
>
> Do you trust **the government**? 당신은 정부를 신뢰합니까?
>
> People used to think **the earth** was flat.
> 사람들은 한때 지구가 평평하다고 생각했다.
>
> Do you know **the Aldersons**? 앨더슨 가족 알아요?
> (주변에 Alderson이라는 이름을 가진 가족이 단 한 가족밖에 없어 청자에게 어느 가족인지 분명하다.)
>
> Go straight over two sets of traffic lights and then turn right after **the supermarket.** 신호등을 두 번 지나 곧장 가서 슈퍼마켓 지나 우회전하세요.
> (청자는 슈퍼마켓을 모르지만 정보가 충분해 슈퍼마켓을 알아볼 수 있다.)

3 최상급: I'm the oldest.

최상급 앞에는 대체로 the를 붙인다(▶208.6 참조). 가장 좋거나 가장 큰 것 등은 하나뿐이므로 화자가 무엇을 지칭하는지 분명하기 때문이다. 마찬가지로 first, next, last, same, only 앞에도 대체로 the를 붙인다.

> I'm **the oldest** in my family. 나는 우리집에서 가장 나이가 많다.
>
> Can I have **the next** pancake? 다음 팬케이크는 내가 먹어도 돼?
>
> We went to **the same** school. 우리는 같은 학교에 다녔다.

4 '널리 알려진 대상'을 의미

이름 뒤에 종종 the와 함께 직업이나 신분 따위를 나타내는 표현을 덧붙여 지칭하는 대상이 '유명인사'라는 것을 분명히 드러낸다.

> She married Brad Pitt, **the actor.** 그녀는 배우 브래드 피트와 결혼했다.
>
> I'd like you to meet Cathy Parker, **the novelist.** 소설가 캐시 파커를 소개합니다.

5 소유격과 지시사

소유격이나 지시사 앞에는 the를 붙이지 않는다.

> This is **my** uncle. 이 분이 내 삼촌이셔. (NOT ... ~~the my uncle.~~)
>
> Is that **Emily's** car? 저거 에밀리 차야? (NOT ... ~~the Emily's car?~~)
>
> I like **this** beer. 난 이 맥주가 좋아. (NOT ... ~~the this beer.~~)

6 고유명사(이름)

단수 고유명사 앞에는 대체로 the를 붙이지 않는다(예외는 ▶142.18-142.19 참조).

> **Emily** lives in **Switzerland.**
> 에밀리는 스위스에 산다. (NOT ~~The Emily lives in the Switzerland.~~)

주의 유명인사의 이름 앞에는 the를 붙일 수 있다. 이때 the는 /ðiː/로 발음한다.

> My name's Emma Watson. ~ What, not **the Emma Watson**?
> 제 이름은 엠마 왓슨입니다. ~ 뭐라고요, 그 유명한 엠마 왓슨은 아니겠죠?

7 일반적으로 통칭

대상을 일반적으로 통칭할 때는 대체로 the를 포함하여 관사를 붙이지 않는다. the는 'all(전체)'을 의미하지 않기 때문이다(자세한 내용과 예외는 ▶ 140 참조).

> **Books** are expensive. 책은 비싸다. (NOT ~~The books are expensive.~~)
> **Life** is hard. 인생은 고달프다. (NOT ~~The life is hard.~~)

8 발음

the는 모음 앞에서는 보통 /ði:/로 발음되고, 자음 앞에서는 /ðə/로 발음된다. 비교)

> the ice /ði: aɪs/   the snow /ðə snəʊ/

the의 발음은 뒤에 오는 명사의 철자가 아니라 발음에 따라 달라진다. 자음으로 시작하더라도 모음으로 발음되는 명사 앞에 the가 오면 /ði:/로 발음한다.

> the hour /ði: 'aʊə(r)/   the MP /ði: ˌem 'pi:/

마찬가지로 모음으로 시작하더라도 자음 발음이 나는 명사 앞에서는 the를 /ðə/로 발음한다.

> the **u**niversity /ðə ˌjuːnɪ'vɜːsəti/
> the **o**ne-pound coin /ðə ˌwʌn ˌpaʊnd 'kɔɪn/

간혹 자음으로 시작하는 명사 앞이라도 잠깐 말을 멈추거나 다음 단어를 강조하고 싶을 때는 강세를 준 /ði:/로 발음한다.

> He's the /ði:/ – just a moment – deputy assistant vice-president.
> 그는 뭐라더라, 부사장 대우야.
> I've found the /ði:/ present for Angela! 안젤라에게 줄 선물을 찾았어!

the town, the country, the sea, the mountains 등은 ▶ 141.4 참조.
on the bus, at the dentist's 등은 ▶ 141.5 참조.   그 밖의 고급 용법은 ▶ 141 참조.

137 a / an의 상세 용례

1 가산명사와 불가산명사

가산명사(셀 수 있는 명사)란 낱개의 것으로 볼 수 있는 사물, 사람, 생각 등의 명칭을 말한다.

> **a cat** 고양이 한 마리 – **three cats** 고양이 세 마리
> **a secretary** 비서 한 명 – **four secretaries** 비서 네 명
> **a plan** 한 가지 계획 – **two plans** 두 가지 계획

불가산명사(셀 수 없는 명사)란 대체로 낱개의 것으로 볼 수 없는 물질, 액체 등의 명칭을 말한다.

> **wool** 양모 (BUT NOT ~~a wool, two wools~~)
> **water** 물 (BUT NOT ~~a water, three waters~~)
> **weather** 기후 (BUT NOT ~~a weather, four weathers~~)
> **energy** 에너지 (BUT NOT ~~an energy, several energies~~)

자세한 내용은 ▶ 119-120 참조.

2 a/an + 단수 가산명사

대체로 a/an은 단수 가산명사 앞에만 붙인다.

a secretary 비서 **an office** 사무실

BUT NOT ~~a salt~~ OR ~~an offices~~

a good two hours 같은 표현은 ▶ 130.7 참조.

3 a/an의 용례

a/an을 붙였다고 해서 명사의 의미가 크게 달라지지는 않는다. a/an은 'one(하나)'의 약화된 형태라고 볼 수 있다. a/an에는 몇 가지 용법이 있다.

a 한 사람 또는 사물

한 사람이나 사물을 가리킬 때 a/an을 붙인다.

There's **a police car** outside. 밖에 경찰차 한 대가 있다.

My brother's married to **a doctor**. 우리 형은 의사와 결혼했다.

Andy lives in **an old house**. 앤디는 오래된 집에서 산다.

b 어떤 부류에 속한 하나의 구성원

어떤 부류에 속한 하나의 구성원(any one member)을 지칭할 때 a/an을 붙인다.

A doctor must like people. (= any doctor)

의사는 사람들을 좋아해야 한다. (= 어떤 의사든)

I would like to live in **an old house**. (= any old house)

나는 오래된 집에서 살고 싶다. (= 오래된 집이면 어떤 집이든)

c 분류와 규정

사람이나 사물을 분류하거나 규정할 때, 즉 소속이나 직업, 용도 따위를 언급할 때 명사 앞에 a/an을 쓴다.

She's **a doctor**. 그녀는 의사다.

I'm looking forward to being **a grandmother**. 나는 할머니가 되는 날을 고대하고 있다.

A glider is **a plane** with no engine. 글라이더는 무동력 비행기다.

Don't use your plate as **an ashtray**. 접시를 재떨이로 쓰지 말아라.

d 묘사

명사가 형용사 등의 수식을 받을 때 대체로 수식어 앞에 a/an을 쓴다.

She's **a nice person**. 그녀는 좋은 사람이다.

That was **a lovely evening**. 즐거운 저녁이었다.

He's got **a friendly face**. 그는 인상이 친근하다.

It's **an extremely hot day**. 너무 더운 날이다.

4 a/an을 생략할 수 없는 경우

부정문에서나 전치사, 분수 뒤에는 대체로 a/an을 생략할 수 없다.

Lend me your pen. ~ I haven't got **a pen**.

펜 좀 빌려줘. ~ 펜 없는데. (NOT ~~I haven't got pen.~~)

You shouldn't go out without **a coat**. 외투 없이 외출하면 안 돼. (NOT ... ~~without coat.~~)

three-quarters of **a pound** 1파운드의 3/4 (NOT ~~three-quarters of pound~~)

사람의 직업이나 사물의 용도를 언급할 때는 a/an을 생략하지 않는다.

She's an engineer. 그녀는 엔지니어다. (NOT ~~She's engineer.~~)

I used my shoe as a hammer. 나는 신발을 망치 삼아 썼다. (NOT ... ~~as hammer.~~)

5 a/an을 쓸 수 없는 경우: 형용사 단독일 때와 소유격 앞

형용사가 (명사 없이) 단독으로 쓰이면 대체로 a/an을 붙이지 않는다. 비교〉

It's a good car. 그것은 괜찮은 차다.

It's good. 좋네. (NOT ~~It's a good.~~)

a/an은 소유격과 함께 쓸 수 없다. 대신 a ... of mine/yours 등의 구문을 쓴다(▶ 177 참조).

He's a friend of mine. 그는 내 친구다. (NOT ~~He's a my friend.~~)

6 a/an, the

'상대와 내가 모두 아는 대상'을 지칭할 때는 a/an이 아니라 the를 쓴다. 비교〉

She lives in a big house. 그녀는 대저택에서 산다. (청자는 어떤 집인지 모른다.)

She lives in the big house over there.

그녀는 저기 있는 대저택에서 산다. (청자는 어떤 집인지 알고 있다.)

자세한 내용은 ▶ 136 참조.

7 a와 an의 차이

모음 앞에서는 대체로 /ə/ 발음을 하지 않는다. 이 경우 모음 앞에 오는 부정관사 a(/ə/)는 an(/ən/)으로 바뀐다. 비교〉

a rabbit   a lemon   an elephant   an orange

언제 a 또는 an을 쓸 것인가는 그 뒤에 오는 명사의 철자가 아니라 발음에 따른다. 명사가 자음으로 시작되더라도 모음으로 발음되면 a가 아니라 an을 쓴다.

an hour /ən 'aʊə(r)/   an MP /ən em 'piː/

마찬가지로 모음으로 시작되더라도 자음으로 발음되는 명사 앞에는 a를 쓴다.

a university /ə juːnɪ'vɜːsəti/   a one-pound coin /ə ˌwʌn ˌpoʊnd 'kɔɪn/

h로 시작하는 명사의 경우 첫 음절에 강세가 없으면 명사 앞에 a가 아니라 an을 쓰기도 한다.

an hotel (a hotel이 더 널리 쓰임)

an historic occasion (a historic...이 더 널리 쓰임)

an hypothesis (a hypothesis가 더 널리 쓰임)

(BUT NOT ~~an housewife~~ – 첫 음절에 강세가 있기 때문이다.)

화자가 다음에 오는 말을 강조하기 위해 잠깐 뜸을 들일 때나 the와 대비하여 말할 때는 a를 /eɪ/로 발음하기도 한다.

I think I'll have a /eɪ/ – chocolate ice cream.

저는 초콜릿 아이스크림으로 할게요.

It's a /eɪ/ reason – it's not the only reason.

그건 한 가지 이유일 뿐이야. 유일한 이유가 아니라고.

138 복수 명사와 불가산명사 앞에는 관사를 쓰지 않음

1 a/an을 쓰지 않는 경우

복수 명사와 불가산명사(예: cats, wool ▶ 137.1 참조) 앞에는 대체로 a/an을 붙이지 않는다. a/an은 'one(하나)'과 비슷한 의미를 지니기 때문이다. 이 경우, 대체로 관사 없이 쓴다.

There were **cats** in every room. 모든 방에 고양이들이 있었다. (NOT ... ~~a cats~~ ...)

Doctors generally work long **hours**. 의사들은 일반적으로 근무시간이 길다.

He's got very big **ears**. 그는 귀가 무척 크다.

Her coat is made of pure **wool**. 그녀의 코트는 순모로 만들어졌다.

What's that? ~ I think it's **salt**. 저게 뭐야? ~ 소금 같은데.

2 가산명사인지 불가산명사인지 혼동하기 쉬운 경우

다른 언어에서는 가산명사지만 영어에서는 불가산명사로 취급하는 단어들이 있다(▶ 119.3의 목록 참조).

I need **information** and **advice**.
나는 정보와 조언이 필요하다. (NOT ... ~~an information and an advice~~)

You've made very good **progress**. 많이 발전했구나. (NOT ... ~~a very good progress.~~)

주의 weather나 English 앞에는 절대로 a/an을 붙이지 않는다.

We're having terrible **weather**. 날씨가 지독하다. (NOT ... ~~a terrible weather.~~)

She speaks very good **English**.
그녀는 영어를 훌륭하게 구사한다. (NOT ... ~~a very good English.~~)

3 some, any

종종 관사 대신 some이나 any를 쓰기도 한다.

We met **some** nice Danish girls in Scotland.
우리는 스코틀랜드에서 멋진 덴마크 여자들을 만났다.

Have you got **any** matches? 성냥 있으세요?

자세한 내용은 ▶ 139 참조.

4 the

화자/필자와 청자/독자가 모두 아는 대상을 지칭할 때는 the를 쓴다(▶ 136 참조). 비교

– I'm working with **children**.
나는 아이들을 다루는 일을 한다. (청자는 구체적으로 어떤 아이들을 말하는지 모른다.)

How are **the children**? (= the hearer's children) 애들은 잘 지내요? (청자의 아이들을 말한다.)

– We need **salt**. (= any salt) 소금이 필요하다. (어떤 소금이든 상관없다.)

Could you pass **the salt**? 소금 좀 건네주시겠어요? (화자가 원하는 소금을 청자가 보고 있다.)

그러나 사람이나 사물을 일반적으로 통칭할 때는 부정관사나 the를 붙이지 않는다(▶ 140 참조).

Are **dogs** more intelligent than cats?
개는 고양이보다 똑똑한가? (NOT ... ~~the dogs~~ ... ~~the cats~~)

Everybody likes **music**. 누구나 음악을 좋아한다. (NOT ... ~~the music.~~)

a coffee, a knowledge of Spanish 같은 표현은 ▶ 119.4, 119.6 참조.

139 some / any를 쓸 때와 관사가 없을 때의 차이

1 불가산명사와 복수 명사 앞: some/any나 관사를 취하지 않음

불가산명사와 복수 명사는 흔히 some/any와 함께 쓰이거나 관사 없이 쓰인다. 대체로 의미의 차이가 크지 않다.

> **We need (some) cheese.** 우리는 치즈가 (좀) 필요하다.
>
> **I didn't buy (any) eggs.** 나는 달걀을 (하나도) 안 샀다.

대체로 긍정문에는 some, 의문문과 부정문에는 any를 쓴다(자세한 내용은 ▶ 161 참조).

2 some/any를 쓰는 경우와 관사가 없는 경우

제한된 수량이지만 명확하지 않을 때, 정확한 수량을 모르거나 알 필요가 없을 때는 some/any를 쓴다. 제한이 없는 수량을 지칭하거나 수량을 전혀 개의치 않을 때는 명사에 관사를 붙이지 않는 경향이 있다. 비교〉

- **We've planted some roses in the garden.**
  우리는 정원에 장미 몇 그루를 심었다. (제한된 수지만 화자는 정확한 수를 말하고 있지 않다.)
  I like roses. 나는 장미를 좋아한다. (수에 개의치 않음)

- **We got talking to some students.**
  우리는 학생 몇 명과 이야기를 시작했다. (제한된 수)
  Our next-door neighbours are students.
  우리 이웃은 학생들이다. (문장의 핵심은 수가 아니라 '분류'다.)

- **I've just bought some books on computing.**
  방금 전산 관련 서적 몇 권을 샀다. (제한된 수)
  There were books on the desk, on the floor, on the chairs, ...
  책들이 책상, 마루, 의자 위에 있었다. (다수)

- **Would you like some more rice?**
  밥 좀 더 드시겠어요? (양을 명확히 규정하지 않고 청자가 원하는 만큼 주겠다는 의미)
  We need rice, sugar, eggs, butter, beer, and toilet paper.
  우리는 쌀, 설탕, 달걀, 버터, 맥주, 화장지가 필요하다.
  (화자는 구입할 양이 아니라 품목만을 염두에 두고 있다.)

- **Is there any water in the fridge?** 냉장고에 물 좀 있어? (화자는 많지 않은 양을 원한다.)
  Is there water on the moon? 달에는 물이 있는가? (화자의 관심사는 물의 양이 아니라 존재여부다.)

- **This heating system hardly uses any oil.**
  이 난방 시스템은 기름을 거의 소모하지 않는다. (화자의 관심사는 양이다.)
  This heating system doesn't use oil.
  이 난방 시스템은 기름을 사용하지 않는다. (화자의 관심사는 연료의 양이 아니라 종류다.)

수량이 명확한 경우에는 some/any를 쓰지 않는다. 비교〉

- **You've got some great books.** 너는 좋은 책들을 몇 권 갖고 있구나.
  You've got pretty toes. 발가락이 예쁘구나. (명확한 수. 만약 You've got some pretty toes.라고 하면 발가락들 중에 몇 개만 예쁘다는 의미가 될 수 있다.)

some의 용법에 대한 자세한 내용은 ▶ 158 참조.   any의 용법은 ▶ 159 참조.

140 일반적인 사람이나 사물을 지칭

1 the: '전체'를 의미하지 않음

'모든 책', '모든 사람'처럼 사물·사람을 일반적으로 통칭할 경우에는 불가산명사나 복수 명사 앞에 the를 붙이지 않는다. the는 'all(전체)'을 의미하지 않으므로 이런 경우 '무관사' 형태를 쓴다. 비교〉

- Move **the books** off that chair and sit down. (= particular books)
  그 의자에서 책을 치우고 앉거라. (= 특정한 책)
  Books are expensive. 책은 비싸다. (NOT ~~The books are expensive.~~)

- I'm studying **the life** of Beethoven. (= one particular life)
  나는 베토벤의 생애에 대해 공부하고 있다. (= 특정인의 생애)
  Life is complicated. 인생은 복잡하다. (NOT ~~The life~~ ...)

- Where's **the cheese?** ~ I ate it. 치즈 어디 있지? ~ 내가 먹었어.
  I love **cheese**. 나는 치즈를 매우 좋아한다.

- I've joined **the** local Dramatic **Society**. 나는 지역 극단에 입단했다.
  It's not always easy to fit in with **society**. 사회에 적응하는 것이 항상 쉽지는 않다.

- I never really understood **the nature** of my father's work.
  나는 아버지가 하시는 일이 어떤 일인지 결코 이해하지 못했다.
  She's very interested in **nature**, especially animals and birds.
  그녀는 자연, 특히 동물과 새에 매우 관심이 많다.

- Write your name in **the space** at the bottom of the page.
  페이지 하단의 공백에 이름을 적어라.
  Would you like to travel into **space?** 우주 여행을 하고 싶으세요?

- Why has **the light** gone out? 전등이 왜 꺼졌어?
  Nothing can travel faster than **light**. 빛보다 빨리 이동하는 것은 없다.

주의 most가 대부분을 의미할 경우에는 앞에 the를 붙이지 않는다.
  Most birds can fly. 새들은 대부분 날 수 있다. (NOT ~~The most birds~~ ...)
  Most of the children got very tired.
  아이들 대부분은 몹시 지쳤다. (NOT ~~The most of the children~~ ...)

2 단수 가산명사의 일반화

단수 가산명사 앞에 the를 붙여 사물이나 사람을 일반화한다.
  Schools should concentrate more on **the child** and less on exams.
  학교는 시험보다는 학생들에게 더 신경을 쏟아야 한다.

기구, 발명품, 악기의 명칭 앞에 the를 써서 일반화한다.
  Life would be quieter without **the telephone**. 전화가 없다면 우리 인생이 꽤나 무료할 것이다.
  The violin is more difficult than **the piano**. 바이올린이 피아노보다 어렵다.

한 집단의 특정한 예를 일반화할 때는 단수 가산명사 'any(어떤 하나의)'를 의미하는 a/an을 붙인다.
  A baby deer can stand as soon as it's born. 새끼 사슴은 태어나자마자 일어설 수 있다.
  A child needs plenty of love. 어린 아이는 사랑을 듬뿍 받아야 한다.

[주의] 어떤 집단이 모든 구성원이나 개체를 통틀어 일반화할 때는 a/an을 붙이지 않는다.

The tiger is in danger of becoming extinct. 호랑이는 멸종될 위기에 처해 있다.

(NOT ~~A tiger is in danger of becoming extinct.~~ 이 문장은 개별적인 호랑이들이 아니라 호랑이라는 종(種) 전체를 가리키고 있다.)

Do you like **horses**? 말을 좋아하니? (NOT ~~Do you like a horse?~~)

⟨**the + 형용사**⟩ 형태로 특정 집단(예: the old, the blind)을 일반화하는 용법은 ▶ 188 참조.

141 the: 혼동되는 경우

the를 써야 할지 여부를 판단하기 어려울 때가 있다. 이를테면 불가산명사와 복수 명사로 대상을 통칭할 때는 어떠한 관사도 쓰지 않는다(▶ 140 참조). 그러나 화자가 지칭하는 사람이나 사물을 청자/독자가 알고 있을 때는 **the**를 쓴다(▶ 136 참조). 간혹 이 두 가지를 모두 의미할 경우 어떤 형태가 올바른지 판단하기 힘들 때도 있다. 이때 적용할 수 있는 명확한 문법 규칙은 없다. the가 붙는 경우와 관사 없이 쓰는 경우의 의미가 동일한 경우도 있다. 아래의 설명을 참고할 것.

1 집단: nurses or the nurses; railways or the railways?

한 집단의 구성원들을 통칭할 때는 대체로 관사를 붙이지 않는다. 그러나 집단을 널리 알려진 하나의 대상으로 언급할 때는 the를 붙이는 경향이 있다. 비교)

– **Nurses** mostly work very hard. 간호사들은 대체로 매우 열심히 일한다. (각 개인이라는 의미)
The nurses have never gone on strike.
간호사들은 파업을 한 적이 없다. (잘 알려진 전문 조직이라는 의미)

– **Stars** vary greatly in size. 별들은 크기가 매우 다양하다. (개별 별이 다르다는 의미)
The stars are really bright tonight. 오늘밤에는 별들이 유난히 밝다. (밤 하늘의 별 전체의 의미)

– **Farmers** often vote Conservative.
농부들은 흔히 보수당을 지지한다. (각 개인별로 투표한다는 의미)
What has this government done for **the farmers**?
이 정부가 농부들을 위해 무슨 일을 했는가? (전문 조직 전체를 의미)

– It's difficult for **railways** to make a profit.
철도 회사들이 수익을 내기란 어렵다. (모든 철도 회사들을 의미)
The railways are getting more and more unreliable.
철도 회사들은 점점 더 신뢰를 잃고 있다. (우리가 잘 아는 철도 회사들을 의미)

국적을 언급할 때도 비슷한 원칙이 적용된다. 비교)

New Zealanders don't like to be mistaken for **Australians**.
뉴질랜드 사람들은 호주 사람으로 오해받는 것을 싫어한다.
The Australians suffered heavy losses in the First World War.
호주 사람들은 제1차 세계 대전 당시에 엄청난 인명 피해를 입었다.

2 French painters; the Impressionists

구성원의 수가 비교적 한정되어 있거나 제한된 집단 또는 부류를 언급할 때는 대체로 the를 붙인다. 비교)

– French painters 프랑스 화가들 (구성원의 수가 많고 명확히 규정할 수 없는 집단)
the Impressionists 인상파 (특정 미술 사조)

– 19th-century poets 19세기 시인들

  the Romantic poets. 낭만파 시인들 (Shelley, Keats, Byron, Wordsworth 같은 시인들)

전문가들이 연구 대상인 집단 또는 부류를 언급할 때도 the를 붙이는 경향이 있다. 비교〉

Metals are mostly shiny. 금속들은 대개 빛이 난다.

Next term we're going to study **the metals** in detail.
다음 학기에는 금속에 대해 자세히 공부하겠습니다.

3 1960s music; the music of the 1960s

일반적인 것과 특수한 것의 중간쯤에 해당되는 대상도 있다. 이를테면 '1960s music, eighteenth-century history(1960년대의 음악)', 'eighteenth-century history(18세기 역사)', 'poverty in Britain(영국의 빈곤)'이라고 하면 모든 음악, 모든 역사, 모든 빈곤을 의미하지 않는다. 그러나 'the music we heard last night(우리가 어젯밤에 들었던 음악)', 'the history I did at school(학교에서 배운 역사)', 'the poverty I grew up in(내가 자라면서 겪은 빈곤)' 등의 표현과 비교하면 다소 일반적인 개념이라고 할 수 있다. 이런 명사 앞에는 대체로 관사를 붙이지 않는다. 그러나 명사 뒤에 (특히 전치사 of와 함께) 대상을 한정하고 정의하는 구가 따라올 경우에는 the를 붙인다. 비교〉

1960s **music** 1960년대 음악	**the music** of the 1960s 1960년대의 음악
African **butterflies** 아프리카 나비	**the butterflies** of Africa 아프리카의 나비들

4 물리적인 환경: the town, the sea

물리적인 환경, 즉 우리 주변의 세계와 기후를 일컫는 다소 일반적인 표현 앞에는 the를 붙인다. the가 붙으면 모든 사람들이 화자가 언급하는 대상에 친숙하다는 뜻이다. 예: the town, the country, the mountains, the sea, the seaside, the wind, the rain, the weather, the sunshine, the night 등이 여기에 속한다.

My wife likes **the seaside**, but I prefer **the mountains**.
아내는 해변을 좋아하지만 나는 산이 더 좋다.

British people talk about **the weather** a lot. 영국인들은 날씨를 즐겨 화제로 삼는다.

I love listening to **the wind**. 나는 바람 소리 듣는 것을 무척 좋아한다.

주의 nature, society, space 같은 단어가 일반적인 의미로 쓰일 때는 관사를 붙이지 않는다 (▶140 참조).

5 on the bus; at the gym

버스, 미용실 등 일상생활과 밀접한 대상을 가리킬 때 〈**the + 단수 가산명사**〉를 쓴다. 이런 경우 the bus는 '청자가 알고 있는 특정 버스'를 뜻하지 않는다. 여기서 the는 버스를 타는 행위가 누구나 경험하는 일상적인 행위라는 의미를 내포한다.

I have some of my best ideas when I'm on **the bus**.
나는 버스를 타고 가다가 최고의 아이디어가 떠오를 때가 가끔 있다.

Most of my friends go to **the gym** two or three times a week.
내 친구들은 대개 한 주에 두세 번씩 체육관에 간다.

Do you sing in **the bath**? 너는 목욕하면서 노래를 부르니?

I've stopped reading **the newspaper** because it's too depressing.
나는 신문 기사가 너무 우울한 내용이어서 읽다 말았다.

유사한 표현으로 관사가 붙지 않는 경우(예: in bed, in hospital)는 ▶ 142.1 참조.

6 She kicked him on the knee.; He sat at the side.

다수의 사람 또는 사물 중에서 화자가 지칭하는 대상이 뚜렷하지 않을 때도 the를 쓸 수 있다. 즉 화자가 지칭하는 대상이 여럿일 수 있지만 특별히 구체적으로 밝힐 필요가 없을 때 the를 쓴다.

> Lying by **the side** of the road we saw **the wheel** of a car.
> 우리는 도로 가에 누워 있었는데, 차 바퀴가 보였다. (NOT ... ~~a wheel of a car.~~)
>
> Jack Perkins is **the son** of a rich banker.
> 잭 퍼킨스는 부유한 은행가의 아들이다. (다른 아들이 있을지도 모른다.)
>
> She kicked him on **the knee**. 그녀는 그의 무릎을 걷어찼다.

side와 wrong 앞에도 이런 용법으로 the를 쓴다.

> I usually sit at **the side** in church. 나는 교회에서 주로 가장자리에 앉는다.
>
> He's **the wrong** man for me. 그는 나와 어울리지 않는 사람이다.
>
> I'm sorry. You've got **a/the wrong** number. (통화 중) 죄송합니다. 전화 잘못 거셨습니다.

142 주의해야 할 규칙 및 예외사항

1 관사를 생략하는 관용표현: in bed; at school

장소, 시간, 움직임을 나타내는 일부 관용표현은 가산명사를 불가산명사로 취급하여 관사 없이 쓴다.

예) to/at/in/from school/university/college

to/at/in/into/from church	to/in/into/out of bed/prison
to/in/into/out of hospital (영국 영어)	to/at/from work
to/at sea	to/in/from town
at/from home	leave home
leave/start/enter school/university/college	
by day	at night
by car/bus/bicycle/plane/train/tube/boat	on foot
by radio/phone/letter/mail/email/text	

장소를 나타내는 명사는 관사의 유무에 따라 의미가 달라지기도 한다. 비교)

> – I met her **at college**. 나는 대학 시절 그녀를 만났다. (대학 재학 중에)
> I'll meet you **at the college**. 그 대학에서 만나자. (대학교는 약속 장소)
>
> – Megan's **in hospital**. 메간은 입원 중이다. (환자로 입원 중)
> I left my coat **in the hospital** when I was visiting Megan.
> 나는 메간을 방문했을 때 병원에 코트를 두고 왔다. (코트를 두고 온 장소)

미국 영어에서 university와 hospital은 관사 없이 단독으로 쓰이지 않는다.

> She was unhappy **at the university**. 그녀는 대학 생활에 만족하지 못했다.
>
> Say that again and I'll put you **in the hospital**.
> 한 번만 더 그 소리하면 병원 신세 지게 만들 거야.

2 두 개의 명사가 연결될 경우: with knife and fork

짝을 이루는 두 개의 명사가 접속사나 전치사로 연결될 경우 흔히 관사를 생략한다.

with knife and fork 나이프와 포크로   on land and sea 육로와 해로로

day after day 날마다   with hat and coat 모자와 코트를 걸치고

arm in arm 팔짱을 끼고   husband and wife 남편과 아내

from top to bottom 머리끝에서 발끝까지   inch by inch 조금씩

the bread and (the) butter 같은 경우는 ▶ 276 참조.

3 소유격 's 뒤

소유격을 나타내는 's 뒤에는 관사를 붙이지 않는다.

the coat that belongs to Jack = Jack's **coat**

잭의 코트 (NOT ~~Jack's the coat~~ OR ~~the Jack's coat~~)

the economic problems of America = America's **economic problems**

미국의 경제 문제들 (NOT ~~the America's economic problems~~)

그러나 소유격 명사 앞에는 관사가 올 수 있다.

the wife of **the boss** = **the boss's** wife 사장의 아내

4 복합명사를 이루는 명사들 중 첫 번째 명사

명사가 다른 명사를 앞에서 수식할 경우, 첫 번째 명사에 있던 관사를 생략한다.

lessons in how to play **the guitar** = **guitar** lessons 기타 연주법 강좌

a spot on **the sun** = a **sun**spot 태양의 흑점

5 both, all

both 뒤에는 흔히 관사를 생략한다.

Both (the) children are good at languages. 두 아이 모두 언어를 잘한다.

all과 숫자 사이에 들어가는 the는 흔히 생략한다.

All (the) three brothers were arrested. 삼형제 모두 체포되었다.

all day, all night, all week, all year, all winter, all summer 등의 어구에서는 일반적으로 all 뒤에 the를 생략한다.

He's been away **all week**. 그는 일주일 내내 출장 중이었다.

I haven't seen her **all day**. 나는 하루 종일 그녀를 못 봤다.

6 kind of 등

kind of, sort of, type of 등의 표현(▶ 592 참조) 뒤에서는 흔히 a/an을 생략한다.

What **kind of (a) person** is she? 그녀는 어떤 사람이야?

Have you got a cheaper **sort of radio**? 더 저렴한 종류의 라디오가 있나요?

They've developed a new **variety of sheep**. 그들은 새로운 품종의 양을 개발했다.

7 amount, number

the amount/number of 뒤에는 the를 생략한다.

I was surprised at **the amount of money** collected.
나는 모금액 액수에 놀랐다. (NOT ... ~~of the money~~ ...)

The **number of unemployed** is rising steadily. 실업자 수가 꾸준히 증가하고 있다.

8 man, woman

man과 woman은 다른 단수 가산명사와 달리 관사를 붙이지 않아도 일반적인 의미로 쓸 수 있다.

Man and **woman** were created equal. 남자와 여자는 동등하게 창조되었다.

그러나 a woman, a man 또는 men, women으로 쓰는 경우가 더 많다.

A woman without **a man** is like a fish without a bicycle.
남자 없는 여자는 자전거 없는 물고기와 같다.(여권론자의 농담으로 여자에게 남자는 전혀 필요 없는 존재라는
비유임)

Men and **women** have similar abilities and needs.
남자와 여자는 능력이나 욕구에서 큰 차이가 없다.

man은 '인류'를 뜻하는 말로 자주 쓰이지만, 요즘에는 성차별적인 말로 여겨 피하는 추세다
(▶328.6 참조).

How did **man** first discover fire? 인류는 최초에 어떻게 불을 발견했는가?

9 일, 월, 계절

오늘/이번 달을 기준으로 '전 날/달 또는 다음 날/달'을 뜻하는 어구 앞에는 the를 생략한다.

Where were you **last Saturday**? 지난 토요일에 어디 갔어?

See you on **Thursday**. 목요일에 보자.

I was away in **April**. 4월에 여기 없었어.

We're moving **next September**. 우리는 돌아오는 9월에 이사 갈 거야.

일반적인 의미로 계절을 가리킬 때는 spring/the spring, summer/the summer 등으로 쓸 수
있으며, 의미 차이는 거의 없다.

Rome is lovely in **(the) spring**. 로마는 봄에 아름답다.

I like **(the) winter** best. 나는 겨울을 가장 좋아한다.

특정한 해의 봄, 여름 등을 나타낼 때는 대체로 the를 붙인다.

I worked very hard in **the summer** that year. 나는 그 해 여름 아주 열심히 일했다.

10 악기

일반적인 의미로 악기 이름이나 악기 연주를 지칭할 때는 〈**the + 단수 명사**〉를 쓴다.

The violin is really difficult. 바이올린은 정말 어렵다.

Who's that on **the piano**? 피아노 앞에 앉아 있는 저 사람은 누구야?

그러나 재즈나 팝, 클래식을 가리킬 때는 흔히 the를 생략한다.

This recording was made with Miles Davis **on trumpet**.
이 음반은 마일즈 데이비스의 트럼펫 연주를 녹음한 것이다.

She studied **oboe** and **saxophone** at the Royal Academy of Music.
그녀는 왕립음악원에서 오보에와 색소폰을 공부했다.

11 (the) radio, (the) cinema, (the) theatre, television

연예 · 오락 매체의 경우 radio, cinema(영국 영어), theatre 앞에는 대체로 the를 붙이지만, television 또는 TV 앞에는 the를 붙이지 않는다.

> I always listen to **the radio** while I'm driving. 나는 운전할 때 항상 라디오를 듣는다.
>
> It was a great treat to go to **the cinema** or **the theatre** when I was a child.
> 내가 어렸을 때는 영화나 연극을 보러 가는 것이 아주 특별하고 신나는 일이었다. (영국 영어)
>
> What's on **TV**? 지금 TV에서 어떤 프로그램을 하고 있어?

위의 네 단어가 예술의 한 형태나 직업을 지칭할 때는 흔히 the를 생략한다.

> **Cinema** is different from **theatre** in several ways. 영화는 여러 가지 면에서 연극과 다르다.
>
> He's worked in **radio** and **television** all his life.
> 그는 라디오와 텔레비전 방송국에서 평생 일해 왔다.

12 직업과 직위: He was elected President.

Queen Elizabeth, President Obama 같은 직함이나 관직 앞에는 the를 붙이지 않는다. 비교)
> **Queen** Elizabeth had dinner with **President Obama**.
> 엘리자베스 여왕은 오바마 대통령과 만찬을 가졌다.
>
> **The Queen** had dinner with **the President**. 여왕은 대통령과 만찬을 가졌다.

특정한 지위(그 조직에서 하나밖에 없는 직위)에 해당하는 명사가 문장의 보어일 경우에는 대체로 the를 쓰지 않는다. 비교)
> They appointed him **Head Librarian**. 그들은 그를 수석 사서로 임명했다.
>
> Where's **the librarian**? 사서는 어디 있나요?
>
> He was elected **President** in 1879. 그는 1879년에 대통령으로 선출되었다.
>
> I want to see **the president**. 나는 대통령을 만나고 싶다.

13 호칭: Good morning, children.

한 무리의 사람들을 직접 부를 때 무리 앞에 the를 쓰지 않는다.
> Good morning, **children**. 안녕, 얘들아. (NOT ~~Good morning, the children.~~)

14 감탄문: What a ...!

감탄문에서 what 뒤에 오는 단수 가산명사 앞에는 a/an을 붙인다.
> **What a** lovely dress! 참 예쁜 드레스네! (NOT ~~What lovely dress!~~)

[주의] 감탄문에서 불가산명사 앞에는 a/an을 붙이지 않는다.
> **What** nonsense! 무슨 헛소리! (NOT ~~What a nonsense!~~)
>
> **What** luck! 이런 행운이!

15 병명

표준 영국 영어에서 질병과 통증의 명칭은 주로 불가산명사로 취급되며, 관사를 붙이지 않는다
(자세한 내용은 ▶ 119.7 참조).
> Have you had **appendicitis**? 맹장염에 걸린 적 있어?
>
> I've got **toothache** again. 또 치통이 도졌어.

a cold, a headache 등 일부 병명 앞에는 a/an을 붙인다.

> I've got **a** horrible **cold**. 독감에 걸렸어.
>
> Have you got **a** headache? 두통이 있습니까?

비격식체에서는 일부 흔한 병명 앞에 the를 붙이기도 한다.

> I think I've got **(the) flu**. 독감에 걸린 것 같다. (미국 영어에서는 항상 the flu)
>
> She's never had **(the) measles**. 그녀는 홍역에 걸린 적이 없다.

일부 병명이나 통증의 경우 미국 영어와 영국 영어의 관사 용법이 다르다.

> I've got **a toothache / an earache / a backache / a stomach ache**.
> 나는 치통 / 이통(귀앓이) / 요통 / 복통을 앓고 있다. (영국 영어: I've got toothache / earache 등)

16 신체 부위

사람의 신체 부위나 신체 부위에 걸친 물건이나 소지품 등을 나타낼 때는 대개 the를 쓰지 않고 소유격을 쓴다.

> He stood in the doorway, **his coat** over **his arm**.
> 그는 팔에 코트를 걸친 채 출입구에 서 있었다. (NOT … ~~the coat over the arm.~~)
>
> Katy broke **her arm** climbing.
> 케이티는 등산하다가 팔이 부러졌다. (NOT ~~Katy broke the arm climbing.~~)

그러나 타격을 받거나 통증을 느끼는 신체 부위를 언급할 때는 대체로 전치사 뒤에 the를 붙인다(▶ 143.5 참조).

> She hit him **in the stomach**. 그녀는 그의 배를 쳤다.
>
> He was shot **in the leg**. 그는 다리에 총을 맞았다.
>
> Can't you look me **in the eye**? 내 눈을 똑바로 보지 못하겠어?

17 측정 단위: by the hour; twice a week

주의 by로 시작되는 측정 단위 앞에는 the를 붙인다.

> Do you sell eggs **by the kilo** or **by the dozen**?
> 달걀은 킬로 단위로 파나요, 다스 단위로 파나요?
>
> He sits watching TV **by the hour**. 그는 한 번 앉으면 몇 시간이고 TV를 본다.
>
> Can I pay **by the month**? 월 단위로 지불해도 될까요?

상관관계에 있는 단위를 연결할 때는 a/an을 붙인다.

> sixty pence **a** kilo 1킬로에 60펜스   thirty miles **an** hour 시속 30마일
>
> twice **a** week 일주일에 두 번

18 장소명

다음과 같은 장소명 앞에는 the를 붙인다.

- 바다: **the** Atlantic 대서양
- 산맥: **the** Himalayas 히말라야 산맥
- 군도: **the** West Indies 서인도 제도
- 강: **the** Rhine 라인 강
- 사막: **the** Sahara 사하라 사막

- 대부분의 호텔: **the** Grand Hotel 그랜드 호텔
- 대부분의 영화관과 극장: **the** Odeon; **the** Playhouse 오데온 극장; 플레이하우스
- 대부분의 박물관과 미술관: **the** British Museum; **the** Frick 대영박물관; 프릭 미술관

다음과 같은 장소명 앞에는 관사를 붙이지 않는다.
- 대륙, 나라, 주, 카운티, 부서 등: Africa, Brazil, Texas, Berkshire, Westphalia
  아프리카, 브라질, 텍사스 주, 버크셔 주, 베스트팔렌 주
- 도시: Oxford 옥스포드
- 도로: New Street, Willow Road 뉴 스트리트, 윌로 로드
- 호수: Lake Michigan 미시건 호

예외〉 이름이 republic, state, union 같은 일반명사이거나 이름에 republic, state, union 같은 일반명사가 포함된 경우 (예: **the** People's Republic of China, **the** United Kingdom, **the** United States)

주의 네덜란드와 네덜란드의 수도 헤이그는 the를 붙여 **the** Netherlands, **the** Hague로 쓴다. 몇몇 국가명 앞에는 the를 붙이지만, 오늘날은 대체로 the를 붙이지 않는다: (The) Ukraine, (The) Lebanon, (The) Gambia, (The) Sudan.

주요 공공건물과 기관의 이름이 도시 이름으로 시작되는 경우에는 대체로 the를 붙이지 않는다.
> Oxford University 옥스포드 대학 (NOT ~~the Oxford University~~)
> Hull Station 헐 역 (NOT ~~the Hull Station~~)
> Salisbury Cathedral 솔즈베리 대성당
> Manchester City Council 맨체스터 시의회
> Birmingham Airport 버밍엄 공항
> Cheltenham Football Club 첼턴햄 축구 클럽

그다지 중요하지 않은 기관의 이름에는 the를 붙이기도 하고 안 붙이기도 한다.
> **(The)** East Oxford Community Centre 동부 옥스포드 마을회관
> **(The)** Newbury School of English 뉴베리 영어학교

산의 이름에도 the를 붙이기도 하고 안 붙이기도 하지만 대체로 관사를 붙이지 않는다.
> Everest 에베레스트 산   Kilimanjaro 킬리만자로 산
> Snowdon 스노든 산   Table Mountain 테이블 산

그러나 영어식으로 표현된 유럽의 산 이름 앞에는 대체로 정관사 the를 붙인다. 단, Le Mont로 시작되는 산 이름은 예외다.
> **The** Meije (= **La** Meije) 메이제 산   **The** Matterhorn (= **Das** Matterhorn) 마터호른 산
> BUT **Mont Blanc** 몽블랑 (NOT ~~the Mont Blanc~~)

19 신문과 잡지
신문 이름에는 대체로 the를 붙인다.
> **The** Times 〈타임즈〉 지   **The** Washington Post 〈워싱턴포스트〉 지

잡지 이름에는 the를 붙이지 않는 경우도 있다.
> New Scientist 〈뉴 사이언티스트〉 지

20 축약형

축약형 문체에는 대체로 관사를 생략한다(▶291 참조).

신문 헤드라인	MAN KILLED ON MOUNTAIN 산에서 피살자 발견
제목	Introduction 서문
	Chapter 2 2장
	Section B B섹션
사진 설명	Mother and child 엄마와 아이
공고문, 포스터 등	SUPER CINEMA 슈퍼 시네마
사용 설명서	Open packet at other end. 반대편 끝을 잡고 포장을 여세요.
숫자 및 라벨 표기	Go through door A. A문으로 들어가시오.
	Control to Car 27: can you hear me?
	상황실에서 27번 차량에게: 듣고 있나?
	Turn to page 26. 26쪽을 보세요. (NOT ... ~~the page 26.~~)
사전의 표제어	**palm** inner surface of hand ... 손바닥: 손의 안쪽 표면 ⋯
목록	take car to garage; pay phone bill; ...
	차를 정비소에 갖다줄 것; 전화세 납부; ⋯
메모	J thinks company needs new office
	J는 회사가 사무실을 새로 마련해야 한다고 생각함

약어(NATO, the USA) 앞에 붙는 관사의 용법은 ▶336.2-336.3 참조.
the 비교급, the 비교급 구문(the more, the better)의 the 용법은 ▶206.5 참조.   few와 little 앞에 붙는 a는 ▶168 참조.
hundred, thousand 등 앞에 붙는 a는 ▶322.10 참조.   the blind 등은 ▶188.1 참조.
the Japanese 등은 ▶188.2 참조.   next와 the next는 ▶533 참조; last와 the last는 ▶505 참조.
enough 대신 쓰는 the 용법은 ▶450.6 참조.   another two days, a good three weeks 등은 ▶130.7 참조.

143 소유격: my, your 등

1 한정사 역할을 하는 소유격

my, your, his, her, its, our, their는 대명사의 소유격이다. 이를테면 **my** younger brother는 '**the speaker's** younger brother(화자의 남동생)'를 의미하므로 my는 the speaker(화자)를 대신하는 I(나)의 소유격이다. 또한 **their** plans는 '**those people's** plans(그 사람들의 계획)/**the children's** plans(그 아이들의 계획)'으로 볼 수 있으므로 their는 those people(그 사람들)이나 the children(그 아이들)을 대신하는 they(그들)의 소유격이라고 할 수 있다.

my, your, his, her, its, our, their는 명사구 앞에 쓰이는 한정사(determiner)들이다
이러한 인칭대명사의 소유격을 옛날 문법이나 사전에서는 '소유 형용사(possessive adjectives)'라고 부르기도 했지만 결코 형용사는 아니다.
'소유격' 단어나 구문과 마찬가지로, 소유 이외의 다양한 의미를 표현한다.

주의 mine, yours 등(▶176 참조)은 대명사이지만 한정사로 쓰이지는 않는다.

2 one's, whose

one's(▶181.5 참조)와 whose(▶235, 628 참조)도 소유의 의미를 지닌 한정사이자 대명사이다.
It's easy to lose **one's** temper when one is criticised. 비난을 받으면 화를 내기 십상이다.

An orphan is a child **whose** parents are dead. 고아는 양친을 모두 잃은 아이를 말한다.
Whose bicycle is that? 저 자전거는 누구 거야?

3 다른 한정사와 함께 쓰지 않음

my, your 등의 소유격 인칭대명사는 the, a/an, this 등의 다른 한정사와 함께 쓰지 않는다.
She's lost **her** keys. 그녀는 열쇠를 잃어버렸다. (NOT ... ~~the her keys.~~)

a/an, this, that 등과 소유격을 함께 쓰려면 이중소유격(▶177 참조), 즉 〈**a/an ... + 명사 + of + 독립소유격/소유대명사**〉 형식을 취해야 한다.
A friend of mine has just invited me to Italy.
내 친구 한 명이 방금 나를 이탈리아로 초대했다. (NOT ~~A my friend~~ ...)
How's **that brother of yours**? 네 남동생은 어떻게 지내니? (NOT ... ~~that your brother?~~)

4 배분사적 용법: She told them to open their books 등

저마다 소유하고 있다는 의미를 나타낼 경우라도 복수 소유격 뒤에 단수 명사를 쓰지 않는다(자세한 내용은 ▶131 참조).
The teacher told the children to open **their books**.
교사는 아이들에게 책을 펼치라고 말했다. (NOT ... ~~their book.~~)

5 소유격 대신 쓰이는 관사: a pain in the head

my, your 등의 소유격 대신 관사를 쓰는 경우도 있다. 특히 전치사구가 가리키는 대상이 사람의 신체 일부이고, 그 부위에 타격을 받았거나 고통을 느낄 경우 소유격 대신 관사를 써서 〈**전치사 + the + 신체 부위**〉 형태를 취한다.
The ball hit him **on the head**. 그는 머리에 공을 맞았다.
She's got a pain **in the stomach**. 그녀는 배가 아팠다.

그 밖의 경우에는 소유격 대신 관사를 쓰는 경우가 드물다(▶142.16 참조).
She's got a parrot **on her shoulder**.
그녀의 어깨 위에 앵무새가 앉아 있다. (NOT ~~She's got a parrot on the shoulder.~~)
Mia broke **her leg** playing football.
미아는 축구를 하다가 다리가 부러졌다. (NOT ~~Mia broke the leg~~ ...)
He stood there, **his eyes** closed and **his hands** in **his pockets**, looking half asleep.
그는 눈을 감고 양손을 호주머니에 넣은 채 비몽사몽 상태로 거기 서 있었다.
(NOT ... ~~the eyes closed and the hands in the pockets~~ ...)

6 철자: its, whose

it과 who의 소유격은 아포스트로피 없이 각각 its와 whose로 쓴다. it's와 who's는 소유격이 아니라 각각 it is/it has와 who is/who has의 축약형이다(▶337 참조). 비교〉
The dog's in a good mood. **It's** just had **its** breakfast.
그 개는 지금 기분이 좋아요. 방금 아침을 먹었거든요.
Whose little girl is that? ~ You mean the one **who's** making all that noise?
저 꼬마 여자애는 누구 딸입니까? ~ 소란스러운 저 아이 말인가요?

Do you mind my smoking? 등의 구문은 ▶94.3 참조.　my own, your own 등은 ▶552 참조.
고대 영어 thy는 ▶318.10 참조.　미국 남부에서 쓰는 you all's는 ▶174.8 참조.

144 this, that

1 한정사, 대명사

this/that/these/those는 '지시사(demonstrative)'로, 명사구 앞에서 한정사로 쓰인다. (때때로 예전 문법이나 사전에서 '지시 형용사(demonstrative adjective)'라고 불리기도 하지만, 형용사가 아니다.)

> Look at **that butterfly**. 저 나비를 봐라.
>
> Let me show you **these patterns**. 이 패턴을 보여 드릴게요.

명사 없이 '지시 대명사(demonstrative pronoun)'로도 쓰인다.

> Look at **this**. 이것을 봐.   **That's** terrible! 끔찍한 일이야!

2 사람과 사물

this/that/these/those는 한정사로 명사 앞에서 사람 또는 사물을 지칭한다.

> **this** child 이 아이   **that** house 저 집

this/that/these/those가 명사를 수식하지 않고 대명사로 쓰일 경우는 대체로 사물을 지칭한다.

> **This** costs more than **that**. 이것은 저것보다 더 비싸다. (BUT NOT ~~This says he's tired.~~)
>
> Put **those** down – they're dirty. 그거 내려놔. 더러워. (BUT NOT ~~Tell those to go away.~~)

그러나 신원을 밝히기 위해 사람을 지칭할 경우에는 this 등을 대명사로 쓸 수 있다.

> Hello. **This** is Elisabeth. Is **that** Ruth? 여보세요. 엘리자베스야. 루스니?
>
> **That** looks like Mrs Walker. 저 분 워커 여사 같은데.
>
> Who's **that**? 저 사람 누구지?
>
> **These** are the Smiths. 스미스 부부예요.

those who ... (▶ 아래 144.7 참조) 구문에도 유의한다.

이와 유사하게 사람을 지칭하는 it 용법은 ▶ 173.9 참조.

3 차이

this/these는 물리적, 심리적으로 화자와 가까이 있는 사람이나 물건을 지칭한다.

> **This** is very nice – can I have some more? 이거 참 맛있네. 좀 더 먹어도 돼?
>
> Get **this** cat off my shoulder. 내 어깨에서 이 고양이 좀 치워.
>
> I don't know what I'm doing in **this** country.
> 내가 이 나라에서 뭘 하고 있는 건지 모르겠다. (NOT ... ~~in that country.~~)
>
> Do you like **these** earrings? Joseph gave them to me.
> 이 귀걸이 마음에 들어? 조셉이 나한테 준 거야.

that/those는 화자와 멀리 떨어진 사람이나 사물, 혹은 현재의 상황이 아닌 경우를 지칭한다.

> **That** smells nice – is it for lunch? 냄새 좋네. 점심이야?
>
> Get **that** cat off the piano. 저 고양이 피아노에서 치워.
>
> All the time I was in **that** country I hated it. 그 나라에 있는 동안 내내 나는 그곳이 싫었다.
>
> I like **those** earrings. Where did you get them? 저 귀걸이 마음에 드는데. 어디서 샀어?

4 시간

this/these는 현재 진행 중이거나 막 시작되려고 하는 상황이나 사건을 지칭한다.

> I like **this** music. What is it? 이 음악 좋은데. 제목이 뭐지?
>
> Listen to **this**. You'll like it. 이거 들어봐. 마음에 들 거야. (NOT ~~Listen to that~~ ...)
>
> Watch **this**. 이것 봐.
>
> **This** is a police message. 경찰에서 알려드립니다.

that/those는 막 끝났거나 지나간 과거의 상황이나 사건을 지칭한다.

> **That** was nice. What was it? 맛있었어. 무슨 요리였지? (NOT ~~This was nice~~ ...)
>
> Did you see **that**? 그거 봤어?
>
> Who said **that**? 누가 그랬어?
>
> Have you ever heard from **that** Scottish boy you used to go out with?
> 네가 사귀던 그 스코틀랜드 남자 연락 왔든? (NOT ... ~~this Scottish boy you used to go out with?~~)

that에는 상황이 종료되었다는 의미가 내포되어 있다.

> ... and **that**'s how it happened. 사건 발생 경위는 이렇습니다.
>
> Anything else? ~ No, **that**'s all, thanks.
> 더 필요한 것 있으십니까? ~ 아니요. 그게 다예요. 고맙습니다. (상점에서)
>
> OK. **That**'s it. I'm leaving. It was nice knowing you.
> 좋아. 다 됐어. 난 가볼게. 만나서 반가웠어.

5 수용과 거부

this/these는 수용이나 관심, that/those는 거부나 반감을 나타낸다. 비교)

> Now tell me about **this** new boyfriend of yours. 네 새 남자친구 얘기 좀 해봐.
>
> I don't like **that** new boyfriend of yours. 난 네 새 남자친구 마음에 안 들어.

6 전화 통화

전화 통화에서 영국인들은 자신을 가리킬 때는 this, 상대방을 가리킬 때는 that을 쓴다.

> Hello. **This** is Max. Is **that** Alex? 여보세요. 맥스야. 알렉스니?

미국인들은 상대방의 신원을 물을 때도 this를 쓴다.

> Who is **this**? 전화 받는 분은 누구시죠?

7 'the one(s)'의 의미로 쓰이는 that, those

격식체에서는 앞에 나온 명사의 반복을 피하기 위해 that(단수 명사)이나 those(복수 명사)를 쓴다. 이때 that/those는 지시대명사로 the one/the ones와 같은 용법이다. those who는 '~하는 사람들'을 의미한다.

> A dog's intelligence is much greater than **that** of a cat.
> 개의 지능은 고양이의 지능보다 훨씬 높다.
>
> **Those** who can, do. **Those** who can't, teach.
> 유능한 사람들은 일선에서 일하고 무능한 사람들은 교사가 된다.

8 'so'의 의미로 쓰이는 this, that

비격식체에서는 this나 that이 형용사나 부사를 수식해 'so(매우 ~한)'와 비슷한 의미를 나타낸다.

I didn't realise it was going to be **this** hot. 이렇게 더워질 줄은 몰랐다.

If your boyfriend's **that** clever, why isn't he rich?
네 남자친구 그렇게 똑똑한데 왜 부자가 못됐어?

표준 영어의 경우, 이런 의미로 절 앞에는 so만 쓸 수 있다.

It was **so** cold that I couldn't feel my fingers.
너무 추워서 손가락에 감각이 없었다. (NOT ~~It was that cold that~~ ...)

not all that은 'not very(그다지 …은 아닌)'를 의미한다.

How was the play? ~ **Not all that** good. 연극 어땠어? ~ 썩 훌륭하진 않았어.

9 기타 용례

말할 때 별다른 의미 없이 this를 쓰는 경우도 있다.

There was **this** travelling salesman, you see. And he wanted ...
어떤 외판원이 있었어. 그런데 그는 ~하고 싶었어.

다른 사람들도 다 알고 있거나 익숙한 경험을 지칭할 때도 that/those를 쓸 수 있다.

I can't stand **that** perfume of hers. 나는 그녀의 향수 냄새를 참을 수 없다.

이 용법은 광고에서 흔히 쓰인다.

When you get **that** empty feeling – break for a snack. 출출할 때면 간식을 먹으세요.

Earn more money during **those** long winter evenings. Call ...
기나긴 겨울 저녁 더 많은 돈을 버세요. 전화 …

this와 that의 차이(▸484 참조), come과 go의 차이(▸424 참조),
bring과 take의 차이(▸409 참조), this one, that one 등은 ▸182 참조.
kind of, sort of와 함께 쓰는 these와 those는 ▸592 참조. that which는 ▸237.21 참조.

145 this / that, it: 이전에 언급된 대상

1 이전 내용을 다시 언급할 때

this, that, it은 모두 방금 언급했거나 기술한 내용을 다시 언급할 때 쓸 수 있으며, 지칭하는 대상을 특별히 강조할 필요가 없을 때는 it을 쓴다.

So she decided to paint her house pink. **It** upset the neighbours a bit.
그래서 그녀는 집을 분홍색으로 칠하기로 결정했다. 이것은 이웃들을 살짝 당황하게 만들었다.

반면 this와 that은 강조의 성격이 짙다. 따라서 사물이나 상황을 두드러져 보이게 하면서 방금 새롭고 흥미로운 사실이 언급되었다는 것을 나타낼 때는 this나 that을 쓴다.

So she decided to paint her house pink. **This/That** really upset the neighbours, as you can imagine.
그래서 그녀는 집을 분홍색으로 칠하기로 결정했다. 예상대로 이 사실은 정말로 이웃들을 당황하게 만들었다.

새로운 주제에 대해 더 언급할 내용이 있을 때는 통상 this를 쓴다.

So she decided to paint her house pink. **This** upset the neighbours so much that they took her to court, believe it or not. The case came up last week ...

그래서 그녀는 집을 분홍색으로 칠하기로 결정했다. 이것은 이웃들을 무척 당황하게 만들어서 믿기 어렵지만 그들은 그녀를 법정에 세웠다. 이 사건은 지난주에 심리를 …

Then in 1917 he met Andrew Lewis. **This** was a turning point in his career: the two men entered into a partnership which lasted until 1946, and ...

1917년 당시 그는 앤드류 루이스를 만났다. 이것이 그의 경력에 전환점이 되었다. 두 사람은 동업을 시작했고 이는 1946년까지 지속되었다. 그리고 … (... That was a turning point ...보다 자연스러움)

2 둘 이상의 대상을 언급할 때

이야기 속에 둘 이상의 대상을 언급할 때, 일반적으로 it은 화제의 중심이 되는 대상을 가리키며, this/that은 가장 나중에 언급한 새로운 화젯거리를 가리킨다. 비교)

- We keep the ice-cream machine in the spare room. **It** is mainly used by the children, incidentally.
  우리는 아이스크림 기계를 빈 방에 보관한다. 그런데 그 기계는 주로 아이들이 이용한다.

  We keep the ice-cream machine in the spare room. **This/That** is mainly used by the children, incidentally.
  우리는 아이스크림 기계를 빈 방에 보관한다. 그런데 빈 방은 주로 아이들이 이용한다.

- I was carrying the statue to my office when I dropped it on the kitchen table. **It** was badly damaged. 나는 조각상을 사무실로 옮기다가 부엌 식탁에 떨어뜨렸다. 조각상은 심하게 파손되었다.

  I was carrying the statue to my office when I dropped it on the kitchen table. **This** was badly damaged.
  나는 사무실로 조각상을 옮기다가 부엌 식탁에 떨어뜨렸다. 식탁은 심하게 파손되었다.

3 이야기의 초점을 바꿀 때

it은 앞에서 이미 화제의 중심으로 인식되고 있는 대상만을 지시한다. 반면 새로운 대상이나 화젯거리를 설명할 때는 this를 쓴다. 비교)

I enjoyed 'Vampires' Picnic.' **It/This** is a film for all the family ...
나는 〈흡혈귀들의 소풍〉을 재미있게 보았다. 이것은 가족 영화로 …

VAMPIRES' PICNIC: **This** is a film for all the family ...
〈흡혈귀들의 소풍〉: 온 가족이 함께 볼 수 있는 영화로 …
(NOT VAMPIRES' PICNIC: It is a film for all the family ...)

4 새로운 내용을 언급할 때

이전에 언급되지 않았던 내용을 새로 언급할 때는 this만 쓸 수 있다.

Now what do you think about **this**? I thought I'd get a job in Spain for six months, and then ... 그럼 이건 어떻게 생각해? 나는 6개월 동안 스페인에서 일할까 생각했어. 그 다음에 …
(NOT Now what do you think about that/it ...)

it의 자세한 용법은 ▶ 173 참조.

Section 13 **Determiners: Quantifiers**
한정사: 수량사

개요

이 섹션의 한정사는 주로 수량사로, 특정 부류나 범주의 수량이 어느 정도인지를 나타낸다(all, most, some, none, …).

기타 용법

명사구에서 한정사 역할을 할 뿐 아니라 의미가 명확하다면 대체로 뒤에 명사 없이 쓰일 수 있다. 비교)

> He doesn't eat **any meat**, and not **much fish**.
> 그는 고기는 전혀 먹지 않고 생선도 많이 먹지 않는다.

> Fish? He eats **some**, but not **much**.
> 생선? 그는 좀 먹기는 하지만 많이 먹지는 않는다.

이처럼 '대명사'처럼 쓰이는 용법을 비롯한 수량사의 다양한 용법은 Section 13에서 다루며 Section 14 에서는 다루지 않는다. 이 섹션에서 다루지 않은 용법은 색인을 참조하라.

한정사 및 기타 용법으로 쓸 수 있는 일부 어휘(예: other, only, such, which, what, 숫자)는 다른 섹션에서 다루고 있으므로 색인을 참조하라.

한정사의 조합: of 용법

의미가 통할 경우 수량사 여러 개를 조합해서 쓰기도 한다.

> We meet **every few** days. 우리는 며칠마다 만난다.
> Have you got **any more** coffee? 커피 더 있어요?

수량사를 '1 그룹' 한정사(관사, 소유격, 지시사 ▶ Section 12 참조)와 함께 쓸 때, of를 쓴다. 비교)

– **some** people 일부 사람	**some of the** people 그 사람들 중 일부
– **each** child 모든 자식	**each of my** children 내 자식 모두
– **neither** door 두 문 모두 …가 아니다	**neither of these** doors 이 문들 모두 …가 아니다

대명사 앞에도 of를 쓴다. 비교)

> **most** horses 대다수 말들   **most of them** 대다수 녀석들

몇몇 경우에는 명사 앞에 바로 수량사와 of가 올 수 있다. 특히 장소 이름 같은 고유명사, 대상이나 행위 전체를 가리키는 불가산명사 바로 앞에 한정사와 of가 올 수 있다.

> **Most of Wales** was without electricity last night. 어젯밤 웨일스 지역 대부분이 전기가 나갔다.
> **Much of philosophy** is concerned with questions that have no answers.
> 대개 철학은 답이 없는 질문들과 관련이 있다.

일부 경우, '1 그룹' 한정사 바로 뒤에 many, most, little, least, few, fewest가 올 수 있다.

– **his many** friends 그의 많은 친구들	**the most** money 가장 많은 돈
– **a little** time 약간의 시간	**the least** difficulty 가장 어렵지 않음
– **these few** poems 이 몇 편의 시들	**the fewest** problems 가장 적은 문제들

다음 문장은 왜 틀렸을까?

- ✗ All of children can be difficult. ▶ 147.1 참조
- ✗ We all can swim. ▶ 147.2-148 참조
- ✗ All stood up. ▶ 149.1 참조
- ✗ All what I have is yours. ▶ 149.2 참조
- ✗ She lost all. ▶ 149.2 참조
- ✗ The every plate was broken. ▶ 152.2 참조
- ✗ I've written to my every friend. ▶ 152.2 참조
- ✗ I see her every days. ▶ 151.1 참조
- ✗ Every room are being used. ▶ 151.1 참조
- ✗ Each new day are different. ▶ 153.1 참조
- ✗ He's lost nearly each friend he had. ▶ 154.3 참조
- ✗ Both my brothers carried the piano upstairs. ▶ 155.1 참조
- ✗ The both children have fair hair. ▶ 155.3 참조
- ✗ Come on Tuesday or Wednesday. Either days are OK. ▶ 156.1 참조
- ✗ Please be quiet. Some of people want to get to sleep. ▶ 158.6 참조
- ✗ She's unhappy because she's got any friends. ▶ 159.3 참조
- ✗ I can write with any hand. ▶ 160 참조
- ✗ Which newspaper would you like? ~ It doesn't matter. Every one. ▶ 162 참조
- ✗ Not any tourists ever came to our village. ▶ 163.4 참조
- ✗ None of my parents could be there. ▶ 163.5 참조
- ✗ No one of my friends wished me a happy birthday. ▶ 164.1 참조
- ✗ He's got much money. ▶ 165.4 참조
- ✗ The most children like ice cream. ▶ 167.1 참조
- ✗ Most of cheese is made from cow's milk. ▶ 167.1 참조
- ✗ A lot of my friends wants to emigrate. ▶ 172.2 참조
- ✗ The majority of criminals is non-violent. ▶ 172.5 참조

Section 13 목차

146 all : 개요

1 셋 이상의 대상

all은 셋 이상의 대상을 지칭할 때 쓴다. 비교)

I'll take **all** three shirts, please. 셔츠 세 벌 다 주세요.

I'll take **both** shirts. 셔츠 두 벌 다 주세요. (NOT ... ~~all two shirts~~.)

2 all (of) + 명사(구)/대명사

all은 명사(구)나 대명사를 수식한다.

All (of) the people were singing. 모든 사람들이 노래를 부르고 있었다.

I haven't read **all of it**. 나는 그것을 다 읽지는 않았다.

Give my love to **them all**. 모두에게 안부 전해줘.

all of의 어순과 용법에 대한 자세한 내용은 ▶ 147 참조.

3 주어를 수식할 때의 위치

all이 주어를 수식할 경우 주어에 붙여서 쓸 수도 있고, 동사에 붙여서 쓸 수도 있다.

All the people were singing.
모든 사람들이 노래를 부르고 있었다.

The people **were all singing**.
사람들은 모두 노래를 부르고 있었다.

더 많은 예문은 ▶ 147-148 참조.

4 명사 없이 쓰이는 all

all은 가끔 명사 없이 단독으로 쓰여 '모든 것'을 의미하기도 한다. 단, 이런 용법은 특정 구문에서만 가능하다(▶ 149 참조).

All that matters is to be happy. 중요한 것은 행복하게 사는 것이다.

That's **all**. 그게 전부다.

5 형용사, 부사 등과 함께 쓰이는 all: all alone

all은 일부 형용사, 전치사, 부사를 강조하는 용법으로 쓰이기도 한다.

You're **all wet**. 너 흠뻑 젖었구나.

She **walked all round** the town. 그녀는 마을 여기저기를 걸어다녔다.

I was **all alone**. 나는 외톨이였다.

Tell me **all about** your plans. 네 계획에 대해 전부 얘기해줘.

It's **all because of** you. 이게 다 너 때문이다.

I looked **all round**, but I couldn't see anything.
나는 사방을 둘러보았지만 아무것도 보이지 않았다.

all, both, half에도 유사한 어법이 적용된다. both는 ▶ 155 참조. half는 ▶ 478 참조.

147 명사나 대명사와 함께 쓰이는 all (of)

1 all, all of

all (of)는 명사와 대명사를 수식할 수 있다. 〈한정사(the, my, this 등) + 명사〉 앞에는 all과 all of를 모두 쓸 수 있는데, all이 all of보다 더 많이 쓰인다.

She's eaten **all (of) the cake.** 그녀는 케이크를 다 먹어치웠다.
All (of) my friends like riding. 내 친구들은 모두 승마를 좋아한다.

all이 한정사 없는 명사 앞에 올 때는 보통 of를 쓰지 않는다.

All children can be difficult.
아이라면 누구나 까탈을 부릴 때가 있다. (NOT ~~All of children~~ ...)

2 all of + 인칭대명사

인칭대명사와 함께 쓸 때는 〈all of + us/you/them〉 형태를 취한다.
all of us/you/them은 주어 또는 목적어 역할을 할 수 있다.

All of us can come tomorrow. 우리 모두 내일 갈 수 있다. (NOT ~~All we~~ ...)
She's invited **all of you.** 그녀는 너희 모두를 초대했다.
Emily sent **all of them** her love. 에밀리는 그들 모두에게 안부를 전했다.

3 대명사 + all

목적어로 쓰인 대명사 뒤에도 all을 쓸 수 있다.

She's invited **you all.** 그녀는 너희 모두를 초대했다.
Emily sent her love to **them all.** 에밀리는 그들 모두에게 안부를 전했다.
I've made **us all** something to eat. 나는 우리 모두가 먹을 것을 만들었다.

그러나 대명사가 be 뒤에서 보어로 쓰인 경우나 단축형 대답에는 대명사 뒤에 all을 쓸 수 없다.

I think that's **all of them.** 저게 그들 전부인 것 같아. (NOT ~~I think that's them all.~~)
Who did she invite? ~ **All of us.** 그녀가 누구를 초대했니? ~ 우리 모두. (NOT ~~Us all.~~)

all은 대명사 주어 뒤에 올 수 있으나(예: **They all** went home.), 이 경우 all은 문법적으로 동사와 관련이 있기 때문에(▶148 참조) 대명사와 분리되기도 한다(예: **They** have **all** gone home.).

미국 영어에서 쓰이는 복수 대명사 you all은 ▶ 174.8 참조.

4 all 뒤에 오는 명사의 형태

all은 대개 불가산명사와 복수 명사 앞에 온다.

all the **water** 모든 물   all my **friends** 내 모든 친구들

그러나 속성상 여러 부분으로 분리할 수 있는 사물을 지칭하는 일부 단수 가산명사 앞에 올 수도 있다.

all that **week** 그 주 내내   all my **family** 우리 식구 모두   all the **way** 내내

장소나 작가 이름 등의 고유명사 앞에도 all (of)를 쓸 수 있다.

All (of) London knew about her affairs. 런던 전체가 그녀의 추문을 알고 있었다.

I've read **all (of) Shakespeare**. 나는 셰익스피어 작품을 모두 읽었다.

그 밖의 단수 가산명사를 수식하는 경우에는 whole을 쓰는 것이 더 자연스럽다(예: the whole story). 자세한 내용은 ▶150 참조.

5 the의 생략

all 뒤, 숫자 앞에 오는 the는 생략할 수 있다.

all (the) **three** brothers 삼형제 모두

all day, all night, all week, all year, all winter, all summer에서는 일반적으로 the를 생략한다.

She stayed here **all day**. 그녀는 하루 종일 이곳에 머물렀다. (NOT ... ~~all the day~~.)

6 not all ...

⟨all + 명사⟩를 부정문의 주어로 사용하는 경우는 드물다(예: **All** Americans **don't like** hamburgers. 모든 미국인들이 햄버거를 좋아하는 것은 아니다). 이 경우, ⟨**not all + 명사 + 긍정형 동사**⟩ 구문이 더 일반적이다.

Not all Americans **like** hamburgers. 미국인들이 모두 햄버거를 좋아하는 것은 아니다.

[주의] not all과 no의 차이에 유의한다. 비교⟩

Not all birds can fly. 새들이 모두 날 수 있는 것은 아니다.

No birds can play chess. 체스를 둘 수 있는 새는 없다.

148 동사와 함께 쓰인 all: We can all swim.

all이 문장의 주어를 지칭할 경우, 동사에 붙여서 문장 중간에 쓸 수 있다(어순에 대한 자세한 내용은 ▶200 참조).

We **can all** swim. 우리는 모두 수영할 수 있다.

Those apples **were all** bad. 그 사과들은 모두 상했다.

The guests **have all arrived**. 손님들은 모두 도착했다.

My family **all work** in education. 우리 가족은 모두 교육계에서 일한다.

⟨**all (of) + 주어**⟩ 구문을 써서 같은 의미를 나타낼 수 있다(▶147 참조).

All of us can swim. 우리 모두 수영할 수 있다.

All (of) the guests have arrived. 모든 손님들이 도착했다.

149 all, everybody / everyone, everything

1 all, everybody/everyone

일반적으로 명사 없이 all만 써서 '모든 사람'을 나타내지는 않는다. 비교⟩

All the people stood up. 모든 사람들이 기립했다.

Everybody/Everyone stood up. 모든 사람들이 기립했다. (NOT ~~All stood up.~~)

2 all, everything

all이 '모든 것'을 의미할 때는 대체로 〈all + 관계사절(all that ...)〉의 형태를 취한다. 비교〉

- **All (that) I have** is yours. 내가 가진 모든 것이 다 네 것이다. (NOT ~~All what I have~~ ...)
  Everything is yours. 모든 것이 네 것이다. (NOT ~~All is yours.~~)
- She lost **all (that) she owned.** 그녀는 가진 것 전부를 잃었다.
  She lost **everything.** 그녀는 모든 것을 잃었다. (NOT ~~She lost all.~~)

이 구문은 흔히 부정적 의미를 내포하여, '더 이상 없는' 또는 '유일한 것'을 의미한다.

This is **all I've got.** 이것이 내가 가진 전부다.

All I want is a place to sit down. 내가 원하는 것이라고는 앉을 자리뿐이다.

All that happened was that he went to sleep.
그가 잠자리에 들었다는 것 외에는 아무 일도 없었다.

주의 That's all은 '그것으로 끝이다(= It's finished)', '더 이상은 없다(= There's no more.)'를
의미한다.

3 고대 영어

고대 영어에서는 all이 단독으로 '모든 사람들'이나 '모든 것들'을 의미했다(예: Tell me all. 모두
말해봐.; All is lost. 모든 게 사라졌다.; All are dead. 모두 죽었다.) 그러나 현대 영어에서는
신문 헤드라인(예: SPY TELLS ALL 스파이 모든 사실을 자백하다) 등 극적인 사건을 언급할 때
만 이런 의미로 쓰인다.

150 all, whole

1 발음

all /ɔːl/   whole /həʊl/

2 어순

all (of)(특히 영국 영어)와 whole은 모두 단수 명사 앞에서 '완전한', '…의 모든 부분'을 의미한
다. 그러나 어순은 다르다.

> all (of) + 한정사 + 명사
> 한정사 + whole + 명사

- Julie spent **all (of) the** summer at home. 줄리는 여름 내내 집에서 보냈다.
  Julie spent **the whole** summer at home. 줄리는 여름 내내 집에서 보냈다.
- **all (of) my** life 내 평생
  my whole life 내 평생

3 부정관사와 함께 쓰이는 경우

부정관사 앞에는 대체로 all을 쓰지 않는다.

She's eaten **a whole** loaf. 그녀는 한 덩어리를 다 먹었다. (NOT ... ~~all a loaf.~~)

4 불가산명사 앞에 쓰이는 경우

대부분의 불가산명사 앞에는 all (of)를 쓴다.

> I've drunk **all (of) the milk**. 나는 그 우유를 다 마셨다. (NOT ... ~~the whole milk.~~)

5 the whole of (주로 영국 영어)

특히 영국 영어에서 대체로 whole 대신 the whole of를 쓸 수 있다.

> Julie spent **the whole of** the summer at home. 줄리는 여름 내내 집에서 보냈다.
> **the whole of** my life 내 평생

고유명사(이름)와 대명사 앞에는 항상 whole 대신 the whole of를 쓴다. all (of)도 가능하다.

> **The whole of/All of** Venice was under water.
> 베니스 전체가 물에 잠겼다. (NOT ~~Whole Venice~~ ...)
> I've just **read the whole of/all of** 'War and Peace'. 나는 방금 〈전쟁과 평화〉를 다 읽었다.
> I've read **the whole of/all of** it. 나는 그것을 전부 읽었다.

6 복수 명사 앞에 쓰이는 경우

복수 명사 앞에 쓰는 all과 whole은 의미가 다르다. all은 every와 비슷한 의미지만 whole은 '완전한', '전부의'를 의미한다. 비교)

> **All Indian tribes** suffered from white settlement in America.
> (= Every Indian tribe suffered ...)
> 백인들이 아메리카에 정착하면서 모든 인디언 부족들은 고통을 겪었다.
> **Whole Indian tribes** were killed off.
> (= Complete tribes were killed off; nobody was left alive in these tribes.)
> 인디언 부족 전체가 절멸되었다. (살아남은 사람이 없다는 의미)

151 every (one)

1 every + 단수 명사

every는 한정사로, 주로 단수 명사 앞에 온다(예외는 ▶아래 151.5 참조). 명사가 주어일 경우 동사 역시 단수형이 온다.

> every + 단수 명사(+ 단수 동사)

> I see her **every day**. 나는 매일 그녀를 본다. (NOT ... ~~every days.~~)
> **Every room is** being used. 모든 방이 사용 중이다. (NOT ~~Every room are~~ ...)

2 every one of

every one of는 대명사나 한정사(the, my, these 등) 앞에 쓰인다. 이 경우 대명사나 명사는 복수형이지만 동사는 단수형을 쓴다.

> every one of us / you / them(+ 단수 동사)
> every one of + 한정사 + 복수 명사(+ 단수 동사)

His books are wonderful. I've read **every one of them**.

그의 책들은 놀랍다. 나는 그 책들을 전부 다 읽었다.

Every one of the children was crying. 아이들 모두 울고 있었다.

3 명사 생략

의미가 분명한 경우 명사를 생략하고 every one만 단독으로 쓸 수 있다.

His books are great. **Every one**'s worth reading.

그의 책들은 훌륭하다. 전부 읽어볼 만하다.

4 부정문

every를 부정할 때는 not every로 쓴다.

Not every kind of bird can fly.

모든 종류의 새가 날 수 있는 것은 아니다. (Every kind of bird cannot fly.보다 자연스러움)

5 every + 복수 명사

어떤 사건이나 일이 발생하는 간격을 나타낼 때는 every 뒤에 복수 명사가 온다.

I see her **every few days**. 나는 며칠에 한 번씩 그녀를 만난다.

There's a meeting **every six weeks**. 6주마다 회의가 있다.

She had to stop and rest **every two or three steps**.

그녀는 두세 걸음마다 멈춰서 쉬어야 했다.

6 everybody 등

every와 마찬가지로 everybody, everyone, everything, everywhere 뒤에도 동사의 단수형이 온다.

Everybody has gone home. 모두가 집에 갔다. (NOT ~~Everybody have~~ ...)

Everything I like **is** either illegal, immoral or fattening.

내가 좋아하는 건 모두 불법적이고 부도덕하거나 살찌는 것들이다.

(미국 평론가 Alexander Woollcott의 말. 당시 미국에서는 금주법이 시행되고 있었다.)

I found that **everywhere was** closed.

알고 보니 모든 곳이 다 문을 닫았다.

앞에 나온 everybody/everyone을 소유격이나 대명사로 받을 경우 소유격이나 대명사의 단수형(격식체)이 올 수도 있고 복수형(비격식체)이 올 수도 있다. 문맥상 복수형만 가능한 경우도 있다. 비교)

Has **everybody** got **his or her** ticket? 모든 사람이 표를 갖고 있나요? (격식체)

Has **everybody** got **their** tickets? 모든 사람이 표를 갖고 있나요? (비격식체)

When **everybody** had finished eating, the waiters took away **their** plates.

모든 사람이 식사를 마치자 웨이터들이 접시를 치웠다. (NOT ... ~~his or her plate.~~)

주의 everyone은 사람만을 지칭하며, every one은 사람뿐만 아니라 사물을 지칭하기도 한다.

7 everyday

everyday는 평범하고 흔히 있는 일상의 사건이나 일을 나타내는 형용사로, '매일'을 의미하는 부사구인 every day와는 다른 표현이다. 비교)

In **everyday** life, you don't often find an elephant in a supermarket.
일상에서는 슈퍼마켓에서 코끼리를 보는 일이 흔치 않다.

You don't see elephants **every day**.   코끼리를 매일 보지는 못한다.

8 every와 함께 쓰이는 관용 표현

> every single

She visits her mother **every single** day.   그녀는 하루도 빠짐없이 엄마를 찾아 뵙는다.

> every other

We meet **every other** Tuesday. (= ... every second Tuesday.)
우리는 격주로 화요일마다 만난다.

> every so often; every now and then

We go out for a drink together **every so often/every now and then**.
우리는 종종 함께 술을 마시러 간다.

every와 each의 차이는 ▶ 154 참조.   every와 all은 ▶ 152 참조.   every와 any는 ▶ 162 참조.
everybody/everyone의 자세한 용법은 ▶ 180 참조.

152 every, all

every와 all은 모두 사람이나 사물을 포괄적으로 지칭하거나 한 집단의 구성원 전체를 지칭할 때 쓰인다. 의미의 차이는 거의 없으나, every는 흔히 '예외 없이'라는 어감을 내포한다. 두 단어 가 취하는 구문 형태는 다르다.

1 every + 단수 명사, all + 복수 명사

every는 단수 명사와 함께 쓰인다. 반면 all은 복수 명사와 함께 쓰인다. 비교)
- **Every child** needs love.
  아이들은 누구나 사랑을 필요로 한다. (NOT ~~All child needs love.~~)
  All children need love.   아이들은 누구나 사랑을 필요로 한다.
- **Every light** was out.   모든 전등이 꺼졌다.
  All (of) the lights were out.   모든 전등이 꺼졌다.

2 every는 한정사와 함께 쓰지 않음

한정사(관사, 소유격, 지시사 등)가 있으면 all (of)는 쓸 수 있지만, every는 쓸 수 없다. 비교)
- **All (of) the plates** were broken.   접시가 모두 깨졌다.
  Every plate was broken.   접시가 모두 깨졌다. (NOT ~~Every the plate/ The every plate~~ ...)
- I've written to **all (of) my friends**.   나는 모든 친구에게 편지를 썼다.
  I've written to **every friend I have**.
  나는 모든 친구에게 편지를 썼다. (NOT ... ~~every my friend/ my every friend.~~)

3 all + 불가산명사

불가산명사 앞에는 every가 아닌 all을 쓴다.

> I like **all music**. 나는 모든 음악을 좋아한다. (NOT ... ~~every music.~~)

4 all day, every day 등

all day/week와 every day/week 등의 차이에 유의한다.

> She was here **all day**. (= from morning to night) 그녀는 하루 종일 여기에 있었다.
> She was here **every day**. (Monday, Tuesday, Wednesday, ...) 그녀는 매일 여기에 있었다.

every와 each의 차이는 ▶ 154 참조.

---

153 each

1 each + 단수 명사

each는 한정사로 단수 명사 앞에 온다.

> I enjoy **each moment**. 나는 매 순간을 즐긴다. (NOT ... ~~each moments.~~)

동사 역시 단수형을 쓴다.

> Each new day **is** different. 하루하루가 새롭다. (NOT ... ~~are different.~~)

2 each of

복수 대명사나 복수 명사를 수식하는 한정사(the, my, these 등) 앞에는 each of를 쓴다.

> **Each of us** sees the world differently. 사람마다 제각기 다른 관점에서 세상을 본다.
> I phone **each of my children** once a week.
> 나는 아이들 모두에게 일주일에 한 번씩 전화를 건다.

동사는 대체로 단수형을 쓴다.

> Each of them **has** problems. 그들 모두는 각자 문제가 있다.

3 목적어와 함께 쓰일 때의 위치

each는 직접목적어 또는 간접목적어 뒤에 올 수 있지만 대체로 문미에는 오지 않는다.

> She kissed **them each** on the forehead.
> 그녀는 그들 모두의 이마에 입을 맞췄다. (BUT NOT ~~She kissed them each.~~)
> I want **them each** to make their own decision.
> 나는 그들이 각자 스스로 결정하기를 바란다.
> I sent **the secretaries each** a Christmas card.
> 나는 비서들 모두에게 크리스마스 카드를 보냈다.

그러나 each가 금액이나 수량을 나타낼 때는 문미에 올 수 있다.

> They cost **£3.50 each**. 하나당 3파운드 50펜스입니다.
> I bought the girls **two pairs of trainers each**.
> 나는 그 소녀들에게 각각 운동화를 두 켤레씩 사주었다.

4 명사 생략

의미가 분명한 경우 each 뒤의 명사를 생략할 수 있다. 그러나 비격식체에서는 each one이나 each of them 같은 표현이 널리 쓰인다.

> I've got five brothers, and **each (one/of them)** lives in a different city.
> 나에게는 남자 형제가 다섯 있는데, 저마다 다른 도시에 산다.

5 동사와 함께 쓰일 때의 위치

each가 주어를 가리킬 경우 일부 부사처럼 중간 위치(어순에 대한 자세한 내용은 ▸ 200 참조)에서 동사와 어울려 쓰인다. 이 경우 주어는 복수 명사, 복수 대명사를 쓰며 동사도 복수형을 쓴다.

> They **have each been** told. 그들은 각자 통보를 받았다.
> We **can each apply** for our own membership card.
> 우리는 각자 본인의 회원 카드를 신청할 수 있다.
> You **are each right** in a different way.
> 너희들 각자 방식은 다를지라도 모두 옳다.
> The plans **each have** certain advantages and disadvantages.
> 그 계획들은 저마다 장단점이 있다.

each와 every의 차이는 ▸ 154 참조.

154 each, every: 차이

1 두 개 이상이면 each, 세 개 이상이면 every

each와 every 모두 대체로 단수 명사를 수식한다. each는 둘 이상의 사람 또는 사물을 수식하며, every는 주로 셋 이상의 대상을 수식한다.

> The business makes less money **each/every year**.
> 그 사업체는 해마다 수익이 줄고 있다. (NOT ... ~~each/every years.~~)
> She had a child holding on to **each hand**.
> 그녀는 양팔에 아이를 하나씩 안고 있었다. (NOT ... ~~every hand.~~)

every two years, every three steps 등의 표현은 ▸ 130.9 참조.

2 의미

each와 every는 거의 동일한 의미로 쓰인다.

> You look more beautiful **each/every** time I see you.
> 당신은 볼 때마다 점점 더 아름다워지는군요.

그러나 사람 또는 사물을 독립적인 존재로 보는 경우, 한 집단의 구성원 개개인을 가리킬 때는 주로 each를 쓴다. 그리고 사람이나 사물을 통틀어 하나의 집단으로 볼 때는 주로 every를 쓴다. (every가 all에 더 가깝다.)

> **Each person** in turn went to see the doctor.
> 각자 차례로 진료를 받으러 갔다.
> BUT
> **Every patient** came from the same small village.
> 모든 환자가 그 작은 마을 출신이었다.

286

3 구문

each는 집단 전체의 개념을 강조하는 almost, practically, nearly, without exception 같은 어구와 함께 쓸 수 없다.

> She's lost nearly **every friend** she had.
> 그녀는 거의 모든 친구를 잃었다. (NOT ... ~~nearly each friend~~ ...)

each는 every가 문법적으로 들어갈 수 없는 자리에 대신 쓰일 수 있다.

> They **each** said what they thought.
> 그들은 각자 자신의 생각을 말했다. (BUT NOT ~~They every~~ ...)

> **Each of them** spoke for five minutes.
> 그들은 각자 5분씩 발언했다. (BUT NOT ~~Every of them~~ ...)

자세한 내용은 ▶ 153 (each), 151 (every) 참조.

155 both

1 의미

양자 모두를 의미한다.

> **Both** my parents were born in Scotland. 우리 부모님은 두 분 다 스코틀랜드에서 태어나셨다.

양쪽을 따로 따로 가리켜 '각자 모두'라는 의미로 쓰이며, 양자가 협동하여 어떤 행위를 이뤄 나갈 때는 both를 쓰지 않는다.

> **My two** brothers carried the piano upstairs.
> 나의 두 형이 피아노를 위층으로 운반했다. (Both my brothers carried the piano upstairs.보다 자연스러움 – 두 형이 따로따로 운반하지 않았기 때문이다.)

2 both, both of

명사 앞에 한정사(the, my, these 등)가 올 경우 both, both of를 모두 쓸 수 있다.

> She's eaten **both (of) the** chops. 그녀는 고기 두 조각을 다 먹었다.
> **Both (of) these** oranges are bad. 이 오렌지는 둘 다 상했다.
> He lost **both (of) his** parents when he was a child.
> 그는 어렸을 때 양친을 모두 잃었다.

both 뒤에 오는 the나 소유격은 생략될 때가 많은데 이 경우는 of를 쓸 수 없다.

> She's eaten **both chops**. 그녀는 고기 두 조각을 다 먹었다. (NOT ... ~~both of chops.~~)
> He lost **both parents** when he was a child.
> 그는 어렸을 때 양친을 모두 잃었다.

3 both: 앞에 the를 쓰지 않음

[주의] both 앞에는 the를 쓰지 않는다.

> **both (the)** children 두 아이 모두 (NOT ~~the both children~~)

4 인칭대명사: both of

인칭대명사와 함께 쓰일 때는 〈**both of + us/you/them**〉 형태를 취한다. both of us/you/them은 주어 또는 목적어가 될 수 있다.

> **Both of them** can come tomorrow. 그 두 사람 모두 내일 올 수 있다.
>
> She's invited **both of us**. 그녀는 우리 둘 다 초대했다.
>
> Emily sends **both of you** her love.
> 에밀리가 너희 둘 모두에게 안부 전해달래.

both는 대명사 목적어 뒤에 올 수 있다.

> She's invited **us both**. 그녀는 우리 둘 다 초대했다.
>
> Emily sends **you both** her love.
> 에밀리가 너희 둘 모두에게 안부 전해달래.

그러나 be 뒤에 오는 보어나 단축형 대답에는 〈**대명사 목적어 + both**〉 구문을 쓸 수 없다.

> Who broke the window – Sarah or Alice? ~ It was **both of them**.
> 누가 창문을 깼어, 사라야 앨리스야? ~ 둘 다. (NOT ... ~~them both.~~)
>
> Who did she invite? ~ **Both of us**.
> 그녀가 누구를 초대했니? ~ 우리 둘 다. (NOT ~~Us both.~~)

5 both: 동사와 함께 쓰이는 경우

both가 절의 주어를 가리킬 때는 중간 위치(자세한 내용은 ▶ 200 참조)에 올 수 있다.

> We **can both swim**. 우리 두 사람 모두 수영을 할 줄 안다.
>
> Those oranges **were both** bad. 그 오렌지는 둘 다 상했다.
>
> The children **have both gone** to bed. 아이들은 둘 다 잠자리에 들었다.
>
> My sisters **both work** in education. 내 누이들은 둘 다 교육계에서 일한다.

〈**both (of) + 명사**〉 형태도 절의 주어가 될 수 있다.

> **Both of us** can swim. 우리 두 사람 모두 수영을 할 줄 안다.
>
> **Both (of) the children** have gone to bed.
> 아이들은 둘 다 잠자리에 들었다.

6 부정형

both ... not 대신 주로 neither를 쓴다(▶ 157 참조).

> **Neither of them** is here. 두 사람 다 여기 없다. (NOT ~~Both of them are not here.~~)

156 either

1 either + 단수 명사

긍정문에서 둘 중 어느 하나를 가리킬 때 〈**either + 단수 명사**〉를 쓴다. 부정문에서 〈**either + 단수 명사**〉를 쓰면 '둘 중 어느 쪽도 아니다.' 즉 둘 다를 부정한다.

> Come on Tuesday or Thursday. **Either day** is OK.
> 화요일이나 목요일에 와. 아무 날이나 좋아. (NOT ~~Either days~~ ...)

She didn't get on with **either parent**.

그녀는 부모님 두 분 모두와 원만한 관계를 유지하지 못했다. (NOT ... ~~either parents~~.)

2 either of

한정사(the, my, these 등) 또는 대명사 앞에는 either of를 쓰며, 뒤따르는 명사는 복수형을 쓴다.

You can use **either of the bathrooms**. 욕실 두 개 중 아무 거나 써도 된다.

I don't like **either of my history teachers**.

나는 역사 선생님 두 분 다 좋아하지 않는다.

I don't like **either of them**. 나는 둘 다 좋아하지 않는다.

either of 뒤에는 대체로 동사의 단수형을 쓰지만, 비격식체에서는 복수형을 쓰기도 한다.

Either of the children **is** perfectly capable of looking after the baby.

그 아이들은 둘 다 아기를 완벽하게 돌볼 수 있다.

She just doesn't care what either of her parents **say(s)**.

그녀는 부모님 중 어느 분의 말씀에도 신경 쓰지 않는다.

3 명사 생략

의미가 분명한 경우 명사를 생략하고 either만 단독으로 쓴다.

Would you like tea or coffee? ~ I don't mind. **Either**.

차를 줄까요, 커피를 줄까요? ~ 상관없어요. 아무거나 줘요.

4 대명사로 받는 경우

앞에 나온 〈**either + 명사/대명사**〉를 뒤에서 대명사로 받을 경우 단수형(격식체)을 쓰기도 하고 복수형(비격식체)을 쓰기도 한다.

If either of the boys phones, tell **him**/**them** I'll be in this evening.

사내아이 둘 중 누가 전화하면 내가 저녁에 들어갈 거라고 말해줘요.

5 either side/end

either side(양쪽), either end(양끝)에서 either는 'each(각각의)'의 의미를 지닌다.

There are roses on **either side** of the door. 문 양쪽에 장미가 있다.

6 발음

either는 /'aɪðə(r)/ 또는 /'iːðə(r)/(미국 영어에서는 주로 /'iːðər/)로 발음한다.

either ... or는 ▶228 참조.   not ... either, neither와 nor는 ▶227-228 참조.

157 neither

1 neither + 단수 명사

단수 명사 앞에 써서 둘 다를 부정한다.

Can you come on Monday or Tuesday? ~ I'm afraid **neither day** is possible. 월요일이나 화요일에 올 수 있어? ~ 둘 다 불가능할 것 같아.

2 neither of + 복수 명사

한정사(the, my, these 등)나 대명사 앞에는 neither of를 쓴다. 이때 명사나 대명사는 복수형이 온다.

> **Neither of my** brothers can sing.
> 형들 둘 다 노래를 못 한다. (NOT ~~Neither my brothers can sing.~~)
> **Neither of us** saw it happen. 우리 둘 다 그 일이 일어나는 것을 보지 못했다.

격식체에서는 〈**neither of + 명사/대명사**〉 뒤에 단수 동사를 쓴다.

> Neither of my sisters **is** married. 언니들 둘 다 미혼이다.

비격식체에서는 복수 동사도 가능하다.

> Neither of my sisters **are** married. 언니들 둘 다 미혼이다.

3 단독으로 쓰이는 neither

의미가 분명한 경우 명사나 대명사 없이 neither만 단독으로 쓸 수 있다.

> Which one do you want? ~ **Neither.** 어떤 걸로 할래? ~ 둘 다 싫어.

4 발음

neither는 영국 영어에서는 /ˈnaɪðə(r)/나 /ˈniːðə(r)/로 발음하며, 미국 영어에서는 대체로 /ˈniːðər/로 발음한다.

neither ... nor는 ▸228 참조

158 some

1 의미: 막연한 수량

some은 한정사로 대개 명확하지 않은 수량을 나타내며, 정확한 수량을 표시할 필요가 없을 때 쓴다.

> I need **some** new clothes. 나는 새 옷이 좀 필요하다.
> Would you like **some** tea? 차 좀 드실래요?

2 발음

대강의 수량을 의미할 경우, 〈**(형용사 +) 명사**〉 앞에서 대체로 /s(ə)m/으로 약하게 발음한다.

> some /s(ə)m/ new clothes 새 옷 몇 벌
> some /s(ə)m/ tea 차 약간

강세형 발음과 약세형 발음의 자세한 내용은 ▸315 참조.

3 some, any

막연한 수량을 나타내는 some은 주로 긍정문에서 쓰이며, 긍정의 대답(Yes)을 예상하거나 긍정의 대답을 유도하는 의문문에 쓰인다. 그 밖의 경우에는 보통 any를 쓴다. 자세한 내용은 ▸161 참조. 비교〉

- There are **some** children at the front door. 현관에 아이들이 몇 명 있다.

  Do you mind if I put **some** music on? 음악 좀 틀어도 될까요?

- Did you meet **any** interesting people on trip? 여행하면서 재미있는 사람들 좀 만났어?

  She hasn't got **any** manners. 그녀는 예의라고는 없다.

4 some, a/an

막연한 수량을 나타내는 some은 부정관사 a/an(▶ 137 참조)과 유사한 용법으로 쓰인다. 그러나 대체로 수식하는 명사의 종류는 다르다. 비교)

I need **a new coat**. 나는 새 코트 한 벌이 필요하다. (단수 가산명사) (NOT ... ~~some new coat.~~)

I need **some new shirts**. 나는 새 셔츠가 몇 장 필요하다. (복수 가산명사)

I need **some help**. 나는 도움이 필요하다. (불가산명사)

5 some을 쓰지 않는 경우

불가산명사나 복수 명사를 수식할 경우 대체로 명확하지는 않지만 그다지 많지 않은 수량을 나타낸다. 수량에 제한을 두지 않을 때는 대체로 some을 쓰지 않는다. 자세한 내용은 ▶ 139 참조. 비교)

- We've planted **some roses** in the garden.

  우리는 정원에 장미 나무를 몇 그루 심었다. (제한된 숫자)

  I like **roses**. 나는 장미를 좋아한다. (숫자는 상관없음)

- Bring **some food** in case we get hungry.

  배고플지도 모르니 음식을 좀 가져와.

  The President has appealed for **food** for the earthquake victims.

  대통령은 지진 피해자들을 위한 식량 지원을 호소했다.

6 some, some of; 명사 생략

다른 한정사(관사, 지시사, 소유격 등)나 대명사를 수식할 경우에는 some of를 쓴다. 비교)

- I've got tickets for **some** concerts next month.

  나는 다음 달에 열리는 일부 콘서트의 입장권을 갖고 있다. (NOT ... ~~some of concerts~~ ...)

  Dan's coming to **some of the** concerts.

  댄은 일부 콘서트에 간다. (NOT ... ~~some the concerts~~ ...)

- **Some** people want to get to sleep.

  어떤 사람들은 자고 싶어한다. (NOT ... ~~some of people~~ ...)

  Some of us want to get to sleep.

  우리들 중 몇 명은 자고 싶어한다. (NOT ~~Some us~~ ...)

의미가 분명한 경우 뒤의 명사를 생략할 수도 있다.

I've got too many strawberries. Would you like **some**? 딸기가 너무 많아요. 좀 드실래요?

of를 붙여 쓸 경우나 뒤의 명사를 생략할 경우에는 /sʌm/으로 발음한다.

some /sʌm/ of us 우리들 중 몇몇

Would you like some /sʌm/? 좀 드실래요?

7 some ~ others 등

others, all, enough와 함께 쓰이면 대조나 대비를 나타내며 /sʌm/으로 발음한다.

> **Some** people like the sea; **others** prefer the mountains.
> 바다를 좋아하는 사람도 있고 산을 좋아하는 사람도 있다.

> **Some** of us were late, but we were **all** there by ten o'clock.
> 늦은 사람들도 몇 명 있었지만 우리 모두 10시까지는 거기에 도착했다.

> I've got **some** money, but not **enough**. 나는 돈이 좀 있긴 하지만 넉넉하지 않다.

8 미지의 인물이나 사물

some(/sʌm/)이 미지의 인물(또는 사물)을 가리킬 경우 대체로 단수 가산명사를 수식한다.

> **Some** idiot has taken the bath plug. 어떤 바보가 욕조 마개를 가져갔다.

> There must be **some** job I could do. 분명 내가 할 수 있는 일이 있을 것이다.

> She's living in **some** village in Yorkshire. 그녀는 요크셔에 있는 어느 마을에 살고 있다.

어떤 사람 또는 사물에 대해 관심이 없다거나 대수롭게 여기지 않는다는 것을 드러낼 때도 some을 쓴다.

> Emily's gone to America to marry **some** sheep farmer or other.
> 에밀리는 목양업자인지 뭔지 하는 작자와 결혼하기 위해 미국으로 갔다.

> I don't want to spend my life doing **some** boring little office job.
> 나는 따분하고 하찮은 사무일 따위나 하면서 인생을 보내고 싶지 않다.

9 some party!

비격식체에서는 대단하거나 굉장하다는 감탄의 의미로 some을 쓴다.

> It was **some** party! 굉장한 파티였어!

10 수 개념과 함께 쓰는 경우

some(/sʌm/)이 수 앞에 오면 그 수가 아주 많거나 인상적이라는 의미를 내포한다.

> We have exported **some four thousand** tons of bootlaces this year.
> 우리는 올해 4,000톤 상당의 신발끈을 수출했다.

somebody, anybody, something, anything 등은 ▸ 180 참조.
some time, sometime, sometimes는 ▸ 590 참조.

159 any

1 의미: 명확하지 않은 수량

any는 한정사로 대체로 명확하지 않은 수량을 어림잡아 표현하거나 정확한 수량이 중요하지 않을 때 쓴다. any는 포괄적이고 불명확한 개념이므로 흔히 의문문이나 부정문에 쓰이며, 의심이나 부정적인 의미를 나타낸다.

> Is there **any** more coffee? 커피 좀 있니?

> We didn't have **any** problems going through customs.
> 우리는 세관을 통과하는 데 아무 문제가 없었다.

You never give me **any** help. 너는 나에게 아무런 도움도 안 돼.

The noise of the party prevented me from getting **any** sleep.
파티장의 소음 때문에 나는 한숨도 못 잤다.

I suddenly realised I'd come out without **any** money.
나는 돈 한 푼 없이 나왔다는 사실을 문득 깨달았다.

if절에서 흔히 쓰인다.

If you find **any** blackberries, keep some for me. 블랙베리를 찾거든 내 몫으로 좀 챙겨놔.

미미하거나 희박한 가능성을 나타내어 '만약 조금이라도 있다면', '혹여 있다고 해도'를 의미할 수
도 있다.

Any fog will clear by noon. (= If there is any fog, it will clear by noon.)
안개는 정오쯤이면 걷힐 것이다. (= 안개가 있다고 하더라도, 정오쯤이면 다 걷힐 것이다.)

Perhaps you could correct **any** mistakes I've made.
아마 너라면 내가 어떤 실수를 범하더라도 바로잡을 수 있을 것이다.

선택의 폭이 넓다는 것을 강조하여 '누구/무엇/어느 것이든지 (상관없다)'라는 의미를 나타낸다.

You can borrow **any** book you want. 원하는 책은 무엇이든 빌려가.

이 용법의 자세한 내용은 ▶160 참조.

2 any, some

some은 주로 긍정문, any는 주로 의문문과 부정문에 쓰인다. 비교)

I need **some** razor blades. 면도날이 몇 개 필요하다.

Do you have **any** razor blades? 면도날 있어?

Sorry, I don't have **any** razor blades. 미안해. 면도날이 하나도 없어.

any와 some의 차이에 대한 자세한 내용은 ▶161 참조.

3 any, not any

any가 단독으로 쓰이면 부정의 의미를 나타내지 않는다. not과 함께 쓸 경우에만 부정의 의미를
나타낸다.

She's unhappy because she **hasn't** got **any** friends.
그녀는 친구가 없어서 불행하다. (NOT ... because she has got any friends.)

no(▶163 참조)는 not any와 같은 뜻이지만 더 강한 부정을 나타낸다.

She's got **no** friends. 그녀는 친구가 한 명도 없다.

not any는 문두에 올 수 없다. 문두에는 no를 쓴다.

No cigarette is harmless. 해롭지 않은 담배는 없다. (NOT Not any cigarette ...)

No tourists came to the town that year. 그 해, 그 마을에는 관광객이 한 사람도 오지 않았다.

not any는 대체로 단수 가산명사와 함께 쓰지 않는다. (예외 ▶160 참조)

She hasn't got **a** job. 그녀는 실직 상태다. (NOT She hasn't got any job.)

4 명사가 any의 한정을 받는 경우와 단독으로 쓰인 경우

any가 불가산명사나 복수 명사와 함께 오면 주로 막연한 수량을 나타낸다. 비교)

– Is there **any water** in that can? 그 통에 물이 좀 있어?

 Is there **water** on the moon?

 달에 물이 있을까? (중요한 건 물의 존재 여부이며 물의 양이 아니다.)

– Dad hasn't got **any hair**. 아버지는 대머리가 되셨다. (아버지는 머리가 다 빠지셨다.)

 Birds have feathers, not **hair**.

 새들은 머리카락이 아니라 깃털을 갖고 있다. (수량의 개념은 없다.)

– None of her children have got **any sense**.

 그녀의 아이들은 모두 분별이라고는 없다. (조금도 없다는 의미)

 Anna looks like her mother, but she hasn't got **blue eyes**.

 애나는 어머니를 닮았지만 눈동자 색은 파랗지 않다.

 (NOT … ~~she hasn't got any blue eyes~~ 눈의 개수는 자명하다.)

5 any, any of

한정사(정관사, 지시사, 소유격)나 대명사 앞에는 any 대신 any of를 쓴다. 비교)

– I didn't go to **any** lectures last term.

 나는 지난 학기에 어떤 수업도 듣지 않았다. (NOT … ~~any of lectures~~ …)

 I wasn't interested in **any of the** lectures.

 나는 어떤 강의에도 관심이 없었다. (NOT … ~~any the lectures.~~)

– Do **any** books here belong to you? 여기 네 책이 한 권이라도 있어?

 Do **any of these** books belong to you? 여기 있는 책 중 네 것이 하나라도 있어?

– I don't think **any staff** want to work tomorrow.

 내일 일하고 싶은 직원은 아무도 없을 거야.

 I don't think **any of us** want to work tomorrow.

 우리 중에 내일 일하고 싶은 사람은 아무도 없을 거야.

 [주의] any of 뒤에 복수 주어가 오면 동사는 단수형, 복수형 모두 올 수 있다. 격식체에는 단수형 이 일반적이다.

 If **any** of your **friends is/are** interested, let me know.

 네 친구들 중 관심 있는 사람이 있으면 나에게 알려줘.

6 명사 생략

의미가 분명한 경우 any 뒤에 오는 명사를 생략할 수 있다.

 Did you get the oil? ~ No, there wasn't **any** left. 기름 샀어? ~ 아니, 남은 게 없었어.

명사가 생략되는 경우 not any 대신 none(▶ 163 참조)을 쓸 수도 있다. none을 쓰면 의미가 더 강조된다.

 There was **none** left. 남은 게 전혀 없었다.

대답에는 any나 not any를 단독으로 쓰지 않는다.

 What day should I come? ~ **Any day**. 무슨 요일에 갈까? ~ 아무 날이나. (NOT ~~Any.~~)

 How much money do you have? ~ **None**.

 돈 얼마나 있어? ~ 한 푼도 없어. (NOT ~~Not any.~~)

7 복합어

위에 열거한 규칙들은 대체로 복합어인 anybody, anyone, anything, anywhere에도 적용된다. 복합어에 대한 자세한 내용은 ▶ 180 참조.

any와 no의 부사 용법은 ▶ 373 참조.　　any ... but은 ▶ 413 참조.　　any와 every는 ▶ 162 참조.

160 any = '누구 / 어느 것 / 무엇이든지 상관없다'

any는 선택의 폭이나 여지가 넓다는 것을 강조하여 '누구/어느 것/무엇이든지 상관없다'는 의미를 나타낸다. any는 이런 의미로 의문문과 부정문은 물론 긍정문에도 널리 쓰이며, 흔히 불가산 명사와 복수 명사, 또한 단수 가산 명사와도 함께 쓰인다. 회화에서는 any에 강세를 둔다.

> Ask **any** doctor – they'll all tell you that alcohol is a poison.
> 아무 의사나 붙잡고 물어봐. 모두 술은 독약이라고 말할 거야.

> My brother's looking for work. He'll take **any** job he can get.
> 형은 일자리를 찾고 있다. 그는 구할 수 있는 일은 어느 것이든 할 것이다.

> When should I come? ~ **Any** time. 언제 갈까요? ~ 아무 때나.

의미를 명확히 할 필요가 있을 때는 just any를 쓴다.

> I don't do **just any** work – I choose jobs that interest me.
> 나는 아무 일이나 하지는 않는다. 흥미로운 일만 골라서 한다.
> (I don't do any work ...라고 하면 어떤 일도 하지 않는다는 의미로 오해할 수 있다.)

주의 두 가지 대안 중 하나를 선택할 때는 any가 아니라 either(▶ 156 참조)를 쓴다.

> I can write with **either** hand. 나는 양손 모두로 글을 쓸 수 있다. (NOT ... ~~any hand~~.)

at all(▶ 387 참조)은 주로 (not) any의 의미를 강조할 때 쓴다.

> I'll do **any** job **at all** – even road-sweeping.
> 어떤 일이라도 할 것이다. 도로 청소라도.

> She doesn't speak **any** English **at all**. 그녀는 영어를 전혀 못한다.

161 some, any: 주요 차이

1 막연한 수량

some(▶ 158 참조)과 any(▶ 159 참조)는 모두 막연한 수량을 나타내며, 정확한 수량을 표현하는 것이 쉽지 않거나 중요하지 않을 때 쓴다.

> I need **some** new clothes. 나는 새 옷이 좀 필요하다.

> Is there **any** milk left? 우유가 좀 남았니?

2 some: 의문문에 쓰이는 경우

제의나 요청을 하면서 긍정의 답(Yes)을 기대하거나 유도할 때는 의문문에 some을 쓴다.

> Have you brought **some** paper and a pen?
> 종이와 펜을 가져왔죠? (화자는 청자가 종이와 펜을 가져왔으리라 짐작하고 있다.)

Shouldn't there be **some** instructions with it? 사용설명서가 있겠죠?

Would you like **some** more meat? 고기 좀 더 드시겠어요?

Could I have **some** brown rice, please? 현미밥 좀 주시겠어요?

Have you got **some** glasses that I could borrow? 유리잔 좀 빌릴 수 있을까요?

3 any: 긍정문에 쓰이는 경우

긍정문이지만 부정의 의미가 담긴 never, hardly, without, little이 있으면 any를 쓴다.

You **never** give me **any** help. 너는 나를 절대 도와주는 법이 없다.

I **forgot** to get **any** bread. 빵 사오는 것을 잊어버렸다.

There's **hardly any** tea left. 차가 거의 다 떨어졌다.

We got there **without any** trouble.
우리는 아무 문제 없이 그곳에 갔다.

There is **little** point in doing **any** more work now.
지금 일을 더 해 봐야 소용없다.

The guards **prevented** us from asking **any** questions.
경비들은 우리에게 어떤 질문도 하지 못하도록 했다.

4 if절

if절에는 some과 any를 모두 쓸 수 있다.

If you want **some/any** help, let me know. 도움이 필요하면 알려줘.

any는 if there is/are any(혹시 있다면)의 의미로 쓰인다.

Any cars parked in this road will be towed away.
(= If there are any cars parked in this road, they will ...)
이 도로에 주차된 자동차는 견인될 것이다.

'누구/어느 것/무엇이든지 상관없다'는 의미의 any(예: **Any** child could do this)는 ▶ 160 참조

162 any, every: 차이

어떤 부류나 집단에 속한 모든 구성원을 통칭할 때 any와 every를 모두 쓸 수 있다.

Any/Every child can learn to swim. 모든 아이는 수영하는 법을 배울 수 있다.

그러나 의미의 차이가 있다. any는 개별적인 대상을 가리킨다. 위 문장을 예로 들면, any는 '누구를 택하든 그 아이는 ~', '이 아이, 저 아이, 또는 기타 아이 아무나'라는 의미가 된다. 반면에 every는 대상 전체를 지칭하여 '모든', '이 아이, 저 아이를 포함하여 모든 아이'라는 의미에 가깝다. 비교)

Which newspaper would you like? ~ It doesn't matter. **Any** one.
(= one or another or another)
어떤 신문을 드릴까요? ~ 상관없습니다. 아무거나 주세요. (NOT ... ~~Every one.~~)

On the stand there were newspapers and magazines of **every** kind.
(= one and another and another)
가판대에는 온갖 종류의 신문과 잡지가 있었다. (NOT ... ~~magazines of any kind.~~)

any의 자세한 용법은 ▶ 159 참조.   every는 ▶ 151 참조.

163 no, none, not a / any

1 no: 강한 어조

부정의 개념을 강조할 때 not a/any 대신 no를 쓸 수 있다.

Would you believe it? There's no mirror in the bathroom!
믿을 수 있겠니? 욕실에 거울 하나 없다는 게 말이야! (... There isn't a mirror ...보다 강한 어조)

Sorry I can't stop. I've got no time.
미안하지만 멈출 수 없어. 시간이 없거든. (... I haven't got any time.보다 강한 어조)

There were no messages for you this morning, I'm afraid.
미안하지만 오늘 아침에는 너한테 온 편지가 하나도 없어.

(There weren't any messages ...보다 강한 어조)

2 none of

한정사(the, my, this 등)나 대명사 앞에는 none of를 쓴다.

She's done none of the work.
그녀는 그 일을 하나도 하지 않았다. (NOT ... ~~no of the work.~~)

We understood none of his arguments.
우리는 그의 논리를 전혀 이해하지 못했다.

I've been to none of those places. 나는 그곳들 중 한 군데도 가보지 못했다.

None of us speaks Greek. 우리 중 누구도 그리스어를 하지 못한다.

none of를 복수 명사나 대명사와 함께 쓸 경우 동사는 단수형(격식체) 또는 복수형(비격식체)을 쓴다.

None of my friends is interested. 내 친구들은 아무도 관심이 없다. (격식체)

None of my friends are interested. 내 친구들은 아무도 관심이 없다. (비격식체)

의미가 분명한 경우 none을 단독으로 쓸 수 있다.

How many of the books have you read? ~ None. 몇 권 읽었어? ~ 한 권도 못 읽었어.

3 not a/any

강조하지 않을 경우에는 목적어나 보어에 not a/any를 쓴다. 비교)

He's no fool. (= He's not a fool at all.) 그는 절대 바보가 아니다. (부정의 의미 강조)

A whale is not a fish. 고래는 물고기가 아니다. (NOT ~~A whale is no fish.~~) (강조의 의미는 없음)

4 주어로 쓰이는 것

not any는 대체로 주어로 쓸 수 없다. 대신 no와 none of를 주어로 쓴다.

No brand of cigarette is completely harmless.
어떤 상표의 담배도 완전히 무해한 것은 없다. (NOT ~~Not any brand~~ ...)

No tourists ever came to our village.
한 명의 관광객도 우리 마을을 방문한 적이 없다. (NOT ~~Not any tourists~~ ...)

None of my friends lives near me.
우리집 근처에 사는 친구는 아무도 없다. (NOT ~~Not any of my friends~~ ...)

5 둘을 언급할 때는 사용 불가

두 사람 또는 두 개의 사물을 언급할 때는 no, none을 쓰지 않고 neither를 쓴다(▸157 참조).

Neither of my parents could be there.

우리 부모님 두 분 다 거기에 계실 리가 없다. (NOT ~~None of my parents~~ ...)

6 nobody 등

nobody, nothing, no one, nowhere의 용법은 no와 유사하다.

I saw **nobody**. 나는 아무도 보지 못했다. (I didn't see anybody.보다 강한 어조)

Nobody spoke. 아무도 말하지 않았다. (NOT ~~Not anybody spoke.~~)

no와 not은 ▸536 참조.   any의 자세한 용법은 ▸159 참조.   none과 no one은 ▸164 참조.
비교급을 수식하는 no의 부사 용법(예: no better)은 ▸373 참조.

164 no one, none

1 no one

no one(영국 영어에서 no-one으로도 씀)은 nobody와 동일한 의미로 쓰이며 뒤에 of가 올 수 없다.

No one wished me a happy birthday.

아무도 내 생일을 축하해주지 않았다. (NOT ~~No one of my friends~~ ...)

I stayed in all evening waiting, but **no one** came.

저녁 내내 밖에도 안 나가고 기다렸지만 아무도 오지 않았다.

2 none

'복수의 사람 또는 사물 중 단 한 사람/하나도 ~않다'라는 의미를 나타낼 때 none (of), not any (of), not one (of)(강한 어조)를 쓴다. no one은 이런 용법으로 쓰이지 않는다.

None of my friends wished me a happy birthday.

내 친구들은 아무도 내 생일을 축하해주지 않았다.

I haven't read **any of** his books. 나는 그의 책을 한 권도 읽지 않았다.

Not one of my shirts is clean. 깨끗한 셔츠가 한 벌도 없다. (NOT ~~No one of my shirts~~ ...)

Have you found any blackberries? ~ **Not one**. 블랙베리 좀 찾았어? ~ 하나도 못 찾았어.

none에 대한 자세한 내용은 ▸163 참조.

165 much, many

1 차이

much는 (불가산) 단수 명사, many는 복수 명사와 함께 쓰인다.

I haven't got **much time**. 시간이 많지 않다.

I don't know **many** of your **friends**. 나는 네 친구들을 많이 모른다.

2 much/many of

일반적으로 다른 한정사(관사, 소유격 등)나 대명사가 없을 때는 much/many 뒤에 of를 쓰지 않는다.

- She didn't eat **much** breakfast.
  그녀는 아침을 많이 먹지 않았다. (NOT ... ~~much of breakfast.~~)
  She didn't eat **much of her** breakfast. 그녀는 그녀의 아침을 많이 먹지 않았다.
  She didn't eat **much of** it. 그녀는 그것을 많이 먹지 않았다.
- There aren't **many** large glasses left. 큰 잔이 많이 남지 않다.
  There aren't **many of the** large glasses left. 그 큰 잔이 많이 남지 않다.
  There aren't **many of them** left. 그것들이 많이 남지 않다.

그러나 인명이나 지명 바로 앞에는 much of를 쓸 수 있다.

> I've seen too **much of** Howard recently. 나는 최근에 하워드를 너무 자주 만났다.
> Not **much of** Denmark is hilly. 덴마크에는 구릉 지대가 드물다.

3 명사 생략

의미가 분명한 경우 much나 many 뒤에 오는 명사를 생략할 수 있다.

> You haven't eaten **much**. 많이 안 먹었네.
> Did you find any mushrooms? ~ Not **many**. 버섯을 좀 발견했니? ~ 많지는 않아.

명사를 생략할 때는 다음 형식의 문장만 가능하다.

> There wasn't **much (food)**. (음식이) 많지 않았다. (BUT NOT ~~The food wasn't much.~~ 명사가
> 생략되어 있다. ~~The food wasn't much food.~~라고는 하지 않는다.)

many people(많은 사람들)을 대신해 many 단독으로 쓰는 경우는 없다.

> **Many people** think it's time for a change. 많은 사람들은 지금이 변해야 할 때라고 생각한다.
> (Many think ...보다 자연스러움)

4 긍정문에는 사용 불가

비격식체에서 much와 many는 주로 의문문이나 부정문에 쓰인다. 긍정문에는 거의 쓰이지 않는데, 특히 much가 긍정문에 쓰이는 경우는 극히 드물다. 따라서 긍정문에는 대체로 다른 어구로 대체한다.

> How **much** money have you got? ~ I've got **plenty**.
> 돈이 얼마나 있어? ~ 많아. (NOT ~~I've got much.~~)
> He's got **lots of** men friends, but he doesn't know **many** women. 그는 남자 친구가
> 많지만 알고 지내는 여자는 많지 않다. (He's got many men friends ...보다 자연스러움)
> Did you buy any clothes? ~ Yes, **lots**.
> 옷을 좀 샀니? ~ 응, 많이 샀어. (NOT ~~Yes, many.~~)

격식체에서는 긍정문에 much와 many를 쓰기도 한다.

> **Much** has been written about unemployment. In the opinion of **many**
> economists, ...
> 실업에 관해 많은 글이 쏟아져 나오고 있다. 많은 경제학자들의 의견으로는 …

far와 long(= a long time)도 주로 의문문이나 부정문에 쓴다. ▶ 461, 517 참조.

5 so, as, too 뒤에 사용

so much/many, as much/many, too much/many는 긍정문에서 흔히 쓰인다.

> There was **so much** traffic that it took me an hour to get home.
> 길이 너무 막혀서 집에 가는 데 한 시간이 걸렸다.
>
> I play **as much** tennis as I can. 나는 될 수 있으면 테니스를 많이 친다.
>
> You make **too many** mistakes. 너는 실수를 너무 많이 한다.

6 my many friends 등

[주의] my many friends, her many prizes 같은 표현처럼 many는 소유격 뒤에 쓸 수 있다. 격식을 차린 표현이다.

7 부사로 쓰이는 much

much는 의문문이나 부정문에서 부사로 쓰일 수 있다.

> Do you work **much** at weekends? 주말에 일을 많이 하니?
>
> I don't travel **much** these days. 나는 요즘 그다지 여행을 많이 하지 않는다.

의문문, 부정문뿐 아니라 긍정문에서도 much는 비교급 형용사나 부사를 수식할 수 있다.

> She's **much older** than her brother. 그녀는 남동생보다 나이가 훨씬 많다.
>
> I don't drive **much faster** than you. 나는 너보다 썩 빨리 운전하지 않는다.

특히 격식체의 의문문, 부정문, 긍정문에서 much는 즐거움, 선호 등의 개념을 나타내는 동사를 수식할 수 있다.

> I **much appreciate** your help. 도와주셔서 대단히 감사합니다.
>
> We **much prefer** the country to the town. 우리는 도시보다 시골을 훨씬 선호한다.
>
> I didn't **much enjoy** the concert. 콘서트는 별로였다.

very much는 긍정문에서 부사로 쓰일 수 있다.

> I **very much** like your new hairstyle. 너의 새 헤어스타일 정말 마음에 들어.
>
> Thank you **very much**. 대단히 감사합니다.

과거분사를 수식하는 much와 very(예: much/very amused)는 ▶96.8 참조.

166 more

1 more (of)

명사구 앞에서 한정사로 쓰인다. 다른 한정사(관사, 소유격 등)나 대명사가 없을 때는 of를 쓰지 않는다. 비교)

- We need **more** butter. 우리는 버터가 더 필요하다.
  We need **more of that** salted butter. 우리는 그 가염 버터가 더 필요하다.
  We need **more of it**. 우리는 그것이 더 필요하다.
- **More** climbers have been found. 등산객들이 더 발견되었다.
  More of the missing climbers have been found. 실종된 등산객들이 더 발견되었다.
  More of them have been found. 그것들이 더 발견되었다.

그러나 인명이나 지명 앞에는 more of를 쓸 수 있다.

> It would be nice to see **more of Ray and Barbara**.
> 레이와 바버라를 좀 더 자주 만나면 좋겠군요.

> Five hundred years ago, much **more of Britain** was covered with trees.
> 500년 전에는 영국 땅의 훨씬 많은 부분이 숲으로 덮여 있었다.

2 명사 생략

의미가 분명한 경우 more 뒤에 오는 명사를 생략할 수 있다.

> I'd like some **more**, please. 좀 더 주세요.

3 one more 등

〈**one more, two more, ... + 명사구**〉의 형식을 쓸 수 있다.

> There's just **one more river** to cross. 이제 강 하나만 더 건너면 된다.

4 부사로 쓰이는 more

부사의 기능도 한다.

> I couldn't agree **more**. 전적으로 동의한다.

more and more는 정도의 지속적인 증가를 표현한다.

> I hate this job **more and more** as the years go by.
> 세월이 갈수록 이 일이 점점 더 싫어진다.

비교급에 쓰인 more(예: more comfortable)은 ▸ Section 17 참조.
no more, not any more/longer는 ▸ 535 참조.   far more, much more, many more 등은 ▸ 207 참조.

167 most

1 most (of)

불가산명사나 복수 명사 앞에 most를 쓸 수 있다.

[주의] 다음 경우에는 most 앞에 the를 붙이지 않는다.

> **Most** children like ice cream.
> 아이들은 대부분 아이스크림을 좋아한다. (NOT ~~The most children~~ ...)

명사 앞에 다른 한정사(관사, 소유격 등)가 없을 때는 대체로 most 뒤에 of를 붙이지 않는다. 비교〉

- **Most** fruit is imported. 대부분의 과일은 수입된다.
  Most of our fruit is imported. 우리 과일 대부분은 수입된다.
  Most of it is imported. 그것 중 대부분은 수입된다.
- **Most** people can sing a little. 대부분의 사람들은 한 소절 노래할 수 있다.
  Most of these people can sing a little. 이 사람들 중 대부분은 한 소절 노래할 수 있다.
  Most of them can sing a little. 그들 중 대부분은 한 소절 노래할 수 있다.

그러나 인명이나 지명 바로 앞에는 most of를 쓸 수 있다.

I've read **most of Shakespeare**. 나는 셰익스피어 작품 대부분을 읽었다.

The Romans conquered **most of England**. 로마인들은 영국의 대부분을 점령했다.

2 명사 생략

의미가 분명한 경우 most 다음에 오는 명사를 생략할 수 있다.

Some people had difficulty with the lecture, but **most** understood.

일부는 강의를 따라가기 힘들었지만 대부분은 이해했다.

3 the most + 명사

최상급의 의미로 〈**the most + 명사**〉를 쓴다.

Susan found **the most blackberries**.

수잔이 블랙베리를 가장 많이 찾았다.

비격식체에서는 the를 생략하기도 한다.

Who earns **(the) most money** in your family?

당신 가족 중에서 누가 돈을 가장 많이 법니까?

4 부사로 쓰이는 (the) most

(the) most는 부사로도 쓰이며 비격식체에서는 종종 the를 생략한다.

They all talk a lot, but your little girl talks **(the) most**.

모두가 말을 많이 하지만 댁의 어린 따님이 제일 수다스러워요.

The truth hurts **most**. 진실이 가장 쓰라린 법이다.

최상급에 쓰이는 most(예: the most beautiful)은 ▶ Section 17 참조.

168 (a) little, (a) few

1 불가산명사와 복수 명사

단수 불가산명사 앞에는 한정사 (a) little을, 복수 명사 앞에는 한정사 (a) few를 쓴다. 비교▶

I have **little** interest in politics. 나는 정치에는 관심이 없다.

Few politicians are really honest. 정말 정직한 정치인은 거의 없다.

We've got **a little** bacon and **a few** eggs. 우리에게는 베이컨 약간과 달걀 몇 개가 있다.

한정사(관사, 소유격 등)나 대명사와 앞에는 (a) little of 또는 (a) few of를 쓴다. 비교▶

– Could I have **a little** butter? 버터 조금 주시겠어요?

Could I have **a little of that** butter? 그 버터 조금 주시겠어요?

Could I have **a little of that**? 그거 조금 주시겠어요?

– **Few** people always tell the truth. 항상 진실을 말하는 사람은 거의 없다.

Few of the people questioned told the truth.

질문을 받은 사람들 중 진실을 말한 사람은 거의 없었다.

Few of them told the truth. 그들 중 진실을 말한 사람은 거의 없었다.

2 부정관사 a의 용례

부정관사 a가 없는 little과 few는 대체로 부정적인 의미로 쓰여 원하는 만큼 또는 예상만큼 많지 않다는 어감을 나타낸다.

> The average MP has **little** real power. 일반 하원 의원은 실권이 거의 없다.
>
> **Few** people can speak a foreign language perfectly.
>
> 외국어를 완벽하게 구사하는 사람은 거의 없다.

a little과 a few는 긍정적인 의미로, 대체로 some과 비슷한 의미를 나타낸다. 없는 것보다는 낫거나 예상보다 많다는 어감을 내포한다.

> Would you like **a little** soup? 수프 조금만 드실래요?
>
> You don't need to go shopping. We've got **a few** potatoes and some steak.
>
> 장보러 갈 필요 없어. 감자 몇 개랑 스테이크가 좀 있어.

비교)

- Cactuses need **little** water. (not much water)

  선인장은 물이 거의 필요 없다. (소량의 물)

  Give the roses **a little** water every day. (not a lot, but some)

  장미에 매일 물을 좀 줘라. (많이는 아니지만 정도껏)

- His ideas are difficult, and **few** people understand them.

  그의 사상은 어려워서 이해하는 사람이 거의 없다.

  His ideas are difficult, but **a few** people understand them.

  그의 사상은 어렵지만 몇몇 사람들은 이해한다.

quite a few는 상당수나 다수를 나타내며 격식을 차리지 않은 표현이다.

> We've got **quite a few** friends in the village. 우리는 그 마을에 친구가 꽤 있다.

3 격식체와 비격식체

관사 없이 쓰이는 little과 few는 다소 격식을 차린 표현이며, 격의 없는 대화에서는 대체로 not much/many, only a little/few 등을 쓴다.

> Come on! We haven't got **much** time! 서둘러! 시간이 별로 없어!
>
> **Only a few** people remembered my birthday.
>
> 소수의 사람들만이 내 생일을 기억했다.

비격식체에서는 very little이나 very few 등도 쓴다.

> He's got **very little** patience and **very few** friends.
>
> 그는 인내심이 바닥이라 친구가 거의 없다.

4 (a) little, (a) few: 명사 생략

의미가 분명한 경우 뒤의 명사를 생략하고 (a) little이나 (a) few만 쓸 수 있다.

> Some more soup? ~ Just **a little**, please. 수프 더 드릴까요? ~ 조금만 더 주세요.

5 be동사 뒤에는 쓰지 않음

(a) little과 (a) few는 한정사이므로 대체로 명사 앞에 쓰이며 be동사 뒤에는 쓰지 않는다.

> They had **little** hope. 그들에게는 희망이 거의 없었다. (BUT NOT ~~Their hope was little.~~)

6 his few friends 등

주의 his few friends, my few visits to Scotland 같은 표현처럼 few는 소유격 뒤에 쓸 수 있다. 격식을 차린 표현이다.

비교급에 쓰인 a little (예: a little better)는 ▸207.1 참조.　　형용사 little은 ▸580 참조.

169 less, fewer

1 차이

less는 little의 비교급으로 주로 불가산명사 앞에 쓰이며, fewer는 few의 비교급으로 복수 명사 앞에 쓰인다. 비교〉

    I earn **less money** than a cleaner. 나는 청소부보다 벌이가 적다.
    I've got **fewer problems** than I used to have. 나는 예전보다는 골칫거리가 적다.

비격식체에서는 복수 명사 앞에도 less를 쓰지만, 문법에 어긋난다는 의견도 있다.

    I've got **less problems** than I used to have. 나는 예전보다는 골칫거리가 적다.

2 less와 fewer 뒤에 of가 오는 경우와 오지 않는 경우

한정사(관사, 소유격 등)나 대명사 앞에 less of와 fewer of를 쓴다. 비교〉

– If you want to lose weight, eat **less** food.
    살을 빼고 싶으면 먹는 양을 줄여라. (NOT ... ~~less of food.~~)

  Fewer people make their own bread these days.
    요즘에는 손수 빵을 만들어 먹는 사람이 점점 줄어들고 있다. (NOT ~~Fewer of people~~ ...)

– I'd like to spend **less of my** time answering emails.
    나는 이메일 답장을 쓰는 시간을 좀 줄이고 싶다.

  At the college reunions, there are **fewer of us** each year.
    대학 동창회에 참석하는 사람이 해마다 줄어들고 있다.

3 명사 생략

의미가 분명한 경우 less와 fewer 뒤의 명사를 생략할 수 있다.

    Some people go to church, but **less/fewer** than 20 years ago.
    교회에 다니는 사람들도 일부 있지만, 그 수가 20년 전보다는 적다.

less는 부사 more의 반의어로도 쓰인다.

    I worry **less** than I used to. 나는 예전보다는 걱정을 덜 한다.

lesser는 ▸510 참조.

170 least, fewest

1 한정사 the least: little의 최상급

the least는 불가산명사를 수식하는 한정사로 little(= not much ▸168 참조)의 최상급이며 반의어는 the most이다.

> I think I probably do **the least work** in this office.
>
> 내가 이 사무실에서 가장 일을 적게 하는 것 같다.

의미가 분명한 경우, the least 뒤의 명사를 생략할 수 있다.

> Jess earns the most money in our family; Dan earns **the least**.
>
> 제스가 우리 가족 중에 돈을 가장 많이 벌고, 댄이 가장 적게 번다.

복수 추상명사 앞에 the least of를 쓰면 여러 가지 가운데 가장 하찮은 것을 의미한다.

> What will your mother think? ~ That's **the least of** my worries.
>
> 너희 어머니가 어떻게 생각하시겠어? ~ 그건 전혀 걱정 안 해.

2 the least = '거의 없는'

단수 추상명사와 함께 쓰이면 the least는 거의 없거나 희박한 상태를 의미한다.

> Do you think there's **the least chance** of Smith winning the election?
>
> 스미스가 선거에서 승리할 가능성이 전혀 없다고 생각해?

> What's the time? ~ I haven't got **the least idea**. 몇 시야? ~ 전혀 모르겠는데.

3 한정사 the fewest: few의 최상급

the fewest는 few(▶ 168 참조)의 최상급으로 뒤에 복수 명사가 온다.

> The translation with **the fewest mistakes** isn't always the best.
>
> 가장 실수가 적은 번역이 반드시 최상의 번역은 아니다.

비격식체에서는 복수 명사 앞에 fewest 대신 least를 쓰기도 하지만(예: the **least** mistakes), 문법에 어긋난다는 의견도 있다.

least의 다른 용례는 ▶ Index 참조.

4 형용사를 수식하는 (the) least: (the) most, (the) -est와 반대 의미

(the) least는 (the) most, (the) -est(▶ 204 참조)처럼 형용사 앞에 쓰이면서 이들과는 반대의 의미를 나타낸다.

> **The least expensive** trips are often the most interesting.
>
> 종종 비용이 가장 적게 든 여행이 가장 재미있는 여행이 된다.

> I'm **least happy** when I have to work at weekends.
>
> 주말에 일해야 할 때가 제일 괴롭다.

최상급 앞에 붙이는 the의 용법은 ▶ 208 참조.

5 부사 least

least는 부사로 쓰일 경우 most의 반의어로 '가장 적게'를 의미한다.

> She always arrives when you **least** expect it.
>
> 그녀는 늘 전혀 예기치 않을 때 도착한다.

> I don't much like housework, and I like cooking **least** of all.
>
> 나는 집안일을 별로 좋아하지 않는데, 그 중에서도 요리가 제일 싫다.

6 at least

at least는 '적어도', '최소한'을 의미한다.

> **How old do you think he is? ~ At least thirty.**
> 그는 몇 살 같아? ~ 최소 서른 살.

> **He's been in love at least eight times this year.**
> 그는 올해 적어도 여덟 번이나 사랑에 빠졌다.

at least는 '나머지는 다 나쁘지만 한 가지는 좋다'라는 의미를 표현하는 담화 표지어(▶284.3 참조)로 쓰이기도 한다.

> **We lost everything in the fire. But at least nobody was hurt.**
> 우리는 화재로 모든 것을 잃었다. 그러나 불행 중 다행으로 다친 사람은 없었다.

7 not in the least

격식체에서는 '전혀, 조금도 ~않다'라는 의미로 not in the least를 쓰는데, 특히 개인적인 느낌이나 반응을 나타낸다.

> **I was not in the least upset by her bad temper.**
> 그녀가 성질을 부렸지만 나는 조금도 화나지 않았다.

less와 fewer는 ▶ 169 참조.

171 enough

1 enough + 명사

enough는 명사 앞에서 한정사 역할을 한다.

> **Have you got enough milk?** 우유가 충분한가요?
> **There aren't enough glasses.** 유리잔이 부족하다.

가끔 enough가 명사 뒤에 오기도 하지만, 일부 표현을 제외하고는 현대 영어에서는 드물다.

> **If only we had time enough ...** 우리에게 시간만 충분하다면 …
> **I was fool enough to believe him.** 나는 어리석게도 그를 믿었다.

한정사(관사, 소유격 등)나 대명사 앞에는 enough of를 쓴다. 〈비교〉

- **I don't know enough Spanish to read this.**
  나는 이것을 읽을 수 있을 정도로 스페인어를 잘 알지 못한다. (NOT ... ~~enough of Spanish~~ ...)
  I don't understand enough of the words in the notice.
  표지판에 있는 말들을 제대로 이해할 수 없다.
- **We haven't got enough blue paint.**
  파란색 페인트가 부족하다. (NOT ... ~~enough of blue paint.~~)
  We haven't got enough of that blue paint.
  저 파란색 페인트가 부족하다.
- **You didn't buy enough cards.**
  너는 카드를 충분히 사지 않았다. (NOT ... ~~enough of cards.~~)
  You didn't buy enough of them.
  너는 그것을 충분히 사지 않았다.

I've had enough of ...는 관용표현으로 질릴 정도로 넌더리가 나는 대상을 언급할 때 쓰인다. 이 표현 뒤에는 한정사 없이 바로 명사가 올 수 있다.

> **I've had enough of** mathematics; I'm going to give it up.
> 수학이라면 지긋지긋해. 포기해야겠어.

> **She's had enough of** England; she's going back home.
> 그녀는 영국에 있을 만큼 있었어. 고향으로 돌아갈 거야.

2 명사 생략

의미가 분명한 경우 명사 없이 enough만 써서 수량을 나타낸다.

> Half a pound of carrots will be **enough**. 당근 반 파운드면 충분할 거야.
> That's **enough**, thank you. 그거면 충분해. 고마워.
> Enough is **enough**. 그만하면 됐어.
> BUT NOT ~~The meat is enough.~~ (The meat은 수량이 아니기 때문이다.)

명사나 형용사와 함께 쓰인 enough의 다른 용례는 ▶ 450 참조.

172 수량 표현: a lot, lots, a great deal, the majority 등

1 개요: of의 용례

이 어구들은 한정사인 much, many, most와 의미가 비슷하지만 용법은 다르다. 특히 한정사가 붙지 않은 명사 앞에서도 of와 함께 쓰인다. 비교〉

- There's not **a lot of** meat left.
  남은 고기가 많지 않다. (NOT ~~There's not a lot meat left.~~)

  There's not **much** meat left.
  남은 고기가 많지 않다. (NOT ~~There's not much of meat left.~~)

- **Plenty of** shops open on Sunday mornings.
  많은 가게들이 일요일 오전에 문을 연다. (NOT ~~Plenty shops~~ ...)

  Many shops open on Sunday mornings.
  많은 가게들이 일요일 오전에 문을 연다. (NOT ~~Many of shops~~ ...)

2 a lot of, lots of

주로 비격식체에서 많이 쓰이는데, 좀 더 격식을 차린 표현으로는 a great deal of, a large number of, much, many를 쓴다. a lot of와 lots of의 용법은 거의 차이가 없다. 둘 다 주로 단수 불가산명사, 복수 명사, 대명사 앞에서 쓰인다. 뒤따르는 동사의 단/복수형을 결정하는 것은 lot/lots가 아니라 주어로, a lot of 뒤에 복수 주어가 오면 동사의 복수형, lots of 뒤에 단수 주어가 오면 동사의 단수형이 온다.

> **A lot of time is** needed to learn a language.
> 언어를 배우려면 많은 시간이 필요하다.

> **Lots of patience** is needed, too.
> 또한 상당한 인내가 필요하다. (NOT ~~Lots of patience are needed, too.~~)

> **A lot of my friends want** to emigrate.
> 내 친구들 중 다수가 이민을 가고 싶어한다. (NOT ~~A lot of my friends wants~~ ...)

Lots of us think it's time for an election.
우리 중 상당수는 선거를 해야 한다고 생각한다.

3 plenty of

plenty of는 비격식체에서 흔히 쓰이며, 주로 단수 불가산명사나 복수 명사 앞에 온다. 많거나 충분한 상태를 의미한다.

Don't rush. There's **plenty of time**.
서두르지 마. 시간은 충분해.

Plenty of shops sell batteries.
많은 가게들이 건전지를 판매한다.

4 a great deal of, a large amount of, a large number of

a lot of나 lots of와 비슷한 용법으로 쓰이지만 다소 격식을 차린 표현들이다. a great deal of 와 a large amount of는 보통 불가산명사와 함께 쓰인다.

Mr Lucas has spent **a great deal of time** in the Far East.
루카스 씨는 극동 지역에서 많은 시간을 보냈다.

I've thrown out **a large amount of old clothing**.
나는 낡은 옷을 많이 내다버렸다.

a large number of는 복수 명사 앞에 오며 뒤따르는 동사도 복수형이 온다.

A large number of problems still **have** to be solved. 아직도 해결되어야 할 문제가 많다.
(A large amount of problems ... 혹은 A great deal of problems ... 보다 자연스러움)

5 the majority of

the majority of(= most 또는 most of)는 대체로 복수 명사와 함께 쓰이며 뒤따르는 동사도 복수형을 쓴다.

The majority of criminals are non-violent.
대부분의 범죄자들은 비폭력 사범들이다.

하지만 단수 명사와 함께 쓰이면 뒤따르는 동사도 단수형을 쓴다.

The majority of his **work is** concerned with children's artistic development.
그의 일의 대부분은 어린이들의 예술성 개발과 관련이 있다.

6 측정 단위 명사

일반적으로 pounds, years, miles 등 측정 단위를 나타내는 명사 앞에는 이런 어구들을 쓸 수 없으므로 다른 단어로 대체해야 한다.

It cost **several** pounds. 그것은 값이 몇 파운드였다. (NOT ~~It cost a lot of pounds.~~)

They lived **many** miles from the town.
그들은 그 도시에서 여러 마일 떨어진 곳에 살았다.
(NOT ~~They lived plenty of miles from the town.~~)

7 명사 생략

의미가 분명한 경우, 명사 없이 단독으로 쓸 수 있다. 이 경우에는 of를 쓰지 않는다.

> How much money did it cost? ~ **A lot.** (NOT ~~A lot of.~~)
>
> 그거 얼마 줬어? ~ 비싸.

> We should be all right for cheese – I've bought **plenty**.
>
> 치즈는 문제 없을 거야. 내가 넉넉히 샀거든.

> He does not often speak, but when he does he says **a great deal**.
>
> 그는 말을 자주 하지는 않지만, 했다 하면 많이 한다.

a couple of는 ▸ 128.2 참조.

Section 14 **Pronouns** 대명사

개요

대명사는 명사구를 대신하는 말로, 더 정확한 표현을 쓸 필요가 없거나 쓸 수 없을 때 사용한다. 예〉

I–'화자'를 의미함

it–이미 언급한 대상을 가리킴

your–'청자(들)에게 속한 또는 관련된' 것을 의미함

somebody–알 수 없는, 또는 특정할 수 없는 사람을 가리킴

one–'일반적인 사람'을 의미함

대다수 대명사는 이 섹션에서 다루고 있다. 관계대명사는 ▶Section 21 참조. 의문대명사 who, what, which는 ▶625-627 참조. whoever, whatever, whichever는 ▶252 참조.

한정사만으로 의미가 분명한 경우, 일부 한정사(예: this, both, most)는 대명사처럼 뒤에 오는 명사 없이 단독으로 쓰이기도 한다.

Look at **this**. (= 'this thing that you can see') 이것 좀 보세요.

Which scarf would you like? ~ I'll take **both**. (= 'both scarves')
어떤 스카프로 하시겠어요? ~ 둘 다 할게요.

Not all bears can climb trees, but **most** can. (= 'most bears')
모든 곰이 나무를 오를 수 있는 것은 아니지만 대부분이 나무를 오를 수 있다.

대명사처럼 쓰이는 용법을 비롯해 한정사의 다양한 용법은 ▶Section 12-13 참조.

다음 문장은 왜 틀렸을까?

- ❌ She loved the picture because reminded her of home. ▶ 173.4 참조
- ❌ The forecast it was reasonably accurate. ▶ 173.5 참조
- ❌ Who's that over there? ~ He's John Cook. ▶ 173.9 참조
- ❌ Everybody except he can come. ▶ 174.2 참조
- ❌ It's for he to decide. ▶ 174.4 참조
- ❌ He who leaves last should lock the door. ▶ 174.9 참조
- ❌ Why don't I and you go away for the weekend? ▶ 174.10 참조
- ❌ Can I borrow your keys? I can't find the mine. ▶ 176 참조
- ❌ I met another Lucy's boyfriend yesterday. ▶ 177 참조
- ❌ We got out of the water and dried us. ▶ 178.2 참조
- ❌ She took her dog with herself. ▶ 178.4 참조
- ❌ Do you shave yourself on Sundays? ▶ 178.10 참조
- ❌ His book's selling itself well. ▶ 178.10 참조
- ❌ Try to concentrate yourself. ▶ 178.10 참조
- ❌ Susan and Daniel talk to themselves on the phone every day. ▶ 179.4 참조
- ❌ One speaks English in this shop. ▶ 181.3 참조
- ❌ One speaks a strange dialect where I come from. ▶ 181.3 참조
- ❌ In the 16th century one believed in witches. ▶ 181.4 참조
- ❌ We're looking for a house. We'd like a one with a garden. ▶ 182.2 참조
- ❌ If you haven't got fresh juice I'll take canned one. ▶ 182.4 참조
- ❌ I'll take both ones. ▶ 182.6 참조
- ❌ A grandparent's job is easier than a parent's one. ▶ 182.7 참조
- ❌ Do you need coffee cups or tea ones? ▶ 182.8 참조
- ❌ Let's go and ask the old one for advice. ▶ 182.9 참조

Section 14 목차

173 인칭대명사: 개요

1 용어 및 용례

I, me, you, he, him, she, her, it, we, us, they, them을 인칭대명사라고 부른다. (it, they, them은 사람뿐만 아니라 사물을 지칭할 때도 쓰이므로 인칭대명사라는 명칭은 오해의 소지가 있다.)

이미 신원이 밝혀져 더 이상 설명할 필요가 없을 경우 인칭대명사를 쓴다.

> **I'm** tired. 피곤해. (화자의 이름 대신 I를 쓴다.)
>
> Jack's ill. **He'll** be away for a few days.
> 잭은 아픕니다. 그는 며칠간 자리를 비울 겁니다. (NOT ... ~~Jack'll be away~~ ...)
>
> Tell Emily I miss **her.** 에밀리에게 내가 보고 싶어한다고 전해줘. (NOT ~~Tell Emily I miss Emily.~~)

2 주격, 목적격: I, me; he, him

you와 it 이외의 인칭대명사는 쓰임새에 따라 형태가 달라진다. 이를테면 주어로 쓰일 때는 주격, 동사나 전치사의 목적어로 쓰일 때는 목적격 형태를 취한다.

주격: I	he	she	we	they
목적격: me	him	her	us	them

비교)

- **I** like dogs. 나는 개를 좋아한다.

  Dogs don't like **me.** 개들은 나를 싫어한다.

- **We** sent **her** some flowers. 우리는 그녀에게 꽃을 좀 보냈다.

  She sent **us** some flowers. 그녀는 우리에게 꽃을 좀 보냈다.

3 목적격의 다른 용례: It was her.

목적격인 me, him, her, us, them은 목적어뿐만 아니라 단축형 대답에서 be동사의 보어로 쓰이기도 한다. 이런 용법은 비격식체에 해당한다.

> Who said that? ~ (It was) **her.** 누가 그래? ~ 그녀가.
>
> Who's there? ~ **Me.** 누구세요? ~ 나야.

좀 더 격식을 차린 표현에는 〈**주격 + 동사**〉를 쓴다.

> Who said that? ~ **She did.** 누가 그런 말을 했죠? ~ 그녀가 말했어요. (BUT NOT ~~She.~~)

be동사 뒤에 주격을 단독으로 쓰기도 한다(예: It is **I** / It was **he**). 그러나 이는 과도하게 격식을 차린 표현으로 지나치게 원칙에 치중한 어법이다.

비격식체에서는 주어가 둘일 경우 흔히 목적격을 쓴다.

> **Jack and me** are going skiing this weekend. 잭과 나 이번 주말에 스키 타러 갈 거야.

격식을 차린 어법에서는 이를 문법에 어긋난 표현으로 간주한다(▶ 174.1 참조).

It's me that needs help. 등의 구문은 ▶ 174.3 참조.

4 인칭대명사는 생략할 수 없음

인칭대명사는 생략하지 않는 것이 일반적이다. 인칭대명사를 쓰지 않고도 의미를 분명히 전달할
수 있는 경우에도 대체로 생략하지 않는다(일부 예외는 ▶ 174. 11 참조).

It's raining. 비가 내리고 있다. (NOT ~~Is raining~~.)

She loved the picture because **it** reminded her of home.
그녀는 그 그림을 좋아했다. 그 그림을 보면 고향이 생각났기 때문이다.
(NOT ... ~~because reminded her of home.~~)

They arrested Alex and put **him** in prison.
그들은 알렉스를 체포해 수감시켰다. (NOT ... ~~and put in prison.~~)

Have some chocolate. ~ No, I don't like **it**.
초콜릿 좀 먹어. ~ 아니, 초콜릿은 별로야. (NOT ... ~~I don't like.~~)

5 주어는 하나로 충분

주어는 하나로 충분하므로 한 문장 내에서 인칭대명사로 주어를 반복하지 않는다.

My car is parked outside. 내 차는 밖에 주차되어 있다. (NOT ~~My car it is parked outside.~~)

The budget forecast was reasonably accurate.
재정 전망은 상당히 정확했다. (NOT ~~The budget forecast it was reasonably accurate.~~)

The situation is terrible. 상황이 끔찍하다. (NOT ~~It is terrible the situation.~~)

격식을 차리지 않은 말에서는 예외적인 경우도 있다(▶ 299 참조).

He's not a bad bloke, **Jeff**. 제프 저 친구 그리 나쁜 녀석은 아니야.

It's a horrible place, **London**. 끔찍한 곳이야, 런던은.

가주어, 가목적어 it의 용법은 ▶ 268-269 참조.

6 인칭대명사와 관계대명사는 함께 쓰지 않음

따라서 관계대명사가 주어 역할을 할 때는 인칭대명사 주격을 함께 쓰지 않으며, 목적어 역할을
할 때는 인칭대명사 목적격을 함께 쓰지 않는다(▶ 233. 6 참조).

That's the **girl who** lives in the next room.
저 사람은 이웃집에 사는 소녀다. (NOT ... ~~who she lives~~ ...)

Here's the money **(that)** you lent me.
네가 빌려준 돈 여기 있어. (NOT ... ~~(that) you lent me it.~~)

7 it: 부정대명사, 전반적인 상황 등을 지칭

대명사 it은 주로 특정 사물을 지칭하지만, 전반적인 상황이나 사건, 실상 등을 통칭할 때도 it을
쓴다.

Our passports were stolen. **It** completely ruined our trip.
우리는 여권을 도난 당했다. 그래서 여행을 완전히 망쳤다.

I did all I could, but **it** wasn't enough.
내가 할 수 있는 일은 다 해봤지만, 그것만으로는 충분치 않았다.

It's terrible – everybody's got colds, and the central heating isn't working.
끔찍하군. 다들 감기에 걸린 데다 중앙 난방은 작동하지도 않으니.

Wasn't **it** lovely there! 거기 참 멋졌어!

Nothing happened, did **it**? 아무 일도 없었지, 그렇지?

Everything's all right, isn't **it**? 다 잘 되고 있죠, 그렇지 않나요?

8 비인칭 주어 it: It's ten o'clock.

시간, 날씨, 기온, 거리 등에는 it을 주어로 쓴다. 이런 용법의 it은 별다른 의미가 없다.

It's ten o'clock. 10시다. (NOT ~~Is ten o'clock.~~)

It's Monday again. 다시 월요일이다.

It rained for three days. 사흘 동안 비가 내렸다.

It's thirty degrees. 기온이 30도다.

It's ten miles to the nearest garage. 가장 가까운 정비 공장은 10마일 떨어져 있다.

9 it: 신원을 밝힐 때

신원을 밝힐 때는 it이 사람을 지칭할 경우도 있다.

Who's that over there? ~ **It**'s Jack Cook.

저기 저 사람이 누구죠? ~ 잭 쿡이에요. (NOT ~~He's Jack Cook.~~)

Is that our waiter? ~ No, **it** isn't.

저 사람이 우리 웨이터인가요? ~ 아뇨, 아니에요. (NOT ~~No, he isn't.~~)

Hello. **It**'s Luke Williams.

(통화 중) 여보세요. 룩 윌리엄스입니다. (NOT ... ~~I'm Luke Williams.~~)

It's your sister who plays the piano, isn't **it**? 피아노 치는 사람이 너희 언니 아니니?

10 we women, you men

we와 복수형 you는 명사 바로 앞에 쓸 수 있지만, 다른 인칭대명사는 이렇게 쓸 수 없다.

We women know things that **you men** will never understand.

우리 여자들은 당신네 남자들이 절대 이해할 수 없는 것들을 알고 있다.

(BUT NOT ~~I woman know~~ ... OR ~~they men will never understand~~ ...)

막연한 일반인을 가리키는 you는 ▸ 181 참조.   인칭대명사 one은 ▸ 181 참조.

동물, 배 등을 지칭하는 he, she의 용법은 ▸ 328 참조.

남성, 여성에 상관없이 쓰는 he/him/his는 ▸ 328.2 참조.

단수를 지칭하는 they, them, their는 ▸ 175 참조.

의문대명사 who(m)은 ▸ 626.1 참조.

174 인칭대명사: 고급 용법

1 Jack and me went; between you and I; us women understand

격의 없는 대화에서는, 주어가 둘일 경우 주어 자리에 목적격을 흔히 사용하며, 비격식체에서는 목적어가 둘일 경우 목적어 자리임에도 불구하고 주격인 I를 쓰기도 한다.

Jack and them are going skiing this weekend. 잭과 그들은 이번 주말에 스키 타러 가.

Me and Clio will be coming to see you and Mum on Sunday.

나와 클리오는 일요일에 너와 엄마를 보러 갈 거야.

Between **you and I**, I think his marriage is in trouble.

우리끼리 하는 얘기지만, 그는 결혼 생활에 문제가 있는 것 같아.

Really nice picture of **Josh and I** taken at the weekend by my friend Joe.
내 친구 조가 주말에 찍어준 조쉬와 나의 정말 멋진 사진.

Thanks, Andrew – Feb. 23rd is good for both **Jack and I**.
고마워, 앤드류 – 2월 23일은 잭과 나 둘 다 괜찮아.

I often think of the old days and how you helped **Bertie and I**.
나는 종종 예전 일을 회상하면서 당신이 버티와 저를 도와주셨던 일을 떠올립니다.
(훗날 왕위에 오른 조지 6세의 부인 엘리자베스 왕비가 에드워드 8세에게 보낸 편지)

us가 명사와 함께 주어로 쓰이는 경우도 있다.

Us women understand these things better than you men.
이런 일은 우리 여자들이 당신네 남자들보다 더 잘 안다.

이 어법은 흔히 문법에 어긋난다고 치부되기도 하지만, 오랜 세월 교양인들 사이에서 널리 쓰인 표현이다. (1800년경 저술된 제인 오스틴의 소설에서도 주어가 둘일 때 me를 쓴 사례들이 있다.) 그러나 이용법은 비격식체에서만 쓰이며 격식을 차리는 대화나 글에는 어울리지 않는다.

2 as, than, but, except + me/I

비격식체에서는 as나 than 뒤에 대체로 목적격을 쓴다.

My sister's nearly as tall **as me**. 내 여동생은 키가 거의 나만하다.
I can run faster **than her**. 나는 그녀보다 빨리 달릴 수 있다.

좀 더 격식을 차린 표현에서는 주격을 쓰며, 대체로 뒤에 동사를 함께 쓴다.

My sister's nearly as tall **as I am**. 내 여동생은 키가 거의 나만큼이나 크다.
I can run faster **than she can**. 나는 그녀가 달리는 것보다 더 빨리 달릴 수 있다.

but(…을 제외하고)과 except 뒤에는 목적격을 쓴다(▶ 413, 456 참조).

Everybody **except him** can come.
그만 제외하고 모두 올 수 있다. (NOT ~~Everybody except he can come.~~)

Nobody **but me** knew the answer.
나 말고는 답을 아는 사람이 아무도 없었다.

3 It is/was me that … / I who …

It is/was me/I 등 뒤에 관계대명사절이 오면 두 가지 구문을 쓸 수 있다.

> 목적격 + that (비격식체)

It's me that needs your help. 네 도움이 필요한 건 바로 나다.
It was him that told the police. 경찰에 신고한 것은 그였다.

> 주격 + who (격식체)

It is I who need your help. 네 도움이 필요한 사람은 바로 나다.
It was he who told the police. 경찰에 신고한 사람은 그였다.

지나친 격식체나 비격식체를 피하려면 다른 구문을 쓴다.

He was the person / the one who told the police. 그가 경찰에 신고한 사람이었다.

4 주어인 동시에 목적어: It's for him to decide.

대명사가 동사나 전치사의 목적어인 동시에 뒤에 따라오는 to부정사나 절의 주어가 될 수도 있다. 이 경우 대체로 목적격을 쓴다.

It's for **him** to decide. 그것은 그가 결정할 일이다. (NOT ~~It's for he to decide.~~)

I think it's a good idea for **you and me** to meet soon.

조만간 우리가 만나는 게 좋을 것 같다. (... for you and I to meet soon.보다 바른 용법으로 간주됨)

Everything comes to **him** who waits.

기다리는 자에게는 반드시 때가 온다. (... to he who waits.보다 바른 용법으로 간주됨)

5 포괄적인 we와 배타적인 we

주의 we와 us는 청자나 독자를 포함할 수도 있고, 배제할 수도 있다. 비교)

Shall **we** go and have a drink? 가서 한잔할까요? (we가 청자를 포함하고 있음)

We're going for a drink. Would you like to come with **us**?

우리는 한잔하러 갈 건데요. 같이 가실래요? (We와 us는 청자를 배제하고 있음)

6 us: 'me'를 의미

격식을 차리지 않은 영국 영어에서는 특히 간접목적어로 me 대신 us를 쓴다.

Give **us** a kiss, love. 키스해 주세요.

7 Poor you!

Poor/Clever/Lucky (old) you!(가엾어라/똑똑하네/운이 좋네!) 등 격식을 차리지 않은 표현에서는 형용사가 you(또는 me)를 수식하기도 한다.

8 you: 단수형과 복수형이 다른 경우

현대 표준영어에서는 you를 단수형과 복수형에 모두 쓰지만, 일부 영국 방언에서는 별도의 단수 및 복수형을 쓴다. 영국 요크셔 지방에서는 thu, tha를 단수형 주격으로, thee를 단수형 목적격으로 쓰기도 한다. 또한 아일랜드와 스코틀랜드 지방의 일부 방언에는 ye, youse, yiz 등의 복수형도 있다. 미국의 경우 비격식체로 성별에 상관없이 you folks 또는 you guys를 2인칭 복수형으로 쓰곤 하는 데 영국도 이런 어법을 따라가는 추세다.

Hi, **you guys**. Listen to this. 안녕, 얘들아. 내 말 좀 들어봐.

미국 남부 지방에서는 대화에서 친근감을 표시하기 위해 2인칭 복수형으로 you 대신 you all(발음은 y'all)을 쓴다. 또한 소유격인 you all's(y'all's)도 쓴다.

Hi, everybody. How're **you all** doing? What are **you all's** plans for Thanksgiving?

안녕하세요, 여러분. 모두들 어떻게 지내세요? 추수감사절에 다들 어떤 계획들이 있으신가요?

you의 고어 형태인 thee와 thou는 ▶ 318.10 참조.

9 he/she who ...

고전 문학에서는 he/she who(~하는 사람) 구문을 볼 수 있다.

He who hesitates is sometimes lost. 망설이는 자는 이따금 길을 잃는다.

그러나 현대 영어에서는 거의 쓰이지 않는다.

The person who leaves last should lock the door. OR **Whoever** leaves last ...

마지막으로 나가는 사람이 문을 잠가야 합니다. (NOT ~~He/She who leaves last~~ ...)

10 정중한 표현

옆에 있는 사람을 언급할 때는 he, she, they 보다는 이름이나 일반 명사를 쓰는 것이 정중한 표현이다.

> **Dad** said I could go out. ~ No, I didn't.
> 아빠가 나가도 좋다고 하셨어요. ~ 아니, 난 그런 적 없어. (He said I could go out.보다 정중한 표현)
> **This lady** needs an ambulance. 이 여성은 구급차가 필요합니다.

그러나 반복을 피할 때는 대명사를 써야 한다(▶287 참조).

> Dad said **he** didn't mind … 아빠는 괜찮다고 하셨는데… (NOT ~~Dad said Dad didn't mind~~ …)

주어나 목적어가 둘일 경우 자신을 나중에 언급하는 것이 정중한 표현이다.

> Why don't **you and I** go away for the weekend?
> 주말에 우리 나들이 좀 다녀올까? (NOT ~~Why don't I and you ...?~~)
> The invitation was for **Tracy and me**.
> 초대장은 트레이시와 내 앞으로 왔다. (... for me and Tracy.보다 정중한 표현)

11 인칭대명사의 생략

인칭대명사는 대체로 생략하지 않는다(▶173.4 참조).

> She loved the picture because **it** reminded her of home.
> 그녀는 그 그림을 좋아했다. 그 그림을 보면 고향이 생각났기 때문이다.
> (NOT … ~~because reminded her of home.~~)

그러나 격식을 차리지 않은 말에서는 문두의 주격 대명사를 생략하거나 주격 대명사와 조동사를 모두 생략하는 경우도 있다. 자세한 내용은 ▶277 참조.

> **Can't** help you, I'm afraid. (= I can't …) 아무래도 널 도와줄 수 없을 것 같아.
> **Seen** Oliver? (= Have you seen Oliver?) 올리버 봤어?

know 뒤에는 목적어 it을 쓰지 않는다. 자세한 내용은 ▶504.6 참조.

> It's getting late. ~ I **know**. 늦었어. ~ 나도 알아. (NOT ~~I know it.~~)

일부 동사(believe, think, suppose 등) 뒤에는 대체로 it보다 so를 쓴다(자세한 내용은 ▶585 참조).

> Is that the manager? ~ I **believe so**. 저 사람이 책임자야? ~ 그럴걸. (NOT … ~~I believe (it).~~)

영국 영어에서, have나 with를 써서 어떤 대상을 묘사할 경우 전치사 뒤에 인칭대명사를 생략할 수도 있다.

> All the trees have got blossom **on (them)**. 나무들마다 꽃이 만발했다.
> He was carrying a box with cups **in (it)**. 그는 컵이 든 박스를 나르고 있었다.

to부정사의 목적어가 앞에 언급된 경우 목적격 대명사를 반복해서 쓰지 않는다(▶101.4 참조).

> She's easy **to please**. 그녀는 비위 맞추기가 쉽다. (NOT ~~She's easy to please her.~~)
> The pie looked too nice **to eat**.
> 그 파이는 먹기 아까울 정도로 근사했다. (NOT … ~~too nice to eat it.~~)
> The bridge wasn't strong enough **to drive over**.
> 그 다리는 차로 건너갈 만큼 튼튼하지 않았다. (NOT … ~~to drive over it.~~)
> This dish takes two hours **to prepare**. 이 요리는 준비하는 데 두 시간이 걸린다.

175 단수를 지칭하는 they

1 Somebody left their umbrella.

they/them/their는 종종 불특정 3인칭 단수를 지칭한다. a person, anybody/one, somebody/one, nobody/one, whoever, each, every, either, neither, no 등을 they로 받는 경우 they 뒤에 오는 동사는 복수형을 취한다.

> If a person doesn't want to go on living, **they are** often very difficult to help.
> 살아갈 의지가 없는 사람을 돕기란 무척 어렵다.

> If anybody calls, take **their** name and ask **them** to call again later.
> 누가 전화하면 이름을 물어보고 나중에 다시 전화해 달라고 부탁해.

> Somebody left **their** umbrella in the office. Would **they** please collect it?
> 누가 사무실에 우산을 두고 갔어요. 주인이 다시 찾아갈까요?

> Nobody was late, **were they?** 아무도 늦지 않았어, 그렇지?

> Whoever comes, tell **them** I'm not in. 누가 오든 나 없다고 해.

> Tell each person to help **themselves** to what they want.
> 각자 원하는 것을 마음껏 먹으라고 해.

> Every individual thinks **they're** different from everybody else.
> 모든 사람은 자신이 다른 사람들과 다르다고 생각한다.

이처럼 남성이 될 수도, 여성이 될 수도 있는 인물을 지칭할 때 they/them/their를 쓰면 편리하다. 왜냐하면 남성, 여성에 상관없이 he/him/his를 쓰는 기존의 용법을 꺼리는 사람이 많으며 또한 he or she, him or her, his or her를 반복하여 쓰면 서투르고 어색한 문장이 되기 쉽기 때문이다. (▶328 참조).

그러나 성별을 알고 있는 경우에도 they/them/their로 쓰기도 한다. 다음은 인터뷰에서 발췌한 사례들이다.

> I swear more when I'm talking to a boy, because I'm not afraid of shocking **them**.
> 나는 남자애와 얘기할 때 욕을 더 많이 해요. 걔들은 놀라지도 않거든요.

> No girl should have to wear school uniform, because it makes **them** look like a sack of potatoes.
> 여학생들에게 교복을 입으라고 강요하는 건 안 돼요. 교복을 입으면 꼴사나워 보이거든요.

신원을 밝히지 않고 특정 인물을 지칭할 때도 they/them/their를 쓴다.

> I had a friend in Paris, and **they** disappeared for a month.
> 나는 파리에 친구가 한 명 있었는데, 그 친구는 한 달 동안 사라졌다.

2 어법

they/them/their로 불특정 3인칭 단수를 지칭하는 용법은 오랫동안 사용되었으며 문법적으로도 이상이 없다. 비격식체에서 널리 쓰이지만 격식을 차린 문어체에서도 they를 이런 용법으로 쓰기도 한다. 다음은 영국 여권 신청서에서 발췌한 사례다.

> Dual nationality: if the child possesses the nationality or citizenship of another country **they** may lose this when **they** get a British Passport.
> 이중 국적: 아동이 타국의 국적이나 시민권을 소지하고 있으면 영국 여권을 취득할 때 타국 국적이나 시민권을 상실할 수 있다.

176 소유격: mine, yours 등

mine, yours, his, hers, ours, theirs는 소유대명사로 my, your 등과 달리 한정사가 아니므로 뒤에 명사를 수반하지 않는다. 비교)

- That's **my coat**. 저것은 내 코트다.
   That coat is **mine**. 저 코트는 내 것이다.
- Which is **your car**? 어느 게 네 차야?
   Which car is **yours**? 어느 차가 네 거야?

whose는 한정사 역할을 하는 소유격으로 쓰이면 명사를 수반하고 소유대명사로 쓰이면 명사를 수반하지 않는다(▶ 143, 628 참조).

   Whose car is that? 저건 누구 차야?
   Whose is that car? 저 차는 누구 거야?

mine 등의 소유대명사에는 관사를 쓰지 않는다.

   Can I borrow your keys? I can't find **mine**.
   네 열쇠 좀 빌릴 수 있을까? 내 것을 찾을 수가 없어. (NOT ~~I can't find the mine.~~)

one's는 명사를 수반하지 않고 단독으로 쓸 수 없다. 자신의 소유라는 의미로는 one's own을 쓴다.

   It's nice to have a room of **one's own**. 자기만의 방을 갖는 것은 근사하다. (NOT ... ~~of one's.~~)

its도 명사 없이 단독으로 쓰지 않는다.

   I've had my breakfast, and the dog's had **its breakfast** too.
   나는 아침을 먹었고 개도 아침을 먹었다. (NOT ... ~~and the dog's had its.~~)

고대 영어의 thine에 대해서는 ▶ 318.10 참조.

177 a friend of mine 등

한정사와 명사 사이에는 보통 소유격을 쓰지 않는다. my friend, Anna's friend, a friend, that friend라고 할 수 있지만, ~~a my friend~~, ~~that Anna's friend~~라고 하지는 않는다. 이런 경우에는 〈of + 소유대명사〉 형식을 쓴다.

   한정사 + 명사 + of + 소유대명사

   That policeman is **a friend of mine**. 그 경찰관은 내 친구다.
   How's **that brother of yours**? 네 남동생은 어떻게 지내니?
   He's **a cousin of the Queen's**. 그는 여왕의 사촌이다.
   She's **a friend of my father's**. 그녀는 우리 아버지의 친구분이시다.
   Have you heard **this new idea of the boss's**? 사장님의 새로운 아이디어 들어봤어?
   My work is **no business of yours**. 내 일은 네가 상관할 바 아니다.
   I met **another boyfriend of Lucy's** yesterday.
   나는 어제 루시의 또 다른 남자친구를 만났다.

두 사람간의 관계를 언급할 경우 뒤에 오는 명사를 소유격으로 쓰지 않는다.

He's **a cousin of the Queen**. 그는 여왕의 사촌이다.

She's **a friend of my father**. 그녀는 우리 아버지의 친구분이시다.

own도 비슷한 형태로 쓰인다(▶552 참조).

I wish I had **a room of my own**. 내 방이 있으면 좋을 텐데.

178 재귀대명사: myself 등

1 재귀대명사의 정의

myself, yourself, himself, herself, itself, oneself, ourselves, yourselves, themselves 등을 재귀대명사라고 한다.

2 용례: I cut myself shaving.

재귀대명사는 행위의 주체와 행위를 받는 대상이 동일한 경우, 즉 자기 자신에게 이루어지는 행위를 언급할 때 쓴다.

I cut **myself** shaving this morning. 나는 오늘 아침 면도를 하다가 베었다. (NOT I cut me ...)

We got out of the water and dried **ourselves**.
우리는 물에서 나와 물기를 말렸다. (NOT ... dried us.)

I need to get **myself** some new shoes. 나는 새 신발을 사야 한다.

재귀대명사가 소유격이나 목적격을 받는 경우도 있다.

His conversations are all about **himself**. 그의 이야기는 모두 자기 얘기뿐이다.

I'm going to tell **her** a few facts about **herself**.
나는 그녀에게 그녀 자신에 대한 사실 몇 가지를 말해주려 한다.

I love **you** for **yourself**, not for your money. 나는 네 돈이 아니라 너를 사랑해.

3 동일한 절에서

재귀대명사는 동일한 절에 있는 명사를 지칭한다. 비교)

Jack says that **James** talks to **himself** a lot.
잭은 제임스가 혼잣말을 많이 한다고 말한다. (제임스는 잭이 아니라 자신에게 혼잣말을 한다.)

Jack says that James talks to **him** a lot.
잭은 제임스가 그에게 말을 많이 한다고 말한다. (제임스는 잭에게 말을 많이 한다.)

4 전치사 뒤: She took her dog with her.

재귀대명사를 쓰지 않아도 의미가 분명한 경우 위치를 나타내는 전치사 뒤에 흔히 인칭대명사 (me, you 등 목적격)를 쓴다. 비교)

She took her dog **with her**. 그녀는 개를 데리고 나갔다.
(NOT ... with herself. 그녀가 타인과 개를 함께 데리고 나가는 경우는 거의 없으므로 의미가 분명하다.)

She's very pleased **with herself**. 그녀는 스스로를 무척 대견해 한다.
(대견해 하는 대상이 다른 사람일 수도 있으므로 이때는 의미를 명확히 하기 위해 재귀대명사를 쓴다.)

기타예)

Close the door **after you**. 문을 닫고 들어와라.

He was pulling a small cart **behind him**. 그는 조그만 짐수레를 뒤에 끌고 있었다.

5 강조: Do it yourself.

재귀대명사를 써서 '다름 아닌 바로 그 사람/사물'이라는 의미를 강조한다.

It's quicker if you do it **yourself**. 네가 직접 하면 더 빠르다.

The manageress spoke to me **herself**. 그 여성 매니저가 직접 내게 말했다.

The house **itself** is nice, but the garden's very small.
집 자체는 근사하지만 정원이 협소하다.

I'll go and see the President **himself** if I have to.
그래야 한다면 내가 직접 대통령을 만나보겠다.

6 인칭대명사를 대신하는 재귀대명사

as, like(…처럼), but (for), expect (for) (…이외에는) 뒤에서 재귀대명사가 인칭대명사를 대신하는 경우도 있다.

These shoes are designed for heavy runners **like yourself**.
이 신발들은 당신처럼 많이 뛰는 사람들을 위해 제작되었다. (OR … **like you**.)

Everybody was early **except myself**.
나만 제외하고 모두가 일찌감치 도착했다. (OR … **except me**.)

동격 명사구에서 재귀대명사가 인칭대명사를 대신하기도 한다.

There will be four of us at dinner: Robert, Alison, Jenny **and myself**.
저녁 식사에 참석할 사람은 로버트, 앨리슨, 제니와 나 이렇게 네 명이다. (OR … **and I/me**.)

7 by oneself

by oneself는 '혼자서, 일행 없이' 또는 '도움 없이'를 의미한다.

I often like to spend time **by myself**. 나는 이따금 혼자서 시간을 보내고 싶다.

Do you need help? ~ No, thanks. I can do it **by myself**.
도움이 필요해? ~ 아니, 괜찮아. 혼자서 할 수 있어.

8 -selves, each other / one another

-selves와 each other / one another(▶ 179 참조)의 차이에 유의한다.

They talk to **themselves** a lot. 그들은 혼잣말을 많이 한다. (각자 혼잣말을 한다.)

They talk to **each other** a lot. 그들은 서로 대화를 많이 나눈다. (두 사람이 대화를 나눈다.)

9 own

재귀대명사에는 소유격이 없으며 대신 my own, your own 등을 쓴다.

I always wash **my own** clothes. 내 옷은 늘 내가 손수 세탁한다. (NOT … ~~myself's clothes~~.)

The children have both got **their own** rooms. 그 아이들은 각자 제 방을 갖고 있다.

10 재귀대명사를 쓰지 않는 경우

일부 특정 동사의 경우(예: wash, dress, shave) 재귀대명사를 함께 쓰지 않는다.

Do you **shave** on Sundays? 일요일에 면도하니? (NOT ~~Do you shave yourself on Sundays?~~)

그러나 행위의 주체를 명확히 밝히기 위해 재귀대명사를 쓰는 경우도 있다.

> She's old enough to **dress herself** now.　이제 그녀는 혼자서 옷을 입을 수 있을 만큼 컸다.
>
> The barber shaves all the men in the town who don't **shave themselves. So does he shave himself** or not?　그 이발사는 직접 면도를 하지 않는 마을 사람들 모두에게 면도를 해 준다. 그렇다면 이발사 자신은 직접 면도를 할까, 아닐까?

일반적으로 재귀대명사를 취하지 않는 동사들도 있다.

> Suddenly the door **opened**.　갑자기 문이 열렸다. (NOT Suddenly the door opened itself.)
>
> His book**'s selling** well.　그의 책은 잘 팔린다. (NOT His book's selling itself well.)
>
> Try to **concentrate**.　집중하도록 노력해라. (NOT Try to concentrate yourself.)
>
> I **feel** strange.　기분이 묘하다. (NOT I feel myself strange.)
>
> **Hurry!** 서둘러! (NOT Hurry yourself!)

The door opened, His book's selling well. 등의 구문은 ▶9 참조.

179 상호 대명사: each other, one another

1 동일한 의미

each other와 one another는 동일한 의미로 쓰인다.

> Anna and I write to **each other/one another** every week.
> 애나와 나는 매주 서로에게 편지를 쓴다.

each other는 특히 비격식체에서 one another보다 널리 쓰인다.

2 주어로 쓸 수 없음

each other와 one another는 대체로 주어로 쓰이지 않는다. (비격식체에서는 종속절에 드물게 주어로 쓰이는 경우가 있다).

> They **each** listened carefully to what **the other** said.
> 그들은 서로 상대가 하는 말을 주의 깊게 들었다.
>
> (NOT USUALLY They listened carefully to what each other said.)

3 each other's / one another's

소유격은 각각 each other's, one another's로 쓴다.

> They'll sit for hours looking into **each other's/one another's** eyes.
> 그들은 서로의 눈을 바라보며 몇 시간이고 앉아 있곤 했다.

4 -selves, 소유격, each other / one another

-selves와 each other / one another의 차이에 유의한다. 비교)

> Jack and Emily are strange: they talk to **themselves** a lot.
> (Jack talks to Jack; Emily talks to Emily.) 잭과 에밀리는 이상하다. 그들은 혼잣말을 많이 한다.
>
> Susan and Daniel talk to **each other** on the phone every day.
> (Susan talks to Daniel; Daniel talks to Susan.) 수잔과 다니엘은 매일 통화를 한다.

소유격과 each other/one another에 차이가 있다. 비교〉

> My girlfriend and I are both very interested in **our** work.
> (I'm interested in mine; she's interested in hers.)
> 내 여자친구와 나 둘 다 우리 일에 아주 관심이 있다.

> My girlfriend and I are both very interested in **each other's** work.
> (I'm interested in hers; she's interested in mine.)
> 내 여자친구와 나 둘 다 서로의 일에 아주 관심이 있다.

5 each other / one another와 함께 쓸 수 없는 동사들

meet이나 marry처럼 동사 자체에 '서로 함께 ~하다'라는 의미가 담겨 있는 경우 대체로 each other/one another를 함께 쓰지 않는다.

> They **met** in 1992 and **married** in 1994. 그들은 1992년에 만나 1994년에 결혼했다.

180 somebody, someone, anybody, anyone 등

somebody, someone, anybody, anyone 등은 더 정확한 표현을 쓸 필요가 없거나 쓸 수 없을 때 한정 명사/부사를 대신한다.

1 -body, -one

somebody와 someone, anybody와 anyone, everybody와 everyone, nobody와 no one 사이에는 큰 차이가 없다. 영국 영어의 경우, -one 형태는 주로 글에서, -body 형태는 주로 대화에서 쓰인다.

2 some-, any-

somebody와 anybody, something과 anything, somewhere와 anywhere 등의 차이는 some과 any의 차이와 동일하다(자세한 내용은 ▶ 161 참조). 비교〉

- There's **somebody** at the door. 누가 찾아왔어.
  Did **anybody** telephone? 전화한 사람 있니?
- Can I get you **something** to drink? 마실 것 좀 갖다 줄까?
  If you need **something/anything**, just shout. 필요한 게 있으면 그냥 큰 소리로 알려.
- Let's go **somewhere** nice for dinner. 근사한 곳에 가서 저녁 먹자.
  I don't want to go **anywhere** too expensive. 너무 비싼 곳은 가기 싫어.

3 단수 취급

이 단어들이 주어일 경우 동사의 단수형을 쓴다.

> **Everybody likes** her. 모두가 그녀를 좋아한다. (NOT ~~Everybody like her.~~)
> **Is everything** ready? 다 준비됐니? (NOT ~~Are everything ready?~~)

somebody는 대체로 한 사람을 가리킨다. 비교〉

> There's **somebody** outside who wants to talk to you.
> 밖에 너와 얘기하고 싶다는 사람이 있다.

> There are **some people** outside who want to talk to you.
> 밖에 너와 얘기하고 싶다는 사람들이 몇 사람 있다.

4 they의 용례

somebody 등을 대명사로 받을 경우 의미상으로는 단수라도 they, them, their를 쓴다(▶175 참조).

> If **anybody** wants a ticket for the concert, **they** can get it from my office.
> 콘서트 입장권을 원하는 사람이 있으면 내 사무실에서 표를 구할 수 있다.
>
> There's **somebody** at the door. ~ Tell **them** I'm busy. 누가 찾아왔어. ~ 바쁘다고 해줘.
>
> **Someone** left **their** umbrella on the bus. 누가 버스에 우산을 두고 내렸다.
>
> **Nobody** phoned, did **they**? 아무도 전화 안 했지?

5 의미를 보충할 때: somebody nice 등

somebody 등 뒤에 형용사나 부사를 덧붙여 쓸 수 있다.

> I hope he marries **somebody nice**.
> 나는 그가 좋은 사람과 결혼하기 바래.
>
> She's going to meet **someone in the Ministry**.
> 그녀는 내각에 있는 누군가를 만날 것이다.
>
> I feel like eating **something hot**.
> 뭔가 뜨끈뜨끈한 걸 먹고 싶어.
>
> Let's go **somewhere quiet** this weekend.
> 이번 주말 어디 조용한 곳으로 가자.

somebody 등 뒤에 else (▶447 참조)를 덧붙이기도 한다.

> Emily - are you in love with **somebody else**? 에밀리, 다른 사람과 사랑에 빠진 거야?
>
> I don't like this place - let's go **somewhere else**. 여긴 마음에 안 들어. 다른 데로 가자.

비격식체에서는 any-, no- 뒤에 much를 쓰기도 한다.

> We didn't do **anything much** yesterday. 우리는 어제 별로 한 일이 없었다.
>
> There's **nothing much** on TV tonight. 오늘밤에는 TV에 볼 게 별로 없다.

6 someplace

someplace, anyplace, everyplace, no place는 격식을 차리지 않은 미국 영어에서 흔히 쓰인다.

> Let's go **someplace** quiet. 어디 조용한 곳으로 가자.

7 anyone, any one; everyone, every one

anyone은 anybody와 같은 의미이며 any one은 '누군가 한 사람' 또는 '무언가 하나'를 의미한다. 비교)

> Does **anyone** know where Celia lives? 실리아가 어디 사는지 아는 사람 있니?
>
> You can borrow **any one** book at a time. 한 번에 한 권씩 빌릴 수 있습니다.

everyone과 every one의 차이도 이와 유사하다. 비교)

> **Everyone** had a good time at the party. 모든 사람이 파티를 즐겼다.
>
> There aren't any cakes left - they've eaten **every one**.
> 케이크가 하나도 안 남았다. 그들이 남김없이 먹어버렸다.

8 sometime

sometime(▶590 참조)은 엄밀히 말하면 이 그룹에 속하지 않는다. ~~everytime~~과 ~~notime~~이라는 단어는 없으며, any time은 두 단어로 쓴다. some other time이라고 하지만 sometime else라고는 하지 않는다.

no one과 none의 차이는 ▶164 참조.
everything와 nothing 뒤에 쓰이는 부가의문문은 ▶306.5 참조.
some time, sometime, sometimes는 ▶590 참조.

181 one, you, they: 부정대명사(不定代名詞)

1 one, you의 의미

화자와 청자를 포함하여 막연한 사람을 가리킬 때 one이나 you를 쓴다.

> **One/You** cannot learn a language in six weeks. 한 언어를 6주 내에 배울 수는 없다.
>
> **One/You** should never give people advice. 누구든 다른 사람에게 충고를 해서는 안 된다.

2 one, you: 격식과 계층

one이 you보다 좀 더 격식을 갖춘 말이며 구어보다는 문어에서 주로 쓰인다. 비교〉

> If **you** want to make people angry, **you** just have to tell them the truth.
> 사람들을 화나게 만들고 싶다면 그저 진실을 말해 주면 된다.
>
> If **one** wishes to make oneself thoroughly unpopular, **one** has merely to tell people the truth. 사람들에게 철저히 외면 당하고 싶다면 그저 진실을 말해 주면 된다.

one은 상류층이나 지식층의 어법으로 간주되므로 사용하기를 꺼리는 사람들이 많다. 미국 영어에서는 잘 쓰이지 않는다.

3 one, you: 일반적인 상황에만 사용

one과 you는 'anyone, at any time(누구든지, 언제나)'라는 의미로 일반적인 상황을 서술할 때만 쓰인다. 비교〉

- **One/You** can usually find people who speak English in Sweden.
  스웨덴에서는 늘 영어를 하는 사람을 만날 수 있다.

  English is spoken in this shop. OR They speak English in this shop.
  이 가게에서는 영어를 쓴다. (NOT ~~One speaks English~~ ... – 특수하고 제한된 집단을 가리키므로 one/you를 쓸 수 없다.)

- **One/You** should knock before going into somebody's room.
  다른 사람의 방에 들어가기 전에는 노크를 해야 한다.

  Somebody's knocking at the door.
  누군가 문을 두드리고 있다. (NOT ~~One is knocking~~ ...)

- It can take **you/one** ages to get served in this pub.
  이 술집에서는 서빙 받으려면 한참을 기다려야 한다.

  Thanks, **I'm being served.**
  감사합니다만 이미 주문했습니다. (NOT ~~Thanks, one is serving me.~~)

one은 보통 'any individual(불특정 개인)'을 가리키므로 단수의 의미를 지니고 있다. 따라서 집단 전체를 나타낼 때는 one을 쓰지 않는다.

> **We** speak a strange dialect where I come from. 내 고향 사람들은 이상한 사투리를 쓴다.
> (NOT ~~One speaks a strange dialect where I come from.~~)

4 화자와 청자를 포함한 사람들

화자가 포함되지 않는 사람들을 지칭할 때는 one을 쓰지 않는다. 또한 청자가 포함되지 않는 사람들을 지칭할 때는 you를 쓰지 않는다. 비교)

> **One/You** must believe in something.
> 사람은 무언가에 대한 믿음이 있어야 한다.

> In the sixteenth century **people** believed in witches.
> 16세기에 사람들은 마녀의 존재를 믿었다.
> (NOT ... ~~one/you believed in witches~~ – 화자와 청자를 포함하지 않으므로 one/you를 쓸 수 없다.)

5 one/you: 주어, 목적어 등으로 쓰이는 경우

one은 주어와 목적어 역할을 할 수 있으며, 소유격은 one's, 재귀대명사는 oneself다.

> He talks to **one** like a teacher. 그는 다른 사람에게 선생님처럼 말한다.
> **One's** family can be very difficult. 가족이 몹시 힘든 존재가 될 수도 있다.
> **One** should always give **oneself** plenty of time to pack.
> 항상 짐 쌀 시간을 넉넉하게 잡아야 한다.

you/your/yourself도 비슷한 용법으로 쓰인다.

영국 영어에서 one/one's는 다시 지칭할 때 사용한다.

> **One** should always try to keep **one's** temper. 우리는 늘 화를 참으려고 애써야 한다.

미국 영어에서는 one/one's 대신 he/him/his를 쓰는 것을 선호한다.

> **One** should always try to keep **his** temper.
> 우리는 늘 화를 참으려고 애써야 한다.

하지만 일반적인 사람을 지칭할 때 he/him/his를 쓰는 것은 오늘날은 성차별주의적인 것으로 간주되어 잘 쓰지 않는다(▶ 328.2 참조).

6 they

they는 one이나 you와 달리 막연한 사람을 가리키는 보편적인 의미로 쓰이지 않으며, 특정 집단으로 구분되는 사람들 (예: 이웃들, 주변 사람들, 당국자들)을 나타낸다.

> **They** don't like strangers round here. 이곳 사람들은 이방인들을 좋아하지 않는다.
> **They**'re going to widen the road soon. 그들은 곧 도로를 확장하려고 한다.
> I bet **they** put taxes up next year. 틀림없이 당국은 내년에 세금을 인상할 것이다.

[주의] they say(= people say)는 떠도는 풍문이나 소문을 전할 때 흔히 쓰이는 관용표현이다.

> **They say** her husband's been seeing that Smith woman again.
> 그녀의 남편이 그 스미스 부인을 다시 만나고 다닌다던데. (NOT ~~One says~~ ...)

182 one(대체어): a big one

1 용례

단수 가산명사의 반복을 피하기 위해 흔히 one을 쓴다.

> Which is your boy? ~ The **one** in the blue coat.
> 어느 쪽이 당신 아들인가요? ~ 파란색 코트를 입은 아이요.

> I'd like a cake. A big **one** with lots of cream.
> 케이크 주세요. 크림 듬뿍 얹은 큰 걸로요.

> Can you lend me a pen? ~ Sorry, I haven't got **one**.
> 펜 좀 빌려 줄래? ~ 미안하지만 없어.

2 a ... one

형용사가 없으면 a를 생략한다. 비교)

> We're looking for a house. We'd like **a** small **one** with a garden.
> 집을 구하고 있는데요. 정원이 딸린 작은 집이면 좋겠어요.

> I'd like **one** with a garden. 정원이 딸린 집을 원해요. (NOT ... ~~a one with a garden.~~)

3 ones

one의 복수형은 ones다.

> I'd like to try on those shoes. ~ Which **ones**? ~ The **ones** in the window.
> 저 신발을 신어보고 싶어요. ~ 어떤 신발 말씀이세요? ~ 진열장 안에 있는 거요.

> Green apples often taste better than red **ones**. 초록색 사과가 종종 빨간 사과보다 맛있다.

> What sort of sweets do you like? ~ **Ones** with chocolate inside.
> 어떤 사탕을 좋아해? ~ 안에 초콜릿이 든 거.

4 불가산명사

불가산명사는 one(s)로 대체할 수 없다. 비교)

> If you haven't got a fresh **chicken** I'll take a frozen **one**. 생닭이 없으면 냉동닭으로 주세요.

> If you haven't got fresh **juice**, I'll take canned (juice).
> 신선한 주스가 없으면 캔에 든 주스로 주세요. (NOT ... ~~canned one.~~)

5 which (one), this (one) 등

which, this, that, another, either, neither, 최상급 바로 뒤에 오는 one(s)는 생략할 수 있다.

> **Which (one)** would you like? ~ **This (one)** looks the nicest.
> 어떤 것으로 하시겠어요? ~ 이게 가장 좋아 보이네요.

> Let's have **another (one)**. 하나 더 드시죠.

> **Either (one)** will suit me. 어느 것이나 나에게 잘 어울릴 것이다.

> I think my dog's the **fastest (one)**. 우리 개가 가장 빠른 것 같다.

그러나 형용사가 있으면 one(s)를 생략할 수 없다.

> **This small one** looks the nicest.
> 이 작은 것이 가장 좋아 보이네요. (NOT ~~This small looks~~ ...)

these나 those 뒤에는 거의 항상 ones를 생략한다.

I don't think much of **these**.
나는 이것들을 대수롭지 않게 생각한다. (... these ones.보다 자연스러움)

6 소유격 인칭대명사, some, several, a few, both, 숫자 뒤에서 사용 불가

소유격 인칭대명사(my, your 등), some, several, (a) few, both, 숫자 바로 뒤에는 one(s)를 쓰지 않는다.

Take your coat and pass me **mine**.
네 코트는 가져가고 내 것을 건네줘. (NOT ... ~~pass me my one.~~)

Are there any grapes? ~ Yes, I bought **some** today.
포도 있어? ~ 응, 오늘 조금 샀어. (NOT ... ~~I bought some ones today.~~)

I'll take **both**. 둘 다 살게요. (NOT ... ~~both ones.~~)

She bought **six**. 그녀는 6개를 샀다. (NOT ... ~~six ones.~~)

그러나 형용사가 있으면 one(s)를 쓴다.

I'll wear **my old one**. 옛날 것을 입을 것이다. (NOT ... ~~my old.~~)

I bought **some sweet ones** today.
나는 오늘 과자를 좀 샀다. (NOT ~~I bought some sweet today.~~)

Has the cat had her kittens? ~ Yes, she's had **four white ones**.
그 고양이 새끼 낳았니? ~ 응, 흰색으로 네 마리 낳았어. (NOT ... ~~four white.~~)

7 that of

명사의 소유격('s) 뒤에는 대체로 one(s)를 쓰지 않는다. 대개 one(s)를 생략하거나 that/those of(격식체) 형식을 쓴다.

A grandparent's job is easier than **a parent's**.
조부모님의 일은 부모님의 일보다 수월하다. (NOT ... ~~than a parent's one.~~)

A grandparent's job is easier than **that of a parent**.
조부모님의 일은 부모님의 일보다 수월하다. (NOT ~~than the one of a parent.~~)

Trollope's novels are more entertaining than **those of Dickens**.
트롤럽의 소설은 디킨스의 소설보다 더 재미있다. (NOT ... ~~than Dickens' ones / the ones of Dickens.~~)

8 명사 수식어

대체로 명사 수식어 뒤에는 one(s)를 쓰지 않는다.

Do you need coffee cups or **tea cups**?
필요한 것이 커피잔인가요, 찻잔인가요? (NOT ... ~~or tea ones?~~)

9 one(s): 항상 앞에 나온 명사를 지칭

one(s)는 앞에 언급된 명사를 반복하지 않기 위해 쓰며 그 밖의 경우에는 거의 쓰지 않는다.

Let's go and ask **the old man** for advice.
가서 그 노인분에게 조언을 구해봅시다. (NOT ... ~~ask the old one~~ ...)

Section 15 **Adjectives** 형용사

개요

영어에는 수많은 유형의 형용사가 존재해 부류, 묘사, 평가 등 다양한 의미를 나타낸다. 대다수 유럽 언어 등 많은 언어에도 비슷한 유형의 형용사가 존재한다. 그러나 형용사가 거의 존재하지 않는 언어도 있다. 이런 언어들은 명사나 동사를 사용해 비슷한 개념을 표현하는데, 예를 들어 She's angry를 'She has anger' 또는 'She rages'로 표현한다.

영어에서 형용사는 한 가지 형태밖에 없으므로(비교급과 최상급 제외 ▶ Section 17 참조) 비교적 용법이 간단하다. 위치와 어순은 조금 복잡한데 이어지는 항목에서 이런 부분을 비롯 몇 가지 요점들을 다루고 있다.

다음 문장은 왜 틀렸을까?

- ❌ He lives in a palace grand. ▶ 183.1 참조
- ❌ She's three years elder than me. ▶ 183.2 참조
- ❌ an asleep baby ▶ 183.3 참조
- ❌ It's a political old idea. ▶ 184.1 참조
- ❌ Look at the green beautiful mountains. ▶ 184.2 참조
- ❌ an attractive, traditional, woollen dress ▶ 184.6 참조
- ❌ an angry and young man ▶ 185.3 참조
- ❌ After two days crossing the foothills, they reached the proper mountain. ▶ 186.3 참조
- ❌ The tree is high thirty feet. ▶ 186.4 참조
- ❌ They're advertising for skilled in design people. ▶ 186.5 참조
- ❌ It's a difficult to solve problem. ▶ 186.5 참조
- ❌ I like your so beautiful country. ▶ 187 참조
- ❌ The most important is to be happy. ▶ 188.4 참조
- ❌ The blind next door is getting a new job. ▶ 188.1 참조
- ❌ This government isn't interested in the poor's problems. ▶ 188.1 참조
- ❌ My sister's marrying a Welsh. ▶ 188.2 참조

Section 15 목차

183 형용사: 일반적인 위치

1 형용사의 위치

대부분의 형용사는 문장 안에서 주로 다음 두 위치에 들어간다.

a 명사와 함께 쓸 경우 대체로 명사 앞. 이를 '한정적 용법'이라고 한다.

The **new secretary** doesn't like me. 새로 온 비서는 나를 좋아하지 않는다.

He's going out with a **rich businesswoman**. 그는 부유한 여성 기업가와 사귀고 있다.

고대 영어(▶318.10 참조), 특히 시와 노래에서는 흔히 형용사가 명사 뒤에 위치했다.

He came from his **palace grand**. 그는 왕궁에서 나왔다.

현대 영어에서 이런 용법은 매우 드물다.

형용사가 인칭대명사 앞에 오는 경우(예: Poor you!)는 ▶174.7 참조.

b be, seem, look, become 등 '연결동사(link verb)'(▶11 참조) 뒤. 이를 '서술적 용법'이라고 한다.

That dress **is new**, isn't it? 그 드레스 새 거 아니니?

She **looks rich**. 그녀는 부자 같다.

I **feel unhappy**. 나는 불만이다.

2 명사 앞에서만 쓰이는 형용사

일부 형용사는 반드시 (또는 대체로) 명사 앞에서 한정적 용법으로만 쓰인다. 동사 뒤에 쓰려면 반드시 다른 단어를 써야 한다. 예)

elder, eldest 비교)

My **elder** sister is a pilot. 우리 언니는 조종사다.

She's three years **older** than me. 그녀는 나보다 세 살 많다.

live /laɪv/ ('살아 있는'의 의미) 비교)

a **live** fish 살아 있는 물고기   It's still **alive**. 그것은 아직 살아 있다.

old(오래 지속된 관계)

an **old** friend 옛 친구('늙은 친구'라는 의미가 아님)

little(영국 영어에서 ▶580 참조) 비교)

a nice **little** house 작고 예쁜 집

The house is quite **small**. 그 집은 아주 작다.

기타 예)

He's a **mere** child. 그는 단지 아이일 뿐이다. (BUT NOT ~~That child is mere.~~)

It's **sheer** madness. 그것은 순전히 미친 짓이다. (BUT NOT ~~That madness is sheer.~~)

You **bloody** fool! 머저리! (BUT NOT ~~That fool is bloody.~~)

I was studying for my **future** career as a lawyer.
나는 변호사가 되려는 나의 진로를 위해 공부하고 있었다. (BUT NOT ~~My career as a lawyer was future.~~)

This is the **main** problem! 이게 가장 큰 문제야! (BUT NOT ~~This problem is main.~~)

3 동사 뒤에서만 쓰이는 형용사

접두사 a-로 시작되는 일부 형용사는 주로 연결동사, 특히 be동사 뒤에 쓰인다. ablaze, afloat, afraid, alight, alike, alive, alone, asleep, awake 등이 여기에 속한다. 비교)

- The baby's **asleep**. 아기가 잠들어 있다.
  a **sleeping** baby 자고 있는 아기 (NOT ~~an asleep baby~~)
- He was **afraid**. 그는 두려워했다.
  a **frightened** man 겁에 질린 남자
- The ship's still **afloat**. 그 배는 아직 해상에 있다.
  a **floating** leaf 물에 뜬 나뭇잎

형용사 ill(▶ 494 참조)과 well(▶ 622 참조)은 주로 동사 뒤에 온다. 명사 앞에는 다른 단어로 대체한다. 비교)

- He's very **well**. 그는 매우 건강하다.
  a **healthy/fit** man 건강한 남자
- You look **ill**. 너 아파 보여.
  Nurses take care of **sick** people. 간호사는 환자들을 돌본다.

4 동사 + 목적어 + 형용사

형용사가 목적어 뒤에 올 수도 있는데 이 경우 〈**동사 + 목적어 + 형용사**〉 형태를 취한다.
I'll **get the car ready**. 내가 차를 가져올게.
Do I **make you happy?** 나 때문에 행복하니?
Let's **paint the kitchen yellow**. 부엌을 노란색으로 칠하자.

184 형용사의 어순

명사 앞에 여러 개의 형용사를 나열할 경우 (또는 명사가 다른 명사 앞에서 형용사처럼 쓰일 경우), 형용사 배열 순서에는 나름의 규칙이 있다. 하지만 복잡한 문법 영역이며, 형용사 어순에 대해 신뢰할 수 있는 간단한 규칙을 제시하는 것은 불가능하다. 가장 중요한 규칙들은 다음과 같다.

1 성상 형용사가 분류 형용사 앞에 위치: an old political idea

사물의 성질이나 상태를 나타내는 성상 형용사가 종류나 부류를 나타내는 분류 형용사 앞에 위치한다.

	성상 형용사	분류 형용사	명사	
an	old	political	idea	(NOT ~~a political old idea~~)
the	latest	educational	reform	(NOT ~~the educational latest reform~~)
a	green	wine	bottle	(NOT ~~a wine green bottle~~)
	leather	dancing	shoes	(NOT ~~dancing leather shoes~~)

2 의견 형용사가 성상 형용사 앞에 위치: a wonderful old house

의견, 태도 또는 판단을 나타내는 형용사는 대체로 성상 형용사 앞에 위치한다. 의견을 나타내는 형용사로는 lovely(훌륭한, 멋진), definite(명확한), pure(순수한), absolute(절대적인), extreme(극도의), perfect(완벽한), wonderful(놀라운), silly(어리석은) 등이 있다.

	의견 형용사	성상 형용사	명사	
a	lovely	cool	drink	(NOT ~~a cool lovely drink~~)
a	wonderful	old	house	(NOT ~~an old wonderful house~~)
	beautiful	green	mountains	(NOT ~~green beautiful mountains~~)
that	silly	fat	cat	(NOT ~~that fat silly cat~~)

3 성상 형용사의 어순

성상 형용사의 어순은 완벽하게 고정된 것은 아니나 대체로 크기, 연령, 모양, 색깔을 나타내는 형용사 순으로 배열되며 맨 마지막에 기원과 재료를 나타내는 형용사가 온다.

	크기	연령	모양	색깔	기원	재료	명사
a	fat	old		white			horse
a	big			grey		woollen	sweater
		new			Italian		boots
a	small		round	black		leather	handbag
an	enormous			brown	German	glass	mug
a	little	modern	square			brick	house

4 숫자는 형용사 앞에 위치

숫자는 대체로 형용사 앞에 온다.

six large eggs 여섯 개의 큰 달걀들

the **second big** shock 두 번째 큰 타격

first, next, last 같은 서수는 one, two, three 같은 기수 앞에 온다.

the **first three** days 처음 3일 (the three first days보다 널리 쓰임)

my **last two** jobs 나의 마지막 두 직업

5 형용사와 명사 수식어의 위치

명사 수식어(주로 종류나 재료를 나타냄)는 형용사 뒤에 온다.

a big new **car** factory 대규모 신설 자동차 공장

enormous black **iron** gates 거대한 검정색 철문

6 쉼표

명사 앞에 유사한 정보를 담은 형용사가 여러 개 올 때 일반적으로 형용사들 사이에 쉼표를 찍는다. 이를테면 외형을 묘사하는 형용사들이 길게 나열될 때 형용사와 형용사 사이에 쉼표를 찍는다.

a steep, slippery, grassy slope 가파르고, 미끄러우며, 풀로 덮인 슬로프

an expensive, ill-planned, wasteful project 고비용, 형편없는 기획의, 쓸모없는 프로젝트

그러나 흔히 쓰이는 짧은 형용사들을 나열할 때는 쉼표를 생략하기도 한다.

> a tall(,) dark(,) handsome cowboy 키 크고 까무잡잡하고 잘생긴 카우보이

다른 종류의 정보를 알려 주는 형용사 사이에는 쉼표를 찍지 않는다.

> an attractive traditional woollen dress 멋지고 전통적인 울 드레스

숫자나 다른 한정사 앞에는 쉼표를 찍지 않는다.

> ten green bottles 녹색 병 10개 (NOT ~~ten, green bottles~~)
> these new ideas 이 새로운 아이디어 (NOT ~~these, new ideas~~)

자세한 내용은 ▸296.9 참조.

7 동사 뒤

be, seem 등의 동사(▸11 참조.) 뒤에서 서술 용법으로 쓰인 형용사의 어순은 명사 앞에 쓰인 형용사의 어순과 유사하다.

[참고] 명사 수식어는 be, seem 등의 동사에 서술 용법으로 쓰이지 않는다.

> a big, green wine bottle
> 큰 녹색 포도주병 (BUT NOT ~~The bottle is big, green and wine.~~)

명사 앞의 형용사와 동사 뒤의 형용사와 함께 쓰이는 and는 ▸185 참조.

185 and와 함께 쓰인 형용사

둘 이상의 형용사(또는 기타 수식어)를 나열할 때 맨 뒤의 형용사(수식어) 앞에 and를 넣기도 하는데, 형용사(수식어)가 문장 내에서 쓰이는 위치에 따라 달라진다.

1 동사 뒤

형용사가 서술어 위치(be, seem, 비슷한 동사들 뒤 ▸11 참조)에 올 때 대체로 마지막 형용사 앞에 and를 넣는다.

> He was tall, dark **and** handsome.
> 그는 키가 크고, 까무잡잡하고 잘생겼다.
> You're like a winter's day: short, dark **and** dirty.
> 너는 겨울날 같다. 쌀쌀맞고 음흉하고 비열하다.

문어체에서는 and를 생략하기도 한다.

> My soul is exotic, mysterious, incomprehensible.
> 내 영혼은 별나고 신비롭고 불가해하다.

2 명사 앞

명사 앞에서 명사를 한정 수식할 경우에는 대체로 and를 쓰지 않는다.

> a **big beautiful** garden 넓고 아름다운 정원

그러나 비슷한 정보를 담은 형용사들을 나열할 경우, 특히 호불호를 나타내는 형용사들을 길게 나열할 경우에는 and를 넣을 수 있다.

a **cruel (and) vicious** tyrant 잔인하고 사악한 독재자

a **warm (and) generous** personality 온화하고 관대한 성품

an **ill-planned, expensive (and) wasteful** project
형편없는 기획, 고비용의 쓸모없는 프로젝트

둘 이상의 형용사(또는 기타 수식어)가 수식하는 대상의 다른 부분들을 나타내거나 유형이 다른
사물들을 나타낼 경우에는 and를 넣어야 한다.

a **yellow and black** sports car 노랑과 검정이 섞인 스포츠카

a **concrete and glass** factory 콘크리트와 유리로 된 공장

hot and cold drinks (= hot drinks and cold drinks) 뜨거운 음료와 차가운 음료

또한 대상이 가진 서로 다른 측면을 묘사할 때도 and를 넣는다.

It's a **social and political** problem. 그것은 사회적·정치적 문제다.

She's a **musical and artistic** genius. 그녀는 음악과 미술의 천재다.

3 and를 쓰지 않는 경우

다른 종류의 정보를 주는 형용사 사이에는 and를 쓰지 않는다.

an **angry young** man 성난 젊은이 (NOT ~~an angry and young man~~)

a **ridiculous economic** policy
터무니없는 경제 정책 (NOT ~~a ridiculous and economic policy~~)

4 nice and ...

비격식체에서는 흔히 nice and를 다른 형용사나 부사 앞에 써서 '기분 좋게', '적당히'라는 의미
를 나타낸다.

It's **nice and warm** in front of the fire. (= pleasantly warm)
모닥불 앞은 무척 포근하다. (= 기분 좋게 따뜻한)

The work was **nice and easy**. 그 일은 수월했다.

Now just put your gun down **nice and slow**. 이제 총을 서서히 내려놔.

and의 자세한 용법은 ▶ 226 참조.

186 명사, 대명사 뒤에 쓴 형용사

특별한 경우 형용사가 명사 뒤에 온다.

1 관용구: Secretary General; court martial

일부 관용구에서는 형용사가 명사 뒤에 온다.

Secretary **General** 사무총장   President **elect** 대통령 당선자

court **martial** (= military court) 군법 회의   God **Almighty**! 하느님 맙소사!

Poet **Laureate** 계관 시인   Attorney **General** 법무 장관

2 available, possible 등

일부 형용사는 관계사절의 〈주어 + be동사〉가 생략되면 명사 바로 뒤에 올 수 있다. 주로 -able/
-ible로 끝나는 형용사들이 여기에 해당된다.

　　Send all the **tickets available** / available tickets. (= ... tickets which are available.)
　　입수 가능한 모든 표를 보내라.

　　It's the only **solution possible** / possible solution. 그것이 가능한 유일한 해결책이다.

일부 부사도 명사 뒤에 올 수 있다.

　　the woman **upstairs** 위층에 있는 여자

　　the people **outside** 밖에 있는 사람들

3 present, proper

present는 명사 앞에 오면 시간을 나타내 '현재의', '당면한'의 의미로 쓰이며, 명사 뒤에 오면 '여
기/거기에 있는', '참석한'의 의미로 쓰인다. 비교)

　　the **present members** (= those who are members now)
　　현재 회원으로 가입되어 있는 사람들

　　the **members present** (= those who are/were at the meeting)
　　회의에 참석한 사람들

proper는 명사 앞에 오면 사실이나 실제라는 것을 의미하며 명사 뒤에 오면 어떤 사물의 본격적
인 부분이나 주요 부분을 지칭한다. 비교)

　　Snowdon's a **proper mountain**, not a hill.
　　스노든은 본래 언덕이 아니라 산이다.

　　After two days crossing the foothills, they reached the **mountain proper**.
　　그들은 이틀간 작은 언덕들을 오르내린 끝에 제대로 된 산을 만났다.

opposite의 위치와 의미는 ▶ 548 참조.

4 수량 형용사: two metres high

수량 형용사는 측량 단위를 나타내는 명사 뒤에 온다.

　　two metres **high** 2미터 높이의

　　ten years **older** 10살 더 먹은

　　two miles **long** 2마일 거리의

　　six feet **deep** 6피트 깊이의

예외 worth(예: **worth** 100 euros)는 ▶ 634 참조.

5 수식어구와 함께 쓰이는 형용사: people skilled in design

형용사가 수식어구를 동반할 때는 (예: skilled in design) 어구 전체가 명사 뒤에 위치한다.

　　We are looking for **people skilled in design**.
　　우리는 디자인에 능숙한 사람들을 찾고 있다. (NOT ... ~~skilled in design people.~~)

관계사절을 쓰는 편이 더 자연스러울 때도 많다.

　　We are looking for **people who are skilled in design**.
　　우리는 디자인에 능숙한 사람들을 찾고 있다.

간혹 명사 앞에 형용사가 오고 수식어구가 명사 뒤에 오는 경우도 있다. different, similar, the same, next, last, first, second 등과 비교급, 최상급 형용사와 difficult, easy와 같은 몇몇 형용사가 여기에 해당된다.

> a **different** life **from this one** 이것과는 다른 인생
>
> the **second** train **from this platform** 이 플랫폼에서 출발하는 두 번째 열차
>
> the **next** house **to the Royal Hotel**
> 로열 호텔 옆에 있는 집 (OR the house next to the Royal Hotel)
>
> the **best** mother **in the world** 세상에서 가장 훌륭한 어머니
>
> a **difficult** problem **to solve** 풀기 어려운 문제

6 something, everything 등

something, everything, anything, nothing, somebody, anywhere 등은 형용사가 뒤에서 수식한다.

> Have you read **anything interesting** lately?
> 최근에 읽은 재미있는 책 있어?
>
> Let's go **somewhere quiet**. 조용한 곳으로 가자.

187 형용사: as, how, so, too 뒤에 위치

as, how, so, too, 그리고 so의 의미로 쓰이는 this/that 뒤에 형용사가 오면 형용사 뒤에 부정관사 a/an이 붙는다. 격식체에서 흔히 이런 형식을 취한다.

> as / how / so / too / this / that + 형용사 + a / an + 명사

> I have **as good a voice** as you. 나는 너만큼 목소리가 좋다.
>
> She is **too polite a person** to refuse.
> 그녀는 너무 예의바른 사람이어서 거절을 못한다.
>
> **How good a pianist** is he?
> 그는 얼마나 훌륭한 피아니스트인가?
>
> I couldn't afford **that big a car.**
> 나는 그렇게 큰 차를 살 형편이 아니었다.
>
> It was **so warm a day** that I could hardly work.
> 날씨가 너무 더워서 나는 좀처럼 일을 할 수 없었다.

이런 구문은 a/an 없이 쓸 수 없다.

> I like your country – it's so beautiful.
> 나는 너의 나라가 마음에 들어. 너무 아름다워. (NOT I like your so beautiful country.)
>
> Those girls are too kind to refuse.
> 저 소녀들은 너무 친절해서 거절을 못한다. (NOT They are too kind girls to refuse.)

tired as I was ... 같은 〈형용사 + as〉 구문은 ▶255 참조.

188 명사 없이 쓰인 형용사

형용사 뒤에 오는 명사는 대체로 생략할 수 없다.

> **Poor little boy!** 가엾은 꼬마 녀석! (NOT ~~Poor little!~~)
>
> The most **important thing** is to be happy.
> 가장 중요한 것은 행복하게 지내는 것이다. (NOT ~~The most important is ...~~)

그러나 다음과 같은 예외도 있다.

1 널리 알려진 집단: the old; the poor

신체적 · 사회적으로 특정한 집단의 사람들을 나타낼 때 〈**the + 형용사**〉를 쓴다.

the blind 시각 장애인들	the disabled 장애인들
the mentally ill 정신질환자들	the rich 부자들
the dead 사망자들	the handicapped 장애인들
the old 노인들	the unemployed 실업자들
the deaf 청각 장애인들	the jobless 실직자들
the poor 가난한 사람들	the young 젊은이들

handicapped는 오늘날 모욕적인 표현으로 간주된다. 신체적인 어려움이 있는 사람들은 대개 형용사 disabled를 선호한다.

> He's collecting money for **the blind**.
> 그는 시각 장애인들을 위해 기금을 모으고 있다.
>
> **The unemployed** are losing hope.
> 실업자들은 희망을 잃어가고 있다.

〈**the + 형용사**〉는 대체로 포괄적인 의미로 쓰이지만, 간혹 특정한 소수의 집단을 지칭하기도 한다.

> After the accident, **the injured** were taken to hospital.
> 부상자들은 사고 이후 병원으로 후송되었다.

〈**the + 형용사**〉는 대체로 복수를 의미한다. 즉, the dead는 '사망한 한 사람'이 아니라, '사망자들 전부' 또는 '사망자들'을 지칭한다.

> **The dead have** no further worries.
> 죽은 자들은 더 이상 걱정하지 않는다. (BUT NOT ~~The dead has ...~~)

주의 〈**the + 형용사**〉 뒤에는 소유격을 나타내는 's를 붙이지 않는다.

> the problems of **the poor** OR **poor people's** problems
> 가난한 사람들의 문제 (NOT ~~the poor's problems~~)

형용사를 이런 용법으로 쓸 때는 대체로 정관사 the나 한정사가 온다.

> This government doesn't care about **the poor**.
> 이 정부는 가난한 사람들을 배려하지 않는다. (NOT ... ~~about poor.~~)
>
> There are **more unemployed** than ever before.
> 그 어느 때보다 실업자들이 많다.

그러나 〈both ... and ...〉 구문처럼 and 앞뒤에 형용사들이 짝을 이루는 구문에서는 the를 생략할 수 있다.

opportunities for **both rich and poor**
부자와 가난한 사람 모두를 위한 기회

2 국적을 나타내는 형용사: the Irish; the Dutch

-sh, -ch 등으로 끝나는 일부 국적 표시 형용사들(▶ 321.3 참조)은 명사 없이 〈**the + 국적 형용사**〉의 형태로 쓰인다. 이런 형용사로는 Irish, Welsh, English, British, Spanish, Dutch, French 등이 있다.

> **The Irish** are very proud of their sense of humour.
> 아일랜드 사람들은 유머 감각에 대단한 자부심을 갖고 있다.

이런 단어들은 모두 복수의 의미를 나타내며 단수는 an Irishwoman, a Welshman처럼 쓴다. (NOT ~~a Welsh~~)

국적을 나타내는 명사가 따로 있으면 the -ish보다 그 명사를 더 많이 쓴다: **the Danes, the Turks** (NOT ~~the Danish~~ OR ~~the Turkish~~)

3 단수 용례: the accused

일부 격식을 차린 관용구에서는 〈**the + 형용사**〉가 단수를 나타낸다. 그 예로 the accused(피고), the undersigned(서명자), the deceased(고인), the former(전자), the latter(후자) 등이 있다.

> **The accused** was released on bail.
> 피고는 보석으로 석방되었다.

> ... Stephen Gray and Susan Cook; **the latter** is a well-known designer.
> … 스티븐 그레이 씨와 수잔 쿡 부인, 이들 중 후자는 유명 디자이너다.

4 추상적인 개념: the supernatural

특히 철학적인 글에서 형용사가 the와 함께 쓰여 포괄적이고 추상적인 개념을 나타내기도 한다.
예〉 the beautiful 미, the supernatural 초자연적 현상, the unreal 비현실적인 것

이런 표현은 단수로 취급한다.

> She's interested in **the supernatural**. 그녀는 초자연적인 현상에 관심이 있다.
> **The difficult** we do immediately; **the impossible takes** a little longer.
> 어려운 것은 즉시 하고; 불가능한 것은 조금 더 오래 걸린다.

5 선택: White or brown?

둘 이상의 대상 중 하나를 선택하는 경우, 앞에서 이미 언급했거나 언급할 필요가 없을 때는 명사를 생략하기도 한다.

> Have you got any bread? ~ Do you want **white** or **brown**?
> 빵 좀 있어? ~ 흰 빵 줄까, 호밀빵 줄까?
> I'd like two large packets and one **small**.
> 큰 걸로 두 묶음, 작은 걸로 한 묶음 주세요.

이 경우, 색깔을 나타내는 형용사는 간혹 복수형 -s를 취하기도 한다.

> Wash **the reds** and **blues** separately. (= red and blue clothes)
> 빨간 옷과 파란 옷은 따로 세탁하세요.

6 최상급: We bought the cheapest.

최상급 형용사 뒤에 오는 명사는 흔히 생략된다.

> I'm **the tallest** in my family. 나는 우리 집에서 키가 가장 크다.
>
> We bought **the cheapest**. 우리는 가장 저렴한 것을 샀다.

명사가 생략되는 기타 구문은 ▶ 278 참조.

189 정도 형용사와 비정도 형용사

형용사는 정도 형용사(비교급 · 최상급으로 쓸 수 있는 형용사)와 비정도 형용사(비교급 · 최상급으로 쓸 수 없는 형용사)로 나눌 수 있다. 정도 형용사(예: difficult, important, happy, tired)는 다른 정도를 표현할 수 있는 단어들이다. 이를테면, 상황이 더/덜 어렵거나 또는 더/덜 중요할 수 있으며, 사람들이 더/덜 행복하거나 더/덜 피곤할 수 있다. 비정도 형용사(예: impossible, essential, alive, exhausted)는 '양자택일'의 속성을 지닌 단어들이다. 우리는 '보통 특정 상황이 다른 상황들보다 더 불가능하다'거나, 또는 '누군가가 아주 녹초가 되어 있지는 않다'라고 말하지는 않는다. 즉, '상황은 불가능하거나 가능하며', 사람들은 '지쳐있거나 지쳐 있지 않다'.

very나 more 같은 정도 부사는 흔히 정도 형용사와 함께 쓰인다.

주의 영국 영어에서 quite는 정도 형용사와 함께 쓰일 때와 비정도 형용사와 함께 쓰일 때 의미가 다르다(▶ 564 참조.)

190 치수와 수량: 유표적/무표적

치수나 수량을 표현하는 많은 형용사들이 짝을 이루어 존재한다(예: tall/short, old/young, heavy/light, fast/slow). 그런데 사람이나 사물의 일반적인 특성을 나타낼 때 측정 척도의 최상위에 해당하는 단어가 본래의 의미와는 다르게 쓰이기도 한다. 이를테면 어떤 물건의 길이가 비교적 짧더라도 질문할 때는 how short가 아니라 how long이라고 묻는다. 문법학자들은 이런 언어학적 특징을 가리켜 '무표적(unmarked)'이라고 한다. 비교〉

- She's very **tall** and he's very short.
  그녀는 매우 키가 크고 그는 매우 작다. (유표적)

  Exactly how **tall** are they both?
  그 두 사람은 키가 정확히 얼마지? (무표적) (NOT ~~Exactly how short~~ ...)

- Will you still love me when I'm **old**?
  내가 나이가 들어도 사랑해 줄 건가요? (유표적)

  He's only twenty-three years **old**.
  그는 겨우 23살이다. (무표적) (NOT ... ~~years young.~~)

- Lead is one of the **heaviest** metals. 납은 가장 무거운 금속 중 하나다. (유표적)

  Scales measure how **heavy** things are.
  저울은 물건의 무게를 잰다. (무표적) (NOT ... ~~how light~~ ...)

일부 명사들도 이런 특징을 가지고 있다. 비교〉

- **Age** brings wisdom but I'd rather have youth and stupidity.
  나이가 들면 지혜로워진다지만 나는 차라리 젊음과 어리석음을 택하겠다. (유표적)

What is her exact **age**?

그녀는 정확히 몇 살이야? (무표적) (NOT ~~What is her exact youth?~~)

– The worst thing about the film was its **length**.

그 영화의 최대 단점은 긴 상영 시간이었다. (유표적)

What's the **length** of the runway?

활주로의 길이는 얼마인가? (무표적) (NOT ~~What's the shortness …?~~)

191 aged, naked 등의 발음

-ed로 끝나는 형용사 중에는 특이하게 마지막 음절이 /d/나 /t/ 대신 /ɪd/로 발음되는 경우가 있다 (▶ 44.2 참조).

aged /ˈeɪdʒɪd/ (= very old)	blessed /ˈblesɪd/
beloved /bɪˈlʌvɪd/	dogged /ˈdɒgɪd/
crooked /ˈkrʊkɪd/	learned /ˈlɜːnɪd/
cursed /ˈkɜːsɪd/	sacred /ˈseɪkrɪd/
naked /ˈneikɪd/	wicked /ˈwɪkɪd/
ragged /ˈrægɪd/	wretched /ˈretʃɪd/
rugged /ˈrʌgɪd/	one/three/four-legged /ˈlegɪd/

주의 aged가 연령을 나타낼 때(예: He has a daughter aged ten. 그에게는 열 살 된 딸이 있다.)나 동사의 과거형으로 쓰일 때는 /eɪdʒd/로 발음된다.

192 형용사 뒤에 오는 어구

형용사 뒤에 의미를 보충하는 수식어구가 동반되는 경우도 많은데, 이러한 보충 수식어구의 형식은 경우에 따라 다르다. 일부 형용사의 경우 뒤에 〈**전치사 + 명사**/**-ing**〉 구문이 온다(▶ 103 참조).

I'm **interested in cookery**. 나는 요리에 관심이 있다.

I'm **interested in learning** to cook. 나는 요리를 배우는 데 관심이 있다.

일부 형용사 뒤에는 to부정사가 오기도 한다(▶ 101 참조).

You don't look **happy to see** me. 나를 만나는 게 반갑지 않은 모양이군.

The soup is **ready to eat**. 수프가 다 되었다.

이때 to부정사의 의미상 주어가 있으면 for 뒤에 주어를 표시한다(▶ 113 참조).

I'm anxious **for her to get** a good education. (= I'm anxious that she should get …)
나는 그녀가 훌륭한 교육을 받기를 바란다.

that절이 따라오는 형용사도 있다(▶ 264 참조).

I'm **glad that you were able to come**. 네가 올 수 있어서 기뻐.

It's **important that everybody should feel comfortable**.
모든 사람이 편하게 느끼는 게 중요하다.

다양한 형태의 수식어구를 쓸 수 있는 형용사도 있다.

> I'm **pleased about** her promotion. 나는 그녀의 승진 소식에 기분이 좋다.
>
> I'm **pleased to see** you here. 여기에서 너를 만나서 기뻐.
>
> I'm **pleased that we seem to agree.** 우리의 의견이 일치하는 것 같아 기분이 좋군.

〈**형용사 + 수식어구**〉를 명사 앞에 쓰는 경우는 드물다(▶ 186.5 참조).

> He's a **difficult** person **to understand.**
>
> 그는 이해하기 힘든 사람이다. (NOT ~~He's a difficult to understand person.~~)

Section 16 **Adverbs and Adverbials**
부사와 부사어구

개요

부사라는 용어에는 아주 다양한 용법을 가진 광범위한 어휘들이 포함된다. 예를 들어 frankly, now, very, right, regularly 모두 부사에 속한다. 부사의 일반적인 기능은 문장, 절, 절의 일부(명사 제외)를 수식하는(의미를 더함) 것이다.

Frankly, I think she's crazy. 솔직히, 그녀는 제정신이 아닌 것 같아.

You did that **very** well. 아주 잘했어.

Please answer **now**. 지금 대답해 줘.

She went **right** up the stairs. 그녀는 바로 계단을 올라갔다.

When I was a student, I went to the gym **regularly**. 나는 학창 시절에 꼬박꼬박 헬스장에 다녔다.

좀 더 긴 표현들도 부사처럼 문장, 절, 동사 등을 수식할 수 있다.

To be honest, I think she's crazy. 솔직히, 그녀는 제정신이 아닌 것 같아.

You did that **quite remarkably** well. 아주 잘했어.

Please answer **right away**. 당장 대답해 줘.

She went **all the way** up the stairs. 그녀는 계단을 쭉 올라갔다.

When I was a student, I went to the gym **every day**. 나는 학창 시절에 매일 헬스장에 다녔다.

이 섹션에서는 부사, 부사의 역할을 하는 긴 어구 등 이런 유형의 수식어를 모두 편의상 '부사어구'로 부르기로 한다. 부사절(예: When I was a student)은 ▶ Section 20, 22-23 참조.

부사와 형용사가 문법적으로 명확히 구분되지 않는 언어도 있으므로, 일부 학습자는 어려움을 겪을 수 있다.

다음 문장은 왜 틀렸을까?

- ❌ She danced happy into the room. ▶ 193.1 참조
- ❌ I don't remember him very good. ▶ 193.1 참조
- ❌ It's terrible cold today. ▶ 193.2 참조
- ❌ They smiled friendly at us. ▶ 194.1 참조
- ❌ You're doing finely. ▶ 194.2 참조
- ❌ I worked very hardly for the exam. ▶ 194.2 참조
- ❌ The door was widely open. ▶ 194.2 참조
- ❌ I get often headaches. ▶ 196.1 참조
- ❌ She speaks very well English. ▶ 196.1 참조
- ❌ Never I get up early. ▶ 198.1 참조
- ❌ Here your bus comes. ▶ 201.2 참조
- ❌ Put the butter at once in the fridge. ▶ 201.4 참조
- ❌ I play always tennis on Saturdays. ▶ 200.1 참조
- ❌ I never have seen a whale. ▶ 200.1 참조
- ❌ He does probably not know. ▶ 200.2 참조
- ❌ I often am late for work. ▶ 200.1 참조
- ❌ I will completely have finished by next year. ▶ 198.3 참조

Section 16 목차

193 양태부사와 형용사

1 동사를 수식하는 양태부사: He sang badly.

양태부사는 사건이 발생한 경위와 전개되는 양상을 나타낸다.

예〉 happily, terribly, fast, badly, well

양태부사와 형용사(happy, terrible 등)를 혼동하지 말아야 한다. 동사를 수식하는 것은 형용사가 아니라 부사다.

동사 + 부사

She **danced happily** into the room.
그녀는 즐겁게 춤추며 방으로 들어갔다. (NOT She danced happy ...)
She **sang badly**. 그녀는 노래를 형편없이 불렀다. (NOT She sang bad.)
I don't **remember** him **very well**.
나는 그가 잘 기억나지 않는다. (NOT ... very good.)

주의 그러나 특히 격식을 차리지 않은 미국 영어에서는 형용사가 부사처럼 쓰이기도 한다(▶ 194.4 참조).
She talks **funny**. 그녀는 이야기를 재미있게 한다.

look, seem 같은 연결동사 뒤에 오는 형용사의 용법은 ▶ 11 참조.

2 기타 어구 수식: terribly cold

양태부사는 형용사, 과거분사, 부사, 전치사구를 수식한다.

부사 + 형용사

It's **terribly cold** today. 오늘은 날씨가 매섭게 춥다. (NOT ... terrible cold.)

부사 + 과거분사

This steak is very **badly cooked**. 이 스테이크 요리는 형편없다. (NOT ... bad cooked.)

부사 + 부사

They're playing **unusually fast**.
그들은 유난히 빠른 속도로 경기하고 있다. (NOT ... unusual fast.)

부사 + 전치사구

He was **madly in love** with her. 그는 그녀에게 푹 빠져 있었다. (NOT ... mad in love ...)

-ly로 끝나는 형용사는 ▶ 194.1 참조. 부사와 형용사의 형태가 같은 단어는 ▶ 194.2 참조.
형용사 well은 ▶ 622 참조. 양태부사의 위치는 ▶ 201.1 참조. 철자법은 ▶ 345 참조.

194 부사인지 형용사인지 혼동되는 경우

1 -ly로 끝나는 형용사: friendly, lively

-ly로 끝나는 단어 중 일부는 부사가 아니라 형용사다.

예〉 costly, cowardly, deadly, friendly, likely, lively, lonely, lovely, silly, ugly, unlikely

She gave me a **friendly** smile. 그녀는 나를 보고 다정하게 웃었다.

Her singing was **lovely**. 그녀의 노래는 감미로웠다.

friendly/friendily, lovely/lovelily 같은 부사 형태는 없다.

She smiled **in a friendly way**. 그녀는 다정하게 웃었다. (NOT ~~She smiled friendly.~~)

He **gave a silly laugh**. 그는 바보 같이 웃었다. (NOT ~~He laughed silly.~~)

daily, weekly, monthly, yearly, early, leisurely는 형용사와 부사 모두로 쓰인다.

It's a **daily** paper. 그 신문은 일간지다.

It comes out **daily**. 그 신문은 매일 발행된다.

an **early** train 새벽 기차

I got up **early**. 나는 일찍 일어났다.

2 형용사와 부사가 같은 형태인 단어; 두 가지 형태를 취하는 부사

일부 단어는 형용사와 부사의 형태가 같다. 이를테면 a fast car goes fast(빠른 차가 빠른 속도로 간다), if you do hard work, you work hard.(힘든 일을 하면 열심히 일한다.)에서 fast와 hard가 이런 경우다. 또 부사형이 두 가지인 경우도 있다(예: late, lately). late 또한 형용사로만 쓰일 것 같지만, 그 자체가 lately와 더불어 부사로도 쓰인다. 이런 부사들은 흔히 의미나 용법에 차이가 있다. 다음은 이런 부사들 중 중요한 단어들이다.

bloody: bloody(영국 영어)를 포함한 일부 욕설은 형용사와 부사 모두로 쓰인다.

You **bloody** fool. You didn't look where you were going. ~ I **bloody** did.

이 바보 멍청아. 넌 보지도 않고 다니는구나. ~ 보고 다니거든.

clean: 부사 clean은 forget(비격식체)이나 행위를 묘사하는 동사 앞에 쓰여 '완전히'를 의미한다.

Sorry I didn't turn up – I **clean** forgot. 못가서 미안해. 까맣게 잊고 있었어. (비격식체)

The explosion blew the cooker **clean** through the wall.

폭발로 냄비가 벽을 완전히 뚫고 날아가 버렸다.

dead: dead는 '정확히', '완전히', '매우'를 의미하는 부사로 쓰이기도 한다.

예〉 dead ahead, dead certain, dead drunk, dead right, dead slow, dead straight, dead sure, dead tired

주의 deadly는 형용사로 '치명적인', '사망에 이르게 하는'을 의미한다. 이런 의미로 쓰이는 부사는 fatally다. 비교〉

Cyanide is a **deadly** poison. 청산가리는 치명적인 독극물이다.

She was **fatally** injured in the crash.

그녀는 충돌 사고로 치명적인 부상을 입었다.

direct: 비격식체에서 흔히 부사로 쓰인다.

> The plane goes **direct** from London to Houston without stopping.
> 그 항공편은 런던에서 휴스턴까지 중간 기착 없이 직항한다.
>
> 50% cheaper - order **direct** from the factory!
> 50% 할인. 공장에 직접 주문하세요!

easy: 비격식체에서 부사로 쓰인다.

> Go **easy**! (= Not too fast!) 서두르지 마!
> Take it **easy**! (= Relax!) 진정해!
> **Easy** come, **easy** go. 쉽게 얻은 것은 쉽게 사라진다.
> **Easier** said than done. 말은 쉬워도 행동은 어렵다.

fair: 일부 구문에서는 동사 뒤에서 부사로 쓰인다.

> to play **fair** 공정하게 겨루다
> to fight **fair** 정정당당하게 싸우다
> to hit/win something **fair** and square 정면으로 가격하다 / 정정당당하게 얻다

정도를 나타내는 부사 fairly는 ▸460 참조.

fast: 형용사와 부사 모두로 쓰인다(a fast car goes fast). **fast** asleep에서 fast는 '완전히'를 의미하며, hold **fast**, stick **fast**, **fast** colours에서 fast는 '단단히', '움직이지 않게', '(색이) 바래지 않는'을 의미한다.

fine: 부사 fine(= well)은 비격식체에서 종종 '훌륭하게'라는 의미로 쓰인다.

> That suits me **fine**. 좋습니다.
> You're doing **fine**. 잘하고 있어.

부사 finely는 미세한 조정이나 조율을 의미한다.

> a **finely** tuned engine 정교한 엔진
> **finely** chopped onions (= cut up very small) 잘게 썬 양파

flat: 음악 용어인 flat은 부사로 쓰인다(sing flat은 '정확한 음정보다 낮게 노래한다'는 의미). 그 외 대부분의 경우 부사형은 flatly다.

free: free는 (동사 뒤에서) 부사로 쓰이면 '무료로'라는 의미다. freely는 '한계나 제한 없이'를 의미한다. 비교)

> You can eat **free** in my restaurant whenever you like.
> 원하면 언제든지 제 식당에서 공짜로 드세요.
>
> You can speak **freely** – I won't tell anyone what you say.
> 터놓고 얘기해도 돼. 아무한테도 말 안 할 테니까.

hard: hard는 부사로 쓰이면 '힘껏', '세차게'를 의미한다.

> Hit it **hard**. 세게 쳐 봐.
> I trained really **hard** for the marathon. 나는 마라톤 시합에 대비해서 혹독하게 훈련했다.

hardly는 '거의/조금도 ~하지 않다'를 의미한다.

> I've **hardly** got any clean clothes left. 깨끗한 옷이 거의 안 남았다.

비교) Anna works **hard**. 애나는 열심히 일한다.

Her brother **hardly** works. 그녀의 오빠는 일을 거의 안 한다.

시간을 나타내는 부사절에 쓰이는 hardly ... when의 용법은 ▶480 참조.
hardly any, ever 등은 ▶366.3 참조.

high: high는 높이를 나타내며 highly(다소 격식을 차린 표현)는 아주 높거나 심한 정도를 나타낸다. 비교)
- He can jump really **high**. 그는 아주 높이 뛰어오를 수 있다.
  Throw it as **high** as you can. 최대한 높이 던져봐.
- It's **highly** amusing. 굉장히 재미있다.
  I can **highly** recommend it. 나는 그것을 적극 추천한다.

just: 형용사 just는 '합법적인', '정당한', 부사 justly는 '합법적으로, 정당하게' 등 다양한 의미로 쓰인다(▶503 참조).
  He was **justly** punished for his crimes.
  그는 죄에 합당한 처벌을 받았다.

late: 부사 late는 형용사 late와 비슷한 의미로 쓰인다. lately는 '최근(에)'를 의미한다. 비교)
  I hate arriving **late**. 나는 지각은 질색이다.
  I haven't been to the theatre much **lately**.
  나는 요즘 영화관에 그다지 자주 가지 않았다.

loud: 비격식체에서는 흔히 동사 뒤에서 부사로 쓰인다.
  Don't talk so **loud(ly)** – you'll wake the whole street.
  그렇게 큰소리로 떠들지 마. 동네 사람들 다 깨우겠다.

low: 형용사로도 쓰이고 부사로도 쓰인다
  a **low** bridge 낮은 다리　　　a **low** voice 낮은 목소리　　　bend **low** 낮게 구부리다

most: much의 최상급인 most는 최상급 형용사와 부사를 만드는 역할을 한다(▶204 참조).
  Which part of the concert did you like **most**? 콘서트에서 어떤 부분이 제일 마음에 들었어?
  This is the **most** extraordinary day of my life. 오늘이 내 인생에서 가장 특별한 날이다.

most는 격식체에서 '매우'를 의미하는 부사로 쓰인다.
  You're a **most** unusual person. 너는 참 특이한 사람이다.

mostly는 '주로', '매우 흔하게', '대부분의 경우에'라는 의미다.
  My friends are **mostly** non-smokers. 내 친구들은 대부분 담배를 피우지 않는다.

pretty: 비격식체에서 정도를 나타내는 부사로 쓰이는 pretty는 rather와 의미가 비슷하다 (▶460 참조).

prettily는 '예쁘게, 곱게'를 의미한다. 비교)
  I'm getting **pretty** fed up. 어지간히 물린다.
  Isn't your little girl dressed **prettily**? 당신 막내딸 예쁘게 차려 입지 않았나요?

quick: 비격식체에서 quick은 행동을 나타내는 동사 뒤에서 quickly의 의미로 쓰인다.
  I'll get back as **quick(ly)** as I can. 최대한 빨리 돌아갈게.

347

real: 격식을 차리지 않은 미국 영어에서 real은 형용사와 부사 앞에서 really의 의미로 쓰인다.

> That was **real** nice. 정말 멋졌어.

> He cooks **real** well. 그는 요리를 정말 잘한다.

right: 부사구와 함께 '꼭', '정확히', 또는 '완전히'라는 의미로 쓰인다.

> She arrived **right** after breakfast. 그녀는 아침 식사 직후에 도착했다.

> The snowball hit me **right** on the nose. 눈뭉치가 내 코를 정통으로 맞혔다.

> Turn the gas **right** down. 가스 불을 확 줄여라.

right와 rightly는 모두 '정확하게'를 의미한다. right는 동사 뒤에만 올 수 있으며, 대체로 격식을 차리지 않은 표현이다. 비교⟩

> I **rightly** assumed that Henry was not coming.
> 나는 헨리가 오지 않을 것이라고 짐작했는데 내 추측이 정확했다.

> You guessed **right**. 네 짐작이 맞았다.

> It serves you **right**. 꼴 좋다./그래도 싸다. (rightly는 쓸 수 없음)

sharp: 부사로 쓰이면 '정확히 제시간에 맞춰'라는 뜻이다.

> Can you be there at six o'clock **sharp**? 6시 정각에 거기 갈 수 있어?

sharp는 음악 용어로도 쓰이며(sing **sharp**는 '정확한 음정보다 높게 노래하다'라는 의미), turn **sharp** left/right(왼쪽/오른쪽으로 방향을 급선회하다) 같은 표현에도 쓰인다.
다른 의미로 쓰일 경우 부사는 sharply다.

> She looked at him **sharply**. 그녀는 그를 날카롭게 쏘아보았다.

> I thought you spoke to her rather **sharply**.
> 내 생각에는 네가 그녀에게 좀 심하게 말한 것 같다.

short: stop **short**(= stop suddenly), cut **short**(= interrupt) 등의 표현에서 부사로 쓰인다.

shortly는 '곧'을 의미하며, 어투를 묘사할 때는 '퉁명스럽게'라는 의미로 쓰인다.

slow: 도로 표지판(예: **SLOW – DANGEROUS BEND** 서행 – 급커브)에서 부사로 쓰이며, 비격식체에서는 주로 go 같은 동사 뒤에 온다.
(예: go **slow**(천천히 가다), drive **slow**(천천히 운전하다))

sound: sound asleep(깊이 잠든) 같은 표현에서 부사로 쓰인다. 그 밖에는 soundly를 쓴다.
(예: She's sleeping **soundly**. 그녀는 곤히 자고 있다.)

straight: 형용사와 부사의 형태가 같다. **straight** road는 한 장소에서 다른 장소로 곧바로 이어진 길을 의미한다.

sure: sure는 특히 격식을 차리지 않은 미국 영어에서 '확실히', '당연히'를 의미하는 부사로 쓰인다.

> Can I borrow your tennis racket? ~ **Sure**. 테니스 라켓 좀 빌릴 수 있어? ~ 물론이지.

surely (not)은 의견이나 놀라움을 표현할 때 쓰인다(자세한 내용은 ▶ 600 참조).

> **Surely** house prices will stop rising soon! 아무려면 집값 상승세가 곧 멈추겠지!

> **Surely** you're **not** going out in that old coat? 설마 그 낡은 코트를 입고 나가려는 건 아니겠지?

tight: 비격식체에서 tightly 대신 동사 뒤에서 쓰인다.
관용표현: hold **tight**(단단히 붙잡다), packed **tight**(단단하게 포장된 – '빽빽하게 들어찬'을 의미하는 **tightly** packed와 구분할 것)

well: 형용사 good의 부사형이다(예: a **good** singer sings **well** 훌륭한 가수는 노래를 잘한다). well은 '건강 상태가 좋다'는 것을 의미하는 형용사로도 쓰인다(반의어는 ill). 자세한 내용은 ▶ 622 참조.

wide: 부사로는 wide가 주로 쓰이며, widely는 거리나 분리된 상태를 나타낸다. 비교)
　The door was **wide** open. 문이 활짝 열려 있었다.
　She's travelled **widely**. 그녀는 널리 여행했다.
　They have **widely** differing opinions. 그들은 서로 견해 차이가 크다.

[주의] **wide** awake는 의식이 분명하게 깨어 있는 상태를 의미하며 wide가 completely와 같은 의미로 쓰였다. 반대말은 fast asleep(곤히 잠든)이다.

wrong: 비격식체에서 wrong은 동사 뒤에서 wrongly의 의미로 쓰인다. 비교)
　I **wrongly** believed that you wanted to help me.
　네가 나를 도와줄 마음이었다고 착각했다.
　You guessed **wrong**. 네 짐작은 빗나갔다.

3 비교급과 최상급

비격식체에서는 형용사의 비교급과 최상급이 흔히 부사처럼 쓰인다.
　Can you drive a bit **slower**? 조금만 천천히 운전할래?
　Let's see who can do it **quickest**. 누가 제일 빨리 하는지 보자.

4 미국 영어

이밖에도 격식을 차리지 않은 미국 영어에서는 형용사가 종종 양태부사로 쓰인다.
　He looked at me real **strange**. 그는 나를 정말 이상한 눈으로 쳐다봤다.
　Think **positive**. 긍정적으로 생각해.

195 부사 불변화사: up, down, back, away 등

1 부사 불변화사와 전치사

down, in, up 등은 전치사 외에 부사로도 쓰인다. 비교)
 – I ran **down** the road. 나는 길을 달려 내려갔다.
　Please sit **down**. 앉으세요.
 – Something's climbing **up** my leg. 무언가 내 다리를 기어오르고 있다.
　She's not **up** yet. 그녀는 아직 일어나지 않았다.
 – He's **in** his office. 그는 사무실에 있다.
　You can go **in**. 들어가도 돼.

down the road, in his office, up my leg에서 down, in, up은 각각 the road, his office, my leg를 목적어로 취하는 전치사다.

그러나 sit down, go in, She's not up에서 down, in, up은 전치사가 아니라 부사이므로 목적어를 취할 수 없다.

이런 부사를 '부사 불변화사'라고 하며, above, about, across, ahead, along, (a)round, aside, away, back, before, behind, below, by, down, forward, in, home, near, off, on, out, over, past, through, under, up 등이 여기에 속한다. 이러한 단어들 중 상당수는 부사와 전치사로 모두 쓰이지만, back과 away는 부사 불변화사로만 쓰이며 from과 during은 전치사로만 쓰인다.

2 구동사: give up, break down

부사 불변화사는 흔히 동사와 결합하여 이어동사(two-word verb)를 만들며, 때로는 새로운 의미를 나타내기도 한다(예: break down 고장나다, put off 연기하다, work out 운동하다, give up 포기하다). 이런 어구를 '구동사'라고 한다. 구동사의 자세한 용법은 ▶12 참조.

3 be동사와 함께 쓰이는 부사 불변화사: I'm off!

부사 불변화사는 형용사처럼 흔히 be동사의 보어로 쓰인다.

Why are all the lights on? 어째서 불이 모두 켜져 있지?

Hello! You're back! 어이! 돌아왔구나!

The match will be over by 4.30. 그 시합은 4시 30분에 끝날 것이다.

I'm off – see you later! 나는 간다. 나중에 보자!

부사가 문두로 나오는 도치 구문(예: Out walked Sarah.)은 ▶271 참조.

196 부사어구의 위치: 개요

부사는 종류에 따라 문장 안에서 다양한 위치에 쓰인다. 일반적인 규칙은 다음과 같다. 자세한 내용은 ▶197-202 참조. 하지만, 아주 복잡한 문법 영역이므로 모든 부사어구에 늘 적용되는 규칙을 제시하기는 어렵다.

1 동사와 목적어: She speaks English well.

동사와 동사의 목적어 사이에 부사가 오는 경우는 거의 없다.

> 부사어구 + 동사 + 목적어

I often get headaches. 나는 두통을 자주 앓는다. (NOT ~~I get often headaches.~~)

> 동사 + 목적어 + 부사어구

She speaks English well. 그녀는 영어를 능숙하게 구사한다. (NOT ~~She speaks well English.~~)

그러나 on, off, out 같은 부사 불변화사는 동사와 명사 목적어 사이에 올 수 있다.

Could you switch off the light? 불 좀 꺼줄래요?

2 **문두, 중간, 문미의 세 가지 위치**

문장에서 부사가 들어가는 위치는 주로 다음 세 가지다.

a 문두

Yesterday morning something very strange happened.
어제 아침에 아주 기이한 일이 일어났다.

b 중간(동사 수반 - 자세한 설명은 ▶200 참조)

My brother **completely** forgot my birthday. 형은 내 생일을 까맣게 잊어버렸다.

I have **never** understood her. 나는 그녀를 결코 이해하지 못했다.

c 문미

What are you doing **tomorrow**? 내일 뭐할 거야?

3 **부사의 성격에 따른 위치**

접속부사(앞 문장과 뒤 문장의 의미를 이어주는 부사)와 논평부사(화자나 글쓴이의 의견을 나타
내는 부사)는 문두에 위치한다.

However, not everybody agreed. 그렇지만 모든 사람이 동의한 것은 아니었다.

Fortunately, nobody was hurt. 다행히도 다친 사람은 없었다.

빈도(예: always, often), 확신(예: probably, definitely), 완성도(예: completely, almost)를
나타내는 부사는 대체로 문장 중간에 위치한다.

My boss **often** travels to America. 우리 사장은 미국 출장을 자주 간다.

I've **definitely** decided to change my job. 나는 직업을 바꾸기로 마음을 굳혔다.

The builder said he had **almost** finished, but it wasn't true.
건축업자는 거의 다 끝나간다고 말했지만, 그건 사실이 아니었다.

초점부사(예: also, just, even)는 문장 중간에 위치하지만, 특정 부사어구에 따라 다른 위치에
위치할 수도 있다.

He's **even** been to Antarctica. 그는 심지어 남극에도 가봤다.

양태부사, 장소부사, 시간부사는 주로 문미에 위치한다.

She brushed her hair **slowly**. 그녀는 천천히 머리를 빗었다.

The children are playing **upstairs**. 아이들은 위층에서 놀고 있다.

I phoned Alex **this morning**. 나는 오늘 아침에 알렉스에게 전화했다.

시간부사는 문두에 오기도 한다.

Tomorrow I've got a meeting in Cardiff. 나는 내일 카디프에서 회의가 있다.

강조부사(예: terribly, really)는 강조하는 하는 말과 함께 온다.

I'm **terribly sorry** about last night. 어젯밤 일은 정말 미안해요.

정도부사(예: more, very much, most, a lot, so)는 문장에서 하는 역할에 따라 다양하게 위치
한다.

부사어구의 위치와 종류에 대한 자세한 내용은 다음 네 section 참조.

197 접속부사와 논평부사

> 접속부사의 예: then, next, after that, besides, anyway, suddenly, however, as a result, on the other hand

이런 부사들은 앞 문장과 뒤 문장의 의미를 이어주는 접속사 역할을 하며, 보통 문두에 온다.

I worked until five o'clock. Then I went home.
나는 5시까지 일했다. 그러고 나서 집에 갔다.

Next, I want to say something about the future.
다음으로 저는 미래에 대해 이야기하고자 합니다.

Suddenly the door opened. 갑자기 문이 열렸다.

Some of us want a new system. **However**, not everybody agrees.
우리 중 일부는 새로운 시스템을 원한다. 하지만 모두가 동의하는 것은 아니다.

It was hard work; **on the other hand**, we really enjoyed the experience.
그건 어려운 일이었다. 반면에, 우리는 정말로 그 경험을 즐겼다.

> 논평부사의 예: fortunately, surprisingly, in my opinion, arguably, as you might expect

화자나 글쓴이의 의견을 나타내는 부사는 대체로 문두에 위치한다.

Fortunately, several people have decided to help us.
다행스럽게도 몇몇 사람들이 우리를 도와주기로 결정했다.

Stupidly, I did not read the contract before signing it.
바보 같이 서명하기 전에 계약서를 읽어보지 않았다.

Arguably, this is her finest novel since 'Flowers of Doom'.
틀림없이, 이것은 '운명의 꽃' 이후 그녀의 최고 소설이다.

As you might expect, his remarks have attracted widespread criticism.
예상할 수 있듯이, 그의 발언은 널리 비난받았다.

특히 짧은 부사어구의 경우 다른 위치에 쓸 수도 있다.

Not everybody, **however**, agrees.
하지만 모든 사람들이 다 동의하는 것은 아니다.

I **stupidly** did not read the contract before signing it.
나는 어리석게도 서명하기 전에 계약서를 읽어보지 않았다.

담화 표지어 역할을 하는 부사의 용법은 ▶ 284, 301 참조

198 부정 빈도, 확신, 정도

부정(不定) 빈도부사, 확신부사, 정도부사는 주로 중간(동사 앞이나 서법 조동사 뒤 – 자세한 내용은 ▶ 200 참조)에 위치한다.

1 부정(不定) 빈도부사: usually, often 등

예: usually, normally, often, frequently, sometimes, occasionally, always, rarely, ever, hardly ever, seldom, never

We **usually** go to Scotland in August. 우리는 보통 8월에 스코틀랜드에 간다.
It **sometimes** gets very windy here. 이곳은 이따금 바람이 세차게 분다.
I have **never** seen a whale. 나는 고래를 본 적이 없다.
You can **always** come and stay with us if you want to.
원하면 언제라도 우리 집에 와서 머물러도 된다.
Have you **ever** played American football? 미식축구 해본 적 있어?
My boss is **often** bad-tempered. 우리 사장은 툭하면 성질을 부린다.
I'm **seldom** late for work. 나는 좀처럼 회사에 지각하지 않는다.
We have **never** been invited to one of their parties.
우리는 그들의 파티에 한 번도 초대받은 적이 없다.
She must **sometimes** have wanted to run away.
그녀는 때때로 도망치고 싶었을 것이다.

대부분의 경우 다른 위치에 올 수도 있다.

Sometimes I think I'd like to live somewhere else.
나는 가끔 다른 곳에서 살고 싶다는 생각이 든다.
I see her **occasionally**. 나는 이따금씩 그녀를 본다.

always, ever, rarely, seldom, never는 대체로 문두에 오지 않는다.

I **always/never** get up early.
나는 늘 일찍 일어난다 / 나는 일찍 일어나는 법이 없다. (NOT ~~Always/Never I get up early.~~)

그러나 명령문에서는 always, never로 문장을 시작할 수 있다.

Always look in the mirror before starting to drive.
운전하기 전에 항상 사이드미러를 확인해라.
Never ask her about her marriage. 그녀에게 절대 결혼에 대해 묻지 마라.

〈**동사 + 주어**(도치)〉 구문에 쓰인 rarely, seldom, never, hardly, scarcely는 ▸270.7 참조.

2 확신부사: probably, certainly 등

예: probably, certainly, definitely, clearly, obviously

He **probably** thinks you don't like him.
그는 아마 네가 자기를 좋아하지 않는다고 생각할 것이다.
It will **certainly** rain this evening. 오늘 저녁에 틀림없이 비가 올 것이다.
There is **clearly** something wrong. 분명히 뭔가 잘못되었다.
I **definitely** feel better today. 오늘은 확실히 몸이 개운하다.
The train has **obviously** been delayed. 기차가 연착한 것이 틀림없다.

maybe, perhaps는 주로 문두에 온다.

Maybe I'm right and **maybe** I'm wrong. 내가 옳을 수도 있고, 틀릴 수도 있다.
Perhaps her train is late. 그녀가 탄 기차가 연착하는 모양이다.

3 정도부사: practically, partly 등

예: completely, practically, almost, nearly, quite, rather, partly, sort of, kind of, more or less, hardly, scarcely

I have **completely** forgotten your name. 네 이름을 까맣게 잊어버렸어.
Sophie can **practically** read. 소피는 실제로 글을 읽을 줄 안다.
I **kind of** hope she wins. 어느 쪽인가 하면 그녀가 이기기를 바란다.
It was **almost** dark. 어둑어둑해졌다.
It **hardly** matters. 그건 거의 문제가 안 된다.

조동사가 여럿일 경우 완결부사는 마지막 조동사 뒤에 온다.
I **will have completely** finished by next June.
오는 6월까지 완전히 끝낼 수 있을 것이다. (NOT ~~I will completely have finished~~ ...)
Do you think the repair **has been properly** done? 수리가 제대로 된 것 같아?

4 긴 부사어구: from time to time 등

긴 부사어구는 주로 문장 중간에 위치하지 않는다. 비교)
I **sometimes** visit my old school. 나는 때때로 옛날에 다니던 학교에 간다.
I visit my old school **from time to time**.
나는 가끔 옛날에 다니던 학교에 간다. (NOT ~~I from time to time visit~~ ...)

199 초점부사

초점부사는 문장의 특정 부분을 '지목'한다.

예: also, just, even, only, mainly, mostly, either … or, neither … nor

대개 문장 가운데 위치한다.
Your bicycle **just** needs some oil – that's all.
네 자전거는 기름칠만 하면 돼. 그게 다야.
She **neither** said 'Thank you' **nor** looked at me.
그녀는 고맙다는 인사도 안 했고, 내 얼굴을 쳐다보지도 않았다.
He's been everywhere – he's **even** been to Antarctica.
그는 안 가본 데가 없어. 심지어 남극에도 가봤다니까.
We're **only** going for two days. 우리는 이틀만 출타할 것이다.
She's my teacher, but she's **also** my friend.
그녀는 선생님인 동시에 내 친구다.
The people at the meeting were **mainly** scientists.
회의 참석자들은 주로 과학자들이었다.

이런 부사 중 일부는 수식하는 단어 바로 앞에 올 수도 있다. 자세한 내용은 각 부사에 해당되는 항목 참조.

> **Only you** could do a thing like that. 그런 일을 할 사람은 너밖에 없어.
>
> I feel **really tired**. 진짜 피곤해.

200 문장 중간 위치

1 중간 위치의 정의

문장 중간에 들어가는 부사는 주로 일반동사(예: play, won) 앞에 위치한다. 동사가 두 부분 이상(예: has written, was trying)인 경우 주로 조동사 뒤에 위치한다. 또 am/are/is/was/were 뒤에 위치한다.

a 일반동사 앞

> I **always play** tennis on Saturdays.
> 나는 토요일마다 항상 테니스를 친다. (NOT I play always tennis ...)
>
> It **certainly looks** like rain. 틀림없이 비가 올 것 같다.
>
> We **nearly won** the match. 우리는 경기에서 거의 이길 뻔했다.

b 조동사 뒤

> She **has never** written to me.
> 그녀는 한 번도 내게 편지를 쓴 적이 없다. (NOT USUALLY She never has written to me.)
>
> He **was definitely** trying to get into the house.
> 그는 분명히 그 집에 들어가려고 했다.
>
> The train **will probably** be late. 기차는 아마 연착될 것이다.
>
> You **can almost** see the sea from here. 여기서 바다가 보일락 말락 한다.

c am/are/is/was/were 뒤

> She **was always** kind to me.
> 그녀는 늘 나에게 친절했다. (NOT USUALLY She always was kind to me.)
>
> It **is probably** too late now. 지금은 너무 늦었을지도 모른다.
>
> I **am obviously** not welcome here.
> 나는 여기에서 환영받는 존재가 아닌 게 분명하다.

조동사가 둘 이상일 경우 부사는 주로 첫 번째 조동사 뒤에 온다.

> You **have definitely been** working too hard. 너는 분명 과로하고 있다.
>
> She **would never have been** promoted if she hadn't changed jobs.
> 이직하지 않았더라면 그녀는 절대 승진하지 못했을 것이다.

조동사가 완전한 조동사구를 이루지 않고 단독으로 쓰이는 경우(▶279 참조), 문장 중간에 위치하는 부사는 조동사 앞에 온다.

> Are you working? ~ I **certainly am**. 일하고 있어? ~ 물론이지.
>
> I don't trust politicians. I **never have**, and I **never will**.
> 나는 정치인들을 믿지 않는다. 이전에도 그랬고, 앞으로도 그럴 것이다.

2 중간 위치 부사의 상세 용법: 부정의 의미를 나타내는 조동사와 함께 쓰이는 경우

부정문에서 부사가 부정의 의미를 강조할 경우 대체로 not 앞에 오고, 그렇지 않은 경우에는 not 뒤에 온다. 비교〉

> I **certainly do not** agree. 나는 절대로 동의하지 않는다.
>
> I **do not often** have headaches. 나는 두통을 자주 앓지는 않는다.

일부 부사의 경우, not의 앞이나 뒤 모두 올 수 있지만 의미가 달라진다. 비교〉

> I **don't really** like her. 나는 그녀를 썩 좋아하지 않는다. (약한 비호감)
>
> I **really don't** like her. 나는 그녀가 정말 싫다. (강한 비호감)

부사가 not 앞에 올 경우 첫 번째 조동사 앞에 오기도 한다. 그러나 반드시 do 앞에 위치해야 한다.

> I **probably will not** be there.
> 나는 어쩌면 거기 못 갈 것이다. (OR I **will probably not** be there.)
>
> He **probably does not** know.
> 그는 아마 모를 것이다. (NOT ~~He does probably not know.~~)

부정어의 축약형과 함께 쓸 때는 반드시 축약형 앞에 위치한다.

> I **probably won't** be there. 나는 어쩌면 거기 못 갈 것이다.

3 중간 위치 부사의 상세 용법: 조동사나 be동사를 강조하는 경우

조동사나 am/are/is/was/were를 강조할 때 중간 위치에 오는 부사는 대부분 조동사나 am/are/is/was/were 앞에 온다. 비교〉

> – She **has certainly** made him angry. 그녀가 그를 화나게 한 게 분명해.
>
> She **certainly HAS** made him angry! 그녀가 분명 그를 화나게 했어!
>
> – Polite people **always say** thank-you. 예의바른 사람들은 항상 고맙다고 말하지.
>
> Yes, well, I **always DO** say thank-you. 응, 맞아, 나도 고맙다는 말을 꼭 해.
>
> – I'm **really** sorry. 정말 미안해.
>
> I **really AM** sorry. 진심으로 미안해.

4 중간 위치 부사의 상세 용법: 미국 영어

미국 영어(▶319 참조)에서는 동사를 강조하지 않을 때도 중간 위치 부사를 조동사나 am/are/is/was/were 앞에 쓰는 경우가 흔하다. 비교〉

> He **has probably** arrived by now.
> 그는 지금쯤 아마 도착했을 것이다. (미국 영어와 영국 영어의 일반적인 문장)
>
> He **probably has** arrived by now.
> 그는 지금쯤 아마 도착했을 것이다. (미국 영어에서는 일반적인 문장이나, 영국 영어에서는 강조의 의미)

극단적인 사례로 다음 네 문장을 살펴보자. 이는 영국에서 일어난 범죄 사건을 보도한 미국 신문에서 발췌한 것이다. 괄호 안의 문장은 평이한 영국 영어로 고쳐 쓴 것이다.

> 'Britain **long has been** known as a land of law and order.'
> '영국은 오래 전부터 법과 질서의 나라로 알려져 왔다.' (영국 영어: Britain **has long been** known …)
>
> '… but it **probably will** lead to a vote …'
> '… 하지만 이 사건은 아마 표결로 이어질 것이다 …' (영국 영어: but it **will probably** lead …)

'… the Labor Party **often has** criticized police actions.'

'… 노동당은 경찰의 행태를 자주 비난했다 …' (영국 영어: the Labour Party **has often** criticised …)

'… he **ultimately was** responsible for the treatment …'

'… 그렇게 처리한 것에 대한 궁극적인 책임은 그에게 있었다 …'

(영국 영어: he **was ultimately** responsible …)

201 양태, 장소, 시간

양태, 장소, 시간을 나타내는 부사는 대체로 문미에 위치하며, 양태 – 장소 – 시간의 어순을 취한다.

1 양태부사

양태부사는 어떤 사건의 발생 경위와 전개 양상을 나타내는 부사다.

> 예: angrily, happily, fast, slowly, well, badly, nicely, noisily, quietly, hard, softly

He drove off **angrily**. 그는 화가 나서 차를 몰고 가버렸다.

You speak English **well**. 영어를 잘하는군요.

She read the notice **slowly**. 그녀는 천천히 게시판을 읽었다.

Jack works really **hard**. 잭은 정말 열심히 일한다.

-ly로 끝나는 부사는 핵심 정보가 아닌 경우 문장 중간에 위치할 수 있다.

She **angrily** tore up the letter. 그녀는 화가 나서 편지를 찢어버렸다.

I **slowly** began to feel better again. 나는 서서히 상태가 호전되기 시작했다.

특히 수동태 문장에서는 양태부사가 문장 중간(모든 조동사 뒤)에 위치하는 경우가 많다.

The driver **has been seriously injured**. 운전자는 중상을 입었다.

2 장소부사

> 예: upstairs, around, here, to bed, in London, out of the window

The children are playing **upstairs**. 아이들은 위층에서 놀고 있다.

Come and sit **here**. 이리 와서 앉아.

Don't throw orange peel **out of the window**. 오렌지 껍질을 창밖으로 던지지 마라.

She's sitting **at the end of the garden**. 그녀는 정원 언저리에 앉아 있다.

장소부사는 주로 문미에 위치한다. 그러나 장소가 내용상 중요한 정보가 아닌 경우 또는 문어체에서는 문두에 올 수도 있다. 이 경우, 흔히 동사가 주어 앞으로 도치된다(▶271.1 참조).

On the grass sat an enormous frog. 풀밭에 거대한 개구리 한 마리가 앉아 있었다.

Down came the rain. 비가 쏟아졌다.

here와 there는 흔히 문두에 위치한다. Here/There is, Here comes, There goes 같은 문장의 어순에 유의해야 한다.

Here comes your bus. 네가 탈 버스가 와. (NOT ~~Here your bus comes.~~)

There's Alice. 저기 앨리스가 있어.

There goes our train! 저기 우리 기차가 가!

대명사 주어는 here, there 바로 뒤에 온다.

Here it comes. 여기 온다. (NOT ~~Here comes it.~~)

There she is. 저기 그녀가 있어. (NOT ~~There is she.~~)

방향(움직임)을 나타내는 부사는 장소부사 앞에 온다.

The children are running **around upstairs**.

아이들은 위층에서 이리저리 뛰어다니고 있다.

3 시간부사와 확정 빈도부사

> 예: today, afterwards, in June, last year, finally, before, eventually, already, soon, still, last, daily, weekly, every year

I'm going to London **today**. 나는 오늘 런던에 간다.

What did you do **afterwards**? 그 다음엔 뭘 했어?

She has a new hairstyle **every week**.

그녀는 매주 헤어스타일이 바뀐다.

핵심 정보가 아닌 시간부사와 확정 빈도부사는 문두에 올 수 있다.

Today I'm going to London. 나는 오늘 런던에 간다.

Every week she has a new hairstyle. 그녀는 매주 헤어스타일이 바뀐다.

finally, eventually, already, soon, last는 문장 중간에 위치할 수도 있다.

4 양태, 장소, 시간의 순서

양태, 장소, 시간을 나타내는 부사는 대체로 양태 – 장소 – 시간의 순서로 나열한다.

Put the butter **in the fridge at once**.

버터를 당장 냉장고에 넣어라. (NOT ... ~~at once in the fridge.~~)

Let's go **to bed early**. 일찍 잠자리에 들자. (NOT ... ~~early to bed.~~)

I worked **hard yesterday**. 나는 어제 열심히 일했다.

She sang **beautifully in the town hall last night**.

그녀는 어젯밤 회관에서 아름답게 노래를 불렀다.

202 강조부사: terribly sorry, right past me

예: very, extremely, terribly, just('정확히', '방금'의 의미), almost, really, right

강조부사는 강조 또는 '지목하는' 단어 바로 앞에 온다.

We all thought she sang **very well**. 우리 모두는 그녀가 가창력이 뛰어나다고 생각했다.

Everybody was **extremely annoyed** with Julian. 모두 줄리안 때문에 짜증이 날대로 났다.

I'm **terribly sorry** about last night. 어젯밤 일은 정말 미안해요.

I'll see you in the pub **just before** eight o'clock. 8시 직전에 그 술집에서 보자.

He threw the ball **almost over** the house. 그가 던진 공은 하마터면 집을 넘어갈 뻔 했다.

I'm **really tired** today. 오늘 정말 피곤하다.

She walked **right past** me. 그녀는 내 바로 옆을 걸어 지나갔다.

almost도 문장 중간에 올 수 있다(▶ 198.3 참조).

Section 17 **Comparison** 비교

개요

다양한 어휘와 구문을 이용해 비교를 나타낼 수 있다. 이 섹션에서는 특히 동등 비교와 비동등 비교를 표현하는 구문을 다루고 있다.

동등 비교: as ... as

사람, 사물 등이 특정 측면에서 동등하다는 것을 언급할 때 종종 as (much/many) ... as 구문을 사용한다(▶ 203 참조).

My hands were as cold as ice. 내 손은 얼음처럼 차가웠다.

I earn as much money as you. 나는 당신만큼 번다.

우월 비교: older than, more attractive than, laziest, most annoying 등

사람, 사물 등이 특정 측면에서 우월할 때 비교급 형용사, 비교급 부사 또는 〈**more + 형용사/부사**〉 구문을 사용한다(▶ 204-208 참조).

He's much older than her. 그는 그녀보다 훨씬 나이가 많다.

The baby's more attractive than you. 그 아기가 너보다 더 매력적이다.

어떤 집단의 한 구성원이 특정 측면에서 월등히 우월할 때 최상급 또는 〈**most + 형용사/부사**〉 구문을 사용한다(▶ 204-208 참조).

You're the laziest and most annoying person in the whole office.
당신이 우리 사무실 전체에서 가장 게으르고 성가신 사람이다.

열등 비교: less, least; not so/as ... as

어떤 기준이나 수준보다 낮거나 못 미칠 때는 less (than)(▶ 169 참조) 또는 least(▶ 170 참조) 구문을 사용한다.

The baby's less ugly than you. 그 아기는 너만큼 못생기지는 않았다.

I want to spend the least possible time working. 나는 일하는 시간을 되도록 적게 쓰고 싶다.

비격식체에서는 〈not so ... as〉 또는 〈not as ... as〉 구문을 흔히 사용한다(▶ 203 참조).

The baby's not so ugly as you. 그 아기는 너만큼 못생기지는 않았다.

유사성 및 동일성: as, like, so do I, too, the same 등

사람, 사물, 행동, 사건 등의 유사성을 언급할 때 as 또는 like(▶ 515 참조), so/neither do I 등의 구문(▶ 309 참조), 또는 too, also 같은 부사와 as well(▶ 369 참조) 등을 사용한다. 동일성을 나타내려면 the same (as)를 쓴다(▶ 571 참조).

He liked working with horses, as his father did.
그는 아버지가 그랬듯이 말 다루는 일을 좋아했다.

Your sister looks just like you. 네 여동생은 너를 쏙 빼닮았다.

She likes music, and so do I. 그녀는 음악을 좋아하고 나도 그렇다.

The fish was over-cooked and the vegetables were too.
생선은 너무 익었고 채소들도 마찬가지였다.

His eyes are just the same colour as mine.
그의 눈동자 색깔은 내 눈동자 색깔과 똑같다.

다음 문장은 왜 틀렸을까?

- ❌ He's not so friendly like she is. ▶ 203.2 참조
- ❌ Your hands are as cold like ice. ▶ 203.11 참조
- ❌ He's the happyest person I know. ▶ 204.3 참조
- ❌ The most easiest solution is to do nothing. ▶ 204.3 참조
- ❌ Are humans really the intelligentest creatures? ▶ 204.4 참조
- ❌ Would you mind talking quietlier? ▶ 205 참조
- ❌ Emily's the taller of the four girls. ▶ 206.2 참조
- ❌ Your accent is the worse in the class. ▶ 206.2 참조
- ❌ We're going more slowly and more slowly. ▶ 206.4 참조
- ❌ Older I get, more I am happy. ▶ 206.5 참조
- ❌ The more it is dangerous, the more I like it. ▶ 206.5 참조
- ❌ It's the longest river of the world. ▶ 206.7 참조
- ❌ My boyfriend is very older than me. ▶ 207.1 참조
- ❌ I'm not going out with a man who's twice older than me. ▶ 208.3 참조
- ❌ She spent more money than it was sensible. ▶ 208.4 참조
- ❌ Is this the first time for you to stay here? ▶ 208.5 참조
- ❌ This dictionary is best I could find. ▶ 208.6 참조
- ❌ He's the nicest when he's with children. ▶ 208.6 참조

Section 17 목차

203 as … as; as much/many as

1 용례

사람 또는 사물이 서로 동등함을 나타낼 때 〈as … as〉 구문을 쓴다.

She's **as** tall **as** her brother. 그녀는 그녀의 오빠만큼 키가 크다.

Is it **as** good **as** you expected? 당신이 예상했던 것만큼 좋습니까?

She speaks Spanish **as** well **as** the rest of us.
그녀는 우리들 중 그 누구 못지 않게 스페인어를 잘한다.

Take **as** much time **as** you need. 원하는 대로 (충분히) 시간을 가져.

2 부정문

not 뒤에는 〈as … as〉 대신 〈so … as〉를 쓸 수 있다.

He's **not as/so** friendly **as** she is.
그는 그녀만큼 친절하지 않다. (He's less friendly …보다 격식을 차리지 않은 표현)

3 as … as possible 등

〈as … as possible/necessary/ever/needed〉 구문이 흔히 쓰인다.

Please get here **as** soon **as possible**. 되도록 빨리 이리로 와.

I'll spend **as** much **as necessary**. 나는 필요한 만큼 쓰겠다.

You're **as** beautiful **as ever**. 너는 여전히 아름답구나.

We'll do **as** much **as practicable** before the end of the week.
이번 주 말까지 실현 가능한 대로 최대한 많이 할 것이다.

4 as + 대명사

비격식체에서는 as 뒤에 목적격 대명사(me, him 등)를 쓸 수 있다.

She doesn't sing as well **as me**. 그녀는 나만큼 노래를 잘하지 못한다.

격식체에서는 as 뒤에 〈주어 + 동사〉 구문을 쓴다.

She doesn't sing as well **as I do**. 그녀는 나만큼 노래를 잘하지 못한다.

현대 영어에서 as 뒤에 동사 없이 주어만 쓰는 경우(예: as well as he)는 드물다.

5 as much/many … as

수량을 비교하는 경우, 불가산명사에는 〈as much … as〉, 가산명사에는 〈as many … as〉 구문을 쓴다.

I haven't got **as much** money **as** I thought.
내가 생각했던 것만큼 돈이 많지 않다.

We need **as many** people **as** possible.
우리는 가능한 한 많은 인원이 필요하다.

as much/many 뒤에는 명사 대신 절(주어 + 동사)이 올 수 있다.

I ate **as much** as I could. 나는 최대한 많이 먹었다.

She didn't catch **as many** as she'd hoped.
그녀는 기대 만큼 많이 잡지는 못했다.

〈as much …〉는 부사로도 쓰인다.

You ought to rest **as much** as possible. 가능한 한 많이 쉬어야 합니다.

6 강조 용법: as much as 80kg

숫자 앞에 as much/many as가 오면 '(무려) …나 되는', '…만큼이나'라는 의미로 수량이 많음을 강조한다.

Some of these fish can weigh **as much as 80**kg.
이 생선들 중 몇 마리는 자그마치 80킬로그램이나 나간다.

There are sometimes **as many as 40** students in the classes.
한 학급당 인원이 무려 40명이나 될 때도 있다.

as little/few는 '… 정도만', '…밖에'라는 의미로 수량이 적음을 강조한다.

You can fly to Paris for **as little as 20** euros. 20유로만 내면 비행기로 파리에 갈 수 있다.

7 half as … as 등

half, twice, three times 등을 〈as … as〉 앞에 쓰면 동등한 수량이나 수준의 절반, 두 배, 세 배를 나타낸다.

You're not **half as** clever **as** you think you are.
너는 네가 생각하는 것의 반만큼도 똑똑하지 않다.

I'm not going out with a man who's **twice as** old **as** me.
나보다 나이가 두 배나 많은 남자와는 사귀지 않을 것이다.

It took **three times as** long **as** I expected.
내 예상보다 시간이 세 배나 더 걸렸다. (OR … **three times longer** than I expected ▶208.3 참조)

8 수식: nearly as …

〈as … as〉 앞에 (not) nearly, almost, just, nothing like, every bit, exactly, not quite 등을 써서 수식할 수 있다.

It's **not nearly as** cold **as** yesterday. 어제보다 훨씬 날씨가 풀렸다.

He's **just as** strong **as** ever. 그는 여전히 강인하다.

You're **nothing like as** bad-tempered **as** you used to be.
너 예전에 비해 성질 많이 죽었구나.

She's **every bit as** beautiful **as** her sister.
그녀는 언니 못지않게 아름답다.

I'm **not quite as** tired **as** I was last week.
나는 지난주만큼 피곤하지는 않다.

9 시제

〈as … as〉절에서는 흔히 현재 시제로 미래를 나타내며 과거 시제를 쓰면 가정법(**would + 동사원형**)의 의미를 나타낼 수 있다(▶231 참조).

We'll get there as soon as you **do/will**.
네가 도착할 때쯤이면 우리도 도착할 거야.

If you married me, I'd give you as much freedom as you **wanted**.
나와 결혼해주면 당신이 원하는 만큼 자유를 주겠다.

10 두 번째 as 부분 생략: twice as long ...

〈as ... as〉나 〈so ... as〉 구문에서 앞선 내용으로 보아 의미가 분명한 경우 두 번째 as 부분을 생략할 수 있다.

> The train takes 40 minutes. By car it'll take you twice **as long**.
> 기차로 가면 40분 걸린다. 차로 가면 두 배는 걸릴 것이다.

이런 경우 not so가 not as보다 훨씬 자주 쓰인다.

> I used to think he was clever. Now I'm not **so sure**.
> 나는 그가 똑똑하다고 생각했다. 지금은 잘 모르겠다.

11 관용표현: as cold as ice

〈as ... as〉 구문을 이용한 비교의 다양한 관용표현이 있다.

as cold **as** ice 얼음처럼 차가운   **as** black **as** night 칠흑 같이 어두운
as hard **as** nails 완고한, 튼튼한   **as** ... **as** hell 지독하게 ~한

비격식체에서는 위의 표현에서 첫 번째 as를 생략할 수 있다.

> She's **hard as nails**. 그녀는 고집이 세다.
> I'm **tired as hell** of listening to your problems.
> 네 고민거리 들어주는 거 이제 신물이 나.

as는 대체로 /əz/로 발음하는 것에 유의 (▸ 315 참조).
as long as는 ▸ 379 참조.   as well as는 ▸ 382 참조.
She's as good a dancer as her brother. 같은 문장의 어순은 ▸ 187 참조.
주어 또는 목적어 대신 쓰는 as(예: as many people as want it)는 ▸ 256 참조.
(as) cold as it was, we went out과 같은 비교 구문은 ▸ 255 참조.

204 형용사의 비교급 및 최상급

1음절 형용사의 비교급 및 최상급은 대개 -er, -est로 끝난다. 2음절 형용사 중 일부는 -er, -est를 붙이며 나머지는 앞에 more와 most를 붙인다. 3음절 이상의 형용사는 more와 most를 붙인다.

1 1음절 형용사(비교급의 규칙 변화)

형용사	비교급	최상급	
old	older	oldest	대부분의 형용사들:
tall	taller	tallest	+ -er, -est
cheap	cheaper	cheapest	
late	later	latest	-e로 끝나는 형용사들:
nice	nicer	nicest	+ -r, -st
fat	fatter	fattest	하나의 모음 + 하나의 자음:
big	bigger	biggest	이중 자음
thin	thinner	thinnest	

[주의] 다음 단어의 발음에 유의한다.

younger /ˈjʌŋɡə(r)/

youngest /ˈjʌŋɡɪst/ OR /ˈjʌŋɡəst/

longer /ˈlɒŋɡə(r)/

longest /ˈlɒŋɡɪst/ OR /ˈlɒŋɡəst/

stronger /ˈstrɒŋɡə(r)/

strongest /ˈstrɒŋɡɪst/ OR /ˈstrɒŋɡəst/

2 비교급의 불규칙 변화

형용사	비교급	최상급
good	better	best
bad	worse	worst
ill	worse	
far	farther / further (▶462 참조)	farthest / furthest
old	older / elder (▶445 참조)	oldest / eldest

한정사 little과 much/many의 비교급과 최상급은 불규칙 변화한다.

little (▶168 참조)　　　　less (▶169 참조)　　　least (▶170 참조)

much/many (▶165 참조)　　more (▶166 참조)　　most (▶167 참조)

few의 비교급과 최상급은 두 가지 형태(fewer/less와 fewest/least)가 가능하다. ▶169-170 참조.

3 2음절 형용사

-y로 끝나는 형용사는 -ier, -iest로 변화한다.

happy　　　　happi**er**　　　　happi**est**

easy　　　　eas**ier**　　　　eas**iest**

일부 2음절 형용사, 특히 /l/, /ə(r)/처럼 강세 없는 모음으로 끝나는 형용사는 -er, -est로 변화한다.

narrow　　　　narrow**er**　　　　narrow**est**

simple　　　　simpl**er**　　　　simpl**est**

clever　　　　clever**er**　　　　clever**est**

quiet　　　　quiet**er**　　　　quiet**est**

2음절 형용사 중에는 -er/-est로 변화하거나 more/most를 앞에 붙이는 변화가 모두 가능한 형용사(예: polite, common)도 있고, more/most를 붙이는 경우만 가능한 형용사(-ing, -ed, -ful, -less로 끝나는 형용사 포함)도 있다. 일반적으로 more/most를 붙이는 형태를 더 많이 쓰는 추세다.

4 3음절 이상의 형용사

3음절 이상의 형용사는 앞에 more와 most를 붙여 비교급과 최상급을 만든다.

intelligent　　**more** intelligent　　**most** intelligent

practical　　　**more** practical　　　**most** practical

beautiful　　　**more** beautiful　　　**most** beautiful

unhappy 같은 단어(-y로 끝나는 2음절 형용사의 반의어)는 예외다. 이런 형용사는 -er과 -est로 끝나는 형태를 취하기도 한다.

| unhappy | unhapp**ier** / **more** unhappy | unhapp**iest** / **most** unhappy |
| untidy | untid**ier** / **more** untidy | untid**iest** / **most** untidy |

good-looking, well-known 같은 일부 복합 형용사는 두 가지 형태의 비교급 및 최상급 형태를 취한다.

good-looking	**better**-looking	**best**-looking
	OR **more good**-looking	**most good**-looking
well-known	**better**-known	**best**-known
	OR **more well**-known	**most well**-known

5 짧은 길이의 형용사 앞에 more, most를 붙이는 경우

-er/-est 형태의 비교급/최상급을 취하는 형용사 앞에 more, most를 쓰는 경우가 있다. 비교급 뒤에 than이 따라오지 않을 때, 즉 다른 비교 대상 없이 자체 비교할 때는 more/most를 앞에 붙인다.

The road's getting **more and more steep.**

길이 점점 가팔라지고 있다. (OR ... **steeper** and **steeper**.)

한 사람 또는 사물의 속성을 서로 다른 형용사를 써서 비교하는 경우 어떤 묘사가 더 적합하거나 정확하다고 말할 때 more를 쓰며 이때는 -er 형태의 비교급을 쓸 수 없다.

He's **more lazy** than stupid.

그는 멍청하다기보다는 게으른 편이다. (NOT He's lazier than stupid.)

다소 격식을 차린 표현에서는 형용사 앞에 most를 써서 상대의 태도나 행위에 대한 화자의 감정을 강조한다. 1음절 형용사 앞에서도 이런 형태가 가능하며 이때 most는 very(매우)와 같은 의미다.

Thank you very much indeed. That is **most kind** of you.

정말 감사드려요. 무척 친절하시군요. (NOT ... That is kindest of you.)

You are **most** welcome. 진심으로 환영해요.

real, right, wrong, like의 비교급과 최상급은 항상 more, most를 붙인다.

She's **more like** her mother than her father.

그녀는 아버지보다는 어머니를 더 많이 닮았다. (NOT ... liker her mother ...)

205 부사의 비교급 및 최상급

부사의 비교급과 최상급은 대체로 앞에 more와 most를 붙인다.

Could you talk **more quietly**? 조금만 조용히 말씀해 주시겠어요? (NOT ... quietlier?)

형용사와 똑같은 형태의 부사(▶ 194 참조)를 비롯한 일부 부사의 비교급과 최상급은 -er, -est 형태를 취한다. fast, early, late, hard, long, near, high, low, soon, well(better, best), badly(worse, worst), 그리고 비격식체에서 널리 쓰이는 slow, loud, quick 등이 여기에 속한다.

Can't you drive any **faster**? 좀 더 빨리 몰 수 없어?

Can you come **earlier**? 조금만 더 일찍 올래?

Talk **louder**. 더 크게 말해봐. (비격식체)

We've all got terrible voices, but I sing **worst** of all.
우리는 다 음치들인데 그중에서도 내가 최악이다.

[주의] far (farther/further, farthest/furthest, ▶462 참조), much (more, most, ▶166, 167 참조), little (less, least ▶169-170 참조)의 비교급과 최상급은 불규칙 변화한다.

비교급과 최상급의 용법은 다음 항목 참조.

206 비교급 및 최상급 용법

1 than

비교급 뒤에는 that이나 as를 쓰지 않고 than을 쓴다.

Today's hotter **than** yesterday.
오늘은 어제보다 덥다. (NOT ... ~~hotter that~~ ... OR ... ~~hotter as~~ ...)

2 비교급과 최상급의 차이

사람, 사물, 행위, 사건 또는 집단을 다른 사람, 사물 등과 비교할 때 비교급을 쓴다. 사람 또는 사물을 그 사람 또는 사물이 속한 전체 집단과 견줄 때 최상급을 쓴다. 비교)

- Emily's **taller** than her three sisters.
  에밀리는 다른 세 자매보다 키가 크다.

  Emily's **the tallest** of the four girls.
  에밀리는 네 명의 소녀들 가운데 키가 가장 크다. (NOT ... ~~the taller~~ ...)

- Your accent is **worse** than mine. 네 사투리가 나보다 심하다.

  Your accent is **the worst** in the class.
  네 사투리가 반에서 제일 심하다. (NOT ... ~~the worse~~ ...)

- He plays **better** than everybody else in the team.
  그는 팀 내 어떤 선수보다 경기를 잘한다.

  He's **the best** in the team. 그는 그 팀에서 최고다.

3 집단의 구성원이 둘 뿐인 경우

한 집단의 구성원이 둘 뿐일 때는 간혹 최상급 대신 비교급을 쓴다.

I like Lily and Mia, but I think Mia's **the nicer/nicest** of the two.
나는 릴리와 미아 둘 다 좋아하지만 둘 중 미아가 더 상냥한 것 같다.

I'll give you **the bigger/biggest** steak: I'm not very hungry.
더 큰 스테이크를 네게 줄게. 나는 그다지 배가 안 고프거든.

이 경우 최상급을 쓰면 틀린 어법이라는 의견도 있다.

4 이중 비교급: fatter and fatter, more and more slowly

점점 더 정도가 심해지는 양상을 표현할 때는 〈비교급 + and + 비교급〉을 쓴다.

I'm getting fatter and fatter. 나는 점점 더 살이 찌고 있다.

We're going more and more slowly.

우리는 점점 더 천천히 가고 있다. (NOT ... ~~more slowly and more slowly.~~)

5 the + 비교급, the + 비교급

〈**the + 비교급, the + 비교급**〉은 '~하면 할수록 더욱 ~하다', 즉 두 가지가 동시에 변하는 양상을 나타낸다.

> the + 비교급 + 주어 + 동사, the + 비교급 + 주어 + 동사

The older I get, the happier I am.

나는 나이 들수록 더 행복해진다. (NOT ~~Older I get, more I am happy.~~)

The more dangerous it is, the more I like it.

위험할수록 더 좋다. (NOT ~~The more it is dangerous, ...~~)

The more I study, the less I learn. 공부를 하면 할수록 점점 더 모르겠다.

more 뒤에 명사를 쓸 수도 있다.

The more money he makes, the more useless things he buys.

그는 돈을 많이 벌수록 쓸모없는 것들을 더 많이 산다.

더 긴 구문에서는 첫 번째 절의 동사 앞에 that을 쓰기도 한다.

The more information that comes in, the more confused the picture is.

더 많은 정보가 들어올수록 상황은 더 복잡해진다.

이 구문을 단순화시킨 형태로 The more the merrier(다다익선) 같은 문장도 있고, 〈**the + 비교급 the + better**〉 구문도 있다.

How do you like your coffee? ~ The stronger the better.

커피 어떻게 드릴까요? ~ 진할수록 좋아요.

주의 이 구문에서 the는 정관사가 아니라 'by that much(그만큼)'를 뜻하는 일종의 지시대명사로 보아야 한다.

6 than me; than I (am)

비격식체에서는 than 뒤에 목적격 대명사(me 등)를 쓴다. 격식체에서는 주격 대명사(I 등)를 쓴다. 주격 대명사를 쓸 경우 주로 동사와 함께 쓴다.

She's older than me. 그녀는 나보다 나이가 많다. (비격식체)

She is older than I (am). 그녀는 나보다 나이가 많다. (격식체)

7 the happiest man in the world

최상급 문장에서 장소나 집단을 나타내는 단수 명사 앞에 일반적으로 전치사 of를 쓰지 않는다.

I'm the happiest man in the world.

나는 세상에서 가장 행복한 사람이다. (NOT ... ~~of the world.~~)

She's the fastest runner in the class.

그녀는 그 반에서 가장 빠른 달리기 선수다. (NOT ... ~~of the class.~~)

그러나 복수 명사와 lot 앞에는 of를 쓸 수 있다.

> She's the fastest runner **of them all**.
> 그녀는 그들 모두 중에서 가장 빠른 달리기 선수다.
>
> He's the best **of the lot**. 그는 그 무리 중에서 최고다.

최상급 문장에서 장소나 집단의 소유격 형태('s)를 쓰기도 한다.

> He thinks he's **the world's strongest** man.
> 그는 자신이 세상에서 가장 강인한 사람이라고 생각한다.

8 than anybody; the best ... ever

비교급과 최상급 뒤에는 ever, yet, any 같은 '비긍정어(▶ 222 참조)'가 붙는 경우가 많다.

> It's the **best** book I've **ever** read.
> 그것은 내가 지금껏 읽은 책 중 최고의 책이다.
>
> This is my **hardest** job **yet**.
> 이긴 내가 지금까지 해본 일 중 가장 힘든 일이다.
>
> You're **more stubborn** than **anybody** I know.
> 너는 내가 아는 그 누구보다 고집이 세다.

than 뒤의 시제는 ▶ 231 참조.
〈first/second/best 등 + 현재/과거 완료〉 구문은 ▶ 56 참조.

207 much older, by far the oldest 등

1 much/far 등 + 비교급

비교급 앞에는 very를 쓸 수 없다. 비교급은 much, far, very much, a lot(비격식체), lots(비격식체), any, no(▶ 373 참조), rather, a little, a bit(비격식체), even 등으로 수식한다.

> My boyfriend is **much/far older** than me.
> 내 남자친구는 나보다 훨씬 연상이다. (NOT ~~very older than me.~~)
>
> Russian is **much/far more difficult** than Spanish.
> 러시아어는 스페인어보다 훨씬 어렵다.
>
> **very much** nicer 훨씬 더 멋진
>
> **rather** more quickly 조금 더 빨리
>
> **a bit** more sensible 조금 더 현명한 (비격식체)
>
> She looks **no older** than her daughter.
> 그녀는 딸보다 나이 들어 보이지 않는다.
>
> **a lot** happier 훨씬 행복한 (비격식체)
>
> **a little** less expensive 그만큼 비싸지는 않은
>
> Is your mother **any better**? 너희 어머니는 좀 차도가 있으시니?
>
> Your cooking is **even worse** than Harry's.
> 네 요리 솜씨는 해리보다 훨씬 형편없다.

quite은 quite better(병에서 회복된 상태를 나타냄 ▶ 402.1 참조)를 제외하고는 비교급에서 쓸 수 없다. 대체로 any, no, a bit, a lot 등은 〈비교급 + 명사〉를 수식할 수 없다.

There are **much/far nicer shops** in the town centre.

도심에는 훨씬 더 괜찮은 가게들이 있다. (BUT NOT ... ~~a bit nicer shops~~ ...)

2 many more/less/fewer

more(▶ 166 참조) 뒤에 복수 명사가 오면 much가 아니라 many로 수식한다. 비교)

much / far / a lot ... more money 훨씬 많은 돈

many / far / a lot ... **more opportunities** 훨씬 많은 기회들

much와 many가 (복수 명사 앞의) less와 fewer를 수식하는 경우가 있지만 매우 드물다.

far less words 훨씬 적은 단어들 (NOT ~~much/many few words~~)

3 much/by far/quite 등 + 최상급

최상급은 much와 by far, 그리고 quite('전적으로'라는 의미), almost, practically, nearly, easily 같이 정도를 나타내는 부사로 수식한다. much와 quite은 주로 영국 영어에서 이런 용법으로 쓰인다.

He's **much the most imaginative** of them all.

그는 그들 전체 중에서 가장 상상력이 풍부하다. (영국 영어)

She's **by far the oldest**. 그녀는 단연 최고령자다.

We're walking **by far the slowest**. 우리는 최대한 천천히 걷고 있다.

He's **quite the most stupid** man I've ever met.

그는 내가 만난 사람 중 가장 어리석다. (영국 영어)

I'm **nearly the oldest** in the company. 나는 회사에서 거의 최고령자다.

This is **easily the worst** party I've been to this year.

내가 올해 참석한 파티 중 이번이 단연 최악이다.

4 최상급을 강조하는 very

최상급, first, next, last를 강조하는 very의 특별 용법에 유의한다.

Bring out your **very best** wine – Michael's coming to dinner.

최고급 와인을 내와. 마이클이 저녁 먹으러 올 거야.

You're the **very first** person I've spoken to today.

오늘 내가 처음으로 이야기를 나눈 사람은 바로 너야.

This is your **very last** chance. 이번이 너에게 정말 마지막 기회야.

too의 수식은 ▶ 610.3 참조.

208 비교: 고급 용법

1 비교급: '비교적', '평균 이상'을 의미

비교급은 수준이나 정도가 '비교적 어떠하다', 또는 '평균 이상'이라는 의미를 내포한다. 따라서 비교급은 최상급만큼 지칭하는 대상이 명확하지 않다. 비교)

There are two classes – one for the **cleverer** students and one for the **slower** learners.

두 개의 학급이 있다. 하나는 우수한 학생들을 위한 반이고, 다른 하나는 부진한 학생들을 위한 반이다.

The **cleverest** students were two girls from York.
가장 똑똑한 학생들은 요크 출신의 두 소녀였다.

흔히 광고에서 에둘러서 표현할 때 비교급을 쓴다.
less expensive clothes for the **fuller** figure
넉넉한 체형을 위한 저렴한 옷 (cheap clothes for fat people처럼 직설적인 표현을 피함)

2 all/any/none the + 비교급

〈**all the + 비교급**〉 구문(흔히 영국 영어에서 쓰임)은 수준이나 정도가 한층 더 심해지는 상태를 나타낸다.

I feel **all the better** for that swim.
나는 수영을 해서 기분이 한결 좋아졌다.

Her accident made it **all the more important** to get home fast.
그녀의 사고는 빠른 귀가의 중요성을 더욱 일깨워주었다.

any와 none도 비슷한 형태로 쓰인다.

He didn't seem to be **any the worse** for his experience.
그는 자신이 겪은 일 때문에 더 나빠지지는 않은 것 같았다.

He explained it all carefully, but I was still **none the wiser**.
그는 그것을 모두 자세하게 설명했으나 나는 여전히 이해할 수 없었다.

주의 이 구문은 주로 추상적인 개념을 표현할 때 쓰인다. 이를테면 Those pills have made him all the slimmer.(그 약 때문에 그는 한층 더 살이 빠졌다.)라고 하지는 않는다. 이 구문에서 the는 정관사가 아니라 'by that(그만큼)'을 뜻하는 일종의 지시대명사로 보아야 한다.

3 three times -er 등

〈**three/four ... times as much**〉 (▶ 203.7 참조) 대신 〈**three/four ... times + 비교급**〉 구문을 쓸 수도 있다.

She can walk **three times faster** than you. 그녀는 너보다 세 배는 더 빨리 걸을 수 있다.

It was **ten times more difficult** than I expected.
그것은 내가 예상했던 것보다 열 배는 더 어려웠다.

주의 twice와 half는 이런 구문으로 쓸 수 없다.

She's **twice as lively** as her sister.
그녀는 언니보다 곱절은 더 활발하다. (NOT ... ~~twice livelier~~ ...)

4 than 뒤의 생략

than 뒤에 오는 주격/목적격 대명사나 부사구는 관계대명사나 관계부사의 생략법처럼 흔히 생략된다(▶ 256 참조).

She spent more money **than was** sensible.
그녀는 분별없이 돈을 썼다. (NOT ... ~~than it was sensible.~~)

There were more people **than** we had **expected**.
우리가 예상했던 것보다 많은 사람들이 있었다. (NOT ... ~~than we had expected them.~~)

I love you more **than she** does. 그녀보다 내가 더 너를 사랑해.
(NOT ... ~~than how much she does.~~)

(일부 방언에서는 than 뒤에 what을 넣어 She spent more money than what was sensible.처럼 쓰기도 한다.)

5 the youngest person to ...

최상급 뒤에 to부정사가 오면 관계사절과 동일한 의미를 나타낸다.

She's the **youngest** person ever **to swim** the Channel.
(= ... the youngest person who has ever swum ...)
그녀는 영국 해협을 수영으로 횡단한 최연소자다.

이 구문은 first, last, next 뒤에서도 많이 쓰인다.

Who was the **first** woman **to climb** Everest?
에베레스트 산을 등반한 최초의 여성은 누구죠?

The **next to speak** was Mrs Fenshaw.
다음 연사는 펜쇼 씨였다.

[주의] 이 구문은 최상급(또는 first 등) 뒤의 명사가 to부정사의 의미상 주어일 때만 쓸 수 있다. 그 밖의 경우에는 to부정사를 쓸 수 없다.

Is this the first time that you have stayed here? 여기 머문 건 이번이 처음이니?
(NOT ... ~~the first time for you to stay here~~ - 여기서 time은 stay의 의미상 주어가 아니다.)

6 (the) 최상급

최상급 형용사 앞에는 대체로 정관사 the를 붙인다.

It's **the best book** I've ever read. 그것은 내가 이제껏 읽은 책 중 최고의 책이다.

연결동사 뒤에 쓰일 때도 최상급 형용사 앞에 대체로 the를 붙이지만 비격식체에서는 생략하기도 한다.

I'm **the greatest**. 내가 최고다.

Which of the boys is **(the) strongest**?
그 소년들 중 누가 가장 힘이 센가?

This dictionary is **(the) best**. 이 사전이 최고다.

최상급을 수식하는 어구가 있을 경우 the를 생략할 수 없다.

This dictionary is **the best I could find**.
이 사전이 내가 발견한 최고의 사전이다. (NOT ~~This dictionary is best I could find.~~)

그러나 동일 인물이나 사물을 다른 상황에서 비교할 때는 최상급 앞에 the를 붙이지 않는다.
비교〉

- Of all my friends, he's **(the) nicest**.
  내 친구 전부 중 그가 가장 다정하다. (다른 사람들과 비교)

He's **nicest** when he's with children.
그는 아이들과 함께 있을 때 가장 다정하다.
(NOT ~~He's the nicest when~~ ... - 다른 상황에 있는 동일 인물을 비교)

– She works **(the) hardest** in the family; her husband doesn't know what work is.
그녀는 가족 중에서 가장 열심히 일한다. 그녀의 남편은 노동이 뭔지도 모른다.
(여자를 남자와 비교 - the를 쓸 수 있음)

She works **hardest** when she's doing something for her family.
그녀는 가족을 위해 무언가를 할 때 가장 열심히 일한다.
(NOT ~~She works the hardest when~~ ... - 동일인의 행위를 다른 상황에서 비교)

비격식체에서는 최상급 부사 앞의 the를 생략하기도 한다.

Who can run **(the) fastest?** 누가 가장 빨리 달리지?

Section 18 **Prepositions** 전치사

개요

의미와 용법

외국어의 전치사 용법을 정확히 익히기는 쉽지 않다. 대다수 영어 전치사는 다양한 쓰임새를 가지고 있으며(어떤 유명 사전은 at의 주요 용법을 15개로 분류하고 있다) 다른 언어의 경우에도 이런 전치사들이 있다. 게다가 서로 다른 전치사들이 비슷한 용법으로 쓰이기도 한다(예: **in** the morning, **on** Monday morning, **at** night). 일부 명사, 동사, 형용사 뒤에는 특정 전치사가 오기도 한다(예: the reason **for**, depend **on**, angry **with** somebody). 짐작만으로는 정확한 전치사를 알기 힘든 경우가 많으므로 이런 관용표현은 통째로 익혀야 한다. 영어에서는 전치사 없이 쓰이는 표현이 다른 언어에는 전치사가 사용되기도 하며 그 반대의 경우도 있다.

어순

특정 구문, 특히 비격식체에서는 전치사가 절의 끝에 오기도 한다. 자세한 내용은 ▶209 참조.
> What are you thinking **about?** 무슨 생각 하고 있어?
> She's not very easy to talk **to.** 그녀는 말을 걸기가 쉽지 않다.

-ing형

전치사 뒤에 동사를 쓸 경우 부정사 대신 -ing형을 쓴다. 자세한 내용은▶104, 211 참조.
> She keeps fit **by going** to the gym. 그녀는 헬스장에 가서 건강을 유지한다.

to가 전치사로 쓰일 경우에도 뒤에 -ing형이 온다(▶104.2 참조).
> I look forward **to seeing** you soon. 조만간 뵙기를 고대합니다.

접속사 앞의 전치사

접속사 앞에서 전치사를 생략하는 경우가 있고 생략하지 않는 경우가 있다. 자세한 내용은 ▶210 참조.
> I'm not certain **(of) what** I'm supposed to do. 어떻게 해야 할지 잘 모르겠다.
> The question **(of) whether** they should turn back was never discussed.
> 되돌릴지 여부는 논의되지 않았다.

전치사, 부사 불변화사, 접속사

on, off, up, down 등은 전치사뿐 아니라 부사 불변화사의 기능도 한다. 차이는 ▶195 참조.
〈**동사 + 전치사**〉, 〈**동사 + 부사 불변화사**〉의 용법은 ▶12-13 참조.
> She ran **up** the stairs. 그녀는 계단을 뛰어 올라갔다. (전치사)
> She picked it **up.** 그녀는 그것을 주웠다. (부사 불변화사)

일부 전치사는 접속사로 쓰이기도 한다: ▶249(after), ▶250(before), ▶579(since) 참조.

다음 문장은 왜 틀렸을까?

- ✗ You bought it? What money with? ▶ 209.2 참조
- ✗ I admired the patience she spoke with. ▶ 209.6 참조
- ✗ Which period did it happen during? ▶ 209.6 참조
- ✗ For whom is it, madam? ▶ 209.7 참조
- ✗ To where shall I send it? ▶ 209.7 참조
- ✗ In my family, about money was never spoken. ▶ 209.7 참조
- ✗ I knew about that he had problems. ▶ 210.1 참조
- ✗ The judge paid a lot of attention that the child was unhappy. ▶ 210.3 참조
- ✗ He said the parents were responsible for that the child had run away. ▶ 210.3 참조
- ✗ I'm worried where she is. ▶ 210.4 참조
- ✗ I'm concerned about if you're ill. ▶ 210.4 참조
- ✗ I don't like the idea of to get married. ▶ 211 참조
- ✗ Try to see it after my point of view. ▶ 212 참조
- ✗ She looks much younger on this picture. ▶ 212 참조
- ✗ I like walking under the rain. ▶ 212 참조
- ✗ What time do we arrive to Cardiff? ▶ 213 참조
- ✗ I'm not bad in tennis. ▶ 213 참조
- ✗ She doesn't want to depend of her parents. ▶ 213 참조
- ✗ Who's the woman dressed with green? ▶ 213 참조
- ✗ We must discuss about your plans. ▶ 214.1 참조
- ✗ See you on next Monday. ▶ 214.2 참조

Section 18 목차

(이 섹션은 대체로 전치사의 문법에 관한 정보를 담고 있다. 특정 전치사의 까다로운 용법, 전치사의 차이점(예: at, in, on, between과 among, facing과 opposite, above와 over)은 Section 31에서 다루고 있다. 항목 번호는 색인을 참고하라.)

209 문미에 오는 전치사

1 개요

전치사는 흔히 문장에서 다음 두 가지 요소를 연결해 주는 역할을 한다.

(1) 전치사 앞에 오는 명사, 형용사, 동사

(2) 전치사의 목적어, 즉 전치사 뒤에 오는 명사구나 대명사

> **This is a present for** you.　이건 네 선물이야.
>
> **He's looking at** her.　그가 그녀를 바라보고 있다.
>
> **I'm really angry with** Joe.　나는 조에게 정말 화가 난다.
>
> **They live in** a small village.　그들은 작은 마을에 살고 있다.

일부 구문의 경우, 전치사의 목적어가 문두나 문장 앞쪽으로 나오기도 한다. 이 경우, 전치사가 항상 목적어와 함께 움직이지는 않으며, 관련 명사나 형용사, 또는 동사와 함께 문미에 남아 있을 수도 있다. 대표적인 예로 아래 네 가지 구문을 들 수 있다.

wh-의문문:	Who's the **present for?** 누구를 위한 선물인가?
관계사절:	Joe's the person that I'm **angry with.** 내가 화가 난 상대는 조이다.
수동태:	She likes to be **looked at.** 그녀는 남의 시선을 즐긴다.
to부정사 구문:	The village is pleasant to **live in.** 그 마을은 살기 좋은 곳이다.

2 wh-의문문: What are you looking at?

의문사가 전치사의 목적어일 때는 전치사를 문미에 두는 것이 일반적이며, 특히 비격식체일 경우가 그렇다.

> **Who's the present for?** 누구를 위한 선물이니?
>
> (For whom is the present?는 매우 격식을 차린 표현)
>
> **What** are you looking **at?** 뭘 보고 있어?
>
> **Who** did you go **with?** 누구와 함께 갔어?
>
> **Where** did she buy it **from?** 그녀는 그것을 어디에서 샀니?
>
> **Which** flight is the general travelling **on?** 장성은 어느 비행기에 탑승하고 있는가?
>
> **What** kind of films are you interested **in?** 너는 어떤 장르의 영화를 좋아하니?

의문사절이 포함된 간접의문문이나 what이 쓰인 감탄문 등도 마찬가지다.

> Tell me **what** you're worried **about.** 뭐가 걱정인지 말해 봐.
>
> **What** a lot of trouble I'm **in!** 나 진짜 큰일났어!

단순히 〈**의문사 + 전치사**〉만으로 구성되는 의문문도 있다.

> **What with?** 무엇으로?　　　　**Who for?** 누굴 위해서?

그러나 의문사 뒤에 명사가 있을 때는 대체로 전치사가 의문사 앞에 온다.

> With **what money?** 무슨 돈으로? (NOT ~~What money with?~~)

3 관계사절: the house I told you about

관계대명사(▸233 참조)가 전치사의 목적어일 때도 전치사를 문미에 두는 경우가 많으며, 특히 비격식체일 경우 전치사는 문미에 둔다.

Joe's the person **that** I'm angry **with**.
내가 화가 난 상대는 조이다. (... with whom I am angry.보다 비격식체)

This is the house (**that**) I told you **about**.
이 집이 바로 내가 말했던 그 집이다. (... about which I told you.보다 비격식체)

You remember the boy (**who**) I was going out **with**? 내가 사귀던 그 남자 기억해?

She's the only woman (**who**) I've ever really been in love **with**.
그녀야말로 내가 진심으로 사랑했던 유일한 여자다.

That's **what** I'm afraid **of**. 내가 걱정하는 게 바로 그거다.

비격식체에서는 whom을 잘 쓰지 않으므로, 전치사로 문장이 끝나는 경우가 드물다(▶ 237.3 참조).

4 수동태: She likes to be looked at.

수동태 구문(▶ Section 6 참조)에서는 전치사가 동사와 함께 문미에 위치한다.

She likes **to be looked at**. 그녀는 남의 시선을 즐긴다.

I don't know where he is - his bed **hasn't been slept in**.
그가 어디 있는지 모르겠어. 침대에는 잠을 잔 흔적이 없어.

Kate **was operated on** last night. 케이트는 어젯밤에 수술을 받았다.

5 to부정사 구문: pleasant to live in

형용사나 명사를 뒤에서 수식하는 to부정사(▶ 101-102 참조) 역시 전치사와 분리되지 않는다.

The village is pleasant **to live in**. 그 마을은 살기 좋은 곳이다.

She needs other children **to play with**. 그녀는 함께 놀아줄 또래 아이들이 필요하다.

Can you get me a chair **to stand on**? 밟고 올라서게 의자 좀 갖다 줄래?

I've got lots of music **to listen to**. 나는 들을 음악들을 꽤 많이 갖고 있다.

Their house isn't easy **to get to**. 그들의 집은 가기가 쉽지 않다.

6 예외: During which period...?

during과 since는 대체로 문미에 쓰지 않는다.

During which period did it happen?
그 일은 어느 시기에 발생했는가? (NOT ~~Which period did it happen during?~~)

Since when have you been working for her?
당신은 언제부터 그녀 밑에서 일했습니까? (NOT ~~When have you been working for her since?~~)

7 격식체: With whom...?

좀 더 격식을 차린 표현에서는 의문문이나 관계사절에서 종종 전치사를 의문사나 관계대명사 앞에 둔다.

With whom did she go? 그녀는 누구와 함께 갔어?

It was the house **about which** he had told them.
그가 그들에게 말했던 집이 바로 그 집이었다.

She was the only person **with whom** he could discuss his problems.
그녀는 그가 자신의 문제를 상의할 수 있는 유일한 사람이었다.

매우 격식을 차린 표현에서는 〈관계대명사 + to부정사〉 구문이 앞의 명사를 수식할 때도 전치사를 관계대명사 앞에 둔다.

> She needs other children **with whom to play**. 그녀는 함께 놀아줄 또래 아이들이 필요하다.
> It is a boring place **in which to live**. 그곳은 살기에 따분한 곳이다.

주의 관계대명사 which와 whom 앞에는 전치사를 쓸 수 있지만, who나 that 앞에는 전치사를 쓰지 않는다.

매우 격식을 차린 표현이라도 be동사가 본동사인 의문문에서는 전치사를 의문사 앞으로 두지 않는다.

> Who **is** it **for**, madam? 손님, 누구에게 주실 건가요? (NOT ~~For whom is it?~~)

where … to, what … like, what … for 구문의 어순은 관용적으로 고정되어 있다.

> **Where** shall I send it **to**? 그것을 어디로 보낼까요? (BUT NOT ~~To where shall I send it?~~)
> **What** does she look **like**? 그녀는 어떻게 생겼어? (BUT NOT ~~Like what does she look?~~)
> **What** did you buy that **for**? 그걸 뭐 하러 샀어? (BUT NOT ~~For what did you buy that?~~)

격식체라도 수동태 구문의 경우는 전치사와 동사를 분리하지 않는다.

> In my family, money was never **spoken about**.
> 우리 집안에서는 돈 이야기를 하는 법이 없었다. (NOT ... ~~about money was never spoken.~~)

격식체와 비격식체의 자세한 내용은 ▶281 참조.
It's got a hole in (it)., I like cakes with cream on (them). 등의 구문은 ▶275.13 참조.

210 접속사 앞에 쓰인 전치사

접속사 앞에 전치사를 쓸 수 있지만 일부 경우에 국한되며 일반적으로는 접속사 앞에 전치사를 쓰지 않는다.

1 간접화법: that 앞에서 전치사 탈락

접속사 that 바로 앞에는 전치사를 쓸 수 없다. 간접화법의 경우, 발화(saying), 쓰기(writing), 인지(thinking) 등을 나타내는 단어와 that절 사이에 오는 전치사는 대체로 탈락시킨다. 비교)

- I **knew about** his problems. 나는 그의 문제점들을 알고 있었다.
  I **knew that** he had problems.
  나는 그에게 문제가 있다는 사실을 알고 있었다. (NOT ~~I knew about that he had problems.~~)
- She had no **idea of** my state of mind. 그녀는 내 심정이 어떤지 전혀 몰랐다.
  She had no **idea that** I was unhappy.
  그녀는 내가 불행하다는 사실을 전혀 몰랐다. (NOT ~~She had no idea of that I was unhappy.~~)
- I wasn't **aware of** the time. 나는 시간을 의식하지 못했다.
  I wasn't **aware that** it was so late.
  나는 시간이 그렇게 늦은 줄 미처 몰랐다. (NOT ~~I wasn't aware of that it was so late.~~)

2 감정적 반응: 전치사 탈락

감정적 반응을 나타내는 단어와 that절 사이에서도 전치사가 탈락된다. 비교)

- We are **sorry about** the delay. 지연되어서 죄송합니다.

We are **sorry that** the train is late.
열차가 지연되어서 죄송합니다. (NOT ... ~~sorry about that the train is late.~~)

- I was **surprised at** her strength. 나는 그녀의 강인함에 놀랐다.

 I was **surprised that** she was so strong.
 나는 그녀가 그렇게 강인하다는 사실에 놀랐다. (NOT ... ~~surprised at that she was~~ ...)

3 the fact that

감정적 반응을 나타내는 단어나 간접화법을 제외하면, that절 앞에서 전치사가 탈락되는 경우가 흔하지는 않다. 전치사와 that 사이에는 대체로 the fact(▶ 264.3 참조)를 쓴다.

The judge paid a lot of attention **to the fact that** the child was unhappy at home.
판사는 그 아이가 가정에서 불행했다는 점을 크게 참작했다.
(NOT ~~The judge paid a lot of attention (to) that the child~~ ...)

He said the parents were responsible **for the fact that** the child had run away.
그는 아이가 가출한 것은 부모에게 책임이 있다고 말했다.
(NOT ... ~~responsible (for) that the child had run away.~~)

4 의문사

tell, ask, depend, sure, idea, look 등 상용어 뒤에 who, which, what, where, whether 등의 의문사가 올 경우 의문사 앞 전치사를 생략할 수 있다. 특히 간접의문문에서 흔히 쓰이는 용법이다. 비교〉

- **Tell** me **about** your trip. 여행 어땠는지 얘기해 봐.

 Tell me **(about) where** you went. 어디를 다녔는지 얘기해 봐.

- I **asked** her **about** her religious beliefs. 나는 그녀의 신앙에 대해 물어보았다.

 I **asked** her **whether** she believed in God. 나는 그녀에게 신을 믿느냐고 물어보았다.
 (I asked her about whether she believed in God.보다 자연스러움)

- We may be late – it **depends on** the traffic. 늦을지도 모르겠어. 교통 상황이 문제야.

 We may be late – it **depends (on) how** much traffic there is.
 늦을지도 모르겠어. 차가 얼마나 막히느냐가 문제야.

- I'm not **sure of** his method. 나는 그의 방식을 확실히 알 수 없다.

 I'm not **sure how** he does it.
 나는 그가 어떻게 하는지 잘 모른다. (I'm not sure of how he does it.보다 자연스러움)

- I've no **idea of** the owner. 나는 주인이 누구인지 전혀 모른다.

 I've no **idea (of) who** owns it. 나는 누가 그것을 소유하고 있는지 전혀 모른다.

- **Look at** this. 이걸 봐.

 Look (at) what I've got. 내가 갖고 있는 것 좀 봐.

그 밖의 경우에는 전치사를 생략하지 않거나 생략할 수 없다.

I'm **worried about where** she is.
나는 그녀가 어디 있는지 걱정된다. (NOT ~~I'm worried where she is.~~)

The police **questioned** me **about what** I'd seen.
경찰은 내가 본 것에 대해 질문했다. (NOT ~~The police questioned me what I'd seen.~~)

There's the **question of who**'s going to pay.
누가 지불할 것인지가 문제다. (... the question who's going to pay.보다 자연스러움)

People's chances of getting jobs vary **according to whether** they live in the North or the South.

거주지가 북부 지역인지 남부 지역인지에 따라 취업 가능성이 달라진다. (NOT ... ~~according whether~~ ...)

대체로 전치사 뒤에는 if를 쓰지 않으며, 대신 whether(▶261 참조)를 쓴다.

I'm worried **about whether** you're happy.

네가 행복한지 어떤지 걱정된다. (NOT ~~I'm worried about if~~ ...)

211 -ing형 및 to부정사

일반적으로 to부정사 앞에는 전치사를 쓰지 않는다. 〈**동사/명사/형용사 + 전치사**〉 뒤에는 대체로 동사의 -ing형을 쓴다.

He insisted **on being** paid at once.

그는 당장 지불해 달라고 고집을 부렸다. (NOT ~~He insisted on to be paid~~ ...)

I don't like the idea **of getting** married.

나는 결혼할 생각이 없다. (NOT ... ~~the idea of to get married.~~)

I'm not very good **at cooking**.

나는 요리에는 그다지 소질이 없다. (NOT ... ~~good at to cook.~~)

전치사를 탈락시키고 to부정사를 쓰기도 한다. 비교)

- He **asked for** a loan. 그는 대출을 신청했다.
  He **asked to borrow** some money. 그는 돈을 좀 빌려달라고 요청했다.
- She was **surprised at** his mistake. 그녀는 그의 실수에 놀랐다.
  She was **surprised to see** what he had done. 그녀는 그가 한 짓을 보고 놀랐다.
- We're travelling **for pleasure**. 우리는 관광 삼아 여행을 다니고 있다.
  We're travelling **to enjoy** ourselves. 우리는 즐기려고 여행을 다니고 있다.

두 가지 구문을 모두 쓸 수 있는 경우도 있는데, 종종 의미가 서로 달라지기도 한다. (자세한 예시는 ▶105 참조.)

I'm **interested in learning** more about my family.

나는 우리 가족사에 대해 더 많이 알고 싶다.

I was **interested to learn** that my grandfather was Jewish.

우리 할아버지가 유대인이셨다는 것을 알게 되어 흥미로웠다.

212 특정 단어 및 어구 앞에 쓰인 전치사

다음은 혼동하기 쉬운 전치사구들이다.

at the cinema(영국 영어)**; at** the theatre**; at** a party**; at** university

영화관에서; 극장에서; 파티에서; 대학에서

What's on **at the cinema** this week?

이번 주는 극장에서 어떤 영화가 상영되고 있니?

a book (written) **by** Dickens; a concerto (composed) **by** Mozart; a film (directed) **by** Orson Welles 디킨스의 저서; 모차르트 협주곡; 오손 웰즈가 감독한 영화 (NOT ~~of~~ OR ~~from~~)

I've never read anything **by Dickens**. 나는 디킨스의 작품은 전혀 읽지 않았다.

by car/bike/bus/train/boat/plane/land/sea/air; **on** foot
자동차/자전거/버스/기차/배/비행기/육로/해로/항공기로; 걸어서 (BUT **in the** car, **on a** bus 등)

Let's take our time and go **by boat**. 서두르지 말고 배로 갑시다.

for ... reason ~한 이유로

My sister decided to go to America **for** several **reasons**.
우리 언니는 이런저런 이유로 미국에 가기로 결정했다.

from ... point of view …의 관점/입장에서 (NOT ~~according to~~ OR ~~after~~)

Try to see it **from** my **point of view**. 내 입장에서 한번 봐봐.

in ... opinion …의 의견으로는 (NOT ~~according to~~ OR ~~after~~)

In my **opinion**, she should have resigned earlier.
내 의견으로는 그녀가 좀 더 일찍 사임했어야 했다.

in the end 결국에는 (= finally, after a long time)

In the end, I got a visa for Russia. 결국 나는 러시아 비자를 받았다.

at the end 끝에/마지막에 (= at the point where something stops)

I think the film's a bit weak **at the end**. 그 영화는 결말이 좀 약한 것 같다.

in pen, pencil, ink 등 펜/연필/잉크 등으로

Please fill in the form **in ink**. 이 양식에 잉크로 작성해 주세요.

in a picture, photo 등 그림/사진 등에서 (NOT ~~on~~)

She looks much younger **in** this **photo**. 그녀는 이 사진에서 훨씬 젊어 보인다.

in the rain, snow 등 비, 눈 등을 맞으며

I like walking **in the rain**. 나는 빗속을 거니는 것을 좋아한다.

in a suit, raincoat, shirt, skirt, hat 등 정장/비옷/셔츠/치마 등을 입고, 모자를 쓰고

Who's the man **in** the funny **hat** over there? 저기 희한한 모자를 쓴 남자는 누구지?

in a ... voice ~한 목소리로

Stop talking to me **in** that stupid **voice**. 그런 짜증나는 목소리로 그만 지껄여.

on page 20 등 20쪽에 (NOT ~~in/at~~)

There's a mistake **on page 120**. 120쪽에 실수가 있다.

on the radio; **on** TV; **on** the phone 라디오에; TV에; 전화로

Is there anything good **on TV** tonight? 오늘밤 TV에 재미있는 거 없어?

It's Mrs Ellis **on the phone**: she says it's urgent.
엘리스 부인에게 전화 왔어요. 급한 일이라는데요.

on time 정각에 (예정보다 늦지도 빠르지도 않은 정확한 시각에)

Daniel wants the meeting to start exactly **on time**.
다니엘은 회의가 정시에 시작되기를 원한다.

in time 시간에 맞춰, 마침 알맞은 때에 (마감 시간에 앞서 여유 있게)

He would have died if they hadn't got him to the hospital **in time**.
그들이 그를 제때에 병원으로 이송하지 못했더라면 그는 목숨을 잃었을 것이다.

213 특정 단어 및 어구 뒤에 쓰인 전치사

특정 명사, 동사, 형용사 뒤에 쓰이는 전치사를 정확하게 알기는 쉽지 않다. 다음은 전치사 관련 어구 가운데 혼동하기 쉬운 대표적 사례들이다. 이러한 어구 대신 쓸 수 있는 다른 어구들이 있는 경우도 있고, 영국 영어와 미국 영어의 용법이 다른 경우도 있다.

accuse somebody **of** something …혐의로 …을 고소/고발하다, …에 대해 …을 비난하다 (NOT ~~for~~)

She **accused** me **of** poisoning her dog. 그녀는 자신의 개를 독살했다는 혐의로 나를 고소했다.

afraid of …을 무서워하는, 두려워하는(NOT ~~by~~)

Are you **afraid of** spiders? 거미가 무서워?

agree with (사람, 의견, 정책)에 동의하다

He left the company because he didn't **agree with** their sales policy.
그는 회사의 영업 방침이 못마땅해서 회사를 그만두었다.

I entirely **agree with** you. 전적으로 동의합니다.

agree about/on (논의 주제)에 대해 동의하다

We **agree about/on** most things. 우리는 대부분의 사안에 동의한다.

agree on (결정할 문제)에 대해 합의하다

Let's try to **agree on** a date. 날짜를 정하도록 합시다.

agree to (제안)에 동의하다

I'll **agree to** your suggestion if you lower the price.
가격을 낮춰 주시면 당신의 제안을 받아들이겠습니다.

angry with(때때로 **at**) a person **for** doing something ~한 것 때문에 …에게 화가 난

I'm **angry with** her **for** lying to me. 그녀가 거짓말을 해서 화가 난다.

angry about (때때로 **at**) something …에 화가 난

What are you so **angry about**? 무슨 일로 그렇게 화가 난 거야?

anxious about (= worried about) …을 걱정하는, 근심하는

I'm getting **anxious about** money. 돈 때문에 슬슬 걱정이 된다.

anxious for (= eager to have) …을 열망하는

We're all **anxious for** an end to this misunderstanding.
우리 모두 이런 오해가 풀리기를 간절히 바란다.

anxious + to부정사(= eager, wanting) …하기를 열망하는

She's **anxious to find** a better job. 그녀는 더 나은 일자리를 찾기를 간절히 바란다.

apologise to somebody **for** something …에 대해 …에게 사과하다

I think we should **apologise to** the Smiths.
나는 우리가 스미스 부부에게 사과해야 한다고 생각한다.

I must **apologise for** disturbing you. 폐를 끼친 데 대해 사과 드려야겠군요.

arrive at or **in** …에 도착하다 (NOT ~~to~~)

What time do we **arrive at** Cardiff station? 카디프역에 언제 도착합니까?

When did you **arrive in** England? 영국에 언제 도착했습니까?

ask ▶ 383 참조.

bad at ···에 서투른 (NOT **in**)

I'm not **bad at** tennis. 나는 테니스를 꽤 잘 친다.

believe in (= believe that ... exists; trust) (신, 산타클로스의 존재 등)을 믿다, 신용하다

I half **believe in** life after death. 나는 사후 세계에 대해 반신반의한다.

If you **believe in** me, I can do anything. 네가 나를 믿어준다면 무슨 일이든 할 수 있다.

BUT **believe** (= accept as truthful/true – 전치사 없이 사용) (사람/사실 등을) 믿다

Don't **believe** her. 그녀를 믿지 마.

I don't **believe** a word she says. 나는 그녀가 하는 말을 한마디도 믿지 않는다.

belong in/on 등(= go, fit, have its place in/on 등) 어떤 장소에 알맞다

Those glasses **belong on** the top shelf. 그 유리컵들은 맨 위 선반에 놓아야 한다.

belong to(= be a member of) ···의 소속이다

I **belong to** a local athletics club. 나는 지역 스포츠 클럽 회원이다.

blue with cold, **red with** anger 등 추위로 시퍼렇게 된, 분노로 이글거리는

My hands were **blue with cold** when I got home.
집에 도착하니 손이 시퍼렇게 얼어 있었다.

borrow ▶408 참조.

care ▶419 참조.

clever at ···에 재주가 있는 (NOT **in**)

I'm not very **clever at** cooking. 나는 요리에는 그다지 소질이 없다.

congratulate/congratulations on something ···을 축하하다

I must **congratulate** you **on** your exam results. 시험 잘 본 것 축하해.

Congratulations on your new job! 새 직장 구한 것 축하해!

congratulate/congratulations on/for doing something ···을 해낸 것에 대해 치하하다

He **congratulated** the team **on/for** having won all their games.
그는 전 경기를 승리로 이끈 팀의 공로를 치하했다.

crash into ···에 부딪치다 (NOT USUALLY **against**)

I wasn't concentrating, and I **crashed into** the car in front.
나는 한눈을 팔다가 그만 앞 차를 들이받고 말았다.

depend/dependent on ···에 달려 있다, 의존하다/의존하는 (NOT **from** OR **of**)

We may play football – it **depends on** the weather.
축구를 할 수도 있겠어. 날씨만 좋다면.

He doesn't want to be **dependent on** his parents.
그는 부모님에게 기대고 싶은 마음이 없다.

BUT **independent of** ···에서 독립한, ···와 관계없는

details of ···에 관한 세부 사항

Write now for **details of** our special offer.
특별 할인에 관해 자세한 정보를 원하시면 편지 주십시오.

die of/from ···때문에 죽다

More people **died of** flu in 1919 than were killed in the First World War.
1919년의 독감 사망자 수는 제1차 세계대전 사망자 수보다 많았다.

A week after the accident he **died from** his injuries.
그는 사고 일주일 뒤 부상 때문에 사망했다.

different ▶ 433참조.

difficulty with something, **(in)** doing something
···의 어려움, ~하는 것의 어려움 (NOT ~~difficulties to~~ ...)

> I'm having **difficulty with** my travel arrangements. 나는 여행 준비에 애를 먹고 있다.
>
> You won't have much **difficulty (in) getting** to know people in Italy.
> 이탈리아에서는 사람 사귀는 데 별 어려움이 없을 것이다.

disappointed with/in somebody ···에게 실망한

> My father never showed if he was **disappointed with/in** me.
> 아버지께서는 나에게 실망한 기색을 보인 적이 없었다.

disappointed with/at/about something ···에 실망한

> You must be pretty **disappointed with/at/about** your exam results.
> 시험 결과에 실망이 크겠구나.

[a] discussion about something ···에 대한 논의

> We had a long **discussion about** politics. 우리는 정치에 대해 장시간 토론했다.

BUT **[to] discuss** something ···을 논의하다 (전치사 없음)

> We'd better **discuss** your travel plans. 너의 여행 계획에 대해 의논하는 것이 좋겠다.

divide into ···로 나누다/분할하다 (NOT ~~in~~)

> The book is **divided into** three parts. 그 책은 3부로 나누어져 있다.

dream of (= think of, imagine) ···을 꿈꾸다, 상상하다

> I often **dreamed of** being famous when I was younger.
> 나는 어렸을 적에 유명한 사람이 되는 상상을 하곤 했다.

dream about/of (잠자는 동안) ···에 대한 꿈을 꾸다

> What does it mean if you **dream about/of** mountains? 산에 관한 꿈은 무슨 의미일까?

dress(ed) in 옷을 입은 (NOT ~~with~~)

> Who's the woman **dressed in** green? 녹색 옷을 입은 저 여자는 누구야?

drive into (운전 중에) ···을 들이받다 (NOT ~~against~~)

> That idiot Martin **drove into** a tree again yesterday.
> 저 어리석은 마틴은 어제 또 차로 나무를 들이받았다.

enter into (합의, 논의)에 들어가다

> We've just **entered into** an agreement with Carsons Ltd.
> 우리는 카슨스 사와의 협상에 착수했다.

enter ···에 들어가다 (전치사 없음)

> When I **entered** the room everybody stopped talking.
> 내가 그 방에 들어가자 모두 입을 다물었다.

example of ···의 예 (NOT ~~for~~)

> Sherry is an **example of** a fortified wine. 셰리 와인은 주정강화 와인의 일종이다.

explain something **to** somebody ···에게 ···을 설명하다 (NOT ~~explain somebody something~~)

> Could you **explain** this rule **to** me? 이 규칙을 제게 설명해 주시겠어요?

fight, struggle etc **with** ···와 싸우다, 투쟁하다

> I've spent the last two weeks **fighting with** the tax office.
> 나는 지난 두 주 동안 세무서와 씨름하면서 보냈다.

fight, struggle etc **against** ···에 맞서 싸우다, 투쟁하다

As Schiller said, **against** stupidity even the gods **fight** in vain.
실러가 말했듯이 신들도 어리석음에 맞서 헛되게 싸운다.

frightened of or **by** ▶ 96.9 참조.

get in(to) and **out of** (차, 택시, 작은 배)를 타다/내리다

When I **got into** my car, I found the radio had been stolen.
차에 타자 나는 라디오를 도둑맞았다는 것을 알았다.

get on(to) and **off** (기차, 비행기, 버스, 배, 오토바이, 자전거, 말)을 타다/내리다

We'll be **getting off** the train in ten minutes.
우리는 10분 후 기차에서 내릴 것이다.

good at ···에 능숙한 (NOT **in**)

Are you any **good at** tennis? 테니스 잘 쳐요?

[the] idea of -ing · 하려는 생각/계획 (NOT **the idea to** ...)

I don't like **the idea of getting** married yet. 나는 아직 결혼할 생각이 없다.

ill with (병)을 앓는

The boss has been **ill with** bronchitis this week.
사장은 이번 주에 기관지염을 앓고 있다.

impressed with/by ···에 감명 받은

I'm very **impressed with/by** your work. 당신의 작품에 감명 받았습니다.

increase in (활동, 생산 등)의 증가 (NOT **of**)

I'd like to see a big **increase in** productivity.
대폭적인 생산성 향상을 기대합니다.

independent, independence of or **from** ···로부터 독립한, ···로부터의 독립

She got a job so that she could be **independent of** her parents.
그녀는 부모로부터 독립하려고 직장을 구했다.

When did India get its **independence from** Britain?
인도는 언제 영국으로부터 독립했나요?

insist on ···을 주장/고집하다 (NOT **to**)

George's father **insisted on** paying. 조지의 아버지는 돈을 내겠다고 고집했다.

interest/interested in ···에 대한 관심/흥미, ···에 관심/흥미 있는 (NOT **for**)

When did your **interest in** social work begin?
언제부터 사회사업에 관심을 갖기 시작했습니까?

Not many people are **interested in** grammar.
문법에 흥미를 느끼는 사람은 많지 않다.

interested to do/in doing something ▶ 105.16 참조.

kind to ···에게 친절한 (NOT **with**)

People have always been very **kind to** me.
사람들은 늘 나에게 친절히 대해 주었다.

lack of ···의 부족/결여

Lack of time prevented me from writing.
나는 시간이 없어서 글을 쓰지 못했다.

[to] be lacking in ···이 부족하다

She is **lacking in** tact. 그녀는 요령이 부족하다.

BUT **[to] lack** 없다/부족하다(전치사 없음)

Your mother **lacks** tact. 너희 어머니는 요령이 부족하시다.

laugh at ···을 비웃다

I hate being **laughed at**. 나는 조롱거리가 되는 건 질색이다.

laugh about ···을 두고 웃다

We'll **laugh about** this one day. 언젠가는 이 일을 웃어넘길 수 있겠지.

leave ···을 떠나다(떠나는 행위를 언급)

I **left** London early, before the traffic got too heavy.
나는 교통이 혼잡해지기 전에 일찍 런던을 출발했다.

leave from ···에서 떠나다 (떠나는 장소를 언급)

Does the plane **leave from** Liverpool or Manchester?
그 비행기는 리버풀 출발인가요, 아니면 맨체스터 출발인가요?

listen to ···의 말을 듣다, ···에 귀를 기울이다

If you don't **listen to** people, they won't **listen to** you.
네가 다른 사람의 말에 귀를 기울이지 않으면 그들 역시 네 말을 귀담아 듣지 않을 것이다.

look at ···을 쳐다보다 (= point one's eyes at)

Stop **looking at** me like that. 그런 눈으로 쳐다보지 마.

look after ···을 돌보다 (= take care of)

Thanks for **looking after** me when I was ill. 내가 아플 때 간호해 줘서 고마워.

look for ···을 찾다 (= try to find)

Can you help me **look for** my keys? 열쇠 찾는 것 좀 도와줄래?

make, made of/from ▶522 참조.

marriage to; get/be married to ···와의 결혼; ···와 결혼하다 (NOT ~~with~~)

Her **marriage to** Philip didn't last very long.
그녀와 필립의 결혼은 그리 오래가지 못했다.

How long have you been **married to** Hannah? 한나와 결혼한 지 얼마나 되었니?

BUT **marry** ···와 결혼하다 (전치사 없음)

She **married** her childhood sweetheart. 그녀는 어린 시절 단짝과 결혼했다.

near (to) ▶531 참조.

nice to ···에게 친절한/다정한 (NOT ~~with~~)

You weren't very **nice to** me last night. 너 어젯밤에 나한테 좀 퉁명스러웠어.

operate on ···을 수술하다

They **operated on** her yesterday evening. 그들은 어제 저녁 그녀를 수술했다.

pay for (구매한 물품의 값)을 지불하다 (NOT ~~pay something~~)

Excuse me, sir. You haven't **paid for** your drink.
실례합니다, 손님. 술값을 계산하지 않으셨습니다.

pleased with (사람이) 마음에 드는/흡족한

The boss is very **pleased with** you. 사장님이 자네를 아주 흡족해 하시네.

pleased with/about/at (사물)에 대해 만족스러운

I wasn't very **pleased with/about/at** my exam results.

나는 시험 결과가 썩 만족스럽지 않았다.

polite to …에게 공손한/예의 바른 (NOT ~~with~~)

Try to be **polite to** Uncle Richard for once.

이번만은 리처드 삼촌께 공손히 대해드려라.

prevent ... from -ing …이 ~하는 것을 막다/방지하다 (NOT ~~to~~)

The noise from downstairs **prevented** me **from** sleeping.

아래층에서 들려오는 소음 때문에 나는 잠을 설쳤다.

proof of …의 증거/증명 (NOT ~~for~~)

I want **proof of** your love. Lend me some money.

날 사랑한다는 걸 증명해 봐. 돈 좀 빌려줘.

reason for …의 이유 (NOT ~~of~~)

Nobody knows the **reason for** the accident. 아무도 그 사고의 원인을 모른다.

remind of …을 연상시키다(▶ 568 참조)

She **reminds** me **of** a girl I was at school with.

그녀를 보면 나는 같이 학교를 다녔던 소녀가 생각난다.

responsible/responsibility for …에 책임이 있는, …에 대한 책임 (NOT ~~of~~)

Who's **responsible for** the shopping this week?

이번 주는 누가 장을 보는 거야?

rude to …에게 무례한/버릇없는 (NOT ~~with~~)

Peggy was pretty **rude to** my family last weekend.

페기는 지난 주말 우리 가족에게 너무 무례하게 굴었다.

run into …와 우연히 만나다 (= meet)

I **ran into** Philip at Victoria Station this morning.

나는 오늘 아침 빅토리아 역에서 필립과 마주쳤다.

search 샅샅이 뒤지다/수색하다 (전치사 없음) (= look through; look everywhere in/on)

They **searched** everybody's luggage. 그들은 전원의 짐을 샅샅이 뒤졌다.

They **searched** the man in front of me from head to foot.

그들은 내 앞에 있는 사람을 머리끝부터 발끝까지 샅샅이 수색했다.

search for …을 찾다 (= look for)

The customs were **searching for** drugs at the airport.

세관이 마약을 찾기 위해 공항을 수색하고 있었다.

shocked at/by …에 충격 받은

I was terribly shocked **at/by** the news of Daniel's accident.

나는 다니엘의 사고 소식에 엄청난 충격을 받았다.

shout at …에게 고함치다 (공격적)

If you don't stop **shouting at** me, I'll come and hit you.

나한테 소리지르는 거 그만두지 않으면 가서 두들겨 패줄 테다.

shout to …을 큰 소리로 부르다 (= call to)

Emily **shouted to** us to come in and swim.

에밀리는 들어와서 수영하라고 우리에게 소리쳤다.

smile at …을 보고 미소를 짓다/웃다

If you **smile at** me like that, I'll give you anything you want.
나에게 그런 미소를 보여준다면 네가 원하는 건 무엇이든 다 주겠다.

sorry about (벌어진 사건)에 대해 유감스러운/안타까운

I'm **sorry about** your exam results. 너의 시험 결과는 안타깝구나.

sorry for/about (당사자가 한 일)에 대해 미안한

I'm **sorry for/about** breaking your window. 창문을 깨뜨려서 죄송합니다.

sorry for (사람)이 가엾은/딱한

I feel really **sorry for** her children. 그녀의 아이들이 정말 딱하다.

speak to; speak with (특히 미국 영어에서) …와 통화하다

Could I **speak to/with** your father for a moment?
당신의 아버지와 잠시 통화할 수 있을까요?

suffer from (병)을 앓다

My wife is **suffering from** hepatitis. 아내는 간염을 앓고 있다.

surprised at/by …에 놀란

Everybody was **surprised at/by** the weather. 날씨에 모두가 놀랐다.

take part in …에 참가/참석하다 (NOT ~~at~~ OR ~~of~~)

I don't want to **take part in** any more conferences.
나는 더 이상 회의에 참석하고 싶지 않다.

think of/about …에 대해 생각하다/고려하다 (NOT ~~think to~~)

I'm **thinking of** studying medicine. 나는 의학을 공부해 볼까 생각 중이다.

I've also **thought about** studying dentistry. 나도 치대에 가 볼까 생각했다.

the thought of ~한다는 생각 (NOT ~~the thought to~~)

I hate **the thought of** going back to work. 일터로 돌아갈 생각을 하니 끔찍하다.

throw ... at …에 …을 던지다(공격적)

Stop **throwing** stones **at** the cars. 차에 돌 던지는 것을 멈추어라.

throw ... to (경기 등에서) …에게 (공 등)을 던지다

If you get the ball, **throw** it **to** me. 네가 공을 잡으면 나한테 던져줘.

translate into …로 번역/통역하다 (NOT ~~in~~)

Could you **translate** this **into** Greek for me?
이것을 그리스어로 번역해 주시겠습니까?

trip over …에 걸려 넘어지다

He **tripped over** the cat and fell downstairs.
그는 고양이에게 걸려 넘어지면서 아래층으로 굴러 떨어졌다.

typical of …을 대표하는 (NOT ~~for~~)

The wine's **typical of** the region. 그 와인은 그 지역의 특산물이다.

write ▶ 8 참조.

wrong with …에 문제가 있는

What's **wrong with** Rachel today? 오늘 레이첼에게 무슨 일 있니?

some, most 등의 한정사 뒤에 오는 of는 ▶ Section 13 참조.

214 전치사가 없는 표현

다음은 전치사를 쓰지 않거나 생략할 수 있는 대표적인 어구들이다.

1 discuss, emphasise, enter, marry, lack, resemble, approach

이 동사들 뒤에는 전치사 없이 바로 직접목적어가 온다.

We must **discuss your plans.**
우리는 너의 계획에 대해 논의해야 한다. (NOT ... ~~discuss about your plans.~~)

The Minister **emphasised the need** for secrecy.
장관은 비밀 유지의 필요성을 강조했다. (NOT ... ~~emphasised the need~~ ...)

Conversation stopped as we **entered the church.**
우리가 교회에 들어서자 대화가 뚝 끊겼다. (NOT ... ~~entered in(to) the church.~~)

She **married a friend** of her sister's.
그녀는 언니의 친구와 결혼했다. (NOT ... ~~married with~~ ...)

He's clever, but he **lacks experience.**
그는 총명하지만 경험이 부족하다. (NOT ... ~~lacks of~~ ...)

The child does not **resemble either** of its parents.
그 아이는 부모 중 누구와도 닮지 않았다. (NOT ... ~~resemble to~~ ...)

The train is now **approaching** Paddington.
이 열차는 잠시 후 패딩턴에 도착하겠습니다. (NOT ... ~~approaching to~~ ...)

[주의] 명사 뒤에는 전치사가 필요하다.

discussion **of**	emphasis **on**	entry **into**	experience **of**
resemblance **to**	approach **to**	marriage **to**	

2 next, last 등

next, last, this, that, one, every, each, some, any, all이 시간을 나타내는 표현 앞에 오면 그 앞에 전치사를 쓰지 않는다(that은 경우에 따라, any는 비격식체에서 시간을 나타내는 표현 앞에 쓰임).

See you **next Monday.** 다음 주 월요일에 보자. (NOT ... ~~on next Monday.~~)
The meeting's **this Thursday.** 회의는 이번 주 목요일이다.
We met **one Tuesday** in August. 우리는 8월의 어느 화요일에 만났다.
I'll never forget meeting you **that afternoon.**
그날 오후 널 만났던 일을 절대 잊지 못할 것이다.
Come **any day** you like. 언제든 오고 싶은 날에 오세요.
The party lasted **all night.** 파티는 밤새 계속되었다.

[주의] 전치사가 붙지 않는 tomorrow morning, yesterday afternoon 등의 표현에도 유의한다.

3 요일

비격식체에서는 요일 앞에 전치사 on을 생략한다.

Why don't you come for a drink **(on) Monday** evening?
월요일 저녁에 한잔하러 오지 그래?

4 a: '…당', '…마다'

'three times a day(하루에 세 번)', 'sixty miles an hour(시속 60마일)', 'eighty pence a kilo(1킬로에 80펜스)'처럼 a/an이 단위와 함께 쓰여 '…당', '…마다'의 의미를 나타낼 때는 전치사를 쓰지 않는다.

> **Private lessons cost £20 an hour.** 개인 교습은 시간당 20파운드다.

이런 용법의 per는 ▸ 322.2 참조.

5 What time …? 등

what time 앞에는 대체로 at을 쓰지 않는다.

> **What time** does Granny's train arrive?
> 할머니가 타신 기차는 몇 시에 도착해? (At what time …?보다 자연스러움)

비격식체에서는 what/which day(s) 앞의 on도 생략할 수 있다.

> **What day** is your hair appointment? 미용실 무슨 요일에 예약했어?
> **Which day** do you have your music lesson? 음악 수업 받는 날이 무슨 요일이니?

6 about

about을 시간 앞에 쓰면 '~경', '~쯤'을 의미한다. 비격식체에서는 〈**about + 시간**〉 앞의 at을 생략한다.

> **I'll see you (at) about three o'clock.** 3시쯤에 만나자.

7 지속된 시간을 표현할 때

비격식체에서는 지속된 시간을 나타낼 때 for를 생략한다.

> **I've been here (for) three weeks** now. 나는 지금 3주째 여기 머물고 있다.
> **How long** are you staying **(for)**? 얼마나 오래 머물 겁니까?

8 be동사 뒤에 오는 측정 표현

height(신장), weight(몸무게), length(길이), size(크기), shape(형태), age(나이), colour(색상) 등이 포함된 어구는 대체로 주어와 be동사 다음에 전치사를 쓰지 않는다.

> **He is just the right height** to be a police officer. 그의 키는 경찰관이 되기에 딱 적당하다.
> **She's the same age** as me. 그녀는 나와 동갑이다.
> **His head's a funny shape.** 그의 두상은 정말 희한하게 생겼다.
> **I'm the same weight** as I was twenty years ago. 내 몸무게는 20년 전과 똑같다.
> **What shoe size are** you? 신발 사이즈가 어떻게 되죠?
> **What colour are** her eyes? 그녀의 눈은 무슨 색이죠? (NOT ~~Of what colour …?~~)

9 (in) this way 등

격식을 차리지 않은 말에서는 (in) this way(이런 식으로), (in) the same way(같은 방식으로), (in) another way(다른 방식으로) 등에서 in을 생략한다.

> **They plant corn (in) the same way** their ancestors used to 500 years ago.
> 그들은 500년 전 조상들이 하던 방식 그대로 곡식을 심는다.

10 home

home 앞에는 방향을 나타내는 전치사 to를 쓰지 않는다(▶489 참조).

I'm going **home**. 집에 갈 거야.

비격식체(특히 미국 영어)에서는 home 앞에 있는 at을 생략하기도 한다.

Is anybody **home**? 집에 아무도 없어요?

11 place

비격식체에서는 place를 쓰는 일부 어구에서 to를 생략하기도 한다. 특히 미국 영어에서 흔히 볼 수 있다.

Let's go (**to**) **some place** where it's quiet. 좀 조용한 데로 갑시다.

I always said you'd go **places**. (= become successful)
너는 성공할 거라고 내가 늘 말했잖아.

12 to부정사 구문

〈**명사 + to부정사 + 전치사**〉 구문에서 전치사를 생략할 수 있다(▶102.5 참조).

She has no **money to buy food** (**with**). 그녀는 먹을거리를 살 돈이 없다.

We have **an hour to do it** (**in**). 우리는 그 일을 한 시간 안에 해야 한다.

특히 place 다음에 to부정사가 올 경우 대체로 전치사를 생략한다.

We need **a place to live** (**in**). 우리는 기거할 곳이 필요하다.

She had **no place to go** (**to**). 그녀는 갈 곳이 없었다.

Section 19 **Basic Clause Types** 절의 종류

개요

절이 1개인 단순한 문장은 구조에 따라 크게 4가지 유형으로 나뉜다.

- **평서문**: 진술에 사용되는 문장 (긍정 또는 부정)
  Your hair looks nice. 네 머리 멋지다.
  The government haven't done it. 정부는 그 일을 하지 않았다.

- **의문문**: 질문에 사용되는 문장
  Does my hair look OK? 내 머리 괜찮아?
  What haven't they done this time? 이번에는 뭘 안 했지?

- **명령문**: 지시나 제안 등에 사용되는 문장
  Try cutting it a bit shorter. 조금 더 짧게 잘라 주세요.
  Write to your MP about it. 당신 지역의 하원 의원에게 그것에 관해 편지를 쓰세요.

- **감탄문**: 감탄에 사용되는 문장
  What a good idea! 참 좋은 생각이야!
  How optimistic you are! 당신은 정말 낙천적이군요!

구조와 의미가 항상 일치하지는 않는다.

> Your coat's on the floor. 당신 코트가 바닥에 있네요.
> (= Pick up your coat. 코트 집으세요. – 평서문 형태의 명령문)
> What do you take me for? 날 뭘로 보는 거예요?
> (= I'm not stupid. 난 바보가 아니야. – 의문문 형태의 평서문)

영어 어순, 특히 격식체 말과 글은 대체로 어순이 고정되어 있다. 중요한 사항들은 215에 요약되어 있다. 이 섹션의 다른 항목들은 의문문, 부정문, 명령문, 감탄문에 사용되는 구문을 각각 다루고 있다. 더 복잡한 절과 문장의 문법은 Section 20-24에 설명되어 있다. 아주 격식을 차린 용법(예: 학술적 글)에 흔히 쓰이는 구조는 288에서 다루고 있으며 비격식체 구어에서 주로 사용되는 구문은 299에서 다루고 있다.

문법 요소를 자유롭게 옮기는 언어를 모국어로 하는 사람들에게는 영어 어순이 까다로울 수 있다. 많은 언어의 경우, 대화의 주제가 문법상 주어가 아니더라도 문장을 주제로 시작한다. 영어, 특히 격식체 영어에서는 주제와 문법상 주어를 같은 명사구 안에 결합해 평서문 문두에 놓는 편을 선호한다. 격식을 차리지 않은 구어에서는 주제와 주어가 더 쉽게 분리되는 경향이 있다 ▶ 299 참조.

다음 문장은 왜 틀렸을까?

- ❌ The train stopped not. ▶ 215.5 참조
- ❌ I like very much mushrooms. ▶ 215.6 참조
- ❌ When you are leaving? ▶ 216.1 참조
- ❌ What means 'periphrastic'? ▶ 216.2 참조
- ❌ What does the boss wants? ▶ 216.4 참조
- ❌ Did you went climbing last weekend? ▶ 216.4 참조
- ❌ When was made your reservation? ▶ 216.5 참조
- ❌ So there are two models. Which does cost more? ▶ 216.6 참조
- ❌ I like not this soup. ▶ 217.1 참조
- ❌ I didn't thought it mattered. ▶ 217.1 참조
- ❌ Expect not quick results. ▶ 217.2 참조
- ❌ It's important to don't worry. ▶ 217.3 참조
- ❌ Not George came, but his brother. ▶ 217.4 참조
- ❌ Haven't you written to Emily? ~ Yes, I haven't. ▶ 218.4 참조
- ❌ I don't hope it rains tomorrow. ▶ 219.2 참조
- ❌ I opened the door, but I couldn't see nobody. ▶ 220.1 참조
- ❌ How it is cold! ▶ 223.1 참조
- ❌ What nice dress! ▶ 223.2 참조
- ❌ What a beautiful weather! ▶ 223.2 참조
- ❌ What a beautiful smile has your sister! ▶ 223.2 참조
- ❌ They're so kind people! ▶ 223.3 참조
- ❌ Anybody don't say a word, OK? ▶ 224.5 참조
- ❌ Remember always what I told you. ▶ 224.7 참조

Section 19 목차

215 문장 구조: 기본 어순

1 주어 - 동사 - 목적어/보어

긍정문에서는 대체로 주어가 동사 앞에 오며 동사 뒤에는 목적어나 보어가 온다.

Anna smiled. 애나는 웃었다.

Sam is a doctor. 샘은 의사이다.

My parents live in North Wales. 우리 부모님께서는 노스 웨일스에 사신다.

The boss has bought another new car. 상사는 신차를 한 대 더 구입했다.

몇몇 경우에 동사가 주어 앞에 올 수 있다. (예: **So can I.** 나도 할 수 있다. **In came Mrs Parker.** 파커 여사가 안으로 들어왔다. ▶270-271 참조).

또한 목적어가 문두에 위치할 수도 있다. (예: **Those people I can't stand.** 나는 저 사람들을 참을 수 없다.) ▶272 참조.

비격식체 언어에서, 특히 구어에서, 어순은 기본 형태에서 벗어난다. ▶299 참조.

2 가주어 it과 there

부정사구나 절이 문장의 주어나 목적어인 경우, 이를 흔히 문장 뒤쪽으로 배치하고 it을 가주어나 가목적어로 쓴다(▶268-269 참조).

It's difficult to understand what he wants.
그가 원하는 게 뭔지 알기 힘들다.

She made it clear that she disagreed.
그녀는 반대한다는 의사를 분명히 밝혔다.

부정(不定) 명사구가 주어일 경우 일종의 가주어 기능을 하는 there를 쓸 수 있다(▶20 참조).

There is a big spider in the bath.
욕조 안에 커다란 거미가 한 마리 있다.

3 직접목적어와 간접목적어

간접목적어는 전치사 없이 직접목적어 앞에 쓸 수도 있고, 전치사와 함께 직접목적어 뒤에 쓸 수도 있다.

She sent the nurse some flowers. 그녀는 그 간호사에게 꽃을 좀 보냈다.

She sent some flowers to the nurse. 그녀는 그 간호사에게 꽃을 좀 보냈다.

자세한 내용은 ▶8 참조.

4 의문문: 조동사가 주어 앞으로 옴

의문문은 대체로 **조동사 – 주어 – 본동사**의 어순으로 구성된다.

Have you seen Andrew? 앤드류 봤어?

Where was she going? 그녀는 어디로 가고 있었어?

Did Emily phone? 에밀리가 전화했어?

간접의문문(▶260 참조)에서는 주어가 동사 앞에 위치한다.

Do you know where she was going? 그녀가 어디로 가고 있었는지 알아?

5 부정문: 조동사 + not

부정문에서는 조동사 뒤에 not이 위치한다.

The train **did not** stop. 열차는 멈추지 않았다. (NOT ~~The train stopped not.~~)

부정의문문의 어순(예: Why didn't she come? / Why did she not come?)은 ▶218 참조.

6 부사: 가능한 위치

부사는 문두, 동사 뒤, 문미 등 다양한 위치에 올 수 있다. 자세한 내용은 ▶196-202 참조.

Suddenly I had a terrible thought. 갑자기 끔찍한 생각이 들었다.

The children had **probably** gone home. 아이들은 아마도 집에 갔을 것이다.

I was playing **badly**. 나는 형편없이 연주하고 있었다.

I'll see you **at the club on Tuesday**. 화요일에 클럽에서 보자.

부사는 대체로 동사와 목적어 사이에 위치할 수 없다.

I **like mushrooms** very much.

나는 버섯을 무척 좋아한다. (NOT ~~I like very much mushrooms.~~)

7 종속절 (who ..., after ..., if ..., because..., that ... 등)

관계절은 보통 수식해주는 명사 뒤에 쓴다(▶233 참조).

The **woman who phoned** wanted to speak to the manager.

전화를 건 여자는 부장과 통화하기를 원했다.

다른 종류의 절은 기능이나 문장 구조에 따라 다양한 위치에 쓸 수 있다.

How you do it is your business. 그것을 어떻게 하든 그건 네가 알아서 할 일이다.

Everybody agreed **that they were wasting their time**.

모든 사람들은 그들이 시간을 낭비했다는 점에 의견을 같이 했다.

다양한 위치에 쓸 수 있는 경우도 있다.

If you need help, call me. 도움이 필요하면 내게 전화해.

Call me **if you need help**. 도움이 필요하면 내게 전화해.

자세한 내용은 ▶Sections 20-24 참조.

8 전치사: in what ... / what ... in

비격식체의 경우, 전치사와 전치사의 목적어가 분리되는 구문도 있다. 자세한 내용은 ▶209 참조. 비교)

In what hotel did the President stay? 대통령께서는 어느 호텔에 묵으셨는가? (격식체)

What hotel did the President stay **in**? 어느 호텔이 대통령께서 묵으신 곳인가? (비격식체)

문장 내에서 정보를 배치하는 방식은 ▶267 참조.　감탄문의 어순(예: How kind you are!)은 ▶223 참조.
구동사의 어순(예: She put out the cat. / She put the cat out.)은 ▶12.4 참조.
the older I get ... 등의 구문은 ▶206.5 참조.　cold as/though she was 등의 구문은 ▶255 참조.
so/how strange an experience 등의 구문은 ▶187 참조.　형용사의 위치와 어순은 ▶184 참조.
한정사의 위치와 어순은 ▶Sections 12-13 참조.　quite a ...와 rather a ...는 ▶564-565 참조.
enough 구문의 어순은 ▶450 참조.

216 의문문: 기본 규칙

다음은 문어체 및 구어체 대부분에 통용되는 의문문 규칙이다. 평서의문문(예: This is your car?)은 ▶302 참조. 수사의문문(예: What's the use of asking her?)은 ▶303 참조. 메아리 의문문(예: She's invited how many?)은 ▶304 참조. 호응의문문(예: Did you, dear?)은 ▶307 참조. 부가의문문은 ▶305-306 참조.

1 조동사는 주어 앞에 위치: Have you ...?

의문문에서는 일반적으로 조동사가 주어 앞에 위치한다.

When is Oliver leaving? 올리버는 언제 떠나? (NOT ~~When Oliver is leaving?~~)

Have you received my email of June 17?

6월 17일에 보낸 내 이메일 받았어? (NOT ~~You have received ...?~~)

Why **are you** laughing? 왜 웃는 거야? (NOT ~~Why you are laughing?~~)

What are all those people looking at?

저 사람들 모두 뭘 보고 있는 거지? (NOT ~~What all those people are looking at?~~)

How much **does the room** cost?

객실 요금은 얼마입니까? (NOT ~~How much the room costs?~~)

2 do: Do you like ...?

조동사가 없을 경우 do, does, did를 써서 의문문을 만든다.

Do you like Mozart? 모차르트 좋아하세요? (NOT ~~Like you Mozart?~~)

What **does** 'periphrastic' mean?

'periphrastic'이 무슨 뜻이죠? (NOT ~~What means 'periphrastic'?~~)

Did you wash the car today? 오늘 세차했어요?

3 do: 다른 조동사와 함께 쓰지 않음

do는 다른 조동사나 be동사와 함께 쓰지 않는다.

Can you tell me the time? 지금 몇 시죠? (NOT ~~Do you can tell me the time?~~)

Have you seen Jack? 잭 봤어? (NOT ~~Do you have seen Jack?~~)

Are you ready? 준비됐어?

4 do 뒤에는 동사원형: What does he want?

do 뒤에는 동사원형을 쓴다.

What does the boss **want**? 사장이 원하는 게 뭐지? (NOT ~~What does the boss wants?~~)

Did you **go** climbing last weekend?

지난 주말에 등산 갔다 왔어? (NOT ~~Did you went ...?~~ OR ~~Did you to go ...?~~)

5 주어 앞에는 조동사만 쓸 수 있음

동사를 이루는 요소들 가운데 주어 앞에 올 수 있는 것은 조동사뿐이다.

Is your mother **coming** tomorrow?

너희 어머니 내일 오시니? (NOT ~~Is coming your mother tomorrow?~~)

Is your daughter **having** a lesson today?

따님이 오늘 수업을 받나요? (NOT ~~Is having your daughter~~ ...?)

When **was** your reservation **made**?

언제 예약하셨습니까? (NOT ~~When was made your reservation?~~)

주어가 상당히 긴 경우에도 이 규칙이 적용된다.

Where are **the President and his family** staying?

대통령과 대통령 가족은 어디에 머물고 있는가? (NOT ~~Where are staying the President~~ ...?)

6 Who phoned? / Who did you phone?

who, which, what, whose 등의 의문사가 주어(혹은 주어의 일부)인 경우에는 대체로 do를 쓰지 않는다. 비교)

– Who **phoned?** 누가 전화했어? (Who가 주어)

Who **did** you **phone?** 누구한테 전화했어? (Who가 목적어)

– What **happened?** 무슨 일이야? (What이 주어)

What **did** she **say?** 그녀가 뭐라고 말했어? (What이 목적어)

기타예)

Which **costs** more – the blue one or the grey one?

파란색과 회색 중 어느 것이 더 비싸죠? (NOT ~~Which does cost more~~ ...?)

Which type of battery **lasts** longest?

어떤 종류의 배터리가 가장 오래 가죠? (NOT ~~Which type of battery does last longest?~~)

How many people **work** in your office?

당신 사무실에 직원은 몇 명이죠? (NOT ~~How many people do work~~ ...?)

그러나 대답을 촉구할 때는 의문사가 주어인 의문문에도 강조의 의미로 do를 쓸 수 있다.

Well, tell us – what **did happen** when your father found you?

자, 말해봐. 네 아버지가 널 발견했을 때 대체 무슨 일이 있었던 거야?

So who **did marry** the Princess in the end? 그래서 결국 누가 공주하고 결혼했죠?

Who do you wish that you'd married?와 같은 의문문은 ▶264 참조.

7 간접의문문: Tell me when you are leaving.

간접의문문의 경우 조동사를 주어 앞에 두지 않으며 물음표도 쓰지 않는다. 자세한 내용은 ▶260 참조.

Tell me what you want. 뭘 원하는지 말해줘. (NOT ~~Tell me what do you want?~~)

8 전치사: What are you talking about?

wh-의문문에서 의문사가 전치사의 목적어인 경우 전치사는 의문사와 분리되어 흔히 문미에 위치한다(자세한 내용은 ▶209 참조).

What are you talking **about?** 무슨 말을 하는 거야? (NOT ~~About what are you talking?~~)

Who did you buy the ticket **from?** 표를 누구에게서 샀어?

What did you clean the floor **with?** 바닥을 뭘로 닦았어?

부정의문문은 ▶218 참조.   의문문의 생략(예: Seen Jack? Coming tonight?)은 ▶277 참조.

217 부정문: 기본 규칙

1 부정문의 동사 형식: 조동사 + not

조동사가 있는 문장에는 조동사 뒤에 not을 붙여 부정문을 만든다.

> We **have not** forgotten you. 우리는 너를 잊지 않았다.
>
> It **was not** raining. 비가 오지 않았다.
>
> She **can't** swim. 그녀는 수영을 못한다.

조동사가 없을 경우 보통 do를 써서 부정문을 만든다.

> I like the salad, but I **don't** like the soup.
>
> 샐러드는 좋아하지만 수프는 좋아하지 않는다. (NOT ~~I like not the soup.~~)

do 뒤에는 동사원형을 쓴다.

> I didn't **think.** 생각 안 했어. (NOT ~~I didn't to think.~~ OR ~~I didn't thinking~~ OR ~~I didn't thought.~~)

do는 다른 조동사와 함께 쓸 수 없다.

> You **mustn't** worry. 걱정하지 마. (NOT ~~You don't must worry.~~)

do는 be동사와 함께 쓰지 않는다. (be동사가 일반동사 용법일 경우에도 마찬가지다.)

> The supper **isn't** ready. 저녁 식사가 준비되지 않았다. (NOT ~~The supper doesn't be ready.~~)

have, dare, need, used의 부정형은 각 동사의 개별 항목 참조.
방언인 ain't는 ▸ 337.4 참조.
고대 영어에서 do를 쓰지 않는 부정형(예: I like him not)은 ▸ 318.10 참조.
가정법의 부정형(예: It's important that he not be disturbed.)은 ▸ 232.2 참조.

2 명령문: Don't worry.

부정 명령문은 〈**do not/don't + 동사원형**〉 (▸ 224 참조)의 형식을 취한다.

> **Do not expect** quick results. 신속한 결과를 기대하지 마. (NOT ~~Expect not~~ ...)
>
> **Don't worry** – I'll look after you. 걱정 마. 내가 널 돌봐줄게. (NOT ~~Worry not~~ ...)

do not/don't는 be동사의 부정 명령문을 만들 때도 쓰인다.

> **Don't be** rude. 버릇없이 굴지 마.

3 to부정사와 -ing형: It's important not to worry.

to부정사 앞이나 -ing형 앞에 not을 붙인다. do는 쓰지 않는다.

> It's important **not to worry.** 속 태우지 말아야 한다. (NOT ... ~~to don't worry.~~)
>
> The best thing about the weekend is **not working.**
>
> 주말의 가장 좋은 점은 일을 안 하는 것이다.

4 문장의 다른 요소와 함께 사용: not his wife, not before six

not은 동사뿐 아니라 문장의 다른 요소와도 함께 쓸 수 있다.

> Ask Jake, **not his wife.** 제이크에게 물어봐. 그의 부인 말고.
>
> Come early, but **not before six.** 일찍 와. 6시 전에는 오지 말고.
>
> It's working, but **not well.** 작동은 하는데 시원찮아.

대체로 문두에는 〈**not + 주어**〉를 쓰지 않으며 대신 가주어 it을 쓴다(분열문은 ▸273 참조).

It was **not George** that came, but his brother.
온 사람은 조지가 아니라 그의 형이었다. (NOT ~~Not George came~~ ...)

명사 앞에 쓰이는 no와 not의 차이는 ▸536 참조.

5 기타 부정어: never, seldom 등

not 이외에도 다양한 부정어로 부정문을 만들 수 있다. 비교〉

He's **not** at home. 그는 집에 없다.

He's **never** at home. 그는 집에 붙어있지를 않는다.

He's **seldom/rarely/hardly ever** at home. 그는 집에 있는 법이 거의 없다.

대체로 이런 부정어들은 조동사 do와 함께 쓰지 않는다. 비교〉

He **doesn't work**. 그는 일을 하지 않는다.

He never **works**. 그는 전혀 일을 하지 않는다. (NOT ~~He does never work.~~)

He seldom/rarely/hardly ever **works**. 그는 좀처럼 일을 하는 법이 없다.

They **refuse** to listen to reason. 그들은 그 이유를 들으려고 하지 않는다.

The soup **lacks** salt. 수프가 싱겁다.

We're **unhappy** about your decision. 우리는 네 결정이 마음에 들지 않는다.

그러나 강조나 대조를 위해 do를 쓸 수 있다.

I never **did** like her. 나는 결코 그녀를 좋아하지 않았다.

6 부가의문문: You don't ..., do you?

부정문 뒤에 나오는 부가의문문(▸305-306 참조)은 긍정의 형식을 취한다.

You don't work on Sundays, **do you?** 너 일요일에는 근무 안 하잖아, 그렇지?

You seldom work on Saturdays, **do you?**
너 토요일에는 거의 일 안 하잖아, 그렇지? (NOT ~~You seldom work on Saturdays, don't you?~~)

She never smiled, **did she?** 그녀는 절대 웃지 않았어, 맞지?

little이나 few가 포함된 문장 뒤에 오는 부가의문문도 마찬가지로 긍정의 형식을 취한다(▸168 참조).

There's **little** point in doing anything about it, **is there?**
그건 어찌해 보려고 해도 소용없어, 안 그래? (NOT ... ~~isn't there?~~)

He has **few** reasons for staying, **has he?** 그는 머물 이유가 별로 없어, 안 그래?

7 비긍정어: any

부정문에는 some, somebody 등을 쓰지 않는다. 대신 any, anybody 등의 비긍정어(▸222 참조)를 쓴다. 비교〉

I've **found some** mushrooms. 나는 버섯을 좀 발견했다.

I **haven't found any** mushrooms. 나는 버섯을 하나도 발견하지 못했다.

218 부정의문문

1 형식: Doesn't she understand? / Does she not understand?

축약된 부정의문문과 축약되지 않은 부정의문문은 어순이 다르다. (축약되지 않은 부정의문문이 격식체)

> 조동사 + n't + 주어 …

Doesn't she understand? 그녀는 이해를 못하니?
Why **haven't you** reserved your flight yet? 왜 아직도 항공편을 예약하지 않았어?

> 조동사 + 주어 + not …

Does she not understand? 그녀는 이해를 못하니?
Why **have you not** reserved your flight yet? 왜 아직도 항공편을 예약하지 않았어?

일반동사 용법의 have(영국 영어에서)나 be도 조동사와 같은 형식을 취한다.
Hasn't she any friends to help her? 그녀를 도와줄 친구가 아무도 없니?
Aren't you ready? 준비 안 됐어?
Have they not at least a room to stay in? 그들이 머물 방이 적어도 하나는 있지 않나요?
Is Mrs Allen not at home? 앨런 부인 집에 안 계신가요?

2 두 가지 의미

부정의문문은 두 가지 다른 의미를 나타낼 수 있다. 대체로 상황과 문맥에 따라 의문문의 의미를 파악할 수 있다.

a It's true that …, isn't it? (…은 사실이지, 그렇지?)
사실로 믿고 있는 것을 확인할 때 부정의문문 형식을 쓴다. 이 경우 상대로부터 긍정의 대답 (Yes)을 기대하고 묻는다.

> **Didn't you** go and see Ella yesterday? How is she? (= I believe you went and saw Ella yesterday …)
> 너 어제 엘라 만나러 갔지? 어떻게 지내고 있든? (= 나는 네가 어제 엘라를 만나러 갔다고 믿는다.)

의견을 에둘러 표현해 상대방의 동의를 구할 때 부정의문문을 쓴다.
> **Wouldn't it** be better to switch the lights on? 불을 켜는 게 낫지 않을까요?

이런 종류의 부정의문문은 감탄문(▶223 참조)이나 수사의문문(▶303 참조)에서 흔히 쓰인다.
> **Isn't it** a lovely day! 날씨 참 좋다!
> She's growing up to be a lovely person. ~ Yes, **isn't she!**
> 그녀는 사랑스러운 사람으로 성장하고 있어. ~ 아무렴, 그렇고 말고!
> **Isn't the answer** obvious? (= Of course the answer is obvious.)
> 대답은 뻔하지 않은가? (= 두말할 필요 없이 분명하다.)

b Is it true that … not …? (…이 아닌 게 사실이니?)
사실이 아니라고 믿고 있는 것을 확인할 때도 부정의문문을 쓸 수 있다. 이 경우 상대로부터 부정의 대답(No)을 기대하고 묻는다.

Don't you feel well? (= Am I right in thinking you don't feel well?)
어디 아프니? (= 몸이 안 좋아 보이는데 정말 그러니?)

Oh, dear. **Can't they** come this evening? 이런. 그 사람들 오늘 저녁에 못 오니?

어떤 일이 아직 일어나지 않았거나 현재 일어나고 있지 않다는 사실에 놀라움을 표명할 때도 부정의문문을 쓸 수 있다.

Hasn't the mail come yet? 우편물이 아직도 안 왔어?

Didn't the alarm go off? I wonder what's wrong with it.
자명종이 울리지 않았다고? 뭐가 잘못됐는지 모르겠네.

3 공손한 요청, 초대, 제안, 불평, 비난

적극적으로 권유하는 초대나 제안에는 주로 Won't you …?, Wouldn't you …?, Why don't you …?로 시작하는 의문문을 쓴다.

Won't you come in for a few minutes? 잠시 들어오시겠어요?

Wouldn't you like something to drink? 마실 것 좀 드릴까요?

Why don't you come and spend the weekend with us?
주말에 오셔서 저희와 함께 지내시는 게 어때요?

또 Why don't you …?는 적극적인 제안을 전할 수도 있다.

Why don't you shut up? 입 좀 다물지 그래?

그러나 타인에게 어떤 행위를 요청할 때는 대체로 부정의문문을 쓰지 않는다. 이때는 일반의문문이나 〈**부정문 + 부가의문문**〉을 쓴다(특히 미국 영어).

Excuse me, **can you** help me for a moment?
실례지만 잠시 도와주겠어요? (요청에 쓰이는 일반 의문문)

You can't help me for a moment, **can you**?
잠시 도와주시면 안 될까요? (격식을 차리지 않은 요청에 흔히 쓰이는 〈**부정문 + 부가의문문**〉 형태)

(BUT NOT ~~Can't you help me for a moment?~~)

부정의문문은 불평이나 비난을 나타낼 수도 있다.

Can't you lend me your pen for a minute? (= Are you too selfish to lend me …?)
잠시 펜 좀 빌려달라는데 그것도 안 돼? (= 펜을 빌려주지 않다니 너무하는구나.)

Don't you ever listen to what I say? 도대체 내 말을 듣기는 하는 거야?

4 yes, no

부정의문문에 대한 대답으로 긍정할 때는 Yes, 부정할 때는 No를 쓴다. 비교〉

– Haven't you written to Emily? ~ **Yes.** (= I have written to her.)
에밀리에게 편지 안 썼어? ~ 아니. (= 그녀에게 편지를 썼다.)

Haven't you told her about us? ~ **No.** (= I haven't told her about us.)
그녀에게 우리 얘기 안 했어? ~ 응. (= 그녀에게 우리 얘기를 안 했다.)

– Didn't Dan call this morning? ~ **Yes,** he did.
오늘 아침에 댄이 전화하지 않았어? ~ 아니, 전화했어.

Didn't he give you a message for me? ~ **No,** he didn't.
그가 내게 메시지 안 남겼어? ~ 응, 아무것도 안 남겼어.

219 think, hope, seem 등의 부정형 구문

1 I don't think ...

think, believe, suppose, imagine 등의 동사로 부정의 개념을 표현하려면 대체로 종속절 동사가 아닌 주절 동사(think 등)를 부정형으로 만든다.

I don't think you've met my wife.
제 아내와는 초면이신 것 같네요. (I think you haven't met my wife.보다 자연스러움)

I don't believe she's at home.
그녀는 집에 없을 거야. (I believe she isn't at home.보다 자연스러움)

그러나 놀라움을 표현할 때는 종종 〈I thought + 부정문〉 형태로 쓰기도 한다.

Would you like a drink? ~ I **thought** you'd **never** ask.
한잔하시겠어요? ~ 절대 안 권하실 줄 알았어요.

Hello! I **thought** you **weren't** coming. 어머나! 안 오는 줄 알았어.

2 I hope that ... not ...

hope의 경우 종속절 동사를 부정형으로 만든다.

I **hope** it **doesn't** rain. 비가 안 왔으면 좋겠다. (NOT ~~I don't hope it rains.~~)

3 단축형 대답: I suppose not.

간략하게 대답할 때, 다음과 같은 동사 뒤에 not을 붙인다 (▶585 참조).

Are we going to see Luke again? ~ I **believe/suppose/hope not**.
루크를 다시 보게 될까? ~ 못 볼 걸/못 볼 것 같아/안 봤으면 좋겠어.

〈I don't ... so〉 구문 역시 단축형 대답에 쓰인다 (▶585 참조).

Do you think it'll snow? ~ I **don't believe/suppose/think so**. 눈이 올까? ~ 안 올 것 같아.

hope는 이런 형식으로 쓰지 않는다.

I **hope not**. 아니길 바란다. (NOT ~~I don't hope so.~~)

I don't think so는 다소 격식을 차린 표현인 I think not보다 더 널리 쓰인다.

4 to부정사를 취하는 동사

다수의 동사들이 to부정사를 목적어로 취한다 (▶97 참조). 비격식체에서는 to부정사 대신 그 앞의 동사를 부정형으로 만드는데, to부정사를 부정형으로 만드는 경우와 의미의 차이는 없다. appear, seem, expect, happen, intend, want 등이 이런 형태로 쓰인다.

Sibyl **doesn't seem** to like you. 시빌은 너를 좋아하는 것 같지 않다.
(Sibyl seems not to like you.보다 비격식체)

I **don't expect** to see you before Monday. 월요일 전에 너를 못 볼 것 같아.
(I expect not to see you ...보다 자연스러움)

Angela and I were at the same university, but we **never happened** to meet.
안젤라와 나는 같은 대학에 다녔지만 공교롭게도 한 번도 못 만났다.
(... we happened never to meet보다 비격식체)

I **don't want** to fail this exam. 이번 시험에 떨어지고 싶지 않다. (NOT ~~I want not to fail~~ ...)

I **never want** to see you again. 나는 다시는 너를 볼 생각이 없다.
(I want never to see you again.보다 자연스러움)

220 이중 부정: ~~I couldn't see nobody.~~

1 영어와 다른 언어들

일부 언어의 경우 동사와 동반하는 대명사 또는 부사로 부정적인 생각을 표현할 수 있다. 표준 영어에서 부정어는 보통 한 개만 쓴다.

I opened the door, but I **couldn't** see anybody / I **could** see **nobody**.
나는 문을 열었지만 아무도 보이지 않았다. (NOT ... ~~but I couldn't see nobody.~~)
Tell them **nothing**. 그들에게 아무 말도 하지 마. (NOT ~~Don't tell them nothing.~~)
Your suggestion **will** help **neither** of us.
네 제안은 우리 두 사람 모두에게 도움이 안 될 거야. (NOT ... ~~won't help neither~~ ...)
Nothing matters now - everything's finished.
아무렴 어때. 모든 게 끝났는데. (NOT ~~Nothing doesn't matter~~ ...)
I've **never** understood what she wants.
나는 그녀가 무엇을 원하는지 전혀 이해하지 못했다. (NOT ~~I haven't never understood~~ ...)

2 nobody, not anybody 등

nobody, nothing, never 등은 어조가 강한 표현이므로 not anybody, not anything, not ever 등으로 대체하는 경우가 종종 있다. anybody, anything, ever 등은 그 자체가 부정어가 아니라는 점에 유의해야 한다(▶ 222 참조). 이 단어들에 부정의 의미를 부여하려면 not과 함께 써야 한다.

I opened the door, but I **couldn't** see **anybody**.
나는 문을 열었지만 아무도 보이지 않았다. (NOT ... ~~but I could see anybody.~~)
Don't tell them **anything**. 그들에게 아무 말도 하지 마.
Your suggestion **won't** help **either** of us. 네 제안은 우리 두 사람 모두에게 도움이 안 될 거야.

문두에는 nobody와 nothing 등만 올 수 있다.
Nothing matters. 아무거나 상관없다. (NOT ~~Not anything matters.~~)
Nowhere is safe. 어디도 안전하지 않다.

3 이중 부정, 다중 부정과 그 의미

한 문장에서 둘 이상의 부정어를 쓸 수 있는데, 이 경우 대체로 두 부정어의 의미가 그대로 살아 있다. 비교)
Say nothing. (= Be silent.) 아무 말도 하지 마. (= 조용히 해.)
Don't just say **nothing.** Tell us what the problem is. (= Don't be silent ...)
입 다물고 있지 말고 뭐가 문제인지 우리에게 말해봐. (= 침묵하지 말고 …)

다중 부정은 문체에 특별한 효과를 주기 위해 단순한 긍정문 형식 대신 쓰인다. 일종의 문학적인 표현으로 구어체에서는 어색하거나 예스러운 어법으로 들린다.
Not a day passes when I **don't** regret **not** having studied music in my youth.
젊은 시절에 음악 공부를 하지 않았던 것을 후회하지 않는 날이 없다.

403

(더 자연스러운 표현: Every day I regret not having studied music when I was younger.
OR I wish I had studied music when I was younger.)

4 방언

영국 영어, 미국 영어, 기타 방언에서는 둘 이상의 부정어를 써도 하나의 부정어만 있는 경우와
의미 차이가 없다.

I ain't seen nobody. 나는 아무도 못 봤다. (표준 영어: I haven't seen anybody.)

**I ain't never done nothing to nobody, and I ain't never got nothing from nobody
no time.** 난 아무것도 해주지 않았네, 그 누구에게도. 그리고 아무것도 얻지 못했네, 그 누구에게도, 그
어느 때고. (미국 희극배우 버트 윌리엄스가 부른 〈Nobody〉 노랫말 중)

ain't에 대한 자세한 설명은 ▶ 337.4 참조.

5 ... I don't think 등

비격식체에서는 I don't think나 I don't suppose를 종종 부정문 뒤에 덧붙이기도 한다. 이 경
우, 추가된 부정문은 앞 문장의 의미에 아무런 영향을 주지 않는다.

She hasn't got much chance of passing the exam, I don't think.
그녀는 그 시험에 합격할 가능성이 별로 없는 것 같다.

We won't be back before midnight, I don't suppose.
우리는 자정 전에는 돌아오지 못할 것이다.

6 의심의 표현에 덧붙이는 부정

비격식체에서는 의심이나 불확실성을 나타내는 표현 뒤에 동사의 부정형을 쓰기도 한다. 이때
동사의 부정형은 부정의 의미를 나타내지 않는다.

I shouldn't be surprised if they didn't get married soon.
(= ... if they got married soon.) 그들이 곧 결혼하더라도 나는 놀라지 않을 것이다.

I wonder whether I oughtn't to go and see a doctor – I'm feeling a bit funny.
(= ... whether I ought to ...) 의사의 진찰을 받아야 하는 거 아닌지 몰라. 느낌이 좀 이상해.

221 의미가 모호한 부정문

부정문 형식에서 not은 한 문장 안의 여러 요소에 적용될 수 있다. 비교)

Adam didn't write to Emma yesterday – he phoned her.
아담은 어제 엠마에게 편지를 쓰지 않았다. 그는 그녀에게 전화했다.

Adam didn't write to Emma yesterday – he wrote to Anna.
아담은 어제 엠마에게 편지를 쓰지 않았다. 그는 애나에게 편지를 썼다.

Adam didn't write to Emma yesterday – he wrote this morning.
아담은 어제 엠마에게 편지를 쓰지 않았다. 그는 오늘 아침에 썼다.

구어에서는 강세와 억양을 통해 정확한 의미를 알 수 있지만 문어에서는 대체로 문맥과 상황을
통해 의미를 파악해야 한다. 따라서 혼란을 피하려면 문장을 바꾸어 표현하는 것이 바람직하다.
비교)

The car crash didn't kill him.
그는 그 자동차 사고로 죽지 않았다. (그는 지금 살아 있을 수도 있고 다른 이유로 죽었을 수도 있다.)

It wasn't the car crash that killed him.
그가 죽은 것은 그 자동차 사고 때문이 아니었다. (그는 다른 이유로 죽었다.)

because절이 포함된 부정문도 종종 의미가 모호하다.

I didn't sing **because Amy was there**.

이 문장은 '노래를 부르지 않은 이유는 에이미가 거기 있었기 때문이다' 또는 '에이미가 거기 있어서 노래를 부른 것은 아니었다' 이렇게 두 가지 의미로 해석할 수 있다. because절을 앞으로 배치하면 첫 번째 의미가 명확해진다.

Because Amy was there, I didn't sing.
에이미가 거기 있었기 때문에 나는 노래를 부르지 않았다.

222 비긍정어: anybody, ever, yet 등

any, anybody, ever, yet처럼 대체로 긍정문에는 잘 쓰이지 않는 비긍정어(non-affirmative words)이다. 반면 긍정하거나 단언할 때, 즉 사실임을 밝힐 때는 대체로 some, somebody, once, sometimes, already 등을 쓴다. 비교〉

- **Somebody** telephoned. 누군가 전화했다.
 Did **anybody** telephone? 전화한 사람 있어?
- I've bought you **something**. 너 주려고 뭘 샀어.
 I haven't bought you **anything**. 너 주려고 산 건 아무것도 없어.
- She's **already** here. 그녀는 벌써 여기 와 있다.
 Is she here **yet**? 그녀는 아직 안 왔어?
- I **sometimes** go to the theatre. 나는 가끔 연극을 보러 간다.
 Do you **ever** go to the theatre? 연극을 보러 다니니?
- I met the Prime Minister **once**. 나는 총리를 한 번 만났다.
 Have you **ever** met the Prime Minister? 총리를 만나 본 적 있니?

비긍정어는 의문문이나 부정문에 주로 쓰이지만 if절과 비교구문, 그리고 부정적인 의미를 지닌 부사, 동사, 전치사, 형용사, 한정사가 포함된 문장에도 널리 쓰인다.

Let me know **if** you have **any** trouble. 문제 있으면 알려줘.
I wonder **if** she found **anything**. 그녀가 뭔가 알아냈는지 궁금하다.
She writes **better** than **anybody** I know. 그녀는 내가 아는 그 누구보다도 글을 잘 쓴다.
He **seldom** says **anything**. 그는 좀처럼 말을 하지 않는다.
I've **hardly** been **anywhere** since Christmas.
나는 크리스마스 이후로 거의 아무데도 가지 않았다.
He **denied** that he had **ever** seen her. 그는 그녀를 본 적이 없다고 부인했다.
Please **forget** that I **ever** told you **anything** about it.
내가 그 일에 대해 말한 건 깨끗이 잊어줘.
I'd rather do it **without anybody's** help. 차라리 누구의 도움도 받지 않고 하겠다.
It's **difficult** to understand **anything** he says. 그가 하는 말은 도무지 이해하기 힘들다.
Few people have **ever** seen her laugh. 그녀가 웃는 모습을 본 사람은 거의 없다.

비긍정어 각각에 대한 자세한 내용은 색인에서 해당 항목 참조.

223 감탄문

감탄문을 만들 때는 how, what 또는 so, such를 쓰며, 부정의문문 형태를 취하는 경우도 많다.

1 how를 쓴 감탄문

how를 쓴 감탄문은 다소 격식을 차린 표현으로 예스러운 어법이다.

> how + 형용사

How nice! 딸기네요! 친절도 하셔라!

> how + 형용사/부사 + 주어 + 동사

How cold it is! 정말 춥다! (NOT ~~How it is cold!~~)
How beautifully you sing! 노래를 정말 잘 부르는구나! (NOT ~~How you sing beautifully!~~)

> how + 주어 + 동사

How you've grown! 다 컸네!

How strange a remark 같은 구문은 ▶ 187 참조.

2 what을 쓴 감탄문

> what a/an(+ 형용사) + 단수 가산명사

What a rude man! 정말 무례한 남자군! (NOT ~~What rude man!~~)
What a nice dress! 정말 멋진 드레스야! (NOT ~~What nice dress!~~)
What a surprise! 놀라워!

> what (+ 형용사) + 불가산/복수 명사

What beautiful weather! 날씨 참 쾌청하네! (NOT ~~What a beautiful weather!~~)
What lovely flowers! 얼마나 고운 꽃들인지!
What fools! 바보 같으니라고!

> what + 목적어 + 주어 + 동사 (어순에 유의)

What a beautiful smile **your sister has**!
너희 언니 웃는 모습이 정말 예쁘구나! (NOT ... ~~has your sister!~~)

3 so나 such를 쓴 감탄문

> so + 형용사

You're **so kind**! 친절하셔라!

> such a/an (+ 형용사) + 단수 가산명사

He's **such a** nice boy! 정말 좋은 애야! (NOT ... ~~a such nice boy!~~)

> such(+ 형용사) + 불가산/복수 명사

They talk **such** rubbish! 그들은 말도 안 되는 소리를 하고 있어! (NOT ... ~~such a rubbish!~~)
They're **such** kind people! 정말 친절한 사람들이야! (NOT ... ~~so kind people!~~)

such와 so의 자세한 용법은 ▸ 597 참조.

4 부정의문문 형태

Isn't the weather nice! 날씨 참 좋다!　　**Hasn't** she grown! 그녀는 정말 다 컸군!

미국인과 일부 영국인은 부정의문문이 아닌 정상적인 의문문 형태로 감탄을 표현하기도 한다.
Boy, **am I** hungry! 에고, 배고파!
Wow, **did she** make a mistake! 와, 그 여자 정말 실수했네!
Was I furious! 나 진짜 화났어!

부정의문문에 대한 자세한 내용은 ▸ 218 참조.

224 명령문

1 형태 및 용례

Come here(이리로 와), Be quiet(조용히 해라), Have a drink(마셔라), Don't worry about it(그런 걱정하지 마라) 등의 문장에서 come, be, have, don't worry를 '명령문(imperative)'이라고 한다. 긍정 명령문에는 동사원형을 쓰며, 부정 명령문에는 do not 또는 don't를 쓴다.

명령문은 지시, 제안, 조언, 격려, 덕담 등에 쓰인다.
Look in the mirror before you drive off. 출발하기 전에 사이드미러를 봐.
Please **do not lean** out of the window. 창밖으로 몸을 내밀지 마세요.
Tell him you're not free this evening. 오늘 저녁에 시간 없다고 그에게 말해.
Try again – you nearly did it. 다시 해봐. 거의 될 뻔했어.
Have some more tea. 차 좀 더 마셔.　　**Enjoy** your holiday. 휴가 잘 보내.

명령문 뒤에 and, or가 오면 명령문을 if절처럼 해석한다. '명령문 ... and'는 '~하라 그러면 ~할 것이다', '명령문 ... or'는 '~하라 그러지 않으면 ~할 것이다'로 해석한다.
Walk down our street any day **and** you'll see kids playing. (= If you walk ...)
아무 때고 이 거리를 걷다 보면 꼬마들이 노는 게 보일 거야.
Shut up or I'll lose my temper. (= If you don't shut up ...) 닥쳐. 안 그러면 화낼 거야.
Don't do that again **or** you'll be in trouble. 다시는 그러지 마. 안 그러면 곤란할 거야.

2 명령 강조: Do sit down.

동사 앞에 do를 추가해 명령의 의미를 강조한다(주로 영국 영어).
Do sit down. 앉으세요.　　**Do be** more careful. 제발 조심해.
Do forgive me. 제발 용서해줘.

3 수동형 명령문: Get vaccinated.

상대방에게 피동적 행위를 명령하거나 조언할 때는 〈**get + 과거분사**〉 형태를 쓴다.

Get vaccinated as soon as you can. 가능한 한 빨리 예방 접종을 받으세요.

수동태를 만드는 get의 자세한 용법은 ▸60 참조.

4 do(n't) be

be동사와 do는 함께 쓰지 않는 것이 일반적이지만 부정 명령문에는 be동사 앞에 don't를 쓴다 (▸19 참조).

Don't be silly! 바보 같이 굴지 마!

do를 문두에 써서 명령을 강조하기도 한다.

Do be quiet! 제발 좀 조용히 해!

5 명령문에 주어를 쓰는 경우: Somebody answer the phone.

명령문에는 일반적으로 주어를 쓰지 않지만, 명령하는 대상을 분명히 드러내기 위해 명사 또는 대명사 주어를 쓰기도 한다.

Emily come here - **everybody else stay** where you are.
에밀리, 이리 와. 다른 사람들은 다 제자리에 있고.

Somebody answer the phone. 누가 전화 좀 받아요.

Relax, everybody. 모두들 진정해요.

명령문 문두에 you를 덧붙여 강압적인 어조나 분노를 나타낸다.

You just **sit down** and relax for a bit. 앉아서 잠시만 진정해.

You take your hands off me! 내 몸에서 손떼지 못해!

주의 대명사 주어가 있는 부정 명령문의 어순에 유의한다.

Don't you believe it. 그거 절대 믿지 마. (NOT ~~You don't believe it.~~)

Don't anybody say a word. 다들 한 마디도 뻥긋하지 마. (NOT ~~Anybody don't say~~ ...)

6 부가의문문

명령문 뒤에 흔히 붙는 부가의문문(▸305-306 참조)으로 will you?, would you?, can you?, could you? 등이 있다.

Give me a hand, **will you?** 나 좀 도와줄래?

Wait here for a minute, **would you?** 여기서 잠깐만 기다려줄래?

Get me something to drink, **can you?** 마실 것 좀 갖다 줄래?

명령의 어조를 강조할 때는 can't you?나 won't you? 등을 쓴다.

Be quiet, **can't you?** 조용히 좀 해주겠니?   Sit down, **won't you?** 앉으시죠.

부정 명령문 뒤에는 will you?를 쓴다.

Don't tell anybody, **will you?** 아무한테도 말하지 마. 알았지?

7 always와 never를 함께 쓸 때의 어순

always와 never는 명령문 문두에 온다.

Always remember what I told you. 항상 내가 한 말 명심해. (NOT ~~Remember always~~ ...)

Never speak to me like that again. 다시는 나한테 그런 식으로 말하지 마.

225 명령문을 이끄는 let

영어 동사에는 '나(I)'나 '우리(we)'에게 뭔가를 해야 한다고 제안할 때 사용하는 1인칭 명령문이나 청자 외의 다른 사람들을 위한 3인칭 명령문이 없다. 그렇지만 let을 써서 이런 종류의 명령문을 만들 수 있다.

1 1인칭 복수 명령: let's ...

화자를 포함하는 집단에게 제안하거나 명령할 때 let us(격식체), let's(비격식체)를 쓴다.

Let us pray. 기도합시다.　　**Let's** have a drink. 한잔하자.

OK, **let's** all get moving. 자, 모두들 움직입시다.

영국 영어에서는 let us나 let's 뒤에 shall we?를 써서 부가의문문(▶ 305-306 참조)을 만든다. 대답할 때는 단축형으로 간략하게 let's라고 응답한다.

Let's go for a walk, **shall we?** ~ Yes, **let's**. 산책 가자, 어때? ~ 그래, 가자.

부정문은 let us not, do not let us(격식체) 또는 let's not, don't let's(비격식체)로 쓴다.

Let us not despair. 절망하지 맙시다. (격식체)

Do not let us forget those who came before us. 앞서 간 선조들을 잊지 맙시다. (격식체)

Let's not get angry. 화내지 말자. (비격식체)

Don't let's stay up too late tonight. 오늘밤은 너무 늦게 자지 말자. (비격식체)

2 1인칭 단수 명령: let me ...

let me는 스스로에게 지시를 내리는 표현이며, Let me see와 Let me think가 관용표현으로 널리 쓰인다.

What time shall we leave? ~ **Let me think**. Yes, eight o'clock will be OK.
우리 몇 시에 떠날까? ~ 생각 좀 해보고. 그래, 8시가 좋겠다.

What's the best way to Manchester? **Let me see** – suppose I take the M6.
맨체스터 가는 가장 좋은 방법이 뭘까? 어디 보자. M6 고속도로를 타야겠군.

Let me just get my coat and I'll be with you. 코트 갖고 올게.

격의 없는 표현으로 let me의 의미로 let's를 쓰기도 한다(▶ 174.6 참조).

Let's see. Suppose I take the M6 ... 어디 보자. M6 고속도로를 탄다고 치면…

3 3인칭 명령: let him ...

화자나 청자가 아닌 제3자(또는 사물)에게 제안하거나 명령할 때도 let을 쓸 수 있다. 격식을 차린 표현이나 의식용 언어 등에 흔히 쓰이지만 격식을 차리지 않은 표현에도 쓸 수 있다.

Let the prayers begin. 기도하겠습니다.

Let our enemies understand that we will not hesitate to defend our territory.
우리가 추호의 망설임도 없이 영토 수호에 나설 것임을 적들에게 알립시다.

Your boyfriend's going out with another girl. ~ **Let him.** I don't care.
네 남자 친구가 다른 여자랑 데이트 중이더라. ~ 그러라고 해. 상관없으니까.

〈**let there be**(…이 있게 하라, …이 있어야 한다)〉 구문에도 유의한다.

Let there be no doubt in your minds about our intentions.
당신들의 마음 속에 우리의 의도에 대한 의심을 추호도 품지 마십시오.

Conjunctions, Sentences and Clauses 접속사, 문장, 절

개요

하나의 문장에 절이 2개 이상 존재하기도 하는데, 이때 절과 절을 이어 주며, 두 절의 관계를 보여 주는 것이 접속사이다.

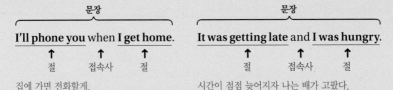

문장

I'll phone you when **I get home.**
↑ ↑ ↑
절 접속사 절

집에 가면 전화할게.

문장

It was getting late and **I was hungry.**
↑ ↑ ↑
절 접속사 절

시간이 점점 늦어지자 나는 배가 고팠다.

We brought the food **and** they supplied the drink.
우리는 음식을 가져왔고 그들은 음료수를 제공했다. (추가)
She was poor **but** she was happy. 그녀는 가난했지만 행복했다. (대조)
We can go swimming, **or** we could stay here.
우리는 수영을 하러 갈 수도 있고 아니면 여기 머무를 수도 있다. (선택)
People disliked her **because** she was so rude.
너무 무례했기 때문에 사람들은 그녀를 싫어했다. (이유)
I'll phone you **when** I arrive. 도착하면 전화할게. (시간)

종속절

하나의 절이 다른 절에 종속될 수 있다. 접속사가 이끄는 종속절은 다른 (주)절의 일부분으로 목적어나 부사 등의 역할을 한다. 편리하게 종속절을 크게 명사절, 부사절, 형용사절(관계사절) 3가지로 분류한다.

명사절은 명사구 역할을 한다.

| I told them | **a lie.** 나는 그들에게 거짓말을 했다. |
| | **that I knew nothing about it.** 나는 그들에게 아무것도 모른다고 말했다. |

부사절은 부사 역할을 한다.

| We drove home | **at high speed.** 우리는 빨리 차를 몰아 집으로 갔다. |
| | **as fast as we could.** 우리는 전속력으로 차를 몰아 집으로 갔다. |

관계사절은 명사구 내에서 형용사의 역할을 한다.

She told me	a	**funny**	story.	그녀는 내게 재미있는 이야기를 들려주었다.
	a		story	**that made me laugh out loud.**
				그녀는 내게 이야기를 들려주었는데 나는 그 이야기에 폭소를 터뜨렸다.

종속절 접속사로는 when, after, how, that 등이 있다.
as soon as, in case처럼 두 단어 이상으로 이루어진 접속사도 있다.

등위절

절과 절이 어느 한쪽에 종속되지 않고 서로 대등한 경우 등위절이라고 한다.

Dan cooked supper and **Joe washed the dishes.**

댄은 저녁을 요리했고 조는 설거지를 했다.

The forecast was impressive but **the results were disappointing.**

예상은 그럴싸했지만 결과는 실망스러웠다.

등위절 접속사로는 and, but, either … or 등이 있다.

접속사를 쓰지 않는 구문

분사나 부정사로 절을 시작할 수 있다(▶ Section 10 참조). 분사나 부정사는 대체로 접속사 없이 바로 다른 절과 연결된다.

I rushed out of the house, **slamming the door behind me.**

나는 문을 쾅 닫고 집을 뛰쳐나왔다.

He went up to his room, **to find a dog asleep on his bed.**

그가 방으로 올라가 보니 개 한 마리가 침대에서 자고 있었다.

이 섹션에서는 (구와 절의) 등위 관계와 종속 관계에 관한 일반적인 내용을 다루고 있다. 종속절의 구체적인 유형은 Section 22-25에서 다루고 있다.

다음 문장은 왜 틀렸을까?

❌ Could I have some butter and bread? ▶ 226.2 참조
❌ He doesn't smoke and drink. ▶ 226.4 참조
❌ He doesn't smoke nor drink. ▶ 227.1 참조
❌ The project was not successful in political terms and in economic terms. ▶ 227.1 참조
❌ Jack isn't here neither. ▶ 227.2 참조
❌ Both he can borrow the flat and he can use the car. ▶ 228.1 참조
❌ Neither he smiled nor he spoke. ▶ 228.3 참조
❌ She was depressed because didn't know what to do. ▶ 229.3 참조
❌ Although she was tired but she went to work. ▶ 229.5 참조
❌ As you know, that I work very hard. ▶ 229.5 참조
❌ You'll find Coca-Cola wherever you will go. ▶ 231.1 참조
❌ If I had lots of money, I would give some to anybody who would ask for it. ▶ 231.6 참조

Section 20 목차

226 연결하기: and, but, or

1 and

문법적으로 비슷한 요소를 둘 이상 연결할 때 and를 쓴다.

bread **and** cheese 치즈를 곁들인 빵

the Prime Minister **and** his cabinet 수상과 그의 내각

You need to go home **and** have a good rest. 집에 가서 푹 쉬어야 해.

Her English is good **and** her Japanese is not bad.
그녀는 영어를 잘하고 일어도 나쁘지는 않다.

둘 이상 연결할 때는 대체로 마지막 요소 앞에 and를 붙인다.

We drank, talked **and** danced. 우리는 술 마시고 이야기 나누고 춤을 추었다.

He started as a cleaner, he worked his way up, **and** now he runs the company.
그는 청소부로 시작해서, 위로 올라갔으며, 이제는 회사를 경영한다.

문어체나 시체(詩體)에서는 and를 생략하기도 하지만 널리 쓰이는 용법은 아니다.

My dreams are full of darkness, despair, death.
나의 꿈은 어둠, 절망, 죽음으로 가득 차 있다.

and로 연결된 표현에서 반복되는 단어는 종종 생략된다.

We need a saw, (a) hammer, **and** (a) screwdriver.
우리는 톱 한 자루, 망치 (한 자루)와 스크루드라이버 (한 자루)가 필요하다.

She's worked in China, (in) Thailand **and** (in) Brazil.
그녀는 중국에서, 태국(에서), 브라질(에서) 근무했다.

자세한 내용은 ▶276 참조.

형용사와 함께 쓰이는 and는 ▶185 참조.   쉼표의 용법에 관한 규칙은 ▶296 참조.
and로 연결되는 주어와 동사의 수일치는 ▶129.5 참조.   try, wait, go, come 등 뒤에 오는 and는 ▶99 참조.

2 관용표현: bread and butter, hands and knees

and가 포함된 일부 관용표현은 어순이 고정되어 있는데, 흔히 짧은 단어가 앞에 온다.

bread and butter 버터 바른 빵 (NOT ~~butter and bread~~)

hands and knees 엉금엉금 기는 자세 (NOT ~~knees and hands~~)

young and pretty 젊고 예쁜   thunder and lightning 천둥번개

knife and fork (한 벌의) 나이프와 포크   black and white 흑백

cup and saucer 받침 접시가 딸린 잔

3 but

but도 문법적으로 유사한 요소를 연결할 수 있다.

They were poor **but** happy. 그들은 가난했지만 행복했다.

There were some chairs **but** no tables. 의자는 좀 있는데 테이블은 없었다.

흔히 but은 절을 연결한다.

We wanted to say **but** we simply didn't have time.
우리는 이야기하길 원했으나 그저 시간이 없었다.

The film started well, **but** then it went downhill.
영화는 시작은 좋았지만, 끝은 지지부진했다.

'except(~외에)'의 의미를 나타내는 but은 ▶413 참조.

4 or

or도 문법적으로 유사한 요소를 연결할 수 있다.

Would you like tea **or** coffee? 차를 줄까, 커피를 줄까?

We can meet today **or** wait until Thursday.
우리는 내일 만날 수도 있고 목요일까지 기다릴 수도 있어.

동사의 부정형 뒤에는 and가 아니라 or를 쓴다.

He does**n't** smoke or drink.
그는 담배도 안 피우고 술도 안 마신다. (NOT ~~He doesn't smoke and drink.~~)

하지만 or는 부정형용사나 부사는 연결하지 않는다. 비교)

We were not comfortable **or** happy. 우리는 편하지도 행복하지도 않았다.

We were uncomfortable **and** unhappy.
우리는 불편하고 불행했다. (NOT ... ~~uncomfortable or unhappy.~~)

227 not ... or; not ... nor; and not

1 두 가지 모두 부정

not(한 번 씀)이 둘 이상의 동사, 명사, 형용사에 적용될 때 보통 or로 연결한다.

He doesn't **smoke or drink**.
그는 담배도 안 피우고 술도 안 마신다. (NOT ~~He doesn't smoke nor drink.~~)

She wasn't **angry or upset**. 그녀는 화를 내지도, 당황하지도 않았다.

It's not **on the table or in the cupboard**. 그것은 탁자 위에도 없고, 찬장 안에도 없다.

그러나 두 번째 나오는 동사, 형용사 등을 강조하려면 쉼표를 찍은 뒤 nor를 쓴다

Our main need is not food, **nor** money. It is education.
우리에게 가장 필요한 것은 음식도, 돈도 아니다. 바로 교육이다.

She didn't phone that day, **nor** the next day.
그녀는 그날 전화하지 않았고 그 다음날에도 마찬가지였다.

[주의] neither는 이런 형식으로 쓸 수 없다. 이 구문에서는 흔히 and를 쓰지 않는다.

The project was not successful in economic terms **or** in political terms.
그 프로젝트는 경제적인 측면에서나 정치적인 측면에서 성공적이지 않았다.

(NOT ~~The project was not successful in economic terms and in political terms.~~)

부정적인 의미를 지닌 명사나 형용사 뒤에서도 and 대신 or를 쓴다.

The country suffered from a **lack** of employment legislation **or** of an independent labour union. 그 나라는 고용 법규 부족이나 독립 노조의 부족으로 어려움을 겪었다. (a lack of ... and ...보다 더 흔히 쓰임)

둘 모두를 부정하는 데 쓰이는 neither ... nor의 용법(예: He neither smokes nor drinks.)은 ▶228.3 참조.

2 부정문 + 부정문: not either

부정적인 진술 뒤에 다시 부정적인 진술을 덧붙일 때 not … either 구문을 쓴다.

> Daniel **isn't** here today. Jack **isn't** here **either**.
> 다니엘은 오늘 여기 오지 않는다. 잭도 오지 않는다. (NOT ~~Jack isn't here neither.~~)

⟨**neither/nor + be/조동사 + 주어**⟩의 형태로도 쓴다.

> Daniel isn't here today. **Neither is** Jack. 다니엘은 오늘 여기 오지 않는다. 잭도 오지 않는다.
> I can't sing, and **nor can** any of my family. 나는 노래를 못 부르는데, 우리 가족 다 못 부른다.

이 구문이나 유사한 구문에 대한 더 자세한 내용은 ▸ 309.2 참조.

일반적으로 as well과 too는 not과 함께 쓰지 않는다.

> You **can't** have an apple, and you **can't** have an orange **either**.
> 너는 사과를 먹을 수 없고, 오렌지도 먹을 수 없다.
> (NOT … ~~and you can't have an orange also/ as well/ too.~~)

3 긍정문 + 부정문: also / as well / too

긍정적 진술 뒤에 부정적 견해를 덧붙일 때는 ⟨not … also⟩, ⟨not … as well⟩, 또는 ⟨not … too⟩ 구문을 쓴다.

> You **can** have an apple, but you **can't** have an orange **too**.
> 너는 사과를 먹을 수는 있지만 오렌지까지 먹을 수는 없다.
> He **drinks** too much, but at least he **doesn't** smoke **as well**.
> 그는 술을 많이 마시지만, 적어도 담배까지 피우지는 않는다.

228 상관접속사: both … and; (n)either … (n)or; not only

대등한 두(또는 모든) 부분을 똑같이 강조하고자 할 때 쓴다.

1. both … and

both와 and 뒤에 동일한 어형이나 표현을 써서 병렬 구조를 만드는 경향이 있다.

> She's **both** pretty **and** clever. 그녀는 예쁘고 똑똑하다. (형용사)
> I spoke to **both** the Director **and** her secretary.
> 나는 이사와 그녀의 비서에게 모두 이야기했다. (명사)
> She **both** dances **and** sings. 그녀는 춤도 추고 노래도 부른다. (동사)

병렬 구조를 쓰지 않을 때도 있지만 되도록 이런 비대칭 구조는 피하는 경향이 있다.

> She **both** dances **and** she sings. 그녀는 춤도 추고 노래도 부른다. (both + 동사; and + 절)
> I **both** play the piano **and** the violin. 나는 피아노도 치고 바이올린도 연주한다.

⟨both … and⟩ 구문은 문두에서 완전한 절을 이끌 수 없다.

> He can **both** borrow the house **and** (he can) use the car.
> 그는 집도 빌릴 수 있고, 차도 쓸 수 있다.
> (BUT NOT ~~Both he can borrow the house and he can use the car.~~)

2 either ... or

둘 중 어느 하나(간혹 둘 이상)를 가리키거나 선택할 때 either ... or를 쓴다.

I don't speak **either** Russian **or** Polish. 나는 러시아어도 못하고 폴란드어도 못한다.

You can **either** come with me now **or** walk home.
지금 나와 함께 가든가 아니면 집까지 걸어가든가.

If you want ice cream there's **either** raspberry, lemon **or** vanilla.
아이스크림이 드시고 싶다면 라즈베리, 레몬 그리고 바닐라 맛이 있습니다.

either와 or 뒤에는 동일한 종류의 단어나 표현을 써서 병렬 구조를 만드는 경향이 있다.

You can have **either** tea **or** coffee. 차와 커피가 있습니다. (명사)

He's **either** in London **or** in New York. 그는 런던 아니면 뉴욕에 있다. (전치사구)

Either you'll leave this house **or** I'll call the police.
당신이 이 집을 떠나든가 아니면 내가 경찰을 부르든가. (절)

그러나 either와 or 뒤에 같은 종류의 단어나 표현이 오지 않는 경우도 많다.

You can **either** have tea **or** coffee. 차와 커피가 있습니다.

He's **either** in London **or** New York. 그는 런던이나 뉴욕에 있다.

You'll **either** leave this house **or** I'll call the police.
당신이 이 집을 떠나든가 아니면 내가 경찰을 부르든가.

일부 규범 문법서에서는 either 뒤에 (either raspberry, lemon, or vanilla처럼) 3개 이상의 선택 가능한 항목이 와서는 안 된다고 한다. 하지만 이 규칙은 잘못된 것이며, 일반적인 용례와도 맞지 않는다.

either의 한정사 용법은 ▶ 156 참조.   발음은 ▶ 156.6 참조.

3 neither ... nor

대체로 격식체이며 두 가지 개념을 모두 부정한다(의미상 both ... and와 반대).

I **neither** smoke **nor** drink.
나는 담배도 안 피우고 술도 안 마신다. (비격식체: I don't smoke or drink.)

The film was **neither** well made **nor** well acted.
그 영화는 연출도 엉망이고 배우들의 연기도 형편없었다.

neither ... nor로 셋 이상의 개념을 연결하기도 한다.

He neither **smiled**, **spoke**, nor **looked** at me.
그는 웃지도, 말하지도 않고 나를 쳐다보지도 않았다.

이 구문에서 neither는 문두에 올 수 없다.

He neither smiled ... nor ... 그는 웃지도 않고 … (BUT NOT ~~Neither he smiled~~ ...)

단수 주어들이 neither ... nor에 의해 연결될 때 대체로 동사의 단수형이 온다. 그러나 비격식체에서는 복수형이 올 수도 있다.

Neither James nor Virginia **was** at home.
제임스와 버지니아 둘 다 집에 없었다. (일반적인 어법)

Neither James nor Virginia **were** at home.
제임스와 버지니아 둘 다 집에 없었다. (비격식체)

either ...or와 마찬가지로, 일부 규범 문법서에서는 neither 뒤에 (He neither smiled, spoke, nor looked at me처럼) 3개 이상의 선택 가능한 항목이 와서는 안 된다고 한다. 하지만 이 규칙은 잘못된 것이다.

4 not only ... but also

〈not only ... but also〉 구문에서 not only와 but also는 수식하는 단어나 구 바로 앞에 온다.

We go there not only in winter, but also in summer.
우리는 겨울뿐 아니라 여름에도 그곳에 간다.

Not only the bathroom was flooded, **but also the rest** of the house.
욕실만 침수된 것이 아니라 집안의 나머지 부분도 마찬가지였다.

The place was **not only cold, but also damp.** 그곳은 추운데다 눅눅하기까지 했다.

중간 위치(▶200 참조)에 올 경우 not only는 대체로 do 없이 쓰인다.

She **not only sings** like an angel, but also dances divinely.
그녀는 천사처럼 노래할 뿐 아니라 춤도 멋지게 춘다.

She **not only plays** the piano, but also the violin.
그녀는 피아노뿐 아니라 바이올린도 연주한다.

not only를 문두에 써서 강조할 수 있다. 이때 not only 뒤에는 〈**조동사 + 주어**〉 형태를 취한다. 조동사가 없다면 do를 쓴다(이런 어순에 관한 용법은 ▶270 참조). 이 형식에서 but은 생략할 수도 있다.

Not only has she been late three times; she has also done no work.
그녀는 세 번이나 지각했을 뿐 아니라 일도 전혀 하지 않았다.

Not only do they need clothing, but they are also short of water.
그들은 옷만 필요한 게 아니라 물도 부족하다.

비격식체에서는 not only ... but also 구문을 쓰는 경우가 드물다. 보통 비슷한 의미를 전달할 수 있는 다른 구문을 쓴다.

We **don't only** go there in winter. We go in summer **too.**
우리는 겨울에만 그곳에 가는 게 아니라 여름에도 간다.

229 종속절: 요점

1 종속절의 위치

부사절은 대체로 문두나 문미에 위치한다. 가장 중요한 정보는 대체로 마지막에 배치되므로, 강조하고자 하는 내용에 따라 부사절의 위치가 달라질 수 있다.

– **While I was taking a shower**, I slipped. 나는 샤워를 하다가 미끄러졌다. (발생한 사건을 강조)
 I slipped **while I was taking a shower.**
 나는 샤워를 하던 도중에 미끄러졌다. (발생한 시간을 강조)

– **If you need help**, just let me know. 도움이 필요하면 내게 알려줘.
 Just let me know **if you need help.** 도움이 필요하면 내게 알려줘.

– **Although the bicycle was expensive**, she decided to buy it.
 자전거가 비싸긴 했지만 그녀는 사기로 마음먹었다.

She decided to buy the bicycle **although it was expensive**.
그녀는 자전거를 사기로 마음먹었다. 비록 비싸긴 했지만.

- **Because she was too angry to speak**, Anna said nothing.
말도 못할 정도로 화가 나서 애나는 아무 말도 하지 않았다.

Anna said nothing, **because she was too angry to speak**.
애나는 아무 말도 하지 않았다. 너무 화가 나서 말을 할 수 없었기 때문이다.

다른 형태의 절의 위치는 ▸ Section 22-25 참조.

2 구두점

쉼표는 대체로 길거나 복잡한 절을 분리할 때 쓰며, 짧은 절은 쉼표 없이 연결해서 쓴다. 비교)

They changed all their policies after they had won the election.
그들은 선거에서 승리한 후에 모든 정책을 바꾸었다.

They made a large number of disturbing changes in their policies, after they had won the election and settled in with a comfortable majority.
그들은 충분한 표 차이로 선거에서 승리하고 자리를 잡은 후에 정책에서 대대적인 변경을 감행했다.

종속절로 문장이 시작되면 길이가 짧아도 대체로 쉼표를 써서 분리한다.

When we opened the door, we saw water running down the stairs.
우리는 문을 열자 계단 아래로 물이 흐르는 것을 보았다.

When we opened the door(,) we got a shock. 우리는 문을 열었을 때 충격을 받았다.

관계사절의 구두점 용법은 ▸ 234 참조.

3 단어의 생략

두 문장이 등위절 관계인 경우 두 번째 절에서 흔히 반복되는 표현들을 생략하지만 (자세한 내용은 ▸ 276 참조), 종속절에서는 대체로 생략하지 않는다. 비교)

She was depressed **and didn't** know what to do. (= and she didn't know what to do.)
그녀는 낙담해서 어찌 해야 할지 몰랐다.

She was depressed, **because she didn't** know what to do.
그녀는 어찌 해야 할지 몰라서 난감했다. (NOT ~~She was depressed, because didn't know~~ ...)

그러나 if, when, while, until, once, unless, (al)though 뒤에서는 대체로 대명사 주어와 be 동사를 생략할 수 있으며, 특히 if necessary 같은 관용어구 뒤에는 대명사 주어와 be동사를 생략할 수 있다.

I'll pay for you **if necessary**. (= ... if it is necessary.)
필요하다면 너 대신 내가 돈을 지불하겠다.

If in doubt, wait and see. (= If you are in doubt ...) 미심쩍으면 기다리면서 지켜봐.

When in Rome, do as the Romans do. 로마에 가면 로마 법을 따르라.

Cook slowly **until ready**. 다 될 때까지 서서히 익히세요.

Once in bed, I read for twenty minutes and then turned out the light.
나는 일단 침대에 눕자 20분 정도 책을 읽고는 불을 껐다.

시간 관계를 나타내는 접속사(after, before, since, when, while, whenever, once, until) 뒤에는 주어와 동사 대신 흔히 -ing형이나 과거분사를 쓴다(▸ 115.6 참조).

I always feel better **after talking** to you. 너와 얘기를 나누고 나면 언제나 기분이 좋다.

Some things are never forgotten, **once learnt**.

한 번 익히고 나면 결코 잊지 않는 것들도 있다.

4 독립 문장에 쓰이는 접속사

접속사는 일반적으로 두 절을 연결하여 하나의 문장을 구성하는 역할을 하지만, 접속사가 이끄는 절이 독립적으로 쓰이는 경우도 있다. 대표적인 예로 질문에 대한 대답을 들 수 있다.

When are you going to get up? ~ **When I'm ready.** 언제 일어날 거야? ~ 내키면.

Why did you do that? ~ **Because I felt like it.** 왜 그랬어? ~ 그러고 싶었으니까.

필자나 화자가 강조하기 위해 의도적으로 절을 분리하는 경우도 있다.

This government has got to go. **Before it does any more damage.**

이 정부는 물러나야 한다. 더 큰 해악을 끼치기 전에.

학생들은 때때로 이런 식으로 접속사로 시작하는 한 개의 절로 문장을 쓰는 것이 틀린다는 말을 듣게 된다. 하지만, 이 구문은 적절히 쓰면 올바른 문장이다.

덧붙여 설명할 경우에도 접속사로 문장을 시작할 수 있다.

OK, I did it. - **But I didn't mean to.** 그래, 내가 그랬어. 하지만 일부러 그런 건 아니었어.

5 절과 절을 연결할 때는 접속사 하나만 사용

절과 절을 서로 연결할 때는 접속사를 하나만 쓰며, 접속사를 두 개 쓰는 경우는 드물다.

- **Although** she was tired, she went to work. 그녀는 비록 피곤했지만 일하러 갔다.
  She was tired **but** she went to work.
  그녀는 피곤했지만 일하러 갔다. (NOT ~~Although she was tired but she went to work.~~)
- **Because** I liked him, I tried to help him. 나는 그를 좋아했으므로 돕고자 애썼다.
  I liked him, **so** I tried to help him.
  나는 그를 좋아해서 돕고자 애썼다. (NOT ~~Because I liked him, so I tried to help him.~~)
- **As** you know, I work very hard. 너도 알듯이 나는 매우 열심히 일한다.
  You know **that** I work very hard.
  너는 내가 아주 열심히 일한다는 것을 안다. (NOT ~~As you know, that I work very hard.~~)

그러나 and나 or는 다른 접속사와 함께 쓰기도 한다.

We came back because we ran out of money, **and because** Anna got ill.

우리는 돈도 떨어지고 애나도 병이 나서 돌아왔다.

She didn't write when I was ill, **or when** I got married.

그녀는 내가 아플 때도, 결혼했을 때도 편지를 쓰지 않았다.

6 관계대명사

관계대명사(who, which, that ▶ 233 참조)는 접속사처럼 절과 절을 연결해 주는 역할을 한다.

There's the girl **who** works with my sister. 저기 내 여동생과 함께 일하는 소녀가 있다.

관계대명사는 관계사절의 주어나 동사의 목적어 역할을 하므로 별도의 주어나 목적어가 필요 없다.

I've got a friend **who** works in a pub.

나는 술집에서 일하는 친구가 한 명 있다. (NOT ... ~~who he works in a pub.~~)

The man (**that**) she married was an old friend of mine.

그녀가 결혼한 남자는 내 오랜 친구였다. (NOT ~~The man that she married him~~ ...)

She always thanks me for the money **that** I give her.

그녀는 내가 돈을 주면 늘 고마워한다. (NOT ... ~~the money that I give her it.~~)

230 전치사 뒤에 쓰인 who, which, what

who, which, what, where, whether 등의 의문사는 전치사 뒤에 쓸 수 있다.

We discussed the question **of who** to appoint as manager.

우리는 매니저로 누구를 임명할지에 대한 문제를 논의했다.

I may be able to come; it depends **on which** day you are holding the meeting.

나는 올 수 있을지도 모른다. 그건 언제 모임을 할지에 따라 다르다.

They were not at all interested **in what** I thought. 그들은 내 생각에 전혀 관심이 없었다.

tell, ask, idea와 같은 단어 뒤에서, 접속사 앞의 전치사는 생략할 수 있다.

Tell me **about** your trip. 네 여행에 대해 내게 이야기해줘.

BUT **Tell** me **where** you went. 네가 어디에 갔는지 내게 말해줘.

Do you have **any idea** of the cost? 혹시 가격 알아?

BUT Do you have any **idea what** it costs? 혹시 가격이 얼마인지 알아?

that과 같은 접속사 앞에는 흔히 전치사를 쓰지 않는다.

I **knew about** his problems. 나는 그의 문제점을 알았어.

BUT I **knew that** he had problems.

나는 그에게 문제가 있다는 것을 알았어. (NOT ~~I knew about that he had problems.~~)

또는 전치사와 that 사이에 the fact를 쓴다.

I was not responsible for **the fact that** the documents were stolen.

나는 그 문서를 도난당했다는 사실에는 책임이 없었다.

(NOT ~~I was not responsible for that the documents were stolen.~~)

231 종속절의 시제 단순화

1 시제를 단순화하는 이유

주절의 동사로 보아 시제가 명확할 경우 종속절에서 시제를 다시 명시할 필요가 없다. 비교)

– This discovery **means** that we **will spend** less on food.

이번 발견으로 식량에 드는 비용이 줄어들 것이다.

This discovery **will mean** that we **spend** less on food.

이번 발견으로 식량에 드는 비용이 줄어들 것이다.

– It **is** unlikely that he **will win**. 그가 이길 것 같지 않다.

I **will pray** that he **wins**. 나는 그가 이기기를 기원할 것이다.

종속절의 동사는 주절의 동사보다 단순한 형태를 취할 때가 많다. 이를테면 미래형 대신 현재형을 쓰며, 〈**would + 동사원형**〉 대신 단순 과거, 과거 완료 대신에 단순 과거를 쓴다.

You'll find Coca-Cola wherever you go.
어디를 가든 코카콜라를 발견할 것이다. (NOT ... ~~wherever you will go.~~)

He would never do anything that went against his conscience.
그는 자신의 양심에 반하는 일은 결코 하지 않을 것이다.
(... that would go against his conscience.보다 자연스러움)

I hadn't understood what she said.
나는 그녀가 한 말을 이해하지 못했다. (... what she had said.보다 자연스러움)

2 미래 시제 대신 현재 시제를 쓰는 경우: I'll write when I have time.

종속절에서는 흔히 〈**will + 동사원형**〉 대신 현재 시제를 써서 미래를 나타낸다. 이 용법은 시간을 나타내는 접속사(when, until, after, before, as soon as)가 쓰이는 경우는 물론, 기타 다른 접속사가 쓰이는 종속절 대부분에서도 쓰인다. 이를테면 if, whether, on condition that 등 조건을 나타내는 절과 의문사절, 관계사절, 간접화법 등에는 현재 시제로 미래를 나타낸다.

I'll write to her when I have time.
시간 나면 그녀에게 편지 쓸 거야. (NOT ... ~~when I will have time.~~)

I'll think of you when I'm lying on the beach.
해변에 누워서 너를 생각할게. (NOT ... ~~when I will be lying~~ ...)

Will you stay here until the plane takes off? 비행기가 이륙할 때까지 여기 있어 줄래?

It will be interesting to see whether he recognises you.
그가 너를 알아보는지 살펴보면 재미있을 거야.

I'll have a good time whether I win or lose. 이기든 지든 나는 즐길 것이다.

I'll go where you go. 나는 네가 가는 곳에 갈게.

I'll lend it to you on condition that you bring it back tomorrow.
내일 돌려준다는 조건이라면 빌려줄게.

He says he'll give five pounds to anybody who finds his pen.
그는 자신의 펜을 찾아주는 사람에게 5파운드를 주겠다고 한다.

If she asks what I'm doing in her house, I'll say I'm checking the gas.
그녀가 내게 자신의 집에서 무얼 하고 있는지 묻는다면 가스를 점검하고 있다고 말하겠다.

주절의 동사가 미래형이 아니라도, 의미상 미래를 가리킨다면 종속절의 현재 시제는 미래 시제를 나타낸다.

Phone me when you arrive. 도착하면 전화해.

Make sure you come back soon. 금방 돌아와.

You can tell who you like next week, but not until then.
네가 누구를 좋아하는지 다음 주에 밝혀도 되지만 그 전에는 안 돼.

as나 than을 쓴 비교 구문에서는 동사의 현재형과 미래형을 모두 쓸 수 있다.

She'll be on the same train as we are/will tomorrow.
내일 우리가 타는 기차에 그녀도 탈 거야.

We'll get there sooner than you do/will. 우리가 너보다 더 일찍 거기 도착할 거야.

3 현재 완료 시제: ... when I've finished

완료의 의미를 나타낼 때는 미래 완료 대신 현재 완료를 쓴다.

I'll phone you when I've finished. 끝나면 전화할게. (NOT ... ~~when I will have finished.~~)

At the end of the year there will be an exam on everything you've studied.

연말에 너희들이 공부한 모든 것에 대한 시험이 있을 것이다.

(NOT ... ~~everything you will have studied.~~)

4 종속절의 미래 시제: ... where she will be

주절의 동사가 미래의 시간을 나타내지 않을 경우, 미래의 일을 언급하기 위해서는 종속절의 동사를 미래형으로 쓴다. 주절과 종속절이 가리키는 미래 시점이 서로 다를 경우에도 역시 종속절의 시제를 미래로 쓴다.

I don't know where she **will be** tomorrow. 나는 그녀가 내일 어디에 있을지 모른다.

I'm sure I **won't understand** a word of the lecture.

나는 정말이지 강의를 한 마디도 알아듣지 못할 거야.

I'll hide it somewhere where he**'ll** never **find** it.

나는 그가 절대 찾지 못할 곳에 그걸 숨길 거야. (서로 다른 미래 시간)

If she rings, I'll tell her that I**'ll ring** back later.

그녀가 전화하면 내가 나중에 다시 전화하겠다고 할 거야. (서로 다른 미래 시간)

if절의 미래 동사(예: I'll give you £100 if it will help you to get home.)는 ▶ 243 참조.

5 in case, I hope, I bet, it doesn't matter 등

주절의 시제가 현재나 과거일 경우에도 in case 뒤에는 대체로 현재 시제로 미래를 나타낸다. 자세한 내용은 ▶ 248 참조.

I've got my tennis things in case we **have** time for a game tomorrow.

내일 우리가 한 게임 칠 시간이 있을지도 몰라서 테니스 용품을 챙겼어.

비격식체에서는 흔히 I hope (▶ 490 참조)와 I bet (▶ 401 참조) 뒤에서 현재 시제로 미래를 나타낸다.

I hope you **sleep** well. 잘 자.

I bet he **gets** married before the end of the year. 장담하건대 그는 올해 안에 결혼할 거야.

it doesn't matter, I don't care, I don't mind, it's not important 등의 어구 뒤에도 역시 현재 시제로 미래를 나타낸다.

It doesn't matter where we **go** this summer. 우리가 올 여름에 어디를 가든 상관없다.

I don't care what we **have** for dinner if I **don't have** to cook it.

내가 요리를 해야 되는 게 아니라면 저녁으로 뭘 먹든 상관없어.

6 과거 동사: would 대신 쓰임

종속절에 미래형 will을 잘 쓰지 않는 것처럼 과거형 would도 잘 쓰지 않으며 대체로 동사의 과거형을 쓴다. if절(▶ 239 참조)은 물론, 기타 접속사들이 이끄는 종속절에도 대부분 would 대신 동사의 과거형을 쓴다.

If I **had** lots of money, I would give some to anybody who **asked** for it.

돈이 아주 많다면 나는 돈을 달라는 사람 누구에게나 돈을 좀 줄 거야.

(NOT ~~If I would have~~ ... ~~who would ask for it.~~)

Would you follow me wherever I **went**?

내가 가는 곳은 어디든 따라올래? (NOT ... ~~wherever I would go?~~)

In a perfect world, you would be able to say exactly what you **thought**.

이상향에서는 생각한 바를 그대로 말할 수 있을 것이다. (NOT ... ~~what you would think.~~)

I would always try to help anybody who **was** in trouble, whether I **knew** them or not.

나는 아는 사람이든 모르는 사람이든 곤경에 빠진 사람이면 누구나 도우려고 늘 노력할 것이다.

It's time 뒤에 쓰이는 과거 시제는 ▶ 502 참조.   I'd rather 뒤에 쓰이는 과거 시제는 ▶ 566 참조.
I wish 뒤에 쓰이는 과거 시제는 ▶ 632 참조.

7 완료 및 진행형 동사의 단순화

의미가 분명한 경우 종속절에 현재 완료나 과거 완료 대신 단순 과거를 쓴다.

It's been a good time while it('s) **lasted**. 그 동안은 즐거웠다.

I've usually liked the people I('ve) **worked** with.

나는 대체로 함께 일했던 사람들을 좋아했다.

For thirty years, he had done no more than he (had) **needed** to.

그는 30년 동안 그저 해야 할 일만 했다.

He probably crashed because he had gone to sleep while he **was** driving.

아마 그는 운전 도중 잠이 들어 사고가 났을 것이다. (... while he had been driving.보다 자연스러움)

종속절에는 대체로 진행형 대신 단순 시제를 쓴다.

He's working. But at the same time as he **works**, he's exercising. 그는 일하고 있다.

그러나 일하는 동시에 운동도 하고 있다. (OR ... at the same time as he's working ...)

8 예외

because, although, since, as(because의 의미)로 시작하는 절이나 계속적 용법의 관계사절
(▶ 234 참조)에서는 이러한 용법을 쓰지 않는다.

I won't see you next week because I'**ll be** in Canada.

나는 다음 주에는 캐나다에 가 있을 테니까 널 볼 수 없을 거야.

I'll come to the opera with you, although I probably **won't enjoy** it.

비록 재미없더라도 나는 너와 함께 오페라를 보러 갈 거야.

You'll work with Mr Harris, who **will explain** everything to you.

당신은 해리스 씨와 함께 일하게 될 거예요. 그가 당신에게 전부 설명해줄 겁니다.

간접화법의 시제는 ▶ 259 참조.

232 가정법: that she go, that they be, if I were 등

1 가정법의 정의

가능, 소망, 상상 등 실제와는 다른 상황을 언급할 때 '가정법(subjunctive)'을 쓴다. 고대 영어
에는 가정법 동사가 따로 있었지만, 현대 영어에서는 should와 would 및 기타 서법 조동사와
과거 시제 동사의 특수용법(▶ 46 참조)을 써서 일반동사 형태로 가정법을 표현한다. 지금까지 남
아 있는 가정법 동사는 몇 가지에 불과하여 -(e)s가 없는 3인칭 단수 동사의 현재형(예: she see,
he have), be동사의 특수형(예: I be, he were) 정도다. be동사의 특수형은 if 뒤에 I/he/she/it
were 등을 쓰는 구문 이외에는 거의 쓰이지 않는다.

2 that she see

일반동사가 취할 수 있는 가정법 동사 형태는 3인칭 단수 현재형에 -(e)s를 붙이지 않는 것뿐이다 (예: she see). 격식을 차리는 미국 영어에서는 중요성이나 바람직함을 나타내는 단어(예: suggest, recommend, ask, insist, vital, essential, important, advice) 뒤의 that절에 가정법 동사를 쓰며 시제(현재/과거)에 따른 동사형 변화는 없다.

> It is essential that every child **have** the same educational opportunities.
> 모든 어린이는 반드시 동등한 교육 기회를 가져야 한다.

> It was important that James **contact** Adam as soon as possible.
> 제임스가 가능한 한 빨리 아담에게 연락해야 했다.

> Our advice is that the company **invest** in new equipment.
> 우리의 조언은 회사가 새로운 설비에 투자해야 한다는 것입니다.

> The judge recommended that Simmons **remain** in prison for life.
> 판사는 시몬스를 종신형에 처할 것을 권고했다.

부정문 형태의 가정법 문장에는 do를 쓰지 않는다. 어순에 유의한다.

> We felt it desirable that he **not leave** school before eighteen.
> 우리는 그가 18세 전에는 학교를 그만두지 않는 것이 바람직하다고 생각했다.

가정법의 경우 시제에 따른 동사형 변화가 없으므로 현재형이라도 과거 시제를 의미할 수 있다.

> I recommended that you **move** to another office.
> 나는 너에게 다른 사무실로 옮기라고 권고했다.

3 be동사

be동사의 경우 I be, you be 등 가정법에 쓰이는 형태가 따로 있다.

> It is important that Ella **be** present when we sign the papers.
> 우리가 서류에 서명할 때 엘라가 배석해야 한다.

> The Director asked that he **be** allowed to advertise for more staff.
> 이사는 구인 광고를 허용해 달라고 요청했다.

if 뒤에 쓰이는 I were와 he/she/it were(▶239.4 참조), 격식체에서 쓰이는 wish(▶632 참조) 역시 가정법 동사들이다.

> If I **were** you I should stop smoking. 내가 너라면 담배를 끊겠다.
> I wish it **were** Saturday. 오늘이 토요일이면 좋겠어.

4 관용구: as it were; so be it

특정 관용구에서도 가정법 동사를 쓴다. 예)

> God **save** the Queen! 신이여 여왕 폐하를 지켜주소서!
> Long **live** the King! 국왕 폐하 만세!
> God **bless** you. 신의 가호가 있기를.
> Heaven **forbid**. 어림없는 소리.
> He's a sort of adopted uncle, as it **were**. (= ... in a way.)
> 그는 말하자면 입양된 삼촌이다. (= 어떤 의미로는)
> **Be** that as it may ... (= Whether that is true or not ...) 아무튼… (= 사실이든 아니든)

If we have to pay £2,000, then so **be** it. (= We can't do anything to change it.)

우리가 2,000파운드를 지불해야 한다면 그렇게 해야지. (= 아무리 해도 상황을 바꿀 수 없다.)

5 기타 구문

영국 영어에서 가정법 구문은 격식을 차리는 표현으로 드물게 쓰인다. 영국 영어에서는 대체로 that절에 〈**should + 동사원형**〉(▶264.7 참조) 형태를 쓰거나 일반적인 현재/과거 시제를 쓴다.

It is essential that every child **should have** the same educational opportunities.

모든 어린이는 반드시 동등한 교육 기회를 가져야 한다. (OR ... that every child has ...)

It was important that James **should contact** Adam as soon as possible.

제임스가 가능한 한 빨리 아담에게 연락해야 했다. (OR ... that James contacted ...)

Section 21 Relative Clauses 관계사절

개요

관계사절의 정의

의문사(예: who, which, where)로 시작하는 절이 명사나 대명사를 수식해 사람이나 사물의 특성을 밝히거나 설명하는 역할을 할 때 이런 절을 '관계사절(relative clause)'이라고 한다.

> Do you know the people **who live next door?** 옆집에 사는 사람들 아세요?
>
> There's a programme tonight **which you might like.**
> 오늘 밤에 네가 좋아할 만한 프로그램이 하나 있어.
>
> He lives in a village **where there are no shops.** 그는 상점 하나 없는 마을에서 산다.
>
> Leslie, **who works with me**, often babysits for us.
> 나와 같이 일하는 레슬리는 종종 우리를 위해 아기를 봐준다.

관계사절을 이끄는 who, which, where 등을 '관계대명사(relative pronoun)'라고 한다. that도 관계대명사 역할을 할 수 있다.

관계사절에는 두 가지 유형이 있다(▶234 참조). 누구인지 또는 무엇인지 규정하는 관계사절을 일반적으로 '한정적 용법의 관계사절(identifying clause)'이라고 하며, 단순히 부가적으로 설명하는 역할을 하는 관계사절을 일반적으로 '계속적 용법의 관계사절(non-identifying clause)'이라고 한다.

다음 문장은 왜 틀렸을까?

- ❌ What's the name of the tall man which just came in? ▶233.1 참조
- ❌ Is that all which is left? ▶233.4 참조
- ❌ All what you say is true. ▶233.4 참조
- ❌ I've found the keys that you were looking for them. ▶233.6 참조
- ❌ I saw a girl whose her hair came down to her waist. ▶233.7 참조
- ❌ He got married again, what surprised everybody. ▶233.8, 236.2 참조
- ❌ Dorota, who does my hair is from Poland. ▶234.2 참조
- ❌ I lent him 'The Old Man and the Sea', that is easy to read. ▶234.3 참조
- ❌ This is Naomi, that sells the tickets. ▶234.3 참조
- ❌ I poured him a glass of wine, he drank at once. ▶234.4 참조
- ❌ We met a man of whom I've forgotten the name. ▶235.2 참조
- ❌ He's married to a singer whose you may have heard. ▶235.3 참조
- ❌ We need a house we can stay for a few days. ▶237.7 참조
- ❌ He liked the people with who he worked. ▶237.8 참조
- ❌ The idea was interesting which she put forward. ▶237.12 참조
- ❌ You're the one that know where to go. ▶237.13 참조
- ❌ I can't think of anybody whom to invite. ▶237.14 참조
- ❌ The children will have a garden which to play in. ▶237.14 참조
- ❌ This is a letter from my father, whom we hope will be fully recovered soon. ▶237.17 참조

Section 21 목차

233 관계사: 개요

1 who, whom, which

관계대명사 who, whom은 사람을 지칭하고, which는 사물을 지칭한다.

> What's the name of the tall man **who** just came in?
> 방금 들어온 훤칠한 남자 이름이 뭐야? (NOT ... ~~the tall man which~~ ...)

> It's a book **which** will interest children of all ages.
> 이 책은 모든 연령대의 어린이들이 좋아할 만한 책이다. (NOT ... ~~a book who~~ ...)

2 주어와 목적어

who와 which는 관계사절에서 주어 역할을 할 수 있다.

> I like people **who smile** a lot. 나는 잘 웃는 사람들이 좋다.

> This is the back door key, **which also opens** the garage.
> 이것은 차고도 열 수 있는 뒷문 열쇠다.

who(m)와 which는 관계사절에서 동사의 목적어가 될 수도 있다. 비격식체에서는 whom을 잘 쓰지 않는다(▶ 626 참조).

> Do you remember the people **who we met** in Italy?
> 우리가 이탈리아에서 만났던 사람들 기억나? (who는 met의 목적어)

> I forget most of the films **which I see**.
> 나는 내가 본 영화들을 대부분 기억하지 못한다. (which는 see의 목적어)

3 that = who/which

비격식체에서는 who나 which 대신 흔히 that을 쓴다.

> I like people **that** smile a lot. 나는 잘 웃는 사람들이 좋다.

> This is the key **that** opens the garage. 이것은 차고를 여는 열쇠다.

> Do you remember the people **that** we met in Italy?
> 우리가 이탈리아에서 만났던 사람들 기억나?

> I forget most of the films **that** I see.
> 나는 내가 본 영화들을 대부분 기억하지 못한다.

4 all that, only ... that 등

특히 수량형용사인 all, every(thing), some(thing), any(thing), no(thing), none, little, few, much, only와 최상급 다음에는 흔히 that을 쓴다.

> Is this **all that**'s left? 남은 게 이것뿐이야? (... all which is left?보다 자연스러움)

> Have you got **anything that** belongs to me?
> 내 물건을 하나라도 가지고 있어? (... anything which ...보다 자연스러움)

> The **only** thing **that** matters is to find our way home.
> 유일한 문제는 바로 집에 가는 길을 찾는 것이다.

> I hope the **little that** I've done has been useful.
> 내가 한 일이 조금이나마 도움이 되었기를 바란다.

It's the **best** film **that's** ever been made about madness.
그것은 광기를 다룬 영화들 가운데 최고의 영화다.

[주의] 이 경우 what(▶236 참조)을 쓸 수 없다.

All that you say is certainly true.
네 말은 모두 틀림없이 사실이다. (NOT ~~All what you say~~ ...)

5 목적격 관계대명사의 생략: the people we met
목적격 관계대명사는 흔히 생략된다.

Do you remember **the people we met** in Italy?
우리가 이탈리아에서 만났던 사람들 기억나?

I forget most of **the films I see**.
나는 내가 본 영화들을 대부분 기억하지 못한다.

All I want is your happiness.
내가 원하는 것은 오로지 너의 행복이다.

목적어를 생략할 수 없는 경우도 있다(▶234 참조).

6 주어나 목적어는 중복하지 않음
who(m), which, that은 she, him, it 등의 대명사를 대신해 주어나 목적어 역할을 한다. 따라서 관계사절에서 주어나 목적어를 반복하지 않는다. 비교〉

- He's got a new girlfriend. **She** works in a garage.
그에게 새 여자친구가 생겼다. 그녀는 주유소에서 일한다.

He's got a new girlfriend **who** works in a garage.
그는 주유소에서 일하는 새 여자 친구가 생겼다. (NOT ... ~~who she works in a garage.~~)

- This is Mr Rogers. You met **him** last year.
이쪽은 로저스 씨야. 작년에 네가 만났던 분이지.

This is Mr Rogers, **whom** you met last year.
이쪽은 작년에 네가 만났던 로저스 씨야. (NOT ... ~~whom you met him last year.~~)

- Here's an article. **It** might interest you.   여기 기사가 있어. 흥미로울 거야.

Here's an article **which** might interest you.
여기 네 흥미를 끌 만한 기사가 있어. (NOT ... ~~which it might interest you.~~)

전치사를 동반한 동사도 다른 동사들과 마찬가지로 한 개의 목적어를 취한다.

Are there any papers **that** I can **look at**?
내가 볼 수 있는 신문이 있나요? (NOT... ~~that I can look at them?~~)

I've found the keys **that** you were **asking about**.
내가 네가 묻던 자동차 열쇠를 발견했어. (NOT... ~~that you were asking about them.~~)

7 whose: a girl whose hair ...
whose는 명사 앞에서 한정사 역할을 하는 소유격 관계대명사로 his/her/its를 대신한다. 자세한 내용은 ▶235 참조.

I saw a girl **whose hair** came down to her waist.
나는 머리카락이 허리까지 내려오는 소녀를 보았다. (NOT ... ~~whose her hair came down~~ ...)

8 문장 전체를 받는 which

which는 명사뿐만 아니라 앞에 나온 절 전체를 받을 수도 있다.

주의 절 전체를 받을 때는 what을 쓸 수 없다.

He got married again a year later, **which** surprised everybody.

그는 그로부터 1년 후에 또 결혼했는데, 그 일은 모든 사람을 놀라게 했다.

(NOT ..., ~~what surprised everybody.~~)

She cycled from London to Glasgow, **which** is pretty good for a woman of 75.

그녀는 런던에서 글래스고까지 자전거를 타고 갔는데, 75세의 여성으로서는 대단한 일이다.

(NOT ~~She cycled ..., what is pretty good~~ ...)

9 관계부사 when, where, why

when과 where는 시간이나 장소를 나타내는 명사 뒤에서 관계사절을 이끌 수 있으며, 〈**전치사 + which**〉를 쓰는 경우와 동일하다.

I'll never forget the day **when** I first met you. (= ... the day on which ...)

나는 너를 처음 만난 날을 결코 잊지 못할 것이다.

Do you know a shop **where** I can find sandals? (= ... a shop at which ...)

샌들을 살 수 있는 가게를 아세요?

reason 뒤에서 why도 유사한 용법으로 쓰인다.

Do you know the reason **why** she doesn't like me? (= ... the reason for which ...)

그녀가 나를 싫어하는 이유를 아니?

234 한정적 용법과 계속적 용법: the tall man who ...; Mr Rogers, who ...

1 관계사절의 두 가지 유형

관계사절이 명사를 한정하거나 구분하는 역할을 할 때가 있다. 이런 관계사절을 문법 용어로는 '한정적 용법의 관계사절(identifying/defining/restrictive relative clause)'이라고 한다.

What's the name of the tall man **who just came in**?

방금 들어온 훤칠한 남자 이름이 뭐야?

People **who take physical exercise** live longer. 운동을 하는 사람들이 더 오래 산다.

Who owns the car **which is parked outside**? 밖에 주차된 차의 주인이 누구인가요?

Have you got something **that will get paint out of a carpet**?

카펫에 묻은 페인트 자국을 제거하는 것 있나요?

관계사절은 명사를 한정하거나 구분하는 역할을 하지 않고 단지 이미 규정된 대상을 부가적으로 설명하는 역할을 한다. 이런 관계사절을 문법 용어로는 '계속적 용법의 관계사절(non-identifying/non-defining/non-restrictive relative clause)'이라고 한다.

This is Ms Rogers, **who's joining the company next week**.

이쪽은 로저스 씨로, 다음 주부터 우리 회사에서 일하게 되었습니다.

In 1908 Ford developed his Model T car, **which sold for $500**.

1908년 포드는 모델 T자동차를 개발했는데, 이 차는 500달러에 팔렸다.

한정적 용법의 관계사절과 계속적 용법의 관계사절에는 몇 가지 문법적인 차이가 있다. 일반적으로 계속적 용법의 관계사절은 격식체로, 격의 없는 대화에서는 쓰이는 경우가 드물다.

2 발음과 구두점

한정적 용법의 관계사절은 대체로 수식하는 명사 바로 뒤에 이어지며, 말할 때도 잠깐 쉬거나 억양이 변하는 일이 없다. 또한 글에서도 앞에 쉼표를 써서 분리하지 않는다. (관계사절이 없으면 명사가 불완전하거나 문장의 의미가 통하지 않거나 다른 의미를 나타내기 때문이다.) 반면, 계속적 용법의 관계사절은 쉼표를 써서 분리한다. 비교)

- **The woman who does my hair** is from Poland.
  내 머리를 손질해 주는 여자는 폴란드에서 왔다.

  Dorota, **who does my hair**, is from Poland.
  도로타라고 내 머리를 손질해 주는 여자는 폴란드에서 왔다.

- She married **someone that she met on a bus**.
  그녀는 버스에서 만난 누군가와 결혼했다.

  She married **a very nice young architect from Belfast, whom she met on a bus**.
  그녀는 벨파스트 출신의 아주 괜찮은 젊은 건축가와 결혼했는데, 그녀는 그를 버스에서 만났다.

한정적 용법의 관계사절이 생략되면 어색한 문장이 될 수 있다.

  The woman is from Poland. 그 여자는 폴란드에서 왔다. (어떤 여자를 가리키는지 알 수 없다.)
  She married a man. 그녀는 남자와 결혼했다. (!)

계속적 용법의 관계사절이 문미에 오지 않고 문장 중간에 오면 앞뒤로 쉼표를 써야 한다.

  Dorota, **who does my hair**, is from ...
  도로타라고 내 머리를 손질해주는 여자는 폴란드에서 왔는데…
  (NOT ~~Dorota, who does my hair is from~~ ...)

3 that의 용례

관계대명사 that은 한정적 용법의 관계사절에는 흔히 쓰이지만, 계속적 용법의 관계사절에는 거의 쓰이지 않는다. 비교)

- Have you got a book **which/that** is really easy to read? 술술 잘 읽히는 책 있어?
  I lent him 'The Old Man and the Sea', **which** is really easy to read.
  나는 그에게 〈노인과 바다〉를 빌려주었는데, 정말 술술 잘 읽히는 책이다.
  (NOT ... ~~'The Old Man and the Sea', that is really easy to read.~~)

- Where's the girl **who/that** sells the tickets? 표 파는 여직원은 어디 갔지?
  This is Naomi, **who** sells the tickets.
  이쪽은 나오미야. 표를 팔고 있어. (NOT ~~This is Naomi, that sells the tickets.~~)

4 목적격 관계대명사의 생략

한정적 용법의 관계사절의 경우, 특히 비격식체에서는 흔히 목적격 관계대명사를 생략한다. 그러나 계속적 용법의 관계사절에서는 관계대명사를 생략할 수 없다. 비교)

- I feel sorry for **the man she married**. 그녀와 결혼한 남자가 불쌍해.
  She met **my brother, whom she later married**.
  그녀는 우리 오빠를 만났는데 나중에 결혼했다. (NOT ~~She met my brother, she later married.~~)

Did you like **the wine we drank last night**?
어젯밤 우리가 마셨던 와인 괜찮았어?

I poured him **a glass of wine, which he drank at once.**
나는 그에게 와인을 한 잔 따라주었는데 그는 단숨에 들이켰다.
(NOT ~~I poured him a glass of wine, he drank at once.~~)

It was Jack who told the police.('분열문')와 같은 문장은 ▶ 273 참조.

235 whose

1 소유격 관계대명사

whose는 관계대명사의 소유격으로 his, her, its, their처럼 명사를 앞에서 수식하는 한정사로 쓰이며, 사람이나 사물을 모두 받을 수 있다. 관계사절에서 〈whose + 명사〉는 주어 또는 동사나 전치사의 목적어가 될 수 있다.

I saw a girl **whose beauty** took my breath away.
나는 숨이 멎을 만큼 아름다운 여자를 보았다. (주어)

It was a meeting **whose purpose** I did not understand.
도무지 목적을 알 수 없는 회의였다. (목적어)

Michel Croz, **with whose help** Whymper climbed the Matterhorn, was one of the first professional guides. 웜퍼가 마터호른을 등정하는 데 도움을 주었던 미셸 크로는 최초의 전문 가이드 중 한 명이었다. (전치사의 목적어)

I went to see my friends the Forrests, **whose children** I used to look **after** when they were small. 나는 친구인 포레스트 부부를 만나러 갔는데, 이들 부부의 아이들을 어릴 때 내가 돌봐주곤 했다. (전치사의 목적어)

whose는 한정적 용법과 계속적 용법에 모두 쓸 수 있다.

2 사물: of which; that ... of

사물의 경우 소유격 whose 대신 of which나 that ... of(비격식체)를 쓸 수 있다. 가장 흔한 어순은 〈명사 + of which/that ... of〉이며 〈of which ... + 명사〉 형태도 쓸 수 있다.

He's written a book **whose name** I've forgotten.
He's written a book **the name of which** I've forgotten.
He's written a book **that** I've forgotten **the name of.**
He's written a book **of which** I've forgotten **the name.**
그는 책 한 권을 썼는데, 나는 제목을 잊어버렸다.

사람일 경우 〈명사 + of whom〉 형태를 쓰지 않는다.

a man whose name I've forgotten
내가 이름을 잊어버린 남자 (NOT ~~a man of whom I've forgotten the name~~)

3 한정사로만 쓰임

관계사 whose는 명사를 앞에서 수식하는 소유격 한정사로만 쓰이며, 그 밖의 경우는 of which/whom이나 that ... of를 쓴다.

He's married to a singer **of whom** you may have heard. OR ... **that** you may have heard **of**. 그는 가수와 결혼했는데, 너도 아마 이름은 들어봤을 거야.
(NOT ... ~~a singer whose you may have heard.~~)

4 격식체

whose를 쓴 문장은 대체로 거창하며 격식을 차린 표현으로 격식을 차리지 않은 표현에서는 with(▸633 참조) 등 소유를 나타내는 다른 어구를 쓴다. 서술이나 묘사에는 with를 쓰는 편이 whose보다 자연스럽다.

I've got some friends **with** a house that looks over a river.
내 친구들 중에는 강이 내려다보이는 집을 가진 친구들이 몇 명 있다.
(... whose house looks over a river.보다 덜 격식을 차린 표현)

You know that girl **with** a brother who drives buses?
오빠가 버스를 운전한다는 저 여자를 알아? (... whose brother drives buses?보다 덜 격식을 차린 표현)

She's married to the man over there **with** the enormous ears.
그녀는 저기 있는 귀가 아주 큰 남자와 결혼했다.
(... the man over there whose ears are enormous.보다 자연스러움)

의문문의 whose는 ▸628 참조.

236 what

1 의미 및 용례: the thing(s) which

what은 앞의 명사를 수식하지 않으며, 'the thing(s) which'의 의미로 〈명사 + 관계대명사〉를 대신한다. what으로 시작되는 절은 주어, 목적어, be동사의 보어가 될 수 있다.

What she said made me angry.
그녀가 한 말은 나를 화나게 했다. (made의 주어)

I hope you're going to give me **what I need**.
내게 필요한 것을 주기 바란다. (give의 목적어)

This is exactly **what I wanted**. 이게 바로 내가 원했던 것이다. (보어)

what 뒤에 쓰이는 동사의 단수형 및 복수형(예: What we need most is/are books.)은 ▸130.5 참조.

2 what을 쓸 수 없는 경우

what은 〈명사 + 관계대명사〉를 대신하므로, 다른 관계대명사처럼 명사나 대명사 뒤에 쓸 수 없다.

We haven't got **everything that** you ordered.
귀하가 주문하신 물품 중에는 저희에게 없는 것도 있습니다. (NOT ... ~~everything what~~ ...)

The **only thing that** keeps me awake is coffee.
내가 졸음을 이기게 해주는 것은 커피뿐이다. (NOT ~~The only thing what~~ ...)

앞의 문장 전체를 받을 때는 what을 쓰지 않고 which를 쓴다(▸233.8 참조).

Sophie married Joe, which made Oliver very unhappy.
소피는 조와 결혼했는데, 그 사실은 올리버를 아주 상심하게 만들었다. (NOT ... ~~what made~~ ...)

3 한정사로 쓰임: what money he has

what은 명사를 수식하는 한정사로도 쓰인다. 'the only', 'the little' 또는 'the few'의 의미를 나타낸다.

> **What money** he has comes from his family. (= The little money that he has ...)
> 그가 가진 돈은 가족의 돈이다.

> I'll give you **what help** I can. (= ... any help that I can.)
> 내가 도울 수 있는 일이라면 뭐든지 도와줄게.

What I want is a rest.('분열문')과 같은 문장은 ▸ 274 참조.

237 관계사: 고급 용법

1 관계대명사의 두 가지 역할

관계대명사는 관계사절 내에서 주어나 목적어 역할을 하는 동시에, 관계사절을 다른 절의 명사나 대명사와 연결시켜 주는 일종의 접속사 역할을 한다.

2 연결어 역할을 하는 관계대명사

계속적 용법의 관계사절에서 관계대명사 who와 which는 〈**and + 대명사**〉형태의 연결어 역할을 한다.

> She passed the bill to Moriarty, **who** passed it on to me. (= ... and he passed it on ...)
> 그녀는 모리아티에게 청구서를 건넸고, 모리아티는 나에게 그 청구서를 건넸다.

> I dropped the saucepan, **which** knocked over the eggs, **which** went all over the floor. (= ... and it knocked ... and they went ...)
> 나는 냄비를 떨어뜨렸는데, 냄비가 달걀 위에 떨어지면서 바닥이 온통 달걀 범벅이 되고 말았다.

> I do a lot of walking, **which** keeps me fit. (= ... and this keeps me fit.)
> 나는 많이 걷는데, 그 덕분에 건강을 유지한다.

3 who, whom

비격식체에서는 한정적 용법의 관계사절에서 목적격 관계사 whom 대신 who를 쓰기도 한다. whom이 더 격식을 차린 표현이다.

> The woman **who** I marry will have a good sense of humour.
> 나와 결혼할 여자는 유머 감각이 있어야 한다.
> (격식체: The woman **whom** I marry ...)

계속적 용법의 관계사절에서는 목적격 whom 대신 who를 쓰는 경우가 드물지만 간혹 whom 대신 who를 쓰기도 한다.

> In that year he met Rachel, **whom** he was later to marry.
> 바로 그 해에 그는 레이첼을 만났고, 훗날 결혼하게 되었다.
> (OR ... Rachel, **who** he was later to marry. – 비격식체)

4 만족스럽지 않은 규칙

일부 미국식 입문서에서는 제한적(restrictive) 용법의 관계사절에 which를 쓰는 것은 틀린다고 한다. 예를 들어, The changes **which** the directors proposed were not accepted.(이사

가 제안한 변경 사항은 수락되지 않았다.) 대신에 The changes **that** the directors proposed were not accepted.(이사가 제안한 변경 사항은 수락되지 않았다.)라고 말하거나 써야 한다는 것이다.

이것은 언어 현실을 반영하지 않은 규범 문법(▸317.3 참조)으로, 사실은 절을 한정하는 것이 표준적이며 올바른 것이다. 하지만, 이 문법은 미국 어법과 정확성에 강한 영향력을 미쳐 미국 학생들은 이 규칙을 따라야 한다.

5 사람을 지칭하는 관계대명사 that

한정적 용법의 관계사절에서 who/whom/which 대신 that을 쓰기도 하는데(▸233.3 참조) 특히, which 대신 목적어나 주어로 that을 쓰는 경우가 많다. 또한 주격 관계사 who 대신 that을 쓰기도 하지만 격식을 차린 표현은 아니다. 비교)

the people **that** I invited 내가 초청한 사람들 (일반적)

the books **that** I lent you 네게 빌려준 책들 (일반적)

the bus **that** crashed 사고가 난 버스 (일반적)

the people **that** live next door 옆집에 사는 사람들
(비격식체; 격식체에서는 the people who ...라고 쓴다.)

6 한정사 which; in which case

which는 관계사절에서 앞 문장의 의미를 반복하는 명사를 수식하기도 한다. 이는 다소 격식을 차린 표현으로, 특히 in which case(그 경우에는), at which point(그 시점에) 등의 관용어구처럼 전치사 뒤에 쓰인다.

She may be late, **in which case** we ought to wait for her.
그녀는 늦을 수도 있는데, 그럴 경우 우리는 그녀를 기다려야 한다.

He lost his temper, **at which point** I decided to go home.
그는 화를 냈고, 바로 그 순간 나는 집에 가기로 마음먹었다.

He was appointed Lord Chancellor, **in which post** he spent the rest of his life.
그는 대법관으로 임명되었고, 그 직위에서 여생을 보냈다.

He spoke in Greek, **which language** I could only follow with difficulty.
그는 그리스어로 말했는데, 나는 그 언어를 겨우 알아들을 수 있었다.

7 that으로 대신하거나 생략하는 when, where 등

시간을 나타내는 명사 뒤에 흔히 when 대신 that을 쓰는데, 비격식체에서는 that을 생략하기도 한다.

Come and see us **any time (that)** you're in town.
시내에 오게 되면 언제든지 우리를 만나러 와.

I'll never forget **the day (that)** we met.
나는 우리가 만난 날을 결코 잊지 못할 것이다.

That was **the year (that)** I first went abroad.
그 해는 내가 처음으로 외국에 나간 해였다.

somewhere, anywhere, everywhere, nowhere, place 뒤에 오는 where 역시 that으로 대신하거나 생략한다.

Have you got **somewhere (that)** I can lie down for an hour?
한 시간 정도 누워 있을 데가 있을까?

We need **a place (that)** we can stay for a few days.
우리는 며칠 정도 지낼 곳이 필요하다. (BUT NOT ~~We need a house we can stay for a few days.~~)

way 뒤에도 in which 대신 that을 쓸 수 있으며, 격식을 차리지 않은 표현에서는 that을 생략하기도 한다.

I didn't like **the way (that)** she spoke to me.
나는 그녀의 말투가 마음에 들지 않았다.

Do you know **a way (that)** you can earn money without working?
일하지 않고 돈 버는 방법 알아?

reason 뒤에 오는 why도 that으로 대신하거나 생략한다.

The reason (that) you're so bad-tempered is that you're hungry.
네가 그렇게 기분이 언짢은 건 배가 고프기 때문이다.

place는 ▶ 554 참조.   way는 ▶ 620 참조.   reason은 ▶ 567 참조.

8 전치사의 위치

전치사는 관계대명사 앞에 쓸 수도 있고 관계사절의 문미에 쓸 수도 있는데, 관계대명사 앞에 쓰는 형태가 더 격식을 차린 표현이다. 비교)

– He was respected by the people **with whom** he worked.
그는 함께 일했던 사람들에게 존경을 받았다. (격식체)

He was respected by the people **(that)** he worked **with**.
그는 함께 일했던 사람들에게 존경을 받았다. (비격식체)

– This is the room **in which** I was born.
이곳이 내가 태어난 방이다. (격식체)

This is the room **(that)** I was born **in**.
이곳이 내가 태어난 방이다. (비격식체)

that은 전치사 뒤에 쓰지 않으며, who를 전치사 뒤에 쓰는 경우는 드물다.

... the people **with whom** he worked.
그가 함께 일했던 사람들…

(NOT ... ~~with that he worked~~; NOT USUALLY ... with who he worked)

전치사로 끝나는 문장은 ▶ 209 참조.

9 some of whom, none of which 등

계속적 용법의 관계사절에서 수량을 나타내는 한정사(예: some, any, none, all, both, several, enough, many, few)는 of whom, of which, of whose와 함께 쓸 수 있다. 보통은 한정사를 of which, of whom, of whose 앞에 쓰지만, 매우 격식을 차린 표현에서는 그 뒤에 쓰기도 한다.

They picked up five boat-loads of refugees, **some of whom** had been at sea for several months. 그들은 보트 다섯 척에 탄 난민들을 구조했는데, 난민들 중 일부는 몇 달 동안이나 바다를 표류하고 있던 상태였다. (OR ... **of whom some** ...)

We've tested three hundred types of boot, **none of which** is completely waterproof.   우리는 300종의 장화를 검사했는데, 어떤 것도 방수가 완벽하지는 않았다.

(OR ... **of which none** ...)

They've got eight children, **all of whom** are studying music.

그들에게는 여덟 명의 자식이 있는데, 모두가 음악을 공부하고 있다.

(OR ... **of whom all** are studying ...)

She had a teddy bear, **both of whose** eyes were missing.

그녀는 곰인형 하나를 가지고 있었는데, 인형 눈이 양쪽 다 떨어져 나가고 없었다.

그 밖의 각종 수량 표현이나 형용사의 최상급, first, second 등의 서수, last 등도 관계대명사와 함께 쓸 수 있다.

a number **of whom** 그들 중 다수

three **of which** 그것들 중 셋

half **of which** 그것들 중 절반

the majority **of whom** 그늘 중 대다수

the youngest **of whom** 그들 중 가장 어린 사람

the last **of which** 그것들 중 마지막 것

10 whatever, whoever 등

whatever는 what처럼 〈명사(선행사) + 관계대명사〉를 대신한다.

Take **whatever** you want. (= ... anything that you want.)

네가 원하는 것은 무엇이든 가져라.

whoever, whichever, where, wherever, when, whenever, how도 이런 용법으로 쓸 수 있다.

This is for **whoever** wants it. (= ... any person that wants it.)

이것은 원하는 사람 누구나 쓸 수 있다.

I often think about **where** I met you. (= ... the place where ...)

나는 너를 만났던 장소를 종종 생각하곤 한다.

We've bought a cottage in the country for **when** we retire. (= ... the time when ...)

우리는 은퇴할 때를 대비해 시골에 별장 한 채를 샀다.

Whenever you want to come is fine with me. (= Any day that ...)

언제라도 원하는 때에 와도 좋다.

Look at **how** he treats me. (= ... the way in which ...)

그가 나를 대하는 태도를 봐.

whoever, whatever 등 -ever로 끝나는 단어의 자세한 용법은 ▶ 252 참조.   how절의 자세한 내용은 ▶ 492 참조.

11 관계사절의 일부 생략: the girl dancing

관계사절에서 주격 관계대명사와 be동사를 생략하고 분사만 쓸 수도 있다.

Who's the girl **dancing** with your brother? (= ... that is dancing with your brother?)

네 오빠와 춤추는 여자는 누구지?

Anyone **touching** that wire will get a shock. (= ... who touches ...)

누구든 저 전선에 손을 대면 감전될 것이다.

Half of the people **invited** to the party didn't turn up. (= ... who were invited ...)
파티에 초대된 사람들 중 절반이 오지 않았다.

I found him sitting at a table **covered** with papers.
(= ... which was covered with papers.)
나는 서류들로 뒤덮인 책상 앞에 앉아 있는 그를 발견했다.

형용사 available, possible이 쓰인 문장에서도 주격 관계대명사와 be동사를 함께 생략할 수 있다.

Please send me all the tickets **available**. (= ... that are available.)
입수할 수 있는 표를 전부 보내주세요.

Tuesday's the only date **possible**. 가능한 날은 화요일뿐이다.

12 관계대명사와 선행사 사이에 다른 어구가 삽입되는 경우

관계대명사는 대체로 수식하는 명사 바로 뒤에 온다.

The **idea which** she put forward was interesting.
그녀가 내놓은 아이디어는 흥미로웠다. (NOT ~~The idea was interesting which she put forward.~~)

I called in **Mrs Spencer, who** did our accounts.
나는 우리 회계 업무를 담당했던 스펜서 씨에게 전화했다.
(NOT ~~I called Mrs Spencer in, who did our accounts.~~)

그러나 관계대명사와 선행사 사이에 어구가 삽입되는 경우도 있다.

I called in **Mrs Spencer, the Manager's secretary, who** did our accounts.
나는 우리 회계 업무를 담당했던 사장 비서 스펜서 씨에게 전화했다.

13 인칭의 일치

관계사절은 3인칭에 쓰는 경우가 대부분이다. I who ..., you who ..., we who ... 등은 매우 격식을 차리는 표현 외에는 잘 쓰지 않는다. 분열문(▶ 273 참조) 형식의 관계사절에는 1인칭이나 2인칭을 지칭하는 각종 표현들이 흔히 쓰인다. 그러나 특히 비격식체에서 동사는 3인칭 형태를 취할 때가 많다.

It's me **that's** responsible for the organisation.
그 조직의 책임자는 나다. (격식체: It is I **who am** responsible ...)

You're the one **that knows** where to go.
어디로 가야 할지를 아는 사람은 바로 너다. (NOT ... ~~the one that know~~ ...)

14 관계사＋to부정사: a garden in which to play

명사나 대명사가 뒤에 오는 to부정사의 목적어일 때는 대체로 관계대명사를 쓰지 않는다.

I can't think of **anybody to invite**.
초대할 만한 사람이 하나도 떠오르지 않는다. (NOT ... ~~anybody whom to invite.~~)

그러나 전치사가 있는 구문에서는 관계대명사를 쓸 수 있다.

We moved to the country so that the children would have a garden **in which to play**. 우리는 아이들에게 뛰어놀 수 있는 정원을 마련해 주려고 시골로 이사했다.

He was miserable unless he had neighbours **with whom to quarrel**.
티격태격할 이웃이라도 없었더라면 그는 비참했을 것이다.

이 구문은 다소 격식을 차린 표현이며, 대개는 관계대명사를 쓰지 않고 〈**to부정사 + 전치사**〉를 쓴다.

... so that the children would have a garden **to play in.**
아이들에게 뛰어 놀 수 있는 정원을 마련해 주려고… (NOT ... which to play in.)

... unless he had neighbours **to quarrel with.**
그에게 티격태격할 이웃이라도 없었더라면… (NOT ... whom to quarrel with.)

15 부정(不定) 명사구 뒤의 관계사절

관계대명사가 the car, this house, my father, Mrs Lewis 등과 같은 한정(限定) 명사구를 수식할 경우 한정적 용법과 계속적 용법의 구분(▶ 234 참조)이 용이하다. 그러나 a car, some nurses, some friends 등의 부정(不定) 명사구를 수식할 경우에는 구분이 명확하지 않으므로 두 가지 용법을 모두 쓸 수 있으며, 큰 차이도 없다.

He's got **a new car that** goes like a bomb.
그는 폭발적인 속도를 내는 새 차를 장만했다.

(OR He's got **a new car, which** goes like a bomb.)

We became friendly with **some nurses that** Jack had met in Paris.
우리는 잭이 파리에서 만났던 간호사 몇 명과 친해졌다.

(OR We became friendly with **some nurses, whom** Jack had met in Paris.)

일반적으로 한정적 용법은 관계사절이 설명하는 내용이 중요한 의미나 정보를 담고 있을 때 쓰인다. 그렇지 않은 경우에는 통상 계속적 용법을 쓴다.

16 It was Alice who ...; What I need is ...

what절을 포함한 관계사절은 분열문에 쓰일 수 있다. 자세한 내용은 ▶ 273-274 참조.

It was Alice **who called the police.**
경찰에 전화를 건 사람은 앨리스였다.

What I need is a long rest.
내게 필요한 것은 긴 휴식이다.

17 somebody I know you'll like

비격식체에서는 I know/said/feel/hope/wish (that) 등의 표현을 관계사절과 혼용하는 경우도 많은데, 특히 I know, I said 등과 같은 삽입구는 관계대명사 뒤에 위치한다.

We're going to meet somebody **(who/that) I know (that) you'll like.**
우리는 네 마음에 들 만한 사람을 만날 거야.

It's a house **(which/that) we feel (that) we might want to buy.**
우리가 사고 싶다는 생각이 들 만한 집이네요.

That's the man **(who/that) I wish (that) I'd married.**
저 사람이 내가 결혼하고 싶은 남자야.

주의 이 구문에서는 대체로 접속사 that을 생략한다. 특히 관계대명사가 주격일 때는 반드시 생략해야 한다.

This is the woman **(who/that) Anna said could show us the church.**
이분이 우리에게 교회를 소개해 주실 거라고 애나가 말했던 여자분이야.

(NOT This is the woman (who/that) Anna said that could show us ...)

이 구문에서 whom을 주격 대명사로 쓰는 경우도 있지만 틀린 어법이라고 보는 것이 정설이다.

> This is a letter from my father, **whom we hope will be fully recovered soon**.
> 이 편지는 아버지가 보내신 건데, 우리는 아버지가 빨리 쾌차하시길 바라고 있다.
> (더 정확한 표현: ... who we hope will be ...)

다음과 같은 경우, 관계사절과 if절을 함께 쓸 수도 있다.

> I am enclosing an application form, **which I should be grateful if you would sign and return**.
> 신청서를 동봉하오니 서명하시고 다시 보내주시면 감사하겠습니다.

18 a car that I didn't know how fast it could go 등

흔하지는 않지만 격의 없는 대화에서는 관계사절에 간접의문문을 쓰기도 한다.

> I've just been to see an old friend **that I'm not sure when I'm going to see again**.
> 나는 옛 친구 한 명을 방금 만나고 왔는데 그 친구 언제 다시 볼지 몰라.

> There's a pile of paperwork **that I just don't know how I'm going to do**.
> 서류가 잔뜩 쌓여 있어서 어떻게 해야 할지 도무지 모르겠어.

관계대명사가 관계사절의 주어일 경우 어떤 형식이 문법적으로 올바르다고 규정하기 어렵다. 격의 없는 대화에서는 대명사를 추가하기도 한다. 다음은 그러한 용법의 실례들이다.

> I was driving a car **that I didn't know how fast it could go**.
> 나는 속도를 얼마나 낼 수 있는지도 모르는 차를 몰고 있었어.

> It's ridiculous to sing songs **that you don't know what they mean**.
> 무슨 뜻인지도 모르는 노래를 부른다는 건 우스운 일이야.

> There's a control at the back **that I don't understand how it works**.
> 뒤쪽에 조종 장치가 있긴 한데 어떻게 조종하는지 모르겠어.

> There's still one kid **that I must find out whether she's coming to the party or not**. 파티 참석 여부를 확인해야 하는 아이가 아직 한 명 남아 있어.

19 주어의 생략

비격식체에서는 there is 뒤에서 주격 관계대명사를 생략하기도 한다.

> **There's** a man at the door **wants to talk to you**.
> 누가 찾아왔는데 너와 얘기를 하고 싶대.

20 이중 목적어

특히 관계사절 뒤에 before -ing(~하기 전에), after -ing(~한 뒤에), without -ing(~하지 않고) 등이 올 때는 관계대명사가 동시에 동사 두 개의 목적어가 되는 경우도 있다.

> We have water **that** it's best not to **drink before boiling**.
> 우리가 갖고 있는 물은 끓이기 전에는 안 먹는 게 최선이야. (OR ... boiling it.)

> I'm sending you a letter **that** I want you to **destroy after reading**.
> 내가 보내는 편지는 읽고 난 뒤 없애버리길 바란다. (OR ... after reading it.)

> He was somebody **that** you could **like without admiring**.
> 그는 존경까지는 아니더라도 호감 정도는 충분히 가질 만한 사람이었다. (OR ... admiring him.)

21 고대 영어: who, that which

고대 영어에서는 who를 what처럼 〈**명사(선행사) + 관계대명사**〉를 대신하는 용법으로 쓰기도 했다. 그러나 현대 영어에서는 who를 이런 용법으로 쓰는 경우가 극히 드물다.

> **Who** steals my purse steals trash. 제 지갑을 훔치는 놈은 쓰레기를 훔치는 겁니다.
>
> (셰익스피어의 오셀로 중에서) (현대 영어: Whoever/Anybody who ...)

that which 역시 what과 비슷한 용법으로 쓰였지만, 현대 영어에서는 거의 쓰지 않는다.

> We have **that which** we need.
>
> 우리는 필요한 것을 갖고 있다. (현대 영어: We have what we need.)

Section 22 If

개요

불확실한 사건이나 상황

if절은 발생 여부 또는 진위 여부가 불확실한 일이나 상황을 언급한다.

Ask Jack if he's staying tonight. (He may or may not be staying.)
잭한테 오늘밤 머물 건지 물어봐. (그는 머물 수도 있고 머물지 않을 수도 있다.)

If I see Annie, I'll give her your love. (I may or may not see Annie.)
애니를 보게 되면 안부 전해 줄게요. (애니를 볼 수도 있고, 보지 못할 수도 있다.)

조건

if절은 '조건'의 의미로도 쓰인다. 즉, if절을 써서 어떤 일이 일어나려면 다른 어떤 일이 반드시 필요하다는 것을 나타낸다.

If you get here before eight, we can catch the early train.
네가 8시 전에 여기 도착한다면 우리는 이른 기차를 탈 수 있다.

Oil floats **if you pour it on water.** 기름은 물에 부으면 물 위에 뜬다.

이런 유형의 절을 '조건절(conditional clause)'이라고 한다.

'1차', '2차', '3차' 조건법

학교 문법에서는 흔히 쓰이는 3가지 if절인 '1차', '2차', '3차' 조건법을 집중적으로 학습한다.

'1차 조건법'

if + 현재 시제	will + 동사원형

If we play tennis,   I'll win. 우리가 테니스를 치면 내가 이길 거야.

'2차 조건법'

if + 과거 시제	would + 동사원형

If we played tennis,   I would win. 우리가 테니스를 친다면 내가 이길 텐데.

'3차 조건법'

if + 과거완료 시제	would have + pp

If we had played tennis,   I would have won. 우리가 테니스를 쳤다면 내가 이겼을 거야.

이 3가지 구문은 익혀 두면 유용하다. 그러나 이 3가지 구문만 염두에 두고 있다가 다른 구문이 나오면 학습자들이 당황하는 경우가 종종 있다. 예를 들어, **If she didn't phone this morning, then she's probably away.**(그녀가 오늘 아침 전화하지 않았다면 아마 없을 것이다.)처럼 시제가 혼용되는 경우도 있기 때문이다. if절에는 will이나 would 등으로 구성된 특수 구문뿐만 아니라, 다른 접속사들처럼 일반적인 동사형을 쓰는 구문도 있다. (1990년대 실시된 연구 결과에 따르면 전통적인 '1차', '2차', '3차' 조건절 구문은 전체 if절의 25%에도 못 미친다고 한다.)

if절의 위치

if절은 문두에 올 수도 있고, 문미에 올 수도 있다. if절이 문두에 올 때는 보통 if절 뒤에 쉼표를 찍는다.

비교)

> **If you eat too much**, you get fat. 과식하면 살찐다.
>
> You get fat **if you eat too much**. 과식하면 살찐다.

기타 if의 다양한 의미는 ▶ 244.10-244.13 참조.　간접화법에 쓰이는 if와 whether는 ▶ 260-261 참조.
if not과 unless는 ▶ 247 참조.　would/should의 자세한 용법은 ▶ 76, 80, 86 참조.
if와 in case의 차이는 ▶ 248 참조.　even if는 ▶ 452.4 참조.

규칙의 타당성

이 섹션에서는 학습자들에게 유용한 '규칙'을 제시하고 있다. 이 규칙들은 대부분의 경우를 설명하며 격식체의 말과 글에서 대체로 유효하다. 그러나 용법은 고정되어 있지 않으며 교양 있는 사람들도 글이나 말에서 종종 구문을 혼용한다. 따라서 이어지는 설명에서 선을 그은 문장(예: ~~If I would know her name, I would tell you~~)이 나오면 시험이나 격식을 갖춘 편지에서는 이런 문장을 피하는 것이 좋다.

다음 문장은 왜 틀렸을까?

- ❌ I'll give her your love if I'll see her. ▶ 238.2 참조
- ❌ If you asked me, I had told you. ▶ 241.1 참조
- ❌ If I would know his address I would tell you. ▶ 239.2 참조
- ❌ If I knew they had a problem, I could have helped them. ▶ 241.2 참조
- ❌ If I were to know his address, I would tell you. ▶ 244.2 참조
- ❌ Hadn't we missed the plane, we would all have been killed in the crash. ▶ 244.5 참조
- ❌ It would of been better if we had started earlier. ▶ 245.3 참조
- ❌ If only I would know more people! ▶ 242 참조
- ❌ I only she didn't tell the police, everything would have been all right. ▶ 242 참조
- ❌ I'll be surprised unless the car breaks down soon. ▶ 247.2 참조
- ❌ I've bought a chicken in case your mother will stay to lunch. ▶ 248.1 참조

Section 22 목차

238 일반 구문

> If you didn't study physics at school, you won't understand this book.
> I'll give her your love if I see her.

1 다른 접속사 구문과 동일한 시제

불확실하거나 비현실적인 상황을 가정(▸239 참조)하는 경우가 아니라면 if절에도 다른 접속사 구문과 동일한 시제를 쓴다. 현재를 언급할 때는 현재, 과거를 언급할 때는 과거 시제를 쓴다. 비교〉

- Oil **floats if** you **pour** it on water. 물에 기름을 부으면 물 위에 뜬다.

  Iron **goes** red **when** it **gets** very hot. 쇠는 뜨겁게 달구면 빨갛게 변한다.

- **If** Jack **didn't come** to work yesterday, he **was** probably ill.
  잭이 어제 출근하지 않았다면 아마 아팠을 것이다.

  As Jack **didn't come** to work yesterday, he **was** probably ill.
  잭이 어제 출근하지 않았다니 아마 아팠을 것이다.

- **If** you **didn't study** physics at school, you **won't understand** this book.
  학교에서 물리학을 공부하지 않았다면 이 책을 이해할 수 없을 것이다.

  Because you **didn't study** physics at school, you **won't understand** this book.
  학교에서 물리학을 공부하지 않았기 때문에 이 책을 이해할 수 없을 것이다.

2 if절의 현재 시제: 미래의 일

if절에서는 대체로 현재 시제로 미래를 나타낸다. 이런 용법은 다른 접속사 구문에서도 볼 수 있다 (▸231 참조). 비교〉

- I'll give her your love **if** I **see** her. 그녀를 만나면 네 안부를 전해 줄게. (NOT ... ~~if I will see her.~~)

  I'll give her your love **when** I **see** her.
  그녀를 만나면 네 안부를 전해 줄게. (NOT ... ~~when I will see her.~~)

- **If** we **have** fine weather tomorrow, I'm going to paint the windows.
  내일 날씨가 좋으면 창문에 페인트칠을 할 것이다.

  As soon as we **have** fine weather, I'm going to paint the windows.
  날씨가 개는 즉시 창문에 페인트칠을 할 것이다.

〈if + will (예: if it will make you feel better)〉은 ▸243 참조.
간접화법의 〈if + will (예: I don't know if I'll be ready.)〉은 ▸260.3 참조.

239 과거 시제와 would가 있는 특수 구문

> If I knew her name, I would tell you.
> What would you do if you lost your job?

1 비현실적 상황

개연성이 희박한 일이나 비현실적인 상황을 가정할 때 if로 시작하는 특수 구문을 쓰는데, 이 경우 현실과 동떨어진 느낌을 주기 위해 과거 시제와 would를 쓴다.

2 if + 주어 + 과거 동사, 주어 + would + 동사원형

현재 또는 미래의 비현실적인 상황이나 실현 가능성이 희박한 상황을 가정할 때 if절에는 (실제 의미상으로는 현재 또는 미래라도) 과거 시제를 쓰며, 주절에는 〈**would + 동사원형**〉을 쓴다.

> **If** I **knew** her name, I **would tell** you. 그녀의 이름을 안다면 너한테 말해줄 텐데.
>
> (NOT ~~If I know~~ ... OR ~~If I would know~~ ... OR ~~... I will tell you.~~)
>
> She **would be** perfectly happy if she **had** a car.
> 차가 있다면 그녀는 더할 나위 없이 행복할 텐데.
>
> What **would** you **do** if you **lost** your job? 실직하면 어떻게 할 거니?

정중하고 완곡한 제안에도 이 구문을 쓸 수 있다.

> It **would be** nice **if** you **helped** me a bit with the housework.
> 당신이 집안일을 좀 도와주면 좋을 텐데.
>
> **Would** it **be** all right **if** I **came** round about seven tomorrow? 내일 7시쯤 가도 되나요?

3 would, should 및 축약형 'd

주어가 I/we일 때 would 대신 should를 쓰기도 한다. (현대 영어에서는 would가 더 많이 쓰이며, 미국 영어에서는 should를 거의 쓰지 않는다.)

> If I knew her name, I **should** tell you. (잘 쓰이지 않음) 그녀의 이름을 안다면 말해줄 텐데.

축약형 '**d**를 쓰기도 한다(▶337 참조).

> We'**d** get up earlier if there was a good reason to.
> 그럴 만한 이유만 있다면 우리는 더 일찍 일어날 것이다.

조언이나 권유를 나타내는 I should ...는 ▶240.2 참조.   if절의 would는 ▶245 참조.   if절의 should는 ▶244.1 참조.

4 if I were 등

if 뒤에는 흔히 격식 여부와 상관없이 was 대신 were를 쓴다. 격식체에서는 were가 많이 쓰이며, 특히 미국 영어에서는 were를 더 정확한 어법으로 간주한다. 이러한 용법의 were를 문법 용어로는 '가정법 동사(subjunctive)'(▶232 참조)라고 한다.

> If I **were** rich, I would spend all my time travelling.
> 내가 부자라면 계속 여행만 하고 다닐 텐데.
>
> If my nose **were** a little shorter, I'd be quite pretty. 내 코가 조금만 짧다면 아주 예쁠 텐데.

If I were you ... 구문은 ▶240 참조.

5 일반 시제 또는 특수 시제: if I come 또는 if I came

if I come과 if I came 모두 미래를 가정할 때 쓸 수 있지만, 불가능하거나 실현 가능성이 희박한 일에는 과거 시제를 쓴다. 비교〉

- If I **become** President, I'll ... 제가 대통령이 된다면 저는 … (대통령 후보가 하는 말)

  If I **became** President, I'd ... 제가 대통령이 된다면 저는 … (어린이가 말하는 소망)
- If I **win** this race, I'll ... 경주에서 우승한다면 저는 … (가장 빠른 주자가 하는 말)

  If I **won** this race, I'd ... 경주에서 우승한다면 저는 … (가장 느린 주자가 하는 말)
- Will it be all right if I **bring** a friend? 친구를 데려와도 되나요? (단도직입적인 질문)

  Would it be all right if I **brought** a friend? 친구를 데려와도 괜찮을까요? (공손하고 완곡한 질문)

6 could, might

could는 'would be able to(~할 수 있을 것이다)', might는 'would perhaps(어쩌면 ~할 수도 있다)', 'would possibly(아마 ~할 것이다)'를 의미한다.

> If I had another £500, I **could** buy a car. 500파운드만 더 있으면 차를 살 수 있을 텐데.
>
> If you asked me nicely, I **might** get you a drink. 말만 잘하면 내가 술 한잔 살 수도 있어.

과거 시제가 현재 또는 미래를 의미하는 기타 용법은 ▸46 참조.　　if only는 ▸242 참조.

240 if I were you

1 조언

타인에게 조언할 때 흔히 If I were you … 구문을 쓴다. 영국 영어에서는 주절에 should나 would를 쓰고, 미국 영어에서는 주절에 would를 쓴다.

> I wouldn't/shouldn't worry **if I were you**. 내가 너라면 고민하지 않을 거야.
>
> **If I were you**, I'd get that car serviced. 내가 너라면 차 수리를 맡기겠어.

If I was you도 가능하지만 문법에 어긋난다는 의견도 있다(▸239.4 참조).

2 I should/would …

조언할 때 If I were you를 생략하고, I should …(영국 영어) 또는 I would …만 쓰기도 한다.

> I **shouldn't** worry. 나라면 고민하지 않겠어.
>
> I **would** get that car serviced. 나라면 차 수리를 맡기겠어.

이 경우 I should/would …는 you should …와 비슷한 의미를 나타낸다.

241 과거에 일어나지 않은 상황 가정

> If you had worked harder, you would have passed your exam.

1 if + 주어 + 과거 완료 동사, 주어 + would have + 과거분사

과거에 일어나지 않았던 상황을 가정할 때 if절에는 과거 완료, 주절에는 〈**would have + 과거분사**〉를 쓴다.

> If you **had asked** me, I **would have told** you. 나한테 물어봤더라면 말해줬을 것이다.
> (NOT ~~If you would have asked me~~ … OR ~~If you asked me~~ … OR … ~~I had told you.~~)
>
> If you **had worked** harder, you **would have passed** your exam.
> 네가 좀 더 열심히 공부했더라면 시험에 합격했을 것이다.
>
> I'**d have been** in bad trouble if Megan **hadn't helped** me.
> 메건이 도와주지 않았더라면 곤경에 처했을 것이다.

2 could have + 과거분사, might have + 과거분사

〈**could have + 과거분사**〉는 'would have been able to … (~할 수 있었을 텐데)', 〈**might have + 과거분사**〉는 'would perhaps have … (아마 ~했을 텐데)', 'would possibly have …

(~했을지도 모르는데)'를 의미한다.

> If he'd run a bit faster, he **could have won**.
> 조금만 더 빨리 달렸더라면 그가 우승할 수 있었을 것이다.

> If I hadn't been so tired, I **might have realised** what was happening.
> 내가 그렇게까지 지치지 않았더라면 무슨 일이 벌어지고 있는지 알았을 것이다.

3 현재 또는 미래 상황에서 불가능한 일

상황이나 일이 전개되는 양상으로 보아 실현 불가능한 현재 또는 미래의 일을 언급할 때 〈**would have + 과거분사**〉 구문을 쓰기도 한다.

> It **would have been** nice to go to Australia this winter, but there's no way we can do it. 올 겨울 호주에 가면 좋을 텐데 그럴 방법이 없다. (OR It would be nice …)

> If my mother hadn't met my father at a party thirty years ago, I **wouldn't have been** here now. 30년 전 어머니가 아버지를 만나지 않았더라면 나는 지금 여기에 존재할 수 없을 것이다. (OR … I wouldn't be here now.)

242 if only

다른 상황이기를 바라는 소망을 표현할 때 If only ….! 구문을 쓴다. I wish …(▶632 참조)와 의미는 같지만 더 절실한 소망을 나타낸다. 주절을 생략하고 if only절만 쓰는 경우도 많다. 시제 용법은 다음과 같다.

a 과거 시제: 현재 상황과 관련된 소망

> **If only** I **knew** more people! 내가 더 많은 사람을 알았으면!
> **If only** I **was** better-looking! 내가 더 잘 생겼으면!

was 대신 were를 쓸 수도 있다(▶239.4 참조).

> **If only** your father **were** here! 너희 아버지가 여기 계셨으면!

b would + 동사원형: 미래에 대한 소망

> **If only** it **would stop** raining, we could go out. 비가 그치면 밖에 나갈 수 있을 텐데.
> **If only** somebody **would smile**! 누군가 웃어 준다면!

c 과거 완료 시제: 과거에 대한 소망

> **If only** she **hadn't told** the police, everything would have been all right.
> 그녀가 경찰에 얘기만 하지 않았더라면 아무 문제 없었을 텐데.

243 if … will

> I'll give you £100 if it will help you to get home.
> If Anna won't be here, we'd better cancel the meeting.
> I don't know if I'll be ready in time.
> If you will come this way …
> If you will eat so much …

if절에서는 대개 현재 시제로 미래를 나타낸다(다른 접속사도 대부분 마찬가지다 ▶231 참조).

> I'll **phone** you if I **have** time. 시간 나면 전화할게. (NOT … if I will have time.)

445

그러나 다음과 같은 특정 상황에서는 if절에 will을 쓴다.

1 결과

어떤 행위의 결과로 발생할 수 있는 미래의 일을 언급할 때는 if절에 will을 쓴다. 비교)

- I'll give you £100 if I **win** the lottery. 복권에 당첨되면 100파운드를 줄게. (복권 당첨이 선행 조건)
  I'll give you £100 if it**'ll help** you to get home. 집에 가는 데 도움이 된다면 100파운드를 줄게.
  (집에 가는 데 도움이 되는 것은 결과 – 100파운드를 주는 행위가 선행)
- We'll go home now if you **get** the car. 네가 차를 가져오면 우리는 집에 갈 것이다. (조건)
  We'll go home now if it **will make** you feel better.
  그렇게 해야 네 기분이 나아진다면 우리가 지금 집에 갈게. (결과)

2 만약의 경우를 상정할 때

앞으로 있을 만약의 경우를 상정할 때 if절에 will을 쓴다.

If Anna **won't be** here on Thursday, we'd better cancel the meeting.
애나가 목요일에 여기 없다면 회의는 취소하는 게 좋겠어.

If prices **will** really **come** down in a few months, I'm not going to buy one now.
만약 몇 달 후 가격이 정말 인하된다면 지금은 그걸 사지 않겠어.

3 간접의문: I don't know if ...

간접의문문에서는 if절에 will을 쓸 수 있다 (▶ 260.3 참조).

I don't know if **I'll be** ready in time.
때 맞추어 준비가 될지 모르겠어. (NOT ... ~~if I'm ready in time.~~)

4 정중한 요청: If you will come this way ...

정중한 요청에는 〈**if + will**〉을 쓴다. 이 경우 will은 미래를 나타내는 조동사가 아니라 'be willing to(▶ 80.1 참조)'의 의미를 지닌다.

If you **will come** this way, I'll show you your room.
이쪽으로 오시면 당신 방을 보여 드리겠습니다.

If your mother **will complete** this form, I'll prepare her ticket.
당신의 어머니께서 이 양식을 작성해 주시면 표를 준비해 드리겠습니다.

would를 쓰면 훨씬 더 공손한 요청이 된다.

If you **would come** this way ... 이쪽으로 오시면 …

5 의지나 고집: If you WILL eat so much ...

if절에 강세형 will을 쓰면 강한 의지나 고집을 나타낸다.

If you **WILL eat** so much, it's not surprising you feel ill.
(= If you insist on eating so much...) 그렇게 많이 먹으니 안 아플 리가 없니.

244 기타 용법

1 if ... happen to

실현 가능성이나 개연성이 크지 않은 일에는 if절에 happen to를 쓴다.

If I **happen to** run into Daniel, I'll tell him to call you.
내가 다니엘과 마주치게 되면 너한테 전화하라고 말해줄게.

If you **happen to** pass a supermarket, perhaps you could pick up some eggs.
가다가 슈퍼마켓 보이면 달걀 좀 사다 줘.

영국 영어에서는 if절에 should를 쓰기도 하는데, 오늘날은 잘 쓰지 않는다.

If I **should** run into Daniel .... 내가 다니엘과 마주치게 되면 …

2 if ... was/were to

이 구문 역시 미래의 일을 가정할 때 쓰인다.

If the boss **was/were to come in** now, we'd be in real trouble.
(= If the boss came ...) 지금 사장이 들어온다면 우리는 정말 낭패야.

What would we do **if** I **was/were to lose** my job? 내가 실직하게 되면 우리는 어쩌지?

정중하고 완곡한 제안에도 이 구문을 쓴다.

If you **were to move** your chair a bit, we could all sit down
의자를 조금만 움직여 주시면 우리 모두 앉을 수 있을 거예요.

be동사, know 등 지속적인 상태를 나타내는 동사일 경우 이 구문을 쓰지 않는다.

If I **knew** her name ... 그녀의 이름을 안다면 … (NOT ~~If I were to know her name~~ ...)

if ... was와 if ... were의 차이는 ▶ 239.4 참조.

3 if it was/were not for

이 구문은 상황을 뒤바꿔 놓을 수 있는 사건이나 상황을 가정한다.

If it wasn't/weren't for his wife's money he'd never be a director.
(= Without his wife's money ...) 아내의 재산이 아니라면 그는 절대 중역이 되지 못할 거야.

If it wasn't/weren't for the children, we could go skiing next week.
애들만 아니면 다음 주에 스키 타러 갈 수 있을 텐데.

과거의 상황을 가정할 때는 If it had not been for(만약 …이 없었더라면)를 쓴다.

If it hadn't been for your help, I don't know what I'd have done.
네 도움이 없었더라면 어찌했을지 모르겠어.

but for는 if it were not for나 if it had not been for를 대체할 수 있다.

But for your help, I don't know what I'd have done.
네 도움이 없었더라면 어찌했을지 모르겠어.

4 if의 생략: 회화체 – You want to get in, you pay.

회화체에서는 특히 화자가 조건을 제시하거나 협박할 때 문두의 if를 생략하기도 한다.

You want to get in, you pay like everybody else. (= If you want ...)
들어가고 싶으면 다른 사람들처럼 돈을 내.

You touch me again, I'll kick your teeth in. 한 번만 더 건드리면 주둥이를 날려버릴 거야.

5 if 생략: 격식을 차린 도치 구문 – Had I realised ...

격식을 차린 표현이나 문어체에서는 if를 생략하고 주어와 조동사를 도치시킨다. 주로 were, had, should 같은 조동사가 문두로 나간다.

Were she my daughter, ... (= If she were my daughter ...) 그녀가 내 딸이라면, …

Had I realised what you intended, ... (= If I had realised ...) 당신의 속내를 알았더라면, …

Should you change your mind, ... (= If you should change ...) 당신이 마음을 바꾼다면, …

부정어는 축약형으로 쓰지 않는다.

Had we not missed the plane, we would all have been killed in the crash.

비행기를 놓치지 않았더라면 우리 모두 사고로 죽었을 것이다. (NOT ~~Hadn't we missed~~ ...)

도치 구문의 기타 용법은 ▸270-271 참조.

6 if절 내 어구 생략

if절의 주어와 be동사를 함께 생략하는 경우도 있다. 널리 쓰이는 관용표현으로 if necessary, if any, if anything, if ever, if in doubt 등이 있다.

I'll work late tonight **if necessary**. (= ... if it is necessary)
필요하다면 오늘밤 늦게까지 일할 것이다.

There is little **if any** good evidence for flying saucers.
비행접시가 있다는 유력한 증거는 거의 없다.

I'm not angry. **If anything**, I feel a little surprised. 화난 것 아니야. 그냥 좀 놀랐어.

He seldom **if ever** travels abroad. 그는 해외 여행을 거의 하지 않는다.

If in doubt, ask for help. (= If you are in doubt ...) 확신이 안 서면 도움을 청해라.

If about to go on a long journey, try to have a good night's sleep.
먼 길을 떠나는 거라면 밤에 푹 자 두도록 해라.

생략법(일부 어구를 탈락시키는 구문)의 자세한 내용은 ▸275-280 참조.

7 if so, if not

동일어구(절 전체)의 반복을 피하기 위해 if 뒤에 so나 not만 남기고 모두 생략할 수도 있다.

Are you free? **If so**, let's go out for a meal. (= ... If you are free ...)
시간 있어? 그럼 밥 먹으러 나가자.

I might see you tomorrow. **If not**, then it'll be Saturday.
(= ... If I don't see you tomorrow ...) 내일 볼 수도 있겠다. 안 되면 토요일에 보자.

8 부정어 추가: I wonder if we shouldn't...

의심이나 불확실성을 나타내는 말 뒤에 if절이 올 경우, if절에 **not**을 추가하기도 한다.

I wonder if we **shouldn't ask** the doctor to look at Emily.
(= I wonder if we should ask ...) 의사에게 에밀리 좀 봐달라고 해야 하는 거 아닐까.

I wouldn't be surprised if she **didn't** get married soon.
(= ... if she got married soon.) 그녀가 곧 결혼한다 해도 놀라지 않을 거야.

9 if ... then

if절과 주절의 인과 관계를 강조할 때 if ... then 구문을 쓴다.

If she can't come to us, **then** we'll have to go and see her.
그녀가 우리한테 올 수 없다면 우리가 가서 그녀를 만나야 한다.

10 if: '설령 ～한다 해도(= even if)'

'even if(설령 ～한다 해도)'의 의미로 if를 쓰기도 한다(▶ 452.4 참조).

I'll finish this job **if** it takes all night. 밤을 꼬박 새더라도 이 일을 끝내겠다.

I wouldn't marry you **if** you were the last man in the world.
당신이 이 세상 마지막 남자라 해도 당신하고 결혼하진 않을 거예요.

11 사실을 인정할 때

사실을 시인한 뒤 변명이나 해명을 할 때도 if절을 쓴다.

If I'm a bit sleepy, it's because I was up all night. 지금 좀 졸린 데, 밤을 꼬박 새워서 그래.

12 if: '혹시나 해서 하는 말인데(= I'm saying this in case)'

말하는 의도나 목적을 설명할 때 흔히 쓰이는 구문으로 '혹시나 해서 하는 말인데'라는 어감을 나타낸다.

There's some steak in the fridge **if you're hungry**. 배고프면 냉장고에 스테이크가 좀 있어.

If you want to go home, Anne's got your car keys.
집에 가고 싶다면 앤이 네 자동차 키를 갖고 있는데 말이야.

13 if: '…이라고 할지라도(= although)'

격식체에서 if를 although와 유사한 의미로 쓰기도 한다. 이 경우 흔히 동사 없이 〈**if + 형용사**〉 형태를 취한다. although보다 부드러운 표현으로, 언급되는 내용이 보기 나름이거나 크게 중요하지 않다는 어감을 나타낸다.

His style, **if** simple, is pleasant to read. 그의 문체는 단순하지만 읽기에 재미있다.

The profits, **if** a little lower than last year's, are still extremely healthy.
수익이 지난해보다는 좀 떨어졌지만 여전히 아주 탄탄하다.

같은 상황에서 may … but을 쓸 수도 있다.

His style **may** be simple, **but** it is pleasant to read.
그의 문체는 단순할지 몰라도 읽기에 재미있다.

245 구어체에서 쓰이는 기타 구문

1 조건절과 주절 모두에 would를 쓰는 경우

조건을 나타내는 조동사 would를 조건절과 주절에 모두 쓰는 경우도 있다. 이는 비격식체로 글에는 거의 쓰이지 않으며, 구어체 미국 영어에서 널리 쓰인다.

It **would** be good if we**'d** get some rain. 비가 좀 오면 좋을 텐데.

How **would** we feel if this **would** happen to our family?
우리 집에 이런 일이 일어나면 기분이 어떨까?

정중한 요청에 쓰이는 if … would는 ▶ 243.4 참조.

2 'd have … 'd have; would have … would have

격의 없는 대화에서는 과거 사실을 가정하는 if절에 **'d have**를 쓰기도 한다. 문법에 어긋난 표현으로 간주되지만 교양인의 대화에서 널리 쓰이며 문어체에서는 드물다.

If I'**d have** known, I'd have told you. 내가 알았더라면 너에게 말했을 텐데.

It would have been funny if she'**d have** recognised him.
그녀가 그를 알아봤다면 재미있었을 텐데.

You wonder what the attitudes of both players **would have** been if Nadal **would have** gone on and won that second set.
나달이 계속해서 두 번째 세트를 이긴다면 두 선수의 자세가 어떨지 궁금합니다. (테니스 실황 방송)

3 had've, would've

부정문 또는 강조할 때는 축약형인 'd 대신 had나 would를 그대로 쓰기도 한다. 대화에서 다음과 같이 쓰인다.

I didn't know. But if I **had've** known ... 난 몰랐어. 하지만 만일 알았더라면 …

We would never have met if he **hadn't have** crashed into my car.
그가 내 차를 들이받지 않았더라면 우리는 만날 일이 없었을 거야.

If I **would've** had a gun, somebody might have got hurt.
나한테 총이 있었더라면 누군가 다쳤을지도 몰라.

If you **wouldn't have** phoned her, we'd never have found out what was happening.
네가 그녀에게 전화하지 않았더라면 우리는 무슨 일이 벌어지고 있는지 까맣게 몰랐을 거야.

사람들은 종종 이 구문을 혼동해서 would have 대신에 would of를 쓰는데, 이는 일반적인 말에서 두 발음이 /'wʊdəv/로 동일하기 때문이다.

4 시제 혼용

if절에 과거 완료 대신 단순 과거를 쓰기도 한다. 이는 특히 미국 영어에서 나타나는 현상이다.

If I **knew** you were coming, I'd have baked a cake.
네가 오는지 알았다면 케이크를 구웠을 텐데.

If I **had** the money with me, I would have bought you one.
나한테 돈이 있었다면 너에게 하나 사 줬을 텐데.

If I **didn't have** my walking boots on, I think I would have really hurt my foot.
워킹화를 신지 않았다면 발이 정말 아팠을 것 같다.

246 유사한 의미를 지닌 표현

if와 유사한 의미로 쓸 수 있는 어구나 표현은 다양하며, 문장 구조 또한 유사한 경우가 많다. 가장 널리 쓰이는 표현으로 imagine (that), suppose (that), supposing (that), 그리고 조건을 언급할 때 쓰는 providing (that), provided (that), as/so long as, on condition (that) 등이 있다.

Imagine we could all fly. Wouldn't that be fun!
우리 모두 날 수 있다고 상상해 봐. 재미있을 것 같지 않아!

Supposing you'd missed the train. What would you have done?
그 열차를 놓쳤다고 생각해 봐. 어떻게 했을 것 같아?

You can borrow my bike **providing/provided** you bring it back.
돌려주기만 한다면 내 자전거를 빌려가도 좋다.

I'll give you the day off **on condition that** you work on Saturday morning.
토요일 오전에 일하는 조건으로 휴가를 주겠다.

You're welcome to stay with us **as/so long as** you share the expenses.
비용만 같이 부담한다면 우리와 함께 있어도 좋다.

suppose, supposing, what if는 ▶ 599 참조.

247 unless

1 의미

'except if(~하지 않는 한)', 'if … not(만약 …이 아니라면)'의 의미로 쓰인다.

> Come tomorrow **unless** I phone. (= … **if** I do**n't** phone / **except if** I phone.)
> 내가 전화 안 하면 내일 와.

> I'll take the job **unless** the pay is too low.
> (= … **if** the pay is**n't** too low / **except if** the pay is too low.)
> 급여가 너무 적지만 않으면 나는 그 일자리를 잡을 거야.

> I'll be back tomorrow **unless** there's a plane strike.
> 항공기 파업이 일어나지 않는 한 내일 돌아가겠다.

> Let's have dinner out – **unless** you're too tired.
> 나가서 저녁 먹자. 네가 너무 피곤하지 않다면 말이야.

> I'm going to dig the garden this afternoon, **unless** it rains.
> 비가 오지 않으면 오늘 오후 텃밭을 일굴 것이다.

2 unless를 쓸 수 없는 경우

'except if(~하지 않는 한)'의 의미로 unless를 쓰지만, 'if … not(만약 …이 아니라면)'의 의미로는 unless를 쓰지 않는다. 비교)

– OK. So we'll meet this evening at 7.00 – **unless** my train's late. (= … except if my train's late.) 알았어. 그러니까 오늘 저녁 7시에 만나는 거야. 내가 탄 기차가 연착하지 않는다면 말이야.
If my train is**n't** late it will be the first time this week.
기차가 늦지 않으면 그건 이번 주 처음 있는 일이야. (NOT Unless my train's late it will be the first time this week. 'except if(~하지 않는 한)'의 의미가 아님)

– I'll drive over and see you, **unless** the car breaks down.
(= … **except if** the car breaks down.) 차가 고장나지 않는 한 차를 타고 너를 보러 갈게.
I'll be surprised **if** the car does**n't** break down soon. 조만간 차가 고장나지 않으면 그게 놀랄 일이지. (NOT I'll be surprised unless the car breaks down soon.)

3 시제

unless절에는 대체로 현재 시제로 미래를 나타낸다(▶ 231 참조).

> I'll be in all day unless the office **phones**.
> 사무실에서 전화가 오지 않으면 나는 하루 종일 집에 있을 거야. (NOT … unless the office will phone.)

248 in case, if

1 (미래 상황)에 대비하여

영국 영어에서 in case는 발생할 가능성이 있는 미래 상황에 대비한다는 의미로 쓰인다.

I always take an umbrella **in case** it rains. (= ... because it might rain.)

나는 비가 올 경우에 대비해 늘 우산을 갖고 다닌다. (= 비가 올 수도 있으므로…)

in case절에서는 현재 시제로 미래를 나타낸다(▶231 참조).

I've bought a chicken **in case** your mother **stays** to lunch.

너희 어머니가 점심을 먹고 가실지도 몰라서 닭고기를 샀다. (NOT ... ~~in case your mother will stay~~ ...)

2 in case ... happen to

in case 뒤에 〈**happen to + 동사원형**〉을 쓰면 '혹시/어쩌면'이라는 의미가 강조된다.

I've bought a chicken **in case** your mother **happens to** stay to lunch.

혹시 너희 어머니가 점심을 먹고 가실지도 몰라서 닭고기를 샀다.

We took our swimming things **in case** we **happened to** find a pool.

혹시 수영장이 있을지도 몰라 우리는 수영 장비들을 가져갔다.

영국 영어에서는 동일한 방식으로 should를 쓸 수 있지만, 흔히 쓰이지는 않는다.

... **in case** your mother **should** stay to lunch.

혹시 너희 어머니가 점심을 먹고 가실지도 몰라서 ...

3 in case, if

영국 영어에서 in case와 if는 쓰임새가 다르다.

do A in case B happens: 나중에 B가 일어날지도 모르니까 A를 (먼저) 하다

do A if B happens: 만약 B가 (먼저) 일어난다면 A를 하다 비교)

- Let's buy a bottle of wine **in case** George comes.
  (= Let's buy some wine now because George might come later.)
  조지가 올지도 모르니 와인을 한 병 사자. (= 나중에 조지가 올 수도 있으니 지금 와인을 사자.)

  Let's buy a bottle of wine **if** George comes. (= We'll wait and see. If George comes, then we'll buy the wine. If he doesn't we won't.)
  조지가 오면 와인을 한 병 사자. (= 기다려 보자. 그래서 조지가 오면 와인을 사고, 안 오면 사지 말자.)

- I'm taking an umbrella **in case** it rains. 나는 비가 올 경우에 대비해 우산을 들고 나갈 것이다.
  I'll open the umbrella **if** it rains.
  나는 비가 오면 우산을 펼 것이다. (NOT ~~I'll open the umbrella in case it rains.~~)

- People insure their houses **in case** they catch fire.
  사람들은 화재에 대비해 집을 보험에 들어 둔다. (NOT ... ~~if they catch fire.~~)

  People telephone the fire brigade **if** their houses catch fire.
  사람들은 집에 불이 나면 소방서에 전화한다. (NOT ... ~~telephone~~ ... ~~in case their houses catch fire.~~)

미국 영어에서 in case는 종종 if와 유사하게 쓰인다.

In case you're free this evening, give me a call.

오늘 저녁에 한가하면 내게 전화 줘. (영국 영어에서는 흔히 쓰이지 않음)

4 in case of

전치사구 in case of는 접속사 in case보다 더 포괄적인 의미로, if와 유사한 용법으로 쓰인다.

In case of fire, break glass. (= If there is a fire ...) 화재 발생 시 유리를 깨십시오.

Section 23 **Other Adverbial Clauses**
기타 부사절

개요

이 섹션에서는 학습자에게 까다로운 접속사와 절에 관해 다루고 있다. 비교적 단순한 접속사(예: because, although, until)는 Section 31에서 다루고 있으므로 각 항목의 정확한 위치는 색인을 참고하기 바란다.

다음 문장은 왜 틀렸을까?

- ✗ I passed the exam, after it was easier to get a good job. ► 249.1 참조
- ✗ I'll call you after I'll arrive. ► 249.2 참조
- ✗ As I was a child I lived in London. ► 251.2
- ✗ His parents died while he was twelve. ► 251.2 참조
- ✗ I'll take whichever tent you're not using it. ► 252 참조
- ✗ No matter what you do is fine with me. ► 253 참조
- ✗ As much I respect your point of view, I can't agree. ► 255 참조
- ✗ He worries more than it is necessary. ► 256.1 참조
- ✗ We've got food for as many people as they want it. ► 256.1 참조
- ✗ I'm sending you the bill, as it was agreed. ► 256.1 참조

Section 23 목차

249 after: 접속사

> after + 절, + 절
> 절 + after + 절

1 용례와 위치

after가 이끄는 절은 주절 앞이나(보통 콤마와 함께 쓰임) 뒤에 올 수 있다. 정보 구문에서 강조를 위해 문미에 쓰기도 한다(▸ 267 참조).

After I moved to Scotland, I changed jobs.
나는 스코틀랜드로 이사한 뒤 직업을 바꾸었다.

I changed jobs **after I moved to Scotland**.
나는 스코틀랜드로 이사한 뒤 직업을 바꾸었다.

주의 두 경우 모두 화자는 스코틀랜드를 떠난 다음 직업을 바꾸었다. 비교〉

I moved to Scotland **after I changed jobs**.
나는 직업을 바꾼 뒤에 스코틀랜드로 이사했다. (화자가 직업을 바꾼 것이 먼저임)

2 미래를 의미하는 현재 시제

after가 이끄는 절의 현재 시제는 미래의 의미를 나타내기도 한다(▸ 231 참조).

I'll telephone you **after I arrive**. 도착하면 전화할게. (NOT … ~~after I will arrive.~~)

3 완료 시제

다른 행위가 시작되기 전에 하나의 행위를 이미 완료한 경우 after가 이끄는 절에 현재 완료나 과거 완료를 쓴다(▸ 54.1 참조).

I usually go straight home **after I've finished** work.
나는 퇴근 후에 주로 집으로 곧장 간다.

After Lara had finished school, she went to America.
라라는 학교를 졸업한 후에 미국으로 갔다.

after 뒤에는 미래에 관해 말하기 위해 미래완료 대신에 현재완료를 쓴다.

I'll call you **after I've seen** Jake.
제이크를 만난 다음에 너에게 전화할게. (NOT … ~~after I'll have seen Jake.~~)

4 after + -ing

격식체에서는 흔히 〈after + -ing〉 구문을 쓴다.

After completing this form, give it to the secretary.
이 양식을 작성한 다음 비서에게 주세요.

〈**after having + 과거분사**〉 구문은 과거의 사건을 나타낼 때도 사용할 수 있다.

He wrote his first book **after returning / having returned** from Mongolia.
그는 몽골에서 돌아온 후 첫 번째 책을 썼다.

부사 after에 대한 내용은 ▸ 360 참조.

250 before: 접속사

> before + 절, 절
> 절 + before + 절

1 용례와 위치

before가 이끄는 절은 주절 앞이나(보통 콤마와 함께 쓰임) 뒤에 올 수 있다. 정보 구문에서 강조를 위해 문미에 쓰기도 한다(▶267 참조).

Before I have breakfast, I go for a walk. 나는 아침을 먹기 전에 산책을 한다.
I go for a walk **before I have breakfast**. 나는 아침을 먹기 전에 산책을 한다.

주의 두 문장 모두 먼저 운동을 하고 그 다음에 아침을 먹는다는 뜻이다. 비교〉
I have breakfast **before I go for a walk**. (화자가 아침을 먹은 것이 먼저임)

2 현재 시제로 미래 나타내기

before절에는 현재 시제로 미래를 나타낸다(▶231 참조).

I'll telephone you **before I come**. 가기 전에 전화할게. (NOT ... ~~before I will come.~~)
We can't leave **before the speeches have finished**. 강연이 끝나기 전에는 갈 수 없다.

3 완료 시제

before가 이끄는 절에 현재 완료 및 과거 완료 시제를 써서 완료의 의미를 강조한다.

You can't go home **before I've signed** the report.
(= ... before the moment when I have completed the report.)
내가 보고서에 서명을 하기 전에는 너는 집에 갈 수 없다.

He went out **before I had finished** my sentence.
(= ... before the moment when I had completed my sentence.)
그는 내가 말을 끝내기도 전에 나가버렸다.

주의 마지막 문장은 특이한 경우로 과거 완료 시제를 쓴 종속절이 주절의 행위보다 나중에 일어난 사건이다.)

4 일어나지 않은 사건 이전 일을 나타내기

흔히 before를 써서 실제로 일어나지 않은 일을 나타내기도 한다.

We'd better get out of here **before your father catches us**.
네 아버지가 우리를 잡으러 오시기 전에 여기를 뜨는 게 좋겠다.

She left **before I could ask** for her phone number.
그녀는 내가 전화번호를 물어보기도 전에 떠났다.

5 before + -ing

격식체에서는 종종 〈**before + -ing**〉 구문을 쓴다.

Please turn out all the lights **before leaving the office**.
사무실에서 나가기 전에 불을 모두 꺼주세요.

Before beginning the book, she spent five years on research.
그녀는 책을 쓰기 전에 5년간 연구했다.

before의 부사 및 전치사 용법은 ▶ 396-397 참조.   before와 ever는 ▶ 454.4 참조.

251 as, when, while: 동시 동작이나 상황

동시에 일어난 행위나 상황을 묘사할 때 as, when, while을 쓰는데, 용법에는 약간의 차이가 있다.

1 '배경': as, when, while

as, when, while은 어떤 행위나 사건이 발생한 시점 이전부터 일어나고 있었던 (따라서 지속 시간이 더 긴) '배경적' 행위나 상황을 묘사할 때 쓰인다.

As I was walking down the street I saw Joe driving a Porsche.
나는 길을 걸어가는 도중에 조가 포르쉐를 몰고 가는 것을 보았다.

The telephone always rings **when you are having a bath.**
네가 목욕하고 있을 때 항상 전화가 온다.

While they were playing cards, somebody broke into the house.
그들이 카드 게임을 하는 사이에 누군가 집에 침입했다.

as, when, while이 이끄는 절은 문두나 문미에 모두 위치할 수 있지만, as절은 대체로 중요도가 낮은 정보를 전달하므로 문두에 위치한다. 지속 시간이 더 긴 '배경적' 행위나 상황을 묘사할 때는 대체로 진행형을 쓴다(was walking; are having; were playing). 그러나 as와 while절에 sit, lie, grow 등의 상태동사가 올 때는 단순 시제를 쓸 수 있다.

As I sat reading the paper, the door burst open.
앉아서 신문을 읽고 있는데 문이 갑자기 열렸다.

더 짧은 시간의 행위나 사건을 전할 때는 when을 써서 이런 상황을 묘사할 수 있다. as와 while은 이런 식으로는 쓰지 않는다.

When the telephone rang I was having a bath.
전화벨이 울릴 때 나는 목욕을 하고 있었다. (NOT ~~As/While the telephone rang~~ ...)

When the burglar broke into the house, they were playing cards.
강도가 집에 침입했을 때 그들은 카드 게임을 하고 있었다.

2 동시 동작이나 상황: while, as

시간이 소요되는 두 가지 행위 또는 상황이 동시에 일어날 때 while을 쓰며, 시제는 진행형 또는 단순시제를 쓴다.

While you were reading the paper, I was working.
네가 신문을 읽고 있는 동안 나는 일하고 있었어.

Jack cooked supper **while** I watched TV. 내가 TV를 보는 동안 잭은 저녁을 준비했다.

함께 진행되거나 변하는 두 가지 상황을 묘사할 때는 as를 쓴다(단순 시제).

As I get older I get more optimistic. 나는 나이를 먹을수록 점점 더 긍정적으로 변한다.

인생의 특정한 시기나 나이를 나타낼 때는 when을 쓴다.

When I was a child we lived in London.
내가 어렸을 때 우리는 런던에 살았다. (NOT ~~As/While I was a child~~ ...)

His parents died **when he was twelve**.
그의 부모님은 그가 열두 살이었을 때 돌아가셨다. (NOT ... ~~while he was twelve.~~)

3 단시간의 동시 동작 또는 상황: (just) as, (just) when

짧은 동작이나 상황이 동시에 일어날 때는 주로 (just) as를 쓴다.

As I opened my eyes I heard a strange voice.
눈을 뜨자 이상한 목소리가 들렸다.

Emily always arrives **just as** I start work.
에밀리는 항상 내가 일을 시작하려는 찰나에 도착한다.

(just) when도 쓸 수 있다.

I thought of it **just when** you opened your mouth.
네가 입을 여는 순간 나도 그 생각을 했어.

4 미래에 관해 이야기할 때

다른 시간 접속사와 마찬가지로 미래에 관해 이야기할 때 as, when, while과 함께 현재시제를 쓴다.

As you **get** used to the work you'll find it quite easy.
일에 익숙해지면 일이 더 아주 쉽다는 것을 알게 될 것이다.

I'll wash some clothes while you're out. 네가 외출한 동안 내가 빨래를 할게.

We'll feel a lot better when we're lying on the beach next week.
다음 주에 해변에 누워 있으면 더 기분이 좋아질 거야.

5 when과 while이 이끄는 절에서 〈주어 + be동사〉의 생략

when(특히 '~할 때는 언제나'를 의미할 때)과 while이 이끄는 절에서는 흔히 〈**주어 + be동사**〉를 생략한다. 이는 다소 격식을 차린 표현이다.

Don't forget to signal **when turning** right. (= ... when you are turning right.)
우회전할 때 신호 넣는 거 잊지 마.

Climb **when ready**. (= ... when you are ready.) 준비되면 올라가.

While in Germany, he got to know a family of musicians. (= While he was ...)
그는 독일에 머무는 동안 한 음악가 가족을 알게 되었다.

as, when, while의 기타 용법은 색인 참조.

252 whoever, whatever 등

1 의미와 용례

whoever는 '누구나', '어떤 사람이든지', '누가 ~하더라도' 등의 의미를 나타낸다. whatever, whichever, however, whenever, wherever도 유사한 의미로 쓰인다.
이런 단어들로 시작하는 절은 부사 역할을 하기도 한다.

I'm not opening the door, **whoever** you are. 당신이 누구든 나는 문을 열지 않겠다.

Whatever you do, I'll always love you. 네가 뭘 하든 나는 언제나 너를 사랑할 거야.

Keep calm, **whatever** happens. 무슨 일이 일어나든 침착해.

We're free all next week. You'll be welcome **whichever** day you come.
우리는 다음주 내내 한가하다. 어느 날에 오든 좋다.

However much he eats, he never gets fat. 그는 아무리 많이 먹어도 절대 살찌지 않는다.

People always want more, **however** rich they are.
사람들은 아무리 부유해도 항상 더 많은 것을 원한다.

Whenever I go to London I try to see Vicky.
나는 런던에 갈 때면 언제나 비키를 만나려고 한다.

You can come **whenever** you like. 언제든 좋을 때 오세요.

이런 접속사가 있을 때는 미래에 관해 이야기할 때 현재 시제를 쓴다.

Whichever of them you **marry**, you'll have problems.
그들 중 누구와 결혼하든 문제가 생길 것이다.

However you **travel**, it'll take you at least three days.
어떤 방법으로 가든 최소 사흘은 걸릴 것이다.

Wherever you **go**, you'll find Coca-Cola. 어디를 가든 코카콜라를 발견할 것이다.

2 whoever, whichever, whatever : 주어나 목적어 역할

whoever, whichever, whatever는 관계사절에 쓰인 동사의 주어 또는 목적어가 될 수 있다.
주의 현대 영어에서는 whomever를 쓰지 않는다.

Whoever directed this film, it's no good.
누가 감독을 맡았든 이 영화는 별로다. (directed의 주어)

Whoever you marry, make sure he can cook.
누구와 결혼하든 꼭 요리할 줄 아는 남자와 결혼해. (marry의 목적어)

Whatever you say, I don't think he's the right man.
네가 뭐라고 해도 나는 그가 적임자라고 생각하지 않는다. (say의 목적어)

whichever와 whatever는 명사를 수식하는 한정사 역할을 하기도 한다.

Whichever room you use, make sure you clean it up afterwards.
어느 방을 사용하든 반드시 나중에 청소를 해라.

Whatever problems you have, you can always come to me for help.
무슨 문제가 생기든 언제든지 와서 도움을 청해.

If you change your mind for **whatever reason**, just let me know.
어떤 이유에서든 마음이 바뀌면 그냥 내게 알려줘.

3 주어나 목적어 역할을 하는 관계사절

whoever, whichever, whatever가 이끄는 절은 문장의 주어 또는 목적어가 될 수 있다.

Whoever told you that was lying.
누가 너한테 그런 말을 했든 그건 거짓말이었다. (was lying의 주어)

I'll marry **whoever I like**. 나는 누구든 내가 좋아하는 사람과 결혼하겠다. (marry의 목적어)

Send it to **whoever pays the bills**. 계산서를 지불하는 사람에게 그것을 보내라. (to의 목적어)

Whichever climber gets to the top first will get a £5,000 prize.
정상에 가장 먼저 도착하는 등반가는 5,000파운드의 상금을 받게 된다. (will get의 주어)

I'll take **whichever tent you're not using**.
나는 네가 쓰지 않는 텐트를 택하겠다. (take의 목적어)

Whatever you want is fine with me. 네가 원하는 건 뭐든 좋다. (is의 주어)

Prisoners have to eat **whatever they're given**.
죄수들은 무엇이든 주는 대로 먹어야 한다. (eat의 목적어)

4 whenever = '~할 때는 언제나(every time that)'

whenever는 '~할 때는 언제나'라는 의미로 반복적인 상황을 나타낸다.

Whenever I see you I feel nervous. 나는 너를 볼 때마다 신경이 쓰인다.

I stay with Monica **whenever** I go to London.
나는 런던에 갈 때마다 모니카와 함께 지낸다.

5 whoever ... may

may는 무지나 불확실성을 나타낸다.

He's written a book on the philosopher Matilda Vidmi, **whoever** she **may** be.
그는 누구인지는 모르겠으나 마틸다 비드미라는 철학자에 대한 책을 썼다.

She's just written to me from Llandyfrdwy, **wherever** that **may** be.
그녀는 확실하게는 모르겠지만 를랜디프르드위라는 곳에서 막 내게 편지를 썼다.

6 동사의 생략: whatever his problems

whatever his problems are처럼 whatever가 be동사의 보어 역할을 하는 관계사절에서는 be동사를 생략할 수 있다.

Whatever his problems, he has no right to behave like that.
그에게 무슨 문제가 있든 그렇게 행동할 권리는 없다.

A serious illness, **whatever its nature**, is almost always painful.
종류를 막론하고 중병은 거의 항상 고통스럽다.

〈however + 형용사〉 뒤에는 〈대명사 + be〉를 생략할 수 있다.

A grammar rule, **however true** (it is), is useless unless it can be understood.
문법 규칙은 아무리 바르다 해도 이해할 수 없으면 무용지물이다.

7 비격식체: 단축형 대답

비격식체에서는 접속사(관계대명사)만으로 간략하게 대답하기도 한다.

When shall we start? ~ **Whenever.** (= Whenever you like.)
우리 언제 시작할까? ~ 언제든지. (= 언제든 네가 좋을 때)

Potatoes or rice? ~ **Whichever.** (= I don't mind.)
감자로 드릴까요, 밥으로 드릴까요? ~ 아무거나요. (= 상관없다.)

'신경 쓰지 않는다' 또는 '관심 없다'는 의미로 whatever를 쓰기도 하는데, 무례하게 들릴 수도 있다.

What would you like to do? We could go and see a film, or go swimming. ~
Whatever. 뭘 하고 싶어요? 영화를 보러 가도 되고 수영하러 가도 되요. ~ 아무거나요.

or whatever는 열거된 것 이외의 다른 여러 가지를 의미한다.

> Would you like some orange juice or a beer **or whatever**?
> 오렌지 주스를 드릴까요, 맥주를 드릴까요, 아니면 다른 걸 드릴까요?
>
> If you play football or tennis **or whatever**, it does take up a lot of time.
> 축구나 테니스 아니면 다른 어떤 경기를 하든 시간이 많이 걸린다.

8 whatever: '전혀'

any나 no 다음에 whatever를 써서 '조금도', '전혀' 등 강조의 의미를 나타낸다.

> Don't you have **any** regrets **whatever**? 일말의 후회도 없어?
> I can see **no** point **whatever** in buying it. 나는 그것을 왜 사는지 당최 모르겠다.

미국 영어에서는 whatsoever를 선호하며, 영국 영어에서는 격식체에서 whatsoever를 쓴다.

who ever, what ever 등은 ▶627 참조.

253 no matter who 등

1 접속사

no matter는 who, whose, what, which, where, when, how 등과 함께 쓸 수 있다. 이때 no matter who/how 등은 절과 절을 연결해주는 접속사로 '누가/어떻게 ~하든지 (하더라도)'를 의미한다.

> I'll love you **no matter what** you do. 당신이 무엇을 하든 나는 당신을 사랑할 것이다.
> **No matter where** you go, I'll follow you. 당신이 어디에 가든 나는 당신을 따라갈 것이다.

no matter 뒤에는 현재 시제로 미래를 나타낸다(▶231 참조).

> No matter where you **go**, you'll find people who love music.
> 어디에 가든지 음악을 사랑하는 사람들을 발견할 것이다.
>
> You'll be welcome no matter when you **come**. 언제 오더라도 환영합니다.

2 no matter who 등, whoever 등

접속사 no matter who/what 등의 용법은 whoever, whatever 등(▶252 참조)과 유사하다.
비교)

– **No matter what** you say, I won't believe you.
   네가 무슨 말을 하든 믿지 않을 것이다.

   Whatever you say, I won't believe you.
   네가 무슨 말을 하든 믿지 않을 것이다.

– Call me when you arrive, **no matter how** late it is.
   아무리 늦더라도 도착하면 나한테 전화해.

   Call me when you arrive, **however** late it is.
   아무리 늦더라도 도착하면 나한테 전화해.

whoever/whatever/whichever 등이 이끄는 절은 주어나 목적어가 될 수 있지만, no matter who/what/which 등이 이끄는 절은 주어나 목적어가 될 수 없다.

Whatever you do is fine with me.
네가 무엇을 하든 난 괜찮다. (BUT NOT ~~No matter what you do is fine with me.~~)
You can have **whichever you like**.
마음에 드는 건 뭐든 가져도 된다. (BUT NOT ~~You can have no matter which you like.~~)

3 no matter, it doesn't matter

no matter ...는 접속사이므로 두 개의 절과 함께 써야 한다.

No matter when you come, you'll be welcome.
언제 오더라도 환영합니다. (BUT NOT ~~No matter when you come.~~)

절이 하나만 오는 경우 it doesn't matter를 쓴다.

It doesn't matter when you come. 언제 오든 상관없다.

4 no matter what

no matter what 뒤에 동사를 생략하고 문미에 쓸 수 있다.

I'll always love you, **no matter what**. (= ... no matter what happens.)
무슨 일이 있어도 언제나 널 사랑할 거야.

Something's the matter with my foot. 등의 구문은 ▸ 524 참조.

254 whether ... or ...

이중 접속사(double conjunction)로 'It doesn't matter whether ... or ... (…이거나 …이거나 상관없다)'와 동일한 의미로 쓰인다.

The ticket will cost the same, **whether** we buy it now **or** wait till later.
그 표는 지금 사나 조금 기다렸다가 사나 가격이 똑같을 것이다.

미래의 일을 언급할 때 현재 시제를 쓴다.

Whether we **go** by bus **or** train, it'll take at least six hours.
버스로 가든 기차로 가든 최소 6시간은 걸릴 것이다.

whether ... or not으로 쓰기도 한다.

Whether you like it or not, ... 네가 그것을 좋아하든 싫어하든 …
Whether or not you like it, ... 네가 그것을 좋아하든 싫어하든 …
Whether you like it or whether you don't, ... 네가 그것을 좋아하든 싫어하든 …

whether와 if는 ▸ 261 참조.

255 as, though: 어순

형용사/부사/명사 + as + 절

as와 though는 일부 특별한 구문에서 형용사, 부사, 명사 뒤에 온다. 이 경우 as와 though 모두 양보의 의미, 즉 '비록 ~하지만'의 의미로 쓰이며, 대조의 의미를 강조하는 역할을 한다 (미국 영어에서는 양보 구문으로 as만 쓰며 though를 쓰는 경우는 드물다.)

Cold as/though it was, we went out. (= Although it was very cold, ...)
날씨가 추웠지만 우리는 밖에 나갔다.

Bravely as/though they fought, they had no chance of winning.
그들은 용감하게 싸웠지만 승리할 가능성이 없었다.

Much as/though I respect your point of view, I can't agree.
귀하의 견해는 존중합니다만 저는 동의할 수 없습니다.

Strange as/though it may seem, I don't like watching cricket.
이상하게 보일지 몰라도 나는 크리켓 경기 관람을 좋아하지 않는다.

명사 뒤에서 though는 이런 방식으로 쓸 수 있다(as는 쓸 수 없음).

Scot though she was, she supported the English team.
그녀는 스코틀랜드 사람이었지만 잉글랜드 팀을 응원했다.

가끔 이런 형태의 구문에서 as가 이유의 의미로도 쓰인다.

Tired as she was, I decided not to disturb her. (= Because she was so tired ...)
그녀가 피곤해했기 때문에 나는 그녀를 방해하지 않기로 했다.

미국 영어에서는 as ... as 구문도 흔히 쓴다.

As cold as it was, we went out. 날씨가 추웠지만 우리는 밖에 나갔다.

I did as good a job as I could와 같은 구문에서의 어순은 ▸ 187 참조.

256 than과 as 뒤에 나오는 절: 주어 등을 생략할 때

1 주어: more than is necessary; as happened

than과 as는 뒤에 나오는 절의 주어를 대신할 수 있다(유사 관계대명사).

He worries more **than** is necessary.
그는 필요 이상으로 걱정을 한다. (NOT ... ~~more than it/what is necessary.~~)

There were a lot of people at the exhibition – more **than came** last year.
전람회에 사람이 많았다. 지난해보다 더. (NOT ... ~~more than they came last year.~~)

The train might be late, **as happened** yesterday.
기차는 어제 그랬던 것처럼 늦을 수도 있다. (NOT ... ~~as it happened yesterday.~~)

We've got food for as many people **as want** it.
우리는 아무리 사람이 많아도 괜찮을 만큼 음식이 넉넉하다. (NOT ... ~~as they want it.~~)

as가 주어를 대신하는 용법으로 as follows(다음처럼), as was expected(예상대로), as was agreed(합의된 대로), as is well known(잘 알다시피) 등의 어구가 흔히 쓰인다.

I have prepared a new plan, **as follows**.
나는 다음과 같이 새로운 계획을 준비했다. (NOT ... ~~as it follows.~~)

They lost money, **as was expected**.
그들은 예상했던 대로 돈을 잃었다. (NOT ... ~~as it was expected.~~)

I am sending you the bill, **as was agreed**.
합의된 대로 계산서를 보내 드립니다. (NOT ... ~~as it was agreed.~~)

As is well known, smoking is dangerous.
잘 알다시피 흡연은 위험하다. (NOT ~~As it is well known~~ ...)

2 목적어와 보어: as I did last year

than과 as는 목적어나 보어 역할을 하기도 한다.

They sent more vegetables **than I had ordered**.
그들은 내가 주문했던 것보다 더 많은 채소를 보냈다. (NOT ... ~~than I had ordered them.~~)

Don't lose your passport, **as I did** last year.
내가 지난해에 그랬던 것처럼 여권을 잃어버리지 않도록 해. (NOT ... ~~as I did it last year.~~)

She was more frightened **than I was**. 그녀는 나보다 더 놀랐다. (NOT ... ~~than I was it.~~)

You're as tired **as I am**. 너도 나만큼 지쳤다. (NOT ... ~~as I am it.~~)

일부 방언에서는 as와 than 뒤에 what을 쓴다.

They sent more paper **than what** I had ordered.
그들은 내가 주문했던 것보다 너 많은 송이를 보냈다. (비표준어)

You're as tired **as what** I am. 너도 나만큼 지쳤다. (비표준어)

Section 24 **Noun Clauses, Direct and Indirect Speech**
명사절, 직접화법과 간접화법

개요

명사절의 용법

명사구처럼 주어, 목적어, 보어 역할을 하는 절을 '명사절(noun clause)'이라고 한다. 비교)

- **The departure date** doesn't matter. 출발 날짜는 중요하지 않다. (명사구 주어)
  When we leave doesn't matter. 언제 떠나는지는 중요하지 않다. (명사절 주어)
- I told them **a lie.** 나는 그들에게 거짓말을 했다. (명사구 목적어)
  I told them **that I knew nothing about it.**
  나는 그들에게 거기에 관해선 아무것도 모른다고 말했다. (명사절 목적어)
- The main thing is **your happiness.** 중요한 것은 너의 행복이다. (명사구 보어)
  The main thing is **that you're happy.** 중요한 것은 네가 행복한 것이다. (명사절 보어)

명사절은 that으로 시작하거나 when, where, who 같은 의문사로 시작한다. 간접화법에서도 if, whether가 이끄는 명사절이 흔히 쓰인다.

직접화법과 간접화법

타인의 말이나 견해, 생각 등을 (대체로) 정확히 그대로 전달하는 화법을 '직접화법(direct speech)'이라고 한다(용어는 '화법'이지만 말뿐 아니라 생각을 그대로 전달할 때도 해당된다).

> So he said, **'I want to go home,'** and just walked out.
> 그래서 그는 "집에 가고 싶어"라고 하더니 그냥 나가 버렸다.
> She asked, **'What do you want?'** 그녀는 물었다. "원하는 게 뭐죠?"
> And then I thought, **'Does he really mean it?'** 그러고 나서 나는 생각했다. "그 사람, 진심일까?"

타인의 말이나 견해를 화자가 말하는 문장 안에 포함시켜 전할 수도 있는데, 이 경우에는 접속사를 이용해 명사절을 만들고, 인칭이나 시제, 기타 필요한 어구를 적절히 바꾼다. 이를 '간접화법(indirect speech 또는 reported speech)'이라고 한다.

> So he said that **he wanted to go home**, and just walked out.
> 그래서 그는 집에 가고 싶다고 하더니 그냥 나가 버렸다.
> She asked **what I wanted.** 그녀는 내가 뭘 원하는지 물어보았다.
> And then I wondered **whether he really meant it.**
> 그러고 나서 나는 그 사람이 진심인지 의아했다.

대체로 직접화법과 간접화법을 혼용하지 않는다.

> She said to me **'I've lost my keys'.** 그녀는 "열쇠를 잃어버렸어."라고 나에게 말했다.
> OR She said to me **that she had lost her keys.**
> 그녀는 열쇠를 잃어버렸다고 나에게 말했다. (BUT NOT ~~She said to me that I have lost my keys.~~)

직접화법에 쓰이는 구두점은 ▶ 296, 298 참조.   전달동사 및 어순은 ▶ 257 참조.

간접화법의 규칙

간접화법 구문에 특별한 규칙을 적용하거나 특별한 시제나 동사형을 쓰는 언어들도 있지만 영어에서는 대체로 간접화법에도 다른 구문과 동일한 규칙이 적용된다. 비교)

464

He **was** happy and he **didn't want** to go home.
그는 행복해서 집에 가고 싶지 않았다.

He **said** he was happy and **didn't want** to go home.
그는 행복해서 집에 가고 싶지 않다고 말했다.

He stayed out because he **was** happy and **didn't want** to go home.
그는 행복했고 집에 가고 싶지 않았기 때문에 집에 들어가지 않았다.

따라서 학습자들은 간접화법의 '시제 일치'나 직접화법을 간접화법으로 바꾸는 복잡한 규칙을 외울 필요가 없다. (원어민들은 타인의 말이나 생각을 전달할 때 복잡한 규칙을 외우지 않는다.) 일부 경우 특별한 규칙에 따라 시제를 쓴다(▶263 참조).

이 섹션에서는 직접화법, 간접화법, 그리고 명사절의 기타 용법을 다루고 있다.

다음 문장은 왜 틀렸을까?

❌ 'You monster!' screamed she. ▶257.2 참조
❌ James wanted to go home because he doesn't like that party. ▶258.4 참조
❌ She told me that it has been a wonderful trip. ▶259.2 참조
❌ He wanted to know what did I need. ▶260.1 참조
❌ We asked where the money was? ▶260.2 참조
❌ I am not certain if I see her tomorrow. ▶260.3 참조
❌ The driver said whether I wanted the town centre. ▶260.4 참조
❌ There was a big argument about if we should move. ▶261.2 참조
❌ They can't decide if to get married. ▶261.3 참조
❌ Are you happy? ~ If I'm happy? ▶261.5 참조
❌ I suggested him to try a different approach. ▶262.3 참조
❌ The secretary said me not to park there. ▶262.3 참조
❌ The Greeks thought that the sun goes round the earth. ▶263.2 참조
❌ That she was foreign made it difficult for her to get a job. ▶264.3 참조
❌ The judge paid no attention to that she had just lost her husband. ▶264.3 참조
❌ Who do you think that is outside? ▶264.8 참조
❌ He replied he was feeling better. ▶265.1 참조
❌ He disagreed with Copernicus' view the earth went round the sun. ▶265.3 참조

Section 24 목차

257 **직접화법:** 전달동사 및 어순

1 비격식체 전달동사: said, thought

다른 사람의 말이나 생각을 전달할 때는 주로 say나 think를 쓴다. 이런 '전달동사(reporting verb)'는 문장 앞이나 적절한 휴지부(예: 절과 절 사이 또는 담화 표지어 뒤)에 온다.

> So I **said** 'What are you doing in our bedroom?' 'I'm sorry', he **said**, 'I thought it was my room.' Well, I **thought**, that's funny, he's got my handbag open. 'If that's the case,' I **said**, 'what are you doing with my handbag?'
> 그래서 내가 "우리 침실에서 뭐 하는 거죠?"라고 물었더니 그 사람이 "미안합니다. 내 방인 줄 착각했어요."
> 그러는 거야. 글쎄, 난 이상하다고 생각했지. 이 사람이 내 핸드백을 열어 놓았거든. 난 말했지". 그렇다면 내
> 핸드백 갖고 뭐 하는 거죠?"

2 문어체의 직접화법: ask, exclaim, suggest ...

장편소설이나 단편소설 등에는 ask, exclaim, suggest, reply, cry, reflect, suppose, grunt, snarl, hiss, whisper 등 훨씬 다양한 전달동사가 쓰인다. 이런 전달동사는 흔히 주어 앞에 쓴다 ('도치(inversion)'는 ▶ 271 참조).

> 'Is this Mr Rochester's house?' **asked Emma**. "여기가 로체스터 씨 댁인가요?" 엠마가 물었다.
> 'Great Heavens!' **cried Celia**. 'Is there no end to your wickedness? I implore you – leave me alone!' 'Never,' **hissed the Duke** ...
> "어머나!" 셀리아가 비명을 질렀다. "당신의 심술은 끝이 없군요! 제가 빌게요. 제발 절 혼자 있게
> 내버려두세요!" "그럴 수 없소." 공작은 속삭였다.

대명사 주어가 오면 대체로 주어와 동사가 도치되지 않는다.

> 'You monster!' **she screamed**. "나쁜 자식!" 그녀는 소리쳤다. (NOT ... ~~screamed she.~~)

문학 작품에서는 전달 표현이 인용문의 정상적인 흐름을 끊고 중간에 끼어드는 경우도 많다.

> 'Your information,' **I replied**, 'is out of date.' "당신의 정보는 한물간 거요." 나는 대답했다.

3 I was like ...

최근에 be like가 비격식체에서 특히 사람들의 의견을 전달할 때 '말하다'라는 의미로 흔히 쓰인다.

> **I was like**, 'Why don't you come out with us?', and **she was like**, 'OK, cool, what time?' 내가 "우리와 함께 나가는 게 어때?"라고 말하자 그녀는 "좋아, 좋아, 몇 시에?"라고 말했다.

처음에는 젊은 미국인들 사이에서 흔히 사용되었지만, 오늘날은 영국과 북미에서 모든 연령대의 사람들이 흔히 사용하고 있다.

> I didn't want to **be like**, 'Please be quiet'. 나는 "조용히 해 주세요."라고 말하고 싶지 않았다.
> (강의 시간에 잡담을 하는 학생들에 관해 대학 교수가 하는 말)

258 **간접화법:** 개요

1 상황의 변화

타인의 말이나 생각을 옮기는 간접화법은 직접화법과 문법적인 차이가 있다. 실제 화자가 말했던 시간 및 장소와 전달자가 말하는 시간 및 장소가 다르기 때문이다.

비교〉

JAMES (토요일 저녁): **I don't like this** party. **I want** to go home **now.**
이 파티 마음에 안 들어. 이제 집에 가고 싶어.

JACKIE (토요일 저녁): James says/said **he doesn't like the** party, and **he wants** to go home. 제임스는 파티가 마음에 안 든다며 집에 가고 싶다고 한다.

DANIEL (일요일 아침): James said that **he didn't like the** party, and **he wanted** to go home. 제임스는 파티가 마음에 안 든다며 집에 가고 싶다고 했어.

2 대명사

화자가 바뀌면 인물을 지칭하는 대명사도 바뀌어야 한다. 위 예문의 경우, James는 자신의 생각을 말하고 있으므로 대명사 I를 쓰지만, Jackie와 Daniel은 James가 한 말을 전달하는 입장이므로 대명사 he를 써야 한다.

James said that **he** didn't like ...
제임스는 마음에 안 든다며 … (NOT ~~James said that I didn't like~~ ...)

3 시간 및 장소 표현

시간과 장소가 바뀌면 here, this, now, today 등도 바뀌거나 생략된다. James의 말을 전달하는 Daniel의 경우, 다른 곳에서 벌어졌던 과거의 일을 설명하는 입장이므로 this와 now를 쓸 수 없다.

James said that he didn't like **the** party ...
제임스는 파티가 마음에 안 든다고 했다. (NOT ~~James said that he didn't like this party~~ ...)

... he wanted to go home. … 그는 집에 가고 싶어 했다. (NOT ... ~~to go home now.~~)

next, last, yesterday, tomorrow 등도 이 범주에 속하는 단어들이다. 비교〉

– 직접화법: I'll be back **next week.** 다음 주에 돌아올 거야.

  간접화법: She said she'd be back **the next week**, but I never saw her again.
  그녀는 다음 주에 돌아올 거라고 했지만, 나는 다시는 그녀를 보지 못했다.

– 직접화법: Anna got her licence **last Tuesday.** 애나는 지난 화요일에 면허를 땄어.

  간접화법: He said Anna had got her licence **the Tuesday before.**
  그는 애나가 그 전 주 화요일에 면허를 땄다고 말했다.

– 직접화법: I had an accident **yesterday.** 나 어제 사고를 당했어.

  간접화법: He said he'd had an accident **the day before.**
  그는 자신이 전날 사고를 당했다고 말했다.

– 직접화법: We'll be there **tomorrow.** 우리는 내일 거기에 갈 거야.

  간접화법: They promised to be there **the next day.** 그들은 다음날 거기에 갈 거라고 약속했다.

4 시제

화자가 말한 시간과 전달자가 전하는 시간이 다른 경우 시제가 바뀐다.

James said that he **didn't** like the party ... 제임스는 파티가 마음에 안 든다고 했다.
(다니엘은 파티가 끝난 뒤 말하고 있다.) (NOT ~~James said that he doesn't like the party~~ ...)

5 that의 생략

격의 없는 대화에서는 전달동사(예: say, think) 뒤에 흔히 접속사 that을 생략한다. 자세한 내용은 ▸265 참조.

She **said** (**that**) she'd had enough. 그녀는 배가 부르다고 말했다.

I **think** (**that**) you're probably right. 어쩌면 네가 옳을지도 몰라.

259 간접화법: 시제

1 과거 전달동사: He said he didn't like the party.

타인의 말이나 생각을 전할 때는 시간이 경과했으므로 시제를 바꾼다.

JAMES (토요일 저녁): **I don't like** this party. I **want** to go home now.

이 파티 마음에 안 들어. 이제 집에 가고 싶어. (현재 시제)

DANIEL (일요일 아침): James said that he **didn't like** the party, and he **wanted** to go home. 제임스는 파티가 마음에 안 든다며 집에 가고 싶다고 했어. (과거 시제)

파티 다음날인 일요일에 Daniel이 James said that he doesn't like the party.라고 말하면 시제가 서로 맞지 않으며, James doesn't like the party yesterday and goes home. 역시 시제가 서로 부합하지 않는다. 간접화법에는 상황에 맞는 시제를 써야 한다. 비교)

James **didn't like** the party. 제임스는 파티를 좋아하지 않았다.

James said he **didn't like** the party. 제임스는 그가 파티를 좋아하지 않았다고 말했다.

James wanted to go home because he **didn't like** the party.

제임스는 파티를 좋아하지 않았기 때문에 집에 가기를 원했다.

두 번째 문장은 간접화법 문장이지만, 나머지 두 문장과 같은 시제를 쓰는데, 자연스럽다.

2 전달동사의 과거형이 올 때 전형적인 시제 변화

단순 현재 → 단순 과거

직접화법: I **need** help. 도움이 필요해.

간접화법: She thought she **needed** help. 그녀는 도움이 필요하다고 생각했다.

현재 진행 → 과거 진행

직접화법: My English **is getting** better. 내 영어 실력이 점차 좋아지고 있다.

간접화법: I knew my English **was getting** better.

나는 내 영어 실력이 점차 좋아지고 있다는 걸 알고 있었다.

현재 완료 → 과거 완료

직접화법: This **has been** a wonderful trip. 멋진 여행이었어.

간접화법: She told me that it **had been** a wonderful trip.

그녀는 나에게 멋진 여행이었다고 말했다.

과거 → 과거 완료

직접화법: Anna **grew** up in Kenya. 애나는 케냐에서 자랐다.

간접화법: I found out that Anna **had grown** up in Kenya.

나는 애나가 케냐에서 자랐다는 걸 알게 되었다.

will → would

직접화법: The exam **will** be difficult. 시험은 어려울 거야.

간접화법: They said that the exam **would** be difficult. 그들은 시험이 어려울 거라고 했다.

can → could

직접화법: I **can** fly!　날 수 있어!

간접화법: Poor chap – he thought he **could** fly.　가엾은 친구, 그는 자신이 날 수 있다고 믿었다.

may → might

직접화법: We **may** come back early.　우리는 일찍 돌아올 거야.

간접화법: They said they **might** come back early.　그들은 일찍 돌아올 거라고 말했다.

과거 완료 시제는 바뀌지 않는다.

직접화법: I arrived late because I **had lost** the address.　주소를 잃어버려서 늦게 도착했어.

간접화법: He said he had arrived late because he **had lost** the address.
　　　　　　그는 주소를 잃어버려서 늦게 도착했다고 말했다.

3 would, could 등: 시제가 바뀌지 않음

조동사의 과거형은 대체로 간접화법에서도 시제를 바꾸지 않는다.

－ 직접화법: It **would** be nice if we **could** meet.　우리가 만날 수 있다면 좋을 텐데.

－ 간접화법: He said it **would** be nice if we **could** meet.
　　　　　　그는 우리가 만날 수 있다면 좋겠다고 말했다.

자세한 내용은 ▶ 263.3 참조.

4 I told them I was British.

원래 화자가 한 말이 여전히 사실이거나 상황이 변하지 않았더라도 전달동사의 과거형 뒤에서는 대체로 시제를 바꾼다.

－ 직접화법: I'**m** British.　나는 영국인입니다.

간접화법: I told the police I **was** British.
　　　　　나는 경찰에게 영국인이라고 말했다. (화자는 지금도 영국인이다.)

－ 직접화법: You **can** use my car today.　오늘 내 차를 써도 돼.

간접화법: Your mother said I **could** use her car today. Have you got the keys?
　　　　　너희 어머니가 오늘 차를 써도 된다고 하셨어. 키 갖고 있어?

－ 직접화법: How old **are** you?　너 몇 살이니?

간접화법: Didn't you hear me? I asked how old you **were**.
　　　　　내 말 못 들었니? 몇 살이냐고 물었어.

－ 직접화법: That **is** my seat.　거기 제 자리인데요.

간접화법: Sorry, I didn't realise this **was** your seat.
　　　　　죄송합니다. 여기가 당신 자리인지 몰랐어요.

그러나 원래의 시제를 그대로 유지하는 경우도 있다.

　　Didn't you hear me? I asked how old you **are**.　내 말 못 들었니? 몇 살이냐고 물었어.

자세한 내용은 ▶ 263.2 참조.

5 He says, I'll tell her 등 뒤에서는 시제가 바뀌지 않음

전달동사의 현재형, 미래형, 현재 완료형 뒤에는 원래의 시제를 그대로 쓴다. 시간의 차이가 거의 없기 때문이다.

- 직접화법: **I don't** want to play any more. 더 이상 놀고 싶지 않아.

  간접화법: He says he **doesn't** want to play any more. 그는 더 이상 놀고 싶지 않다고 말한다.
- 직접화법: We **need** some help. 우리는 도움이 필요해.

  간접화법: I'll tell her you **need** some help. 너희에게 도움이 필요하다고 그녀에게 말할게.
- 직접화법: Taxes **will** be raised. 세금이 인상될 것이다.

  간접화법: The government has announced that taxes **will** be raised.
  정부는 세금이 인상될 것이라고 발표했다.

260 간접화법: 간접의문문 및 대답 전달

1 어순: I asked where Alice was.
표준 영어의 경우 간접의문문에서는 대체로 주어가 동사 앞에 오며, 조동사 do는 탈락된다.

- 직접화법: Where's Alice? 앨리스는 어디 있지?

  간접화법: I asked **where Alice was.**
  나는 앨리스가 어디 있느냐고 물었다. (NOT USUALLY ... where was Alice.)
- 직접화법: When are you leaving? 언제 떠나는데?

  간접화법: He wanted to know **when I was leaving.**
  그는 내가 언제 떠나는지 알고 싶어했다. (NOT USUALLY ... when was I leaving.)
- 직접화법: What do I need? 나한테 뭐가 필요하지?

  간접화법: She asked **what she needed.**
  그녀는 자신에게 뭐가 필요한지 물었다. (NOT USUALLY ... what did she need.)
- 직접화법: Where are the President and his wife staying?
  대통령과 영부인은 어디에서 머물고 있나요?

  간접화법: I asked **where the President and his wife were staying.**
  나는 대통령과 영부인은 어디에서 머물고 있느냐고 물었다. (NOT ~~Where were staying~~ ...)

질문에 대한 대답을 전할 때도 마찬가지다.

I knew **how they felt.** 나는 그들이 어떤 심정인지 알고 있었다. (NOT ... ~~how did they feel.~~)

Nobody told me **why I had to sign** the paper.
아무도 내게 왜 그 서류에 서명해야 하는지 말해 주지 않았다. (NOT ... ~~why did I have to sign~~ ...)

She explained **what the problem was.** 그녀는 무엇이 문제인지 설명했다.

They haven't told me **where I'm going to work.**
그들은 내가 어디에서 일할지 내게 말하지 않았다.

격식체에서 간접의문문은 때때로 직접의문문 어순과 동일하다.

He asked when **was I** leaving. 그는 내가 언제 떠날지 물었다.

We're wondering **will we** get to Cardiff on time, **will we** be able to park.
우리는 가디프에 정시에 도착해서 주차할 수 있을지 의문이다.

2 의문 부호 탈락
간접의문문에는 의문 부호를 붙이지 않는다.

We asked **where the money was.**
우리는 돈이 어디 있느냐고 물었다. (NOT ... ~~where the money was?~~)

3 yes/no 의문문: He asked if ...

yes/no 의문문은 접속사 if나 whether를 써서 간접의문문을 만든다(차이점은 ▸261 참조).

> The driver asked **if/whether** I wanted the town centre.
> 운전기사는 나에게 시내로 가느냐고 물었다.
> I don't know **if/whether** I can help you. 내가 도움이 될지 모르겠다.

간접의문문의 경우, 미래를 언급할 때 if절에 현재 시제를 쓰지 않는다.

> I'm not sure **if I'll see her tomorrow**.
> 내일 그녀를 볼 수 있을지 확실치 않다. (NOT ... ~~if I see her tomorrow.~~)

4 say, tell: 간접의문문에 쓰지 않음

간접의문문에는 say와 tell을 쓰지 않는다.

> NOT ~~The driver said whether I wanted the town centre.~~

그러나 질문에 대한 대답을 진술할 때는 say와 tell을 쓸 수 있다.

> Please **say whether you want** the town centre. 시내로 가실 건지 말씀해주세요.
> He never **says where he's going**. 그는 절대 행선지를 밝히지 않는다.
> I **told** her **what time it was**. 나는 그녀에게 몇 시인지 말해주었다.

say와 tell의 차이는 ▸572 참조.

261 whether, if

1 간접의문문

whether와 if는 모두 간접의문문을 이끌 수 있다.

> I'm not sure **whether/if** I'll have time. 시간이 있을지 확실하지 않다.
> I asked **whether/if** she had any messages for me.
> 나는 나에게 온 메시지가 있는지 그녀에게 물어보았다.

주로 격식체에 쓰이는 동사들 뒤에는 통상 whether를 쓴다.

> We **discussed whether** we should close the shop.
> 우리는 가게를 닫아야 할지 의논했다. (We discussed if ...보다 일반적인 표현)

격식체에서는 대체로 whether를 or와 함께 써서 이중 질문 형식을 취한다.

> The Directors have not decided **whether** they will recommend a dividend **or** reinvest the profits.
> 이사들은 배당금 지급을 권고해야 할지 아니면 수익을 재투자해야 할지 결정하지 못했다.

간접의문문이 문두로 전치(▸272 참조)될 경우 whether를 쓴다.

> **Whether I'll have time** I'm not sure at the moment.
> 시간이 있을지 현재로서는 분명하지 않다.

2 전치사 뒤

전치사 뒤에는 whether만 쓸 수 있다.

> There was a big argument **about whether** we should move to a new house.
> 우리가 새 집으로 이사해야 할지 여부를 놓고 한바탕 설전이 벌어졌다.
> (NOT ... ~~about if we should move~~ ...)
> I haven't settled the question **of whether** I'll go back home.
> 나는 집으로 돌아갈지 여부에 대한 문제를 결정하지 못했다.

3 to부정사 앞

to부정사 바로 앞에는 if를 쓸 수 없으며 whether를 쓴다.

> They can't decide **whether to get** married now or wait.
> 그들은 지금 결혼할지 아니면 기다릴지 결정을 내리지 못하고 있다.
> (NOT ~~They can't decide if to get married~~ ...)

4 주절, 보어절, 부사절

의문사절이 주어나 보어 역할을 할 때는 통상 whether를 쓴다.

> **Whether we can stay** with my mother is another matter.
> 우리가 어머니와 함께 머무를 수 있을지 여부는 또 다른 문제다. (주어)
> The question is **whether the man can be trusted**.
> 문제는 그 남자를 신뢰할 수 있느냐다. (보어)

The question is if ... 구문도 가능하지만 드물다.

> **The question is if** the man can be trusted. 문제는 그 남자를 신뢰할 수 있느냐다.

5 상대방의 질문에 되묻는 경우

'메아리 의문문(echo question)'(▶304 참조)에는 if와 whether를 쓰지 않는다.

> Are you happy? ~ Am I happy? No!
> 행복해? ~ 행복하냐고? 아니! (NOT ... ~~If/Whether I'm happy?~~ ...)

262 간접화법 : to부정사

1 He promised to write.

약속, 동의, 명령, 제안, 요청, 조언 등을 전할 때는 흔히 to부정사를 쓴다.

> He promised **to write**. 그는 편지하겠다고 약속했다.
> She agreed **to wait** for me. 그녀는 나를 기다리는 데 동의했다.
> Anna has offered **to babysit** tonight. 애나는 오늘밤 아기를 돌봐주겠다고 제안했다.

ask, advise, tell, order(offer는 제외) 뒤에는 대체로 〈**목적어 + to부정사**〉를 쓴다.

> I told **Andrew to be** careful. 나는 앤드류에게 조심하라고 말했다.
> The landlady has asked **us to be** quiet after nine o'clock.
> 집주인은 9시 이후에는 조용히 해달라고 우리에게 요청했다.
> I advise **you to think** again before you decide. 결정하기 전에 다시 한 번 생각해.

The policeman told **me not to park** there.　경찰관은 나에게 그곳에 주차하지 말라고 했다.

BUT NOT ~~Anna has offered us to babysit tonight.~~

2 He asked her how to ...

〈의문사 + to부정사〉(▶111 참조)는 널리 쓰이는 구문으로 should를 쓰는 직접의문문과 동일한 용법이다.

He asked her **how to make** a white sauce. ('How should I make a white sauce?')
그는 그녀에게 화이트 소스 만드는 방법을 물었다. ("화이트 소스 어떻게 만드는 거야?")

Don't tell me **what to do**.　나한테 이래라저래라 하지 마.

I've forgotten **where to put** the keys.　열쇠를 어디에 뒀는지 잊어버렸어.

I didn't know **whether to laugh or cry**.　웃어야 할지 울어야 할지 몰랐다.

3 suggest, say: to부정사를 쓰지 않음

suggest(▶598 참조)나 say를 비롯한 일부 동사의 경우 대체로 to부정사를 쓰지 않고 that절과 서법 조동사를 활용한 간접화법을 쓴다.

I **suggested that he should try** a different approach.
나는 그에게 다른 접근 방식을 취해 보라고 보라고 했다. (NOT ~~I suggested him to try~~ ...)

The secretary **said that I mustn't park** there.
비서는 그곳에 주차하면 안 된다고 했다. (NOT ~~The secretary said me not to park there.~~)

I told **Andrew that he ought to be** careful.
나는 앤드류에게 조심하라고 말했다.

suggest를 비롯한 일부 동사 뒤에는 가정법(▶232 참조) 동사나 -ing형도 쓸 수 있다. 가정법은 특히 미국 영어에서 흔히 사용된다.

I **suggested that he try** a different approach.
나는 그에게 다른 접근 방식을 취해 보라고 했다.

I **suggested trying** a different approach.
나는 다른 접근 방식을 취해 보라고 권했다.

263 간접화법: 고급 용법

1 과거 시제의 전달

간접화법에서는 대체로 원래 표현의 과거 시제를 과거 완료 시제로 바꿔 쓴다.

– 직접화법: I've just **written** to Jack.　방금 잭한테 편지를 썼어.
　직접화법: She told me she **had** just **written** to Jack.　그녀는 잭한테 방금 편지를 썼다고 말했다.

– 직접화법: I **saw** Penny at the theatre a couple of days ago.　2~3일 전 극장에서 페니를 봤어.
　간접화법: In her email, she said she**'d seen** Penny at the theatre a couple of days before.　그는 이메일에서 며칠 전 극장에서 페니를 봤다고 말했다.

과거 완료로 바꾸지 않아도 시점이 분명할 경우 과거 완료 시제로 바꾸지 않는다.

This man on TV said that dinosaurs **were** around for 250 million years.
TV에 나온 이 남자는 공룡이 2억 5천만 년 정도 존재했다고 말했다.
(NOT ... ~~that dinosaurs had been around~~ ...)

I told you Jack (**had**) **phoned** this morning, didn't I?
잭이 오늘 아침에 전화했다고 내가 말했잖아, 안 그래?

We were glad to hear you (**had**) **enjoyed** your trip to Denmark.
우리는 네가 덴마크 여행 잘 다녀왔다는 소식을 듣고 기뻤어.

2 현재 시제와 미래 시제의 전달

원래 화자가 말한 상황이 지금도, 또는 앞으로도 변하지 않을 때는 전달동사의 과거형 뒤에 오는 절의 시제를 그대로 유지할 수도 있고 바꿀 수도 있다. 직접 화법과 간접 화법 두 구문이 다 흔히 쓰인다.

- 직접화법: The earth **goes** round the sun. 지구는 태양 주위를 돈다.

  간접화법: He proved that the earth **goes/went** round the sun.
  그는 지구가 태양 주위를 돈다는 사실을 증명했다.

- 직접화법: How old **are** you? 몇 살이니?

  간접화법: Are you deaf? I asked how old you **are/were**.
  귀 먹었어? 몇 살이냐고 물었잖아.

- 직접화법: It **will** be windy tomorrow. 내일은 바람이 불겠습니다.

  간접화법: The forecast said it **will/would** be windy tomorrow.
  일기예보에서 내일 바람이 분다고 했다.

원래 화자의 말에 찬성하지 않거나 진위를 확신할 수 없을 때, 또는 자신이 한 말이 아니라는 것을 명확히 밝힐 때는 시제를 바꾸는 경향이 있다.

The Greeks thought that the sun **went** round the earth.
그리스인들은 태양이 지구 주위를 돈다고 생각했다.
(NOT ... ~~that the sun goes round the earth.~~)

She just said she **was** thirty! I don't believe her for a moment.
그녀는 방금 자신이 30살이라고 했어! 절대 믿을 수가 없어.

He announced that profits **were** higher than forecast.
그는 수익이 예상보다 크다고 발표했다.

3 간접화법에 쓰이는 서법 조동사

전달동사의 과거형 뒤에 쓰이는 would, should, could, might, ought, must 등의 서법 조동사는 대체로 바꾸지 않고 그대로 쓴다. needn't (▶532 참조)나 had better (▶77 참조) 역시 바꾸지 않는다.

- 직접화법: It **would** be nice if I **could** see you again. 너를 다시 볼 수 있다면 좋을 텐데.

  간접화법: He said it **would** be nice if he **could** see me again.
  그는 나를 다시 볼 수 있었으면 좋겠다고 말했다.

- 직접화법: It **might** be too late. 너무 늦은 것 같아.

  간접화법: I was afraid that it **might** be too late. 너무 늦은 것 같아 걱정이었다.

- 직접화법: It **must** be pretty late. I really **must** go. 꽤 늦은 것 같아. 정말 가야 해.

  간접화법: She said it **must** be pretty late and she really **must** go.
  그녀는 꽤 늦은 것 같다며 정말 가야 한다고 했다.

- 직접화법: You **needn't** pretend to be sorry. 미안한 척할 필요 없어.

  간접화법: I said he **needn't** pretend .... 나는 … 척할 필요 없다고 말했다.

1인칭 조동사 shall과 should는 간접화법에서 인칭이 바뀌므로 would로 바꾼다.

- 직접화법: We **shall/should** be delighted to come. 기꺼이 가겠습니다.

  간접화법: They said they **would** be delighted to come. 그들은 기꺼이 오겠다고 말했다.

must의 과거형인 had to는 ▶73.5 참조.

4 'Shall I ...?' 의문문

Shall I ...?로 시작하는 의문문은 화자의 의도에 따라 간접화법이 달라진다. 화자가 정보를 물을 때는 간접화법으로 if ... will, 화자가 제안할 때는 if ... should/can/could를 쓴다.

- 직접화법: **Shall I** be needed tomorrow? 내일 내가 있어야 돼? (영국 영어, 정보)

  간접화법: He wants to know if he **will** be needed tomorrow.
  그는 내일 자신이 있어야 하는지 알고 싶어한다.

- 직접화법: **Shall I** carry your bag? 가방을 들어 드릴까요? (제안)

  간접화법: He wants to know if he **should/can/could** carry your bag.
  그는 너의 가방을 들어줘도 되는지 알고 싶어한다.

5 조건문

전달동사의 과거형을 쓸 때도 would ... if 구문의 시제는 바꾸지 않는다.

- 직접화법: It **would** be best if we **started** early. 일찍 출발하는 게 최선일 거야.

  간접화법: He said it **would** be best if they **started** early.
  그는 일행이 일찍 출발하는 게 최선일 거라고 말했다.

그러나 if절이 '비현실적인' 상황을 가정할 때는 다음처럼 바꾼다.

- 직접화법: If I **had** any money I'**d buy** you a drink. 돈이 좀 있다면 너한테 한잔 살 텐데.

  간접화법: She said if she **had had** any money, she **would have bought** me a drink.
  그녀는 자신에게 돈이 좀 있다면 한잔 샀을 거라고 말했다.

  (OR She said if she **had** any money, she **would buy** ...)

6 부정의문문

부정의문문은 흔히 놀라움, 열정 등의 감정을 나타내며(▶218 참조), 간접화법으로 바꿀 때는 다음과 같이 감정이나 상황을 드러내는 표현을 쓴다.

- 직접화법: **Don't** the children like ice cream? 애들이 아이스크림을 안 좋아한다고?

  간접화법: **She was surprised** that the children didn't like ice cream.
  그녀는 아이들이 아이스크림을 좋아하지 않는다는 사실에 놀랐다.
  (NOT ~~She asked if the children didn't like ice cream.~~)

- 직접화법: **Isn't** she lovely! 그녀는 정말 사랑스러워!

  간접화법: **I remarked** how lovely she was
  나는 그녀가 얼마나 사랑스러운지 말했다. (NOT ~~I asked if she wasn't lovely.~~)

7 what, who, which 의문문의 어순

〈who/what/which + be동사〉로 시작하는 의문문은 주어 또는 보어를 묻는 질문이다. 비교

Who is the best player here? 여기서 가장 뛰어난 선수는 누구니?

(주어를 묻는 질문 – **Jack is** the best player here.로 답할 수 있다.)

What is the time? 몇 시야?

(보어를 묻는 질문 – The time is **4.30**.로 답할 수 있다. NOT ~~4.30 is the time.~~)

주어를 묻는 질문일(〈who/what/which + be동사〉가 주어를 물음) 경우 간접화법은 두 가지 형태의 어순으로 쓸 수 있다.

- 직접화법: Who's the best player here? 여기서 가장 뛰어난 선수가 누구지?

  간접화법: She asked me **who was the best player.**

  그녀는 내게 가장 뛰어난 선수가 누구냐고 물었다.

  She asked me **who the best player was.**

  그녀는 내게 가장 뛰어난 선수가 누구냐고 물었다.

- 직접화법: What's the matter? 무슨 일 있어?

  간접화법: I asked **what was the matter.** 나는 무슨 문제가 있느냐고 물었다.

  I asked **what the matter was.** 나는 무슨 문제가 있느냐고 물었다.

- 직접화법: Which is my seat? 내 자리는 어디야?

  간접화법: She wondered **which was her seat.** 그녀는 자기 자리가 어디냐고 물었다.

  She wondered **which her seat was.** 그녀는 자기 자리가 어디냐고 물었다.

그러나 보어에 대한 질문일 경우 간접화법에 가능한 어순은 하나뿐이다.

- 직접화법: What's the time? 몇 시야?

  간접화법: She asked **what the time was.**

  그녀는 몇 시냐고 물었다. (비격식체에서는 She asked what was the time.이라고도 한다.)

8 She's written I don't know how many books.

격의 없는 대화에서는 전달동사 어구가 의문사절이나 관계사절과 함께 문장 내에 삽입되어 다음과 같이 복잡한 구문이 될 수 있다.

She's written **I don't know how many books.**

그녀는 책을 썼는데 몇 권이나 썼는지는 모르겠어.

He's gone **I don't know where.** 그는 가버렸는데, 어디로 갔는지 모르겠어.

This is the man who **Anna said would tell us about the church.**

이 사람이 우리한테 그 교회 얘기를 해 줄 거라고 애나가 말했던 그 사람이야.

전달동사와 관계사절에 대한 자세한 내용은 ▶ 237.17 참조.

삽입절의 전반적인 내용은 ▶ 285.5 참조.

9 전달동사가 없는 간접화법

신문이나 라디오, TV보도, 의회 의사록, 회의록 등에서는 전달동사를 거의 쓰지 않고 간접화법 구문을 만들며 시제를 활용해 전달문이라는 점을 분명히 드러낸다.

The Managing Director began his address to the shareholders by summarising the results for the year. Profits on the whole **had been** high, though one or two areas **had been** disappointing. It **was**, however, important to maintain a high level of investment, and he **was** sure that the shareholders **would appreciate** ...

상무이사는 그 해 경영 실적을 요약하는 것으로 주주들 앞에서 연설을 시작했다. 한두 분야에서는 실망스러웠지만 전반적으로는 수익이 컸다. 그러나 대규모 투자를 지속시키는 것이 중요했고, 그는 주주들이 …을 높이 평가하리라 확신했다.

문하 자품에서도 유사한 기술 기법을 흔히 볼 수 있다. 다인의 말을 신날 때 식섭의분분이나 here, now 등의 표현을 써서 생동감을 불어넣는다.

> At breakfast, Daniel refused to go to school. Why should he spend all his time sitting listening to idiots? What use was all that stuff anyway? If he stayed at home he could read books. He might even learn something useful. His father, as usual, was unsympathetic. Daniel had to go to school, by damn, and he had better get moving now, or there'd be trouble.
>
> 아침식사 시간, 다니엘은 학교에 가지 않겠다고 했다. 왜 그런 멍청이들 얘기를 듣느라 시간을 보내야 한단 말인가? 게다가 그 따위가 다 대체 무슨 소용이란 말인가? 차라리 집에 있으면 책이라도 읽을 수 있을 텐데. 뭔가 유익한 걸 배울 수도 있으리라. 그러나 언제나처럼 그의 아버지는 가차없었다. 젠장, 다니엘은 결국 학교에 가야 했다. 그것도 지금 당장. 안 그랬다간 혼날 테니까.

264 that 절

1 that: 연결어

접속사로 하나의 절을 이끌어 더 큰 문장의 일부분이 되도록 만드는 단순한 연결어 기능을 한다.

비교)

> I understood. He was innocent. 나는 알았다. 그는 결백했다. (별도의 두 개 문장)
>
> I understood **that** he was innocent. 나는 그가 결백하다는 것을 알았다.

(he was innocent 절이 전체 문장 안에서 본동사의 목적어가 되었다.)

2 that절의 역할

that절은 문장의 주어가 될 수 있다. (격식체로 잘 쓰이지 않음)

> **That she should forget me so quickly** was rather a shock.
>
> 그녀가 나를 그렇게 빨리 잊다니 충격이었어.

be동사 뒤에서 보어가 될 수 있다.

> The main thing is **that you're happy**. 중요한 것은 네가 행복하다는 것이다.

많은 동사들이 목적어로 that절을 취한다.

> We **knew that** the next day would be difficult.
>
> 우리는 다음 날이 힘들 것이라는 것을 알고 있었다.
>
> I **regretted that** I was not going to be at the meeting.
>
> 나는 회의에 갈 수 없어 아쉬웠다.

that절 바로 앞에 명사나 형용사가 오는 경우도 흔하다.

> I admire your **belief that** you are always right.
>
> 나는 자신이 항상 옳다는 너의 신념을 높이 산다.
>
> The Minister is **anxious that** nothing should get into the papers.
>
> 장관은 신문에 어떤 기사도 실리지 않기를 간절히 바라고 있다.

3 the fact that ...

that이 이끄는 절이 단독으로 주어가 되는 경우는 드물며, 대체로 the fact를 앞에 덧붙인다.

The fact that she was foreign made it difficult for her to get a job.
외국인이라는 사실 때문에 그녀는 일자리를 구하기 어려웠다.
(NOT ~~That she was foreign made it difficult~~ ...)

The fact that Simon had disappeared didn't seem to worry anybody.
시몬이 사라졌지만 아무도 걱정하지 않는 듯했다.
(That Simon had disappeared didn't ...보다 자연스러움)

the fact는 전치사 뒤에서 that절을 이끄는 역할도 한다. (전치사 뒤에 that절이 바로 나올 수 없다.)

The judge paid no attention **to the fact that** she had just lost her husband.
판사는 그녀가 얼마 전 남편과 사별했다는 사실은 무시했다.
(NOT ... ~~paid no attention to that she had just~~ ...)

He held her completely responsible **for the fact that** she took food without paying for it. 그는 그녀가 돈을 지불하지 않고 음식을 가져간 것은 전적으로 유죄라고 판단했다.
(NOT ... ~~responsible for that she took~~ ...)

In spite **of the fact that** she had three small children, he sent her to prison for six months. 그녀에게는 세 명의 어린 자녀가 있었지만 그는 그녀에게 6개월 형을 선고했다.
(NOT In spite ~~of that she had~~ ...)

that절 앞의 전치사 탈락은 ▶210 참조.

4 가주어 it

that절을 받는 가주어나 가목적어로 it을 쓴다(▶268-269 참조).

It surprised me **that he was still in bed**.
나는 그가 아직도 자고 있어서 놀랐다. (That he was still in bed surprised me.보다 자연스러움)

She made **it** clear **that she was not interested**.
그녀는 관심이 없다고 분명히 밝혔다. (NOT She made ~~that she was not interested~~ clear.)

that절을 문미에 두는 이유는 ▶267 참조.

5 that절: 동사, 명사, 형용사 뒤

일부 특정 동사, 명사, 형용사 뒤에는 바로 that절이 올 수 있다. 비교)

– I **hope that** you'll have a wonderful time. 즐거운 시간 보내.
  I want you to have a wonderful time. 즐거운 시간 보내.
  (NOT ... ~~I want that you'll have~~ ...)

– I understood his **wish that** we should be there.
  나는 우리가 거기 가기를 바라는 그의 소망을 알고 있었다.
  I understood the importance of our being there.
  나는 우리가 거기 가는 게 중요하다는 것을 알고 있었다.
  (NOT ... ~~the importance that we should be there.~~)

– It's **essential that** you visit the art museum. 그 미술관은 꼭 가봐야 한다.
  It's worth your visiting the art museum.
  그 미술관은 가볼 만하다. (NOT ... ~~It's worth that you visit~~ ...)

6 that절의 should: It's important that … should

격식을 차린 영국 영어에서는 중요성이나 소망 등을 나타내는 형용사나 명사(예: important, necessary, vital, essential, eager, anxious, concerned, wish 등) 뒤에 오는 that절에 should를 쓴다.

> It's **important** that somebody **should** talk to the police. 누군가 경찰에 알려야 한다.
>
> Is it **necessary** that my uncle **should** be informed? 삼촌에게 알려야만 할까?
>
> I'm **anxious** that nobody **should** be hurt. 아무도 다치지 않기를 간절히 바란다.
>
> It is his **wish** that the money **should** be given to charity.
> 그 돈은 자선단체에 기부되어야 한다는 것이 그의 소망이다

특히 과거 시제 문장에서 이와 유사한 의미의 동사가 쓰였을 때도 that절에 should를 쓴다.

> He **insisted** that the contract **should** be read aloud.
> 그는 계약서를 크게 낭독해야 한다고 주장했다.
>
> I **recommended** that she **should** reduce her expenditure.
> 나는 그녀에게 지출을 줄이라고 충고했다.

비격식체에서는 대체로 should 구문을 쓰지 않는다.

> It's **important** that she **talks** to me when she gets here.
> 그녀가 도착하면 나와 얘기해야 해.
>
> Was it **necessary to tell** my uncle? 삼촌에게 알려야 했을까?

미국 영어에서는 이런 용법으로 should를 쓰지 않고 대신 가정법 동사(▶ 232 참조)를 쓴다.

> It's important that somebody **talk** to the police. 누군가 경찰에 알려야 한다.
>
> Was it necessary that my uncle **be** informed? 삼촌에게 알려야 했을까?
>
> I recommend that she **reduce** her expenditure.
> 나는 그녀에게 지출을 줄이라고 권한다

7 that절의 should: It's surprising that … should

이미 알고 있거나 앞서 언급된 사실에 대한 개인적인 판단이나 반응을 나타내는 표현 뒤에 오는 종속절에도 should를 쓴다. (이 용법 역시 미국 영어보다는 영국 영어에서 널리 쓰이며, 특별히 격식을 차리는 표현은 아니다.)

> It's **surprising** that she **should** say that to you.
> 그녀가 너에게 그런 말을 하다니 놀랍다.
>
> I was **shocked** that she **shouldn't** have invited Phyllis.
> 그녀가 필리스를 초대하지 않아서 놀랐다.
>
> I'm **sorry** you **should** think I did it on purpose.
> 내가 일부러 그랬다고 생각하다니 섭섭해.
>
> Do you think it's **normal** that the child **should** be so tired?
> 그 아이가 그렇게 지친 게 정상이라고 생각해?

미국 영어에서는 이런 용법으로 통상 would를 쓴다.

> It was **natural** that they **would** want him to go to a good school.
> 그들이 그를 좋은 학교에 보내려고 하는 건 당연한 일이었다. (영국 영어: … that they should …)

should 없이도 쓸 수 있으며, 이 경우 가정법 동사는 쓸 수 없다.

> It's **surprising** that she **says/said** that sort of thing to you.
> 그녀가 너에게 그렇게 말하다니 놀랍다. (BUT NOT ~~It's surprising that she say~~ ...)
>
> I was **shocked** that she **didn't** invite Phyllis. 그녀가 필리스를 초대하지 않아서 놀랐다.

should가 if절에 쓰이는 경우는 ▸ 244.1 참조; in case 뒤에 쓰이는 경우는 ▸ 248.2 참조; lest 뒤에 쓰이는 경우는 ▸ 511 참조;
so that과 in order that 뒤에 쓰이는 경우는 ▸ 588 참조.

8 Who do you wish (that) you'd married?

wh-의문문의 경우, 대체로 의문사가 이끄는 주절의 내용이 질문의 요지가 되지만, wish, think, say 등의 동사가 있을 때는 뒤에 나오는 종속절인 that절의 내용이 질문의 요지가 된다.

> Who do you wish **(that) you'd married**, then? 그럼 네가 결혼하고 싶은 상대는 누구니?
>
> How long do you think **(that) we should wait**? 우리가 얼마나 오래 기다려야 할까?
>
> What did you say **(that) you wanted** for Christmas?
> 크리스마스 선물로 바라는 게 뭐라고 했지?

that은 생략될 때가 많으며, 의문사가 종속절의 주어에 해당될 때는 반드시 생략해야 한다.

> **Who** do you think **is outside?**
> 밖에 있는 사람이 누굴까? (NOT ~~Who do you think that is outside?~~)
>
> **What** do you suppose **will happen now?**
> 이제 무슨 일이 벌어질 것 같아? (NOT ~~What do you suppose that will happen now?~~)

9 접속사구

that을 포함, 둘 이상의 단어가 모여 접속사구를 형성하기도 한다. 대표적인 예로 so that, in order that, provided that, providing that, seeing that, given that, now that 등이 있다.

> I got here early **so that** we could have a few minutes alone together.
> 잠시라도 우리 둘만 있으려고 여기 일찍 왔어.
>
> I'll come with you **providing that** James doesn't mind.
> 제임스만 괜찮다면 내가 너와 함께 갈게.
>
> OK, I'll help you, **seeing that** you asked so nicely.
> 좋아, 그렇게 간곡하게 부탁하니 도와줄게.
>
> **Given that** I'm free on Monday, we could go to Scotland for the weekend.
> 월요일이 휴무이니까 우리는 주말에 스코틀랜드에 갈 수 있을 거야.

관계대명사 that은 ▸ 233 참조.

265 that 생략

특히 비격식체에서는 흔히 접속사 that을 생략한다.

1 간접화법: He said (that) ...

비격식체에서는 흔히 쓰이는 전달동사 뒤에서 that을 생략하기도 한다.

> James **said (that)** he was feeling better. 제임스는 몸이 좋아졌다고 말했다.
>
> I **thought (that)** you were in Ireland. 나는 네가 아일랜드에 있다고 생각했다.

The waiter **suggested (that)** we should go home. 웨이터는 우리에게 집에 가라고 말했다.

그러나 reply, email, shout 등 특정 자동사 뒤에서는 that을 생략할 수 없다.

James **replied that** he was feeling better.

제임스는 몸이 좋아졌다고 대답했다. (NOT ~~James replied he was~~ ...)

She **shouted that** she was busy.

그녀는 바쁘다고 소리쳤다. (NOT ~~She shouted she was busy.~~)

2 형용사 뒤: I'm glad you're all right.

흔히 쓰이는 일부 형용사 뒤에서 that을 생략할 수 있다.

I'm **glad (that)** you're all right. 네가 괜찮다니 다행이야.

It's **funny (that)** he hasn't written. 그가 편지를 안 쓰다니 뭔가 이상한데.

We were **surprised (that)** she came. 우리는 그녀가 와서 놀랐다.

3 명사 뒤에서는 생략하지 않음

명사 뒤에서는 대체로 that을 생략하지 않는다.

I did not believe his **claim that** he was ill.

나는 아팠다는 그의 주장을 믿지 않았다. (... his claim he was ill.보다 자연스러움)

He disagreed with Copernicus' **view that** the earth went round the sun.

그는 지구가 태양 주위를 돈다는 코페르니쿠스의 견해에 반대했다.

(NOT ... ~~Copernicus' view the earth went~~ ...)

4 접속사구

비격식체에서는 so that, such ... that, now that, providing that, provided that, supposing that, considering that, assuming that 등 두 단어로 이루어진 상용 접속사구에서 that을 생략하기도 한다.

Come in quietly **so (that)** she doesn't hear you. 그녀가 듣지 못하게 조용히 들어와.

I was having **such** a nice time **(that)** I didn't want to leave.

나는 너무나 즐거워서 떠나고 싶지 않았다.

The garden looks nice **now (that)** we've got some flowers out.

꽃들이 피니 정원이 근사해 보인다.

You can borrow it **provided (that)** you bring it back tomorrow.

내일 돌려준다면 빌려가도 돼.

Assuming (that) nobody gets lost, we'll all meet again here at six o'clock.

아무도 길을 잃지 않는다면 우리는 6시에 여기서 모두 다시 만날 것이다.

5 관계사 구문

목적격 관계대명사 that은 대체로 생략한다(▶ 234.4 참조).

Look! There are the people **(that)** we met in Brighton.

봐! 우리가 브라이턴에서 만난 사람들이야.

Do it the way **(that)** I showed you. 내가 보여준 대로 해.

266 의문사절

의문사절(who, what, where 등으로 시작하는 절)은 목적어뿐만 아니라 주어, 보어, 부사 역할을 할 때도 있다. 이런 구문, 특히 how가 이끄는 절(▶492 참조)은 대체로 비격식체다.

Who you invite is your business. 누구를 초대하느냐는 네 소관이다.

A hot bath is **what I need**. 내게 필요한 것은 온욕이다.

Where we stay doesn't matter. 어디에 머무느냐는 중요하지 않다.

This is **how much I've done**. 내가 한 것은 이만큼이다.

I'm surprised at **how fast she can run**. 나는 그녀의 달리기 속도에 놀랐다.

You can eat it **how you like**. 네가 먹고 싶은 대로 해서 먹어. (비격식체)

의문사절이 주어 역할을 할 때는 흔히 가주어 it 구문을 쓴다(▶268 참조).

It's your business **who you invite**. 누구를 초대하느냐는 네 소관이다.

It doesn't matter where we stay. 어디에 머무느냐는 중요하지 않다.

관계사절에서 who, which 등은 (예: the woman **who teaches me Spanish**) ▶233 참조; 관계대명사 what은 (예: **What she said** made me angry) ▶236 참조.

Section 25 **Information Structure**
정보의 구성

개요

문장은 그 자체로 고립되어 쓰이는 경우는 드물며, 대체로 긴 글이나 대화의 일부분을 차지한다. 따라서 앞서 했던 말, 이미 알고 있는 내용, 또는 화자나 필자가 강조하고 싶은 것 등 문장 외부의 요인에 따라 절이나 문장의 정보 배치 방식이 결정되는 경우가 많다. 어떤 언어에서나 정보 배치 방식은 복잡한 문법 영역에 속한다. 이 섹션에서는 영어에서 화자 또는 필자가 일반적인 문장 구성을 사용하거나, 일반적인 어순을 바꾸어 문장 속에서 정보를 효과적으로 배치하는 방식을 살펴본다. 긴 글이나 대화의 구성은 Section 26-27 참조.

다음 문장은 왜 틀렸을까?

- ❌ He made that he was not interested clear. ▶ 267.4 참조
- ❌ It is not comfortable to sit on this chair. ▶ 268.7 참조
- ❌ It was given the impression that travel expenses would be paid. ▶ 268.7 참조
- ❌ I cannot bear it to see people crying. ▶ 269.1 참조
- ❌ I would appreciate if you would send me a receipt. ▶ 269.3 참조
- ❌ Under no circumstances we can accept late payment. ▶ 270.7 참조
- ❌ Hardly I had arrived when trouble started. ▶ 270.7 참조
- ❌ Here Freddy comes! ▶ 271.1 참조
- ❌ Here your keys are. ▶ 271.1 참조
- ❌ It were the students that were angry. ▶ 273.1 참조
- ❌ It's Greek that her husband is. ▶ 273.1 참조
- ❌ She didn't know where she was when woke up. ▶ 276.3 참조
- ❌ Poor little! ▶ 278.1 참조
- ❌ The most important is to keep calm. ▶ 278.1 참조
- ❌ Let's go for a walk. ~ I don't want. ▶ 280.3 참조
- ❌ There are more flowers here than there used to. ▶ 280.1 참조

Section 25 목차

267　정보의 구성: 어순

1　일반적인 어순: 중요하거나 새로운 정보는 문미에 배치

대체로 절이나 문장은 '이미 아는 정보'에서 '새로운 정보', 그리고 '중요도가 낮은 정보'에서 '중요도가 높은 정보'의 순서로 구성된다. 따라서, 이미 언급되었거나 화제가 되었던 사물이나 인물, 또는 화자와 청자가 익히 알고 있는 사실, 새로운 정보라도 핵심 내용이 아닌 정보를 대개 주어로 삼는다. 일반적으로 중요하고 새로운 정보는 절이나 문장의 끝에 배치한다.

> How's Joe these days? ~ Oh, fine. He's **just got married to a very nice girl**.
> 조는 요즘 어때? ~ 아, 잘 지내. 얼마 전에 아주 좋은 여자와 결혼했어.
> (A very nice girl's just got married to him.보다 자연스러움)
>
> My father **was bitten by a dog last week**.
> 아버지는 지난주에 개에게 물리셨다. (A dog bit my father last week.보다 자연스러움)
>
> Our dog **bit somebody this morning**.　우리 개가 오늘 아침 누군가를 물었다.
> (Somebody was bitten by our dog this morning.보다 자연스러움)
>
> I can't find my clothes. ~ Well, your shirt's **under my coat**.
> 내 옷을 못 찾겠어. ~ 음, 네 셔츠가 내 코트 밑에 있어. (My coat's on your shirt.보다 자연스러움)

새로운 요소로 문장을 시작하는 것을 피하기 위해 there is 구문을 쓰기도 한다. 자세한 내용은 ▶ 20 참조.

> **There's** a cat on the roof.　지붕에 고양이가 한 마리 있다. (A cat's on the roof.보다 자연스러움)

'이미 알고 있는 정보'와 '새로운 정보'의 배치를 위해 쓰는 as, since, because의 용법은 ▶ 377 참조.

2　주어에 따른 적절한 동사 선택

주어에 따라 적절한 동사를 사용해야 한다. 비교〉

- **The furniture factory employs** 7,000 people.
  그 가구 공장은 7,000명의 직원을 고용하고 있다.

  7,000 people work for the furniture factory.
  7,000명의 직원들이 그 가구 공장에서 일하고 있다.

- **He led** the children through the silent streets.
  그는 아이들을 이끌고 조용한 거리를 지나갔다.

  The children followed him through the silent streets.
  아이들은 그의 뒤를 따라 조용한 거리를 지나갔다.

3　적절한 주어 선택에 따른 능동태, 수동태 등의 사용

대체로 행위의 주체인 '행위자(agent)'와 그 행위를 당하는 '수동자(patient)'가 있는데, 만약 행위자를 주어로 삼고 싶다면 일반적으로 능동형 동사를 쓴다(▶ 2 참조).

> **The gale blew** Charlotte's roof off.　강풍이 샬럿의 집 지붕을 날려버렸다.
> **Somebody's dropped** ketchup all over the floor.　누가 케첩을 바닥 여기저기에 흘렸다.

수동자를 주어로 삼을 경우 대체로 수동형 동사를 쓴다(▶ 57 참조).

> **Charlotte's roof was blown** off by the gale.　샬럿의 집 지붕이 강풍에 날아가 버렸다.
> **Ketchup has been dropped** all over the floor.　케첩이 바닥 여기저기에 떨어졌다.

그 밖의 요소를 주어로 삼을 경우 주로 〈**have + 목적어 + 과거분사**〉 구문을 쓴다(▶ 109.3 참조).

Charlotte had her roof blown off by the gale. 샬럿은 폭풍우 때문에 집 지붕이 날아갔다.
The floor has had ketchup dropped all over it.
바닥에 케첩이 떨어져서 온통 엉망이 되었다.

사람을 주어로 하여 상황을 묘사할 경우 흔히 have 동사를 활용한다.

I've got the house full of children. 나는 아이들로 북적대는 집이 있다.
(The house is full of children. 또는 There are children all over the house. 대신 사용)

4 문미에 중심: It worried me that she hadn't been in touch.

길어서 부담스러운 표현들은 대체로 절이나 문장의 끝에 배치한다. (일반적으로 정보로서의 가치는 가장 높다.)

Children are sometimes discouraged by **the length of time it takes to learn a musical instrument**. 아이들은 가끔 악기 연주법을 배우다 시간이 걸려서 좌절한다.
(The length of time it takes to learn a musical instrument sometimes discourages children.보다 자연스러움)

이런 이유로, 가주어 it을 써서 주어나 목적어 역할을 하는 절 또는 부정사구를 문미로 돌리는 경우가 많다. 자세한 내용은 ▶268-269 참조.

It worried me that she hadn't been in touch for so long.
나는 그녀와 오랫동안 연락이 되지 않아 걱정했다.
(That she hadn't been in touch for so long worried me.보다 자연스러움)
It's important to tell us everything you know. 아는 대로 모두 우리에게 말해야 해.
(To tell us everything you know is important.보다 자연스러움)
He made **it** clear **that he was not in the least interested.**
그는 전혀 관심이 없다고 분명히 밝혔다.
(NOT ~~He made that he was not in the least interested clear.~~)

영어에서는 부사가 동사와 동사의 목적어 사이에 오는 경우가 드물지만(▶196.1 참조), 목적어가 아주 길 경우에는 길이가 짧은 부사가 목적어 앞에 오기도 한다. 비교〉

She plays the violin **very well**.
그녀는 바이올린을 아주 훌륭하게 연주한다. (NOT ~~She plays very well the violin.~~)
She plays **very well** almost any instrument that you can think of and several that you can't. 그녀는 네가 생각할 수 있는 거의 모든 악기는 물론 네가 생각하지 못하는 악기들까지 훌륭히 연주한다.

문미에 중심을 두는 문장 구성법은 간접의문문의 어순에도 영향을 미친다. 비교〉

I'm not sure what the point **is**. 요점이 뭔지 잘 모르겠다.
I'm not sure what **is** the point of spending hours and hours discussing this.
이 문제를 논의하느라 이렇게 오랜 시간을 허비하는 이유를 모르겠다.

5 어순 변경: 도치와 전치

어떤 요소를 문미에 두면 이 요소가 화제의 중심이 된다. 또한 전치 구문(fronting)을 활용해 핵심이 되는 새로운 정보를 문미로 옮길 수 있다(▶272, 299.3 참조).

This question **we have already discussed**. 이 문제는 우리가 이미 논의한 것이다.
People like that **I just can't stand**. 저런 사람들 난 도저히 못 참겠어.
He's a funny guy, **old Fred**. 그는 재미있는 녀석이야, 오랜 친구 프레드.

도치(동사가 주어 앞에 오는 경우는 ▶271 참조)는 의문문에만 쓰이는 것이 아니라 정보의 흐름을 구성할 때도 쓰인다.

> **Along the road came a strange procession.**
> 길을 따라 기이한 행렬이 다가왔다. ('a strange procession'을 강조)

6 강조 구문: 분열문

'분열문(cleft sentence: ▶273-274 참조)'은 절의 한 부분을 분리하여 처음이나 끝에 써서 강조하는 방법이다. 나머지 부분은 배경 정보나 관계사절로 이동한다.

> **It was your child** who broke the window.
> 창문을 깬 사람은 바로 당신 아이입니다. ('your child' 강조)
>
> **What** I need is **a good rest.** 내게 필요한 것은 충분한 휴식이다. ('a good rest' 강조)

7 중요하지 않은 것 생략

중요하지 않은 것을 생략하면, 나머지 부분을 더 강조하여 주요한 것이 무엇인지를 보여주는 데 도움이 된다. 이것은 말하기나 글쓰기에서 다양한 방법으로 나타난다(▶275-280 참조).

268 가주어 it: 주어

1 It's nice to talk to you.

문장의 주어가 to부정사인 경우 대체로 문두에 오지 않으며 가주어 it을 써서 to부정사를 뒤에 배치하는 것이 일반적이다(길고 복잡한 표현들은 대체로 뒤에 배치한다. ▶267 참조). 가주어 it 뒤에는 흔히 〈be동사 + 형용사/명사〉 구문이 쓰인다.

> **It's** nice **to talk** to you. 대화 즐거웠습니다. (To talk to you is nice.보다 자연스러움)
>
> **It** was good of you **to phone.** 전화해 줘서 고마웠어.
>
> **It** was stupid of you **to leave** the door unlocked. 바보 같이 문을 안 잠그다니.
>
> **It's** important **to reserve** in advance. 미리 예약을 하는 것이 중요하다.
>
> **It's** my ambition **to run** a three-hour marathon.
> 내 꿈은 세 시간 안에 마라톤을 완주하는 것이다.
>
> **It** was a pleasure **to listen** to her. 그녀의 이야기를 듣는 게 즐거웠다.
>
> **It** upsets me **to hear** people arguing all the time.
> 사람들이 줄곧 갑론을박하는 소리를 듣고 있자니 화가 난다.

가주어 it을 쓰는 구문에서 to부정사의 의미상의 주어를 밝히기 위해 〈for + 목적격 + to부정사〉 구문을 쓴다(▶113 참조).

> **It** will suit me best **for you to arrive** at about ten o'clock.
> 네가 10시쯤 도착하면 나로선 딱 알맞은 거야.
>
> **It's** essential **for the papers to be** ready before Thursday.
> 목요일 전까지는 반드시 서류가 준비되어야 한다.

2 It's probable that we'll be late.

문장의 주어가 that, what, how 등으로 시작하는 명사절인 경우에도 가주어 it을 쓸 수 있다.

> **It's** probable **that we'll be a little late.** 우리가 좀 늦을지도 모르겠다.

It doesn't interest me **what you think**. 네 생각 따위는 관심 없다.

It's surprising **how many unhappy marriages there are**.
불행한 결혼 생활을 하는 부부가 얼마나 많은지 놀랍다.

It's exciting **when a baby starts talking**. 아기가 말문이 트이기 시작하면 재미있다.

3 It was nice seeing you.

문장의 주어가 -ing형일 때도 it을 가주어로 쓸 수 있으며 대체로 비격식체이다.

It was nice **seeing** you. 만나서 반가웠습니다.

It's crazy her **going** off like that. 그녀가 그렇게 가버리다니 무분별한 행동이다.

It's worth **going** to Wales if you have the time. 시간이 있으면 웨일스에 가볼 만하다.

It's no use **trying** to explain – I'm not interested. 설명해 봐야 소용없어. 난 관심 없으니까.

It surprised me you not **remembering** my name.
네가 내 이름을 기억하지 못한다니 뜻밖이었다.

worth 구문의 자세한 용법은 ▶ 634 참조.
any/no use와 함께 쓰이는 가주어 there는 ▶ 20.2 참조.

4 It takes ... + to부정사

소요되는 시간을 언급할 때 〈**it takes + to부정사**〉 구문을 쓴다(▶ 602 참조).

It took me months to get to know her. 그녀를 알게 되기까지 몇 달이 걸렸다.

How long does **it take** to get to London from here? 여기서 런던까지 얼마나 걸립니까?

5 if, as if, as though

it으로 if, as if, as though절을 유도한다.

It looks **as if** we're going to have trouble with Anna again.
애나와 또다시 마찰이 생길 것 같다.

It's not **as if** this was the first time she's been difficult.
그녀가 까탈 부리는 것이 이번이 처음은 아닌 것 같다.

It will be a pity **if** we have to ask her to leave.
그녀에게 떠나라고 해야 한다면 애석할 것이다.

But **it** looks **as though** we may have to. 그렇지만 아무래도 그래야 할 것 같다.

6 It's amazing the way they work together.

명사구는 대체로 가주어 it으로 받지 않는다.

The new concert hall is wonderful.
새 연주회장은 근사하다. (NOT It's wonderful the new concert hall.)

그러나 비격식체에서는 〈**명사 + 관계사절**〉을 가주어 it으로 받을 수 있다.

It's wonderful **the enthusiasm that the children show**.
아이들이 보이는 열의가 대단하다.

the way 다음에 관계사절이 올 경우에도 흔히 가주어 it을 쓴다.

It's amazing **the way (that) they work together**.
그들이 협력하여 일하는 방식은 놀랍다.

It's strange the way you know what I'm thinking.
네가 어떻게 내 생각을 꿰뚫어 보는지 신기하다.

가주어 it을 쓰는 수동태 구문은 ▶ 63 참조.

7 it은 보어를 대신할 수 없음

it은 가주어 it이나 가목적어 it으로는 쓸 수 있지만(▶ 269 참조) 보어를 대신해 쓸 수는 없다.

This chair is comfortable to sit on. 이 의자는 앉기에 편하다.

BUT NOT ~~It is comfortable to sit on this chair.~~ (to sit on이 comfortable의 보어이다.)

The impression was given that travel expenses would be paid.
여행 경비가 지불된 것 같은 인상을 받았다.

BUT NOT ~~It was given the impression that travel expenses would be paid.~~
(that travel expenses ...가 impression의 보어이다.)

269 가목적어 it: 목적어

1 I find it difficult to talk to you.

it이 가목적어(preparatory object)로 쓰이는 경우도 있다. 동사의 목적어가 to부정사나 절이고, 형용사나 명사를 보어로 취할 때 가목적어 it을 쓴다. 이를테면 'I find **to talk to you difficult.**'라고 하지 않고 'I find **it** difficult **to talk to you.**'라고 한다.

> 주어 + 동사 + it + 보어 + to부정사 / 절

We found it tiring to listen to him. 우리는 그의 이야기를 듣고 있자니 지루했다.

My blister made it a problem to walk. 나는 물집 때문에 걷기가 힘들었다.

I thought it strange that she hadn't written.
나는 그녀가 편지를 보내지 않은 게 이상하다고 생각했다.

George made it clear what he wanted. 조지는 자신이 원하는 바를 분명히 밝혔다.

make (it) clear that ...에서 종종 it을 생략하기도 한다.

The Prime Minister has made clear that he will not allow a free vote.
수상은 자유 투표를 허용하지 않을 것임을 분명히 했다.

[주의] 동사 뒤에 형용사나 명사 보어가 오지 않을 때는 이 구문을 쓰지 않는다.

I cannot bear to see people crying.
나는 사람들이 우는 모습을 차마 볼 수가 없다. (NOT ~~I cannot bear it to see people crying.~~)

I remember that we were very happy.
내 기억에 우리는 무척 행복했다. (NOT ~~I remember it that ...~~)

그러나 I like/love/hate it when ...구문은 쓸 수 있다.

I love it when you sing. 나는 네 노래가 좋다.

I hate it when strangers use my first name. 나는 낯선 사람들이 내 이름을 부르는 것은 싫다.

[주의] I take it that ...은 'I assume that ... (~라고 생각하다)'을 의미하는 관용어구이다.

I take it that you won't be working tomorrow. 내일은 일하지 않을 생각인가 보군.

2 I found it strange being ...

-ing형의 목적어를 가목적어 it으로 받을 수도 있다.

> I found **it** strange **being** in her house. 나는 그녀의 집에 있으니 서먹서먹했다.

3 I would appreciate it if ...

would appreciate 뒤에 오는 if절도 가목적어 it으로 받을 수 있다.

> I **would appreciate it if** you would keep me informed.
>
> 소식을 계속 알려주시면 고맙겠습니다. (NOT ~~I would appreciate if you would~~ ...)

4 owe, leave

owe it to somebody to ...(~하는 것은 누군가에 대한 의무다)와 leave it to somebody to
...(~하는 것을 누군가에게 맡기다) 구문에도 유의한다.

> We **owe it to society to** make our country a better place.
>
> 우리나라를 더 살기 좋은 곳으로 만드는 것은 사회에 대한 우리의 의무다.
>
> I'll **leave it to you to** decide. 결정권을 당신에게 위임하겠습니다.

---

270 도치: 조동사가 주어 앞에 위치

일부 구문에서는 조동사 외에 일반동사 용법의 have, be동사가 절에서 주어 바로 앞에 놓인다.

1 의문문

> **Have your father and mother** arrived?
>
> 아버지와 어머니는 도착하셨니? (NOT ~~Have arrived your father and mother?~~)
>
> Where **is the concert** taking place? 콘서트는 어디서 열리나요?
>
> (NOT ~~Where is taking place the concert?~~ OR ~~Where the concert is taking place?~~)

회화에서는 어순을 도치하지 않을 때도 있다(▶302 참조).

> **You're** coming tomorrow? 내일 오시나요?

간접의문문 역시 일반적으로 도치 어순을 쓰지 않는다(▶260 참조).

> I wondered what time **the film was starting**.
>
> 영화가 몇 시에 시작하는지 궁금했다. (NOT ... ~~what time was the film starting.~~)

그러나 격식을 차린 글, 특히 그 중에서도 주어가 긴 경우, how로 시작되는 간접의문문에 be동
사가 있을 때 도치 어순을 취하기도 한다.

> I wondered how reliable **was the information** I had been given.
>
> 나는 내가 입수한 정보가 얼마나 믿을 만한지 궁금했다.

2 감탄문

감탄문(▶223 참조)은 흔히 부정의문문(▶218 참조) 형태를 취한다.

> **Isn't it** cold? 춥지 않아?
>
> **Hasn't she** got lovely eyes? 그녀의 눈은 정말 사랑스럽지 않아?

구어체 미국 영어에서는 흔히 일반 의문문 형식(억양을 달리함)으로 감탄의 느낌을 표현한다.

Have you got a surprise coming! 깜짝 놀랄 소식이 있어!

Was I mad! 내가 미쳤지!

다소 예스러운 문어체에서는 how와 what으로 시작하는 감탄문에서 주어와 동사를 도치시키기도 한다.

How beautiful **are the flowers**! 꽃들이 어찌나 고운지!

What a peaceful place **is Skegness**! 스케그니스는 정말 평화로운 곳이야!

3 〈may + 주어〉의 도치

주어 앞에 조동사 may를 쓰면 소망이나 바람을 나타낸다.

May all your wishes come true! 소망하는 일마다 모두 이루어지길!

May he rot in hell! 지옥에서 썩을 놈!

4 so, neither, nor 뒤의 도치 용법

'단축형 대답' 또는 이와 유사한 구문에서는 so, neither, nor 뒤에서 〈**조동사 + 주어**〉 형태로 도치시킨다.

I'm hungry. ~ So **am I**. 배고파. ~ 나도.

I don't like opera. ~ Neither/Nor **do I**. 나는 오페라가 싫어. ~ 나도 그래.

이 구문의 자세한 용법은 ▶ 309 참조.

5 as, than, so 뒤의 도치 용법

문어체에서는 as, than, so 뒤에서 종종 도치가 일어난다.

She was very religious, **as were most of her friends**.

그녀는 아주 독실했는데, 친구들도 대부분 그랬다.

City dwellers have a higher death rate **than do country people**.

도시 거주자는 시골 거주자보다 사망률이 높다.

So ridiculous **did she look** that everybody burst out laughing.

그녀의 모습이 너무 우스꽝스러워서 모든 이들이 폭소를 터뜨렸다.

6 조건절: Were she my daughter ...

격식을 차린 글이나 문어체의 경우, 조건절에서 if를 생략하고 조동사를 주어 앞으로 도치시킨다 (▶ 244.5 참조).

Were she my daughter ... (= If she were my daughter ...) 그녀가 내 딸이라면 …

Had I realised what you intended ... (= If I had realised ...) 네 속내를 알았더라면 …

이런 도치 구문의 경우 부정어의 축약형을 쓰지 않는다.

Had we not spent all our money already, ...

우리가 돈을 벌써 다 써버리지 않았더라면, … (NOT ~~Hadn't we spent~~ ...)

7 부정어와 준부정어 뒤: At no time was he ...

부정(否定)의 의미를 강조하기 위해 부정이나 준부정어인 부사(구)를 문두에 내보낼 경우 주어와 조동사가 도치(**조동사 + 주어**)된다. 이 구문은 다소 격식을 차린 표현이다.

Under no circumstances can we accept late payment.
어떤 경우에도 연체된 지불금을 받지 않습니다.

At no time was the President aware of what was happening.
대통령은 무슨 일이 일어나고 있는지 전혀 몰랐다.

Not until much later did she learn who her real father was.
그녀는 한참 후에야 친아버지가 누군지 알게 되었다.

not until절이 문두에 나오는 경우에도 뒤따르는 주절의 주어와 조동사를 도치시킨다.

Not until he received her letter did he fully understand her feelings.
그는 그녀의 편지를 받고 나서야 그녀의 심정을 충분히 이해할 수 있었다.

hardly(영국 영어), seldom, rarely, little, never 등 부정적인 의미를 나타내는 부사와 〈**only + 시간 표현**〉이 문두에 오면 어순 도치가 일어난다. 이는 격식을 차린 표현이나 문어체에 해당된다.

Hardly had I arrived when trouble started.
내가 도착하자마자 문제가 시작되었다. (영국 영어)

Seldom have I seen such a remarkable creature. 그렇게 놀라운 생명체는 본 적이 없다.

Little did he realise the danger he faced. 그는 자신이 직면한 위험을 전혀 깨닫지 못했다.

Never ... was so much owed by so many to so few.
…은 너무 적은 것을 얻기 위해 너무 많은 것을 희생한다. (처칠)

Only then did I understand what she meant. 그제야 나는 그녀의 진심을 이해했다.

Only after her death was I able to appreciate her.
나는 그녀가 죽고 나서야 그녀의 진가를 깨달았다.

Not only did we lose our money, but we were nearly killed.
우리는 돈만 잃은 게 아니라 하마터면 죽을 뻔했다.

Not a single word did he say. 그는 한 마디도 하지 않았다.

not far …와 not long … 뒤에서는 어순을 도치하지 않는다.

Not far from here **you can** see foxes.
여기서 멀지 않은 곳에서 여우를 볼 수 있다. (NOT ~~Not far from here can you~~ ...)

Not long after that **she got** married. 오래지 않아 그녀는 결혼했다.

271 도치: 동사(구)가 주어 앞에 위치

1 장소를 나타내는 부사(구) 뒤: Along the road came ...

장소나 방향을 나타내는 부사(구)가 문두에 올 경우, 자동사는 보통 주어 앞에 온다. 문학 작품이나 서술문에서 흔히 쓰이는 용법으로 특히 새로운 부정(不定) 주어를 제시할 때 이런 도치 구문이 쓰인다.

Under a tree **was lying one of the biggest men** I had ever seen.
내가 본 중에 가장 체구가 큰 사내 하나가 나무 밑에 누워 있었다.

On the grass **sat an enormous frog.** 풀밭 위에 거대한 개구리 한 마리가 앉아 있었다.

Directly in front of them **stood a great castle.** 그들 바로 앞에 거대한 성이 솟아 있었다.

Along the road **came a strange procession.** 길을 따라 기이한 행렬이 다가왔다.

대화에서 here, there 등 짧은 부사나 부사 불변화사가 문두에 올 때 자동사를 주어 앞으로 도치시킨다.

> Here **comes Freddy!** 프레디가 온다! (NOT ~~Here Freddy comes!~~)
> There **goes your brother.** 저기 너희 형이 간다.
> I stopped the car, and up **walked a police officer.** 차를 세우자, 경찰관 한 명이 다가왔다.
> The door opened and out **came Angela's boyfriend.**
> 문이 열리면서 안젤라의 남자친구가 나왔다.

주어가 대명사일 때는 도치시키지 않고 주어를 동사 앞에 둔다.

> Here **she comes.** 그녀가 온다. (NOT ~~Here comes she.~~)
> Off **we go!** 출발!

here/there is/are 구문에서 흔히 도치가 일어난다.

> **Here are** your keys. 네 열쇠 여기 있어. (NOT ~~Here your keys are.~~)
> Look – **there's** the bus. 봐, 저기 버스가 있다.

비격식체에서는 here's와 there's 뒤에 복수 명사가 오기도 한다(▶130.6 참조).

> **Here's** those papers you wanted. 여기 네가 원하던 그 서류들 여기 있어요.

2 전달동사: 'What do you mean?' asked Henry.

스토리텔링에서 직접화법 뒤에 said, asked, suggest 등의 전달동사가 올 때 전달동사를 주어 앞으로 도치시킨다.

> 'What do you mean?' **asked Henry.** "무슨 말이야?" 헨리가 물었다. (OR ... Henry asked.)
> 'I love you,' **whispered Jess.** "사랑해요." 제스가 속삭였다.

그러나 주어가 대명사일 경우 대체로 정상 어순으로 주어를 동사 앞에 쓴다.

> 'What do you mean?' **he asked.** "무슨 말이야?" 그가 물었다.

272 전치: This question we have already discussed.

1 People like that I just can't stand.

긍정문은 대체로 주어로 시작한다.

> **I** just can't stand people like that. 나는 저런 사람들을 도저히 참을 수가 없다.

'전치(fronting)' 구문으로 다른 요소를 문두에 두면 문법상 주어가 아니라도 이 요소가 화제의 중심이 된다. 또한 전치 구문을 활용해 핵심이 되는 새로운 정보를 문미로 옮길 수 있다(▶267 참조).

> **This question** we have already discussed at some length.
> 이 문제는 우리가 이미 자세하게 논의한 것이다.
> **All the other information which you need** I am sending today.
> 귀하에게 필요한 다른 모든 정보는 오늘 발송할 예정입니다. (업무용 서신)
> **Any video in our catalogue** we can supply, if available.
> 저희 카탈로그에 수록된 영상은 구할 수 있다면 공급해 드리겠습니다. (음반 매장 공고문)

전치 구문은 특히 회화에서 널리 쓰인다.

> **People like that** I just can't stand.　저런 사람들 난 도저히 못 참겠어.
> **These books** I'm just going to give away.　내가 이 책들을 나눠 줄게.
> **(A) fat lot of good** that does me.　나한테는 그다지 도움이 안 돼.
> ('That doesn't do me much good.과 같은 의미지만 '내게는(me)'을 강조한 표현)

의문사절(▶ 266 참조)은 흔히 문두로 전치된다.

> **What I'm going to do next** I just don't know.　다음에 무엇을 해야 할지 그저 막막해.
> **How she got the gun through customs** we never found out.
> 그녀가 어떻게 총을 가지고 세관을 통과했는지 우리는 결코 알 수 없었다.

2　Very good lesson we had.

짧은 문장, 특히 회화에서는 앞으로 전치된 어구도 강조되는 효과를 얻을 수 있다.

> **Strange people** they are!　이상한 사람들이야, 그 사람들!
> **Very good lesson** we had yesterday.　아주 훌륭한 교훈을 어제 얻었어.
> **Last for ever these shoes will.**　이 신발은 아주 오래갈 거야.

명사가 that 앞으로 나오는 감탄문도 있으나 현대 영어에서는 드물다.

> **Fool** that I was!　나는 정말 바보였어!

3　부사 등: Off we go!

부사나 부사구가 문두로 나가는 경우도 많다(▶ 196-198 참조). 해설이나 설명을 할 때 흔히 부사를 문두에 써서 문장을 구성하곤 한다.

> Once upon a time there were three little pigs. One day ... Then ... Soon after that ..
> After dark, ...
> 옛날 옛적에 아기 돼지 삼형제가 살았어요. 그러던 어느 날 … 그런 다음 … 바로 뒤에 … 날이 저문 뒤…
> Inside the front door there is ... Opposite the living room is ... On the right you can
> see ... At the top of the stairs ...
> 현관 안쪽에 … 거실 건너편에는 … 오른쪽에 보이는 것은 … 계단 꼭대기에 …

어린 아이들에게 지시를 내릴 때는 흔히 부사 불변화사를 문두에 쓴다.

> **Off** we go!　출발!
> **Down** you come!　내려와!

부사구를 문두에 써서 강조할 경우 도치(▶ 270-271 참조)가 필요할 때도 있다.

> Under no circumstances **can tickets** be exchanged.
> 어떠한 경우에도 티켓을 교환해 드리지 않습니다. (NOT ~~Under no circumstances tickets can~~ ...)
> Round the corner **came Mrs Porter.**　모퉁이를 돌아서 포터 여사가 다가왔다.

4　as나 though와 함께 쓰는 전치 표현

as나 though 구문에서 형용사와 부사를 문두에 놓을 수 있다(▶ 255 참조).

> **Young as I was**, I realised what was happening.
> 비록 어리긴 했지만 나는 무슨 일이 벌어지고 있는지 깨달았다.
> **Tired though she was**, she went on working.　피곤했지만 그녀는 일을 계속했다.

Fast though she drove, she could not catch them.
그녀는 빨리 차를 몰았지만 그들을 따라잡을 수 없었다.

Much as I respect his work, I cannot agree with him.
그의 업적을 존중하긴 해도 그의 의견에는 동의할 수 없다.

기본 어순은 ▶ 215 참조.   정보 배치는 ▶ 267 참조.   대화의 '여백 두기(spacing out)' 용법은 ▶ 299.1 참조.
부가어는 ▶ 299.3 참조.   분열문은 ▶ 273-274 참조.
목적어를 문두에 배치하기 위한 수동태 구문은 ▶ 267.3, 67.1 참조.

273 분열문: It was my secretary who …

특정 단어와 구문을 강조하고 싶을 때는 강조하고자 하는 단어를 제외한 모든 어구를 일종의 관계사절에 몰아넣어 강조하는 어구가 돋보이게 한다. 문법학자들은 이런 구문을 '분열문(cleft sentence)'이라고 부른다. 글에서는 억양을 이용해 강조할 수 없으므로 말보다는 글에서 분열문이 유용하게 쓰이지만 구어에서도 흔히 쓰인다. 종종 잘못된 믿음이나 기대를 반박하기 위해 대조된다는 것을 강조한다.

1 가주어 it

가주어 it is/was(▶ 268 참조)을 써서 분열문을 만들 수 있다. 〈It … that〉 구문을 써서 강조할 단어를 it과 that이 이끄는 관계사절 사이에 넣는다. 비교)

    My secretary sent the bill to Mr Harding yesterday.
    내 비서는 어제 하딩 씨에게 청구서를 보냈다.

    It was my secretary that sent the bill to Mr Harding yesterday.
    하딩 씨에게 어제 청구서를 보낸 사람은 내 비서였다. (다른 사람이 아니라 내 비서)

    It was the bill that my secretary sent to Mr Harding yesterday.
    내 비서가 어제 하딩 씨에게 보낸 것은 청구서였다. (다른 것이 아니라 청구서)

    It was Mr Harding that my secretary sent the bill to yesterday.
    내 비서가 어제 청구서를 보낸 사람은 하딩 씨였다. (다른 사람이 아니라 하딩 씨)

    It was yesterday that my secretary sent the bill to Mr Harding.
    내 비서가 하딩 씨에게 청구서를 보낸 날은 어제였다. (다른 날이 아니라 어제)

부정문도 가능하다.

    It wasn't my husband that sent the bill … ··· 청구서를 보낸 사람은 내 남편이 아니었다.

that절의 주어가 사람일 경우 〈it … that〉 대신 〈it … who〉를 써서 강조할 수 있다.

    It was my secretary **who** sent … ···을 보낸 사람은 내 비서였다.

복수 주어를 강조할 때는 동사의 복수형을 쓰지만, it is/was는 그래도 단수로 쓴다.

    It **is** the students that **are** angry.   화가 난 사람들은 학생들이다. (NOT … ~~that is angry~~ …)

    It **was** his parents who **paid** the fees.
    요금을 지불한 사람들은 그의 부모님들이었다. (NOT ~~It were his parents~~ …)

이 구문으로는 동사를 강조할 수 없다.
~~It was sent that my secretary the bill.~~ 처럼 쓸 수 없다.
보어를 강조할 수도 없다. ~~It's Jenny that Mr Harding's secretary is.~~ 처럼 쓸 수 없다.

2 It is I who ... ; It is me that ...

대명사 주어를 강조할 경우, 두 가지 구문이 가능하다. 비교)

- It is **I who am** responsible. 책임질 사람은 나다. (격식체)
  It's **me that's/who's** responsible. 책임질 사람은 나다. (비격식체)
- It is **you who are** in the wrong. 잘못한 사람은 너다. (격식체)
  It's **you that's** in the wrong. 잘못한 사람은 너다. (비격식체)

지나치게 딱딱하거나 가볍게 보이지도 않으려면 아래와 같이 말할 수 있다.
I'm the person / the one who's responsible. 책임져야 할 사람은 나다.

274 분열문: What I need is a rest.

1 What I need is ...

강조하고자 하는 어구와 관계사절은 〈is/was what절〉으로 연결된다.

A rest is what I need. 휴식이 내가 필요한 것이다.
A motorbike is what Emily kept in the garden shed.
오토바이가 에밀리가 정원 창고에 보관해 둔 것이다.

강조하고자 하는 어구는 문미에 놓는다. 어구를 문미에 두면 더 힘을 받게 된다.

What I need is **a rest**. 내가 필요한 것은 휴식이다.
What Emily kept in the garden shed was **a motorbike**.
에밀리가 정원 창고에 보관해 둔 것은 오토바이였다.

이 구문은 보어를 강조할 수도 있다.

The secretary is what Jake is, actually.
비서는 사실 제이크의 직업이다. (OR Actually, what Jake is **the secretary**.)

사람을 지칭하는 말을 강조하기 위해, the person who와 같은 구문을 쓴다.

The person who kept a motorbike in the garden shed was **Emily**.
오토바이를 정원 창고에 보관해 둔 사람은 에밀리였다.

what이나 the person 대신에 좀 더 구체적인 표현을 쓸 수도 있다.

'Casablanca' is **a film (that)** I watch again and again.
〈카사블랑카〉는 내가 보고 또 보는 영화다.
You're **the woman (that)** I always see in my dreams.
너는 내가 늘 내 꿈에서 본 여자야.

what절은 대체로 단수 취급하며, what이 분열문을 이끌 경우 뒤에 is/was가 온다. 그러나 비격
식체에서는 what절 뒤에 복수 명사가 오면 동사의 복수형을 쓰기도 한다.

What we want **is/are** some of those cakes.
우리가 원하는 것은 저 케이크 조각들이다.

what절의 자세한 용법은 ▶236 참조.

2 the place where ...; the day when ...; the reason why ...

이 표현들은 각각 장소, 시간, 이유를 강조한다.

- Jake spent Tuesday IN LONDON. 제이크는 런던에서 화요일을 보냈다.

  London was **the place where** Jake spent Tuesday. 런던이 제이크가 화요일을 보낸 곳이었다.

  The place where Jake spent Tuesday was London.

  제이크가 화요일을 보낸 곳은 런던이었다.

- Jake went to London ON TUESDAY. 제이크는 화요일에 런던에 갔다.

  Tuesday was **the day when/that** Jake went to London.

  화요일은 제이크가 런던에 간 날이었다.

  The day when Jake went to London was Tuesday. 제이크가 런던에 간 날은 화요일이었다.

- Jake went to London TO SEE TOM. 제이크는 톰을 만나러 런던에 갔다.

  To see Tom was **the reason why** Jake went to London.

  톰을 만나는 것은 제이크가 화요일 런던에 간 이유였다.

  The reason why Jake went to London was to see Tom.

  제이크가 런던에 간 이유는 톰을 만나기 위해서였다.

비격식체, 특히 문장 중간에 올 경우는 the place, the day, the reason을 생략할 수 있다.

Spain's **where** we're going this year. 스페인은 올해 우리가 갈 곳이다.

Why I'm here is to talk about my plans.

내가 여기 온 이유는 내 계획에 대해 말하기 위해서다. (격식체: The reason why I'm here is ...)

3 동사 강조: What he did was ...

동사(또는 동사로 시작되는 어구)를 강조하려면 what ... do가 포함된 복잡한 구문을 써야 한다.
what ... do 뒤에는 원형부정사와 to부정사 모두 쓸 수 있다.

What he **did** was (to) scream. 그가 한 일은 비명을 지르는 것이었다.

What she **does** is (to) write science fiction. 그녀가 하는 일은 공상 과학 소설을 쓰는 것이다.

비격식체에서는 부정사 대신 〈주어 + 동사〉를 흔히 쓴다.

What she does is, **she writes** science fiction. 그녀가 뭘 하냐면 바로 공상 과학 소설을 쓴다.

What I'll do is, **I'll phone** Jack and ask his advice.

내가 뭘 할 거냐면, 잭에게 전화해서 조언을 구할 것이다.

비격식체에서는 is/was를 생략할 수도 있다.

What I'll do, I'll have a word with Dan. 내가 할 일은 댄과 잠깐 이야기를 하는 것이다.

What they did, they took his money and then just vanished.

그들이 한 일은 그의 돈을 가지고 사라진 것이었다.

4 문장 전체 강조: What happened was that ...

〈what + happen〉 형태의 분열문을 써서 문장 전체를 강조할 수 있다. 비교〉

The car broke down. 차가 고장 났다.

What happened was (that) the car broke down.

무슨 일이 있었느냐 하면 바로 차가 고장 났다.

5 기타 구문

all (that)과 thing을 써서 분열문을 만들 수도 있다.

> **All** I want is a home somewhere. 내가 원하는 것은 어디라도 좋으니 집을 갖는 것뿐이다.
>
> **All** you need is love. 너에게 필요한 것은 오로지 사랑이다.
>
> **All** (that) I did was (to) touch the window, and it broke.
> 나는 그저 창문에 손을 댔을 뿐인데 창문이 깨졌다.
>
> **The only thing** I remember is a terrible pain in my head.
> 유일하게 기억나는 것은 머리에 심한 통증이 있었다는 것이다.
>
> **The first thing** was to make some coffee. 가장 시급한 일은 커피를 준비하는 것이었다.
>
> My first journey abroad is **something** I shall never forget.
> 내 첫 해외여행은 결코 잊지 못할 것이다.

〈It was not until …〉 구문과 〈It was only when …〉 구문으로 시간을 강조한다.

> **It was not until** I met you that I knew real happiness.
> 너를 만나고 나서야 나는 진정한 행복을 알게 되었다.
>
> **It was only when** I read her email that I realised what was happening.
> 나는 그녀의 이메일을 읽고서야 비로소 무슨 일이 벌어지고 있는지 깨달았다.

분열문의 문두에 here와 there 대신 this와 that을 써서 장소를 강조할 수도 있다. 비교)

– You pay here. 여기서 계산해.

> **This** is where you pay. 이곳이 계산하는 곳이야. (OR Here is where you pay.)

– We live there. 우리는 저기서 산다.

> **That's** where we live. 저기가 우리가 사는 곳이다. (OR There's where we live.)

의문사절의 자세한 용법은 ▸ 266 참조.
문장 구성과 문장 내 정보의 배열에 대한 자세한 내용은 ▸ 267 참조.

---

275 생략: 개요

없어도 의미가 분명한 경우 또는 반복을 피할 때 특정 어구나 표현을 생략하는 경우가 많은데,
이를 'ellipsis(생략)'라고 한다.

1 대답

질문에 대답할 때는 상대가 이미 말한 정보를 반복하지 않고 생략한다.

> What time are you coming? ~ **About ten.**
> 언제 올 거야? ~ 10시쯤. (I'm coming about ten.보다 자연스러움)
>
> Who said that? ~ **Jack.** 누가 그런 말을 했는데? ~ 잭이.
> (Jack said that.보다 자연스러움)
>
> How many chairs do you need? ~ **Three.**
> 의자가 몇 개 필요하니? ~ 세 개. (I need three chairs.보다 자연스러움)
>
> She's out this evening? ~ **Yes, working.**
> 그녀는 오늘 저녁에 나가니? ~ 응, 일하러 가.
> (Yes, she's working this evening.보다 자연스러움)

2 and, but, or를 쓰는 구문

접속사 and, but, or로 연결되는 문장에서는 반복되는 말을 대체로 생략한다(▶276 참조).

a knife and fork (= a knife and a fork) 나이프와 포크

She was poor **but happy.** (= ... but she was happy.) 그녀는 가난하지만 행복했다.

3 문두

격식을 차리지 않은 대화에서는 말하지 않아도 의미가 분명한 경우 흔히 문두에 오는 말을 생략한다. 자세한 내용은 ▶277 참조.

Seen Lucy? (= Have you seen Lucy?) 루시 봤어?

Doesn't know what she's talking about. (= She doesn't ...)
그녀는 자기가 무슨 말을 하고 있는지도 몰라.

4 명사구 끝

형용사, 수식어 기능을 하는 명사, 한정사 뒤에 오는 명사도 생략할 수 있다. 자세한 내용은 ▶278 참조.

Do you want large eggs? ~ No, I'll have **small.** (= ... small eggs.)
큰 달걀을 드릴까요? ~ 아니요, 작은 걸로 주세요.

My car isn't working. I'll have to use **Emily's.** (= ... Emily's car.)
내 차가 고장 났어. 에밀리 걸 써야겠어.

We're going to hear the **London Philharmonic** tonight.
(= ... the London Philharmonic Orchestra ...)
우리는 오늘밤 런던 필하모닉 연주를 들으러 갈 것이다.

Which shoes are you going to wear? ~ **These.** (= These shoes.)
어떤 신발을 신을 거야? ~ 이거.

5 동사구 끝

조동사 뒤의 동사를 생략하고 조동사만 쓰는 경우가 많다. 자세한 내용은 ▶279 참조.

I haven't paid. ~ I **haven't** either. (= ... I haven't paid either.)
돈을 아직 안 냈어. ~ 나도 아직.

She said she'd phone, but she **didn't.** (= ... didn't phone.)
그녀는 전화를 하겠다고 말했지만 그러지 않았다.

다음과 같은 경우, 동사구 뒤에 오는 어구가 생략되기도 한다.

I was planning to go to Paris next week, but I **can't.**
(= ... I can't go to Paris next week.)
나는 다음주에 파리에 갈 계획이었는데 그럴 수 없게 되었다.

일반동사 용법의 be나 have 뒤에 오는 어구도 생략할 수 있다.

I thought she would be angry, and she **was.**
나는 그녀가 화를 낼 거라고 생각했는데 정말 그랬다.

He says he hasn't any friends, but I know he **has.**
그는 친구가 없다고 말하지만 나는 그에게 친구가 있다는 걸 안다.

6 to부정사

to부정사에서 to만 남기고 그 뒤의 동사원형은 생략할 수 있다. 자세한 내용은 ▶280 참조.

> Are you and Gillian getting married? ~ We hope **to**. (= We hope to get married.)
> 너와 질리언은 결혼할 거니? ~ 그랬으면 좋겠어.

> I don't dance much now, but I used **to** a lot.
> 지금은 춤을 별로 추지 않지만 한때는 많이 췄다.

때로는 to까지 포함해 to부정사 전체를 생략한다.

> Come when you **want**. (= ... when you want to come.) 오고 싶을 때 와.

> Have a good time. ~ I'll **try**. (= I'll try to have a good time.) 즐겁게 보내. ~ 그래야지.

7 as나 than이 쓰인 비교 구문

의미가 분명한 경우 as나 than 뒤에 오는 어구 일부를 생략할 수 있다.

> The weather isn't as good **as last year**. (= ... as it was last year.)
> 날씨가 지난해만큼 좋지 않다.

> I found more blackberries **than you**. (= ... than you found.)
> 내가 너보다 블랙베리를 더 많이 찾았다.

as나 than 뒤에서 주어나 목적어가 생략되는 경우(예: as was expected)는 ▶256 참조.

8 의문사절

의문사 뒤의 절은 생략할 수 있다.

> Somebody has been stealing our flowers, but I don't know **who**.
> (= ... I don't know who has been stealing our flowers.)
> 누군가 우리 꽃을 훔치고 있는데 누군지 모르겠다.

> Become a successful writer. This book shows you **how**.
> 작가로 성공하라. 이 책이 작가로 성공하는 길을 알려줍니다.

9 접속사 that과 관계대명사

비격식체에서는 접속사 that을 흔히 생략하며(▶265 참조), 목적격 관계대명사도 생략할 수 있다(▶234.4 참조).

> I knew **(that)** she didn't want to help me.
> 나는 그녀가 나를 돕고 싶어하지 않는다는 것을 알고 있었다.

> This is the restaurant **(which)** I was talking about.
> 여기가 내가 말한 그 레스토랑이다.

10 관계사절의 일부 생략: the tickets available 등

분사 또는 available, possible 같은 형용사 앞에서 관계대명사와 be는 흔히 생략된다. 자세한 내용은 ▶237.11 참조.

> Who's the girl **dancing** with your brother? (= ... who is dancing ...)
> 네 형과 춤추고 있는 여자는 누구니?

> It will not be possible to finish the job in the time **available**. (= ... that is available.)
> 주어진 시간에 그 일을 끝마치는 것은 불가능할 것이다.

11 접속사 뒤의 be

특히 격식체에서는 일부 접속사 뒤에 나오는 주격 대명사와 be를 생략할 수 있다.

Start **when ready**. (= ... when you are ready.) 준비되면 출발해.

Though intelligent, he was very poorly educated. (= Though he was intelligent ...) 그는 똑똑하긴 하지만 교육을 제대로 받지 못했다.

When ordering, please send £1.50 for postage and packing. 주문하실 때 우송 및 포장비 1파운드 50펜스를 보내 주십시오.

Phone me **if (it is) necessary**. 필요하면 전화해.

He had a small heart attack **while asleep**. 그는 잠을 자다가 가벼운 심장마비를 일으켰다.

I'm enclosing the signed contract, **as agreed**. 합의된 대로 서명된 계약서를 동봉합니다.

Leave in oven **until browned on top**. 꼭대기가 갈색이 될 때까지 오븐 안에 두십시오.

12 전치사

비격식체에서는 시간을 나타내는 일부 전치사를 생략할 수 있다(▶ 214.2-214.6 참조).

See you **(on)** Monday night. 월요일 저녁에 봐.

We're staying here **(for)** another three months. 우리는 3개월 더 여기 머물 것이다.

What time shall I come? 몇 시에 갈까? (At what time ...?보다 자연스러움)

We need a place to live (in).처럼 place 뒤에 전치사를 생략하는 경우는 ▶ 554 참조.

13 전치사 뒤의 대명사

영국 영어에서는 전치사 뒤에 오는 대명사(전치사의 목적어)를 생략하기도 한다. 이를테면 have 나 with를 써서 묘사할 때 전치사 뒤에 오는 대명사 목적어를 생략한다.

My socks have got holes **in** (them). 내 양말에 구멍이 났다.

I'd like a piece of toast with butter **on** (it). 버터 바른 토스트 한 조각 주세요.

14 축약형 문장

축약된 문장에서는 필수 단어를 제외한 어구는 모두 또는 상당수 생략된다. 자세한 내용은 ▶ 291 참조.

Take 500g butter and place in small saucepan. 버터 500그램을 떠서 조그만 스튜 냄비에 넣으시오.

Single man looking for flat Oxford area. 독신남, 옥스포드 지역에서 아파트 구함.

DOG FINDS ROMAN TREASURE 개가 로마 보물 발견하다

276 and, but, or로 연결된 생략 구문

1 다양한 단어나 구의 생략

접속사 and, but, or로 연결된 다양한 단어나 구들을 반복하지 않고 생략할 수 있다.

a knife **and** (a) fork 나이프와 포크

antique (furniture) **or** modern furniture 앤틱 또는 모던 가구

these men **and** (these) women 이 남자들과 여자들

in France, (in) Germany **or** (in) Spain 프랑스, 독일, 또는 스페인에서

ripe apples **and** (ripe) pears 잘 익은 사과와 배들

She can read, **but** (she) can't write. 그녀는 읽을 수는 있지만 쓰지는 못한다.

The Minister likes golf **but** (the Minister) hates fishing.
장관은 골프는 좋아하지만 낚시는 싫어한다.

We drove (across America), rode (across America), flew (across America) **and**
walked across America. 우리는 차를 타고, 말을 타고, 비행기를 타고, 또 걸어서 미국을 횡단했다.

She was poor **but** (she was) happy. 그녀는 가난하지만 행복했다.

The food (is ready) **and** the drinks are ready. 음식과 음료수가 준비되어 있다.

Jake (washed the dishes) **and** Sophie washed the dishes. 제이크와 소피는 설거지를 했다.

동사의 형태가 달라지더라도 반복되는 동사를 생략하기도 한다.

I have always **paid** my bills and I always will (**pay** ...).
나는 늘 내 청구 대금들을 지불해 왔고, 앞으로도 늘 그럴 것이다.

2 어순

같은 동사나 목적어가 둘 있을 때 반드시 두 번째 동사나 목적어가 생략되는 것은 아니다. 혼란을
피하거나 어순 및 문장 구성을 단순하게 만들기 위해 첫 번째 동사나 목적어를 생략하기도 한다.

Cats (catch mice) and dogs catch mice.
고양이와 개는 생쥐를 잡는다. (NOT ~~Cats catch mice and dogs.~~)

I can (go) and will go. 나는 갈 수 있고 또 갈 것이다.

격식을 차리지 않은 말이나 글에서는 일반적인 어순을 깨는 생략법을 잘 쓰지 않는다. 다음 문장
들은 전형적인 격식체의 생략법이다.

Daniel planned and Megan paid for the trip.
다니엘이 여행을 계획했고 메간이 여행 경비를 냈다.
(비격식체: Daniel planned the trip and Megan paid for it.)

Kevin likes dancing and Annie athletics.
케빈은 춤추는 것을 좋아하고 애니는 운동을 좋아한다.
(비격식체: Kevin likes dancing and Annie likes athletics.)

The children will carry the small boxes and the adults the large ones.
아이들은 조그만 상자들을 나를 것이고 어른들은 큰 상자들을 나를 것이다.

Megan went to Greece and Alice to Rome. 메간은 그리스로 갔고 앨리스는 로마로 갔다.

You seem, and she certainly is, ill. 너는 아파 보이고 그녀는 확실히 아프다.

3 기타 접속사

and, but, or 이외의 접속사 뒤에서는 생략법을 잘 쓰지 않는다.

She didn't know where she was **when** she woke up.
그녀는 깨어났을 때 자신이 어디 있는지 몰랐다. (NOT ... ~~when woke up.~~)

그러나 주격 대명사와 be를 생략하는 경우도 있다(예: if possible, when arriving). ▶ 115.6,
244.6, 251.5 참조.

4 (and) then

비격식체에서는 and then 뒤에 반복 표현을 생략하는 경우가 있는데, 이 경우 and도 함께 생략 하기도 한다.

> Daniel started first, (and) **then** Tom (started).
> 다니엘이 먼저 출발했고, 이어서 톰이 출발했다.

접속사 and, or 뒤에 오는 동사의 단수형 또는 복수형은 ▸ 130.4 참조.
neither ... nor 구문에서 쓰이는 동사의 단수형 또는 복수형은 ▸ 228 참조.

277 문두에서의 생략

1 생략할 수 있는 단어

격식을 차리지 않은 말에서는 없어도 의미 전달에 문제가 없는 경우 문두에 오는 약세형 단어들 을 흔히 생략한다. 관사(the, a/an), 소유격(my, your 등), 인칭대명사(I, you 등), 조동사(am, have 등), 주어 기능을 하는 there 등이 주로 생략된다.

> Car's running badly. (= The car's ...) 차가 잘 안 나가.
> Wife's away. (= My wife's ...) 아내가 (다른 곳에 가고) 없다.
> Couldn't understand a word. (= I couldn't ...) 한 마디도 이해 못했어.
> Must dash. (= I must dash.) 서둘러야 해.
> Won't work, you know. (= It won't work ...) 소용없을 거야, 알잖아.
> Seen Joe? (= Have you seen Joe?) 조 봤어?
> Keeping well, I hope? (= You're keeping well ...) 잘 지내고 있지?
> Nobody at home. (= There's nobody at home.) 집에 아무도 없어.
> Careful what you say. (= Be careful ...) 말 조심해.
> Catch up with you later. (= I'll catch up ...) 나중에 따라갈게.
> Leave at half past? (= Should we leave ...?) 30분 후에 떠나?
> Soon as I wake up, I check my messages. (= As soon as ...)
> 일어나자마자 메시지를 확인한다.

이런 생략법은 광고문에서 널리 활용된다.

> 예) Thinking of postgraduate study? Call for a place now. (= Are you thinking ...?)
> 석사 학위 과정을 생각 중이신가요? 지금 바로 전화해서 신청하세요.
> Speak a foreign language? Speak it better. (= Do you speak ...?)
> 외국어를 할 줄 아시나요? 더 유창하게 말하세요.

2 강세가 없는 be, will, would, have

생략을 통해 강세가 없는 be나 조동사 will, would, have 등을 문두로 내보내는 경우는 드물 다. (엽서나 일기, 격식을 차리지 않은 글은 예외)

> **I'm coming** tomorrow. OR **Coming** tomorrow.
> 내일 갈게. (NOT ~~Am coming tomorrow.~~ Am에는 강세가 없기 때문)
> **I'll see** you soon. OR **See** you soon.
> 곧 보자. (NOT ~~Will see you soon.~~ Will에는 강세가 없기 때문)
> **Haven't** seen him. 그를 못 봤어. (BUT NOT ~~Have seen him.~~ Have에는 강세가 없기 때문)

3 대명사 앞: You ready?

I를 제외한 인칭대명사 앞의 조동사는 생략할 수 있다. 그러나 it 앞에 오는 조동사는 생략할 수 없다.

> **You** ready? (= Are you ready?) 준비 됐니?
>
> **She** want something? (= Does she want something?)
> 그녀는 뭔가를 원하니?
>
> BUT NOT ~~Hate? It raining?~~

4 Dutch, aren't you?

특히 영국 영어에서는 문미에 부가어구(▶ 305-306, 299 참조)가 붙을 경우 흔히 반복되는 어구를 생략한다.

> Can't swim, **myself**. 수영할 줄 몰라, 나는.
>
> Like a cigar, **I do**. 시가를 좋아한다, 정말.
>
> Dutch, **aren't you?** 네덜란드인, 맞죠?
>
> Getting in your way, **am I?** 방해가 되고 있나요, 제가?
>
> Going camping, **your kids?** 캠핑을 가나요, 당신 애들?

278 명사구 생략

1 형용사 뒤에 온 명사 생략: boiled, please

의미가 분명한 경우 형용사 뒤에 오는 명사가 반복될 때 생략할 수 있다. 특히 일상적인 상황에서 여러 대안 중 어느 하나를 선택할 때 반복되는 명사를 생략하는 경우가 많다.

> What kind of potatoes would you like? ~ **Boiled** (potatoes), please.
> 감자를 어떻게 요리해 드릴까요? ~ 삶은 감자로 주세요.
>
> We haven't got any brown sugar. Only **white** (sugar).
> 황설탕은 없고 흰설탕만 있습니다.

최상급 뒤의 명사는 대체로 생략한다.

> I think I'll buy the **cheapest**. 제일 싼 걸로 사야겠어.

그 밖의 경우 명사는 대체로 생략하지 않는다.

그 밖에 명사 없이 형용사를 쓰는 경우는 ▶ 188 참조.

2 this, 숫자, 소유격 등의 뒤에 온 명사 생략

의미가 분명한 경우 대부분의 한정사(▶ 12-13 참조) 뒤에 오는 명사는 생략할 수 있다.

> This is Ella's coat, and **that** (coat) is mine. 이건 엘라의 코트고 저건 내 거야.

숫자, 소유격, own, another, other 뒤에 오는 명사도 생략할 수 있다.

> I'm not sure how many packets I need, but I'll take **two** (packets) to start with.
> 몇 묶음이 필요한지 잘 모르겠지만, 일단 두 개를 가져갈게요.
>
> Our train's the **second** (train) from this platform.
> 우리 열차는 이 플랫폼에서 두 번째로 출발하는 열차다.
>
> You take Dan's car, and I'll take **Susie's** (car). 넌 댄 차를 타, 나는 수지 차에 탈게.

Can I borrow your pen? ~ No, find your **own** (pen). 펜 좀 빌려 줄래? ~ 싫어, 네 걸 써.

That beer went down fast. ~ Have **another** (beer). 맥주가 금방 없어졌네. ~ 한 병 더 마셔.

3 유명한 이름

유명한 이름일 경우 마지막 단어는 생략되는 경우가 많다.

She's playing the **Beethoven** with the **Scottish National** tomorrow night.
(= ... the Beethoven violin concerto with Scottish National Orchestra ...)
그녀는 내일 밤 스코틀랜드 내셔널 오케스트라와 베토벤 바이올린 협주곡을 연주할 예정이다.

He's staying at the **Hilton**. (= ... the Hilton Hotel.) 그는 힐튼(힐튼 호텔)에 묵고 있다.

We're going to see 'Hamlet' at the **Mermaid**. (= ... the Mermaid Theatre.)
우리는 머메이드(머메이드 극장)에서 〈햄릿〉을 관람할 예정이다.

집이나 가게, 사무실을 언급할 때는 소유격 뒤에 명사를 생략한다.

We spent the weekend at **Jack and Emily's**. 우리는 잭과 에밀리의 집에서 주말을 보냈다.

Could you pick up some chops from the **butcher's**? 정육점에서 고기 좀 사다 줄래요?

I'm going to call in at the **doctor's** on the way home. 집에 가는 길에 병원에 들를 예정이다.

4 기타 상황

주의 그 밖의 경우 대체로 명사를 생략하지 않는다.

Poor little **boy**! 가엾은 꼬마! (NOT Poor little!)

The most important **thing** is to keep calm.
무엇보다 중요한 것은 침착함을 유지하는 것이다. (NOT The most important is to ...)

---

279 조동사 뒤에서 생략

1 완전한 동사구 대신 조동사

의미가 분명한 경우 완전한 동사구 대신 조동사를 써서 반복을 피한다. 이 경우 조동사에 강세를
두며(▶315 참조), 부정문 이외에는 대체로 단축형(▶337 참조)을 쓰지 않는다.

Get up. ~ I **am** /æm/. (= I am getting up.) 일어나. ~ 일어나고 있어.

He said he'd write, but he **hasn't**. (= ... hasn't written.)
그는 편지를 쓰겠다고 했지만 그러지 않았다.

I'll come and see you when I **can**. (= ... can come and see you.) 시간 날 때 널 보러 갈게.

Shall I tell him what I think? ~ I **wouldn't** if I were you.
내 생각을 그에게 말할까? ~ 내가 너라면 그러지 않겠어.

조동사가 반복되지 않을 경우 do를 쓰고 뒤에 오는 어구를 생략한다.

I may come to London. I'll phone you if I **do**. 런던에 갈지도 몰라. 만일 가게 되면 전화할게.

He said he would arrive before seven, and he **did**.
그는 7시 전에 도착할 거라고 했는데 정말 그랬다.

조동사 뒤에 오는 동사구의 나머지 부분은 물론 다른 어구까지 생략할 수 있다.

I can't see you today, but I **can** tomorrow. (= ... I can see you ...)
오늘은 널 볼 수 없지만 내일은 볼 수 있어.

I've forgotten the address. ~ I **have** too. 주소를 잊어버렸어. ~ 나도.

You're not trying very hard. ~ I **am**. 넌 열심히 노력하지 않고 있어. ~ 열심히 하고 있거든.

You wouldn't have won if I hadn't helped you. ~ Yes, I **would (have)**.
내가 도와주지 않았더라면 넌 이길 수 없었을 거야. ~ 아니, 그래도 이겼을 거야.

일반동사 용법의 be나 have 뒤에 오는 어구들도 생략할 수 있다.

I'm tired. ~ I **am** too. 피곤해. ~ 나도.

Who's the driver? ~ I **am**. 운전은 누가 하는데? ~ 내가.

Who has a dictionary? ~ I **have**. 사전 있는 사람? ~ 나한테 있어.

2 단축형 대답: Yes, I have.

단축형 대답(▶ 308 참조), 호응 의문문(▶ 307 참조), 부가의문문(▶ 305-306 참조) 등에서는 어구를 생략하는 경우가 많다.

Have you finished? ~ Yes, I **have**. 다 끝냈어? ~ 응, 끝냈어.

I can whistle through my fingers. ~ **Can** you, dear?
나는 손가락 사이로 휘파람을 불 수 있어. ~ 그래?

You don't want to buy a car, **do you**? 차를 사려는 건 아니겠지, 그렇지?

3 so am I 등

so, neither와 nor(▶ 309 참조) 뒤에서도 생략이 일어난다. 어순에 유의한다.

I've forgotten the address. ~ So **have** I. 주소를 잊어버렸어. ~ 나도.

She doesn't like olives, and neither **do** I. 그녀는 올리브를 좋아하지 않는데 나도 그렇다.

4 완전한 형태 앞: If you can, call me ...

생략은 대체로 앞서 완전한 형태로 쓰인 어구가 반복될 때 일어난다(위의 예들 참조). 그러나 그 반대의 경우도 있을 수 있는데, 이를테면 If로 시작하는 문장에서는 생략이 먼저 일어나고 뒤에 완전한 형태의 문장이 온다.

If you **can**, call me when you arrive. 할 수 있으면 도착하면 전화해.

If you **could**, I'd like you to help me this evening.
가능하다면 오늘 저녁 나 좀 도와줬으면 해.

If you **prefer**, we can go tomorrow instead. 너만 좋다면 우리는 내일 갈 수도 있어.

5 조동사가 둘 이상일 때: I could have been.

조동사가 둘 이상일 때 대체로 첫 번째 조동사만 쓰고 뒤에 오는 어구를 생략한다.

You wouldn't have enjoyed the film. ~ Yes, I **would**.
(= ... I would have enjoyed the film.) 넌 그 영화가 재미없었을 거야. ~ 아냐, 재미있게 봤을 거야.

그러나 생략할 때 조동사를 둘 이상 쓰기도 하는데, 이 경우에는 첫 번째 조동사에 강세를 준다.

Could you have been dreaming? ~ I suppose I **could** / COULD have / COULD
have been. 네가 꿈꾸고 있었던 거 아닐까? ~ 그랬을지도 모르지.

반복되는 두 번째 조동사의 형태가 달라질 경우 대체로 두 번째 조동사까지 쓴다.

I think Emily should **be** told. ~ She **has** been.
에밀리한테 말해줘야 할 것 같아. ~ 말해줬어. (She has.보다 자연스러움)

서법 조동사를 바꿔 쓸 경우 대체로 두 번째 조동사까지 그대로 쓴다.

Emily should be told. ~ She **must be.**

에밀리한테 말해줘야 해. ~ 그래야지. (She must.보다 자연스러움)

6 do로 대체: He might do.

영국 영어에서는 생략된 본동사 대신 do를 조동사 뒤에 쓰기도 한다. 자세한 내용은 ▸28 참조.

Do you think he'll phone? ~ He might **do.**

그가 전화할 것 같아? ~ 그럴 거야. (미국 영어: He might.)

do so는 ▸29 참조.

280 생략: to부정사

1 to부정사 대신 to: We hope to.

의미가 분명한 경우 동사의 반복을 피하기 위해 to부정사의 동사(및 나머지 어구)를 생략하고 to 만 쓰기도 한다.

Are you and Gillian getting married? ~ We hope **to.**

너와 질리언은 결혼할 거니? ~ 그러고 싶어.

Let's go for a walk. ~ I don't want **to.** 산책하러 가자. ~ 싫어.

I don't dance much now, but I used **to** a lot.

나는 지금은 춤을 별로 추지 않지만 한때는 많이 췄다.

Sorry I shouted at you. I didn't mean **to.** 소리 질러서 미안해. 그럴 생각이 아니었는데.

Somebody ought to clean up the bathroom. ~ I'll ask Jack **to.**

누가 욕실 청소를 해야겠어. ~ 잭한테 부탁해 볼게.

be와 소유를 나타내는 have는 대체로 생략하지 않는다.

There are more flowers than there used **to be.**

예전보다 더 많은 꽃들이 피어 있다. (NOT ... ~~than there used to.~~)

She hasn't been promoted yet, but she ought **to be.**

그녀는 아직 승진하지 않았지만 승진해야 한다. (NOT ... ~~but she ought to.~~)

You've got more freckles than you used **to have.**

너는 예전보다 주근깨가 더 많아졌다. (NOT ~~You've got more freckles than you used to.~~)

2 to부정사 전체를 생략: I'll try.

to부정사가 명사나 형용사 뒤에 올 때 to부정사 전체를 생략하기도 한다.

He'll never leave home; he hasn't got the **courage** (to).

그는 절대 집을 나가지 않을 거야. 그럴 용기가 없거든.

You can't force him to leave home if he's not **ready** (to).

그가 떠날 준비가 되지 않았다면 집을 떠나도록 강요할 수는 없어.

단독으로 쓸 수 있는 동사 뒤에 오는 to부정사는 생략할 수 있다.

Can you start the car? ~ I'll **try** (to). 시동을 걸 수 있어? ~ 해볼게.

3 (would) like, want 등

would like/love/hate/prefer와 want, choose 뒤의 to는 대체로 생략할 수 없다.

Are you interested in working abroad? ~ I'd like to.
해외에서 근무하는 것에 관심 있니? ~ 가고 싶어. (NOT ... ~~I'd like.~~)

My parents encouraged me to study art, but I didn't want to.
부모님은 미술 공부를 하라고 권하셨지만 나는 그러고 싶지 않았다. (NOT ... ~~I didn't want.~~)

그러나 when, if, what, as 같은 특정 접속사 뒤에 쓰일 경우, 동사 want 뒤의 to는 생략되는 경우가 많으며, like 뒤의 to는 대체로 생략된다.

Come when you want (to). 오고 싶을 때 와.

I'll do what I like. 나는 하고 싶은 대로 할 것이다.

Stay as long as you like. 있고 싶은 만큼 머무르렴.

Section 26　**Written Texts 문어**

개요

구어와 문어

글을 쓸 때는 곰곰이 생각할 시간도 있고, 재구성하거나 수정할 수도 있으므로 복잡한 문장을 만들 수 있다. 그러나 말은 실시간으로 교환되므로 작업 기억 용량에 한계가 있어 정교한 문장을 구성하기 어렵다. 마찬가지로, 글을 읽는 사람은 얼마든지 천천히 읽을 수도 있고, 필요하면 다시 앞으로 돌아갈 수도 있지만 말을 듣는 사람은 상대방의 속도를 따라가야 한다. 따라서 글을 읽는 사람은 말을 듣는 사람보다 복잡한 문장 요소를 훨씬 수월하게 해석할 수 있다.

따라서 구어는 정보를 담은 요소들이 간격을 두고 분산 배치된 선형, 사슬 구조에 가까운 데 반해, 문어는 정보가 비교적 촘촘하게 밀집된 '건축적' 구조에 가깝다. 영어에서 구어 절의 길이는 평균 7단어인데, 격식체 문어의 경우 절의 평균 길이가 구어의 2배까지 늘어난다. 문어의 경우, 핵심이 되는 명사 주위에 한정사, 형용사, 명사, 후치 수식 구문이 모두 몰려 있어, 명사구가 아주 복잡해질 수 있다. 구어의 경우 대체로 소수의 수식어로 명사구가 구성되며 주어는 대체로 하나의 대명사로 구성된다.

19세기 이후 구어와 문어의 격차가 급속히 줄어들었다. 당시에는 아주 정교한 격식체 문어가 각광 받았으며, 격식을 차리지 않은 구어는 저속하고 조잡한 '형편없는 진술' 방식으로 취급 받았다. 이후 민주주의가 확산되고 '평범한 사람들'의 언어가 존중 받기 시작했다. 오늘날 문어는 구조와 어휘 면에서 구어와 흡사하며, 전자 매체에서 격식을 차리지 않은 구어체가 널리 사용되면서 문어와 구어의 격차는 점점 좁아지고 있다.

그럼에도 불구하고 구어와 문어는 별개의 의사소통 경로로, 어법상의 특징이 서로 구별된다. 격식체로 된 글을 읽어야 하는 원어민과 학습자 모두 격식체 문어의 틀과 형태를 익혀야 한다. 특히 대학에서 영어를 사용하려는 사람들은 학술 영어 특유의 속성을 익혀야 한다.

이 섹션은 격식체 문어의 중요한 요소들, 특히, 텍스트 구성과 이해에 필요한 요소들을 다루고 있다. 이 섹션에서 격식체 문어에 관해 언급하는 내용 일부는 당연히 격식체 구어, 예를 들어 발화 보도, 정치적 발언, 강연 등에도 적용된다.

다음 문장은 왜 틀렸을까?

- ✗ Dad's just cut Dad shaving. ▶ 282 참조
- ✗ Lucy told Alice she had made a bad mistake. ▶ 282.2 참조
- ✗ The wall, it needed painting. ▶ 282.3 참조
- ✗ The results were disappointing for the third year running, consequently it was decided to close three of the smaller branches. ▶ 283.1 참조
- ✗ He confessed to 114 murders; the police did not believe, however, his story. ▶ 283.3 참조
- ✗ The banks have raised interest paid monthly rates. ▶ 285.1 참조
- ✗ We planned wonderful plans. ▶ 287.1 참조
- ✗ Dear Mr James Carter, ... ▶ 289 참조
- ✗ Dear Ms Williams, How are you getting on? ▶ 289 참조
- ✗ She phoned me. As soon as she arrived. ▶ 293.1 참조
- ✗ I asked her what time it was? ▶ 293.3 참조
- ✗ The standard of living of the dock workers, was slowly improving. ▶ 296.1 참조
- ✗ Many of them were able to begin buying, their own homes. ▶ 296.1 참조
- ✗ The mainly foreign, labourers formed a large part of the work force. ▶ 296.4 참조
- ✗ Many commentators declared, that the economy was in serious trouble. ▶ 296.6 참조
- ✗ No one knew, how serious the situation would become. ▶ 296.6 참조
- ✗ a green red and gold carpet ▶ 296.9 참조
- ✗ Have you met our handsome, new, financial director? ▶ 296.9 참조
- ✗ The truck weighs 3,5 tons. ▶ 296.11 참조

Section 26 목차

281 격식체

1 격식체와 비격식체

말이나 글의 표현 방식은 상황에 따라 다르다. 연장자나 지위가 높은 이에게 쓰는 존대어 규칙이 있는 언어도 있지만 영어에는 존대어 규칙이 따로 없다. 그러나 영어에도 공문이나 업무용 서신, 보고서, 회의, 처음 만나는 사람과 예의를 갖춰 대화하는 경우 등 조심스럽게 의사를 전달해야 할 때 쓰이는 단어와 구문이 있다. 반면 친구와의 수다나 가족에게 쓰는 편지 등 격식을 차리지 않는 상황에서 주로 쓰이는 단어와 구문도 있다. 대체로 글에서 더 격식을 차리는 편이지만, 필요에 따라서는 말을 할 때 격식을 차리거나 글에서 격식을 차리지 않는 경우도 있다.

> Customer toilets are at the rear of the building.
> 고객 화장실은 건물 뒤편에 있습니다. (옥스포드 주의 한 주유소에 붙은 안내문)

> The toilets are outside round the back.
> 화장실은 뒤쪽으로 돌아가면 밖에 있습니다. (같은 주유소에서 고객이 이해하기 쉽도록 붙인 안내문)

영어 어구의 대부분은 격식 유무를 따질 수 없는 중립적인 성격을 지니고 있다. 그러므로 모든 경우에 격식체와 비격식체를 따질 필요는 없다.

2 용법

격식체와 비격식체의 문법이 다를 때도 있다. 이를테면 비격식체에서는 조동사와 부정어의 축약형(▶337 참조)이 자주 쓰인다. 비교〉

> 격식체: **It has** gone. It **is not** possible. 그게 사라졌다. 불가능한 일이다.
> 비격식체: **It's** gone. It **isn't** possible.

격식을 차리지 않은 말에서는 전치사로 문장이 끝날 수도 있다(▶209 참조). 비교〉

> 격식체: **In** which century did he live? 그는 몇 세기에 살았나?
> 비격식체: Which century did he live **in**?

관계사 구문도 경우에 따라 어법의 차이를 보인다(▶234 참조). 비교〉

> 격식체: The man **whom** she married ... 그녀가 결혼한 남자는 …
> 비격식체: The man she married ...

특정 한정사의 경우, 격식체에서는 대체로 동사의 단수형을 쓰지만, 비격식체에서는 복수형을 쓰기도 한다(▶156.2, 157.2 참조). 비교〉

> 격식체: Neither of us **likes** him. 우리 두 사람 모두 그를 좋아하지 않는다.
> 비격식체: Neither of us **like** him.

대명사(예: I, me)의 형태도 달라질 수 있다(▶174 참조). 비교〉

- 격식체: It was **she who** first saw what to do. 어떻게 해야 할지 먼저 안 사람은 그녀였다.
  비격식체: It was **her that** first saw what to do.
- 격식체: **Whom** did they elect? 그들은 누구를 선출했나요?
  비격식체: **Who** did they elect?

생략 (▶275-280 참조)은 비격식체에서 자주 쓰인다. 비교〉

- 격식체: **Have you seen** Mr Andrews? 앤드류스 씨 봤습니까?
  비격식체: **Seen** Jack? 잭 봤어?

– 격식체: We think **that** it is possible. 우리는 가능하다고 생각한다.

비격식체: We think it's possible.

격식체 어휘와 비격식체 어휘는 ▸ 333 참조.   정중한 요청이나 질문에 쓰이는 구문은 ▸ 310-312 참조.

격식을 차린 호칭과 격식을 차리지 않은 호칭은 ▸ 326 참조.   특수한 상황에서 쓰이는 표현은 ▸ 329 참조.

금기어는 ▸ 335 참조.   속어는 ▸ 334 참조.   의식 등에서 쓰이는 예스러운 문법 및 어휘는 ▸ 318.10 참조.

282 대명사 및 기타 대용형

1 부자연스럽고 어법에 어긋나는 반복은 회피한다

이미 언급한 사람이나 사물을 다시 언급할 때는 원래의 명사구를 반복하지 않고 대체로 대명사 (예: he, she, it)를 사용한다. 앞서 언급한 대상을 거의 흡사하게 되풀이하는 것은 (특별한 이유가 없는 한) 부자연스러울 뿐 아니라 어법에도 어긋난다.

Rachel changed her job because **she** was unhappy with the conditions.

레이첼은 조건이 마음에 들지 않아서 직장을 바꾸었다.

(... because Rachel was unhappy with the conditions보다 자연스러움)

The suggestion was understandably ignored: the management disapproved of **it**.

그 제안은 당연히 무시되었다: 경영진이 그것을 인가하지 않았다.

(... the management disapproved of the suggestion보다 자연스러움)

There were times when Cartwright hated **himself**.

카트라이트는 스스로가 미울 때가 있었다. (NOT ... ~~Cartwright hated Cartwright.~~)

명사 이외의 단어들도 마찬가지이다.

He did not smoke, but his wife **did**.

그는 담배를 피우지 않지만 그의 아내는 피운다. (... but his wife smoked보다 자연스러움)

They were not sure whether the road was open, but they believed **so**.

그들은 도로가 개방되었는지 확신하지 못했지만, 그렇게 믿었다.

(... they believed that the road was open보다 자연스러움)

The Royal Hotel was highly recommended, so the party agreed to stay **there**.

로열 호텔을 강력히 추천 받아서 일행은 그곳에 머무르기로 합의했다.

(... to stay at the Royal Hotel보다 자연스러움)

그러나 선택이 논점이 될 때는 반복이 필요하며 어법에도 어긋나지 않는다.

She was offered potatoes or rice, and decided on **rice**.

그녀는 감자 또는 밥을 제안 받았고, 밥으로 결정했다.

The only options were to dance or to go for a walk: they **went for a walk**.

유일한 선택은 춤을 추거나 산책을 하는 것이었다: 그들은 산책을 갔다.

자세한 내용은 ▸ 275-280(생략), ▸ 585 (so) 참조.

2 모호성 회피

he, she, it 같은 대명사를 쓸 경우 가리키는 대상이 명확해야 한다.

Lucy told Alice **she** had made a bad mistake.

루시는 앨리스에게 그녀가 형편없는 실수를 했다고 말했다. (실수한 사람은 누구인가?)

다음은 〈인디펜던트〉 신문이 전날 독자를 혼란에 빠트린 기사에 대해 사과하는 글이다.

Pronoun soup again on Wednesday

CHRISTINA PATTERSON commented on a row between Iain Duncan Smith and George Osborne. "But he did, according to one source, tell the Chancellor that he was 'not prepared to tolerate' the 'appalling' way he treated his department, and that he should 'show more respect'. His staff, he said, 'did not deserve to be treated in such an arrogant way'."
The words 'he' and 'his' appear seven times. The first, second, fourth, sixth and seventh times, they mean Mr Duncan Smith; the third and fifth times, they mean Mr Osborne. More than once, the reader pauses to work out who 'he' is. ●

수요일 또 다시 대명사로 뒤죽박죽이 되다

크리스티나 패터슨이 이언 던컨 스미스와 조지 오스본 간의 언쟁에 대해 언급했다. "그러나 한 소식통에 따르면 그는 장관에게 그가 자신의 부서를 대하는 '끔찍한' 방식을 '용인할 의사가 없으며' 그가 '더 존중해야' 한다고 말했다. 그는 말하기를 그의 직원이 '그런 오만방자한 취급을 받을 이유가 없었다'고 말했다.
'그', '그의' 단어가 일곱 번 등장한다. 첫째, 둘째, 넷째, 여섯째, 일곱째는 던컨 스미스 씨를 의미하며 셋째, 다섯째는 오스본 씨를 의미한다. 다시 한 번 독자는 '그'가 누구인지 곰곰이 생각해야 했다.

가이 켈러니, 〈인디펜던트〉 (개작됨)

(바로 앞에서 언급한 대상을 가리키는) this/that, it의 용법에 대한 자세한 내용은 ▶145 참조.

3 중복 회피

문어와 어느 정도 격식을 갖춘 구어에서 영어는 (일부 언어들과 달리) 보통 같은 절에 나오는 명사구를 반복하지 않고 대명사를 사용한다.

The wall needed painting. 벽은 칠이 필요했다. (NOT ~~The wall, it needed painting.~~)

Good morning, Jack. I spoke to Professor Anson yesterday.
안녕하세요, 잭. 나는 어제 앤슨 교수와 이야기했어요.
(... Professor Anson, I spoke to him yesterday.보다 자연스러움)

그러나 비격식체 구어에서는 주제를 던진 다음 해당 주제에 관한 문장을 만들 때 흔히 이런 식으로 반복한다. (▶272 참조.)

That friend of your mother's – she's on the phone.
네 어머님 친구분 – 통화 중이시네.

Your bicycle wheels – why don't we put them in the garden shed?
네 자전거 바퀴 – 정원 헛간에 두는 게 어때?

283 접속사, 부사어구로 연결하기

1 차이점

접속사(▶ Section 20)는 문법적으로 서로 연결해 주며 의미를 이어준다: 절과 절을 이어 문장을 구성하며 절과 절의 관계를 보여준다. 접속사 예시:

> and, but, or, so, before, after, when, as soon as, because, since, although, if, that

글에서 접속사가 두 절 사이에 있을 때 (절이 짧은 경우) 대체로 구두점이 없고, 절이 긴 경우 접속사 앞에 쉼표(,)가 있다.

> The Minister paused briefly **before** he started to speak.
> 장관은 잠시 멈춘 뒤 말을 시작했다.

> The results were disappointing for the third year running, **so** it was decided to close three of the smaller branches.
> 3년 연속 결과가 실망스러웠기 때문에, 소규모 지점 세 곳은 문을 닫기로 결정했다.

부사어구는 의미를 연결할 수는 있지만 문법적으로 서로 이어주지는 않는다: 부사어구는 절과 절을 엮어 문장을 구성할 수 없다. 부사어구 예시:

> however, then, therefore, meanwhile, consequently, in fact, also, as a result, on the other hand, indeed

공들인 글에서는 두 절 사이에 부사어구가 올 때 대체로 부사어구 앞에 마침표(.) 또는 세미 콜론(;)이 있다. 문법적으로는 두 절이 여전히 분리되어 있기 때문이다.

> The Minister paused briefly; **then** he started to speak.
> 장관은 잠시 말을 멈추더니 말을 하기 시작했다.
> (OR The Minister paused briefly. **Then** he started to speak.)

> The results were disappointing for the third year running; **consequently**, it was decided to close three of the smaller branches.
> 3년 연속 결과가 실망스러웠다; 따라서 소규모 지점 세 곳은 문을 닫기로 결정했다.
> (OR The results were disappointing for the third year running. **Consequently**, it was decided to close three of the smaller branches.)

2 but, however

but은 접속사, however는 부사어구이다.

주의 접속사와 부사어구 앞에 놓이는 구두점의 차이에 유의해야 한다.

> It was cold, **but** it was pleasant. 추웠지만 상쾌했다.

> It was cold. **However**, it was pleasant. OR It was cold; **however**, it was pleasant.
> (It was cold, however ...보다 나음)

주의 however 뒤에도 쉼표를 찍는다.

but, however, although, though에 대한 자세한 내용은 ▶ 371 참조.

3 위치

접속사는 언제나 절 앞에서 절을 이끈다. 부사어구는 절에서 다양한 위치에 올 수 있다(그러나 동사와 목적어 사이에는 올 수 없다). 부사어구가 절의 정상적인 어순 사이에 끼어들면 양쪽에 쉼표를 써서 구별할 수 있다.

> He confessed to 114 murders, **but** the police did not believe his story.
> 그는 114건의 살인을 자백했지만 경찰은 그의 이야기를 믿지 않았다.
> (BUT NOT … ~~the police but did not believe his story.~~)

> He confessed to 114 murders; **however**, the police did not believe his story.

> He confessed to 114 murders; the police, **however**, did not believe his story.

> He confessed to 114 murders; the police did not, **however**, believe his story.

> He confessed to 114 murders; the police did not believe his story, **however**.
> (BUT NOT … ~~the police did not believe, however, his story.~~)

대조를 표현하는 부사어구 뒤에 종종 쉼표를 찍는다.

> They were becoming increasingly discouraged. **However,** they continued walking. 그들은 점점 더 낙담이 되었다. 하지만 계속해서 걸었다.

> Income is satisfactory; **on the other hand,** expenditure has increased alarmingly.
> 수입은 만족스럽다. 반면 지출이 걱정스러울 정도로 증가했다.

yet 뒤에는 대체로 쉼표가 오지 않는다.

> It was cold, **yet** it was pleasant. 추웠지만 상쾌했다. (NOT … ~~yet, it was pleasant.~~)

4 하나의 절로 이루어진 문장

때때로 접속사가 이끄는 하나의 절이 별도의 문장을 구성하기도 한다. 비문이라고 생각하는 사람도 있지만 질의응답이나 절을 특별히 강조하고 싶을 때 쓰이는 정상적인 용법이다.

> Why are we in financial trouble? **Because** the banks lent money to the wrong people.
> 우리가 왜 재정난에 처했는가? 왜냐하면 은행이 엉뚱한 사람들에게 돈을 빌려주었기 때문이다.

> He was charming. **But** he was totally without a conscience.
> 그는 매력적이었다. 하지만 양심이라고는 없었다.

접속사 however(예: **However** we travel, we have to go through London)에 대한 내용은 ▸ 252 참조.

284 문어의 담화 표지어

대화나 글에서 문장을 구성하는 데 도움이 되는 말과 표현을 담화 표지어라고 한다(예: first of all, on the other hand, in any case, to sum up). 영어에는 수많은 담화 표지어가 있다. 일부는 모든 종류의 담화에 사용되며 일부는 주로 격식체 문어에 사용된다. 또 주로 비격식체 구어에 사용되는 담화 표지어들도 있다. 여기서는 문어에서 가장 흔히 쓰이는 것들을 다루고 있다; 구어에 주로 쓰이는 담화 표지어는 ▸ 301 참조. 대부분의 담화 표지어는 부사나 부사적 표현이며 일부는 접속사이다. 구두점의 차이를 비롯한 기타 내용은 ▸ 283 참조.

담화 표지어는 다음과 같은 몇 가지 사항을 전달할 수 있다:

- 담화 표지어로 주제를 소개하거나 분명하게 밝힐 수 있으며 주제가 바뀌거나 세분화되는 것을 나타낼 수 있다.

- 담화 표지어는 진행되고 있는 의사소통의 유형을 보여준다.
- 담화 표지어는 본인이 하는 말에 대한 저자의 태도 또는 독자의 기대에 대한 저자의 태도를 드러낸다.

1 담화의 대상

일부 담화 표지어는 저자가 초점을 어디에 두고 있는지 밝혀주고, 앞선 논의와의 연관성을 드러낸다. 주제가 변경되거나 분화되는 것을 나타내는 담화 표지어도 있다.

초점: with reference to; regarding; as regards; as far as … is / are concerned

With reference to your letter of 17 March, I am pleased to inform you …
귀하의 3월 17일자 편지에 대해, …를 알려드리게 되어 기쁩니다.

Regarding the proposal to reinvest all profits, it was felt that further discussion was needed. 모든 수익을 재투자하자는 제안에 대해, 추가 논의가 필요하다고 느꼈다.

As regards other aspects of social policy, the government of the day was under great pressure to improve health care.
사회정책의 다른 측면들과 관련하여, 당시 정부는 의료 서비스를 개선하라는 엄청난 압력을 받았다.

As far as heart disease **is concerned**, saturated fats are considered to be a principal danger. 심장질환에 관한 한, 포화지방은 주요 위험 인자로 간주된다.

세분화: first of all; firstly, secondly …; in the first place; before turning to; lastly; finally

First of all, it is important to distinguish two main types of problem. **Secondly**, solutions to both need to be evaluated.
우선, 문제의 두 가지 주요 유형을 구별하는 것이 중요하다. 둘째, 두 가지 모두에 대한 해결책을 진단해야 한다.

Before turning to the question of finance, the directors discussed minimum staffing levels. 재무 문제로 넘어가기 전에 이사들은 최소 직원 수를 논의했다.

Finally, it is appropriate to mention the contribution of his family to his success.
마지막으로, 그의 성공에 기여한 가족의 공헌을 언급하는 것이 마땅하다.

새로운 주제: turning now to …

Turning now to his years in America, we will trace his gradual acceptance by the scientific establishment.
이제 미국에서 지낸 시절로 돌아가, 과학계에서 그를 점차 받아들인 일을 되짚어 보겠다.

이전 주제로 돌아가기: to return to the previous point

To return to the previous point, it would be a mistake to overlook the basic need for research. 이전 논지로 돌아가, 연구의 기본적인 필요성을 간과한다면 오판일 것이다.

요약: in conclusion; to sum up; briefly; in short

In conclusion / To sum up, it seems clear that none of the factors already discussed contributed to the spread of the epidemic.

요약하면, 이미 논의된 요인들 중 어느 것도 전염병의 확산에 기여하지 않은 것이 분명해 보인다.

Briefly, three senators have been accused of fraud, bribery and tax evasion in the past three years, but they have all been cleared of these charges by other senators.

간단히 말해서, 지난 3년 동안 상원의원 3명이 사기, 뇌물, 탈세 혐의로 기소되었지만, 모두 다른 상원의원들에 의해 이러한 혐의에서 벗어났다.

In short, the decision to invade was a disastrous error of judgement.

간단히 말해, 침략 결정은 치명적인 판단 착오였다.

2 담화 유형

일부 담화 표지어는 어떤 유형의 의사소통이 이루어지고 있는지 분명하게 드러낸다.

일반화와 예외: on the whole; to a great extent; to some extent; in general; in all/most/many/some cases; broadly speaking; apart from; except for

On the whole / In general, people like to help others.

대체로 사람들은 타인을 돕는 것을 좋아한다.

On the whole / In general, the higher an individual is in the social strata the less likely he or she is to be arrested, prosecuted and (if prosecuted) found guilty.

대체로 개인의 사회적 계층이 높을수록 체포, 기소 및 (기소 시) 유죄 판결을 받을 가능성이 낮아진다.

In some cases, an unhappy childhood can lead to criminal behaviour.

일부 경우에는 불행한 어린 시절이 범죄행위로 이어지기도 한다.

To some extent, people's religious views tend to reflect those of their parents.

사람들의 종교적 견해는 어느 정도 부모의 견해를 반영하는 경향이 있다.

Broadly speaking, trees can be divided into two groups: evergreen and deciduous.

대략, 나무는 상록수와 낙엽수 두 부류로 나눌 수 있다.

Central European languages, **except for / apart from** Hungarian, are related to each other. 헝가리어를 제외한 중앙 유럽어는 서로 관련되어 있다.

논리적 연관성 또는 인과관계: consequently; therefore; as a result; so; then

Atmospheric pressure is lower at altitude. **Consequently**, climbers can find it difficult to get enough oxygen.

고지는 기압이 낮다. 따라서 등반가들은 충분한 산소를 얻기가 어렵다는 것을 알게 된다.

Unfortunately, your examination marks did not reach the required standard. **Therefore** we are unable to offer you a place.

아쉽게도 귀하의 시험점수는 필요한 기준에 미치지 못했습니다. 그러므로 저희는 귀하에게 자리를 제공할 수 없습니다.

His first novel was a remarkable success. **As a result**, he was offered a contract to write a sequel. 그의 첫 소설은 놀랄 만큼 성공을 거두었다. 그 결과 그는 속편 집필 계약을 제의 받았다.

유사성: similarly; in the same way; just as

Russia relies on its grain harvests to feed its population. **Similarly / In the same way**, India and China are dependent on rice.
러시아는 곡물 수확에 의존하여 인구를 먹여 살린다. 마찬가지로 인도와 중국은 쌀에 의존하고 있다.

Just as some children have imaginary friends, others invent complicated past events that never happened.
일부 어린이가 상상 속 친구를 가지고 있는 것처럼, 다른 아이들은 결코 일어나지 않았던 복잡한 과거 사건들을 지어낸다.

대조: nevertheless; nonetheless; despite this / that; yet; however; in spite of this / that

The Greeks and Romans had no symbol for zero. **Nevertheless / Nonetheless**, they made remarkable progress in mathematics.
그리스인들과 로마인에게는 기호 0이 없었다. 그럼에도 불구하고 그들은 수학에서 괄목할 만한 진전을 이루었다.

Their father died when they were small. **In spite of that / Despite that**, they had a happy childhood.
그들의 아버지께서는 어릴 때 돌아가셨다. 그럼에도 불구하고 그들은 행복한 어린 시절을 보냈다.

England has occasional heavy snowfalls in January and February. **However**, most winters are relatively mild.
영국은 1월과 2월에 가끔 폭설이 내린다. 그러나 대부분의 겨울은 비교적 온화하다.

비교 대조하기: on the one hand; whereas; while; on the other hand

On the one hand, we need to reduce costs. **On the other hand**, investment in research is a crucial priority.
한편으로 우리는 비용을 줄여야 한다. 반면, 연구에 대한 투자는 중요한 우선 순위이다.

Arranged marriages are common in many Middle Eastern countries. In the West, **on the other hand**, they are unusual.
중동의 많은 나라에서는 중매결혼이 흔하다. 반면, 서양에서는 중매결혼이 드물다.
(NOT ... ~~on the contrary, they are unusual.~~ ▶ 428 참조)

He liked the mountains, **whereas / while** his wife preferred the sea.
그는 산을 좋아했지만 아내는 바다를 더 좋아했다.

설득: after all (▶ 361 참조)

It is scarcely surprising that he chose a military career. **After all**, his father and both his grandfathers were professional soldiers.
그가 군복무를 선택한 것은 놀라운 일이 아니다. 어쨌든 그의 아버지와 할아버지, 외할아버지 두 분 다 직업 군인이었으니까.

반박: on the contrary; quite the opposite

The violin is not easy to play well. **On the contrary**, it is one of the most challenging instruments.
바이올린은 잘 연주하기 쉽지 않다. 반대로, 그것은 가장 어려운 악기 중 하나이다.

Do not be afraid that people will look down on you because of your regional accent. **Quite the opposite**, in some professions your accent may be your most interesting and valuable possession.
지역 사투리 때문에 사람들이 얕볼 것이라고 두려워하지 마십시오. 정반대로 어떤 직업에서는 사투리가 가장 흥미롭고 소중한 자산일 수도 있습니다.

인정: it is true (that); certainly; granted; if; may; of course

반론: nevertheless; nonetheless; however; even so; but; still; all the same

이 표현들은 종종 삼단 논리 구조에서 사용된다:
1. 어떤 방향의 논점을 말한다.
2. 다른 방향을 가리키는 사실도 있다는 것에 동의한다(인정).
3. 그러나 원래의 입장으로 돌아가 끝맺는다(반론).

... cannot agree with colonialism. **It is true that** the British **may** have done some good in India. **Even so**, colonialism is basically evil.
… 식민주의에 동의할 수 없다. 영국이 인도에서 얼마간 좋은 일을 했을 수도 있다는 것은 사실이다. 그렇다 하더라도, 식민주의는 기본적으로 악하다.

He was incapable of lasting relationships with women. **Certainly**, several women loved him, and he was married twice. **All the same**, the women closest to him were invariably deeply unhappy.
그는 여성과 지속적인 관계를 유지할 수 없었다. 물론 몇몇 여성들은 그를 사랑했고, 그는 두 번 결혼했다. 그렇지만 그와 가장 가까웠던 여자들은 하나같이 몹시 불행했다.

Very few people understood Einstein's theory. **Of course**, everybody had heard of him, and a fair number of people knew the word 'relativity'. **But** hardly anybody could tell you what he had actually said.
아인슈타인의 이론을 이해하는 사람은 거의 없었다. 물론, 모든 사람들이 그에 대해 들어봤고, 상당수가 '상대성'이라는 단어를 알고 있었다. 하지만 그가 실제로 무슨 말을 했는지 이야기해 줄 수 있는 사람은 거의 없었다.

His poetry was popular, and, **if** difficult to understand, **nonetheless** had a good deal of charm.
그의 시는 인기가 있었고, 설령 이해하기 어렵더라도, 그럼에도 불구하고 많은 매력을 가지고 있었다.

[주의] 위 예문에서 'certainly'와 'of course'의 쓰임새에 유의한다. 'certainly'와 'of course'가 이런 용법으로 쓰이면 숙련된 독자는 뒤에 'but', 'all the same' 또는 비슷한 표현이 온다는 것을 예상할 수 있다.

추가: moreover; furthermore; further; in addition; what is more; also; besides

Air travel is tiring. **Moreover / Furthermore**, it is generally uncomfortable and expensive. 비행기 여행은 피곤하다. 더욱이 대체로 불편하고 비싸다.

The school was old and badly heated, and classes were large. **In addition**, her teacher was an elderly lady who was simply counting the days till her retirement.
학교는 낡았고 난방은 열악했으며 한 반에 학생수도 많았다. 게다가, 그녀의 선생님은 그저 은퇴할 날만 손꼽아 기다리는 노부인이었다.

... pleasant to drive and cheap to run. **What is more**, it is one of the most reliable small cars on the market.
… 운전이 즐겁고 유지비도 저렴하다. 게다가, 그것은 시장에서 가장 믿을 수 있는 소형차 중 하나이다.

Besides his energy and enthusiasm, I was **also** attracted by his sense of humour.
나는 그의 에너지와 열정 외에 유머 감각에도 끌렸다.

예시: e.g.; in particular; for instance; for example

For many artists of the period, **e.g.** Holbein or Cranach, painting was a family business. 그 시대의 많은 예술가들, 예를 들면 홀바인이나 크라나흐에게 그림은 가족 사업이었다.

He was not a very sociable person. **In particular**, he hated having to talk to strangers at parties.
그는 그다지 사교적인 사람이 아니었다. 특히, 그는 파티에서 낯선 사람과 억지로 대화하는 것을 싫어했다.

Some of those groups, **for instance / for example** the Beatles or the Rolling Stones, became fabulously wealthy.
이들 그룹, 예를 들어 비틀즈나 롤링 스톤즈 같은 일부 그룹은 엄청나게 부유해졌다.

3 태도

일부 담화 표지어는 본인이 하는 말에 대한 저자의 태도를 나타내거나, 더 원활한 의사소통을 위해 말하고 있는 내용을 수정한다.

글쓴이의 태도 드러내기: no doubt; honestly

The government, **no doubt** for excellent reasons, has reduced unemployment benefit. 정부는, 물론 훌륭한 이유가 있어서, 실업 수당을 축소했다. (no doubt는 종종 반어적인 의미를 나타낸다. 저자는 그 이유가 전혀 타당하다고 생각하지 않을 수도 있다.)

This student has worked hard, but I **honestly** do not feel able to recommend her for a scholarship. 이 학생은 열심히 공부했지만, 솔직히 나는 그녀를 장학생으로 추천하기는 어렵다.

논점 분명히 하기: that is to say; in other words

We may be human, but that does not make us different from similar species. **That is to say**, we share many of the instincts of other territorial mammals.
우리가 인간이기는 하지만, 그렇다고 비슷한 종들과 달라지는 건 아니다. 즉 우리는 다른 육상 포유류들과 많은 본능을 공유하고 있다.

The colonial powers gave great importance to economic advantage. **In other words**, they wanted to make as much money as they could out of the colonies.
식민 지배세력은 경제적 이점을 크게 중시했다. 달리 말하면, 그들은 식민지를 통해 가능한 한 많은 돈을 벌고 싶어 했다.

완곡한 표현 및 수정: in my view/opinion; apparently; so to speak; that is to say; more or less; really; at least; actually

His work has been savagely criticised. **In my view**, however, the majority of these criticisms are unfounded.
그의 작품은 혹평을 받고 있다. 그러나 내 생각에는 이러한 비판의 대부분은 근거가 없다.

519

He was not in fact very efficient. **That is to say**, he not always very good at organising his work. **At least**, that was what his associates repeatedly said.

그는 사실 그다지 유능하지 않았다. 다시 말해서, 그는 업무를 정리하는 데 항상 능숙하지는 않았다. 적어도 동료들은 거듭 그렇게 말했다.

The government did not keep all of its promises, though **actually**, it did keep quite a number of the less expensive ones.

비록 정부가 약속을 전부 지킨 것은 아니지만, 실은 돈이 적게 드는 약속들은 꽤 많이 지켰다.

앞서 언급한 내용 일축하기: in any case

이전에 언급했던 내용은 중요하지 않으며 진짜 논지는 지금부터임을 의미하는 표현이다.

Historians differ regarding the ultimate causes of the First World War. **In any case**, it is clear that British and German expansionism played a crucial role.

역사학자들은 1차 세계대전의 궁극적인 원인에 대해 의견이 분분하다. 어쨌든, 영국과 독일의 팽창주의가 결정적인 역할을 했다는 것은 분명하다.

청자 / 독자의 예상에 대한 언급: in fact; actually

이 표현은 청자나 독자가 생각하는 바를 (대체로) 부정하거나 확정하는 정보를 제시한다.

It is generally believed that Marquez died in the civil war. **In fact / Actually**, recent research shows that he survived and fled to Bolivia, where ...

대개 마르케스가 내전에서 사망했다고 믿고 있다. 예상과 달리 최근 연구에 따르면 그는 살아남아 볼리비아로 도망갔고, 거기서 …

4 태도를 드러내는 전달동사

일부 전달동사는 전달되는 내용에 대한 저자의 태도를 드러낸다. suggest, imply는 저자가 확실한 사실을 전달하고 있지 않다는 점을 분명히 한다. claim은 뒤따라 오는 내용에 의구심을 품게 만든다.

These findings **suggest / imply** that a cure for the common cold may be close.

이러한 연구 결과는 일반 감기 치료제의 탄생이 임박했을 수도 있음을 암시한다.

The Minister **claims** that the new working practices will increase efficiency by **35%**. 장관은 새로운 근무 관행이 능률을 35퍼센트 끌어올릴 것이라고 주장한다.

allege는 입증되지 않은 범죄를 보도할 때 흔히 사용된다.

It is **alleged** that, during the night of June 17th, Hawkins broke into the factory.

6월 17일 밤, 호킨스가 공장에 침입했다는 주장이 있다.

285 복잡한 구문의 이해

언어 학습자들과 많은 원어민 독자들은 길고 복잡한 문장을 읽을 때 어려움을 겪는다. 특히 어떤 종류의 구문은 익숙지 못한 독자들의 읽는 속도를 늦추어 집중하지 못하고 문장이 어떻게 진행되는지 보이지 않게 된다. 이는 문장이 복잡한 명사구로 시작되는 경우에 그러하다.

1 복잡한 명사구: 전치 수식

문어에서 핵심어 명사 앞에 다양한 전치 수식어(한정사, 형용사, 분사, 명사)가 붙어 명사구가 아주 복잡해질 수 있다.

The only efficient functioning X-Ray machine was in constant demand.
성능이 좋은 유일한 엑스레이 기계만 꾸준히 찾았다.

전치 수식어를 수식하는 전치 수식어가 오면 더욱 복잡해지기도 한다.

The only **really** efficient **fully**-functioning **high-speed** X-Ray machine was in constant demand.
정말로 성능이 좋고 완벽한 기능을 갖춘, 유일한 고속 엑스레이 기계만 꾸준히 찾았다.

주의 대체로 전치 수식어 뒤에 이를 수식하는 후치 수식어가 올 수 없다.

a broken promise 깨어진 약속

a cynically broken promise
이랑곳없다는 듯 깨어진 약속 (BUT NOT a broken for political advantage promise)

interest rates 금리

short-term interest rates 단기 금리 (BUT NOT interest paid monthly rates)

2 복잡한 명사구: 후치 수식어

후치 수식어(예: 전치사구 또는 관계사절)가 있으면 명사구가 더욱 복잡해지며 선뜻선뜻 이해하기가 어렵다.

The only really efficient fully-functioning high-speed X-Ray machine **in the hospital that nurses could use** was in constant demand.
병원에서 간호사들이 사용할 수 있는 정말로 성능이 좋고 완벽한 기능을 갖춘, 유일한 고속 엑스레이 기계만 꾸준히 찾았다.

The strikes **on a number of airlines in recent months, which have caused serious disruption to travellers**, are likely to continue if agreement is not reached.
최근 몇 달 동안에 일어난 다수 항공사의 파업으로 여행자들은 심각한 혼란을 겪었는데 만약 합의가 이루어지지 않으면 파업은 계속될 듯하다.

3 명사화와 등치: Daniel's failure

구어에서는 다른 방식으로 표현되는 말을 문어에서는 종종 명사화(명사로 표현)한다. 명사화 역시 명사구를 복잡하게 만든다.

Daniel's failure to gain a degree caused his parents considerable concern.
다니엘이 학위를 취득하는 데 실패하자 그의 부모는 걱정이 컸다. (6단어로 이루어진 명사구 주어)

같은 말을 구어에서는 다음과 같이 표현한다. 예)

Daniel, you know, he didn't get a degree, and of course, his parents, they got really worried. 있잖아, 다니엘이 학위를 못 땄어. 물론 부모님이 걱정이 크시지. (1단어로 이루어진 명사구 주어)

등치도 문장을 더욱 복잡하게 만든다.

Daniel's failure to gain a degree, and his subsequent refusal to look for work, caused his parents considerable concern.
다니엘이 학위를 취득하는 데 실패하고 이후 직장을 알아보려고 하지도 않자 그의 부모는 걱정이 컸다.
(14단어로 이루어진 명사구 주어)

같은 말을 구어에서는 다음과 같이 구성할 수 있다:

> Daniel, you know, he didn't get a degree, and then he wouldn't do anything about getting a job, and of course, his parents, they got really worried.
> 있잖아, 다니엘이 학위를 못 땄어. 그런데 취직할 생각을 안 해. 물론 부모님이 걱정이 크시지.

4 길고 복잡한 주어: getting up early

긴 절이나 구가 주어 자리에 오면 전체 구조를 이해하기 어려울 수 있다.

> **Getting up very early in the morning** typically makes people feel quite unnecessarily superior. 아침에 아주 일찍 일어나면 정말 쓸데없이 우쭐한 기분이 든다.
> **What Anna's little sister wanted** above everything else in the whole world was a horse. 애나의 여동생이 세상 그 무엇보다도 간절히 원했던 것은 말이었다.

5 이런 구문이 난해한 이유: 파편화

복잡한 명사구가 있거나, 특히 후치 수식어가 긴 경우 독자는 문장의 근간이 되는 주어-동사 관계를 놓치기 쉽다. 다른 명사나 동사가 핵심어 명사와 동사 사이에 끼어들면 주어와 동사 사이가 멀어져 숙련도가 떨어지는 독자는 어떤 명사가 어떤 동사와 연결되는지 갈피를 잡기 어렵게 된다.

> The **strikes** on a **number** of **airlines** in recent **months**, which have **caused** serious **disruption** to **travellers, are** likely to continue if agreement is not reached.
> 최근 몇 달 동안에 일어난 다수 항공사의 파업으로 여행자들은 심각한 혼란을 겪었는데 만약 합의가 이루어지지 않으면 파업은 계속될 듯하다. (핵심어 명사와 동사 사이에 다른 명사 5개와 동사 1개가 끼어 있음)
> That **picture** of the children standing in front of the **palace** talking to the **Prime Minister** impressed everybody.
> 관저 앞에 서서 총리와 이야기하고 있는 아이들을 찍은 저 사진은 모든 사람들에게 감동을 주었다. (아이들, 관저 또는 총리가 모든 사람들에게 감동을 주었다는 의미가 아니다.)
> Pasteur's **discovery** that microscopic bacteria caused diseases **revolutionised** medicine. 미세 박테리아가 질병을 유발한다는 파스퇴르의 발견은 의학계에 혁명을 일으켰다. (의학계에 혁명을 일으킨 것은 박테리아나 질병이 아니다.)
> A Liverpool **man** who **lives** alone except for his **cat** has just **won** the lottery.
> 고양이만 데리고 혼자 사는 리버풀 남성이 막 복권에 당첨됐다. (복권 당첨자는 고양이가 아니다.)

이런 구문은 동사 2개가 나란히 와서 혼란스러울 수 있다.

> A bus which ran downhill out of control after its brakes **failed crashed** into a factory wall, damaging the premises and slightly injuring several passengers.
> 브레이크가 고장 난 후 제어 불능으로 내리막길을 달리던 버스는 공장 벽에 부딪혀 구내에 피해를 입히고 승객 몇 명은 가벼운 부상을 입었다.

구어(▶299.1 참조)와 달리 격식체 문어에서는 주어를 대명사로 반복하지 않는다.

> ~~That picture of the children standing in front of the palace talking to the Prime Minister, it impressed everybody.~~

6 that 생략: people Martin knew well

that 또는 다른 관계대명사가 생략되면 격식체 문어에 익숙하지 않거나, 특히 모국어에 비슷한 어법이 없는 독자는 더욱 난감할 수 있다. 예를 들어 관계대명사 that이 생략되어 명사구 2개가 겹치면 헷갈리기 쉽다.

Several **people Martin** knew well when he was at university years before had now become prominent members of the government. (= ... people **that** Martin knew ...)
오래전 마틴이 대학 시절 잘 알고 지낸 몇 사람이 이제는 유명한 정부 인사가 되었다.

The man the terrorists bought the guns from was an undercover police officer.
테러리스트들이 총을 구입한 사람은 경찰 비밀요원이었다.

관계사절이 전치사로 끝날 경우 어려움이 가중된다.

The spanner the service engineer was attempting to tighten the windscreen nuts **with** was the wrong size.
정비공이 바람막이 창의 너트를 조이려고 쓴 스패너는 크기가 맞지 않았다.

접속사 that을 생략해도 문장 구조가 모호해진다.

The woman insisted she thought the police officer understood she was lost.
그녀는 경찰이 자신이 길을 잃었다는 것을 알고 있다고 생각했다고 주장했다. (that이 3번 생략됨)

7 관계사절의 일부 생략: the objects recovered

관계사절 일부가 생략되면(▶ 237.10 참조) 특히 문장을 이해하기 어렵게 된다.

Many of the objects **recovered by the police** were found to have been stolen from homes in the neighbourhood. (= '... the objects that were recovered ...')
경찰이 되찾은 많은 물건들은 알고 보니 이웃집들에서 훔친 물건이었다.

Two wolves **seen roaming in the New Forest** are believed to have escaped from a nearby private zoo. (= '... wolves that have been seen ...')
뉴포레스트를 배회하는 모습이 목격된 늑대 두 마리는 인근 사설 동물원에서 탈출한 것으로 추정된다.

규칙동사의 경우 과거형과 과거분사형이 동일해 헷갈리기 쉽다.

A number of the children **asked** for comments on the proposals to expel some immigrants told the police they disagreed.
이민자를 추방하자는 제안에 대한 의견을 요청 받은 많은 아이들이 경찰에게 반대 의사를 표시했다.
(의견을 요구한 것은 아이들이 아님: '... the children who were asked ... told ...'의 의미)

8 삽입 부사절

부사절이 다른 절 안에 삽입되어 문장의 주어와 동사가 서로 분리되기도 한다.

Ann, **when she finally managed to go to sleep,** had a series of bad dreams.
앤은 겨우 잠이 들었지만 연이어 악몽을 꿨다.

The government, **if recent reports can be trusted,** has decided not to raise interest rates. 정부는, 최근 보도에 신빙성이 있다면, 금리를 인상하지 않기로 했다.

이러한 구문에서는 동사 바로 앞에 오는 명사가 그 동사의 주어가 아닐 때도 있다.

Mr Andrews, when he saw **the police officer, started running** as fast as he could.
앤드류스 씨는 경찰을 보자 있는 힘을 다해 뛰기 시작했다. (뛰기 시작한 사람은 경찰이 아니다.)

The Managing Director, after he had completed his discussions with **the bank manager, drew** a large sum of money out of the bank and caught the next plane to Paris. 상무이사는 은행장과 상의한 후 은행에서 거액을 인출하고 다음 파리행 비행기를 탔다.
(돈을 인출하고 파리로 간 사람이 은행장이라고 착각하기 쉽다.)

523

9 간접목적어가 긴 경우

간접목적어가 길어 동사와 간접목적어가 떨어져 있는 경우 문장 구조를 이해하기 어렵다.

> She **gave** all the people who had helped her with her research **copies of her book**.
> 그녀는 연구를 도와준 모든 사람들에게 자신의 책을 주었다.

10 복잡한 부정문

구어와 문어 모두 부정어가 여러 번 등장하면 혼돈을 초래할 수 있다.

> It was **not** that Emily did**n't** believe that Jack had **not** been telling the truth.
> 에밀리는 잭이 진실을 말하고 있다고 생각하지 않았다.
> (에밀리는 잭이 진실을 말한다고 생각한 것일까? 아니면 거짓말을 한다고 생각한 것일까?)

> There is **no** sound basis for **denying** reports that **no** members of the expedition **failed** to reach their goal. (Did they all get there?)
> 탐험대원 중 목표 달성에 실패한 사람이 없다는 보도를 부인할 확실한 근거는 없다.
> (탐험대원이 모두 거기 도착했을까?)

11 전달 표현: the man who Anna had said would tell us

전달 표현이 문장에 포함되면 구조가 복잡해질 수 있다.

> We were unable to find the man who **Anna had said** would tell us about the church.
> 애나는 어떤 사람이 우리에게 교회에 대해 이야기해줄 것이라고 말했는데 우리는 그 사람을 찾지 못했다.

> They spent **none of them could remember how much** money on their trip.
> 여행에 얼마나 많은 돈을 썼는지 그들 중 아무도 기억할 수 없었다.

12 기타 사례

다음은 위와 같이 복잡한 구문들의 극단적인 사례로, 뉴스 기사와 소설에서 발췌한 예문들이다.

> A picture a schoolboy bought for £5 has turned out to be worth £10,000.
> 남학생이 5파운드에 산 그림이 10,000파운드의 가치가 있는 것으로 밝혀졌다.

> Money makes money, and the money money makes makes money.
> 돈이 돈을 벌고, 돈이 번 그 돈이 돈을 번다. (벤자민 프랭클린)

> Pictures of the baby the judge ordered should not be identified by reporters appeared in a Sunday newspaper.
> 판사가 기자들에 의해 신원이 밝혀지면 안 된다고 명령했던 아기의 사진이 일요일 신문에 게재되었다.

> A young civil servant arrested after shootings on Tyneside left one person dead is to be charged with murder.
> 타인사이드에서 발생한 총격으로 1명이 사망한 뒤 체포된 젊은 공무원은 살인 혐의로 기소될 것이다.

> Police called to a house in Hampshire after neighbours reported cries for help found 18-year-old M F stuck in a small toilet window after being locked out of his home. 도움을 청하는 외침이 들린다는 이웃의 신고를 받고 햄프셔에 있는 한 집으로 출동한 경찰은 18살인 M F가 집 문이 잠긴 후 조그만 화장실 창문에 끼어 있는 것을 발견했다.

> Three immigrants returned to their countries by the authorities are to appeal against their deportation.
> 당국에 의해 고국으로 돌아온 이민자 세 사람은 추방에 대해 항소할 예정이다.

A 24-year-old labourer who was arrested in Trafalgar Square when he allegedly attempted to knife a traffic warden is said to have injured three policemen.
한 주차 단속원을 칼로 찌르려 했다는 혐의로 트라팔가 광장에서 체포된 24세의 노동자가 경찰관 3명에게 부상을 입혔다고 합니다.

The rebel leader found out that in spite of the precautions of the soldiers he had bought the guns from the police had planted an informer among them.
반군 지도자는 군인들에게 총을 구입했는데, 반군 지도자는 군인들의 경계에도 불구하고 경찰이 그들 사이에 정보원을 심어 두었음을 알게 되었다.

Police hunting thieves who dumped a ten-month-old baby in an alley after finding him inside a car they stole have charged two teenage boys.
훔친 자동차 안에서 발견한 열 달 된 아기를 골목에 버리고 달아난 도둑들을 쫓던 경찰은 십대 소년 2명을 기소했다.

One way of deciding what to do if you have difficulty in deciding your next course of action is to toss a coin.
다음에 어떻게 행동하는 것이 최선인지 결정하기가 어려울 때 결정을 내리는 한 가지 방법은 동전을 던지는 것이다. (동전 던지기가 최선의 행위라고 오해할 수 있다.)

If predictions that the British National Party will gain at least one seat when the European Parliament election results are announced tonight are accurate, many Labour MPs will see it as a political disaster grave enough to spark a major revolt.
오늘 밤 유럽의회 선거 결과가 발표될 때 영국국민당이 최소한 한 석을 차지할 것이라는 예측이 적중한다면, 많은 노동당 의원들은 이 사태를 큰 저항을 일으킬 정도로 심각한 정치적 재앙으로 볼 것이다.

But what bothered him more than what the files that were in the drawer could contain was the feeling that something was certainly missing.
그러나 서랍 안에 들어 있던 파일에 들어 있는 것보다 그를 더 괴롭혔던 것은 무언가 분명히 사라졌다는 느낌이었다.

Taking one's break out of season when everyone else is working can save one a great deal of money. 다른 사람들 모두가 일할 때 휴가를 가면 큰돈을 절약할 수 있다.

Many of the gold and silver objects excavated from the 3000-year-old royal tombs resemble items of jewellery still made today by craftsmen trained in the traditional skills.
3000년 된 왕릉에서 출토된 금은 물품 다수가 전통 기술을 갈고 닦은 장인들이 오늘날도 만들고 있는 장신구와 비슷하다.

It is not unlikely that the ongoing investigation will show that the allegations of corruption against the President are not without foundation.
현재 진행중인 수사는 대통령이 받고 있는 부패 혐의가 근거가 없지는 않다는 것을 보여줄 것 같다. (대통령이 부패를 저질렀다는 의미일까?)

The report will look into claims the design of the courthouse the men escaped from was at fault.
그 기사는 그들이 탈출했던 법원의 설계에 오류가 있었다는 주장을 심층 보도할 것이다.

Further details emerged shortly after the clergyman at the centre of the dispute about anti-capitalist protesters camped outside St Paul's Cathedral broke a week's silence to defend the decision to close the cathedral.
성 베드로 성당 밖에서 야영한 반자본주의 시위대에 관한 논쟁의 중심에 있는 성직자가 일주일 간의 침묵을 깨고 성당 폐쇄 결정을 옹호한 직후 더 상세한 정보가 드러났다.

Millennium Dome chiefs have refused to discuss reports they ignored advice attendance figures at the attraction would be lower than hoped. The Sunday Times says the Millennium Commission warned Dome owners the New Millennium Experience Company its own estimate was between 4.5m and 5m. NMEC reportedly insisted there would be at least 7m visitors this year.

밀레니엄 돔 최고 책임자들은 이 명소의 관객 수가 기대보다 적을 것이라는 조언을 묵살했다는 보도에 대한 언급을 거부했다. 〈선데이 타임스〉에 따르면, 밀레니엄 위원회는 돔의 소유주인 뉴 밀레니엄 익스피리언스 컴퍼니에게 추산 관객수가 450만에서 500만 사이라고 미리 경고했다고 하며, NMEC는 올해 예상 관객수가 최소 700만은 될 것이라고 주장했다고 한다.

(밀레니엄 돔은 서기 2000년을 기념하기 위해 런던에 세운 관광 명소로 엄청난 금액의 손실을 보았다.)

286 단락

영어로 쓴 글은 읽기 쉽도록 '단락(paragraph)'이라는 여러 개의 글 덩어리로 나뉘어 있다. 단락은 길이가 천차만별인데, 이를테면 문학 작품이나 논문에서는 한 단락이 수백 단어에 이르지만, 신문이나 편지에서는 몇 줄에 불과할 수도 있다. 단락 구분은 보통 줄 바꾸기나 들여쓰기로 표시한다. 단락 구분은 글을 쉽게 '소화할 수 있는' 부분들로 분할해 독자가 중간에 숨을 돌리거나 필요한 경우 잠시 생각할 여유를 제공한다. 이야기의 새로운 국면, 새로운 논점, 새로운 서술 표현 시 적절한 곳에서 단락을 구분하면 글을 짜임새 있게 구성할 수 있다.

Sam decided that it was too late to start slimming, and put some more sugar in his coffee. The way things were, he needed all the help he could get. Everything was going wrong at work, everything had already gone wrong at home, and the weather in Edinburgh in November was lousy. The only remaining question was: should he commit suicide now or wait till after payday and get drunk first?

a new stage in the story
이야기의 새로운 국면

Three months ago everything had seemed so perfect. His boss had told him that he had an excellent future with the firm.

샘은 이제 살을 빼기는 글렀다고 생각하고 커피에 설탕을 더 넣었다. 그는 지푸라기라도 잡아야 할 형편이었다. 직장에서는 되는 일이 하나도 없었고, 집안 꼴 역시 엉망이 된 지 오래였으며, 거기에다 11월 에든버러의 날씨는 끔찍했다. 남은 질문은 하나뿐이었다. 지금 자살할 것인가? 아니면 월급날까지 기다렸다가 술부터 진탕 마실 것인가?

석 달 전에는 모든 게 완벽해 보였다. 사장은 회사에서 그의 앞길이 탄탄대로라고 말했다.

There are a lot of advantages to working at home. You don't have to travel to your job, you can choose your own working hours, you can take a day off if you want to, you don't waste time in endless unnecessary meetings, and – perhaps most important of all – you don't have a boss constantly checking up on you.

a new point in the discussion
새로운 논점

On the other hand, it can be lonely working by yourself. Without colleagues around you ...

재택근무는 장점이 많다. 직장에 출근할 필요가 없고, 근무 시간을 스스로 선택할 수 있다. 원한다면 하루 쉴 수 있으며, 끊임없이 이어지는 쓸데없는 회의에 시간을 낭비하지 않아도 된다. 그리고 무엇보다 가장 중요한 것은 상사의 지속적인 감시를 받지 않아도 된다는 것이다.

반면 혼자 일하면 외로울 수 있다. 주변에 동료 하나 없이 …

타이핑한 편지나 문서는 들여쓰기 대신 행을 띄우는 것이 관행이다.

Dear Sir/Madam

Three months ago I sent you an order for a set of glasses, together with full payment. You wrote acknowledging my order, and said that the glasses would be dispatched within 15 days.

I have still not received the glasses, and repeated telephone calls to your office have had no result ...

담당자께

석 달 전에 저는 귀사에 유리잔 한 세트를 주문했고, 대금도 전액 지불했습니다. 귀사에서는 제 주문이 접수되었고 유리잔이 15일 내로 발송될 것이라고 통보해 주신 바 있습니다.

저는 유리잔을 아직 받지 못했습니다. 그리고 사무실에 여러 번 전화를 했습니다만 아무런 조치도 …

287 반복

1 반복은 피함

영어에서는 대체로 불필요한 반복을 꺼린다. 따라서 타당한 이유가 없는 한 이어지는 문장에 같은 단어나 구문을 반복하지 않는다. 예를 들어, 형태가 비슷한 동사와 명사는 함께 쓰는 경우가 드물다.

> We made wonderful **plans**. OR We **planned** wonderful things.
> 우리는 멋진 계획을 세웠다. (BUT NOT ~~We planned wonderful plans.~~)
> She **wrote** an interesting piece. OR She did an interesting piece of **writing**.
> 그녀는 흥미로운 글을 한 편 썼다. (BUT NOT ~~She wrote an interesting piece of writing.~~)

sing a song(노래를 부르다), live a good life(행복한 삶을 살다), die a violent death(험한 죽음을 맞다) 등 예외적인 관용표현들도 있다.

글의 경우, 문법상 틀리지 않아도 반복되는 표현은 어색하고 서투른 문장으로 간주된다. 아래 글을 보면 세심한 필자라면 구문을 바꾸거나 동의어를 써서 반복을 대부분 피할 것이다. (예: tried/attempted(시도하다), summarise/describe briefly(요약하다), forecast/predict(예측하다))

> In this report, I have tried to forecast likely developments over the next three years. In the first section, I have tried to summarise the results of the last two years, and I have tried to summarise the present situation. In the second section, I have tried to forecast the likely consequences of the present situation, and the consequences of the present financial policy.
> 이 보고서에서 저는 향후 3년 동안의 전개 양상을 예측하고자 했습니다. 첫 번째 장에서는 지난 2년 동안의 결과와 현 상황을 요약하고자 했습니다. 두 번째 장에서는 현 상황 및 현 금융 정책을 통해 예상되는 결과를 예측해 보고자 했습니다.

격식을 차리지 않은 표현에서는 종종 별 뜻 없이 반복하기도 하지만 대화에서도 문장 구조나 어휘를 바꿔 쓰지 않으면 단조롭고 어색하게 들리기 쉽다(▶ 300 참조). 글과 말을 막론하고 같은 단어나 구문을 반복하면 어법상 틀린 표현이 되는 경우도 있다(▶ 282.1 참조).

2 의도적인 반복

화자나 필자가 강조하기 위해 의도적으로 어휘나 구문을 반복할 때도 있다.

> That was a **very**, **very** unfortunate decision.　그건 정말 정말 유감스러운 결정이었다.

> The head doctor made a point of knowing the name of **every** patient in the hospital: **every** man, **every** woman and **every** child.
> 그 정신과 의사는 병원의 모든 환자 이름을 알았다. 모든 남성, 모든 여성, 그리고 모든 아이.

같은 유형의 대상에 대해 같은 구문을 반복하여 유사성이나 연관성을 표현할 수도 있다.

> First of all, I **wish to** congratulate you all on this year's splendid results. Secondly, I **wish to** give you some interesting news. And finally, I **wish to** thank you all …
> 우선, 올해 눈부신 성과를 이룬 데 대해 여러분 모두에게 찬사를 보내고자 합니다. 두 번째로, 여러분에게 흥미로운 소식 몇 가지를 알리고자 합니다. 그리고 마지막으로는 여러분 모두에게 감사의 뜻을 전하고자 합니다…

3 문학에서 반복이 사용된 예

문학적인 목적으로 의도적으로 반복을 사용한 두 가지 대조적인 예가 있다. 첫째 존 스타인벡은 구조와 핵심 어휘(특히 명사와 동사)를 반복하고 운율의 균형을 맞춤으로써 깊은 인상을 주는 효과나 조롱하는 효과를 내고 이야기와 등장인물을 두드러지게 만들어 중요성을 부여한다.

> This is the story of Danny and of Danny's friends and of Danny's house. It is a story of how these three became one thing, so that in Tortilla Flat if you speak of Danny's house you do not mean a structure of wood flaked with old whitewash, overgrown with an ancient untrimmed rose of Castile. No, when you speak of Danny's house you are understood to mean a unit of which the parts are men, from which came sweetness and joy, philanthropy, and, in the end, a mystic sorrow. For Danny's house was not unlike the Round Table, and Danny's friends were not unlike the knights of it. And this is the story of how the group came into being, of how it flourished and grew to be an organisation beautiful and wise. This story deals with the adventuring of Danny's friends, with the good they did, with their thoughts and their endeavors. In the end, this story tells how the talisman was lost and how the group disintegrated.
>
> 이것은 대니와 대니의 친구들 그리고 대니의 집에 관한 이야기이다. 바로 이 셋이 어떻게 하나가 되었는지에 관한 이야기다. 따라서 토티야 플랫에서 대니의 집이라고 하면 캐스타일에 있는, 허연 칠이 군데군데 벗겨진 낡은 나무집, 하도 오래되고 가지도 고르지 않아서 장미가 무성하게 웃자란 집을 의미하지 않는다. 아니, 대니의 집이라고 하면 사람들이 일부분을 이루는 하나의 단위, 거기에서 상냥함과 환희, 박애, 그리고 결국에는 알 수 없는 슬픔이 우러나는 단위를 의미한다. 왜냐하면 대니의 집은 '원탁'과 다름없고 대니의 친구들은 '기사들'이나 다름없기 때문이다. 그리고 이것은 어떻게 이 무리가 탄생했고, 어떻게 번성하고, 어떻게 성장하여 멋지고 현명한 하나의 조직이 되었는지에 대한 이야기이다. 이 이야기는 대니 친구들의 모험과 그들의 선행, 그들의 생각, 그들의 노력을 다루고 있다. 결국, 이 이야기는 그 부적이 어떻게 사라졌는지, 그리고 어떻게 이 무리가 붕괴되었는지를 말하고 있다.
>
> (존 스타인벡, 토티야 플랫)

대조적으로, 어니스트 헤밍웨이의 다음 글은 대명사와 단순한 구조를 단조로워 보이는 방식으로 반복하는 문체를 사용한다. '훌륭한' 작가들이 대체로 피하는 문체이다. 헤밍웨이의 목적은 교육 받지 못한 늙은 어부가 생각하고 말함 직한 방식을 사용하여 주인공의 순박함을 드러내는 것이다.

He did not remember when he had first started to talk aloud when he was by himself. He had sung when he was by himself in the old days and he had sung at night sometimes when he was alone steering on his watch in the smacks or in the turtle boats. He had probably started to talk aloud, when alone, when the boy had left. But he did not remember.

그는 혼자 있을 때 처음 큰 소리로 말하기 시작한 때가 언제인지 기억나지 않았다. 예전에 그는 혼자 있을 때 노래를 불렀고, 밤에 홀로 작은 고깃배나 거북잡이 배를 조종할 때도 종종 노래를 불렀다. 그는 어쩌면 소년이 떠나고 혼자 되었을 때 큰 소리로 말하기 시작했는지도 모른다. 하지만 기억이 나지 않았다.

(어니스트 헤밍웨이, 노인과 바다)

288 학술 관련 저술

학술 저널 및 유사한 맥락(예를 들어 연구 보고서, 이론적인 토론 및 논의, 역사적 기록)에서 발견되는 글은 일반적으로 격식체의 어조이며 이 섹션의 다른 부분에서 논의된 격식체 문어의 관례를 따른다.

1 어휘

격식을 갖추지 않은 어구는 대체로 피한다. 축약을 사용하지 않으며 do, have, get처럼 '폭넓게' 쓰이는 단어들 대신 구체적인 용어를 쓴다.

Further research will be **carried out**.
더 많은 연구가 수행될 것이다. (... will be done보다 나음)

The team **experienced a number of** problems.
그 팀은 여러 가지 문제를 겪었다. (... had a lot of problems보다 나음)

Early investigators **obtained** ambiguous results.
초기 조사관들은 애매한 결과를 얻었다. (... got ambiguous results보다 나음)

2 사람을 배제한 글쓰기

학술 관련 저술은 사람을 배제하는 경향이 가장 강하기 때문에, 예를 들어 저자나 연구원이 문장의 주어로 등장하는 경우는 드물다.

This report questions the conclusions of earlier researchers.
이 보고서는 이전 연구자들의 결론에 의문을 제기한다. (We question ... 이라고 쓰지 않음.)

수동태가 흔히 쓰인다.

All well-dated Neanderthal sites **have been found** to be at least 39,000 years old.
연대가 규명된 네안데르탈인 유적지는 모두 적어도 39,000년 전으로 밝혀졌다.

사람 대신 it을 앞세운 구문이 자주 쓰인다.

It is clear that ...	**It is likely that ...**	**It is important to ...**
~이 분명하다	~인 듯하다	~하는 것이 중요하다

또한 학술 저서 저자들은 may, suggest 같은 동사나 possible, arguable 같은 형용사를 사용해 지나치게 단정적인 결론을 피한다.

Preliminary results **suggest** that ... 예비 결과는 ~를 시사한다

It is **possible** that ... ~일 가능성이 있다

3 명사화

명사화(행위를 명사로 표현함, ▶285.3 참조)를 하면 글에서 사람을 배제하는 데 도움이 된다.

The discovery of penicillin transformed the treatment of bacterial infections.
페니실린의 발견은 박테리아 감염의 치료를 탈바꿈시켰다.
(When Fleming discovered penicillin ...라고 쓰지 않음)

Chemical analysis of their bones shows that their diets differed from those of modern humans.
그들의 뼈에 대한 화학적 분석은 그들의 식습관이 현대 인간의 식습관과 다르다는 것을 보여준다.

4 전치 수식어와 후치 수식어

몇 가지 전치 수식어 및/또는 후치 수식어가 있는 복합한 명사구를 사용해 정보를 함께 묶기도 한다. (▶285.1-285.2 참조).

accelerating climate change 가속화되는 기후변화

a **clear evolutionary** pathway 뚜렷한 진화 경로

important survival information 중요한 생존 정보

ongoing hydrothermal activity 계속되는 열수 작용

the divergence **of the species from its apelike cousins** 그 종이 유인원 근연종에서 분리됨

laws **of motion and gravitation that connected everything in the cosmos**
우주의 모든 것을 연결하는 운동과 중력의 법칙

evidence **for the way in which mirror cells work** 거울 신경세포의 작동 방식에 대한 증거

brain areas **associated with reward** 보상과 관련된 뇌 영역

chemical reactions **between rock and water** 바위와 물 간의 화학 반응

5 담화 표지어

학술 저자들은 담화 표지어(▶284 참조)를 사용하여 글의 구조를 분명히 한다. 예를 들어, 앞선 내용에 추가되거나 앞선 내용과 대조되는 논점을 시사하는 담화 표지어를 사용한다.

In addition, MRI scans consistently showed tissue abnormalities.
덧붙여 MRI 스캔은 조직의 이상을 지속적으로 보여 주었다.

These results, **however**, must be regarded as provisional pending further investigation. 그러나 이러한 결과는 추가 조사가 이루어질 때까지 잠정적인 것으로 보아야 한다.

[주의] furthermore, what is more는 주장에 힘을 싣기 위한 목적으로 사용된다.

비교〉

Participants completed tests of endurance. **In addition**, their lung capacity was measured. 참가자들은 지구력 테스트를 마쳤다. 또한 폐활량도 측정했다. (단순 정보 추가)

A clear relationship was found between lung capacity and endurance.
Furthermore / What is more, training which increased endurance was shown to have a positive effect on lung capacity.
폐활량과 지구력 사이에 뚜렷한 관계가 발견되었다. 게다가, 지구력을 증강시키는 훈련은 폐활량에 긍정적인 영향을 미치는 것으로 나타났다. (저자의 주장을 뒷받침하는 증거 추가)

[주의] 대조를 더욱 강조하기 위해 on the other hand를 사용한다.

비교)

Several studies have provided evidence that playing classical music to cows increases their milk yield. **However,** no similar studies to date have been carried out on goats. 몇몇 연구는 소에게 클래식 음악을 들려주면 우유 생산량이 늘어난다는 증거를 제시했다. 그러나 지금까지 염소에 대해 유사한 연구가 수행된 적은 없었다. (다른 관점이지만 극명한 대조는 아님)

Playing classical music to cows has been shown to increase their milk production. Rock music, **on the other hand,** is found to result in significantly reduced yields. 소에게 클래식 음악을 들려주면 우유 생산량이 늘어나는 것으로 밝혀졌다. 반면, 록 음악은 생산량을 상당히 감소시키는 결과로 이어지는 것으로 드러났다. (더욱 극명한 대조)

6 연어와 고정 언어

학술 관련 저술에는 두 종류의 고정 언어가 사용된다(▶332 참조). 한 가지 유형은 특정 학문 분야에서 널리 사용되는 고정된 표현으로, 그 분야에서 학술 자료를 작성하는 사람은 누구나 숙지해야 하는 표현들이다.

to take a blood sample 혈액 샘플을 채취하다 (의학)

to draw out / trace out a floor plan 평면도를 그리다 (건축학)

communicative competence 의사소통 능력 (언어학)

다른 유형의 고정 표현은 연구 주제를 막론하고, 연구에 관해 논의하고 증거를 진단하고 주장을 전개하고 발표된 견해에 동조하거나 동의하지 않을 때 사용된다.

to conduct / carry out research 연구를 수행하다

to compile/analyse/present data 데이터를 모으다/분석하다/제시하다

to raise an issue 문제를 제기하다

to question / take issue with / challenge / contest : a view / an argument / a theory / a hypothesis / a claim
견해/논거/이론/가설/주장에 의문을 제기하다/이의를 제기하다/이의를 제기하다/이의를 제기하다

to put forward / dismiss: a view / an argument / a theory / a hypothesis / a claim
견해/논거/이론/가설/주장을 제시하다 / 일축하다

to make/reject a claim 주장하다 / 주장을 수용하지 않다

to make/reject an assumption 추정하다 / 추정을 폐기하다

to claim that … ~라고 주장하다

to assert that … ~라고 단언하다

to suggest that … ~라고 시사하다

to draw a conclusion 결론을 도출하다

to prove/disprove 입증하다 / 반증하다

solid theoretical reasoning 확고한 이론적 추리

proof/evidence for/that ~에 대한 증거

powerful/persuasive/compelling evidence 유력한/설득력 있는/강력한 증거

sound empirical evidence 견실한 실증적 증거

lack of evidence 증거 부족

little evidence for … ~에 대한 증거 불충분

research findings 연구 결과

a strong implication 강력한 암시

a logical conclusion 논리적 결론

on both theoretical and practical grounds 이론적 근거와 실제적 근거 모두에

based on unproved hypotheses 검증되지 않은 가설을 토대로

broad agreement 폭넓은 합의

to take something into account 무엇을 고려하다

다른 언어와 마찬가지로 영어에도 정형화된 표현이 수두룩하다. 학술 자료를 저술하는 학생들에게 가장 중요한 것은 자신의 학문 분야에 널리 사용되는 정형화된 표현들에 유의하고 익히는 것이다. 그러나 제한된 시간 안에 영어의 정형화된 어휘를 모두 습득한다는 것은 현실적으로 불가능하다는 점을 알아야 한다.

289 서신 왕래: 편지

편지를 작성하고 구성 요소를 배열하는 방식은 나라마다 다르다. 영어권 국가에서는 일반적으로 다음 규칙을 따른다.

1 오른쪽 맨 위에 발신인의 주소를 적는다. 주소를 쓸 때는 대체로 작은 단위를 먼저 쓴다. 즉, 번지, 거리 이름, 도시 이름의 순서로 적는다. 전화번호와 이메일 주소는 맨 뒤에 쓴다. 주소에는 발신인의 이름을 적지 않는다.

2 격식을 차린 편지와 업무용 서신에는 수신인의 이름과 주소를 페이지 왼쪽에 적는데 날짜와 나란히 또는 약간 밑에서부터 쓴다.

3 주소 바로 밑에 발신 날짜를 적는다. 날짜를 적는 보편적인 방식은 먼저 발신 날짜를 적고, 그 뒤에 월과 연도(예: 17 May 2005)를 적는 것이다. 그 밖의 작성 방식(영국식과 미국식의 차이 포함)은 ▸324 참조.

4 페이지 상단에 미리 인쇄된 주소가 들어가 있는 공식 서신에서는 다른 방식들이 많이 쓰인다. 이를테면, 날짜가 왼쪽에 올 수도 있으며 수신인의 주소는 편지의 맨 끝이나 편지 첫 장의 맨 끝에 올 수도 있다.

5 Dear X로 시작하는 본문은 왼쪽에서 써나간다. 일반적인 호칭법은 다음과 같다.
   • 이름을 적는 방법(격식을 차리지 않은 서신): Dear Penny
   • 호칭과 성을 적는 방법(격식을 차린 서신): Dear Ms Hopkins
   • Dear Sir or Madam, Dear Sir/Madam, Dear Sir, Dear Madam, Dear Sirs(회사)

6 처음 상대하는 사람이나 잘 모르는 사람에게 쓸 때는 성과 이름을 함께 적기도 한다(Dear Penny Hopkins). Mr 같은 호칭 다음에는 이름을 함께 적지 않는다(NOT ~~Dear Mr James Carter~~ OR ~~Dear Mr James~~).

7 'Dear X' 뒤에는 쉼표를 넣거나 아무것도 넣지 않으며 느낌표(!)도 넣지 않는다. 미국 업무용 서신에서는 콜론(:)을 쓴다. Dear X를 적은 뒤 한 줄 띄우고 본문을 시작하거나, 아니면 바로 다음 줄에서 시작하되 왼쪽에서 몇 칸 들여서 쓰기 시작한다. 새로운 단락을 시작할 때도 똑같이 한다. (영국에서는 첫 번째 방식이 널리 쓰인다.)

8 영국에서는 Dear Sir(s) 또는 Dear Madam으로 시작된 편지의 끝에는 대체로 Yours faithfully를 넣는다. 수신인의 이름(예: Dear Ms Hawkins, Dear Peter Lewis)을 앞에 넣은 공식적인 편지는 주로 Yours sincerely로 마무리한다. 미국에서 많이 쓰이는 마무리 문구는 Sincerely, Sincerely yours, Yours truly나 Cordially이다. 좀 덜 흔한 문구로는 (With) best wishes와 (With) kind regards가 있다.

9 이름(격식을 차리지 않은 편지) 또는 성과 이름(격식을 차린 편지)으로 서명하되 어떤 호칭(Mr/Ms/Dr 등)도 적지 않는다. 성과 이름을 함께 쓰는 방식: Luke Forbes, L Forbes, L J Forbes.

격식을 차린 타이핑한 편지에는 손으로 쓴 서명 밑에 성과 이름을 타이핑해서 추가한다. 업무용 편지에서도 흔히 타이핑한 성과 이름 위에 성 없이 이름만 손글씨로 서명하여 친근함을 표시하기도 한다.

Yours sincerely

Luke

Luke Forbes

10 봉투에는 이름을 성 앞에 쓰며, 대체로 이름 앞에 호칭(Mr, Mrs 등)을 넣는다. 이름을 형태 그대로 다 써도 되고(Mrs Angela Brookes), 한두 개의 첫글자만 써도 된다(Mrs A E Brookes).

11 요즘 영국인들은 대체로 호칭의 축약형, 이니셜, 주소, 날짜, 상투적인 도입 문구와 마무리 문구를 쉼표나 마침표 없이 적는다.

12 미국식은 영국식과 몇 가지 점에서 다르다.
  • 날짜를 쓰는 방식이 다르다(날짜 앞에 월을 적는다) ▶324 참조.
  • 미국인들은 흔히 이름을 모두 쓰고 그 뒤에 중간 이름의 이니셜을 넣는다(Luke J. Parker). 영국 영어에서는 잘 쓰지 않는다.

13 모르는 사람에게 보내는 편지는 흔히 편지를 쓰는 이유를 설명하는 글로 시작한다.
    Dear X
    I am writing to ask …

모르는 사람에게 보내는 편지는 일반적으로 안부를 묻는 글로 시작하지 않는다.
(NOT ~~Dear X, how are you getting on?~~)

이름과 호칭에 대한 자세한 내용은 ▶326 참조.
쉼표와 마침표의 자세한 용법은 ▶293, 296 참조.
단락 구분에 대한 자세한 내용은 ▶286 참조.

편지 및 봉투 작성의 예

14 Plowden Road
Torquay
Devon
TQ6 1RS

Tel 0742 06538
16 June 2016

The Secretary
Hall School of Design
39 Beaumont Street
London
W4 4LJ

Dear Sir or Madam

I would be grateful if you would send me information about the regulations for admission to the Hall School of Design. Could you also tell me whether the School arranges accommodation for students?

Your faithfully

Keith Parker

Keith Parker

The Secretary
Hall School of Design
39 Beaumont Street
London
W4 4LJ

290 서신 왕래: 이메일, 문자 메시지 등

1 격식을 차린 이메일: 형식과 지면 배치

격식을 차린 공적인 이메일은 종이 편지와 비슷한 형식으로 쓴다. 서명 뒤에 글쓴이의 주소, 그리고 경우에 따라 전화번호를 함께 적는다.

2 사적인 메시지

이메일, (SMS) 문자메시지나 (왓츠앱, 트위터, 텀블러, 온라인 채팅방과 같은) 다른 소셜 미디어를 통한 사적인 메시지는 일반적으로 종이 편지처럼 격식을 차리지 않는다. 'Dear X' 대신 'X', 'Hi', 'Hi, X', 'Hello, X', 'Good morning X'를 쓰거나 아예 생략하기도 한다. 문장 구조도 축약된다(예: Can't come because work.). 서명 뒤에 덧붙일 말이 있으면 PS(미국 영어 P.S.)라고 적는다. PS는 라틴어 post scriptum(= 추신)의 약어이다. 첨부 파일을 잊고 첨부하지 않은 사람들은 종종 'Oops!'로 시작하는 후속 메시지를 보낸다.

3 주소

이메일 주소는 아래와 같이 읽는다.

j.harris@funbiz.co.uk	'j dot harris at funbiz dot co dot u k'
emily@log-farm.com	'emily at log dash farm dot com'
the_rabbit@coolmail.gr	'the underscore rabbit at coolmail dot g r'

주의 url(인터넷 주소)에 쓰인 각종 기호의 명칭을 익혀두자.

/ 'forward slash(슬래시)'   \ 'backslash(역 슬래시)'   : 'colon(콜론)'

격식을 차리지 않은 이메일의 예

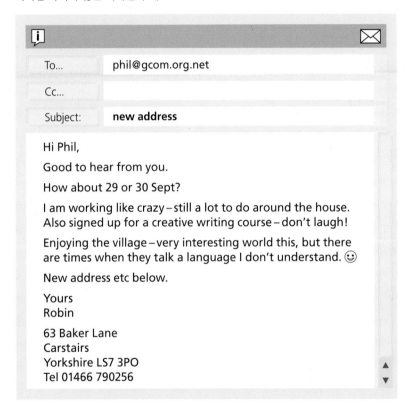

> **To...** phil@gcom.org.net
>
> **Cc...**
>
> **Subject:** **new address**
>
> Hi Phil,
>
> Good to hear from you.
>
> How about 29 or 30 Sept?
>
> I am working like crazy – still a lot to do around the house. Also signed up for a creative writing course – don't laugh!
>
> Enjoying the village – very interesting world this, but there are times when they talk a language I don't understand. ☺
>
> New address etc below.
>
> Yours
> Robin
>
> 63 Baker Lane
> Carstairs
> Yorkshire LS7 3PO
> Tel 01466 790256

4 문자 메시지

문자 메시지에서는 흔히 축약형이 많이 쓰이는데, 특히 젊은 사람들 사이에서 많이 쓰인다. 흔히 쓰는 약어는 다음과 같다.

2bsy	too busy	너무 바빠
afk	away from keyboard	자리를 비움
asap	as soon as possible	가능한 빨리
atm	at the moment	지금
btw	by the way	그런데
cu	see you	다음에 보자

fyi	**for your information** 참조로	
gd	**good** 좋아	
gr8	**great** 아주 좋아	
idm	**I don't mind** 나는 괜찮아	
jk	**just kidding** 농담이야	
l8r	**later** 나중에	
lol	**laugh out loud** 크게 소리내어 웃다	
ngl	**not gonna lie** 거짓말하지 않고	
nm	**never mind** 신경 쓰지 마, 아무 것도 아니야	
np	**no problem** 그럼, 괜찮아	
omg	**Oh, my God!** 어머나, 세상에!	
rn	**right now** 지금 당장	
ruok?	**Are you OK?** 괜찮아?	
tbh	**to be honest** 정직하게 말하면	
tx, thx	**thanks** 고마워	

291 축약

일부 문어체와 구어체에는 지면이나 시간을 절약하기 위해 독특한 규칙이 적용된다.

1 광고와 사용 설명서

간단한 광고나 사용 설명서에서는 주로 관사나 주격 및 목적격 대명사, be동사, 전치사 등을 생략한다.

Single man looking for flat Oxford area. Phone 806127 weekends.
독신남, 옥스포드 지역에서 아파트 구함. 주말에 806127로 전화 요망.

Job needed urgently. Will do anything legal. Call 312654.
일자리 급구. 합법적인 일이면 무슨 일이든 하겠음. 312654로 전화 바람.

Pour mixture into large saucepan, heat until boiling, then add three pounds sugar and leave on low heat for 45 minutes.
혼합물을 커다란 스튜 냄비에 넣고 끓일 것. 끓으면 설탕 3파운드를 넣고 약불에 45분간 둘 것.

2 메모

간단한 메모, 할 일 목록, 일기 등에도 비슷한 규칙이 적용된다.

Gone to hairdresser. Back 12.30. 미용실에 감. 12시 30분 돌아올 예정.

Get tickets 표 구입

phone Anna 애나에게 전화

see Josh 11.00 11시에 조와 약속

meeting Emma lunch 엠마와 점심 약속

엽서, 이메일, 문자메시지에도 동일한 스타일이 적용된다.

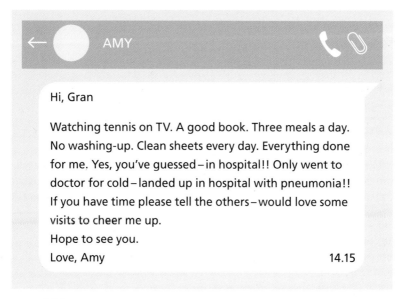

Hi, Gran

Watching tennis on TV. A good book. Three meals a day.
No washing-up. Clean sheets every day. Everything done
for me. Yes, you've guessed – in hospital!! Only went to
doctor for cold – landed up in hospital with pneumonia!!
If you have time please tell the others – would love some
visits to cheer me up.
Hope to see you.
Love, Amy   14.15

그랜에게

TV로 테니스 경기 봄. 괜찮은 책 한 권 읽고 있음. 하루 세 끼 꼬박. 설거지 안 함. 매일 침대 시트
갈아줌. 나는 손하나 까딱 안 해도 됨. 맞아, 나 입원했어!! 감기 때문에 왔다가 폐렴 진단 받고
입원하는 신세가 됐어!! 시간 있으면 다른 사람들한테 알려 줘. 위문 방문 환영.
보고 싶어.
사랑을 담아, 에이미   14시 15분

To	joe@gcom.org.net
Cc	
Subject	**meeting**

Hi Joe,

Tell Dan can't manage meeting, papers attached, will fix
new date for next week.

Cheers, Ally

수신	joe@gcom.org.net
참조	
제목	**회의**

안녕 조,

Dan 참석할 수 없음, 서류 첨부, 다음주로 새로운 날짜 정할 것임

앨리

3 실황 중계

축구처럼 흐름이 빠른 경기를 중계할 때도 나름의 규칙이 적용된다. 조동사나 중요하지 않은 동사는 대체로 생략된다.

Goal kick ... And the score still Spurs 3, Arsenal 1 ... that's Pearce ... Pearce to Coates ... good ball ... Sawyer running wide ... Billings takes it, through to Matthews, Matthews with a cross, oh, and Billings in beautifully, a good chance there - and it's a goal!

골킥 ⋯ 스코어는 아직 스퍼즈 3, 아스널 1 ⋯ 피어스 ⋯ 피어스가 코츠에게 ⋯ 패스 좋았어요 ⋯ 소여가 공간으로 치고 나갑니다 ⋯ 빌링스가 받아서 다시 매튜스에게, 매튜스 크로스, 아, 빌링스 절호의 찬스, 골!

4 제목, 공지문 등

제목, 라벨, 표제, 공지문, 표어 등에는 대체로 완전한 문장 대신 짧막한 구를 쓴다. 특히 건물이나 기관 이름 앞에는 보통 관사를 생략한다.

ROYAL HOTEL 로열 호텔

INFORMATION OFFICE 안내소

MORE MONEY FOR NURSES! 간호사 임금을 인상하라!

5 헤드라인

보도 기사의 헤드라인에도 독특한 규칙과 어휘가 적용된다. 자세한 내용은 ▶ 292 참조.

RECORD DRUGS HAUL AT AIRPORT: SIX HELD
사상 최대 규모의 마약 사범, 공항에서 적발: 6명 체포

FOUR DIE IN M6 BLAZE M6 도로 위 폭발 사고로 4명 사망

그 밖의 생략에 관한 규칙은 ▶ 275-280 참조.

292 기사 헤드라인

1 특수 문체

헤드라인은 보도 기사 위에 쓰는 짧은 제목(예: DOG FINDS ROMAN TREASURE)이다. 영어 뉴스 헤드라인은 일상적인 영어와는 아주 다른 특별한 문체로 쓰기 때문에 이해하기에 아주 어렵다. 헤드라인에는 특수한 문법 규칙이 있으며 단어들은 종종 특이하게 사용된다.

2 용법

a 헤드라인은 완전한 문장이 아닌 경우가 많다. 동사 없이 명사만 나열된 헤드라인도 흔히 볼 수 있다.

MORE WAGE CUTS 추가 임금 삭감

LUXURY HOTEL DEATH 초호화 호텔의 종말

EXETER MAN'S DOUBLE MARRIAGE BID 엑세터 남성 이중 혼인 신고

b 헤드라인에는 서너 개 이상의 명사가 이어지는 경우가 많으며, 앞의 명사가 뒤에 나오는 명사들을 수식한다.

FURNITURE FACTORY PAY CUT PROTEST 가구 공장 임금 삭감 둘러싼 반대

헤드라인은 이해하기에 어려울 수도 있는데, 뒤에서 앞으로 읽으면 도움이 되는 경우도 있다. FURNITURE FACTORY PAY CUT PROTEST는 'a PROTEST about a CUT (reduction) in PAY at a FACTORY that makes FURNITURE'를 나타낸다.

c 헤드라인에는 관사와 be동사가 생략되는 경우가 많다.

SHAKESPEARE PLAY IMMORAL SAYS HEADMASTER
교장, 셰익스피어 희곡 외설스럽다고 발언

SCHOOLBOY WALKS IN SPACE 남학생, 우주 유영하다

d 헤드라인에는 진행형이나 완료형 대신 단순 시제를 쓴다. 또한 현재의 일과 과거의 일 모두 단순 현재 시제를 써서 나타낸다.

STUDENTS FIGHT FOR COURSE CHANGES (= ... are fighting ...)
학생들 학과목 변경 위해 분투

BLIND GIRL CLIMBS EVEREST (= ... has climbed ...)
시각장애인 소녀 에베레스트에 오르다

변화를 나타낼 때는 현재 진행형을 쓴다. 이 경우 대체로 be동사를 생략한다.

BRITAIN GETTING WARMER, SAY SCIENTISTS
과학자들, 영국이 점점 따뜻해지고 있다고 발언

TRADE FIGURES IMPROVING 무역 수지 개선

e 헤드라인에는 동사와 명사로 모두 쓰이는 단어가 자주 등장하며, 명사가 명사를 수식하는 경우 (▶ 위의 b 참조)도 빈번하므로 문장 구조를 파악하기 어렵다. 비교〉

US CUTS AID TO THIRD WORLD (= The US reduces its help ...)
미국 제3세계 원조 삭감 (= 미국이 원조를 줄이고 있다. CUTS는 동사, AID는 명사)

AID CUTS PROTEST (= There has been a protest about the reduction in aid.)
원조 삭감 반대 (= 원조 삭감과 관련해 견해차가 있다. AID와 CUTS 둘 다 명사)

CUTS AID REBELS (= The reduction is helping the revolutionaries.)
원조 삭감 반군에 유리 (= 원조를 줄이는 것이 반군에 도움이 되고 있다. CUTS는 명사, AID는 동사)

f to부정사는 대체로 미래 시제를 나타낸다.

PM TO VISIT AUSTRALIA 총리 호주 방문 예정

HOSPITALS TO TAKE FEWER PATIENTS 병원들 환자 수 줄이기로

앞으로의 활동이나 계획을 언급할 때는 전치사 for를 쓰기도 한다.

TROOPS FOR GLASGOW? (= Are soldiers going to be sent to Glasgow?)
글래스고로 파병? (= 군인들이 글래스고로 파병되는가?)

g 수동태 문장에서 조동사는 대체로 생략한다.

MURDER HUNT: MAN HELD (= ... a man is being held by police.)
살인범 추적: 한 남성 체포 (= 한 남성이 경찰에 체포되었다.)

SIX KILLED IN EXPLOSION (= Six people have been killed ...)
폭발로 6명 사망 (= 6명이 사망했다.)

참고 'HELD(억류되다, 체포되다)', 'ATTACKED(공격당하다)' 등은 동사의 과거형이 아니라 수동의 의미를 지닌 과거분사다. 헤드라인에는 과거형을 거의 쓰지 않는다. 비교)

- AID PROTEST: PRESIDENT ATTACKED (= ... the President has been attacked.)
  원조 반대: 대통령 맹비난 받다(= 대통령이 비난을 받았다.)

  AID PROTEST: PRESIDENT ATTACKS CRITICS (= ... the President has attacked her critics.) 원조 반대: 대통령 반대자들 맹비난 (= 대통령이 반대자들을 비난했다.)

- BOY FOUND SAFE (= The missing boy has been found safe; he is safe.)
  소년 무사 발견 (= 행방불명된 소년이 무사한 채로 발견되었다.)

  BOY FINDS SAFE (= A boy has found a safe.)
  소년 금고 발견 (= 한 소년이 금고를 발견했다.)

h 접속사는 길이가 짧은 as나 in을 주로 쓴다.

HOSPITAL BOSS AXED AS PATIENTS DIE (= ... because patients have died.)
환자들 사망으로 병원장 해임 (= 환자들이 사망했기 때문에)

FOOTBALL MANAGER IN CAR CRASH 축구 감독 자동차 사고

i 기사의 주제와 구체적인 내용을 구분할 때는 콜론(:)을 활용한다.

STRIKES: PM TO ACT 파업: 총리 대응에 나설 예정

MOTORWAY CRASH: DEATH TOLL RISES 고속도로 충돌 사고: 사망자 증가

타인의 말을 인용할 때는 인용 부호('...')를 쓴다. 인용 부호를 쓰면 확인된 사실이 아니며 따라서 반드시 사실이 아닐 수도 있다는 것을 의미한다.

CRASH DRIVER 'HAD BEEN DRINKING' 사고운전자 '음주운전'

진위 여부가 확실치 않은 경우 물음표(?)를 붙인다.

CRISIS OVER BY SEPTEMBER? 9월이면 위기 종식?

기타 각종 특수 어법은 ▶ 291 참조.

3 어휘

헤드라인에는 지면을 절약하기 위해 통상 짧은 단어를 골라 쓴다. 따라서 평상시에는 잘 쓰지 않는 짧은 단어들을 쓰며, 독특한 의미로 쓰기도 한다. 이를테면 restrict(제한하다) 또는 restriction(제한) 대신 짧은 단어 curb(억제하다, 억제)를 쓰며, bid를 흔히 잘 쓰지 않는 의미인 attempt(시도) 대신 쓰기도 한다. 또한 극적인 효과를 노리고 쓰는 단어도 있다. 이를 테면 blaze는 '대형 화재'를 의미하지만, 헤드라인에서는 화재의 규모에 상관없이 쓴다. 헤드라인에 자주 등장하는 단어들은 다음과 같다.

act 조치를 취하다; 행동에 옮기다

FOOD CRISIS: GOVERNMENT TO ACT 식량 위기: 정부 행동에 나서다

aid 군사적·재정적 지원; 원조하다

MORE AID FOR POOR COUNTRIES 빈곤 국가들에 대한 원조 증대

UNIONS AID HOSPITAL STRIKERS 노조들 병원 파업 지원

alert 경고, 경보
　FLOOD ALERT ON EAST COAST 동부 해안 홍수 경보

allege (증거 없이 일방적으로) 주장하다, 혐의를 제기하다
　WOMAN ALLEGES UNFAIR TREATMENT 여성 부당 대우 주장

appear 범죄 혐의로 법정에 출두하다
　MP TO APPEAR ON DRUGS CHARGES 하원의원 마약 혐의로 법정 출두 예정

axe 폐지하다, 폐쇄하다; 폐지, 폐쇄
　COUNTRY BUS SERVICES AXED 광역 버스 운행 중단
　SMALL SCHOOLS FACE AXE 소규모 학교들 폐교에 직면

BA (British Airways) 영국항공
　BA MAKES RECORD LOSS 영국항공 사상 최대 손실

back 지지하다
　AMERICA BACKS BRITISH PEACE MOVE 미국 영국 평화안 지지

ban 금지하다, 불허하다; 금지
　US BANS STEEL IMPORTS 미국 철강 수입 금지
　NEW BAN ON DEMONSTRATIONS 새로운 시위 금지 조치

bar 출입을 금지/거부하다; 출입 금지/거부
　HOTEL BARS FOOTBALL FANS 호텔 축구 팬 출입 거부
　NEW BAR ON IMMIGRANTS 이민자에 대한 새로운 입국 거부 조치

bid 시도
　WOMEN IN NEW EVEREST BID 여성 산악인들 에베레스트 등정에 새롭게 도전

blast 폭발; 맹렬히 비난하다
　BLAST AT PALACE 궁에서 폭발
　PM BLASTS CRITICS 총리 반대자들 맹비난

blaze 화재
　SIX DIE IN HOTEL BLAZE 호텔 화재로 6명 사망

block 저지하다, 미루다; 의안 통과를 막다
　TORIES BLOCK TEACHERS' PAY DEAL 토리당 교사 임금 협상안 저지

blow 악재; 낙담시키는 일; 불행한 일
　SMITH ILL: BLOW TO WORLD CUP HOPES 스미스 건강 악화: 월드컵 기대에 찬물

bolster 지지하다, 강화하다
　EXPORT FIGURES BOLSTER CITY CONFIDENCE 수출 호조로 런던 금융가 경기 낙관

bond 정치적·사업적 제휴
　NEW TRADE BONDS WITH ICELAND 아이슬란드와 새로운 교역 제휴

boom 급격한 증가; 경기 활황
　SPENDING BOOM OVER, SAYS MINISTER 소비경기 종식, 장관 언급

boost 격려(하다); 늘리다; 증가
　PLAN TO BOOST EXPORTS 수출 신장 계획

brink (재난 등) 위기

    WORLD ON BRINK OF WAR 세계 전쟁 위기

Brussels 유럽연합(EU) 의회 및 집행부

    BRUSSELS BANS BRITISH BLACKBERRY WINE 유럽의회 영국 블랙베리 와인 금수 조치

call (for) (…을) 요구/호소하다

    CALL FOR STRIKE TALKS 파업 관련 협상 요청

    HOSPITAL SCANDAL: MP CALLS FOR ENQUIRY 병원 스캔들: 하원의원 조사 촉구

campaign 사회적·정치적 결과를 도출하려는 조직적 노력

    MP LAUNCHES CAMPAIGN FOR PRISON REFORM 하원의원 교도소 개혁 운동 착수

cash 자금, 재원

    MORE CASH NEEDED FOR SCHOOLS 학교들 추가 자금 필요

charge 혐의, (경찰의) 고발

    THREE MEN HELD ON BOMB CHARGE 폭파 혐의로 3명 체포

chop 폐지, 폐쇄

    300 BANK BRANCHES FACE CHOP 300개 은행 지점 폐점 위기

City 런던 금융가

    NEW TRADE FIGURES PLEASE CITY 무역 수지 개선으로 런던 금융가 희색

claim (이견이 있을 수 있는) 주장; **pay claim** 임금 인상 요구

    SCIENTIST CLAIMS CANCER BREAKTHROUGH 과학자 획기적인 암 치료법 개발 주장

    NEW POLICE RACISM CLAIM 새로운 경찰의 인종 차별 주장

    TEACHERS' PAY CLAIM REJECTED 교사 임금 인상 요구 좌절

clamp down on (주로 불법적인 일에 대해) 단호히 조치하다/단속하다

    POLICE TO CLAMP DOWN ON SPEEDING 경찰 과속 운전 집중 단속 예정

clash 분쟁/싸움(을 벌이다) (명사, 동사 겸용)

    PM IN CLASH OVER ARMS SALES 총리 무기 수출 문제로 충돌

    STUDENTS CLASH WITH POLICE 학생들 경찰과 충돌

clear 혐의를 벗다, 무죄가 판명되다

    DOCTOR CLEARED OF DRUGS CHARGE 의사 마약 혐의 벗다

Commons (the House of Commons) 영국 국회의 하원

    MINISTERS IN COMMONS CLASH OVER HOUSING 하원 소속 각료들 주택 문제로 격돌

con 사기치다, 사취하다

    TEENAGERS CON WIDOW OUT OF LIFE SAVINGS 십대들 미망인 전 재산 사취

crackdown 단속, 탄압

    GOVERNMENT PROMISES CRACKDOWN ON DRUGS DEALERS

    정부 마약 밀매범 단속 약속

crash 재정적 실패, 파산

    BANK CRASH THREATENS TO BRING DOWN GOVERNMENT

    은행 파산으로 정부 실각 위기

curb 억제하다; 억제
NEW PRICE CURBS 새로운 물가 억제책들

cut 줄이다; 삭감
BRITAIN CUTS OVERSEAS AID 영국 해외 원조 삭감
NEW HEALTH SERVICE CUTS 공공 의료 서비스 또다시 축소

cutback (주로 재정적인) 삭감, 축소
TEACHERS SLAM SCHOOL CUTBACKS 교사들 교육 예산 삭감 맹비난

dash 서둘러 함; 황급히 달려가다
PM IN DASH TO BLAST HOSPITAL 총리 서둘러 병원측 비난 예정

deadlock (협상 등의) 교착 상태
DEADLOCK IN PEACE TALKS 교착 상태에 빠진 평화 회담

deal 협정, 거래
TEACHERS REJECT NEW PAY DEAL 교사들 새로운 임금 협상안 거부

demo 시위
30 ARRESTED IN ANTI-TAX DEMO 세금 반대 시위대 30명 체포

ditch 버리다
EDUCATION MINISTER DITCHES FEES CUT PLAN 교육부 장관 학비 인하 계획 포기

dole (영국 영어) 실업 수당
DOLE QUEUES LENGTHEN 실업 수당 신청자 증가

drama 극적인 사건; 소동
PRINCE IN AIRPORT DRAMA 공항 소동에 휘말린 왕자

drive 단합된 노력/운동
DRIVE TO SAVE WATER 식수 절약 운동

drop 포기하다, 제거하다; 감소/하락 (명사)
GOVERNMENT TO DROP CHILD LABOUR PLAN 정부 아동노동법안 폐기
BIG DROP IN INDUSTRIAL INVESTMENT 산업 투자 대폭 감소

due 도착 예정인
QUEEN DUE IN BERLIN TODAY 여왕 오늘 베를린 도착 예정

duo 두 사람
DISABLED DUO ROW ACROSS ATLANTIC 장애인 두 명 노 저어 대서양 횡단

EU (the European Union) 유럽연합
EU TRADE MINISTERS TO MEET 유럽연합 통상 장관들 회동 예정

edge 점진적으로 움직이다
WORLD EDGES TOWARDS WAR 전쟁으로 치닫는 세계

envoy 대사
FRENCH ENVOY DISAPPEARS 프랑스 대사 실종

face 위협 등에 지면하다

HOSPITALS FACE MORE CUTS 병원 추가 감축 직면

STRIKERS FACE SACK 파업 노동자들 해고 직면

feud 오래 끈 싸움 또는 논쟁

FAMILY FEUD EXPLODES INTO VIOLENCE: SIX HELD
폭력 사태로 번진 가정불화: 6명 체포

find 발견된 것

BEACH FIND MAY BE BONES OF UNKNOWN DINOSAUR
해변 발견물 미확인 공룡 뼈일 수도

firm 변치 않는, 확고한

PM FIRM ON TAX LEVELS 총리 세금 수준 문제에 단호

flak 맹비난

GOVERNMENT FACES FLAK OVER VAT 정부 부가가치세 문제로 맹비난에 직면

flare 과격해지다

RIOTS FLARE IN ULSTER 북아일랜드 폭동 과격화

foil 성공하지 못하게 저지하다

TWELVE-YEAR-OLD FOILS BANK RAIDERS 12살짜리가 은행 강도 저지

fraud 사기, 속임수

JAIL FOR TICKET FRAUD MEN 표 사기범들 수감

freeze 물가 등을 현 수준으로 유지(하다); 은행 계좌를 동결(하다)

MINISTER WANTS TWO-YEAR PAY FREEZE 장관 2년간 임금 동결 희망

DRUG PROFITS FROZEN 마약 수익금 계좌 동결

fuel (분노, 항의 등의) 격화 요인을 제공하다, 부채질하다

PAY FREEZE FUELS UNION ANGER 임금 동결로 노조측 격분

gag (언론 등을) 검열(하다), 언론을 억압하다

AFRICAN PRESIDENT ACTS TO GAG PRESS 아프리카 대통령 언론 통제 나서

FURY AT PRESS GAG 언론 통제에 분노

gems 보석

£2M GEMS STOLEN 200만 파운드어치 보석 도난

go 사임하다; 사라지다

PM TO GO? 총리 사임?

4,000 JOBS TO GO IN NORTH 북부에서 일자리 4,000개 사라진다

go for …에 팔리다/매각되다

PICASSO DRAWING GOES FOR £5M 피카소 그림 500만 파운드에 매각

go-ahead 승인

SCOTTISH ROAD PLAN GETS GO-AHEAD 스코틀랜드 도로 계획 승인

grab 마구 취하다, 사재기하다

INVESTORS GRAB SHARES IN SCOTTISH COMPANIES
투자자들 스코틀랜드 기업 주식 사재기

grip 통제, 장악; 틀어쥐다
    REBELS TIGHTEN GRIP ON SOUTH 반군 남부 장악
    COLD WAVE GRIPS COUNTRY 한파 전국 강타

gun down 총격을 가하다
    TERRORISTS GUN DOWN PRIEST 테러리스트 사제에게 총격

hail 환영하다, 칭찬하다
    PM HAILS PEACE PLAN 총리 평화안 환영

halt 중단하다
    CAR PLANT TO HALT PRODUCTION 자동차 공장 생산 중단 예정

haul 경찰이나 세관에 압수된 물건 또는 도난품의 양
    TRAIN ROBBERY: BIG GOLD HAUL 열차 강도: 막대한 양의 금 탈취
    RECORD DRUGS HAUL AT AIRPORT 공항에서 기록적인 양의 마약 압수

head 이끌다; 지도자
    PM TO HEAD TRADE MISSION 총리 무역 사절단 이끌 예정
    COMMONWEALTH HEADS TO MEET IN OTTAWA 영연방 지도자들 오타와에서 회동 예정

head for/to ~로 향하다
    ECONOMY HEADING FOR DISASTER, EXPERTS WARN
    경제 파국 향해 줄달음, 전문가들 경고

heed …에 주목하다, 신경 쓰다
    GOVERNMENT MUST HEED HOUSING CRISIS, SAYS BISHOP
    정부 주택 파동에 신경 써야, 주교 발언

hike (미국 영어) 비용, 가격 등의 상승
    INTEREST HIKE WILL HIT BUSINESS 금리 급등으로 기업 타격 예상

hit 타격을 주다, 심한 피해를 끼치다
    SNOWSTORMS HIT TRANSPORT 폭설로 교통 마비

hit out at (말로) 공격하다
    PM HITS OUT AT CRITICS 총리 반대자들 맹공

hitch 지체 요인이 되는 문제점
    LAST-MINUTE HITCH DELAYS SATELLITE LAUNCH
    발사 직전 문제 생겨 인공위성 발사 지연

hold 체포하다; 구금하다
    MAN HELD AFTER STATION BLAST 역 폭발 후 남성 체포
    POLICE HOLD TERROR SUSPECT 경찰 테러 용의자 구금

in (the) red 빚을 진; 적자인
    BRITISH STEEL IN RED 브리티시스틸 적자

jail 교도소
    JAIL FOR PEACE MARCHERS 평화 행진 참가자 수감

jobless 실업(자)
> THREE MILLION JOBLESS BY APRIL? 4월이면 실업자 300만?

key 중요한, 꼭 필요한
> KEY WITNESS VANISHES 핵심 증인 자취 감춰

landslide 선거에서의 압도적 승리
> LANDSLIDE FOR NATIONALISTS 민족주의 정당 압도적 승리

launch (인공위성 등을) 우주로 쏘아 올리다; (캠페인 등을) 시작하다; (신제품을) 출시하다
> ENVIRONMENT MINISTER LAUNCHES CAMPAIGN FOR CLEANER BEACHES
> 환경장관 깨끗한 해변 운동 착수
> BRITISH COMPANY LAUNCHES THROW-AWAY CHAIRS 영국 기업 일회용 의자 시판
> SPACE TELESCOPE LAUNCH DELAYED 우주 망원경 발사 연기

lead (경찰 수사의) 단서
> NEW LEAD IN NIGHTCLUB MURDER CASE 나이트클럽 박스 살인 사건의 새로운 단서

leak 비밀 정보의 누설
> PM FURIOUS OVER TAX PLAN LEAKS 세제안 누설에 총리 격노

leap 대폭 증가, 급등
> LEAP IN IMPORTS 수입 급등

life 종신형
> LIFE FOR AXE MURDERER 도끼 살인범 종신형

link 연락, 접촉, 관계
> NEW TRADE LINKS WITH PERU 페루와 새로운 교역 관계

loom (위험 등이) 임박하다
> VAT ON FOOD: NEW PROTESTS LOOM 식품 부가가치세: 새로운 항의 예고

Lords (the House of Lords) 영국 국회의 상원
> LORDS VOTE ON DOG REGISTRATION 상원 반려견 등록 법안 표결

lotto 로또 복권
> DANCING GRANDMOTHER IN RECORD LOTTO WIN
> 기록적인 로또 당첨금에 환호하는 할머니

mar 망치다
> CROWD VIOLENCE MARS CUP FINAL 결승전 군중 난동으로 얼룩져

media 미디어(신문, 라디오와 TV)
> GOVERNMENT TIGHTENS GRIP ON MEDIA 정부 미디어 지배권 강화

mercy 생명을 구하기 위한
> DOCTOR IN MERCY DASH TO EVEREST 구명 위해 에베레스트로 의사 급파

mission 사절, 대표단 (회의 등에 파견되는 공식 대표단)
> SHOTS FIRED AT UN MISSION UN사절단에 총격

mob 분노한 군중; 조직 범죄/마피아 (미국 영어)
MOBS RAMPAGE THROUGH CITY STREETS 군중 시내 거리 휩쓸며 난동
MOB LEADERS HELD 마피아 두목들 체포

move (종종 정치적인 의미로) 어떤 결과를 목표로 나아가다
MOVE TO BOOST TRADE LINKS WITH JAPAN 대일본 교역 강화 모색

MEP (Member of the European Parliament) 유럽의회 의원
MEPS WANT MORE PAY 유럽의회 의원 보수 인상 요구

MP (Member of Parliament) 하원의원
MP DENIES DRUGS CHARGE 하원의원 마약 혐의 부인

nail 사실을 시인하도록 추궁/압박하다
MP NAILS MINISTER ON PIT CLOSURE PLANS 하원의원 탄광 폐쇄안 관련 장관 추궁

net 쟁취하다, 획득하다
TWO SISTERS NET £3M IN POOLS WIN 축구 도박으로 300만 파운드 번 자매

No 10 영국 총리 관저 (다우닝가 10번지)
ANOTHER PETITION HANDED IN AT NO 10 탄원서 총리 관저에 또 접수

OAP (영국 영어) (old age pensioner) 노령 연금 수령자; 65세 이상 노인
OAPS MARCH AGAINST WAR PLANS 노인들 전쟁 계획 반대 행진

odds 확률, 가능성, 형세
JONES RE-ELECTED AGAINST THE ODDS 존스 역경 딛고 재선에 성공

on …에 대하여, …의 주제에 대한, …와 관련하여
NEW MOVE ON PENSIONS 연금 개혁 움직임

opt for (…을) 선택하다
WALES OPTS FOR INDEPENDENCE 웨일스 독립 선택

oust 몰아내다, 교체하다
MODERATES OUSTED IN UNION ELECTIONS 조합 선거에서 온건파 축출

out to ~하려고 계획하는
NATIONALISTS OUT TO CAPTURE MASS VOTE 대량 득표에 나선 민족주의자들

over …에 대해, …의 주제를 둘러싼, …때문에
PROTESTS OVER AID CUTS 원조 삭감 둘러싼 반대

pact 협정, 조약
DEFENCE PACT RUNS INTO TROUBLE 방위 조약 난관 봉착

pay 임금, 급여
TRANSPORT PAY TALKS BREAK DOWN 운송업계 임금 협상 결렬

PC (영국 영어) (police constable) (영국) 경찰관
PC SHOT IN BANK RAID 은행 강도에게 경찰관 피격

peak 정점, 최고조
BANK LENDING HITS NEW PEAK 은행 대출 사상 최대 기록

peer 경(卿); 영국 상원의원

> PEERS REJECT GOVERNMENT WAGE-FREEZE BAN
> 정부의 임금 동결 금지안 상원에서 부결

peg (영국 영어) (물가 등을) 현재 수준으로 억제하다, 동결하다

> BANKS PEG INTEREST RATES 은행들 금리 동결

pensioner (영국 영어) 노령 연금 수령자; 65세 이상 노인

> PENSIONER SKIS DOWN MONT BLANC
> 노령 연금 수령자 몽블랑에서 스키 타고 내려오다

peril 위험

> FLOOD PERIL IN THAMES VALLEY 템스밸리 홍수 위험

pit 탄광

> PIT TURNED INTO MUSEUM 박물관으로 변신한 탄광

plant 공장

> STEEL PLANT BLAZE 제철공장 화재

plea 구호 요청

> BIG RESPONSE TO PLEA FOR FLOOD AID 홍수 구호 요청에 구호품 답지

pledge 약속

> GOVERNMENT GIVES PLEDGE ON JOBLESS 정부 실업자들에게 공약

PM (Prime Minister) 총리

> EGG THROWN AT PM 총리에 달걀 세례

poised to ~할 준비가 된, 막 ~하려 하는

> TORIES POISED TO MAKE ELECTION GAINS 토리당 선거 승리 목전

poll 선거; 여론 조사

> TORIES AHEAD IN POLLS 토리당 여론 조사에서 우세

pools 축구 시합 결과를 놓고 벌이는 도박

> SISTERS SHARE BIG POOLS WIN 자매가 축구 도박으로 거액 획득

premier 수상, 정부 수반

> GREEK PREMIER TO VISIT UK 그리스 총리 영국 방문 예정

press 신문, 언론

> BID TO GAG PRESS OVER DEFENCE SPENDING 국방비 지출 관련 언론 통제 시도

press (for) …을 강요하다, 긴급 요청/독촉하다

> MINISTER PRESSED TO ACT ON HOUSING 장관 주택 문제 해결 압력에 직면
> OPPOSITION PRESS FOR ENQUIRY ON AIR CRASHES 야당 항공기 사고 조사 촉구

probe 수사(하다)

> CALL FOR STUDENT DRUGS PROBE 학생 마약 수사 요청
> POLICE PROBE RACING SCANDAL 경찰 경마 스캔들 수사

pull out 철수하다; **pull-out** 철수

> US PULLS OUT OF ARMS TALKS 미국 군축 협상에서 발 빼다
> MINISTER URGES PULL-OUT FROM OLYMPICS 장관 올림픽에서 철수 요청

push (for) (…을) 요구하다, 조성하다
　SCHOOLS PUSH FOR MORE CASH 학교들 추가 자금 요청

quake 지진
　HOUSES DAMAGED IN WELSH QUAKE 웨일스 지진으로 가옥 파괴

quit 사임하다, 떠나다
　CHURCH LEADER QUITS 교계지도자 사임
　MINISTER TO QUIT GOVERNMENT 장관 내각 사임 예정

quiz (동사) 심문하다
　POLICE QUIZ MILLIONAIRE SUPERMARKET BOSS 경찰 백만장자 슈퍼마켓 사장 심문

raid 들어가 수색하다; 공격(하다); 도둑질하다, 강도
　POLICE RAID DUCHESS'S FLAT 경찰 공작부인 아파트 수색
　BIG GEMS RAID 거액의 보석 도난

rampage 휩쓸고 지나가다
　FOOTBALL FANS RAMPAGE THROUGH SEASIDE TOWNS
　축구 팬들 해변 마을에서 광란의 도가니

rap 비난하다
　DOCTORS RAP NEW MINISTRY PLANS 의사들 보건부의 새로운 정책안 비난

rates (은행) 금리
　RATES RISE EXPECTED 금리 인상 예정

record 사상 최대의, 기록적인
　RECORD LOSS BY INSURANCE COMPANY 보험 회사 사상 최대 손실

riddle 미스터리, 불가사의
　MISSING ENVOY RIDDLE: WOMAN HELD 실종 대사 미스터리: 여성 체포

rift 분열, 의견 대립
　LABOUR RIFT OVER DEFENCE POLICY 노동당 방위 정책 둘러싸고 분열

rock 충격을 주다, 뒤흔들다
　BANK SEX SCANDAL ROCKS CITY 섹스 스캔들 금융가 뒤흔들다
　IRELAND ROCKED BY QUAKE 아일랜드 지진으로 충격

row (영국 영어) 다툼, 소동
　NEW ROW OVER PENSION CUTS 연금 삭감 둘러싸고 또다시 충돌

rule out 가능성을 배제하다
　PM RULES OUT AUTUMN ELECTION 총리 가을 선거 가능성 배제

sack (영국 영어) 해고(하다)
　STRIKING TRAIN DRIVERS FACE SACK 기차 기관사들 해고 위기

saga 오랫동안 기사화된 뉴스거리
　NEW REVELATIONS IN RUNAWAY DUKE SAGA 달아난 공작 관련 새로운 사실 드러나

scare 집단적인 공포, 공황, 흉흉한 소문
　TYPHOID SCARE IN SOUTHWEST 남서부 장티푸스 공포

scoop (상 등을) 타다, 차지하다
PENSIONER SCOOPS LOTTO FORTUNE 연금 수령자 거액 로또 당첨

scrap (쓸모없게 되어) 폐기하다, 내버리다
GOVERNMENT SCRAPS NEW ROAD PLANS 정부 도로 신설 계획 폐기

seek …을 찾다
POLICE SEEK WITNESS TO KILLING 경찰 살인 사건 증인 수소문

seize (특히 경찰이나 세관에서) 압수하다
POLICE SEIZE ARMS AFTER CAR CHASE 경찰 추격전 끝에 무기 압수
£3M DRUGS SEIZED AT AIRPORT 공항에서 300만 파운드어치 마약 압수

set to ~할 준비가 된, 막 ~하려 하는
INTEREST RATES SET TO RISE 금리 인상 징후

shed 제거하다, 없애다
CAR MAKERS TO SHED 5,000 JOBS 자동차 제조회사 5,000명 감축 예정

slam 맹렬히 비난하다
GENERAL SLAMS DEFENCE POLICY 장군 국방 정책 맹비난

slash 급격히 줄이다, 대폭 삭감하다
GOVERNMENT TO SLASH HEALTH EXPENDITURE 정부 의료 예산 대폭 삭감 예정

slate 비난하다
PM SLATES BISHOP 총리 주교 비난

slay (미국 영어) 살해하다
FREEWAY KILLER SLAYS SIX 고속도로 살인범 6명 살해

slump (경제 관련) 부진, 불경기, 불황
EXPORTS SLUMP 수출 부진
CITY FEARS NEW SLUMP 금융가 신 불황 우려

snatch 강탈(하다)
BIG WAGES SNATCH IN WEST END 웨스트엔드에서 거액의 임금 강탈 사건
TEENAGE ROBBERS SNATCH POLICE CAR 10대 강도 경찰차 강탈

soar 급증하다, 치솟다
IMPORTS SOAR FOR THIRD MONTH 3개월간 수입 급증

spark (문제 등을) 야기하다, 촉발하다
REFEREE'S DECISION SPARKS RIOT 심판 판정 폭동 야기

split 의견 대립, 의견이 갈리다
CABINET SPLIT ON PRICES POLICY 물가 정책 놓고 내각 분열

spree 낭비, 무분별한 소비
BUS DRIVER SPENDS £30,000 IN THREE-DAY CREDIT CARD SPREE
버스 기사 신용카드로 사흘간 3만 파운드 흥청망청

stake 주식 보유분, 지분
JAPANESE BUY STAKE IN BRITISH AIRWAYS 일본 기업, 영국항공 지분 매입

storm (항의, 비난 등) 빗발, 쇄도
　　STORM OVER NEW STRIKE LAW 새로운 파업법에 비난 빗발

storm out of 화를 내며 떠나다, 박차고 나가다
　　TEACHERS' LEADERS STORM OUT OF MEETING 교사노조 지도자들 회의 도중 자리 떠나

stun 놀라게 하다, 충격을 주다
　　JOBLESS FIGURES STUN CITY 실업률 런던 금융가 강타

surge 급증; 급격히 높아지다
　　SURGE IN JOBLESS FIGURES 실업률 급증

swap 교환(하다)
　　HEART SWAP BOY BETTER 심장 이식 소년 건강 호전

sway 설득하다
　　HOSPITAL PROTEST SWAYS MINISTERS 병원노조 시위에 장관들 설득 당해

switch 바꾸다; 변화, 변경
　　DEFENCE POLICY SWITCH 국방 정책 변화
　　MORE HOMES SWITCH ELECTRICITY SUPPLIERS 더 많은 주택들이 전기 공급 업체 변경

swoop 급습하다; 경찰의 급습
　　POLICE IN DAWN SWOOP ON DRUGS GANG 경찰 새벽에 마약 갱단 급습

threat 위협
　　THREAT OF FLU EPIDEMIC 유행성 독감의 위협

toll 사망자 수
　　QUAKE TOLL MAY BE 500 지진 사망자 500명 추산

top (형용사) 고위의, 가장 중요한
　　TOP BANKER KIDNAPPED 은행 간부 피랍

top (동사) 넘다, 초과하다
　　IMPORTS TOP LAST YEAR'S FIGURES 수입 작년 수치 초과

Tory 토리당 (영국의 보수당)
　　VICTORY FOR TORY MODERATES 토리당 내 온건파 승리

trio 3명
　　JAILBREAK TRIO RECAPTURED 탈옥수 3명 다시 체포

troops 군대, 병력
　　MORE TROOPS FOR BORDER AREA 국경 지대로 추가 병력 이동 예정

UK (the United Kingdom) (그레이트 브리튼과 북아일랜드를 포함하는) 영국
　　BRUSSELS CRITICISES UK JAIL CONDITIONS EU 영국의 교도소 환경 비난

UN (the United Nations) 유엔, 국제연합
　　UN IN RED: CANNOT BALANCE BUDGET 유엔 적자: 수지 균형 불가능

urge 촉구하다
　　GOVERNMENT URGED TO ACT ON POLLUTION 정부 공해 해결 압력에 직면

US (the United States of America) 미국

    US URGED TO PULL OUT OF MIDDLE EAST 미국 중동 철군 압력에 직면

VAT (value added tax) 부가가치세

    NEXT, VAT ON BABYFOOD? 다음은 이유식에 부가가치세?

vow 약속, 맹세

    EXILED PRESIDENT VOWS TO RETURN 망명 대통령 귀국하겠다고 단언

walk out (항의 표시로) 작업을 중단하다, 파업하다

    CAR WORKERS WALK OUT OVER WAGE FREEZE
    자동차 노동자들 임금 동결에 항의해 작업 중단

wed 결혼하다

    BISHOP TO WED ACTRESS 주교 여배우와 결혼 예정

293 구두점: 마침표, 물음표, 느낌표

1 문장 구분

문장을 끝낼 때는 마침표(영국: full stop/미국: period), 물음표(question mark), 느낌표(영국: exclamation mark/미국: exclamation point)를 찍는다. 이런 부호 뒤에서 문장을 새로 시작할 때는 첫글자를 대문자로 쓴다.

    I looked out of the window. It was snowing again.
    나는 창 밖을 내다보았다. 다시 눈이 내리고 있었다.

    Why do we try to reach the stars? What is it all for?
    우리는 왜 별에 가려고 할까? 대체 무엇을 위해서?

    We need more houses! Not one day, not next year – now!
    우리는 더 많은 주택이 필요하다! 언젠가가 아니라, 내년이 아니라 바로 지금!

문법적으로 불완전한 문장의 앞이나 뒤에는 마침표, 물음표, 느낌표를 쓰지 않는다.

    She phoned me as soon as she arrived.
    그녀는 도착하자마자 내게 전화했다. (NOT ~~She phoned me. As soon as she arrived.~~)

    In his job he has to deal with different kinds of people.
    그는 직업상 다양한 부류의 사람들을 상대해야 한다.
    (NOT ~~In his job. He has to deal with different kinds of people.~~)

    Did you understand why I was upset?
    내가 화낸 이유를 알겠어? (NOT ~~Did you understand? Why I was upset?~~)

그러나 절이나 구를 마침표와 대문자로 분리하여 강조하기도 한다.

    People are sleeping out on the streets. In Britain. In the 21st century. Because there are not enough houses.
    사람들은 거리에서 노숙을 하고 있다. 영국에서. 그것도 21세기에. 주택이 충분치 않아서.

2 약어

약어(▶ 336 참조) 뒤에도 마침표를 쓴다. 영국 영어보다는 미국 영어에서 더 보편화된 용법이다.

Dr. Andrew C. Burke, M.A. 앤드류 C. 버크 박사 (OR Dr Andrew C Burke, MA)

3 간접의문문

간접의문문 뒤에는 물음표를 쓰지 않는다(▶ 260 참조).

> I asked her what time it was. 나는 그녀에게 몇 시인지 물어보았다. (NOT ... ~~what time it was?~~)

294 구두점: 콜론

1 설명

설명이나 세부적인 내용을 덧붙일 때는 콜론(:)을 쓴다.

> We decided not to go to Mexico: we had too little money.
> 우리는 멕시코에 가지 않기로 결정했는데 돈이 없었기 때문이다.

> There was a problem with the car: it was losing oil.
> 차에 문제가 있었는데 오일이 새고 있었다.

2 목록

목록을 열거할 때도 콜론을 쓴다.

> The main points are as follows: (1) ..., (2) ..., (3) .... 요점은 다음과 같다. (1) …, (2) …, (3) …

> We need three kinds of support: economic, moral and political.
> 우리는 세 가지 지원이 필요한데 바로 경제적. 정신적. 정치적 지원이다.

3 세분화

제목이나 표제의 주제를 세분할 때도 콜론을 쓴다.

> punctuation: colon 문장부호: 콜론

4 대문자

영국 영어에서는 콜론 뒤에 대문자를 쓰는 경우가 드물다(인용문은 예외). 그러나 콜론 뒤에 완전한 문장 여러 개가 이어질 경우는 대문자를 쓴다.

> My main objections are as follows:
> First of all, no complete budget has been drawn up.
> Secondly, there is no guarantee that ...
> 제가 반대하는 주요 이유는 다음과 같습니다.
> 첫째, 완벽한 예산이 편성되지 않았다는 것입니다.
> 둘째, …을 보장할 수 없다는 것입니다.

미국 영어에서는 콜론 뒤에 흔히 대문자를 쓴다.

5 편지

미국인들은 업무용 서신의 첫 인사말(Dear ...) 뒤에 대체로 콜론을 쓴다.

> Dear Mr. Callan:
> I am writing to ...
> 캘런 씨께:

제가 편지를 보내는 용건은 …

영국 영어에서는 쉼표를 쓰거나 문장 부호를 아예 쓰지 않기도 한다.

6 직접화법

글에서 직접화법을 사용할 때는 일반적으로 쉼표를 쓴다.

> **Stewart opened his eyes and said**, 'Who's your beautiful friend?'
> 스튜어트가 눈을 뜨고 말했다. "아름다운 네 친구는 누구야?"

그러나 직접화법 문장이 길 경우는 콜론을 쓰기도 한다.

> Introducing his report for the year, **the Chairman said**: 'A number of factors have contributed to the company's very gratifying results. First of all, … '
> 연례 보고서를 발표하며 회장이 말했다. "회사가 매우 만족스러운 성과를 얻을 수 있었던 데는 여러 가지 요인이 있었습니다. 무엇보다 먼저…"

희곡의 대사 또는 명언을 인용할 때 등장인물의 이름이나 짧막한 구 뒤에 콜론을 쓴다.

> POLONIUS : What do you read, my lord?
> HAMLET :　Words, words, words.
> 폴로니우스: 저하, 무엇을 읽고 계십니까?
> 햄릿: 말, 말, 말일세.

> **In the words of Murphy's Law**: 'Anything that can go wrong will go wrong.'
> 머피의 법칙에서: '잘못될 여지가 있는 일은 어김없이 잘못된다.'

295 구두점: 세미콜론

1 마침표 대용

문법적으로는 서로 독립된 문장이지만 의미상 밀접한 관련이 있는 경우 세미콜론(;)을 마침표 대신 쓰기도 한다. 세미콜론은 마침표나 쉼표만큼 자주 쓰이지는 않는다.

> Some people work best in the mornings; others do better in the evenings.
> 아침에 일이 잘되는 사람도 있고 저녁에 일이 잘되는 사람도 있다.

> It is a fine idea; let us hope that it is going to work.
> 그거 좋은 생각이네요. 효과가 있기를 기대해 봅시다.

이런 용법으로는 대체로 쉼표를 쓸 수 없다(▶ 296.7 참조).

2 목록의 항목 구분

목록식으로 나열된 항목들을 분리할 때도 세미콜론을 쓰는데, 특히 문법적으로 다소 복잡한 경우에 유용하다.

> You may use the sports facilities on condition that your subscription is paid regularly; that you arrange for all necessary cleaning to be carried out; that you undertake to make good any damage; …
> 정기적으로 회비를 지불하는 조건으로 스포츠 시설을 이용할 수 있다. 또한 필요한 모든 세척 조치를 취하고, 어떤 손상도 보상하며…

목록에 쓰이는 쉼표 용법은 ▶ 296 참조.

296 구두점: 쉼표

1 기본 문장

문장의 기본 요소들(주어와 동사, 동사와 목적어)은 쉼표를 사용해 구분하지 않는다.

The standard of living of the dock workers was slowly improving.
부두 노동자들의 생활수준이 서서히 개선되고 있었다.
(NOT ~~The standard of living of the dock workers, was slowly improving.~~)

Many of them were able to begin buying their own homes.
그들 중 많은 사람이 자기 집을 살 수 있게 되었다.
(NOT ~~Many of them were able to begin buying, their own homes.~~)

2 기본 문장의 앞뒤

기본 문장 앞에 긴 부사적 표현이 놓일 경우 종종 쉼표를 사용한다. 비교〉

At that time the standard of living of the dock workers was slowly improving.
당시 부두 노동자들의 생활 수준이 서서히 개선되고 있었다.

During the late 1920s and early 1930s, the standard of living of the dock workers was slowly improving.
1920년대말과 1930년대초에 부두 노동자들의 생활 수준이 서서히 개선되고 있었다.

부사적 표현이 기본 문장 뒤에 올 때는 대체로 쉼표를 찍지 않는다.

The standard of living of the dock workers was slowly **improving during the late 1920s and early 1930s.**
1920년대말과 1930년대초에 부두 노동자들의 생활 수준이 서서히 개선되고 있었다.

3 기본 문장 내

부사적 표현이 기본 문장 사이나 안에 들어가면 부사적 표현 앞뒤에 쉼표를 찍는다.

The standard of living of the dock workers, **during the late 1920s and early 1930s,** was steadily improving.
부두 노동자들의 생활 수준은 1920년대말과 1930년대초에 서서히 개선되고 있었다.

4 명사구

대체로 형용사 등 명사와 어울리는 표현들과 명사를 분리하지 않는다.

the mainly foreign labourers 주로 외국인 노동자들 (NOT ~~the mainly foreign, labourers~~)
the mainly foreign labourers in the north-eastern docks
주로 북동쪽 부두에 있는 외국인 노동자들
(NOT ~~the mainly foreign labourers, in the north-eastern docks~~)

그러나 계속적 용법의 관계사절(▶ 234 참조) 앞에는 쉼표를 써서 구분한다.

Andreas Bergmeister, **who established the dock workers' union,** ...
안드레아스 버그마이스터, 그는 부두노동조합을 설립했다…

5 접속사가 있는 문장

접속사가 있는 문장, 특히 접속사가 있는 긴 문장에는 종종 쉼표를 넣는다. 비교〉

The situation changed **when** the export markets began to contract.
수출시장이 위축되기 시작하면서 상황은 바뀌었다.

The situation changed noticeably for the worse after 1932, **when** the export markets began to contract.
수출시장이 위축되기 시작한 1932년 이후 상황은 눈에 띄게 악화되었다.

문장이 접속사로 시작하면 보통 쉼표를 사용한다.

When the export markets began to contract, the situation changed.
수출시장이 위축되기 시작하면서 상황은 바뀌었다.

6 간접화법

간접화법에서 say, think 등의 동사 뒤에는 쉼표를 찍지 않는다.

Many commentators declared that the economy was in serious trouble.
많은 해설자들은 경제가 심각한 위기에 처해 있다고 단언했다.
(NOT ~~Many commentators declared, that the economy~~ ...)

No one knew how serious the situation would become.
상황이 얼마나 심각해질지 아무도 몰랐다. (NOT ~~No one knew, how serious~~ ...)

유용한 규칙: (접속사 또는 관계대명사) that 앞에는 쉼표를 찍지 않는다.

They did not understand **that** the economic conditions **that** had existed earlier had disappeared for good.
그들은 이전에 존재했던 경제 상황이 영원히 사라졌다는 것을 이해하지 못했다.

7 문법적으로 분리된 문장 사이

(접속사 없이) 문법적으로 분리된 문장 사이에는 마침표 또는 세미콜론을 사용하고 쉼표는 찍지 않는다. 비교)

Orders began to dry up, and most companies reduced their work force.
주문이 줄어들기 시작했고 대다수 회사는 인력을 감축했다. (쉼표와 접속사)

Orders began to dry up. Most companies started to reduce their work force.
OR Orders began to dry up; most companies started to reduce their work force.
주문이 줄어들기 시작했다. 대다수 회사는 인력 감축에 나섰다.
(BUT NOT ~~Orders began to dry up, most companies started~~ ...)

8 접속사와 부사

주의 일부 연결어(예: **consequently, however, therefore**)는 접속사가 아니라 부사이다. 부사로 시작하는 문장은 앞 문장과 문법적으로 분리된다. 따라서 문장과 문장 사이에 마침표 또는 세미콜론이 필요하다(▶ 283 참조).

Orders began to dry up. Consequently, most companies started to reduce their work force 주문이 줄어들기 시작했다. 따라서 대다수 회사는 인력 감축에 나섰다.
(NOT ~~Orders began to dry up, consequently, most companies~~ ...)

Orders began to dry up; however, some companies tried to carry on as before.
주문이 줄어들기 시작했다; 그러나 일부 회사는 예전처럼 계속 유지하려고 노력했다.
(NOT ~~Orders began to dry up, however, some companies~~ ...)

9 형용사 사이의 콤마

명사 앞에서 동일하거나 관련된 종류의 정보를 주는 형용사를 구별하기 위해 흔히 쉼표로 분리한다.

> a **tall, impressive** figure 키가 크고 인상적인 몸매
>
> a **long, boring** speech 장황하고 지루한 강연
>
> an **expensive, ill-planned, wasteful** project
> 비용이 많이 들고, 계획도 부실하고, 낭비가 심한 프로젝트

짧은 형용사들 사이에는 쉼표를 생략하기도 한다.

> a **tall**(,) **dark**(,) **handsome** cowboy 키가 크고 까무잡잡하고 잘생긴 카우보이

형용사나 기타 수식어들이 제각기 대상의 서로 다른 부분들을 설명할 때는 쉼표를 생략할 수 없다.

> a **green**, **red** and gold carpet
> 녹색과 빨간색과 금색이 어우러진 카펫 (NOT ~~a green red and gold carpet~~)
>
> **concrete**, **glass** and plastic buildings 콘크리트, 유리, 플라스틱 자재를 쓴 건물들

명사를 수식하는 형용사들이 서로 다른 성격의 정보를 제공할 때는 대체로 쉼표를 쓰지 않는다.

> Have you met our **handsome new financial** director?
> 잘생긴 신임 재무이사를 만났어요? (NOT ... ~~our handsome, new, financial director~~)
>
> **surprising new** developments 놀라운 새로운 개발
>
> **gloomy economic** forecasts 우울한 경제 전망

be동사나 연결동사 뒤에 온 형용사는 목록을 구분할 때처럼(▶ 아래 10 참조) 쉼표를 쓴다.

> His speech was **long, boring, detailed and irrelevant**.
> 그의 강연은 길고, 지루하고, 상세하고, 관련성이 없었다.
>
> The cowboy was **tall, dark and handsome**. 그 카우보이는 키가 크고, 피부가 검고, 잘 생겼다.

10 열거

열거된 다른 항목들을 분리할 때 쉼표를 사용한다(그러나 마지막에 오는 항목이 길지 않은 이상 마지막 항목 앞에는 대체로 쉼표를 찍지 않는다.) 비교)

> The developing crisis affected manufacturers, distributors, marketing organisations, banks **and** credit agencies.
> 커지는 위기 상황은 제조업체, 유통업체, 마케팅 조직, 은행 및 신용기관에 영향을 미쳤다.
>
> ... marketing organisations, banks, **and** some of the major credit agencies.
> ⋯ 마케팅 조직, 은행 및 일부 대형 신용기관

11 숫자

큰 숫자를 1000단위나 100만 단위로 분할할 때 쉼표를 쓴다.

> 6,435(NOT ~~6.435~~)   7,456,189

4자리 숫자는 쉼표를 쓰지 않을 수도 있으며, 연대를 표시할 때는 쉼표를 쓰지 않는다.

> 3,164 OR 3164   the year 1946

쉼표 대신에 칸을 띄우기도 한다.

> There are 1 000 millimetres in one metre. 1미터는 1,000밀리미터다.

소수에는 쉼표를 쓰지 않는다(▸ 322.1 참조).

> 3.5 = three point five OR three and a half (NOT ~~three comma five~~)

297 구두점: 대시

특히 비격식체에서 흔히 쓰이는 '대시(–)'는 콜론이나 세미콜론, 괄호와 같은 역할을 한다.

> There are three things I can never remember – names, faces, and I've forgotten the other.
> 내가 절대 기억하지 못하는 세 가지가 있는데 이름과 사람 얼굴, 그리고 나머지 하나는 잊어버렸다.

> We had a great time in Greece – the kids really loved it.
> 우리는 그리스에서 즐거운 시간을 보냈다. 아이들이 정말 좋아했다.

> My mother – who rarely gets angry – really lost her temper.
> 어머니는 화를 내는 법이 거의 없으신데 정말 화가 나셨다.

추가로 덧붙이거나 갑작스럽고 놀라운 정보를 전할 때도 대시를 쓴다.

> We'll be arriving on Monday morning – at least, I think so.
> 월요일 아침에 도착할 거예요. 늦어도 말이죠.

> And then we met Joseph – with Lisa, believe it or not!
> 그리고 나서 조셉을 만났어. 안 믿을지 모르겠지만 리사와 함께 있었다니까!

hard-working, co-operative 등에 쓰는 하이픈 용법은 ▸ 342 참조.

298 구두점: 인용 부호

인용 부호에는 작은따옴표('…')와 큰따옴표("…")가 있다. 영국 영어에서는 인용 부호를 '역콤마(inverted commas – 콤마를 뒤집은 모양이라는 의미)'라고 부르기도 한다.

1 직접화법

인용 부호는 직접화법 문장을 인용할 때 쓴다. 인용문 안에 다시 인용문이 있는 경우에는 작은따옴표 안에 큰따옴표(또는 큰따옴표 안에 작은따옴표)를 쓴다.

> 'His last words,' said Albert, 'were "Close that bloody window".'
> "그의 마지막 말은 '저 망할 창문 좀 닫아.'였지." 앨버트가 말했다.

미국 영어에서는 종종 이런 경우 큰따옴표 안에 작은따옴표를 쓰는 것을 선호한다.

2 특별한 의미 부여

특별하게 취급한다는 것을 나타내기 위해 인용 부호(대체로 작은따옴표)를 쓰기도 한다. 이를테면 대화 주제나 제목, 또는 특별한 의미를 부여할 경우 인용 부호를 쓴다.

> People disagree about how to use the word 'disinterested'.
> 'disinterested'라는 단어의 용법에 대해 의견이 분분하다.

> A textbook can be a 'wall' between the teacher and the class.
> 교과서는 교사와 학생들을 갈라놓는 '벽'이 될 수도 있다.

미국 영어에서는 이런 경우에 종종 큰따옴표를 쓰는 것을 선호한다.

Section 27 **Speech and Spoken Exchanges 구어와 대화**

개요

격식을 차리지 않은 구어 문장은 대체로 문어 문장보다 간단하다. 구어 문장에는 종속절과 흔히 쓰이는 접속사(예: and, but, that, so, if, because, when)의 개수가 적다. 명사구는 대체로 짧으며 대명사 하나가 주어 역할을 하는 경우가 많다. 구어에서는 격식체의 문법 구조(▶281 참조)와 어휘(▶333 참조)는 잘 쓰이지 않는다. 발화되는 말 역시 글로 쓴 문장과 구조는 유사하지만 어순은 좀 더 유동적이다. 주된 문장 앞이나 뒤에 정보를 배치해, 정보가 간격을 두고 '분산'되어 있다(▶299 참조). 구어는 문어에서 보이는 '완전한 문장'에 전혀 맞지 않는 경우도 있다.

Lovely, the way she talks about her mother. 어머니에 대해 이야기할 때 말 참 예쁘게 하네.

That car, is it yours? 저 차, 당신 건가요?

How long you been waiting here, then? 그럼 여기서 얼마나 오래 기다리셨어요?

Maybe call in on Emma on the way out? ~ Not today I can't.
나가는 길에 엠마에게 들릴까? ~ 오늘은 안 돼.

What time? ~ Half past eight. 몇 시야? ~ 8시 반.

At your place? ~ No, Andy's. 집이야? ~ 아니, 앤디 집.

물론 이 섹션에서 구어체 전부를 다룰 수는 없다. 이어지는 항목에서는 비격식체 구어의 몇 가지 일반적 특징에 대해 설명하고 있다.

다음 문장은 왜 틀렸을까?

❌ Those people that we met them in Greece, shall we call them? ▶299.2 참조

❌ Where you are going? ▶302 참조

❌ What are you doing? ~ What I'm doing? Nothing. ▶304.3 참조

❌ Are you the new secretary, aren't you? ▶305.2 참조

❌ You never say what you're thinking, don't you? ▶305.4 참조

❌ Are you ready? ~ Yes, I'm. ▶308 참조

❌ Louise can dance beautifully. ~ So can her sister dance. ▶309.1 참조

❌ I'm getting bored. ~ I also. ▶309.1 참조

❌ Joe didn't phone, and neither didn't Kate. ▶309.2 참조

❌ Couldn't you babysit this evening, please? ▶310.4 참조

Section 27 목차

299 회화에 쓰이는 구문

1 정보와 정보 사이에 여백 두기: a course with three levels, it's carefully put together

글을 쓸 때는 정보를 복잡한 구조 안에 빽빽하게 넣는다(Section 26 개요 참조). 회화에서는, 일반적으로 이해하기에 더 쉽도록 정보를 나눈다. 글을 읽을 때는 자신의 속도에 맞게 읽을 수 있으며, 필요하다면 되짚어 볼 수도 있지만, 청자는 자신의 속도에 맞추어 들을 수 없기 때문이다.

> 격식을 갖춘 문어체: a carefully constructed progressive three-level course incorporating built-in oral and written revision tests
> 자체 구두 시험과 필기 복습 테스트가 딸려 있는 신중히 구성된 3단계 과정

> 격식을 갖추지 않은 회화체: a course with three levels, it's carefully put together, progressive, it's got revision tests, they're oral and written
> 3단계 과정, 신중히 구성, 단계적, 복습 테스트가 있으며, 구두 및 필기 테스트

2 전치와 화제화: Your friend Alex, now he speaks German.

회화에 쓰인 문장은 글로 쓰여진 문장과는 아주 달리, 반드시 '주어-동사-목적어'의 어순으로 구성되지 않을 수도 있다. 전치(▶272 참조)는 회화에서 흔히 쓰이는데, 목적어, 부사어 또는 다른 요소들을 강조하기 위해 문장 앞으로 이동할 수도 있다.

> **People like that** I just can't stand. 저런 사람들은 정말 참을 수가 없어.

> **Only this morning** she was saying she had a problem.
> 오늘 아침에서야 그녀는 문제가 있다고 말했다.

> **What I'm going to do next** I really don't know. 다음에 무엇을 해야 할지 그저 막막해.

종종 한 단어나 구가 문장 구조에서 다른 위치로 이동하여 화제로 앞에 제시되고 이어 어느 정도 완전한 문장이 온다. 이런 화제화(topicalisation) 구문은 다양한 언어의 구어나 문어에 흔히 사용된다. 영어에서는 문어에서는 잘 쓰이지 않는다.

> **Your friend Alex**, now he speaks German, maybe he can help us.
> 네 친구 알렉스는, 요즘 독일어를 하는데, 아마도 우리를 도와 줄 수 있을 것이다. (주어 화제화)

> **Your mother**, can I see her if she's in?
> 네 어머니를 뵐 수 있을까, 안에 계신다면? (목적어 화제화)

> **The people next door**, we don't need to send them a card, do we?
> 이웃집 사람들 말이야, 그들에게는 카드를 보낼 필요 없겠지, 그렇지? (간접목적어 화제화)

> **That meeting**, I thought I was going to scream.
> 그 회의에서 말이에요, 내가 소리를 친 것 같아요. (부사어 화제화)

> **What they did**, they invited everybody and then forgot the date.
> 그들이 한 짓 말이야, 사람들을 모두 초대해 놓고는 날짜를 잊었어. (동사구 화제화)

> **Lovely**, the way she talks about her mother.
> 사랑스러워, 걔가 엄마에 관해 말하는 방식 말이야. (보어 화제화)

화제화된 주어와 목적어는 이런 구문에서 대명사로 표현된다(Your friend Alex … he; Your mother … her).

[주의] 하지만 영어에서 관계사절의 경우에는 구어에서 그것과 이런 '반복형' 대명사가 허용되지 않는다.

Those people **that we met in Greece**, let's send **them** a card.
(BUT NOT ~~Those people that we met them in Greece, ...~~)
우리가 그리스에서 만난 사람들 말이에요, 그들에게 카드를 보내죠.

3 부가어: They work very hard, most of them.

정보를 나누어 전달하는 또 다른 방법으로, 정보의 일부만을 완전한 문장으로 표현한 다음 나머지 자세한 정보를 뒤에 덧붙이는 형태가 있는데, 이때 뒤에 덧붙이는 어구를 '부가어(tag)'라고 한다.

Those kids work very hard, **most of them**. 그 아이들은 아주 열심히 일한다, 대부분은.
That's the doorbell, **I think**. 초인종 소리 같은데.
I don't mind, **to be honest**. 나는 신경 안 써, 솔직히 말하면.

일단 대명사로 주어를 나타낸 뒤 주어가 나타내는 정확한 대상을 부가어로 덧붙인다.

He hasn't a chance, **Fred**. 그는 가망이 없어, 프레드 말이야.
He likes his beer, **Jack**. 그는 맥주가 입맛에 맞나봐, 잭 말이야.
They're very polite, **your children**. 아주 예의바르군요, 댁의 자제분들 말입니다.

이런 문장에서는 흔히 문두의 대명사를 생략한다. 강세가 없는 약세형 be도 생략할 수 있다. (이런 종류의 '생략'에 대한 더 자세한 사항은 ▶277 참조)

Hasn't a chance, Fred. 가능성이 없어, 프레드 말이야.
Likes his beer, Jack. 맥주가 입맛에 맞나봐, 잭 말이야.
Very polite, your children. 아주 예의바르군요, 댁의 자제분들요.
Living in the clouds, you lot. 뜬구름 잡고 사는구나, 너희들.
Crazy, that driver. 제정신이 아니군, 저 운전사.

부가어에 조동사를 덧붙여 동사를 다시 반복할 수도 있다.

(He) hasn't a chance, Fred **hasn't**. 가망이 없어, 프레드는.
(He) likes his beer, Jack **does**. 맥주가 입맛에 맞나보군, 잭 말이야.
(She) really got on my nerves, Sylvia **did**. 정말로 거슬렸어, 실비아가.

4 강조의 부가어: You've gone mad, you have.

부가어가 새로운 정보 없이, 단순히 주어와 동사를 반복해 강조의 의미를 표현하는 경우도 있다.

You've gone mad, **you have**. 너 미쳤구나, 돌았어.
I'm getting fed up, **I am**. 지겨워, 넌덜머리가 나.
He likes his beer, **he does**. 그는 맥주가 입맛에 맞나봐, 정말로.

재귀대명사를 제외하면 대명사를 단독으로 부가어에 쓰는 경우는 드물다.

(I) don't think much of the party, **myself**. 파티를 썩 좋아하지 않아, 나는.

문두에서 생략되는 어구에 대한 자세한 내용은 ▶277 참조.
부가어 등의 기타 용법은 ▶305-306(부가의문문), ▶307(호응 의문문), ▶308(단축형 대답) 참조.

300 반복 피하기: Wonderful, isn't it?

구어에서는 격식체 문어(▶287 참조)에서 보다는 반복을 허용하기도 하지만, 타당한 이유가 없는 한 이어지는 다른 사람의 말을 반복하지 않는 것을 선호한다. 화자 한 사람이 자신의 의견을 말하고 다른 화자가 맞장구를 칠 경우, 조심스럽게 반복을 피해 다른 표현으로 강조하면서 동의한다는 의사를 나타낸다.

> Glorious day. ~ **Wonderful**, isn't it?
> 눈부시게 아름다운 날이야. ~ 멋져, 그렇지 않아? (NOT USUALLY ... Glorious, isn't it?)
> Terrible weather. ~ **Dreadful**. 끔찍한 날씨군. ~ 지독해.
> United didn't play very well, then. ~ Absolute **rubbish**.
> 유나이티드가 경기를 제대로 못했어. ~ 형편없었지.

화자는 강조하기 위해 의도적으로 어휘나 구문을 반복할 수 있다.

> I'm very **very** angry. 나는 정말 정말 화가 나.
> You'll eat every mouthful. **Every** single **mouthful**. 한 입 한 입 다 먹어. 마지막 한 입까지.

다른 누군가의 말을 반복하는 것은 놀람이나 믿기지 않는다는 것을 표현할 수 있다.

> I'm getting married. ~ You're **getting married**? Who to? 나 결혼해. ~ 너 결혼해? 누구랑?

이런 종류의 '호응 의문문'에 대한 더 자세한 사항은 ▶304 참조.

301 구어 담화 표지어

담화 표지어는 대화와 글을 구성하는 데 도움이 되는 단어와 표현들이다. (예: first of all, by the way, on the other hand, in any case, to sum up). 영어에는 수많은 담화 표지어가 있다. 모든 종류의 담화에 사용되는 담화 표지어가 있는가 하면, 주로 격식체 글에 사용되는 담화 표지어가 있고 비격식체 구어에 주로 사용되는 담화 표지어도 있다. 이 항목에서는 구어에서 가장 흔히 쓰이는 담화 표지어를 다루고 있다. 이중 일부(전부는 아님)는 격식을 갖춘 글에서도 사용된다. ▶284 참조. 담화 표지어는 다음과 같은 몇 가지 사항을 전달할 수 있다:

- 담화의 대상 담화 표지어로 주제를 분명하게 밝힐 수 있으며, 주제가 바뀌거나 세분화되는 것을 나타낼 수 있다.
- 담화의 유형 담화 표지어는 진행되고 있는 의사소통의 유형을 보여준다.
- 태도 담화 표지어는 본인이 하는 말에 대한 화자의 태도 또는 청자의 기대에 대한 화자의 태도를 드러낸다.

1 담화의 대상

일부 담화 표지어는 화자가 초점을 어디에 두고 있는지 밝혀주고, 앞선 논의와의 연관성을 드러낸다. 주제가 변경되거나 분화되는 것을 나타내는 담화 표지어도 있다.

> 초점: talking/speaking of/about; regarding; as regards; as far as ... is/are concerned; as for

> I saw Max and Emma today. You know she – ~ **Talking of** Max, you know he's leaving?
> 오늘 맥스와 엠마를 봤어요. 아시죠 엠마가 – – ~ 맥스 얘기가 나왔으니 말인데요, 그가 떠난다는 거 아세요?

And speaking of Australia, did you see that documentary ...?
그리고 호주 얘기가 나왔으니 말인데요, 그 다큐멘터리 보셨어요…?

Regarding that car you were thinking of selling – how much do you want for it?
팔까 생각하셨던 그 차 말인데요 – 얼마에 팔고 싶으세요?

As far as the kids **are concerned**, let's ask them what they think.
아이들 문제라면, 아이들 생각이 어떤지 물어봅시다.

As for that business of going to the police, I'm sorry I mentioned it.
경찰서에 가는 일 말인데, 그 얘기 꺼내서 미안해.

I've invited Andy and Joseph. **As for** Joshua, I never want to see him again.
저는 앤디와 조셉을 초대했어요. 조슈아라면, 다시는 보고 싶지 않아요.

> **세분화:** first; firstly; first of all; in the first place; to start with; for one thing; and then

I don't think I can help you. **First(ly) / First of all / For one thing / In the first place**, I haven't got the time. **And then** I'm going to be away all next week.
도와 드리지 못할 것 같아요. 우선 시간이 없어요. 게다가 다음 주 내내 자리를 비우거든요.

To start with, let me remind you that I'm the one who's paying for all this.
우선, 이거 다 내가 돈 낸다는 거 잊지 마.

> **잠시 주제 전환하기:** incidentally; by the way

I was talking to Annie yesterday. **Incidentally / By the way**, did you know she's got a new job? And she said that Jake told her ...
저는 어제 애니와 얘기했어요. 그건 그렇고 그녀가 새 직장 구한 것 아세요? 그리고 그녀 말로는 제이크가 그녀에게 말했다고 했어요…

> **이전 주제로 돌아가기:** as I was saying

... on the roof – Jeremy, put the cat down, please. **As I was saying**, if Jack gets up on the roof and looks at the tiles ...
… 지붕 위에 – 제레미, 제발 고양이 좀 내려줘. 아까 얘기한 대로 잭은 지붕 위에 올라가서 기와를 보면 …

> **새로운 주제 소개(강연 등):** now; all right; right; OK

OK. Now a word about iron oxide. There's two basic types ...
자, 이제 산화철에 대해 잠깐 말씀드리겠습니다. 두 가지 기본 유형이 있습니다 …

Any questions? **Right**, let's have a word about tomorrow's arrangements.
질문 있으신가요? 그래요, 내일 준비에 대해 잠깐 얘기해 봅시다.

> **요약:** all in all; in a word

And the car broke down. And Jodie got mugged. And then Sophie was ill. **All in all**, it wasn't the best trip we've had.
그런데 차는 고장 났지. 또 조디는 노상강도를 당했지. 게다가 소피는 아프지. 대체로 즐거운 여행은 아니었지 뭐.

He gets up at midday. He won't look for a job. He doesn't help around the house. **In a word**, he's bone idle.

그는 한낮에 일어나. 일자리를 구하려고 하지도 않아. 집안일도 안 도와. 한마디로 게을러 빠졌어.

2 담화 유형

일부 담화 표지어는 어떤 유형의 의사소통이 이루어지고 있는지 분명하게 드러낸다.

일반화: on the whole; to some extent; in general; in all / most / many / some cases; broadly speaking

On the whole / In general, people like to help others.
대체로 사람들은 타인을 돕는 것을 좋아해요.

Do you think TV is bad for kids? ~ Well, **in some cases**, maybe.
TV가 애들에게 나쁘다고 생각해? ~ 음, 어떤 경우에는 그럴 수도 있겠지.

To some extent, it's an interesting job. But there are some pretty dull patches.
어느 정도는 재미있는 일입니다. 하지만 따분한 부분들이 꽤 있어요.

Broadly speaking, I get on pretty well with people.
대체로, 저는 사람들과 사이좋게 지냅니다.

예외: apart from; except for

I'll eat anything, **apart from / except for** chillies. 저는 칠리 빼고 뭐든 먹겠습니다.

대비되는 논점 제시하기: still; all the same; even so; mind you; on the other hand; but; yet; however; in spite of this / that

I'm glad to have a place of my own. OK, it's a long way from the centre, and it needs redecorating. **Still**, it's home.
나만의 집을 갖게 되어 기뻐요. 맞아요. 도심에서 멀고 다시 꾸미기도 해야 해요. 그래도, 집이잖아요.

I was a bit bored and lonely, yes, but I had a reasonably pleasant time **all the same**. 살짝 지루하고 외로웠어요. 맞아요. 하지만 그래도 꽤 즐겁게 지냈어요.

Jenkins wasn't on top form. **Even so**, he got two goals.
젠킨스는 최상의 상태가 아니었어. 그래도 그는 두 골을 넣었어.

Bankers are generally nice people. **Mind you**, I wouldn't want my daughter to marry one.
은행원들은 대체로 좋은 사람들이죠. 그래도 제 딸은 은행원하고 결혼하지 않았으면 좋겠어요.

She can be really irritating. **On the other hand**, she's got a heart of gold.
그녀는 정말 거슬릴 때도 있어. 반면에 마음씨는 고와.

OK, we've got to cut down expenses. **But** we can't get rid of the car.
좋아요. 우리는 경비를 줄여야 해요. 하지만 그 차는 없애면 안 돼요.

He's 85. **Yet** he still takes care of the farm.
그는 여든 다섯이에요. 그런데도 아직 농장을 돌보고 있어요.

I'll do a lot for my family. **However**, there are limits.
나는 가족을 위해 많은 일을 할 겁니다. 하지만 한계가 있어요.

The train was two hours late. **In spite of that**, we got to the match on time.
기차가 두 시간 연착했어요. 그럼에도 불구하고 우리는 정각에 경기에 도착했어요.

대조: on the contrary; quite the opposite

I don't dislike him at all. **On the contrary / Quite the opposite**, I'm very fond of him. 나는 그를 전혀 싫어하지 않아요. 정반대로 그를 아주 좋아해요.

논리적 연관성 또는 인과관계: so; then (▶583 참조)

They didn't think I had enough experience, **so** I didn't get the job.
그들은 내가 경험이 부족하다고 생각했어. 그래서 취직 못했어.

I don't like this stew. ~ **Then/So** don't eat it.
이 스튜 별로야. ~ 그럼 먹지 마.

설득: after all (▶361 참조); look at it this way; look; 부가의문문 (▶305 참조); 부정의문문 (▶218 참조)

Why shouldn't she buy a horse if she wants to? **After all**, it's her money.
그녀가 말을 사고 싶다는데 왜 안 돼? 어쨌든 자기 돈이잖아.

Look at it this way. Suppose you were in the same position as me. How would you feel? 이렇게 생각해봐. 네가 내 처지라고 생각해봐. 기분이 어떻겠어?

We can't go to the gym now. **Look**, they close in an hour.
지금은 체육관에 못 가. 이봐, 한 시간이면 문을 닫는다고.

You're taking this too seriously, **aren't you**?
너무 심각하게 받아들이네, 아냐?

It's a bit expensive, **don't you think**?
좀 비싸지 않아요?

추가: also; on top of that; as well as that; another thing is; besides; I mean (▶526.4 참조)

I don't like his attitude. **Also**, I don't believe he's actually got the qualifications he says he has. 그 사람 태도가 마음에 안 들어요. 게다가 그 사람이 갖고 있다고 말하는 자격을 실제 갖고 있다고 생각하지 않아요.

They're cutting unemployment benefits. And **on top of that**, they're putting up VAT. 그들은 실업 수당을 줄이고 있어. 게다가 부가가치세도 올리고 있어.

The place is close to the sea. And **another thing is**, the people are really friendly.
그곳은 바다와 가까워. 그리고 또 한 가지, 사람들이 정말 친절해.

I don't like her going out alone at night. You don't know what sort of people she's going to meet. And **besides / I mean**, she's far too young.
나는 그녀가 밤에 혼자 나가는 게 싫어. 그녀가 어떤 사람들을 만날지 모르잖아요. 게다가 / 내 말은, 그녀는 너무 어려.

예시: in particular; for instance; for example

I'd like to have time to talk to some of the others. **In particular**, I want to find out what Joshua thinks.

다른 사람들하고 얘기할 시간을 갖고 싶어요. 특히 조슈아가 어떻게 생각하는지 알고 싶어요.

We could invite some of the neighbours, **for instance / for example**, Jess and Simon. 이웃을 초대할 수도 있어요. 예를 들면, 제스와 사이먼이요.

still의 다른 용법은 ▶ 595 참조.
on the contrary와 on the other hand의 비교는 ▶ 428.1 참조.

3 태도

일부 담화 표지어는 본인이 하는 말에 대한 화자의 태도를 나타내거나, 더 원활한 의사소통을 위해 말하고 있는 내용을 수정한다.

화자의 태도 드러내기: no doubt; honestly; frankly

No doubt you will be paying your rent by the end of the week, Mr Jenkins?
이번 주말까지는 틀림없이 집세를 내시겠죠, 젠킨스 씨?
(no doubt는 종종 반어적인 의미를 나타낸다. 화자는 젠킨스 씨가 집세를 낼 거라고는 전혀 기대하지 않을 수도 있다.)

Honestly, I think your poetry is remarkable. 솔직히, 나는 네 시가 훌륭하다고 생각해.

What do you think of my hair? ~ **Frankly**, darling, it's a disaster.
내 머리 어때? ~ 솔직히, 여보, 끔찍해.

논점 분명히 하기: that is to say; in other words; I mean; I guess

There's a problem about tomorrow. **That is to say**, I don't think we can come.
내일 문제가 있어요. 다시 말해서, 내 생각에 우린 못 갈 거예요.

I've got a funny feeling about him. **In other words / I mean**, I don't trust him.
그 사람 좀 수상쩍어요. 다시 말하면 / 무슨 말인고 하니, 난 그 사람 못 믿어요.

I guess, looking back on it, I was her toy boy.
돌이켜보면, 난 그녀의 연하 애인이었어요.

완곡한 표현 및 수정: in my view/opinion; apparently; so to speak; that is to say; more or less; I think/feel/suppose/reckon/guess; sort of; kind of; really; well, at least; I'm afraid (▶ 359.2 참조); actually (▶ 358 참조); or rather; I mean

A lot of people say he's a bad manager. **In my view/opinion**, he's OK.
많은 사람들이 그를 형편없는 매니저라고 말해요. 제 생각엔 괜찮은 것 같은데요.

I've heard there's been a fire at the office. ~ Yes, **apparently** so.
사무실에 불이 났다고 들었어요. ~ 예, 그런 것 같아요.

Dan's the family conscience, **so to speak**. He's always telling us what's right.
댄은 말하자면 집안의 양심이야. 그는 항상 우리에게 무엇이 옳은지 얘기해줘.

Leave me out. **That is to say / I mean**, I'm not sure your plan will work.
전 빼주세요. 그러니까 제 말은, 당신 계획이 성공할지 잘 모르겠어요.

Are you still looking for work? ~ Yes. **Well, sort of, more or less.**
아직도 일자리를 찾고 있어요? ~ 맞아요. 음, 뭐 그런 셈이죠.

He's not always very good at organising his life. **At least**, that's my impression.
그는 생활을 체계적으로 꾸려 나가는 데 항상 능숙하지는 않아. 적어도 내가 받은 느낌은 그래.

I **sort of** wondered if you could help me with this. ~ Sorry, **I'm afraid** I'm not free.
당신이 이걸 도와줄 수 있을지 궁금했어요. ~ 미안해요. 시간이 없어요.

I can't get to the hospital to see Julie. **I mean**, not this week, anyway.
줄리를 보러 병원에 갈 수 없어요. 내 말은 그러니까, 아무튼 이번 주는 안 돼요.

She lives at 19 Gordon Terrace - **or rather**, Gordon Close.
그녀는 고든 테라스 19번지, 아니 고든 클로즈에 살아요. (NOT ... ~~or better~~ ...)

My brother didn't do well at school, though **actually**, he did get a prize for art.
제 동생은 사실 학교에서 썩 잘하진 못했지만, 실은 미술상을 받았어요.

앞서 언급한 내용 일축하기: in any case; anyhow; anyway; at any rate

이전에 언급했던 내용은 중요하지 않으며 진짜 논지는 지금부터임을 의미하는 표현이다.

Maybe it was Daniel, or maybe it was Joe. Or Jack. **Anyway**, it was one of them.
다니엘이었을 수도 있고, 조였을 수도 있어요. 아니면 잭이든가. 어쨌든, 그들 중 한 사람이에요.

I can't get to the hospital to see Julie. I mean, not this week, **anyhow**.
줄리를 보러 병원에 갈 수 없어요. 제 말은, 어쨌든 이번 주는 안 돼요.

The hotel's probably OK. It's cheap, and the place seems clean. **At any rate**, it's better than sleeping in the car.
그 호텔은 아마 괜찮을 거예요. 싸고, 깨끗해 보여요. 어쨌든 차에서 자는 것보단 낫죠.

I'm not sure what time I'll arrive, maybe seven or eight. **In any case**, I'll certainly be there before 8.30.
몇 시에 도착할지 모르겠어요. 아마 7시나 8시쯤 도착할 거예요. 어쨌든 8시 30분 전에는 꼭 갈게요.

청자의 예상에 대한 언급: in fact; actually; as a matter of fact; to tell the truth; well; actually

이 표현은 청자나 독자가 생각하는 바를 (대체로) 부정하거나 확정하는 정보를 제시한다.

So what do you think? ~ **To tell the truth**, I wasn't really listening to what everyone was saying.
그러니까 어떻게 생각하세요? ~ 실은 모든 사람이 하는 말을 듣고 있지는 않았어요.

How are your medical studies going? ~ **As a matter of fact**, I've decided to drop out for a year and get a job.
의학 공부 잘 돼가세요? ~ 실은 1년 동안 휴학하고 직장을 구하기로 결심했어요.

Hello, Adrian. ~ **Actually**, my name's Richard.
안녕하세요, 에이드리언. ~ 사실 제 이름은 리처드예요.

Was the skiing good? ~ Yes, **actually**, it was wonderful.
스키 재밌었나요? ~ 예, 사실 굉장했어요.

How did the team do? ~ **Well**, they lost.
팀은 어땠어요? ~ 어, 졌어요.

> **시간 벌기:** let me see; let's see; let me think; well; you know; I don't know; I mean; kind of; sort of

How much is it going to cost? ~ **Let me see**. There's materials. And transport. And ...
얼마나 들까요? ~ 어디 보자. 재료가 있고. 교통에다. 그리고…

When can you pay me back? ~ **Well, you know, let me think, I don't know, I mean**, things are **kind of** tight just now, ...
언제 갚을 수 있어? ~ 음, 있잖아. 잠깐 생각 좀 할게. 모르겠어. 그러니까 당장은 좀 빠듯해. …

> **공유 정보 확인하기:** you know; (you) know what I mean?; of course (▶540 참조); you see

화자가 청자에게 서로 같은 정보를 공유하고 있음을 표현하거나 짐짓 그런 척할 때 'you know' 라고 말한다.

I was talking to Marty – **you know**, the guy who works with Alex – and he thinks we can ...
마티와 이야기했습니다. 아시죠. 알렉스와 함께 일하는 사람. 그 사람은 우리가 할 수 있다고 생각합니다…

We were in Haworth – **you know**, the village where the Brontës lived. And ...
우리는 호어스에 있었습니다. 아시죠. 브론테 가족이 살던 마을이죠. 그리고…

He never called her. Because unattractive men don't want unattractive girls; **(you) know what I mean?**
그는 그녀에게 절대 전화를 안 했어요. 매력 없는 남자는 매력 없는 여자를 원하지 않기 때문이죠. 내 말 무슨 뜻인지 알죠?

of course는 어떤 사항에 대해 모든 사람이 알고 있음을 암시한다. (따라서 해당 정보를 모르는 청자를 열등감에 빠트릴 목적으로 사용될 수도 있다!)

It's a lovely piece, isn't it? **Of course**, it was originally written for violin and piano, ...
정말 멋진 곡 아닌가요? 물론. 원래 바이올린과 피아노 곡으로 작곡되었고. …

you see는 청자가 모르는 정보를 제시할 때 쓰는 표현이다.

It's no good using this battery charger. **You see**, it's 12 volts, and your battery is 6 volts. 이 배터리 충전기를 써봐야 소용없어. 그러니까 이건 12볼트고 네 배터리는 6볼트야.

I'm sorry, but you can't come in here. **You see**, it's for members only.
죄송하지만 입장하실 수 없습니다. 그러니까 회원 전용입니다.

302 평서의문문: That's the boss?

구어체에서는 의문문의 어순을 따르지 않는 경우도 있다.

You're working late tonight? 오늘 밤에 늦게까지 일할 거야?

이런 '평서의문문(declarative question)'은 화자가 이미 알고 있거나 이해한 사실을 재확인하거나 그러한 사실에 대한 놀라움을 나타낼 때 쓰인다. 억양은 끝을 올려 발음한다.

This is your car? (= I suppose this is your car, isn't it?)
이게 네 차야? (= 이게 네 차인 듯한데 맞아?)

That's the boss? I thought he was the cleaner. 저 사람이 사장이야? 난 청소부인 줄 알았어.

We're going to Hull for our holidays. ~ **You're going** to Hull?
우리는 휴가 때 헐에 가려고 해. ~ 헐에 간다고?

그러나 의문사 뒤에는 대체로 평서문 어순을 쓰지 않는다.

Where are you going? 어디 가? (NOT ~~Where you are going?~~)

303 수사의문문: Who cares?

1 대답을 기대하지 않는 의문문

의문문이 항상 정보를 얻을 목적으로만 쓰이는 것은 아니다. 단순히 주의를 끌 목적으로 답이 명백한 질문을 하는 경우도 많은데, 이런 의문문을 '수사의문문(rhetorical question)'이라고 한다.

Do you know what time it is? (= You're late.) 지금이 몇 신 줄 알아? (= 너 늦었어.)

Who's a lovely baby? (= You're a lovely baby.)
귀여운 아기가 누구게? (= 넌 정말 귀여운 아기다.)

I can't find my coat. ~ **What's this**, then? (= Here it is, stupid.)
내 코트를 못 찾겠어. ~ 그럼 이건 뭔데? (= 여기 있잖아, 바보야.)

부정적인 상황을 강조하기 위해서 수사의문문을 쓰는 경우도 흔하다. 대답은 명확히 No이므로 수사의문문은 대답을 요구하지 않는다.

What's the use of asking her? (= It's no use asking her.)
그녀에게 부탁해봤자 무슨 소용이 있겠어? (= 그녀에게 부탁해봤자 소용없다.)

How do you expect me to find milk on a Sunday night? **Where am I going** to find
a shop open? (= You can't reasonably expect ... There aren't any shops open.)
어떻게 일요일 밤에 우유를 사오라고 하는 거야? 문을 연 가게를 어디서 찾아? (= 문을 연 가게가 없으므로 상식적으로 말이 안 된다.)

Where's my money? (= You haven't paid me.) 내 돈 어딨어? (= 넌 내 돈을 갚지 않았다.)

I can run faster than you. ~ **Who cares**? (= Nobody cares.)
나는 너보다 빨리 달릴 수 있어. ~ 누가 뭐래? (= 아무도 관심 없다.)

Are we going to let them do this to us? (= We aren't ...)
그들이 우리에게 이런 짓을 하도록 내버려 두라고? (= 가만 두지 않겠다.)

Have you lost your tongue? (= Why don't you say anything?)
꿀 먹은 벙어리가 됐니? (= 무슨 말이라도 좀 해봐.)

What do you think you're doing? (= You can't justify what you're doing.)
이게 무슨 짓이야? (= 네 행동은 합당하지 않다.)

Who do you think you are? (= You aren't as important as your behaviour suggests.)
네가 뭐라도 되는 줄 아니? (= 너는 그런 태도를 보일 정도로 중요한 인물이 아니다.)

Why don't you take a taxi? (= There's no reason not to.)
택시를 타지 그래? (= 택시를 타지 않을 이유가 없다.)

2 Why/How should ...?

Why should ...?는 제의나 요청, 지시 등을 강경하게 거부할 때 쓸 수 있다.

Anna's very unhappy. ~ **Why should** I care? 애나가 무척 슬퍼하고 있어. ~ 알 게 뭐야.

> Could your wife help us in the office tomorrow? ~ **Why should** she? She doesn't work for you.
> 자네 부인이 내일 사무실에서 우리를 도와줄 수 있을까? ~ 제 집사람이 왜요? 직원도 아닌데 말입니다.

How should/would I know?는 퉁명스럽게 대꾸하는 표현이다.

> What time does the film start? ~ **How should** I know?
> 영화는 몇 시에 시작해? ~ 그걸 내가 어떻게 알아?

3 yes/no부정의문문

yes/no 부정의문문(▶218 참조)은 화자가 상대의 긍정적인 대답을 기대할 때 쓴다.

> **Haven't I done** enough for you? (= I have done enough for you.)
> 나 너한테 할 만큼 하지 않았어? (= 충분히 해줬다.)

> **Didn't I tell** you it would rain? (= I told you ...)
> 비가 올 거라고 내가 말하지 않았어? (= 비가 올 거라고 분명히 말했다.)

> Don't touch that! ~ **Why shouldn't I?** (= I have a perfect right to.)
> 그거 손 대지 마! ~ 왜 안 되는데? (= 나는 손 댈 권리가 있다.)

304 메아리 의문문: She's invited how many?

1 You're getting married?

화자가 상대방의 말을 그대로 되받아 물을 때도 있는데, 이런 경우 대체로 억양을 올린다.

> I'm getting married. ~ **You're getting married?** 나 결혼해. ~ 결혼한다고?

2 Take a look at what?

상대방의 말 가운데 일부를 다시 물을 경우, 나머지 말은 그대로 반복하고 묻고자 하는 부분을 의문사로 바꿔 강세를 둔다.

> Just take a look at that. ~ Take a look at **what?** 저거 좀 봐. ~ 뭘 보라고?

> She's invited thirteen people to dinner. ~ She's invited **how many?**
> 그녀는 13명을 저녁식사에 초대했어. ~ 몇 명을 초대했다고?

> We're going to Tierra del Fuego for a month. ~ You're going **where?**
> 우리는 한 달 동안 티에라델푸에고에 갈 거야. ~ 어디에 간다고?

> I've broken the fettle gauge. ~ You've broken the **what?**
> 내가 궤간 측정기를 고장 냈어. ~ 뭘 고장 냈다고?

동사나 동사가 이끄는 부분을 되물을 때는 do what을 쓴다.

> She set fire to the garage. ~ **She did what** (to the garage)?
> 그녀가 차고에 불을 질렀어. ~ (차고를) 어쨌다고?

3 상대의 질문을 되풀이하는 경우: Where am I going? Home.

상대방의 질문을 다시 한 번 되풀이하면서 억양을 올리는 경우도 있다. 이때는 간접의문문의 어순을 사용하지 않고 주어와 동사가 도치되는 일반의문문 형식을 쓴다.

> Where are you going? ~ **Where am I going?** Home.
> 어디 가? ~ 어디 가냐고? 집에. (NOT ... ~~Where I'm going?~~ ...)

What does he want? ~ **What does he want?** Money, as usual.
그가 원하는 게 뭐지? ~ 그가 원하는 게 뭐냐고? 돈이지, 늘 그렇듯이. (NOT ... ~~What he wants?~~ ...)

Are you tired? ~ **Am I tired?** Of course not.
피곤해? ~ 피곤하냐고? 전혀 아니야. (NOT ... ~~Whether I'm tired?~~ ...)

Do squirrels eat insects? ~ **Do squirrels eat insects?** I'm not sure.
다람쥐는 곤충을 먹어? ~ 다람쥐가 곤충을 먹냐고? 잘 모르겠는데.
(NOT ... ~~Whether squirrels eat insects?~~ ...)

305 부가의문문: 개요

1 부가의문문의 정의
회화에서 문장 끝에 덧붙이는 짧은 질문으로, 격식을 차리지 않은 글에도 가끔 쓰인다.
> The film wasn't very good, **was it?** 영화가 썩 좋지는 않았어, 그렇지?

부정 부가의문문은 대체로 축약되지만, 격식을 차린 대화에서는 축약하지 않은 형태도 가능하다.
> That's the doorbell, **isn't it?** 초인종이지, 그렇지 않아?
> You take sugar in tea, **don't you?** 차에 설탕 넣지, 그렇지 않아?
> They promised to repay us within six months, **did they not?**
> 그들은 6개월 내로 갚기로 약속했습니다, 그렇지 않습니까? (격식체)

사실 여부를 확인하거나 동의를 구할 때도 부가의문문을 쓴다.

2 긍정문 뒤에는 부정 부가의문문, 부정문 뒤에는 긍정 부가의문문
부가의문문은 긍정 및 부정 평서문 뒤에 쓰며, 의문문 뒤에는 쓰지 않는다.
> **You're** the new secretary, **aren't you?** 당신이 새로 온 비서죠, 그렇지 않아요?
> **You're not** the new secretary, **are you?** 당신은 새로 온 비서가 아니죠, 그렇죠?
> (BUT NOT ~~Are you the new secretary, aren't you?~~)

정보를 확인하거나 동의를 구할 때, 긍정문 뒤에는 부정 부가의문문, 부정문 뒤에 긍정 부가의문문을 쓴다.

+	−
It's cold, is**n't it?** 춥다, 그렇지 않아?	

−	+
It's not warm, **is it?** 따뜻하진 않다, 그렇지?	

긍정과 부정을 반대로 쓰지 않는 부가의문문은 ▶ 306.7 참조.

3 조동사
주절에 조동사나 be동사(일반동사 용법)가 있을 경우 부가의문문에도 그대로 쓴다.

> Sophia **can** speak French, **can't she?** 소피아는 프랑스어를 할 수 있어, 그렇지 않아?

> The meeting**'s** at ten, **isn't it?** 회의는 10시야, 그렇지 않아?

> You **didn't** speak to Luke, **did** you? 루크에게 말 안 했지, 그렇지?

You **wouldn't** like a puppy, **would** you? 강아지는 안 좋아하겠지, 그렇지?

주절에 조동사가 없을 경우 부가의문문에 do를 쓴다.

You like oysters, **don't** you? 너 굴 좋아하지, 안 그래?

Harry gave you my address, **didn't** he? 해리가 너한테 내 주소를 줬지, 그렇지 않아?

4 부정 어구

never, no, nobody, hardly, scarcely, little 등의 부정어가 있으면 부가의문문은 긍정으로 쓴다.

> You **never** say what you're thinking, **do you?**
> 너는 속내를 말하는 법이 없구나, 그렇지? (NOT … ~~don't you?~~)
> It's **no** good, **is it?** 형편없군, 그렇지? (NOT … ~~isn't it?~~)
> It's **hardly** rained at all this summer, **has it?** 올 여름에는 비가 거의 안 왔어, 그렇지?
> There's **little** we can do about it, **is there?** 그건 우리가 어찌 해볼 도리가 별로 없어, 그렇지?

5 의미와 억양

회화의 경우, 억양을 통해 부가의문문의 정확한 의미를 표현할 수 있다. 사실을 알고자 할 때, 즉 상대에게 대답을 구할 때는 상승 억양을 써서 끝을 올린다.

> The meeting's at four o'clock, **isn't it?** 회의는 4시야, 그렇지 않아?

어떤 사실을 몰라서 상대에게 답을 구하는 경우가 아니라면 하강 억양을 써서 목소리 톤을 내린다.

> It's a beautiful day, **isn't it?** 화창한 날씨야, 안 그래?

글의 경우는 대체로 문맥을 통해 부가의문문의 의미를 분명히 알 수 있다.

6 요청: You couldn't …, could you?

〈**부정문 + 부가의문문**〉 형태로 도움이나 정보를 요청한다.

> You **couldn't** lend me a pound, **could you?** 1파운드만 빌려줄래?
> You **haven't** seen my watch anywhere, **have you?** 내 시계 혹시 어디서 못 봤어?

기타 부가의문문은 ▶ 299 참조.

306 부가의문문: 고급 용법

1 aren't I?

I am으로 시작하는 문장은 aren't I를 붙여 부가의문문을 만든다.

> I'm late, **aren't I?** 내가 늦었지?

격식을 갖춘 상황에서는 Am I not?도 가능하다.

2 명령문: Come in, won't you?

특히 영국 영어의 경우, 명령문 다음에 won't you?를 붙이면 상대방에게 정중히 권하는 표현이
된다.

>   Come in, **won't you?** 들어오시겠어요?

will/would/can/could you?는 모두 부탁이나 지시 등에 쓰이는 표현들이다.

>   Give me a hand, **will you?** 도와줄래?
>   Open a window, **would you?** 창문 좀 열어줄래?

can't you?는 인내심이 한계에 달했다는 어감을 전할 수 있는 표현이다.

>   Shut up, **can't you?** 닥치지 못하겠어?

부정명령문 뒤에는 will you?를 쓴다.

>   **Don't** forget, **will you?** 잊지 마, 알았지?

3 Let's..., shall we?

let's로 시작되는 문장 뒤에는 shall we?를 쓴다(제안 등을 나타내는 let 구문은 ▶ 225 참조).

>   **Let's** have a party, **shall we?** 우리 파티 열자, 어때?

4 There's..., isn't there?

there를 부가의문문의 주어로 쓸 수도 있다.

>   There's something wrong, **isn't there?** 뭔가 잘못됐어, 그렇지 않아?
>   There weren't any problems, **were there?** 아무 문제도 없었지, 그렇지?

there's 뒤에 복수 주어가 오면(▶ 130.6 참조), 부가의문문에는 aren't there?를 쓴다.

>   **There's** some more **chairs** upstairs, **aren't there?** 위층에 의자가 몇 개 더 있어, 안 그래?

5 nothing, nobody, somebody 등을 받는 it과 they

nothing이나 everything은 부가의문문에서 it으로 받는다.

>   **Nothing** can happen, **can it?** 아무 일도 없을 거야, 그렇지?

nobody, somebody, everybody, no one 등은 they로 받는다(▶ 175 참조).

>   **Nobody** phoned, **did they?** 아무도 전화 안 했지, 그렇지?
>   **Somebody** wanted a drink, **didn't they?** Who was it?
>   누가 한잔 달라고 했는데, 아니었나? 그게 누구였지?

6 일반동사 용법의 have

have가 상태를 나타내는 일반동사로 쓰인 경우, 부가의문문에서 have와 do를 모두 쓸 수 있으
며 미국 영어에서는 대체로 do를 쓴다.

>   Your father **has** a bad back, **hasn't/doesn't he?**
>   너희 아버지께서는 허리가 편찮으시지, 안 그래?

have와 do를 함께 쓰는 구문은 ▶ 23-24 참조.

7 반대로 쓰지 않는 부가의문문: You're getting married, are you?

주절이 긍정문일 경우 종종 부가의문문 역시 그대로 긍정으로 쓰기도 한다. 이런 형태의 부가의 문문은 상대방의 말에 맞장구를 치는 호응 의문문처럼 주로 상대의 말에 반응을 보일 때 쓴다. 방금 들었거나 알게 된 사실을 되풀이하여 말한 다음 부가의문문을 덧붙여, 흥미나 놀라움, 염려 등의 반응을 표현하는 방법이다.

> So **you're** getting married, **are you?** How nice!
> 그러니까 네가 결혼한다는 거지, 그렇지? 정말 잘 됐다!
>
> So **she thinks** she's going to become a doctor, **does she?** Well, well.
> 그러니까 그녀는 의사가 될 생각이라는 거지, 그렇지? 흠.
>
> **You think** you're funny, **do you?** 네가 웃긴다고 생각하지, 그렇지?

질문을 할 때도 주절과 부가의문문의 긍정과 부정을 반대로 쓰지 않는다. 이 경우는 짐작하는 내용을 주절에 표현하고 부가의문문에서 그 내용을 확인한다.

> **Your mother's** at home, **is she?** 너희 어머니 집에 계시지, 그렇지?
> **This is** the last bus, **is it?** 이게 마지막 버스야, 그렇지?
> **You can** eat shellfish, **can you?** 너 조개 먹을 수 있지, 그렇지?

I'll ..., shall I? 구문은 제의를 나타낸다.

> **I'll hold** that for you, **shall I?** 제가 잡아 드릴게요.

부정문에 부정의 부가의문문을 덧붙이면 시비조로 들린다.

> I see. You **don't** like my cooking, **don't you?**
> 알겠어. 내 요리가 마음에 안 든다는 거지, 그거 아냐?

8 생략: Nice day, isn't it?

부가의문문이 뒤에 있으면 흔히 대명사 주어와 조동사를 생략한다(생략법은 ▶277 참조).

> **(It's a)** nice day, isn't it? 날씨 좋다, 그렇지 않아?
> **(She was)** talking to my husband, was she?
> (그녀가) 내 남편과 이야기를 나누고 있었지, 그렇지?

격의 없는 대화에서는 생략법을 쓴 의문문 뒤에 부가의문문을 쓰기도 한다.

> **Have** a good time, **did you?** 즐거웠어?
> **Your mother** at home, **is she?** 너희 어머니 집에 계시지?
> **Jack be** here tomorrow, **will he?** 잭은 내일 여기 오겠지?

9 I (don't) think

I (don't) think 등으로 시작하는 문장의 경우 think나 don't think를 받아 don't I? 또는 do I? 라고 하지 않고 think의 목적절에 상응하는 부가의문문을 쓴다.

> I think he's Norwegian, **isn't he?** 그는 노르웨이 사람인 것 같아, 안 그래? (NOT ... don't I?)
> I don't think it will rain, **will it?** 비가 올 것 같진 않은데, 그렇지? (NOT ... do I?)
> I suppose you're hungry, **aren't you?** 배 고프지, 안 그래?

10 간단한 부가의문문

격의 없는 구어에서는, No?(긍정문 뒤)나 Right?과 같은 더 간단한 부가의문문을 사용해 정보를 확인하거나 동의를 구한다.

> We're seeing her tomorrow, **no?** 우리 내일 그녀를 만날 거지, 아니야?
> They all speak English, **right?** 그들은 모두 영어를 말하지, 그렇지?
> You haven't got a ticket, **right?** 티켓 구입하지 않았지, 그렇지?

직설적으로 '분명히 알겠지?'라고 표현하는 대신 'right'을 쓸 수도 있다.

> This is your last chance, **right?** 이게 마지막 기회지, 그렇지?
> I'm not working extra hours, **right?** 나는 초과 근무를 안 하는 거지, 그렇지?

비표준어에서는 'isn't it? / innit?'이 부가의문문으로 흔히 쓰인다.

> You wants them bricks today, **innit?** 오늘 벽돌이 필요하지, 그렇지?

다른 부가의문문에 대한 자세한 사항은 ▶ 299 참조.

307 호응 의문문: Was it? Did you, dear?

대화 도중 청자가 흥미를 가지고 귀 기울여 듣고 있다는 것을 나타내기 위해 짤막하게 질문하는 경우도 있다. 이 경우 부가의문문(▶ 305 참조)처럼 〈조동사 + 대명사〉의 형태를 취한다.

> It was a terrible party. ~ **Was it?** ~ Yes ... 형편없는 파티였어. ~ 그랬어? ~ 그랬다니까 …

이런 질문은 정보를 얻으려는 목적이 아니라 단순히 화자의 말에 반응을 보이는 것이다.

> We had a lovely trip. ~ **Did you?** ~ Yes, we went ...
> 우린 멋진 여행을 했어. ~ 그랬어? ~ 응, 우리가 간 곳은 …
> I've got a headache. ~ **Have you,** dear? I'll get you an aspirin.
> 머리가 아파. ~ 그래? 아스피린 갖다줄게.
> Jack likes that girl next door. ~ Oh, **does he?** 잭은 옆집 아가씨가 마음에 든대. ~ 아, 그렇대?
> I don't understand. ~ **Don't you?** I'm sorry. 이해할 수 없어. ~ 그래? 서운한데.

동의한다는 의사를 더욱 강조하기 위해 화자의 긍정문을 부정의문문으로 바꿔서 맞장구를 치기도 한다. (감탄의 의미를 나타내는 부정의문문은 ▶ 223.4 참조).

> It was a lovely concert. ~ Yes, **wasn't it?** I did enjoy it.
> 멋진 콘서트였어. ~ 그래, 멋졌지? 정말 즐거웠어.
> She's put on a lot of weight. ~ Yes, **hasn't she?**
> 그녀는 몸무게가 많이 늘었어. ~ 맞아, 정말 그래.

308 단축형 대답: Yes, he can 등

질문에 대한 대답의 경우 방금 한 말을 그대로 되풀이할 필요가 없으므로 문법적으로 불완전한 문장이 되기 쉽다. 단축형 대답으로 가장 흔히 쓰이는 것은 〈주어 + 조동사〉 형태로, 여기에 꼭 필요한 어구들을 덧붙여 쓴다.

Can he swim? ~ Yes, **he can.**

그는 수영할 수 있어? ~ 응, 할 수 있어. (Yes, he can swim.보다 자연스러움)

Has it stopped raining? ~ No, **it hasn't.** 비가 그쳤어? ~ 아니, 그치지 않았어.

Are you enjoying yourself? ~ **I certainly am.** 재미있어? ~ 물론이지.

Don't forget to write. ~ **I won't.** 편지 쓰는 거 잊지 마. ~ 잊지 않을게.

You didn't phone Debbie last night. ~ No, but **I did** this morning.

어젯밤 데비에게 전화 안 했지. ~ 응, 하지만 오늘 아침에 했어.

다른 조동사가 없으면 do를 쓴다.

She likes cakes. ~ **She** really **does.** 그녀는 케이크를 좋아해. ~ 정말 그래.

That surprised you. ~ **It** certainly **did.** 그것 때문에 놀랐지. ~ 정말 그랬어.

일반동사 용법의 be와 have도 단축형 대답에 쓰인다.

Is she happy? ~ I think **she is.** 그녀는 행복해? ~ 그런 것 같아.

Have they any money? ~ Yes, **they have.** 그들은 돈이 좀 있나요? ~ 예, 있습니다.

단축형 대답 뒤에 부가의문문을 덧붙일 수도 있다(▶ 305-306 참조).

Nice day. ~ Yes, it is, **isn't it?** 날씨 좋다. ~ 그래, 맞아. 정말 좋지 않아?

주의 단축형 대답에는 축약형을 쓰지 않으며 동사에 강세를 둔다.

Yes, **I am.** 예, 그렇습니다. (NOT ~~Yes, I'm.~~)

이와 유사한 구문은 ▶ 307(호응 의문문), ▶ 305-306(부가의문문), ▶ 279(생략) 참조.

309 so am I, neither do they 등

1 so + 조동사 + 주어

〈조동사 + 주어〉 앞에 so를 써서 '역시', '또한' 등의 의미를 나타낸다. 이 구문은 앞에 나온 긍정의 진술에 동조하는 표현이다. 어순에 유의한다.

Louise can dance beautifully, and **so can her sister.**

루이스는 춤을 멋지게 추고 그녀의 여동생도 마찬가지다.

I've lost their address. ~ **So have I.** 그들의 주소를 잃어버렸어. ~ 나도.

일반동사 용법의 be, have가 올 경우에도 같은 구문을 쓸 수 있다.

I was tired, and **so were the others.** 나는 피곤했고 다른 사람들도 마찬가지였다.

I have a headache. ~ **So have I.** 머리가 아프네. ~ 나도.

조동사 없이 일반동사로만 구성된 문장 다음에는 do/does/did를 쓴다.

He just wants the best for his country. ~ **So did Hitler.**

그는 나라가 잘되기를 바랄 뿐이야. ~ 히틀러도 그랬지.

이 구문에는 대체로 조동사에 동사를 덧붙이지 않는다. ~~So can her sister dance.~~라고 하지 않으며 So can her sister.라고 한다.

So am I의 격의 없는 대체 표현으로는 Me too가 쓰인다.

I'm getting bored. ~ **Me too.** 나는 지루해지기 시작해. ~ 나도 그래. (NOT ~~I also.~~)

2 neither do I, I can't either 등

neither와 nor는 'also not(…도 또한 ~ 않다/아니다)'을 의미하는 부사로도 쓰인다. 이때 neither와 nor는 부사로 문두에 위치하고 어순이 도치(▶ 270 참조)되어 〈**neither/nor + 조동사 + 주어**〉 형태가 된다.

> I can't swim. ~ **Neither/nor can I.** 난 수영을 못해. ~ 나도 못해. (NOT ~~I also can't.~~)
> Ruth didn't turn up, and **neither/nor did Kate.**
> 루스는 나타나지 않았고 케이트도 마찬가지였다. (NOT ... ~~and Kate didn't too.~~)

미국 영어에서는 보통 and 뒤에는 nor를 쓰지 않는다.

not ... either로 위와 동일한 의미를 나타낼 수 있으며 어순은 도치되지 않는다.

> I can't swim. ~ **I can't either.** 난 수영을 못해. ~ 나도 못해.
> Ruth didn't turn up, and **Kate didn't either.** 루스는 나타나지 않았고 케이트도 마찬가지였다.

격의 없는 대화에서는 I ...n't either 대신 me neither(미국 영어에서는 때로 me either)를 쓴다.

> I can't swim. ~ **Me neither.** 난 수영을 못해. ~ 나도 못해.

부정의 의미를 표현할 때 부정어는 단 하나(not 또는 neither)만 필요하다.

> **Neither** did Kate OR Kate did**n't** either.
> (NOT ~~Neither didn't Kate~~ OR ~~Kate didn't neither.~~)

either의 발음은 ▶ 156 참조.   neither의 발음은 ▶ 157 참조.
neither ... nor는 ▶ 228.3 참조.   either와 neither의 기타 용법은 ▶ 156-157 참조.
not ... or, not ... nor는 ▶ 227 참조.

3 so + 주어 + 조동사: So it is!

〈**so + 주어 + 조동사**〉는 놀라면서 상대의 말에 동의하는 표현이다. 어순에 유의한다.

> It's raining. ~ Why, **so it is!** 비가 와. ~ 이런, 그러네!
> You've just put the teapot in the fridge. ~ **So I have!**
> 너 방금 냉장고에 찻주전자를 넣었어. ~ 정말이네!

310 정중한 표현: 의문문

1 요청: Could you ...?

상대방에게 요청할 때는 대체로 yes/no 의문문을 쓴다. yes/no 의문문을 쓰면 상대방에게 선택권을 준다는 어감을 나타낼 수 있다.

> **Could you** tell me the time, please?
> 지금 몇 시인지 알 수 있을까요? (Please tell me the time.보다 훨씬 정중한 표현)

부탁할 때 흔히 쓰이는 표현:

> **Could you possibly** tell me the way to the station?
> 역으로 가는 길을 알려주시겠습니까? (매우 정중한 표현)
> **Would you mind** switching on the TV? TV를 켜도 괜찮을까요?
> **Would you like** to help me for a few minutes? 잠시만 저를 좀 도와주시겠습니까?

You couldn't lend me some money, **could you?**
돈 좀 빌려줄 수 있어? (비격식체)

yes/no 의문문의 간접화법도 정중한 요청에 쓰인다.

I wonder if you could (possibly) help me for a few minutes.
잠시만 저를 좀 도와주실 수 있을지요.

2 기타 구문: 지시나 충고

그 밖의 구문들(명령문, should, had better 등)은 요청이 아니라 지시나 충고를 할 때 쓰인다. 만약 누군가에게 요청을 할 때 이런 표현을 쓰면 무례한 느낌을 줄 수도 있으며 특히 잘 모르는 사람이나 낯선 사람일 경우에는 더욱 무례하게 들릴 수 있다. please를 쓰면 다소 공손한 표현이 되겠지만, 그렇다고 명령이나 지시가 요청으로 바뀌지는 않는다. 아래 구문들은 명령이나 지시, 충고 등에는 적절하지만 정중한 요청에는 적합하지 않다.

Please help me for a few minutes. 잠시 좀 도와주시죠.
You ought to tell me your plans. 어떻게 하실 건지 말씀해 주십시오.
Help me, **would you?** 도와줄래?
You should shut the door. 문을 닫아주십시오.
Carry this for me, **please.** 이걸 좀 들어주세요.
You had better help me. 좀 도와주셔야겠습니다.

3 상점, 식당 등

상점이나 식당 등에서 주문할 때 쓰는 표현은 대체로 직설적이며 의문문 이외의 다른 구문들도 쓰인다.

관용표현:

Can I have one of those, please? 저거 하나 주실래요?
I'd like to see the wine list, please. 와인 메뉴를 보여주세요.
Could I have a look at the red ones? 빨간색으로 좀 볼 수 있을까요?
I would prefer a small one. 작은 게 낫겠어요.

'Give me ..., please'나 'I want ..., please'는 정중한 표현이라고 하기 힘들다. 그러나 판매하는 물품이 그다지 다양하지 않고 대화가 그다지 필요 없는 곳에서는 원하는 물건의 이름을 대고 뒤에 please만 붙인다.

'The Times', please. 〈타임스〉 지 주세요.
Two cheeseburgers, please. 치즈버거 두 개 주세요.
Black coffee, please. 블랙 커피 주세요.
Return to Lancaster, please. 랭카스터까지 왕복이요.

4 부정의문문

정중한 요청에는 부정의문문(▶218 참조)을 쓰지 않는다.

Could you give me a light? 불 좀 빌려주시겠습니까?
(NOT ~~Couldn't you give me a light?~~는 불평한다는 느낌을 줄 수 있으므로 쓰지 않음)

그러나 비격식체에서는 부정문에 부가의문문을 덧붙여 요청하기도 한다.

You couldn't babysit this evening, **could you?** 오늘 저녁에 아이 좀 봐주시지 않겠습니까?

I don't suppose you could babysit this evening, **could you?**

오늘 저녁에 아이 좀 봐 주시면 합니다만 괜찮으신지요? (매우 정중한 표현)

5 의견 표명

의견을 좀 더 완곡하게 표명하기 위해 의문문 형식을 취할 수도 있다. 비교)

It would be better to paint it green. 녹색으로 칠하는 게 더 낫겠는데. (직설적인 의견 표명)

Wouldn't it be better to paint it green?

녹색으로 칠하는 게 더 낫지 않을까? (약간 완곡한 의견 – 동의를 구하는 부정의문문)

Would it be better to paint it green?

녹색으로 칠하는 게 더 나으려나? (매우 완곡한 의견)

'사교 언어'의 기타 규칙은 ▸329 참조.

311 정중한 표현: 완곡어법의 동사형

1 과거 시제: How much did you want to spend?

현실과 '거리를 두는' 동사형을 써서 요청, 질문, 제의, 발언 등을 좀 더 완곡하게 표현할 수 있는데, 이런 목적으로는 흔히 과거 시제를 쓴다.

How much **did** you **want** to spend, sir?

손님, 가격은 어느 정도로 생각하고 계십니까?(How much do you want to spend?와 같은 의미)

How many days **did** you **intend** to stay?

며칠 동안 머물 계획이십니까? (... do you intend ...와 같은 의미)

I **wondered** if you **were** free this evening. 오늘 저녁에 시간이 있으신지 모르겠습니다.

2 진행형: I'm hoping ...

진행형 역시 완곡한 표현에 쓰인다. 진행 시제는 완결이 아닌 한시적인 상황이라는 의미를 내포하고 있으므로 단순 시제보다는 어투가 부드럽고 완곡하다는 느낌을 준다.

I'm hoping you can lend me £10.

10파운드만 빌려줬으면 좋겠는데. (I hope ...보다 완곡한 표현)

What time **are** you **planning** to arrive?

몇 시에 도착할 계획입니까? (Please let us know what time you plan to arrive.보다 부드러운 말투)

I'm looking forward to seeing you again.

다시 뵙기를 고대합니다. (I look forward ...보다 부드러운 말투)

I'm afraid we must **be going.** 그만 가봐야겠습니다.

과거 진행을 사용하면 현재 진행보다 더욱 완곡한 표현이 된다.

Good morning. I **was wondering**: do you need help moving that stuff?

안녕하세요. 혹시 이 물건 옮기는 것 좀 도와드릴까요?

Were you **looking** for anything special?

특별히 찾는 물건이 있으신지요? (상점에서)

I **was thinking** – what about borrowing Jake's car?

이건 내 생각인데, 제이크 차를 빌리는 게 어떨까?

3 미래: You'll need to ...

미래형으로도 완곡하게 표현할 수 있다. 특히 will need/have to를 쓰면 지시나 명령을 부드럽게 전달할 수 있다.

I'll have to ask you to wait a minute.
잠시만 기다려 달라는 요청을 드려야겠습니다.

지불해야 할 금액을 언급할 때도 will을 쓴다.

That **will be** £1.65, please. 1파운드 65펜스입니다.

상대방의 계획에 대해 정중히 물을 때도 미래 진행형을 쓸 수 있다(▶41 참조).

Will you **be going** away this summer? 혹시 올 여름에 어디 가십니까?

4 서법 조동사: would, could, might

would, could, might 같은 서법 조동사도 질문, 요청, 제의 등의 완곡한 표현에 쓰인다.

I thought it **would** be nice to have a picnic. 소풍을 가면 좋을 것 같아요.

Hi! I thought **I'd** come over and introduce myself. My name's Andy.
안녕하세요! 와서 인사를 해야 할 것 같아서요. 제 이름은 앤디입니다.

Could you give me a hand? 좀 도와주시겠습니까?

Could I ask you to translate this for me? 이거 번역 좀 부탁해도 될까요?

We **could** ask Daniel to help us. 다니엘에게 도와달라고 부탁해도 될 것 같은데요.

I was wondering if you **might** be interested in a game of tennis.
혹시 테니스 경기에 관심이 있으신지 모르겠습니다.

I came in and ordered some shoes from you. ~ Oh yes, sir. When **would** that have been, exactly? 제가 여기서 신발을 주문했는데요. ~ 예, 손님. 그게 정확히 언제였나요?

like나 prefer 등의 동사와 함께 would를 써서 요청, 제의 등을 표현한다.

What **would** you **like** to drink? 음료는 어떤 걸로 하시겠습니까?

[주의] 어조를 다소 완화시키기 위해 발화동사(say 등)나 인지동사(think 등) 앞에 흔히 would를 쓴다.

I **would say** we'd do better to catch the earlier train.
좀 더 이른 기차를 타는 편이 좋을 것 같습니다.

This is what I **would call** annoying. 이런 게 바로 짜증나는 겁니다.

I **would think** we might stop for lunch soon. 곧 어디 들러서 점심을 먹어야 할 것 같은데요.

I'm surprised you didn't like the film. I **would have thought** it was just your kind of thing. 그 영화가 재미있지 않았다니 의외야. 딱 네가 좋아할 만한 영화라고 생각했는데.

We **would ask** passengers to have their tickets ready for inspection.
검표가 있을 예정이니, 승객 여러분들께서는 차표를 준비해 주시기 바랍니다.

5 조건문과 부정문

현실과 거리를 두어 완곡하게 제의하는 또 다른 방법은 조건문이나 부정문을 쓰는 것이다.

It would be better **if** we turned it the other way up.
반대쪽이 위로 가는 게 더 나을 것 같습니다.

What **if** we stayed at home for a change? 모처럼 집에 있는 게 어떨까?

Suppose I gave Alice a call? 내가 앨리스에게 전화를 해볼까?

If you would come this way ... 이쪽으로 오시겠어요?

I wonder **if you could lend me £5?** 5파운드만 빌릴 수 있을까요?

I **don't suppose** you want to buy a car, do you? 차를 사러 오셨군요. 그렇죠?

You **wouldn't like** to come out with us, by any chance?
혹시 저희와 함께 나가지 않으시겠습니까?

You **couldn't take** the children to school, could you?
아이들을 학교에 데려다 주지 않을래요?(BUT NOT ~~Couldn't you take the children to school?~~은
힐난하는 것처럼 들리므로 쓰지 않음 ▸ 310.4 참조)

312 정중한 표현: 유화적 표현

1 quite, maybe, I think 등

quite(적잖이, 꽤), rather(꽤, 상당히), kind of(얼마간), a bit(약간), maybe(어쩌면), seem
(~인 것 같다), at all(혹시, 조금이라도 ▸ 387 참조)처럼 말을 부드럽게 돌려 말하는 표현을 사
용하면 화자의 의견이나 의도를 좀 더 완곡하고 공손하게 표현할 수 있다.

He's **quite** difficult to understand, isn't he?
그 사람은 이해하기가 적잖이 어렵군요. 그렇지 않아요?

I find her **rather** bossy, don't you? 그녀는 꽤 거만한 것 같군요. 안 그런가요?

Maybe I'll go for a walk now. 지금 산책이나 갈까 해요.

The food's **a bit** expensive. 음식 값이 조금 비싸군요.

They don't **seem** very friendly. 그들은 친절하지 않은 것 같아요.

This music's **kind of** boring. 이 음악은 좀 지루하군요.

Will you be seeing Denise **at all**? 혹시 데니스 볼 거예요?

기타 예문은 ▸ 301.3 참조.

2 I think I'll ...

자신의 의도를 직설적으로 표현하는 대신 think를 써서 완곡하게 전달할 수 있다.

I **think** I'll go to bed in a few minutes. 몇 분 있다가 잠자리에 들 생각이에요.

I'm **thinking** of going to London tomorrow. 내일 런던에 갈 생각 중입니다.

I'd quite like to start **thinking** about going home.
고향에 돌아가는 것을 고려해보고 싶습니다.

3 We would like to ...

격식체에서는 요청, 초대, 제의 등을 대체로 직설적으로 표현하지 않고 would like를 써서 표현
한다.

We **would like** to invite you to give a talk to our members on June 14th.
6월 14일에 저희 회원들에게 강연을 해주시도록 귀하를 초청하고 싶습니다.

I'**d like** to suggest that we take a vote. 표결에 부칠 것을 제안합니다.

I **would like** to congratulate you on your examination results.
시험 결과에 대해 축하드리고 싶습니다.

581

313 발음: 강세와 리듬

강세(stress)와 리듬(rhythm)은 영어 발음에서 매우 중요한 요소들이다. 문장의 모든 음절을 세 기나 속도의 차이 없이 단조롭게 발음하면 원어민이 알아듣지 못할 수도 있다. 강세와 리듬을 익 혀두지 않으면 강세가 없는 음절 (특히 약세형 ▶315 참조)을 놓칠 수 있으므로 일반적인 회화의 속도를 따라가기 어렵다.

1 강세

강세는 음절을 발음하는 '세기'를 말한다. 즉, 문장이나 단어의 소리 일부가 다른 부분보다 더 크게 소리 나는 현상이다. 이를테면, CARpet의 첫 번째 음절과 inSPECtion의 두 번째 음절, conFUSE의 마지막 음절은 다른 부분과 달리 강세를 주어 발음한다. 'Don't look at HIM - HE didn't do it.(그 사람 쳐다보지 마. 그가 한 짓이 아니야.)' 같은 문장에서는 him과 he를 강조하 기 위해 강세를 준다. 강세가 오는 음절은 소리가 커질 뿐만 아니라 모음 발음이 장모음화되어 음조도 높아질 수 있다.

2 어휘 강세

2음절 이상의 단어에는 대체로 관용적인 강세 패턴이 있다. 그러나 어떤 음절에 강세를 두는지 알 수 있는 일반적인 원칙은 많지 않다. 따라서 단어를 익힐 때는 의미와 철자, 발음과 더불어 강 세 패턴까지 익혀두어야 한다. 예〉

1음절에 강세가 오는 경우:
> AFter, CApital, HAPpen, EXercise, EAsy

2음절에 강세가 오는 경우:
> inSTEAD, proNOUNCE, aGREEment, parTIcularly

3음절에 강세가 오는 경우:
> enterTAIN, underSTAND, concenTRAtion

강세가 오는 음절이 억양을 좌우한다(▶314 참조).

짧은 구들에도 대부분 관용적인 강세 패턴이 있다.
> front DOOR (not FRONT door)
> LIVing room (not living ROOM)

밀접하게 연관된 단어들이라도 강세 유형이 다를 수 있다.
> to inCREASE　　an INcrease
> PHOtograph　　phoTOgrapher　　photoGRAphic

3 강세가 달라지는 경우

경우에 따라 강세 패턴이 다른 어휘들도 있다. 독립적으로 발음할 때는 마지막 음절이나 뒷부분 에 강세를 두지만 문장 내에 쓰일 때는 강세가 앞부분으로 옮겨가는 경우로, 특히 뒤따라오는 어 휘에 강세가 올 때 이런 현상이 나타난다. 비교〉

- afterNOON 오후 (마지막 음절에 강세)

> It's time for my AFternoon NAP. 나 낮잠 잘 시간이야. (1음절에 강세)

- JapanESE 일본인

JApanese COOking 일본 요리
- nineTEEN 19
  The year NINEteen TWENty 1920년

이어동사 등 짧은 구들은 경우에 따라 강세가 달라진다.
- Their marriage broke UP. 그들의 결혼은 파탄에 이르렀다.
  Money problems BROKE up their marriage. 돈 때문에 그들의 결혼은 파탄에 이르렀다.
- Do sit DOWN. 앉으세요.
  She SAT down and cried. 그녀는 주저앉더니 흐느꼈다.
- It's dark BLUE. 남색이다.
  a DARK blue SUIT 남색 정장

4 강세와 발음

강세가 오지 않는 음절은 대부분 모음이 /ɪ/ (de-, re-, pre-, ex- 등 철자 e가 있는 강세가 없는 접두사)또는 /ə/(그 밖의 경우)로 발음된다.

아래 짝지어진 어휘들의 첫 번째 음절들을 서로 비교해보라.
- PREference (/'prefrəns/)
  preFER (/prɪ'fɜː(r)/)
- EXpert (/'ekspɜːt/)
  exPERience(/ɪk'spɪərɪəns/)
- CONfident (/'kɒnfɪdənt/)
  conFUSED (/kən'fjuːzd/)
- PARticle(/'pɑːtɪkl/)
  parTIcular (/pə'tɪkjələ(r)/)

길이가 짧은 어휘들(주로 대명사, 전치사, 접속사, 조동사 등)은 일반적으로 약하게 발음하는 '약세형'과 특별히 강세를 두어 발음되는 '강세형' 두 가지로 발음되는 경우가 많다(자세한 내용은 ▶315 참조).

I was (/wəz/) here first. ~ No you weren't. ~ Yes I was (/wɒz/).
내가 처음으로 왔어. ~ 아냐, 그렇지 않아. ~ 맞다니까.

5 감정 표현 및 강조를 위한 강세

특정 단어나 표현을 강조할 때 흔히 강세를 두는 데, 이는 두 가지 이유가 있다. 하나는 화자가 느끼는 감정을 강조하는 경우다.

I feel GREAT! 정말 기분 좋아!
Your hair looks SO good like that! 머리를 그렇게 하니 아주 멋지네요!
This is your LAST chance. 이번이 마지막 기회잖아.

두 번째는 옳고 그름, 현재와 과거, 규칙과 예외 따위의 대조적인 의미를 강조하는 경우다.

Why weren't you at the meeting? ~ I WAS at the meeting.
왜 회의에 참석하지 않았어? ~ 참석했어.

I don't do much sport now, but I DID play football when I was younger.
나는 지금은 운동을 별로 안 하지만 젊었을 때는 축구를 했다.

I don't see my family much, but I visit my MOTHER occasionally.
나는 식구들을 자주 보지는 못하지만 어머니는 종종 찾아뵙고 있다.

기대했던 일이 실제로 일어났다는 것을 언급할 때도 강조를 이용한다.

I thought I'd pass the exam, and I DID pass.
나는 시험에 합격할 거라 생각했는데 정말 합격했다.

조동사를 써서 강조를 표현할 수 있다. 조동사를 강조하면 문장 전체가 강조되는 효과가 있으며 대조적인 의미가 강조되기도 한다. 대부분의 조동사는 강세를 두면 발음이 바뀐다(▶ 315 참조).

You HAVE grown! 너 많이 컸구나!
I AM telling the truth! 진실을 말하는 거야.
You MUST believe me! 내 말을 믿어야 해!

조동사가 없을 경우 do 동사를 추가해 강조한다.

DO sit down. 앉아.
She DOES like you. 그녀는 널 정말 좋아해.
If he DOES decide to come, let me know, will you?
그가 오기로 결정하면 나한테 알려줘, 알았지?

조동사에 강세를 주면 어순이 바뀌기도 한다(▶ 200.3 참조). 비교)

I'm really tired. 나는 정말 피곤하다.
I really AM tired. 나는 정말 피곤하다.

강세가 변하면 문장의 의미도 달라질 수 있다. 비교)

MEGAN called me yesterday.
(다른 사람이 아닌) 메간이 어제 내게 전화를 했다. (메간이 바로 전화를 건 사람이었다.)

Megan CALLED me yesterday.
메간이 어제 내게 (보러 오지 않고) 전화를 했다. (메간은 나를 보러 오지는 않았다.)

Megan called ME yesterday.
메간은 (다른 사람이 아니라) 내게 어제 전화를 했다. (하지만 그녀는 네게는 전화하지 않았지, 그렇지?)

Megan called me YESTERDAY.
메간은 (오늘이 아닌) 어제 내게 전화를 했다. (오늘은 전화하지 않았다.)

6 문장 내에서의 강세; 리듬

리듬(rhythm)이란 구어에서 강세 음절과 비강세 음절이 서로 어울려 일정한 패턴을 형성하는 방식을 말한다. 문장의 경우에는 대체로 대명사, 한정사, 전치사, 접속사, 조동사에 비해 명사나 일반동사, 형용사, 부사에 더 강세를 둔다.

She was SURE that the BACK of the CAR had been DAMaged.
그녀는 자동차 뒷부분이 파손되었다고 확신했다.

강세를 두는 음절은 천천히 또박또박 발음하며, 일부 언어학자의 견해에 따르면 대체로 일정한 간격을 둔다. 강세를 두지 않는 음절은 빠르고 약하게 발음하며 강세 음절이 사이에 끼어든다. 다음 두 문장을 비교해보라. 두 번째 문장은 첫 번째 문장과 강세 음절수가 같고 단어는 세 개 더 많지만, 말하는 데 걸리는 시간에는 큰 차이가 없다.

She KNEW the DOCtor. 그녀는 그 의사를 알고 있었다.
She KNEW that there was a DOCtor. 그녀는 의사가 있다는 것을 알고 있었다.

314 발음: 억양

억양(intonation)이란 말의 '가락'이라고 할 수 있다. 즉, 목소리의 톤이 마치 노래를 부르듯 오르락내리락 하는 현상을 말한다. 언어의 억양 체계는 매우 복잡하며 분석하기도 쉽지 않으므로 영어의 억양 운용법에 대해서도 언어학자들의 의견이 분분하다.

1 대화에서의 억양

억양이 변하면서 정보가 앞의 내용, 또는 뒤의 내용과 어떤 상관관계를 갖는지 나타낸다. 이를테면, 대화 도중 자기 차례가 되었을 때, 또는 대화의 주체가 바뀐다는 것을 표시하기 위해 톤을 올리는 경우가 있다. 특정 단어의 톤을 높이거나 낮추면 그 단어가 핵심이라는 것을 의미할 수도 있다. 즉, 새로운 정보를 전하거나 다른 내용에 대조하여 강조할 경우 특정 단어의 톤을 높이거나 낮춘다. 문미에서 억양을 올리면 아직 말할 내용이 남았다거나, 또는 상대방이 말할 차례라는 것을 나타낸다.

2 태도

말의 빠르기나 음색, 고저 등과 함께 억양으로 화자의 태도를 짐작할 수도 있다. 이를테면, 흥분했거나 화가 났을 때는 억양의 변화가 심하다.

3 대표적인 억양 패턴

영어 화법에서 가장 흔한 패턴은 세 가지다.

a 하강 억양(falling intonation)

억양을 내리는 '하강 억양'은 분명하고 확실한 진술이라는 것을 나타낸다. 마지막 강세 음절에서 목소리 톤이 내려간다.

I'm tired. 피곤해.

Here's your dictionary. 네 사전 여기 있어.

Sophie couldn't find him. 소피는 그를 찾을 수 없었어.

wh-의문문에도 흔히 하강 억양을 쓴다.

What time's the last bus? 막차는 몇 시에 있나요?

Where's the secretary? 비서는 어디 있죠?

b 상승 억양(rising intonation)

상승 억양은 yes/no 의문문에서 흔히 쓰인다. 가장 마지막에 오는 강세 음절부터 톤을 높인다.

Are you tired? 피곤하니?

Is that the secretary? 저 사람이 비서인가요?

Did he sign it? 그는 그것에 서명을 했나요?

or를 쓰는 '선택 의문문'에서는 첫 번째 질문에서 톤을 높였다가 두 번째 질문에서 톤을 낮춘다.

Are you staying or going? 남을 건가요, 갈 건가요?

c   하강-상승 억양(fall-rise)
하강-상승 억양은 불완전하거나 확실하지 않은 정보, 또는 아직 할 말이 남아 있다는 것을 나타낸다.

I'm tired. (But maybe I'll go out with you anyway.) 피곤한데. (피곤하지만 함께 외출하겠다.)

I don't play tennis. (But I do play other games.) 난 테니스는 안 쳐. (하지만 다른 운동은 한다.)

She's quite a good teacher. (But I'm not completely happy with her.)
그녀는 꽤 훌륭한 교사지. (하지만 속속들이 다 마음에 들지는 않는다.)

The first week was good. (But not the second.)
첫 주는 좋았다. (하지만 둘째 주는 그렇지 않았다.)

Is this all you've written? (I was expecting more.)
네가 쓴 게 이게 전부야? (더 많이 기대하고 있었다.)

의문문에 하강-상승 억양을 쓰면 관심이 많다거나 나긋하다는 느낌을 준다. 정중한 요청이나 초청에도 흔히 하강-상승 억양을 쓴다.

Where's the secretary? 비서는 어디 있죠?

Please come in. 들어오세요.

Is this your car? 이게 당신 차인가요?

What's your name? 성함이 어떻게 되시죠?

Some more potatoes? 감자 더 드실래요?

4 억양으로 인해 빚어지는 오해 사례

평서문의 끝을 올려 상승 억양으로 말하면 질문으로 오해할 수 있다.

That's our train. ~ I don't know. ~ Yes, it is, I'm telling you.
저게 우리가 탈 기차야. ~ 모르겠어. ~ 맞아, 내가 너한테 일러주는 거야.

평서의문문 (▶302 참조)의 끝을 내려 하강 억양으로 말하면 평서문으로 오해할 수도 있다.

That's our train? ~ Is it? ~ No, I'm asking you.
저게 우리가 탈 기차야? ~ 그래? ~ 아니, 너한테 묻는 거야.

정중한 요청에 하강 억양을 쓰면 자칫 명령처럼 들릴 수도 있다.

Can I have some more coffee? ~ At once, Your Majesty.
커피를 더 가져오게. ~ 즉시 대령하겠나이다, 폐하.

하강-상승 억양을 잘못 쓰면 할 말이 더 있다는 것으로 상대가 오해할 수 있다.

I'd like to play tennis. ~ So what's the problem? ~ There's no problem.
테니스 치고 싶어. ~ 그런데 뭐가 문제야? ~ 문제 없어.

부가의문의 억양은 ▶ 305 참조.

315 발음: 약세형과 강세형

1 강세 여부에 따른 발음 차이
at, for, have, and, us 등의 단어는 강세 여부에 따라 다르게 발음된다. 비교)
I'm looking at /ət/ you. 나는 너를 보고 있다.
What are you looking at /æt/? 무엇을 보고 있어?

2 강세 용법
전치사, 대명사, 접속사, 관사, 조동사는 대부분 약세형이다. 이러한 약세형 단어는 대체로 강세가 오는 중요 단어와 함께 쓰이므로 약하게 발음한다. 약세형 발음은 대부분 모음을 /ə/로 발음하거나 아예 하지 않으며, 간혹 /ɪ/로 발음하는 경우도 있다.

그러나 그 단어를 강조해야 하거나 강세를 주는 단어가 따로 없을 때는 강세를 줄 수도 있다. 이 경우 철자에 맞는 모음을 제대로 발음해 강세형으로 발음한다. 비교)
– I must /məs/ go now. 나는 지금 가야 한다.
  I really must /mʌst/ stop smoking. 나는 정말로 담배를 끊어야 한다. (강조를 위한 강세)
– I was /wəz/ late. 나는 늦었다.
  It was /wəz/ raining. 비가 오고 있었다.
  Yes, it was /wɒz/. 그래, 그랬어. (문장 끝에 강세: 강세를 줄 다른 단어가 없음)
– Where have /əv/ you been? 어디 있었어?
  You might have /əv/ told me. 나한테 말할 수도 있었잖아.
  What did you have /hæv/ for breakfast? 아침 식사로 뭐 먹었어? (일반 동사)

부정어 축약형은 항상 강세형으로 발음한다.
can't /kɑːnt/   mustn't /'mʌsnt/   wasn't /'wɒznt/

3 강세형과 약세형 발음표

강세형과 약세형이 따로 있는 주요 단어는 다음과 같다.

	약세형	강세형
a	/ə/	/eɪ/ (드물게 발음됨)
am	/(ə)m/	/æm/
an	/ən/	/æn/ (드물게 발음됨)
and	/(ə)n(d)/	/ænd/
are	/ə(r)/	/ɑː(r)/
as	/əz/	/æz/
at	/ət/	/æt/
be	/bɪ/	/biː/
been	/bɪn/	/biːn/
but	/bət/	/bʌt/
can	/k(ə)n/	/kæn/
could	/kəd/	/kʊd/
do	/d(ə)/	/duː/
does	/dəz/	/dʌz/
for	/fə(r)/	/fɔː(r)/
from	/frəm/	/frɒm/
had	/(h)əd/	/hæd/
has	/(h)əz/	/hæz/
have	/(h)əv/	/hæv/
he	/(h)ɪ/	/hiː/
her	/(h)ə(r)/	/hɜː(r)/
him	/(h)ɪm/	/hɪm/
his	/(h)ɪz/	/hɪz/
is	/z, s/	/ɪz/
must	/m(ə)s(t)/	/mʌst/
not	/nt/	/nɒt/
of	/əv/	/ɒv/
our	/ɑː(r)/	/aʊə(r)/
saint	/s(ə)nt/ (영국 영어에서만)	/seɪnt/
shall	/ʃ(ə)l/	/ʃæl/
she	/ʃɪ/	/ʃiː/
should	/ʃ(ə)d/	/ʃʊd/
sir	/sə(r)/	/sɜː(r)/
some (▶158 참조)	/s(ə)m/	/sʌm/
than	/ð(ə)n/	/ðæn/ (강세형으로 발음되는 경우는 거의 없음)
that (접속사)	/ð(ə)t/	/ðæt/

	약세형	강세형
the	/ðə, ðɪ/	/ðiː/
them	/ð(ə)m/	/ðem/
there (▶605 참조)	/ðə(r)/	/ðeə(r)/
to	/tə/	/tuː/
us	/əs/	/ʌs/
was	/w(ə)z/	/wɒz/
we	/wɪ/	/wiː/
were	/wə(r)/	/wɜː(r)/
who	/hʊ/	/huː/
will	/w(ə)l, l/	/wɪl/
would	/wəd, (ə)d/	/wʊd/
you	/jʊ/	/juː/
your	/jə(r)/	/jɔː(r)/

Section 28 **Varieties of English**
영어의 다양성

개요

같은 언어라도 좀 더 정확한 한 가지 언어 형태가 있다고 생각하는 사람이 많다. 예를 들어 영국 영어가
다른 영어보다 더 정확하다든가, 문어체 영어가 구어체 영어보다 더 정확하다든가, 혹은 표준 구어가
방언 구어보다 더 정확하다고 생각한다. 많은 사람들이 문법 관련 책, 어법 설명서나 사전을 참고하는데
이런 교재를 보고 문법 규칙에 어긋나거나 사전에 없는 단어는 '틀렸다'고 단정한다. 참고 교재는 대체로
(하늘에서 뚝 떨어진 대단한 문법책을 기준으로 작성된 것이 아니라) 표준 문어를 관찰한 끝에 얻은
정보를 토대로 제작된 것이므로 이 주장은 순환논증의 오류를 범하고 있다. 이런 책들은 당연히 그
목적에 맞게 표준 어법을 설명하고 있지만 교재에서 언급 안 되는 어법이라고 해서 반드시 틀린 용법은
아니다.

어법이란 '쓰이는 곳에서 적절한' 쓰임새라고 보는 것이 타당하다. 표준 미국 영어는 미국이라는
환경에서 적절한 영어이며, 영국 영어는 영국이라는 환경에서, 인도 영어는 인도라는 환경에서 적절한
영어라고 할 수 있다. 또한 격의 없는 말에는 구어체 어법이, 격식을 차린 글에서는 격식체 문어 어법이,
특정 지역에서는 특정 방언이 적절한 영어다. 환경에 관계없이 잘못된 어법이 있다면, 오류
(~~I have forgetting the your address~~), 이제는 쓰이지 않는 형태나 구조(~~I had rather not answer
you~~), 실수(~~One of our chairs are broken~~)이다. 따라서 '학습자는 어떤 영어를 배워야 하는가?'라는
질문에는 정답이 없으며 목적에 따라 답은 달라진다. 호주, 남아프리카공화국, 인도, 캐나다에서 영어를
사용하려는 사람은 각 지역에서 쓰이는 영어를 배우는 것이 좋다. 그러나 대다수 학습자는 표준 영어의
양대 산맥이라고 할 수 있는 영국 영어나 미국 영어를 배우는 것이 무난하다. 영국 영어나 미국 영어가
다른 영어보다 '훌륭해서'가 아니라 전 세계에서 통용되기 때문이다. 영국 영어와 미국 영어의 차이는
대체로 중요하지 않다. 자세한 내용은 ▶319 참조.

언어의 변화를 우려하는 사람도 있다. 젊은 세대가 나이 든 세대가 배웠던 규칙을 '어기'거나 새로운
어법을 쓰면 나이든 세대는 착잡한 심경이 되어 젊은이들이 문법을 도외시해 언어의 품격이 떨어진다고
걱정한다. 하지만 쓸데없는 걱정이다. 변화는 자연스럽고 피할 수 없는 과정이며 멈출 수 없다.
그리고 변한다고 해서 반드시 의사소통 수단으로서 효율성에 손상을 입는 것도 아니다. 300년 전으로
돌아간다면 현대 영어 문법은 오류투성이일 것이다. 반대로 300년 후가 되어도 현대 영어 문법은 틀린
곳이 많을 것이다.

다음 문장은 왜 틀렸을까?

- ❌ I ain't done nothing. ▶ 317.1 참조
- ❌ I wants a drink. ▶ 317.1 참조
- ❌ Jack and me went to the cinema. ▶ 317.2 참조
- ❌ They're different to us. ▶ 317.2 참조
- ❌ There are less people here than usual. ▶ 317.2 참조
- ❌ Somebody's dropped their keys. ▶ 317.2 참조
- ❌ What are you waiting for? ▶ 317.3 참조
- ❌ You need to really concentrate. ▶ 317.3 참조
- ❌ I'm making a concerted effort to eat less. ▶ 317.4 참조
- ❌ Here's your papers. ▶ 318.6 참조
- ❌ The data is unclear. ▶ 318.7 참조
- ❌ Who do you trust? ▶ 318.9 참조
- ❌ If I was younger I'd do it myself. ▶ 318.9 참조
- ❌ You pronounced it wrong. ▶ 318.9 참조
- ❌ Be not afraid. ▶ 318.10 참조
- ❌ I lost my coin-purse. ▶ 319.2 참조
- ❌ You're tired, is it? ▶ 320.2 참조
- ❌ Will I call back later? ▶ 320.3 참조
- ❌ Can be that Ahmed calling. ▶ 320.3 참조

Section 28 목차

316 표준 영어와 방언

'언어란 육군과 해군을 거느린 하나의 방언이다.' (막스 바인라이히: 국가의 안위와 지위가 방위력에 좌우되듯 언어의 지위와 명칭, 표준어, 방언도 지배력에 의해 결정된다는 의미)

'방언: 정부, 학교, 중산층, 법률, 군대 이외에는 아쉬운 게 하나도 없는 변종(變種) 언어.' (톰 맥아더)

1 '표준 영어'란 무엇인가?

9세기에 영국 남부는 이미 영국 북부를 거의 정복하고 있던 스칸디나비아 바이킹의 공격을 받았다. 878년 결정적인 전투에서, 알프레드 대왕이 이끈 남부군은 북부군을 물리치고 남부의 독립을 얻어냈다. 이 승리로 훗날 런던에 남부 잉글랜드 정부가 세워졌으며, 이 도시가 영국의 수도가 되었다. 이것을 계기로 서부와 북부의 아주 다양한 언어가 아닌, 런던과 미들랜즈 동부 지방의 영어가 점차 '공식' 영어로 채택되게 되었다. 이후 세월이 흐르면서 노르만 프랑스어의 영향을 크게 받으며 발달한 이 지역 방언이 결국 '표준' 언어로 자리잡게 되었다. 즉, 행정 및 법률, 산업, 교육, 문학 등의 분야에서 일반적으로 수용되는 영어가 된 것이다. 그러므로 다른 모든 표준어들처럼, 표준 영어(standard English) 또한 역사의 산물이라고 할 수 있다. 만일 북부 잉글랜드를 지배했던 바이킹에게 잉글랜드 해럴드 왕의 군대가 무릎을 꿇었더라면, 오늘날 영국의 수도는 요크(York)가 되었을지도 모르는 일이고, 만약 그랬다면 이 책 역시 전혀 다른 영어로 쓰였을 것이다.

사실, 영국 영어에 표준 언어가 단 하나만 있는 것처럼 말하는 것은 다소 오해의 소지가 있다. 영국 제도 전역에 걸쳐 표준 영어 문어는 그리 다양하지 않은 반면에, 표준 구어는 다소 다양한데, 특히 스코틀랜드, 북아일랜드, 아일랜드 공화국은 자체의 발음뿐만 아니라 지역별 특징이 있는 문법과 어휘를 갖고 있다.

2 방언이란 무엇인가?

방언(dialect)은 어법에 어긋나는 사투리로 치부되기도 한다. 그러나 이는 결코 사실이 아니다 ('정확성'에 대한 더 자세한 내용은 ▶ 317 참조). 표준어는 다른 방언들보다 언어학적으로 '더 우수한' 언어가 아니라, 행정, 교육 등 공적인 목적을 위해 채택된 방언의 일종에 불과하다. 영어 방언들은 모두 오랜 역사를 지니고 있으며, 중세 시대 때 영국을 점령하기 위해 북유럽 각지에서 내려온 게르만 및 스칸디나비아 침략자들의 독특한 언어들까지 거슬러 올라간다. 방언에는 저마다 표준 영어 못지않게 풍부하고 체계적인 문법이 있다. 영어 방언 몇 가지를 예로 들면 다음과 같다.

I bain't ready. (= I'm not ready.) 난 아직 준비가 안 됐어.

He don't like it. 그는 그것을 좋아하지 않는다.

I wants a rest. 쉬고 싶다.

Where's them papers what I give you? 내가 준 서류들은 어디 있어?

Can ye no help me? 나 좀 도와주지 않을래?

They're not believing it. 그들은 그것을 믿지 않는다.

She's after telling me. (= She's told me.) 그녀가 내게 말해주었다.

Are youse coming or not? (= Are you – plural – coming or not?) 너희들 올 거야 말 거야?

I ain't done nothing. (= I haven't done anything.) 나는 아무 짓도 안 했다.

영국 영어와 달리 미국 영어에는 많은 방언들이 있으며, 일부 방언은 표준 언어와 아주 다르다.

극단적인 경우가 '흑인 영어'나 'AAVE(도시 근로자 계급에서 주로 사용하는 아프리카계 미국 흑인 방언)'이다. AAVE의 문법은 일반적인 미국 영어와 많은 점에서 다르다.

일부 예)

> He been married. 그는 결혼했다. (He has been, and still is, married.)
> She done eat. 그녀는 먹었다. (She has eaten.)
> She be talking all the time. 그녀는 쉴 새 없이 지껄인다. (She talks all the time.)
> You gon be sorry. 너는 후회할 거야. (You'll be sorry.)
> I ain't believe you that day, man. 나는 너를 믿지 않았어. (I didn't believe you …)

AAVE는 미국 남부 방언과 여러 면에서 다양하다. 그 기원은 초기 노예 시대로 거슬러 올라가는데, 그 발전 과정에 미친 주요 영향은 잘 알려져 있지 않다.

하지만, 많은 나라에서, 방언은 표준어의 영향을 받아 사라지고 변하고 있다. 대부분 영어 사용자의 언어는 1세기 전보다 훨씬 더 표준 영어에 가깝다.

3 발음: 사투리와 '표준 발음'

지방마다 고유한 말투가 있지만 표준 영어와 지방색 없는 표준 발음을 구사하는 영국인들도 많다. 이러한 발음을 가리켜 '표준 발음(received pronunciation)' 또는 'RP'라고 하는데, 세월이 지나면서 많은 변화를 겪기 했지만 대체로 영국 상류층과 중상류층 대다수가 써온 전통적인 발음을 의미한다. '표준 발음'은 오랫동안 지방 말투보다 '정확한' 발음으로 인식되었으며, 교육과 대중 매체를 통해 사회적 지배력을 확대했다. 오늘날에는 이러한 시각이 변하고 있으며, 지방 말투에 대한 영국 내 사회적 편견도 줄어들었다. 사실, 오늘날 '표준 발음'을 가진 사람들은 극소수이다. '표준 발음'은 점차 소위 '잉글랜드 남동부 지역 영어(Estuary English)'로 대체되고 있으며, '잉글랜드 남동부 지역 영어'는 템스 강과 그 어귀의 잉글랜드 남동부 지역에서 비롯된 런던의 근로자 계급 구어 사이의 중간 정도 발음이다.

4 글로 표현하는 말투: 'e's gone 'ome

작가들은 특별한 방식으로 비표준 발음이나 대화체 발음을 표기한다. 흔한 예로 발음되지 않는 철자 대신에 생략 부호(')를 쓰는 표기법을 들 수 있다. 이러한 표기 방법은 만화에서 특히 자주 쓰이는데, 영국 영어에서 널리 쓰이는 몇 가지 표기법을 예로 들면 다음과 같다.

> 'e's gone 'ome. (= He's gone home.) 그는 집에 갔어.
> 'elp yerself. (= Help yourself.) 많이 드세요.
> Yer gettin' old. (= You're getting old.) 너도 나이를 먹고 있구나.
> If I get me 'ands on yer... (= If I get my hands on you …) 내 손에 잡히기만 하면 …
> Where d'she put 'em? (= Where did she put them?) 그녀가 그것들을 어디에 뒀지?
> C'mon, we're late. (= Come on …) 서둘러, 우리 늦었어.
> C'n I 'ave a glass o' water? (= Can I have a glass of water?) 물 한 잔 마실 수 있을까요?
> fish 'n' chips. (= fish and chips) 피시 앤나 칩스 (감자와 반죽한 생선을 튀겨서 만든 영국 음식)
> Come wi' me. (= Come with me.) 따라오세요.
> I dunno. (= I don't know.) 모르겠어.
> I gotta go. (= I've got to go.) 가야 해.
> It's gonna rain. (= It's going to rain.) 비가 올 거야.
> I don't wanna play. (= I don't want to play.) 놀고 싶지 않아.

5 영국의 언어들

200년 전 영국에는 영어 외에 6개의 모국어가 사용되었다. 세 개는 켈트어인데, 켈트어는 영어와 아주 다르다. 게일어는 스코틀랜드 일부 지역에서, 게일어와 유사한 아일랜드어는 아일랜드 일부 지역에서 사용되고 있으며, 웨일스어는 웨일스 일부 지역에서 쓰인 언어로 프랑스 북서부 지역의 브르타뉴어와 아주 밀접한 관계를 갖고 있다. 비록 지지자들은 소생시키려고 애쓰고 있지만, 다른 두 켈트어인 맨어와 콘월어(맨 섬과 콘월 지역에서 사용했던 언어)는 더 이상은 사용되고 있지 않다. 아직까지 사용되고 있는 다른 영어는 소위 '랄란어'라고 불리는 스코틀랜드어로, 스코틀랜드어는 일부 스코틀랜드 사람들에 의해 사용된다. 비록 긴밀히 연관되어 있지만, 스코틀랜드에서 사용되는 영어 방언과는 별개의 언어이다.

> Scots wis aince the state language o Scotland an is aye a grace til oor national leiterature. It lies at the hert o Scotland's heirskep as ane o wir three indigenous leids alang wi Gaelic an Scottish Inglis.
> (= Scots was once the state language of Scotland and is still an ornament to our national literature. It lies at the heart of Scotland's heritage as one of our three indigenous languages along with Gaelic and Scottish English.)
> 스코틀랜드어는 한때 스코틀랜드의 국어였으며, 여전히 국민 문학의 장신구이다. 스코틀랜드어는 게일어, 스코틀랜드 영어와 함께 3개 토착 언어 중 하나로 스코틀랜드 유산의 중심부의 위치하고 있다. (Scots Leid Associe(스코틀랜드 언어 협회)의 출판물에서)

317 표현의 정확성

표현이 '정확하지 않다'고 말할 경우 여러 가지 의미를 함축할 수 있다.

1 방언 형태: I ain't done nothing.

비록 방언이 틀리다고 생각하는 사람들이 일부 있기는 하지만, 방언은 틀린 것이 아니라(▶316.2 참조) 다른 것이다. 영국의 교사들은 아이들이 "I ain't done nothing."이라고 이중 부정을 쓰면 틀린 말이라고 지적한다. '이중 부정은 긍정'이므로 "I ain't done nothing."은 결국 "I have done something."을 의미한다고 생각하기 때문이다. 그러나 물론 사실은 그렇지 않다. 아이가 하려는 말은 "I haven't done anything."이다.

방언이라 해서 원래 틀린 말은 아니다. 그렇지만 표준어를 써야 하는 상황, 즉 학교 작문이나 입사지원서, 신문기사나 사무보고서 등에서 I wants나 he don't, 이중 부정 등을 쓰는 것은 부적절하며, 틀린 어법으로 보아야 한다. 사실, 스코틀랜드에서는 여전히 방언 문학의 전통이 유지되고 있지만, 영국에서는 거의 쓰이지 않는다.

2 어법의 분열: different from; different to

표준어를 쓰는 사람들도 가끔 사소한 어법에서 차이를 보이는 경우가 있다. 두 가지 형태의 표현이 널리 쓰일 경우, 서로 자신이 쓰는 어법이 '정확한' 어법이라고 주장한다. 현대 영어에서 흔히 볼 수 있는 예들은 다음과 같다.

이른바 '정확한 어법'	이른바 '잘못된 어법'
Jack and I went to the cinema. 잭과 나는 영화관에 갔다.	Jack and me went to the cinema.
They're different from us. 그들은 우리와 다르다.	They're different to us.

fewer people 적은 사람들	less people
Somebody's dropped his or her keys. 누군가 자신의 열쇠를 떨어뜨렸다.	Somebody's dropped their keys.

위에 열거된 '잘못된 어법'들은 사실상 수세기 동안 올바른 어법으로 통용되어온 표현들로 결코 틀린 영어가 아니다. (물론 이들 중 일부는 '정확한 어법'에 비해 격식이 떨어지므로 격식이 필요한 상황에는 어울리지 않는다.)

I and me는 ▶ 174.1 참조, different는 ▶ 433 참조, less는 ▶ 169 참조, their는 ▶ 175 참조

3 규범 문법과 서술 문법

less people이나 different to 등이 틀린 어법이라고 주장하는 이들은 '규범 문법(prescriptive rule/grammar)' 옹호론자들이다. 규범 문법이란 언어를 개선하고 변화를 막을 수 있다고 믿는 이들이 만든 문법이다. 18세기와 19세기 영국 문법학자들이 수많은 규범 문법을 만들어 냈으며, 이들은 당시 라틴어를 영어보다 우수한 언어로 여기고 라틴어 문법을 따라야 한다고 믿었다. to boldly go처럼 부사가 to와 동사 사이에 들어가는 '분리 부정사'는 틀렸다는 것이 규범 문법의 대표적인 예다. (라틴어에서 부정사는 한 단어이므로 분리할 수 없기 때문이다.) 현실성 없는 문법 규칙이지만(▶89.7 참조) 지금도 이 규칙이 옳다고 믿고 분리 부정사를 쓰지 않는 사람들이 많다. 이와 비슷한 문법 규칙 중에 문장은 전치사로 끝날 수 없다는 규칙이 있다. What are you waiting for?와 I don't like being shouted at. 등 전치사로 끝나는 문장은 잘못된 문장이라는 것이다. 사실 전치사로 끝나는 영어 문장은 전혀 문제가 없는 문장이다(▶209 참조). 규범 문법 규칙 대부분은 잘못된 것들이며, 언어 발전에도 별로 도움이 되지 않는다.

'서술 문법'은 특정 언어 (이를테면 표준 문어체 영국 영어, 표준 구어체 미국 영어, 요크셔 영어, 더블린 영어, 싱가포르 영어 등)에서 일어나는 현상을 그대로 반영할 따름이며, 일부에서 당연히 그래야 한다고 주장하는 어법과는 상관이 없다. 이 책에 기술된 내용들은 바로 '표준 영국 영어 (구어와 문어)의 서술 문법'이지만, 필요한 부분에서는 미국 영어와 영국 영어의 차이에 대한 내용도 포함되어 있다.

4 언제 틀린 어법이 맞는 어법으로 바뀌는가? a concerted effort

한 사람이 틀린 표현을 쓰면 주위의 다른 사람들도 영향을 받아 같은 잘못을 범할 수 있다. 그리고 그런 틀린 표현이 널리 퍼져나가 언어의 일부로 굳어지고(이는 언어의 발전 방식 중 하나다), 결국 더 이상 '틀리다'고 말할 수 없게 될 때가 있다. 원래 oblivious of는 'forgetful of(잘 잊어버리는)'의 의미였지만 결국 'unconscious of(의식하지 못하는)'의 의미로도 쓰이게 되었다. 100년 전만 해도 틀린 표현이었지만 지금은 정상적인 표현이다. 이런 현상이 a concerted effort에서도 나타난다. a concerted effort는 글자 그대로는 'an effort by people working together (일치단결)'의 의미지만, 원래 의미를 잃어가고 있다. 오늘날 많은 사람들은 그 표현을 'a strong effort(혼신의 노력)'라는 의미로 사용하므로, 더 이상은 실수로 여겨져서는 안 될 것이다.

318 영어의 변화

언어는 세월이 흐르면서 변하기 마련이다. 신세대는 새로운 표현들을 받아들이지만 구세대는 변화를 거부하는 경향이 있다. 따라서 똑같은 표준어를 쓴다고 해도 표현 방식이 다를 수 있다. 언어가 변하는 이유는 다음과 같다.

1 의사소통상의 필요

수세기 전에는 2인칭 대명사의 단수형(thou)과 복수형(ye)이 따로 있었다. 현대 영어에서는 단복수를 가리지 않고 you를 쓴다. 그러나 지금도 단복수 구분이 필요할 경우가 있으므로 you guys(남녀를 가리지 않고 쓰임)라는 2인칭 복수 대명사가 생겨나고 있다.

2 다른 방언의 영향

오늘날 영국 영어는 그동안 미국 영어의 영향을 크게 받았다. 따라서 오늘날 영국인들은 반세기 전만 해도 쓰지 않던 미국식 표현들을 많이 쓰고 있다.

> **I feel like** I'm getting a cold.
> 감기 걸릴 것 같아. (비격식체: 격식체 영국 영어는 I feel **as if** I'm getting a cold.)

> **Do you have** today's newspaper?
> 오늘 신문 있어? (과거 영국 영어는 **Have you (got)** today's newspaper?)

3 언어의 단순화

언어가 발달하면서 복잡한 구문이 단순하게 변하고 일정한 규칙이 생겨나게 된다. 조건을 나타내는 문장에도 이런 현상이 일어나고 있으며, 회화에서는 조건절과 주절에 모두 would나 would have를 쓰기도 한다.

> If you**'d have** asked I**'d have** told you. 당신이 물어봤다면 말해줬을 텐데.

4 중요하지 않은 차이의 오용과 소멸

sank/sunk, sang/sung, lay/laid 같은 일부 불규칙 동사들은 구어에서 혼동될 때가 많다. 다음은 영국의 라디오 방송에서 발췌한 것이다.

> He wrote eight operas, all of which **sunk** without trace.
> 그는 오페라 여덟 곡을 썼는데 모두 (반짝하고는) 완전히 잊혀졌습니다. (sank라고 해야 함)

> ... a song she **sung** in yesterday's concert.
> 그녀가 어제 콘서트에서 불렀던 노래… (sang이라고 해야 함)

동사 뒤에 오는 to부정사/-ing형 또한 착각하기 쉽다. 다음은 한 편지에서 따온 예다.

> I now have pleasure **to enclose** the correct proposal form.
> 올바른 제안서 양식을 동봉하게 되어 기쁩니다. (... pleasure in enclosing ...이라고 해야 함)

혼동하는 사람들이 늘어나면 어법 자체가 변할 수도 있다. 소유격을 나타내는 's가 그 예로, 생략 부호를 표기하지 않거나 '틀린' 위치에 붙이는 경우가 빈번해지고 있으므로, 언젠가는 생략 부호 표기법이 사라질지도 모른다.

5 새로운 어형 및 용법의 확산

동사의 진행형 용법을 쓰기 시작한 것은 불과 몇 백 년 전부터지만 점점 쓰임새가 늘어나고 있다. 진행형을 쓰지 않는 동사들이 일부 남아있기는 하지만(▶4 참조), 지금은 그런 동사들도 진행형으로 쓸 경우가 있다. 대표적인 예는 다음과 같다.

> I**'m understanding** Italian a lot better now. 이제 이탈리아어를 훨씬 잘 이해할 수 있다.

> How many eggs **were** you **wanting**? 달걀 몇 개가 필요합니까?

> I**'m loving** it. 나는 그걸 아주 좋아해.

6 '홀대받던' 용법의 부상

항상 쓰이긴 했으나 규범 문법(▶317.3 참조) 때문에 홀대받거나 문법이 중시되는 경우에 쓰기 어려웠던 용법이 있다. 그러나 지금은 그런 용법들도 많이 용인되고 있으며 쓰임새가 점차 늘어나고 있다.

예)

Here's your papers. 여기 서류 가져왔습니다. (Here are 대신 쓰임 ▶130.6 참조)

Somebody's left **their** umbrella behind.
누가 우산을 두고 갔다. (his or her umbrella 대신 쓰임 ▶175 참조)

Alice and me went to the same primary school.
앨리스와 나는 같은 초등학교에 다녔다. (▶174.1 참조)

between **you and I** 너와 나 사이에 (▶174.1 참조)

7 틀린 표현의 수용

많은 사람들이 틀린 표현을 사용할 경우 그 표현이나 어법이 널리 통용되기도 한다(▶317.4 참조). data는 'given things(전제, 이미 알고/갖고 있는 것)'라는 의미의 라틴어에서 유래한 말로 원래 복수형이었지만 지금은 단수 불가산명사로 널리 쓰이고 있다(▶117 참조). between ... and 대신 between ... to라는 표현도 쓰이고 있는데 (예: There were between 50 to 60 people on the bus. 버스에는 50~60명 정도가 있었다.) 이 역시 일반적인 표현으로 인정받게 될지도 모른다.

8 발음이 약한 형태의 소멸

I've got의 have는 약한 발음 때문에 들리지 않을 때가 많다. I've got 대신 I got을 쓰는 사람들이 생겨나고 있다. 다른 서법조동사도 빠른 구어에서는 사라져가고 있는 추세이다.

What you thinking about? 너는 어떻게 생각해?

We **better** get ready. 준비하는 게 좋겠다.

Where **you** been, then? 그때 어디에 다녀왔니?

What you think of the new timetable? 새 시간표는 어떠니?

이런 추세가 계속 된다면, 영어의 서법 조동사는 구어에서는 완전히 개혁될 수 있으며 결국 문어에서도 개혁될 것이다.

9 기타 현대 영어의 변화 사례

- shall과 should 대신 will과 would를 1인칭에도 쓸 수 있게 되었다.
  We **will be** in touch soon. 곧 연락드리겠습니다.
  I **would be** grateful for some help. 도와주시면 감사하겠습니다.

- 가정법에 were를 쓰는 일이 점점 줄어들고 있다.
  If I **was** ten years younger I'd do the job myself. 내가 열 살만 젊었어도 직접 그 일을 할 텐데.
  I wish it **was** Friday. 오늘이 금요일이었으면 좋겠다.

- 영국 영어에서도 미국 영어처럼 완료 시제가 아닌 과거 시제에 just와 already를 쓰는 경우가 늘어나고 있다.
  Daniel **just went** out. 다니엘은 막 나갔다. (Daniel has just gone out. 대신 쓰임)
  I **already told** Megan about the party. 메간에게 이미 파티에 관해 얘기했다.

- may have는 might have처럼 실현 불가능한 과거의 가능성을 나타내는 데 사용되는 경우가 점점 더 늘어나고 있다(▶71.9 참조).
  Better treatment **may have** kept woman (who died) alive.
  더 좋아진 치료로 (죽은) 여자를 계속 살아 있도록 했을지도 모른다.

- 오늘날 표준 영어에서 stood와 sat은 standing과 sitting으로 흔히 사용된다(▶96.4 참조).
  We found Smith **sat** in a corner reading a newspaper.
  우리는 스미스가 신문을 읽으면서 모퉁이에 앉아 있는 것을 보았다.

- be like는 오늘날 구어에서 직접화법을 시작하기 전에 흔히 쓰인다(▶257.3 참조).
  She **was like**, 'What are you doing here?' 그녀는 '여기서 뭐하고 있어?'라고 말했다.

- whom이 who로 대체되고 있다.
  Who do you trust? 당신은 누구를 믿습니까? (조지 부시 전 미국 대통령의 1992년 대선 슬로건)

- -ly를 붙이지 않고 부사형으로 쓰는 경우가 점점 더 늘어나고 있다.
  You pronounced it **wrong**. 너 잘못 발음했어.

- more와 most를 2음절 형용사에 쓰는 경우가 늘어나고 있다.
  'Commoner' used to be commoner, but 'more common' is now **more common**.
  한때는 'commoner'가 더 널리 쓰였지만, 지금은 'more common'이 더 널리 쓰인다.

- 복수 명사 수식어를 쓰는 경우가 늘어나고 있다. 이를테면, antique shop 대신 antiques shop, drug problem 대신 drugs problem을 쓴다.

- 복수 가산명사 앞에 less를 붙이는 고대 영어 용법이 오늘날 수용되고 있다.
  There were **less** people than I expected. 기대했던 것보다 사람들이 적었다.

- 미국 영어에서 쓰이는 전치사와 구동사들이 영국 영어에 일부 편입되고 있다.
  The following trains will not run due to engineering work **on weekends**.
  주말에는 설비 작업으로 다음 열차편은 운행되지 않습니다. (at weekends 대신 쓰임)
  We **met with** the unions yesterday.
  우리는 어제 조합들을 만났다. (We met the unions 대신 쓰임)
  Can I **speak with** Cathy? 캐시와 통화할 수 있을까요? (speak to 대신 쓰임)
  We haven't seen Granny **in ages**. 우리는 오랫동안 할머니를 못 뵈었다. (for ages 대신 쓰임)
  You have to **fill out** this form. 이 양식을 작성해 주셔야 합니다. (fill in 대신 쓰임)

10 고대 영어의 동사 형태: Tell me what thou knowest.

수백 년 전에 사용된 영어는 오늘날의 영어와는 여러 면에서 달랐다. 셰익스피어 시대 이후로 영어의 문법, 어휘, 발음, 철자법이 많이 변했기 때문이다. 가장 두드러진 변화를 꼽으라면 동사의 용법이다. 고대 영어에는 -st로 끝나는 2인칭 단수동사 형태와 그에 상응하는 2인칭 단수 대명사 thou(목적격은 thee, 소유격은 thy, thine)가 있었다. 또한 -th로 끝나는 3인칭 단수 동사 형태도 있었으며, 2인칭 복수 명사 ye가 사용되었다.

Tell me what **thou knowest**. 네가 알고 있는 것을 말하거라.
How can I help **thee**? 너를 어떻게 도와주랴?
Where **thy** master **goeth**, there **goest thou** also. 네 주인이 가는 곳으로 너도 갈지니.
Oh come, all **ye** faithful. 오라, 충성스런 그대들이여. (크리스마스 캐롤)

be의 고어에는 2인칭 단수형 art와 wert도 있었다.

> I fear thou **art** sick. 당신 어디 아픈 것 아니오.
>
> **Wert** thou at work today? 오늘 일하러 갔어?

원래는 의문문과 부정문에 do를 쓰지 않았다. 그러다 훗날 do를 취하거나 (do를 쓴 긍정문 포함) 취하지 않은 형태 둘 다 사용되었다.

> **Came you** by sea or by land? 바다로 왔느냐, 육지로 왔느냐?
>
> **Be not** afraid. 두려워하지 말라.
>
> They **know not** what they do. 그들은 자신들이 하는 짓을 알지 못한다.
>
> Then he **did take** my hand and kiss it. 그러더니 그는 내 손을 잡고 입을 맞추었다.

현대 영어에서 진행 시제로 쓰이는 경우에도 단순 시제가 사용되었다.

> We **go** not out today, for it **raineth**. 오늘은 비가 내리므로 우리는 외출하지 않을 것이다.

현대 영어보다 가정법 (▶232 참조)이 더 널리 사용되었다.

> If she **be** here, then tell her I wait her pleasure.
> 마님께서 이곳에 계시면 소인이 분부 기다린다고 전해 주시오.

도치(▶270-271 참조) 용법이 흔하게 사용되었고, 원형부정사나 과거분사가 현대 영어보다 더 뒤에 올 수 있었다.

> Now **are we** lost indeed. 이제 우리는 정말로 길을 잃었다.
>
> Hamlet, thou hast thy father much **offended**.
> 햄릿, 넌 아비의 심기를 몹시 불편하게 했노라. (셰익스피어)
>
> And she me **caught** in her arms long and small
> and therewithal so sweetly did me **kiss**
> and softly said 'Dear heart, how **like you** this?'
> 그리고 그녀는 길고 가느다란 팔로 나를 껴안고
> 달콤하게 입맞춤하더니
> 속삭였다. "내 사랑, 어때요?" (와이어트)

이러한 고어 용법은 오래전에 일상 어법에서 사라졌지만, 일부는 19세기와 20세기 초 문학 작품 (특히 시)에서 사용되기도 했다. 오늘날의 역사 소설가나 극작가들도 이야기에 시대성을 부여하기 위해 등장인물들의 대사를 이런 방식으로 구성하기도 한다. 또한 전통이 중시되는 분야, 이를테면 종교 의식, 공식 행사, 법 관련 언어에 일부가 남아 있기도 하다. 대부분의 영어권에서는 사라진 용법이 일부 방언에 남아 있는 경우도 있는데, 이를테면 요크셔 지방에서는 상당수의 사람들이 아직도 2인칭 단수 대명사(tha, thee 등)를 쓰고 있다.

319 미국 영어와 영국 영어

미국 표준 영어와 영국 표준 영어는 아주 유사하다. 문법과 철자에 약간의 차이가 있고 어휘와 관용구에서 좀 더 차이가 나는 정도다. 현대 영국 영어는 미국 영어의 영향을 크게 받고 있으므로 이러한 차이는 점차 줄어드는 추세다. 간혹 발음이 상이한 경우가 있지만 미국 영어 사용자와 영국 영어 사용자들이 서로 이해하는 데는 큰 어려움이 없다.

본 교재에서 '미국 영어'는 미국에서 사용되는 표준 영어를 가리키는데, 일반적으로 북미에서 널리 사용되는 영어에도 적용된다.

1 용법: I've never gotten … / I've never got …

가장 중요한 차이점들은 다음과 같다. 대체로 서로 통용되는 편이지만 제각기 어느 한 가지 표현만을 주로 쓰는 경우도 있다.

미국 영어	영국 영어
He **just went** home.	He's **just gone** home. (▶503.2 참조)
(OR He's **just gone** home.)	그는 방금 집에 갔다.
I've never really **gotten** to know her.	I've never really **got** to know her.
나는 그녀를 제대로 알 기회가 없었다.	(▶472.6 참조)
I **(can) see** a car coming.	I **can see** a car coming. (▶84.1 참조)
차가 오는 게 보인다.	
It's important that he **be** told.	It's important that he **should be** told.
그에게 꼭 알려야 한다.	(▶232 참조)
Will you buy it? ~ I **may**.	… I **may (do)**. (▶28 참조)
그거 살 거야? ~ 아마도.	
The committee **meets** tomorrow.	The committee **meet/meets** tomorrow.
위원회가 내일 소집된다.	(▶128.1 참조)
Hello, is **this** Susan?	Hello, is **that** Susan? (▶144.6 참조)
(전화통화 중) 여보세요, 수잔이니?	
He looked at me **real strange**.	He looked at me **really strangely**.
(비격식체) (OR He looked at me	(▶194 참조)
really strangely.)	그는 정말 이상한 눈으로 나를 쳐다보았다.
He **probably has** arrived by now.	He **has probably** arrived by now.
(OR He **has probably** arrived …)	그는 지금쯤 아마 도착했을 것이다. (▶200.4 참조)
Should I call the hospital?	**Shall/Should** I call the hospital?
병원에 전화해야 할까?	

get 외에도 영국 영어와 미국 영어에서 어형 변화가 다른 불규칙 동사들이 있다(▶1.3 참조).

미국 남부의 2인칭 복수 대명사 you all은 ▶174.8 참조.

2 어휘: sidewalk/pavement

어휘는 서로 다른 경우가 많으며 같은 단어가 다른 의미를 나타내는 경우도 있다(영국 영어 mad = crazy; 미국 영어 mad = angry). 또한 전혀 다른 단어를 같은 의미로 쓰는 경우도 많다(영국 영어 lorry = 미국 영어 truck).

영미에서 다르게 쓰이는 어휘를 간략하게 아래에 소개한다.

미국 영어	영국 영어
airplane 비행기	aeroplane
anyplace, anywhere 어디든	anywhere
apartment 아파트	flat, apartment
attorney, lawyer 변호사	barrister, solicitor, lawyer
biscuit 비스킷(작고 동그란 빵)	scone
busy (전화) 통화 중인	engaged

미국 영어	영국 영어
call collect (전화) 수신자 부담 전화	reverse the charges
can 통조림, 깡통	tin, can
candy 사탕	sweets
check/bill (식당) 계산서	bill
coin-purse 동전 지갑	purse
cookie, cracker 쿠키	biscuit
corn 옥수수	sweet corn, maize
crazy 미친	mad, crazy
crib 아기 침대	cot
crosswalk 횡단보도	pedestrian/zebra crossing
cuffs (바지) 접어 올린 단	turn-ups
diaper 기저귀	nappy
doctor's office 의원, 진료소	doctor's surgery
drapes 커튼	curtains
elevator 엘리베이터	lift
eraser 지우개	rubber, eraser
fall, autumn 가을	autumn
faucet (실내), spigot, tap (실외) 수도꼭지	tap (실내, 실외)
fired (직장에서의) 해고	sacked, fired
first floor, second floor … 1층, 2층 …	ground floor, first floor …
flashlight 손전등	torch
flat (tire) 펑크난 타이어	flat tyre, puncture
French fries 감자튀김	chips
garbage, trash 쓰레기	rubbish
garbage can, trashcan 쓰레기통	dustbin, rubbish bin
gas(oline) 휘발유	petrol
gear shift (자동차) 변속 레버	gear lever
highway, freeway 고속도로	main road, motorway
hood (자동차) 보닛	bonnet
intersection 교차로	crossroads
jello 젤리	jelly
jelly 젤리(일종의 잼)	jam
jug 물주전자	pitcher
mad 화난	angry
math 수학	maths
mean 고약한, 심술궂은	nasty, mean
movie, film 영화	film
one-way (ticket) 편도 (승차권)	single (ticket)
pants, trousers 바지	trousers
parking lot 주차장	car park
pavement 노면	road surface

미국 영어	영국 영어
period 마침표	full stop
pharmacy 약국	chemist's
pitcher 물주전자	jug
(potato) chips 감자칩	crisps
purse, (hand)bag 지갑	handbag
railroad 철도	railway
raise (임금) 인상	rise
rest room, bathroom 화장실	(public) toilet
résumé 이력서	CV(= curriculum vitae)
round trip 왕복 여행/승차권	return (journey/ticket)
schedule, timetable 일정	timetable
sidewalk 보도, 인도	pavement
sneakers(= sports shoes) 운동화	trainers
stand in line 줄 서서 기다리다	queue (up)
stingy, cheap (generous의 반의어) 인색한	mean
subway 지하철	underground, (London) Tube, metro, subway
take-out 사가져 가기(음식 포장)	takeaway
truck 트럭	lorry, van
trunk (자동차) 트렁크	boot
two weeks 2주	fortnight, two weeks
vacation 휴가	holiday(s)
windshield (자동차) 앞유리	windscreen
yard 안마당, 뜰	garden
zee 알파벳 z의 명칭	zed
zipper 지퍼	zip

전치사 및 불변화사와 함께 쓰는 어구

미국 영어	영국 영어
check something **(out)** …을 확인하다	**check** something
different **from/than** …와 다른	different **from/to** (▶433 참조)
do something **over/again** …을 또 하다	do something **again**
in a course 과정 중에	**on** a course
live **on** X street X거리에 살다	live **in** X street
look **around** the church 교회를 둘러보다	look **(a)round** the church (▶376 참조)
meet with somebody (계획하여) …을 만나다	**meet (with)** somebody
Monday **through/to** Friday 월요일부터 금요일까지	Monday **to** Friday
on a team 팀에 속한	**in** a team
on the weekend 주말에	**at** the weekend
ten **after/past** four (시간) 4시 10분	ten **past** four
ten **to/of/before/till** four 3시 50분	ten **to** four

3 철자: color/colour

의미는 같지만 미국 영어에서는 -or로 끝나고 영국 영어에서는 -our로 끝나는 단어(예: color/ colour)가 많다. 또 어떤 단어들은 미국 영어에서는 -er로 끝나지만 영국 영어에서는 -re로 끝난 다(예: center/centre). 미국 영어에서 -ize로 끝나는 많은 동사들(예: realize)이 영국 영어에서 는 -ise나 -ize로 끝나기도 한다(▶ 343 참조). 미국 영어와 영국 영어의 철자가 다른 대표적인 단 어들은 다음과 같다.

미국 영어	영국 영어
aluminum 알루미늄	aluminium
analyze 분석하다	analyse
catalog(ue) 목록	catalogue
center 중심	centre
check 수표	cheque (은행에서 지불됨)
color 색	colour
defense 방어	defence
disk 디스크	disc, disk
enroll 등록하다	enrol
fulfill 만족시키다	fulfil
honor 명예	honour
inquire 묻다	enquire, inquire
jewelry 보석	jewellery
labor 노동	labour
license (명사) 면허증	licence
liter 리터	litre
meter (도량형) 미터	metre
neighbor 이웃	neighbour
organize 조직하다	organise/organize
pajamas 잠옷	pyjamas
paralyze 마비시키다	paralyse
practice (동사) 연습하다	practise
program 프로그램	programme
realize 깨닫다	realise/realize
skillful 숙련된	skilful
theater/theatre 극장	theatre
tire (자동차) 타이어	tyre
trave(l)ler 여행자	traveller (▶ 347.6 참조)
whiskey 위스키	(Scotch) whisky, (Irish) whiskey

4 발음

영국 영어든 미국 영어든 당연히 지역마다 독특한 악센트가 있다. 미국 영어와 영국 영어의 가장 중요하고 일반적인 차이점은 다음과 같다.

a 영국 영어와 달리 미국 영어에서는 특정 모음이 (코와 입을 동시에 사용하는) 비음으로 발음된다.

b 영국 영어에는 미국 영어보다 모음이 하나 더 있다. 영국 영어에는 cot, dog, got, gone, off, stop, lost 같은 단어에서 사용되는 '둥글고 짧은 o음(/ɒ/)'이 추가된다. 미국 영어에서 이런 단어는 father의 첫 모음인 /ɑː/처럼 발음되거나, caught의 모음인 /ɔː/처럼 발음된다.(이 모음은 영국 영어와 미국 영어에서 상당히 다르게 발음된다.)

c 'a + 자음'(예: fast, after)의 경우 발음이 달라진다. 영국 표준 남부 영어에서는 /ɑː/로 발음되며, 미국 영어와 일부 영국 영어에서는 /æ/로 발음된다.

d 영국 표준 남부 영어에서 home, go, open의 모음은 /əʊ/로 발음되지만 미국 영어에서는 /oʊ/로 발음된다. 이 두 모음의 발음은 판이하게 다르다.

e 표준 영국 남부 영어에서 r은 모음 앞에 있을 때만 발음된다. 대부분의 미국 영어와 남부를 제외한 대부분의 영국 영어에서 r은 단어 내에서 어느 위치에 있든지 항상 발음되며, 앞에 오는 모음의 음가를 변화시킨다. 따라서 car, turn, offer 같은 단어들은 영국 영어와 미국 영어에서 상당히 다른 소리로 발음된다.

f 대부분의 미국 영어에서 모음 사이에 오는 t와 d는 모두 가벼운 유성음인 /d/로 발음된다. 따라서 writer와 rider는 같은 소리로 발음된다. 그러나 영국 영어에서는 각각 /ˈraɪtə(r)/와 /ˈraɪdə(r)/로 확연히 다르게 발음된다.

g 대부분의 미국 영어에서 /uː/로 발음되는 일부 단어는 영국 영어에서 /juː/로 발음된다. th, d, t, n(가끔 s, l도 포함) 뒤에 u나 ew가 오는 단어들이 여기에 속한다.

enthusiastic 열정적인	미 /ɪnˌθuːziˈæstɪk/	영 /ɪnˌθjuːziˈæstɪk/
duty 의무	미 /ˈduːti/	영 /ˈdjuːti/
tune 가락	미 /tuːn/	영 /tjuːn/
new 새로운	미 /nuː/	영 /njuː/

h 강세가 없는 -ile로 끝나는 단어들(예: fertile, missile)은 영국 영어에서는 /aɪl/로 발음되지만, 미국 영어에서는 간혹 /l/로 발음된다.

fertile 비옥한	미 /ˈfɜːrtl/ (turtle과 같은 발음)
	영 /ˈfɜːtaɪl/ (her tile과 같은 발음)

i -ary, -ery, -ory로 끝나는 일부 긴 단어의 발음도 영국식과 미국식이 다른데, 미국 영어에는 모음이 하나 더 붙는다.

secretary 비서	미 /ˈsekrəteri/	영 /ˈsekrətri/

j borough와 thorough의 발음도 다르다.

미 /ˈbʌroʊ, ˈθʌroʊ/	영 /ˈbʌrə, ˈθʌrə/

k 프랑스어에서 차용한 단어들, 특히 모음으로 발음이 끝나는 단어의 경우 강세가 다른 경우가 종종 있다.

미국 영어에서는 주로 마지막 모음에 강세가 오나, 영국 영어에서는 그렇지 않다.

pâté 고기 파이	미 /pɑˈteɪ/	영 /ˈpæteɪ/
ballet 발레	미 /bæˈleɪ/	영 /ˈbæleɪ/

320 기디 다양한 영이

오래전부터 표준 영국 영어와 미국 영어가 가장 영향력이 컸다. 그러나 당연한 말이지만 영어는 영국과 미국의 전유물이 아니다. 전 세계 많은 나라에서 영어를 국어 또는 중요한 제2국어로 삼고 있다. 이런 나라에는 고유의 다양한 영어가 있는데, 대체로 두 부류로 나뉜다.

1 영어를 모국어로 쓰는 국가

캐나다, 호주, 뉴질랜드, 남아프리카 같은 나라에는 초기 영국 식민지 개척자들과 함께 영어가 들어왔고, 이후 신생국가의 언어 또는 언어들 중 하나가 되었다. 캐나다, 호주, 뉴질랜드에서 영어는 인구의 대다수가 쓰는 모국어이다. (남아프리카는 다른 경우: 아래 참조.) 영국 영어와 마찬가지로 이들 다양한 영어들도 오랫동안 고유한 방식으로 발전해 왔으므로 서로 뚜렷한 차이가 생겼다. 그 차이는 발음에서 가장 두드러지지만, 고유한 문법적 특징뿐만 아니라 해당 지역에서 유래한 어휘도 많다. 지역 어휘와 문법은 특히 비격식체 구어에서 뚜렷하게 드러나는데, 격식체 구어는 영국 영어와 미국 영어의 영향을 크게 받아 표준 문어체에 더 가깝다.

2 영어를 부가 언어로 쓰는 국가

많은 나라에서 대다수 인구의 모국어는 아니지만, 중요한 부가 언어로 영어가 사용되고 있다. 이런 국가의 경우, 나라마다 영어의 정확한 역할이 다르듯, 영어가 부가 언어가 된 역사적, 실제적 사유도 다르다. 그렇지 않은 경우도 있지만 많은 경우 영어가 어느 정도 공적인 지위를 부여 받고 있다. 이런 영어들 중 일부는 비교적 최근에 생성되었지만 인도 영어처럼 긴 역사를 가지고 있는 경우도 있다. 이런 영어들의 기원은 다양하다. 예를 들어 인도 영어와 싱가포르-말레이시아 영어는 영국 영어에서 발전했다. 아프리카 공통어 영어 또한 영국 영어를 토대로 하고 있으며 필리핀 영어의 기원은 미국 영어이다. 피지 영어는 상당 부분 호주/뉴질랜드 영어의 특징을 갖고 있다.

이런 다양한 영어들에는 모두 지역 언어의 영향이 드러난다. 사람들이 일상적으로 두 가지 이상의 언어를 사용하면 문법, 어휘, 발음 측면에서 서로 영향을 미친다. '학습자 영어'에서 흔히 볼 수 있는 단순화 및 규칙화도 이런저런 형태로 나타난다. 예를 들어 원래 불가산인 명사를 가산 명사처럼 쓰기도 하며(furnitures), 문법상 어휘 끝에 붙여야 할 요소를 빠뜨리기도 하며(three brother, she think), which와 who를 혼용하거나(the people which were there), 시제 구분이 없어지기도 한다(they arrive yesterday). 또한 be동사를 생략하거나(he the driver, they studying) 부가의문문에서 문장에 상관없이 is it? 또는 isn't it?을 사용하기도 한다(You're tired, is it?).

이러한 다국어 환경에서는 영어의 변이 정도가 폭넓어서 인도, 말레이시아, 자메이카 영어는 쉽게 설명하기가 불가능하다. 대체로 영어에 능숙한 사람은 약간의 지역색이 섞여 있지만 영국 영어나 미국 영어 등 다른 국가의 표준 영어에 비교적 가까운 영어를 구사하지만, 전 세계의 학습자들은 유창하지 못하며 기초적인 영어를 구사하는 경향이 있다. 일부 국가에서는 국가 표준 같은 것이 개발되었지만, 영어를 모국어로 하는 국가보다 '표준'의 정의에 대해 논란의 여지가 많다.

3 다양한 영어에 대한 정보

a 호주 영어와 뉴질랜드 영어

영국 영어와 여러 면에서 비슷하지만, 당연히 지역 고유의 어휘가 많다. 호주 영어 중 자연의 특징을 가리키는 많은 단어들이 호주 원주민 언어에서 유래했는데 예를 들어 kangaroo(캥거루), billabong(강 범람으로 형성된 호수), dingo(야생개), mulga(나무, 오지) 등이 있다. 마찬가지

605

로 뉴질랜드 영어도 원주민 마오리족 언어를 수용했는데 pukeku(새 이름), takahe(새 이름), mana(힘, 명예) 등이 있다. 호주와 뉴질랜드 영어에는 비격식체 속어 단어와 표현들이 있으며, 이런 단어와 표현들 중 많은 부분이 두 언어 모두에서 공통으로 쓰인다. 예를 들어 bludger(게으른 사람), dinkum(진짜인), bonzer(훌륭한), my shout(내가 술을 살 차례) 등이 있다. 영국 영어와 문법이 다른 경우는 몇 가지가 있다. 예를 들어 영국 영어에서는 집단 명사를 복수 동사로 받는데 단수 동사를 선호하며(**The team is** confident of winning), 영국 영어에서는 Shall I ...?를 쓰지만 뉴질랜드에서는 **Will I call back later?**처럼 Will I ...?를 쓴다. 또 일상 대화에서는 **She'll be right**(It will be OK)처럼 it 대신 she를 쓴다. 비격식체 호주 영어에서는 종종 명사를 단축시키고 -ie 또는 -o 접미사를 붙인다. 예를 들어 barbie(barbeque), mushie(mushroom), sunnies(sunglasses), brekkie(breakfast), Tassie(Tasmania), arvo (afternoon) 등이 있다. 호주 발음과 뉴질랜드 발음은 공통점이 많은데 미국 영어보다 영국 영어에 가깝다. 표준 문어 영어는 지역 고유의 어휘를 제외하고는 영국 표준어와 거의 동일하다. 그러나 다양한 여러 영어와 마찬가지로 미국 영어의 영향력이 커지고 있다.

b 캐나다 영어

캐나다 영어는 여러 가지 면에서 영국 영어와 미국 영어의 중간 형태이다. 표준 문어는 표준 영국 영어와 흡사하지만, 철자법은 주로 미국 영어를 따른다. 비격식체 구어는 미국색이 뚜렷하며 발음은 미국 북부와 상당히 비슷하다. 자연스럽게 지역 환경과 문화를 반영하는 단어가 있으며, husky(에스키모 개), moose(말코손바닥사슴), toboggan(터보건 썰매), anorak(모자가 달린 상의), kayak(카약) 등 많은 단어가 캐나다에서 사용되는 원주민 언어에서 유입되었다. cache (은닉처) 등 프랑스어 단어도 캐나다 영어에 유입되었는데 캐나다 인구의 약 3분의 1이 프랑스어를 모국어로 사용하고 있다.

c 남아프리카 영어

남아프리카에서는 영어가 공통어로 쓰이지만 공식 언어 11개 중 하나일뿐이다. 인구의 10퍼센트 정도가 영어를 모국어로 쓰고 있으며 주로 교육 환경이나 사회적 지위를 과시하는 수단으로 쓰이고 있다. 표준 문어는 영국 표준 문어와 비슷하다. 영어를 모국어로 쓰는 사람들의 구어는 아프리칸스어(초기 네덜란드 이주자들의 언어에서 성립된 언어)와 지역 아프리카 언어의 영향을 많이 받았으며 영국 출신 이주자들의 사회적 지위나 지리적 배경 역시 반영하고 있다. nogal(게다가), sommer(단순히, 특별한 이유 없이), trek(트레킹), padkos(여행길에 먹으려고 가져가는 음식), dwaal(몽상, 혼란스러움), braai(바비큐) 등이 아프리칸스어에서 유래했다. 아프리카 언어에서 유입된 단어로는 indaba(토론, 회의, 모임), bonsella(보너스, 공짜 선물), babalaas (숙취 상태인)가 있다. 예를 들어 robot(신호등), geyser(보일러) 등 영국 영어에서는 소멸한 단어가 남아프리카에서는 아직 남아 있는 경우도 있다. 비격식체 남아프리카 영어의 문법에는 표준에서 벗어난 순서가 쓰이기도 하며(예: I'll come and see you tomorrow rather) 문장 끝에 'hey'를 붙여 의문문을 만들기도 한다(You know his name, hey?). 교양 있는 영어 사용자의 발음이 원래 표준 발음이었으나 정치적 발전으로 아프리카 흑인들이 영향력 있는 고위직에 오르면서 표준 발음이 변할 가능성이 있다. 한편 신분 상승을 지향하는 젊은 흑인들은 영국식 표준 발음을 목표로 삼고 있다. 영어를 모국어로 쓰는 사람보다 아프리카 전역에서 공통어로 사용되는 영어를 쓰는 비원어민이 훨씬 많다. 공통어 영어는 사회 집단, 민족 집단 별로 크게 달라지며 어떤 모국어를 쓰는지에 따라 문법, 어휘, 발음이 크게 영향을 받는다. 그러나 공통어 영어 역시 표준 형태를 갖추어 나갈지도 모른다. 10여년 전에 흑인 남아프리카 영어를 '표준'으로 인정하자는 운동도 있었다.

d 카리브해 영어

자메이카 같은 카리브해 국가들의 영어는 노예 무역 기간에 발달한 피진어(혼성어)에서 발전했다. 사회적/교육적 스펙트럼에서 한쪽 극단에 있는 사람은 지역적 특성이 살짝 묻어나는 영국 표준 또는 미국 표준 영어를 사용하는 경향이 짙다. 반대편 극단에서 쓰는 카리브해 방언('크리올어')은 다른 표준 영어들과 아주 다르다. 예를 들어 자메이카 크리올어로 'I go'는 'mi guo', 'I am going'은 'mi de guo', 'I went'는 'mi bin guo', 'I was going'은 'mi bin de guo'이다.

e 인도 영어

인도에서 영어는 힌두어와 함께 공용어이다. 인도에는 700개가 넘는 언어가 있는데 공통어로서 영어는 행정, 정치, 문화에서 아주 중요한 언어이며 많은 사람이 쓰고 있다. 영어 구사력은 기초 수준부터 원어민 수준에 이르기까지 다양하다. RP 억양의 표준 영국 영어는 전통적으로 높은 명성을 누려왔으며 영어로 가르치는 사립학교들을 통해 발전되고 있다. 하지만 인도에는 매우 다양한 영어가 공존하는데 이들 영어는 지역, 사회, 언어 등 여러 요인에서 기인한 차이를 가지고 있다. 일부 교양 있는 인도인이 실수로 간주하는 발음과 문법의 흔한 특성들을 다른 인도인은 부상하는 인도 표준 영어의 특징으로 여긴다. 시제 사용과 진행형 형태 등 문법에서 영국 영어나 미국 영어와 차이가 있다. 예를 들면 다음과 같다. I am here since last week; I am seeing her often; We have been there five years ago; He is doing it yesterday; She is having two children. 의문문과 부정문의 구조도 다를 수 있다: Who you are wishing to speak to?; You not like curry? 관사의 사용도 달라 관사를 생략하기도 하며 종종 a/an 대신 one을 쓰기도 한다: We are needing one new car. I am having small, small problem처럼 반복으로 강조하기도 한다. 부가의문문을 만들 때는 흔히 Yes?, No?, Isn't it?을 붙인다.

인도 영어의 어휘에는 근대 및 정통 인도 언어에서 유래한 말이 많다. bungalow(방갈로), cheetah(치타), yoga(요가), nirvana(열반) 등 이런 어휘들 중 일부는 인도 밖까지 퍼져 나가 널리 쓰이고 있다. headbath(샴푸), issueless(자식이 없는), prepone(일정을 당기다, postpone의 반의어), teacheress(여교사) 등 일부 영어 어휘는 인도 영어에만 독특하게 존재한다. needful(필요한), thrice(세 번), miscreant(범법자) 등 다른 지역에서는 더 이상 쓰이지 않는 어휘들도 현재 인도에서 사용되고 있다. 인도의 영어 발음은 대체로 강세 박자보다는 음절 박자에 가깝다.

f 싱가포르와 말레이시아 영어

싱가포르 영어와 말레이시아 영어는 공통점이 아주 많으며 모두 중국어, 말레이어, 인도어에 크게 영향을 받고 있다. 하지만 영국에서 독립한 후에는 발전 양상이 달랐다. 말레이시아는 식민통치에 대한 반작용으로 독립 직후에는 영어 교육을 경시했으나 최근에서야 다시 영어 교육을 중시하고 있다. 이와는 대조적으로 싱가포르는 국민들이 여러 언어를 쓰기 때문에 공통어가 필요했고 또한 문화적 동질성을 위해 (사실상 영어를 모국어로 하는 사람은 거의 없음에도 불구하고) 일찍이 영어를 국어로 삼았다. 싱가포르의 교육은 전적으로 영어를 매개로 하며, 영어가 점점 자연스러운 일상이 되고 있으므로 영어가 많은 시민들의 모국어가 될 수도 있다. 현재 싱가포르 인구의 3분의 1이 가정에서 영어를 사용하고 있다.

전 세계 다른 지역과 마찬가지로 싱가포르와 말레이시아 영어도 교육과 사회적 지위에 따라 상당한 차이가 있다. 도시 중산층의 경우 일부는 원어민 수준으로 정확하고 유창하게 영어를 구사해 사실상 2개 국어를 자유롭게 쓸 수 있다. 한편 나머지는 기초적인 수준에서 영어를 구사하고 있다. 어떤 상황에서 영어를 쓰는지에 따라 달라지기도 한다. 이를테면 싱가포르에서는 공적인 상황에 사용되는 영국 표준에 가까운 영어는 '고상한' 영어로, '싱글리쉬'라고 부르는 비격식체 영어는 '격이 떨어지는' 영어로 취급된다. 어떤 영어를 선택하는지는 반드시 유창한 정도에 따라 결정되지는 않는다. 싱글리쉬가 싱가포르인의 정체성을 나타내는 지표 기능을 하므로 표준 싱가포르 영어를 능숙하게 구사하는 사람도 상황에 따라 필요하면 싱글리쉬를 사용한다.

싱가포르/말레이시아 어휘에는 지역 단어와 표현이 많이 포함되어 있는데 예를 들면 hand phone(휴대폰), void deck(아파트 1층의 비어 있는 공간으로 지역 활동에 대여함) 등이 있다. makan(음식, 먹기), rakyat(보통 사람, 평범한 시민) 등 많은 단어들이 지역 언어에서 유입되었다. 많은 사람이 '학습자 영어'에서 흔히 나타나는 문법을 비롯해 표준 영어와 다른 문법을 쓴다. 예를 들어 영어에는 다양한 서법 조동사가 있는데 can, must 2가지로 압축해서 쓰는 경향이 있다. 대화체 보조어로 'lah'가 아주 흔히 쓰이는데 중국어에서 유래된 듯하며 격의 없는 친밀감을 나타내는 용도로 쓰인다.

We eat here yesterday. 우리는 어제 여기서 먹었어.

This coffee house very cheap. 이 커피집은 아주 싸.

You got car or not? 차가 있나요, 없나요?

Can or not? (= Is this possible?) 가능한가요?

She call you, is it? 그녀가 전화했죠, 그렇죠?

Can be that Ahmed calling. (= That will be Ahmed calling.) 아메드 전화일 거야.

Please lah call me soon. 금방 전화해 줘.

모국어가 무엇인지에 따라 발음도 현저하게 달라진다. 사회적 지위가 높고 교육 수준이 높은 계층은 표준 영국 영어의 영향을 강하게 받는다. 하지만 영국 영어는 강세 박자(▶313)이지만 이들은 모든 음절에 동일한 가중치를 두는 경향이 있다.

4 공통어 영어('ELF')

모국어가 서로 다른 사람들 간에 의사소통 수단으로 사용되는 언어를 공통어(lingua franca)라고 한다. 'lingua franca'라는 이름 자체가 원래 11세기부터 19세기까지 지중해 동부에서 무역을 위해 사용된 혼성 언어를 가리키는 말이었다. 그리스어, 라틴어, 프랑스어, 스페인어, 러시아어, 아랍어, 스와힐리어, 중국어 등 세계 여러 지역에서 다양한 언어들이 공통어 기능을 해왔다. 영어는 현재 세계 주요 공통어이며 이전의 공통어와 달리 지리적 한계가 없다.

국제적인 용도로 채택된 다른 언어들처럼, 공통어 영어 역시 사용자의 언어 구사력에 따라 현격한 차이가 있으며 발음과 문법은 사용자의 모국어 발음과 문법에 크게 영향을 받는 경향이 있다. 물론 효과적인 의사소통이 필요하므로 각자 상대가 쉽게 이해할 수 있도록 조절해 쓰기 때문에 다양성과 차이에는 제한이 있다. 대다수 제2 언어 사용자와 마찬가지로 전 세계 공통어 사용자들은 320.2에서 설명한 대로 단순화하고 규칙화하는 경향이 있다. 따라서 개인차가 아주 큼에도 불구하고, 많은 공통어 영어가 어느 정도 공통된 특징을 가지고 있다. 지역별로 서로 닮은 공통어도 있다. 유럽 ELF는 서로 유사하며(모국어가 서로 문법이나 발음이 유사한 것을 반영) 전형적인 동아시아, 남아시아 또는 아프리카 공통어와 구별된다.

공통어의 활용 방식이 유사한 점, 그리고 '공통어 영어'라는 용어 자체 때문에 호주 영어, 인도 영어처럼 분석하고 설명할 수 있는 'ELF' 영어라는 뚜렷한 하나의 언어 형태가 존재한다고 생각하기 쉽다. 하지만 실상은 그렇지 않다. 공통어 영어는 하나의 일관된 형태를 구성하기에는 너무 차이가 크다. 따라서 '공통어 영어'는 국제적 의사소통을 위해 영어를 사용하는 과정을 가리키는 용어에 불과하며 국제적 의사소통을 위해 생겨난 특정 형태의 영어를 의미하지는 않는다.

Section 29 **Vocabulary Areas** 어휘 영역

개요

이 섹션에서는 일반적인 주제와 연관된 어휘에 대해 설명하고 있으며 속어, 관용구 등 관련 정보를 담고 있다. 어휘 문제에 관한 더 자세한 내용은 ▶ Section 30-31 참조.

다음 문장은 왜 틀렸을까?

- ✕ There's an Irish in the house next door. ▶ 321 참조
- ✕ I have a lot of american friends. ▶ 321 참조
- ✕ We can say 'one half' as 'nought comma five'. ▶ 322.1 참조
- ✕ I waited for him for one and a half hour. ▶ 322.2 참조
- ✕ A third of the students is from abroad. ▶ 322.3 참조
- ✕ King Henry Eight was born in 1491. ▶ 322.6 참조
- ✕ I want to live for hundred years. ▶ 322.10 참조
- ✕ I paid three thousand, a hundred pounds for the car. ▶ 322.10 참조
- ✕ Sorry, I have no change—only a twenty-pounds note. ▶ 322.14 참조
- ✕ How old are you? ~ I'm thirty years. ▶ 323.1 참조
- ✕ When I was at your age I was working in a coal mine. ▶ 323.2 참조
- ✕ He could already read in the age of three. ▶ 323.3 참조
- ✕ Wake me at five past seven o'clock. ▶ 325.1 참조
- ✕ Good morning, Mr Jack Smith. ▶ 326.2 b 참조
- ✕ The painter Tiziano lived in Venezia. ▶ 327.1, 327.3 참조
- ✕ There's a spider in the bath. She's enormous! ▶ 328 참조
- ✕ Congratulation on your exam results. ▶ 329.4 참조
- ✕ Please lend me a pen. ▶ 329.17 참조
- ✕ Thank you a lot for offering me that golden chance. But I've changed my thoughts.
  ▶ 332.3 참조
- ✕ I am as cross as two sticks because it is raining cats and dogs again. If this goes on I think I will kick the bucket. ▶ 332.5 참조

Section 29 목차

321 국적, 국가, 지역

1 개요

국가나 지역 또는 그와 관련된 사안을 언급하려면 다음 네 종류의 단어를 알아야 한다.

- 국가 혹은 지역의 명칭

  Denmark   Japan   France   Catalonia

- 형용사

  Danish   Japanese   French   Catalan

- 국민 한 사람을 지칭하는 단수 명사

  a Dane   a Japanese   a Frenchman/woman   a Catalan

- the와 결합하여 국민 전체를 의미하는 복수 명사

  the Danes   the Japanese   the French   the Catalans

국민 한 사람을 지칭하는 단수 명사는 대체로 형용사와 동일하다(예: Greek, Mexican). 복수형은 대체로 형용사에 -s를 붙인 형태와 동일하다(예: the Greeks, the Mexicans). 그러나 -ese로 끝나는 단어와 Swiss는 복수형이라도 -s를 붙이지 않는다(예: the Japanese, the Swiss). 그 밖의 기타 예들은 아래 ▶ 321.2 참조. 하지만, 일부 예외들이 있다. 일부 예외들은 아래 ▶ 321.3 참조. 형용사를 포함해 국적, 국민, 국어를 나타내는 모든 단어는 대문자로 시작한다.

    American literature 미국 문학 (NOT ~~american literature~~)

국어의 명칭은 대체로 국가명의 형용사형과 같다.

    Danish is difficult to pronounce. 덴마크어는 발음하기가 까다롭다.

    Do you speak **Japanese**? 일어 할 줄 아니?

2 예

국가/지역	형용사	국민 한 사람	국민 전체
America (the United States)	American	an American	the Americans
Belgium	Belgian	a Belgian	the Belgians
Brazil	Brazilian	a Brazilian	the Brazilians
Europe	European	a European	the Europeans
Italy	Italian	an Italian	the Italians
Kenya	Kenyan	a Kenyan	the Kenyans
Morocco	Moroccan	a Moroccan	the Moroccans
Norway	Norwegian	a Norwegian	the Norwegians
Palestine	Palestinian	a Palestinian	the Palestinians
Russia	Russian	a Russian	the Russians
Greece	Greek	a Greek	the Greeks
Iraq	Iraqi	an Iraqi	the Iraqis
Israel	Israeli	an Israeli	the Israelis
Thailand	Thai	a Thai	the Thais
China	Chinese	a Chinese (person)	the Chinese
Congo	Congolese	a Congolese (person)	the Congolese
Portugal	Portuguese	a Portuguese (person)	the Portuguese
Switzerland	Swiss	a Swiss	the Swiss

⅃ 예외

국가/지역	형용사	국민 한 사람	국민 전체
Britain	British	a British person (또는 Briton)	the British
England	English	an Englishwoman/man	the English
France	French	a Frenchman/woman	the French
Ireland	Irish	an Irishwoman/man	the Irish
Spain	Spanish	a Spaniard	the Spanish
the Netherlands/ Holland	Dutch	a Dutchwoman/man	the Dutch
Wales	Welsh	a Welshman/woman	the Welsh
Denmark	Danish	a Dane	the Danes
Finland	Finnish	a Finn	the Finns
Poland	Polish	a Pole	the Poles
Scotland	Scottish, Scotch	a Scot	the Scots
Sweden	Swedish	a Swede	the Swedes
Turkey	Turkish	a Turk	the Turks

유의사항

a Scottish는 스코틀랜드 사람이나 문화, Scotch는 위스키를 지칭한다.

b Briton은 신문 기사의 헤드라인에 주로 쓰이며, 그 밖의 경우에는 잘 쓰이지 않는다. 이를테면 헤드라인으로 TWO BRITONS KILLED IN AIR CRASH(비행기 사고로 영국인 두 명 사망)라고 쓸 수 있다. 비격식체에서는 Brit를 쓴다.

c English는 British와 같은 의미가 아니며, Scottish, Welsh, Irish 사람들을 가리키는 말로 쓸 수 없다(▶411 참조).

d 영어(언어명)는 'World Englishes'처럼 다양한 영어의 종류에 관해 말할 때 복수형으로 쓸 수 있다.

e American은 미국(United States) 시민 등을 지칭할 때 흔히 쓰인다. 그러나 아메리카 대륙의 다른 지역 사람들은 American을 이 의미로 사용하는 것에 반감을 가질 수 있다. 실제로 일부에서는 이런 이유로 이 단어를 기피한다.

f Inuit는 캐나다 북부나 다른 지역에 사는 북극 인종을 가리키는 Eskimo보다 더 공손한 용어로 여겨진다.

g Arabic은 아랍 국가들에서 사용되는 언어, 즉 아랍어만을 가리킨다. 그 밖의 경우에는 Arab이 형용사로 쓰인다. Arabian은 일부 관용표현이나 장소 이름에만 쓰인다. (예: Saudi Arabian, the Arabian Sea)

h Irishman/men, Dutchman/men 등은 단수와 복수의 발음이 같다. (/ˈaɪrɪʃmən, ˈdʌtʃmən/)

322 숫자

1 분수와 소수: two fifths; nought point four

간단한 분수는 다음과 같이 표현한다.

¼	a/one quarter	¹¹⁄₁₆	eleven sixteenths
⅛	an/one eighth	3¾	three and three quarters
³⁄₇	three sevenths	6⅛	six and one eighth
²⁄₅	two fifths		

좀 더 복잡한 분수는 over를 써서 표현한다.

³¹⁷⁄₅₀₉ three hundred and seventeen **over** five hundred and nine

소수는 다음과 같이 쓰고 말한다.

0.4   nought/zero **point** four (NOT ~~0,4~~ OR ~~nought comma four~~)

0.375   nought/zero point **three seven five**
        (NOT ~~nought point three hundred and seventy-five~~)

4.7   four point seven

숫자 앞에 쓰이는 a(n)와 one의 차이는 뒤의 ▸ 322.10 참조.

2 명사 앞

1 미만의 분수는 of를 써서 표현할 수 있다.

three quarters of an hour 1시간의 3/4 (= 45분)
seven tenths of a mile 10분의 7마일 (= 0.7마일)
a third of the students 학생들의 1/3

half 뒤에 항상 of가 오는 것은 아니다(▸ 478 참조).

half an hour 30분(미국 영어에서는 a half hour)
half (of) the students 학생들의 절반

1 미만의 소수도 of를 써서 표현할 수 있다.

nought point six of a mile 0.6마일
0.1625 cm: **nought point one six two five of** a centimetre 0.1625센티미터

그러나 1 미만의 소수 뒤에 바로 복수 명사를 쓰기도 한다.

nought point six miles 0.6마일 (NOT ~~nought point six mile~~)
nought point one six two five centimetres 0.1625센티미터

1이 넘는 분수와 소수 뒤에는 대체로 복수 명사를 쓴다.

one and a half hours 1시간 30분 (NOT ~~one and a half hour~~)
three and three eighths miles 33/8마일(= 3.375 마일)
1.3 millimetres 1.3밀리미터 (NOT ~~1.3 millimetre~~)

주의 a ... and a half 형식도 가능하다.

I've been waiting for **an hour and a half**. 1시간 30분 동안 기다리고 있었다.

3 단수/복수 동사

분수, 소수, 양이나 수치에 관한 기타 어구 뒤에는 보통 동사의 단수형을 쓴다(자세한 내용은
▸ 129 참조).

> Three quarters of a ton **is** too much.
> 4분의 3톤은 너무 많다. (NOT ~~Three quarters of a ton are~~ ...)
> 3.6 kilometres **is** about 2 miles. 3.6킬로미터는 약 2마일이다.

그러나 사람이나 물건의 수를 나타낼 때는 분수가 단수형이라도 동사의 복수형을 쓴다.

> A third of the students **are** from abroad.
> 학생들의 3분의 1이 외국인이다. (NOT ~~A third of the students is~~ ...)
> Half of the glasses **are** broken. 유리잔들의 절반이 깨졌다.

⟨**one in three / one out of five + 복수 명사**⟩와 같은 표현 뒤에는 동사의 단수형과 복수형 모두
가능하다.

> One in three new cars **break/breaks** down in the first year.
> 신차 석 대 중 한 대가 첫 해에 고장난다.

4 전화번호

전화번호는 숫자를 하나씩 읽어 나가는데, 3개나 4개씩 묶어(2개씩은 묶지 않음) 끊어 읽는다.
같은 숫자가 두 번 연속으로 나오면 영국인들은 대체로 double을 쓴다.

> 307 4922   three oh/zero seven, four nine two two

5 로마 숫자

로마 숫자(I, II, III, IV 등)는 현대 영어에서 자주 쓰이지 않는다. 그러나 예를 들어 왕이나 왕비
이름, 책 서문의 페이지, 문서의 단락 표기, 시험 문제 번호, 구식 시계의 문자판, 세기와 같은
몇몇 경우에는 아직도 쓰이고 있다.

> It was built in the time of Henry **V**. 그것은 헨리 5세 때 건축되었다.
> For details, see Introduction page **ix**. 자세한 내용은 서문 9쪽 참조.
> Do question (**vi**) or question (**vii**), but not both. 6번 문제와 7번 문제 중 한 문제만 푸시오.
> a fine **XVIII** Century English walnut chest of drawers 18세기 영국산 고급 호두나무 서랍장

자주 쓰이는 로마 숫자는 다음과 같다.

1 I i	10 X x	40 XL xl
2 II ii	11 XI xi	45 XLV xlv
3 III iii	12 XII xii	50 L l
4 IV iv	13 XIII xiii	60 LX lx
5 V v	14 XIV xiv	90 XC xc
6 VI vi	19 XIX xix	100 C c
7 VII vii	20 XX xx	500 D
8 VIII viii	21 XXI xxi	1000 M
9 IX ix	30 XXX xxx	1995 MCMXCV

6 기수와 서수: 책, 책의 장(chapter) 등을 세거나 왕, 왕비의 이름을 표현할 때

명사 뒤에는 서수(first, second 등) 대신 기수(one, two 등)를 쓴다. 특히 제목에서 흔히 볼 수 있다. 비교)

the fourth book – Book **Four** 제4권

the third act – Act **Three** 제3막

Mozart's thirty-ninth symphony – Symphony No. **39**, by Mozart 모차르트 교향곡 39번

the third day of the course – Timetable for Day **Three** 3일차 강좌 – 셋째 날 일정표

그러나 왕이나 왕비의 이름은 서수로 표현한다.

Henry VIII: Henry the **Eighth** 헨리 8세 (NOT ~~Henry Eight~~)

Louis XIV: Louis the **Fourteenth** 루이 14세

Elizabeth II: Elizabeth the **Second** 엘리자베스 2세

7 세기(century)

세기는 100년 단위로 햇수를 세어 나가는 방식이다. 1701년에서 1800년까지는 **18**세기라고 한다 (17세기가 아님). 또 1801년에서 1900년까지는 **19**세기에 해당한다.

8 층수(floors)

미국에서는 건물 1층을 first floor라고 부르는 반면, 영국에서는 ground floor라고 부른다. 또 미국에서는 2층을 second floor라고 하지만, 영국에서는 first floor라고 한다.

9 and: 구두점(punctuation)

영국 영어에서는 hundred/thousand/million과 100 미만 숫자 사이에 항상 and를 쓴다. 미국 영어에서는 and를 생략할 수 있다.

310　　　　　three hundred **and** ten (미국 영어에서는 three hundred ten도 가능)

5,642　　　　five thousand, six hundred **and** forty-two

2,025　　　　two thousand **and** twenty-five

두 개의 다른 단위가 포함된 수치일 때는 작은 단위 앞에 and를 쓸 수 있지만 대체로 생략한다.

two hours **(and)** ten minutes 2시간 10분

two metres **(and)** thirty centimetres 2미터 30센티미터

문어체에서는 숫자가 큰 경우 쉼표(,)를 써서 1000단위와 100만 단위 등으로 분할한다. 마침표로 숫자를 분할하지 않는다.

3,127 (NOT ~~3.127~~)　　　　5,466,243

4자리 숫자에는 쉼표를 생략하기도 한다. 또 연도에는 쉼표를 쓰지 않는다.

4,126 OR 4126　　　　the year 1648

칸을 띄우는 것도 가능하다.

There are 1 000 millimetres in a metre. 1,000미터는 1천 밀리미터다.

주의 twenty-one, twenty-two, thirty-six, forty-nine처럼 10자리 수와 1자리 수 사이에는 하이픈을 쓴다.

10 a, one

an eighth와 one eighth, a hundred와 one hundred, a thousand와 one thousand, a million과 one million 등은 각각 두 가지 모두 쓸 수 있는 표현들이다. 이중 one을 쓰는 표현이 좀 더 격식을 차린 표현에 해당된다.

> I want to live for **a** hundred years. 나는 100살까지 살고 싶다. (NOT ... ~~for hundred years~~)
>
> He was fined **one** thousand pounds for dangerous driving.
> 그는 난폭 운전으로 1,000 파운드의 벌금을 부과받았다.

a는 숫자 맨 앞에만 쓸 수 있다. 비교〉

> **a/one** hundred 100
>
> three thousand **one** hundred (NOT ~~three thousand a hundred~~) 3,100

a thousand는 단독으로 쓰거나 and 앞에 쓸 수 있지만, 100단위 바로 앞에는 잘 쓰지 않는다. 비교〉

> **a/one** thousand 1,000
>
> **a/one** thousand and forty-nine 1,049
>
> **one** thousand, six hundred and two 1,602
>
> (a thousand, six hundred and two보다 자연스러움)

a와 one은 측정 단위를 나타내는 단어 앞에 쓸 수 있으며, 위와 비슷한 규칙이 적용된다.

> **a/one** kilometre 1km (BUT **one** kilometre, six hundred metres)
>
> **an/one** hour and seventeen minutes 1시간 17분 (BUT **one** hour, seventeen minutes)
>
> **a/one** pound 1파운드 (BUT **one** pound twenty-five)

11 한정사와 수

한정사 뒤에는 숫자를 쓸 수 있다. 한정사 앞에 숫자를 쓸 때는 전치사 of가 필요하다.

> You're **my one** hope. 너는 내 유일한 희망이다.
>
> **One of my** friends gave me this. 내 친구들 중 한 명이 이것을 주었다. (NOT ~~One my friend~~ ...)

12 eleven hundred 등

비격식체에서는 one thousand one hundred 보다 eleven hundred, twelve hundred가 더 많이 쓰인다. 특히 1,100과 1,900 사이에 0으로 끝나는 숫자를 읽을 때 흔히 이 방식을 쓴다.

> We only got **fifteen hundred** pounds for the car.
> 우리는 그 차 값으로 겨우 1천 500파운드를 받았다.

2000년 이전의 연대도 이런 방식으로 쓴다(▶ 324 참조).

> He was born in **thirteen hundred**. 그는 1300년에 태어났다.
>
> It was built in **fifteen (hundred** and) twenty-nine. 그것은 1529년에 건축되었다.

13 billion

billion은 10억(a thousand million)이다. 참고로 고대 영어에서는 billion이 1조(a million million)를 의미했다.

14 -s가 붙지 않는 숫자 표현: five hundred 등

숫자 뒤에 오는 dozen, hundred, thousand, million, billion에는 -s를 붙이지 않고 전치사 of도 쓰지 않는다. several과 a few 뒤에 오는 경우도 마찬가지다.

비교〉

- **five hundred** pounds 500파운드
  hundreds of pounds 수백 파운드
- **several thousand** times 수천 번
  It cost **thousands**. 비용이 수천 파운드 들었다.
- **a few million** years 몇 백만 년
  millions of years 수백만 년

수치가 복수라도 명사 앞에서 수식어 역할을 할 때는 단수형을 쓴다.

  a **five-pound** note 5파운드 지폐 (NOT ~~a five-pounds note~~)
  a **three-mile** walk 걸어서 3마일 거리
  a **four-foot** deep hole 4피트 깊이의 구멍
  six **two-hour** lessons 2시간 분량 교습 6회
  a **six-foot** tall man 신장 6피트의 남자
  a **three-month**-old baby 생후 3개월 유아

비격식체에서는 주로 feet보다 foot을 쓰며, 특히 키를 언급할 때는 foot을 쓴다.

  My father's just over six **foot** two. 우리 아버지의 키는 6피트 2인치가 약간 넘는다.

수치에 쓰이는 be의 용법은 ▶ 25.2 참조.
소유격 형태의 시간 표현(예: ten minutes' walk, four days' journey)은 ▶ 124.5 참조.

15 영국 화폐

1 pound는 100 pence이며 금액은 다음과 같이 표시한다.

1p	one penny	(비격식체: one p(/piː/) 또는 a penny)
5p	five pence	(비격식체: five p)
£3.75	three pounds seventy-five (pence) OR three pounds and seventy-five pence (격식체)	

격의 없는 대화에서는 penny의 복수형인 pence를 단수로 쓰기도 한다. 또 의미상 복수라도 pounds 대신 단수형인 pound를 쓰기도 한다.

  That's two pounds and one **pence**, please. 2파운드 1펜스입니다.
  It cost me eight **pound** fifty. 비용은 8파운드 50펜스가 들었다.

a five-**pound** note 같은 표현에서는 단수형을 쓴다(▶ 위 14번 참조).
그러나 종종 penny 대신 pence를 쓴다(a five-**pence** stamp).

16 미국 화폐

1 dollar($)는 100 cents(¢)다. 1센트 동전은 penny, 5센트 동전은 nickel, 10센트 동전은 dime, 25센트 동전은 quarter라고 한다.

17 미터법 이외의 도량형

최근 영국은 거리를 측정하는데 미터법이 아닌 도량형(mile, yard, feet)을 사용하며, 높이는 종 종 feet로 측정한다.

> The car park's straight on, about 500 **yards** on the right.
> 주차장은 직진하셔서 우측 500야드 지점에 있습니다.

> We are now flying at an altitude of 28,000 **feet**.
> 현재 우리 비행기는 고도 2만 8,000 피트 상공을 비행하고 있습니다.

최근에는 대부분의 경우 미터법이 표준이지만, 때때로 미터법이 아닌 도량형이 쓰이기도 한다. 미국에서는 전반적으로 미터법이 아닌 도량형을 쓴다.

> It's 30 **miles** to the nearest hospital. 가장 가까운 병원은 30마일 떨어져 있다.

> The lightest road bike ever weighs around 6 **pounds**.
> 가장 가벼운 로드 바이크도 무게가 6파운드 정도 나간다.

다른 영어권 국가에서는 미터법을 쓰고 있다. 단위별 근삿값은 다음과 같다.

> 1 inch (1 in) = 2.5 cm
> 12 inches = 1 foot (30 cm)
> 3 feet (3 ft) = 1 yard (90 cm)
> 5,280 feet/1,760 yards = 1 mile (1.6 km)
> 5 miles = 8 km
> 1 ounce (1 oz) = 28 gm
> 16 ounces = 1 pound (455 gm)
> 2.2 pounds (2.2 lb) = 1 kg
> 14 pounds (14 lb) = 1 stone (6.4 kg) (영국 영어에서만 사용)
> 1 British pint = 568 ml
> 1 US pint = 473 ml
> 8 pints (8 pt) = 1 gallon
> 1 British gallon = 4.55 litres
> I US gallon = 3.78 litres
> 1 acre = 4,840 square yards = 0.4 hectares
> 1 square mile = 640 acres = 259 ha

18 면적과 부피

방이나 정원 같은 2차원 공간의 크기를 언급할 때는 twelve feet **by** fifteen feet(폭 12피트, 길 이 15피트), thirty metres **by** forty-eight metres(폭 30미터, 길이 48미터)와 같이 표현한다. twelve feet by twelve feet의 경우처럼 폭과 길이가 같을 때는 **twelve feet square**라고 할 수 도 있으며, 이때 면적은 **144 square feet**라고 한다.

또한 그릇 따위의 용적은 2 metres by 2 metres by 3 metres(폭 2미터, 길이 2미터, 높이 3미 터)로 나타내며, 이때 부피는 12 **cubic metres**라고 한다.

19 a, per

두 개의 다른 측정 단위를 연계시킬 때는 대체로 a/an을 쓴다. 격식을 갖춘 글에서는 흔히 per 를 쓴다.

> **It costs two pounds a week.** 비용은 주당 2파운드다. (OR ... £2 **per** week.)
>
> **We're doing seventy miles an hour.**
> 우리는 시속 70마일로 달리고 있다. (OR ... 70 miles **per** hour/mph.)

20 숫자: be동사의 보어로 사용하지 않음

숫자는 주어나 목적어로 쓰일 수 있지만, 계산의 경우를 제외하고는(▶ 322.21 참조) be동사 뒤에서 보어로 쓰이는 경우는 드물다.

> **I've got three sisters.** 나는 여자 형제가 세 명 있다. (NOT ~~My sisters are three.~~)
>
> **There are twelve of us in my family.**
> 우리 가족은 12명이다. (We are twelve ... 보다 자연스러움)

21 수식 표현

영국 영어에서 수식을 말하는 방식은 대체로 다음과 같다.

2 + 2 = 4	Two and two is/are four. (비격식체)
	Two plus two equals/is four. (격식체)
7 – 4 = 3	Four from seven is/leaves three. (비격식체)
	Seven take away four is/leaves three. (비격식체)
	Seven minus four equals/is three. (격식체)
3 × 4 = 12	Three fours are twelve. (비격식체)
	Three times four is twelve. (격식체)
	Three multiplied by four equals/is twelve. (격식체)
9 ÷ 3 = 3	Three(s) into nine goes three (times). (비격식체, 특히 영국 영어에서)
	Nine divided by three equals/is three. (격식체)

22 수식 표현의 예

휴대용 계산기가 나오기 전에 영어권 화자가 종이에 계산할 때 사용한 방식으로 단계별로 곱하기(146×281)를 하면 다음과 같다.

$$
\begin{array}{r}
146 \\
\times\ 281 \\
\hline
29200 \\
11680 \\
146 \\
\hline
41026 \\
\end{array}
$$

A hundred and forty-six times two hundred and eighty-one.

시작: 00을 두 개 쓴다. 2×6은 12이므로, 2를 쓰고 1을 한 자리 올린다. 2×4는 8이고 1을 더하면 9이다. 2×1은 2이다.

다음 행:	0을 한 개 쓴다. 8×6은 48이므로, 8을 쓰고 4를 한 자리 올린다. 8×4는 32이고 4를 더하면 36이다. 6을 쓰고 3을 한 자리 올린다. 8×1은 8이고 3을 더하면 11이다.
다음 행:	1×146은 146이다.
더하기:	6 + 0 + 0은 6이다. 8 + 4 + 0은 12이므로 2를 쓰고 1을 한 자리 올린다. 6 + 2는 8이고, 1을 더하면 9이고, 9 + 1은 10이다. 0을 쓰고 1을 한 자리 올린다. 9 + 1은 10이고, 10 + 1은 11이다. 1을 쓰고 1을 한 자리 올린다. 2와 1을 더하면 3이고, 3 + 1은 4이다.
합계:	41026

is와 are는 종종 맞바꿔 쓸 수 있다.

날짜를 말하거나 쓰는 방법은 ▸ 324 참조.　시간을 말하는 방법은 ▸ 325 참조.

323 나이 말하기

1 나이를 나타내는 be동사

사람의 나이를 나타낼 때는 대체로 〈**be + 숫자**〉를 쓴다.

He **is** thirty. 그는 서른 살이다. (NOT ~~He has thirty.~~)

또는 〈**be + 숫자 + years old**〉로 쓸 수도 있다. 〈**be + 숫자 + years of age**〉는 좀 더 격식을 차린 표현이다.

He **is thirty years old** / of age. 그는 서른 살이다. (NOT ... ~~thirty years.~~)

나이를 물을 때는 일반적으로 "What is your age?"라고 하지 않고 "How old are you?"라고 묻는다.

2 be + ... age

〈**be + ... age**〉 구문에 유의한다. 〈**be + ... age**〉 구문에는 전치사를 쓰지 않는다.

When I **was your age** I was working.
나는 네 나이였을 때 일을 하고 있었어. (NOT ~~When I was at your age~~ ...)
The two boys **are the same age**. 두 소년은 동갑이다.
She**'s the same age** as me. 그녀는 나와 동갑이다.

3 전치사

그 밖의 구문에서는 age 앞에 흔히 전치사 at을 붙인다.

He could read **at the age** of three. 그는 세 살 때 글을 읽을 수 있었다. (NOT ... ~~in the age~~ ...)
At your age I already had a job. 나는 네 나이때 이미 직장에 다녔다.

324 날짜 표기

1 표기법

영국에서 날짜 표기에 가장 많이 쓰이는 방식은 다음과 같다.

주의 달(月)의 이름은 항상 대문자로 시작한다(▶341 참조).

> **30 March 2004** 2004년 3월 30일
> **27 July 2003** 2003년 7월 27일

숫자 뒤에 가끔 서수를 나타내는 접미사가 붙기도 한다(예: 1st, 2nd, 3rd, 6th). 연도 앞에 쉼표를 넣는 경우도 있지만, 요즘 영국에서는 날짜가 문장 안에 들어가지 않는 한 거의 이렇게 쓰지 않는다.

> **30th March(,) 2004** 2004년 3월 30일
> **He was born in Hawick on 14 December, 1942.** 그는 1942년 12월 14일 호윅에서 태어났다.

날짜를 전부 숫자로만 표기할 수도 있다.

> **30/3/04**　　　　**30-3-04**　　　　**30.3.04** 2004년 3월 30일

미국에서는 대체로 달을 먼저 쓰고 연도 앞에 쉼표를 넣는다.

> **March 30, 2004** 2004년 3월 30일

날짜를 전부 숫자로만 표기하는 방식은 영국과 미국이 다르다. 영국에서는 날을 제일 앞에 넣는 반면 미국에서는 대체로 달부터 표기한다. 따라서 예컨대 6.4.02로 표기하면 영국에서는 '2002년 4월 6일', 미국에서는 '2002년 6월 4일'로 이해한다. 달의 이름이 길면 흔히 다음과 같은 약어를 쓴다.

> Jan　　Feb　　Mar　　Apr　　Aug　　Sept　　Oct　　Nov　　Dec

10년 단위를 나타내는 말(예: the nineteen sixties 1960년대)은 다음과 같이 표기한다: the 1960s(1960's가 더 흔히 쓰임)

편지에서 날짜가 들어가는 위치는 ▶289 참조. 약어 끝에 마침표를 찍는 용법은 ▶336 참조.

2 읽는 법

30 March 1993 = 'March the thirtieth, nineteen ninety-three' (미국 영어에서는 'March thirtieth …'도 가능) 또는 'the thirtieth of March, nineteen ninety-three'

1200 = twelve hundred
1305 = thirteen hundred and five 또는 thirteen O (/əʊ/) five
1498 = fourteen (hundred and) ninety-eight
1910 = nineteen (hundred and) ten
1946 = nineteen (hundred and) forty-six
2000 = two thousand
2005 = two thousand and five 또는 twenty oh five

날짜를 말할 때는 It's로 문장을 시작한다.

> **It's April (the) first.** 오늘은 4월 1일이다.

날짜를 묻는 방법은 다음과 같다.

What's the date (today)? (오늘이) 며칠이지?

What date is it? 오늘이 며칠이지?

What date is the meeting? 회의는 언제죠? (또는 When is the meeting?)

3 BC, AD

그리스도의 탄생 전과 후를 구분하기 위해 약어 BC(= Before Christ 기원전)와 AD(= Annao Domini 서기 - '주님의 해'를 뜻하는 라틴어)를 쓴다. BC는 연도 뒤에 붙고 AD는 연도의 앞과 뒤에 모두 올 수 있다.

Julius Caesar first came to Britain in **55 BC**.
줄리어스 시저는 기원전 55년에 처음 영국에 왔다.

The emperor Trajan was born in **AD 53/53 AD**. 트라야누스 황제는 서기 53년에 태어났다.

하지만, BC와 AD 대신 최근에 많은 사람들은 BCE(=before the Common Era)나 CE(= Common Era)를 더 선호해서 쓴다.

325 시간 말하기

1 시간을 말할 때

시간을 말하는 방식은 크게 두 가지가 있다.

8.05	eight (oh) five (OR five past eight)
8.10	eight ten (OR ten past eight)
8.15	eight fifteen (OR a quarter past eight)
8.25	eight twenty-five (OR twenty-five past eight)
8.30	eight thirty (OR half past eight)
8.35	eight thirty-five (OR twenty-five to nine)
8.45	eight forty-five (OR a quarter to nine)
8.50	eight fifty (OR ten to nine)
9.00	nine o'clock

미국인들은 시간을 표기할 때 '8:50'처럼 콜론을 쓰는 것을 선호한다. 5분 단위로 떨어지지 않는 시간은 통상 minutes past/to를 덧붙여 말한다.

seven **minutes past** eight 8시 7분 (seven past eight보다 자연스러움)

three **minutes to** nine 8시 57분 (three to nine보다 자연스러움)

o'clock은 정각일 때만 쓴다. 비교)

Wake me at seven (**o'clock**). 7시에 깨워줘.

Wake me at ten past seven. 7시 10분에 깨워줘. (NOT ... ~~ten past seven o'clock.~~)

비격식체에서는 half past에서 past를 종종 생략하기도 한다.

OK, see you at **half two**. (= ... half past two.) 알았어, 2시 반에 만나.

미국 영어에서는 past 대신 after를 흔히 쓰지만(예: ten **after** six 6시 10분), half after라고는 하지 않는다. 또한 미국 영어에서는 to 대신 of, before, till도 쓴다. 이를테면 미국 영어에서는 2시 35분을 twenty-five **of** three라고 한다.

2 시간을 묻는 표현

시간을 묻는 대표적인 표현은 다음과 같다.

> **What time is it?** 몇 시야?
>
> **Have you got the time?** 몇 시야? (비격식체)
>
> **What's the time?** 몇 시야?
>
> **Could you tell me the time?** 시간을 알려주시겠어요? (격식체)
>
> **What time do you make it?** (OR **What do you make the time?**)
> 몇 시입니까? (영국 영어, 'What time is it by your watch?'의 의미)

3 24시 단위로 표현하는 시간

시간표나 프로그램, 공식 발표 등에는 주로 시간을 24시 단위로 표현한다. 일상 회화에서는 대체로 12시 단위를 사용한다. 비교)

- Last check-in time is **20.15.** 마지막 수속 시간은 20시 15분입니다.

  I'm seeing Oliver at **a quarter past eight** in the evening.
  나는 저녁 8시 15분에 올리버를 만날 거야.

- The next train from Platform 5 is the **17.30** departure for Carlisle.
  5번 플랫폼에서 출발하는 다음 기차는 17시 30분에 출발하는 칼라일행 기차입니다.

  What time do you stop work? ~ **Half past five.** 몇 시에 일이 끝나나요? ~ 5시 30분에요.

- The meeting will begin at **fourteen hundred.** 회의는 14시 정각에 시작합니다.

  Jack and I are meeting up at **two o'clock.** 잭과 나는 2시에 만날 거야.

필요할 경우 in the morning/afternoon/evening을 써서 오전과 오후를 구분한다. 격식체에서는 am(= 라틴어 ante meridiem의 약자 - 오전)과 pm(= post meridiem의 약자 - 오후)을 쓴다.

> 09.00 = nine o'clock **in the morning** (OR nine **am**) 아침 9시
>
> 21.00 = nine o'clock **in the evening** (OR nine **pm**) 저녁 9시

326 이름과 호칭: Daniel; Mr Lewis

이름과 호칭은 사람에 관해 언급하거나 사람에게 말을 걸 때 쓰이는데, 몇 가지 차이점이 있다.

1 사람에 관해 언급할 때

사람을 언급하는 방식은 크게 네 가지로 나뉜다.

a 이름(first name, Christian name; 미국 영어에서는 given name, forename이라고도 함)
격의 없는 대화에서 동료, 친척, 친구, 아이를 언급할 때는 대체로 이름을 쓴다.

> Where's **Daniel**? He said he'd be here at three.
> 다니엘은 어디 있어? 3시에 여기 올 거라고 했는데.
>
> How's **Mia** getting on at school? 미아는 학교생활을 어떻게 하고 있니?

b 이름(first name) + 성(surname, last name, family name)
격식체와 비격식체, 어디에도 속하지 않는 중립적인 표현 방식이다.

Isn't that **Daniel Connolly** the actor? 그 다니엘 코놀리라는 사람은 배우 아니니?

We're going to Ireland with **Emily** and **Daniel Sinclair**.
우리는 에밀리와 다니엘 싱클레어 부부와 함께 아일랜드에 갈 것이다.

c 호칭(Mr, Mrs 등) + 성(surname)

다소 격식을 차린 표현으로 잘 알지 못하는 사람, 존경을 표하고 싶은 사람에 관해 언급할 때 쓰인다.

Can I speak to **Mr Lewis**, please? 루이스 씨와 통화할 수 있을까요?

We've got a new teacher called **Mrs Campbell**. 미세스 캠벨이라는 새로운 교사가 부임했다.

Ask **Miss Andrews** to come in, please. 앤드류스 양에게 들어오라고 하세요.

There's a **Ms Sanders** on the phone. 샌더스 씨라는 분에게 전화가 와 있습니다.

[주의] 사람에 관해 언급할 때는 Mr John Parker처럼 〈호칭 + 이름 + 성〉을 모두 쓰는 경우가 드물다. Mr나 Mrs 등은 (성 없이) 이름만 쓰인 경우 그 앞에 쓰이지 않는다(~~Mr John~~).

d 성만 쓰는 경우(surname only)

정치인, 운동선수, 작가 등 대중에게 널리 알려진 남자(때로는 여자)를 언급할 때는 대체로 성만 쓴다.

Do you think **Roberts** would make a good President?
로버츠가 훌륭한 대통령이 될 것 같니?

The 5,000 metres was won by **Jones**. 5,000 미터 경기는 존스가 우승했다.

I never liked **Eliot's** poetry. 나는 엘리어트의 시를 전혀 좋아하지 않았다.

Thatcher was the first British woman Prime Minister.
대처는 여성으로는 최초의 영국 수상이었다.

직원(특히 남자 직원)에 관해 언급할 때, 남자로만 이루어진 집단(군대, 학생들, 팀)의 구성원들이 서로를 부를 때는 대체로 성만 쓴다.

Let's put **Billows** in goal and move **Carter** up.
빌로우스에게 골문을 맡기고 카터를 전진 배치하자.

2 말을 걸 때

사람에게 말을 걸 때 부르는 방식은 크게 두 가지로 나뉜다.

a 이름(first name)

비격식체에서 동료, 친척, 친구, 아이들을 부를 때 쓴다.

Hello, **Olivia**. How are you? 안녕, 올리비아. 어떻게 지내니?

Hi, **Dan**. Did you get my last email? 안녕, 댄. 지난 번에 내 이메일 받았어?

하지만, 최근에는 광고 인쇄물이나 유사한 통신문에서 낯선 사람들이 이름을 사용하는 것도 흔해지고 있다.

Dear **Michael**,

We can offer you 5% interest guaranteed for 3 years ...
마이클에게,
3년 동안 5%의 확정 이자를 제공해 드릴 수 있습니다…

b 호칭(title) + 성(surname)

예의를 차리거나 격식을 갖출 때 쓴다.

> Good morning, **Miss Williamson**. 안녕하세요, 윌리엄슨 씨.

주의 일반적으로 상대방과 대면해 말을 걸 때는 성과 이름을 함께 쓰지 않는다. 이를테면 Hello, Peter Matthews.라고 부르는 것은 어색하다.

때로는 남자로만 이루어진 집단에서 구성원들끼리 Hello, Smith.처럼 서로를 성으로만 부르기도 하지만 현대 영어에서는 거의 쓰지 않는 용법이다.

Mr, Mrs, Ms는 대체로 단독으로 쓰지 않는다.

> Excuse me. Can you tell me the time?
> 실례지만 지금 몇 시죠? (NOT ~~Excuse me, Mr~~ OR ~~Excuse me, Mrs.~~)

sir와 madam은 주로 영국에서 서비스업 종사자들(상점 점원)이 많이 쓴다.

> Can I help you, **madam**? 도와드릴까요, 손님?

초등학생은 선생님을 sir나 miss라고 부른다. 영국 영어에서 Dear Sir과 Dear Madam, Dear Sir or Madam, Dear Sir/Madam은 낯선 이에게 편지를 보낼 때 서두에 상투적으로 쓰는 말이다(▶ 289 참조). 이때 첫글자를 대문자로 쓴다는 점에 유의해야 한다. 영국 영어에서는 그 밖의 다른 상황에서 sir나 madam을 쓰는 경우가 거의 없다.

> Excuse me. Can you tell me the time? 실례지만 지금 몇 시죠? (NOT ~~Excuse me, sir~~ ...)

미국 영어에서 sir와 ma'am은 영국 영어의 용법과 달리 비격식체에서 사람을 부를 때 많이 쓰인다(특히 미국 남부와 서부에서 널리 쓰임).

3 호칭 관련 유의사항

영국 영어에서는 Mr, Mrs, Dr와 같은 호칭의 약어에 마침표를 쓰지 않지만, 미국 영어에서는 Mr., Mrs., Dr.처럼 흔히 마침표를 붙인다(▶ 336 참조).

이름 앞에 붙는 Mr, Mrs, Ms의 발음에 유의한다.

> Mr /'mɪstə(r)/   Mrs /'mɪsɪz/   Ms /mɪz/ OR /məz/

Mr(= Mister)는 철자를 다 쓰는 경우가 드물며, Mrs와 Ms는 다른 철자법이 없다. Ms 역시 Mr처럼 결혼 여부가 드러나지 않는다. 특히 문어체에서 여성을 언급하면서 결혼 여부를 알 수 없거나 굳이 밝힐 필요가 없을 때 주로 Ms를 쓴다. 또한 상당수의 여성들이 자신의 이름 앞에 Mrs나 Miss보다 Ms를 붙이는 편을 선호한다.

Dr(= Doctor)는 의사나 박사의 호칭으로 쓰인다.

Professor는 '교사(teacher)'를 의미하지 않는다. Professor는 대학 학과장이나 중진 교수를 가리키는 호칭이다.

주의 일반적으로 Prof Dr 혹은 Mrs Dr처럼 두 개의 호칭을 결합하여 쓰지 않는다.

편지의 호칭법은 ▶ 289 참조.   소개하는 법은 ▶ 329.1 참조.

327 명칭: Florence, Homer 등

1 도시명

도시 이름은 종종 언어에 따라 철자가 달라진다. 예를 들어 덴마크의 수도 **København**은 독일 어로는 **Kopenhagen**, 프랑스어로는 **Copenhague**, 이탈리아어와 영어로는 **Copenhagen**으로 쓰인다.

다음은 일부 도시의 영어 이름이다.

Antwerp 안트베르펜, **Athens** 아테네, **Beirut** 베이루트, **Belgrade** 베오그라드, **Bombay** 뭄바이(최근에는 주로 **Mumbai**로 씀), **Brussels** 브뤼셀, **Bucharest** 부쿠레슈티, **Calcutta** 콜카타(최근에는 주로 **Kolkata**로 씀), **Cologne** 쾰른, **Damascus** 다마스쿠스, **Florence** 플로렌스, **Geneva** 제네바, **Genoa** 제노바, **The Hague** 헤이그, **Hanover** 하노버, **Jerusalem** 예루살렘, **Leghorn** 리보르노(최근에는 주로 **Livorno**로 씀), **Lisbon** 리스본, **Lyons** 리옹(최근에는 주로 **Lyon**으로 씀), **Marseilles** 마르세유(최근에는 주로 **Marseille** 로 씀), **Milan** 밀라노, **Moscow** 모스크바, **Munich** 뮌헨, **Naples** 나폴리, **Oporto** 오포르 토, **Padua** 파도바, **Peking** 베이징(최근에는 주로 **Beijing**으로 씀), **Prague** 프라하, **Rome** 로마, **St Peterburg** 상트페테르부르크, **Seville** 세비야, **Thessalonica** 테살로니카, **Turin** 토리노, **Venice** 베니스, **Vienna** 빈, **Warsaw** 바르샤바

2 그리스·로마 시대의 이름

그리스·로마 신화에 등장하는 인물의 이름도 언어에 따라 철자가 달라진다. 다음은 일부 등장인 물의 영어 이름이다.

Homer 호메로스, **Aeschylus** 아이스킬로스, **Livy** 리비우스, **Horace** 호라티우스, **Ovid** 오 비디우스, **Virgil** 베르길리우스, **Aesop** 이솝, **Aristotle** 아리스토텔레스, **Euclid** 에우클레 이데스(유클리드), **Sophocles** 소포클레스, **Mercury** 메르쿠리우스, **Jupiter** 유피테르(주피 터), **Helen** 헬레네, **Troy** 트로이, **Odysseus** 오디세우스

3 미술가

이탈리아 미술가인 **Raffaello Sanzio**(라파엘로 산치오)와 **Tiziano**(티치아노)의 영어 이름은 각 각 **Raphael**과 **Titian**이다.

4 국가명

국가명도 언어에 따라 각기 다르다(예: 독일(**Deutschland**)은 영어로 **Germany**라고 불린다. 이 웃 국가들은 독일을 **Allemagne**, **Tyskland** 또는 **Niemcy**라고 부른다).

328 성별(남성과 여성 구분)

영어에서는 문법적으로 성별에 대한 문제는 많지 않다. 사람은 **he** 또는 **she**, 사물은 **it**으로 지칭 한다.

1 동물, 차량, 선박, 나라를 지칭하는 경우

동물도 사람처럼 성격, 지능, 감정이 있다고 여겨 개, 고양이, 말 등의 반려동물이나 가축도 he
나 she로 지칭하기도 한다.

> Once upon a time there was a rabbit called Joe. **He** lived ...
> 옛날 옛적에 조라는 토끼 한 마리가 있었다. 녀석은 살았다 …
>
> Go and find the cat and put **her** out. 가서 그 고양이를 찾아 밖으로 내보내.

이 경우 종종 관계대명사도 which 대신 who를 쓴다.

> She had an old dog **who** always slept in her bed.
> 그녀에게는 늘 그녀의 침대에서 잠을 자는 늙은 개 한 마리가 있었다.

자동차나 오토바이 등도 종종 she로 지칭하며, 특히 선원들은 보트나 선박을 she로 지칭한다(대
부분의 사람들은 it으로 지칭한다).

> How's your new car? ~ Terrific. **She's** running beautifully.
> 새로 산 차 어때? ~ 아주 좋아. 주행감이 최고야.
>
> The ship's struck a rock. **She's** sinking! 배가 암초에 부딪혔어. 침몰하고 있어!

나라를 지칭할 때도 she를 쓸 수 있지만, 현대 영어에서는 it을 더 많이 쓴다.

> Norway has decided to increase **its** trade with Romania.
> 노르웨이는 루마니아와의 교역을 늘리기로 했다. (OR ... **her** trade ...)

2 he 또는 she

영어, 특히 격식체에서는 성별이 불분명하거나 남성과 여성 양쪽을 다 지칭할 경우 he/him/his
를 써왔다.

> If I ever find the person who did that, I'll kill **him**.
> 저런 짓을 한 인간을 찾기만 해 봐. 죽여 버릴 거야.
>
> If a student is ill, **he** must send **his** medical certificate to the College office.
> 학생은 아플 경우 대학 교무과에 진단서를 제출해야 한다.

그러나 지금은 성차별적 표현으로 여겨 he/him/his를 쓰지 않고 he or she, him or her, his
or her(또는 he/she, him/her, his/her)로 쓰는 것이 일반적이다.

> If a student is ill, **he or she** must send a medical certificate ....
> 학생은 아플 경우 진단서를 제출해야 한다...

3 단수 they

비격식체에서는 he or she 대신 they를 쓰는 경우가 많으며, 특히 somebody, anybody,
nobody, person 등 성별이 불분명한 명사를 지칭할 때 they를 쓴다. 문법에 어긋난다는 의견
도 있지만, 교양인들의 대화에 널리 쓰이고 있다. 자세한 내용은 ▶ 175 참조.

> If anybody wants my ticket, **they** can have it. 누구든 내 표를 원한다면 가져도 좋아.
> There's somebody at the door. ~ Tell **them** I'm out. 누가 찾아왔어. ~ 나 외출했다고 해.
> When a person gets married, **they** have to start thinking about **their**
> responsibilities. 사람은 결혼을 하면 책임에 대해 생각하기 시작해야 한다.

4 특정 직업/직위의 남녀를 지칭하는 단어

특정 직종이나 직위의 경우 남녀의 호칭이 다르다. 예)

남	여	남	여
actor 배우	actress 여배우	monk 수사	nun 수녀
(bride)groom 신랑	bride 신부	policeman 경찰관	policewoman 여자 경찰관
duke 공작	duchess 공작 부인	prince 왕자	princess 공주
hero 영웅	heroine 여자 영웅	steward 남자 승무원	stewardess 여자 승무원
host 주인	hostess 여주인	waiter 남자 종업원	waitress 여자 종업원
manager 관리자	manageress 여성 관리자	widower 홀아비	widow 미망인

mayor(시장)는 남성일 수도 있고 여성일 수도 있으며, 영국에서는 남성 시장의 부인을 가리켜 mayoress라고 한다.

여성의 역할을 별도로 지칭하는 용어를 사용하는 것은 종종 성차별적인 것으로 여겨져서 위 목록의 일부 단어는 사용하지 않게 될 것이다. actor, hero와 manager는 최근 남자 뿐만 아니라 여자에게도 사용된다. policeman 또는 policewoman 대신 police officer(경찰관)를 쓰며, steward와 stewardess 대신에 flight attendant(승무원)를 쓴다.

5 -man으로 끝나는 단어

chairman(의장, 회장), fireman(소방관), spokesman(대변인)처럼 -man으로 끝나는 일부 명사는 여성형이 없다. 지금은 남녀 어느 쪽이든 이런 호칭을 잘 쓰지 않는 추세이며, 통상 -man 대신 -person을 쓴다.

> Alice has just been elected **chairperson** (OR **chair**) of our committee.
> 앨리스가 방금 우리 위원회 위원장으로 선출되었다.

> A **spokesperson** said that the Minister does not intend to resign.
> 대변인은 장관이 사임할 의사가 없다고 말했다.

spokeswoman(여성 대변인)처럼 -woman으로 끝나는 신조어가 새로 생겨나는 경우도 있지만 성별 구분이 없는 단어로 대체되기도 한다. 이를테면 foreman(현장 감독)은 supervisor, ambulance man(구급차 승무원)은 ambulance staff, fireman(소방관)은 firefighter로 대체되고 있다.

6 인류를 지칭하는 man

'인류' 또는 '인간'을 지칭하는 단어로 오랫동안 man 또는 mankind를 써왔다.

> Why does **man** have more diseases than animals?
> 인간은 왜 동물보다 더 많은 질병에 걸리는가?

> That's one small step for a **man**, one giant leap for **mankind**.
> 이것은 한 인간에게는 작은 발걸음이나 인류 전체에게는 거대한 도약이다.
> (닐 암스트롱이 달 표면에 착륙하면서 한 말)

이러한 용법 역시 성차별적이라고 여겨 man이나 mankind 대신 people, humanity, the human race 등을 쓴다.

주의 man made(사람이 만든, 인공의, 인조의, 합성의)보다 synthetic이 널리 쓰인다.

차별적인 언어에 대한 자세한 내용은 ▶ 335.1 참조.

329 '사교(social)' 언어

언어에는 만나거나 헤어질 때, 여행을 떠나거나 식사할 때 등 특정한 사회적 행위를 할 때 쓰는 관용 표현들이 있다. 다음은 이런 범주에 속하는 표현들 중 영어에서 가장 널리 쓰이는 어구들이 다.

1 소개

아래는 사람을 처음 소개할 때 흔히 쓰는 표현들이다.

Jack, do you know Ella? Ella, this is my friend Jack.
잭, 이쪽은 엘라야. 엘라, 여기는 내 친구 잭이야.

Sophie, I don't think you've met Laura. 소피, 너 로라랑 초면이지.

I don't think you two know each other, do you? 두 사람 서로 초면인 것 같은데, 그렇죠?

Can/May I introduce Ben Willis? 벤 윌리스를 소개합니다. (격식체)

소개를 받으면 대체로 Pleased/Nice to meet you.(격식체), Hello, Hi(비격식체) 등으로 말을 건넨다. 미국인들은 흔히 How are you?라고 한다.

소개를 받은 사람들은 종종 악수를 한다.

이름, 성, 호칭의 용법은 ▶ 326 참조.

2 인사

만날 때의 인사(격식체):

(Good) morning/afternoon/evening. 안녕하세요.

만날 때의 인사(비격식체):

Hello. 안녕.   **Hi.** 안녕. (비격식체)

헤어질 때의 인사:

Goodnight. 안녕히 가세요.   **Goodbye.** 잘 가요.

Bye. 잘 가. (비격식체)   **Bye-bye.** 잘 가. (아이들끼리, 또는 아이들을 대상으로 자주 사용)

Cheers. 안녕. (비격식체 - 영국에서만 사용)

Take care. 잘 가.(비격식체)

See you. 또 봐. (비격식체)

See you later/tomorrow/next week 등 나중에/내일/다음주에 봐. (비격식체)

It was nice to meet/meeting you. 만나서 반가웠습니다.

주의 인사말로 Good day는 쓰지 않으며(호주 영어에서 구어체 G'day는 예외), Goodnight은 헤어질 때만 쓰는 인사말로 만날 때는 쓰지 않는다.

3 안부 인사

아는 사람을 만날 때는 대체로 건강이나 안부를 묻는다.

> **How are you?** 어떻게 지내?
> **How's it going?** 요즘 어때? (비격식체)
> **How are things?/How's things?** 요즘 어때? (비격식체)
> **How (are) you doing?** 어떻게 지내?

격식을 차린 대답:

> **Very well, thank you. And you?** 잘 지내요, 고마워요. 당신은요?
> **Fine, thank you.** 좋아요, 고마워요.

격식을 차리지 않은 대답:

> **Fine/Great. thanks.** 잘 지내, 고마워.   **All right.** 좋아.
> **(It) could be worse.** 이만하길 다행이지.   **OK.** 괜찮아.
> **Not too bad.** 나쁘진 않아.   **Mustn't grumble.** 그럭저럭. (영국 영어).
> **So-so.** 그저 그래. (NOT ~~So and so.~~)   **(I'm) good.** 좋아.
> **Can't complain.** 더 바랄게 없어.

영국인은 처음 소개 받을 때 대체로 How are you?라고 묻지 않는다. 또한 영국인이나 미국인은 모르는 사람에게 편지를 쓸 때 안부를 묻는 말로 편지글을 시작하지 않는다(▶289 참조).

4 특별한 인사

다음은 명절, 생일 등 특별한 날에 나누는 인사말이다.

> **Happy birthday!** 생일 축하해! (OR Many happy returns!)
> **Happy New Year/Easter!** 새해 복 많이 받으세요!/부활절 즐겁게 보내세요!
> **Happy/Merry Christmas!** 메리 크리스마스!
> **Happy Anniversary!** 기념일 축하 드려요!
> **Congratulations on your exam results/new job.**
> 합격/새로 취직하신 것 축하 드려요. (NOT ~~Congratulation on~~ ...)

5 잡담

영국인들은 점잖게 대화를 시작할 때 흔히 날씨 이야기부터 꺼낸다.

> **Nice day, isn't it? ~ Lovely.** 날씨가 좋죠? ~ 참 좋네요.

6 시선을 끌 때

Excuse me!는 타인의 시선을 끌거나 식당에서 종업원을 부를 때 흔히 쓰는 표현이다. 이런 용법으로 Excuse me, sir/madam이라고 하지는 않는다(▶326.2b 참조).

7 사과

영국인들은 타인을 방해하거나 타인에게 폐를 끼치기 전에 먼저 Excuse me.라고 말하고, 폐를 끼친 뒤에는 Sorry라고 한다. 비교)

> **Excuse me. Could I get past? Oh, sorry, did I step on your foot?**
> 실례합니다. 좀 지나갈 게요. 저런, 미안해요. 제가 발을 밟았나요?

Excuse me, could you tell me the way to the station?
실례합니다. 역으로 가는 길 좀 가르쳐주시겠어요?

미국인들은 실례되는 행위를 하고 난 뒤에도 사과의 표시로 Excuse me.라고 한다.
I beg your pardon. 역시 사과하는 말로 Sorry보다 격식을 차린 표현이다.

I beg your pardon. I didn't realise this was your seat.
죄송합니다. 여기가 당신 자리인 줄 몰랐습니다.

8 다시 한 번 말해달라고 할 때

상대방의 말을 듣지 못했거나 이해하지 못했을 때 쓰는 표현으로는 Sorry?(영국 영어), What?
(비격식체), (I beg your) pardon?, Pardon me?(미국 영어) 등이 있다.

Mike's on the phone. ~ **Sorry?** ~ I said Mike's on the phone.
마이크는 전화 받고 있어. ~ 뭐라고? ~ 마이크는 전화 받고 있다고.

See you tomorrow. ~ **What?** ~ See you tomorrow. 내일 봐. ~ 뭐? ~ 내일 보자고.

You're going deaf. ~ **I beg your pardon?** 귀가 먹었냐! ~ 뭐라고?

9 여행

잘 다녀오라는 뜻으로 흔히 다음 표현들을 쓴다.

Have a good/nice trip. 여행 잘 다녀와.

Have a good journey. 여행 잘 다녀와. (영국 영어)

Safe journey home. 여행 안전하게 다녀와. (영국 영어)

여행에서 돌아온 사람들을 공항이나 역 등에서 만날 때 쓰는 표현들은 다음과 같다.

Did you have a good journey/trip/flight? 여행 잘 다녀왔어?

How was the journey/trip/flight? 여행 어땠어?

외식 등 즐거운 행사차 나가는 이들에게는 Have a good time! 또는 Enjoy yourself! 등의 표현
을 쓸 수 있다. (특히 미국 영어에서는 간단하게 Enjoy!라고 하기도 한다.) Good luck!은 시험
이나 어렵고 위험한 일을 앞두고 있을 때 쓰는 표현이다.

어딘가를 다녀온 친구나 가족에게는 흔히 다음과 같이 말한다.

Welcome back/home. 어서 와.

10 휴가

휴가를 떠나는 이에게 하는 말:

Have a good/nice holiday. OR Have a good/nice time.
휴가 잘 보내. (미국 영어: ... vacation.)

휴가에서 돌아왔을 때 하는 말:

Did you have a good/nice holiday/vacation? 휴가는 즐거웠어?

11 식사

식사 전후에 관용적으로 쓰는 표현은 따로 없다. 초대 받은 손님이나 가족이라면 대체로 식사 도
중에 음식이 맛있다고 칭찬한다(예: This is very nice. 참 맛있네요.). 또한 식사를 마치고(예:
That was lovely/delicious; thank you very much.(맛있게 먹었습니다. 정말 감사합니다.) 등

의 말로) 사례한다. 일부 종교인들은 식사 전후에 짤막한 감사 기도(grace)를 한다. 식당 종업원들은 식탁에 음식을 차려놓은 다음 Enjoy your meal. 또는 Enjoy.(맛있게 드십시오.)라고 말하기도 한다.

<small>아침, 점심, 저녁 등 때에 따른 식사 명칭은 ▸330 참조.</small>

12 술자리

술자리에서 쓰는 건배사로는 Cheers!(영국 영어)나 Your health!(미국 영어에서는 To your health.라고 함) 등이 있다. 생일이나 결혼식, 승진 축하 자리에서는 흔히 Here's to ...! 등을 쓴다.

> **Here's to** Lily! 릴리를 위하여 건배!
> **Here's to** the new job! 새 직장을 위하여 건배!
> **Here's to** the happy couple! 행복한 부부를 위하여 건배!

13 안부를 전해달라고 부탁할 때

호의를 담아 자신의 안부를 전해 달라고 부탁할 때 쓰는 표현:

> Give my best wishes/regards/greetings/love to X. X에게 제 안부 좀 전해 주세요.
> Remember me to X. X에게 제 안부 좀 전해 주세요.
> Say hello to X for me. X에게 제 안부 좀 전해 주세요.

안부를 전할 때 쓰는 표현:

> X sends his/her best wishes/regards. X가 안부 전해 달래요.
> X says hello. X가 안부를 전해 달래요.

14 위로

애도 편지 등 위로의 뜻을 전하는 편지글에 쓰이는 상용 문구:

> I was very/terribly/extremely sorry to hear about ... ⋯ 소식에 삼가 심심한 조의를 표합니다.
> Please accept my deepest sympathy. 삼가 심심한 조의를 표합니다.

15 초대 및 방문

초대할 때는 흔히 다음 문구로 시작한다:

> Would you like to ...? ~해주시겠어요?

초대에 대한 대답:

> Thank you very/so much. That would be very nice/lovely.
> 대단히 감사합니다. 그럼 좋죠. (격식체)
> Thanks, that would be great. 고마워. 그럼 좋지. (비격식체)
> Sorry. I'm afraid I'm not free. 미안해. 시간이 안 될 것 같아.

떠날 때는 대접 받은 데 대한 답례로 감사를 표시한다.

> Thank you very/so much. That was a wonderful evening.
> 정말 감사합니다. 오늘 저녁 너무 즐거웠어요.

16 제안 및 답변

제안의 표현은 대체로 Would you like …?나 Can/May I get/offer you …?(격식체)로 시작한다. 행위를 제안할 경우에는 Would you like me to …?, Can/May I …?, Shall I …? (주로 영국 영어) 등으로 시작할 수 있다. 이런 질문에 대한 통상적인 대답으로는 Yes, please, No thank you, Thanks, I'd love some, I'd love to, That's very nice/kind of you 등이 있다.

[주의] thank you는 승낙할 때도 쓰이지만 거절할 때도 쓸 수 있는 표현이다.

17 물건을 빌릴 때

물건을 빌릴 때는 보통 yes/no 의문문을 쓴다(▶ 310 참조).
Could you lend me a pen? 펜 좀 빌려주시겠어요? (NOT ~~Please lend me a pen.~~)

18 물건을 건넬 때

물건을 건넬 때 고정적으로 쓰는 표현은 따로 없다. 받는 이의 주의를 끌 때는 Here you are.라고 한다.
Have you got a map of London? ~ I think so. Yes, **here you are**. ~ Thanks.
런던 지도 갖고 있어? ~ 그럴 거야. 자, 여기 있어. ~ 고마워.

특히 미국 영어에서는 There you go.라고 하기도 한다.

19 감사

감사를 표시할 때 가장 흔히 쓰이는 표현들은 다음과 같다:
Thank you. 고맙습니다.
Thanks very much/a lot. 너무 고마워요. (NOT ~~Thank you a lot.~~)
Thank you very much. 대단히 감사합니다.
Cheers. 고마워요. (영국 영어, 비격식체)
Thanks. 고마워. (비격식체)
Thank you so much. 대단히 감사합니다.

감사 인사에 대한 대답:

Not at all. 천만에요. (격식체)	You're welcome. 천만에요.
Don't mention it. 별말씀을요.	That's (quite) all right. 천만에요.
That's OK. 천만에요. (비격식체)	No problem. 무슨 말씀을. (비격식체)

[주의] 영국인의 경우 소소한 일에 대한 감사 인사에는 별다른 대답을 하지 않는 경우도 많다.

please의 용법과 감사 표현에 대해 더 자세한 내용은 ▶ 556 참조.

20 취침 및 기상 시

잠자리에 드는 사람에게는 흔히 Sleep well.이라고 한다. 아침에는 Did you sleep well? 또는 How did you sleep? 등의 인사말을 건넨다.

전화 통화에 쓰는 표현은 ▶ 331 참조.

330 식사

지역이나 사회 계층별로 식사의 명칭에 차이가 있다.

1 영국식 용법

a 정오(midday): dinner 혹은 lunch

점심 식사는 보통 dinner라고 하는데, 특히 점심이 하루의 주된 식사인 경우에 dinner라고 한다. '상류층'에서는 대체로 lunch라고 한다. lunch는 대부분의 사람들이 가벼운 점심 간식이나 도시락을 지칭할 때 쓰는 용어이기도 하다.

b 오후(afternoon): tea

(afternoon) tea(오후 4시나 5시경에 차, 비스킷, 케이크로 가벼운 식사)는 최근에는 흔하지 않은데, 종종 호텔에서 제공된다.

c 이른 저녁(early evening): (high) tea 혹은 supper

많은 사람들이 5시나 6시경에 조리된 음식으로 식사를 한다. 이를 보통 tea 혹은 high tea라고 한다. 일부는 이를 supper라고 부르기도 한다.

d 늦은 저녁(later evening): supper 혹은 dinner

느지막한 저녁 시간에 하는 식사는 대체로 supper라고 한다. (일부는 취침 시간에 먹는 간식을 supper라고 부르기도 한다.) 저녁 식사가 하루 중의 주된 식사인 경우 dinner라고 부른다. 손님들과 함께 하거나 식당에서 하는 공적인 저녁 식사도 보통 dinner라고 한다.

2 미국식 용법

미국인들은 대체로 한낮에 먹는 점심 식사를 lunch, 저녁 식사를 dinner 또는 supper라고 부른다. 크리스마스나 추수감사절 등 축제 기간 중에는 점심 때 하는 식사도 Christmas/Thanksgiving dinner라고 한다.

331 전화 통화

1 전화를 받을 때

사적인 전화를 받을 때는 'Hello(여보세요)'라고 하거나 자기 이름을 댄다. 업무용 전화를 받을 때는 주로 자기 이름을 먼저 밝힌다.

'Hello'. "여보세요."

'Albert Packard.' "앨버트 패커드입니다."

2 누군가를 찾으며 바꿔 달라고 할 때

Could I speak to Megan Horrabin?

메건 호라빈 씨 좀 바꿔주세요. (미국 영어에서는 Could I speak **with** ...?도 가능)

3 자신의 신원을 밝힐 때

Hello, **this is** Corinne. 여보세요, 코린입니다. (NOT USUAllY ... ~~I'm Corinne.~~)

Could I speak to Megan Horrabin? ~ **Speaking.** OR **This is** Megan Horrabin (speaking). 메건 호라빈 씨 좀 바꿔주세요. ~ 전데요. / 제가 메건 호라빈입니다.

4 상대방이 누구인지 물을 때

Who is **that**? 누구시죠? (미국 영어: Who is **this**?)

Who is that speaking? 누구십니까?

Who am I speaking to? (전화 받는 분은) 누구시죠?

Who's calling, please? (전화 거신 분은) 누구시죠?

5 번호를 물을 때

Can/Could I have extension two oh four six? 내선번호 2046으로 연결해 주시겠어요?

What's the **dialling code/area code** for Bristol? 브리스톨은 지역 번호가 어떻게 되죠?

What's the **country code** for Portugal? 포르투갈 국가 번호가 뭐예요?

How do I get an **outside line**? 외선과 어떻게 연결하나요?

6 수신자 부담 통화

I'd like to make a **reverse** (OR **transferred**) **charge call** to 0449 437878.
0449 437878번으로 수신자 부담 통화를 하고 싶습니다.

(미국 영어: I'd like to make a **collect call** ...)

7 부재 중일 때

I'm afraid she's not in at the moment. 죄송하지만 그녀는 지금 자리에 없습니다.

Can I take a message? 메시지를 남기시겠어요?

Can I leave a message? 메시지를 남겨도 되겠습니까?

Please leave your message after the tone. 신호음이 들린 후에 메시지를 남겨주세요.

I'll ring/call again later. 나중에 다시 전화할게요. (미국 영어: I'll call ...)

Could you ask her to ring/call me back? 그녀에게 전화해 달라고 전해주시겠어요?

Could you ask her to ring/call me at/on 637022?
그녀에게 637022번으로 전화해 달라고 해주시겠습니까?

Could you just tell her Jake called? 제이크가 전화했다고 그녀에게 전해주시겠어요?

8 잠시 기다리라고 할 때

Just a moment. 잠시만요.

May I put you on hold? 잠시 기다려 주시겠어요?

Hold on a moment, please. 끊지 말고 기다리세요.

I'll just put you on hold. 잠시만 기다리세요.

Hold the line, please. 잠시만 기다리세요.

Hang on. 기다려요. (비격식체)

9 교환원이 하는 말

One moment, please. 잠시만요.

(The number's) ringing for you. 전화 왔습니다.

(I'm) trying to connect you. 연결해 드릴게요.

(I'm) putting you through now. 지금 연결해 드리겠습니다.

I'm afraid the number/line is engaged (영국 영어)/busy (미국 영어). Will you hold?
통화 중입니다. 기다리시겠어요?

I'm afraid there's no reply from this number/from her extension.
이 번호/그녀의 내선에 응답이 없습니다.

10 전화를 잘못 걸었을 때

I think you've got the **wrong number**. 전화를 잘못 거신 것 같네요.

I'm sorry. I've got the **wrong number**. 죄송합니다. 전화를 잘못 걸었어요.

11 통화 중에 문제가 생겼을 때

Could you speak louder? It's a bad line(영국 영어)/bad connection.
더 크게 말씀하시겠어요? 연결 상태가 안 좋습니다.

You're breaking up. 소리가 끊겨요.

I'll call again. 다시 전화할게요.

I was/got cut off. 전화가 끊어졌어요.

I rang/called you earlier but I couldn't get through.
좀 전에 전화했는데 연결이 안 됐어요.

332 숙어, 연어 및 관용표현

1 숙어(idiom)의 정의: break even; a can of worms

turn up(도착하다, 나타나다), break even(수지 균형을 맞추다), a can of worms(긁어 부스럼, 성가신 문제) 등의 표현은 의미를 파악하기가 쉽지 않다. 숙어를 이루는 단어들의 개별적 의미와는 전혀 다른 의미로 쓰이기 때문이다. 이런 표현들을 '숙어(idiom)'라고 한다. 숙어는 대체로 특정 언어에서만 쓰이는 특수한 표현으로, 단어 하나하나를 그대로 옮겨서는 의미가 통하지 않는다.

2 불변화사 또는 전치사를 취하는 동사: bring up; look after

bring, come, do, get, give, go, have, keep, make, put, take 등 자주 쓰는 짧은 동사 뒤에 전치사(또는 부사 불변화사 on, off, up, away 등)를 붙여 '이어동사 (two-word verb)'를 만드는데, 이를 '전치사 수반 동사(prepositional verb)' 또는 '구동사(phrasal verb)'라고 하며 숙어로 쓰이는 경우가 많다.

Can you **look after** the cats while I'm away?
내가 없는 동안 고양이들 좀 돌봐줄래요?

She just doesn't know how to **bring up** children.
그녀는 아이들을 어떻게 키워야 할지 모른다.

I **gave up** chemistry because I didn't like it.
나는 화학을 좋아하지 않아서 포기했다.

이러한 이어동사는 특히 격식을 차리지 않은 말이나 글에서 널리 쓰인다. 비교)

- What time are you planning to **turn up?** 몇 시에 도착할 예정입니까? (비격식체)
  Please let us know when you plan to **arrive.** 언제 도착할 예정인지 알려주세요. (격식체)
- Just **keep on** till you **get to** the crossroads. 교차로가 나올 때까지 쭉 가세요. (비격식체)
  Continue as far as the crossroads. 교차로까지 계속 가세요. (격식체)

전치사 수반 동사와 구동사에 대한 자세한 내용은 ▸ 12-13 참조.

3 연어(collocation): burning desire; blazing disagreement

I fully understand.(완전히 이해했다.)라고는 하지만 I fully like라는 표현은 없으며, I rather like.(마음에 든다.)는 쓰지만 I rather understand.라고 하지는 않으며, I firmly believe.(굳게 믿는다.)라고 말하긴 해도 I firmly think.라고 하지는 않는다. a heavy smoker(골초), a devoted friend(헌신적인 친구)라는 표현은 있지만, a devoted smoker 또는 a heavy friend 라는 표현은 없다.

이렇게 마치 한 묶음처럼 관용적으로 어울려 쓰이는 말을 '연어(collocations)'라고 한다. 예)

a crashing bore   지독하게 따분한 사람 (BUT NOT a crashing nuisance)
a burning desire   열망 (BUT NOT a blazing desire)
a blazing disagreement   심한 의견 차이 (BUT NOT a burning disagreement)
highly reliable   신뢰성이 높은 (BUT NOT highly old)
a golden opportunity   절호의 기회 (BUT NOT a golden chance)
change one's mind   …의 마음을 바꾸다 (BUT NOT change one's thoughts)
Thanks a lot.   정말 고마워요. (BUT NOT Thank you a lot.)

4 상황에 따라 쓰는 언어: Sorry I kept you waiting.

일상생활과 관련된 표현 중에도 관용적으로 쓰이는 표현이 많다. 특정한 의미를 표현할 때 사전이나 문법을 활용하여 얼마든지 다양한 표현을 만들어낼 수 있지만, 영어에서 실제로 쓰이는 표현은 그 중 한두 가지에 불과하다. 따라서 자연스러운 말이나 글을 쓰려면 관용표현을 알아야 한다. 예)

Could you check the oil? 엔진 오일 좀 점검해 주실래요? (Could you inspect the oil? 또는
Could you see how much oil there is in the engine?보다 자연스러움)

Is it a direct flight or do I have to change?
직항인가요, 아니면 갈아타야 하나요?
(Does the plane go straight there or do I have to get another one?보다 자연스러움)

Sorry I kept you waiting. 기다리게 해서 미안해요. (Sorry I made you wait.보다 자연스러움)

Could I reserve a table for three for eight o'clock?
8시에 3명 자리 예약할 수 있을까요?
(Could you keep me a table for three persons for eight o'clock?보다 자연스러움)

문장 형태가 하나의 관용표현으로 쓰이는 경우도 있다. 이런 관용표현들은 대화를 시작할 때나 마무리할 때, 또는 말하고자 하는 주제로 관심을 돌리거나 분위기를 조성할 때 쓰인다.

Let me know when/where/what/how ... 언제/어디서/무엇을/어떻게 ~하는지 알려 주세요.
The best thing would be to ... 가장 좋은 것은 ~하는 것이다
(do something) as a favour 호의로 (~해 주다)
The point is ... 요점은 …이다

... is more trouble than it's worth. …은 그렇게 공들일 만한 가치가 없다

I wouldn't be surprised if ... ~한다 해도 놀라지 않을 것이다

I'll ... on condition that you ... 당신이 …한다는 전제 하에 ~하겠다

5 숙어, 연어, 관용표현 활용법

숙어, 연어, 관용표현은 격식체 또는 비격식체, 구어 또는 문어 등에 상관없이 두루 쓰인다. 특히 격식을 차리지 않는 회화에서는 숙어가 널리 쓰인다.

영미인들이 흔히 쓰는 표현들을 다 알지 못한다고 걱정할 필요는 없다. 숙어를 쓰지 않아도 대체적인 의미를 전달할 수 있기 때문이다. 그러므로 숙어와 연어 등을 외우려고 지나치게 애쓸 필요는 없으며, 영어를 배우다 보면 흔히 쓰이는 표현들을 자연스럽게 터득하게 된다. 특히 숙어 모음집에는 속어나 거의 쓰지 않는 말, 시대에 뒤떨어진 표현들까지 포함되어 있으므로 적절한 용례를 제대로 모를 때는 차라리 쓰지 않는 편이 좋다. 대표적인 예로 raining cats and dogs (비가 억수같이 쏟아지는), as cross as two sticks(= angry, 몹시 언짢은), kick the bucket (= die, 죽다) 등이 있다. 의도적으로 이런 표현을 자주 쓰면 말과 글이 오히려 어색해진다.

격식체와 비격식체는 ▶ 281 참조.   속어는 ▶ 334 참조.

333 격식체 어휘와 비격식체 어휘

단어 역시 격식 유무에 따라 달라지며, 일부 어구는 격식이 필요 없는 상황에서만 쓰인다.

- 격식체: commence 시작되다
  중립/비격식체: begin, start

- 격식체: alight (from a bus or train) (버스나 기차에서) 하차하다
  중립/비격식체: get off

- 격식체: I beg your pardon? 다시 한 번 말씀해 주시겠어요?
  중립/비격식체: Pardon? Sorry? (미국 영어: Excuse me? Pardon me?)
  비격식체: What?

- 격식체: repair 수리하다
  중립/비격식체: mend (영국 영어)
  비격식체: fix

- 격식체: acceptable, satisfactory 그런 대로 괜찮은
  중립/비격식체: all right
  비격식체: OK

- 격식체: I am (very) grateful to you. (정말) 감사합니다.
  중립/비격식체: Thank you.
  비격시체: Thanks.

- 격식체: conceal 숨기다
  중립/비격식체: hide (영국 영어)

- 격식체: construct 짓다
  중립/비격식체: build

– 격식체:	enquire 묻다
중립/비격식체:	ask
– 격식체:	purchase 구입하다
중립:	buy
비격식체:	get, pick up

격식체 언어와 비격식체 언어에 대한 자세한 내용은 ▸281 참조.
격식을 차린 이름, 호칭과 격식을 차리지 않은 이름, 호칭은 ▸326 참조.
특수한 사회 상황에서 쓰이는 표현은 ▸329 참조. 속어는 ▸334 참조.

334 속어(slang)

1 속어의 정의

속어는 서로 잘 아는 사이에서 허물없이 쓰는 언어를 말한다. 예(주로 영국 영어)

Can you lend me some **cash?** (money) 돈 좀 빌려줄래?
My shoelace has **bust.** (broken) 내 신발끈이 끊어졌어.
He's a real **prat.** (fool) 그는 진짜 멍청이야.
Those boots are real **cool.** (fashionable) 저 부츠 정말 멋지다.
Let's **chill.** (relax) 진정하자.
How are the **kids?** (children) 애들은 잘 있어?

2 강렬한 느낌

대부분의 영어 속어는 감정에 큰 영향을 미치는 문제들(이를테면 성(性), 가족 관계, 음주, 마약, 사회적 집단 간의 갈등, 일, 육체/정신적 질병, 죽음 등)과 연관이 있다.

She's got really nice **tits.** (breasts) 그녀는 정말 멋진 가슴을 가졌어.
I spent the weekend at my **gran's.** (grandmother's) 나는 할머니댁에서 주말을 보냈어.
God, we got **smashed** last night. (drunk) 맙소사, 우린 어젯밤 고주망태가 되었어.
I've got some sort of **bug.** (illness) 나 좀 아파.
He's **lost it.** (gone mad) 그는 미쳐버렸다.
Shut your **trap!** (mouth) 주둥이 닥쳐!
Let's **swap** addresses. (exchange) 주소 교환하자.
Somebody's **pinched/nicked** my scarf. (stolen) 누군가가 내 스카프를 훔쳐갔어.
There's **muck** all over the carpet. (dirt) 카펫에 온통 먼지야.
I'm not going to go on reading this **crap.** (rubbish) 이 쓰레기를 계속 읽고 있지는 않을 거야.
Where's the **loo?** (toilet) 화장실이 어디야?

만약 격식체 언어가 통상적인 상황에서 (우연히 또는 의도적으로) 속어를 사용하면 모욕적이 될 수 있다. 특히 이런 (입에 올리기를 꺼리는) 충격적인 '금기어(taboo)'의 경우가 그러하다.

3 집단 의식; 속어 사용

cash, kid 등 널리 쓰이는 속어도 있지만 특정 집단이나 전문가 집단에서만 쓰이는 속어도 있다. 또한 대부분의 속어는 서로 잘 아는 사이거나 같은 사회적 배경을 가진 사람들 사이에서 쓰인다. 속어를 쓸 때는 신중해야 한다. 일부 속어는 수명이 짧기 때문에 자칫 구식 표현이 되거나 이미 사장된 어휘일 가능성도 있다. 학습자의 입장에서는 정확한 쓰임새를 알고 있지 않는 한 속어를 쓰지 않는 것이 좋다.

335 차별어, 모욕적인 말, 금기어 및 욕설

이 항목에 제시된 어휘와 표현은 대체로 무례하게 들린다: 이런 표현을 사용하면 타인을 화나게 하거나 모욕감을 느끼게 할 수 있다. 이 표현들도 영어를 구성하는 요소이고, 언어의 일면을 숨기는 것은 어법 지침서의 본문에 어긋나기에 여기 포함시켰다. 그러나 이런 언어를 사용하면, 상대를 불쾌하게 만들거나 화나게 할 수 있다는 점을 알아야 한다. 또한 듣는 사람이나 독자에게 감수성이 둔하고 편견에 사로잡혀 있다는 인상, 편협하며 교양이 없다는 인상을 줄 수 있으며 더 나쁜 인상을 줄 수도 있다.

1 잘못된 통칭

'잘못된 통칭'은 차별적 언어의 일종으로 특정 범주의 사람은 예를 들면 모두 남성 또는 여성이라는 인상을 준다. 예컨대 'firemen'은 소방관은 모두 남성이라는 것을 은연 중에 드러내는데 이는 분명 사실이 아니다. 몇 가지 예)

잘못된 통칭	포괄적인 용어
ambulance men	ambulance staff, paramedics 긴급 의료원
chairman	chair, chairperson 회장, 의장
cleaning lady	cleaner 청소부
fireman	firefighter 소방관
foreman	supervisor 감독관
mailman (미국 영어)	mail carrier (미국 영어) 우체부
male/female (문서)	male/female/prefer not to say 여성/남성/밝히고 싶지 않음
man-hours	staff hours 인시
man-made	synthetic, manufactured 인조의
man, mankind	humanity, the human race 인류
manning	staffing 인력 채용
manpower	human resources, employees 인적 자원, 직원
policeman/men	police officer(s) 경찰관
postman/men (영국 영어)	postal worker(s) (영국 영어) 우체부
steward/stewardess	flight attendant 승무원
waiters/waitresses	restaurant staff, servers 식당 직원, 서빙 담당자

잘못된 통칭은 영어에서 점차 배제되고 있으며 개인을 언급할 때도 마찬가지이다. 뉴스 보도에서 남자 소방관 한 사람을 지칭할 때도 으레 'firefighter'라고 한다.

비슷한 형태의 차별로는 특정 맥락에서는 용인되는 어휘나 표현이라도 다른 맥락에서는 사람이나 경험을 얕잡아 보는 인상을 줄 수 있는 어휘나 표현이다. 이를테면 여자아이를 'girl'이라고 부르는 것과 남성이 같이 일하는 여성을 'the girls in the office(사무실 여자들)'이라고 부르는 것은 다르다. 따라서 판매원을 shop assistant(영국 영어), salesperson(미국 영어)이라고 부르지 않고 'salesgirl(여자 판매원)'이라고 부르는 것은 두 가지 측면에서 모두 차별적인 발언이다.

2 모욕적인 말

어떤 식으로든 특정 집단을 열등한 집단 혹은 위험한 집단으로 묘사하는 어휘와 표현 역시 차별적이다. 장애 상태, 성, 성적 지향, 국적, 민족성이 차별적인 언어의 일반적인 표적이다. 때로는 자신도 모르게 모욕적인 용어를 쓸 수도 있다. 이를테면 장애인들은 'handicapped'라는 호칭을 좋아하지 않는데 이 사실을 모르고 쓸 수도 있다. (선호하는 어휘와 표현은 시대에 따라 바뀔 수 있다. 특정 집단이 선호하는 용어는 인터넷에서 확인할 수 있다.) 반면 dyke(동성애자), nigger(검둥이) 같은 어휘는 일부러 모욕을 주려는 의도가 확연히 드러나는 용어들이다.

멸칭	선호되는 대안
cripple, handicapped person	disabled person, person with a disability 장애인
mental handicap	mental/learning disability 심신/학습 장애
retarded, mentally handicapped	having learning difficulties / a mental/ learning disability 학습 장애가 있는 / 심신/학습 장애가 있는
disturbed, mad, crazy, nuts	having a mental illness / health problem / health condition 정신질환이 있는 / 정신 건강에 문제가 있는 / 정신 건강 상태에 문제가 있는
homo, queer	gay 동성애자
dyke, lezzie, lezzo	lesbian, gay woman 레즈비언, 여성 동성애자
fag, faggot (미국 영어)	gay man 남성 동성애자
sex change	gender reassignment 성 전환
transsexual, trannie	transgender person, trans person 성 전환자
Chink	Chinese person 중국인
dago	Spanish, Italian OR Portuguese person 스페인인, 이탈리아인, 포르투갈인
Frog	Frenchman/woman 프랑스인 남자/여자
gyppo, pikey	Roma, traveller (또는 Gypsy) 방랑자, 나그네 (집시)
Jap	Japanese 일본인
Kraut	German 독일인
nigger	black person (영국 영어), African-American (미국 영어) 아프리카계 미국인
Paki	Pakistani 파키스탄인
Polack (미국 영어)	Pole 폴란드인
spic (미국 영어)	Latin-American 라틴계 미국인
wog	Middle-Eastern person 중동 사람
wop	Italian 이탈리아인
yid (미국 영어), kike (미국 영어)	Jew 유대인

중립적인 용어라도 차별의 목적으로 널리 쓰이게 되면 모욕적인 언사로 들릴 수 있어 점차 배척되기도 한다. 예를 들면 negro는 black 또는 African-American으로 대체되었고, Eskimo는 Inuit로, handicapped는 disabled로 대체되었으며, Mongol/Mongoloid/Mongolism은

(having) Down's syndrome으로 대체되었다. 이제 일부 집시들은 Gypsy라는 말도 모욕적인 언사로 받아들이고 있다.

주의 같은 집단에 속한 사람들끼리 서로 'dyke', 'nigger'라고 부르는 것은 때때로 용인된다는 점이다. 물론 집단 외부의 사람이 그런 어휘를 사용하는 것은 결코 용인되지 않는다.

3 금기어

특정 상황이나 특정 집단만 사용하는 단어, 성스럽거나 충격적이라고 여기는 단어, 위험하거나 마력이 있다고 여기는 단어들이 있다. 이를테면 아프리카 일부 부족은 죽은 추장의 이름을 입에 올리지 않으며, 일부 문화에서는 종교적 제의에만 쓰거나 성직자들만 쓰는 단어들이 따로 있다. 이런 말들을 '금기어(taboo word)'라고 한다.

영어의 금기어 및 금기 표현들은 주로 세 가지로 나뉜다.

a 기독교 관련 단어들(예: Christ, God) 중에는 신성시되는 표현들이 많다. 통상 격식을 갖춘 경건한 상황에서만 쓰이므로, 자칫 경솔하게 쓰면 상대방에게 불쾌감이나 충격을 줄 수도 있다.

b 성행위나 그에 관련된 신체 부위를 지칭하는 특정 단어들(예: fuck, balls)도 많은 사람들이 꺼리는 표현이다. 50년 전만 해도 이런 단어들은 책이나 방송에서 쓸 수 없었으며, 지금도 공공 연설이나 문서 등에서는 보기 힘들다. 정중한 표현이나 격식을 차리는 표현에서는 통상 이런 단어들 대신 다른 표현을 쓴다(예: make love, have sexual intercourse, testicles).

c 배설 행위 및 그와 관련된 신체 부위를 지칭하는 특정 단어들(예: piss, shit) 또한 불결하고 불쾌한 표현으로 간주된다. 따라서 완곡한 표현(예: urinate, defecate)을 쓰거나 다른 어구로 대체한다(예: go to the toilet, go to the bathroom(특히 미국 영어), wash one's hands).

영어 사용권 국가의 언어적 금기는 예전보다 완화된 편이다. 대부분의 금기어나 욕설들도 가령 20년 전보다는 사람들에게 주는 불쾌감이 많이 줄었다. 또한, 불쾌하다기보다는 웃자고 하는 장난 정도라는 느낌을 주는 금기어를 쓰는 사람들이 점점 많아지고 있다. 이를테면, fuck 대신 shag, screw나 bonk를 쓰고, prick(= penis) 대신 willy를 쓰는 식이다.

그렇다 하더라도 금기어나 욕설을 쓰는 일은 매우 조심해야 한다. 금기어들이 지닌 강도가 어느 정도인지 정확히 알기 힘들고, 농담 삼아 가볍게 한 말이라도 상대방의 기분을 상하게 할 수도 있기 때문이다.

4 금기어의 예

다음에 소개하는 표현들은 흔한 영어 금기어들로, 필요하다고 생각되는 경우는 문자적 의미를 설명해 놓았다. 각 표현들의 '강도'는 별 표시(*)로 구분했는데, hell, damn, blast(현대 영어에서는 금기어로 보는 경우가 드물다)처럼 별이 하나인 경우는 불쾌감을 느끼는 사람들이 별로 없는 단어인 반면, 별이 세 개인 경우는 자칫 어울리지 않는 상황에서 썼다가는 사람들을 매우 불쾌하게 만들 수도 있는 단어들이다. 그러나 단어들마다 사람들이 받는 느낌의 강도는 다를 수 있으며, 금기시하는 태도도 급속히 바뀌어 이런 금기어들이 점차 용인되는 추세다. 그러므로 연령대나 사회적 배경이 다를 경우, 여기 수록한 단어들의 강도에 대해 의견이 다를 수도 있다.

종교 관련 단어들은 문자 그대로의 의미로 쓰면 불쾌한 표현이 아니므로 별 표시는 욕설로 쓰였을 경우의 강도를 나타낸 것이다. 그 밖의 단어들은 문자 그대로의 의미와 욕설로 쓰일 때의 강도가 대체로 비슷하다.

종교

금기어	의미
damn	빌어먹을! 제기랄! (문자 그대로의 의미로 쓰이는 경우는 드물고, 주로 욕설로 사용됨)
blast (영국 영어)	젠장! (문자 그대로의 의미로 쓰이는 경우는 드물고, 주로 욕설로 사용됨)
hell	

(damn, blast, hell은 현대 영어에서 금기어의 성격이 대부분 사라졌으며, 욕설이라고 여기는 사람도 드물다. hell과 blast는 더 이상 흔히 쓰이지 않는다.)

God
Jesus *
Christ *

신체 부위

금기어	의미
arse ** (미국 영어: ass **)	둔부, 엉덩이, 항문
arsehole ** (미국 영어: asshole *)	항문
balls **	고환
bollocks **	(영국 영어) 고환
cock **	음경
dick **	음경
prick **	음경
tits **	유방
cunt ***	여성의 성기
twat **	여성의 성기 (드물게 사용)

성행위

금기어	의미
fuck **	성교하다
wank ** (미국 영어: jerk off **)	자위 행위를 하다
bugger ** (영국 영어)	사람이나 동물과 항문 성교하다; 그런 행동을 하는 사람 (문자 그대로의 의미로 쓰이는 경우는 드물다.)
come *	성적 쾌감의 절정(오르가즘)을 느끼다
sod * (영국 영어)	동성애자 (sodomite의 약자. 문자 그대로의 의미로 쓰이는 경우는 드물다.)
bitch *	암캐; 과거에는 '음란한 여자'라는 의미로 쓰임
whore **	매춘부
bastard *	사생아

배설

금기어	의미
piss **	소변; 소변을 보다
shit **	대변; 대변을 보다

| crap * | 대변; 대변을 보다 |
| fart * | 방귀를 뀌다 |

5 욕설

금기어는 불쾌감을 유발하므로, '강한' 표현을 써서 격한 감정을 표현할 때 흔히 쓰인다. 이를 '욕설(swearing)'이라고 한다. 이런 '욕설'에서 금기어는 원래와는 전혀 다른 의미로 쓰일 때가 많다. 이를테면, fuck off와 piss off는 성행위나 소변과는 전혀 상관없이 단지 'go away(나가라)'를 무례하고 과격하게 표현한 경우로, 원래 금기어가 가진 강한 성격을 빌어 다른 의도를 전달하고 있다. 비교〉

> What are you doing **fucking** in my bed? 내 침대에서 그 짓을 해?
> (= Why are you making love in my bed? - fucking이 원래 의미로 쓰임)
> What are you **fucking** doing in my bed? 내 침대에서 대체 뭐 하는 거야?
> (= Why on earth are you in my bed? - fucking이 욕설로 쓰임)

욕설로 쓰면 문법 형식도 파괴될 수 있다. 이를테면, piss off는 go away(나가라)라는 말을 과격하게 표현한 것이며, 영국 속어 pissed는 drunk(술이 취한, 미국 영어에서는 화가 난), pissed off는 fed up(싫증이 나는)에 해당된다. 욕설 표현들은 문법에 상관없이 쓰이는 경우가 많다. 이를테면, fucking은 형용사(예: **fucking** idiot)로 쓰일 때도 있고, 강조 부사(예: **fucking** good, **fucking** soon, it's **fucking** raining, **fucking** well shut up)로 쓰일 때도 있다. 심지어 다른 단어 중간에 끼워 넣는 경우도 있다(abso-**fucking**-lutely). 이처럼 문법과 상관없이 쓰일 수 있는 표현은 욕설뿐이다.

다음은 가장 흔히 쓰이는 사례들이다. 이 역시 의미에 따라 분류해 놓았다.

a 분노 혹은 짜증

Damn (it)!	(My) God!	Bugger (it)! (영국 영어)
Blast (it)! (영국 영어)	Jesus!	Sod (it)! (영국 영어)
God damn it!	Christ!	Shit!
God damn! (특히 미국 영어)	Jesus Christ!	Fuck (it)!
Hell!		

예〉

> **Damn it!** Can't you hurry up? 제기랄! 서두를 수 없어?
> **Christ!** It's raining again! 빌어먹을! 비가 또 오잖아!
> **Oh, fuck!** I've lost the address! 이런 젠장! 주소를 잃어버렸어!

b 놀라움

(Oh) (My) God!	Son of a bitch! (특히 미국 영어)
Jesus!	Damn me!
Christ!	Bugger/Fuck me! (영국 영어)
Jesus Christ!	Well, I'm damned/buggered! (영국 영어)
God damn! (특히 미국 영어)	Holy shit! (미국 영어)
Well, I'll be damned!	What the fuck!

예〉

My God! Look at that! 세상에! 저것 좀 봐!

Well, I'm damned! What are you doing here? 에고, 깜짝이야! 여기서 뭐 하는 거야?

Bugger me! There's Mrs Smith. I thought she was in Dublin.
맙소사! 스미스 여사가 있어. 그녀는 더블린에 있는 줄 알았는데.

c 놀라며 물을 때

Who/What/Why etc the hell ...? (미국 영어: ... in hell ...?도 가능)

Who/What/Why etc the fuck ...?

예〉

What the hell do you think you're doing? 도대체 제정신으로 그러는 거야?

Where the fuck are the car keys? 대체 빌어먹을 자동차 열쇠는 어디 있는 거야?

d 모욕(명사)

주의 이러한 명사들은 별 의미가 없으며, 단지 증오, 분노, 질시, 경멸 등의 격한 감정을 표현하는 수단으로 쓰인다.

bastard	sod (영국 영어)	son of a bitch	cocksucker
fart	bugger (영국 영어)	(미국 영어)	(미국 영어)
prick	wanker (영국 영어)	arsehole	(stupid) fuck
fucker	twat (= idiot)	(미국 영어 asshole)	(특히 미국 영어)
cunt	bitch (여성에게만 해당)	motherfucker	dickhead (= idiot)
shit		(미국 영어)	

예〉

You **bastard!** 나쁜 자식!   Lucky **sod!** 운 좋은 녀석!

Stupid old **fart!** 어리석은 놈!   She's such a **bitch!** 못된 년!

He's a real **prick!** 천하의 머저리 같은 놈!   That guy's a real **asshole!** 저 녀석은 멍텅구리야!

Stupid **fucker!** 얼간이!   Stupid **twat!** 등신!

e 모욕(동사의 명령형 + 목적어 형태)

Damn ...!   Blast ...! (영국 영어)   Sod ...! (영국 영어)

Bugger ...! (영국 영어)   Fuck ...!   Screw ...!

예〉

Damn that child! 망할 놈의 자식!   **Fuck** you! 엿 먹어라!

Screw the government! 우라질 정부!

f go away의 과격한 표현

Fuck off!   Bugger off! (영국 영어)

Piss off!   Sod off! (영국 영어)

예〉

Can I have a word with you? ~ **Fuck off!** 얘기 좀 할 수 있을까? ~ 꺼져!

If Andy comes asking for money, tell him to **piss off.**
앤디가 와서 돈을 요구하면 꺼지라고 해.

644

g 무관심(= I don't care)

I don't/couldn't give a damn/shit/fuck. 알 게 뭐야./상관없어.

예〉

They can come and arrest me if they want to. **I don't give a damn.**
원한다면 얼마든지 와서 체포하라고 해. 난 아무 상관없으니까.

Emily's very angry with you. ~ **I don't give a flying fuck.**
에밀리가 너한테 화가 단단히 났어. ~ 그러거나 말거나.

h 거절, 거부, 반항

(I'll be) damned/fucked if I will!   Balls!

... buggered if I will! (영국 영어)   Balls to ...! (영국 영어)

Stuff it (up your arse/ass)!   Bollocks! (영국 영어)

Get stuffed! (영국 영어)   Kiss my arse/ass!

예〉

Mr Parsons wants you to clean out the lavatories. ~ **Fucked if I will!**
파슨스 씨가 화장실 청소하라고 합니다. ~ 웃기시네!

Management are offering another £8 a week. ~ They can **stuff it.**
경영진이 1주일에 8파운드를 더 주겠대. ~ 집어치우라고 해.

Give me a kiss. ~ **Get stuffed!** 키스해 줘. ~ 꺼져!

You're afraid to fight. ~ **Balls!** 쫄았구나. ~ 무슨 헛소리!

Bollocks to the lot of you! I'm going home. 집어치워! 난 집에 간다.

i (감정을 강조하기 위해 사용하는) 형용사와 부사의 강조

damn(ed)   sodding (영국 영어)

bloody (영국 영어)   fucking

goddam (영국 영어)   motherfucking (미국 영어)

bloody는 현대 영어의 금기어에서 유래한 욕설이 아니다. 예전의 종교적인 감탄사인 By Our Lady!에서 유래한다.

예〉

That car's going **damn(ed)** fast. 저 차 겁나게 달리네.

She's a **fucking** marvellous singer. 그녀는 끝내주는 가수야.

Where's the **bloody** switch? 이놈의 스위치가 대체 어디 있는 거야?

Put the **fucking** cat out! 망할 놈의 고양이 내보내!

It's **bloody** raining again. 염병할 비가 또 내리는구먼.

영국 영어에서는 이런 단어들을 동사 앞에 쓸 때 흔히 well을 추가한다.

I **damn well hope** you never come back. 제발 부탁이니 돌아오지 마.

I'm not **fucking well paying** this time. 이번에는 절대 돈 안 낼 거야.

It's **bloody well raining** again. 빌어먹을 비가 또 퍼붓네.

j 기타

fuck (up), screw (up), bugger (up) (영국 영어)은 '망가뜨리다', '망치다', '부수다' 등의 의미로 쓰인다.

> **Somebody's fucked up the TV.** 누가 텔레비전을 부쉈네.
> **You've buggered my watch.** 내 시계를 망가뜨렸어.

영국 영어에서 fucked와 buggered는 'exhausted(지친)'를 의미한다.

> **Want another game of tennis? ~ No, I'm fucked.**
> 테니스 한 게임 더 할래? ~ 아니, 지쳤어.

screw는 특히 미국 영어에서 'cheat(속이다)'의 의미를 갖는다.

> **Don't buy a car from that garage – they'll screw you.**
> 저 정비 공장에서 차 사지 마. 사기칠 거야.

cock up(영국 영어), balls up(영국 영어), fuck up, screw up은 동사나 명사로 쓰여 계획 등을 망치는 것을 의미한다. (명사로 쓰일 때는 흔히 하이픈을 넣는다.)

> **That bloody secretary's cocked up my travel arrangements.**
> 저 괘씸한 비서가 내 여행 계획을 망쳐놓았어.
> **Sorry you didn't get your invitation – Emily made a balls-up.**
> 초대 받지 못했다니 미안해. 에밀리가 실수했어.
> **The conference was a complete fuck-up.** 회담은 참담한 실패로 돌아갔다.
> **Well, we really screwed up this time, didn't we?** 우리 이번에 망쳤어, 그지?

balls(영국 영어), bullshit, horseshit(미국 영어), cock, crap은 'nonsense(허튼소리)'를 의미한다.

> **What's his new book like? ~ A load of balls.**
> 그의 새 책 어때? ~ 잡소리만 잔뜩 늘어놓았더라.
> **Don't talk crap!** 헛소리 집어치워!

미국 영어에서는 shit이 'lies(거짓말)'나 'nothing(아무것도 …아니다)'을 의미하기도 한다.

> **Janie's getting married. ~ No shit?** 제이니가 결혼한대. ~ 농담이지?
> **He don't know his ass from a hole in the ground. He don't know shit.**
> 녀석은 똥인지 된장인지 구분을 못해. 천지 분간이 안 된다니까.

영국 영어에서 bugger/fuck/damn/sod all은 'nothing'을 의미한다.

> **There's fuck all in the fridge. We'll have to eat out.**
> 냉장고가 텅텅 비었네. 나가서 먹어야겠어.

영국 영어에서 pissed는 'drunk(술 취한)'를 의미하며 pissed off는 'fed up(싫증난)'을 의미한다.

> **Josh was pissed out of his mind again last night.**
> 조시는 어젯밤 또 코가 삐뚤어지도록 마셨어.
> **I'm getting pissed off with London.** 런던은 진절머리가 나.

미국 영어에서는 pissed (off)가 'annoyed(짜증난)', 'angry(화난)'의 의미로 쓰인다.

I'm **pissed** at him because of what he's been saying about me.
나에 대해 한 말 때문에 나는 그에게 화가 났어.

a sod of a …(영국 영어)는 'a very bad … (아주 안 좋은)'를 의미한다.

It was **a sod of an exam**. 골치 아픈 시험이었어.

It's **a sod of a place** to get to. 그곳은 가기가 아주 힘들어.

속어의 자세한 내용은 ▸334 참조.

Section 30 **Word Formation and Spelling** 조어법과 철자법

개요

약어

단어와 표현을 줄인 형태인 약어는 시간을 아끼는 데 유용하다. 특정 전문가 집단이나 사회 집단에게 중요한 약어라도 외부인은 이해할 수 없는 경우도 있다. 예를 들어 군대 장교가 'RV at 1800, and tell the CSM to get that sitrep to the 2IC now'라고 한다면 대다수 민간인은 무슨 의미인지 이해하기 어렵다. 이 말은 '오후 6시에 집합(RV = 'rendezvous')하고 중대 선임 하사관은 상황보고서를 부대 부사령관에게 제출하라'는 의미이다. 전문 용어가 아닌 일상용어에도 약어가 널리 쓰인다. 또한 격식체에도 약어가 쓰이며(for example을 줄여서 e.g.로 쓴다) 비격식체에서도 약어를 볼 수 있다('doctor'를 doc으로 줄여 쓴다). 널리 쓰이는 약어는 익혀 두어야 한다.

접두사와 접미사

접두사와 접미사를 알고 있으면 잘 모르는 단어라도 이해하기 쉬우므로 널리 쓰이는 접두사와 접미사의 의미를 익혀 두면 유용하다. 예를 들어 'hydro-(물과 관련된)'의 의미를 알고 있으면 hydroelectric(수력 발전의)의 의미를 알 수 있다. 많은 접두사와 접미사는 희랍어나 라틴어에서 왔으며 신조어를 만들 때 접두사와 접미사가 흔히 사용된다(예: 기술, 특히 컴퓨터를 싫어하거나 두려워하는 사람을 가리켜 technophobe라고 한다).

철자법

영어 철자법이 어려운 이유는 크게 3가지이다.

1 영어에는 아주 다양한 소리가 있다. 표준 영국 영어를 구사하는 사람은 약 21개 정도의 모음과 24개 정도의 자음을 구별한다. 하지만 영어 알파벳은 26개에 불과하며 모음은 6개뿐이다. 게다가 영어는 억양을 표기하지 않으므로 발음되는 모음 대다수는 ea, ie, ou 등 모음 철자를 조합해서 나타낸다.

2 11세기 노르만족의 침입으로 프랑스어 단어가 다수 영어에 유입되었는데 이 단어들은 고대 영어에서 발전되어 온 철자법 대신 프랑스어 철자법에 따라 표기했다. 그 결과 철자법 규칙이 체계 없이 뒤섞인 채로 차츰 고정되었고 현대 영어에도 끈질기게 남아 있다.

3 영어 발음은 오랜 세월을 거치면서 크게 바뀌었지만 대체로 철자는 바뀐 발음에 맞춰 수정되지 않았다. 따라서 철자와 실제 발음되는 모음이 다른 경우가 있다(예: women). 또한 널리 쓰이는 많은 단어에 더 이상 발음되지 않는 자음 철자가 들어 있다(예: through, right, sigh 등의 gh).

영어 철자법은 외국인에게만 어려운 것이 아니다. 원어민 아동도 읽고 쓰기를 배우는 데 어려움을 겪으며 낙제하는 경우도 종종 있다. 사실 고등교육을 받은 성인도 necessary, accommodation 같은 단어를 정확히 쓰기 어렵다. 제대로 된 철자법 개혁안을 만들고 시행한다면 읽고 쓰는 능력이 대폭 개선될 수도 있다.

하지만 영어 철자법에는 꽤 규칙적인 패턴이 있으므로 이 패턴들을 익히면 크게 도움이 된다. 이 섹션에서는 가장 중요한 영어 철자법들을 다루고 있다.

영국 철자법과 미국 철자법의 차이에 관한 내용은 ▶319.3 참조.

다음 문장은 왜 틀렸을까?

- ✗ I wonder why Daniel ha'snt written to us. ▶337.1 참조
- ✗ Are you ready? ~ Yes, I'm. ▶337.3 참조
- ✗ Are you ready? ~ No, I amn't. ▶337.4 참조
- ✗ She travelled extensively in north africa. ▶341 참조
- ✗ Professor Hawkins is a specialist in japanese history. ▶341 참조
- ✗ The production was realy original. ▶345 참조
- ✗ Their theory has been definitly disproved. ▶346 참조
- ✗ He completly misunderstood my argument. ▶346 참조
- ✗ The government could easyly be overthrown. ▶348 참조
- ✗ Tragicly, the message never arrived. ▶339.4 참조
- ✗ He should be made to apologise publically. ▶339.4 참조
- ✗ The results caused no surprize. ▶343 참조
- ✗ Too many people are out of work. ▶342 참고
- ✗ I am hopping to see you soon. ▶347 참조
- ✗ I will write again latter. ▶347 참조
- ✗ Thank you for offerring to help. ▶347 참조
- ✗ He did wonderful paintings of gallopping horses. ▶347 참조
- ✗ This is the begining of the end. ▶347 참조
- ✗ Please see illustration attatched. ▶349 참조
- ✗ Steack has become extremly expensive. ▶349, 346 참조
- ✗ I am looking forward to recieving your reply. ▶350 참조
- ✗ The claim is hard to beleive. ▶350 참조

Section 30 목차

336 약어

1 구두점(punctuation)

현대 영국 영어에서는 대체로 축약된 단어에 마침표를 찍지 않는다. 그러나 미국 영어에서는 마침표를 찍는 것이 일반적이다.

> Mr (미국 영어: Mr.) = Mister (축약형이 일반적임)
>
> kg (미국 영어: kg.) = kilogram   Ltd = limited (회사명 뒤, 유한 책임의)

2 첫글자 약어

여러 단어의 첫글자를 이어 약어를 만든다. 주로 단체 이름을 표시할 때 쓴다.

> the BBC = the British Broadcasting Corporation   영국방송협회

약어의 강세는 주로 마지막 음절에 온다.

> the BBC /ðə ˌbiː biː ˈsiː/   the USA /ðə ˌjuː es ˈeɪ/

약어 앞에 관사(a/an 또는 the)가 오는 경우, 관사의 형태와 발음은 축약된 단어의 첫글자 발음에 따라 달라진다. 비교)

- **an** EU country   EU회원국

  a US diplomat /ə juː .../ 미 외교관(NOT ~~an US~~ ...)

- **a** BA degree   학사 학위

  an MP /ən em .../ 하원의원(NOT ~~a MP~~)

- **the** USA /ðə juː .../ 미국(NOT /~~ðiː juː~~ .../)

  the RSPCA /ðiː ɑːr .../ 영국 동물보호협회(NOT /~~ðə ɑːr~~ .../)

3 두문자어(acronyms)

첫글자로 된 약어 중 일부는 하나의 단어처럼 발음되는데 이를 두문자어라고 하며 관사는 대체로 생략한다.

> UNESCO /juːˈneskəʊ/ = the United Nations Educational, Scientific and Cultural Organisation   유엔 교육과학문화기구 (NOT ~~the UNESCO~~)

주의 모든 첫글자 약어가 하나의 단어처럼 발음되지는 않는다.

> the CIA /ˌsiː aɪ ˈeɪ/ (NOT /~~ˈsɪə~~/)   the IRA /ˌaɪ ɑːr ˈeɪ/ (NOT /~~ˈaɪrə~~/)

4 복수형

약어의 복수형을 만들 때 s 앞에 아포스트로피(')를 붙이기도 한다.

> MP's, CD's OR MPs, CDs. (를 안 붙이는 경우가 더 많음)

5 일반적인 약어

다음에 제시된 약어는 영국식 형태로 마침표 없이 제시되었다. 영국 영어에서도 일부 약어에 마침표가 있으며, 미국 영어에서 대부분은 마침표가 있다.

> AD (미국 영어 A.D.)   after the birth of Christ (라틴어 anno domini
> (서기)에서 유래, 연도 앞에 쓰임)
>
> Aids OR AIDS   Acquired Immune Deficiency Syndrome

am	in the morning (라틴어 ante meridiem (오전)에서 유래)
asap	as soon as possible
ATM	cash machine (=automated teller machine)
Aug	August
Ave	Avenue
b	born (전기의 날짜에서)
BA	Bachelor of Arts
BA	British Airways
BC	before Christ (연도 앞에 쓰임)
BCE	before the Common Era (BC의 대체어로 최근에 점차 더 선호됨)
BSc (영국 영어)	Bachelor of Science
C	Celsius, centigrade
Capt	Captain
CD	compact disc (음반)
CE	Common Era (AD의 대체어로 최근에 점차 더 선호됨)
CEO	Chief Executive Officer
CIA	Central Intelligence Agency (미국의 외부 보안 서비스)
cl	centilitre(s)
cm	centimetre(s)
c/o	care of (주소에서 'X 씨의 댁내'의 의미)
Co	Company
Col	Colonel
Corp	Corporation
Cpl	Corporal
cu	cubic
CV (영국 영어)	summary of career (라틴어 curriculum vitae에서 유래, 미국 영어의 résumé에 해당함)
d	died (전기의 날짜에서)
Dec	December
dept	department
DIY	do it yourself
DNA	deoxyribonucleic acid
Dr	Doctor
DVD	digital versatile disc, digital videodisc
E	east(ern)
ed	edited (by), editor
e.g.	for example (라틴어 exempli gratia에서 유래)
ETA	estimated time of arrival
etc	and so on (라틴어 et cetera(기타 등등)에서 유래)
EU	European Union
F	Fahrenheit
FAQ	frequently asked questions
FBI	Federal Bureau of Investigation (미국 연방 수사국)

Feb	February
ft	foot, feet (측량 단위)
gal	gallon(s)
GB	Great Britain; gigabyte(s)
Gen	General
GMT	Greenwich Mean Time
GNP	gross national product
govt	government
HIV	human immunodeficiency virus
hr	hour(s)
i.e.	in other words (라틴어 id est(즉)에서 유래)
in	inch(es)
Inc	Incorporated
IRA	Irish Republican Army
IT	information technology
Jan	January
Jr	Junior
kg	kilogram(s)
km	kilometre(s)
kph	kilometres per hour
lb	pound(s) in weight (라틴어 libra(e)에서 유래)
LCD	liquid crystal display
LED	light-emitting diode
Lt	Lieutenant
Ltd	Limited
m	metre(s)
MA	Master of Arts
MD (영국 영어)	Managing Director
mg	milligram(s)
MI5	the Security Service (영국의 국내 정보국)
MI6	the Secret Intelligence Service (영국의 국외 정보국)
min	minute(s)
ml	millilitre(s)
mm	millimetre(s)
MP	Member of Parliament
mph	miles per hour
Mt	Mount
N	north(ern)
NATO	North Atlantic Treaty Organisation
NE	north-east(ern)
NHS	National Health Service
No	number
Nov	November

NW	north-west(ern)
Oct	October
oz	ounce(s)
PA	personal assistant
PC	personal computer; police constable
PhD	Doctor of Philosophy
PM	Prime Minister
pm	in the afternoon (라틴어 post meridiem(오후)에서 유래)
Prof	Professor
PS	addition to a written message (라틴어 post scriptum(추신)에서 유래)
pt	pint
Rd	Road
RIP	Rest in Peace (라틴어 requiesca(n)t in pace(편히 잠드소서)에서 유래)
rpm	revolutions per minute
RSVP	Please reply (초대장에서, 프랑스어 Répondez s'il vous plaît에서 유래)
S	south(ern)
SE	south-east(ern)
sec	second(s)
Sept	September
Sgt	Sergeant
Sq	Square (장소명에서)
sq	square (측량 단위)
St	Street; Saint
SW	south-west(ern)
UK	United Kingdom
UN	United Nations
UNESCO OR Unesco	United Nations Educational, Scientific and Cultural Organisation
uni	university
Univ	University
US	United States
USA	United States of America
VAT	value added tax
VIP	very important person
vol	volume
v; ALSO (특히 미국 영어) vs/vs.	against (특히 스포츠 행사에서, 라틴어 versus에서 유래)
W	west(ern)
WHO	World Health Organisation
www	world-wide web
yd	yard(s)

전자 메시지(예: hope 2 c u for hope to see you)에 사용되는 약어에 대한 내용은 ▶ 290 참조.

337 축약형: I'll, don't 등

1 원칙

I've, don't 같은 형태를 '축약형'이라고 부른다. 축약형에는 두 가지 종류가 있다.

> 명사/대명사 등 + (조)동사

I'm tired. 피곤하다.　　　　　　　　　**My father's** not very well. 우리 아버지는 편찮으시다.

Do you know when **you'll** arrive? 언제쯤 도착할지 알아?

Where's the station? 역이 어디죠?　　**I've** no idea. 모르겠다.

There's a problem. 문제가 있다.

She'd like to talk to you. 그녀가 너와 이야기하고 싶어한다.

Somebody's coming. 누군가 오고 있다.　**Here's** our bus. 우리 버스가 온다.

> (조)동사 + not

They **aren't** ready. 그들은 준비가 안 되었다.

I **haven't** seen him for ages. 나는 그를 오랫동안 보지 못했다.

You **won't** be late, will you? 늦지 않을 거지?

Can't you swim? 수영 못해?

조동사(조동사 기능을 하는 be, have, do 포함)를 축약할 수 있으며, be, have가 일반동사일 때도 간혹 축약이 일어난다.

is, has의 단축형 's는 명사(고유명사 포함), 의문사, here와 now 뒤는 물론, 대명사와 강세 없는 there 뒤에도 쓸 수 있다. 단축형 'll, 'd, 're는 대명사와 강세 없는 there 뒤에서 주로 쓰인다. 그러나 그 밖의 경우에는 (특히 영국 영어에서) 축약된 형태로 발음하더라도 글로 적을 때는 축약하지 않는 것이 보통이다.

'Your **mother will** (/ˈmʌðərl/) be surprised', she said.
"너희 어머니가 놀라실 거야."라고 그녀는 말했다.

I wondered **what had** (/ˈwɒtəd/) happened.
나는 무슨 일이 벌어진 건지 궁금했다.

주어가 둘 이상일 때는 대체로 축약형을 쓰지 않는다.

Jack and I have decided to split up.
잭과 나는 헤어지기로 결정했다. (NOT ~~Jack and I've decided~~ ...)

아포스트로피(')는 생략된 철자의 원래 자리에 넣는다: has not = **hasn't**. (NOT ~~ha'snt~~) 그러나 shan't(영국 영어에서 shall not)와 won't (= will not)에는 아포스트로피를 하나만 쓴다.

비격식체에서는 축약형이 널리 쓰이며 올바른 용법이다. 축약형이 격식을 차리지 않은 회화체의 발음을 그대로 반영하기 때문이다. 그러나 격식을 차린 표현에는 대체로 축약형을 쓰지 않는다.

2 축약형의 두 가지 형태

일부 부정 표현에는 두 가지의 축약형이 쓰인다. she had not을 she'd not 또는 she hadn't로 쓸 수 있으며, he will not은 he won't 또는 he'll not으로 쓸 수 있다. be동사의 경우, 영국 영어에서는 두 가지 형태의 축약형(예: she isn't와 she's not)이 모두 널리 쓰인다. 다른 동사와 함께 쓸 경우, 영국 표준 남부 영어에서는 대체로 n't 형태(예: she hadn't)를 더 많이 쓰며 미국 영어에서는 이 형태만을 쓴다. (not이 포함된 형태(예: she'd not)는 영국 북부와 스코틀랜드 영어에서 널리 쓰이는 경향이 있다.)

이중 축약(예: ~~she'sn't~~)은 쓰지 않는다.

3 위치

일반적으로 문미에는 〈**명사/대명사/의문사 + 조동사**〉의 축약형을 쓰지 않는다.

- **I'm** late. 늦었어.

  Yes, **you are**. 그래, 넌 늦었어. (NOT ~~Yes, you're.~~)
- **I've** forgotten. 잊어버렸어.

  Yes, **you have**. 그래, 넌 잊어버렸어. (NOT ~~Yes, you've.~~)

부정의 축약형은 문미에 올 수 있다.

  They really **aren't**.   No, I **haven't**.

4 축약형 목록

축약형	발음	의미
I'm	/aɪm/	I am
I've	/aɪv/	I have
I'll	/aɪl/	I will
I'd	/aɪd/	I had/would
you're	/juːə(r); jɔː(r); jə(r)/	you are
you've	/juːv; jəv/	you have
you'll	/juːl; jəl/	you will
you'd	/juːd; jəd/	you had/would
he's	/hiːz; hɪz/	he is/has
he'll	/hiːl; hɪl/	he will
he'd	/hiːd; hɪd/	he had/would
she's	/ʃiːz; ʃɪz/	she is/has
she'll	/ʃiːl; ʃɪl/	she will
she'd	/ʃiːd; ʃɪd/	she had/would
it's	/ɪts/	it is/has
it'd (잘 쓰지 않음)	/ˈɪtəd/	it had/would
we're	/wɪə(r)/	we are
we've	/wiːv; wɪv/	we have
we'll	/wiːl; wɪl/	we will
we'd	/wiːd; wɪd/	we had/would
they're	/ðeə(r); ðe(r)/	they are
they've	/ðeɪv; ðev/	they have
they'll	/ðeɪl; ðel/	they will
they'd	/ðeɪd; ðed/	they had/would
there's	/ðeəz; ðəz/	there is/has

there'll	/ðeəl; ðəl/	there will
there'd	/ðeəd; ðəd/	there had/would
aren't	/ɑːnt/	are not
can't	/kɑːnt/	cannot
couldn't	/ˈkʊdnt/	could not
daren't	/deənt/	dare not
didn't	/ˈdɪdnt/	did not
doesn't	/ˈdʌznt/	does not
don't	/dəʊnt/	do not
hadn't	/ˈhædnt/	had not
hasn't	/ˈhæznt/	has not
haven't	/ˈhævnt/	have not
isn't	/ˈɪznt/	is not
mightn't	/ˈmaɪtnt/	might not
mustn't	/ˈmʌsnt/	must not
needn't	/ˈniːdnt/	need not
oughtn't	/ˈɔːtnt/	ought not
shan't	/ʃɑːnt/	shall not
shouldn't	/ˈʃʊdnt/	should not
usedn't	/ˈjuːsnt/	used not
wasn't	/ˈwɒznt/	was not
weren't	/wɜːnt/	were not
won't	/wəʊnt/	will not
wouldn't	/ˈwʊdnt/	would not

주의

1. it's는 it is, it has의 축약형이며 its는 it의 소유격이다.

2. am not은 의문문에서만 aren't(/ɑːnt/)로 축약된다.
   I'm late, aren't I? 늦었어, 그렇지 않아?

3. can't는 영국 영어에서는 /kɑːnt/, 미국 영어에서는 /kænt/로 발음된다.

4. daren't, mightn't, oughtn't, shan't, usedn't는 미국 영어에서는 많이 쓰이지 않는다. needn't는 미국 영어에서 많이 쓰이지 않는다.

5. 비표준 영어에서 am not, are not, is not, have not, has not의 축약형으로 ain't(/eɪnt/ 또는 /ent/로 발음)를 쓴다.
   I ain't going to tell him. 그에게 말하지 않을 거야.
   Don't talk to me like that - you ain't my boss.
   나한테 그런 식으로 말하지 마. 상사도 아닌 주제에.
   It's raining. ~ No it ain't. 비가 와. ~ 아니, 안 오는데.
   I ain't got no more cigarettes. 담배가 다 떨어졌어.
   James ain't been here for days. 제임스는 며칠 동안 여기에 없었다.

6. 축약형 let's는 ▶225 참조.

7. may not은 일반적으로 축약형을 쓰지 않는다. mayn't라고 쓰는 경우는 거의 없다.

338 접두사와 접미사

다음은 널리 쓰이는 영어 접두사와 접미사들이다.

1 접두사

접두사	주로 붙는 품사	주요 의미	예
a-	adj.	not, without …아닌, …없는	amoral, asexual
Anglo-	adj.	English 잉글랜드의	Anglo-American
ante-	adj., verbs, nouns	before … 전에, … 앞에	antenatal, antedate, anteroom
anti-	adj., nouns	against …에 반대하는	antisocial, anti-war
arch-	nouns	supreme, most 최고의, 제일의	archbishop, arch-enemy
auto-	adj., nouns	self 자신	automatic, autobiography
bi-	adj., nouns	two 둘	bilingual, bicycle
bio-	adj., nouns	life 생명	biodegradable, biochemist
cent(i)-	nouns	hundredth 100분의 1의	centimetre, centiliter
co-	verbs, nouns	together (with) (…와) 함께	co-operate, co-pilot
counter-	adj., verbs, nouns	against 반대의	counteract, counter-revolution(ary)
cyber-	nouns	computer, Internet 컴퓨터, 인터넷	cybercrime, cyberculture
de-	verbs	reversing action 반대 동작	defrost, deregulate
	verbs	take away …을 제거하다	deforest
dis-	adj., verbs, nouns	not, opposite … 아닌, …와 정반대의	disloyal, disappear, disorder
	verbs	reversing action 반대 동작	disconnect, disinfect
e-	nouns	electronic, Internet 전자의, 인터넷	email, e-commerce, e-book
eco-	adj., nouns	environment 환경	eco-friendly, eco-tourism
en-	nouns	put in …에 넣다	endanger, encircle
	adj.	make …이 되게 하다	enrich, enable
Euro-	adj., nouns	European 유럽의	Eurocentric, Europop
ex-	nouns	former 이전의	ex-husband
extra-	adj.	exceptionally 예외로	extra-special
	adj.	outside … 범위 밖의	extra-terrestrial

접두사	주로 붙는 품사	주요 의미	예
fore-	verbs, nouns	before 전에	foretell, foreknowledge
geo-	adj., nouns	earth 토양, 지구	geothermal, geophysics
hyper-	adj., nouns	extreme(ly) 극도의, 극단적으로	hypercritical, hypertension
ill-	past participles	badly 부적절하게	ill-advised, ill-expressed
in- (im- p 앞) (il- 1 앞) (ir- r 앞)	adj.	not, opposite … 아닌, …와 정반대의	incomplete, insensitive impossible illegible irregular
inter-	adj., verbs	between, among … 사이에	international, intermarry
kilo-	nouns	thousand 1000	kilometre, kilogram
mal-	adj., verbs, nouns	bad(ly) 나쁜, 부적절하게	maltreat, malformed, malfunction
mega-	nouns adj. (비격식체)	million 백만 extremely 엄청나게	megabyte mega-rich
micro-	adj., nouns	very small 매우 작은	microlight (aircraft), micrometer
mid-	nouns	in the middle of …의 가운데에	mid-December, mid-afternoon
milli-	nouns	thousandth 1000분의 1	millisecond
mini-	nouns	little 작은	miniskirt, minicab
mis-	verbs, nouns	wrong(ly) 틀린, 틀리게	misunderstand, misconduct
mono-	adj., nouns	one 하나	monogamous, monorail
multi-	adj., nouns	many 다수의	multilingual, multi-purpose
neo-	adj., nouns	new(ly) 새로운, 새롭게	neo-classical, neo-Nazi
non-	nouns, adj.	not …이 아닌	non-smoker, non-returnable
omni-	adj.	all 모든	omnipresent
out-	verbs	do/be more than … 이상으로 하다/되다	outrun, outnumber

접두사	주로 붙는 품사	주요 의미	예
over-	adj., verbs	too much 너무 많이, 과도하게	over-confident, overeat
pan-	adj.	right across ···전체에 걸친	pan-American
photo-	adj., nouns	light 빛	photoelectric, photosynthesis
poly-	adj., nouns	many 다수의	polyglot, polygon
post-	adj., nouns	after ··· 이후의	post-modern, postwar
pre-	adj., nouns	before ··· 전의	premarital, prewar
pro-	adj., nouns	for, in favour of ···에 찬성하는	pro-communist, pro- government (adj.)
pseudo-	adj.	false 가짜의	pseudo-academic
psycho-	adj., nouns	mind, mental 마음, 정신	psycho-analysis
re-	verbs, nouns	again, back 다시	rebuild, reconstruction
semi-	adj., nouns	half 반	semi-conscious, semicircle
socio-	adj., nouns	society 사회	socio-economic
sub-	adj., nouns	below ··· 이하의	sub-standard, subconscious, subway
super-	adj. nouns	more than, special ··· 이상의, 특별한	supernatural, supermarket
tele-	nouns	distant 먼 거리에 걸친	telescope
thermo-	adj., nouns	heat 열	thermo-electric, thermometer
trans-	adj., verbs	across ···을 가로질러	transatlantic, transplant
tri-	adj., nouns	three 셋	tripartite, triangle
ultra-	adj., nouns	extreme, beyond 극도의, ···의 범위를 넘어	ultra-modern, ultrasound
un-	adj., participles	not, opposite ··· 아닌, ···와 정반대의	uncertain, unexpected
	verbs	reverse action 반대 동작	untie, undress
under-	verbs, participles	too little 너무 적은, 불충분한	underestimate, under-developed
uni-	adj., nouns	one 하나	unilateral, unicycle
vice-	nouns	deputy (직책상) 부(副)의, 대리의	vice-chairman

2 명사형 접미사

접미사	주로 붙는 품사	주요 의미	예
-age	verbs	instance of …의 행위나 과정	breakage, shrinkage
-al	verbs	instance of …의 예	refusal, dismissal
-ance, -ancy	adj., verbs	process/state of …의 과정/상태	reluctance, performance, expectancy
-ation	verbs	process/state of …의 과정/상태	exploration, starvation
	verbs	product of …의 결과물	organisation, foundation
-ee	verbs	object of verb 동사의 목적어	payee, employee
-ence, -ency	adj., verbs	process/state of …의 과정/상태	independence, presidency
-er	nouns	belonging to … 소속	teenager, Londoner
-er/or	verbs	person/thing that does …을 하는 사람/사물	writer, driver, starter, editor
-ess	nouns	female 여성	lioness, waitress
-ette	nouns	small 작은 것	kitchenette
-ful	nouns	amount held in 분량	spoonful, cupful
-hood	nouns	quality, group, time of …의 특성, 집단, 시기	brotherhood, childhood
-ing	nouns	quantity of material …에 채워지는 양	carpeting, tubing
	nouns	activity 활동	farming, surfing
-ism	nouns	belief, practice …의 체제, 주의	communism, impressionism
-ity	adj.	quality of …의 특성	elasticity, falsity
-ment	verbs	process/result of …의 과정/결과	government, arrangement
-ness	adj.	quality of …의 성질/상태	meanness, happiness
-ocracy	nouns	government by 정부, 통치	democracy
-ology	nouns	study of …에 대한 학문	sociology
-phile	nouns	lover of …을 좋아하는 사람	Anglophile
-phobe	nouns	hater, fearer of …을 싫어하는 사람, 두려워하는 사람	Anglophobe
-phobia	nouns	irrational fear of 공포증	arachnophobia(거미공포증)
-ship	nouns	status, state, quality of …의 지위, 상태, 특질	friendship, dictatorship

3 명사형 또는 형용사형 접미사

접미사	주로 붙는 품사	주요 의미	예
-ese	place nouns	inhabitant of, language of …의 주민이나 언어	Chinese, Vietnamese
-(i)an	nouns	supporter of, related to …의 지지자, …와 관련된	Darwinian, republican
	nouns	citizen of …의 시민	Parisian, Moroccan
-ist	nouns	practitioner of ~하는 사람, …주의자	pianist, racist

4 형용사형 접미사

접미사	주로 붙는 품사	주요 의미	예
-able/-ible (▶344 참조)	verbs	can be (done) …이 가능한	washable, drinkable
-al	nouns	related to …와 관련된	accidental
-centric	nouns	centred on …중심의	Eurocentric
-ed	nouns	having …을 가진	wooded, pointed, blue-eyed
-ful	nouns	full of, providing …이 가득한, 제공하는	useful, helpful
-ic(al) (▶339 참조)	nouns	related to …와 관련된	artistic, typical
-ish	adj., nouns	rather (like) 다소 … 같은	greenish, childish
	place nouns	inhabitant of, language of …의 주민, 언어	Scottish, Turkish
-ive	verbs	can do, does ~할 수 있는, ~하는	attractive, selective
-less	nouns	without …이 없는	careless, homeless
-like	nouns	like …같은	childlike
-ly	nouns	with the quality of …의 성질을 가진	friendly, motherly
-ous	nouns	having …특성을 가진	virtuous, ambitious
-proof	nouns	protected/-ing against …로부터 보호해주는, …을 막아주는	bullet-proof, waterproof
-ward	adj.	towards …쪽의	backward, northward
-y	nouns	like, characterised by … 같은, …의 속성이 있는	creamy, wealthy

661

5 부사형 접미사

접미사	주로 붙는 품사	주요 의미	예
-ly	adj.	in an (adjective) way ~한 방식으로	calmly, slowly
-ward(s)	adj.	towards …쪽으로	backwards, northward(s)

6 동사형 접미사

접미사	주로 붙는 품사	주요 의미	예
-ate	nouns	causative 사역의 의미	orchestrate, chlorinate
-en	adj.	make, become …로 만들다, …이 되다	deafen, ripen, harden
-ify	adj., nouns	causative: make 사역의 의미: … 시키다	simplify, electrify
-ise/-ize (▶343 참조)	adj., nouns	various 다양한	modernise, symbolise

7 복합형

일부 접두사와 접미사는 다른 접두사와 접미사와 결합하기도 한다.

예: phono- (소리), -logy (~학, 학문), -scope (~을 보는 기계), -metry (측정법).

phonology 음운론　　telescope 망원경　　micrometry 측미법

8 부정적인 의미의 접두사가 있는 단어

부정적인 의미를 담은 접두사가 달린 단어 중 어떤 것은 해당 접두사를 제거하더라도 긍정적인 의미로 변화하지 않는다. 예를 들어 distressed의 경우 dis-를 없앤다고 해서 ~~tressed~~가 distressed의 반의어가 되지 않는다.

dishevilled 머리가 헝클어진, 단정치 못한	disappoint 실망시키다
discard 버리다	disclose 폭로하다
disconcert 불안하게 만들다	disfigure 외관을 손상하다
dismiss 해산시키다	dispose 배치하다
incessant 쉴 새 없는	indelible 지울 수 없는
uncanny 초자연적인	uncouth 버릇 없는
ungainly 볼품없는	unkempt 단정치 못한
unnerved 무기력한	unspeakable 형언하기 어려운
unwieldy 다루기 힘든	unwitting 의식하지 않은

9 생산성

특정 접두사와 접미사는 생산적인데, 종종 새로운 단어를 만든다. 이런 접두사와 접미사는 문법적으로 옳은 거의 모든 종류의 단어에 붙여 쓸 수 있다.

I'm not **anti-tourists**; I just don't want them in our town.

나는 관광객에 반대하지는 않는다. 나는 다만 우리 마을에 관광객들이 오는 것을 원하지 않는다.

The place has got a real **1970s-like** atmosphere. 그 장소의 분위기는 정말 1970년대 같다.

하지만 대부분의 접두사와 접미사는 특정 종류의 단어에만 한정되며, 새로운 단어를 만드는데 사용될 수는 없다.

(NOT ~~uncredible, subinteresting, considerage~~ OR ~~drinkless~~)

co-, ex- 등의 하이픈 용법은 ▶342.3d 참조.

339 -ic, -ical

많은 경우 형용사는 -ic 또는 -ical로 끝난다. 그러나 각각의 단어가 어떤 형태로 끝나는지를 알 수 있는 일반적인 규칙은 없다.

1 -ic로 끝나는 형용사

academic 학구적인	algebraic 대수학의	arithmetic 산수의
artistic 예술적인	athletic (운동) 경기의, 체육의	catholic 가톨릭의
despotic 독재적인	domestic 국내의, 가정의	dramatic 극적인
egoistic 이기적인	emphatic 어조가 강한	energetic 활동적인
fantastic 환상적인	geometric 기하학의	linguistic 어학의
majestic 장엄한	neurotic 신경증의	pathetic 애처로운, 서투른
pedagogic 교수법의	pedantic 박식한 체하는	phonetic 음성의
public 공공의	semantic 의미론의	strategic 전략적인
syntactic 구문론의, 통사론의	systematic 체계적인	tragic 비극적인

arithmetical, geometrical, pedagogical로 쓰기도 한다.
위 단어들 중 일부는 고대 영어에서 -ical 형태로 쓰였다. 대표적인 예로 fantastical, majestical, tragical이 있다.
신생어는 -logical로 끝나는 경우를 제외하면 대체로 -ic로 끝난다.

2 -ical로 끝나는 형용사

biological 생물학의(-logical로 끝나는 다른 형용사도 포함)

chemical 화학의	critical 비판적인	cynical 냉소적인
fanatical 광신적인	grammatical 문법의	logical 논리적인
mathematical 수학의	mechanical 기계의	medical 의학의
musical 음악의	physical 육체의	radical 근본적인
surgical 외과의	tactical 전술상의	topical 화제의
typical 전형적인	tyrannical 폭군의	

3 의미의 차이

rhythmic과 rhythmical은 의미 차이 없이 둘 다 쓰인다. 일부 형용사의 경우 -ic와 -ical 형태를 모두 쓰지만 의미에 차이가 있다. classic(al), comic(al), economic(al), electric(al), historic(al), magic(al)과 politic(al)에 대한 자세한 내용은 ▶Section 31 참조.

4 부사

-ic 또는 -ical로 끝나는 형용사의 부사형은 모두 -ically(발음은 /ɪklɪ/)로 끝난다.
단 하나의 예외로 publicly(공공연하게)가 있다. (NOT ... ~~publically~~)

5 -ics로 끝나는 명사

physics(물리학), athletics(육상경기) 등 -ics로 끝나는 명사는 형태는 복수지만 단수로 취급한다. 그러나 mathematics(수학), politics(정치, 정치학) 등 일부 명사는 단수 또는 복수로 취급한다. 자세한 내용은 ▶ 117.3 참조.

340 아포스트로피(')

아포스트로피(')는 주로 세 가지 용법으로 쓰인다.

1 생략된 문자 대신 쓰임

축약형에서 생략된 문자 대신 아포스트로피를 쓴다(▶ 337 참조).

>   can't (= cannot)   I'd (= I would/had)
>   it's (= it is/has)   who's (= who is/has)

2 소유격

소유격을 나타내는 -s 앞에 아포스트로피를 쓴다. -s로 끝나는 단어의 경우 아포스트로피만 찍는다(▶ 123 참조).

> **the girl's** father 그 소녀의 아버지
> **Charles's** wife 찰스의 아내
> my **parents'** house 부모님의 집

인칭대명사의 소유격이나 소유대명사(예: yours, its) 등에는 아포스트로피가 붙지 않는다.

> This money is **yours.** 이 돈은 네 것이다. (NOT ... ~~your's.~~)
> The cat had not had **its** food yet. 그 고양이는 아직 먹이를 먹지 않았다. (NOT ... ~~it's food~~ ...)
> **Whose** house did she stay in? 그녀는 누구의 집에 머물렀지? (NOT ~~Who's~~ ...)

3 특별한 복수형

일반적으로 복수형을 취하지 않는 단어를 복수형으로 표현할 때 아포스트로피를 쓰기도 한다.

> It is a nice idea, but there are a lot of **if's.**
> 좋은 생각이긴 하지만 '만약에'라는 단서가 너무 많이 붙는다.

아포스트로피는 문자의 복수를 표현할 때도 쓰이며, 숫자와 약어의 복수에 쓰일 때도 있다.

> He writes **b's** instead of **d's.** 그는 d를 b로 쓴다.
> It was in the early **1980's.** 때는 1980년대 초였다. (1980s가 더 널리 쓰임)
> I know two **MP's** personally.
> 나는 하원의원 두 사람을 개인적으로 알고 있다. (MPs가 더 널리 쓰임)

일반적인 복수형에는 아포스트로피를 쓰지 않는다.

> JEANS – HALF PRICE 청바지 - 반값 특가 (NOT ~~JEAN'S~~ ...)

341 대문자

다음 부류의 단어는 첫 글자를 대문자로 쓴다.

a 요일, 달, 법정 공휴일 (계절은 보통 첫 글자를 대문자로 쓰지 않음)

Sunday 일요일	**March** 3월	**Easter** 부활절
Tuesday 화요일	**September** 9월	**Christmas** 크리스마스

(BUT 계절은 summer, autumn으로 표기)

b 사람, 기관, 장소 등의 이름(행성과 별자리 명칭 포함)

John 존	**Mary** 메리	**the Smiths** 스미스 가족
the Foreign Office 외무부	**North Africa** 북아메리카	**Canada** 캐나다
the United States 미국	**The Ritz Hotel** 리츠 호텔	

Oxford University 옥스포드 대학교 (He teaches at a university.와 비교)

The Super Cinema 수퍼 극장 the **Far East** 극동

the Pole Star 북극성　　**Mars** 화성

(BUT 다른 별은 the earth, the sun, the moon으로 표기)

c 사람 이름에서 따온 어휘의 경우, 의미상 그 인물을 가리킬 때는 첫 글자를 대문자로 쓴다.

Shakespearean drama 셰익스피어 연극

(BUT to pasteurise(저온 살균하다)는 화학자 파스퇴르가 아니라 화학 공정을 의미)

d 호칭이나 직함

Mr Smith 스미스 씨	**Professor Blake** 블레이크 교수	**Dr Jones** 존스 박사
Colonel Webb 웹 대령	**the Managing Director** 상무이사	

the Prime Minister is attending the summit 총리는 정상 회담에 참석 중이다

(비교) How is the **Swedish prime minister** elected? 스웨덴은 어떤 방식으로 총리를 선출하는가?)

e 국적, 지역, 언어, 인종, 종교 등을 지칭하는 명사 및 형용사

He's **Russian.** 그는 러시아인이다.	I speak **German.** 나는 독일어를 말한다.
Japanese history 일본 역사	**Catalan cooking** 카탈로니아 요리
She's **Jewish.** 그녀는 유대인이다.	He's a **Sikh.** 그는 시크교도이다.

f 신문 및 잡지명

International Herald Tribune 인터내셔널 헤럴드 트리뷴

New Scientist 뉴 사이언티스트

신문이나 잡지명에 쓰인 관사 the는 보통 대문자로 쓰는데, 소문자로 쓰기도 한다.

I read it in **The/the Guardian.** 나는 그걸 '가디언'에서 읽었다.

g 책, 영화, 연극 제목의 첫 단어(그 밖의 중요한 단어의 첫 글자)

The Spy Who Loved Me 나를 사랑한 스파이

Gone with the Wind 바람과 함께 사라지다

a Midsummer Night's Dream 한여름 밤의 꿈

East, North 등의 대문자 표기는 ▶442 참조.

342 하이픈(-)

1 하이픈의 정의

ticket-office, ex-husband와 같은 표현에서 볼 수 있는 단어를 이을 때 쓰는 짧은 선이다. 하이픈(-)은 대시(–)와는 다르다: ▶297 참조.

2 하이픈 소멸 현상

하이픈의 사용 규칙은 다소 복잡하며 용법도 명확하지 않다. 하이픈의 사용이 점차 줄어드는 것은 이런 이유 때문인 듯하다. 상용화된 짧은 복합어들은 오늘날 하이픈 없이 붙여 쓰는 경우가 많다(예: weekend, wideawake, takeover). 그리고 사용 빈도가 적거나 다소 긴 복합어들은 별개의 단어처럼 띄어 쓰는 추세다(예: train driver, living room). 오늘날은 동일한 표현에 세 가지 표기법이 공존하는 경우도 흔하다(예: bookshop, book-shop, book shop). 하이픈을 쓰는 것이 옳은지 확신이 없을 때는 사전을 참고하거나 하이픈 없이 쓰는 편이 무난하다.

3 하이픈의 용도

하이픈은 다음 경우에 가장 흔히 쓰인다.

a 복합명사(compound noun)
- 두 번째 단어가 -er로 끝나는 복합명사
  bottle-opener 병따개

- 첫 번째 단어가 -ing로 끝나는 복합명사
  writing-paper 필기 용지

- 전치사와 부사 불변화사로 구성된 복합명사
  sister-in-law 형수; 시누이; 올케; 처제 등
  make-up 화장
  in-joke 특정 집단 내에서만 통하는 농담

b 복합형용사(compound adjective)

red-hot 작열하는; 격렬한	**nice-looking** 잘생긴
blue-eyed 푸른 눈의	**grey-green** 회녹색의
broken-hearted 상심한	

길이가 긴 형용사구가 명사를 앞에서 수식할 경우 흔히 하이픈을 붙인다. 비교〉
- an **out-of-work** miner 실직한 광부
  He's **out of work**. 그는 실직 상태다.
- a **shoot-to-kill** policy 사살 지침
  They were ordered to **shoot to kill**. 그들은 사살하라는 명령을 받았다.

c 명사가 앞에 붙는 복합동사
  role-play 역할극
  house-hunt 집을 구하러 다니다

d 접두사(prefix)

접두사 anti-, co-, ex-, mid-, non-, pre-, post-, pro-, self- 는 주로 하이픈을 붙여 쓴다. 미국 영어에서 이런 복합어는 보통 한 단어로 쓰인다(예: antiwar)

anti-war 반전   co-producer 공동 제작자

ex-husband 전남편   mid-term 중간

non-involvement 불간섭   post-publication 출간 후

pre-meeting 사전 회의   pro-hunting 수렵 찬성

self-study 자습

또한 일반적인 어휘가 아니거나 붙여 쓰면 오인할 수 있는 복합어도 하이픈을 활용한다.

un-American 미국적이지 않은   re-examine 재검토하다

counter-revolution 반혁명

e 숫자(21~99) 및 분수

twenty-one 21   thirty-six 36   two-thirds 3분의 2

4 어휘가 분리될 경우

행 끝에서 긴 단어가 줄바꿈으로 분리될 경우에도 하이픈을 쓴다.

... is not completely in accordance with the controversial policy of the present government, which was ...

…은 ~한 현 정부의 논쟁의 여지가 있는 정책에 전적으로 부합하지 않는다.

343 -ise, -ize

-ise와 -ize 두 가지 철자법이 병용되는 동사들이 많은데 미국 영어에서는 통상 -ize로 쓴다. 예)

baptise/baptize (영국 영어)   baptize (미국 영어)

computerise/computerize (영국 영어)   computerize (미국 영어)

mechanise/mechanize (영국 영어)   mechanize (미국 영어)

realise/realize (영국 영어)   realize (미국 영어)

영국 영어와 미국 영어 모두 대부분의 2음절 동사와 일부 3음절 이상 동사에는 어미에 -ise가 붙는다. 예)

advertise	devise	improvise
advise	disguise	revise
comprise	enterprise	supervise
compromise	exercise	surprise
despise	franchise	televise

capsize는 영국 영어와 미국 영어 모두 철자법이 동일하다.

주의 analyse(미국 영어: analyze)와 paralyse(미국 영어: paralyze)의 철자에도 유의한다. 영국 영어에서는 -ise를 쓸 수 없는 경우가 거의 없다.

344 -able, -ible

접미사 -able는 쉽게 읽을 수 있어 잘 들을 수 있는 -ible 보다 훨씬 자주 쓰인다. (둘 다 동일하게 /əbl/로 발음된다). 흔히 쓰이는 일부 단어는 -ible로 쓴다.

accessible 접근 가능한	audible 잘 들리는
comprehensible 이해할 수 있는	convertible 전환 가능한
credible 믿을 수 있는	defensible 옹호할 수 있는
digestible 소화하기 쉬운	divisible 나눌 수 있는
edible 먹을 수 있는	eligible 적임의
exhaustible 고갈시킬 수 있는	fallible 실수를 할 수 있는
feasible 실현 가능한	flexible 신축성 있는
forcible 강제적인	gullible 잘 속아 넘어가는
horrible 끔찍한	indelible 잊을 수 없는
intelligible 이해할 수 있는	invincible 천하무적의
legible 읽기 쉬운	negligible 무시해도 될 정도의
perceptible 인지할 수 있는	permissible 허용되는
plausible 그럴듯한	possible 가능한
resistible 저항할 수 있는	responsible 책임이 있는
reversible 뒤집어 입을 수 있는	sensible 분별 있는
suggestible 남의 영향을 받기 쉬운	susceptible 민감한
tangible 분명히 실재하는	terrible 끔찍한
visible (눈에) 보이는	

위 단어의 부정형도 당연히 -ible로 쓴다. 예) inaudible, irresponsible

345 -ly

1 부사를 만드는 -ly

대체로 형용사에 -ly를 붙여 부사를 만든다.

late → lately	hopeful → hopefully
definite → definitely	right → rightly
real → really (NOT realy)	pale → palely
complete → completely (NOT completly)	

예외)

true → truly	whole → wholly
due → duly	full → fully

2 -y는 -i-로 바꾸고 -ly

-y로 끝나는 형용사는 대체로 -y를 -i-로 바꾸고 -ly를 붙인다 (▶ 348 참조).

happy → happily	dry → drily 또는 dryly
easy → easily	gay → gaily

예외〉

    shy → shyly   sly → slyly

    coy → coyly

3 〈자음 + -le〉로 끝나는 형용사

자음 뒤 -le를 -ly로 바꾼다.

    id**le** → id**ly**   nob**le** → nob**ly**   ab**le** → ab**ly**

4 -ic로 끝나는 형용사

-ic로 끝나는 형용사의 부사형은 대체로 -ically로 쓴다(발음은 /ɪkli/).

    trag**ic** → trag**ically**   phonet**ic** → phonet**ically**

예외〉

    pub**lic** → pub**licly**

---

346 마지막 철자가 e인 경우

1 모음 앞에서 탈락되는 마지막 철자 e

-e로 끝나는 단어 뒤에 모음으로 시작되는 어미(예: -ing, -able, -ous)가 붙으면 통상 마지막 e를 탈락시킨다.

    hope → hoping   note → notable

    shade → shady   make → making   f

    fame → famous

ageing이 영국 영어에서 한 가지 예로, ageing이 aging보다 더 흔히 쓰인다.

-e로 끝나는 단어 뒤에 -able과 -age가 붙을 때는 두 가지 철자법이 있지만, 대체로 e를 탈락시킨다.

    주의 likeable (대체로 e가 들어감)

    mov(e)able (두 가지 모두 가능)

    mileage (반드시 e가 들어감)

-ee, -oe, -ye로 끝나는 단어는 마지막 -e가 탈락되지 않는다.

    see → seeing   canoe → canoeist

    agree → agreeable   dye → dyeing

2 자음 앞에서 탈락되지 않는 마지막 철자 e

자음으로 시작되는 어미가 뒤에 붙을 때는 대체로 단어의 마지막 철자 -e를 탈락시키지 않는다.

    excite → excitement   complete → completeness

    definite → definitely

예외〉 -ue로 끝나는 어휘

    due → duly   true → truly

    argue → argument

-ce나 -ge로 끝나는 어휘는 a나 o로 시작되는 어미 앞에서 -e를 탈락시키지 않는다.

replace → replaceable

courage → courageous

(BUT charge → charging, face → facing)

judg(e)ment와 acknowledg(e)ment는 g 뒤에 -e를 쓸 때도 있고, 탈락시킬 때도 있다.

-ie로 끝나는 단어는 ▸348.5 참조.   -ly로 끝나는 부사는 ▸345 참조.

347 마지막 자음의 반복

1 모음 앞에서의 자음 반복

자음으로 끝나는 단어 뒤에 -ed, -er, -est, -ing, -able, -y 및 모음으로 시작되는 어미가 붙을 때는 단어의 마지막 자음을 한 번 더 쓴다.

stop → stopped   sit → sitting   big → bigger

2 자음이 반복되는 경우

다음 자음들은 반복해서 쓴다.

b:	rub → rubbing	n:	win → winnable
d:	sad → sadder	p:	stop → stopped
g:	big → bigger	r:	prefer → preferred
l:	travel → travelling	t:	sit → sitting
m:	slim → slimming		

마지막 자음 -s가 반복되는 경우는 gassing, gassed(다른 어휘들은 대체로 그렇지 않음), 마지막 자음 -z가 반복되는 경우는 quizzes, fezzes가 있으며, 마지막 자음 -f가 반복되는 경우로는 iffy('의심스러운', '불확실한'을 의미하는 구어체 단어)가 있다.

show, flow 등과 같이 -w로 끝나는 단어는 w가 반모음이므로 반복하지 않는다.

show → showing   flow → flowed (NOT showwing, flowwed)

3 자음이 맨 끝에 올 경우에만 해당됨

자음이 단어의 마지막 철자일 경우에만 반복해서 쓴다. 비교)

hop → hopping   BUT hope → hoping

fat → fatter   BUT late → later

plan → planned   BUT phone → phoned

4 단모음 + 단자음

단모음 뒤에 단자음이 붙는 형태로 끝날 때만 자음을 반복해서 쓴다. 비교)

fat → fatter   BUT fast → faster (NOT fastter)

bet → betting   BUT beat → beating (NOT beatting)

5 강세 음절만 반복

끝 음절에 강세가 올 경우에만 자음을 반복하고, 단어가 길어서 끝 음절에 강세가 오지 않을 때는 자음을 반복하지 않는다. 비교)

up'set → up'setting	BUT 'visit → 'visiting
be'gin → be'ginning	BUT 'open → 'opening
re'fer → re'ferring	BUT 'offer → 'offering

주의) 다음 단어들의 철자에 유의한다.

'gallop → 'galloping → 'galloped (NOT ~~gallopping, gallopped~~)

de'velop → de'veloping → de'veloped (NOT ~~developping, developped~~)

6 예외: 비강세 음절의 마지막 철자 l

영국 영어에서는 〈단모음 + l〉로 끝나는 단어의 경우 끝 음절에 강세가 오지 않을 때도 대체로 l을 반복해서 쓴다.

'travel → 'travelling   'equal → 'equalled

미국 영어에서는 traveling처럼 대체로 l을 한 번만 쓴다.

7 기타 예외

끝 음절이 완전 모음 (예: /æ/)으로 발음되는 경우, 강세가 오지 않더라도 마지막 자음이 반복되기도 한다.

'kidnap → 'kidnapped

'handicap → 'handicapped

'worship → 'worshippers (미국 영어에서는 'worshipers와 혼용)

'combat → 'combating 또는 'combatting

focus의 경우 'focus(s)ing, 'focus(s)ed처럼 자음을 반복해서 쓰기도 한다.

8 마지막 철자가 c인 단어

-c로 끝나는 단어는 c를 ck로 바꾸고 -ed, -er, -ing 등의 어미를 붙인다.

picnic → picnickers

panic → panicking

mimic → mimicked

9 자음을 반복하는 이유

자음을 반복하는 이유는 모음이 짧게 발음된다는 것을 나타내기 위해서이다. 강세가 오는 모음 뒤에 단자음이 오면 대체로 장모음이나 이중모음으로 발음되기 때문이다.

비교)

hoping /ˈhəʊpɪŋ/	hopping /ˈhɒpɪŋ/
later /ˈleɪtə(r)/	latter /ˈlætə(r)/
diner /ˈdaɪnə(r)/	dinner /ˈdɪnə(r)/

348 y, i

1 y가 i로 바뀌는 경우

-y로 끝나는 단어에 어미가 붙을 경우 대체로 -y를 -i로 바꾼다.

hurry → hurried	fury → furious	merry → merriment
marry → marriage	easy → easier	busy → business
happy → happily		

-y로 끝나는 명사의 복수형 및 동사의 3인칭 단수형은 일반적으로 -ies 형태가 된다.

story → stories	spy → spies	hurry → hurries

2 예외

명사 flyer/flier는 두 가지 철자법이 다 통용된다.
건조기는 dryer로 표기한다.
형용사 dry의 파생어는 대체로 drier, driest, dryly/drily, dryness로 표기한다.
형용사 sly의 파생어는 slyer, slyest, slyly, slyness로 표기한다.

3 i로 시작되는 어미 앞에서는 바뀌지 않음

-i로 시작되는 어미(-ing, -ism, -ish 등)가 붙을 때는 -y를 -i로 바꾸지 않는다.

try → trying	Tory → Toryism	baby → babyish

4 모음 뒤에서 바뀌지 않음

〈모음 + y〉 형태로 끝나는 단어는 어미를 붙일 때 -y를 -i로 바꾸지 않는다.

buy → buying	play → played
enjoy → enjoyment	grey → greyish

예외〉

say → said	pay → paid	lay → laid

5 ie를 y로 바꾸는 경우

-ie로 끝나는 단어는 ie를 -y로 바꾸고 -ing를 붙인다.

die → dying	lie → lying	(BUT dye → dyeing)

349 ch와 tch, k와 ck

단모음 뒤 어미가 /k/와 /tʃ/로 발음될 때는 보통 -ck와 -tch로 표기한다.

back	neck	sick	lock	stuck
catch	fetch	stitch	botch	hutch

예외〉

yak	tic	public (-ic로 끝나는 단어들 대부분)
rich	which	such much attach detach

단자음이나 이중모음 뒤에서는 -k와 -ch로 표기한다.

bank   work   talk   march   bench
break   book   week   peach   coach

350 ie, ei

believe처럼 /iː/ 발음이 나는 경우는 대체로 ie로 표기하며, ei로 표기하는 경우는 드물다. 그러나 c 뒤에서 /iː/ 발음이 나는 경우에는 ei로 표기한다.

believe   chief   field   grief   piece   shield
ceiling   deceive   receive   receipt

예외〉 seize, Neil, Keith, either, neither

either와 neither의 다른 발음에 대한 내용은 ▶ 156-157 참조.

351 철자와 발음

영어에는 철자대로 발음하지 않는 단어들이 많다. 지난 수백 년 동안 발음에는 상당한 변화가 있었지만 철자는 크게 변하지 않았기 때문이다. 발음이 까다로운 단어들을 아래에 소개한다.

1 3음절이 아니라 대체로 2음절
괄호 안의 모음들은 대체로 발음하지 않는다.

asp(i)rin   ev(e)ry   om(e)lette
bus(i)ness   ev(e)ning   rest(au)rant
choc(o)late   marri(a)ge   sev(e)ral
diff(e)rent   med(i)cine (미국 영어에서는 3음절)

2 4음절이 아니라 대체로 3음절
괄호 안의 모음들은 대체로 발음하지 않는다.

comf(or)table   temp(e)rature
int(e)resting   us(u)ally
secret(a)ry (미국 영어에서는 4음절)   veg(e)table

3 묵음
괄호 안의 철자는 대체로 발음하지 않는다.

- clim(b)   com(b)   de(b)t   dou(b)t   dum(b)
- mus(c)le
- han(d)kerchief   san(d)wich   We(d)nesday
- champa(g)ne   forei(g)n   si(g)n
- borou(gh)   bou(gh)t   cau(gh)t   dau(gh)ter   hei(gh)t   hi(gh)
  li(gh)t   mi(gh)t   nei(gh)bour   ni(gh)t   ou(gh)t   ri(gh)t
  strai(gh)t   thou(gh)t   throu(gh)   ti(gh)t   wei(gh)

- w(h)at   w(h)en   w(h)ere   w(h)ether   w(h)ich   w(h)ip   w(h)y 등
  wha, whe, whi로 시작하는 단어들(무성음 /w/로 발음하는 화자도 있음)
- (h)onest   (h)onour   (h)our
- (k)nee   (k)nife   (k)nob   (k)nock   (k)now 등
  kn으로 시작하는 단어들
- ca(l)m   cou(l)d   ha(l)f   sa(l)mon   shou(l)d   ta(l)k   wa(l)k
  wou(l)d   autum(n)   hym(n)
- (p)neumatic   (p)sychiatrist   (p)sychology   (p)sychotherapy   (p)terodactyl
  등 pn, ps, pt로 시작하는 단어들
- cu(p)board/'kʌbəd/
- i(s)land   i(s)le
- cas(t)le   Chris(t)mas   fas(t)en   lis(t)en   of(t)en   whis(t)le
  (often은 /'ɒftən/으로도 발음)
- g(u)arantee   g(u)ard   g(u)errilla   g(u)ess   g(u)est   g(u)ide   g(u)ilt
  g(u)itar   g(u)y
- (w)rap   (w)rite   (w)rong
- (w)ho   (w)hom   (w)hore   (w)hose   (w)hole

4 a = /e/

any	many	Thames /temz/

5 ch = /k/

ache	archaeology	architect	chaos	character
chemist	Christmas	mechanical	Michael	stomach

6 ea = /e/

already	bread	breakfast	dead	death
dreadful	dreamt	head	health	heavy
instead	lead (금속)	leant	leather	meant
measure	pleasant	pleasure	read(과거 시제)	ready
steady	sweater	threat	tread	weather

7 ea =/ei/

break	great	steak

8 gh = /f/

cough /kɒf/	draught /drɑːft/	enough /ɪ'nʌf/
laugh /lɑːf/	rough /rʌf/	tough /tʌf/

9 o = /ʌ/

above	brother	colour	come	comfortable
company	cover	done	front	glove

government	honey	London	love	lovely
Monday	money	month	mother	none
nothing	one	onion	other	oven
some	son	stomach	ton(ne)	tongue
once	won	wonder	worry	

10 o = /uː/

lose	prove	to

11 ou = /ʌ/

country	couple	cousin	double	enough
rough	tough	trouble	young	

12 u or ou = /ʊ/

bull	bullet	bush	butcher	could	cushion
full	pull	push	put	should	would

13 /aɪ/로 발음되는 단어

biology	buy	dial	height	idea	iron
microphone	science	society	either (영국인 다수가 /ai/로 발음)		
neither (영국인 다수가 /ai/로 발음)					

14 기타 예외적인 철자

area /ˈeəriə/

Australia /ɒsˈtreɪliə/

bicycle /ˈbaɪsɪkl/

biscuit /ˈbɪskɪt/

blood /blʌd/

brooch /brəʊtʃ/

business /ˈbɪznɪs/

busy /ˈbɪzi/

clothes /kləʊðz/

does /dʌz/

doesn't /ˈdʌz(ə)nt/

Edinburgh /ˈedɪnbrə/

Europe /ˈjʊərəp/

foreign /ˈfɒrən/

friend /frend/

fruit /fruːt/

heard /hɜːd/

heart /hɑːt/

juice /dʒuːs/

Leicester /ˈlestə/

minute /ˈmɪnɪt/

moustache /məˈstɑːʃ/ (미국 영어: /ˈmʌstæʃ/)

once /wʌns/

one /wʌn/

queue /kjuː/

two /tuː/

woman /ˈwʊmən/

women /ˈwɪmɪn/

Worcester /ˈwʊstə/

15 묵음 r

영국 남부 표준 영어에서는 단자음 앞이나 어미에 오는 r은 대체로 발음하지 않는다.

hard /hɑːd/	first /fɜːst/	order /'ɔːdə/
car /kɑː/	four /fɔː/	more /mɔː/

그러나 모음이 바로 뒤에 나올 때는 r을 발음한다.

four islands /'fɔːr 'aɪləndz/　more eggs /'mɔːr 'egz/

주의 iron의 발음 및 -re와 -ered로 끝나는 단어의 발음에 유의한다.

iron /aɪən/ (미국 영어: /'aɪərn/)	wondered /'wʌndəd/
centre /'sentə(r)/	bothered /'bɒðəd/
theatre /'θɪətə(r)/ (미국 영어: /'θiːətər/)	

흔히 /ə/ 발음으로 끝나는 단어 뒤에 모음이 바로 뒤따라 올 때는 철자 r이 없어도 /r/ 발음을 추가한다.

India and Africa /'ɪndɪər ənd 'æfrɪkə/

미국 대부분 지역과 영국의 여러 지방에서는 철자 r이 있으면 /r/로 발음한다.

Section 31 **Word Problems from A to Z**
까다로운 단어(알파벳 순)

개요

이 섹션에서는 의미와 용법이 까다로운 단어를 모아 놓았다. 일부 단어는 어법 섹션에 잘 설명되어 있으므로 색인을 참고하기 바란다.

본 섹션에서 다루는 내용은 대강의 지침으로, 관련 정보를 모두 다루기에는 한계가 있다. 더 폭넓고 상세한 내용을 보려면 별도의 참고 도서가 필요하다.

다음 문장은 왜 틀렸을까?

- ✗ According to me, he's an idiot. ▶ 356 참조
- ✗ In 1840, the population of Ireland was higher than it is actually. ▶ 358 참조
- ✗ I'm tired. ~ I also. ▶ 369.3 참조
- ✗ My sister looks just as me. ▶ 515 참조
- ✗ The train's late, as usually. ▶ 381 참조
- ✗ We arrived to the airport in the middle of the night. ▶ 384.5 참조
- ✗ When we were at first married we lived with my parents. ▶ 388 참조
- ✗ My girlfriend won me at poker. ▶ 392 참조
- ✗ You can't park before the station. ▶ 397 참조
- ✗ My aunt has a little house besides the river. ▶ 400 참조
- ✗ Can I lend your bike? ▶ 408 참조
- ✗ Thanks for taking me here. It's lovely. ▶ 409 참조
- ✗ Edinburgh is one of the most beautiful cities in England. ▶ 411 참조
- ✗ Can you clean this suit until Friday? ▶ 613.6 참조
- ✗ I asked the garage to control the brakes and steering. ▶ 429 참조
- ✗ The Prince always looks so handsome in an evening dress. ▶ 437.1 참조
- ✗ We have a spare room for eventual visitors. ▶ 453 참조
- ✗ I'm afraid that colour doesn't fit me. ▶ 467 참조
- ✗ Chess is a very slow play. ▶ 555 참조
- ✗ I have big respect for our MP. ▶ 404.3 참조
- ✗ He was driving fast indeed when he crashed. ▶ 499.1 참조
- ✗ He's quite anti-social, but instead he's very generous. ▶ 500.3 참조
- ✗ No doubt the world is getting warmer. ▶ 534 참조
- ✗ I don't like nowadays fashion. ▶ 539 참조
- ✗ There's a supermarket right in front of my house. ▶ 549.1 참조
- ✗ It's good if a child can have an own room. ▶ 552.1 참조
- ✗ From my point of view, war is always wrong. ▶ 557 참조
- ✗ What's your principle reason for wanting to work here? ▶ 563 참조
- ✗ Remember me to call Andy. ▶ 568.1 참조
- ✗ Supper tonight is rests from lunch. ▶ 569 참조
- ✗ If you shout at her she'll cry. She's terribly sensible. ▶ 577 참조
- ✗ I'm hot. Let's find some shadow to sit in. ▶ 578 참조
- ✗ When he laughs so, I want to scream. ▶ 582.2 참조

352 about, on

비교〉

- a book for children **about** Africa and its peoples
  아프리카와 아프리카 주민들에 대한 아동서

  a textbook **on** African history 아프리카 역사 교과서
- a conversation **about** money 돈에 대한 대화

  a lecture **on** economics 경제학 강좌

평범하고 일반적인 정보에는 about을 쓰며 진지하거나 전문가에게 어울리는 심도 있는 서적이나 담화 등에는 on을 쓴다.

353 about to

〈**about + to부정사**〉는 '막 일어나려는' 일, '곧 일어날' 일을 언급할 때 쓰인다.

Don't go out now - we're **about to** have lunch. 지금 나가지 마. 곧 점심 먹을 거야.

I was **about to** go to bed when the telephone rang.
막 잠자리에 들려고 하는 순간 전화벨이 울렸다.

not about to는 unwilling to(~할 생각이 없는)를 의미한다.

I'm **not about to** pay 100 dollars for that dress.
그 드레스 값으로 100달러를 낼 생각이 없다.

about, around는 ▶ 376 참조.

354 above, over

1 '…보다 높은' : above, over

above와 over는 모두 어떤 지점이나 공간보다 더 위쪽을 의미하지만 above가 over보다 더 많이 쓰인다.

The water came up **above/over** our knees. 물이 우리 무릎까지 차올랐다.

Can you see the helicopter **above/over** the palace? 궁전 위에 떠 있는 헬리콥터 보여?

2 '…보다 위에' : above

한 사물이 공간적으로 위쪽이 아니라 지리적으로 위쪽에 있을 때는 above를 쓴다.

We've got a little house **above** the lake.
우리는 호수 위에 작은 집을 갖고 있다. (NOT ... over the lake.)

3 '…을 덮는' : over

한 사물이 다른 사물을 덮고 있거나 맞닿아 있으면 over를 쓴다.

There is cloud **over** the South of England. 영국 남부 지방 상공에 구름이 끼어 있다.

He put on a coat **over** his pyjamas. 그는 잠옷 위에 코트를 걸쳤다.

한 사물이 다른 사물과 교차하는 경우에는 over나 across(▶ 357 참조)를 쓴다.

> The plane was flying **over/across** Denmark. 비행기는 덴마크 상공을 날아가고 있었다.
>
> Electricity cables stretch **over/across** the fields. 전선들이 들판 위를 가로질러 뻗어 있다.

4 수치: above

온도, 높이 등의 수치나 수준을 나타낼 때는 above를 쓴다.

> The temperature is three degrees **above** zero. 기온은 영상 3도다.
>
> The summit of Everest is about 8000 metres **above** sea level.
> 에베레스트 산 정상은 해발 8,000 미터 정도다.
>
> She's well **above** average in intelligence. 그녀의 지능은 평균을 훨씬 웃돈다.

5 '(나이, 속도가) … 이상' : over

나이나 속도가 '… 이상'이라고 말할 때는 대체로 above 대신 over를 쓴다.

> You have to be **over** 18 to see this film. 이 영화를 보려면 18세 이상이어야 한다.
>
> The police said she was driving at **over** 110 mph.
> 경찰은 그녀가 시속 110마일 이상으로 차를 몰았다고 말했다.
>
> There were **over** 100,000 people at the festival. 그 축제에 10만 명 이상의 인파가 몰렸다.

6 책과 신문

책이나 신문에서 above는 앞서 언급한 내용을 의미한다.

> The **above** rules and regulations apply to all students.
> 이상의 규칙과 규정은 모든 학생들에게 적용된다.
>
> For prices and delivery charges, see **above**. 가격과 배송료는 상기 참조.
>
> Our village is just **above** Cardiff on the map. 우리 마을은 지도상에서 카디프 바로 위에 있다.

see over는 '다음 페이지 참조'를 의미한다.

> There are cheap flights at weekends: see **over**.
> 주말에 출발하는 저렴한 항공편: 다음 페이지 참조.

below와 under의 차이도 이와 유사하다 ▶ 399 참조.

355 accept, agree

부정사 앞에는 accept를 쓰지 않고 agree를 쓴다.

> I **agreed to meet** them here.
> 나는 그들과 여기에서 만나기로 약속했다. (I accepted to meet ... 보다 일반적인 표현)

356 according to

according to는 '…의 의견에 따르면', '…의 말이 사실이라면'을 의미한다.

> **According to Harry**, it's a good film. 해리 말로는 좋은 영화래.

The train gets in at 8.27, **according to the timetable**.

열차 시간표에 따르면 기차는 8시 27분에 도착한다.

본인의 의견을 피력할 때는 대체로 according to를 쓰지 않는다. 비교)

According to Anna, her boyfriend is brilliant. (= If what Anna says is true, ...)

애나의 말로는 자기 남자친구가 아주 똑똑하대. (= 애나의 말이 사실이라면, ~)

In my opinion, Anna's boyfriend is an idiot.

내 생각에 애나의 남자친구는 머저리야. (NOT ~~According to me,~~ ...)

357 across, over, through

1 …의 반대쪽에/반대쪽으로: across, over

선, 강, 도로, 다리 등의 '반대쪽에' 있다, 또는 '반대쪽으로' 간다는 의미로 across와 over를 모두 쓸 수 있다.

His village is just **across/over** the border. 그가 사는 마을은 국경 건너편에 있다.

See if you can jump **across/over** the stream. 네가 개울을 건너뛸 수 있는지 보자고.

2 높이 솟은 사물: over를 선호

높이 솟은 사물의 반대쪽에 있거나 반대쪽으로 넘어갈 때는 over를 쓴다.

Why are you climbing **over** the wall? 왜 담을 넘어가고 있니? (NOT ... ~~across the wall?~~)

3 평평한 지역: across를 선호

평평한 지역이나 표면의 반대쪽에 있거나 반대쪽으로 넘어갈 때는 across를 쓴다.

He walked right **across** the desert. 그는 사막을 도보로 횡단했다.

It took them six hours to row **across** the lake.

그들이 노를 저어 호수를 건너는 데 여섯 시간이 걸렸다.

4 부사 over (to)

부사 over는 전치사 over보다 더 폭넓은 의미를 갖고 있다는 것에 주의한다. 짧은 거리를 여행할 때도 흔히 over (to)를 쓴다.

I'm going **over to** Jack's. 잭의 집에 갈 거야.

Shall we drive **over** and see your mother? 차로 어머님 뵈러 갈까?

5 across, through

across와 through의 차이는 on과 in의 차이와 같다. through는 across와 달리 사방에 사물이 있는 3차원 공간을 이동할 때 쓰인다. 비교)

– We walked **across** the ice. (We were **on** the ice.)

우리는 빙판을 가로질러 갔다. (우리는 빙판 위에 있었다.)

I walked **through** the wood. (I was **in** the wood.)

나는 숲을 헤쳐갔다. (나는 숲 속에 있었다.)

– We drove **across** the desert. 우리는 차로 사막을 횡단했다.

We drove **through** several towns. 우리는 차를 몰고 여러 마을을 지나갔다.

over와 above는 ▸ 354 참조.   across from(미국 영어)은 ▸ 549.1 참조.

358 actual(ly)

의미와 용법
형용사 actual과 부사 actually는 어떤 대상을 더욱 명확하고 상세히 규정할 때 쓰인다.

> It's over 100 kilos. Let me look. Yes, the **actual** weight is 108 kilos.
> 이건 100킬로가 넘어. 어디 보자. 맞아, 실제 무게는 108킬로야.

> I've got a new job. **Actually**, they've made me sales manager.
> 나 새 일을 맡게 되었어. 실은 영업부장으로 발탁되었어.

> Did you enjoy your trip? ~ Very much, **actually**.
> 여행은 재미있었어? ~ 아주 재미있었어, 정말로.

actual과 actually는 주로 놀랍거나 예상치 못한 의외의 정보를 전할 때 쓰인다.

> It takes me an hour to drive to work, although the **actual** distance is only 20 miles.
> 차를 몰고 출근하려면 한 시간이 걸리지만 실제 거리는 20마일 밖에 되지 않는다.

> She was so angry that she **actually** tore up the letter.
> 그녀는 너무 화가 나서 편지를 정말로 찢어버렸다.

> How did you get on with my car? ~ Well, **actually**, I'm terribly sorry, I'm afraid I
> had a crash.   내 차는 잘 썼어? ~ 저, 실은, 정말 미안한데, 사고가 났어.

> He's twelve, but he **actually** still believes in Father Christmas.
> 그는 열두 살인데, 지금도 산타클로스의 존재를 정말로 믿고 있다.

실수나 오해를 바로잡을 때도 쓰인다.

> The book says she died aged 47, but her **actual** age was 43.
> 이 책에는 그녀가 47살에 사망했다고 적혀 있는데, 당시 그녀의 실제 나이는 43살이었다.

> Hello, Jack. Nice to see you. ~ **Actually**, my name's Andy.
> 안녕하세요, 잭. 만나서 반가워요. ~ 사실 제 이름은 앤디입니다.

actually는 미국 영어보다 영국 영어에서 더 널리 쓰인다.

359 afraid

1 afraid와 fear
비격식체에서는 fear보다 be afraid가 널리 쓰인다.

> Don't **be afraid**. 겁내지 마. (NOT ~~Don't fear.~~)
> She's **afraid** that I might find out. 그녀는 내가 알아낼까 봐 두려워한다.
> **Are** you **afraid** of the dark? 어둠이 무섭니?
> I'm not **afraid** to say what I think. 나는 내 생각을 말하는 게 두렵지 않다.

2 I'm afraid = '이런 말해서 유감이지만'
I'm afraid (that)은 거절하거나 나쁜 소식을 전할 때 유감의 뜻과 함께 말문을 여는 표현이다.

'이런 말해서 미안하지만/유감이지만'을 이미한다.

I'm afraid (that) I can't help you. 미안하지만 못 도와줄 것 같아.

I'm afraid (that) there's been an accident. 이런 말해서 유감이지만 사고가 있었어.

짧게 대답할 때 I'm afraid so/not을 쓴다.

Can you lend me a pound? ~ **I'm afraid not.** 1파운드만 빌려줄래? ~ 안 되겠는데.

It's going to rain. ~ Yes, **I'm afraid so.** 비가 올 거야. ~ 그래, 그럴 것 같다.

3 명사 앞에는 쓰이지 않음

afraid는 명사 앞에서 명사를 직접 수식(한정적 용법, ▶183 참조)할 수 없는 대표적인 형용사다. 비교)

Jack's **afraid.** 잭은 두려워하고 있다.

Jack's a **frightened** man. 잭은 겁먹은 사람이다. (NOT ... ~~an afraid man.~~)

-ing형과 부정사를 취하는 afraid의 용법은 ▶105.13 참조.

360 after: 부사

1 shortly after 등

after는 shortly after, long after, a few days after 등의 부사구에 쓰인다.

We had oysters for supper. **Shortly after**, I began to feel ill.
우리는 저녁 식사로 굴을 먹었다. 얼마 못가 나는 속이 아프기 시작했다.

시간을 정확히 표현할 때는 통상 later를 쓴다.

They started the job on the 16th and finished **three weeks later**.
그들은 16일부터 그 일에 착수하여 3주 후에 끝냈다.

2 after는 단독으로 쓸 수 없음

부사 after는 대체로 단독으로 쓸 수 없다. 대신 afterwards(미국 영어는 afterward), then, after that과 같은 표현을 쓴다.

I'm going to do my exams, and **afterwards** I'm going to study medicine.
나는 시험을 본 다음 의학을 전공할 것이다. (NOT ... ~~and after, I'm going~~ ...)

361 after all

1 두 가지 의미

after all은 '앞서 한 말에도 불구하고' 또는 '예상과 반대로'를 의미하며, 대체로 문미에 위치한다.

I'm sorry. I know I said I would help you, but I can't **after all**.
미안해. 도와주겠다고 말했지만 안 되겠어.

I expected to fail the exam, but I passed **after all**.

나는 시험에서 낙방할 줄 알았는데 의외로 합격했다.

after all은 잊고 있던 논리나 이유 등을 꺼내면서 '~을 잊으면 안 된다'라는 의미로도 쓰이며, 문두와 문미 모두에 올 수 있다.

Of course you're tired. **After all**, you were up all night.

피곤한 게 당연하지. 밤을 꼬박 새웠잖아.

Let's finish the cake. Somebody's got to eat it, **after all**.

케이크를 다 먹어치우자. 어차피 누군가는 먹어야 하잖아.

2 '마침내'를 의미하지 않음

after all은 'finally(마지막으로)', 'at last(마침내)', 'in the end(종내에는)' 등의 의미로는 쓰이지 않는다.

After the theatre we had supper and went to a nightclub; then we **finally** went home.

우리는 영화를 본 다음 저녁을 먹고 나이트클럽에 갔다. 그리고 나시 마침내 집에 갔다.

(NOT ... ~~after all we went home.~~)

again, back은 ▶ 390 참조.

362 ago

1 어순: six weeks ago

ago는 시간을 나타내는 어구 뒤에 온다.

I met her **six weeks ago**. 나는 그녀를 6주 전에 만났다. (NOT ... ~~ago six weeks.~~)

a long **time ago** 오래 전에

2 시제

ago가 들어간 표현은 완료된 시간을 나타내며, 일반적으로 현재 완료(▶ 47.4 참조)가 아닌 과거 시제와 함께 쓴다.

She **phoned** a few minutes ago. 그녀가 몇 분 전에 전화했다. (NOT ~~She has phoned~~ ...)

Where's Mike? ~ He **was working** outside ten minutes ago.

마이크 어디 있어? ~ 10분 전에 밖에서 일하고 있었는데.

3 ago와 for의 차이점

ago는 현재를 기점으로 얼마나 오래 전에 발생했느냐를 나타내며, for는 과거 시제 문장에서 사건이 지속된 시간을 나타낸다. 비교)

He died **three years ago**. (= three years before now)

그는 3년 전에 사망했다. (= 지금부터 3년 전에)

(NOT ~~He died for three years.~~ OR ... ~~for three years ago.~~)

He was ill **for three years** before he died. (= His illness lasted three years.)

그는 3년 간의 투병 끝에 사망했다. (= 병이 3년 간 지속되었다.)

4　ago와 before가 시간 표현과 함께 쓰이는 경우: 시간의 역산

과거 시제 문장에서 시간 표현과 함께 ago를 쓰면 사건이 일어난 시간을 현재를 기준으로 하여 역산한다. 즉, 현재를 기점으로 얼마나 오래 전에 일어난 사건인지를 나타낸다.

과거의 특정 시점을 기준으로 그보다 과거에 일어난 일을 역산할 때는 과거 완료와 함께 before 를 쓴다. 비교)

> I met that woman in Scotland **three years ago**.
> 나는 3년 전에 스코틀랜드에서 저 여자를 만났다. (NOT ... ~~three years before/before three years.~~)

> When we got talking, I found out that I had been at school with her husband **ten years before**. 그녀와 얘기를 나누다 보니 내가 그녀의 남편과 10년 전에 같은 학교를 다녔다는 사실을 알게 되었다. (NOT ... ~~ten years ago.~~)

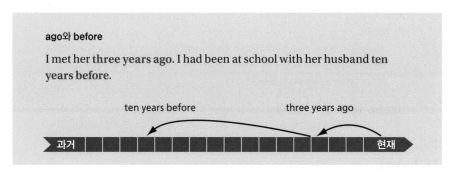

ago와 before

I met her **three years ago**. I had been at school with her husband **ten years before**.

ten years before ··· three years ago

과거 ··· 현재

before의 기타 용법은 ▶ 250, 397 참조.

agree, accept는 ▶ 355 참조.

363　alike

형용사 alike는 서로 닮은 상태를 나타낸다. 비교)

> The two boys are **alike** in looks, but not in personality.
> 두 소년은 용모는 비슷하지만 성격은 다르다.

> He's **like** his brother. 그는 형을 닮았다. (NOT ~~He's alike his brother.~~)

alike는 대체로 명사 앞에는 쓰이지 않는다(▶ 183 참조). 비교)

> His two daughters are very much **alike**. 그의 두 딸은 서로 많이 닮았다.

> He's got two very **similar-looking** daughters.
> 그에게는 용모가 흡사한 두 딸이 있다. (NOT ... ~~alike daughters.~~)

364　all right, alright

표준 철자는 all right이다. alright이 널리 쓰이기는 하지만 부정확한 철자법으로 보는 견해도 있다.

365 allow, permit, let

1 allow, permit

이 두 단어는 의미와 용법이 비슷하나 permit이 allow보다 격식을 차린 표현이다. 두 단어 모두 〈**목적어 + to부정사**〉를 수반한다.

> We do not **allow/permit people to smoke** in the kitchen.
> 우리는 사람들이 주방에서 흡연하는 것을 허용하지 않는다.

인칭 목적어가 없을 경우 -ing형을 쓴다.

> We do not **allow/permit smoking** in the kitchen.   우리는 주방에서 흡연을 허용하지 않는다.

수동태로 쓰이는 경우가 많으며 인칭 주어와 동명사(-ing형) 주어 모두 올 수 있다.

> People **are not allowed/permitted** to smoke in the kitchen.
> 주방에서 흡연은 허용되지 않는다.

> **Smoking is not allowed/permitted** in the kitchen.   주방에서 흡연은 허용되지 않는다.

it을 주어로 한 수동태 문장에는 permit만 쓸 수 있다.

> **It is not permitted** to smoke in the kitchen.
> 주방에서 흡연하는 것은 허용되지 않는다. (BUT NOT ~~It is not allowed to smoke~~ ...)

부사 불변화사와 함께 쓸 때는 allow만 가능하며 permit은 쓰지 않는다.

> She wouldn't **allow** me **in**.   그녀는 나를 들여보내주지 않는다.
> Emily isn't **allowed out** at night.   에밀리는 밤 외출이 허용되지 않는다.

2 let

세 단어 중 가장 격식을 차리지 않은 표현이며, 흔히 〈**목적어 + 원형부정사**〉 구문을 수반한다.
비교〉

> Please **allow me to buy** you a drink.   한잔 살 기회를 주세요. (공손하고 격식을 차린 표현)
> **Let me buy** you a drink.   내가 한잔 살게. (친근하고 격식을 차리지 않은 표현)

수동태로는 잘 쓰이지 않는다.

> I **wasn't allowed** to pay for the drinks.   나는 술값을 낼 수 없었다. (NOT ~~I wasn't let~~ ...)

부사 불변화사와 함께 쓸 수 있다. 이 경우에는 수동태도 가능하다.

> She wouldn't **let** me **in**.   그녀는 나를 들여보내 주지 않는다.
> I've been **let down**.   나는 실망했다.

let의 자세한 용법은 ▸ 225, 512 참조.

366 almost, nearly; practically

1 진행, 수치, 연산

almost와 nearly는 둘 다 진행, 수치, 또는 연산의 개념을 나타낸다. 미국 영어에서는 nearly보다 almost가 더 널리 쓰인다.

> I've **almost/nearly** finished. 나는 거의 끝냈다.
> There were **almost/nearly** a thousand people there.
> 그곳에는 거의 1,000명이나 되는 사람들이 있었다.

almost는 종종 nearly보다 대상에 더 가깝다는 어감을 내포한다. 비교〉

> It's **nearly** ten o'clock. (= perhaps 9.45) 거의 10시가 되어가고 있다.
> It's **almost** ten o'clock. (= perhaps 9.57) 거의 10시가 다 되었다.

very와 pretty는 nearly 앞에 올 수 있지만 almost 앞에는 올 수 없다.

> I've **very/pretty nearly** finished. 나는 거의 다 끝냈다. (NOT ... ~~very almost~~ ...)

2 기타 의미

almost는 '비슷하지만 똑같지는 않은' 상태를 나타내므로 단정적인 진술을 피하는 어감을 내포한다. nearly는 이런 의미로 쓰이지 않는다.

> Our cat understands everything – he's **almost** human.
> 우리 고양이는 모든 말을 알아듣는다. 사람이나 마찬가지다. (NOT ... ~~he's nearly human.~~)
> My aunt's got a strange accent. She **almost** sounds foreign.
> 우리 이모는 말씨가 이상하다. 거의 외국인처럼 들린다. (NOT ... ~~She nearly sounds foreign.~~)
> I **almost** wish I'd stayed at home.
> 집에 그냥 있었더라면 하는 생각이 들 정도다. (NOT ~~I nearly wish~~ ...)
> Jake is **almost** like a father to me. 제이크는 나에게 아버지나 다름없는 존재다.

3 never, nobody, nothing 등

일반적으로 never, nobody, nothing 등 부정의 의미를 나타내는 대명사나 부사 앞에는 nearly 대신 almost를 쓴다. 〈**hardly + ever/anybody/anything** 등〉 구문도 같은 의미로 쓰인다.

> She's **almost never/hardly ever** at home.
> 그녀는 거의 집에 있지 않는다. (NOT ... ~~nearly never~~ ...)
> **Almost nobody/hardly anybody** was there. 그곳에는 사람이 거의 없었다.

4 everybody, everything, anybody, anything 등

everybody/-one/-thing/-where 앞에도 흔히 almost를 쓰며, anybody/-one/-thing/-where 앞에는 nearly보다 almost를 많이 쓴다.

> She likes **almost everybody**. 그녀는 거의 모든 사람들을 좋아한다
> **Almost anybody** can do this job. 거의 누구나 이 일을 할 수 있다.
> He's been **almost everywhere**. 그는 안 가본 데가 거의 없다.
> He eats **almost anything**. 그는 가리는 음식이 거의 없다.

5 practically

almost와 같은 의미로 practically를 쓸 수 있다.

> I've **practically** finished. 나는 거의 다 끝났다.
> Jake is **practically** like a father to me. 제이크는 나에게 아버지나 다름없는 존재다.
> She's **practically** never at home. 그녀는 거의 집에 있지 않는다.

367 alone, lonely, lonesome, lone

alone은 '주위에 다른 사람들이 없는' 상태를 나타낸다. lonely(격식을 차리지 않은 미국 영어에서는 lonesome)는 '혼자 있어서 외롭거나 슬픈' 상태를 나타낸다. 비교)

I like to be **alone** for short periods. 나는 잠시만이라도 혼자 있고 싶다.

But after a few days I start getting **lonely/lonesome**.
하지만 며칠이 지나면 나는 외로움을 느끼기 시작한다.

alone을 강조할 때는 앞에 all을 붙인다.

After her husband died, she was **all alone**. 그녀는 남편이 죽은 뒤로 외톨이였다.

alone은 명사 앞에 쓰이지 않는다(▶ 183.3 참조). 그러나 lone과 solitary는 명사 앞에 쓸 수 있으며, lone은 문어체에 가깝다.

The only green thing was a **lone/solitary pine tree**.
푸른 것이라고는 외로이 서 있는 소나무 한 그루밖에 없었다.

368 along

전치사 along은 road, river, corridor, line처럼 길게 이어지는 사물 앞에 쓰인다.

I saw her running **along the road**. 나는 그녀가 길을 따라 뛰어가는 모습을 보았다.

His office is **along the corridor**. 그의 사무실은 복도를 따라가면 나온다.

기간이나 행위를 나타낼 때는 through를 쓴다.

through the centuries 몇 세기에 걸쳐 (NOT ~~along the centuries~~)

all **through the journey** 여행 내내 (NOT ~~all along the journey~~)

right **through the meal** 식사 시간 내내

주의 along은 Come along(= Come with me. 같이 가자.) 또는 walking along(= walking on one's way …을 따라 걷는) 같은 구문에서 부사 불변화사로 쓰인다.

aloud, loudly는 ▶ 520 참조.

already, still, let은 ▶ 595 참조.

369 also, as well, too

1 위치

also, as well, too는 모두 비슷한 의미로 쓰이나 문장에서 들어가는 위치는 다르다. also는 대체로 동사와 함께 중간 위치(▶ 200 참조)에 온다. as well과 too는 주로 문미에 위치한다. 미국 영어에서는 as well을 잘 쓰지 않는다.

She not only sings; she **also** plays the piano. 그녀는 노래만 하는 게 아니라 피아노도 친다.

She not only sings; she plays the piano **as well**. 그녀는 노래만 하는 게 아니라 피아노도 친다.

She doesn't just sing, she plays the piano **too**. 그녀는 노래만 하는 게 아니라 피아노도 친다.

as well과 too는 문두에 오지 않지만 also는 문두에 올 수 있다. also가 문두에 놓이면 새로운 정보를 강조한다.

It's a nice house, but it's very small. **Also**, it needs a lot of repairs.
괜찮은 집이지만 협소하다. 게다가 수리도 많이 해야 한다.

2 지칭하는 대상

이 단어들은 의미에 따라 지칭하는 대상이 다르다. 다음 문장은 세 가지 의미로 해석할 수 있다.
We work on Saturdays as well.

a (다른 직원들도 토요일에 일하고) 우리도 역시 토요일에 일한다.

b (토요일에는 다른 할 일도 있는데) 우리는 토요일에 일도 한다.

c (다른 요일에도 일하는데) 우리는 토요일에도 마찬가지로 일한다.

따라서 대화를 나눌 때는 also/as well/too가 지칭하는 단어나 표현을 강조해야 정확한 의미를 전달할 수 있다.

3 명령문과 단축형 대답

명령문과 단축형 대답에 as well과 too는 쓰지만 also는 잘 쓰지 않는다.

Give me some bread **as well**, please. 나한테 빵도 좀 줘. (Also give me … 보다 자연스러움)
She's nice. ~ Her sister is **as well**.
그녀는 착해. ~ 그녀의 언니도 마찬가지야. (Her sister is also.보다 자연스러움)
I've got a headache. ~ I have **too**. 두통이 있어. ~ 나도 그래. (I also have.보다 자연스러움)

격식을 차리지 않은 회화에서는 흔히 짧게 Me too(나도)라고 대답한다.

I'm going home. ~ **Me too**. 집에 갈 거야. ~ 나도.

격식을 차린 표현에서는 같은 의미로 So am I(▶309 참조)나 I am too를 쓴다. 그러나 ~~I also~~라고 하지는 않는다.

4 격식체에 쓰이는 too

격식체나 문어체에는 too를 주어 바로 뒤에 놓을 수 있다.

I, **too**, have experienced despair. 나 역시 절망한 적이 있다.

부정문에서 쓰이는 also, as well, too, either의 용법은 ▶227 참조.
also와 even은 ▶452.3 참조.
as well as는 ▶382 참조.

370 alternate(ly), alternative(ly)

alternate(ly)는 시간이나 상태 등이 교대로 있는 현상을 지칭한다.

We spend **alternate** weekends at our country cottage.
우리는 격주로 시골집에서 주말을 보낸다.

I'm **alternately** happy and depressed. 나는 기분이 좋았다, 가라앉았다 한다.

alternative(ly)는 어떤 것 대신 다른 것으로 대체할 경우를 지칭한다.

> Jessica's not free on the 27th. We'll have to find an **alternative** date.
> 제시카는 27일에 시간이 없다. 우리는 다른 날을 택해야 한다.

> You could go by air, or **alternatively** you could drive there.
> 그곳에 비행기로 갈 수도 있고, 아니면 차를 몰고 갈 수도 있다.

미국 영어에서는 alternate(ly)는 alternative(ly)와 같은 의미로 쓰일 수 있다.

371 although, though, but , however: 대조

1 although, though: 접속사

두 단어 모두 접속사로 쓰이며 같은 의미를 나타낸다. 격식을 차리지 않은 대화에서는 though가 더 많이 쓰인다. although와 though는 주절(B)과 대조를 이루는 절(A)을 이끈다. 〈(Al)though A, B〉 구문을 쓰면 B에 예기치 못했거나 놀라운 정보가 있다는 의미를 내포한다.

> **(Al)though** (A) I don't like him, (B) I agree that he's a good manager.
> (A) 나는 그를 좋아하지 않지만, (B) 그가 유능한 매니저라는 데는 동의한다.

> (B) I'd quite like to go out, **(al)though** (A) it is a bit late.
> (A) 시간이 좀 늦었지만 (B) 정말 외출하고 싶다.

2 but, however

예기치 못한 정보나 놀라운 사실을 담고 있는 절(B) 앞에 but이나 however를 써서 대조를 나타낸다.

> (A) I don't like him, **but** (B) I agree that he's a good manager.
> (A) 나는 그를 좋아하지 않지만 (B) 그가 유능한 매니저라는 데는 동의한다.

> (A) I don't like him. **However,** (B) I agree that he's a good manager.
> (A) 나는 그를 좋아하지 않지만 (B) 그가 유능한 매니저라는 데는 동의한다.

> (A) It is a bit late, **but** (B) I'd quite like to go out.
> (A) 시간이 좀 늦었지만 (B) 정말 외출하고 싶다.

> (A) It is a bit late; **however,** (B) I'd quite like to go out.
> (A) 시간이 좀 늦었지만 (B) 정말 외출하고 싶다.

3 but과 however의 차이

but은 접속사이므로 절과 절을 연결하며 두 번째 절의 맨 앞에 위치한다. however는 부사이므로 문법적으로 절과 절을 연결하지 못한다. 따라서 2번 예문에서 보듯 however는 마침표나 세미콜론 뒤에 온다.

however는 여러 위치에 올 수 있는데, 대체로 들어가는 위치에 따라 한두 개의 쉼표로 문장과 분리된다.

> **However,** the police did not believe him. 그러나 경찰은 그의 말을 믿지 않았다.
> The police, **however,** did not believe him. 그러나 경찰은 그의 말을 믿지 않았다.
> The police did not believe him, **however.** 그러나 경찰은 그의 말을 믿지 않았다.

4 부사로 쓰이는 though

though가 (주로 문미에서) 부사로 쓰이면 'however(…이기는 하지만)'를 의미한다.

Nice day. · Yes. Bit cold, **though**. 날씨가 좋네. · 그래, 약간 춥긴 하지만.

The strongest argument, **though**, is economic and not political.

그러나 가장 설득력 있는 논거는 정치적 논거가 아니라 경제적 논거다.

as though는 ▶ 378 참조.   even though (NOT ~~even although~~)는 ▶ 452.4 참조.
Cold though it was, I went out 같은 구문은 ▶ 255 참조.
However much he eats, he never gets fat과 같은 문장에 쓰인 however는 ▶ 252 참조.

372 altogether, all together

altogether는 완전한 상태 또는 모든 것을 고려해볼 때 어떠하다는 것을 나타내는 부사로 '전적으로', '완전히', '전체적으로 보아' 등을 의미한다.

My new house isn't **altogether** finished. 새 집은 완공되지 않았다.

Altogether, she decided, marriage was a bit of a mistake.

두루 살펴볼 때 결혼은 실수였다고 그녀는 결론내렸다.

altogether는 합계나 총계를 표시할 때도 쓰인다.

That's £4.38 **altogether**. 모두 합해 4파운드 38펜스입니다.

all together는 '모두 함께'를 의미하며 사람과 사물에 모두 쓸 수 있다.

Come on, everybody sing. **All together** now ... 자, 모두 노래합시다. 다 같이 …

They **all** went to the cinema **together**. 그들은 모두 함께 영화를 보러 갔다.

among, between은 ▶ 403 참조.

another, other(s)는 ▶ 550 참조.

373 any, no: 부사

1 비교급 수식

any는 비교급을 수식할 수 있다. 이 용법은 대체로 의문문과 부정문, 그리고 if절에서 흔히 쓰인다(▶ 222 참조).

Can you go **any faster**? 더 빨리 갈 수 없어?

You don't look **any older** than your daughter. (= You don't look at all older ...)

너는 네 딸보다 전혀 나이들어 보이지 않는다.

If I were **any younger**, I'd fall in love with you.

내가 조금만 더 젊었더라면 당신과 사랑에 빠졌을 겁니다.

no도 비교급을 수식할 수 있다. (그러나 some은 이런 용법으로 쓸 수 없다.)

I'm afraid the weather's **no better** than yesterday.

아무래도 날씨가 어제보다 나을 게 없는 것 같다.

2 any/no different

any와 no는 different와 함께 쓰여 차이의 유무를 나타낸다.

> This school isn't **any different** from the last one.
> 이 학교는 지난번에 다녔던 학교와 전혀 다를 게 없다.
>
> Is Jack any better? ~ **No different**. Still very ill. 잭은 좀 나아졌어? ~ 전혀. 아직도 많이 아파.

3 any/no good; any/no use

'쓸모가 있다/없다'라는 의미의 관용표현으로 any/no good 또는 any/no use를 쓴다.

> Was the film **any good**? 그 영화 괜찮았어?
>
> This watch is **no use**. It keeps stopping. 이 시계는 쓸모가 없어. 계속 멈춰.

374 appear

1 연결동사: '~인 듯하다'

appear는 연결동사(▸ 11 참조)로 사물의 '상태'나 '모습'을 묘사한다. seem(자세한 내용은 ▸ 576 참조)과 용법은 비슷하지만 사용 빈도는 적으며, 특히 비격식체에서는 드물게 쓰인다.
연결동사 appear 뒤에는 부사가 아니라 형용사가 온다. appear 또는 appear to be를 쓸 수 있다.

> He **appears (to be)** very **angry** today.
> 그는 오늘 화가 많이 난 것처럼 보인다. (NOT He appears very angrily today.)

명사 앞에는 주로 appear to be를 쓴다.

> It **appears to be** some kind of bomb. 그것은 폭탄의 일종으로 보인다.
>
> The boys on the bus **appeared to be** students. 버스에 탄 소년들은 학생인 듯했다.

일종의 가주어 기능을 하는 there(▸ 20 참조)나 가주어 it(▸ 268 참조)과 함께 쓰이기도 한다.

> **There** appears to be a problem with the oil pressure. 유압에 문제가 있는 것 같다.
>
> **It** appears that we may be mistaken. 우리가 잘못 판단한 것 같다.

2 appear와 seem의 차이

seem은 객관적인 사실과 주관적인 인상, 기분(▸ 576 예문 참조)을 묘사할 때 모두 쓸 수 있다. 반면 appear는 객관적인 사실을 묘사할 때 주로 쓴다. 비교〉

> The baby **seems/appears** (to be) hungry. 아기가 배고픈 것 같다.
>
> She doesn't want to go on studying. It **seems** a pity.
> 그녀는 공부를 계속하고 싶어하지 않아. 애석한 일이지. (NOT It appears a pity.)

seem은 like와 어울려 쓰인다. 그러나 appear like는 잘 쓰지 않는다.

> It **seemed like** a good idea.
> 좋은 생각인 것 같았다. (It appeared like a good idea.보다 자연스러움)

seem은 can't 뒤에 오는 특수 구문에도 쓰인다(▸ 576.4 참조). 그러나 can't appear는 쓸 수 없다.

> I **can't seem** to make him understand.
> 그를 납득시킬 수 없을 것 같다. (BUT NOT I can't appear to make him understand.)

3 '눈에 들어오다'

appear는 '눈에 들어오다', '도착하다'의 의미로도 쓰인다. 이 경우 부사로 appear를 수식하기도 한다.

> She **suddenly appeared** in the doorway. 그녀가 느닷없이 출입구에 나타났다.

look 구문은 ▶ 518 참조.

375 arise, rise

arise는 '시작하다', '생기다', '발생하다', '시야에 들어오다'라는 의미로, 주로 추상명사를 주어로 한다.

> A discussion **arose** about the best way to pay. 최선의 지불 방법에 관한 논의가 벌어졌다.
>
> I'm afraid a difficulty has **arisen**. 아무래도 문제가 생긴 것 같다.

rise는 주로 '더 높이 오르다', '올라가다'라는 의미로 쓰인다.

> Prices keep **rising**. 물가가 계속 오르고 있다.
>
> What time does the sun **rise**? 일출이 몇 시야?
>
> My hopes are **rising**. 희망이 커지고 있다.

주의 아침에 일어난다는 의미로는 get up을 쓴다. rise는 매우 격식을 차린 표현에서만 이런 의미로 쓰인다.

arise와 rise는 불규칙 동사다.

> (a)rise – (a)rose – (a)risen

rise와 raise의 차이는 ▶ 1.2 참조.

376 (a)round , about

1 원 운동 등: (a)round

원 또는 곡선 운동을 묘사할 때 round와 around(미국 영어에서는 주로 around)를 모두 쓴다.

> She walked **(a)round** the car and looked at the wheels.
> 그녀는 차 주위를 돌며 바퀴들을 살펴보았다.
>
> I'd like to travel **(a)round** the world. 나는 세계 일주 여행을 하고 싶다.
>
> Where do you live? ~ Just **(a)round** the corner. 어디에 사세요? ~ 바로 모퉁이 돌아서요.

2 여행, 분배: round

어느 지역을 구석구석 돌아다닌다든지, 어떤 집단의 구성원들에게 골고루 나눠주는 행위를 묘사할 때 round나 around(미국 영어에서는 주로 around)를 쓴다.

> We walked **(a)round** the old part of the town. 우리는 그 마을의 오래된 지역을 돌아다녔다.
>
> Can I look **(a)round**? 좀 둘러봐도 되나요?
>
> Could you pass the cups **(a)round**, please? 컵을 모두에게 전달해 주시겠어요?

3 불특정한 움직임이나 위치

명확하지 않거나 한정지을 수 없는 움직임 또는 위치를 지칭할 때 around나 about(미국 영어에서는 주로 around)을 쓴다. '여기 저기', '곳곳에', '그 안의 어디쯤'을 의미한다.

> The children were running **around/about** everywhere.
> 아이들이 사방에서 뛰어다니고 있었다.

> Stop standing **around/about** and do some work. 우두커니 서 있지 말고 일 좀 해.

> Where's Jack? ~Somewhere **around/about**. 잭은 어디 있어? ~ 근처 어딘가에 있을걸.

> I like doing odd jobs **around/about** the house. 나는 잡다한 집안일을 즐겨 한다.

시간을 많이 허비하거나 어리석은 행동을 묘사할 때도 around나 about을 쓴다.

> Stop **fooling around/about**. We're late. 그만 미적거려. 늦었어.

4 대략

about과 around는 '대략', '정확하지 않게'를 의미한다. 영국 영어에서 about은 around보다 사용 빈도가 높다.

> There were **about/around** fifty people there. 그곳에는 50명 가량이 있었다.

> What time shall I come? ~ **About/Around** eight. 몇 시에 갈까? ~ 8시쯤.

as, like는 ▸515 참조.

377 as, because, since, for

as, because, since, for는 모두 이유를 나타낼 때 쓸 수 있다. ('시간'을 나타내는 as, since, for는 ▸251, 469, 579 참조.) 그러나 문장 내에서 쓰이는 방식은 각각 다르다.

1 as, since

as와 since는 청자/독자가 이미 이유를 알고 있거나 이유가 문장의 핵심 정보나 내용이 아닐 때 쓰며, 흔히 as 또는 since로 시작되는 절이 문두에 온다.

> **As it's raining again**, we'll have to stay at home.
> 비가 다시 오기 때문에 우리는 집에 머물러야 할 것이다.

> **Since he had not paid his bill**, his electricity was cut off.
> 전기세를 내지 않아서 그의 집에 전기가 끊겼다.

as 또는 since로 시작되는 절은 비교적 격식을 차린 표현이며, 격식을 차리지 않을 경우에는 흔히 so를 쓴다.

> It's raining again, **so** we'll have to stay at home. 또 비가 오니 집에 있어야겠다.

2 because

because는 이유를 강조할 때 쓰며 대체로 청자/독자가 알지 못하는 새로운 정보를 전달한다.

> **Because** I was ill for six months, I lost my job. 나는 6개월 동안 아파서 직장을 잃었다.

이유가 문장에서 가장 중요한 내용일 경우 대체로 because로 시작되는 절이 문미에 위치하며, because절이 단독으로 쓰일 수도 있다. 반면 since와 as는 이런 형태로 쓰지 않는다.

Why **am** I leaving? I'm leaving **because** I'm fed up!

내가 왜 떠나냐고? 지겨워서 그런다! (NOT ... ~~I'm leaving as/since I'm fed up!~~)

Why are you laughing? ~ **Because** you look so funny.

왜 웃는 거지? ~ 네 꼴이 너무 우스워서.

because절은 알게 된 연유를 언급할 때도 쓰인다.

You didn't tell me the truth, **because** I found the money in your room.

(= ... I know because I found ...) 넌 나에게 진실을 말하지 않았어. 네 방에서 그 돈을 찾았거든.

(= 내가 알게 된 것은 네 방에서 돈을 찾았기 때문이다.)

because의 자세한 용법은 ▸ 393 참조.

3 for

for 역시 이유가 되는 새로운 정보를 전달하지만 주로 덧붙여 말할 때 쓰인다. 대체로 for가 이끄는 절을 생략해도 완전한 문장이 성립된다. for절은 문두에 올 수 없고 단독으로 쓸 수도 없으며, 주로 격식을 차린 문어체에서 쓰인다.

I decided to stop and have lunch – **for** I was feeling hungry.

나는 일을 멈추고 점심을 먹기로 했다. 허기를 느꼈기 때문이었다.

⟨for + 목적어 + to부정사구 (예: What I want is **for everyone to have lunch**)는 ▸ 113 참조.

378 as if, as though; like

1 의미

as if와 as though는 상황이 어떤 모습으로 비치는지를 묘사할 때 쓰이며, '틀림없다고 생각한다'는 어감을 내포한다.

It looks **as if/though** it's going to rain. 비가 올 것 같다.

It sounds **as if/though** Jack's going to change his job. 잭이 직장을 옮길 것 같은데.

사실이 아닌 상황을 언급할 때도 쓸 수 있다.

I feel **as if/though** I'm dying. 죽을 것 같아.

She was acting **as if/though** she was in charge.

그녀는 마치 자신이 책임자인 것처럼 행동하고 있었다.

2 시제

사실이 아닌 상황을 언급할 때는 as if/though절에 현재 시제 대신 과거 시제를 써서 비현실성을 강조한다. 비교)

– She looks **as if** she **is** rich. 그녀는 부유해 보인다. (부자일 수도 있다.)

He talks **as if** he **was** rich. 그는 마치 부자인 것처럼 말한다. (그러나 그는 부자가 아니다.)

– You look **as though** you **know** each other. 너희들 서로 아는 것 같구나.

Why is he looking at me **as though** he **knew** me? I've never seen him before.

그는 왜 나를 안다는 듯이 쳐다볼까? 나는 그를 한 번도 본 적이 없는데.

격식체에서는 비현실성을 드러내기 위해 was 대신 were를 쓸 수 있다. 미국 영어에서 널리 쓰이는 용법이다.

He talks **as if** he **were** rich. 그는 마치 부자인 것처럼 말한다.

3 like: as if/though의 의미

특히 비격식체에서는 as if/though와 같은 의미로 like를 쓴다. 원래 전형적인 미국식 표현이었으나 지금은 영국 영어에서도 널리 쓰인다.

It seems **like** it's going to rain. 비가 올 것 같다.

He sat there smiling **like** it was his birthday.
그는 마치 그날이 자기 생일인 것처럼 미소를 지으며 거기 앉아 있었다.

like와 as의 차이는 ▸515 참조.

379 as long as

1 시제

as long as절에는 현재 시제로 미래를 나타낸다.

I'll remember that day **as long as I live**.
내가 살아 있는 한 그날을 잊지 못할 것이다. (NOT ... ~~as long as I will live.~~)

현재 시제로 미래를 나타내는 다른 접속사절은 ▸231 참조.

2 조건

조건을 언급할 때 as/so long as를 쓴다.

You can take my car **as/so long as you drive carefully**.
(= ... on condition that you drive carefully.) 내 차를 가져가도 좋은데, 조심해서 운전해야 돼.

3 강조 용법

숫자 앞에 as long as가 오면 매우 길다는 어감을 내포한다.

These meetings can last **as long as** four hours.
이런 회의들은 무려 네 시간이나 계속될 수도 있다.

이와 유사한 as much/many as의 용법은 ▸203.6 참조.

380 as such

not ... as such는 '…라고 할 것까지는 없지만'이라는 의미로, 어휘가 연상시키는 것과 정확히 일치하지 않는 것을 언급할 때 쓴다.

So you went on a tour to Japan? ~ Well, **not** a tour **as such** – I went on business. But I managed quite a lot of sightseeing.
그럼 일본에 여행을 갔단 말이지? ~ 글쎄, 여행이라고 할 것까지는 없어. 일 때문에 갔으니까. 하지만 짬을 내서 관광도 꽤 했어.

I'm **not** a teacher **as such**, but I've taught English to some of my friends.
나는 선생님이라고 할 것까지는 없지만, 내 친구 몇 명에게 영어를 가르치기는 했다.

381 as usual

'여느 때처럼', '평소와 다름없이'를 뜻한다.

주의 부사 usually를 쓰지 않고 형용사 usual을 쓴다.

The train's late, **as usual**. 늘 그렇듯이 기차가 연착이다. (NOT ... ~~as usually.~~)

as well, also, too는 ▶369 참조.

382 as well as

1 의미

as well as는 not only ... but also와 비슷한 의미로 '···뿐 아니라 ···도'를 뜻한다.

She's got a goat, **as well as** five cats and three dogs.
그녀는 고양이 다섯 마리와 개 세 마리 이외에 염소도 한 마리 키우고 있다.

He's clever **as well as** nice. (= He's not only nice, but also clever.)
그는 상냥할 뿐 아니라 똑똑하다.

She works in television **as well as** writing children's books.
그녀는 아동용 도서를 쓸뿐만 아니라 텔레비전 방송 일도 한다.

청자/독자가 이미 알고 있는 정보는 as well as 뒤에 놓는다.

As well as birds, some mammals can fly.
조류뿐 아니라 일부 포유동물도 날 수 있다. (NOT ~~Birds can fly, as well as some mammals.~~)

They speak Italian in parts of Switzerland **as well as** Italy.
이탈리아뿐 아니라 스위스의 일부 지역에서도 이탈리아어를 쓴다.

(NOT ~~They speak Italian in Italy as well as parts of Switzerland.~~)

2 as well as 뒤에 오는 동사형

as well as 뒤에 동사가 올 경우 대체로 -ing형을 취한다.

Smoking is dangerous, **as well as making** you smell bad.
흡연을 하면 고약한 냄새를 풍길뿐 아니라 건강에도 해롭다. (NOT ... ~~as well as it makes you smell bad.~~)

As well as breaking his leg, he hurt his arm.
그는 다리가 부러졌을 뿐 아니라 팔도 다쳤다. (NOT ... ~~as well as he broke his leg,~~ ...)

주절에 to부정사가 올 경우 as well as 뒤에는 to 없이 원형부정사만 쓸 수 있다.

I have to feed the animals **as well as look** after the children.
나는 아이들을 돌봐야 할 뿐 아니라 동물들 먹이도 줘야 한다.

주의 다음 두 예문의 차이점에 유의한다.

She sings **as well as playing** the piano. (= She not only plays, but also sings.)
그녀는 피아노를 칠 뿐만 아니라 노래도 부른다.

She sings **as well as she plays** the piano. (= Her singing is as good as her playing.)
그녀는 피아노 연주 실력 못지않게 노래도 잘한다.

as well, also, too는 ▶369 참조.

383 ask

1 ask, ask for

> ask for: (남에게) …을 달라고 요청하다
> ask (for 없이 사용): (남에게) …에 대해 말해달라고 요청하다

비교)

- Don't **ask** me **for** money. 나한테 돈 달라고 하지 마. (NOT ~~Don't ask me money.~~)
  Don't **ask** me my name. 내 이름을 묻지 마. (Don't ask me for my name.보다 더 많이 쓰임)
- **Ask for** the menu. 메뉴 달라고 해.
  Ask the price. 값이 얼마인지 물어봐.

그러나 특히 구매, 판매, 임대 행위와 관련하여 지불을 청구할 때는 for 없이 ask만 쓰기도 한다.
They're asking £500 a month including tax.
그들은 월세로 세금을 포함해 500파운드를 요구하고 있다.

How much is the car? ~ I'**m asking fifteen hundred.**
그 차 얼마입니까? ~ 1,500파운드 주세요.

주의 아래 표현의 의미에 유의한다.
ask a lot of somebody …에게 많은 것을 바라다(긍정적 표현)
ask too much of somebody …에게 너무 많은 것을 바라다(부정적 표현)
ask a favour of somebody …의 호의를 바라다/도와주기를 청하다
ask (for) permission 허락/허가를 구하다

2 to부정사와 함께 쓸 경우

ask 뒤에는 to부정사를 쓸 수 있다(▶ 97-98 참조).

> ask + to부정사

I **asked to go** home. (= I asked permission to go home.) 나는 집에 가게 해달라고 요청했다.

> ask + 목적어 + to부정사

I **asked Jack to go** home. (= I told Jack I would like him to go home.)
나는 잭에게 집에 가라고 부탁했다. (= 나는 잭이 집에 갔으면 좋겠다고 말했다.)

> ask + for + 목적어 + to부정사

I **asked for the children to have** extra milk. 나는 아이들에게 우유를 더 주라고 요청했다.
I **asked for the package to be sent** to my home address.
나는 그 소포를 우리집 주소로 보내달라고 요청했다.

주의 다음 두 문장의 차이에 유의한다.
I **asked Jack to go** home. 나는 잭에게 집에 가라고 부탁했다. (나는 잭이 집에 가기를 원했다는 의미)
I **asked Jack if I could go** home.
나는 잭에게 집에 가도 되는지 물었다. (내가 집에 가고 싶었다는 의미)

384 at, on, in: 장소

1 at

at은 어떤 한 지점을 나타낸다.

> It's very hot **at the centre of the earth**. 지구의 핵은 매우 뜨겁다.
> Turn right **at the next corner**. 다음 모퉁이에서 우회전해.

넓은 장소라도 한 지점, 즉 여행 도중 거치는 한 지점이나 약속 장소에는 at을 쓴다. 비교)

- The plane stops for an hour **at/in Frankfurt**.
  비행기는 프랑크푸르트에서 한 시간 동안 기착한다. (여정의 한 지점)
  She lives **in Frankfurt**. 그녀는 프랑크푸르트에 산다. (집) (NOT ~~She lives at Frankfurt.~~)
- Let's meet **at the club**. 클럽에서 만나자. (약속 장소)
  It was warm and comfortable **in the club**. 클럽 안은 따뜻하고 안락했다. (시간을 보낸 장소)

건물 안에서 이루어지는 행위를 염두에 두고 말할 경우 주로 건물 이름 앞에 at을 붙인다.

> I first heard her sing **at the Usher Hall** in Edinburgh.
> 나는 그녀가 에든버러에 있는 어셔 홀에서 노래하는 것을 처음 들었다.
>
> Eat **at the Steak House** – best food in town.
> 스테이크 하우스에 오셔서 식사하세요. 시내에서 최고의 음식을 제공합니다.
>
> Sorry I didn't phone last night – I was **at the theatre**.
> 어젯밤에 전화 못해서 미안해. 극장에 갔거든.

at은 특히 건물이나 단체 이름을 나타내는 고유명사 앞에 많이 쓰인다. 비교)

- I first met your father **at/in Harrods**. 네 아버지를 해러즈 백화점에서 처음 만났단다.
  I first met your father **in a shop**. 네 아버지를 상점에서 처음 만났단다.
- She works **at Legal and General Insurance**.
  그녀는 리걸 애나 제너럴 보험회사에서 일한다.
  She works **in a big insurance company**. 그녀는 큰 보험회사에서 일한다.

학교 앞에도 at을 쓴다.

> He's **at the London School of Economics**. 그는 런던경제대에 다닌다.

도시 이름 앞에 at을 붙이면 그 도시의 대학을 뜻한다. 비교)

> He's a student **at Oxford**. 그는 옥스포드 대학의 학생이다.
> He lives **in Cambridge**. 그는 케임브리지에 산다.

단체 활동 앞에도 at을 쓴다.

at a party 파티에서	**at** a meeting 회의에서	**at** a concert 콘서트에서
at a lecture 강의에서	**at** the match 그 경기에서	

2 on

on은 도로나 강처럼 선형을 이루는 대상 위의 한 지점을 나타낸다.

> His house is **on the way** from Aberdeen to Dundee.
> 그의 집은 애버딘에서 던디로 가는 길에 있다.
>
> Stratford is **on the river Avon**. 스트랫포드는 에이번 강변에 있다.

그러나 선형을 이루는 요소 중 하나인 사물의 위치를 나타낼 때는 in을 쓴다.

There's a misprint **in line 6** on page 22. 22쪽 여섯 번째 줄에 오식이 있다.

Who's the good-looking boy **in the sixth row**?

여섯 번째 줄에 있는 잘생긴 남자애는 누구니?

표면 위의 한 지점을 가리킬 때는 on을 쓴다.

Hurry up – supper's **on the table**! 서둘러. 저녁 다 차렸어!

That picture would look better **on the other wall**.

그 사진은 반대쪽 벽에 걸면 더 좋을 것이다.

There's a big spider **on the ceiling**. 천장에 커다란 거미가 있다.

on은 밀착되어 있거나 닿아 있는 상태를 표현한다.

Why do you wear that ring **on** your first finger? 너는 왜 그 반지를 검지손가락에 끼니?

There aren't many apples **on** the tree this year.

올해는 나무에 사과가 많이 열리지 않았다.

호숫가나 바닷가를 가리킬 때도 on을 쓴다.

Bowness is **on Lake Windermere**. 보네스는 윈더미어 호 옆에 있다.

Southend-**on**-Sea 사우스엔드온시

3 in

in은 넓은 지역, 그리고 입체적인 공간(사방으로 둘러싸인 3차원 공간) 안에 있음을 나타낸다.

I don't think he's **in his office**. 그는 사무실에 없는 것 같다.

Let's go for a walk **in the woods**. 숲속으로 산책 가자.

She grew up **in Swaziland**. 그녀는 스와질란드에서 자랐다.

I last saw her **in Times Square**. 내가 그녀를 마지막으로 본 것은 타임스 스퀘어였다.

He lived **in the desert** for three years. 그는 3년 동안 사막에서 살았다.

4 대중 교통수단

대중 교통수단(버스, 기차, 비행기, 배)이나 오토바이, 말 등을 타고 이동할 때 on/off를 쓴다.

There's no room **on the bus**; let's get **off** again. 버스에 빈 자리가 없어. 다시 내리자.

He's arriving **on the 3.15 train**.

그는 3시 15분 기차로 도착할 것이다. (NOT ... ~~in/with the 3.15 train.~~)

We're travelling **on flight 604**. 우리는 항공기 604편으로 여행할 것이다.

It took five days to cross the Atlantic **on the Queen Elizabeth**.

퀸 엘리자베스 호를 타고 대서양을 횡단하는 데 5일 걸렸다.

I'll go down to the shop **on my bike**. 자전거를 타고 가게로 갈게.

그러나 자동차, 개인용 소형 비행기, 보트 등에는 in과 out (of)를 쓴다.

She came **in a taxi**. 그녀는 택시를 타고 왔다.

He fell into the river when he was getting **out of his canoe**.

그는 카누에서 내리려다가 강물에 빠졌다.

5 arrive

arrive 뒤에는 주로 at을 쓰며, to는 쓰지 않는다. 아주 넓은 장소 앞에는 in을 쓴다.

> He **arrives at** the airport at 15.30.
> 그는 15시 30분에 공항에 도착한다. (NOT ~~He arrives to the airport~~ ...)

> What time do we **arrive in** New York? 뉴욕에 몇 시에 도착하지?

6 주소

주소 앞에는 대체로 at을 쓴다.

> Are you still **at the same address?** 아직도 같은 주소에 살고 있니?
> She lives **at 73 Albert Street.** 그녀는 앨버트 가 73번지에 산다.

단순히 거리 이름을 말할 때는 in(미국 영어는 on)을 쓴다.

> She lives **in Albert Street.** 그녀는 앨버트 가에 산다.

층수 앞에는 on을 쓴다.

> She lives in a room **on the third floor.** 그녀는 3층에 있는 방에서 산다.

(특히 영국 영어에서는) 소유격 앞에 at을 쓰면 집 또는 가게를 의미한다.

> Where's Megan? ~ She's **at Naomi's.** 메건 어디 있어? ~ 나오미 집 근처에 있을 거야.
> I used to get my bread **at a small baker's** in the next street.
> 나는 다음 골목에 있는 작은 빵집에서 빵을 사곤 했다.

7 주의해야 할 어구

다음 어구에 유의한다.

in/at church	**at** home/work	**in/at** school/college
in a picture	**in** the sky	**in** the rain
in a tent	**in** a hat	

The map is **on page 32**. (BUT I stopped reading **at page 32**.)

in bed / (the) hospital / prison

on a farm   working **on** the railway

at은 주로 /æt/이 아니라 /ət/으로 발음하는 것에 유의한다(▶ 315 참조).
at/in과 to의 차이는 ▶ 385 참조.   smile at, shoot at 등은 ▶ 385.3 참조.

385 at / in, to

1 차이

at과 in은 위치를 나타내는 전치사며 (이들의 차이는 ▶ 384 참조), 동작이나 방향을 나타낼 때는 to를 쓴다. 비교)

- He works **at** the market. 그는 시장에서 일한다.
  He gets **to** the market by bike. 그는 자전거로 시장에 간다.

- My father lives **in** Canada. 우리 아버지는 캐나다에서 사신다.

  I go **to** Canada to see him whenever I can. 나는 여건이 될 때마다 그를 보러 캐나다에 간다.

2 목적(지)

'~하기 위해 …에 간다'는 의미로 '목적지에 가는 이유'를 먼저 밝히는 경우는 대체로 장소 앞에 전치사 at/in을 쓴다. 비교)

- Let's go **to** Marcel's for coffee. 마르셀 카페로 커피 마시러 가자.

  Let's go and have coffee **at** Marcel's.

  마르셀 카페에 가서 커피 마시자. (NOT ~~Let's go and have coffee to Marcel's.~~)

- I went **to** Canada to see my father. 나는 아버지를 뵈러 캐나다에 갔다.

  I went to see my father **in** Canada.

  나는 캐나다에 가서 아버지를 만났다. (NOT ~~I went to see my father to Canada.~~)

3 대상

look, smile, wave, frown 등의 특정 동사 뒤에서 지각, 표정, 몸짓 등 비언어적 의사 표현의 '대상'을 나타낼 때 at을 쓴다.

Why are you **looking at** her like that? 왜 그렇게 그녀를 쳐다보고 있니?

Because she **smiled at** me. 그녀가 날 보고 웃었으니까.

shoot, laugh, throw, shout, point 등 공격적인 행동을 나타내는 동사 뒤에도 at을 써서 대상을 나타낸다.

It's a strange feeling to have somebody **shoot at** you.
누군가 나에게 총을 겨누면 기분이 이상해진다.

If you can't **laugh at** yourself, who can you **laugh at**?
스스로를 비웃을 수 없다면 누구도 비웃을 수 없다. → 매사에 너무 심각하게 굴지 마라.

Stop **throwing** stones **at** the cat, darling. 애야, 고양이한테 돌 그만 던지렴.

You don't need to **shout at** me. 나한테 소리 지르지 마.

In my dream, everybody was **pointing at** me and laughing.
꿈 속에서 모든 사람들이 나를 손가락질하면서 웃었다.

공격의 의도가 없을 때는 throw to, shout to, point to를 쓴다.

Please do not **throw** food **to** the animals. 동물들에게 음식을 던지지 마세요.

Could you **shout to** Jake and tell him it's breakfast time?
제이크한테 큰 소리로 아침 먹을 시간이라고 일러주겠니?

'The train's late again,' she said, **pointing to** the timetable.
그녀는 열차 시간표를 가리키며 "기차가 또 연착이네."라고 말했다.

대체로 arrive 뒤에는 at이나 in을 쓰며 to는 쓰지 않는다.

We should **arrive at** Pat's in time for lunch.
우리는 팻의 집에 점심 시간에 늦지 않게 도착해야 돼. (NOT ... ~~arrive to Pat's~~ ...)

When did you **arrive in** New Zealand?
뉴질랜드에 언제 도착했니? (NOT ... ~~to New Zealand?~~)

in과 into의 용법은 ▶ 496 참조.

386 at, on, in: 시간

> at + 시계가 가리키는 시간
> at + 주말, 공휴일
> in + 하루의 일부분
> in + 비교적 긴 시간
> on + 특정한 날

1 시계가 가리키는 시간: at

I usually get up **at six o'clock**. 나는 보통 6시에 일어난다.

I'll meet you **at 4.15**. 4시 15분에 만나자.

Phone me **at lunch time**. 점심시간에 전화해.

비격식체에서는 what time 앞에 대체로 at을 생략한다(▶ 386.7 참조).

What time does your train leave? 네가 타는 기차는 언제 출발하니?

2 하루의 일부: in

I work best **in the morning**. 나는 아침에 일이 가장 잘 된다.

three o'clock **in the afternoon** 오후 3시

We usually go out **in the evening**. 우리는 주로 저녁에 외출한다.

주의 in the night과 at night의 차이에 유의한다. in the night은 대개 '특정한 날의 밤'을 가리키고 at night은 일반적인 밤 시간을 가리킨다. 비교)

I had to get up **in the night**. 그날 밤 나는 일어나야 했다.

I often work **at night**. 나는 종종 밤에 일한다.

비격식체에서는 가끔 전치사 없이 복수 명사(days 등)를 쓴다.

Would you rather work **days** or **nights**? 주간 근무가 좋은가요, 야간 근무가 좋은가요?

특정한 날의 오전, 오후 등을 지칭하거나 날씨 따위를 묘사할 때는 on을 쓴다.

See you **on Monday morning**. 월요일 아침에 보자.

We met **on a cold afternoon** in early spring. 우리는 초봄의 어느 추운 날 오후에 만났다.

3 요일이나 날짜: on

I'll ring you **on Tuesday**. 화요일에 전화할게.

My birthday's **on March 21st**. 내 생일은 3월 21일이다.

They're having a party **on Christmas Day**. 그들은 크리스마스 날에 파티를 열 계획이다.

비격식체에서는 on을 생략하기도 한다.

I'm seeing her **Sunday morning**. 나는 일요일 아침에 그녀를 만날 예정이다.

반복되는 행위를 나타낼 때는 복수형(Sundays, Mondays 등)을 쓴다.

We usually go and see Granny **on Sundays**. 우리는 일요일이면 대개 할머니를 뵈러 간다.

4 공휴일과 주말: at

크리스마스, 신년, 부활절, 추수감사절(미국) 등의 휴일 전체를 나타낼 때는 at을 쓴다.

> We're having the roof repaired **at Easter**. 우리는 부활절에 지붕을 수리할 예정이다.

그러나 휴일 중 하루를 가리킬 때는 on을 쓴다.

> Come and see us **on Christmas Day**. 크리스마스 날 우리 집에 와라.
> What are you doing **on Easter Monday**? 부활제 이튿날 뭐할 거니?

영국인들은 at the weekend, 미국인들은 on the weekend라고 말한다.

> What did you do **at the weekend**? 주말에 뭐했어?

5 비교적 긴 기간: in

> It happened **in the week** after Christmas. 그 일은 크리스마스 다음 주에 발생했다.
> I was born **in March**. 나는 3월에 태어났다.
> Kent is beautiful **in spring**. 켄트는 봄에 아름답다.
> Our house was built **in the 15th century**. 우리 집은 15세기에 건축되었다.
> He died **in 1616**. 그는 1616년에 사망했다.

6 in의 기타 용례

in은 어떤 사건이 얼마 후에 일어날 것인지, 또는 일어나는 데 시간이 얼마나 걸릴 것인지를 나타낸다.

> Ask me again **in three or four days**. 3, 4일 후에 다시 나에게 물어봐.
> I can run 200 metres **in about 30 seconds**. 나는 200미터를 30초 정도에 주파할 수 있다.

in …'s time은 어떤 일을 하는 데 걸리는 시간이 아니라 시간이 어느 정도 지난 후에 어떤 일이 발생하는지를 나타낸다. 비교)

> I'll see you again **in a month's time**. 한 달 후에 다시 뵙겠습니다.
> It'll be ready **in three weeks' time**. 3주 후면 준비될 것이다.
> He wrote the book **in a month**. 그는 한 달 만에 그 책을 썼다. (NOT ... ~~in a month's time.~~)

미국 영어에서는 부정문에 for 대신 in을 써서 현재까지 걸린 시간을 나타낸다.

> I haven't seen her **in years**. 나는 그녀를 오랫동안 못 봤다.

7 전치사를 쓰지 않는 시간 표현

next, last, this, that(가끔 생략), one, any(비격식체에서 생략), each, every, some, all 등을 쓰는 시간표현에는 대체로 at/on/in을 생략한다.

> See you **next week**. 다음 주에 보자.
> Come **any time**. 아무 때나 와.
> Are you free **this morning**? 오늘 아침에 시간 있어?
> I didn't feel very well **that week**. 그 주에는 몸이 좋지 않았어.
> I'm at home **every evening**. 나는 매일 저녁 집에 있어.
> We met **one day** in late August. 우리는 8월 말 언젠가 만났다.
> We stayed **all day**. 우리는 하루 종일 머물렀다.

yesterday, the day before yesterday, tomorrow, the day after tomorrow 앞에서도 대체로 at/on/in을 생략한다.

> What are you doing **the day after tomorrow**? 모레 뭐할 거니?

〈**What/Which + 시간 표현**〉으로 시작되는 의문문과 시간만 말하는 대답에서도 대체로 전치사를 생략한다.

> **What day** is the meeting? 회의는 무슨 요일에 하나요?
>
> **Which week** did you say you're away? 어느 주(週)에 휴가 간다고 했지?
>
> **What time** are you leaving? ~ **Eight o'clock.** 몇 시에 떠날 거야? ~ 8시.

at은 대체로 /æt/이 아니라 /ət/으로 발음한다(▶ 315 참조).
in과 during의 차이는 ▶ 441 참조.

387 at all

1 부정문에 쓰임

부정문에 at all을 써서 부정의 의미를 강조한다.

> I didn't understand anything **at all**. (= I didn't understand even a little.)
> 나는 전혀 이해하지 못했다.
>
> She was hardly frightened **at all**. 그녀는 조금도 무서워하지 않았다.

2 의문문이나 비긍정어와 함께 쓰임

at all은 의문문이나 if, ever, any 등 '비긍정어(non-affirmative)'와 함께 쓰이기도 한다.

> Do you play poker **at all**? (= ... even a little?) 포커를 치니?
>
> He'll come before supper if he comes **at all**. 그가 혹시라도 온다면 저녁 먹기 전에 올 것이다.
>
> You can come whenever you like – any time **at all**.
> 언제라도 마음 내키면 와도 돼. 언제든지 상관없어.

3 Not at all.

Not at all은 (특히 영국 영어에서) Thank you(▶ 329.19 참조)와 Do you mind if ...? (▶ 528 참조)에 대한 대답으로 쓰이며, 다소 격식을 차린 표현이다.

388 at first, first

at first는 어떤 상황의 시작을 언급할 때 쓰이며, 나중에 일어나는(일어난) 다른 상황과 대비된다는 것을 암시한다. at first ... 뒤에는 흔히 but이 온다.

> **At first** they were very happy, **but** then things started going wrong.
> 처음에 그들은 매우 행복했으나, 얼마 후 일이 틀어지기 시작했다.
>
> The work was hard **at first, but** I got used to it. 그 일이 처음에는 힘들었으나 곧 익숙해졌다.

그 밖의 경우에는 대체로 first를 쓴다.

That's mine – I saw it **first**! 그건 내 거야. 내가 먼저 봤어! (NOT ... ~~I saw it at first.~~)

We lived there when we were **first** married. (= ... in the early days of our marriage.)
우리는 처음 결혼했을 때 그곳에서 살았다. (NOT ... ~~when we were at first married.~~)

First, I want to talk about the history of the problem; then I'll outline the situation today; and then we'll discuss possible solutions.
먼저 이 문제가 진행되어온 과정을 설명하고자 합니다. 그런 다음, 현재 상황을 간단히 설명하고, 가능한 해결책을 논의하겠습니다. (NOT ~~At first, I want to talk~~ ...)

at last와 at first는 반의어가 아닌 것에 유의한다 ▸ 465 참조.
담화 표지어로 쓰이는 first(ly)는 ▸ 301.1 참조.

at last, finally, in the end와 at the end는 ▸ 465 참조.

389 (a)wake, (a)waken

1 용례

동사 awake와 wake, awaken, waken 중 wake가 가장 널리 쓰인다. wake는 '잠에서 깨어나다' 또는 '(남을) 잠에서 깨우다'라는 의미를 나타낸다. '잠에서 깨어나다'라는 의미로는 흔히 wake up을 쓴다.

I **woke up** three times in the night. 나는 밤에 세 번이나 잠에서 깼다.

Wake up! It's time to go to work. 일어나! 출근할 시간이야. (NOT ~~Wake!~~ ...)

Could you **wake** me **(up)** at half past six? 6시 반에 나 좀 깨워줄래?

문어체에서는 wake (up) 대신 waken을 쓴다.

The princess **did** not **waken** for a hundred years.
공주는 백 년 동안 잠에서 깨어나지 않았다.

Then the prince **wakened** her with a kiss.
그때 왕자가 키스로 그녀를 잠에서 깨웠다.

awake와 awaken 역시 다소 문어체 표현으로, '잠에서 깨어나다'라는 의미로도 쓰이지만 어떤 감정에 눈을 뜨거나 몰랐던 것을 알게 된 경우 등을 비유할 때 쓰인다.

I slowly **awoke** to the danger that threatened me.
나는 나를 덮쳐오는 위험을 서서히 깨달았다.

At first I paid little attention, but slowly my interest **awoke**.
나는 처음에는 관심을 거의 기울이지 않았으나 점차 흥미가 살아났다.

The sound of the church clock **awakened** a half-buried memory.
교회의 시계 소리가 반쯤 묻힌 기억을 일깨웠다.

2 형용사로 쓰이는 경우

격식을 차리지 않은 영국 영어에서는 서술적 용법(be 뒤)으로 waking, sleeping 대신 형용사 awake와 asleep을 주로 쓴다.

Is the baby **awake** yet? 아기가 벌써 깼어?

Everyone was **asleep** when I got home.
내가 집에 도착했을 때 모두가 자고 있었다.

390 back(부사), again

back과 again은 의미가 유사하지만 용법에 차이가 있다.

1 back : 동사와 함께 쓰이는 경우

back이 동사와 함께 쓰이면 이전 상황으로 돌아가다, 즉 상황이 역전되어 처음 상황으로 되돌아간다는 의미이며, 이런 의미로는 again을 쓰지 않는다.

Give me my watch **back**. 내 시계 돌려줘. (NOT ~~Give me my watch again.~~)

I'm taking this meat **back** to the shop.

이 고기를 가게에 다시 갖다줄 거야. (NOT ~~I'm taking this meat to the shop again.~~)

2 again : 동사와 함께 쓰이는 경우

again이 동사와 함께 쓰이면 반복의 의미를 나타낸다. 비교)

– That was lovely. Can you play it **again**? 멋지네. 다시 틀어볼래?

When I've recorded your voice I'll play it **back**. 네 목소리를 다 녹음하면 재생해줄게.

– Sam was really bad-mannered. I'm never going to invite him **again**.

샘은 정말 무례하게 굴었어. 다시는 그를 초대하지 않을 거야.

She comes to our parties but she never invites us **back**.

그녀는 우리 파티에 오지만 답례로 우리를 초대하는 법이 없다.

– I don't think he got your email. You'd better write **again**.

그가 네 이메일을 받지 못한 것 같아. 다시 쓰는 게 좋겠어.

If I write to you, will you write **back**? 내가 편지 보내면 답장해 주겠어?

sell back(같은 사람에게 되팔다)과 sell again(다시 팔다)의 차이점에 유의한다.

The bike you sold me is too small. Can **I sell** it **back** to you?

네가 나한테 판 자전거는 너무 작아. 되팔면 안 될까?

If we buy this house and then have to move somewhere else, how easy will it be to **sell** it **again**?

이 집을 샀다가 나중에 다른 곳으로 이사 가야 한다면 이 집을 얼마나 수월하게 다시 팔 수 있을까?

3 back을 쓰지 않는 경우

동사 자체에 '처음 상황으로 돌아가다' 또는 '반대로 움직인다'는 의미가 담겨 있는 경우 대체로 back을 쓰지 않는다.

Stefan can never **return** to his country.

스테판은 절대로 고국으로 돌아갈 수 없다. (Stefan can never return back... 보다 자연스러움)

Who opened the window? Could you **close** it, please?

누가 창문을 열어놨지? 좀 닫아줄래? (NOT ... ~~close it back~~ ...)

그러나 '다시 되돌리다', '되돌아가다'라는 의미를 강조하기 위해 again을 쓸 수 있다.

Stefan can never **return** to his country **again**.

스테판은 절대로 다시 고국으로 돌아갈 수 없다.

Who opened the window? Could you **close** it **again**, please?

누가 창문을 열어놨지? 다시 닫아줄래?

4 부사 불변화사나 전치사구와 함께 쓰이는 경우

부사 불변화사나 전치사구와 함께 back/again을 쓰면 '처음 상황으로 돌아간다'는 의미를 나타낸다.

> I stood up, and then I sat (**back**) **down** (**again**). 나는 일어선 다음 (다시) 앉았다.
>
> He tasted the apple and spat it (**back**) **out** (**again**).
> 그는 사과를 한입 베어물었다가 (다시) 뱉었다.
>
> Go (**back**) **to sleep** (**again**). (다시) 잠자리에 들어라.
>
> I'll be (**back**) **in the office** (**again**) on Monday. 나는 월요일에 사무실로 (다시) 복귀할 것이다.

5 ring/call back

ring back(영국 영어에서만 사용)과 call back은 '답신으로 전화하다' 또는 '다시 전화하다'라는 두 가지 의미로 모두 쓰인다.

> She's not here just now. ~ Ask her to **ring**/**call** me **back**. (= return my call)
> 그녀는 지금 자리에 없습니다. ~ 저에게 전화해 달라고 전해주세요. (= 답신으로 전화하다)
>
> I haven't got time to talk now. ~ OK, I'll **ring**/**call back** later. (= ring again)
> 지금 얘기할 시간이 없어. ~ 알았어, 나중에 다시 전화할게. (= 다시 전화하다)

6 어순

back은 부사 불변화사(▶195 참조)이므로 대체로 동사와 동사의 목적어 사이에 위치한다 (목적어가 대명사인 경우는 예외 ▶12.4 참조). 그러나 again은 동사와 동사의 목적어 사이에 올 수 없다.

> Take **back your money** – I don't want it.
> 네 돈 도로 갖고 가. 난 필요 없으니. (OR Take your money **back** ...)
>
> Count **the money again**, please. 돈을 다시 세어 주세요. (NOT ~~Count again the money~~ ...)

391 bath, bathe

1 bath

> 발음: bath /bɑːθ/ bathing /ˈbɑːθɪŋ/ bathed /bɑːθt/

미국 영어에서는 bath를 동사로 쓰지 않는다.

bath는 목적어를 취할 수 있다.

> It's your turn to **bath** the baby. 네가 아기를 목욕시킬 차례다.

'자신의 몸을 씻다'라는 뜻으로도 쓰인다.

> I don't think he **baths** very often. 그는 그렇게 자주 씻지 않는 것 같다.

bath는 다소 격식을 차린 표현이며, 회화에서는 주로 have/take a bath 형태로 쓴다.

> I'm feeling hot and sticky; I think I'll **have a bath**. 덥고 끈적끈적해. 목욕을 해야겠어.

2 bathe

> 발음: bathe /beɪð/ bathing /ˈbeɪðɪŋ/ bathed /beɪðd/

bathe는 미국 영어에서 쓰는 동사로 영국 영어의 bath에 해당하다.

It's your turn to **bathe** the baby. 네가 아기를 목욕시킬 차례다. (미국 영어)

I always **bathe** before I go to bed.

나는 자기 전에 항상 목욕을 한다. (미국 영어) (OR ... take a bath...)

bathe는 (영국 영어와 미국 영어에서 모두) '아픈 신체 부위(따끔거리는 눈 등)를 물에 담그다'라는 의미로도 쓰인다.

Your eyes are very red – you ought to **bathe** them.

네 눈이 심하게 충혈되었어. 물로 씻어야겠다.

bathe는 '즐기려고 수영을 하다'라는 의미로도 쓰인다(영국 영어에서만 해당).

NO **BATHING** FROM THIS BEACH   이 해변에서 수영금지

bathe를 '수영하다'라는 의미로 쓰는 것은 다소 격식을 차린 표현이다. 회화에서는 주로 have a swim, go for a swim, go swimming 또는 그냥 swim을 쓴다.

Let's **go for a swim** in the river.   강으로 수영하러 가자.

bear은 ▸ 407 참조.

392 beat, win

win은 게임, 경주, 전투, 논쟁 등을 이기거나 상품, 상금 등을 획득했다는 의미로 쓰인다. 경기, 논쟁, 싸움 등에서 '상대를 꺾다'라는 의미로는 beat를 쓴다. 비교)

My girlfriend usually **wins** when we play poker.

내 여자친구와 포커를 하면 대개 그녀가 이긴다.

My girlfriend **beat** me at poker the first time we played.

내 여자친구는 우리가 처음 한 포커 게임에서 나를 이겼다. (NOT ~~My girlfriend won me at poker~~ ...)

beat와 win은 모두 불규칙 동사다.

beat – beat – beaten   win – won – won

393 because

1 because, because of

접속사 because는 문두에 위치하며 뒤에 주어와 동사를 취한다. because of는 전치사로 뒤에 명사나 대명사가 온다. 비교)

– We were late **because it rained**.

비가 오는 바람에 우리는 늦었다. (NOT ... ~~because of it rained.~~)

We were late **because of the rain**.   비 때문에 우리는 늦었다. (NOT ... ~~because the rain.~~)

– I'm happy **because I met you**.   너를 만나서 기뻐.

I'm happy **because of you**.   너 때문에 기뻐.

2 because절의 위치

because가 이끄는 절은 주절의 앞이나 뒤에 모두 올 수 있다.

> I finished early **because I worked fast**. 나는 빨리 일해서 일찍 마쳤다.
>
> **Because I worked fast**, I finished early. 나는 빨리 일해서 일찍 마쳤다.

대답, 또는 잠시 머뭇거리고 난 뒤에 이유를 덧붙일 때는 because절을 단독으로 쓸 수 있다.

> Why are you crying? ~ **Because Jack and I have had an argument**.
> 왜 울고 있어? ~ 잭과 말다툼을 했거든.
>
> I don't think I'll go to the party ... **Because I'm feeling a bit tired**.
> 파티에 못 갈 것 같아 … 좀 피곤하거든.

3 just because ... (it) doesn't mean ...

격식을 차리지 않은 대화에서 자주 쓰인다.

> **Just because** you're older than me **(it) doesn't mean** you can do what you like.
> 나보다 나이가 많다는 이유만으로 당신 마음대로 할 수는 없어.
>
> **Just because** I'm your brother **(it) doesn't mean** you can keep asking me for
> money. 내가 형이라는 이유만으로 네가 계속 나한테 손을 벌려도 되는 건 아니야.

reason 뒤에 because를 쓰는 경우는 ▸567 참조. because, as, since, for의 차이는 ▸377 참조.

because, as, since, for는 ▸377 참조.

---

394 become, get, go, grow 등: 변화

become, get, go, come, grow, turn은 모두 변화를 언급할 때 쓰이는데, 문법이나 의미, 관용
용법에 따라 미묘한 차이가 있다.

1 become dark, become a pilot 등

become 뒤에는 형용사와 명사구가 온다.

> It was **becoming very dark**. 컴컴해지고 있었다.
>
> What do you have to do to **become a pilot?** 조종사가 되려면 무엇을 해야 하는가?

일회성의 의도적인 행위를 묘사할 때는 대체로 become을 쓰지 않는다.

> Please **get ready** now. 이제 준비하세요. (NOT Please ~~become ready now.~~)

2 get dark, get younger 등

get(비격식체)은 주로 형용사 앞에서 (명사 없이) 쓰이며, 격식을 차리지 않은 표현이다.

> It was **getting very dark**. 점점 컴컴해지고 있었다. (비격식체)
>
> You **get younger** every day. 너는 매일 더 젊어지는구나. (비격식체)

get은 lost, broken, dressed, married 같은 과거분사 앞에 올 때가 많다.

> They **got married** in 1986, and **got divorced** two years later.
> 그들은 1986년에 결혼해서 2년 후에 이혼했다.

색깔 변화나 go mad(영국 영어) / go crazy처럼 나쁜 쪽으로의 변화를 나타낼 때는 주로 get이
아닌 go를 쓴다(▶아래 394.4 참조).

변화를 나타내는 의미로 〈get + 명사〉 구문은 쓰지 않는다.

> I **became a grandfather** last week.
> 나는 지난주에 할아버지가 되었다. (NOT ~~I got a grandfather~~ ...)

get used to는 ▶615 참조.

3 get + to부정사

〈**get + to부정사**〉는 점진적인 변화를 나타낸다.

> After a few weeks I **got to like** the job better. 몇 주 뒤, 나는 그 일을 더 좋아하게 되었다.
> She's nice when you **get to know** her. 그녀는 알고 보면 좋은 사람이다.

4 go red, go mad 등

특히 비격식체에서 〈**go + 형용사**〉를 써서 변화를 나타낸다. 이 표현은 주로 다음 두 가지 경우
에 쓰인다.

a 색깔

특히 영국 영어에서 go는 색깔의 변화를 나타내는 데 쓰인다(이 경우 **get**은 쓰지 않는다).

> Leaves **go brown** in autumn. 가을이면 나뭇잎이 갈색으로 물든다. (NOT ~~Leaves get brown~~ ...)
> She **went white** with anger. 그녀는 머리끝까지 화가 치밀어 얼굴이 하얗게 질렸다.
> Suddenly everything **went black** and I lost consciousness.
> 갑자기 눈앞이 캄캄해지면서 나는 의식을 잃었다.

그 밖의 표현으로 go blue with cold(추워서 퍼렇게 질리다), go red with embarrassment(창
피해서 얼굴이 빨갛게 되다), go green with envy(시샘이 나서 배가 아프다) 등이 있다.
turn도 이런 종류의 표현에 쓸 수 있으며(아래 참조), 변화가 점진적으로 이루어질 경우 **grow**를
쓰기도 한다. turn과 grow가 go보다 격식을 차린 표현이다.

get에 대한 자세한 내용은 ▶472-473, 108 참조.

b 나쁜 방향으로 변하는 경우

간혹 go(get은 거의 쓰지 않는다) 뒤에 형용사가 오면 나쁜 쪽으로의 변화를 나타낸다.

예) **go mad** 미치다(영국 영어)	**go crazy** 미치다
go deaf 귀가 멀다	**go blind** 눈이 멀다
go grey 머리가 세다	**go bald** 대머리가 되다
horses **go lame** 말이 다리를 절뚝거리다	machines **go wrong** 기계가 고장나다
meat/fish/vegetables **go bad** 고기/생선/채소가 상하다	
milk **goes sour** 우유가 상하다	bread **goes stale** 빵이 딱딱해지다
beer/lemonade **goes flat** 맥주/레모네이드가 김이 빠지다	
musical instruments / car tyres **go flat**	
악기가 음이 잘 안 맞게 되다/자동차 타이어가 바람이 빠지다	

> He **went bald** in his twenties. 그는 20대에 대머리가 되었다.
> The car keeps **going wrong**. 자동차가 자꾸만 고장이 난다.

주의 old, tired, ill을 보어로 취할 때는 go가 아니라 get을 쓴다.

5 come true 등

come은 일부 관용표현에서 '일이 잘 마무리되다'라는 의미를 나타낸다. 가장 흔히 쓰이는 표현은 come right(영국 영어)와 come true이다.

    I'll make all your dreams **come true**. 네 꿈을 다 이루도록 해 줄게.

    Trust me – it will all **come right** in the end. 날 믿어. 결국 모든 게 다 잘 될 거야.

⟨**come + to부정사**⟩는 의식 또는 태도의 변화를 나타낸다.

    I slowly **came to realise** that she knew what she was doing.
    나는 그녀가 사태를 똑똑히 파악하고 행동하고 있다는 것을 서서히 깨닫게 되었다.

    You will **come to regret** your decision. 너는 네 결정을 후회하게 될 것이다.

6 grow old 등

⟨**grow + 형용사**⟩는 주로 느리고 점진적인 변화를 나타낸다. get이나 go보다 격식을 차린 표현으로 예스러운 문어체 표현이다.

    Without noticing it he **grew old**. 그는 자신도 모르는 사이에 늙어갔다.

    When they **grew rich** they began to drop their old friends.
    그들은 부자가 되자 옛 친구들과 연락을 끊기 시작했다.

    As the weather **grows colder**, I think of moving to a warmer country.
    날씨가 추워질수록 나는 더 따뜻한 나라로 이사를 갈까 하는 생각이 든다.

⟨**grow + to부정사**⟩는 ⟨**come + to부정사**⟩처럼 사람의 태도가 특히 점진적으로 변하는 것을 나타낸다.

    He **grew to accept** his stepmother, but he never **grew to love** her.
    그는 새어머니를 점차 받아들이게 되었지만 결코 좋아하게 되지는 않았다.

7 turn red 등

turn은 대체로 눈에 보이는 변화나 충격적인 변화를 나타낸다. turn 뒤에는 주로 색깔을 나타내는 단어가 오며 go보다는 격식을 차린 표현이다.

    She **turned bright red** and ran out of the room. 그녀는 얼굴이 새빨개져서 방을 뛰쳐나갔다.

    He **turns violent** after he's had a couple of drinks. 그는 술을 두어 잔 마시면 폭력적이 된다.

turn 뒤에 숫자를 써서 중요한 나이의 변화를 나타낸다.

    I **turned fifty** last week. It's all downhill from now on.
    나는 지난주에 50살이 되었다. 이제부터는 계속 인생의 내리막길이다.

turn into는 명사 앞에 쓰인다.

    He's a lovely man, but when he gets jealous he **turns into a monster**.
    그는 다정한 사람이지만 질투심을 느끼면 괴물로 변한다.

    A girl has to kiss a lot of frogs before one of them **turns into a prince**.
    왕자님을 만나려면 소녀는 수많은 개구리들에게 키스를 해야 한다. → 좋은 결과를 얻으려면 많은 시행착오를 거치고 공을 들여야 한다.

물질명사 앞에는 turn to와 turn into를 모두 쓸 수 있다.

> Everything that King Midas touched **turned (in)to gold**.
> 마이다스 왕이 손을 대면 모든 것이 금으로 변했다.
>
> They stood there as if they had been **turned (in)to stone**.
> 그들은 마치 석상으로 변한 듯 그 자리에 굳어버렸다.

직업, 종교, 정치적 입장 등의 변화에는 흔히 〈**turn + 명사/형용사**〉 구문을 쓴다. 이때 명사에는 전치사나 관사를 붙이지 않는다.

> He worked in a bank for thirty years before **turning painter**.
> 그는 화가로 전향하기 전 30년 동안 은행에서 일했다.
>
> Towards the end of the war he **turned traitor**. 전쟁 막바지에 이르러 그는 반역자가 되었다.
>
> At the end of her life she **turned Catholic**. 그녀는 말년에 가톨릭으로 개종했다.

완전히 다른 모습으로 변신할 때도 turn (in)to를 쓸 수 있다.

> In the Greek legend, Circe **turned men into pigs**.
> 그리스 신화에서 키르케는 인간을 돼지로 둔갑시켜 버렸다.

8 fall ill 등

fall ill(병에 걸리다), fall asleep(잠들다), fall in love(사랑에 빠지다) 등의 표현에서 fall은 'become(…이 되다)'의 의미로 쓰인다.

9 형용사 파생 동사: thicken, brighten 등

형용사에서 파생된 동사들은 대체로 정도가 심해지는 양상이나 변화를 주는 행위를 나타낸다. 대체로 -en으로 끝나는 동사들이 여기에 속한다.

예) The fog **thickened**. 안개가 짙어졌다.

> They're **widening** the road here. 그들은 이곳의 도로를 넓히고 있다.
>
> The weather's beginning to **brighten** up. 날씨가 개이고 있다.
>
> His eyes **narrowed**. 그는 눈살을 찌푸렸다.
>
> Could you **shorten** the sleeves on this jacket? 이 재킷의 소매를 줄여주시겠어요?

10 변화가 없는 경우: stay, keep, remain

상태가 변하지 않음을 표현할 때는 형용사 앞에 stay, keep, remain 등을 쓴다. remain이 좀 더 격식을 차린 표현이다.

> How do you manage to **stay young** and fit? 어떻게 그렇게 젊음과 건강을 유지할 수 있죠?
>
> **Keep calm**. 침착해.
>
> I hope you will always **remain so charming**. 언제나 그런 매력적인 모습을 간직하기를 바라.

stay와 remain 뒤에는 간혹 명사구가 오기도 한다.

> Promise me you will always **stay/remain my little boy**.
> 언제까지나 내 귀여운 아들로 남아 있겠다고 약속해줘.

keep 뒤에 -ing형이 올 수도 있다.

> **Keep smiling** whatever happens. 무슨 일이 벌어지든 항상 미소를 지어라.

395 been: 'come', 'gone'의 의미

been은 come과 go의 과거분사 대신 쓰인다.

> **Granny has been to see us twice since Christmas.**
> 할머니는 크리스마스 이후로 우리를 두 번 보러 오셨다.
>
> **I haven't been to the theatre for ages.** 나는 영화관에 못 간 지 오래되었다.
>
> **Have you ever been to Northern Ireland?** 북아일랜드에 가본 적 있니?

[주의] been은 이미 완료된 행위에만 쓴다. 비교)

- The electrician's already **been.** 전기 기술자가 이미 다녀갔다. (전기 기술자가 왔다 갔다.)
> **Megan's come,** so we can start work.
> 메건이 왔으니 일을 시작할 수 있다. (메건은 이미 와서 아직 이곳에 있다.)

- I've **been** to London three times this week. 나는 이번 주에 런던을 세 번 다녀왔다.
> **Where's Lucy? ~ She's gone to London.** 루시 어디 있니? ~ 런던에 갔어요.

be gone은 ▸ 477 참조.

396 before: 부사

1 지금/그때 이전의 불특정한 시점

before는 '현재 이전의 어느 시점'을 나타낸다. 이 경우 영국 영어에서는 주로 현재 완료 시제를 쓴다.

> **I think I've seen this film before.** 이 영화를 전에 본 것 같다.
>
> **Have you ever been here before?** 전에 여기 와본 적 있어?

before는 '과거 이전의 어느 시점', 즉 화자가 언급하는 과거의 사건보다 더 이전의 시점을 나타내기도 한다. 이 경우 과거 완료 시제를 쓴다.

> **She realised that she had seen him before.**
> 그녀는 그를 전에 본 적이 있다는 것을 깨달았다.

2 과거 시점에서 시간을 역산: eight years before

시간 뒤에 before가 오면 과거의 시점에서 시간의 길이를 역산하여 사건이 얼마나 오래 전에 일어났는지를 나타낸다. 주로 과거 완료 시제를 쓴다.

> **When I went back to the town that I had left eight years before,** everything was
> **different.** 그 마을을 떠난 지 8년 만에 다시 찾았더니 모든 것이 달라져 있었다.
> (NOT ... that I had left before eight years ...)

현재를 기준으로 시간을 역산할 때는 before가 아니라 ago를 쓴다(▸ 362 참조).

> **I left school four years ago.**
> 나는 4년 전에 학교를 떠났다. (NOT ... four years before / before four years.)

3 before, before that, first

before는 '처음에'나 '그 일이 있기 전에'의 의미로는 단독으로 쓰이지 않는다. 이런 의미로는 first나 before that을 쓴다.

> I want to get married one day. But **before that / first**, I want to travel.
> 나는 언젠가는 결혼하고 싶다. 그러나 그 전에/우선 여행부터 하고 싶다.
> (NOT ... But ~~before, I want to travel.~~)

before와 ever의 차이는 ▸454.4 참조.   접속사 before는 ▸250 참조.

397 before (전치사), in front of

> before: 시간
> in front of: 장소

비교)

> I must move my car **before nine o'clock**. 나는 9시 이전에 차를 이동시켜야 한다.
> It's parked **in front of the station**.
> 그 차는 우체국 앞에 주차되어 있다. (NOT ... ~~before the post office.~~)

before는 주로 시간을 나타내는 데 쓰인다. 그러나 장소를 나타내는 경우도 있다.

a 줄, 목록, 서류 등의 순서

> Do you mind? I was **before / in front of you**! 이봐요, 내가 당신 앞에 있었거든요!
> Her name comes **before mine** in the alphabet.
> 그녀의 이름은 알파벳 순으로 내 이름 앞에 온다.
> We use 'a' **before a consonant** and 'an' **before a vowel**.
> 자음 앞에는 'a'를 쓰고 모음 앞에는 'an'을 쓴다.

b '(중요한 사람)이 있는 자리에'

> I came up **before the magistrates** for dangerous driving last week.
> 나는 지난주에 난폭운전 혐의로 판사 앞에 출두했다.

c 관용표현

> **right before one's eyes** (바로 눈앞에서) **before one's very eyes** (바로 눈앞에서)

in front of와 facing/opposite의 차이는 ▸549 참조.   접속사 before는 ▸250 참조.
부사 before는 ▸396 참조.   at/on 또는 before의 의미로 쓰이는 by는 ▸414 참조.

398 begin, start

1 begin: 격식체에서 사용

begin과 start는 같은 의미로 쓰인다.

> I **began/started** teaching when I was 24. 나는 24살 때부터 학생들을 가르치기 시작했다.

If Hannah doesn't come soon, let's **begin/start** without her.
해나가 금방 오지 않으면 그녀 없이 시작하자.

격식체에는 begin을 쓴다. 비교〉

We will **begin** the meeting with a message from the President.
사장님의 인사말과 함께 회의를 시작하겠습니다.

Damn! It's **starting** to rain. 젠장! 비가 오기 시작하네.

2 begin을 쓸 수 없는 경우

다음의 경우 begin이 아니라 start를 쓴다.

a '여행을 시작하다'

I think we ought to **start** at six, while the roads are empty.
내 생각에는 도로가 한산한 6시에 출발해야 할 것 같아.

b '(기계가) 움직이다, 시동이 걸리다'

The car won't **start**. 차 시동이 안 걸린다.

c '작동시키다', '(경주) 출발 신호를 하다'

How do you **start** the washing machine? 이 세탁기는 어떻게 작동시키는 거야?

The President's wife fired the gun to **start** the race.
영부인이 경주의 출발을 알리는 신호총을 쏘았다.

begin과 start 뒤에 쓰이는 to부정사 또는 -ing형은 ▶ 105.10 참조.

399 below, under, underneath, beneath

1 '···보다 낮은' : below, under

전치사 below와 under는 모두 어떤 지점보다 낮은 위치를 의미한다.

Look in the cupboard **below/under** the sink. 싱크대 밑에 있는 찬장 안을 찾아보렴.

2 훨씬 낮은 위치: below

어떤 사물이 다른 사물보다 훨씬 낮은 위치에 있을 때는 통상 below를 쓴다.

The climbers stopped 300m **below** the top of the mountain.
산악인들은 산 정상 300미터 아래에서 등반을 멈추었다.

A moment later the sun had disappeared **below** the horizon.
잠시 후 태양은 지평선 아래로 사라졌다.

3 ···으로 덮인 상태: under

어떤 사물이 다른 사물과 맞닿은 상태에서 그 사물에 덮여 있거나 그 밑에 숨어 있을 때는 통상 under를 쓴다.

I think the cat's **under** the bed. 고양이가 침대 밑에 있는 것 같아.

What are you wearing **under** your sweater? 스웨터 속에 뭘 입고 있니?

The whole village is **under** water. 마을 전체가 물에 잠겨 있다. (NOT ... ~~below water.~~)

4 (온도, 높이가) '··· 아래의' : below

온도와 높이 등이 어떤 지점보다 낮거나 아래라는 의미로는 below를 쓴다.

> The temperature is three degrees **below** zero. 온도는 영하 3도입니다.
> Parts of Holland are **below** sea level. 네덜란드의 여러 지역이 해수면 아래에 위치해 있다.
> The plane came down **below** the clouds. 비행기가 구름 아래로 하강했다.
> She's well **below** average in intelligence. 그녀의 지능은 평균치를 크게 밑돈다.

5 '···보다 적은' : under

수량, 나이 등이 더 적다는 의미로는 below가 아니라 under를 쓴다.

> There were **under** twenty people at the lecture. 그 강연에는 20명 미만의 사람들이 있었다.
> You can't see this film if you're **under** 18. 18세 미만은 이 영화를 볼 수 없습니다.

6 underneath

underneath는 종종 under를 대신하는 전치사로 쓰인다. 그러나 실체가 있는 사물 앞에만 쓸 수 있다. 비교〉

> There's a mouse **under(neath)** the piano. 피아노 밑에 쥐가 한 마리 있다.
> He's still **under** 18. 그는 아직 18살이 안 되었다. (NOT ... ~~underneath 18.~~)

7 beneath

beneath는 주로 문어체에서 쓰인다.

> The ship sank slowly **beneath** the waves. 그 배는 서서히 파도 밑으로 가라앉았다.

일부 관용구에서 추상명사 앞에 쓰인다.

> He acts as if I was **beneath his notice**. (= not worth considering)
> 그는 내가 하찮은 존재인 것처럼 행동한다.
> Her behaviour is **beneath contempt**. (= really disgraceful)
> 그녀의 행동은 경멸할 가치조차 없다.

8 부사

below는 부사로도 쓰인다.

> We looked over the cliff at the waves crashing on the rocks **below**.
> 우리는 절벽 너머 저 아래로 파도가 바위에 부딪치는 모습을 바라보았다.

under는 일부 동사와 어울려 부사 불변화사(▶195 참조)로 쓰이기도 한다.

> A lot of businesses are **going under** because of the economic crisis.
> 많은 기업체들이 경제 위기로 도산하고 있다.

그 밖의 경우에는 부사적 용법으로 통상 underneath를 쓴다.

> I can't take my sweater off – I haven't got anything on **underneath**.
> 스웨터를 벗을 수가 없어. 안에 아무것도 안 입었거든. (NOT ... ~~anything on under.~~)

책이나 신문에서 see below는 '하기(下記) 참조'를 의미한다.

above와 over의 차이는 below와 under의 차이와 유사하다. 자세한 내용은 ▶354 참조.

400 beside, besides

beside는 전치사로 '…의 옆에, 곁에, …의 가까이에'를 의미한다.

> They lived in a little house **beside** the river.
> 그들은 강가의 작은 집에서 살았다.

besides는 as well as(▶382 참조)처럼 이미 알고 있는 것에 덧붙여 새로운 정보를 추가할 때 쓰인다.

> **Besides** literature, we have to study history and philosophy.
> 우리는 문학 외에 역사와 철학도 공부해야 한다.

> Who was at the party **besides** Jack and the Bensons?
> 파티에 잭과 벤슨 씨 부부 말고 누가 있었어?

besides는 'also(또한)', 'as well(게다가, 더욱이)', 'in any case(하여튼, 어쨌든)' 등을 나타내는 담화 표지어 (▶301.2 참조)로도 쓰이는데, 흔히 앞서 말한 것에 더 강하고 단정적인 주장을 덧붙일 때 쓴다. 이 경우 besides는 주로 문두에 온다.

> I don't like those shoes; **besides**, they're too expensive.
> 그 신발 마음에 안 들어. 게다가 너무 비싸.

> It's too late to go out now. **Besides**, it's starting to rain.
> 너무 늦어서 지금은 나갈 수 없어. 게다가 비까지 내리기 시작했어.

401 bet

1 용례

I bet (you)는 비격식체로 '나는 아마도 ~일 것이라고 생각한다'는 의미를 나타내며, 흔히 that을 생략한다.

> **I bet (you)** she's not at home.
> 그녀는 집에 없을 거야. (I bet (you) that she's not at home.보다 자연스러움)

I'll bet …으로도 쓸 수 있다.

> **I'll bet** you she's not at home. 그녀가 집에 없는 게 확실해.

2 시제

I bet (you) 뒤에는 흔히 현재 시제로 미래를 나타낸다.

> I bet (you) they **don't come** this evening.
> 그들은 분명 오늘 저녁에 오지 않을 거야. (OR I bet (you) they won't come …)

> I bet (you) the Conservatives **(will) lose**. 보수당이 틀림없이 패배할 거야.

3 두 개의 목적어를 취함

bet이 실제로 '내기'의 의미로 쓰일 경우 보통 두 개의 목적어를 수반한다. 하나는 내기를 건 상대이고, 하나는 내기에 건 돈이나 사물을 가리킨다.

> I bet **you £5** it doesn't rain this week.
> 이번 주에 비가 오지 않는다는 데 5파운드 걸겠어.

My father bet **my mother dinner** at the Ritz that she would marry him. **He won,** but she never bought him the dinner. 아버지는 어머니가 자신과 결혼한다는데 리츠 호텔 저녁 식사를 내기로 걸었다. 아버지가 이겼지만 어머니는 결코 아버지에게 저녁을 사지 않았다.

bet은 불규칙 동사다(bet – bet – bet).

402 better

1 병에서 회복된 상태

better가 병에서 회복된 상태를 의미할 때는 (다른 비교급 형용사와 달리) completely나 quite 로 수식할 수 있다.

Don't start work again until you're **completely better**.
몸이 많이 좋아질 때까지 일을 다시 시작하지 마세요.

2 실수를 바로잡을 때

실수를 바로잡을 때는 better를 쓰지 않는다.

She's gone to Hungary – or **rather**, Poland.
그녀는 헝가리에 갔어. 아니, 폴란드야. (NOT ... or better, Poland.)

had better 구문은 ▸ 77 참조.

403 between, among

1 둘 사이에는 between

어떤 대상이 두 사람 또는 두 개의 사물이나 집단 사이에 있을 때 between을 쓴다.

She was standing **between** Alice and Emily. 그녀는 앨리스와 에밀리 사이에 서 있었다.
a long valley **between** high mountains 높은 산들 사이에 길게 뻗은 계곡

거리나 간격을 나타낼 때도 between을 쓸 수 있다.

We need **two metres between** the windows. 창문과 창문 사이에 2미터의 간격이 필요하다.
I'll be at the office **between nine and eleven**. 나는 9시부터 11시까지 사무실에 있을 것이다.

between each의 형태로 자주 쓰인다.

There seems to be less and less time **between each** birthday.
나이를 먹을수록 생일이 점점 더 빨리 다가오는 것 같다.

2 셋 이상 사이에는 between 또는 among

사람 또는 사물이 명확히 구분되는 사물들이나 사람들 사이에 있을 경우 대체로 between을 쓰 며, 명확히 구분되지 않는 무리(군중 또는 사물) 속에 있을 경우에는 주로 among을 쓴다. 비교)

 – Our house is **between the woods, the river and the village**.
우리집은 숲과 강, 마을 사이에 있다.

His house is hidden **among the trees**. 그의 집은 숲 속에 가려져 있다.

– I saw something **between the wheels** of the car. 나는 차 바퀴 사이로 뭔가를 보았다.
Your passport is somewhere **among all these papers**.
네 여권은 이 서류 더미 속 어딘가에 있다.

단수 (불가산)명사 앞에는 통상 among을 쓴다.

They found an envelope full of money **among all the rubbish**.
그들은 쓰레기 더미 속에서 돈이 가득 든 봉투 하나를 발견했다.

3 분배와 공유 개념 나타내기; difference

셋 이상의 사람 또는 집단이 서로 나누거나 공유할 때 between 또는 among을 쓴다.

He **divided** all his money **between/among** his children and grandchildren.
그는 전재산을 자식과 손자들에게 나누어주었다.

We **shared** the work **between/among** the five of us. 우리 다섯 명은 그 일을 분담했다.

difference(s) between의 형태로 자주 쓰인다.

There are enormous **differences between** languages.
언어들 사이에는 엄청난 차이점들이 있다.

What's the **difference between** 'between' and 'among'?
'between'과 'among' 사이에는 무슨 차이점이 있는가?

4 '…중 하나' 등

among은 여럿 중 하나 또는 일부라는 의미로도 쓰인다.

Among the first to arrive was the ambassador. 가장 먼저 도착한 사람들 중 한 명은 대사였다.
He has a number of criminals **among** his friends. 그의 친구들 중에는 범죄자들이 많다.

404 big, large, great

1 구상명사: big, large

구상명사, 즉 보거나 손으로 만질 수 있는 구체적인 형태를 갖춘 대상을 지칭하는 명사 앞에는 주로 big과 large를 쓴다. 비격식체에서는 대체로 big을 쓴다.

Get your **big** feet off my flowers. 그 큰 발로 내 꽃 밟지 마.
She is a small woman, but she has very **large** hands. 그녀는 몸집은 작지만 손은 매우 크다.
It was a **large** house, situated near the river. 그 집은 강변에 자리잡은 대저택이었다.

2 great + 구상명사

단순히 물리적인 크기를 묘사할 때는 great을 잘 쓰지 않는다. 비격식체에서 구상명사 앞에 great을 쓰면 '멋지다'라는 의미를 나타낸다.

I've just got a **great** new bike. 나는 얼마 전에 멋진 새 자전거를 구했다.

웅장하고 인상적이라는 의미로도 쓰인다.

Great clouds of smoke rose above the burning cathedral.
불타는 대성당 위로 거대한 연기구름이 피어올랐다.

'유명한' 또는 '중요한'이라는 의미도 있다.

Do you think Napoleon was really a **great** man?
너는 나폴레옹이 정말 위대한 인물이었다고 생각하니?

3 추상명사: great

추상명사, 즉 보거나 만질 수 없는 대상 앞에는 주로 great을 쓴다.

I have **great respect** for her ideas.
나는 그녀의 사상을 대단히 존중한다. (NOT ... ~~big/large respect~~ ...)

His behaviour caused **great annoyance**.
그의 행동은 크게 물의를 일으켰다. (NOT ... ~~big/large annoyance.~~)

You are making a **great mistake**. 너는 큰 실수를 저지르고 있다.

Her work showed a **great improvement** last year.
그녀의 성적은 지난해에 크게 향상되었다.

big은 비격식체에서 가산 추상명사 앞에 쓰인다.

You're making **a big mistake**. 너는 큰 실수를 저지르고 있다.

Big bargains for weekend shoppers! 주말 쇼핑객을 위한 대할인!

large는 가산 추상명사 앞에서 양, 총액, 비율 등을 나타낸다.

We're thinking of giving your company a very **large order**.
우리는 귀사에 대량 발주를 고려하고 있습니다.

There was a **large error** in the accounts. 회계에 큰 착오가 있었다.

She spent **large sums** on entertaining. 그녀는 여가 활동에 거금을 소비했다.

He wrote a **large part** of the book while he was in prison.
그는 수감 중에 그 책의 상당 부분을 집필했다.

big과 large는 대체로 불가산명사와 함께 쓰지 않는다. 그러나 예외로 big business, big trouble 같은 관용표현이 있다.

4 large, wide

large는 비영어권 사람들이 잘못 사용하기 쉬운 단어다. large는 'wide'의 의미로 쓸 수 없다.

The river is 100 metres **wide**. 그 강은 폭이 100미터다. (NOT ... ~~100 metres large.~~)

wide와 broad는 ▶412 참조.

405 birthday, date of birth

date of birth는 생년월일(요일, 월, 연도)를 의미하며, birthday는 생일(요일, 월)을 의미한다.

Write your name, address and **date of birth** in Section 1 of the form.
이 양식은 1항에는 이름, 주소와 생년월일을 기입하세요.

It's my **birthday** on Tuesday. Come and help me celebrate.
화요일이 내 생일이야. 와서 축하해줘.

406 (a) bit

1 용례

a bit은 흔히 부사로 쓰여 a little(▶ 168 참조)과 같은 의미를 나타낸다.

She's a bit old to play with dolls, isn't she? 그녀는 인형을 갖고 놀기엔 좀 나이가 많지 않니?

Can you drive **a bit** slower? 조금만 천천히 운전할래?

Wait **a bit**. 잠깐만 기다려.

주의 a bit과 a little이 비교급이 아닌 형용사 앞에 쓰이면 대체로 부정적이거나 비판적인 의미가 내포된다.

a bit **tired** 약간 피곤한　　a bit **expensive** 조금 비싼　　a little (too) **old** 살짝 (너무) 늙은
(BUT NOT ~~a bit kind, a little interesting~~)

2 a bit of a

비격식체에서 일부 명사 앞에 a bit of a가 오면 rather a(▶ 565 참조)와 비슷한 의미를 나타낸다.

He's **a bit of a** fool, if you ask me. 구태여 알고 싶다면 그는 멍청이라고 할 수 있지.

I've got **a bit of a** problem. 문제가 좀 생겼어.

3 not a bit

비격식체에서 not a bit은 전혀 아니거나 없는 상태를 가리킨다.

I'm **not a bit** tired. 조금도 피곤하지 않아.

Do you mind if I put some music on? ~ **Not a bit.** 음악 좀 틀어도 될까? ~ 전혀 상관 없어.

a bit이 비교급 형용사와 부사를 수식하는 용법은 ▶ 207 참조.

407 born, borne

1 be born

'탄생하여 세상에 나오다'라는 의미로는 수동태인 be born을 쓴다.

Hundreds of children **are born** deaf every year.
해마다 수백 명의 아이들이 청각 장애아로 태어난다.

태어난 장소 또는 날을 언급할 때는 단순 과거 시제인 was/were born을 쓴다.

I was **born** in 1936. 나는 1936년에 태어났다. (NOT ~~I am born in 1936.~~)

My parents **were born** in Scotland. 우리 부모님은 스코틀랜드에서 태어나셨다.

2 동사 bear

동사 bear(bear-bore-borne)는 고통, 불행, 비난 등 힘든 경험을 감수하거나 견딘다는 의미로 쓰인다. 주로 can't bear (= hate, can't stand)의 형태로 쓰인다.

I **can't bear** her voice. 그녀의 목소리를 도저히 못 견디겠어.

매우 격식을 차린 표현에서 bear는 '낳다'와 '운반하다' 등 다른 의미로도 쓰인다.

She **bore** six children in seven years.
그녀는 7년 동안 여섯 명의 자녀를 낳았다. (She had six children ...이 더 일반적인 표현)

The king's body was **borne** away to the cathedral. 왕의 시신은 대성당으로 운구되었다.

408 borrow, lend

borrow는 타인에게서 (잠시) '**take**(취하다)', 즉 '꾸다, 빌리다'라는 의미를 나타낸다.

Can I **borrow** your bicycle? 네 자전거 좀 빌릴 수 있을까? (NOT ~~Can I lend your bicycle?~~)

빌리는 상대 앞에 from을 쓴다.

I **borrowed** a pound **from** my brother.
나는 형에게 1파운드를 빌렸다. (NOT ~~I borrowed my brother a pound.~~)

lend(또는 미국 영어에서는 loan)는 타인에게 (잠시) '**give**(주다)', 즉 '빌려주다'라는 의미로 쓰인다. 빌려주는 상대 앞에 to를 쓰거나 〈**lend + 사람 + 사물**〉 형태로 쓴다.

I **lent** my coat **to** Josh, and I never saw it again.
조시에게 내 코트를 빌려주었는데, 그 후 다시는 코트를 볼 수 없었다.

Lend me your comb for a minute, will you? 빗 좀 잠시 빌려줄래? (NOT ~~Borrow me your~~ ...)

lend의 수동태 구문은 ▶61 참조.

409 bring, take

1 화자/청자의 위치
화자 또는 청자가 있는 곳을 향하는 움직임에는 bring을 쓰며, 그 밖의 다른 장소를 향하는 움직임에는 take를 쓴다. 비교〉

– This is a nice restaurant. Thanks for **bringing** me here.
이 레스토랑 괜찮네. 데리고 와줘서 고마워. (NOT ... ~~Thanks for taking me here.~~)

Let's have another drink, and then I'll **take** you home.
한잔 더 하자. 그런 다음에 집에 데려다 줄게. (NOT ... ~~and then I'll bring you home.~~)

– Can we come over on Sunday? We'll **bring** a picnic.
일요일에 가도 돼? 도시락을 준비해 갈게. (전화 통화 중)

Let's go and see Aunt May on Sunday. We can **take** a picnic.
일요일에 메이 이모댁에 놀러 가자. 도시락을 준비해가도 되고.

2 화자/청자의 과거 또는 미래의 위치
화자 또는 청자가 이미 있는 곳이나 앞으로 있을 곳을 향하는 동작에도 bring을 쓸 수 있다. 비교〉

– Where's that report? ~ I **brought** it to you when you were in Mr Allen's office. Don't you remember?
그 보고서 어디 있지? ~ 앨런 씨 사무실에 계실 때 제가 가져다 드렸잖아요. 기억 안 나세요?

I **took** the papers to Jack's office. 나는 그 서류들을 잭의 사무실에 가져갔다.

– I'll arrive at the hotel at six o'clock. Can you **bring** the car at six-thirty?
6시에 호텔에 도착할 거야. 6시 30분에 차를 갖고 와줄래?

Can you **take** the car to the garage tomorrow? I won't have time.
차를 내일 정비소에 갖다줄래? 나는 시간이 없을 것 같아.
(NOT ~~Can you bring the car to the garage tomorrow?~~ ...)

3 행위 동참을 권유

어떤 행위 자체는 take를 써서 표현하더라도 화자/청자가 그 행위에 동참하거나 동참을 권유할 때는 bring (with)를 쓸 수 있다.

I'm **taking** the kids to the circus tonight. Would you like to come with us and **bring** Susie? 오늘밤 애들을 데리고 서커스를 보러 갈 거야. 너도 수지를 데리고 우리와 함께 갈래?

4 제3자의 위치

때때로 화자나 청자가 아닌 제3자가 화제의 중심이 되는 경우가 있다. 이런 경우, 그 제3자가 현재 (또는 과거나 미래에) 있는 위치로 향하는 동작을 묘사할 때 bring을 쓴다. 소설에서 흔히 쓰이는 용법이다.

He heard nothing for months. Then one day his brother **brought** him a letter.
그는 수개월 동안 아무 소식도 듣지 못했다. 그러던 어느 날 그의 형이 편지 한 통을 들고 왔다.

5 미국 영어

영국 영어에서 take를 쓰는 자리에 미국 영어에서는 bring을 쓰는 경우가 종종 있다.

Let's go and see Aunt May on Sunday. We can **bring** a picnic.
일요일에 메이 이모댁에 놀러 가자. 도시락을 준비해가도 되고.

come과 go의 차이도 이와 유사하다. ▸ 424 참조.　　take의 기타 용법은 ▸ 602 참조.

410 bring up, educate

bring up과 명사형 upbringing은 대체로 아이들이 가정에서 받는 도덕 및 사회 교육(양육)을 지칭한다. 반면에 educate과 education은 학생들이 학교에서 받는 지식 및 문화 교육(학업)을 지칭한다.

Lucy was **brought up** by her aunt and **educated** at the local school.
루시는 이모 손에서 컸고, 지역 학교에서 교육을 받았다.

Their kids are very badly **brought up** – always screaming and fighting.
그들의 아이들은 가정교육을 잘못 받았다. 항상 소리 지르고 싸운다.

(NOT ~~Their kids are very badly educated~~ ...)

Which is better: a good **upbringing** and a bad **education**, or the opposite?
훌륭한 가정교육과 형편없는 학교교육, 혹은 그 반대, 어느 쪽이 나을까?

411 Britain, the United Kingdom, the British Isles, England

(Great) Britain은 통상적으로 잉글랜드, 스코틀랜드, 웨일스 지방을 합한 섬을 의미하며, British는 이 세 지역에 사는 주민들을 가리킨다. Great Britain과 Northern Ireland를 합쳐 the United Kingdom이라고 부른다. 그러나 Great Britain과 Northern Ireland를 합쳐

Britain이라고 부르기도 한다.

The British Isles는 정치적 용어가 아닌, 지리적 개념의 용어다. The British Isles는 잉글랜드, 스코틀랜드, 웨일스, 아일랜드 전체(북아일랜드와 Eire라고도 하는 아일랜드 공화국을 모두 포함)와 주변의 부속 도서를 총칭하는 이름이다.

[주의] England는 Britain의 일부에 불과하다. 스코틀랜드와 웨일스는 잉글랜드에 속하지 않으며, 스코틀랜드 사람들과 웨일스 사람들은 'English'라고 불리는 것을 싫어한다. 비격식체에서는 영국인을 Brit이라고 부르기도 한다. Briton은 주로 보도 기사나 신문 헤드라인(예: THREE BRITONS DIE IN AIR CRASH 비행기 추락 사고로 영국인 3명 사망)에서 많이 쓰이며, 고대 Britain 주민을 나타내기도 한다.

412 broad, wide

1 물리적인 거리

어떤 사물의 한쪽 끝에서 다른 쪽 끝까지의 물리적 거리를 나타낼 때는 주로 wide를 쓴다.

> The old city has very **wide** streets. 그 고대 도시의 도로는 아주 넓다.
> The car's too **wide** for the garage. 그 차는 차고에 비해 폭이 너무 넓다.

broad도 물리적 거리를 나타내는 데 쓰이지만 다소 격식을 차린 표현이다.

> Across the **broad** valley, the mountains rose blue and mysterious.
> 널찍한 계곡 너머로 산들이 푸른빛을 띤 채 신비로운 모습으로 솟아 있었다.
> She wore a simple green dress with a **broad** black belt.
> 그녀는 단출한 녹색 드레스 위에 넓은 검정색 벨트를 매고 있었다.

[주의] **broad** shoulders(떡 벌어진 어깨) a **broad** back(넓은 등)
wide eyes(휘둥그레진 눈) a **wide** mouth(쩍 벌린 입, 넓은 입구)

wide는 흔히 수치와 함께 쓰이며 어순에 유의해야 한다.

> The river is about **half a mile wide**. 그 강은 폭이 약 반 마일이다. (NOT ... ~~wide half a mile.~~)

2 추상적인 의미

두 단어 모두 추상적인 의미를 나타낼 수 있다. 다음은 자주 쓰이는 표현들이다.

> **broad** agreement 전반적인 합의 (= 가장 중요한 쟁점들에 대한 합의)
> **broad**-minded (= tolerant) 도량이 넓은, 관대한
> **broad** daylight (= full, bright daylight) 대낮 (= 환히 밝은 낮)
> a **wide** variety/range (of opinions 등) 다양한/광범위한 (의견 등)

but, although, though, however는 ▶371 참조.

413 but: '…을 제외하고'

1 용례

all, none, every, any, no, everything, everybody, nothing, nobody, anywhere 등의 뒤에 쓰이는 but은 'except(…을 제외하고)'의 의미를 나타낸다.

> He eats **nothing but** hamburgers. 그는 햄버거 외에는 아무것도 안 먹는다.
> **Everybody's** here **but** George. 조지만 빼고 다 여기에 있다.
> I've finished **all** the jobs **but** one. 하나만 빼고 모든 일을 다 끝냈다.

[주의] next but one(하나 건너 다음), last but two(끝에서 세 번째) 등의 표현에도 유의한다(주로 영국 영어).

> Jackie lives **next** door **but one**. (= two houses from me)
> 재키는 한 집 건너 옆집에 산다. (= 우리집에서 두 번째 집)
> I was **last but two** in the race yesterday. 나는 어제 경주에서 꼴찌에서 세 번째를 했다.

but for는 어떤 일이 발생하지 않은 상태를 가정하여 말할 때 쓰인다.

> I would have been in real trouble **but for** your help.
> 네 도움이 없었더라면 난 정말 곤란했을 거야.
> **But for** the storm, I would have been home before eight.
> 폭풍이 불지 않았더라면 나는 8시 전에 집에 왔을 것이다.

[주의] 〈who/what should … but〉 구문은 뜻밖의 출현, 만남 등을 의미한다.

> I walked out of the station, and **who should** I see **but** old Holly?
> 역에서 나오다가 옛친구 홀리를 만나지 않았겠어?
> I looked under the bed, and **what should** I find **but** the keys I lost last week?
> 침대 밑을 봤는데, 지난주에 잃어버렸던 열쇠가 있지 뭐야!

2 but + 목적격/주격 대명사

but 뒤에는 주로 목적격 대명사(me, him 등)가 온다. 격식체에서는 동사 앞에 주격 대명사(I, he 등)가 올 수 있다.

> Nobody **but her** would do a thing like that.
> 그녀 외에는 아무도 그런 일을 할 사람이 없다. (격식체: Nobody but she …)

3 but 뒤의 동사 형태

but 뒤에 오는 동사의 형태는 but 앞에 오는 단어에 따라 달라진다. but 뒤에 부정사가 오는 경우에는 주로 원형부정사를 쓴다.

> She's not interested in anything **but skiing**. (interested in … skiing)
> 그녀는 스키 타는 것 외에는 어떤 것에도 관심이 없다.
> That child does nothing **but watch** TV. (does … watch)
> 그 아이는 TV보는 것 외에는 아무것도 안 한다.

간혹 'can't help -ing(~하지 않을 수 없다)'의 의미로 〈**cannot (help) but + 원형부정사**〉를 쓴다(▶418 참조). cannot but은 매우 격식을 차린 표현이며, cannot help but 구문은 미국 영어에서 특히 널리 쓰인다.

One **cannot (help) but admire** his courage. (= One has to admire)
그의 용기에 감탄하지 않을 수 없다.

I **can't help but wonder** what's going to happen to us all.
우리 모두에게 무슨 일이 벌어질지 궁금하기 짝이 없다.

no alternative/choice/option but 뒤에는 to부정사를 쓴다.

The train was cancelled, so I had **no alternative but to take** a taxi.
기차 운행이 취소되었기 때문에 나는 택시를 탈 수밖에 없었다.

4 but: '오로지'

고대 영어에서 but은 '오로지'라는 뜻으로 쓰였다. 그러나 지금은 이런 의미로 거의 쓰지 않는다.

She is **but** a child. 그녀는 아직 어린애에 불과하다.

but은 주로 /bʌt/이 아니라, /bət/으로 발음한다(▸ 315 참조).
except는 ▸ 456 참조.   접속사 but과 but 뒤의 생략은 ▸ 276 참조.

414 **by**: 시간

1 …까지는, …이내에

시점을 나타내는 표현과 함께 쓰여 '늦어도 …까지는', '(기한) …이내에'를 의미한다.

I'll be home **by** five o'clock. (= at or before five) 5시까지는 집에 올 거야. (= 5시나 그 이전)

Can I borrow your car? ~ Yes, but I must have it back **by** tonight. (= tonight or before)
네 차 좀 빌려도 돼? ~ 응, 하지만 오늘밤까지는 돌려줘야 돼. (= 오늘밤 또는 그 이전)

'특정 시점까지 점점 진척/진전된다'는 어감을 내포한다.

By the end of the meal, everybody was drunk. 식사가 끝날 때쯤에는 모두가 취한 상태였다.

동사 앞에는 by the time (that)을 쓴다.

I'll be in bed **by the time** you get home. 네가 집에 올 때쯤이면 나는 자고 있을 거야.

By the time that the guards realised what was happening, the gang were already inside the bank. 경비원들이 상황을 깨달았을 때는 강도들이 이미 은행에 침입한 뒤였다.

by와 until의 차이는 ▸ 613.6 참조.

2 기타 의미

문어체에서는 'during(… 동안)'의 의미로 by를 써서 by day(= during the day), by night (= during the night)으로 표현하기도 한다.

He worked **by night** and slept **by day**. 그는 밤에 일하고 낮에 잤다.

주의 day by day(나날이, 날이 갈수록), hour by hour(매 시간, 시간이 갈수록) 등은 시간이 지날수록 조금씩 진전되거나 심화되는 상황을 나타낸다.

The situation is getting more serious **day by day**. (= ... each day.)
상황은 날이 갈수록 점점 심각해지고 있다.

by 뒤에 시간을 써서 돈을 지불하는 시간 단위를 나타내기도 한다(예: by the hour, by the day 등).

In this job we're paid **by the hour**. 우리는 이 직장에서 시급으로 임금을 받는다.

You can rent a bicycle **by the day** or **by the week**.
일 단위나 주 단위로 자전거를 빌릴 수 있습니다.

415 by, near

by가 near보다 더 가까이 있는 상태를 가리키며 '…의 바로 옆에(서)'를 의미한다. 비교)

We live **near the sea**. 우리는 바다 근처에 살고 있다. (5킬로미터 정도 떨어진 거리)

We live **by the sea**. 우리는 바닷가에 살고 있다. (바다가 보일 정도의 가까운 거리)

416 by (방법, 행위자), with (도구 등)

1 차이

by와 with는 모두 어떤 일을 수행한 '방법'을 나타내는 데 쓰이지만 중요한 차이가 있다.
by는 어떤 결과를 얻기 위해 한 '행위'를 나타낼 때 쓴다. with는 어떤 결과를 얻기 위해 사용한 '도구'나 '사물'을 나타낼 때 쓴다. 비교)

- I killed the spider **by hitting it**. 나는 거미를 때려 잡았다. (by 뒤에 -ing형이 오는 것에 주의)
  I killed the spider **with a shoe**. 나는 신발로 거미를 죽였다. (NOT ...~~by a shoe.~~)
- I got where I am **by hard work**. ~ No you didn't. You got there **with your wife's money**. 나는 열심히 일해서 지금 이 자리에 왔어. ~ 아냐, 그렇지 않아. 자네 처의 재산 덕분이었어.

이런 의미로 쓰이는 경우 by와 with의 반의어는 모두 without이다. 비교)

- I got her to listen **by** shouting. 나는 크게 소리쳐서 그녀가 내 말을 듣게 했다.
  It's difficult to get her to listen **without** shouting.
  크게 소리치지 않으면 그녀가 내 말을 듣게 하기 어렵다.
- We'll have to get it out **with** a screwdriver. 드라이버로 그것을 빼내야 할 것이다.
  We can't get it out **without** a screwdriver. 드라이버가 없으면 그것을 빼낼 수 없다.

운송 수단(by bus, by train 등)을 나타낼 때도 by를 쓴다(▶142.1 참조).

2 수동태

수동태 문장에서 by는 행위자, 즉 행동을 취한 사람이나 사물을 나타낸다(▶58 참조).

I was interviewed **by three directors**. 나는 세 명의 임원 면접을 보았다.

My car was damaged **by a falling branch**. 내 차는 떨어지는 나뭇가지에 파손되었다.

with는 수로 행위자가 사용한 도구나 기구를 나타낸다. 비교)

He was killed **by a heavy stone**.
그는 묵직한 돌에 맞아 죽었다. ('바위가 떨어져 그를 죽였다.'라는 의미가 될 수 있다.)

He was killed **with a heavy stone**.
그는 묵직한 돌로 살해되었다. ('누군가 돌을 사용해 그를 죽였다.'라는 의미가 된다.)

417 call

call(목적어가 없는 경우)은 '전화하다'와 '방문하다'라는 두 가지 의미 모두를 나타내므로 혼동하기 쉽다.

> Alice **called** this morning. ~ You mean she came here or she phoned?
> 앨리스가 아침에 찾았어. ~ 여기 왔다는 거야, 전화를 했다는 거야?

418 can't help

〈**cannot/can't help + -ing**〉는 원치 않는 상황에서 '어쩔 수 없이 ~하다'라는 의미로 쓰인다.

> She's a selfish woman, but somehow you **can't help** liking her.
> 그녀는 이기적인 여자지만 왠지 좋아하지 않을 수 없다.

> Excuse me – I **couldn't help** overhearing what you said.
> 실례합니다. 여러분이 하는 말을 어쩔 수 없이 들었어요.

> Sorry I broke the cup – I **couldn't help** it. 컵 깨서 미안해. 어쩔 수 없었어.

같은 의미로 〈**can't help but + 원형부정사**〉 (▶413.3 참조)를 쓰기도 한다. 이 구문은 미국 영어에서 널리 쓰인다.

> I **can't help but wonder** what I should do next. 다음에 무엇을 해야 할지 생각하지 않을 수 없다.

419 care: take care (of), care (about), care for

1 take care of

take care of는 주로 '돌보다', '책임을 지다'라는 의미로 쓰인다.

> Nurses **take care of** sick people. 간호사는 아픈 사람들을 돌본다.

> It's no good giving Daniel a rabbit: he's too young to **take care of** it.
> 다니엘에게 토끼를 줘봐야 소용없다. 그는 너무 어려서 토끼를 돌보지 못한다.

> Ms Savage **takes care of** marketing, and I'm responsible for production.
> 새비지 씨는 마케팅을 맡고 있고, 나는 생산을 책임지고 있다.

뒤에 전치사 없이 take care만 쓰면 'be careful(조심하다)'의 의미이며, 작별 인사로도 쓰인다.

> **Take care** when you're crossing the road, children. 애들아, 길 건널 때 조심해.

> Bye, Ruth. ~ Bye, Mike. **Take care.** 잘 있어, 루스. ~ 잘 가, 마이크. 안녕.

2 care (about)

care (about)은 어떤 대상을 '중요하게 여기다', '마음을 쓰다'라는 의미로 주로 부정문에 쓰인다. 뒤에 목적어가 있으면 about을 붙이지만, 접속사 앞에서는 대체로 about을 생략한다.

> Most people **care about** other people's opinions.
> 대부분의 사람들은 다른 사람들의 의견에 신경을 쓴다.
> (NOT ... ~~take care of /care for other people's opinions.~~)

> I don't **care whether** it rains – I'm happy. 비가 오든 말든 상관없어. 난 행복해.

> I'll never speak to you again. ~ I **don't care.** 다시는 너랑 말 안 해. ~ 그러던지.

Your mother's upset with you. ~ I **couldn't care less.** (= I don't care at all.)
너희 어머니가 너 때문에 화나셨어. ~ 전혀 신경 안 써.

3 care for

care for는 '돌보다', '보살피다'라는 의미로 쓰인다.

He spent years **caring for** his sick mother. 그는 편찮으신 어머니를 몇 년 동안 보살폈다.

'like(좋아하다)', 'be fond of(마음에 들다)'라는 의미도 있지만 현대 영어에서는 많이 쓰이지 않는다.

I don't much **care for** strawberries. 나는 딸기를 썩 좋아하지 않는다.

420 city, town

크고 중요한 도시에는 대체로 city를 쓴다. 영국의 예를 들면 Belfast, Cardiff, Edinburgh, Glasgow, Manchester, Liverpool, London 등이 city에 해당된다.
더 정확하게는 왕 또는 여왕(영국의 경우)이나 국가(다른 영어권 국가의 경우)에 의해 특별한 지위를 부여받은 town을 city라고 한다.

The City는 런던의 금융가를 지칭하기도 한다.

I'm not sure what his job is: something in **The City**.
나는 그의 직업이 무엇인지 모른다. 금융가에서 꽤 중요한 인물일 거야.

city와 town은 미국 영어에서는 서로 바꾸어 쓰이기도 하지만, 좀더 권위 있는 맥락에서는 city가 더 선호된다. 비교)

The **City** of Pasadena is governed by a Mayor and a **City** Council.
패서디나 시는 시장과 시의회에 의해 통치된다. (NOT ~~The town of Pasadena is governed~~ ...)

Pasadena is a small **town** on the outskirts of Houston.
패서디나는 휴스턴 외곽의 작은 도시이다. (NOT ... ~~a small city~~ ...)

421 classic, classical

classic은 보통 '전통적인, 전형적인, 대표적인'이라는 의미다.

He's a **classic** 1960s hippy who has never changed.
그는 한 번도 변한 적이 없는 전형적인 1960년대 히피다.

She buys **classic** cars and restores them. 그녀는 클래식 카를 매입해서 복원 작업을 한다.

classical은 고대 그리스·로마 문화, 또는 18세기 유럽의 이른바 고전주의 시대의 예술 작품을 의미한다.

She's studying **classical** languages and literature at Cambridge.
그녀는 케임브리지 대학에서 고전어와 고전 문학을 공부하고 있다.

classical music은 팝이나 재즈가 아닌 바흐, 모차르트나 시마노프스키 같은 작곡가들의 고전 음악을 의미한다.

It's hard to learn **classical** guitar. 클래식 기타는 배우기 어렵다.

422 close, shut

1 용례

close /kləʊz/와 shut은 흔히 같은 의미로 쓰인다.

> Open your mouth and **close/shut** your eyes. 입을 벌리고 눈을 감으세요.
>
> I can't **close/shut** the window. Can you help me? 창문을 못 닫겠어. 좀 도와줄래?
>
> The shop **closes/shuts** at five o'clock. 그 가게는 5시에 문을 닫는다.

안에 가두거나 들어오지 못하도록 안에서 닫아버릴 때는 close 대신 shut을 쓴다.

> I **shut** the papers in my desk drawer and locked it.
>
> 나는 책상 서랍에 서류를 넣고 잠가버렸다. (NOT I closed the papers ...)
>
> She **shut** him out of the house. 그녀는 문을 잠가 그를 집에 못 들어오게 했다.

2 과거분사

과거분사 closed와 shut은 형용사처럼 쓰이기도 한다.

> The office is **closed/shut** on Saturday afternoon. 사무실은 토요일 오후에 문을 닫는다.

대체로 명사 앞에는 shut을 쓰지 않는다.

> a **closed door** 닫힌 문 (NOT a shut door)
>
> **closed eyes** 감긴 눈 (NOT shut eyes)

3 주로 close를 쓰는 경우

close는 느린 움직임(밤에 꽃잎이 닫히는 경우 등)을 묘사한다. 특히 격식체에서는 shut보다 close를 쓴다.

> As we watched, he **closed** his eyes for the last time.
>
> 우리가 지켜보는 가운데 그는 영면했다. 비교)
>
> **Close** your mouth, please. 입을 다무세요. (치과의사가 환자에게 하는 말)
>
> **Shut** your mouth! 닥쳐! (Be quiet!의 무례한 표현)

도로(road), 철도(railway) 등을 폐쇄할 때는 close를 쓰고, 편지글(letter)을 마무리하거나 은행 계좌(bank accounts)를 폐쇄하거나, 모임(meeting)을 마칠 때는 close나 end를 쓴다.

423 cloth, clothes

cloth(/klɒθ/로 발음)는 옷, 커튼, 기타 실내장식용 비품을 만드는 데 쓰이는 면직물, 모직물 등의 옷감을 가리킨다. (비격식체에서는 흔히 material이나 fabric을 쓴다.)

> His suits were made of the most expensive **cloth**. 그의 양복은 가장 비싼 옷감으로 만들었다.

a cloth는 식탁보, 행주, 걸레 등 덮개나 청소 용도로 쓰이는 천 한 조각을 뜻한다.

> Could you pass me **a cloth**? I've spilt some milk on the floor.
>
> 걸레 좀 줄래? 바닥에 우유를 쏟았어.

clothes(/kləʊðz/로 발음)는 사람이 입는 의복류, 즉 치마, 바지 등을 의미한다. clothes에는 단수형이 없기 때문에 ~~a clothe~~라고 쓰지 않는다. 대신 something to wear 또는 an article / a piece of clothing으로 표현한다.

> I must buy some new **clothes**; I haven't got anything to wear.
> 새 옷을 좀 사야겠어. 입을 게 하나도 없어.

424 come, go

1 화자/청자의 위치

화자 또는 청자 쪽으로 향하는 움직임에는 come을 쓴다.

> Maria, would you **come** here, please? ~ I'm **coming**.
> 마리아, 이리로 올래? ~ 가요. (NOT ... ~~I'm going.~~)
> When did you **come** to live here? 언제 이곳에 와서 살게 되었어?
> Can I **come** and see you? 부러 가도 돼? (전화 통화 중)

그 밖의 장소로 향하는 움직임에는 go를 쓴다.

> I want to **go** and live in Greece. 나는 그리스에 가서 살고 싶다.
> Let's **go** and see Daniel and Chloe. 가서 다니엘과 클로에를 만나자.
> In 1577, he **went** to study in Rome. 그는 1577년 로마로 유학갔다.

2 화자/청자의 과거/미래 위치

화자 또는 청자가 이미 와 있거나 앞으로 있을 장소로 가는 동작에는 come을 쓴다. 비교)

- What time did I **come** to see you in the office yesterday?
  내가 어제 너를 만나러 사무실에 몇 시에 갔지?

  I **went** to Jack's office yesterday, but he wasn't in.
  나는 어제 잭의 사무실에 갔지만 그는 자리에 없었다.

- Will you **come** and visit me in hospital when I have my operation?
  내가 수술 받을 때 병문안 와줄래?

  He's **going** into hospital next week. 그는 다음 주에 입원할 것이다.

- Sarah can't **come** to your birthday party. 사라는 너의 생일 파티에 못 올 것이다.

  She's **going** to see her mother. 그녀는 어머니를 보러 갈 예정이다.

3 움직임에 동참할 경우

움직임 자체는 go를 써서 나타내더라도 화자/청자의 움직임에 동참할 때는 come (with)를 쓴다.

> We're **going** to the concert tonight. Would you like to **come** with us?
> 우리는 오늘밤에 음악회에 갈 거야. 우리랑 같이 갈래?

4 제 3자의 위치

화자나 청자가 아닌 제3자가 화제의 중심이 될 경우, 그 인물이 현재(과거 또는 미래에) 있는 장소로 향하는 움직임에는 come을 쓴다. 소설에서 이런 표현을 흔히 볼 수 있다.

> He waited till four o'clock, but she didn't **come**.
> 그는 4시까지 기다렸지만 그녀는 오지 않았다.

5 come to; come from

come to는 arrive at(도착하다)과 같은 의미로 쓰이기도 한다.

> Go straight on till you **come to** a crossroads. 사거리가 나올 때까지 곧장 가.

come from은 출신지를 나타내며 시제는 현재형을 쓴다.

> She **comes from** Scotland, but her mother's Welsh.
> 그녀는 스코틀랜드 출신이지만 그녀의 어머니는 웨일스 사람이다.

> Originally I **come from** Hungary, but I've lived here for twenty years.
> 나는 원래 헝가리 출신이지만 20년째 이곳에서 살고 있다.
> (NOT Originally I ~~came from Hungary~~ ...)

bring과 take의 차이도 이와 유사하다. ▶ 409 참조.
come/go and ...는 ▶ 99 참조.   come/go -ing는 ▶ 476 참조.
come/gone의 의미로 쓰이는 been은 ▶ 395 참조.

425 comic, comical

comic은 예술의 한 형태인 희극(comedy)의 형용사형이다.

> **comic** verse 희극 시
> **comic** opera 희극 오페라
> Shakespeare's **comic** technique 셰익스피어의 희극 기법

comical은 'funny(웃기는, 재미있는)'를 의미하는 다소 예스러운 표현이다.

> a **comical** expression 재미있는 표현

426 complement, compliment (명사와 동사)

complement는 뭔가에 특성을 더하거나 그것과 잘 어울리는 것이다. 동사 complement도 유사한 의미를 지닌다.

> Dinner at Antonio's – the perfect **complement** to your evening at the opera.
> 안토니오에서의 저녁 식사 – 오페라 극장에서의 저녁에 더할 나위 없이 꼭 필요한 것.

> They have very different personalities, but they **complement** each other.
> 그들의 개성은 아주 다르지만 그들은 서로 보완이 된다.

compliment는 칭찬이나 찬사이다. 동사 compliment도 유사한 의미를 지닌다.

> My new hairstyle is getting a lot of **compliments**.
> 새로운 헤어스타일로 많은 찬사를 받고 있다.

> I must **compliment** you on your exam results. 시험 결과를 보니 칭찬을 해야겠구나.

complement와 compliment 둘 다 명사는 /ˈkɔmplɪmənt/로 발음하고, 동사는 /ˈkɔmplɪment/라고 발음한다.

complement의 문법적인 의미는 용어 설명 참조.

427 continual(ly), continuous(ly)

continual(ly)와 continuous(ly)는 둘 다 중단없이 지속되는 행위나 상황을 나타낸다.

> There has been **continual/continuous** fighting on the border for the last 48 hours.
> 지난 48시간 동안 국경에서는 전투가 끊이지 않고 있다.

> I've been working almost **continually/continuously** since yesterday evening.
> 나는 어제 저녁부터 거의 쉬지 않고 일했다.

continual(ly)는 흔히 성가실 정도로 반복해서 발생하는 사건을 묘사한다.

> I can't work with these **continual** interruptions. 이렇게 계속 방해하면 나는 일할 수 없다.
> She's **continually** taking days off. 그녀는 툭하면 휴가를 내고 쉰다.

428 contrary

1 on the contrary, on the other hand

on the contrary는 앞서 한 말의 내용에 반대되는 의미를 전달하는 데 쓰인다. 동일한 사안의 다른 측면을 설명할 때는 on the contrary가 아니라 on the other hand를 쓴다. 비교)

> – I suppose the job was boring? ~ **On the contrary**, it was really exciting.
> 그 일 지루하지 않았어? ~ 지루하기는커녕 아주 흥미로웠어.

> The job was boring, but **on the other hand** it was well paid.
> 그 일은 따분했지만 다른 한편으로 보수가 높았다. (NOT ... on the contrary, it was well paid.)

> – He did not make things easy for his parents. **On the contrary**, he did everything he could to annoy and worry them.
> 그는 부모님 마음을 편하게 해드리지 않았다. 오히려 부모님 속을 태우는 일이라면 뭐든지 했다.

> He did not make things easy for his parents. **On the other hand**, he could often be wonderfully sweet and loving.
> 그는 부모님 속을 썩였다. 그런데 한편으로는 종종 놀랍도록 상냥하고 다정했다.

in contrast를 써서 대조를 강조할 수 있다.

> Daytime temperatures in the desert are very high. **In contrast**, the nights can be bitterly cold. 사막의 낮 기온은 아주 높다. 그에 반해서 밤에는 살을 에는 듯이 추울 수 있다.
> (NOT On the contrary, the night ...)

2 contrary, opposite

'반의어'를 뜻하는 단어는 contrary가 아니라 opposite(▶548 참조)이다.

> 'Short' is the **opposite** of 'tall', and also of 'long'.
> 'short'는 'tall'의 반의어이자 'long'의 반의어이기도 하다. (NOT ... the contrary of 'tall' ...)

429 control

control은 일부 언어권에서 잘못 쓰기 쉬운 단어다. control은 manage(관리하다), direct(지도하다)를 의미하며 check(점검하다)나 inspect(감시하다)의 의미로는 쓰이지 않는다. 비교)

– The crowd was too big for the police to **control** (– ... to keep in order.)
군중이 너무 많아 경찰의 통제가 불가능했다.

The police were **checking** everybody's papers.
경찰이 모든 사람의 서류를 조사하고 있었다. (NOT ... ~~controlling every body's papers.~~)

– I found the car difficult to **control** at high speeds.
나는 그 차가 고속에서는 제어하기 어렵다는 것을 알았다.

I took the car to the garage and asked them to **have a look at** the steering.
나는 그 차를 정비소에 가져가 핸들을 점검해달라고 했다. (NOT ... ~~to control the steering.~~)

그러나 passport/customs control(여권 검사대/세관) 같은 표현에서는 명사 control이 'inspection point(검사대)'의 뜻으로 쓰인다.

430 country

1 가산명사

country (가산) = '국가', '국토'

Scotland is a cold **country**. 스코틀랜드는 추운 나라다.
Mexico is the **country** I know best. 멕시코는 내가 가장 잘 아는 나라다.
How many **countries** are there in Europe? 유럽에는 몇 개국이 있습니까?

2 불가산명사

country (불가산) = '건물이 많지 않은 탁 트인 땅'

I like wild **country** best. 나는 거친 황야를 가장 좋아한다. (NOT ... ~~I like a wild country best.~~)

the country는 the town(도시)의 반의어로 흔히 시골을 의미할 때 쓴다.

We live in **the country** just outside Manchester. 우리는 맨체스터 외곽의 시골에 살고 있다.
Would you rather live in the town or **the country**?
도시에서 살고 싶은가요, 아니면 시골에서 살고 싶은가요?

가산명사와 불가산명사의 자세한 내용은 ▶ 119-120 참조.

date of birth, birthday는 ▶ 405 참조.

431 dare

1 드물게 쓰이는 동사

dare는 현대 영어에서 잘 쓰이지 않는 동사로 비격식체에서는 주로 dare 대신 다른 어구를 쓴다.

He's not afraid to say what he thinks.
그는 주저없이 자기 생각을 말한다. (He dares to say that what he thinks.보다 자연스러움)

2 부정문: daren't

그러나 부정문에서는 dare가 흔히 쓰이는데, 뒤에 to부정사 또는 원형부정사가 온다.

She **doesn't dare (to) go** out at night. 그녀는 밤에 외출할 용기가 없다.
The old lady **didn't dare (to) open** the door. 그 노파는 감히 문을 열 생각도 못했다.

영국 영어에서는 부정형으로 흔히 〈**daren't + 원형부정사**〉를 쓴다.
I **daren't look.** 도저히 못 보겠어.

3인칭 단수형 역시 -s 없이 daren't로 쓴다.
She **daren't tell** him what she thinks. 그녀는 자신의 생각을 그에게 말할 용기가 없다.

3 특수 표현

Don't you dare!는 상대의 행동을 저지할 때 쓰인다.
Mummy, can I draw a picture on the wall? ~ **Don't you dare!**
엄마, 벽에다 그림 그려도 돼요? ~ 그러기만 해봐!

How dare you?는 분노를 나타내는 표현이다.
How dare you? Take your hands off me at once! 어딜 감히! 내 몸에서 당장 손 떼!

I dare say(I daresay로 쓰기도 한다)는 추측 또는 짐작을 나타낸다.
I **dare say** it'll rain soon. 아마 곧 비가 올 거야.
I **daresay** you're ready for a drink. 목이 탈 거야.

감히 할 수 있는지 두고 보자는 의미로 상대를 도발할 때 〈**I dare you + to부정사**〉를 쓴다. 아이들이 많이 쓰는 표현이기도 하다.
I **dare you to run** across the road with your eyes shut.
눈 감고 길을 건널 수 있으면 어디 한번 해봐.

432 dead, died, death

dead는 형용사다.
a **dead** man 사망자
Mrs McGinty is **dead.** 맥긴티 여사는 사망했다.
That idea has been **dead** for years. 그 아이디어는 오랫동안 사장된 채로 있다.

died는 동사 die의 과거형, 과거분사형이다.
Shakespeare **died** in 1616. 셰익스피어는 1616년에 사망했다. (NOT ~~Shakespeare dead~~ ...)
She **died** in a car crash. 그녀는 자동차 사고로 사망했다. (NOT ~~She is dead in~~ ...)
So far 50 people have **died** in the fighting.
지금까지 50명이 그 전투에서 목숨을 잃었다.

주의 현재분사형의 철자는 dying(▶348 참조)이다.

death는 '사망, 죽음'을 의미하는 명사다.
After his **death** his wife went to live in Canada.
그가 사망한 뒤 그의 아내는 캐나다에 가서 살았다.

the dead(= dead people) 같은 표현은 ▶188 참조.

433 different

1 수식어: any different 등

different는 비교급과 용법이 비슷하며, 대부분의 형용사와 달리 any, no, (a) little, not much 로 수식할 수 있다.

> I hadn't seen her for years, but she wasn't **any** different.
> 오랫동안 그녀를 보지 못했지만 그녀는 전혀 변한 게 없었다.

> How's the patient, doctor? ~ **No** different.
> 선생님, 환자는 좀 어떻습니까? ~ 차도가 없어요.

> His ideas are **little** different from those of his friends.
> 그의 생각은 친구들의 생각과 다를 바 없다.

> The new school isn't **much** different from the old one.
> 새 학교는 전에 다녔던 학교와 별로 다르지 않다.

quite different는 '완전히 다른'이란 의미다(▶ 564.3 참조).

> I thought you'd be like your sister, but you're **quite different**.
> 네가 언니를 닮았을 줄 알았는데 판판이구나.

different는 비교급과 달리 very로 수식할 수 있다.

> She's **very** different from her sister. 그녀는 언니와 판판이다.

2 전치사: different from/to

different 뒤에는 주로 from을 쓰며 영국에서는 to를 쓰기도 한다. 미국 영어에서는 than도 흔히 쓴다.

> American football is very different **from/to** soccer.
> 미식축구는 사커와 아주 다르다. (미국 영어: ... different **from/than** soccer.)

뒤에 절이 오는 경우, 영국 영어에서는 different than도 쓴다.

> The job's different **than I expected**.
> 그 일은 내가 예상했던 것과 다르다. (OR ... different **from/to what** I expected.)

different와 other의 차이는 ▶ 550.2 참조.

434 disinterested

사심 없는, 공평한(disinterested) 사람은 의견 충돌이 있거나 어떤 경기에서 어느 한 팀을 지지해야 할 이유가 없다.

> The referee was not exactly **disinterested**: his brother-in-law was playing for one of the teams. 심판은 아주 공평하지는 않았다. 그의 매형이 그 팀들 중 한 팀의 선수로 있었다.

disinterested는 또한 '흥미 없는(=uninterested)'의 의미로도 쓴다.

divorce는 ▶ 523 참조.

435 do, make: 다양한 쓰임의 동사

다양한 의미로 쓰이는 do에는 여러 가지 용법이 있으며, make와 쓰임새가 혼동되는 경우도 있다.

> Learn more about what we **do** and what we **make** at megamega.com.
> 저희 megamega.com이 무엇을 하고 무엇을 만드는지 자세히 알아 보세요. (광고)

1 do: 명확하게 규정되지 않은 행위

do는 thing, something, nothing, anything, what 등과 함께 써서 명확하게 행위를 규정하지 않고 포괄적으로 나타낼 수 있다.

> Then he **did** a very strange thing.
> 그러고 나서 그는 매우 이상한 행동을 했다. (NOT ~~Then he made a very strange thing.~~)
> **Do something!** 어떻게 좀 해봐!
> I like **doing nothing.** 나는 아무것도 안 하고 빈둥거리는 게 좋다. (NOT ... ~~making nothing.~~)
> **What** shall we **do?** 어떻게 하지?

2 do: 일과 직업

일이나 직업 등을 나타낼 때 do를 쓴다.

> I'm not going to **do** any work today. 나는 오늘 아무 일도 안 할 거야.
> Could you **do** the shopping for me? 나 대신 장 좀 봐줄래요?
> It's time to **do** the accounts. 출납을 정리할 시간이 되었다.
> I wouldn't like to **do** your job. 네 일은 하고 싶지 않아.
> I **did** (= studied) French and German at school.
> 나는 학교에서 프랑스어와 독일어를 공부했다.
> Has Ben **done** his homework? 벤은 숙제를 마쳤어요?
> Could you **do** the ironing first, and then **do** the windows if you've got time?
> 다림질을 먼저 한 다음에 시간이 있으면 창문도 좀 닦아줄래?

3 do ...-ing

일정한 시간을 요하거나 반복되는 활동(직장 일, 취미 등)을 묘사할 때 do -ing를 쓴다. 이는 격식을 차리지 않은 표현으로, -ing형 앞에 대체로 한정사(the, my, some, much 등)가 붙는다.

> During the summer I'm going to **do some walking** and **a lot of reading**.
> 나는 여름에 산책도 좀 하고 독서도 많이 할 것이다.
> I hate **doing the ironing.** 나는 다림질 하는 것을 싫어한다.

주의 이 구문에서 do 뒤에 나오는 동사(-ing)는 목적어를 취할 수 없다. (NOT ~~I'm going to do some watching TV.~~)

그러나 do 뒤에 〈**목적어 + 동사**〉로 이루어진 복합명사는 올 수 있다.

> I want to **do some bird-watching** this weekend. 나는 이번 주말 조류 관찰을 하고 싶다.
> It's time I **did some letter-writing**. 편지를 써야 할 시간이다.

4 make: 건축, 창작 등

건설, 건축, 창작 등의 활동을 묘사할 때는 흔히 make를 쓴다.

I've just **made** a cake. 나는 방금 케이크를 만들었다.

Let's **make** a plan. 계획을 짜자.

My father and I once **made** a boat. 언젠가 아버지와 나는 보트를 만들었다.

5 do: make를 대신해 쓰이는 경우

만드는 행위를 대수롭지 않게 말할 때 make 대신 do를 쓰기도 한다.

What are we going to eat? ~Well, I could **do** an omelette.
우리 뭐 먹을까? ~ 글쎄, 오믈렛이나 만들어볼까.

6 관용표현

do good 이롭다	**do** harm 해롭다
do business 거래하다	**do** one's best 최선을 다하다
do ~ a favour ~에게 호의를 베풀다	**do** sport/some exercise 운동하다
do one's hair 머리를 손질하다	**do** one's teeth 이를 닦다
do one's duty 본분/의무를 다하다	**do** 50 mph 시속 50마일로 달리다
make a journey 여행하다	**make** an offer 제의하다
make arrangements 준비하다	**make** a suggestion 제안하다
make a decision 결심하다	**make** an attempt 시도하다
make an effort 노력하다	**make** an excuse 변명하다
make an exception 예외를 두다	**make** a mistake 실수하다
make a noise 시끄럽게 하다	**make** a phone call 전화하다
make money 돈을 벌다	**make** a profit 수익을 올리다
make a fortune 큰돈을 벌다	**make** love 애정 행위를 하다, 구애하다
make peace 화해하다	**make** war 전쟁을 벌이다
make a bed 잠자리를 펴다	**make** progress 진전을 보이다

주의 침대 정리를 집안일의 하나로 언급하는 경우 흔히 **doing** the bed(s)라고 표현한다. 비교)
He's old enough to **make his own bed** now. 그는 이제 자기 손으로 잠자리를 펼 나이가 되었다.
I'll start on the vegetables as soon as I've **done the beds**.
침대를 정리하고 나서 바로 채소를 다듬을 거야.

'사진을 찍다'는 make가 아닌 take를 써서 take a photo라고 하고, '(흥미로운) 경험을 하다'는
make가 아닌 have를 써서 have an (interesting) experience라고 표현한다.

make가 포함된 구문의 자세한 용법은 ▸107 참조.

436 doubt

동사 doubt 뒤에는 whether, if, that이 이끄는 절이 올 수 있다.

Economists **doubt whether** interest rates will fall in the near future.
경제학자들은 가까운 장래에 금리가 떨어지리라고 생각하지 않는다.

I **doubt if** she'll come this evening. 오늘 저녁에 그녀가 올지 의문이다.

The directors **doubt that** new machinery is really necessary.
중역들은 새 기계 장비가 꼭 필요한지에 대해 회의적이다.

비격식체에서는 접속사를 생략하기도 한다.

> I **doubt we'll** have enough money for a new car. 새 차를 살만큼 돈이 넉넉할지 의문이다.

부정문에서는 doubt 다음에 that을 쓰거나 접속사를 생략한다.

> I **don't doubt (that)** there will be more problems. 더 많은 문제가 발생하리라고 확신한다.

짐작이나 추측을 나타내는 no doubt는 ▸ 534 참조.

down은 ▸ 614 참조.

437 dress

1 명사

가산명사 dress는 여성 의류 한 점을 의미한다.

> This is the first time I've seen you wearing **a dress**. 네가 드레스 입은 모습은 처음 본다.

dress는 불가산명사(관사 a/an이 붙지 않는다)로도 쓰이며, 이 경우 '옷', '의복' 등을 의미한다. 현대 영어에서는 잘 쓰이지 않으며, 주로 national dress(전통의상), evening dress(야회복), battledress(전투복) 등 특별한 의류를 나타낼 때 쓰인다.

> He looks good in evening **dress**. 그는 연미복이 잘 어울린다. (NOT ... ~~in an evening dress.~~)

2 동사: 옷을 입는 동작

동사 dress는 스스로 옷을 입거나 타인에게 입히는 동작을 나타낸다. '옷을 벗다/벗기다'라는 의미로는 undress를 쓴다.

> It only takes me five minutes to **dress** in the morning.
> 나는 아침에 옷을 입는 데 5분 밖에 안 걸린다.
> Could you **dress** the children for me? 아이들 옷 좀 입혀줄래요?
> I'm going to **undress** in front of the fire. 나는 난로 앞에서 옷을 벗을 거야.

비격식체에서는 본인이 옷을 입거나 벗는 동작을 묘사할 때 get dressed/undressed를 쓴다.

> Get **dressed** and come downstairs at once! 옷 입고 당장 내려와!

옷의 종류가 구체적으로 언급될 때는 대체로 put on(입다), take off(벗다)를 쓴다.

> I **put on** a sweater, but it was so warm that I had to **take** it **off** again.
> 나는 스웨터를 입었는데, 날씨가 너무 더워서 다시 벗어야 했다.
> Can you **take** Jack's boots **off** for him? 잭의 부츠 좀 벗겨줄래?

3 동사: 옷을 입은 상태

현재/과거의 어느 시점에 옷을 입고 있는 상태를 묘사할 때는 be dressed in(전치사 in에 주의)을 쓴다.

> I didn't recognise him because he **was dressed in** a dark suit.
> 나는 그가 검정색 정장을 입고 있어서 못 알아봤다. (NOT ... ~~dressed with~~ ... OR ... ~~dressing in~~ ...)
> She **was dressed in** orange pyjamas. 그녀는 주황색 잠옷을 입고 있었다.

be wearing가 have on두 널리 쓰이며, 특히 미국 영어에서는 have on을 많이 쓴다.
> She **was wearing** orange pyjamas. 그녀는 주황색 잠옷을 입고 있었다.
> She **had on** orange pajamas. 그녀는 주황색 잠옷을 입고 있었다. (미국 영어)

dress (in)이 능동태로 쓰이면 반복되는 행위나 버릇을 나타낸다.
> She always **dresses in** green. 그녀는 항상 초록색 옷을 입는다.
> He **dresses** well. 그는 옷을 잘 입는다.

[주의] well dressed는 옷을 말쑥하게 차려 입은 상태를 말한다.

438 drown

drown은 '사고로 익사하다'라는 의미로 능동태, 수동태 모두 가능하다.
> He **(was) drowned** while trying to swim across a river.
> 그는 강을 헤엄쳐 건너려다가 익사했다.

439 due to, owing to

due to와 owing to는 'because of(~ 때문에)'와 비슷한 의미로, due to가 owing to보다 널리 쓰인다.

due/owing to로 시작되는 구 다음에는 대개 쉼표를 찍어 문장의 나머지 부분과 분리한다.
> **Due/Owing to** the bad weather(,) the match was cancelled. 악천후로 경기가 취소되었다.
> We have had to postpone the meeting(,) **due/owing to** the strike.
> 우리는 파업 때문에 회의를 연기해야 했다.

문두에 due to를 쓰면 틀린 어법이라는 의견도 있으나, 교양인들 사이에서 널리 쓰인다.

due to는 be동사 뒤에 올 수 있으나 owing to는 대체로 be동사 뒤에 오지 않는다.
> His success was **due to** his mother.
> 그의 성공은 어머니 덕분이었다. (NOT ... ~~was owing to his mother.~~)

440 during, for

during은 어떤 사건이 일어난 시기를 나타내며, for는 사건이 지속된 기간을 나타낸다. 비교)
- My father was in Germany **during the summer**. 아버지는 여름 내내 독일에 계셨다.
  My father was in Germany **for six weeks**.
  아버지는 6주 동안 독일에 계셨다. (NOT ... ~~during six weeks.~~)
- It rained **during the night for two or three hours**. 그날 밤 두세 시간 동안 비가 왔다.
  I'll come and see you **for a few minutes during the afternoon**.
  오후에 내가 잠깐 보러 갈게.

for, since, in, from은 ▶469 참조.

441 during, in

during과 in은 어떤 사건이 특정 시간/기간 동안에 일어났음을 나타낼 때 쓰인다.

>We'll be away **during/in** August. 우리는 8월에 떠날 것이다.
>
>I woke up **during/in** the night. 나는 밤에 자다가 깼다.

'기간 내내'라는 의미로 전체 기간을 강조할 때는 during을 쓴다.

>The shop's closed **during all** of August.
>그 가게는 8월 내내 문을 닫았다. (NOT ... ~~in all of August.~~)

시간적 개념이 아니라 특정한 사건, 활동, 또는 체험 도중에 일어났음을 표현할 때도 during을 쓴다.

>He had some strange experiences **during his military service**.
>그는 군복무 중 몇 가지 기이한 경험을 했다. (NOT ... ~~in his military service.~~)
>
>I'll try to phone you **during the meeting**.
>회의 중간에 전화할게. (NOT ... ~~in the meeting.~~)
>
>I met them **during my stay in China**. 나는 중국에 체류하던 중 그들을 만났다.

early, soon, quickly는 ▸ 591 참조.

442 east, eastern; north, northern 등

1 형용사 용법의 차이

경계가 불분명하거나 넓은 지역을 지칭할 때는 eastern, northern 등을 쓰고, 명확히 정의할 수 있는 장소(예: 국가나 주의 이름)를 지칭할 때는 east, north 등을 쓴다. 비교〉

- the **northern** part of the country 그 나라의 북부 지역
  the **north** side of the house 그 집의 북면
- the **southern** counties of Britain 영국 남부의 주들
  the **south** coast 남해안
- **southern** Africa 남부 아프리카 (지역)
  South Africa 남아프리카공화국 (국가)
- the **northern** United States 미국의 북부
  North Carolina 노스캐롤라이나 주

그러나 지명은 반드시 이 규칙을 따르지 않는다.

>**Northern** Ireland 북아일랜드   **North/East/West** Africa 북/동/서아프리카
>**North/South** America 북/남아메리카
>**East/South** Asia 동/남아시아 BUT **Western/Eastern** Europe 서/동유럽
>**South** Australia 사우스오스트레일리아 주 BUT **Western** Australia 웨스턴오스트레일리아;
>the **Northern** Territory 노던 준주
>the **North/South** Atlantic 북/남대서양   the **North/South** Pacific 북/남태평양
>the **Northern/Southern** hemisphere 북/남반구

2 '··· 소속의'

어떤 지역의 전형적인 특징이나 소속 지역을 언급할 때는 eastern, northern 등을 쓰기도 한다.

> a **southern** accent 남부식 억양
>
> a group of **northern** poets 일단의 북부 시인들

3 대문자

East, Eastern, North, Northern 등이 공식 명칭이나 인지도가 높은 지명을 지칭할 경우 대문자로 시작한다.

> **North** Carolina 노스캐롤라이나 주
>
> **Western** Australia 웨스턴오스트레일리아 주

the West, the North 등이 명확한 지역의 이름으로 쓰일 때는 대문자로 쓴다.

> Unemployment is high in the **North**. 북부 지역의 실업률이 높다.
>
> My sister lives in the **South-west**. 우리 언니는 남서 지방에 산다.

그 밖에 형용사, 명사, 부사로 쓰이는 경우에는 소문자로 시작한다.

> We spent the winter in **southern** California. 우리는 캘리포니아 남부에서 겨울을 보냈다.
>
> I live in **north** London. 나는 런던 북부에 살고 있다.
>
> There's a strong **north** wind. 거센 북풍이 불고 있다.
>
> The sun rises in the **east**. 해는 동쪽에서 뜬다.
>
> By sunrise we were driving **south**. 해가 뜰 무렵 우리는 차를 타고 남쪽으로 가고 있었다.

4 전치사에 따른 의미 차이

in the east of ... (···의 동쪽에)와 to the east of ... (···의 동쪽으로)의 차이에 유의한다.

> I live **in the east of** Scotland. 나는 스코틀랜드 동부에 살고 있다.
>
> Denmark is about 500 km **to the east of** Scotland.
> 덴마크는 스코틀랜드에서 동쪽으로 500킬로미터 정도 떨어져 있다.

443 economic, economical

economic은 '경제학(economics)' 또는 '한 나라의 경제(economy)'를 지칭하는 형용사다.

> **economic** theory 경제 이론
>
> **economic** problems 경제 문제들

economical은 '(돈을 낭비하지 않아서) 경제적인, 알뜰한, 저렴한'이라는 의미다.

> an **economical** little car 경제적인 소형차
>
> an **economical** housekeeper 알뜰한 주부
>
> 'I was not lying,' said the Minister. 'I was just being **economical** with the truth.'
> '나는 거짓말을 하지 않았어요' 장관이 말했다. '진실을 다 말하지 않았을 뿐이죠.'

educate, bring up은 ▶410 참조.

444 efficient, effective

efficient는 사람 또는 사물이 시간이나 에너지 낭비 없이 체계적으로 일하거나 운영되고 있음을 나타낸다.

> He's not very **efficient**: he works very slowly, and he keeps forgetting things.
> 그는 그다지 유능하지 않다. 일손이 굼뜬데다 건망증이 심하다.

> Our bus service is even less **efficient** than our train service.
> 버스편은 기차편보다 훨씬 비효율적이다.

effective는 올바른 효과를 낸다는 의미로, 문제가 해결되거나 원하는 결과를 얻을 수 있음을 나타낸다.

> My headache's much better. Those tablets really are **effective**.
> 두통이 훨씬 가라앉았어. 저 약이 정말 효과가 있네.

> I think a wide black belt would look very **effective** with that dress.
> 그 드레스에는 넓은 검정색 벨트가 아주 잘 어울릴 것 같아.

445 elder, eldest

가족의 출생 순서를 언급할 때는 older와 oldest 대신 elder와 eldest를 쓸 수 있다. 단, 명사 앞에서 명사를 수식하는 한정적 용법으로만 쓰이며, 서술적 용법으로는 쓰이지 않는다. 비교)

- My **elder**/older brother has just got married. 우리 형은 막 결혼했다.
  He's three years **older** than me. 그는 나보다 세 살 많다. (NOT ... ~~elder than me.~~)
- His **eldest**/oldest daughter is a medical student. 그의 맏딸은 의대생이다.
  She's the **oldest** student in her year. 그녀는 자기 학년에서 가장 나이 많은 학생이다.

elder brother/sister는 남자 형제/여자 형제가 하나밖에 없을 때 쓰며, eldest는 남자 형제/여자 형제가 둘 이상일 때 쓴다. 그리고 elder son/daughter는 둘 중 맏이를, eldest son/daughter는 둘 이상의 아들/딸 중 맏이를 가리킨다.

446 electric, electrical

electric은 특수한 전동 장치나 장비 앞에 쓴다.

> **an electric** motor 전기 모터
> **electric** blankets 전기 담요들

주의) **electric** shock(감전), **electric** atmosphere(열광적인 분위기)

electrical은 좀 더 일반적이고 포괄적인 명사를 수식한다.

> **electrical** appliances 가전제품
> **electrical** equipment 전기 장비
> **electrical** component 전기 부품
> **electrical** engineering 전기 공학

447 else

1 용례

else는 somebody, someone, something, somewhere; anybody, everybody, nobody 등과 의문사 whatever, whenever 등, 그리고 little, much 뒤에서 'other(다른)'의 의미로 쓰인다.

> Would you like **anything else**? 더 필요한 건 없으세요?
>
> I'm sorry. I mistook you for **somebody else**. 죄송합니다. 다른 사람으로 착각했어요.
>
> **Where else** did you go besides Madrid? 마드리드 외에 또 어디에 갔나요?
>
> **Whatever else** he may be, he's not a mathematician.
> 직업이 뭔지는 몰라도 그는 수학자는 아니다.
>
> We know when Shakespeare was born and when he died, but we don't know **much else** about his life.
> 우리는 셰익스피어가 언제 태어나고 언제 사망했는지는 알지만 그 밖의 삶에 대해서는 그다지 아는 것이 없다.

격식체에서는 all 뒤에 else를 쓰기도 한다.

> When **all else** fails, read the instructions. 다른 모든 방법이 실패할 경우 설명서를 읽으십시오.

2 어순

주의 else는 수식하는 말 바로 뒤에 온다.

> **What else** would you like? 더 주문할 건 없으신가요? (NOT ~~What would you like else?~~)

3 else's

else의 소유격은 else's로 쓴다.

> You're wearing somebody **else's** coat. 너는 지금 다른 사람의 코트를 입고 있어.

4 오직 단수형과 함께 사용

else는 복수형과 함께 쓰지 않는다.

> I didn't see **any other** people. 나는 다른 사람은 보지 못했다. (NOT ... ~~any else people.~~)

5 or else

or else는 'otherwise', 'if not'과 마찬가지로 '만약 ~이 아니라면'의 의미를 나타낸다.

> Let's go, **or else** we'll miss the train. 가자, 안 그러면 열차를 놓칠 거야.

or else 뒤에 어구를 덧붙이지 않으면 협박조가 되기도 한다.

> You'd better stop hitting my little brother, **or else**!
> 내 동생 그만 때리는 게 좋을 거야. 안 그러면!

6 elsewhere

elsewhere는 somewhere else(다른 어딘가에)보다 격식을 차린 표현이다.

> If you are not satisfied with my hospitality, go **elsewhere**.
> 접대에 만족 못 하신다면 다른 데로 가 보시죠.

448 end, finish: 동사

1 동일한 의미로 사용

end와 finish는 의미가 비슷해서 서로 대체할 수 있는 경우가 많다.

> **What time does the concert end/finish?** 콘서트는 몇 시에 끝나나요?
> Term **ends/finishes** on June 23. 학기는 6월 23일에 마친다.

2 행위의 종료

하고 있는 일을 마칠 때는 주로 finish를 쓴다.

> She's always starting something new, but she never **finishes** anything.
> 그녀는 늘 뭔가 새로운 일을 시작하지만 마무리하는 법이 없다.
>
> You'll never **finish** that hamburger – it's too big for you.
> 그 햄버거 절대 다 못 먹을 걸. 너한텐 너무 커.
>
> Are you still reading the paper? ~ No, I've **finished**.
> 아직도 신문을 읽고 있어? ~ 아니, 다 읽었어.

3 변화

중대한 변화가 있을 경우 통상 end를 쓴다.

> I decided it was time to **end** our affair. 나는 우리 관계를 끝낼 때가 되었다고 판단했다.
>
> It's time to **end** the uncertainty – the Prime Minister must speak out.
> 이제 불투명한 상황을 끝낼 때가 되었다. 총리가 공개적으로 밝혀야 한다.
>
> The Second World War **ended** in 1945. 제2차 세계대전은 1945년에 끝났다.

특정한 방식으로 마무리하거나 끝맺을 때는 end를 쓴다.

> How do you **end** a letter to somebody you don't know?
> 모르는 사람에게 보내는 편지는 어떻게 마무리하죠?
>
> The ceremony **ended** with a speech from the President.
> 기념식은 대통령의 연설로 마무리되었다.

end는 물리적인 형태를 언급할 때도 흔히 쓰인다.

> The road **ended** in a building site. 길은 건설 현장에서 끊겼다. (NOT ~~The road finished~~ ...)
> Nouns that **end** in -s have plurals in -es. -s로 끝나는 명사의 복수형에는 -es를 붙인다.

4 -ing형

바로 뒤에 -ing형이 올 때는 end가 아닌 finish를 쓴다(▶ 100 참조).

> I **finished teaching** at 3.00. 나는 3시에 수업을 끝냈다. (NOT ~~I ended teaching~~ ...)

England, Britain, the United Kingdom, the British Isles는 ▶ 411 참조.

449 enjoy

enjoy는 대체로 목적어를 취한다.

> **Did you enjoy the party?** ~ Yes, I **enjoyed it** very much.
> 파티 재밌었어? ~ 응, 아주 재밌었어. (NOT ~~I enjoyed very much.~~)

즐겁게 시간을 보낸다는 의미로는 재귀대명사를 붙여 enjoy myself/yourself 등으로 표현한다.

> I really **enjoyed myself** when I went to Rome. 나는 로마에 가서 정말 즐겁게 지냈다.
> We're going to Paris for the weekend. ~ **Enjoy yourselves!**
> 주말에 파리에 갈 거야. ~ 재미있게 보내!

격식을 차리지 않은 영어에서는 목적어 없이 "Enjoy!"만 쓰기도 한다. 식당 종업원들에 의해 종종 쓰인다.

> One chicken curry and one fillet of sole. Enjoy!
> 치킨 카레 하나와 가자미 필레 하나입니다. 맛있게 드세요!

enjoy 뒤에는 -ing형이 온다.

> I don't **enjoy looking** after small children.
> 나는 어린 애들 돌보는 일은 좋아하지 않는다. (NOT ... ~~enjoy to look~~ ...)

450 enough

1 형용사/부사 + enough

enough는 대체로 형용사와 부사 뒤에 위치한다.

> Is it **warm enough** for you? 충분히 따뜻한가요? (NOT ... ~~enough warm~~ ...)
> You're not driving **fast enough**. 차를 모는 속도가 충분하지 않아.

2 enough + 명사

enough는 명사 앞에서 한정사 역할을 한다(▶ 171 참조).

> Have you got **enough milk?** 우유가 충분한가요?
> There aren't **enough glasses**. 유리잔이 부족하다.

가끔 enough가 명사 뒤에 오기도 하지만, 일부 표현을 제외하고는 현대 영어에서는 드물다.

> If only we had **time enough** ... 우리에게 시간만 충분하다면 …
> I was **fool enough** to believe him. 나는 어리석게도 그를 믿었다.

관사, 소유격 등의 한정사와 대명사 앞에는 enough of를 쓴다. 비교〉

> I don't know **enough** Spanish to read this. (NOT ... ~~enough of Spanish~~ ...)
> 나는 이것을 읽을 수 있을 정도로 스페인어를 잘 알지 못한다. (NOT ... ~~enough of French~~ ...)
> I don't understand **enough of the** words in the letter.
> 편지에 있는 말들을 제대로 이해할 수 없다.

3 enough + 형용사 + 명사

enough가 〈**형용사 + 명사**〉를 수식할 때는 형용사 앞에 위치한다. 비교)

> We haven't got **enough big** nails.
> 큰 못이 충분하지 않다. (= 큰 못이 더 많이 필요하다. enough가 big nails를 수식)

> We haven't got **big enough** nails.
> 충분히 큰 못이 없다. (= 더 큰 못들이 필요하다. enough가 big을 수식)

4 enough + (for + 명사/대명사) + to부정사

enough 뒤에 to부정사를 쓰는 경우도 많다.

> She's old enough **to do** what she wants. 그녀는 하고 싶은 대로 해도 될 만큼 나이가 들었다.

> I haven't got enough money **to buy** a car. 나는 차를 살 만큼 충분한 돈이 없다.

to부정사는 〈**for + 명사/대명사**〉 뒤에 오기도 한다.

> It's late enough **for the staff to stop** work. 직원들이 일을 그만 해야 할 정도로 시간이 늦었다.

> There was just enough light **for us to see** what we were doing.
> 불빛이라고는 작업하는 것을 볼 수 있을 만큼밖에 없었다.

5 It's small enough to put in your pocket 등

문장의 주어가 뒤에 나오는 to부정사의 목적어인 경우(▶ 101.4 참조) 대체로 to부정사 뒤에 목적격 대명사를 쓰지 않는다.

> **The radio**'s small enough **to put** in your pocket.
> 그 라디오는 호주머니에 넣어도 될 만큼 작다. (NOT ... to put it in your pocket.)

> **Those tomatoes** aren't ripe enough **to eat**.
> 그 토마토들은 먹어도 좋을 정도로 익지 않았다. (NOT ... to eat them.)

그러나 전치사 for를 써서 to부정사의 의미상 주어를 밝히는 구문에서는 목적격 대명사를 쓸 수 있다.

> The radio was small enough **for** me to put (**it**) in my pocket.
> 그 라디오는 내가 호주머니에 넣어도 좋을 만큼 작았다.

> Those tomatoes aren't ripe enough **for** the children to eat (**them**).
> 그 토마토들은 아이들이 먹어도 좋을 정도로 익지 않았다.

〈for + 목적어 + to부정사〉의 다른 예는 ▶ 113 참조. too와 too much/many가 쓰인 유사 구문은 ▶ 610-611 참조.

6 the가 '충분한'을 의미하는 경우와 enough가 생략되는 경우

정관사 the를 'enough(충분한)'의 의미로 쓸 수도 있다.

> I hardly had **the** strength to take my clothes off. 나는 옷 벗을 기운조차 없었다.

> I didn't quite have **the** money to pay for a meal. 나는 밥 사 먹을 돈도 없었다.

'enough time(~할 시간)', 'enough room(~할 공간)'의 의미로 time과 room을 쓰기도 한다.

> Do you have **time** to look at this draft? 이 초안을 볼 시간 있니?

> There isn't **room** for everybody to sit down. 모두가 앉을 공간은 없다.

451 especial(ly), special(ly)

1 especially, specially
especially와 specially는 의미가 같아 서로 바꿔 쓸 수 있는 경우가 많다.
> It was not **(e)specially** cold. 유난스럽게 춥지는 않았다.

2 especially : '무엇보다'
especially는 종종 'above all(무엇보다)'의 의미로 쓰인다.
> We play a lot of tennis, **especially** on Sundays. 우리는 특히 일요일에 테니스를 많이 친다.
> The children are very noisy, **especially** when we have visitors.
> 아이들은 특히 손님들이 오면 소란을 피운다.
> I like all kinds of fruit, **especially** apples.
> 나는 과일이라면 다 좋아하는데, 특히 사과를 좋아한다.

especially는 주어 다음에 온다.
> All my family like music. **My father, especially**, goes to as many concerts as he can.
> 우리 식구들은 다 음악을 좋아한다. 특히 아버지는 될 수 있는 한 자주 연주회에 가신다.
> (NOT ... Especially my father goes ...)

3 especially : 전치사나 접속사 앞에 위치
전치사나 접속사 앞에는 대체로 especially를 쓴다.
> We go skiing quite a lot, **especially** in February. 우리는 특히 2월에 스키를 자주 타러 간다.
> I drink a lot of coffee, **especially** when I'm working.
> 나는 특히 일하면서 커피를 많이 마신다.

4 specially : 과거분사와 함께 쓰이는 경우
specially는 과거분사와 함께 쓰여 특별한 목적을 나타낸다.
> These shoes were **specially made** for me. 이 신발은 나를 위해 특수 제작되었다.
> The song was **specially written** for his birthday.
> 그 노래는 그의 생일을 위해 특별히 작곡되었다.

5 especial, special
형용사 especial은 드물게 쓰이며 special이 널리 쓰인다.
> He took **special** trouble over his work. 그는 일에 각별히 공을 들였다.

452 even

1 의미
even은 지나친 상태를 나타내는 말로 대체로 예상을 넘어서는 의외의 상태를 표현한다. not even은 '…조차 않다/아니다'라는 의미로 예상이나 기대에 미치지 못하는 상태를 나타낸다.
> She's rude to everybody. She's **even** rude to the police.
> 그녀는 누구에게나 무례하다. 심지어 경찰에게도 무례하다.

He can't **even** write his own name. 그는 자신의 이름조차 쓰지 못한다.

2 위치

even은 주로 동사와 함께 쓰이며 중간 위치에 온다(▶ 200 참조).

She has broken all her toys. She **has even broken** her bike.
그녀는 자기 장난감을 모두 망가뜨렸다. 심지어 자전거도 망가뜨렸다. (NOT ~~Even she has broken~~ …)

He speaks lots of languages. He **even speaks** Esperanto.
그는 다양한 언어를 구사한다. 심지어 에스페란토어도 구사한다.

They're open every day. They**'re even** open on Christmas Day.
그들은 매일 문을 연다. 심지어 크리스마스 날에도 연다.

even이 주어만을 수식할 때는 문두에 오며, 강조하고자 하는 단어나 표현 앞에 위치하기도 한다.

Anybody can do this. **Even a child** can do it.
누구든 이것을 할 수 있다. 심지어 어린아이도 할 수 있다.

I work every day, **even on Sundays**. 나는 매일 근무한다. 심지어 일요일에도.

I haven't seen my family for months – **not even my parents**.
나는 몇 개월째 가족도 보지 않았다. 심지어 부모님도.

3 even, also

매우 놀라운 일을 언급할 때는 also(▶ 369 참조)를 쓰지 않는다.

Everybody helped with the packing – **even** the dog.
모두가 짐 싸는 것을 도와주었다. 심지어 개까지도. (NOT … ~~also the dog.~~)

4 even if, even though

even은 접속사로는 쓰이지 않지만, if와 though 앞에 올 수 있다.

Even if I become a millionaire, I will always be a socialist.
백만장자가 되더라도 나는 언제나 사회주의자로 남을 것이다. (NOT … ~~Even I become~~ …)

Even though I didn't know anybody at the party, I had a nice time.
아는 사람이 아무도 없었지만 나는 파티를 즐겼다. (NOT ~~Even although~~ …)

I wouldn't marry you **even if** you were the last man in the world. 당신이 이 세상 마지막
남자라 해도 당신하고는 결혼하지 않을 거예요.

even if(비록 ~이라도)의 의미로 if를 쓰기도 한다.

I'll do it **if** it kills me. (= … even if it kills me.) 나는 죽어도 그 일을 할 것이다.

5 even so; even now

even so는 '그럼에도 불구하고'라는 의미로 'however', 'in spite of that'과 같은 표현이다.

He seems nice. **Even so**, I don't really trust him.
그는 괜찮은 사람 같다. 그럼에도 불구하고 나는 그를 진심으로 믿을 수가 없다.
(NOT … ~~Even though, I don't really trust him.~~)

even now는 그간 있었던 일에 전혀 얽매이지 않고 어떤 일이나 상황이 발생할 때 쓴다.

He left her ten years ago, but **even now** she still loves him.
그는 10년 전에 그녀를 떠났지만, 지금도 그녀는 그를 사랑한다.

453 eventual(ly)

eventual과 eventually는 오랜 시간 또는 많은 노력을 기울인 끝에 어떤 일이 일어났을 때 쓰이는 단어로 eventual은 '궁극적인', '최후의', eventually는 '마지막으로', '드디어' 등을 의미한다.

> The chess game lasted for three days. Androv was the **eventual** winner.
> 체스 게임은 사흘간 계속되었다. 안드로프가 최후의 승자였다.

> The car didn't want to start, but **eventually** I got it going.
> 차 시동이 걸리지 않았지만 나는 결국 차를 움직이는 데 성공했다.

eventual과 eventually는 가능성을 나타내는 말로 쓸 수 없다. 가능성을 나타낼 때는 possible, perhaps, if, may, might 등을 쓴다.

> In our new house I'd like to have a spare bedroom for **possible** visitors.
> 새 집에는 손님용으로 여분의 침실이 있었으면 좋겠다. (NOT ... ~~eventual visitors.~~)

> I'm not sure what I'll do next year. I could look for a job here, or **might** go to America. 내년에는 무슨 일을 할지 모르겠다. 여기에서 일을 구할 수도 있고 아니면 미국에 갈 수도 있다.
> (NOT ... ~~Eventually I'll go to America~~ ...)

454 ever

1 ever: '언젠가, 언제든'

비긍정어(▶ 222 참조)로 주로 의문문에서 '언젠가, 언제든'이라는 의미로 쓰인다. 비교)

> Do you **ever** go to London by train? (= at any time) 기차로 런던에 갈 때도 있니?
> We **always** go to London by train. (= every time) 우리는 늘 런던에 기차를 타고 간다.
> I **sometimes** go to Birmingham by train. 나는 때대로 기차로 버밍엄에 간다.
> I **never** go to Cambridge by train. (= at no time) 나는 절대 기차로 버밍엄에 가지 않는다.

not ever의 형태로 부정문에 쓸 수도 있지만 never를 더 많이 쓴다.

> I **don't ever** want to see you again. 다시는 너를 보고 싶지 않다. (OR I **never** want ...)

if 뒤에 쓰거나 부정적인 의미를 가진 단어(예: nobody, hardly, stop)와 함께 쓰기도 한다.

> Come and see us **if** you are **ever** in Manchester. 혹시 맨체스터에 오게 되면 우리를 보러 와.
> **Nobody ever** visits them. 그들을 찾아오는 사람은 아무도 없다.
> I **hardly ever** see my sister. 나는 언니를 거의 보지 못한다.
> I'm going to **stop** her **ever** doing that again. 그녀가 다시는 그러지 못하게 할 것이다.

2 비교급, 최상급, as, only와 함께 사용

비교급이나 최상급, as, only가 있는 문장에서 쓰인다.

> You're looking **lovelier than** ever. 너는 그 어느 때보다 예뻐 보인다.
> What is the **best** book you've **ever** read? 네가 지금까지 읽은 것 중 최고의 책은 뭐야?
> It's the **largest** picture **ever** painted. 그것은 지금까지 그려진 것 중 가장 큰 그림이다.
> He's as charming **as ever**. 그는 그 어느 때보다도 매력적이다.
> She's the **only** woman **ever** to have climbed this mountain in winter.
> 그녀는 겨울에 이 산을 등반한 유일한 여성이다.

3　ever + 완료 시제

완료 시제(▶ 47, 53 참조)와 함께 쓰여 '현재 또는 과거의 어느 시점까지 언젠가/언제든'이라는 의미를 나타낸다.

> **Have** you **ever been** to Greece? 그리스에 가 본 적 있니?
>
> **Had** you **ever thought** of getting married before you met Georgia?
> 조지아를 만나기 전에 결혼 생각을 해 본 적 있니?

4　ever, before; ever before

ever와 before는 모두 과거의 경험을 묻는 데 쓰이지만 차이가 있다. before 또는 ever before 는 현재의 상황을 언급하면서 과거에도 이런 일이 있었는지 물을 때 쓰인다.

> Have you (ever) been to Scotland **before**?
> 전에 스코틀랜드에 온 적 있니? (청자는 현재 스코틀랜드에 있다.)

반면에 ever(뒤에 before 없이)는 현재의 상황과 연관성이 없다.

> Have you **ever** been to Africa? 아프리카에 가 본 적 있니? (청자는 현재 아프리카에 있지 않다.)

5　ever: '항상'

ever는 대체로 'always(항상)'의 의미로는 쓰이지 않는다.

> I shall **always** remember you. 나는 언제나 널 기억할 거야. (NOT ~~I shall ever remember you.~~)

그러나 ever가 형용사나 분사와 함께 복합어를 이룰 때는 'always(항상)'의 의미로 쓰일 때가 있다.

> his **ever-open** mouth 잠시도 쉬지 않고 떠드는 그의 입
>
> an **ever-increasing** debt 늘어만 가는 빚
>
> **evergreen** trees 상록수들
>
> his **ever-loving** wife 늘 다정한 그의 아내

또한 forever(또는 for ever)와 ever since의 형태로 쓰일 경우, 또는 ever after, Yours ever (편지 말미에 씀) 같은 표현에서 'always(항상)'의 의미를 지닌다.

> I shall love you **forever**. 영원히 당신을 사랑할 거예요.
>
> I've admired him **ever since** I met him. 그를 만난 순간부터 쭉 그를 존경했어요.

who ever, what ever 등은 ▶ 627 참조.　　whoever, whatever 등은 ▶ 252 참조.　　진행형에 쓰이는 forever는 ▶ 5 참조.

455　ever so, ever such

격식을 차리지 않은 영국 영어에서 흔히 'very'의 의미로 쓰인다.

> She's **ever so** nice. 그녀는 아주 친절하다.
>
> It's **ever such** a good film. 그 영화는 아주 괜찮은 영화다.

so와 such의 차이는 ▶ 597 참조.

456 except, except for

1 except for + 명사

명사구 앞에는 대체로 except for를 쓴다.

I've cleaned the house **except for** the bathroom. 나는 욕실만 제외하고 집 전체를 청소했다.

The garden was empty **except for** one small bird.
정원에는 작은 새 한 마리를 제외하고는 아무 것도 없었다.

2 all/any 등 + except (for)

all, any, every, no, everything, anybody, nowhere, nobody, whole 뒤에는 흔히 for를 생략한다.

I've cleaned **all** the rooms **except (for)** the bathroom.
나는 욕실을 제외한 모든 방을 청소했다.

He ate **everything** on his plate **except (for)** the beans.
그는 콩만 빼고 접시 위에 있는 모든 음식을 먹어치웠다.

Nobody came **except (for)** Jack and Emily. 잭과 에밀리를 제외하고는 아무도 오지 않았다.

그러나 except for가 이러한 어구들 앞에 올 때는 for를 생략하지 않는다.

Except for the bathroom, **all** the rooms are clean.
욕실을 제외하고는 모든 방이 다 깨끗하다. (NOT ~~Except the bathroom, all the rooms are clean.~~)

3 except + 전치사/접속사

전치사와 접속사 앞에는 except for를 쓰지 않고 except를 쓴다.

It's the same everywhere **except in** Scotland.
스코틀랜드를 제외하고는 어디나 마찬가지다. (NOT ... ~~except for in Scotland.~~)

He's good-looking **except when** he smiles. 그는 웃을 때만 빼고는 잘생겼다.

This room is no use **except as** a storeroom. 이 방은 창고 외에는 쓸모가 없다.

The trip was nice **except that** there wasn't enough snow.
눈이 충분히 내리지 않았다는 것만 빼고는 멋진 여행이었다.

4 except (for) + 대명사

except (for) 뒤에는 주격 대명사를 쓰지 않고 목적격 대명사를 쓴다.

Everybody understood **except (for)** me. 나만 제외하고 모두 이해했다. (NOT ... ~~except I.~~)

We're all ready **except (for)** her. 그녀만 빼고 다 준비되었다.

5 except + 동사: He does nothing except eat.

어떤 행위 이외에는 아무것도 하지 않는다는 의미로 〈do ... except + 원형부정사〉를 쓴다.

He **does** nothing **except eat** all day. 그는 하루 종일 아무것도 안 하고 먹기만 한다.

I'll **do** everything for you **except cook**. 너를 위해서라면 요리만 빼고 다 하겠다.

〈except + -ing형〉을 쓰기도 한다.

She's not interested in anything **except skiing**. 그녀는 스키 외에는 어떤 것에도 관심이 없다.

You needn't worry about anything **except having** a great time.
아무 걱정 말고 즐겁게 지내.

6 except, without

except (for)는 일반적인 경우나 전체와 동떨어진 예외적인 경우를 가리킬 때만 쓴다. 그 밖에는 without이나 but for를 쓴다. 비교〉

   Nobody helped me **except** you. 너 말고는 아무도 날 도와주지 않았어.

   Without/But for your help, I would have failed.
   네 도움이 없었더라면 나는 실패했을 거야. (NOT ~~Except for your help, I would have failed.~~)

except의 의미로 쓰이는 but은 ▶ 413 참조.

457 expect, hope, wait, look forward

1 expect와 hope의 의미 차이

expect는 소망이 섞인 기대나 희망이 아닌 논리적인 예측을 의미한다. 따라서 어떤 일이 일어나기를 'expect'한다면 이유나 근거를 바탕에 둔 것이다. 반면 hope는 실제로 그렇게 될지는 모르지만 어떤 일이 일어나기를 바라는 소망이나 기대를 말한다. 비교〉

   – **I'm expecting** Jack to phone at three o'clock. 나는 잭이 3시에 전화하리라 예상하고 있다.
   I hope he's got some good news. 그에게 좋은 소식이 들렸으면 한다.

   – Lucy**'s expecting** a baby. (= She's pregnant.) 루시는 출산을 앞두고 있다.
   She**'s hoping** it will be a girl. 그녀는 아기가 딸이길 바라고 있다.

expect는 좋은 일과 나쁜 일 모두에 쓸 수 있지만, hope는 자신이 바라는 일에만 쓴다.

   I **expect** it will rain at the weekend. But I **hope** it won't.
   주말에 비가 올 것 같다. 하지만 안 왔으면 좋겠다.

2 expect와 wait의 의미 차이

wait는 사건의 발생이 늦어질 때, 먼저 와서 타인을 기다릴 때, 또는 미래에 어떤 일이 일어나기를 바랄 때 쓴다. 또한 어떤 일이 생길 때까지 어떤 장소에 서 있거나 앉아 있는 상태를 나타내기도 한다. 비교〉

   – I'm **expecting** a phone call from Jack at three o'clock. I hope he calls on time.
   나는 3시에 잭에게서 전화가 오리라 예상하고 있다. 그가 제시간에 전화하길 바란다.
   I hate **waiting** for people to phone.
   전화 오기를 기다리는 건 싫다. (NOT ~~I hate expecting people to phone.~~)

   – He **expects** to get a bike for his birthday. (= He thinks he'll get one.)
   그는 생일날 자전거 선물을 기대하고 있다. (= 그는 자전거를 받게 되리라 생각하고 있다.)
   It's hard to **wait** for things when you're five years old.
   다섯 살짜리가 뭔가를 기다린다는 것은 힘든 일이다.

   – I **expected** her at ten, but she didn't turn up.
   나는 그녀가 10시에 올 거라고 예상했지만 그녀는 나타나지 않았다.
   I **waited** for her till eleven, and then went home.
   나는 11시까지 그녀를 기다리다가 집에 갔다.

can't wait는 초조함을 나타내는 표현이다.

   I **can't wait** for the weekend! 얼른 주말이 왔으면!

expect 뒤에 목적어로 사람이 오면 주로 집, 사무실 등에 누가 찾아오기를 기다리는 상황을 언급한다. 비교〉

> Come and see me this afternoon. I'll **expect** you at 4.00.
> 오늘 오후에 날 찾아와. 4시에 기다리고 있을게.
>
> Let's meet at the theatre. I'll be there at 6.00.
> 영화관에서 만나. 6시까지 갈게. (NOT ~~I'll expect you at 6.00.~~)

3 look forward: 의미

look forward는 미래의 어떤 일을 고대한다는 의미로, 일어날 가능성이 높은 좋은 일을 기다릴 때 쓴다.

> He's **looking forward** to his birthday. 그는 생일을 학수고대하고 있다.
> See you on Sunday. ~ I **look forward** to it. 일요일에 봐. ~ 기대되는걸.

4 네 가지 표현 비교

비교〉

> I **expect** to hear from her.
> 그녀에게서 소식이 오기를 기대하고 있다. (= 그녀로부터 연락이 올 거라고 확신한다.)
>
> I **hope** to hear from her.
> 그녀에게서 소식이 오기를 바란다. (= 그녀가 연락할지는 확실하지 않지만 그러길 바란다.)
>
> I'm **waiting** to hear from her.
> 그녀에게서 소식이 오기를 기다리고 있다. (= 그녀에게 연락이 와야 하는데 좀 늦어지고 있다.)
>
> I **look forward** to hearing from her.
> 그녀에게서 소식이 오기를 고대하고 있다. (= 그녀에게 편지를 받을 생각에 기분이 좋다.)

5 전치사

expect(전치사와 함께 쓰이지 않음)/hope for/wait for/look forward to + 목적어

비교〉

> We're expecting rain soon. 곧 비가 쏟아질 것 같다.
> We're hoping **for** a lot of rain – the garden's very dry.
> 우리는 비가 흠뻑 내리길 바라고 있어. 정원이 바짝 말랐거든.
> We've been waiting **for** rain for weeks. 몇 주째 비가 오기를 기다리고 있다.
> I'm looking forward **to** the autumn. 나는 가을이 오기를 기다리고 있다.
> I expect Jack to arrive about ten o'clock.
> 나는 잭이 10시 쯤에 도착하리라 예상하고 있다. (NOT ~~I expect for Jack to arrive ...~~)
> I'm hoping **for** him to come up with some new ideas.
> 나는 그가 새로운 아이디어들을 내놓길 기대하고 있다.
> I'm still waiting **for** him to pay me back that money.
> 나는 지금도 그가 그 돈을 갚기를 기다리고 있다.

look forward to 뒤에는 동사원형이 아닌 -ing형이 온다(▶ 104.2 참조).

> I look forward to **talking** to him. 그와 이야기 해보길 바랍니다. (NOT ... ~~to talk to him.~~)
> I look forward to **hearing** from you.
> 소식 기다리고 있겠습니다. (이메일이나 편지 말미에 흔히 쓰는 말)

6 현재형, 진행형

to부정사 앞에서 hope, expect, look forward to의 단순 시제와 진행 시제를 모두 쓸 수 있으며, 의미의 차이는 거의 없다.

> We **hope** / We're **hoping** to get to Scotland next weekend.
> 우리는 다음 주말에 스코틀랜드에 가기를 바라고 있다.

> We **expect** / We're **expecting** to hear from Lucy today.
> 우리는 오늘 루시에게서 연락이 오기를 기대하고 있다.

> I **look forward**/I'm **looking forward** to the day when the children leave home.
> 나는 아이들이 집을 떠나는 날을 학수고대하고 있다.

7 that절

expect/hope + that절

> I **expect** (that) she'll be here soon.
> 나는 그녀가 곧 도착하리라 예상한다. (BUT NOT ~~I'm waiting that she arrives.~~)

> I **hope** (that) I'll recognise her. 그녀를 알아봤으면 좋겠다.

that절 앞에는 대체로 expect의 진행형을 쓰지 않는다.

> I expect that we'll have a lot to talk about.
> 우리는 논의할 것이 많으리라 예상한다. (NOT ~~I'm expecting that we'll~~ ...)

hope (that) 뒤에 오는 절에서는 흔히 현재 시제로 미래를 나타낸다(▶490 참조).

> I hope (that) she **doesn't** miss the train. 그녀가 열차를 놓치지 않으면 좋겠다.

8 expect: 기타 주요 용례

의무에 대해 언급할 경우 〈**expect + 목적어 + to부정사**〉 형태로 쓴다.

> We **expect you to work** on the first Saturday of every month.
> 여러분은 매월 첫째 주 토요일에는 근무해야 합니다.

위의 구문을 흔히 수동태로 쓰기도 한다.

> Staff **are expected to start** work punctually at 8.30. 정확히 8시 30분에 일을 시작해야 한다.

I expect (that) ... 구문은 현재나 과거의 일을 언급하면서 화자의 추측과 함께 그 근거나 이유를 밝힐 때 쓰인다.

> I **expect** you're all tired after your journey. 너희 모두 여행으로 지쳤겠구나.

> Sarah isn't here. I **expect** she was too tired to come.
> 사라는 여기 없어. 내 생각에는 너무 지쳐서 못 온 것 같아.

타인에게 거는 기대감을 표현할 때는 expect something of somebody 구문을 쓴다.

> My parents **expected too much of me** when I was at school. They were terribly upset when I failed my exams.
> 우리 부모님은 학창 시절 나에게 거는 기대가 컸다. 내가 시험에 떨어졌을 때 굉장히 낙담하셨다.

hope와 expect의 부정문은 ▶219 참조.   hope와 expect 뒤에 오는 not과 so는 ▶585 참조.
wait 뒤에 오는 and는 ▶99 참조.   wish는 ▶632 참조.

458 experiment, experience

experiment는 결과를 알아보거나 어떤 명제를 증명하기 위한 실험을 의미한다. experiment는 대체로 동사 do와 함께 쓰이며 '실험하다'라는 의미의 동사로도 쓰인다.

> We **did** an **experiment** in the chemistry lesson, to see if you could get chlorine gas from salt. 우리는 화학 시간에 소금에서 염소 가스를 얻을 수 있는지 알아보기 위한 실험을 했다.
> (NOT We did an experience ...)

> I'm **experimenting** with a new way of organising my work.
> 나는 내 업무를 정리하는 새로운 방법을 실험하고 있다.

experience는 살아가면서 겪는 일을 말하며 대체로 have와 함께 쓴다. experience 역시 동사로도 쓸 수 있다.

> I had a lot of interesting **experiences** during my year in Africa.
> 나는 아프리카에서 지냈던 해에 흥미진진한 경험을 많이 했다.
> (NOT I made a lot of interesting experiences ...)

> Have you ever **experienced** the feeling that you were going mad?
> 미쳐간다는 느낌 경험해 본 적 있어? (NOT Have you ever experimented the feeling ...?)

experience는 불가산명사로 어떤 일을 하면서 습득한 지식을 의미한다.

> Sales person wanted – **experience** unnecessary. 판매 사원 모집 – 경력 필요 없음.

459 explain

explain 뒤에 오는 간접목적어 앞에는 to를 붙인다.

> Can you explain **to me** how to get to your house?
> 너희 집에 가는 방법 좀 설명해 줄래? (NOT Can you explain me ...?)

> I explained my problem **to her**.
> 나는 그녀에게 내 문제를 설명했다. (NOT I explained her my problem.)

facing, opposite, in front of는 ▶ 549 참조.

460 fairly, quite, rather, pretty: 정도부사

fairly, quite, rather와 pretty는 정도에 다소 차이가 있으며, 정확한 정도는 그 문맥에 따라 다르다. 여기서는 영국 영어에서 정도를 나타내는 단어(▶ 189 참조)에 대해 간단히 설명하고자 한다. (여기에서 논의되는 의미 면에서) quite과 rather는 미국 영어보다 영국 영어에서 더 흔히 쓰이며, fairly 역시 그렇다. quite, rather의 자세한 내용은 ▶ 564 - 565 참조.

1 fairly

fairly는 대개 형용사와 부사를 수식한다. 상당한 정도이긴 하지만 아주 높은 수준을 가리키는 말이 아니므로 fairly nice(그럭저럭 괜찮은), fairly clever(그런대로 똑똑한)라고 말한다면 썩 높이 평가하지 않는 것이다.

> How was the film? ~ **Fairly** good. Not the best one I've seen this year.
> 영화 어땠어? ~ 그럭저럭 괜찮았어. 올해 본 영화 중 최고는 아니야.

I speak Russian **fairly** well – enough for everyday purposes.
나는 러시아어를 그런 대로 좀 해요. 일상생활에 필요한 말을 할 수 있을 정도죠.

2 quite

quite는 특히 영국 영어에서 fairly보다 더 높은 수준을 나타낸다.

How was the film? ~ **Quite** good. You ought to go. 영화 어땠어? ~ 아주 좋았어. 꼭 가서 봐.

It's **quite** a difficult book – I had trouble with it. 꽤 어려운 책이야. 읽느라 고생했어.

He's lived in St Petersburg, so he speaks Russian **quite** well.
그는 상트페테르부르크에서 살아서 러시아어를 아주 잘한다.

quite는 동사와 명사를 수식할 수 있다.

I **quite enjoyed** myself at your party. 파티 정말 즐거웠어요.

The room was **quite a mess**. 그 방은 정말 엉망진창이었다.

3 rather

rather는 quite보다 높은 정도나 수준을 나타내며 평균 또는 기대 이상의 수준을 의미한다.

How was the film? ~ **Rather** good – I was surprised. 영화 어땠어? ~ 아주 좋던데. 놀랐어.

Maurice speaks Russian **rather** well. People often think he is Russian.
모리스는 러시아어를 아주 잘해. 사람들이 가끔 러시아인으로 착각한다니까.

I think I'll put the heating on. It's **rather** cold. 난방기를 틀어야 할 것 같아. 몹시 추워.

I've had **rather** a long day. 정말 힘든 하루였어.

rather는 동사(특히 생각과 감정을 나타내는 동사)와 명사를 수식할 수 있다.

I **rather think** we're going to lose. 십중팔구 우리가 질 것 같다.

She **rather likes** gardening. 그녀는 정원 가꾸는 일을 무척 즐긴다.

It was **rather a disappointment**. 무척 실망스러웠다.

rather의 어순 규칙 및 기타 자세한 용법은 ▶565 참조.

4 pretty

pretty는 비격식체에서 흔히 쓰이며, rather와 비슷하지만 형용사와 부사만 수식한다.

How's things? ~ **Pretty** good. You OK? 요즘 어때? ~ 좋지. 너도 잘 지내지?

You're driving **pretty** fast. 속도가 꽤 빠른데.

pretty well은 'almost(거의)'를 의미한다.

I've **pretty well** finished. 거의 다 끝냈다.

461 far, a long way

1 의문문과 부정문에 쓰는 far

far는 주로 의문문과 부정문에 쓴다.

How **far** did you walk? 어디까지 걸었어?

The youth hostel is not **far** from here. 유스호스텔은 여기서 멀지 않다.

긍정문에는 대체로 far 대신 **a long way**를 쓴다.

> We walked **a long way**. 우리는 먼 길을 걸었다. (NOT ~~We walked far.~~)
> The station is **a long way** from here.
> 역은 여기서 멀리 떨어져 있다. (The station is far from here.보다 자연스러움)

2 긍정문에 쓰는 far

긍정문이라도 too, enough, as, so 등이 있으면 주로 far를 쓴다.

> She's gone **far enough**. ~ A bit **too far**. 그녀는 도를 넘었어. ~ 좀 너무하긴 했지.
> It's ready **as far** as I know. 내가 아는 한 준비가 다 되었다.
> Any problems? ~ OK **so far**. 무슨 문제라도 있어? ~ 지금까지는 괜찮아.

3 비교급 등과 함께 쓰는 far

far는 모든 종류의 절에서 비교급, 최상급, 그리고 too를 수식한다.

> She's **far older** than her husband. 그녀는 남편보다 훨씬 연상이다.
> This bike is **by far the best**. 이 자전거는 단연 최고다.
> You're **far too young** to get married. 너는 결혼하기에 아직 너무 어려.

4 명사 앞: a far country

far는 명사 앞에서 'distant(멀리 떨어진)'를 의미하는 형용사로도 쓰인다. 이는 다소 격식을 차린 표현이며 예스러운 어법이다.

> Long ago, in a **far** country, there lived a woman who had seven sons.
> 옛날 옛적 먼 나라에 아들 일곱을 둔 여인이 살았습니다.

의문문과 부정문에는 much, many, long(시간)도 흔히 쓰인다(▶ 165, 517 참조).

462 farther, further

1 거리

거리를 언급할 때는 farther와 further 둘 다 쓰며 의미도 같다. 일반적으로 further는 미국 영어에서 이런 의미로 쓰이지 않는데, 영국 영어에서도 잘 쓰이지 않는 추세이다.

> Edinburgh is **farther/further** away than York. 에든버러는 요크보다 더 멀리 떨어져 있다.

2 '한층 더한'

정도나 범위가 더욱 심화되거나 진전된다는 의미로는 farther가 아닌 further를 쓴다.

> For **further** information, see page 6. 자세한 내용은 6페이지 참조.
> College of **Further** Education 전문 대학

463 feel

feel은 다양한 의미를 갖고 있으며 특정한 의미일 때는 진행형을 쓸 수 있지만 그 밖에는 진행형을 쓰지 않는다. feel은 '연결동사 (link verb)' (▶ 11 참조)로 쓰이기도 하는데, 이 경우 뒤에 보

어로 형용사나 명사가 온다. 일반동사로 쓰이면 뒤에 직접목적어가 온다.

1 연결동사: I feel fine.

feel은 신체 상태나 심리 상태를 나타낸다. 이 경우 뒤에 보어로 형용사 또는 명사(영국 영어)가 온다.

> I **feel** fine. 좋습니다.
>
> Do you **feel** happy? 행복하니?
>
> Andrew was beginning to **feel** cold. 앤드류는 한기를 느끼기 시작했다.
>
> When Louise realised what she had done, she **felt** a complete idiot.
> 루이스는 자신이 한 짓을 깨달았을 때 아주 바보가 된 느낌이었다. (영국 영어)

이런 의미를 나타낼 때는 재귀대명사(myself 등)와 함께 쓰지 않는다.

> He always **felt** inferior when he was with her.
> 그는 그녀와 함께 있으면 늘 열등감을 느꼈다. (He always felt himself inferior... 보다 자연스러움)

특정 시점에 느끼는 감정이나 신체 상태를 언급할 때는 단순 시제나 진행 시제 모두 쓸 수 있으며, 의미의 차이는 거의 없다.

> I **feel** fine. / I'm **feeling** fine. 좋습니다.
>
> How **do** you **feel**? / How **are** you **feeling**? 좀 어때?

2 연결동사: That feels nice!

어떤 대상이 감각을 자극할 때도 feel을 쓴다. 이 경우 진행형은 쓰지 않는다.

> **That feels** nice! 촉감이 좋네!
>
> **The glass felt** cold against my lips. 유리잔이 입술에 닿자 차가웠다.

3 연결동사: feel like; feel as if/though

feel 뒤에 like 또는 as if/though가 올 수 있다.

> My legs **feel like** cotton wool. 다리에 힘이 하나도 없다.
>
> Alice **felt as if/though** she was in a very nice dream.
> 앨리스는 마치 아주 멋진 꿈을 꾸는 듯했다. (Alice felt like she was... 도 가능 ▶378 참조)

4 feel like: '~하고 싶다'

feel like는 'want(원하다)', 'would like(~하고 싶다)'의 의미로도 쓰인다.

> I **feel like** a drink. Have you got any beer? 한잔 하고 싶은데. 맥주 있어?

이 경우 feel like 뒤에는 흔히 -ing형이 온다.

> I **felt like laughing**, but I didn't dare. 나는 웃고 싶었지만 감히 그럴 수가 없었다.

비교〉

> I **felt like** swimming. (= I wanted to swim.) 나는 수영을 하고 싶었다.
>
> I felt **like/as if** I was swimming. (= It seemed as if I was swimming.)
> 나는 수영을 하는 듯한 기분이었다.

5 반응과 의견 표현

반응이나 의견을 나타낼 때도 쓰인다. 이 경우 대체로 진행형을 쓰지 않는다.

>I **feel sure** you're right. 네 말이 맞는 것 같다. (NOT ~~I'm feeling sure ...~~)
>
>He says he **feels doubtful** about the new plan. 그는 새로운 계획에 의문이 든다고 말했다.

feel 뒤에 흔히 that절을 쓴다.

>I **feel (that)** she's making a mistake. 그녀가 실수하고 있는 것 같다.

격식체에서는 〈**feel + 목적어 + to be + 보어**〉 구문을 쓰기도 하지만 널리 쓰이는 표현은 아니다.

>I **felt her to be unfriendly.**
>나는 그녀가 쌀쌀맞다고 느꼈다. (보통은 I felt that she was unfriendly.라고 말한다.)

〈**feel it (+ to be) + 형용사/명사**〉 형태로 쓰기도 한다.

>We **felt it necessary** to call the police. 우리는 경찰을 불러야 한다고 생각했다.
>
>I **felt it (to be) my duty** to call the police. 나는 경찰을 부르는 것이 내 의무라고 생각했다.

6 신체가 느끼는 감각 표현

feel 뒤에 직접목적어를 써서 신체가 느끼는 감각을 표현한다.

>I suddenly **felt an insect** crawling up my leg.
>갑자기 벌레가 내 다리 위로 기어오르는 느낌이 들었다.

이 경우 진행형을 쓰지 않으며 특정 시점에 느끼는 감각을 언급할 때는 흔히 can feel을 쓴다.

>I **can feel** something biting me! 뭔가 날 물고 있어!

7 '만지다'

'알아내거나 경험하기 위해 무언가를 만져보다'라는 의미로도 feel 뒤에 직접목적어를 쓴다. 이 경우 진행형을 쓸 수 있다.

>**Feel the photocopier.** It's very hot. 복사기 좀 만져봐. 굉장히 뜨거워.
>
>What are you doing? ~ **I'm feeling the shirts** to see if they're dry.
>뭐 하는 거야? ~ 셔츠가 말랐나 만져보고 있어.

464 female, feminine; male, masculine

female과 male은 사람, 동물, 식물의 성별을 나타낸다.

>A **female** fox is called a vixen. 암여우는 vixen이라고 한다.
>
>A **male** duck is called a drake. 수오리는 drake라고 한다.

feminine과 masculine은 남성과 여성 특유의 특징이나 행동을 나타낸다.

>She has a very **masculine** laugh. 그녀는 남자처럼 웃는다.
>
>It was a very **feminine** bathroom. 그 욕실은 무척 여성스러웠다.

feminine과 masculine은 남성형, 여성형이 따로 있는 언어의 성별을 구분하는 문법 용어로 쓰인다.

>The word for 'moon' is **feminine** in French and **masculine** in German.
>'달'은 프랑스어에서는 여성명사이고 독일어에서는 남성명사이다.

465 finally, at last, in the end, at the end

1 finally

finally는 무언가를 오래 기다려 왔다는 어감을 내포한다. 이 경우 finally는 중간 위치(동사와 함께, ▶200 참조)에 놓인다.

> After trying three times, she **finally** managed to pass her exam.
> 세 번이나 시도한 끝에 그녀는 마침내 시험에 합격했다.

> Josh has **finally** found a job. 조시는 마침내 일자리를 찾았다.

finally는 lastly(▶284.1 참조)처럼 일련의 요소를 열거할 때 마지막 요소 앞에 쓰인다.

> We must increase productivity. We must reduce unemployment. And **finally**, we must compete in world markets. 우리는 생산성을 높여야 한다. 우리는 실업률을 줄여야 한다. 그리고 마지막으로 세계 시장에서 경쟁해야 한다.

2 at last

at last는 오랜 기다림이나 지체로 불안하고 불편하다는 어감을 강하게 내포한다.

> James has paid me that money **at last**. 제임스가 드디어 그 돈을 갚았다.

> When **at last** they found him he was almost dead.
> 그들이 마침내 그를 발견했을 때 그는 빈사 상태였다.

at last는 감탄사의 역할을 할 수도 있다. (finally는 감탄사로 쓸 수 없다.)

> **At last**! Where the hell have you been? 드디어! 그동안 대체 어디 있었던 거야?

주의 lastly와 at last는 쓰임새가 다르다. lastly는 일련의 요소들 중 마지막 요소를 언급할 때 쓰인다.

> Firstly, we need to increase profits. Secondly, ... Thirdly, ... And **lastly**, we need to cut down administrative expenses.
> 첫째, 수익을 늘려야 합니다. 둘째, … 셋째, … 그리고 마지막으로 관리비를 줄여야 합니다.
> (NOT ... And ~~at last we need to cut down~~ ...)

3 in the end

in the end는 변화나 불확실한 상황 뒤에 어떤 일이 발생했다는 어감을 내포한다.

> We made eight different plans for the weekend, but **in the end** we went to Brighton. 우리는 서로 다른 주말 계획을 여덟 개나 짰지만 결국 브라이튼으로 갔다.

> I left in the middle of the film. Did they get married **in the end**?
> 영화 중간에 나왔어. 그들은 결국 결혼했니?

> The tax man will get you **in the end**. 언젠가는 세무 당국이 당신을 적발할 겁니다.

모든 것을 고려해 본 뒤 결론을 내릴 때도 in the end를 쓸 수 있다.

> **In the end**, you can't get fit without exercise.
> 결론적으로 말해, 운동을 하지 않고서는 건강을 유지할 수 없다.

> **In the end**, Mother knows best. 뭐니뭐니해도 엄마 말이 진리다.

4 at the end

at the end는 단순히 위치를 가리키므로 기다리거나 지체된다는 의미는 없다.

A declarative sentence has a full stop at the end. 평서문 끝에는 마침표를 찍는다.

I wish I was paid at the beginning of the week and not at the end.
주말이 아닌 주초에 지급되었으면 합니다.

eventually는 ▶453 참조.

finish, end는 ▶448 참조.

466 finished

finished는 형용사로 쓰이면 완성된 상태를 나타내어 'ready'와 동일한 의미를 표현한다.
Is the report finished yet? 보고서 준비됐니?

비격식체에서는 사람이 주어일 경우, 'to have finished(끝나다)'의 의미로 'to be finished'를 쓰기도 한다.
How soon will you be/have finished, dear? 애야, 언제쯤 끝나겠니?
I went to get the car from the garage, but they weren't/hadn't finished.
자동차 정비소로 차를 가지러 갔는데 수리가 끝나지 않았다.

first, at first는 ▶388 참조.

467 fit, suit

fit와 suit는 쓰임새가 다르다.
fit는 크기나 모양을 언급할 때 쓰이며 의복 등이 크지도 작지도 않고 딱 맞는다는 의미를 나타낸다.
These shoes don't fit me – have you got a larger size?
이 신발은 저한테 안 맞아요. 더 큰 사이즈 있나요?

반면 suit는 스타일이나 색깔 등이 어울리는지 여부를 나타낸다.
Red and black are colours that suit me very well.
빨강과 검정은 나에게 아주 잘 어울리는 색깔들이다. (NOT … colours that fit me very well.)
Do you think this style suits me? 이 스타일이 나한테 어울리는 것 같아?

약속 시간이나 장소가 알맞은지 여부를 나타낼 때도 suit를 쓴다.
Tuesday would suit me very well for a meeting. 화요일이 회의하기에 딱 좋을 것 같아요.

468 for: 목적과 이유

1 행위의 목적: I went for an interview.
사람이 어떤 행위를 하는 목적을 언급할 때 쓰인다. 이 경우 for 뒤에는 명사만 올 수 있다.
We stopped at the pub for a drink. 우리는 한잔하려고 술집에 들렀다.
I went to the college for an interview with Professor Taylor.
나는 테일러 교수와 면담하러 학교에 갔다.

목적을 언급할 때는 동사 앞에 for를 쓸 수 없으며 to부정사만 가능하다(▶ 112 참조).

> We stopped at the pub **to have** a drink.
> 우리는 한잔 하려고 술집에 들렀다. (NOT ... ~~for having a drink~~ OR ~~for to have a drink.~~)
> I went to the college **to see** Professor Taylor.
> 나는 테일러 교수를 만나러 학교에 갔다. (NOT ... ~~for seeing Professor Taylor.~~)

2 사물의 용도: -ing형, to부정사

사물의 용도를 언급할 때, 특히 사물이 주어일 경우 for 뒤에 동사의 -ing형을 쓴다.

> Is that cake **for eating** or just **for looking at?** 저 케이크는 먹는 건가요, 아니면 전시용인가요?
> An altimeter is used **for measuring** height above sea level.
> 고도계는 해발고도를 측정하는 데 쓰인다.

사람이 주어인 문장에서는 흔히 to부정사로 사물의 용도를 나타낸다.

> We use altimeters **to measure** height above sea level. 고도계를 써서 해발고도를 측정한다.

3 반응의 이유

긍정적인 또는 부정적인 반응을 표현하면서 그 이유를 설명할 때도 〈**for + -ing**〉형을 쓴다.

> We are grateful to you **for helping** us out. 우리를 도와주셔서 감사합니다.
> I'm angry with you **for waking** me up. 당신이 날 깨워서 화가 난다.
> They punished the child **for lying**. 그들은 아이에게 거짓말에 대한 벌을 주었다.
> He was sent to prison **for stealing**. 그는 절도죄로 교도소에 수감되었다.

for, as, because, since는 ▶ 377 참조.

for, during은 ▶ 440 참조.

469 for, since, in, from: 시간

1 for

어떤 일이 지속된 기간을 언급할 때 for를 쓴다.

> for + 기간

> I studied the guitar **for three years** at school. 나는 학교에서 3년 동안 기타를 배웠다.
> That house has been empty **for six months**. 그 집은 6개월째 비어 있다.
> We go away **for three weeks** every summer. 우리는 매년 여름 3주씩 여행을 떠난다.
> My boss will be in Italy **for the next ten days**.
> 사장은 앞으로 열흘 동안 이탈리아에 있을 예정이다.

현재까지 지속된 기간을 말할 때는 현재 시제가 아니라 현재 완료 시제(▶ 52.1 참조)를 쓴다.

> **I've known** her for a long time.
> 나는 오랫동안 그녀를 알고 지냈다. (NOT ~~I know her for a long time.~~)
> **We've lived** here for 20 years. 우리는 20년째 여기 살고 있다. (NOT ~~We live here for 20 years.~~)

현재 시제에서 for를 쓰면 미래까지 계속되는 상황을 의미한다. 비교)

How long **are** you here **for**? (= Until when ...?) 여기에는 얼마나 오래 있을 건가요?

How long **have** you **been** here **for**? (= Since when ...?) 여기에는 얼마나 오래 있었나요?

비격식체, 특히 How long ...? 구문에는 for를 생략할 수 있다. all 앞에는 대체로 for를 쓰지 않는다.

How long have you been waiting (**for**)? 언제부터 기다리고 있었던 거야?

We've been here (**for**) **six weeks**. 우리는 6주째 여기서 지내고 있다.

I've had a headache **all day**. 하루 종일 머리가 아팠다.

2 완료 시제와 함께 쓰이는 for와 since의 차이

현재까지 지속되는 기간을 언급할 때 for와 since 모두 현재 완료 시제와 함께 쓰지만 용법은 다르다. 비교)

> for + 기간

I've known her **for three days**. 나는 그녀를 사흘 전에 알았다. (NOT ... ~~since three days.~~)

It's been raining **for weeks**. 몇 주째 비가 오고 있다.

> since + 시작 시점

I've known her **since Tuesday**. 나는 그녀를 화요일부터 알고 지냈다.

It's been raining **since the beginning of the month**. 월초부터 계속 비가 내리고 있다.

과거의 특정 시점까지 지속된 기간을 나타낼 때는 과거 완료 시제를 쓴다.

She'd been working there **for a long time**.
그녀는 오랫동안 그곳에서 일해오고 있었다. (NOT ... ~~since a long time.~~)

She'd been working there **since 1988**. 그녀는 1988년 이래로 그곳에서 일해오고 있었다.

3 in: 부정어, 최상급 뒤

부정어와 최상급 뒤에 in을 써서 기간을 나타낼 수 있다. 특히 미국 영어에서 널리 쓰이는 용법이다.

I **haven't** seen him **for/in months**. 나는 몇 달째 그를 보지 못했다.

It was the **worst** storm **for/in ten years**. 10년 만에 최악의 폭풍이었다.

4 from, since

from과 since는 어떤 행동이나 사건 또는 상태가 시작되는 시점을 가리킨다.

> from / since + 시작 시점

I'll be here **from three o'clock** onwards. 나는 3시부터 계속 여기 있을 것이다.

I work **from nine** to five. 나는 9시부터 5시까지 일한다.

From now on, I'm going to go running every day. 앞으로 나는 매일 달리기를 할 것이다.

From his earliest childhood he loved music. 아주 어린 시절부터 그는 음악을 좋아했다.

I've been waiting **since six o'clock**. 나는 6시부터 기다리고 있다.

I've known her **since January**. 나는 1월부터 그녀를 알고 지냈다.

시작 시점부터 현재까지, 또는 과거의 어떤 시점까지 지속된 기간을 나타낼 때는 완료 시제와 함께 since를 쓴다.

> **I've been working since** six o'clock, and I'm getting tired.
> 나는 6시부터 계속 일하고 있고 점점 지쳐가고 있다. (NOT ~~I've been working from six o'clock~~ ...)
>
> **I had been working since** six o'clock, and I was getting tired.
> 나는 6시부터 계속 일하고 있었고 점점 지쳐가고 있었다.

그 밖의 경우 from을 쓴다.

> The shop was open **from eight** in the morning, but the boss didn't arrive till ten.
> 가게는 아침 8시에 문을 열었지만 사장은 10시에도 도착하지 않았다.
> (NOT ~~The shop was open since eight~~ ...)
>
> I'll be at home **from Tuesday morning (on)**.
> 나는 화요일 아침부터 집에 있을 것이다. (NOT ... ~~since Tuesday morning.~~)

'직후부터'를 의미할 때는 현재 완료 시제와 함께 from을 쓰기도 한다.

> She's been like that **from her childhood**.
> 그녀는 어린 시절부터 그랬다. (OR ... **since her childhood.**)
>
> **From/Since** the moment they were married, they've quarrelled.
> 그들은 결혼 직후부터 줄곧 싸워왔다.
>
> **From/Since** the dawn of civilisation, people have made war.
> 문명의 여명기부터 사람들은 전쟁을 해왔다.

from ... to와 from ... until은 ▶613 참조.
since 구문의 시제에 대한 자세한 내용은 ▶579 참조.
'as' 또는 'because'의 의미로 쓰이는 since는 ▶377 참조.

470 forget, leave

깜박 잊고 어떤 물건을 가지고 오지 않았을 때는 forget을 쓴다.

> Oh damn! I've **forgotten** my umbrella. 제기랄! 우산을 놓고 왔어.

그러나 물건을 놓고 온 장소를 언급할 때는 대체로 leave를 쓴다.

> Oh damn! I've **left** my umbrella at home.
> 제기랄! 우산을 집에 놓고 왔어. (NOT ~~I've forgotten my umbrella at home.~~)

시간을 나타내는 **from, since**는 ▶469 참조.

471 fun, funny

fun은 대체로 불가산명사로 취급한다. be 뒤에 써서 어떤 사물이나 사람이 유쾌하거나 재미있다는 의미를 나타낸다.

> The party was **fun**, wasn't it? 파티는 재미있었어, 안 그래? (NOT ~~The party was funny.~~)
> Anne and Sam are a lot of **fun**. 앤과 샘은 아주 재미있는 사람들이다.

비격식체에서 **fun**은 명사 앞에서 형용사 역할을 한다.

> That was a really **fun party**. 정말 재미있는 파티였다.

funny는 형용사로 '웃기는', '우스운'의 의미로 쓰인다.

> Why are you wearing that **funny** hat?
> 왜 그렇게 우스꽝스런 모자를 쓰고 있어?

주의 **funny**는 'strange(이상한)', 'peculiar(기묘한)'의 의미를 지니고 있기도 하다.

> A **funny** thing happened. ~ Do you mean **funny** ha-ha or **funny** peculiar?
> 묘한 일이 일어났어. ~ 웃긴다는 거야, 이상하다는 거야?

further, farther은 ▸462 참조.

game, play는 ▸555 참조.

472 get: 기본 구문과 의미

get은 영어에서 가장 많이 쓰이는 단어 중 하나로 쓰임새가 다양하다. 매우 격식을 차린 표현에 서는 잘 쓰지 않지만, 각종 구어와 문어에서 문법에 어긋나지 않는 자연스러운 표현으로 활용할 수 있는 단어다. get의 의미는 그 뒤에 이어지는 말에 따라 달라진다. 직접목적어를 수반할 때는 기본적으로 'obtain(손에 넣다, 얻다)', 'come to have(소유하게 되다)'의 의미이며, 그 밖의 문 장 요소가 올 경우에는 'become/come to be(…이 되다)'가 기본적인 의미다.

1 get + 명사/대명사: I got an email.

get이 직접목적어(명사 또는 대명사)를 수반할 때는 대체로 'receive(받다)', 'fetch(가져오다, 데 려오다)', 'obtain(손에 넣다, 얻다)', 'catch(붙들다, 잡다)'등의 의미를 지닌다.

> I **got an email** from Lucy this morning. 나는 오늘 아침 루시가 보낸 이메일을 한 통 받았다.
> Can you come and **get me** from the station when I arrive?
> 내가 도착할 때 역으로 마중나와 줄래요?
> If I listen to loud music I **get a headache**. 나는 시끄러운 음악을 들으면 머리가 아프다.
> If you **get a number 6 bus**, it stops right outside our house.
> 6번 버스를 타면 우리 집 바로 앞에 선다.

두 개의 목적어를 수반할 수도 있다(▸8 참조).

> Let me **get you a drink**. 한잔 살게.

전혀 다른 의미로 쓰이기도 한다.

> I didn't **get** the joke. (= understand) 나는 그 농담을 이해하지 못했다. (= 이해하다, 알아듣다)
> I'll **get** you for this, you bastard. (= punish, make suffer)
> 이번 일은 꼭 갚아줄 테다, 나쁜 자식! (= 혼내주다, 대가를 치르게 하다)

〈**get + 명사**〉는 'become'의 의미로는 잘 쓰이지 않는다. 그런 의미로는 〈**get to be + 명사**〉 (▸아래 472.5 참조)를 쓴다.

> Wayne's **getting to be** a lovely kid.
> 웨인은 사랑스런 아이로 자라고 있다. (NOT ~~Wayne's getting a lovely kid.~~)

2 get + 형용사: getting old

get 뒤에 형용사가 오면 대체로 'become'의 의미로 쓰인다.

> As you **get old**, your memory **gets worse**. 나이가 들면 기억력이 나빠진다.
> My feet are **getting cold**. 발이 점점 시려온다.

〈**get + 목적어 + 형용사**〉는 사람 또는 사물을 어떤 상태로 만든다는 의미로 쓰인다.

> It's time to **get the kids ready** for school. 아이들 등교 준비를 시킬 때다.
> I can't **get my hands warm**. 손을 녹일 수가 없다.
> We must **get the house clean** before mother arrives.
> 어머니가 도착하시기 전에 집을 깨끗하게 청소해야 한다.

〈**go + 형용사**(go green, go blind 등)〉 구문 및 get, go, become, turn 등의 차이는 ▶394 참조.

3 get + 부사 불변화사/전치사: get out

get 뒤에 부사 불변화사(up, away, out 등)나 전치사가 오면 대체로 동작을 의미한다. (get과 go의 차이는 ▶473 참조)

> I often **get up** at five o'clock. 나는 종종 5시에 일어난다.
> I went to see him, but he told me to **get out**. 그를 만나러 갔지만 그는 내게 나가라고 했다.
> Would you mind **getting off** my foot? 발 좀 밟지 마세요.

get to a place(…에 도착하다), get over something(…을 극복하다), get on with somebody (…와 잘 지내다) 등 일부 관용표현의 경우 get이 다른 의미로 쓰인다.

get과 부사 불변화사/전치사 사이에 목적어가 오면 보통 사람 또는 사물의 위치를 옮긴다는 의미다.

> You can't **get him out of** bed in the morning. 아침에 그를 침대에서 나오게 할 수는 없을 걸.
> Would you mind **getting your papers off** my desk?
> 내 책상에서 당신 서류들을 좀 치워 줄래요?
> Have you ever tried to **get toothpaste back** into the tube?
> 치약을 치약 튜브 속에 도로 집어넣어 본 적 있어?
> The car's OK – it **gets me from** A to B. 차는 쓸 만해. 어쨌든 목적지까지 가기는 하니까.

4 get + 과거분사: get washed, dressed, married 등

get 뒤에 과거분사가 오면 대체로 재귀의 의미, 즉 스스로에게 어떤 행위를 행한다는 의미를 나타낸다. 가장 널리 쓰이는 표현으로 get washed(씻다), get dressed(옷을 입다), get lost(길을 잃다), get drowned(물에 빠지다), get engaged/married/divorced(약혼/결혼/이혼하다) 등이 있다.

> You've got five minutes to **get dressed**. 5분 내로 옷을 입어야 해.
> She's **getting married** in June. 그녀는 6월에 결혼한다.

5 get -ing; get + to부정사

〈**get + -ing**〉는 〈**start + -ing** (~하기 시작하다)〉를 의미하며, 격식을 차리지 않은 표현이다. 특히 get moving, get going 등이 널리 쓰인다.

> We'd better **get moving** – it's late. 서두르는 게 좋겠어. 늦었거든.

to부정사를 수반할 때는 '가까스로 ~하다', '기회를 잡다', '허락받다'의 의미를 나타낸다.

> **We** didn't **get to see** her—she was too busy.
> 우리는 그녀를 만날 수가 없었어. 그녀가 무척 바빴거든.
>
> When do I **get to meet** your new boyfriend? 네 새 남자친구는 언제 보여줄 거야?

〈**get + to부정사**〉는 점진적인 발전을 의미하기도 한다.

> He's nice when you **get to know** him. 그 사람 알고 보면 괜찮은 사람이야.
>
> You'll **get to speak** English more easily as time goes by.
> 시간이 지나면 더욱 능숙하게 영어를 구사할 수 있을 것이다.

6 got, gotten

영국 영어에서는 get의 과거분사가 got이지만, 미국 영어에서는 have got(▶ 24 참조) 구문 이외에는 gotten을 쓴다(예: You've **gotten** us in a lot of trouble.).

수동태를 만드는 조동사 get은(예: I **get paid** on Fridays.) ▶ 60 참조.
사역동사와 〈**get + 목적어 + 동사형**〉의 다른 용례는 ▶ 108 참조.

473 **get, go:** 이동

이동하는 동작 자체를 묘사할 때는 go를 쓰며, 이동하는 동작의 완료, 즉 도착한 것에 초점을 둘 때는 get을 쓴다. 비교)

> – I **go** to work by car and Lucy **goes** by train.
> 나는 차로 출근하고, 루시는 열차로 출근한다.
>
> I usually **get** there first. 나는 대개 제일 먼저 그곳에 도착한다.
>
> – I **went** to a meeting in Bristol yesterday. 나는 어제 브리스틀에서 열린 회의에 갔다.
>
> I **got** to the meeting at about eight o'clock. 나는 8시쯤 회의에 도착했다.

목적지에 도착하기가 쉽지 않다는 어감을 표현할 때 주로 get을 쓴다.

> It wasn't easy to **get** through the crowd. 인파를 헤치고 가기가 쉽지 않았다.
>
> I don't know how we're going to **get** over the river. 강을 어떻게 건너야 할지 모르겠다.
>
> Can you tell me how to **get** to the police station? 경찰서에 가려면 어떻게 해야 하나요?

'…이 되다'를 의미하는 **get, go**는 ▶ 394 참조.

변화를 나타내는 **get, become, go, grow** 등은 ▶ 394 참조.

474 행위를 나타내는 명사와 함께 쓰이는 **give**

1 give a cough 등

영국 영어에서는 특정 동사 대신 〈**give + 명사**〉 구문을 쓰기도 한다. 특히 사람이 소리를 내는 행위(예: cough, cry, scream, chuckle, laugh, shout)를 묘사할 때 흔히 〈**give + 명사**〉 구문을 쓴다.

> He **gave a cough** to attract my attention. 그는 내 주의를 끌기 위해 헛기침을 했다.

Suddenly she **gave a loud scream** and fell to the ground.
그녀는 갑자기 괴성을 지르면서 땅에 쓰러졌다.

2 give somebody a smile 등

영국 영어와 미국 영어에서 모두 타동사 대신 〈**give + 간접목적어 + 직접목적어**〉 형태를 쓰기도
한다. 격식을 차리지 않은 표현이며 널리 쓰이는 구문은 다음과 같다.

관용표현)

give somebody a smile 미소를 짓다	give somebody a look 흘끗 보다
give somebody a kiss 키스하다	give somebody a hug 포옹하다
give somebody a call 전화하다	give something a push 밀다
give something a kick 발길질하다	give it a try 시도하다, 한번 해보다
give it a go 한번 해보다	give it a shot 한번 해보다
give it a miss 안 하기로 하다 (영국 영어)	
not give it a thought 신경 쓰지 않다, 걱정하지 않다	

She **gave me a strange look.** 그녀는 이상한 표정으로 나를 봤다.
I'll **give you a call** if I hear anything. 무슨 소식 들거든 전화할게.
If the car won't start, we'll **give it a push** 차가 시동이 걸리지 않으면 우리가 밀어줄게요.
Perhaps salt will make it taste better. ~ OK, let's **give it a try**.
소금이 들어가면 맛이 더 좋아질 거야. ~ 좋아, 그렇게 해보자.
Are you coming to the film? ~ No, I'm tired. I'll **give it a miss**.
영화 보러 갈래? ~ 아니, 피곤해서 관둘래. (영국 영어)
He seemed to be in a bad temper, but I didn't **give it a thought**.
그는 기분이 언짢아 보였지만 나는 신경 쓰지 않았다.

I don't give a damn/shit. 등의 금기어는 ▶ 335 참조.
동사를 대체하는 기타 구문은 ▶ 132 참조. give 구문의 더 자세한 용법은 ▶ 8 참조.

go, come은 ▶ 424 참조.

이동을 나타내는 **go, get은** ▶ 473 참조.

변화를 나타내는 **go, become, get, grow** 등은 ▶ 394 참조.

475 go / come for a ...

레저 활동 등 특정한 활동을 언급할 때는 관용적으로 go/come for a ... 구문을 쓴다. 이 구문은
기간이 그리 길지 않고 가벼운 활동이라는 어감을 내포한다. (go + -ing와의 비교는 ▶ 476 참조)

관용표현)

go/come for a walk 산책하러 가다/오다	go/come for a run 조깅하러 가다/오다
go/come for a swim 수영하러 가다/오다	go/come for a ride (탈것) 타러 가다/오다
go/come for a drive 드라이브하러 가다/오다	go/come for a drink 술 마시러 가다/오다
go/come for a meal 식사하러 가다/오다	go for a bath 목욕하러 가다

go for a shower 샤워하러 가다

go for a pee/piss 소변보러 가다(금기어는 ▶ 335 참조.)

We need some fresh air. Let's **go for a walk**. 바람 좀 쐬야겠어. 산책하러 가자.

Would you like to **come for a drink** this evening? 오늘 저녁에 한잔하러 갈래?

I'm **going for a shower**. Can you answer my phone if it rings?

나 샤워할 건데, 전화오면 좀 받아줄래?

이 구문은 행위를 나타내는 특정 명사에만 쓴다. 따라서 예를 들어, Come for a climb with us. 또는 I'm going for a read라고는 하지 않는다.

명사로 행위나 활동을 표현하는 기타 구문은 ▶ 132 참조.

476 go / come + -ing

1 go + -ing

〈go + -ing〉 구문은 시작과 종료 시점이 명확하지 않고 자유롭게 돌아다니는 활동을 언급할 때 쓰이며, 주로 스포츠나 레저 활동 등을 나타낸다. 관용표현)

go climbing 등산가다	go dancing 춤추러 가다	go fishing 낚시하러 가다
go hunting 사냥하러 가다	go riding (탈것) 타러 가다	go sailing 요트 타러 가다
go shooting 총사냥하러 가다	go skating 스케이트 타러 가다	go skiing 스키 타러 가다
go swimming 수영하러 가다	go walking 산책가다	

Let's **go climbing** next weekend. 다음 주말에 등산 가자.

Did you **go dancing** last Saturday? 지난 토요일에 춤추러 갔니?

또한 무언가를 수집(채집)하거나 찾아다니는 활동을 말할 때도 〈go + -ing〉 구문을 쓴다.

I think I'll **go shopping** tomorrow. 내일 쇼핑하러 갈까봐.

In June all the students **go looking** for jobs. 6월에는 모든 학생들이 일자리를 찾아다닌다.

Anne's **going fruit-picking** this weekend. 앤은 이번 주말에 과일을 따러 간다.

시작 및 종료 시점이 분명한 활동에는 〈go + -ing〉를 쓰지 않는다

(NOT ~~go boxing, go watching a football match~~).

2 come + -ing

특정한 상황에서는 〈come + -ing〉를 쓰기도 한다(come과 go의 차이는 ▶ 424 참조).

Come swimming with us tomorrow. 내일 우리랑 수영하러 와.

3 전치사

주의 〈go/come + -ing〉 구문에는 방향이 아니라 장소를 나타내는 전치사를 쓴다.

I went swimming **in** the river.

나는 강으로 수영하러 갔다. (NOT ~~I went swimming to the river.~~)

She went shopping **at** Harrods. 그녀는 해러즈 백화점에 쇼핑하러 갔다. (NOT ... ~~to Harrods.~~)

477 gone: be동사와 함께 쓰일 때

be동사 뒤에 gone을 써서 사라지고 없는 상태, 떠나간 상황 등을 묘사한다.

> She's **been gone** for three hours – what do you think she's doing?
> 그녀가 세 시간째 안 보여. 뭐하고 있을까?
>
> You can go out shopping, but don't **be gone** too long.
> 쇼핑하러 가도 좋은데 너무 오래 있지는 마.
>
> When I came back my car **was gone**. 돌아와 보니 내 차가 사라졌다.
>
> **Is** the butter all **gone**? 버터 다 떨어졌어?

go 또는 come의 과거분사 대신 쓰이는 been은 ▶ 395 참조.

grateful, thankful은 ▶ 604 참조.

great, big, large는 ▶ 404 참조.

변화를 나타내는 **grow, become, get, go** 등은 ▶ 394 참조.

478 half

1 half (of)

half와 half of는 한정사(관사, 소유격, 지시사)의 수식을 받는 명사 앞에 온다. 이 경우 대체로 half 앞에 a나 the를 쓰지 않는다.

> She spends **half (of) her time** travelling.
> 그녀는 시간의 절반을 여행하는 데 보낸다. (NOT ~~She spends a/the half ...~~)
>
> I gave him **half (of) a cheese pie** to keep him quiet.
> 나는 그에게 치즈파이 반 조각을 주어 조용히 만들었다.

half (of) 뒤에 복수 명사가 올 경우, 동사의 복수형을 쓴다.

> Half (of) my **friends live** abroad.
> 내 친구들의 절반은 해외에서 산다. (NOT ~~Half of my friends lives ...~~)

단위나 수량을 언급할 때는 of를 쓸 수 없다.

> I live **half a mile** from here. 나는 여기서 반 마일 떨어진 곳에 산다. (NOT ... ~~half of a mile ...~~)
>
> I just need **half a loaf** of bread. 나는 그저 빵 반 덩어리만 있으면 된다. (NOT ... ~~half of a loaf ...~~)
>
> The train was **half an hour** late. 기차는 30분 연착했다. (미국 영어에서는 ... a half hour ...)

대명사 앞에는 half of를 쓴다.

> Did you like the books? ~ I've only read **half of them**.
> 그 책들 마음에 들었어? ~ 겨우 절반밖에 못 읽었어.

2 명사 생략

의미가 분명한 경우 half 뒤의 명사를 생략할 수 있다.

> I've bought some chocolate. You can have **half**.
> 초콜릿을 좀 샀어. 반은 너 줄게. (NOT ... ~~the half.~~)

3 the half

둘로 나눈 것 중 어느 한 쪽을 지칭할 때는 half 앞에 정관사 the를 붙이며, 이 경우 명사 앞에 of를 쓴다.

> Would you like **the big half** or **the small half**? 큰 쪽을 드릴까요, 작은 쪽을 드릴까요?
> I didn't like **the second half of** the film. 그 영화의 후반부는 마음에 안 들었어.

4 half a, a half

보통은 half가 관사 앞에 오지만 단위를 언급할 때는 관사 뒤에 올 수도 있다.

> Could I have **half a pound** of grapes? 포도 반 파운드만 주시겠어요? (OR ... **a half pound** ...)

5 one and a half

one and a half는 복수로 취급한다. 비교)

> I've been waiting for **one and a half hours**.
> 한 시간 반을 기다리고 있는 중이야. (NOT ... ~~one and a half hour.~~)
> I've been waiting for **an hour and a half**. 한 시간 반을 기다리고 있는 중이야.

숫자 및 연산에 대한 자세한 내용은 ▶322 참조.
시간에 쓰이는 half(예: half past two)는 ▶325 참조.

479 happen to ...

예기치 못한 일이나 우연히 일어난 사건에는 happen 뒤에 to부정사를 쓴다.

> If you **happen to see** Imogen, ask her to phone me.
> 혹 이모젠을 만나게 되면 나한테 전화하라고 얘기해 줘.

> One day I **happened to get** talking to a woman on a train, and she turned out to be a cousin of my mother's.
> 어느 날 열차 안에서 우연히 한 여성과 이야기를 나누게 되었는데 알고 보니 외종이모셨다.

if절이나 in case절에서 happen 앞에 should를 덧붙이면 우연이라는 느낌이 더욱 강조된다.

> Let me know if you **should happen** to need any help. 혹시라도 도움이 필요하면 알려줘요.
> I'll take my swimming things, in case I **should happen** to find a pool open.
> 혹시 수영장이 개장했을지도 모르니 수영 장비들을 가져갈 거야.

480 hardly, scarcely, no sooner

다음 세 가지 표현들은 주로 과거 완료 시제(▶53 참조)와 함께 쓰여 어떤 일에 뒤이어 곧바로 다른 일이 일어나는 경우를 묘사한다. 문장 구조에 유의한다.

> ... hardly ... when / before ...
> ... scarcely ... when / before ...
> ... no sooner ... than ...

I had **hardly/scarcely** closed my eyes **when** the phone rang.
눈을 감자마자 전화벨이 울렸다.

She was **hardly/scarcely** inside the house **before** the kids started screaming.
그녀가 집에 들어서자마자 아이들이 고함을 지르기 시작했다.

I had **no sooner** closed the door **than** somebody knocked.
문을 닫자마자 누군가 노크를 했다.

We **no sooner** sat down in the train **than** I felt sick.
우리가 열차에 앉자마자 나는 속이 메스꺼웠다.

격식을 차린 글이나 문어체에서는 어순이 도치되기도 한다(▶ 270.7 참조).

Hardly had I closed my eyes when I began to imagine fantastic shapes.
눈을 감자마자 환상적인 형태들이 떠오르기 시작했다.

No sooner had she agreed to marry him than she started to have doubts.
그의 청혼을 수락하자마자 그녀는 의구심이 들기 시작했다.

481 hear, listen (to)

1 hear의 의미

hear는 '귀로 소리를 인식하다', '귀에 들리다'라는 의미로 가장 일반적으로 쓰이는 단어다.

Suddenly I **heard** a strange noise.
갑자기 이상한 소리가 들렸다. (NOT ~~Suddenly I listened to a strange noise.~~)

Can you **hear** me? 내 말 들리니?

2 listen (to)의 의미

listen (to)는 계속되는 소리에 '귀를 기울여 듣다'라는 의미로 잘 듣기 위해 소리에 집중하는 상태를 강조한다. hear는 청자의 의지와 상관이 없지만, listen (to)는 청자가 주의를 기울이는 행위다. 비교〉

I **heard** them talking upstairs, but I didn't really **listen to** their conversation.
그들이 위층에서 말하는 소리가 들렸지만, 나는 정말 그들의 대화를 엿듣지 않았다.

Listen carefully, please. ~ Could you speak louder? I can't **hear** you very well.
주의 깊게 들어봐요. ~ 좀 더 크게 말씀 주실래요? 잘 안 들려요.

I didn't **hear** the phone because I was **listening to** the radio.
나는 라디오를 듣고 있어서 전화 소리를 못 들었다.

3 처음부터 끝까지 청취할 때: hear

listen (to)는 소리를 듣는 과정에서 집중해서 청취하는 행위를 지칭한다. 공연이나 연설, 음악, 방송 등을 처음부터 끝까지 청취한 체험, 즉 listening의 결과를 말할 때는 대체로 hear를 쓴다. 비교〉

– When she arrived, I was **listening to** a record of Brendel playing Beethoven.
그녀가 도착했을 때, 나는 브렌델이 연주하는 베토벤 음반을 듣고 있었다. (NOT ... ~~I was hearing~~ ...)

I once **heard** Brendel play all the Beethoven concertos.
나는 브렌델이 베토벤 협주곡 전곡을 연주하는 것을 들은 적이 있다.
(NOT ~~I once listened to Brendel play~~ ...)

- I wish I had more time to **listen to** the radio.
  라디오 들을 시간이 좀 더 많았으면 좋겠다. (NOT ... ~~to hear the radio.~~)
  Did you **hear** / **listen to** the news yesterday? 어제 뉴스 들었니?

4 hear: 진행형으로 쓰지 않음

hear는 통상 진행형을 쓰지 않는다. 화자가 말하는 순간에 어떤 소리를 들었을 때는 주로 can hear를 쓰는데, 이는 특히 영국 영어에서 널리 쓰인다(▶84 참조).

  I **can hear** somebody coming. 누가 오는 소리가 들려. (NOT ~~I am hearing~~ ...)

5 listen, listen to

목적어가 없으면 전치사 to 없이 listen만 쓴다. 비교〉

  Listen! 들어 봐! (NOT ~~Listen to!~~)

  Listen to me! 내 말 좀 들어 봐! (NOT ~~Listen me!~~)

see, look (at), watch 사이에도 이와 유사한 차이가 있다. ▶575 참조.
〈hear + 목적어 + 원형부정사/-ing〉는 ▶110 참조.

482 hear, see 등 + that절

신문이나 TV 등에서 보고 들은 소식을 언급할 때 동사의 현재형을 써서 I hear (that) ... 또는 I see (that) 구문을 쓴다.

  I hear (that) Alice is expecting a baby. 앨리스가 임신했대.

  I see (that) the firemen are going on strike. 소방관들이 파업을 할 거래.

understand와 gather도 이런 용법으로 쓸 수 있으며 주로 정보를 확인할 때 쓴다.

  I understand you're moving to a new job. ~ Yes, that's right.
  너 새 직장으로 옮긴다면서. ~ 그래, 맞아.

  I gather you didn't like the party. ~ What makes you say that?
  너는 그 파티가 마음에 안 들었다면서. ~ 무슨 소리야?

483 help

help 뒤에는 〈**목적어 + 부정사** (to부정사와 원형부정사 모두 가능)〉 형태가 올 수 있다.

  Can you **help me (to) find** my ring?
  내 반지 찾는 것 좀 도와줄래? (NOT ~~Can you help me finding my ring?~~)

  Thank you so much for **helping us (to) repair** the car. 차 수리를 도와줘서 정말 고마워요.

  Our main task is to **help the company (to) become** profitable.
  우리의 주요 임무는 회사가 수익을 내도록 돕는 겁니다.

help 뒤에 목적어가 생략되고 바로 원형부정사가 올 수도 있다.

  Would you like to **help back?** 바래다 줄래요?

〈can't help -ing〉는 ▶418 참조.

484 here, there

화자나 필자가 있는 곳은 here(여기), 그 밖의 장소는 there(저기)로 지칭한다.

Hello, is Tom **there**? ~ No, I'm sorry, he's not **here**.
(통화 중) 여보세요. 톰 있나요? ~ 아뇨, 죄송하지만 없는데요. (NOT ... ~~he's not there.~~)

Don't stay **there** in the corner by yourself. Come over **here** and talk to us.
거기 구석에 혼자 그러고 있지 마. 이리 와서 우리랑 얘기 좀 해.

주의 here와 there는 대개 명사로 쓰이지 않는다.

This place is terrible. 이곳은 끔찍해.

It is terrible here. 여긴 끔찍해. (BUT NOT ~~Here is terrible.~~)

Did you like that place? OR Did you like it there?
그곳이 마음에 들었니? (BUT NOT ~~Did you like there?~~)

this와 that(▶ 144 참조), come과 go(▶ 424 참조), bring과 take(▶ 409 참조)에도 유사한 차이가 있다.
here's와 there's 뒤에 복수 명사가 오는 경우는 ▶ 130.6 참조.
here와 there 뒤의 어순 도치는 ▶ 271.1 참조.   Here you are.는 ▶ 329.18 참조.

485 high, tall

1 tall이 수식하는 명사

사람이나 나무, 또는 고층 건물, 공장 굴뚝, 송전탑 등의 높은 시설물 등을 수식할 때 tall을 쓴다.

How **tall** are you? 키가 어떻게 되니? (NOT ~~How high are you?~~)

There are some beautiful **tall** trees at the end of our garden.
우리 정원 끝에는 아름다운 거목이 몇 그루 있다.

그 밖의 경우에는 대체로 high를 쓴다.

Mount Elbrus is the **highest** mountain in Europe.
엘브루스 산은 유럽에서 가장 높은 산이다.

The garden's got very **high** walls. 그 정원은 매우 높은 담에 둘러싸여 있다.

2 수치

측정한 수치를 언급할 때 사람에는 tall, 사물에는 high를 쓴다. 비교)

I'm 1m 93 **tall**. 내 키는 1미터 93센티미터다.

That tree is about 30m **high**. 그 나무는 높이가 30미터쯤 된다.

3 지면에서 잰 높이

지면에서 잰 높이를 나타낼 때는 high를 쓴다. 이를테면 '아이는 엄마보다 키가 작지만(not taller), 의자 위에 서면 엄마보다 지면에서 더 높이 있다(higher)'고 말할 수 있다.

That shelf is too **high** for me to reach. 그 선반은 너무 높아서 내 손이 안 닿는다.

The clouds are very **high** today. 오늘은 구름이 아주 높다.

4 신체 일부

신체 일부를 묘사할 때는 tall을 쓰지 않고 long을 쓴다.

> Alex has got beautiful **long** legs. 알렉스는 길고 멋진 다리를 갖고 있다. (NOT ... ~~tall legs.~~)

486 hire, rent, let

1 hire, rent

hire와 rent는 둘 다 돈을 주고 빌리는 행위를 의미한다. 그러나 영국 영어에서는 집이나 아파트 등 을 장기간 대여하는 경우 rent를 쓰며, 자동차나 보트, 야회복 등 단기간 대여 물품에는 rent 와 hire를 모두 쓴다.

> How much does it cost to **rent** a two-room flat?
> 방 두 개짜리 아파트를 임대하려면 얼마나 드나요?
>
> I need to **hire/rent** a car for the weekend.
> 주말에 차를 렌트하려고 합니다.

hire (out)과 rent (out)은 '빌려 주다, 대여하다'라는 의미로도 쓰인다.

> There's a shop in High Street that **hires/rents (out)** evening dress.
> 하이 스트리트에는 야회복을 대여해 주는 가게가 있다.

미국 영어에서는 대여 기간에 관계없이 모두 rent를 쓰며, hire는 주로 'employ(고용하다)'의 의 미로 쓰인다.

2 let

영국 영어에서는 세를 받고 방이나 집을 임대할 때 rent (out) 대신 let을 쓰기도 한다.

> We **let** the upstairs room to a student.
> 우리는 2층 방을 학생 한 명에게 임대했다.

487 historic, historical

historic은 역사적으로 중요한 장소 및 유적, 관습이나 역사적인 순간을 의미한다.

> We spent the summer visiting **historic** houses and castles in France.
> 우리는 프랑스에서 유서 깊은 저택과 성들을 둘러보면서 여름을 보냈다.
>
> Our two countries are about to make a **historic** agreement.
> 우리 두 나라는 곧 역사적인 협정을 맺게 된다.

historical은 역사(학)과 관련된 것이나 역사적으로 실존했던 인물, 사건 등을 지칭한다.

> **historical** research 역사 연구
>
> a **historical** novel 역사 소설
>
> **historical** documents 사료들
>
> Was King Arthur a **historical** figure? 아서 왕은 실존 인물이었는가?

488 holiday, holidays

영국 영어에서는 장기 휴가는 주로 복수형 holidays를 써서 나타내며, 그 밖의 경우에는 단수형 holiday를 쓴다. 비교〉

> Where are you going for your summer **holiday(s)**? 여름 휴가 때 어디 갈 거야?
> We get five days' Christmas **holiday** this year. 올 크리스마스 휴가는 5일이다.
> Next Monday is a public **holiday**. 다음 주 월요일은 공휴일이다.

영국에서는 휴가 중임을 나타낼 때 단수형을 써서 on holiday(전치사 on에 주의)라고 한다.

> I met Marianne **on holiday** in Norway.
> 나는 노르웨이에서 휴가를 보내던 중 메리앤을 만났다. (NOT ... ~~on/in holidays~~ ...)

미국에서는 통상 휴가를 vacation이라고 한다. (영국 영어에서 vacation은 주로 대학의 방학을 의미한다.) 또한 미국 영어에서 holiday는 추수감사절 등 출근하지 않고 쉬는 공휴일을 지칭한다.

489 home

1 관사 및 전치사와의 사용 여부

집에 있는 상태를 나타낼 때는 관사 없이 at home을 쓴다.

> Is anybody **at home**? 집에 아무도 없어요? (NOT ... ~~at the home?~~)

미국 영어에서는 전치사 at도 생략하는 경우가 많다.

> Is anybody **home**? 집에 아무도 없어요?

방향을 가리키는 부사로도 쓰이는데 이 경우 전치사 to가 필요 없다.

> I think I'll go **home**. 집에 가야겠어. (NOT ... ~~to home.~~)

'다른 사람의 집에 있다'라는 의미로는 〈**at + 소유격**〉을 쓴다.

> We had a great evening **at Philip's**. 우리는 필립네 집에서 즐거운 저녁 시간을 보냈다.
> Ring up and see if Jacqueline is **at the Smiths'**, could you?
> 전화해서 재클린이 스미스 씨 집에 있나 알아봐 줄래?

2 house, home

house는 감정이 개입되지 않은 중립적 단어로 건물 자체만을 지칭한다. 그러나 home은 사람이 거주하고 생활하는 영역을 지칭하므로 개인적인 유대감, 애착 등의 감정이 개입된 단어다.

> There are some horrible new **houses** in our village.
> 우리 마을에는 끔찍한 새 집이 몇 채 있다.
> I lived there for six years, but I never really felt it was my **home**.
> 나는 그곳에서 6년을 살았지만, 한번도 내 집이라고 느껴본 적이 없다.

490 hope

1 hope 뒤 that절의 시제

I hope가 이끄는 that절에서는 흔히 현재 시제로 미래를 나타낸다.

> I hope she **likes** (= will like) the flowers. 그녀가 그 꽃을 마음에 들어 하면 좋겠다.
> I hope the bus **comes** soon. 버스가 금방 왔으면 좋겠다.

bet이 이끄는 절의 현재 시제 역시 이와 유사하다 ▶401 참조.

2 부정문

부정문을 만들 때는 대체로 목적절을 부정문으로 바꾼다.

> I hope she doesn't wake up. 그녀가 깨지 않았으면 좋겠다. (NOT ~~I don't hope she wakes up.~~)

think와 believe 등의 부정문은 ▶219 참조.

3 과거 시제의 특수 용례

I was hoping ... 구문은 정중한 요청에 쓰인다.

> I was hoping you could lend me some money. 돈을 좀 빌려주셨으면 하는데요.

I had hoped ... 구문은 실현되지 않은 과거의 소망을 나타낸다.

> I had hoped that Jennifer would study medicine, but she didn't want to.
> 나는 제니퍼가 의대에 가길 바랐지만, 그녀는 그러고 싶어 하지 않았다.

공손한 요청에 쓰이는 과거 시제는 ▶311 참조.   I hope so/not.은 ▶585 참조.
hope, expect, wait, look forward의 차이는 ▶457 참조.

hope, expect, wait, look forward는 ▶457 참조

491 hopefully

어떤 일이 일어나기를 바라는 심리 상태를 나타낸다.

> She sat there waiting **hopefully** for the phone to ring.
> 그녀는 거기에 앉아 전화벨이 울리기를 바라고 있었다.

최근에는 '바라건대'라는 의미로도 많이 쓰인다.

> **Hopefully**, inflation will soon be under control. 바라건대 인플레이션은 곧 억제될 것이다.
> **Hopefully** I'm not disturbing you? 제가 지금 폐를 끼치는 건 아니겠죠?

492 how

1 용례 및 어순

의문문이나 간접의문문, 의문사절을 만들 때 쓰인다.

> **How** did you do it? 어떻게 했어?
> Tell me **how** you did it. 어떻게 했는지 말해줘.

I know **how** he did it. 나는 그가 이렇게 했는지 안다.

감탄문에도 쓰이는데(▶223 참조) 의문문과 어순이 다르다. 비교)
- How cold **is it?** 얼마나 추워?
  How cold **it is!** 정말 춥다!
- How **do you like** my hair? 내 헤어스타일 어때?
  How **I love** weekends! 난 정말 주말이 좋아!(NOT ~~How do I love weekends!~~)
- How **have you** been? 그동안 어떻게 지냈니?
  How **you've** grown! 정말 많이 컸구나!(NOT ~~How have you grown!~~)

감탄문에서 how와 함께 쓰는 형용사나 부사는 how 바로 뒤에 위치한다.
How beautiful the trees are!
나무들이 얼마나 아름다운지!(NOT ~~How the trees are beautiful!~~)
How well she plays! 정말 연주를 잘하는데!(NOT ~~How she plays well!~~)

2 형용사/부사와 함께 쓸 때: how much가 아닌 how 사용

형용사나 부사와 함께 쓸 때는 how much를 쓰지 않고 how를 쓴다.
How tall are you? 키가 어떻게 되니? (NOT ~~How much tall are you?~~)
Show me **how fast** you can run. 얼마나 빨리 달릴 수 있는지 보여줘. (NOT ... ~~how much fast~~ ...)

3 비교: how를 쓰지 않음

비교할 때는 how 대신 as나 like(▶515 참조), the way(아래 참조) 등을 쓴다.
Hold it in both hands, **as / like / the way** Mummy does.
엄마가 하는 것처럼 두 손으로 꼭 잡고 있어. (NOT ... ~~how Mummy does.~~)

4 how, what, why

이 세 의문사들은 잘못 쓰기 쉽다. 특히 다음 구문들에 유의한다.
How do you know? 어떻게 알아? (NOT ~~Why do you know?~~)
What do you call this? 이걸 뭐라고 불러? (NOT ~~How do you call this?~~)
What's that called? 저것은 뭐라고 해? (NOT ~~How is that called?~~)
What do you think? 어떻게 생각해? (NOT ~~How do you think?~~)
What? What did you say? 뭐? 뭐라고 그랬어? (NOT ~~How? How did you say?~~)
Why should I think that? 내가 왜 그렇게 생각해야 하는데?

What about …? 또는 How about …?은 제안을 하거나 잊고 있던 일을 상기시킬 때 쓰인다.
What/How about eating out this evening? 오늘 저녁에 외식 어때?
What/How about the kids? Who's going to look after them?
애들은 어쩌고? 애들은 누가 돌봐?

감탄문(▶223 참조)에서 명사구 앞에는 what을 쓰고, 형용사(명사가 뒤에 오지 않는 경우), 부사, 동사구 앞에는 how를 쓴다.
What a wonderful house! 참으로 근사한 집이야!
How wonderful! 굉장해!
How you've changed! 너 많이 변했다!

5 how much, how many, how old, how far 등

how 뒤에 하나 이상의 단어를 연계해 다양한 의문문을 만들 수 있다. 이런 의문문은 수량 등을 물어볼 때 쓰인다. 예)

> **How much** do you weigh? 몸무게가 얼마나 나가?
>
> **How many** people were there? 거기 몇 명이나 있었어?
>
> **How old** are your parents? 부모님 연세가 어떻게 되십니까?
>
> **How far** is your house? 집이 얼마나 먼가요?
>
> **How often** do you come to New York? 뉴욕에는 얼마나 자주 오죠?

> 주의 영어에는 몇 번째(first, second 등)인지를 묻는 표현이 따로 없다.
>
> It's our wedding anniversary. ~ Congratulations. Which one?
>
> 우리 결혼기념일이야. ~ 축하해. 몇 주년이야? (NOT ... the how-manyeth?)

6 the way

관계부사 역할을 하는 how 대신 the way(▸620 참조)도 많이 쓴다.

> 주의 the way와 how를 함께 쓰지 않는다.
>
> Look at **the way** those cats wash each other. OR Look at **how** those cats ...
>
> 저 고양이들이 서로 어떻게 핥아주는가 봐. (NOT ... the way how those cats wash ...)
>
> **The way** you organise the work is for you to decide. OR **How** you organise ...
>
> 일을 어떻게 처리할지는 네가 결정할 일이다. (NOT ... The way how you organise ...)

how to ...는 ▸111 참조.   how ever는 ▸627 참조.   learn how to ...는 ▸508 참조.
however는 ▸252(접속사), ▸371(부사) 참조.
목적어와 주어 역할을 하는 how절(예: Don't ask me how the journey was; How you divide up the money is your business)은 ▸266 참조.

493 how, what ... like?

1 변화: How's Ron?

기분이나 건강 등 변하기 쉬운 것에 대해 질문할 때는 일반적으로 의문사 how를 쓴다. 그러나 사람의 성격이나 외모 등 잘 변하지 않는 특성에 대해 질문할 때는 what ... like?를 쓴다. 비교)

> - **How's** Ron? ~ He's very well. 론은 어때? ~ 아주 좋아.
>
>   **What's** Ron **like?** ~ He's quiet and a bit shy.
>
>   론은 어떤 사람이야? ~ 조용하고 살짝 수줍음을 타.
>
> - **How** does she look today? ~ Tired. 그녀는 오늘 어때 보여? ~ 피곤해 보여.
>
>   **What** does she look **like?** ~ Short and dark, pretty, cheerful-looking.
>
>   그녀는 어떻게 생겼어? ~ 키가 작고 까무잡잡하니 예쁘고 명랑해 보여.

2 반응 확인: How was the film?

어떤 경험에 대한 반응이나 감상을 확인할 때도 how를 쓴다. 이 경우 what ... like구문도 쓸 수 있다.

> **How** was the film? ~ Very good. 영화 어땠어? ~ 아주 좋았어. (OR **What** was the film **like...?**)

How's your steak? 스테이크 어때?   **How's the new job?** 새 직장 어때?

however, although, though, but은 ▶371 참조.

if, when은 ▶623 참조.

494 ill, sick

ill과 sick은 모두 몸이 편치 않거나 아픈 상태를 나타낸다. (미국 영어에서는 격식체 이외에는 ill을 거의 쓰지 않는다.)

> George didn't come in last week because he was **ill/sick**.
> 조지는 몸이 아파서 지난주에 오지 못했다.

ill은 명사를 수식하는 경우가 드물다.

> I'm looking after my **sick** mother.
> 나는 편찮으신 어머니를 돌보고 있다. (... my ill mother보다 자연스러움)

be sick은 영국 영어에서 vomit(토하다)과 같은 의미로 쓰인다.

> I **was sick** three times in the night. 나는 밤에 세 번이나 토했다.

495 immediately, the moment 등: 접속사

영국 영어에서는 immediately와 directly를 'as soon as(~하자마자)'의 의미를 지닌 접속사로 쓰기도 한다.

> Tell me **immediately** you have any news. 소식 듣는 대로 말해 줘.
> I knew something was wrong **immediately** I arrived.
> 나는 도착하자마자 뭔가 잘못됐다는 걸 알았다.
> **Directly** I walked in the door, I smelt smoke. 내가 문 안으로 들어가자마자 타는 냄새가 났다.

the moment (that), the instant (that), the second (that), the minute (that) 등도 (영국 영어와 미국 영어 모두) 같은 용법으로 쓰인다.

> Telephone me **the moment (that)** you get the results. 결과가 나오는 대로 나한테 전화해줘.
> I loved you **the instant (that)** I saw you. 당신을 본 순간 첫눈에 사랑에 빠졌어요.

다른 접속사와 마찬가지로 미래의 일을 말할 때 현재 시제를 쓴다.

> I'll let you know the moment I **have** some definite information.
> 분명한 정보를 알게 되면 즉시 당신에게 알려줄게요.

장소를 나타내는 **in, at, on**은 ▶384 참조.

시간을 나타내는 **in, at, on**은 ▶386 참조.

in, during은 ▶441 참조.

시간을 나타내는 **in, for**는 ▶469 참조.

496 in, into; on과 onto: 전치사

1 위치 및 방향

사람 또는 사물이 있는 위치를 가리킬 때는 in이나 on을 쓴다. 그리고 사람 또는 사물이 가는 방향이나 목적지를 가리킬 때는 into나 onto를 쓴다. 비교)

- A moment later the ball was **in** the goal. 잠시 후 공은 골문 안에 들어가 있었다.

  The ball rolled slowly **into** the goal.

  공은 천천히 굴러 골문 안으로 들어갔다. (NOT ... ~~rolled slowly in the goal.~~)

- She was walking **in** the garden. 그녀는 정원을 산책하고 있었다.

  Then she walked **into** the house. 그리고 나서 그녀는 집안으로 걸어 들어갔다.

- The cat's **on** the roof again. 고양이가 또 지붕 위에 있다.

  How does it get **onto** the roof? 녀석이 어떻게 지붕 위에 올라갔지?

[주의] into와 onto는 대체로 띄어 쓰지 않고 붙여서 하나의 단어로 쓴다. 그러나 영국 영어에서는 on to처럼 띄어 쓰는 경우도 있다.

2 in, on: 움직임 표현

동사 throw, jump, push, put, fall 등 뒤에 in/into 또는 on/onto를 써서 이동을 나타낸다. 이동하는 행위에 초점을 둘 때는 into나 onto를 쓰고, 이동의 결과인 최종 위치에 초점을 둘 때는 in이나 on을 쓴다. 비교)

- The children keep jumping **into** the flowerbeds. 아이들이 계속 화단으로 뛰어들고 있다.

  Go and jump **in** the river. 가서 강물에 뛰어들어라.

- In the experiment, we put glowing magnesium **into** jars of oxygen.

  그 실험에서 우리는 점화된 마그네슘을 산소가 든 병 안에 넣었다.

  Could you put the ham **in** the fridge? 냉장고 안에 햄 좀 넣어 줄래?

- He was trying to throw his hat **onto** the roof. 그는 모자를 지붕 위에 던지려 하고 있었다.

  Throw another log **on** the fire. 장작을 하나 더 불 속에 던져 넣어라.

sit down과 arrive 다음에는 in이나 on을 쓴다.

He sat down **in** the armchair, and I sat down **on** the floor.

그는 안락의자에 앉았고 나는 바닥에 앉았다. (NOT ~~He sat down into~~ ... OR ~~I sat down onto~~ ...)

We arrive **in** Athens at midday.

우리는 정오에 아테네에 도착한다. (NOT USUALLY ~~We arrive into Athens~~ ...)

arrive at ...은 ▶384 참조.

3 into: 변화를 나타냄

변화의 의미를 내포하는 동사 뒤에는 대체로 into를 쓴다.

When she kissed the frog, it **changed into** a handsome prince.

그녀가 개구리에게 키스하자 개구리는 멋진 왕자님으로 변했다.

(NOT ... ~~changed in a handsome prince.~~)

Can you **translate** this **into** Chinese?

이걸 중국어로 번역할 수 있어? (NOT ... ~~translate this in Chinese?~~)

cut 뒤에는 into와 in을 모두 쓸 수 있다.

Cut the onion **in(to)** small pieces. 양파를 잘게 썰어라.

주의 '둘로 나누다/부수다' 라는 의미로는 into half가 아닌 in half를 쓴다.

I broke it **in half.** 나는 그것을 두 조각 냈다. (NOT ... ~~into half.~~)

4 in, on: 부사로 쓰임

부사로 쓰이는 in과 on은 위치와 이동(동작)을 모두 나타낸다.

I stayed **in** last night. 나는 지난밤에 집에 있었다.

Come **in**! 들어와! (NOT ~~Come into!~~)

What have you got **on**? 무슨 옷을 입은 거니?

Put your coat **on.** 코트를 걸쳐.

in과 to의 차이는 ▸385 참조.

in, later는 ▸506 참조.

in/at, to는 ▸385 참조.

497 indifferent

indifferent는 different의 반의어가 아니다. indifferent는 다른 사람들이 관심을 가지고 있는 뭔가에 흥미가 없다는 것을 말할 때 쓰인다.

He's quite **indifferent** to people's opinion of his work.
그는 자신의 일에 대한 사람들의 의견에 별로 관심이 없다.

You can't be **indifferent** to climate change. 기후 변화에 무관심할 리는 없다.

'썩 좋지는 않은(=not very good)'의 의미로도 쓰인다.

The team's performance has been **indifferent** all year.
그 팀의 성적은 일년 내내 별로 좋지 않다.

in front of, before는 ▸397 참조.

in front of, opposite은 ▸549 참조.

in order that, so that은 ▸588 참조.

498 in spite of

'~에도 불구하고'를 의미하며 전치사처럼 쓰인다. 〈**in spite of** + **명사**〉는 although절과 유사한 의미를 나타낸다.

We went out **in spite of** the rain. (= ... although it was raining.)
우리는 비가 오는 데도 밖으로 나갔다. (= 비가 오고 있는데도)

We understood him **in spite of** his accent. (= ... although he had a strong accent.)
그의 말씨에도 불구하고 우리는 그의 말을 알아들었다. (= 독특한 말씨를 갖고 있었음에도)

because of의 반의어다. 비교)

She passed her exams **in spite of** her terrible teacher.
그녀는 선생님은 별로였지만 시험에 합격했다.

She passed her exams **because of** her wonderful teacher.
그녀는 훌륭한 선생님 덕분에 시험에 합격했다.

in spite of 뒤에는 -ing형이 올 수 있다.

In spite of having a headache I enjoyed the film.　머리가 아프긴 했지만 영화는 재미있었다.

in spite of 다음에 바로 that절이 올 수 없다. 절이 올 때는 in spite of the fact that ...의 형태
로 쓴다.

He is good company, **in spite of the fact that** he talks all the time.
끊임없이 지껄이기는 하지만 그래도 그는 좋은 친구다.

in spite of는 다소 딱딱한 표현이므로 같은 의미로 although를 널리 쓴다. 더 격식을 차린 표현
에는 in spite of 대신 despite를 쓰기도 한다.

in the end, at the end, at last, finally는 ▶465 참조.

499　indeed

1　very ... indeed

형용사나 부사 뒤에 쓰여 very를 강조한다. 다소 격식체 표현이며, 미국 영어에서는 잘 쓰이지
않는다.

I was **very pleased indeed** to hear from you.　너한테서 소식을 듣고 정말 기뻤어.

He was driving **very fast indeed**.　그는 정말 빨리 차를 몰았다.

Thank you **very much indeed**.　정말 감사합니다.

이 용법의 indeed는 대체로 very와 함께 쓰이며, extremely나 quite 뒤에는 거의 쓰이지 않는다.

NOT ... ~~He was driving fast indeed.~~

NOT ... ~~He was driving quite/extremely fast indeed.~~

2　indeed: 동사와 함께 사용

be동사나 조동사 뒤에 indeed를 쓰면 전적인 동감이나 시인을 나타낸다. 이는 다소 격식을 차
린 표현이며, 특히 단축형 대답 (▶308 참조)에 자주 쓰인다.

We are **indeed** interested in your offer, and would be glad to have prices.
우리는 당신의 제안에 관심이 많습니다. 가격을 알려주시면 감사하겠습니다.

It's cold. ~ It is **indeed**.　추워. ~ 정말 그러네.

Henry made a fool of himself. ~ He did **indeed**.
헨리는 바보짓을 했어. ~ 그렇고 말고.

500 instead, instead of

1 전치사: instead of

instead는 단독으로 전치사 역할을 할 수 없으며, instead of 형태로 쓰인다.

I'll have tea instead of coffee, please. 커피 대신 차를 마실게요. (NOT ... ~~instead coffee~~ ...)

Can you work with Sophie instead of me today, please?
오늘 저 대신 소피랑 일해 주실래요?

instead of는 전치사이므로 뒤에 to부정사를 쓸 수 없다.

I stayed in bed all day instead of going to work.
나는 일하러 가는 대신 하루 종일 침대에 누워 있었다. (NOT ... ~~instead of (to) go to work.~~)

2 instead of, without

instead of는 어떤 사람/사물/행위를 다른 사람/사물/행위로 대체한다는 의미를 나타낸다. 반면 without은 어떤 사람/사물 등이 다른 사람/사물 없이 홀로 있는 상태를 나타낸다. 비교)

- **Ruth was invited to the reception, but she was ill, so Lou went instead of her.**
  루스는 그 연회에 초대받았지만 몸이 아팠고, 그래서 루가 그녀 대신 갔다. (루스 대신 루가 갔다.)
  (NOT ... ~~Lou went without her.~~)
- **Max and Jake were invited, but Max was ill, so Jake went without him.**
  맥스와 제이크가 초대받았지만 맥스가 몸이 아파서 제이크 혼자 갔다.
  (여느 때 같았으면 두 사람은 함께 갔을 것이다.)
- **She often goes swimming instead of going to school.**
  그녀는 종종 학교에 가는 대신 수영하러 간다. (학교 대신 수영을 선택했다.)
  (NOT ~~She often goes swimming without going to school.~~)
  She often goes swimming without telling her mother.
  그녀는 종종 어머니에게 말도 없이 수영하러 간다. (수영하러 갈 때는 어머니에게 말해야 하는데 하지 않는다.) (NOT ~~She often goes swimming instead of telling her mother.~~)

3 부사: instead

of를 붙이지 않은 instead는 부사로, 문두나 문미에 온다.

She didn't go to Greece after all. Instead, she went to America.
그녀는 결국 그리스에 가지 않았다. 대신 그녀는 미국에 갔다.

Don't marry Jake. Marry me instead. 제이크와 결혼하지 마. 대신 나랑 결혼해 줘.

'on the other hand(반면에)'의 의미로 대조를 나타낼 때는 instead를 쓰지 않는다.

He's a rather anti-social person. On the other hand, he's very generous.
그는 다소 비사교적인 사람이다. 반면에, 그는 아주 관대하다.
(NOT ~~Instead, he's very generous.~~)

501 its, it's

its와 it's는 외국어 학습자 뿐만 아니라 영어를 모국으로 쓰는 사람들도 종종 혼동한다.
its는 my, your처럼 it의 소유격이다.

Every country has **its** traditions. 나라마다 고유의 전통을 갖고 있다. (NOT ... ~~it's traditions.~~)

it's는 it is 또는 it has의 축약형이다.

> **It's** raining again. 다시 비가 내리고 있다. (NOT ~~Its raining again.~~)
>
> Have you seen my camera? **It's** disappeared.
> 내 카메라 못봤어? 없어졌어. (NOT ... ~~Its disappeared.~~)

whose와 who's의 차이도 이와 유사하다. ▶629 참조.   축약형의 자세한 내용은 ▶337 참조.

502 it's time

1 it's time + to부정사

it's time(또는 it is time) 뒤에는 to부정사가 올 수 있다.

> **It's time to buy** a new car. 새 차를 살 때가 되었다.

의무의 주체를 밝힐 때는 〈**for + 목적어 + to부정사**〉(▶113 참조)를 쓴다.

> **It's time for her to go** to bed. 그녀는 이제 잠자리에 들어야 한다.

2 it's time + 과거 시제: 현재나 미래의 의미

it's time 뒤에 주어와 더불어 동사의 과거형을 쓸 수도 있다. 이 경우 동사 형태는 과거 시제일 지라도 현재를 의미한다.

> **It's time she was** in bed. 그녀는 자고 있을 시간이다.
>
> **It's time you washed** those trousers. 너 저 바지 빨 때가 됐다.
>
> I'm getting tired. **It's time we went** home. 피곤해. 이제 집에 가야겠어.

긴급한 일이므로 당장 해야 한다는 의미로 영국 영어에서는 It's high time ... 구문을 쓰기도 한다.

> **It's high time you got** a job. 너 이제는 진짜 취직해야 해.

과거 시제가 현재 또는 미래를 나타내는 기타 구문은 ▶46 참조.

journey, travel, trip, voyage는 ▶612 참조.

503 just

1 의미

just는 다양한 의미로 쓰인다.

a 시간

just는 방금 전 또는 막 일어났다는 의미를 강조한다.

> I'll be down in a minute – I'm **just** changing my shirt. (= right now)
> 금방 내려갈게. 나 지금 셔츠 갈아입고 있어.
>
> Alice has **just** phoned. (= a short time ago) 앨리스가 방금 전화했다.

Sam's still around. I saw him **just** last week. (= as recently as)
샘은 아직 이 주변에 살고 있어. 바로 지난주에도 봤거든.

just after, just before, just when은 '직후', '직전', '바로 그때'라는 의미로 여기에서 just는 언급하는 시점과 거의 일치한다는 것을 나타낸다.

I saw him **just after** lunch. (= ... very soon after lunch.) 점심 직후에 그를 보았다.

b '단지', '가까스로'

just는 'only(단지, 겨우)', 'nothing more than(그저)', 'scarcely(가까스로)'라는 의미로도 쓰인다.

Complete set of garden tools for **just** £15.99! 원예 도구 풀세트가 단돈 15파운드 99펜스!

I **just** want somebody to love me – that's all.
난 그저 누군가 나를 사랑해 줬으면 해. 그게 다야.

We **just** caught the train. 우리는 겨우 열차를 잡았다.

just 앞에 only를 붙이면 이런 의미가 너욱 상소된다.

There was **only just** enough light to read by. 겨우 책을 읽을 수 있을 정도의 불빛만 있었다.

Can/Could I just ...?를 써서 무리하게 강요하지 않는다는 어감을 표현한다.

Could I just use your phone for a moment? 전화 잠시만 써도 될까요?

c '정확히'

just는 '바로, 정확히'라는 의미로도 쓰인다.

What's the time? ~ It's **just** four o'clock. 몇 시니? ~ 4시 정각이야.

Thanks. That's **just** what I wanted. 고마워. 내가 원했던 게 바로 그거야.

She's **just** as bad-tempered as her father. 그녀는 아버지 못지않게 성미가 고약하다.

d 강조

just는 '정말', '그야말로' 정도의 의미로 다른 단어나 어구를 강조한다.

You're **just** beautiful. 당신 정말 아름다워.

I **just** love your dress. 네 드레스 정말 마음에 든다.

2 시제

just가 '방금, 막'을 의미할 때 영국 영어에서는 과거 및 현재 완료 시제에 모두 just를 쓴다. 그러나 소식을 전할 때는 통상 현재 완료 시제를 쓴다. 비교)

I've **just had** a brilliant idea. 방금 기막힌 아이디어가 떠올랐어.

Jack('s) **just called**. His wife**'s had** a baby.
잭이 방금 전화했는데, 아내가 아기를 낳았대. (아기를 낳았다는 소식은 현재 완료)

미국 영어에서는 just를 과거 시제와 함께 쓰는 경우도 흔하다.

Where's Sam? ~ He **just went out**. 샘 어디 있어? ~ 방금 나갔어.

Alice **(has) just left**. 앨리스는 방금 나갔어.

I **just had** a brilliant idea. 방금 기막힌 아이디어가 떠올랐어.

3 just now

just now는 '지금' 또는 '방금 전'을 의미한다. (비교)

> **She's not in just now. Can I take a message?** 그녀는 지금 없는데요. 메시지 남겨 드릴까요?
>
> **I saw Jake just now. He wanted to talk to you.**
> 방금 전 제이크를 봤어. 너하고 얘기하고 싶어하던데.

'방금 전'이라는 의미로 쓰이는 just now는 문미 또는 중간 위치에 온다.

a 과거 시제일 때는 대체로 문미에 온다.

> **I telephoned Anna just now.** 나는 방금 전 애나에게 전화했다.

b 현재 완료나 과거 시제일 때는 중간 위치(▶ 200 참조)에 온다.

> **I('ve) just now realised what I need to do.** 내가 뭘 해야 하는지 방금 전 깨달았다.

kind of, sort of, type of는 ▶ 592 참조.

504 know

1 know how + to부정사

know 뒤에 바로 to부정사가 오지 않으며, 대체로 〈**how + to부정사**〉 구문이 온다(▶ 111 참조).

> **I know how to make** Spanish omelettes.
> 나는 스페인식 오믈렛 만드는 법을 안다. (NOT ~~I know to make~~ ...)

2 know + 목적어 + to부정사

격식체에서는 know뒤에 〈**목적어 + to부정사**〉를 쓴다.

> **They knew him to be** a dangerous criminal.
> 그들은 그가 위험한 범죄자라는 사실을 알고 있었다.

격식체에서는 수동태 구문 역시 널리 쓰인다.

> **He was known to be** a dangerous criminal. 그는 위험한 범죄자로 알려져 있었다.

비격식체에서는 that절을 쓴다.

> **They knew that** he was a dangerous criminal.
> 그들은 그가 위험한 범죄자라는 사실을 알고 있었다.

널리 쓰이는 〈**I've never known + 목적어 + to부정사**〉 구문에서 know는 'experience(경험하다)'의 의미다. 영국 영어에서는 to부정사 대신 원형부정사를 쓰기도 한다.

> **I've never known it (to) rain** like this. 나는 이렇게 비가 오는 것을 한 번도 보지 못했다.

3 시제

동사 know는 진행형으로 쓰이는 경우가 드물다(▶ 4 참조).

> **I know** exactly what you mean.
> 네 말이 무슨 말인지 정확히 안다. (NOT ~~I am knowing~~ ...)

알고 있었던 시점을 언급할 때는 현재 완료 시제를 쓴다. (자세한 내용은 ▶52 참조)

> We've **known** each other since 1994.
> 우리는 1994년부터 서로 알고 지냈다. (NOT ~~We know each other since 1994.~~)

4 know, know about/of

직접 체득하여 얻은 지식을 언급할 때는 〈know + 목적어〉를 쓰며, 그 밖의 경우에는 주로 know about/of, have heard of 등을 쓴다. 비교〉

> You don't **know** my mother, do you? ~ No, I've never met her.
> 너 우리 어머니 모르지, 그렇지? ~ 그래, 한 번도 뵌 적 없어.

> We all **know about** Abraham Lincoln.
> 우리는 모두 에이브러햄 링컨에 대해 알고 있다. (NOT ~~We all know Abraham Lincoln.~~)

5 know, find out 등

'알아내다, 찾아내다'라는 의미로는 know가 아닌 find out을 쓴다. know는 이미 배워서 알고 있는 상태를 나타내기 때문이다. 몰랐던 사실이나 지식을 새로 습득한다는 의미로는 find out이나 get to know, learn, hear, can tell 등을 쓴다.

> She's married. ~ Where did you **find** that **out**?
> 그녀는 결혼했어. ~ 그건 어디서 알아냈어? (NOT ... ~~Where did you know that?~~)

> I want to travel round the world and **get to know** people from different countries.
> 나는 전 세계를 여행하면서 각국 사람들에 대해 알고 싶다. (NOT ... ~~and know people~~ ...)

> He's from Liverpool, as you can **tell** from his accent.
> 억양에서 알 수 있겠지만 그는 리버풀 출신이다. (NOT ... ~~as you can know from his accent.~~)

6 I know, I know it

주의 다음 두 단축형 대답에 차이가 있다.

I know는 어떤 사실을 안다는 의미로, that절을 보충해서 문장을 완성할 수 있다.

> You're late. ~ **I know.** (= I know that I'm late.) 너 늦었어. ~ 나도 알아.

I know it은 대체로 어떤 사물을 안다는 의미로 쓰이며, it은 아는 대상을 지칭하는 대명사다.

> I went to a nice restaurant called The Elizabeth last night. ~ **I know it.**
> (= I know the restaurant.) 어젯밤 '엘리자베스'라는 멋진 식당에 갔어. ~ 나 거기 알아.

you know의 용법은 ▶301.3 참조.

large, great, big은 ▶404 참조.

505 last, the last, the latest

1 last week, month 등; the last week, month, 등

정관사 the가 없는 last week/month는 일반적 의미의 지난주나 지난달을 말한다. 지금이 7월이라면 last month는 6월, 지금이 2016년이라면 last year는 2015년을 의미한다. 반면 the last week/month는 말하는 시점을 기준으로 바로 전 일주일 또는 한 달 동안의 기간을 의미한다. 즉, 2016년 7월 15일에 the last month라고 하면 2016년 6월 16일~7월 15일을 의미하며, the last year라고 하면 2015년 7월부터 12개월 동안을 가리킨다. 비교)

- I was ill **last week**, but I'm OK this week.
  지난주에 아팠지만 이번 주에는 멀쩡하다. (NOT I was ill the last week ...)
  I've had a cold for **the last week**. I feel terrible.
  지난 일주일간 감기를 앓았다. 몸이 무척 안 좋다.
- We bought this house **last year**. 우리는 지난해 이 집을 샀다.
  We've lived here for **the last year**, and we're very happy with the place.
  우리는 지난 1년간 여기 살았는데, 이 집에 아주 만족한다.

next와 the next의 차이도 이와 유사하다. ▶533 참조.

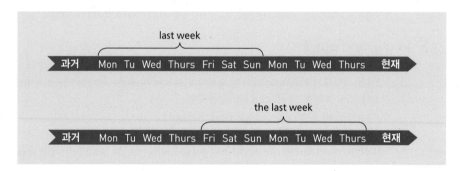

2 the last three ..., 등

수가 들어간 표현의 어순에 유의하라.

I've been busy for **the last three** months.
지난 석 달 동안 바빴다. (NOT ... for the three last months.)

대체로 the last few days/weeks 등으로 쓰며, the last days/weeks 등으로는 쓰지 않는다.

The last few days have been busy. 지난 며칠간 바빴다. (NOT The last days ...)

3 the last: 일련의 것 중 마지막

the last는 연속된 일련의 것 중 가장 마지막을 지칭한다.

In **the last** week of the trip something funny happened.
여행 마지막 주에 재미있는 일이 일어났다.

This is going to be **the last** Christmas I'll spend at home.
이번 크리스마스가 내가 집에서 보내는 마지막 크리스마스가 될 것이다.

4 latest, last

latest는 최근에 발생한 일이나 최신의 것, last는 지난번에 있었던 일 등을 지칭한다. 비교)

- Her **latest** book's being published next week.
  그녀의 최신작이 다음 주에 출간된다. (NOT Her last book ...)
  She thinks it's much better than her **last** one.
  그녀는 그게 지난번 것보다 훨씬 낫다고 생각한다.
- He's enjoying his **latest** job.
  그는 최근 하고 있는 일을 즐기고 있다. (NOT He's enjoying his late job.)

But it doesn't pay as much as his **last** one. 그러나 지난번 일만큼 돈벌이가 되지는 않는다.

This is the last time ... 등의 시제는 ▶ 56 참조.

506 later, in

시간을 나타내는 어구와 함께 쓰일 경우 later는 '특정 시점 이후'를, in은 '지금으로부터 특정 시점 이내'를 지칭한다. 비교〉

> She got married on her 18th birthday; **six months later** she was divorced.
> 그녀는 자신의 18번째 생일날 결혼했다. 그리고 6개월 후에 이혼했다.
>
> Penny's coming on July 1st, and Tom will arrive about **a week later**.
> 페니는 7월 1일에 오고, 톰은 그 일주일 후쯤 도착할 것이다.
>
> I'll see you **in a few days**. 며칠 후에 봐요. (NOT ~~I'll see you a few days later.~~)

later는 시간을 나타내는 어구 없이 쓰이며, '지금 이후에, 나중에'를 의미한다.

> Bye! See you **later**! 잘 가! 다음에 봐!

507 lay, lie

lay(눕히다-규칙 동사)와 lie(눕다-불규칙 동사), lie(거짓말하다-규칙 동사)는 혼동하기 쉬운 동사들이다.

1 lay

lay는 철자가 조금 다른 규칙 동사로 변화형은 다음과 같다.

> 부정사: (to) lay   과거분사: laid
> -ing형: laying   과거: laid

lay는 조심스레 놓거나 눕히는 동작을 의미하는 타동사로 목적어를 취한다.

> **Lay the tent** down on the grass and I'll see how to put it up.
> 텐트를 풀밭 위에 내려놔. 그럼 내가 어떻게 치는지 알아볼게.
>
> I **laid the papers** on the table and sat down.
> 나는 신문을 식탁 위에 올려놓고 앉았다. (NOT ~~Hay ...~~)

주의 **lay a table**은 식탁 위에 접시, 나이프 등을 놓아서 식탁을 차리는 행위를 지칭하며, **lay an egg**는 새가 알을 낳는 행위를 지칭한다.

2 불규칙 동사 lie

불규칙 동사 lie의 변화형은 다음과 같다.

> 부정사: (to) lie   과거: lay
> -ing형: lying   과거분사: lain (격식을 차린 표현이나 문학 작품 등에 주로 쓰임)

불규칙 동사 lie는 눕는 동작을 지칭하는 자동사로 목적어를 취하지 않는다.

Don't **lie** in bed all day. Get up and do some work.
하루 종일 침대에 누워 있지 말고 일어나서 일 좀 해. (NOT ~~Don't lay~~ ...)

I **lay** down and closed my eyes.
나는 누워서 눈을 감았다. (NOT ~~I laid down~~ ...)

3 규칙 동사 lie

규칙 동사 lie는 '거짓말하다'라는 의미다.

You **lied** to me when you said you loved me. 날 사랑한다는 말은 거짓말이었군요.

4 방언 형태

영국과 미국의 방언에서는 lay와 불규칙 동사 lie의 변화형이 다양하다. 또한 표준 영어라면 lie (눕다)를 써야 할 경우 lay를 쓰기도 한다.

I'm going to **lay** down for a few minutes. 잠시 누워야겠어. (표준 영어는 ... lie down ...)

508 learn

1 형태

영국 영어에서는 주로 불규칙 동사(learn/learnt)로, 미국 영어에서는 주로 규칙 동사(learn/learned)로 쓴다. 이러한 부류의 동사는 ▶ 1.2 참조.

형용사 learned(/'lɜːnɪd/)는 ▶ 191 참조.

2 learn (how) to ...

의도적으로 익히거나 배운 기술 또는 방법을 언급할 때는 learn to ... 또는 learn how to ...를 쓴다.

She enjoyed **learning (how) to look after young animals**.
그녀는 즐겁게 아기 동물들 돌보는 법을 배웠다.

It's time you **learnt (how) to change the oil** in the car.
이제 자동차 엔진 오일 교체하는 법을 배울 때가 되었다.

우연히 또는 자연스럽게 익힌 기술이나 지식을 언급할 때는 대체로 learn to...를 쓴다.

Children usually **learn to walk** at around one year old.
아이들은 대체로 돌 무렵에 걷는 법을 배운다.

In the new job, I soon **learnt to keep my mouth shut**.
새 직장에서 나는 곧 조용히 입 다물고 있는 법을 배웠다.

leave, forget은 ▶ 470 참조.

509 left

leave의 과거분사로 쓰고 남은 것, 여전히 그대로 있는 것 등을 나타내기도 한다.

What did you do with the money that was **left**? 남은 돈으로 뭘 했니?

After the explosion, only two people were **left** alive. 폭발 이후 단 두 사람만 살아남았다.

이러한 의미를 나타내는 left는 흔히 there is나 have got 다음에 쓰인다.
There's nothing **left** in the fridge. 냉장고 안에 아무것도 남지 않았다.
I **haven't got** any money **left**: can you get the tickets?
돈이 한 푼도 안 남았어. 네가 표를 사줄래?

lend, borrow는 ▸408 참조.

510 lesser

다소 격식을 차린 표현에서는 정도나 수준 따위가 심하지 않거나 낮다는 의미로 lesser를 쓴다.
the **lesser** of two evils 두 가지 악 중 차악
a **lesser**-known writer 그다지 유명하지 않은 작가

511 lest

in case(▸248 참조) 또는 so that … not(▸588 참조)과 유사한 의미로 쓰인다. 영국 영어에서는 고전 문학이나 의식용 언어를 제외하고는 거의 쓰이지 않는다. 격식을 차린 미국 영어에서 많이 쓰이는 표현이다.
They kept watch all night **lest** robbers should come.
그들은 도둑이 들까봐 밤새 망을 봤다.
We must take care **lest** evil thoughts enter our hearts.
마음속에 악한 생각들이 들어오지 않도록 경계해야 한다.

lest 뒤에 가정법 동사(▸232 참조)를 쓰기도 한다.
The government must act, **lest** the problem of child poverty **grow** worse.
정부는 아동 빈곤 문제가 더 악화되지 않도록 행동에 나서야 한다.

512 let

1 let + 목적어 + 원형부정사

let 뒤에는 〈**목적어 + 원형부정사**〉 형태를 쓴다.
We usually **let the children stay** up late on Saturdays.
우리는 토요일에는 보통 아이들이 늦게까지 자지 않아도 내버려 둔다.
(NOT … ~~let the children to stay/staying~~ …)
She didn't **let me see** what she was doing.
그녀는 자신이 하는 일을 내가 보지 못하게 했다. (NOT … ~~let me saw~~ …)

〈let … know(= tell, inform)〉와 〈let … have(= send, give)〉 구문도 자주 쓰인다.
I'll **let you know** my travel dates next week. 다음 주에 내 여행 날짜들을 알려줄게.
Could you **let me have** the bill for the car repair? 자동차 수리비 청구서 좀 주실래요?

let go of는 쥐고 있던 것을 놓거나 손을 놓는 행위를 의미하다.

Don't **let go of** Mummy's hand. 엄마 손 놓지 마.

2 수동태로는 쓰지 않음

일반적으로 수동태로는 쓰이지 않으며 수동태 구문에는 통상 allow를 쓴다.

After questioning he **was allowed** to go home. 심문이 끝나자 그는 집에 갈 수 있었다.

3 let + 목적어 + 전치사/부사 불변화사

let 뒤에 목적어와 전치사구 또는 동작을 나타내는 부사 불변화사가 올 수도 있다.

You'd better **let the dog out** of the car. 개를 차 밖으로 내보내.

Let him in, could you? 그를 들여보내 주세요, 네?

Those kids **let my tyres down**. 저 꼬마들이 내 타이어의 바람을 빼놓았다.

이 구문은 수동태 문장에서도 흔히 쓰인다.

He **was let out of** prison early for good behaviour. 그는 모범수로 일찍 석방되었다.

let으로 시작하는 1인칭 명령문과 3인칭 명령문(예: Let's go for a walk; Let me see; Let the prayers begin)은 ▶ 225 참조.
원형부정사에 대한 자세한 내용은 ▶ 91 참조.

let, allow, permit은 ▶365 참조.

let, rent, hire은 ▶486 참조.

lie, lay는 ▶507 참조.

513 life: 가산명사일 때와 불가산명사일 때

일반적인 의미의 '삶' 또는 특정 종류의 '삶'을 의미할 때는 life를 불가산명사로 취급한다.

Life is complicated. 인생은 복잡하다.

Anna enjoys **life**. 애나는 인생을 즐긴다.

I think I would enjoy city **life**. 나는 도시 생활을 즐기게 될 것 같다. (NOT ... ~~a city life.~~)

특정인의 인생을 의미할 때는 대체로 가산명사로 취급한다.

My grandmother had **a hard life**. 우리 할머니는 힘들게 사셨다. (NOT ... ~~had hard life.~~)

My mother's parents lived interesting **lives**. 나의 외조부모님은 흥미진진한 삶을 사셨다.

가산명사와 불가산명사에 대한 자세한 내용은 ▶ 119 참조.

514 like: 동사

1 진행형으로 쓰지 않음

like는 대체로 진행형으로 쓰지 않는다(▶ 4 참조).

What do you think of the soup? ~ I **like** it.

수프 어때? ~ 맛있는데. (NOT ... ~~I'm liking it.~~)

2 목적어 수반

like는 일반적으로 목적어 없이 쓸 수 없다.

> How do you feel about ballet? ~ I **like it**. 발레 어때? ~ 좋아. (NOT ... ~~I like.~~)

예외는 ▶ 아래 514.7 참조.

3 very much의 위치

like는 very much로 수식하며, very 하나만 쓸 수는 없다.

> I **very much** like his latest film.
> 나는 그의 최신 영화를 무척 좋아한다. (NOT ~~I very like his latest film.~~)

very much는 like와 목적어 사이에 올 수 없다(▶ 196 참조).

> I **like** you and your sister very much. OR I very much **like** you and your sister.
> 나는 너와 네 언니가 정말 좋다. (NOT ~~I like very much you and your sister.~~)

4 like + -ing: '~하기를 즐기다'

일반적으로 어떤 행위를 즐긴다는 의미로 ⟨like + -ing(특히 영국 영어)⟩ 또는 ⟨like + to부정사⟩를 쓴다.

> I really **like walking / to walk** in the woods. 나는 숲 속 산책을 무척 좋아한다.
> Children always **like listening / to listen** to stories.
> 아이들은 언제나 이야기 듣기를 좋아한다.

특정한 상황을 지칭할 때는 ⟨like + -ing⟩를 쓴다.

> I really **liked working** with him on his boat last week.
> 나는 지난주 그의 배에서 그와 함께 정말 즐겁게 일했다.

⟨like + 목적어 + -ing형/to부정사⟩ 형태도 가능하다.

> I don't **like people phoning / to phone** me in the middle of the night.
> 나는 사람들이 한밤중에 나에게 전화하는 것을 좋아하지 않는다.

5 like + to부정사: 선택과 습관

선택이나 습관을 나타낼 때는 ⟨like + to부정사⟩를 쓸 수 있다.

> I **like to do** the shopping early on Saturday mornings.
> 나는 매주 토요일 오전마다 일찌감치 쇼핑하는 것을 좋아한다.
> When I'm pouring tea I **like to put** the milk in first.
> 나는 차를 따를 때 우유를 먼저 넣는 것을 좋아한다.

어떤 행위를 하지 않는 편이 좋겠다는 의미로 ⟨not like + to부정사⟩를 쓴다.

> Why didn't you tell me before? ~ I **didn't like to disturb** you at home.
> 왜 진작 나에게 말하지 않았어? ~ 집에 있는데 귀찮게 하고 싶지 않았어.

⟨like + 목적어 + to부정사⟩ 구문도 가능하다.

> She **likes the children to go** to bed early during the week.
> 그녀는 주중에 아이들을 일찍 재운다.

6 would like

정중한 요청이나 제안에는 〈**would like + to부정사**〉를 쓴다.

I'd like two kilos of tomatoes, please. 토마토 2킬로그램 주세요.
Would you **like** to dance? ~ Yes, OK.
춤 추실래요? ~ 예, 좋아요. (NOT ~~Would you like dancing?~~ ...)

제안이나 요청에는 Do you like …? 구문을 쓸 수 없다.
NOT ~~Do you like some more coffee?~~

to부정사에서 반복되는 동사원형을 생략하고, would like to만 쓸 수 있다(▶280 참조).

How about playing tennis? ~ **I'd like to.** 테니스 치는 거 어때? ~ 좋아.

공손한 요청에는 흔히 If you would like …를 쓴다. 이후 뒤따르는 절을 생략하기도 한다.

If you would like to take a seat, I'll see if Mr Smithers is free.
자리에 앉아 계시면 스미더스 씨가 시간이 되나 알아보겠습니다.
If you would like to come this way … 이쪽으로 오시죠.

위의 구문에서 would를 생략하기도 한다.

If you like to come this way … 이쪽으로 오시죠.

완료 부정사와 함께 쓰이는 would like(예: I would like to have seen that.)는 ▶90 참조.

7 if you like 등

상대에게 선택권을 줄 때 원하는 대로 하라는 의미로 like를 종속절에 쓴다.

주의 이 경우는 뒤에 to를 쓰지 않는다.

Can I go now? ~ **If you like.** 지금 가도 돼? ~ 그러고 싶다면. (NOT ~~If you like to.~~)
Do it **any** way you **like.** 좋을 대로 해.
Come **when** you **like.** 오고 싶을 때 와.
You can sit **wherever** you **like.** 앉고 싶은 데 앉아.

515 like, as: 유사성, 기능

유사성을 표현할 때는 like나 as를 쓰며, 기능이나 역할을 표현할 때는 as를 쓴다.

1 like (유사성): like me

유사성을 표현할 때 명사나 대명사 앞에 as가 아닌 like를 쓴다. 이때 like는 전치사다.

like + 명사/대명사

My sister looks **like me.** 내 여동생은 나를 닮았다. (NOT … ~~as me.~~)
He ran **like the wind.** 그는 바람처럼 빨리 달렸다. (NOT … ~~as the wind.~~)
Like his parents, he is a vegetarian. 그의 부모님처럼 그는 채식주의자다.

like 앞에 very, quite 등 정도를 나타내는 부사를 덧붙일 수도 있다.

He's **very like** his father. 그는 아버지를 쏙 빼닮았다.

She looks **a bit like** Queen Victoria. 그녀는 살짝 빅토리아 여왕을 닮았다.

예를 들 때도 like를 쓴다.

She's good at scientific subjects, **like mathematics**.
그녀는 수학 같은 과학 과목을 잘한다. (NOT ... ~~as mathematics.~~)

In mountainous countries, **like Peru**, ... 페루 같이 산이 많은 나라들에서는 …

2 as (유사성): as I do

이 용법의 as는 접속사로, 절이나 전치사구 앞에 온다.

> as + 절
> as + 전치사구

Nobody knows her **as I do**. 아무도 나만큼 그녀를 알지 못한다.

We often drink tea with the meal, **as they do** in China.
중국 사람들이 그렇듯 우리는 종종 식사를 하면서 차를 마신다.

In 1939, **as in 1914**, everybody seemed to want war.
1914년에 그랬듯 1939년에 모든 사람들은 전쟁을 원하는 듯했다.

On Friday, **as on Tuesday**, the meeting will be at 8.30.
화요일과 마찬가지로 금요일 8시 30분에 회의가 있을 것이다.

3 like I do (비격식체)

현대 영어, 특히 비격식체에서는 흔히 as 대신 like를 접속사로 쓴다.

Nobody loves you **like I do**. 나만큼 너를 사랑하는 사람은 없어.

4 어순 도치: as did all his family

매우 격식을 차린 표현에서는 as 뒤에 〈조동사 + 주어〉 형태로 어순을 도치시킨다(어순 도치에 유의 ▶270 참조).

She was a Catholic, **as were** most of her friends.
그녀는 친구들 대부분이 그렇듯 가톨릭 신자였다.

He believed, **as did** all his family, that the king was their supreme lord.
그는 그의 가족 모두가 그런 것처럼 왕이 절대 군주라 믿었다.

5 as you know 등

화자와 청자 모두 알고 있는 공통의 근거나 이유 등을 언급할 때 as로 시작되는 일부 관용표현이 널리 쓰인다.

대표적인 예로 as you know, as we agreed, as you suggested 등이 있다.

As you know, next Tuesday's meeting has been cancelled.
알다시피 다음 주 화요일 회의는 취소됐습니다.

I am sending you the bill for the repairs, **as we agreed**.
우리가 합의했던 대로 수리비 청구서를 보내 드립니다.

as is well known, as was agreed처럼 수동태로 쓰기도 한다.

주의 수동태로 쓸 때는 일반적으로 as 뒤에 주어 it을 쓰지 않는다(▶256 참조).

As is well known, more people get colds in wet weather.
알다시피 습한 날씨에는 감기에 걸리는 사람이 더 많아진다. (NOT ~~As it is well known~~ ...)

I am sending you the bill, **as was agreed**.
합의된 대로 청구서를 보내 드립니다. (NOT ... ~~as it was agreed.~~)

6 부정절 뒤에서 쓰여 비유할 때

부정절 뒤에 '…처럼'의 의미로 as나 like를 쓰면 부정절의 내용과 반대, 즉 긍정의 의미가 된다.

I don't **smoke, like Megan**. (Megan smokes.)
나는 메건처럼 담배를 피우지 않는다. (메건은 담배를 피운다.)

I am not **a Conservative, like Joe**. (Joe is a Conservative.)
나는 조처럼 보수당원이 아니다. (조는 보수당원이다.)

부정절 앞에 as나 like가 오면 뒤에 오는 부정절과 같은 내용, 즉 부정의 의미가 된다.

Like Emily, I don't smoke. (Emily doesn't smoke.)
에밀리처럼 나는 담배를 피우지 않는다. (에밀리는 담배를 피우지 않는다.)

Like James, I am not a Conservative. (James is not a Conservative.)
제임스처럼 나는 보수당원이 아니다. (제임스는 보수당원이 아니다.)

7 기능 또는 역할: He worked as a waiter.

사람의 직업, 사람 또는 사물의 용도, 기능, 역할에는 as를 쓴다. 이때 as는 전치사로 뒤에 명사가 온다.

He worked **as a waiter** for two years. 그는 2년간 웨이터로 일했다. (NOT ... ~~like a waiter.~~)
Please don't use that knife **as a screwdriver**. 그 칼을 드라이버로 쓰지 마세요.
A crocodile starts life **as an egg**. 악어는 알의 형태로 삶을 시작한다.

as, like 비교)

As your brother, I must warn you to be careful.
오빠로서 경고하는데 조심해야 해. (I가 친오빠인 경우)

Like your brother, I must warn you to be careful.
네 오빠와 마찬가지로 경고하는데 조심해야 해. (I가 친오빠는 아니지만 친오빠와 비슷한 의견일 경우)

as는 보통 /əz/로 발음된다. (▶ 315 참조).
as ... as 비교 구문은 ▶ 203 참조.   alike는 ▶ 363 참조.   as if 대신 쓰이는 like는 ▶ 378 참조.
the same as는 ▶ 571 참조.   What ... like?는 ▶ 493 참조.   such as는 ▶ 596.6 참조.
두 개의 부정사를 연결하는 like 용법은 ▶ 91.4 참조.

like, as if는 ▶ 378 참조.

516 likely

1 의미

likely는 probable(있음직한, 그럴싸한)과 유사한 의미의 형용사다.

I don't think a Labour victory is **likely**. 노동당이 승리할 것 같지 않다.
What's a **likely** date for the election? 선거 예상일이 언제야?

likely의 반의어는 unlikely이다.

> **Snow is very unlikely.** 전혀 눈이 올 것 같지 않다.

비격식체에서는 very likely, most likely 등의 부사구도 쓴다.

> I think she'll **very/most likely** be late. 그녀는 분명히 늦을 거야.

2 it is (un)likely + that절

that절의 내용을 가리키는 가주어나 가목적어로 it을 쓸 수 있다(▶268-269 참조).

> **It's likely that** the meeting will go on late. 회의가 늦게까지 계속될 것 같다.
> I thought **it unlikely that** she would come back.
> 나는 그녀가 돌아오지 않을 것 같다고 생각했다.

3 be (un)likely + to부정사

⟨be + (un)likely⟩ 뒤에는 흔히 to부정사를 쓴다.

> I'm **likely to be** busy tomorrow. 나는 내일 바쁠 것 같다.
> Do you think it's **likely to rain?** 비가 올 것 같니?
> He's **unlikely to agree.** 그는 동의하지 않을 것 같다.

listen (to), hear은 ▶481 참조.

little, small은 ▶580 참조.

lonely, alone은 ▶367 참조.

(a) long way, far은 ▶461 참조.

517 long, (for) a long time

1 long: 의문문과 부정문에 쓰이는 경우

'오랜 시간 (동안)'을 의미하는 long은 의문문이나 부정문에 가장 흔히 쓰이며, hardly, seldom 등의 준부정어와 함께 쓰이는 경우가 많다.

> **Have you been waiting long?** 오래 기다렸어?
> It doesn't take **long** to get to her house. 그녀의 집까지 가는 데 오래 걸리지 않는다.
> She seldom stays **long.** 그녀는 오래 머무는 법이 거의 없다.

2 (for) a long time: 긍정문에 쓰이는 경우

긍정문에는 대체로 (for) a long time 형태로 쓴다.

> I waited **(for) a long time**, but she didn't arrive.
> 오랫동안 기다렸지만 그녀는 도착하지 않았다. (NOT ~~I waited long~~ ...)
> It takes **a long time** to get to her house.
> 그녀의 집까지 가는 데 오랜 시간이 걸린다. (NOT ~~It takes long~~ ...)

3 long: 긍정문에 쓰이는 경우

long은 too, enough, as, so 등과 함께 긍정문에도 쓰인다.

> The meeting went on much **too long**. 회의는 너무 오래 계속되었다.
>
> I've been working here **long enough**. Time to get a new job.
> 나는 여기서 충분히 일할 만큼 일했다. 이제 새로운 직장을 구할 때다.
>
> You can stay **as long** as you want. 원하는 만큼 머물러도 돼.
>
> Sorry I took **so long**. 너무 오래 걸려서 미안해.
>
> I'll be back **before long**. 곧 돌아올게.
>
> She sits dreaming **all day long**. (all night/week/ year long도 가능)
> 그녀는 하루 종일 앉아서 몽상에 잠겨 있다.

long은 긍정문에서 부사나 접속사를 수식하기도 한다.

> We used to live in Paris, but that was **long before** you were born.
> 우리는 한때 파리에 살았는데 네가 태어나기 한참 전 일이다.
>
> **Long after** the accident he used to dream that he was dying.
> 그 사고가 난 한참 후에도 그는 자신이 죽어가는 꿈을 꾸곤 했다.
>
> **Long ago**, in a distant country, there lived a beautiful princess.
> 옛날 어느 먼 나라에 아름다운 공주가 살았다. (다소 격식을 차린 표현)

4 for a long time: 부정문에 쓰이는 경우

부정문에서 for a long time과 for long은 의미가 다르다. 비교)

- She didn't speak **for long**. (= She only spoke for a short time.)
  그녀는 길게 말하지 않았다. (= 그녀는 잠시 얘기했을 뿐이다.)

  She didn't speak **for a long time**. (= She was silent for a long time., For a long time she didn't speak) 그녀는 오랫동안 말을 하지 않았다. (= 그녀는 오래 침묵을 지켰다.)
- He didn't work **for long**. (= He soon stopped working.)
  그는 오래 일하지 않았다. (= 그는 곧 일하는 걸 멈췄다.)

  He didn't work **for a long time**. (= He was unemployed for a long time., For a long time he didn't work.)
  그는 오랫동안 일을 하지 않았다. (= 그는 오랫동안 실직 상태로 있었다.)

이런 차이는 부정어가 영향을 끼치는 범위와 관련이 있다. 첫 번째와 세 번째 문장에서는 for long이 not의 영향을 받지만, 두 번째와 네 번째 문장에서는 for a long time이 not의 영향을 받지 않는다. (두 번째와 네 번째 문장의 경우는 for a long time이 문두로 나갈 수도 있다.)

5 How long are you here for?

How long are you here for? 같은 의문문은 현재 시제지만 '앞으로 얼마나'라는 미래의 기간을 묻는다.

비교)

> **How long are you here for?** ~ Until the end of next week.
> 여기 얼마나 있을 거야? ~ 다음 주말까지.
>
> **How long have you been here for?** ~ Since last Monday.
> 여기 얼마나 있었어? ~ 지난주 월요일부터.

6 비교급

for a long time의 비교급은 (for) longer이다.

> I hope you'll stay **longer** next time.
> 다음 번에는 네가 더 오래 머물렀으면 좋겠다. (NOT ... ~~for a longer time.~~)

no longer는 ▸ 535 참조.
much, many, far 역시 의문문이나 부정문에 더 자주 쓰인다(▸ 165, 461 참조).

518 look

1 연결동사 (= '∼인 것 같다')

look은 'seem(∼인 것 같다)' 또는 'appear(∼인 듯하다)'와 동일한 의미로 쓰인다. 이때 look은 연결동사(▸ 11 참조)이므로 뒤에 형용사나 (영국 영어에서는) 명사가 온다.

> You **look angry** - what's the matter?
> 너 화난 것 같다. 무슨 일이야? (NOT ~~You look angrily~~ ...)
> I **looked a real fool** when I fell in the river.
> 강물에 빠졌을 때 내 모습이 정말 얼간이 같았다. (영국 영어)
> The garden **looks a mess.** 정원이 엉망인 것 같다. (영국 영어)

일시적이거나 잠정적인 양상이나 상태를 언급할 때는 단순 시제와 진행형 모두 쓸 수 있으며, 의미의 차이는 없다.

> You **look**/You're **looking** very unhappy. What's the matter?
> 너 아주 언짢아 보여. 무슨 일이야?

like나 as if(▸ 378 참조)를 look 뒤에 쓸 수도 있는데, 이 경우 대체로 진행형은 쓰지 않는다.

> She **looks like** her mother. 그녀는 어머니를 닮았다.
> It **looks as if** it's going to rain. 비가 올 것 같다. (NOT ~~It's looking as if~~ ...)
> She **looks as if** she's dreaming. 그녀는 마치 꿈꾸는 것 같다.
> She **looks like** she's dreaming. 그녀는 꿈꾸는 것 같다. (비격식체)
> (NOT ~~She looks like dreaming.~~)

격식을 차리지 않은 영국 영어에서 〈**look like + -ing**〉는 미래의 일을 언급한다.

> It **looks like being** a wet night. (= It looks as if it will be ...) 밤에 비가 올 것 같다.

〈**look + to부정사**〉 또한 격식을 차리지 않은 영국 영어에서 흔히 쓰인다.

> The team **look to repeat** their success. (= It looks as if they will ...)
> 그 팀이 또 성공할 것 같다.

2 일반동사 (= '바라보다')

look이 바라보는 행위를 나타낼 때는 대체로 형용사 대신 부사를 수반하며 뒤에 목적어가 올 때는 전치사(보통 at)를 쓴다.

> The boss **looked at me angrily.**
> 사장은 화가 나서 나를 쳐다봤다. (NOT ~~The boss looked at me angry.~~)

목적어가 없으면 전치사가 필요 없다.

Look! It's changing colour. 봐! 색깔이 바뀌고 있어. (NOT ~~Look at!~~ ...)

3 if 앞에는 쓰이지 않음

if나 whether 앞에는 look 대신 see 또는 look to see를 쓴다.

Could you **see if** Anna's in the kitchen?

애나가 주방에 있나 봐 줄래요? (NOT ~~Could you look if Anna's in the kitchen?~~)

What are you doing? ~ I'm **looking to see whether** these batteries are OK.

뭐하고 있어? ~ 이 배터리들이 이상 없나 살피고 있어. (NOT ~~I'm looking whether~~ ...)

4 look after, look for; fetch

look after는 어떤 대상을 돌보거나 보살피는 행위, look for는 어떤 대상을 찾는 행위를 지칭한다. 비교)

Could you **look after** the kids while I go shopping? 쇼핑 간 사이에 애들 좀 봐 주실래요?

I spent ages **looking for** her before I found her.

오랜 시간 찾아 헤맨 끝에 나는 그녀를 찾아냈다.

대상의 위치를 알고 있을 때는 look for 대신 fetch(가서 데리고 오다)를 쓴다.

I'm going to the station at three o'clock **to fetch** Daniel.

나는 3시에 역에 가서 다니엘을 데려올 것이다. (NOT ... ~~to look for Daniel.~~)

설득할 때 쓰이는 Look!은 ▶301.2 참조.　　look (at), watch, see의 차이는 ▶575 참조.

look (at), see, watch는 ▶575 참조.

look forward, hope, expect, wait는 ▶457 참조.

519 lose, loose

lose (/luːz/로 발음)는 불규칙 동사다(lose – lost – lost).

loose (/luːs/로 발음)는 형용사다(헐겁다는 의미로 반의어는 tight).

I must be **losing** weight – my clothes all feel **loose**.

살이 빠지고 있나봐. 옷이 전부 헐렁해. (NOT ~~I must be loosing weight~~ ...)

520 loudly, aloud

loudly는 큰 소리나 시끄러운 소리를 의미하는 부사로 반의어는 quietly(조용히)다.

They were talking **so loudly** I couldn't hear myself think.

그들이 너무 시끄럽게 떠드는 바람에 생각을 할 수가 없었다.

aloud가 read나 think와 함께 쓰이면 어떤 말이나 생각 따위가 그냥 머릿속에서 머무르지 않고 입밖으로 표현되는 상태를 지칭한다.

She has a very good pronunciation when she **reads aloud**.

그녀는 낭독할 때 발음이 무척 좋다.

What did you say? ~ Oh, nothing. I was just **thinking aloud**.
뭐라고 했어? ~ 아니, 아무것도 아냐. 그냥 혼잣말한 거야.

521 magic, magical

magic이 더 널리 쓰이며 관용표현으로 정착된 경우도 많다.
  a **magic** wand (= a magician's stick) 마술 지팡이 (= 마법사의 지팡이)
  the **magic** word 마법의 주문
  a **magic** carpet 마법의 양탄자

신비스럽고 경이로운 느낌, 또는 놀랍다는 느낌을 강조할 때 magic 대신 magical을 쓰기도 한다.
  It was a **magical** experience. 그건 정말 황홀한 경험이었어.

522 make: 전치사

가공된 사물의 재료를 나타낼 때 made of나 made from을 쓴다. 사물에서 재료의 물리적 특성이 남아 있으면 made of를 쓴다.
  Most things seem to be **made of** plastic these days.
  요즘은 대부분의 물건이 플라스틱으로 제조되는 것 같다.
  All our furniture is **made of** wood. 우리의 가구는 모두 목재로 제작되었다.

사물에서 재료의 물리적 특성이 없어지고 형태가 완전히 달라지면 made from을 쓴다.
  Paper is **made from** wood. 종이는 나무로 만든다. (NOT ~~Paper is made of wood.~~)

사물의 제조 과정을 언급할 때는 out of를 쓸 수 있다.
  He **made** all the window-frames **out of** oak; it took a long time.
  그는 모든 창문틀을 참나무로 만들었는데 시간이 꽤 걸렸다.

요리처럼 여러 가지 재료를 쓰는 경우 이들 재료 중 하나를 언급할 때는 make with를 쓴다.
  The soup's good. ~ Yes, I **make** it **with** lots of garlic.
  수프 맛있는걸. ~ 그럼, 난 마늘을 듬뿍 넣고 만들거든.

make의 사역 구문(예: He made us laugh)은 ▶107 참조.

make, do는 ▶435 참조.

male, masculine은 ▶464 참조.

523 marry, divorce

1 get married/divorced
비격식체에서는 목적어가 없는 경우 get married/divorced가 marry/divorce보다 널리 쓰인다.

Lulu and Joe **got married** last week.
룰루와 조는 지난주에 결혼했다. (Lulu and Joe married ...가 더 격식을 차린 표현)

The Robinsons are **getting divorced**. 로빈슨 부부는 이혼할 예정이다.

격식체에서는 marry와 divorce를 쓴다.

Although she had many lovers, she never **married**.
그녀는 애인은 많았지만 결혼을 하지는 않았다.

After three very unhappy years they **divorced**.
3년 동안의 매우 불행한 결혼 생활 끝에 그들은 이혼했다.

2 목적어 앞에 전치사 오지 않음

marry와 divorce는 전치사 없이 바로 직접목적어를 취한다.

She **married a builder**. 그녀는 건축업자와 결혼했다. (NOT She married with a builder.)

Andrew's going to **divorce Carola**. 앤드류는 캐롤라와 이혼하려고 한다.

3 get/be married to

〈**get/be married to + 목적어**〉 형태로도 쓴다.

She **got married to** her childhood sweetheart. 그녀는 어린 시절 단짝과 결혼했다.

I've **been married to** you for 25 years and I still don't understand you.
나는 당신과 25년을 부부로 함께 살았지만 아직도 당신을 이해할 수 없어.

524 the matter (with)

something, anything, nothing, what 뒤에 the matter (with)를 쓰면 고장이나 사고, 난처한 일 등을 의미한다.

Something's **the matter with** my foot. 내 발에 뭔가 문제가 있다.

Is anything **the matter**? 무슨 문제라도 있어?

Nothing's **the matter with** the car – you're just a bad driver.
자동차에는 문제가 없어. 네가 운전이 서투른 거지.

What's **the matter with** Frank today? 프랭크 오늘 이상한데, 왜 저래?

일종의 가주어 기능을 하는 there를 활용한 구문도 널리 쓰인다(▸20 참조).

There's something **the matter with** the TV. TV가 좀 이상해.

Is **there** anything **the matter**? 무슨 일 있어?

no matter what 등은 ▸253 참조.

525 maybe, perhaps

두 단어는 의미가 동일하며 모두 널리 쓰인다. 격식을 차린 영국 영어에서는 perhaps가 maybe보다 더 자주 쓰이며, 이 경우에 perhaps는 문장 가운데 들어갈 수도 있다(▸200 참조).

Maybe/Perhaps it'll stop raining soon. 아마도 비가 곧 그칠 것 같다.

Julius Caesar is **perhaps** the greatest of Shakespeare's early plays.

〈줄리어스 시저〉는 아마도 셰익스피어의 초기 희곡 중 가장 위대한 작품일 것이다.

526 mean

1 의문문

mean이 포함된 의문문 형식은 다음과 같다.

Excuse me. What **does** 'hermetic' **mean**?

죄송합니다만 'hermetic' 이 무슨 뜻인가요? (NOT ~~What means 'hermetic'?~~)

주의 단어를 어떤 의미나 의도로 사용했는지 물을 때는 전치사 by를 쓴다. (예: What do you mean **by** 'hermetic'?)

2 mean, think; meaning, opinion

mean과 meaning은 대체로 think(생각하다)와 opinion(의견)의 의미로 쓰이지 않는다.

I **think** that Labour will win the next election.

나는 노동당이 차기 선거에서 승리할 것이라 생각한다. (NOT ~~I mean that Labour will win~~ ...)

What's your **opinion**? 네 의견은 어때? (NOT ~~What's your meaning?~~)

3 형식

mean이 'intend(의도하다)', 'plan(계획하다)'의 의미일 때는 〈**목적어 + to부정사**〉를 취한다.

Sorry – I didn't **mean to interrupt** you. 미안해. 일부러 방해하려고 한 건 아니야.

Did you **mean Jack to pay** for everybody? 잭이 모든 사람을 위해 지불해야 한다는 거였니?

mean이 'involve(수반하다)', 'have as a result(어떤 결과를 낳다)'라는 의미일 때는 명사 또는 -ing형이 뒤따른다.

The Fantasians have invaded Utopia. This **means war!**

판타지언들이 유토피아를 침범했다. 전쟁이다!

If you decide to try the exam, it will **mean studying** hard.

그 시험을 보려고 결심했다면 열심히 공부해야 할 거야.

4 I mean

비격식체에서 설명을 덧붙이거나 상세한 내용을 추가하기 위한 담화 표지어로 쓰인다.

He's funny – **I mean**, he's really strange. 그 사람 희한해. 내 말은, 진짜 이상하다고.

It was a terrible evening. **I mean**, they all sat round and talked politics.

정말 끔찍한 저녁이었어. 무슨 말인가 하면, 모두가 빙 둘러앉아 정치 얘기를 했다니까.

Would you like to come out tonight? **I mean**, only if you want to, of course.

오늘밤에 외출하시겠어요? 제 말은, 물론 원하신다면 말이죠.

간단한 의견을 제시하기 위해 첫머리에 쓰는 I mean은 I think 또는 I feel과 비슷한 의미지만 뒤에 that을 붙이지 않는다.

A hundred pounds for a thirty-hour week. **I mean**, it's not right, is it?

주당 30시간에 100파운드라. 제가 보기에 이건 좀 부당한 것 같은데요, 안 그래요?

(BUT NOT ~~I mean that it's not right~~ ...)

격식을 차리지 않은 대화에서 I mean은 별 의미가 없는 연결어로 쓰인다.

> Let's go and see Jake on Saturday. **I mean**, we could make an early start ...
> 토요일에 제이크를 만나러 가자. 뭐, 일찍 출발하면…

잘못된 사항을 수정할 때도 쓰인다.

> She lives in Southport – **I mean** Southampton.
> 그녀는 사우스포트에 살고 있어. 아니, 사우샘프턴 말이야.

5 What do you mean ...?

이 구문은 분노나 항의를 표현하기도 한다.

> **What do you mean**, I can't sing? 이거 왜 이래, 내가 노래를 못 부른다고?
> **What do you mean** by waking me up at this time of night?
> 이런 한밤중에 날 깨우다니 도대체 뭐냐고?

6 진행형 사용 불가

mean이 '의미하다'라는 뜻으로 쓰이면 대체로 진행형으로 쓸 수 없다.

> What **does** that strange smile **mean**?
> 그 묘한 웃음은 무슨 의미야? (NOT What is that strange smile meaning?)

그러나 '의도'를 나타낼 때는 완료 진행형을 쓸 수 있다.

> **I've been meaning** to phone you for weeks. 몇 주 동안 네게 전화하려고 했어.

527 means

1 -s로 끝나는 단수와 복수

'수단', '방법'을 의미하는 means의 단수와 복수는 모두 means이다.

> In the 19th century a new **means** of communication was developed – the railway.
> 19세기에 새로운 통신수단이 개발되었다. 바로 철도다. (NOT ... a new mean of communication ...)
> There are several **means** of transport on the island. 그 섬에는 갖가지 운송 수단들이 있다.

이 밖에도 단수형이 -s로 끝나는 단어는 ▶ 117.3 참조.

2 by all/any/no means

by all means와 by all possible means는 서로 의미가 다르다. by all means는 상대방이 어떤 행위를 하도록 허락하거나 권장할 때 흔쾌히 승낙한다는 의미로 쓰인다. 비교)

> Can I borrow your sweater? ~ **By all means**. 네 스웨터 빌릴 수 있을까? ~ 물론이지.
> **By all means** get a new coat, but don't spend more than £150.
> 당연히 새 코트를 구입해도 되지만 150파운드 이상은 쓰지 마.
> We must help her **by all possible means**.
> 우리는 어떻게 해서든지 그녀를 도와야 한다. (NOT We must help her by all means.)

by no means와 not by any means는 by all means의 반의어가 아니다. by no means와 not by any means는 '결코 …이 아니다' 또는 '결코 ~하지 않다'라는 의미로 강한 부정을 나타

내며, definitely not 또는 not by a long way와 유사한 표현이다.

Is that all you've got to say? ~ **By no means.** 할 말 다 한 거니? ~ 절대 아니지.

Galileo was **by no means** the first person to use a telescope.
갈릴레오는 결코 망원경을 사용한 최초의 인물이 아니었다.

528 mind: do you mind 등

1 의미 및 용례

mind는 어떤 대상이나 행위를 싫어하거나 반대한다는 의미로 'dislike(싫어하다)', 'be annoyed by(짜증나다)', 'object to(반대하다)'와 비슷한 의미를 나타내며 대체로 의문문이나 부정문에 쓰인다.

Do you mind the smell of tobacco? ~ Not at all. 담배 냄새 괜찮으신가요? ~ 괜찮아요.

Do you mind if we leave a bit earlier today? 오늘 좀 일찍 자리를 떠도 될까요?

I don't mind if you use my car. 제 차를 쓰셔도 됩니다.

mind는 뒤에 -ing 또는 〈목적어 + -ing〉 형태를 취할 수 있다.

Do you **mind waiting** a few minutes? 몇 분만 기다려 주시겠어요? (NOT ... ~~to wait~~ ...)

I don't **mind you coming** in late if you don't wake me up.
나를 깨우지만 않는다면 늦게 들어와도 상관없어.

2 Would you mind ...?

Would you mind ...?는 상대방에게 무언가를 요청하거나 허락을 구할 때 쓰인다.

Would you mind opening the window? (= Please open ...) 창문 좀 열어 주시겠어요?

Would you mind if I opened the window? 창문을 열어도 될까요?

3 Do/Would you mind my -ing?

격식체에서는 mind 뒤에 my, your 등으로 동명사의 주어를 표시하기도 한다(▶94.3-94.4 참조).

Do you mind **my** smoking?
담배 좀 피워도 될까요? (... me smoking? 또는 ... if I smoke?가 더 일반적인 표현)

4 대답

Would/Do you mind ...?로 물을 때 허락을 의미하는 긍정의 대답으로는 No 또는 Not at all (격식체)을 쓴다. 그러나 허락의 의미를 명확히 하기 위해 몇 마디 덧붙이기도 한다.

Do you mind if I look at your paper? ~ **No, please do / that's OK / sure.**
당신 신문 좀 봐도 될까요? ~ 그럼요, 보세요/괜찮습니다/물론이죠.

5 시제

mind 뒤에 오는 종속절에서는 현재 시제로 미래를 나타낸다(▶231 참조).

I don't mind what the children **do** after they leave home.
아이들이 집을 떠난 후에는 그들이 무엇을 하든 개의치 않는다. (NOT ~~I don't mind what you will do~~ ...)

529 miss

1 '(겨냥한 것을) 놓치다, 빗맞히다', '(사람, 약속 등을) 늦어서 놓치다'

사람을 만나지 못했거나 사물을 찾지 못했을 경우, 또는 사람이나 교통수단 따위를 늦어서 놓쳤을 경우에 쓰인다.

> How could he **miss** an easy goal like that? 그는 어떻게 그렇게 쉬운 골을 놓쳤을까?
>
> The station's about five minutes' walk, straight ahead. You can't **miss** it.
> 역은 곧장 걸어서 5분쯤 가면 나와요. 쉽게 찾으실 거예요.
>
> If you don't hurry we'll **miss** the train.
> 서두르지 않으면 우린 기차를 놓칠 거야. (NOT ... ~~lose the train.~~)
>
> You've just **missed** her – she went home five minutes ago.
> 간발의 차이로 그녀를 놓치셨네요. 5분 전에 퇴근했어요.

miss 뒤에는 -ing형을 쓸 수 있다.

> I got in too late and **missed seeing** the news on TV.
> 나는 너무 늦게 들어오는 바람에 TV뉴스를 못 봤다.

2 '…이 없어 아쉽다'

어떤 사람 또는 사물과 더 이상 함께할 수 없어 유감스럽다는 감정을 표현할 때 miss를 쓴다.

> Will you **miss** me when I'm away? 내가 없는 동안 날 그리워할 거야?
>
> He's not happy in the country – he **misses** city life.
> 그는 시골에서 행복하지 않다. 그는 도시 생활을 그리워한다.

같은 의미로 regret은 쓸 수 없다. 비교)

> I **miss** working with you. (= I'm sorry I'm no longer with you.)
> 너와 함께 일하던 게 그리워. (= 너와 더 이상 함께 있지 못해 아쉬워.)
>
> I **regret** working with you. (= I'm sorry I was with you.)
> 너와 함께 일한 것이 후회돼. (= 너와 함께 일했던 게 유감이야.)

3 '…이 없어진 것을 알아채다'

'사람 또는 사물이 없어진 것을 알아채다'라는 의미로도 쓰인다.

> The child ran away in the morning, but nobody **missed** her for hours.
> 그 아이는 아침에 달아났지만 몇 시간 동안 아무도 그녀가 없어진 것을 눈치채지 못했다.

4 miss를 쓰지 않는 경우

사람이 어떤 것을 갖고 있지 않다는 사실을 언급할 때는 miss를 쓰지 않는다.

> In some of the villages they **haven't got** electricity.
> 몇몇 마을에는 전기가 들어오지 않는다. (NOT ... ~~they miss electricity.~~)

격식체에서는 동사나 명사로 쓰이는 lack으로 이런 의미를 표현한다.

> ... they **lack** electricity. … 전력이 공급되지 않는다.
>
> I am sorry that **lack** of time prevents me from giving more details.
> 시간이 부족해 좀 더 상세히 설명할 수 없어 아쉽군요.

5 missing

missing은 사라지고 없는 상태를 나타내는 형용사로 쓰인다. 이 경우 lost와 동일한 의미를 나타낸다.

> When did you realise that the money was **missing**? 돈이 사라진 것을 언제 알았니?
>
> The **missing** children were found at their aunt's house.
> 없어진 아이들은 그들의 숙모 집에서 발견되었다.

명사 뒤에도 missing을 쓸 수 있는데, 대체로 there is로 시작하는 문장에서 〈**명사 + missing**〉 구문을 쓴다.

> There's **a page missing** from this book. 이 책은 한 페이지가 빠져 있다.

비격식체에서는 〈have … missing〉의 형식도 가능하다.

> We've got some plates **missing** – do you think Luke's borrowed them?
> 접시 몇 개가 없어졌어요. 루크가 빌려갔을까요?
>
> He **had** several teeth **missing**. 그는 이가 몇 개 빠졌다.

접속사 **the moment**는 ▶ 495 참조.

530 name

사람의 이름은 예를 들어 Andy Barlow, William Shakespeare, Carol Jane Griffiths, Naseem Khan, Li Wei처럼 신원을 밝히는 표현이다. 상황에 따라 일부만 쓰일 수도 있지만 단어 name은 일부만을 의미하지는 않는다.

> **Name**, please? ~ Alan Bennett. 성함은요? ~ 앨런 베넷입니다.
>
> Hi. Come in. What's your **name**? ~ Jenny.
> 안녕하세요. 어서 들어오세요. 성함이 어떻게 되세요? ~ 제니입니다.
>
> My **name**'s Smith. I have an appointment with Mr Andrews.
> 제 이름은 스미스입니다. 앤드류스 씨와 약속이 있습니다.

성(surname, family name, last name)은 많은 문화에서 보통 부모에게서 자녀로 전해지는데, 예를 들어 Barlow, Shakespeare 등이 있다. 이름(first name, Christian name, given name(미국 영어))은 태어날 때 주어지는 부분으로, 예를 들어 Jessica, George Thomas, Alice Catherine 등이 있다.

('Christian name'이라는 표현은 일반적으로 다양한 문화권에서는 잘 쓰지 않는다.) 미국 사람들은 종종 두 개의 이름, 즉 한 개의 이름과 첫 글자(예: Philip C. Walter, F. Scott Fitzgerald)를 사용한다. 두 번째 이름은 'middle name(가운데 이름)'이라고 불린다. 영국 사람들은 가운데 이름을 덜 사용한다.

[주의] 어떤 문화에서는 성을 먼저 쓰기 때문에 'first name'과 'last name'이라는 용어는 때때로 혼동스러울 수도 있다.

이름의 사용에 대한 자세한 내용은 ▶ 327 참조.

531 near (to)

near는 전치사로 쓰일 수 있다. near to도 쓰이지만 near만 쓰는 것이 일반적이다.

> We live **near (to)** the station. 우리는 역 근처에 살고 있다.
>
> I put my bag down **near (to)** the door. 나는 가방을 문가에 내려놓았다.
>
> She was **near (to)** despair. 그녀는 거의 자포자기 상태였다.

near (to) 뒤에는 -ing형이 올 수 있다.

> I came very **near (to) hitting** him. 나는 하마터면 그를 칠 뻔했다.

to + -ing형은 ▶ 104.2 참조.　　nearest와 next의 차이는 ▶ 533 참조.

near, by는 ▶ 415 참조.

nearest, next는 ▶ 533 참조.

nearly, almost, practically는 ▶ 366 참조.

532 need

1 일반동사: Everybody needs to rest.

need는 일반동사로 가장 널리 쓰인다. 3인칭 단수 주어에는 -s를 붙이고 do를 써서 의문문과 부정문을 만든다. need 뒤에는 대체로 to부정사가 온다.

> Everybody **needs to rest** sometimes. 누구나 때로는 휴식이 필요하다.
>
> Do we **need to reserve** seats on the train? 기차 좌석을 예약해야 할까?

2 서법 조동사 형식: he needn't; need I?

조동사로도 쓰인다. 3인칭 단수 주어에 -s가 붙지 않으며, do를 쓰지 않고 의문문과 부정문을 만든다. 이 경우 need 뒤에는 동사원형이 온다.

> She **needn't reserve** a seat - there'll be plenty of room.
> 그녀는 좌석을 예약할 필요가 없어. 자리는 많을 거야.

조동사 용법의 need는 주로 부정문(needn't)에서 쓰인다. 또한 의문문, if절, 기타 '비긍정' 구문 (▶ 222 참조)에서도 쓰인다.

> You **needn't fill** in a form. 서식을 작성할 필요 없습니다.
>
> **Need** I fill in a form? 서식을 작성해야 하나요?
>
> I wonder **if** I **need fill** in a form. 제가 서식을 작성해야 하는지 궁금하네요.
>
> This is the only form you **need fill** in.
> 이 서식만 작성하시면 됩니다. (BUT NOT ~~You need fill in a form.~~)

이는 주로 영국 영어에서 쓰이는 용법으로 미국 영어에서는 have to/don't have to가 널리 쓰인다.

3 needn't; need I?: 당장의 필요성

need가 조동사로 쓰일 때는 대체로 당장의 필요성(immediate necessity)을 나타낸다. 주로 허가 여부를 묻거나 허락할 때, 특히 어떤 일을 안 해도 된다고 말할 때 쓰인다. 따라서 습관적이거나 통상적인 필요성에는 need를 조동사 용법으로 쓰지 않는다. 비교)

It's OK - you **needn't/don't need to pay** for that phone call.
괜찮아. 그 통화료는 낼 필요 없어.

You **don't need to pay** for emergency calls in most countries.
대부분의 나라에서는 긴급 전화의 통화료를 지불하지 않아도 된다.

(NOT ~~You needn't pay ... in most countries.~~)

4 미래의 필요와 의무

현재 시제로 미래의 필요성을 언급한다.

Need I **come** in tomorrow? 내일 제가 가야 하나요?

Tell her she **doesn't need to work** tonight. 그녀에게 오늘 밤에는 일할 필요 없다고 말하세요.

미래의 의무에 대해 언급하거나 미래에 대한 충고를 할 때 will need to를 쓸 수 있다. will need to를 쓰면 명령이나 지시가 강압적이고 직접적이라는 인상을 피할 수 있다.

We**'ll need to repair** the roof next year.
우리는 내년에 지붕을 수리해야 한다.

You**'ll need to start** work soon if you want to pass your exams.
시험에 합격하고 싶다면 곧 공부를 시작해야 할 거야.

You**'ll need to fill** in this form before you see the Inspector.
조사관을 만나기 전에 이 양식을 작성하셔야 합니다.

유사한 용법의 have to는 ▶ 74 참조.

5 need -ing: The sofa needs cleaning.

need 다음에 -ing형을 쓰면 수동형 부정사, 즉 〈**need to be + 과거분사**〉와 동일한 의미를 나타낸다. 주로 영국 영어에서 쓰이는 용법이다.

That sofa **needs cleaning** again. (= ... needs to be cleaned ...)
저 소파는 다시 세탁해야 한다.

일부 경우에는 〈**목적어 + -ing/과거분사**〉 구문도 가능하다.

You **need your head examining**.
제정신이 아니구나. (영국 영어) (OR ... examined.)

6 need not have + 과거분사

〈**need not have + 과거분사**〉는 이미 한 행위에 대해 사실상 할 필요가 없었다는 의미를 나타낸다.

You **needn't have woken** me up. I don't have to go to work today.
나를 깨울 필요 없었어. 오늘 출근 안 해도 되거든.

I **needn't have cooked** so much food. Nobody was hungry.
나는 그렇게 많은 음식을 할 필요가 없었어. 배고픈 사람이 없었거든.

한편, did not need to는 어떤 행위를 했는지 여부와 상관없이, 단지 그 일을 할 필요가 없었다는 의미를 나타낸다. 비교)

I **needn't have watered** the flowers. Just after I finished it started raining.
꽃에 물을 줄 필요가 없었다. 물을 주자마자 비가 오기 시작했다.

It started raining, so I **didn't need to water** the flowers.
비가 오기 시작해서 꽃에 물을 줄 필요가 없었다.

⟨**need never have + 과거분사**⟩는 ⟨**need not have + 과거분사**⟩보다 좀 더 강한 어조의 표현이다.

I **need never have** packed all that suncream – it rained every day.
자외선 차단제를 그렇게 잔뜩 챙길 필요가 없었다. 매일 비가 왔으니까.

7 need not, must not

need not 또는 do not need to는 어떤 행위를 할 의무가 없다는 의미를 나타낸다. 어떤 행위를 해서는 안 된다는 금지의 의미로는 must not을 쓴다. 비교)

You **needn't** tell Jennifer – she already knows.
제니퍼에게 말할 필요 없어. 벌써 알고 있으니까.

You **mustn't** tell Charlotte – I don't want her to know.
샬럿한테 말하면 안 돼. 난 그녀가 아는 걸 원하지 않아.

반드시 사실로 볼 수는 없다고 말할 때도 need not을 쓸 수 있다.

She looks quite ill. I'm sure it's flu. ~ It **needn't** be – maybe she's just over-tired.
그녀는 무척 아파 보여. 독감이 분명해. ~ 아닐 수도 있어. 아마 너무 지쳐서 그럴 거야.

⟨there is no need to ...⟩ 구문은 ▶20 참조.

533 next, the next; nearest

1 next week, month 등; the next week, month 등

the가 붙지 않는 next week, next month는 '다음 주', '다음 달'을 의미한다. 7월에 next month라고 말하면 8월을 의미한다. 2016년에 next year라고 하면 2017년을 지칭한다. the가 붙는 the next week, the next month는 말하는 시점을 기준으로 각각 7일간, 30일간의 기간을 의미한다. 2016년 7월 15일에 the next month라고 하면 7월 15일부터 8월 15일까지의 기간을 말하며, the next year라고 하면 2016년 7월부터 2017년 7월까지의 기간을 말한다. 비교)

- Goodbye – see you **next week**.
  잘 가. 다음 주에 봐. (NOT ... see you the next week.)

  I'll be busy for **the next week**. (= the seven days starting today)
  앞으로 1주일간은 바쁠 것이다. (= 오늘부터 7일간)

- **Next year** will be difficult. (= the year starting next January)
  내년은 힘든 해가 될 것이다. (= 내년 1월부터 시작되는 한 해)

  The next year will be difficult. (= the twelve months starting now)
  앞으로 1년간은 힘들 것이다. (= 지금부터 12개월간)

last와 the last의 차이도 이와 유사하다. ▶505 참조.

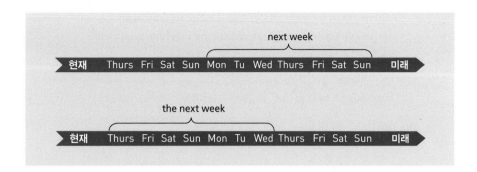

2 the next three ... 등

수가 포함된 어순에 유의한다.

I'll be at college for the next three years.
나는 앞으로 3년 동안 대학에 다닐 것이다. (NOT ... ~~the three next years.~~)

대체로 the next days라고 하지 않고 the next few days라고 한다.

The next few days will be wet. 앞으로 며칠은 비가 올 것이다.

3 next Sunday 등

next가 요일이나 월과 함께 쓰일 때 의미가 분명치 않은 경우도 있다.

See you next Sunday. ~ Do you mean this coming Sunday or the one after?
다음 일요일에 봐. ~ 돌아오는 일요일을 말하는 거니, 아니면 그 다음 주 일요일을 말하는 거니?

다음처럼 쓰면 오해를 피할 수 있다.

(1) 돌아오는 일요일: on Sunday, this Sunday, the/this Sunday coming, the/this coming Sunday, (on) Sunday this week

(2) 다음 주 일요일: on Sunday week, a week on Sunday, (on) Sunday next week

4 장소: next, nearest

장소에는 대체로 next보다 nearest가 흔히 쓰이며 지리적으로 가장 가깝다는 의미를 나타낸다.

Excuse me. Where's the nearest bank?
실례합니다. 가장 가까운 은행이 어디입니까? (NOT ... ~~the next bank?~~)

If you want to find Luke, just look in the nearest pub.
루크를 찾고 싶으면 가장 가까운 술집을 살펴보면 돼.

동작이나 방향을 언급할 때는 the next를 장소에 쓸 수 있으며 다음 차례에 위치한다는 것을 의미한다.

We get off at the next station. (= the station that we will come to next.)
우리는 다음 역에서 내린다. (= 우리가 다음에 도착하게 될 역)

It's not on this shelf; it's on the next shelf up. 그것은 이 선반에 없다. 한 칸 위 선반에 있다.

줄지어 늘어선 것들 중 가장 가까운 것을 언급할 때도 next를 쓴다.

My girlfriend lives next door. 내 여자친구는 바로 옆집에 산다.

Who works in the **next** office? 바로 옆 사무실에서 일하는 사람은 누구니?

The people at the **next** table were having a terrible argument.
바로 옆 테이블에 앉은 사람들이 심하게 말다툼을 벌이고 있었다.

next to는 'beside(…의 곁에)'를 의미한다.

Come and sit **next to** me. 이리 와서 내 곁에 앉아.

no, not은 ▶536 참조.

534 no doubt

no doubt는 확실성이 아니라 추측을 나타낸다. 따라서 'certainly(확실히)'가 아니라 'probably(아마)', 'I suppose(내 생각에)'와 유사한 의미로 쓰인다.

No doubt it'll rain soon. 아마 곧 비가 올 것이다.

You're tired, **no doubt**. I'll make you a cup of tea. 지쳤나 보구나. 내가 차 한잔 끓여줄게.

확실성을 표현할 때는 there is no doubt that(격식체), without any doubt(격식체), certainly, definitely를 쓴다.

There is no doubt that the world is getting warmer.
세계가 점차 더워지고 있다는 것은 의심할 나위가 없다. (NOT ~~No doubt the world is getting warmer.~~)

Cycling is **certainly** healthier than driving.
자전거 타기는 틀림없이 운전보다 건강에 더 유익하다.
(NOT ~~No doubt cycling is healthier than driving.~~)

doubtless는 no doubt와 의미가 유사하나 격식체에 가까운 표현이다. undoubtedly는 there is no doubt that과 비슷한 의미로 쓰인다.

동사 doubt의 구문은 ▶436 참조.

535 no more, not any more, no longer, not any longer

양이나 정도를 나타낼 때 명사 앞에 no more를 쓴다.

There's **no more** bread. 빵이 다 떨어졌다.

현대 표준 영어에서는 no more를 어떤 행위나 상황의 중단을 표현하는 부사로 쓰지 않는다. 그런 경우에는 no longer(대체로 동사 앞), not … any longer, not … any more를 쓴다.

I **no longer** support the Conservative party.
나는 더 이상 보수당을 지지하지 않는다. (NOT ~~I no more support~~ …)

This **can't** go on **any longer**. 이 상태로 계속 갈 수는 없어.

I'm **not** helping you **any more**. 더 이상 너를 도와주지 않을 거야.

미국 영어에서는 any more를 한 단어처럼 붙여 anymore로 쓰기도 한다.

Annie doesn't live here **anymore**. 애니는 더 이상 이곳에 살지 않는다.

no sooner, hardly, scarcely는 ▸480 참조.

north, northern 등은 ▸442 참조.

536 not, no

not을 써서 단어나 구, 절을 부정형으로 만든다.

Not surprisingly, we missed the train.
당연히 우리는 기차를 놓쳤다. (NOT ~~No surprisingly~~ ...)

The students went on strike, but **not the teachers**.
학생들은 수업을 거부했지만 교사들은 파업하지 않았다. (NOT ... ~~but no the teachers.~~)

I can see you tomorrow, but **not on Thursday**. 내일은 너를 볼 수 있지만 목요일에는 안 돼.

I **have not received** his answer. 나는 그의 응답을 받지 못했다.

no를 명사나 -ing형과 함께 쓰면 'not any 또는 not a/an(하나의 …도 없는)'을 의미한다.

No teachers went on strike. (= There weren't any teachers on strike.)
단 한 사람의 교사도 파업하지 않았다.

I've got **no Thursdays** free this term. (= I haven't got any Thursdays ...)
이번 학기에는 한가한 목요일이 하루도 없다.

I telephoned, but there was **no answer**. (= There wasn't an answer.)
전화를 했지만 받지 않았다.

NO SMOKING 금연

⟨동사 + not⟩과 ⟨no + 명사⟩가 서로 비슷한 의미로 쓰일 경우도 있다. ⟨no + 명사⟩ 형식이 대체로 강한 어조를 나타낸다.

There **wasn't** an answer. /There was **no answer**. 응답이 없었다. / 응답이 전혀 없었다.

537 nought, zero, nil 등

숫자 0은 영국 영어에서는 보통 naught라고 하고 미국 영어에서는 zero라고 한다. 숫자를 하나씩 셀 때 0은 알파벳 O를 발음하듯 oh라고 한다.

My account number is four one three **oh** six. OR ... four one three **zero** six.
내 계좌 번호는 41306번이다.

온도를 가리킬 때 0은 영국 영어와 미국 영어에서 모두 zero라고 한다. zero 뒤에는 복수 명사가 온다.

Zero degrees Celsius is thirty-two degrees Fahrenheit. 섭씨 0도는 화씨로 32도이다.

단체 경기에서 0점은 nil이라 부른다(미국 영어에서는 zero나 nothing). 테니스 경기에서는 0점을 love라고 한다. love는 달걀을 의미하는 프랑스어 l'oeuf에서 유래되었는데, 0이 달걀 모양이기 때문이다.

And the score at half-time is: Scotland three, England **nil**.
전반전 점수는 스코틀랜드가 3, 잉글랜드는 0입니다.

Forty-**love**; Andrews to serve. 40:0. 앤드류스 서브.

538 now (that)

now (that)은 이유나 원인을 나타내는 접속사 역할을 한다. 비격식체에서는 흔히 that을 생략한다(▶265 참조).

Now (that) Andrew is married, he has become much more responsible.
앤드류는 이제 결혼했으니 한층 어깨가 무거워졌다.

Now the exams are over I can enjoy myself. 시험이 끝났으니 이제 즐길 수 있다.

539 nowadays

nowadays는 부사로 'these days(요즘에는)', 'at the present time(지금)'을 의미한다.

People seem to be very depressed **nowadays**. 요즘 사람들이 무척 침울한 것 같다.

Nowadays we think nothing of space travel. 요즘에는 우주여행을 대수롭지 않게 여긴다.

nowadays는 형용사로는 쓸 수 없다.

I don't like **modern** fashions.
나는 모던한 패션을 좋아하지 않는다. (NOT ~~I don't like the nowadays fashions.~~)

540 of course

모든 사람이 알고 있는 사실이나 명백한 사실을 표현할 때 of course (not)을 쓴다.

It looks as if the sun goes round the earth, but **of course** that's not true.
태양이 지구 주위를 도는 것처럼 보이지만 당연히 그렇지 않다.

We'll leave at eight o'clock. Granny won't be coming, **of course**.
우리는 8시에 떠날 거야. 물론 할머니는 오시지 않을 거고.

상대의 요청을 정중히 허락할 때 '물론이죠', '그럼요'등의 의미로 of course를 쓸 수 있다.

Could you help me? ~ **Of course**. 좀 도와주시겠어요? ~ 물론이죠.

그러나 사실의 진술에 대해서 of course로 응답하면 무례하게 들릴 수 있다.

It's cold. ~ It certainly is.
추운데. ~ 정말 그렇네. (NOT ~~Of course it is.~~ Of course it is.라고 하면 뻔한 사실인데 굳이 말할 필요가 없지 않느냐는 의미가 된다.)

논지 전개에 쓰이는 of course는 ▶284.2, 301.3 참조.

541 often

often은 다양한 경우나 상황에서 되풀이되는 습관적 행동을 나타낸다. 반면에 하나의 상황에서 반복적으로 발생하는 일에는 다른 표현들 (예: a lot of times, several times, keep -ing)을 쓴다. 비교)

I **often** fell in love when I was younger. 나는 젊었을 때 곧잘 사랑에 빠지곤 했다.

I fell **several times** yesterday when I was skiing. OR I **kept falling** yesterday ...
나는 어제 스키를 타면서 여러 번 넘어졌다. (NOT ~~I often fell yesterday~~ ...)

주의 often은 /ˈɒfən/, /ˈɒftən/ 두 가지로 발음된다.

often을 비롯한 부정 빈도부사의 위치는 ▸198.1 참조.

on, about은 ▸352 참조.

장소를 나타내는 on, in, at은 ▸384 참조.

시간을 나타내는 on, in, at은 ▸386 참조.

542 once: 부사

once는 과거의 한때를 가리킨다는 점에 유의한다. 미래외 불특정 시점을 언급할 때는 sometime 또는 one day를 쓴다. 비교)

- I met her **once** in Venezuela. 나는 베네수엘라에서 그녀를 만난 적이 있다.
  Once upon a time there was a beautiful princess.
  옛날 옛적에 아름다운 공주가 살고 있었다.
- Come up and see me **sometime**. 언제 한번 보러와. (NOT ~~Come up and see me once.~~)
  We must go walking **one day**.
  우리 언제 한번 산책하러 가야지. (NOT ~~We must go walking once.~~)

once가 '(두 번, 세 번이 아닌) 한 번'을 의미할 때는 미래를 포함한 모든 시제에 쓸 수 있다.
  I'm only going to say this **once**. 딱 한 번만 얘기할 것이다.

주의 at once는 'immediately(즉시)'를 의미한다.
  Can I have the bill? ~ **At once**, sir. 계산서 주시겠어요? ~ 즉시 가져다 드리겠습니다, 손님.

543 once: 접속사

once는 'after(일단 ~하면)', 'as soon as(~하자마자)'를 의미하는 접속사로도 쓰인다. 보통 어떤 일이 끝나거나 완료되었음을 나타내므로 주로 현재 완료 시제와 함께 쓰인다.
  Once you've passed your test I'll let you drive my car.
  시험에 합격하기만 하면 내 차 몰게 해줄게.
  Once he had found somewhere to live he started looking for work.
  거처를 마련하자 그는 일자리를 찾기 시작했다.
  Once you know how to ride a bike you never forget it.
  자전거 타는 법은 한 번 익혀두면 절대 잊지 않는다.

주의 once 뒤에는 that을 쓰지 않는다. (NOT ~~Once that you've passed your test~~ ...)

접속사 뒤에 미래 완료 대신 현재 완료를 쓰는 용법은 ▸231 참조.

544 one of ...

one of 뒤에는 대체로 복수 명사를 쓴다.

> one of our **cats** 우리 고양이들 중 한 마리 (NOT ~~one of our cat~~)

때때로 one of 뒤에는 집단을 가리키는 단수 명사가 온다.

> Why don't you ask **one of the crew**? 승무원들 중 한 사람에게 물어봐.

뒤에 오는 동사는 대체로 단수형이다.

> One of our cats **has** disappeared.
> 우리 고양이들 중 한 마리가 사라졌다. (NOT ~~One of our cats have disappeared.~~)

one of 뒤에 오는 명사구에는 반드시 앞에 한정사(the, my, those 등)가 붙는다.

> **one of the/my/those** horses 그/나의/저 말들 중 한 마리 (BUT NOT ~~one of horses~~)

of는 생략할 수 없다.

> **one of** my friends 내 친구들 중 한 명 (NOT ~~one my friend~~ OR ~~one my friends~~)

She's one of the only women who have/has climbed Everest. 등의 문장은 ▸130.1 참조.

545 only: 초점부사

only는 위치에 따라 문장의 특정 성분을 지목하는 소위 '초점부사(focusing adverb)' 역할을 한다(▸199 참조).

1 주어에 초점을 두는 경우

only는 초점을 두는 주어 앞에 온다.

> **Only you** could do a thing like that. 너만이 그런 일을 할 수 있다.
> **Only my mother** really understands me. 어머니만이 진정으로 나를 이해하신다.

2 문장 내 다른 부분들에 초점을 두는 경우

only가 문장 내 다른 부분들에 초점을 두는 경우에는 동사와 함께 쓰이며, 중간 위치(▸200 참조)에 온다.

> She **only reads** biographies. 그녀는 오로지 전기만 읽는다.
> She **is only** on duty on Tuesdays. 그녀는 화요일에만 근무한다.
> I **only like** swimming in the sea. 나는 바다 수영만 좋아한다.
> I've **only been** to India once. 나는 인도에 딱 한 번 가봤다.
> She **was only** talking like that because she was nervous.
> 그녀는 단지 긴장해서 그런 식으로 말했던 것이다.

3 다양한 해석이 가능한 문장

때때로 only가 포함된 문장은 하나 이상의 의미로 해석될 수 있다.

> I **only** kissed your sister last night. (나는 어젯밤 네 여동생에게 '단지 입맞춤만 했다.'/나는 어젯밤 '네 여동생에게만' 입맞춤했다. /나는 '어젯밤에만' 네 여동생에게 입맞춤했다.)

구어에서는 화자가 대체로 only가 초점을 두고 있는 문장 성분에 강세를 두어 말하므로 강조하는 내용이 명확하게 드러난다. 문어에서도 대개 문맥상 only가 가리키는 내용이 분명히 드러난다. 그러나 필요한 경우에는 only를 목적어, 보어, 부사적 어구 바로 앞에 써서 정확한 의미를 전달할 수 있다. 이 어법은 다소 격식을 차린 표현에 해당한다. 비교)

> They **only** play poker on Saturday nights. (여러 가지 의미로 해석할 수 있는 문장)
> They play **only poker** on Saturday nights. 그들은 토요일 밤에 포커만 친다.
> They play poker **only on Saturday nights**. 그들은 토요일 밤에만 포커를 친다.

관계사를 이용하면 의미를 더욱 명확하게 드러낼 수 있다.

> Poker is **the only game** (that) they play on Saturday nights.
> 포커는 그들이 토요일 밤에 하는 유일한 게임이다.
> Saturday nights are **the only time (that) they play poker**.
> 토요일 밤은 그들이 포커를 치는 유일한 시간이다.

4 only today 등
only가 시간을 나타내는 어구와 함께 쓰이면 '그 시간이 되어서야(as recently as, not before)'를 의미한다.

> I saw her **only today** – she looks much better.
> 그녀를 오늘에야 보았는데, 훨씬 좋아진 것 같다.
> **Only then** did she realise what she had agreed to.
> 그제야 그녀는 자신이 무엇에 동의했는지 깨달았다.
> My shoes will **only** be ready **on Friday**. 내 신발은 금요일에나 준비될 것이다.

마지막 예처럼 only 뒤에 쓰인 도치 용법은 ▶270.7 참조.
only는 명사구에서 한정사 역할을 할 수도 있다(예: You are my only real friend).

---

546 open

1 open, opened
형용사로는 대체로 opened가 아니라 open을 쓴다.

> I can read you like an **open** book.
> 나는 펼쳐진 책처럼 네 생각을 훤히 읽을 수 있다. (NOT ... ~~an opened book.~~)
> Are the banks **open** this afternoon?
> 오늘 오후에 은행 문을 엽니까? (NOT ~~Are the banks opened ...?~~)

opened는 동사 open(열다)의 과거나 과거분사로 쓰인다.

> She **opened** her eyes and sat up. 그녀는 눈을 뜨고 일어나 앉았다.
> The safe was **opened** with dynamite. 그 금고는 다이너마이트로 열렸다.

2 open을 쓰지 않는 경우
open은 의복의 잠금 부분, 스위치, 꼭지(마개) 등을 연다는 의미로는 쓰지 않는다.

> I can't **untie/undo** this shoelace. 이 신발끈을 풀 수가 없다.(NOT ~~I can't open this shoelace.~~)
> How do you **unfasten** this belt? 이 벨트를 어떻게 푸나요?

Could you **turn/switch** the radio **on**? 라디오를 켜 주시겠어요? (NOT ~~open the radio?~~)
Who left the taps **turned on**? 누가 수도꼭지를 틀어 놨니? (NOT ~~Who left the taps open?~~)

closed와 shut은 ▶ 422 참조.

547 opportunity, possibility

opportunity는 주로 'somebody has the opportunity to do/of doing'의 형태로 쓴다.
I have the opportunity to go to Denmark next year. (= I **can** go ...)
내년에 덴마크에 갈 기회가 있다.

possibility는 이런 형식으로는 쓰지 않으며 보통 there is a possibility of something happening 구문으로 쓴다.
There's a possibility of my going to Denmark next year. (= I **may** go ...)
내년에 덴마크에 갈지도 모른다. (I have the possibility to go to Denmark ...보다 자연스러움)

548 opposite (형용사): 위치

서로 마주보고 있는 사물이나 대조되는 개념을 나타낼 때 명사 앞에 형용사 opposite를 쓴다.
I think the picture would look better on the opposite wall.
그 그림은 맞은편 벽에 더 잘 어울리는 것 같다.
She went off in the **opposite direction**. 그녀는 반대 방향으로 가버렸다.
I've got exactly the **opposite opinion** to yours. 나는 네 의견과 정반대다.
His brother was fighting on the **opposite side**. 그의 형은 반대편에서 싸우고 있었다.

'화자 또는 청자와 마주하고 있다'거나, '앞서 언급한 사람이나 장소와 마주하고 있다'는 의미로 명사 뒤에 opposite를 쓴다.
I noticed that the **man opposite** was staring at me.
나는 맞은편 남자가 나를 주시하고 있다는 것을 알아차렸다.
(NOT ... ~~the opposite man was staring at me.~~)
The woman she was looking for was in the **house** directly **opposite**.
그녀가 찾고 있던 여자는 바로 맞은편 집에 있었다.

opposite, contrary ▶ 428 참조.

549 opposite, facing, in front of

1 '(길, 방 등)의 맞은편에, 건너편에': opposite/facing
'도로/강/방을 가로질러 (맞은편에) 있다'는 의미로는 in front of를 쓰지 않는다. 이런 의미로는 대체로 opposite이나 facing을 쓰고 미국 영어에서는 across from을 쓴다.
There's a garage **opposite** my house.
우리 집 맞은편에 차량 정비소가 있다. (NOT ... ~~in front of my house.~~)

She stood at the other side of the table **facing** me.
그녀는 테이블 건너편에 나와 마주하고 섰다. (NOT ... ~~in front of me.~~)

The man sitting **across from** me was smoking a pipe.
내 맞은편에 앉아 있는 남자는 파이프 담배를 피우고 있었다. (미국 영어)

2 in front of, opposite

비교〉

There's a bus stop **in front of** the school. 학교 앞에 버스 정류장이 있다.
(버스 정류장과 학교는 같은 도로변에 있다.)

There's a bus stop **opposite** the school. 학교 맞은편에 버스 정류장이 있다.
(버스 정류장과 학교는 도로를 사이에 두고 맞은편에 있다.)

in front of는 '…의 앞에'라는 의미로 반의어는 behind다.

The woman **in front of** me at the ticket window had a complicated problem. I always find myself **behind** people like that.
매표소에서 내 앞에 서 있던 여자는 복잡한 문제가 있었다. 나는 항상 그런 사람들 뒤에 서게 된다.

3 in front of, in the front of

장소 밖에 있을 때는 〈**in front of** + 장소〉, 장소 안에 있을 때는 〈**in the front of** + 장소〉를 쓴다. 비교〉

We stood **in front of** her car so that she couldn't drive off.
우리는 그녀가 차를 몰고 가버리지 못하도록 차 앞에 섰다.

Her husband was sitting **in the front of** the car. He looked frightened.
그녀의 남편은 차 앞 좌석에 앉아 있었다. 그는 겁을 먹은 것처럼 보였다.

before와 in front of의 차이는 ▶397 참조.

550 other(s), another

1 other, others

other가 명사 앞에서 명사를 한정할 경우 복수형이 따로 없다.

Where are the **other** photos? 다른 사진들은 어디 있어? (NOT ... ~~the others photos?~~)

그러나 other가 단독으로 쓰이면 복수형도 가능하다.

I've got one lot of photos. Where are **the others**?
사진 한 뭉치는 나한테 있는데, 나머지는 어디 있지?

These are too small. Have you got any **others**? 이것들은 너무 작군요. 다른 건 없나요?

일반적으로 other(s)는 앞에서 명사가 언급되었을 경우, 즉 앞에 나온 명사(구)를 가리킬 경우에만 명사 없이 단독으로 쓸 수 있다. 그러나 (the) others가 (the) other people(다른 사람들)을 의미할 경우는 예외로, 앞서 나온 명사를 받지 않더라도 명사 없이 단독으로 쓴다.

He never thinks of **others**. 그는 절대로 다른 사람들을 생각하지 않는다.

Jake's arrived – I must tell **the others**. 제이크가 도착했어. 다른 사람들에게 얘기해줘야겠어.
(BUT NOT ~~On the phone, one cannot see the other~~ OR ~~He never listens to another~~)

2 형용사처럼 쓰이지 않음

other는 한정사 또는 대명사이므로 형용사와 똑같은 용법으로 쓸 수 없다. 따라서 대체로 other 는 연결동사 뒤에 올 수 없으며 other 앞에 부사가 올 수도 없다.

> I'd prefer a **completely different** colour.
> 차라리 전혀 다른 색깔이 좋겠다. (NOT ... a ~~completely other colour~~.)
> You **look different** with a beard. 턱수염을 기르니 달라 보인다. (NOT ~~You look other~~ ...)

one another는 ▶ 179 참조.

3 '하나 더', '조금 더'

another는 단수 가산명사와 함께 쓰여 '하나 더'를 의미한다.

> Could I have **another piece** of bread?
> 빵 한 조각 더 먹을 수 있을까요? (NOT ... ~~an other piece of bread~~.)

앞서 언급되어 의미가 분명한 경우 명사를 생략하거나 one으로 대체한다.

> Those cakes are wonderful. Could I have **another (one)**?
> 저 케이크 정말 맛있네요. 하나 더 먹을 수 있을까요?

불가산명사와 복수 명사에는 일반적으로 other 대신 more를 써서 '조금 더'의 의미를 나타낸다.

> Would you like some **more meat**? 고기 좀 더 드실래요? (NOT ... ~~other meat~~?)
> Would you like some **more peas**? 완두콩 좀 더 드실래요? (NOT ... ~~other peas~~?)

그러나 few나 기수의 수식을 받는 복수 명사 앞에는 another를 쓸 수 있다.

> I'm staying for **another few weeks**. 나는 몇 주 더 머물 계획이다.
> We need **another three chairs**. 우리는 의자가 세 개 더 필요하다.

그밖에 복수 명사 앞에 a(n)이 오는 경우는 ▶ 130.7 참조.

4 '다른'

(an)other는 '다른 (것)', '…이외에'의 의미로도 쓸 수 있다.

> I think we should paint it **another** colour. 그걸 다른 색으로 칠해야 할 것 같다.
> Have you got any **other** cakes, or are these the only ones?
> 다른 케이크도 있나요, 아니면 이게 전부인가요?

other people은 자신 외의 다른 사람들을 의미한다.

> Why don't you think more about **other people**? 다른 사람들을 조금 더 생각하렴.

551 out of

1 동작

전치사 into의 반의어로 '…의 밖으로'를 의미한다.

> She ran **out of** the room.
> 그녀는 방을 뛰쳐나갔다. (NOT ~~She ran out the room~~. OR ~~She ran out from the room~~.)
> I took Harry's photo **out of** my pocket. 나는 해리의 사진을 주머니에서 꺼냈다.

또한 사람/사물이 무언가를 통해 밖으로 나가는 동작을 묘사할 때, 'through(…을 통해)'의 의미로 out of를 쓴다.

> I walked **out of the front door** without looking back.
> 나는 뒤돌아보지 않고 정문을 통해 걸어나갔다.

> Why did you throw the paper **out of the window**? 왜 신문을 창문 밖으로 던졌니?

이 경우 미국 영어에서는 종종 of 없이 out만 쓰기도 한다.

> She turned and went **out the back door**. 그녀는 돌아서서 뒷문으로 나갔다. (미국 영어)

2 위치: '밖에 있는'

out of는 전치사 in의 반의어로도 쓰인다.

> I'm afraid Mr Pallery is **out of** the office at the moment.
> 죄송하지만 팰러리 씨는 지금 외근 중입니다.

into와 in은 ▸ 496 참조.

over, across, through는 ▸ 357 참조.

over, above는 ▸ 354 참조.

owing to, due to는 ▸ 439 참조.

552 own

1 소유격 뒤

소유격 뒤에만 쓸 수 있으며, 관사 바로 뒤에는 올 수 없다.

> It's nice if a child can have **his or her own** room.
> 아이가 자기 방을 가질 수 있다면 좋다. (NOT ... **an own room**.)

> Car rental is expensive. It's cheaper to take **one's own** car.
> 렌터카는 비싸다. 본인 소유 차량을 가지고 가는 편이 더 경제적이다. (NOT ... **the own car**.)

> I'm **my own** boss. 나는 자영업을 하고 있다.

2 a/some ... of one's own

of one's own 앞에 a/an뿐 아니라 some 같은 한정사도 올 수 있다.

> I'd like to have **a car of my own**. 내 차가 있으면 좋겠다.

> It's time you found **some friends of your own**. 이제는 너만의 친구들을 좀 찾아봐.

> He's got **no ideas of his own**. 그는 자신만의 생각이 전혀 없다.

3 own: 뒤에 명사 없이 단독 사용

mine, yours와 같은 소유대명사는 own과 함께 쓸 수 없으며, 의미가 분명한 경우 my own, your own 등의 뒤에 오는 명사는 생략할 수 있다.

> Would you like to use my pen? ~ No, thanks. I can only write with **my own**.
> 제 펜을 쓰시겠어요? ~ 아뇨, 괜찮습니다. 제 펜으로만 쓸 수 있어요. (NOT ... **mine own**.)

4 own, self

myself, yourself 등의 재귀대명사(▶ 178 참조)는 소유격 형태를 취하지 못한다. 대신 my own 등의 형태를 쓴다.

> I'll do it **myself**, and I'll do it in **my own** way.
> 나는 스스로 그 일을 할 것이고, 내 방식대로 하겠다. (NOT ... ~~in myself's way.~~)

> She can wash **herself** and brush **her own** hair now.
> 그녀는 이제 스스로 씻고 머리도 빗을 수 있다. (NOT ... ~~brush herself's hair.~~)

5 on one's own

on one's own은 '혼자서'와 '혼자 힘으로'라는 두 가지 의미로 쓰인다.

> My mother lives **on her own**. (= without company) 어머니는 혼자 살고 계신다.

> Don't help him. Let him do it **on his own**. (= without help)
> 그를 도와주지 마. 스스로 하게 놔 둬.

비슷한 용법으로 쓰이는 by oneself는 ▶ 178.7 참조.

553 part

형용사가 없을 경우 대체로 part of 앞에 a를 쓰지 않는다.

> **Part of** the roof was missing.
> 지붕 한쪽이 사라져 버렸다. (BUT **A large part** of the roof was missing.)

> **Part of** the trouble is that I can't see very well.
> 눈이 잘 안 보인다는 점도 힘들다. (A part of the trouble ... 보다 자연스러움)

> Jan was in Australia **part of** last year. 잔은 지난해 얼마 동안 호주에 있었다.

perhaps, maybe는 ▶ 525 참조.

permit, allow, let은 ▶ 365 참조.

554 place: a place to live 등

비격식체에서는 place 뒤에 to부정사나 관계사절이 바로 올 경우 흔히 전치사나 관계사를 생략한다.

> I'm looking for a **place to live**. 나는 거처를 구하고 있다.
> (... a place to live in 또는 ... a place in which to live가 더 격식을 차린 표현)

> There's no **place to sit down**. 앉을 자리가 없다.

> You remember the **place we had lunch?** (= ... the place (that) we had lunch at? OR ... the place where we had lunch?) 우리가 점심 먹었던 장소 기억해?

to부정사 앞에는 a place where를 쓰지 않는다.

> I'm looking for a **place (where) I can** wash my clothes. / a **place to** wash my clothes. 세탁소를 찾고 있어요. (NOT ... ~~a place where to wash my clothes.~~)

go places는 비격식체에서 '출세하다', '크게 성공하다'라는 의미로 쓰인다.

> That boy's going to **go places**, believe me. 저 소년은 출세할 겁니다. 틀림없어요.

way, time, reason 등을 쓰는 유사 구문은 ▶ 237.7 참조.

555 play, game

1 명사

play는 라디오나 텔레비전, 연극무대에서 상연 또는 공연되는 연극이나 연극의 대본인 희곡을 의미한다.

> 'Julius Caesar' is one of Shakespeare's early **plays**.
> 〈줄리어스 시저〉는 셰익스피어의 초기 희곡 작품 중 하나다.

game은 체스, 카드 등의 오락이나 축구 등의 운동 경기를 의미한다.

> Chess is a very slow **game**. 체스는 매우 느리게 진행되는 게임이다. (NOT ... a very slow play.)

play는 불가산명사로 일반적인 '놀이(playing)'를 의미할 수도 있다.

> Children learn a great deal through **play**. 아이들은 놀이를 통해 많은 것을 배운다.

2 동사

동사 act는 배우가 연극이나 영화에서 연기하거나 어떤 배역을 맡는 행위, play는 경기(게임)를 하거나 악기를 연주하는 행위를 지칭한다.

> My daughter is **acting** in her school play this year. 내 딸은 올해 학교 연극에 출연한다.
> Have you ever **played** rugby football? 럭비 경기를 해본 적 있니?

연극이나 영화에서 등장 인물의 이름 앞에 play를 쓰면 act(…의 역을 맡다)와 동일한 의미가 된다.

> I'll never forget seeing Olivier **play** Othello.
> 나는 올리비에의 오셀로 연기를 결코 잊지 못할 것이다.

556 please, thank you

1 요청

타인에게 공손하게 요청할 때 please를 쓴다.

> Could I have some more rice, **please**? 밥 좀 더 주시겠어요?
> Would you like some help? - Yes, **please**. 좀 도와드릴까요? ~ 예, 부탁 드려요.

please를 쓴다고 반드시 명령이 요청으로 바뀌는 것은 아니다. 비교)

> Stand over there. 저쪽에 서 있어라. (명령)
> **Please** stand over there. 저쪽에 서세요. (다소 부드러운 명령)
> Could you stand over there, **please**? 저쪽에 서 주시겠습니까? (공손한 요청)

Please do는 허락을 구하는 말에 대한 대답으로 다소 격식을 차린 표현이다.

> Do you mind if I open the window? ~ **Please do.** 창문 좀 열어도 될까요? ~ 예, 그러세요.

2 please를 쓰지 않는 경우

상대방의 말을 알아듣지 못해 다시 물을 때는 please를 쓰지 않는다.

> I've got a bit of a headache. ~ **I beg your pardon?**
> 두통이 좀 있습니다. ~ 뭐라고 하셨죠? (NOT ... ~~Please?~~)

물건을 건네줄 때는 please를 쓰지 않는다.

> Have you got a pen I could use? ~ Yes, **here you are.**
> 펜 좀 쓸 수 있을까요? ~ 예, 여기 있습니다. (NOT ... ~~Please.~~)

Thank you(아래 참조)에 대한 대답으로는 please를 쓰지 않는다.

> Thanks a lot. ~ **That's OK.** 정말 고마워요. ~ 천만에요. (NOT ... ~~Please.~~)

3 thank you, thanks

thanks는 thank you에 비해 격식을 덜 차린 표현이다. 관용어구:

> Thank you. 감사합니다. (NOT ~~Thanks you.~~)
> Thank you very much. 대단히 감사합니다.
> Thanks very much. 정말 고맙습니다.
> Thanks a lot. 정말 고마워요. (BUT NOT ~~Thank you a lot.~~)
> Thank God it's Friday. 드디어 주말이다! (NOT ~~Thanks God~~ ...)

very much를 강조할 때는 indeed(▶499 참조)를 쓴다. 다소 격식체 표현이다.

> Thank you very much **indeed.** 진심으로 감사합니다. (BUT NOT USUALLY ~~Thank you indeed.~~)

Thank you for / Thanks for 뒤에는 -ing형이 올 수 있으며, 이때 소유격은 붙일 필요가 없다.

> **Thank you for coming.** ~ Not at all. **Thank you for having** me.
> 방문해 주셔서 감사합니다. ~ 별 말씀을요. 초대해 주셔서 감사합니다.
> (NOT ~~Thank you for your coming.~~)

일부 영국 사람들은 Thanks의 의미로 Cheers(비격식체)를 쓰기도 한다.

4 수락과 거절

제의를 수락할 때 Yes, please의 의미로 Thank you / Thanks를 쓸 수 있다.

> Would you like some potatoes? ~ **Thank you.** ~ How many?
> 감자 좀 드시겠습니까? ~ 예, 주세요. ~ 얼마나 드릴까요?

거절의 의사를 분명히 밝힐 때는 No, thank you / No, thanks라고 한다.

> Another cake? ~ **No, thanks.** I've eaten too many already.
> 케이크 한 조각 더 드실래요? ~ 아뇨, 됐습니다. 벌써 많이 먹었습니다.

Yes, thanks는 주로 아무런 문제가 없다는 사실을 확인시켜 줄 때 쓰인다.

> Have you got enough potatoes? ~ **Yes, thanks.** 감자가 충분한가요? ~ 예, 충분해요.

5 감사에 대한 대답

영어에서는 Thank you에 대한 관습적인 대답이 따로 없다. 특히 영국인들은 사소한 일에 대해 고맙다는 인사를 들었을 때 별다른 대답을 하지 않을 때가 많다. 대답이 꼭 필요한 경우에는 Not at all(격식체), You're welcome, That's (quite) all right, That's OK(비격식체) 등을 쓴다. 또는 No problem(비격식체)이라고 대답하기도 한다. 비교)

> Could you pass the salt? ~ Here you are. ~ Thanks.
> 소금 좀 건네 주시겠어요? ~ 여기 있어요. ~ 고마워요. (대답 없음)
>
> Here's your coat. ~ Thanks. 코트 여기 있습니다. ~ 고마워요. (대답 없음)
>
> Thanks so much for looking after the children. ~ **That's all right. Any time.**
> 아이들을 돌봐 주셔서 정말 고마워요. ~ 천만에요. 언제든지 부탁하세요. (대답이 필요함)

일상 생활에 쓰는 관용표현들은 ▶329 참조.

557 point of view

point of view는 opinion(의견, 견해)과 동일한 의미를 나타낸다.

> Thank you for giving us your **point of view** / **opinion**. 의견 주셔서 감사합니다.

그러나 from somebody's point of view(…의 관점에서는)와 in somebody's view/opinion(…의 의견으로는)는 의미가 약간 다를 수도 있다. from somebody's point of view는 특정한 입장(이를테면 학생, 여성, 그리스인, 가톨릭 신자 등)에서 바라보는 관점을 의미하므로, 어떤 사건이나 현상에 직접 영향을 받는 특정인의 입장을 설명할 때 쓰인다. 비교)

– **In my opinion**, war is always wrong. (= I think war ...)
  제 생각에 전쟁은 결코 옳지 못한 것 같습니다.
  (NOT ~~From my point of view, war is always wrong.~~)
  He wrote about the war **from the point of view of the ordinary soldier**.
  그는 평범한 군인의 눈에 비친 전쟁을 주제로 책을 썼다.

– **In my view**, it's a pretty good school. 내가 보기에는 꽤 괜찮은 학교인 것 같다.
  You have to judge a school **from the child's point of view**.
  아이들의 눈높이에서 학교를 판단해야 한다.

– **In Professor Lucas's opinion**, everybody should work a 20-hour week.
  루카스 교수의 견해는 모든 사람이 주당 20시간을 일해야 한다는 것이다.
  From the employers' point of view, this would cause a lot of problems.
  고용주의 관점에서 보면 이는 많은 문제를 야기할 것이다.

558 politic, political

드물기는 하지만 politic은 '현명한', '신중한'이라는 의미로 쓰이기도 한다.

> I don't think it would be **politic** to ask for a loan just now.
> 지금 당장 대출을 신청하는 건 현명하지 못한 것 같다.

political은 '정치와 관련된', '정치적인'이라는 의미로 쓰인다.

> **political** history 정치사　　　　　a **political** career 정치경력

559 politics, policy

politics(항상 -s가 붙지만 대체로 단수로 취급함 ▸117.3 참조)는 정치와 관련된 어휘로 문맥에 따라 '정계', '정치학', '정치적 이념' 등을 의미한다.

> I don't know much about **politics**, but I don't think this is a democracy.
> 나는 정치에 대해 잘 모르지만 이것이 민주주의는 아닌 것 같다.

> You talk beautifully – you should be in **politics**. 청산유수로군. 정계로 진출해도 되겠어.

policy는 '정책', '방침', '방책' 등을 의미하며 반드시 정치적 사안을 지칭하지는 않는다.

> After the war, British foreign **policy** was rather confused.
> 종전 후 영국의 외교 정책은 다소 혼란스러웠다. (NOT … ~~British foreign politics~~ …)

> It's not my **policy** to believe everything I hear.
> 귀에 들리는 대로 전부 믿는 건 내 방식이 아니다.

> It's the company's **policy** to employ a certain number of handicapped people.
> 일정 수의 장애인을 고용하는 것이 그 회사의 방침이다.

possibility, opportunity는 ▸547 참조.

practically, nearly, almost는 ▸366 참조.

560 prefer

동사 prefer는 두 가지 행위 중 어느 하나를 더 선호한다는 의미를 나타낸다. 이때 비교되는 두 가지 행위를 -ing형으로 쓸 수 있으며 두 번째 -ing형 앞에 to나 rather than(격식체)을 붙인다.

> I prefer **riding to walking**.
> 나는 걷는 것보다 차를 타는 게 더 좋다. (NOT ~~I prefer riding to walk.~~)

> She prefers **making** toys for her children **rather than buying** them.
> 그녀는 아이들에게 장난감을 사주기보다는 만들어주는 것을 더 좋아한다.

또한 prefer 뒤에 to부정사도 올 수 있는데, 특히 would prefer 다음에는 대체로 to부정사를 쓴다. 이 경우 rather than 뒤에 -ing형과 원형부정사를 모두 쓸 수 있다.

> She **prefers to make** toys for her children **rather than buy/buying** them.
> 그녀는 자녀들에게 장난감을 사주기보다는 만들어 주는 것을 더 좋아한다.

> I **would prefer to stay** at home **rather than drive/driving** to your mother's.
> 차를 몰고 너희 어머니 댁에 가느니 차라리 집에 있겠다.

to 뒤에 -ing형이 오는 경우는 ▸104.2 참조.

561 presently

presently는 'at present(현재)', 'now(지금)'를 의미하며, 대체로 중간 위치(▸200 참조)에 온다.

> Professor Holloway is **presently** working on plant diseases.
> 홀로웨이 교수는 현재 식물의 질병을 연구하고 있다.

The Manager is **presently** in Canada, but he will contact you on his return.
부장님은 현재 휴가 중이시지만 돌아오면 연락을 드릴 겁니다.

presently는 'not now, later(조금 있다가)', 'in a minute(곧)'의 의미로도 쓰인다.
이런 의미로 쓰일 때는 대체로 문미에 위치하며 단축형 대답에도 쓰인다.

He's having a rest now. He'll be down **presently**. 그는 지금 쉬고 있어. 곧 내려올 거야.
Can I have an ice cream? ~ **Presently**, dear. 엄마, 아이스크림 먹어도 돼요? ~ 조금 있다가.

pretty, fairly, quite, rather는 ▶460 참조.

562 price, prize

price는 물건을 살 때 지불하는 가격을 의미하며, prize는 특출한 성과를 올리거나 대회나 시합
에서 우승했을 때 받는 상을 의미한다.

What's the **price** of the green dress?
그 녹색 드레스의 가격은 얼마입니까? (NOT ... ~~the prize of the green dress?~~)

She received the Nobel **prize** for physics.
그녀는 노벨 물리학상을 수상했다. (NOT ... ~~the Nobel price~~ ...)

563 principal, principle

이 두 단어는 발음이 같다. principal은 형용사로 'main(주요한)', 'most important(가장 중요
한)' 등을 의미한다.

What's your **principal** reason for wanting to be a doctor?
의사가 되려고 하는 가장 큰 이유는 무엇입니까? (NOT ... ~~your principle reason~~ ...)

principal은 명사로 '학장, 총장(특히 영국에서)', '교장'을 의미한다.

If you want to leave early, you'll have to ask the **Principal**.
조퇴를 하고 싶다면 학장님께 문의해야 한다.

principle은 과학적 법칙 또는 도덕적 원칙을 의미한다.

Newton discovered the **principle** of universal gravitation.
뉴턴은 만유인력의 법칙을 발견했다. (NOT ... ~~the principal of universal gravitation.~~)

She's a girl with very strong **principles**. 그녀는 매우 확고한 원칙을 지닌 여성이다.

quickly, soon, early는 ▶591 참조.

564 quite

1 두 가지 의미

영국 영어에서 quite는 두 가지 의미로 쓰인다. 비교)

It's **quite** good, but it could be better. (= It's OK, not bad.)
그럭저럭 괜찮기는 한데 별로야. (= 나쁘지는 않다.)

It's **quite** impossible. (= It's completely impossible.)
절대 불가능해. (= 완전히 불가능하다.)

good은 정도를 나타낼 수 있는 형용사(gradable adjective)로 대체로 비교급, 최상급을 만들 수 있는 형용사에 속한다. 그러므로 긍정문에서 quite가 이런 형용사를 수식할 경우, 대체로 '상당히', '어느 정도'를 의미한다 (▶460 참조). 그러나 impossible은 정도를 나타낼 수 있는 형용사가 아니므로 더욱 불가능하거나 덜 불가능하다는 표현은 할 수 없다. 따라서 quite가 이처럼 정도를 나타낼 수 없는(non-gradable) 형용사를 수식하면 '완전히'를 의미한다.

- I'm **quite tired**, but I can walk a bit further. 좀 지치기는 했지만 더 걸을 수 있어.
  I'm **quite exhausted** – I couldn't walk another step.
  완전히 기진맥진이야. 한 발짝도 더 못 떼겠어.
- It's **quite surprising**. 꽤 놀랍다. (fairly surprising과 비슷한 의미)
  It's **quite amazing**. (= absolutely amazing) 정말 놀랍다.
- He speaks Portuguese **quite well**, but he's got a strong English accent.
  그는 포르투갈어를 꽤 능숙하게 구사하지만 영국식 액센트가 강하다.
  He speaks Portuguese **quite perfectly**. 그는 포르투갈어를 아주 완벽하게 구사한다.
- I **quite like** her, but she's not one of my closest friends.
  나는 그녀를 꽤 좋아하지만 절친한 사이는 아니다.
  Have you **quite finished**? (= Have you completely finished?) 다 끝났어?

미국 영어에서는 quite가 정도를 나타낼 수 있는 형용사를 수식할 경우 'fairly(상당히)/rather (다소)' 보다는 'very(매우)'에 가까운 의미로 쓰인다.

2 명사와 함께 쓸 때의 어순

〈quite + a/an + 명사〉 형태로 쓸 수 있다. 정도를 나타낼 수 있는 형용사가 있거나 형용사 없이 바로 명사가 올 경우 quite는 대체로 관사(a/an)앞에 위치한다.

It's **quite a nice** day. 날씨가 꽤 좋다.
We watched **quite an interesting** film last night.
우리는 어젯밤 상당히 재미있는 영화를 보았다.
She's **quite a** woman! 그녀는 대단한 여자야!
The party was **quite a** success. 파티는 꽤 성공적이었다.

영국 영어에서는 정도를 나타낼 수 없는 형용사를 수식할 경우 대체로 부정관사 a/an을 quite 앞에 쓴다.

It was **a quite perfect** day. 정말 완벽한 날이었다. (미국 영어: It was quite a perfect day.)

정관사 the앞에서 '정확히(exactly)', '완전히(completely)'라는 의미로 쓰이기도 한다.

He's going **quite the** wrong way. 그는 완전히 잘못된 길로 가고 있다.
quite the opposite 정반대

3 비교급

quite는 비교급 바로 앞에 쓸 수 없다. 비교급 앞에는 rather / much / a bit 등을 쓴다.

She's **rather / much / a bit older** than me.
그녀는 나보다 다소/훨씬/약간 나이가 많다. (BUT NOT ~~She's quite older ...~~)

그러나 '병에서 완전히 회복되었다'는 의미로 quite better를 쓸 수 있다.

quite similar는 '제법 유사하다', quite different는 '판이하게 다르다'는 의미를 나타낸다.

4 quite a bit/few/lot 등

격식을 차리지 않은 표현들인 quite a bit/few는 quite a lot(상당히 많은)과 유사한 의미를 나타낸다.

> We're having **quite a bit** of trouble with the kids just now.
> 우리는 지금 아이들 때문에 상당한 어려움을 겪고 있다.

> We thought nobody would be there, but actually **quite a few** people came.
> 우리는 아무도 거기에 오지 않으리라 생각했지만 실은 상당히 많은 사람들이 왔다.

5 not quite

not quite는 '전적으로/반드시 ~하지는 않는다'라는 의미로 쓰이며, 형용사, 부사, 동사, 명사 앞, 또는 〈**the + 명사**〉 앞에 쓸 수 있다.

> I'm **not quite** ready – won't be a minute. 아직 준비가 덜 됐어. 잠깐이면 돼.

> She didn't run **quite fast** enough for a record.
> 그녀는 기록을 경신할 정도로 빠르게 달리지는 않았다.

> I don't **quite** agree. 나는 전적으로 찬성하지는 않는다.

> That's **not quite** the colour I wanted. 내가 바라던 바로 그 색깔은 아니다.

quite, fairly, pretty, rather는 ▶460 참조.

565 rather: 정도부사(rather good 등)

1 의미

rather는 정도를 나타내는 부사로 quite(상당히), fairly(꽤)와 비슷한 의미지만 좀 더 어조가 강한 표현이다(▶460 참조). 미국 영어에서는 rather를 이런 용법으로 쓰는 경우가 드물다.

> The film was **rather** good. 그 영화는 썩 괜찮았다.

> Some people **rather** like being miserable. 비참한 신세가 되는 걸 즐기는 듯한 사람들도 있다.

> It's **rather** later than I thought. 내가 생각했던 것보다는 늦은 편이다.

> I **rather** think we're going to lose. 우리가 질 것 같다는 생각도 든다.

rather를 써서 평소보다 또는 예상이나 원하는 것보다 더욱 어떠하다는 의미를 나타낼 수도 있다.

> How was the film? ~ **Rather** good – I was surprised.
> 영화 어땠어? ~ 생각보다 괜찮았어. 놀랐어.

> She sings **rather** well – people often think she's a professional.
> 그녀는 노래를 썩 잘해. 사람들이 전문가수로 착각하기도 해.

> It's **rather** warm in here. Let's open a window. 여기 실내가 너무 더워. 창문을 열자.

2 어순

rather는 대체로 관사 앞에 쓰지만, 형용사가 있으면 부정관사 a/an 뒤에 쓰기도 한다.

> That's **rather the** impression I wanted to give. 내가 남기고 싶었던 인상이 바로 그런 것이다.

He's **rather a** fool. 그는 좀 바보 같다.

Megan's had rather a good idea.
메건에게 썩 괜찮은 생각이 있다. (OR Megan's had **a rather good** idea.)

3 복수 명사

형용사를 수반하지 않은 복수 명사 앞에는 대체로 rather를 쓰지 않는다.

NOT ~~They're rather fools.~~

---

566 rather: 선호

1 rather than

rather than은 주로 두 개의 형용사, 부사, 명사, 부정사, -ing형 등이 병치 구조를 이룰 때 쓰인다.

I'd call her hair **chestnut rather than brown**.
나는 그녀의 머리색깔이 갈색이라기보다는 밤색에 가깝다고 본다.

I'd prefer to go **in August rather than in July**. 나는 7월보다는 8월에 가고 싶다.

We ought to invest in **machinery rather than buildings**.
우리는 건물보다는 기계장비에 투자해야 한다.

I prefer **starting** early **rather than leaving** things to the last minute.
나는 일을 마지막까지 내버려 두기보다는 일찌감치 시작하는 편을 선호한다.

주절에 to부정사가 있을 경우 rather than 뒤에 대체로 동사원형이나 -ing형을 쓴다.

I decided **to write rather than phone/phoning**.
나는 전화를 하기보다 편지를 쓰자고 결심했다.

Rather than use/using the car, I decided **to go** by bike.
나는 차를 이용하기보다 자전거를 사기로 마음먹었다.

2 would rather

would rather 뒤에 동사원형을 써서 'would prefer to(차라리 ~하고 싶다)' 라는 의미를 나타내며 흔히 'd rather로 축약해 쓴다.

Would you **rather stay** here or go home? 여기 있을래, 아니면 집에 갈래?

How about a drink? ~ I'**d rather have** something to eat.
한잔 어때? ~ 요깃거리나 좀 먹을래.

부정형은 would rather not이다.

I'**d rather not** go out tonight. 오늘 밤에는 나가기 싫어. (NOT ~~I wouldn't rather ...~~)

주의 would rather like(영국 영어)는 어떤 것보다 다른 어떤 것을 더 좋아한다는 선호의 의미를 내포하지 않는다. 이 경우 rather는 '꽤', '무척'을 의미하므로 would rather like는 어떤 행위나 대상을 간절히 원한다는 의미를 나타낸다.

I'**d rather like** a cup of coffee. (= I'd quite like ...) ~ Oh, would you? I'**d rather have** a glass of beer. (= I'd prefer ...) 커피 한 잔이 무척 당기네. ~ 아, 그래? 난 맥주 한 잔 하고 싶은데.

3 would rather : 과거 시제로 현재나 미래를 나타내는 경우

타인에게 어떤 행위를 바랄 때 would rather를 쓸 수 있으며, 이 경우 과거 시제를 쓰는 특수 구문을 활용한다.

> would rather + 주어 + 과거 시제

I'd rather you went home now. 나는 네가 지금 집에 갔으면 좋겠어.

Tomorrow's difficult. **I'd rather you came** next weekend.
내일은 힘들어. 다음 주에 오면 좋겠어.

My wife **would rather we didn't see** each other any more.
아내는 우리가 이제 그만 헤어지기를 바란다.

Shall I open a window? ~ **I'd rather you didn't.** 창문을 열까? ~ 열지 않았으면 좋겠어.

would rather 뒤에 현재 시제나 가정법 현재형을 쓸 수도 있지만(예: I'd rather **he goes** / **he go** home now. 그 사람이 그만 집에 간다면 좋을 텐데.) 흔하지는 않다. 과거의 행위를 언급할 때는 과거 완료시제도 쓸 수 있다.

I'd rather you **hadn't done** that. 네가 그러지 않았으면 좋았을 텐데.

그러나 이런 의미로는 대체로 I wish를 쓴다(▶ 632 참조).

I wish you hadn't done that. 네가 그러지 않았더라면 좋았을 텐데.

고대 영어에서는 would rather와 같은 의미로 had rather가 쓰였는데 아직도 문법에서는 볼 수 있는 표현이지만 실제로 쓰이는 경우는 드물다.

과거 시제가 현재나 미래를 나타내는 기타 구문은 ▶ 46 참조.

4 or rather

자신이 한 말을 바로잡을 때는 or rather를 쓴다.

He's a psychologist – **or rather**, a psychoanalyst.
그는 심리학자다. 좀 더 정확히 말하면 정신분석학자다. (NOT ... or better, a psychoanalyst.)

5 would rather, had better

would rather(= would prefer)는 선호를 나타내며 had better(= should ▶ 77 참조)는 가벼운 의무를 나타낸다. 비교)

I suppose **I'd better** clean the windows, but **I'd rather** watch TV.
창문을 닦아야 하지만 그냥 TV나 볼래.

rather, quite, pretty, fairly는 ▶ 460 참조.

567 reason

전치사 for는 reason 앞이나 뒤에 올 수 있다.

I need to talk to you **for two reasons.** 두 가지 이유로 너와 얘기 좀 나눠야겠어.

What's the real **reason for** your depression?
우울한 진짜 이유가 뭐지? (NOT ... reason of your depression?)

reason 뒤에 why나 that으로 시작되는 절이 오기도 한다.

> The **reason why** I came here was to be with my family.
> 내가 여기 온 이유는 가족과 함께 지내기 위해서였다.

> Do you know the **reason that** they're closing the factory?
> 그들이 공장을 폐쇄하는 이유를 압니까?

비격식체에서는 흔히 why/that을 생략한다.

> The reason she doesn't like me is that I make her nervous.
> 그녀가 나를 좋아하지 않는 까닭은 내가 그녀를 긴장하게 만들기 때문이다.

reason 뒤에 because절을 보어로 쓰는 형태는 문법에 어긋난다는 견해도 있다. (예: Sorry I'm late – the reason is because I overslept. 늦어서 미안해. 늦잠을 잤지 뭐야.)

568 remind, remember

1 의미: remind, remember

이 두 동사는 의미가 서로 다르다. remind는 '누군가에게 어떤 사실을 기억하도록 일깨우다'라는 의미다. 비교)

- **Remind** me to call Andy. 앤디에게 전화하라고 일깨워줘. (NOT ~~Remember me to call~~ ...)
  I'm afraid I won't **remember** to call Andy. 앤디에게 전화하는 걸 잊어버릴까 봐 걱정돼.
- This sort of weather **reminds** me of my home.
  이런 날씨는 나에게 고향을 떠올리게 한다. (NOT ~~This sort of weather remembers me~~ ...)
  This sort of weather makes me **remember** my home.
  이런 날씨는 나에게 고향을 기억하게 만든다.

[주의] remember가 안부를 전한다는 의미로도 쓰인다는 점에 유의한다. (예: **Remember** me to your parents. 너희 부모님께 내 안부 전해줘.)

⟨remember + -ing⟩나 ⟨remember + to부정사⟩는 ▶ 105.1 참조.

2 구문

remind 뒤에는 to부정사(행위)와 that절(사실)을 모두 쓸 수 있다.

> Please **remind me to go** to the bank.
> 은행에 가야 한다고 좀 일깨워줘. (NOT ~~Please remind me of going~~ ...)

> I **reminded him that** we hadn't got any bread left.
> 나는 그에게 빵이 전혀 남지 않았다는 사실을 일깨워주었다.

3 remind ... of ...

remind ... of는 어떤 사람이나 사물이 과거의 일이나 잊고 있던 어떤 사실을 일깨워줄 때 쓰는 표현이다.

> The smell of hay always **reminds** me **of** our old house in the country.
> 건초 냄새는 나에게 항상 시골 고향집을 떠올리게 만든다. (NOT ... ~~reminds me our old house~~ ...)

> **Remind** me **of** your phone number. 네 전화번호 다시 알려줘.

비슷하다는 의미를 표현할 때도 remind ... of를 쓸 수 있다.

> She **reminds** me **of** her mother. (= She is like her mother.)
> 그녀를 보면 그녀의 어머니가 생각난다. (= 그녀는 어머니를 닮았다.)

rent, let, hire은 ▶486 참조.

569 (the) rest

the rest는 '나머지'를 의미하며 단수 형태로 항상 the와 함께 쓴다.

> We only use three rooms. **The rest** of the house is empty.
> 우리는 방을 세 개만 사용한다. 집의 나머지 방들은 비어 있다.

쓰거나 먹고 남은 것, 또는 부서지고 난 뒤 남은 것을 언급할 때는 대체로 다른 단어를 쓴다.

> There were **remains** of the meal all over the floor.
> 먹다 남은 음식들이 온통 바닥에 널려 있었다. (NOT ~~There were rests~~ ...)
> Supper tonight is **leftovers** from lunch. 오늘 저녁은 점심 때 남은 음식이다. (NOT ... ~~rests~~ ...)
> If you divide 100 by 12, **the remainder** is 4. 100을 12로 나누면 나머지는 4가 된다.

the rest가 복수를 지칭할 때는 동사도 복수형을 쓴다.

> There are four chocolates for Penny, four for Joe and **the rest are** mine.
> 페니 몫의 초콜릿이 4개 있고, 조 몫이 4개, 그리고 나머지는 내 몫이다. (NOT ...~~the rest is mine.~~)

rise, arise는 ▶375 참조.

570 road, street

1 차이

street는 양쪽에 집들이 늘어서 있는 도시나 마을의 거리를 의미하며 시골길을 말할 때는 쓰지 않는다.

> Cars can park on both sides of the **street** here. 이곳에서는 도로 양쪽에 주차할 수 있다.
> Our village has only got one **street**. 우리 마을에는 도로가 하나뿐이다.

road는 도시와 시골에 모두 쓸 수 있다.

> Cars can park on both sides of our **road**. 우리 도로에서는 길 양쪽에 주차할 수 있다.
> The **road** out of our village goes up a steep hill.
> 우리 마을에서 나가는 길은 가파른 언덕길이다. (NOT ~~The street out of our village~~ ...)

2 거리 이름: 강세

거리 이름의 경우 대체로 Road에는 강세가 오지만 Street에는 강세를 두지 않는다.

> Marylebone 'Road 메릴본 로드　　　'Oxford Street 옥스포드 스트리트

571 (the) same

1 the same (as)

same 앞에는 대체로 정관사 the를 쓴다.

> Give me **the same** again, please. 같은 걸로 또 주세요. (NOT ~~Give me same again, please.~~)

비교할 때는 the same (…) as를 쓴다.

> You've got **the same** idea **as** me. 너도 나와 같은 생각을 하고 있구나. (NOT … ~~my same idea.~~)
> Her hair's **the same** colour **as** her mother's.
> 그녀의 머리카락 색깔은 어머니와 같은 색깔이다. (NOT … ~~the same colour like~~ …)

주의 정확히 똑같다는 의미로 the very same(= exactly the same)을 쓴다.

> Our birthdays are on **the very same** day. 우리는 생일이 하루도 틀리지 않고 똑같다.

2 기타 구문

절 앞에는 the same … that 또는 the same … who를 쓸 수 있다.

> That's **the same** man **that/who** asked me for money yesterday.
> 저 사람이 어제 내게 돈을 요구했던 바로 그 사람이다.

the same이 수식하는 명사가 뒤에 오는 동사의 목적어일 때는 절 앞에 as를 쓸 수도 있다.

> He's wearing **the same** shirt **that/as he had** on yesterday.
> 그는 어제 입었던 것과 똑같은 셔츠를 입고 있다.

as/who/that이 뒤에 오는 동사의 목적어를 지칭할 경우 생략할 수 있다.

> He's wearing **the same** shirt **he had** on yesterday.
> 그는 어제 입었던 것과 똑같은 셔츠를 입고 있다.

주의 '똑같이 하다'라는 의미의 관용표현으로 do the same을 쓴다.

> Why do you always try to **do the same** as your brother?
> 너는 왜 항상 네 형을 똑같이 따라하려고 하니?
> Joe and Kate went on a camping trip, and we're going to **do the same**.
> 조와 케이트는 캠핑 여행을 가려고 했고, 우리도 캠핑을 갈 계획이다.

572 say, tell

1 의미 및 용례

say와 tell은 직접화법과 간접화법에 모두 쓰인다. (직접화법에는 tell보다 say가 더 흔히 쓰인다.)

> 'Turn right,' I **said**. "오른쪽으로 돌아." 라고 나는 말했다. (OR 'Turn right,' I **told** him.)
> She **said** that it was my last chance.
> 그녀는 그것이 나의 마지막 기회라고 말했다. (OR She **told** me that it was my last chance.)

tell은 'instruct(지시하다)', 'inform(알리다)'의 의미로만 쓰이며, 인사나 감탄, 질문에는 쓰지 않는다.

He **said**, 'Good morning.'

그가 인사했다. "안녕하세요." (BUT NOT ~~He told them, 'Good morning.'~~)

Emily **said**, 'What a nice idea.'

에밀리가 말했다. "정말 멋진 생각인데." (BUT NOT ~~Emily told us, 'What a nice idea.'~~)

'What's your problem?' I **said**.

나는 말했다. "문제가 뭐야?" (BUT NOT ~~'What's your problem?' I told her.~~)

2 say: 목적어

〈**say + something + (to somebody)**〉 형태로 쓴다. NOT ~~say somebody something~~

He said **a few words to me** in Arabic.

그는 아랍어로 내게 몇 마디 말했다. (NOT ~~He said me a few words in Arabic.~~)

She said **that she would be late**. 그녀는 늦을 거라고 말했다. (NOT ~~She said me that~~ ...)

And I **say to all the people** of this great country ...

그리고 나는 이 훌륭한 나라의 모든 국민들에게 고합니다… (NOT ~~And I say all the people~~ ...)

3 tell: 목적어

대체로 tell 다음에는 청자를 밝힌다.

She **told me** that she would be late. 그녀는 나에게 늦을 거라고 말했다. (NOT ~~She told that~~ ...)

tell the truth(진실을 말하다), tell a lie(거짓말하다), tell a story/joke(이야기/농담을 하다)처럼 목적어로 사람을 취하지 않는 경우도 있다.

I don't think she's **telling the truth**.

나는 그녀가 진실을 말하고 있다고 생각하지 않는다. (NOT ... ~~saying the truth.~~)

주의 tell the difference(차이를 구분하다), tell the time(시계를 보고 시간을 알다)에서는 tell이 '구분하다', '이해하다'라는 의미로 쓰인다.

He's seven years old and he still can't **tell the tim**e.

그는 7살인데도 아직 시계를 볼 줄 모른다.

a word(말, 표현), a name(이름), a sentence(문장), a phrase(어구, 표현) 등의 앞에는 tell을 쓰지 않는다.

Alice **said a naughty word** this morning.

오늘 아침 앨리스가 돼먹지 않은 말을 했다. (NOT ~~Alice told~~ ...)

tell 뒤에는 특정 사실을 가리키는 it을 쓰지 않는다.

What time's the meeting? ~ I'll **tell you** tomorrow.

회의는 언제죠? ~ 내일 알려줄게요. (NOT ~~I'll tell you it tomorrow.~~)

4 to부정사가 오는 경우

tell은 〈**목적어 + to부정사**〉를 취해 '…에게 ~하라고 명령/지시하다'라는 의미를 나타낼 수 있지만, say는 이런 용법으로 쓸 수 없다.

I **told the children to go** away.

나는 아이들에게 떠나라고 지시했다. (NOT ~~I said the children to go away.~~)

5 간접의문문

say와 tell은 간접의문문을 이끄는 전달동사로 쓸 수 없다(▸260 참조).

> James **asked** whether I wanted to see a film. 제임스는 내게 영화를 보고 싶은지 물었다.
> (NOT ~~James said whether I wanted to see a film.~~ OR ~~James told me whether~~ ...)

그러나 say와 tell은 질문에 대한 대답을 이끌 수 있다.

> Has she **said** who's coming? 누가 오는지 그녀가 말했어?
> He only **told** one person where the money was.
> 그는 돈이 있는 장소를 단 한 사람에게만 말했다.

say와 tell 뒤에 쓰는 so는 ▸586 참조.

scarcely, hardly, no sooner는 ▸480 참조.

573 school

영국 영어에서 (비록 대학교 학과에서 London School of Economics처럼 이름에 School을 사용하기는 하지만) 대학교나 유사한 교육 기관에 school을 사용하지 않는다. High School이라는 이름을 가진 영국 기관은 중등 학교일 가능성이 높다. 주의 영국에서 public school은 Eton College처럼 엘리트 계층의 비싼 사립 학교로, state school과 아주 다르다.

574 see

1 진행형은 쓰지 않음

'눈으로 지각하다'라는 의미로 쓰일 때는 대체로 진행형으로 쓰지 않는다.

> **Do you see** the woman in blue over there?
> 저기 파란색 옷 입은 여자 보여? (NOT ~~Are you seeing ...?~~)

특히 영국식 영어에서는 말하는 바로 그 순간에 '보인다'라는 의미로 **can see**를 쓴다(▸84 참조).

> I **can see** an aeroplane. 비행기가 보여. (미국 영어에서는 I see an airplane.이라고도 한다.)
> (NOT ~~I am seeing an aeroplane.~~)

그러나 실제로 존재하지 않는 '헛것을 보다'라는 의미로는 be seeing things를 쓴다.

> Look! A camel! ~ **You're seeing things.** 봐! 낙타야! ~ 헛것이 보이는구나.

'understand(이해하다)' 또는 'have heard(들었다)'(▸482 참조)의 의미로는 대체로 진행형을 쓰지 않는다.

> We've got a problem. ~ **I see.** 문제가 생겼어. ~ 그렇구나.
> **I see** they're talking about putting up taxes again.
> 내가 듣기로는 세금을 다시 인상하는 문제를 논의하고 있다던데.

2 변화

시력 또는 이해력의 변화를 언급할 경우에는 진행형을 쓸 수 있다.

> **I'm seeing** much better since I got those new glasses.
> 저 새 안경을 쓴 뒤로는 훨씬 잘 보인다.

> **I'm seeing** a lot of things in this book that I missed when I read it before.
> 전에 이 책을 읽었을 때는 미처 깨닫지 못했던 것들이 많이 보인다.

3 '만나다', '조치하다' 등의 의미

see가 '만나다', '인터뷰하다', '…에게 말하다', '데이트하다', '조치하다', '살펴보다'라는 의미일 때는 진행형을 쓸 수 있다.

> **I'm seeing** the dentist tomorrow. 나는 내일 치과 진찰을 받을 것이다.

> **Are** you still **seeing** that Henderson woman? 헨더슨 가 여성과 아직 교제 중이니?

> Jack's down at the docks. He**'s seeing** that our stuff gets loaded correctly.
> 잭은 부두에 내려가 있어. 그는 우리 물건들이 제대로 선적되고 있는지 살펴보고 있어.

4 기타 의미

see는 '고려하다', '생각하다', '확인하다', '논의하다', '판단하다' 등의 의미로도 쓰인다.

> Can I use the car tonight? ~ I'll **see**. 오늘 밤에 차를 쓸 수 있을까요? ~ 고려해 보죠.

> What time do you want to go to the gym? ~ Let me **see**. How about five o'clock?
> 체육관에 몇 시에 가고 싶어? ~ 어디 보자. 5시는 어때?

> I'll call the restaurant and **see** if they've got a table free.
> 내가 레스토랑에 전화해서 좌석이 있는지 알아볼게.

아래와 같은 경우는 목적어 앞에 전치사가 필요하다.

> We'll **see about that** tomorrow. 그 문제는 내일 논의하죠. (NOT ~~We'll see that tomorrow.~~)

> You'd better **see about that** with Jim.
> 그 문제는 짐과 상의해 보는 게 좋을 겁니다. (NOT ~~You'd better see that with Jim.~~)

see if … can은 주로 'try to(~해 보다)'의 의미로 쓰인다.

> **See if** you can get him to stop talking. 어디 한번 그의 수다를 멈춰 봐.

〈see + 목적어 + to부정사/-ing형〉 구문은 ▶ 110 참조.

that절과 함께 쓰이는 **see, hear** 등 ▶ 482 참조.

575 see, look (at), watch

1 see

see는 의도적이든 아니든 '눈에 들어오는 대상을 보다'라는 일반적인 의미를 나타낸다.

> Suddenly I **saw** something strange.
> 갑자기 이상한 것이 눈에 띄었다. (NOT ~~Suddenly I looked at something strange.~~)

> Did you **see** the article about the strike in today's paper?
> 오늘 신문에 실린 파업 관련 기사 보았어?

2 look (at)

look은 주의를 집중해서 대상을 보려고 하는 상황을 나타낸다. 원하지 않아도 보일 때는 see를 쓰지만 의도적으로 무언가를 보는 경우에는 look at을 써야 한다. 비교〉

> I **looked at** the photo, but I didn't **see** anybody I knew.
> 나는 그 사진을 보았지만 내가 아는 사람은 없었다.

> Do you **see** that man? ~ Yes. ~ **Look** again. ~ Oh no! It's Moriarty!
> 저 남자 보여? ~ 그래. ~ 다시 잘 봐. ~ 오 이런! 모리아티야!

> He **looked at** her with his eyes full of love.
> 그는 애정이 듬뿍 담긴 눈으로 그녀를 바라보았다.

목적어가 있을 경우 look 뒤에 at을 붙인다. 목적어가 없으면 전치사를 붙이지 않는다. 비교〉

> **Look at** me! 날 봐! (NOT ~~Look me!~~)
> **Look!** 봐! (NOT ~~Look at!~~)

주의 wh-절 앞에서는 대체로 at을 생략한다.

> **Look (at) what** you've done! 네가 한 짓을 보라구!
> **Look who's** here! 아니 이게 누구야!
> **Look where** you're going. 앞 좀 제대로 보고 다녀.

3 watch

watch는 look at과 비슷한 의미지만, 어떤 일이 일어나는 중이거나 또는 일어나려 한다는 것을 나타낸다. 변하거나 움직이는 양상, 또는 발전하는 양상을 지켜볼 때도 watch를 쓴다.

> **Watch** that man – I want to know everything he does.
> 저 남자를 지켜봐. 그가 무얼 하는지 전부 알아야겠어.

> I usually **watch** a football match on Saturday afternoon.
> 나는 토요일 오후에는 대체로 축구 경기를 본다.

4 완전한 경험: see

watch는 대체로 진행 중인 경험을 나타낸다. 공연이나 연극, 영화, 경기 등을 처음부터 끝까지 본다는 의미로는 통상 see를 쓴다. 비교〉

> He got into a fight yesterday afternoon while he was **watching** a football match.
> 그는 어제 오후에 축구 경기를 관람하다가 싸움에 휘말렸다.
> (NOT ... ~~while he was seeing a football match.~~)

> Have you ever **seen** Chaplin's 'The Great Dictator'? 채플린의 〈위대한 독재자〉 봤어?
> (NOT ~~Have you ever watched Chaplin's 'The Great Dictator'?~~)

5 watch TV

'텔레비전을 시청하다'라는 의미로는 주로 watch를 쓰지만, TV프로그램이나 영화를 본다고 말할 때는 watch와 see를 모두 쓸 수 있다.

> You spend too much time **watching TV.**
> 너는 TV시청에 너무 많은 시간을 보낸다.

> We **watched/saw a great film** on TV last night.
> 우리는 어젯밤 TV에서 멋진 영화를 보았다.

6 see if/whether

see 뒤에 if/whether를 함께 쓰면 'find out(…을 알아보다, 확인하다)'의 의미가 되는데, look 이나 watch는 이런 용법으로 쓰지 않는다.

> **See if** that suit still fits you. 저 옷이 아직도 몸에 맞는지 확인해 봐. (NOT ~~Look if that suit~~ …)
>
> I'm looking to **see whether** there's any food left.
> 남은 음식이 있는지 보고 있어. (NOT ~~I'm looking whether there's~~ …)
>
> Phone and **see whether** she's in. 전화해서 그녀가 안에 있는지 확인해 봐.

위 동사들 뒤에 쓰이는 to부정사와 -ing형은 ▶110 참조.
see의 진행형 용법과 기타 의미는 ▶482.4 참조.   look의 기타 의미는 ▶518 참조.
if, whether는 ▶261 참조.   이와 유사한 hear와 listen (to)의 차이는 ▶481 참조.

---

576 seem

1 연결동사: 형용사와 함께 사용

seem은 연결 동사(▶11 참조)로 뒤에 부사가 아닌 형용사를 취한다.

> You **seem angry** about something. 너 뭔가에 화난 것처럼 보여. (NOT ~~You seem angrily~~ …)

2 seem, seem to be

seem 뒤에는 흔히 to be가 온다. seem to be는 틀림없이 사실이라고 짐작되는 객관적인 사실을 언급할 때 통상적으로 쓰는 표현이다. 주관적인 느낌을 언급할 때는 to be없이 seem만 쓴다. (항상 명확하게 구분되지는 않으며 두 가지가 혼용되는 경우도 많다.) 비교)

> − The bus **seems to be** full. 버스가 만원인 것 같다.
>
> She **seems** excited. 그녀는 설레는 것 같다.
>
> − The doctors have done the tests, and he definitely **seems to be** mentally ill.
> 의사들이 검진한 결과 그는 틀림없이 정신적으로 문제가 있는 듯하다.
>
> It **seems** crazy, but I think I'm in love with my bank manager.
> 말도 안 되는 소리 같겠지만 나는 그 은행 지점장을 사랑하는 것 같다. (NOT ~~It seems to be crazy~~ …)
>
> − According to the experts, the north side of the castle **seems to be** about 100 years older than the rest.
> 전문가들에 따르면, 그 성의 북쪽 부분은 나머지 부분보다 100년 정도 앞서 건축된 것으로 보인다고 한다.
>
> He **seems** older than he is. 그는 실제보다 나이가 더 들어 보인다.
> (NOT ~~He seems to be older than he is.~~ − 이렇게 표현하면 '그가 실제로 나이가 더 많을 수도 있다'라는 의미)
>
> − She doesn't **seem to be** ready yet. 그녀는 아직 준비가 안 된 듯하다.
>
> She **seems** (to be) very sleepy today. 그녀는 오늘 무척 졸려 보인다.

3 명사와 함께 쓰는 경우

seem to be는 대체로 명사구 앞에 쓰인다.

> I looked through the binoculars: it **seemed to be** some sort of large rat.
> 나는 쌍안경으로 살펴보았다. 그것은 커다란 쥐처럼 보였다.
> (NOT … ~~it seemed some sort of large rat.~~)

I spoke to a man who **seemed to be** the boss.
나는 사장처럼 보이는 남자에게 말했다. (NOT ... ~~who seemed the boss.~~)

그러나 좀 더 주관적인 느낌을 표현할 때는 명사구 앞에 to be를 생략할 수 있다.

She **seems** (to be) a nice girl. 그녀는 좋은 여자인 것 같다.

The cup **seemed** almost doll's size in his hands.
그 컵은 그의 손에서 거의 인형 크기로 보였다.

It **seems** a pity, but I can't see you this weekend.
애석하지만 이번 주말에는 널 만날 수 없어. (NOT ~~It seems to be a pity~~ ...)

4 그 외 to부정사와 함께 쓰는 경우

seem 뒤에는 be동사 이외에 다른 동사의 to부정사를 쓸 수도 있다.

Anna **seems to need** a lot of attention. 애나는 보살핌이 많이 필요한 것 같다.

완료 부정사(▶89 참조)도 쓸 수 있다.

The tax people **seem to have made** a mistake. 세무서 직원들이 실수를 한 것 같다.

부정문을 만들 때는 대체로 seem앞에 don't/doesn't를 쓰지만, 격식체에서는 to부정사 앞에 부정어 not을 쓴다.

He **doesn't seem to be** at home. 그는 집에 없는 것 같다.

He **seems not to be** at home. 그는 집에 없는 것 같다. (격식체)

'~할 수 없는 것 같다'라는 의미로 can't seem to ... 구문을 쓴다.

I **can't seem to** get anything right.
나는 제대로 하는 일이 하나도 없는 것 같다. (격식체: I seem not to be able to get anything right.)

5 seem like

'~인 듯하다'라는 의미로는 seem 뒤에 as가 아니라 like를 쓴다.

North Wales **seems** (like) a good place to go climbing.
북 웨일스는 등산을 가기에 좋은 곳인 듯하다. (NOT ... ~~seems as a~~ ...)

6 it seems

seem 뒤에 that절이나 as if절이 오면 가주어 it(▶268 참조)을 활용해 it seems ... 구문을 쓴다.

It seems that James and Alice have had a quarrel. 제임스와 앨리스가 다툰 것 같다.

It seemed as if the night was never going to end. 밤이 마치 영원히 끝나지 않을 것 같았다.

7 there seems

seem to be 앞에 일종의 가주어 기능을 하는 there(▶605 참조)를 쓸 수도 있다.

There seems to be some mistake. 실수가 좀 있는 것 같다.

like와 as는 ▶515 참조.   이와 유사한 용법으로 쓰이는 appear는 ▶374 참조.

577 sensible, sensitive

sensible은 현명하고 분별력이 있다는 의미를 나타낸다.

> I want to buy that dress. ~ Be **sensible**, dear. It's much too expensive.
> 저 드레스 사고 싶어. ~ 현명하게 판단해. 너무 비싸잖아.

sensitive는 민감하거나 섬세하다는 의미로 쓰인다.

> Don't shout at her – she's very **sensitive**.
> 그녀에게 소리치지 마. 아주 예민하거든. (NOT ... ~~very sensible.~~)

> Have you got a sun cream for **sensitive** skin?
> 민감성 피부에 쓰는 선크림 있어요? (NOT ... ~~for sensible skin?~~)

578 shade, shadow

shade는 햇볕을 피할 수 있는 그늘을 의미한다.

> I'm hot. Let's find some **shade** to sit in. 더워. 앉아 있을 그늘을 찾자.
> The temperature's 30 degrees in the **shade**. 그늘진 곳의 기온이 섭씨 30도다.

shadow는 어떤 물체가 빛을 가려 그 물체 뒷면에 깔리는 검은 형상을 지칭한다.

> In the evening your **shadow** is longer than you are.
> 저녁에는 그림자가 실물보다 길다.

> There's an old story about a man without a **shadow**.
> 그림자가 없는 사람에 대한 옛날 이야기가 있다.

shut, close는 ▶ 422 참조.

sick, ill은 ▶ 494 참조.

579 since: 시제

1 주절: I've known her since ...

시간을 나타내는 since가 쓰인 경우, 주절에는 대체로 현재 완료나 과거 완료 시제를 쓴다.

> I**'ve known** her since 2005. 나는 그녀를 2005년부터 알고 지냈다. (NOT ~~I know her since~~ ...)
> We **haven't seen** Jamie since Christmas. 우리는 크리스마스 이후로 제이미를 보지 못했다.
> I was sorry when Jacky moved to America; we **had been** good friends since university days. 나는 재키가 미국으로 가자 서운했다. 우리는 대학 시절부터 좋은 친구였으니까.

그러나 변화를 의미할 때는 현재나 과거 시제를 쓰기도 한다.

> You**'re looking** much better since your operation. 수술을 받은 뒤로 안색이 훨씬 좋아 보여.
> She **doesn't come** round to see us so much **since** her marriage.
> 그녀는 결혼한 이후로는 우리를 보러 자주 들르지 않는다.

> Since last Sunday I **can't stop** thinking about you.
> 지난 일요일 이후 당신 생각이 떠나지 않는다.

Things **weren't going** so well since Father's illness.
아버지께서 편찮으신 이후로 일이 제대로 돌아가지 않았다.

2 It's a long time since ...

영국 영어에서는 It is/was ... since ...구문에서 흔히 현재 시제와 과거 시제를 쓴다.
> **It's** a long time **since** the last meeting. 지난번 만남 이후로 오랜 시간이 지났다.
> **It was** ages **since** that wonderful trip. 그렇게 멋진 여행 이후 정말 오랜 시간이 흘렀다.

미국 영어에서는 It is/was ... since ...구문에 통상 완료 시제를 쓴다.
> **It's been** a long time **since** the last meeting. 지난번 만남 이후로 오랜 시간이 지났다.
> **It had been** ages **since** that wonderful trip. 그렇게 멋진 여행 이후 정말 오랜 시간이 흘렀다.

3 since절: since we were at school

since는 시간을 나타내는 접속사로 절을 이끌기도 한다. since절에는 의미에 따라 완료 시제 또는 과거시제를 쓸 수 있다. 비교)

– I've known her **since we were at school together.**
나는 우리가 같이 학교를 다닐 때부터 그녀를 알고 지냈다.

I've known her **since I've lived in this street.**
나는 이 거리에서 살 때부터 그녀를 알고 지냈다.

– You've drunk about ten cups of tea **since you arrived.**
너는 도착한 이후로 차를 열 잔쯤 마셨다.

You've drunk about ten cups of tea **since you've been sitting here.**
너는 여기 앉은 이후로 차를 열 잔쯤 마셨다.

– We visit my parents every week **since we bought the car.**
우리는 자동차를 산 뒤부터 매주 부모님을 방문한다.

We visit my parents every week **since we've had the car.**
우리는 자동차를 갖게 된 이후로 매주 부모님을 방문한다.

현재 완료 시제에 관한 자세한 내용(미국 영어의 용법 포함)은 ▶ 47-52 참조.
과거 완료 시제는 ▶ 53-55 참조.   since, for, from의 차이는 ▶ 469 참조.
'as' 나 'because'의 의미로 쓰이는 since는 ▶ 377 참조.

시간을 나타내는 **since, for, in, from**은 ▶ 469 참조.

since, as, because, for는 ▶ 377 참조.

580 small, little

small은 big 또는 large(▶ 404 참조)의 반의어로 단순히 크기를 언급하는 표현이다.
> Could I have a **small** brandy, please? 브랜디 작은 잔으로 한 잔 주시겠어요?
> You're too **small** to be a police officer. 너는 너무 작아서 경찰이 될 수 없어.

형용사 little에는 대체로 화자의 감정이 개입된다.
> **Poor little** thing – come here and let me look after you.
> 가엾은 것. 이리 와. 내가 보살펴줄게.

What's he like? ~ Oh, he's a **funny little** man. 그 남자 어때? ~ 아, 귀엽고 재밌어.

What's that **nasty little** boy doing in our garden?
저 못된 꼬마 녀석 우리 정원에서 뭐 하는 거야?

They've bought a **pretty little** house in the country.
그들은 시골에 작고 예쁜 집을 샀다.

일부 관용어구에서는 small 또는 short와 같은 의미로 little을 쓰기도 한다.

little finger 새끼손가락   a **little** while 잠시

the **little** hand of a clock 시계의 시침   a **little** way 좁은 길

영국 영어에서는 little을 서술적 용법으로 동사 뒤에 쓰는 경우가 드물며, 비교급이나 최상급도 쓰지 않는다.

The puppy was so **small** and sweet.
그 강아지는 아주 작고 귀여웠다. (The puppy was so little ...보다 자연스러움)

He's the **smallest** baby I've ever seen.
그는 지금까지 내가 본 중 가장 작은 아기다.(...the littlest baby...보다 자연스러움)

'많지 않다'는 의미의 한정사로 쓰이는 little(예: There's little hope.)은 ▶ 168 참조.

581 smell

1 동사 변화 (영국 영어/미국 영어)

영국 영어에서는 smell의 규칙 동사 변화형(smell-smelled-smelled)과 불규칙 동사 변화형 (smell-smelt-smelt)을 모두 쓰지만 미국 영어에서는 smell을 대개 규칙 동사로 취급한다.

2 연결동사

뒤에 형용사나 명사가 와서 '어떤 냄새가 난다'는 의미를 나타낸다. 이때 smell은 연결동사(▶ 11 참조) 역할을 하며 진행형으로는 쓰지 않는다.

Those roses **smell beautiful**. 저 장미들은 아주 향기롭다. (NOT ... smell beautifully.)

The soup **smells funny**. What's in it?
수프에서 이상한 냄새가 나. 뭐가 든 거야? (NOT ... is smelling funny ...)

뒤에 명사가 올 때는 smell of 또는 smell like를 쓴다.

The railway carriage **smelt of beer** and old socks.
객차에서 맥주와 케케묵은 양말 냄새가 났다.

His aftershave **smelt like an explosion** in a flower shop.
그의 애프터셰이브 로션에서는 꽃집에서 나오는 듯한 진한 향기가 확 풍겼다.

'악취가 난다'는 의미로도 쓴다.

That dog **smells**. 그 개는 악취가 난다.

3 타동사: '(코로 냄새를) 감지하다'

타동사로서 목적어를 취하여 'perceive(코로 냄새를 감지하다)'의 의미를 나타내기도 한다. 진행형으로는 쓸 수 없으며, 흔히 can smell 구문을 쓴다(▶ 84 참조).

As we walked into the house, we **smelt something** burning.
집 안으로 들어서면서 우리는 뭔가 타는 냄새를 맡았다.

I can smell supper. 저녁밥 냄새가 난다.

4 타동사: '(냄새를 맡아) 파악하다'

'investigate(냄새를 맡아 파악하다)'과 같은 의미의 타동사로도 쓰인다. 이 의미로는 진행형을 쓸 수 있다.

What are you doing? ~ **I'm smelling** the meat to see if it's still OK.
뭐 하는 거야? ~ 고기가 아직 괜찮은지 냄새를 맡아보고 있어.

582 so: '그렇게'라는 의미의 부사

1 seem, appear 등의 뒤

격식체에서는 앞에 나온 행위나 상황을 받아 '그렇게'라는 의미로 so를 쓰기도 한다. 이런 의미의 so는 주로 seem, appear, remain, more, less 뒤에 쓴다.

Will the business make a loss this year? ~ It **appears so.**
올해 사업은 적자가 날까? ~ 그렇게 보여.

The weather is stormy, and will **remain so** over the weekend.
폭풍우가 몰아치는 날씨가 주말까지 계속되겠습니다.

She was always nervous, and after her accident she became even **more so.**
그녀는 항상 예민했는데, 사고가 난 후 한층 더 예민해졌다.

I read the front page very carefully, and the rest of the paper **less so.**
나는 신문의 1면은 아주 꼼꼼하게 읽고 나머지는 그다지 꼼꼼하게 읽지 않는다.

2 그 밖에는 쓰지 않음

위에 예시한 경우 이외에는 so를 '그렇게'라는 의미의 부사로 쓰지 않는다.

Look – hold it up in the air **like this.**
봐. 이렇게 공중에 들고 있어. (NOT ... hold it up in the air so.)

When he laughs **like that** I want to scream.
그가 저렇게 웃으면 나는 비명을 지르고 싶다. (NOT When he laughs so ...)

I don't think we should do it **in that way.**
우리가 그런 식으로 해서는 안 될 것 같다. (NOT do it so.)

He says he is ill and he looks **it.** 그는 아프다고 말하는데 그래 보인다. (NOT ... he looks so.)

say, tell과 함께 쓰이는 so는 ▶586 참조.   so am I 등은 ▶309 참조.
hope, believe 등과 함께 쓰이는 so는 ▶585 참조.   do so는 ▶29 참조.

583 so (접속사), then

상대의 말에 반응을 보이거나 대답하면서 '그래서', '그렇다면' 정도의 의미를 나타낼 때 쓰인다.

It's more expensive to travel on Friday. ~ **Then/So** I'll leave on Thursday.
금요일에 여행하면 비용이 더 들어. ~ 그럼 목요일에 떠날래.

I'll be needing the car. ~ **Then/So** I suppose I'll have to take a taxi.
나는 차가 필요할 거야. ~ 그럼 난 택시를 타야겠군.

so는 화자가 자신의 의견을 피력하면서 '따라서', '그러므로' 등의 의미를 나타낼 때도 쓰인다. then은 이러한 용법으로 쓸 수 없다.

It's more expensive to travel on Friday, **so** I'll leave on Thursday.
금요일에 여행하면 비용이 더 든다. 그래서 나는 목요일에 출발할 것이다.
(NOT ... ~~Then I'll leave on Thursday.~~)

584 so (정도부사): so tired, so fast

1 의미

so는 '정도부사(degree adverb)'로 정도가 심한 상황을 나타내며 'very'와 거의 유사한 의미로 쓰인다.

I'm sorry you're **so** tired. (= I know you're very tired, and I'm sorry.)
네가 그렇게나 피곤하다니 안쓰럽구나. (= 네가 매우 피곤한 것을 안다. 그래서 안쓰럽다.)

It was **so** cold that we couldn't go out. (= It was very cold weather, and because of that we couldn't go out.)
너무 추워서 우리는 나갈 수 없었다. (= 몹시 추운 날씨였다. 그렇기 때문에 우리는 나갈 수 없었다.)

I wish she didn't drive **so** fast. 그녀가 그렇게 빨리 운전하지 않으면 좋겠다.

2 so, very

very(▶616 참조)는 새로운 정보를 전달할 때 쓰이는 반면 so는 주로 이미 알고 있는 정보나 문맥상 자명한 사실을 다시금 언급할 때 쓰인다. 비교)

- You're **very** late. 많이 늦었구나. (새로운 정보 제공)
  I'm sorry I'm **so** late. 너무 늦어서 미안해. (이미 알고 있는 정보 언급)

- It was **very** warm in Scotland. 스코틀랜드는 무척 더웠다. (새로운 정보 제공)
  I didn't think it would be **so** warm.
  나는 그렇게 더울 거라고는 생각하지 못했다. (이미 알고 있는 정보 언급)

3 강조 용법

비격식체에서는 이미 언급한 내용을 강조하기 위해 마치 새로운 정보를 전하는 것처럼 very 대신 so를 쓰기도 한다. 감탄문(▶223 참조)과 비슷한 구문이다.

He's **so** bad-tempered! (= How bad-tempered he is!) 그는 너무 심술궂어!
You're **so** right! 네가 백번 옳아!

4 so ... that

that절 앞에는 very 대신 so를 쓴다.

It was **so** cold **that** we stopped playing.
너무 추워서 우리는 경기를 중단했다. (NOT ~~It was very cold that we stopped playing.~~)

He spoke **so** fast **that** nobody could understand.
그는 말이 어찌 빠른지 아무도 알아들을 수 없었다. (NOT ~~He spoke very fast that~~ ...)

5 형용사ㅏ 부사 앞

뒤에 명사 없이 독립적으로 쓰인 형용사나 부사 앞에도 so를 쓸 수 있다.

> The milk was **so good** that we couldn't stop drinking it.
> 우유가 어찌나 맛있던지 우리는 마시는 것을 멈출 수 없었다.

> Why are you driving **so fast?** 왜 그렇게 급하게 차를 몰아?

〈**형용사 + 명사**〉 앞에는 so를 쓸 수 없다.

> I didn't expect **such terrible weather**.
> 날씨가 그렇게 험하리라고는 예상하지 못했다. (NOT ... ~~so terrible weather.~~)

> I enjoyed my stay in your country, which is **so beautiful**.
> 당신의 나라에서 지내는 동안 즐거웠습니다. 무척 아름다운 곳이에요.
> (NOT ~~I enjoyed my stay in your so beautiful country.~~)

such는 ▸597 참조.

6 so much 등

so much와 so many(▸587 참조), so few, so little은 명사를 수식할 수도 있고, 명사 없이 독립적으로 쓰이기도 한다.

> I've bought **so many** new books; I don't know when I'll read them.
> 나는 언제 읽을지 모르는 새 책들을 잔뜩 샀다.

> There were **so few** interesting people there that we decided to go home.
> 그곳에 끌리는 사람이 거의 없어서 우리는 집에 가기로 결정했다.

> I've read **so much** and learnt **so little**.
> 나는 책을 아주 많이 읽었지만 배운 것이 거의 없다.

7 so, so much

명사를 수식하지 않는 형용사 앞에는 so much를 쓰지 않고 so를 쓴다. (▸584.5 참조) 비교)

– She had **so much heavy luggage** that she couldn't carry it.
> 그녀는 무거운 짐이 너무 많아서 들고 갈 수 없었다.

> Her luggage was **so heavy** that she couldn't carry it.
> 그녀는 짐이 너무 무거워서 들고 갈 수 없었다. (NOT ~~Her luggage was so much heavy~~ ...)

– I've never seen **so much beautiful jewellery**.
> 나는 그렇게 아름다운 보석은 본 적이 없다.

> The jewellery is **so beautiful!** 보석이 참으로 아름다워요! (NOT ... ~~so much beautiful!~~)

그러나 비교급 앞에는 so를 쓰지 않고 so much를 쓴다.

> I'm glad you're feeling **so much better**. 몸이 한결 좋아졌다니 다행이야. (NOT ... ~~so better.~~)

8 so ... as to ...

so 뒤에 〈**형용사 + as to + 동사원형**〉 형태가 오는 구문도 있는데 격식체로 드물게 쓰인다.

> Would you be **so kind as to tell** me the time? (= ... kind enough to ...)
> 몇 시인지 좀 알려주시겠어요?
> (NOT ~~Would you be so kind and~~ ... OR ~~Would you be so kind to~~ ...)

9 so ... a ...

〈**so + 형용사 + a/an + 명사**〉 구문 (▶187 참조) 역시 다소 격식을 차린 표현이다.

> I had never before met **so gentle a person**. (= ... such a gentle person.)
>
> 나는 여태껏 그렇게 점잖은 사람을 만나본 적이 없다.

585 so, not: hope, believe 등과 함께 쓰이는 경우

1 that절 대신 쓰임

believe, hope, expect, imagine, suppose, guess, reckon, think, be afraid 뒤에서는 that 절 대신 so를 써서 어구의 반복을 피한다.

> Is Alex here? ~ I **think so**. 알렉스 여기 있어? ~ 그럴 거야. (NOT ... I think that Alex is here.)
>
> Do you think we'll be in time? ~ I **hope so**.
>
> 우리가 제시간에 갈 수 있을까? ~ 그러면 좋지. (NOT I hope.)
>
> Did you lose? ~ I'm **afraid so**. 졌어? ~ 안타깝게도 그래.

that절 앞에는 so를 쓰지 않는다.

> I hope **that** we'll have good weather.
>
> 날씨가 좋았으면 좋겠어. (NOT I hope so, that we'll have good weather.)

나쁜 일이나 상황을 미리 예감하고 있었다는 의미로 I thought so.를 쓴다.

> Empty your pockets. Ah, I **thought so**! You've been stealing chocolate again.
>
> 주머니에 있는 걸 다 꺼내봐. 아, 그럴 줄 알았어! 너 또 초콜릿 훔쳤구나.

know (▶504 참조) 뒤에는 so를 쓰지 않는다.

> You're late. ~ I **know**. OR I **know that**. 늦었군. ~ 알아. (NOT I know so.)

2 부정문

두 가지 형태의 부정문이 가능하다.

동사의 긍정형 + not

> Did you win? ~ I'm **afraid not**. 이겼어? ~ 안타깝게도 졌어.
>
> We won't be in time for the train. ~ No, I **suppose not**.
>
> 기차 시간에 맞출 수 없을 거야. ~ 맞아, 못 맞출 거야.

동사의 부정형 + so

> You won't be here tomorrow? ~ I **don't suppose so**. 내일 여기 안 올 거지? ~ 못 갈 것 같아.
>
> Will it rain? ~ I **don't expect so**. 비가 올까? ~ 안 올 것 같아.

hope와 be afraid는 언제나 동사원형 뒤에 not을 붙여 부정문을 만든다.

> I **hope not**. 안 그랬으면 좋겠어. (NOT I don't hope so.)

think는 대체로 don't/doesn't를 앞에 붙인다.

> I **don't think so**. 나는 그렇게 생각하지 않아. (I think not.보다 널리 쓰임)

3 문두에 쓰는 경우

say, hear, understand, tell, believe 등의 동사가 쓰인 문장의 첫머리에 so를 써서 화자가 정보를 습득하게 된 연유를 설명한다.

> It's going to be a cold winter, or **so** the newspaper **says**.
> 올 겨울은 추울 거래. 신문에서 그러던데.
>
> Emily's getting married. ~ Yes, **so I heard**. 에밀리가 결혼한대. ~ 그래, 나도 그렇게 들었어.
>
> The Professor's ill. ~ **So I understand.** 그 교수님 편찮으셔. ~ 나도 그렇게 들었어.

586 so : say, tell과 함께 쓰이는 경우

1 that절 대신 쓰임

say와 tell 다음에 that절 대신 so를 써서 표현의 반복을 피할 수 있다.

> She's going to be the next president. Everybody **says so**.
> (= ... Everybody says that she's going to be the next president.)
> 그녀가 차기 회장이 될 거야. 모두 그렇게 말하더군.
>
> You've got to clean the car. ~ Who **says so**? 세차 좀 해. ~ 누가 그렇게 말해?
>
> Taxes are going up. Joseph **told** me so. 세금이 인상된대. 조셉이 나한테 그렇게 말했어.

[주의] 이 경우 so는 신빙성을 확인하거나 그렇게 믿는 이유를 밝힐 때 쓴다. 단순히 화자를 확인하고자 할 때는 통상 that을 쓴다. 비교〉

> Megan's crazy. ~ Who says **so**? ~ Dr Bannister.
> 메건은 미쳤어. ~ 누가 그러는데? ~ 배니스터 박사가.
>
> Megan's crazy. ~ Who said **that**? ~ I did. 메건은 미쳤어. ~ 누가 그래? ~ 내가.

2 I told you so.

경고를 했지만 상대가 말을 듣지 않았을 때 책망하는 표현이다.

> Mummy, I've broken my train. – **I told you so.** You shouldn't have tried to ride on it.
> 엄마, 기차가 부서졌어요. ~ 그러게 내가 뭐라고 했어. 기차 위에 올라타면 안 된다고 했지.

3 기타 동사

발언의 의미가 담긴 동사라고 해서 항상 so를 뒤에 쓸 수 있는 것은 아니다. 이를테면 ~~She promised me so.~~라고 할 수 없다.

so, such는 ▶597 참조.

587 so much, so many

1 차이

so much와 so many의 차이는 much와 many(▶165 참조)의 차이점과 같다. so much는 단수 (불가산)명사를 수식하며, so many는 복수 명사를 수식한다.

> I had never seen **so much** food in my life. 내 생전 그렇게 많은 음식은 본 적이 없다.

She had **so many** children that she didn't know what to do.
그녀는 아이들이 너무 많아서 어떻게 해야 할지 몰랐다. (NOT ... ~~so much children~~ ...)

형용사나 부사를 수식할 때는 so much를 쓰지 않고 so를 쓴다(▶584.5 참조).
You're **so beautiful.** 너 정말 아름다워. (NOT ~~You're so much beautiful.~~)

그러나 비교급을 수식할 때는 so much를 쓴다(▶207 참조).
She's **so much more** beautiful now. 그녀는 이제 훨씬 더 아름답다.

2 명사 생략

의미가 분명한 경우 so much/many 뒤에 오는 명사를 생략할 수 있다.
I can't eat all that meat – there's **so much**! 저 고기 다 못 먹겠어. 너무 많아!
I was expecting a few phone calls, but not **so many**.
나는 전화 몇 통쯤은 오리라 기대하고 있었지만 그렇게 많이 올지는 몰랐다.

3 so much: 부사로 쓸 경우

so much는 부사로도 쓸 수 있다.
I wish you didn't smoke **so much**. 네가 담배를 너무 많이 피우지 않으면 좋겠다.

4 so much와 함께 쓰는 특수 구문

오해를 바로잡거나 입장을 명확히 밝히는 의도로 not so much …as나 not so much … but의 구문을 쓴다.
It wasn't **so much** his appearance I liked **as** his personality.
내가 좋아했던 건 그의 외모가 아니라 사람됨이었다.

It's **not so much** that I don't want to go, **but** I just haven't got time.
가기 싫은 게 아니라 시간이 없을 뿐이다.

부정문이나 if절에는 'even(…조차도, …이라도)'의 의미로 so much as를 쓸 수 있다.
He didn't **so much as** say thank you, after all we'd done for him.
우리가 그를 위해 그렇게 애썼지만 그는 고맙다는 말조차 하지 않았다.

If he **so much as** looks at another woman, I'll kill him.
그가 다른 여자한테 눈길이라도 주는 날에는 죽여버리겠어.

588 so that, in order that

1 목적

so that과 in order that은 목적을 나타낸다. 특히 비격식체에서는 in order that보다 so that을 더 널리 쓴다. that절에는 주로 can이나 will 등의 조동사가 오는데, may를 쓰면 좀 더 격식을 차린 표현이 된다.
She's staying here for six months **so that** she **can** perfect her English.
그녀는 영어를 완벽하게 구사하기 위해 6개월째 여기 머물고 있다.
I'm putting it in the oven now **so that** it'**ll** be ready by seven o'clock.
나는 7시까지 준비되도록 그것을 지금 오븐에 넣고 있다.

We send monthly reports **in order that** they **may** have full information.
우리는 그들이 상세한 정보를 접할 수 있도록 월간 보고서를 보낸다.

비격식체에서는 so 다음에 that을 생략하기도 한다(▶265 참조).
I've come early **so** I can talk to you. 당신과 얘기를 나누려고 일찍 왔습니다.

2 현재 시제: 미래를 나타냄

that절에 현재 시제로 미래를 나타낼 수 있다.

I'll send the contract express **so that** she **gets** / she'll get it before Tuesday.
나는 그녀가 화요일 전까지 받을 수 있도록 속달 우편으로 계약서를 보낼 것이다.

I'm going to make an early start **so that** I **don't**/won't get stuck in the traffic.
나는 교통체증에 걸리지 않도록 일찍 출발할 것이다.

We must write to him, **in order that** he **does**/will not feel that we are hiding things.
우리가 뭔가 숨기고 있다는 느낌을 갖지 않도록 그에게 편지를 써야 한다.

3 과거 시제 구문

과거 시제 구문에서는 대체로 so that / in order that 뒤에 would, could, should를 쓴다. 매우 격식을 차리는 표현에서는 might를 쓴다.

Emily talked to the shy girl **so that** she **wouldn't** feel left out.
에밀리는 따돌림 당한다고 느끼지 않도록 수줍어하는 소녀에게 말을 걸었다.

I took my golf clubs **so that** I **could** play on Sunday.
나는 일요일에 골프를 칠 수 있도록 내 골프채들을 가져갔다.

They met on a Saturday **in order that** everybody **should** be free to attend.
그들은 모든 사람이 자유롭게 참가할 수 있도록 토요일에 모였다.

He built a chain of castles **so that** he **might** control the whole country.
그는 전국을 통치하기 위해 사슬처럼 연결된 요새를 세웠다.

to부정사를 쓰는 in order to와 so as to 구문은 ▶112.2 참조.   결과를 나타내는 so ... that은 ▶584.4 참조.
'so that ... not(~하지 않도록)'의 의미로 쓰이는 lest는 ▶511 참조.

589 so-and-so; so-so

1 so-and-so

비격식체로 이름이 기억 나지 않을 때 쓴다.

What's happened to old **so-and-so**? (= ... what's his name?)
그 노인분 어떻게 되셨어? 성함이 뭐였더라?

모욕적인 표현이나 욕설 대신 쓰기도 한다.

She's an old **so-and-so**. 짜증나는 할망구 같으니라고.

2 so-so

비격식체로 '좋지도, 나쁘지도 않고 그저 그렇다'는 의미로 쓰인다.

How are you feeling? ~ **So-so**. 몸은 좀 어때? ~ 그저 그래. (NOT ... So-and-so.)
Was the concert any good? ~ **So-so**. 연주회는 괜찮았어? ~ 그저 그랬어.

590 some time, sometime, sometimes

some time(두 군데 강세: /ˌsʌm ˈtaɪm/)은 꽤 오랜 기간을 의미한다.

> I'm afraid it'll take **some time** to repair your car.
> 귀하의 자동차를 수리하는 데 꽤 오랜 시간이 걸릴 것 같습니다.

> She's lived in Italy for **some time**, so she speaks Italian quite well.
> 그녀는 상당 기간 이탈리아에 살아서 이탈리아어를 꽤 능숙하게 구사한다.

sometime(/ˈsʌmtaɪm/)은 대체로 미래의 막연한 시간을 가리킨다. one day(언젠가) 역시 막연한 시간을 가리키지만 과거와 미래 모두에 쓸 수 있다. 띄어쓰기를 하여 두 단어(some time)로 쓰기도 한다.

> Let's have dinner together **sometime** next week. 다음 주 언제 저녁 함께 하죠.

> When will I get married – this year, next year, **sometime**, never?
> 난 언제 결혼할까? 올해, 내년, 언젠가, 평생 못할지도?

sometimes(/ˈsʌmtaɪmz/)는 빈도부사(▶198.1 참조)로 '때때로' 또는 '한 번 이상'을 의미하며 과거, 현재, 미래 시제에 모두 쓸 수 있다.

> I **sometimes** went skiing when I lived in Germany.
> 독일에 살았을 때 나는 이따금 스키를 타러 갔다.

> **Sometimes**, in the long winter evenings, I just sit and think about life.
> 긴 겨울 저녁이면 나는 이따금 앉아서 인생을 반추한다.

sometimes와 once는 ▶542 참조.

591 soon, early, quickly

1 soon

soon은 잠시 후의 시간, 즉 '곧', '머지않아'를 의미한다.

> Get well **soon**. 속히 쾌차하십시오. (NOT ~~Get well early.~~)

> The work was hard at the beginning, but she **soon** got used to it.
> 처음에는 일이 어려웠지만 그녀는 곧 익숙해졌다.

> I'll pay you **soon**. ~ The sooner the better. 곧 지불할게요. ~ 빠르면 빠를수록 좋아요.

no sooner ... than은 ▶480 참조.

2 early

부사 용법의 early는 언급하고 있는 시간대의 초기를 지칭한다. '잠시 후에'나 '그 직후에'라는 의미로는 early를 쓰지 않는다.

> **Early** that week, Luke was called to the police station.
> 그 주 초에 루크는 경찰서에 불려갔다.

> We usually take a long break **early** in the year.
> 우리는 대체로 연초에 긴 휴가를 간다. (NOT ... ~~soon in the year.~~)

> I usually get up **early** and go to bed **early**.
> 나는 대체로 일찍 일어나고 일찍 잔다. (NOT ~~I usually get up soon~~ ...)

'예상 시간보다 이르다'는 의미로 쓰이기도 한다.

> The plane arrived twenty minutes **early**. 비행기는 20분 일찍 도착했다.

이른 시간을 나타내는 형용사로도 쓰인다.

> I caught an **early** train. 나는 새벽 기차를 탔다.
>
> You're very **early**. 무척 일찍 오셨군요.
>
> It's the **earliest** known example of a cave painting.
> 그것은 최초로 알려진 동굴 벽화의 사례이다.

격식체에서는 형용사 early를 soon과 유사한 의미로 쓰기도 한다.

> I should be grateful for an **early** reply. 빨리 답신 주시면 감사하겠습니다.
>
> Best wishes for an **early** recovery. 빠른 쾌유를 빕니다.

시계의 시간이 빠르거나 늦다는 의미로는 fast나 slow를 쓰며, early나 late는 쓰지 않는다.

> My watch is five minutes **fast**. 내 시계는 5분 빠르다.

3 quickly

작업 속도나 행위 등이 빠르거나 늦다는 의미로는 quickly를 쓴다. 비교)

- Let's get her to the doctor **quickly**.
  빨리 그녀를 병원으로 데려 가자. (응급 상황이어서 빨리 옮겨야 함)

  I ought to see the doctor **soon**. 나는 조만간 진료를 받아야 한다. (응급 상황이 아님)

- He did the repair **quickly** but not very well. 그는 빨리 수리했지만 썩 잘하지는 않았다.

  I hope you can do the repair **soon** – I need the car.
  바로 수리해 주시기 바랍니다. 차를 써야 하거든요.

592 sort of, kind of, type of

1 관사

sort of, kind of, type of 뒤에서는 대체로 명사 앞에 붙이는 부정관사 a/an을 생략하지만, 비격식체에서는 관사를 쓰기도 한다.

> That's a funny **sort of (a)** car. 저건 좀 이상한 차네.
>
> What **sort of (a)** bird is that? 저건 무슨 새죠?

2 단수형과 복수형: these sort of 등

한 가지 사물을 수식할 때는 sort of, kind of, type of 뒤에 단수 명사를 쓴다.

> This **sort of car** is enormously expensive to run.
> 이런 차를 몰고 다니려면 비용이 어마어마하게 든다.
>
> I'm interested in any new **type of development** in computer science.
> 나는 컴퓨터 과학 분야에서 새로운 유형의 발전이라면 무엇에나 관심이 있다.

특히 비격식체에서는 단수형인 sort of, kind of, type of 뒤에 복수 명사를 쓰기도 한다.

> I'm interested in any new **kind of developments** ...
> 나는 …에서 새로운 유형의 발전이라면 무엇에나 관심이 있다.

복수형 지시형용사 these와 those의 수식을 받을 수도 있다.

These sort of cars are enormously expensive to run.
이런 차를 몰고 다니려면 비용이 어마어마하게 든다.

Do you smoke **those kind of cigarettes?** 저런 담배를 피우나요?

these sort of cars는 문법에 어긋난다는 것이 정설이므로 격식체에서는 잘 쓰지 않는다. 앞에서 나온 예문처럼 of 뒤에 단수 명사를 쓰거나 복수형인 sorts/kinds/types를 쓰거나, 또는 ... of this/that sort/kind/type을 쓴다.

This sort of car is ... 이런 차는 ...

These kinds of car(s) are ... 이런 차들은 ...

Cars **of that type** are ... 저런 차들은 ...

3 완곡어법

지나친 단정을 피하거나 완곡하게 표현하려는 목적으로, sort of, kind of 등을 필요할 때마다 문법에 상관없이 거의 모든 어구에 붙여 쓰며, 심지어는 독립적으로 문미에 쓰기도 한다.

We **sort of thought** you might forget. 우리는 네가 잊어버릴지 모른다고 생각했다.

Sometimes I **sort of wonder** whether I shouldn't **sort of get** a job.
나는 취직 같은 것 하지 말아야 하나 하는 생각이 가끔 든다.

I've had **sort of an idea** about what we could do.
우리가 뭘 할 수 있을지 제게 생각이 있습니다.

She's **kind of strange**. 그녀는 좀 이상해.

I've changed my mind, **kind of**. 나는 생각을 바꾸었다.

593 sound

연결동사(▶ 11 참조)로 쓰이는 sound 뒤에는 부사가 아닌 형용사가 온다.

You **sound unhappy**. What's the matter? 불만이 있는 것 같은데. 무슨 문제 있어?

진행형으로 쓰는 경우는 드물다.

Your idea **sounds** great. 좋은 생각인 것 같아. (NOT ~~Your idea's sounding great.~~)

그러나 변화의 의미를 내포할 때는 진행형을 쓸 수 있다.

The car **sounds/is sounding** a bit rough these days.
그 차에서 요즘 귀에 거슬리는 소리가 난다.

'마치 …처럼 들린다'는 의미로 sound 뒤에 흔히 like나 as if/though를 붙인다.

That **sounds like** James coming up the stairs. 제임스가 계단을 올라가는 소리 같다.

It **sounds as if/though** he's had a hard day. 그는 하루를 힘들게 보낸 것 같다.

south, southern 등은 ▶442 참조.

594 speak, talk

1 차이가 거의 없음

speak과 talk은 큰 차이가 없는 단어들로 상황에 따라 더 선호되는 단어가 있긴 하나 대체로 두 단어 모두 쓸 수 있다.

2 격식에 따른 차이

비격식체에서는 주로 talk를 쓴다.

When she walked into the room everybody stopped **talking**.
그녀가 방 안으로 들어오자 모두 이야기를 멈추었다.

Could I **talk** to you about my plans for a few minutes?
잠시 내 계획에 대해 얘기 좀 할까요?

진지하거나 격식을 차리는 상황에서는 주로 speak를 쓴다.

I'll have to **speak** to that boy – he's getting very lazy.
저 소년과 얘기를 나눠봐야겠습니다. 점점 더 게으름을 피우고 있어요.

They had a fight last week, and now they're not **speaking** to one another.
그들은 지난주에 다투더니 지금 서로 말도 안 하고 있다.

After she had finished explaining her plans, nobody **spoke**.
그녀가 자신의 계획을 다 설명한 후에 어느 누구도 말하지 않았다.

3 강연 등

격식을 차리지 않은 강연 등에는 talk를 쓰며, 격식을 차린 강연이나 설교 등에는 주로 speak를 쓴다. 비교)

This is Patrick Allen, who's going to **talk** to us about gardening.
패트릭 앨런 씨를 소개합니다. 정원 가꾸기에 대해 이야기해 주실 겁니다.

This is Professor Rosalind Bowen, who is going to **speak** to us on recent developments in low-temperature physics.
로잘린드 보웬 교수를 소개합니다. 최근의 저온물리학의 발전에 대해 강연해 주시겠습니다.

The Pope **spoke** to the crowd for seventy minutes about world peace.
교황은 세계 평화에 대해 70분 동안 군중들에게 설파했다.

4 언어

speak는 말할 수 있는 신체적인 능력과 언어에 대한 지식 및 구사력을 나타내는 대표적인 단어다.

She **speaks** three languages fluently. 그녀는 세 가지 언어를 유창하게 구사한다.

We **spoke** Dutch so that the children wouldn't understand.
우리는 아이들이 못 알아듣도록 네덜란드어로 말했다.

His throat operation has left him unable to **speak**.
그는 인후 수술을 받아 말을 할 수 없게 되었다.

5 기타

전화를 걸어 '~와 통화할 수 있을까요?'라고 물을 때는 대체로 speak를 쓴다. (미국 영어에서는 speak with도 쓴다.)

Hello. Could I **speak to** Karen, please? 여보세요. 카렌 좀 바꿔주세요.

sense나 nonsense, 기타 이와 유사한 의미의 단어에는 talk를 쓴다.

> You're **talking** complete **nonsense**, as usual.
> 말도 안 되는 소리야. 네가 하는 말이 늘 그렇지 뭐. (NOT ~~You're speaking complete nonsense~~ ...)

start, begin은 ▶ 398 참조.

595 still, yet, already: 시간

1 의미

still, yet, already는 모두 진행되고 있거나 예상되는 일을 언급할 때 쓴다.
- still은 계속 진행되고 있으며, 아직 멈추지 않은 일을 지칭한다.
- yet은 예상되는 일을 지칭한다.
- already는 이미 일어났거나 예정 시점보다 앞서 일어난 일을 지칭한다.

2 still

의외로 어떤 일이 아직 끝나지 않았다는 것을 나타낸다.

> She's **still** asleep. 그녀는 아직도 잠들어 있다.
> Is it **still** raining? 아직도 비가 오니?
> I've been thinking for hours, but I **still** can't decide.
> 나는 몇 시간 동안 생각해 봤지만 아직도 결정을 못하겠다.
> You're not **still** seeing that Jackson boy, are you?
> 아직도 잭슨과 사귀고 있는 건 아니겠지, 그렇지?

대체로 동사와 함께 중간 위치(▶ 200 참조)에 온다.

3 yet

예상했던 일이 아직 일어나지 않았을 경우(그러나 곧 일어나리라 예상하는 경우)에 not yet을 쓴다.

> Is Sophie here? ~ **Not yet.** 소피 왔어? ~ 아직 안 왔어.
> The mail hasn't come **yet.** 우편물은 아직 안 왔어.

예상했던 일이 일어났는지 여부를 물어볼 때 의문문에 yet을 쓴다.

> Is supper ready **yet?** 저녁 준비됐어?
> Has the mail come **yet?** 우체물은 왔어?

yet은 대체로 문미에 쓰지만 격식체에서는 not 바로 뒤에 쓰기도 한다.

> Don't eat the pears – they aren't ripe **yet.** 배 먹지 마. 아직 안 익었어.
> The pears are **not yet** ripe. 배가 아직 익지 않았다. (격식체)

4 already

예상보다 빨리 일어났거나 예정 시점보다 앞서 일어난 일을 언급할 때 쓴다.

When's Sophie going to come? ~ She's **already** here. 소피는 언제 와? ~ 벌써 왔어.

You must go to Scotland. ~ I've **already** been there. 스코틀랜드에 꼭 가봐. ~ 거기 가봤어.

Have you **already** finished? That was quick! 벌써 끝냈어? 빠르다!

대체로 중간 위치(▶200 참조)에 오며 강조할 때는 문미에 오기도 한다.

Are you here **already**? You must have run all the way. 벌써 왔어? 줄곧 뛰어왔나 보구나.

시간을 나타내는 어구 앞에는 쓰지 않는다.

When I was fourteen I already knew that I wanted to be a doctor.

나는 열 네 살 때 이미 의사가 되고 싶었다. (NOT ~~Already when I was fourteen~~ ...)

5 still not, not yet

still not은 과거를 돌이켜 볼 경우, not yet은 미래를 바라볼 경우에 쓴다. 비교)

- She **still** hasn't got a job. 그녀는 아직 직장을 구하지 못했다.

   (과거를 돌아보는 상황: 크리스마스 이후부터 쭉 실직 상태였고 이 상황이 지속되고 있다.)

   She hasn't got a job **yet**. 그녀는 아직 직장을 구하지 못했다.

   (미래를 내다보는 상황: 현재는 실직 상태지만 앞으로 취직하리라 기대)

- I **still** can't speak Russian, after all these years of study.

   몇 년 동안 공부했지만 나는 아직도 러시아어를 구사하지 못한다.

   I can't speak French **yet**, but I hope I will be able to soon.

   나는 아직 프랑스어를 구사하지 못하지만 곧 할 수 있기를 바란다.

6 yet, already: 의문문에 쓰일 때

already가 쓰인 의문문은 대체로 이미 일어난 일을 묻는 표현이다. 비교)

- Have you met Professor Hawkins **yet**? (= I don't know whether you've met him.)

   호킨스 교수를 만난 적 있니? (= 그를 만났는지 여부를 모른다.)

   Have you **already** met Professor Hawkins? (= I think you've probably met him.)

   호킨스 교수를 벌써 만난 거야? (= 그를 만났다고 추정한다.)

- Is my coat dry **yet**? 내 코트 말랐어?

   Is my coat dry **already**? That was quick! 내 코트 벌써 말랐어? 빠르네!

7 시제

still, yet, already는 다양한 시제에 쓰이는 표현들이다. 영국 영어에서는 already와 yet을 주로 완료 시제에 쓰지만 미국 영어에서는 주로 과거 시제에 쓴다. 비교)

- **Have** you **paid yet**? 계산하셨습니까? (영국 영어)

   Have you **paid/Did** you **pay yet**? 계산하셨습니까? (미국 영어)

- She **has** already **left**. 그녀는 벌써 떠났다. (영국 영어)

   She **(has)** already **left**. 그녀는 벌써 떠났다. (미국 영어)

8 과거 시점 표현

still, yet, already는 모두 과거 시점을 나타낼 수 있다.

I went to see if she had woken up **yet**, but she was **still** asleep. This was embarrassing, because her friends had **already** arrived.

나는 그녀가 깼는지 보려고 갔는데 아직 자고 있었다. 그녀의 친구들이 벌써 도착했기 때문에 난감했다.

9 yet: '여전히'

yet은 대체로 의문문과 부정문에 쓰이지만 격식체에서는 '여전히'라는 의미로 긍정문에 쓰이기도 한다.

> We have **yet** to hear from the bank. (= We are still waiting to hear ...)
> 우리는 아직 은행 연락을 기다리고 있다. (= 우리는 아직도 연락을 기다리고 있다.)

10 all ready

all ready는 already와는 다른 단어다. all ready는 'all(모두)'과 'ready(준비된)'를 합쳐놓은 표현으로 '모두 준비되었다'는 의미로 쓴다. 비교)

> When's Megan coming? ~ She's **already** arrived. 메건은 언제 오지? ~ 벌써 도착했어.
> Are you **all ready**? ~ No, Dan isn't. 다들 준비됐어? ~ 아니, 댄은 아직이야.

'however'의 의미를 나타내는 담화 표지어 still은 ▸ 301.2 참조.

street, road는 ▸ 570 참조.

---

596 such

1 어순

명사와 명사구를 앞에서 수식하며 a/an 앞에 쓴다.

> **such** people 그런 사람들
> **such** interesting ideas 그런 흥미로운 아이디어들
> **such a** decision 그러한 결정 (NOT ~~a such decision~~)

2 '이러한, 그러한'

격식체에서는 '이러한', '그러한'의 의미로 추상명사를 수식한다.

> The committee wishes to raise fees. I would oppose **such** a decision.
> 위원회는 회비를 인상하고 싶어한다. 나는 그러한 결정에 반대한다.
> There are various forms of secret writing. **Such** systems are called 'codes'.
> 비밀을 유지하는 표기법에는 다양한 형태가 있다. 그러한 체계를 '암호'라고 한다.

비격식체에서는 구상명사를 수식할 경우 대체로 like this/that이나 this/that kind of를 쓴다.

> ... systems **like this** are called ... …이 같은 방식을 …이라고 부른다.
> He's got an old Rolls-Royce. I'd like a car **like that**.
> 그는 구형 롤스로이스를 갖고 있다. 나도 그런 차를 한 대 갖고 싶다. (NOT ~~I'd like such a car.~~)

3 상당한 정도

〈형용사 + 명사〉 앞에서 상당한 정도를 나타낸다.

> I'm sorry you had **such a bad journey**.
> (= You had a very bad journey, and I'm sorry.) 여행이 그렇게 형편없었다니 안됐구나.
> It was a pleasure to meet **such interesting people**.
> 아주 재미있는 사람들을 만나서 즐거웠다.

형용사 없이 상황을 묘사하는 명사 앞에 such를 써서 명사의 의미를 강조한다.

> I'm glad your concert was **such a success**. 네 연주회가 대성공이었다니 기뻐.
>
> Why did she make **such a fuss** about the dates?
> 그녀는 데이트 때문에 왜 그렇게 법석을 피웠지?

4 such, very, great 등

very, great 등도 상당한 정도를 나타낸다. 그러나 very, great는 새로운 정보를 설명하는 표현이지만, such는 이미 알고 있는 정보를 언급한다. 비교)

- I've had a **very** bad day. 오늘 일진이 사나웠어. (새로운 정보 제공)

  Why did you have **such** a bad day? 왜 그렇게 일진이 사나웠는데? (이미 알고 있는 정보)
- The weather was **very** cold. 날씨가 무척 추웠어.

  I wasn't expecting **such** cold weather. 그렇게 추울 줄 몰랐어.
- There was **great** confusion. 대혼란이 있었어.

  Why was there **such** confusion? 어쩌다 그런 혼란이 있었어?

그러나 비격식체에서는 특히 감탄문의 경우 '매우, 무척'이라는 의미로 such를 쓰기도 한다.

> She has **such** a marvellous voice! 그녀는 정말 놀라운 목소리를 갖고 있어!
>
> He's **such** an idiot! 그는 머저리야!

5 such ... that; such ... as to

very 뒤에는 that절이 바로 올 수 없으며 대신 〈such ...that〉 구문을 쓴다.

> It was **such** a cold afternoon **that** we stopped playing.
> 오후에 너무 추워서 우리는 경기를 중단했다. (NOT ~~It was a very cold afternoon that~~ ...)

〈**such + as + to**부정사〉 구문은 격식체에서 드물게 쓰인다.

> It was **such** a loud noise **as to wake** everybody in the house.
> 소음이 어찌나 시끄러웠던지 집 안에 있는 사람들을 죄다 깨웠다.
> (비격식체: ... **such** a loud noise **that it woke** ...)

6 such as

such as는 사례를 들 때 쓰인다.

> My doctor told me to avoid fatty foods **such as** bacon or hamburgers.
> 의사는 나에게 베이컨이나 햄버거 같은 기름진 음식을 피하라고 말했다.

7 such-and-such

'이러저러한, 여차여차한'이라는 의미로 쓰인다.

주의 이 표현은 비격식체에 해당된다.

> She's always telling you that she's met **such-and-such** a famous person.
> (= ... one or other famous person.) 그녀는 늘 이런저런 유명인사를 만났다고 말한다.

597 such, so

1 such: (형용사 +) 명사 앞에 쓰임

명사 또는 형용사의 수식을 받는 명사 앞에는 such를 쓴다.

> They're **such fools**. 그들은 정말이지 얼간이들이다. (NOT ~~They're so fools.~~)
>
> It was **such good milk** that we couldn't stop drinking it.
>
> 우유가 어찌나 맛있던지 우리는 마시는 것을 멈출 수 없었다. (NOT ~~It was so good milk that~~ ...)

부정관사 a/an은 such 뒤에 쓴다.

> She's **such a** baby. 그녀는 유치하기 짝이 없다.
>
> I've never met **such a** nice person.
>
> 나는 그렇게 좋은 사람은 만나본 적이 없다. (NOT ...~~a such/so nice person.~~)

2 so: 형용사, 부사 앞에 쓰임

명사 없이 단독으로 쓰인 형용사 또는 부사 앞에는 so를 쓴다.

> She's **so babyish**. 그녀는 유치하기 짝이 없다. (NOT ~~She's such babyish.~~)
>
> The milk was **so good** that we couldn't stop drinking it.
>
> 우유가 어찌나 맛있던지 우리는 마시는 것을 멈출 수 없었다.
>
> Why do you talk **so slowly**? 왜 그렇게 천천히 하는 거야?

much, many, few, little 앞에도 so를 쓸 수 있다.

> We've got **so much** to do, and **so little** time. 할 일은 태산 같고 시간은 태부족이다.

비교급 앞에는 so를 쓰지 않고 so much를 쓴다.

> I'm glad you're feeling **so much better**. 한결 좋아졌다니 다행이야. (NOT ...~~so better.~~)

so beautiful a day 등은 ▸ 187 참조.
such의 의미와 용법에 관한 자세한 내용은 ▸ 596 참조.
so의 자세한 용법은 ▸ 584 참조.

598 suggest

1 to부정사는 취하지 않음

suggest는 〈목적어 + to부정사〉 형태를 취하지 않으며, 뒤에 that절이나 -ing 구문을 쓴다.

> Her uncle **suggested that** she (should) get a job in a bank.
>
> 그녀의 삼촌은 그녀에게 은행에 취직하라고 제안했다.
>
> Her uncle **suggested getting** a job in a bank. 그녀의 삼촌은 은행에 취직하라고 제안했다.
>
> (NOT ~~Her uncle suggested her to get a job in a bank.~~)

2 간접목적어를 취하지 않음

대체로 전치사 없이 간접목적어를 취하지 않는다.

> Can you **suggest** a restaurant **to us**?
>
> 식당을 추천해 주시겠어요? (NOT ~~Can you suggest us a restaurant?~~)

3 that절의 동사 형태

suggest 뒤에 나오는 that절에서 '~해야 한다'는 의미로 제안할 때는 여러 가지 동사 형태를 쓸 수 있다.

단순 현재와 과거 시제를 쓸 수 있다.

Her uncle **suggests** that she **gets** a job in a bank.
그녀의 삼촌은 그녀에게 은행에 취직하라고 제안한다.

He **suggested** that she **got** a job in a bank. 그는 그녀에게 은행에 취직하라고 제안했다.

〈should + 동사원형〉이 흔히 쓰인다.

He **suggests** that she **should get** a job in a bank. 그는 그녀에게 은행에 취직하라고 제안한다.

He **suggested** that she **should get** a job in a bank.
그는 그녀에게 은행에 취직하라고 제안했다.

가정법 동사(▶ 232 참조)는 특히 미국 영어에서도 쓰인다.

He **suggests** that she **get** a job in a bank. 그는 그녀에게 은행에 취직하라고 제안한다.

He **suggested** that she **get** a job in a bank. 그는 그녀에게 은행에 취직하라고 제안했다.

4 직접 제안하는 경우

I suggest ...처럼 화자가 직접 제안할 경우에는 대체로 should를 쓰지 않는다.

I suggest (that) **you get** ... 나는 네가 ~할 것을 제안한다. (NOT ~~I suggest that you should get.~~)

suit, fit은 ▶ 467 참조.

599 suppose, supposing, what if

모두 현재 시제를 써서 '장차 일어날 수도 있는 상황'을 제시하거나 가정한다.

I haven't got a tablecloth. ~ **Suppose** we **use** a sheet.
식탁보가 없어. ~ 시트를 쓰면 어떨까?

Let's go to the beach. ~ **Supposing** it **rains**. 해변에 가자. ~ 비가 오면 어떡해.

What if we **invite** your mother next weekend and go away the week after?
다음 주말에 너희 어머니를 초대하고 그 다음 주에 떠나면 어떨까?

과거 시제를 쓰면 좀 더 불확실한 상황을 제시하거나 가정한다.

Daddy, can I watch TV? ~ **Suppose** you **did** your homework first.
아빠, TV 봐도 돼? ~ 숙제 먼저 하고.

I'm going to climb up there. ~ No! **Supposing** you **slipped**!
저기 위로 올라갈 거야. ~ 안돼! 미끄러지면 어쩌려고!

What if I **came** tomorrow instead of this afternoon? 오늘 오후 말고 내일 가면 어때?

실제 일어나지 않았던 과거의 상황을 언급할 때는 과거 완료 시제를 쓴다.

That was very clever, but **supposing** you **had slipped**?
잘하긴 했다만 미끄러졌더라면 어땠을까?

현재나 미래를 나타내는 과거 시제의 용법은 ▶ 46 참조.

600 surely

surely는 미국 영어보다 영국 영어에서 더 흔히 쓰인다.

1 certainly와 다른 의미

surely는 대체로 certainly와는 다른 의미로 쓰인다. certainly는 단순히 사실을 전하기만 할 때 쓰는 표현이며, surely는 주로 상대방의 동의를 구하고자 할 때 쓴다. 즉, 사실이 분명하다거나 믿을 만한 근거가 충분하다는 확신을 갖고 상대방을 설득할 때 surely를 쓴다. 비교〉

- House prices are **certainly** rising fast at the moment.
  현재 주택 가격이 빠르게 상승하고 있다. (사실 전달)
  House prices will **surely** stop rising soon.
  주택 가격은 분명 상승세를 멈출 것이다. (화자의 신념)
- I **certainly** transferred the money on Monday. 나는 분명히 월요일에 그 돈을 이체했다.
  She's **surely** got the money by now. 그녀는 지금쯤이면 분명 돈을 받았을 것이다.

2 '정말 ... 맞아?'라는 의미

상대의 말이 의외라는 의미로 surely를 쓰기도 한다. 이 용법은 흔히 질문 형태로 쓰인다.

I'm going to marry Sonia. ~ **Surely** she's married already?
소냐와 결혼해. ~ 소냐는 결혼한 거 아니었어?

Surely that's Henry over there? I thought he was in Scotland.
저기 헨리 아냐? 스코틀랜드에 있는 줄 알았는데.

Is it tonight we're going out? ~ No, tomorrow, **surely**?
우리 오늘 밤에 외출하는 거야? ~ 아니, 내일 아니야?

not과 함께 쓰면 '믿을 수 없다'는 어감을 나타낸다.

Tim failed his exam. ~ Oh, **surely not**? 팀이 시험에서 떨어졌어. ~ 저런, 그럴 리가?
Surely you're **not** going out in that hat? 설마 저 모자를 쓰고 나가려는 건 아니겠지?
You **don't** think I'm going to pay for you, **surely**?
설마 내가 대신 돈을 낼 거라고 생각하는 건 아니겠지?

601 sympathetic

상대의 감정에 동조 또는 공감하거나 어려운 처지의 사람을 동정한다는 의미로 쓰인다.
I'm **sympathetic** towards the strikers. 나는 파업 참가자들에게 동조한다.
She's always very **sympathetic** when people feel ill.
그녀는 아픈 사람들에게 늘 인정을 베푼다.

602 take: 시간

어떤 일에 걸리는 시간을 나타낼 때 take를 쓴다. 다음 다섯 가지 구문이 가장 널리 쓰인다.

1 사람이 주어인 경우;

사람 + take + 시간 + to부정사

I took three hours to get home last night.
나는 어젯밤 집에 가는 데 3시간이 걸렸다.

She takes all day to get out of the bathroom.
그녀는 욕실에 한 번 들어가면 나올 줄을 모른다.

They took two hours to unload the ferry.
그들은 페리에서 짐을 내리는 데 2시간 걸렸다.

2 행위가 주어인 경우:

행위 + take (+ 사람) + 시간

The drive took me three hours. 드라이브는 3시간 소요되었다.
Gardening takes a lot of time. 정원 손질은 시간이 많이 걸린다.
Unloading the ferry took them two hours.
그들은 페리에서 짐을 내리는 데 2시간 걸렸다.

3 행위의 대상이 주어인 경우:

행위의 대상 + take (+ 사람) + to부정사

The ferry took them two hours to unload. 페리에서 짐을 내리는 데 2시간 걸렸다.
This house will take all week to clean. 이 집을 청소하려면 일주일 내내 걸릴 것이다.

4 가주어 it이 주어인 경우:

It + take (+ 사람) + 시간 + to부정사

It took me three hours to get home last night. 나는 어젯밤 집에 도착하는 데 3시간이 걸렸다.
It takes ages to do the shopping. 쇼핑하려면 시간이 오래 걸린다.

5 before/until과 함께 쓰는 경우:

It + take (+ 사람) + 시간 + before / until

It took us six weeks **before/until** we got the house clean.
우리는 집을 청소하는 데 6주 걸렸다.

It took a long time **before/until** she felt comfortable in her new school.
그녀는 새 학교에 적응하는 데 오랜 시간이 걸렸다.

take, bring은 ▸409 참조.

talk, speak은 ▸594 참조.

tall, high는 ▸485 참조.

603 taste

1 연결동사

연결동사(▶11 참조)로 쓰일 경우 뒤에 형용사나 명사를 수반하여 어떤 맛이 나는지를 나타낸다. 진행형으로는 쓰지 않는다.

This **tastes nice**. What's in it? 맛있네. 뭐가 들었어? (NOT ... ~~tastes nicely.~~)

The wine **tastes funny**. 그 와인은 맛이 이상하다. (NOT ... ~~is tasting funny.~~)

명사 앞에는 taste of와 taste like를 쓴다.

The fish soup **tasted** mostly **of garlic**. 그 생선 수프는 마늘 맛이 강했다.

Her lips **tasted like** wild **strawberries**. 그녀의 입술에서 산딸기 맛이 났다.

2 타동사: '(맛을) 느끼다/분간하다'

목적어를 수반하여 '맛을 느끼다/분간하다'라는 의미의 타동사로도 쓸 수 있으며, 이 경우에도 진행형을 쓰지 않는다. 흔히 can taste(▶84 참조) 구문을 쓴다.

I **can taste onion** and mint in the sauce.

이 소스에서 양파와 박하 맛이 난다. (NOT ~~I am tasting~~ ...)

3 타동사: '(맛을 보고) 판단하다'

'미각을 사용해 판단하다'라는 의미의 타동사로도 쓸 수 있다. 이 경우는 진행형을 쓸 수 있다.

Stop eating the cake. ~ I'm just **tasting** it to see if it's OK.

케이크 그만 먹어. ~ 괜찮은지 그냥 맛만 보는 거야.

tell, say는 ▶572 참조.

thank you는 ▶556 참조.

604 thankful, grateful

grateful은 친절이나 호의 등에 대해 감사를 표할 때 관용적으로 쓰는 표현이다.

I'm very **grateful** for all your help.

당신의 모든 도움에 진심으로 감사드립니다. (NOT ... ~~I'm very thankful~~ ...)

She wasn't a bit **grateful** to me for repairing her car.

내가 자동차를 수리해 줬지만 그녀는 조금도 고마워하지 않았다.

thankful은 특히 위험을 피했거나 어려운 상황을 헤쳐 나왔을 때의 안도감을 나타낸다.

I'm **thankful** that we got home before the storm started.

폭풍이 치기 전에 집에 와서 다행이야.

We feel very **thankful** that she didn't marry him after all.

어쨌든 그녀가 그와 결혼하지 않아서 천만다행이야.

Well, I'm **thankful** that's over. 휴, 끝나서 다행이야.

then, so는 ▶583 참조.

605 there

there에는 두 가지 용법이 있으며 용법에 따라 발음도 다르다.

1 장소부사

there가 부사로 '그곳에', '저기에'를 의미할 때는 /ðeə(r)/로 발음한다.

What's that green thing over there? 저기 저 녹색 물건은 뭐지?

There's the book I was looking for. 내가 찾고 있던 책이 저기 있다.

here와 there의 차이는 ▶484 참조.

2 일종의 가주어 기능

there가 there is, there are, there might be 등으로 시작되는 문장에서 일종의 가주어 역할을 할 때는 /ðə(r)/로 발음한다. 자세한 내용은 ▶20 참조.

There's a book under the piano. 피아노 밑에 책이 한 권 있다.

there, here는 ▶484 참조.

606 think

1 의견 표명: 진행형을 쓸 수 없음

어떤 대상에 대한 의견을 밝힐 때는 진행형으로 쓰지 않는다.

I don't think much of his latest book.

나는 최근에 나온 그의 책이 별로라고 생각한다. (NOT ~~I'm not thinking much~~ ...)

Who do you think will win the election?

누가 선거에서 승리할 것 같아? (NOT ~~Who are you thinking~~ ...?)

2 기타 의미: 진행형을 쓸 수 있음

그 밖에 '(머리 속에 어떤 개념, 이미지 등을) 생각하다', '계획하다' 등의 의미일 때는 진행형을 쓸 수 있다.

You're looking worried. What are you thinking about?

걱정스러운 표정이네. 무슨 생각하고 있어? (NOT ... ~~What do you think about?~~)

I'm thinking of changing my job. 직업을 바꿀까 생각하고 있어.

3 -ing형이 뒤에 오는 경우

think 뒤에 -ing형은 쓸 수 있지만 목적어가 없을 경우 대체로 to부정사를 쓰지 않는다(▶아래 606.4 참조).

She's thinking of going to Brazil next year.

그녀는 내년에 브라질에 갈까 생각하고 있다. (NOT ~~She's thinking to go~~ ...)

그러나 '어떤 행위를 할 생각이 나다', '~할 정도로 분별력이 있다'는 의미일 때는 〈**think + to부정사**〉를 쓸 수 있다.

Did you think to close the windows when it started raining?

비가 오기 시작했을 때 창문 닫는 것이 기억났어?

4 think + 목적어 (+ to be) + 보어

매우 격식을 차린 표현에서는 think 뒤에 〈**목적어 + 보어(형용사/명사)**〉 형태를 쓰기도 한다.

> They **thought her fascinating**. 그들은 그녀가 매혹적이라고 생각했다.
> We **thought him a fool**. 우리는 그가 바보라고 생각했다.

to부정사나 절을 대신하는 가목적어 it (▶269 참조)을 쓸 수도 있다.

> I thought **it** better **to pretend that I knew nothing**.
> 나는 아무것도 모르는 척하는 게 더 낫겠다고 생각했다.
> We thought **it** important **that she should go home**.
> 우리는 그녀가 집에 가야 한다고 생각했다.

드물게는 보어 앞에 to be를 쓰는 경우도 있는데, 주관적인 인상이 아닌 객관적인 판단이라는 의미를 내포한다.

> They thought him **to be** a spy. 그들은 그가 스파이라고 생각했다.

일반적으로는 think 뒤에 that절을 쓴다.

> They **thought that** she was fascinating. 그들은 그녀가 매혹적이라고 생각했다.
> We **thought that** he was a fool. 우리는 그가 바보라고 생각했다.

그러나 〈**목적어 + 보어**〉 구문의 수동태형인 be thought to be 구문은 널리 쓰인다.

> He **was thought to be** a spy. 그는 스파이로 간주되었다.

5 부정어의 위치 이동: I don't think ...

think 뒤에 부정문 형태의 절이 올 때는 대체로 부정어 not의 위치를 옮겨 think와 함께 쓴다 (▶219 참조).

> I **don't think** it will rain. 비는 안 올 거야. (I think it won't rain.보다 자연스러움)
> Emily **doesn't think** she can come. 에밀리는 못 올 거야.

그러나 놀라움을 표현할 때는 I thought ... not 형태로 쓰기도 한다.

> Hello! I **thought** you **weren't** coming! 어이! 안 올 줄 알았는데!

6 간접화법

think는 간접의문문을 이끄는 동사로는 쓰이지 않는다.

> I **was wondering** if I could do anything to help.
> 제가 도울 수 있는 일이 있나 해서요. (I was thinking if ...보다 자연스러움)

7 I thought ...

화자의 생각이 옳았다는 의미일 때는 I thought에 강세를 둔다. 비교〉

> It isn't very nice. ~ Oh, dear. I thought you'd **LIKE** it. (But I was wrong.)
> 별로야. ~ 저런, 네가 좋아할 줄 알았어. (내 생각이 틀렸다.)
> It's beautiful! ~ Oh, I am glad. I **THOUGHT** you'd like it. (And I was right.)
> 예쁘다! ~ 다행이야. 네가 좋아할 줄 알았어. (내 생각이 옳았다.)

8 I had thought ..., I should think 등

화자의 생각이 틀렸다는 의미로 과거 완료를 쓰고 had에 강세를 둔다.

> **I had thought** that we were going to be invited to dinner.
> 우리가 저녁 식사에 초대 받을 줄 알았어.

I should think와 I should have thought (또는 I would/I'd ...)는 추측의 의미를 나타낸다.

> **I should think** we'll need at least twelve bottles of wine. 최소한 와인 12병이 필요할 거야.
> **I'd have thought** we could expect at least forty people. 적어도 40명은 오리라 생각했어.

비난이나 질책의 의미로도 I should think와 I should have thought를 쓴다.

> **I should have thought** he could have washed his hands, at least.
> 그가 적어도 손은 씻어야 한다고 생각했어.

I (don't) think so와 I thought so는 ▶585 참조.

though, although는 ▶371 참조.

607 through: 시간

미국 영어에서 through는 '일정한 시간이나 기간 내내, 줄곧'이라는 의미로 쓰인다.

> The park is open from May **through** September. 공원은 5월부터 9월까지 개방된다.

영국 영어에서 through는 뒤에 오는 기간까지 포함할 때 through를 쓰지 않고 to ... inclusive 나 until the end of ...를 쓴다.

> The park is open from May **to** September **inclusive**. (OR ... from May **until the end of** September.) 공원은 5월부터 9월까지 개방된다.

through, across, over는 ▶357 참조.

608 time

1 가산/불가산 여부와 관사 사용

다양한 용법으로 두루 쓰이며 때로는 가산명사, 때로는 불가산명사로 취급한다.

a 지속 시간: how long

일을 마치는 데 필요한 시간이나 일수 등을 언급할 때는 대체로 time을 불가산명사로 취급하며 부정관사 a를 쓰지 않는다.

> How **much time** do we need to load the van? 밴에 짐을 싣는 데 시간이 얼마나 걸릴까?
> It took quite **some time** to persuade her to talk to us.
> 우리에게 말하도록 그녀를 설득하는 데 상당한 시간이 걸렸다.
> Don't worry – there's plenty of **time**. 걱정하지 마. 시간은 넉넉해.
> This is a complete waste of **time**. 이건 순전히 시간 낭비야.

그러나 a long/short time, quite a time 등 특정 어구에서는 가산명사로 취급한다.

I took **a long time** to get to sleep. 나는 오래 지나서야 겨우 잠들었다.
She was away for **quite a time.** 그녀는 꽤 오래 자리를 비웠다.

the time은 '충분한 시간'이라는 의미로 쓰이며, 정관사 the를 생략하기도 한다.
Just come with me – I haven't got **(the) time** to explain. 그냥 따라와. 설명할 시간 없어.

시간 표현에 쓰이는 take의 용법은 ▸602 참조.

b 시각
time이 시계상에 나타나는 특정 시각을 가리킬 때는 가산명사로 취급한다.
Six o'clock would be **a** good **time** to meet. 6시면 만나기에 적당한 시간일 겁니다.
She phoned me at various **times** yesterday. 그녀는 어제 나에게 여러 번 전화했다.

it's time ...에는 정관사 the를 쓰지 않는다.
It's time to stop. 그만둬야 할 때다. (NOT ~~It's the time to stop.~~)

2 전치사 생략

일부 관용 어구에서는 대체로 time 앞에 전치사를 생략한다.
He's busy. Why don't you come **another time**?
그는 지금 바빠요. 다음에 오시겠어요? (...at another time?보다 자연스러움)
What time does the match start? 경기는 언제 시작해? (At what time ...?보다 자연스러움)
You won't fool me **this time.** 이번에는 날 못 속일 걸.

비격식체에서는 time 뒤에 나오는 관계사 구문에 when 대신 that을 쓰거나 관계사를 생략한다.
Do you remember the time **(that) Freddy pretended to be a ghost?**
프레디가 귀신인 척했을 때 기억나?
You can come up and see me any time **(that) you like.** 언제든 좋을 때 나를 보러 와.
The first time **(that) I saw her,** my heart stopped. 그녀를 처음 본 순간 심장이 멈추었다.

기타 시간을 나타내는 유사 구문이나 place, way, reason이 쓰인 유사 구문은 ▸237.7 참조.

3 on time, in time

on time은 늦지도 이르지도 않은 제시간을 의미한다. 예정된 시간보다 이를 때는 'early', 늦을 때는 'late'를 쓴다. on time은 주로 일정이 미리 짜여 있는 일에 쓴다.
Only one of the last six trains has been **on time.**
마지막 여섯 대의 기차 중 단 한 대만이 제시간에 왔다. (NOT ... ~~in time.~~)
Daniel wants the discussion to start exactly **on time.**
다니엘은 예정된 시각에 토의를 시작하기 원한다. (NOT ... ~~in time.~~)

in time은 '늦지 않게', '마감시간 전에'를 의미하며 반의어는 'too late'다.
We arrived **in time** to get good seats.
우리는 좋은 자리에 앉으려고 늦지 않게 도착했다. (NOT ... ~~on time to get good seats.~~)
He would have died if they hadn't got him to hospital **in time.**
그들이 제시간에 그를 병원에 데려가지 않았더라면 그는 죽었을 것이다.
(NOT ... ~~got him to hospital on time.~~)

I nearly drove into the car in front, but I stopped just **in time**.
나는 앞차와 충돌할 뻔했지만 충돌 직전에 차를 멈췄다.

It's time 뒤에 쓰이는 구문은 ▶ 502 참조.　　시간을 말하는 방식은 ▶ 325 참조.
by the time은 ▶ 414 참조.　　this is the first time …, this is the last time … 등의 구문에 쓰이는 시제는 ▶ 56 참조.

to, at/in은 ▶ 385 참조.

609 tonight

last night은 어젯밤, tonight은 오늘밤을 의미한다. 비교)
I had a terrible dream **last night**.
나는 어젯밤 끔찍한 악몽을 꾸었다. (NOT I had a terrible dream tonight.)
I hope I sleep better **tonight**. 오늘밤에는 푹 좀 잤으면 좋겠어.

610 too

1 too, very

too는 very와 달리 충분하거나 필요한 정도를 넘어서는 상태를 나타낸다. 비교)
- He's a **very** intelligent child. 그는 매우 총명한 아이다.
  He's **too** intelligent for his class – he's not learning anything.
  그는 반 아이들에 비해 머리가 너무 좋다. 그래서 아무것도 배우는 게 없다.
- It was **very** cold, but we went out. 몹시 추웠지만 우리는 외출했다.
  It was **too** cold to go out, so we stayed at home.
  나가기에는 너무 추워서 우리는 집에 있었다.

2 too, too much

명사를 수식하지 않는 형용사나 부사 앞에는 too much를 쓰지 않고 too를 쓴다.
You're **too kind** to me. 너무 친절하시네요. (NOT You're too much kind to me.)
I arrived **too early**. 나는 너무 일찍 도착했다. (NOT I arrived too much early.)

명사 앞에는 too much를 쓴다. 자세한 내용은 ▶ 611 참조.
I've got **too much work**. 일거리가 산더미야.

3 수식: much too, far too 등

비교급을 수식하는 어구들(▶ 207 참조)은 too도 수식할 수 있다.
much too old 너무 오래된 (NOT very too old)
a little too confident 자신감이 좀 지나친　　**a lot** too big 너무 큰
a bit too soon 살짝 너무 이른　　　　　　　**far** too young 너무 어린
rather too often 좀 너무 자주

4 〈형용사 + 명사〉 앞에 쓰지 않음

〈**형용사 + 명사**〉 앞에는 대체로 too를 쓰지 않는다.

I put down the bag because it was too heavy.
나는 가방이 너무 무거워서 내려놓았다. (NOT ... ~~the too heavy bag.~~)

She doesn't like men who are too tall.
그녀는 너무 키 큰 남자들을 좋아하지 않는다. (NOT ~~She doesn't like too tall men.~~)

Let's forget this problem – it's too difficult.
이 문제는 그만두자. 너무 골치 아파. (NOT ... ~~this too difficult problem.~~)

다소 격식을 차린 표현에서는 〈**형용사 + a/an + 명사**(▸ 187 참조)〉 앞에 too를 쓰기도 한다. 어순에 유의한다.

It's **too cold a day** for tennis. 테니스를 치기에는 너무 춥다.

5 too... + to부정사

〈**too + 형용사/부사**〉 뒤에 to부정사 구문을 쓸 수 있다.

He's **too old to work**. 그는 너무 늙어서 일을 할 수 없다.
It's far **too cold to go** out. 너무 추워서 밖에 나갈 수 없다.

too much/many 뒤에도 to부정사 구문을 쓸 수 있다.

There was **too much snow to go** walking. 산책하러 가기에는 눈이 너무 많이 내렸다.

to부정사의 의미상 주어를 밝힐 때는 for를 쓴다(▸ 113 참조).

It's too late **for the pubs** to be open. 술집들이 영업하기에는 너무 늦은 시간이다.
There was too much snow **for us** to go walking.
우리가 산책하러 가기에는 눈이 너무 많이 내렸다.

6 too salty to drink 등

too가 쓰인 문장의 주어가 뒤에 나오는 to부정사의 목적어가 될 수도 있다(자세한 내용은 ▸ 101.4 참조). 이 경우 to부정사 뒤에 목적격 대명사를 따로 쓰지 않는다.

The water is too salty to drink.
물이 너무 짜서 마실 수 없다. (NOT ~~The water is too salty to drink it.~~)

그러나 to부정사의 의미상 주어로 for 뒤에 올 때는 목적격 대명사를 쓸 수 있다.

The water is too salty **for us** to drink (**it**). 우리가 마시기에는 물이 너무 짜다.

주의 He's too stupid to teach.는 경우에 따라 두 가지 의미로 해석할 수 있다.

1. He's too stupid to be a teacher. 그는 교사가 되기에는 너무 멍청하다.
2. He's too stupid for anyone to teach – he can't be taught.
그는 너무 멍청해서 아무도 그를 가르칠 수 없다.

7 That's really too kind of you.

비격식체에서는 'very(매우)'의 의미로 too를 쓰기도 한다.

Oh, that's really **too** kind of you – thank you so much.
어머나, 친절도 하셔라. 정말 감사해요.
I'm not feeling **too** well. 몸이 그다지 좋지 않다.

8 only too ...

공식적인 제안이나 초대 등에 '더할 나위 없이', '무척' 등의 의미를 쓰인다.

We will be **only too** pleased if you can spend a few days with us.
며칠 동안 저희와 함께 지내신다면 더할 나위 없이 기쁘겠습니다.

'also'의 의미로 쓰이는 too는 ▸ 369 참조.

too, also, as well은 ▸ 369 참조.

611 too much, too many

1 차이

too much와 too many의 차이는 much와 many의 차이(▸ 165 참조)와 같다. too much는 단수 불가산명사를 수식하며, too many는 복수 명사를 수식한다.

You put **too much salt** in the soup. 수프에 소금을 너무 많이 넣었어.

I've had **too many** late **nights** recently.
나는 요즈음 허구한 날 늦게 잤다. (NOT ... ~~too much late nights~~ ...)

2 a bit too much, rather too many 등

비교급(▸ 207 참조)이나 too를 수식하는 어구들은 too much와 too many도 수식할 수 있다.

She's wearing **a bit too much** make-up for my taste.
내 취향으로 볼 때 그녀는 화장을 너무 진하게 한다.

I've been to **rather too many** parties recently. 나는 최근에 파티에 너무 많이 참석했다.

그러나 much too many는 쓰지 않는다.

You ask **far too many** questions.
너는 질문을 너무 많이 한다. (NOT ... ~~much too many questions.~~)

3 too much, many: 명사 없이 사용

의미가 분명한 경우, too much/many 뒤의 명사를 생략할 수 있다.

You've eaten **too much**. 너 너무 많이 먹었어.

Did you get any answers to your advertisement? ~ **Too many**.
네 광고 보고 연락 좀 왔어? ~ 아주 많이 왔어.

too와 too much의 차이는 ▸ 610.2 참조.

town, city는 ▸ 420 참조.

612 travel, journey, trip, voyage

travel은 일반적인 의미의 여행을 총칭하는 표현으로 대개 불가산명사로 취급한다.

My interests are music and **travel**. 내 관심사는 음악과 여행이다.

다소 거창한 여행이나 탐험을 가리킬 때는 복수형인 travels를 쓴다.

He wrote a wonderful book about his **travels** in the Himalayas.
그는 히말라야 산맥 기행문을 담은 훌륭한 책을 한 권 썼다.

a journey는 한 차례의 여행을 의미한다.

Did you have a good **journey**? 여행 잘 다녀왔어? (NOT ~~Did you have a good travel?~~)

I met Megan on my last **journey** to England.
나는 영국으로 가는 마지막 여행에서 메건을 만났다. (NOT ... ~~my last travel.~~)

a trip은 업무나 관광 목적의 왕복 여행을 의미한다.

I'm going on a business **trip** next week.
(= I'm going on a journey and I'm going to do some business.)
나는 다음 주에 출장을 간다. (= 여행을 가서 업무를 볼 것이다.)

Daniel's school is organising a skiing **trip** to the Alps.
다니엘의 학교는 알프스 스키 여행을 준비하고 있다.

비교)

How was your **journey**? ~ The train broke down. 여행길은 어땠어? ~ 기차가 고장났어.

How was your **trip**? ~ Successful. 여행 어땠어? ~ 좋았어.

중요한 목적이 있으며 힘들고 오랜 시간이 걸리는 원정 여행에는 대체로 trip을 쓰지 않는다.

In 1863 the President **travelled** to Dakota to make peace with the Indians.
1863년 대통령은 인디언과 화해하기 위해 다코타를 순방했다.
(NOT ... ~~made a trip to Dakota to make peace~~ ...)

Amundsen made his **journey** to the South Pole in 1911.
아문센은 1911년에 남극 탐험을 떠났다. (NOT ~~Amundsen made his trip to the South Pole~~ ...)

긴 해상 여행에는 voyage를 쓴다.

주의 전치사 on을 써서 **on** a journey/trip/voyage로 표현한다.

type of, kind of, sort of는 ▸592 참조.

(the) United Kingdom, England, Britain, the British Isles은 ▸411 참조.

613 until

1 until, till

until과 till은 모두 전치사와 접속사로 쓸 수 있으며 의미도 동일하다. till은 비격식체로 미국 영어에서는, 'til로도 쓴다.

OK, then, I won't expect you **until/till** midnight.
좋아, 그렇다면 자정까지는 안 오는 거네.

I'll wait **until/till** I hear from you. 너한테 연락올 때까지 기다릴게.

The new timetable will remain in operation **until June 30**.
새 일정표는 6월 30일까지 시행될 것이다.

2 until/till, to

to 또한 until/till과 같은 의미로 시간을 나타내는 전치사로 쓰이며 from ... to ... 의 형식을 취한다.

> I usually work **from** nine **to** five.
> 나는 대체로 9시부터 5시까지 근무한다. (OR ... **from** nine **until/till** five.)

어떤 사건이 발생하기까지 남은 시간을 언급할 경우에도 to를 쓸 수 있다.

> It's another three weeks **to** my birthday.
> 내 생일까지 3주 더 남았다. (OR ... **until/till** my birthday)

그 밖의 경우에는 대체로 to를 쓰지 않는다.

> I waited for her **until** six o'clock, but she didn't come.
> 나는 6시까지 그녀를 기다렸지만 그녀는 오지 않았다. (NOT I waited for her to six o'clock ...)

from ... through(미국 영어)는 ▶607 참조.

3 거리나 수량: until/till을 쓰지 않음

until/till은 시간을 나타낼 때만 쓴다. 거리를 언급할 때는 to, as far as, up to를 쓴다. up to 는 수량을 나타낼 때도 쓸 수 있다.

> We walked **as far as/up to** the edge of the forest.
> 우리는 숲 가장자리까지 걸었다. (NOT ... till the edge ...)
> The minibus can hold **up to** thirteen people.
> 그 미니버스는 13명까지 수용할 수 있다. (NOT ... until thirteen people.)
> You can earn **up to** £1,500 a week in this job. 이 일은 주당 1,500파운드까지 벌 수 있다.

4 until 구문의 시제

until 구문에는 현재 시제로 미래를 나타낸다(▶231 참조).

> I'll wait **until** she **gets** here.
> 나는 그녀가 여기 도착할 때까지 기다리겠다. (NOT ... until she will get here.)

끝나는 시점을 강조할 때는 현재 완료나 과거 완료 시제를 쓴다.

> You're not going home **until** you**'ve finished** that report.
> 그 보고서를 마칠 때까지 집에 못 갑니다.
> I waited **until** the rain **had stopped**. 나는 비가 그칠 때까지 기다렸다.

5 Not until ... 구문

문어체에서는 Not until ...을 문두에 쓰고 주절의 어순을 도치시킨다(▶270 참조).

> **Not until** that evening **was she** able to recover her self-control.
> 그날 저녁이 되어서야 그녀는 자제력을 회복할 수 있었다.
> **Not until** I left home **did I** begin to understand how strange my family was.
> 나는 집을 떠나고 나서야 우리 가족이 얼마나 별났는지 알게 되었다.

6 until, by: 상태나 행위

일정한 시점까지 계속되는 상황이나 상태를 언급할 때는 until을 쓰며, 미래의 특정 시점 이전에 일어날 행위나 사건을 언급할 때는 by(▶414 참조)를 쓴다. 비교)

‒ Can I stay **until the weekend**? 주말까지 머무를 수 있나요?

Yes, but you'll have to leave **by twelve on Monday** at the latest.
(= at twelve on Monday or before.)

예, 하지만 늦어도 월요일 정오까지는 떠나야 합니다. (= 월요일 12시나 그 이전)

‒ Can you repair my watch if I leave it **until Saturday**?
제 시계 토요일까지 수리될까요?

No, but we can do it **by next Tuesday**.
아니요, 그렇지만 다음 화요일까지는 가능합니다. (NOT ... ~~until next Tuesday.~~)

7 until, before

not ... until/till 또는 not ... before는 '…까지는 ~하지 않다', '~한 후에야 ~하다'를 의미한다.

I won't be seeing Judy **until/before** Tuesday. 나는 화요일까지는 주디를 만나지 않을 거야.

어떤 사건이 발생하기까지 남은 시간을 언급할 때도 until과 before를 모두 쓸 수 있다.

It'll be ages **until/before** we meet again. 우리는 오랜 세월이 지나서야 다시 만나겠지.

There's only six weeks left **until/before** Christmas. 크리스마스까지 6주밖에 안 남았다.

614 up, down

1 방향 표현

up과 down은 단지 위치의 높낮이만을 의미하지는 않는다. 기점과 관련한 방향을 나타낼 때도 up과 down을 쓰는데 중요한 기점이나 중심지를 향해 갈 때는 up, 중요한 기점이나 중심지에서 멀어질 때는 down을 쓴다. 이를테면 런던행 기차는 'up train(상행선)', 런던발 기차는 'down train(하행선)'이라고 한다.

The ambassador walked slowly **up** the room towards the Queen's throne.
대사는 여왕의 옥좌를 향해 방을 천천히 걸어갔다.

She ran **down** the passage, out of the front door and **down** the garden.
그녀는 통로를 달려 정문을 나와 정원으로 내려갔다.

We'll be going **down** to the country for the weekend.
우리는 주말에 시골에 내려갈 것이다.

그러나 미국에서 downtown은 도심의 업무지구나 유흥가를 가리킨다.

2 남과 북

북쪽이나 남쪽으로 이동하는 동작을 표현할 때도 up과 down을 쓴다. 지도상에서 위쪽이 북, 아래쪽이 남이므로 북쪽을 향할 때는 up, 남쪽을 향할 때는 down을 쓴다.

I work in London, but I have to travel **up** to Glasgow every few weeks.
나는 런던에서 일하지만 몇 주에 한 번씩 글래스고에 다녀와야 한다.

3 '…을 따라'

up과 down이 'along(…을 따라)', 'further on(더 멀리)'을 의미할 때도 있는데, 이 경우 up과 down의 의미 차이는 없다.

The nearest bank is about half a mile **up/down** the road
가장 가까운 은행은 길을 따라 반 마일 정도 거리에 있다.

615 (be) used to

1 의미

경험이 많아 더 이상 낯설거나 새롭지 않다는 것을 의미한다.

I've lived in Central London for six years now, so I**'m used to** the noise.
나는 런던 중부에 6년째 살고 있어서 소음에 익숙하다.

At the beginning I couldn't understand Londoners because I **wasn't used to** the accent. 처음에 나는 런던 사람들의 말투에 익숙하지 않아서 그들의 말을 알아들을 수 없었다.

2 구문

be used to 뒤에는 -ing형을 쓰며, to부정사(▶ 104.2 참조)는 쓰지 않는다.

I'm used **to driving** in London now, but it was hard at the beginning.
나는 이제 런던에서 운전하는 것에 익숙하지만 처음에는 어려웠다.
(NOT I'm used to drive in London ...)

It was a long time before she was used **to working** with old people.
그녀는 오랜 시간이 걸려서야 노인들을 다루는 데 익숙해졌다.

이 구문에서 used는 형용사로 쓰이며, quite나 very로 수식할 수 있다.

I'm **quite used** to her little ways.
나는 그녀의 사소한 행동 패턴에 꽤 익숙하다.

3 get used to -ing 등

be 대신 get, become, grow(▶ 394 참조)를 쓸 수도 있다.

You'll soon **get used** to living in the country. 너는 곧 시골 생활에 적응할 것이다.

Little by little, he **became used** to his new family. 그는 조금씩 새 가족에 익숙해졌다.

It took them a long time to **grow used** to getting up in the night.
그들은 오랜 시간이 걸려서야 밤중에 일어나는 데 익숙해졌다.

4 발음

used는 /juːst/로 발음한다.

〈used to + 동사원형(예: I used to smoke)은 ▶ 87 참조.

616 very, very much

1 형용사나 부사 수식: very kind, very quickly

형용사와 부사 앞에는 very much를 쓰지 않고 very를 쓴다.

You're **very** kind. 무척 친절하시군요. (NOT You're very much kind.)

The situation is **very** serious. 상황이 아주 심각하다. (NOT ... ~~very much serious.~~)

I came **very** quickly. 나는 급히 서둘러서 왔다. (NOT ... ~~very much quickly.~~)

비교급 앞에는 (very) much를 쓸 수 있다.

I'm **(very) much happier** in my new job.

나는 새 직장에서 훨씬 더 만족스럽다. (NOT ... ~~very happier~~ ...)

최상급을 수식하는 very(very first, very best 등)는 ▸ 207.4 참조.　　the very same은 ▸ 571 참조.

2 not very

not very는 상당히 낮은 정도를 나타낸다.

It's **not very** warm - you'd better take a coat.

별로 따뜻하지 않아. 코트를 가져가는 게 좋을 거야.

That meal wasn't **very** expensive. (= quite cheap.)

그 음식은 그리 비싸지 않았다. (= 꽤 저렴했다)

주의 little은 이런 의미로 쓸 수 없다.

He's **not very** imaginative.

그는 그다지 상상력이 풍부하지 않다. (NOT ~~He's little imaginative.~~)

3 과거분사 수식: very much loved, very worried

과거분사 앞에는 통상 very much를 쓴다.

She was **very much loved** by her grandchildren.

그녀는 손주들에게 많은 사랑을 받았다. (NOT ~~She was very loved~~ ...)

Journey times will be **very much reduced** by the new road.

새로 닦은 도로 덕분에 이동 시간이 상당히 단축될 것이다. (NOT ... ~~very reduced~~ ...)

그러나 형용사처럼 쓰이는 일부 과거분사 앞에는 very를 쓸 수 있다. 자세한 내용은 ▸ 96.8 참조.

I'm **very worried** about Angela.

나는 안젤라가 너무 걱정된다. (NOT ... ~~very much worried~~ ...)

We were **very surprised** when Dan passed his exam.

댄이 시험에 합격하자 우리는 몹시 놀랐다. (... very much surprised ...보다 더 흔히 쓰임)

4 very much (부사)

very much는 부사로도 쓰인다.

We **very much** enjoyed the party. 우리는 파티를 무척 즐겼다. (NOT ~~We very enjoyed~~ ...)

very much를 동사와 목적어 사이에 쓰는 경우는 드물다.

I **very much** like mountains. 나는 산을 무척 좋아한다. (NOT ~~I like very much mountains.~~)

명사 앞에서 한정사 역할을 할 수 있다.

She didn't have **very much money**. 그녀는 돈이 많지 않았다.

Have you got **very much work** to do? 할 일이 아주 많아?

긍정문에서는 대체로 very much를 한정사로 쓰지 않는다(▸ 165.4 참조).

There was **a lot of snow** on the road.

길 위에 눈이 많이 쌓여 있었다. (NOT ~~There was very much snow.~~)

very ... indeed는 ▶ 499 참조.

voyage, journey, travel, trip은 ▶ 612 참조.

617 wait

wait 뒤에는 to부정사를 쓸 수 있다.

I'll **wait to hear** from you before I do anything.

네 소식을 기다려본 후 나는 무엇이든 할 것이다.

직접목적어 앞에는 wait for를 쓴다.

Please **wait for me** here. 여기서 저를 기다리세요. (NOT ~~Please wait me here.~~)

wait 뒤에 that절은 쓸 수 없지만 〈목적어 + to부정사〉 구문은 쓸 수 있다.

We'll have to wait **for the photos to be** ready.

우리는 사진들이 준비되기를 기다려야 할 것이다. (NOT ... ~~wait that the photos are ready.~~)

wait 뒤에 시간이 올 경우 대체로 전치사 for를 생략한다.

I **waited (for)** a very long time for her answer. 나는 오랫동안 그녀의 대답을 기다렸다.

타동사 await는 격식을 차린 표현으로, 추상명사가 목적어일 때 주로 쓰인다.

We're still **awaiting instructions**. 우리는 아직도 지시를 기다리고 있다.

wait for와 expect의 차이는 ▶ 457 참조.

wait, hope, expect, look forward는 ▶ 457 참조.

wake(n), awake(n)은 ▶ 389 참조.

618 want

1 to부정사 취함

want 뒤에는 대체로 to부정사를 쓴다.

I don't **want to come** back here ever again.

나는 다시는 이곳에 돌아오고 싶지 않다. (NOT ~~I don't want come back~~ ...)

want 뒤에는 that절을 쓰지 않고 〈목적어 + to부정사〉 구문(▶ 98 참조)을 쓴다.

Do you **want me to make** you some coffee?

내가 커피 한 잔 타줄까? (NOT ~~Do you want (that) I make you some coffee?~~)

I don't **want that woman to come** here. 나는 저 여자가 여기 오는 게 싫다.

미국 영어에서는 〈**want + for + 목적어 + to부정사**〉도 쓸 수 있다.

Do you want **for me to make** you some coffee? 내가 커피를 끓여 드릴까요?

2 want + 목적어 + 보어

want 뒤에 목적어와 보어(형용사, 부사, 과거분사)를 함께 써서 변화나 결과를 표현하기도
한다.

> She doesn't want **him back**. 그녀는 그가 돌아오기를 바라지 않는다.
> We want **the job finished** by Tuesday. 우리는 화요일까지 그 일을 마치기를 원한다.
> They wanted **him dead**. 그들은 그가 죽기를 원했다.
> I want **her out** of there now. 나는 그녀가 당장 거기서 나오기를 바란다.

명사 보어 앞에는 to be나 as를 쓴다.

> I want you **to be my friend**.
> 내 친구가 되어주었으면 좋겠어. (OR … **as my friend**. NOT ~~I want you my friend.~~)

3 want: '필요로 하다'

격식을 차리지 않은 영국 영어에서는 사물을 주어로 쓰기도 한다. 이 경우 want는 need(필요로
하다)와 동일한 의미를 나타낸다.

> **That car wants** a clean. 그 차는 세차해야 한다.
> **Your hair wants** a good brush. 네 머리 빗질 좀 해야겠다.

이 경우, want 뒤에 -ing형을 쓸 수 있다(need의 유사 용법은 ▶ 532 참조).

> This coat **wants cleaning**. (= … needs to be cleaned.) 이 코트는 세탁해야 한다.

4 I wanna hold your hand.

격식을 차리지 않은 대화에서는 want to를 종종 wanna로 발음하며, 만화 등에서는 현실감을
주기 위해 발음 나는 대로 wanna로 표기하기도 한다.

to부정사에서 나머지 부분을 생략하고 to만 쓰는 경우(예: I don't want to, thanks.)는 ▶ 280 참조.

want, will은 ▶ 631 참조.

619 -ward(s)

backward(s), forward(s), northward(s), outward(s) 등은 형용사로도 쓰이고 부사로도 쓰인다.

1 형용사

형용사로 쓰일 때는 -s를 붙이지 않는다.

> This country is very **backward** in some ways. 이 나라는 어떤 면에서 매우 낙후되어 있다.
> You're not allowed to make a **forward** pass in rugby.
> 럭비에서는 전방 패스가 허용되지 않는다.
> He was last seen driving in a **northward** direction.
> 그는 북쪽으로 운전하는 모습이 마지막으로 목격되었다.

2 부사

부사로 쓰일 때는 -s를 붙이기도 하고 안 붙이기도 한다. 일반적으로 영국 영어에서는 -s가 있는
형태를, 미국 영어에서는 -s가 없는 형태를 쓴다.

Why are you moving **backward(s)** and **forward(s)**? 왜 몸을 흔들거리고 있어?

If we keep going **upward(s)** we must get to the top.
우리가 계속 위로 간다면 정상에 도달할 것이다.

Let's start driving **homeward(s)**. 집으로 차를 몰자.

look forward to, bring forward, put forward 등의 관용구에서는 항상 -s가 없는 형태로 쓴다.

I **look forward to** hearing from you. 소식 기다리고 있겠습니다.

She **put forward** a very interesting suggestion. 그녀는 아주 흥미로운 제안을 내놓았다.

3 기타 표현

영국 영어에서는 towards와 afterwards, 미국 영어에서는 toward와 afterward를 주로 쓴다.

watch, look (at), see는 ▶575 참조.

620 way

1 전치사 생략

비격식체에서는 way 앞에 위치한 전치사 in이나 by를 대체로 생략한다.

You're doing it **(in) the wrong way**. 너는 잘못하고 있다.

Come **this way**. 이쪽으로 와.

Do it **(in) any way** you like. 하고 싶은 대로 해.

We went there **the usual way**. 우리는 여느 때처럼 그곳에 갔다.

2 관계사 구문

비격식체에서는 the way in/by which 대신 the way (that)를 쓴다.

I don't like **the way (that)** you talk to me. 나는 네 말투가 싫어.

Let's go **the way (that)** we went yesterday. 우리가 어제 갔던 길로 가자.

3 to부정사나 -ing형

'방법'이나 '방식'을 의미하는 way 뒤에 to부정사나 of -ing형을 쓸 수 있으며 의미의 차이는 없다.

There's no **way to prove/of proving** that he was stealing.
그가 훔치고 있었다는 것을 입증할 방법이 없다.

4 way of, means of

way of는 생활방식을 의미하는 관용표현 'way of life' 이외에는 명사 앞에 쓰지 않는다. 명사 앞에는 means of나 method of를 쓴다.

The 19th century saw a revolution in **means of transport**.
19세기에 교통 수단의 혁명이 있었다. (NOT ... ~~ways of transport.~~)

They tried all possible **methods of instruction**, but the child learnt nothing.
그들은 가능한 모든 교수법을 시도했지만 그 아이는 아무것도 깨우치지 못했다.

5 in the way, on the way

이 두 표현은 서로 의미가 다르다. in the/my … way는 방해나 장애가 된다는 의미를 나타낸다.

> I can't get the car out because those boxes are **in the way**.
> 저 상자들이 길을 막고 있어서 나는 차를 뺄 수 없다.

> Please don't stand in the doorway – you're **in my way**.
> 현관문에 서 있지 마세요. 방해가 되거든요.

on the/my … way는 '여행이나 이동을 하는 도중에' 또는 '다가오는'을 의미한다.

> We'll have lunch **on our way**. 우리는 도중에 점심을 먹을 것이다.
> Spring is **on the way**. 봄이 다가오고 있다.

by the way는 ▸ 301.1 참조.

621 welcome

welcome to it에는 부정적인 의미로도 흔히 쓰인다.

> Aren't you worried that somebody will steal your car? ~ They're **welcome to it**. It's more trouble than it's worth.
> 누군가가 당신의 차를 훔쳐갈까 봐 걱정하고 있지 않으세요? ~ 얼마든지 그러세요. 필요 이상으로 골칫거리입니다.

비교)

> **Welcome to** London! 런던에 오신 것을 환영합니다!

> London – you're **welcome to it**! (= I hope you like it more than I do.)
> 런던 – 런던에 참 잘 오셨어요!

622 well

1 well, good

만족스러운 상태를 나타낸다는 점에서 의미는 유사하지만 well은 부사, good은 형용사로 쓰인다. 비교)

- The car runs **well**. 그 자동차는 잘 달린다. (부사로 runs를 수식) (NOT ~~The car runs good.~~)
  It's a **well**-made car. 그것은 잘 만든 자동차다. (부사로 made를 수식)
  It's a **good** car. 그것은 좋은 자동차다. (형용사로 car를 수식)
- He teaches very **well**. 그는 아주 잘 가르친다.
  I like that teacher. He's **good**. 나는 저 선생님이 좋다. 그는 훌륭하다. (NOT ~~He's well.~~)
- She speaks English **well**. 그녀는 영어를 잘 한다. (NOT ~~She speaks English good.~~)
  She speaks **good** English. 그녀는 훌륭한 영어를 구사한다.
  Her English is **good**. 그녀의 영어는 훌륭하다.

주의 ~~She speaks well English.~~는 틀린 문장이다. (동사와 목적어 사이에는 대체로 부사를 쓸 수 없다. ▸ 196.1 참조)

2 well - '건강한'(형용사)

형용사 well은 건강한 상태를 나타낸다.

> How are you? ~ Quite **well**, thanks. 어떻게 지내? ~ 아주 좋아, 고마워.
> I don't feel very **well**. 나 몸 상태가 별로야.

[주의] 형용사 용법의 well은 건강에 대해 언급할 때만 쓴다. 비교)

> When I'm in the mountains I am always **well**. 나는 산에 있을 때는 언제나 건강하다.
> When I'm with you I'm **happy**.
> 너와 함께 있을 때면 나는 행복하다. (NOT ~~When I'm with you I'm well.~~)

well은 대체로 명사 앞에 쓰지 않는다. She's well.이라고 할 수 있지만, She's a well girl.이라고는 하지 않는다.

3 I'm good.

I'm good은 최근에 비격식체로 특히 제안을 거절할 때 '괜찮아요'라는 의미로 쓰인다.

> More coffee? ~ No, **I'm good**, thanks. 커피 더 드릴까요? ~ 아니요, 괜찮아요, 감사합니다.
> Want help? ~ It's OK - **I'm good**. 도와 드릴까요? ~ 됐어요, 괜찮아요.

ill과 sick의 차이는 ▸494 참조.   담화 표지어 well은 ▸301.3 참조.

west, western 등은 ▸442 참조.

what if는 ▸599 참조.

what ... like, how는 ▸493 참조.

의문사 **what, which, who**는 ▸625 참조.

623 when, if

화자가 미래에 어떤 일이 발생할 것으로 확신할 때는 when, 발생 여부를 확신하지 못할 때는 if를 쓴다. 비교)

> I'll see you at Christmas **when** we're all at Sophie's place.
> 크리스마스 때 우리 모두 소피 집에 모이니까 그때 보자. (샐리 집에서 모일 것이라고 확신)
> I'll see you in August **if** I come to New York.
> 뉴욕에 가게 되면 8월에 보자. (뉴욕에 갈지 불확실)

계속 반복되며 예측할 수 있는 상황이나 사건을 언급할 때는 'whenever(~할 때마다)'의 의미로 when과 if를 모두 쓸 수 있으며 의미의 차이는 없다.

> **When/If** you heat ice it turns to water. 얼음에 열을 가하면 물이 된다.
> **When/If** I'm in Liverpool I usually stay with my sister.
> 리버풀에 가면 나는 대체로 언니와 함께 지낸다.

624 where (to)

where로 시작되는 의문문에서 where 뒤에 to를 흔히 생략한다.

> **Where** are you going (**to**)? 어디로 가니?
>
> **Where** does this road lead (**to**)? 이 길은 어디로 통하죠?

단축형 의문문에서는 대체로 to를 생략하지 않는다.

> Could you send this off for me? ~ **Where to?** 제 대신 이걸 발송해 주시겠어요? ~ 어디로요?

where의 관계사절 용법은 ▶ 233.1 참조.

625 which, what, who: 의문사

1 which와 what의 차이

which와 what은 의미의 차이 없이 쓰인다.

> **Which/What** is the hottest city in the world? 세계에서 가장 더운 도시는 어디인가?
>
> **Which/What** train did you come on? 어느 기차를 타고 왔어?
>
> **Which/What** people have influenced you most in your life?
> 당신의 인생에 가장 큰 영향을 미친 사람들은 누구입니까?

선택의 범위나 종류가 한정되어 있을 때는 통상 which를 쓴다.

> We've got white or brown bread. **Which** will you have?
> 흰빵과 호밀빵이 있는데요. 어떤 걸로 하시겠어요? (... What will you have?보다 자연스러움)
>
> **Which** size do you want – small, medium or large?
> 어떤 사이즈를 원하세요? 스몰, 미디엄, 라지 중에서요.

선택의 폭에 제한이 없을 경우에는 대체로 what을 쓴다.

> **What** language do they speak in Greenland?
> 그린란드에서는 어떤 언어를 사용하나요? (Which language ...보다 자연스러움)
>
> **What**'s your phone number? 전화번호가 어떻게 돼? (NOT ~~Which is your phone number?~~)

2 한정사: which, what

의문문에서 which와 what은 명사를 앞에서 수식하여 어느/어떤 사람/사물인지를 묻는 데 쓰인다.

> **Which** teacher do you like best? 어느 선생님을 제일 좋아하니?
>
> **Which** colour do you want – green, red, yellow or brown?
> 어떤 색깔을 원하세요? 녹색, 빨간색, 노란색 아니면 갈색?
>
> **What** writers do you like? 좋아하는 작가는?
>
> **What** colour are your baby's eyes? 아기 눈이 무슨 색이야?

3 which of

the, my, these 등의 한정사나 대명사 앞에는 which of를 쓴다. 현대 영어에서는 who나 what 에 of를 붙여 쓰는 경우가 드물다.

Which of your teachers do you like best?
너희 선생님들 중 어느 선생님을 제일 좋아해? (NOT ~~Who/What of your teachers~~ …)
Which of us is going to do the cooking? 우리 중에서 누가 요리할 거야? (NOT ~~Who of us~~ …?)
Which of these coats is yours? 이 코트들 중 당신 코트는 어느 것이죠? (NOT ~~What of these~~ …?)

4 명사 없이 쓰는 경우: 사람을 지칭하는 who

사람을 지칭할 때 명사나 대명사를 동반하지 않을 경우 who를 쓴다.
Who won – Smith or Fitzgibbon? 누가 이겼어? 스미스 아니면 피치본? (NOT ~~Which won~~ …?)
Who are you going out with – Lesley or Maria? 누구랑 사귈 거야? 레슬리야, 마리아야?

그러나 여러 사람들 중 누구인지 물을 때는 which를 쓸 수 있으며 직업이나 역할에 대해 물을
경우는 what도 쓸 수 있다.
Which is your husband? ~ The one in jeans. 누가 당신 남편이죠? ~ 청바지를 입은 사람이요.
So Jessica's the Managing Director. **What**'s Daniel?
그럼 제시카가 상무이사군요. 다니엘은요?

관계사 who와 which(예: the man who …)는 ▶233 참조.
관계사 what(예: what I need is …)은 ▶236 참조.
who와 what 뒤에 쓰이는 동사의 단수형 및 복수형은 ▶130.5 참조.

626 who, whom

격식을 차리지 않은 현대 영어에서는 대체로 whom을 쓰지 않는다.

1 의문문: Who did they arrest?

의문문에서는 대체로 who를 목적격으로 쓴다.
Who did they arrest? 그들은 누구를 체포했어?

who 의문문에서 전치사는 대체로 문미에 위치한다(▶209 참조).
Who did she go **with**? 그녀는 누구와 함께 갔어?

매우 격식을 차린 표현에서는 whom을 쓰기도 한다.
Whom did they arrest? 그들은 누구를 체포했는가? (격식체)

whom을 쓸 경우 대체로 전치사가 문두로 나온다.
With whom did she go? 그녀는 누구와 함께 갔는가? (매우 격식을 차린 표현)

2 관계사절: the man (who) we met

제한적 용법의 관계사절(▶234 참조)의 경우, 비격식체에서는 대체로 whom을 쓰지 않는다. 목
적격 관계대명사를 아예 생략하거나 that 또는 who로 대체한다(자세한 내용은 ▶233-234 참
조).
There's the man **(that)/(who)** we met in the pub last night.
어젯밤 우리가 술집에서 만난 남자가 저기 있다.

격식체에서는 주로 whom을 쓴다.

She married a man **whom** she met at a conference. 그녀는 회의에서 만난 남자와 결혼했다.

계속적 용법의 관계사절(▶ 234 참조)에서는 필요할 경우 목적격 관계대명사로 whom을 쓴다. (그러나 비격식체에서는 whom을 쓰는 경우가 드물다.)

This is John Perkins, **whom** you met at the sales conference.
이쪽은 존 퍼킨스 씨입니다. 영업 회의에서 만나셨죠.

I have a number of American relatives, most of **whom** live in Texas.
나는 미국인 친척들이 많은데, 이들은 대부분 텍사스에 산다.

3 who(m) he thought 등

'He was trying to find an old school friend, who(m) he thought was living in New Zealand. (그는 옛날 동창 한 명을 찾으려고 했는데, 그는 그 친구가 뉴질랜드에 살고 있다고 생각했다.)' 이 문장에서 관계대명사가 바로 뒤에 나오는 동사 thought의 목적어처럼 보이기 때문에 whom이 맞는지, 아니면 두 번째 문장의 주어이기 때문에 who를 써야 하는지 혼동될 때가 많다. 문법적으로는 who가 더 정확하다는 것이 정설이지만 whom을 쓰기도 한다.

There is a child in this class **who(m)** I believe is a musical genius.
이 반에는 내가 음악 신동이라고 믿는 아이가 하나 있다.

뒤에 부정사가 나올 경우에는 who와 whom을 혼용하기도 하지만, whom이 더 정확한 어법이라는 것이 정설이다.

There is a child in the class **who(m)** I believe to be a musical genius.
이 반에는 내가 음악 신동이라고 믿는 아이가 하나 있다.

627 who ever, what ever 등

의문사 뒤에 ever를 써서 놀라움이나 이해할 수 없음, 충격 등의 감정을 나타낸다.

Who ever is that strange girl with George?
조지와 함께 있는 저 낯선 여자애는 도대체 누구야?

What ever are you doing? 도대체 뭐 하는 거야?

How ever did you manage to start the car? I couldn't.
도대체 어떻게 시동을 걸었어? 난 안 되던데.

When ever will I have time to do some shopping? 언제쯤이면 쇼핑할 시간이 생길까?

Why ever did I marry you? 도대체 내가 왜 당신하고 결혼했을까?

whoever, whatever처럼 한 단어로 붙여 쓰기도 한다.

주의 whose와 which는 ever와 함께 쓰지 않는다.

비격식체에서는 ever 대신 on earth, the hell(미국 영어에서는 in hell도 씀), the fuck(금기어 ▶ 335 참조)을 쓰기도 한다.

Who on earth is that strange girl? 저 낯선 여자애는 도대체 누구야?

Why the hell did I marry you? 도대체 내가 왜 당신하고 결혼했을까?

What the fuck is she talking about? 도대체 그녀는 뭔 얘기를 하는 거야?

whoever, whatever 등의 접속사는 ▶ 252 참조.

628 whose: 의문사

1 명사를 수식하거나 단독으로 쓰임

의문사 whose는 my, your 등과 같은 한정사처럼 명사를 수식할 수 있다.

Whose car is that outside? 밖에 있는 차 누구 거야?

Whose garden do you think looks the nicest? 누구의 정원이 가장 멋져 보여?

소유대명사(mine, yours 등)처럼 단독으로 쓰일 수도 있다.

Whose is that car outside? 밖에 있는 차 누구 거야?

Whose is this? ~ Mine. 이건 누구 거지? ~ 내 거야.

2 전치사

격식체에서는 전치사가 문두에 오며, 비격식체에서는 문미에 온다. 자세한 내용은 ▶ 209 참조.

For whose benefit were all these changes made?

이 모든 변화는 누구의 편의를 위한 것인가?

Whose side are you **on**? 너는 누구 편이야?

동사가 생략된 단축형 의문문에서는 전치사가 항상 문두에 위치한다.

I'm going to buy a car. ~ **With whose** money?

차를 한 대 살 거야. ~ 누구 돈으로? (NOT ~~Whose money with?~~)

관계대명사 whose는 ▶ 235 참조.

629 whose, who's

의문문과 관계사절에 쓰이는 whose는 'of whom/which'를 의미하는 소유격이며, who's는 who is나 who has의 축약형이다. 비교)

– **Whose** is that coat? 저 코트는 누구 거야? (NOT ~~Who's is that coat?~~)

It was a decision **whose** importance was not realised at the time.

그것은 당시에는 그 중요성을 깨닫지 못했던 결정이었다. (NOT ... ~~who's importance~~ ...)

– Do you know anybody **who's** going to Poland in the next few days?

며칠 뒤 폴란드에 가는 사람 있어? (NOT ... ~~anybody whose going~~ ...)

I've got a cousin **who's** never been to London.

나에게는 런던에 한 번도 못 가본 사촌이 하나 있다. (NOT ... ~~whose never been~~ ...)

이와 유사한 its와 it's의 차이는 ▶ 501 참조.

630 why, why not

1 반문

부정문에 대한 단답식 반문에는 Why? 대신 Why not?을 주로 쓴다. 비교)

They've decided to move to Devon. ~ **Why**? 그들은 데본으로 이사하기로 결정했어. ~ 왜?

I can't manage tomorrow evening. ~ **Why not?**
내일 저녁은 시간이 안 될 것 같아. ~ 왜? (Why?보다 자연스러움)

제안에 대한 동의를 표시할 때도 Why not?을 쓸 수 있다.

Let's eat out this evening. ~ Yes, **why not?**　오늘 저녁 외식하자. ~ 그래, 좋아.

2　Why should …?

why 뒤에 should를 쓰면 놀라움을 나타낸다.

I wonder **why** she **should** want to go out with me.
나는 그녀가 왜 나랑 사귀려고 하는지 모르겠다.

분노나 거절을 나타낼 수도 있다.

I don't see **why** we **should** have to pay for your mistake.
네 실수에 대한 대가를 왜 우리가 치러야 하는지 모르겠다.

Give me a cigarette. ~ **Why should** I?　담배 한 개비 줘. ~ 내가 왜?

이와 유사한 how 구문은 ▶ 303.2 참조.

3　부정사 구문

why 뒤에 동사원형을 써서 불필요하거나 소용없는 행위라는 의미를 나타낸다.

Why argue with him? He'll never change his mind.
뭐하러 그와 말다툼을 해? 그는 절대 생각을 안 바꿀 거야.
(NOT ~~Why arguing …?~~ OR ~~Why to argue …?~~)

Why pay more at other shops? We have the best value.
왜 다른 가게에서 돈을 더 내십니까? 저희는 최저가에 드립니다.

〈**why not + 동사원형**〉 구문은 제안을 나타낸다.

Sandy's in a bad mood. ~ **Why not give** her some flowers?
샌디가 기분이 안 좋아. ~ 꽃을 사주는 게 어때?

Why don't …?도 제안에 쓸 수 있는 표현이다.

Why don't you give her some flowers?　그녀에게 꽃을 사주는 게 어때?
Why don't we go and see Julie?　줄리를 보러 가는 게 어때?

wide, broad는 ▶ 412 참조.

631　will, want

의향을 나타낼 때 will과 want를 모두 쓸 수 있지만, 의미상 약간의 차이가 있다. will은 명령이나 요청, 제의, 다짐 등 상대방에게 영향을 미치는 의사를 표현할 때 주로 쓰인다. 반면 want는 단순히 소망이나 의도를 나타낸다. will은 대체로 '행위', want는 '생각'을 나타낸다. 비교〉

- **Will** you open the window?　창문을 열어줄래요? (명령)

  Do you **want** to open the window?　창문을 열고 싶나요? (상대방의 의향에 대한 질문)

- She **won't** tell anybody. (= She refuses to …)　그녀는 누구에게도 말하지 않을 것이다. (거절)

She **doesn't want to tell anybody.** (= She prefers not to ...)
그녀는 누구에게도 말하고 싶어하지 않는다. (의향)

〔주의〕 will은 직접목적어를 바로 취할 수 없다.

Do you want / Would you like an aspirin?
아스피린을 드시겠어요? (NOT ~~Will you an aspirin?~~)

will과 be going to의 비교는 ▸ 39 참조.

win, beat은 ▸ 392 참조.

632 wish

1 wish + to부정사

〈**wish + to부정사**〉 구문은 소망이나 소원을 나타내며 상당히 격식을 차린 표현이다.
〔주의〕 진행형은 쓰지 않는다.

I **wish to see** the manager, please. 매니저를 만나고 싶습니다. (NOT ~~I'm wishing to see~~ ...)

If you **wish to reserve** a table, please telephone after five o'clock.
자리를 예약하시려면 5시 이후에 전화하세요.

〈**목적어 + to부정사**〉 구문도 쓸 수 있다.

We do not **wish our names to appear** in the report.
우리의 이름이 기사에 등장하지 않기를 바랍니다.

〈**wish + 직접목적어**〉 뒤에는 대체로 to부정사가 있어야 한다.

I **want / would like an appointment** with the manager.
매니저와 약속을 잡고 싶습니다. (NOT ~~I wish an appointment with the manager.~~)

2 I wish you ...

기원을 나타내는 wish는 직접목적어와 간접목적어를 수반한다.

I wish **you a Merry Christmas**. 즐거운 크리스마스 보내길.

We all wish **you a speedy recovery**. 저희 모두 조속한 쾌유를 빕니다.

Here's wishing **you all the best** in your new job. 새 직장에서 건승하시길 바랍니다.

3 wish + that절: '유감'의 의미

wish는 that절을 취할 수도 있는데, 비격식체에서는 that을 생략하기도 한다. 이 용법으로 쓰이
는 wish는 바라는 대로 되지 않은 상황, 사실이 아니거나 불가능한 상황에 대한 유감을 나타낸
다. 시제 용법은 if절의 경우와 유사하다(아래 참조).

I **wish** (that) I was better looking. 내가 더 잘생겼으면 좋겠어.

Don't you **wish** (that) you could fly? 날고 싶지 않아?

We all **wish** (that) the snow would stay forever. 우리 모두는 눈이 영원히 남아 있길 바라.

가능성이 있는 미래의 상황에 대한 바람이나 소망에는 〈**wish + that절**〉 구문을 쓰지 않으며, 대
신 hope를 쓴다(▸ 490 참조).

I **hope** you pass your exams.
시험에 합격하기 바라. (NOT ~~I wish you would pass your exams.~~)

I **hope** you feel better tomorrow.
내일은 몸이 나아지기 바라. (NOT ~~I wish you felt better tomorrow.~~)

4 wish + that절: 시제

wish 다음에 오는 that절에는 과거 시제로 현재나 미래를 나타낸다. It would be nice if ... (▶239 참조) 구문 뒤에 쓰이는 시제 용법과 거의 동일하다.

I wish I **spoke** Japanese. (= It would be nice if I spoke Japanese.)
일어를 할 줄 알면 좋겠다.

I wish I **had** a yacht. 요트가 있었으면 좋겠다.

I wish tomorrow **was** Sunday. 내일이 일요일이라면 좋겠다.

All the staff wish you **weren't** leaving so soon.
직원들 모두는 당신이 그렇게 빨리 떠나지 않으면 합니다.

Do you ever wish you **lived** somewhere else? 다른 곳에서 살았으면 하고 바란 적 있니?

특히 격식체에서는 이 구문에 was 대신 were를 쓴다.

I wish that I **were** better looking. 내가 더 잘생겼으면 좋겠다.

과거에 대한 유감이나 소망을 나타낼 때는 과거 완료 시제를 쓴다.

I wish you **hadn't said** that. (= It would be nice if you hadn't said that.)
네가 말하지 않았으면 좋았을 텐데.

Now she wishes she **had studied** harder. 더 열심히 공부할걸 하고 그녀는 이제야 후회한다.

격식을 차리지 않은 대화에서는 'I wish you'd have seen it.' 등의 표현도 종종 쓴다.

이와 유사한 if 구문은 ▶245 참조.

5 wish ... would

wish 뒤에 오는 that절에는 흔히 would를 쓴다. (if절에는 would를 쓰는 경우가 훨씬 드물다.)
wish ... would 구문은 어떤 일이 이루어지지 않는 것에 대한 유감이나 초조감을 나타낸다.

Everybody wishes you **would** go home. (= Why won't you go home?)
모든 사람들이 네가 집에 갔으면 해. (= 왜 집에 안 가는 거지?)

I wish you **would** stop smoking. (= Why won't you stop smoking?)
네가 담배를 끊었으면 해. (= 왜 담배를 안 끊는 거지?)

I wish Jack **would** call me. (But it looks as if he won't.)
잭한테 전화가 오면 좋을 텐데. (그러나 그는 전화가 오지 않을 것 같다.)

I wish it **would** stop raining. (= It will keep on raining!)
비가 그쳤으면 좋겠는데. (= 비가 계속 내릴 것이다!)

Don't you wish that this moment **would** last forever?
이 순간이 영원하길 바라지 않아?

wish ... wouldn't 구문은 지금 일어나고 있거나 앞으로 일어날 일에 대한 유감을 나타낸다.

I wish you **wouldn't** keep making that stupid noise. (= You will keep making ...)
그 짜증나는 소음 좀 멈춰주면 좋겠어.

wish ,,, would(n't) 구문은 상대에게 명령이나 비난주익 요청처럼 들릴 수도 있다. 비교)

– I wish you **wouldn't** drive so fast. 그렇게 빨리 운전하지 마.
(Please don't drive so fast.와 유사. 운전 중인 상대에게 하는 말)

I wish you **didn't** drive so fast. 너무 빨리 운전하지 말았으면 좋겠어.
(I'm sorry you drive so fast.와 유사. 평소의 운전 습관에 대한 언급)

– I wish you **wouldn't** work on Sundays. (= Why don't you stop?)
일요일에는 일하지 마. (= 일을 안 하는 게 어때?)

I wish you **didn't** work on Sundays. (= It's a pity.)
네가 일요일에는 일을 안 했으면 좋겠어. (= 일요일에도 일을 하다니 안됐다.)

이와 유사한 if only 구문은 ▸ 242 참조.
과거 시제로 현재나 미래를 나타내는 기타 용법은 ▸ 46 참조.

633 with

1 trembling with rage, blue with cold 등
감정이나 기분을 드러내는 양상을 표현하는 어구에 자주 쓰인다.

My father was trembling **with** rage. 아버지는 화가 나서 부들부들 떨고 있었다.
Annie was jumping up and down **with** excitement. 애니는 흥분해서 펄쩍펄쩍 뛰고 있었다.
When I found her she was blue **with** cold.
내가 그녀를 발견했을 때 그녀는 추위로 시퍼렇게 얼어 있었다.
white **with** fear/rage 공포에 떠는/분기충천한
green **with** envy 몹시 시샘하는
red **with** anger/embarrassment 화가 머리끝까지 난/창피해서 얼굴이 빨개진
shivering **with** cold 추위에 벌벌 떠는

2 angry with 등
주로 타인에 대해 느끼는 감정을 묘사하는 형용사 뒤에 쓰인다.

I'm cross **with** you. 나는 너에게 화가 나 있다.

furious **with** …에게 격노한	upset **with** …에게 화난
angry **with** …에게 화난	pleased **with** …에게 만족한

kind, nice, polite, rude, good 등 타인에 대한 태도를 묘사하는 단어 다음에는 대체로 with 대신 to를 쓴다.

She was very **nice to** me. 그녀는 나에게 매우 다정했다. (NOT ... ~~nice with me.~~)

3 with: '…에 맞서'
fight, struggle, quarrel, argue, play 등의 단어 뒤에 오면 'against(…에 맞서)'와 동일한 의미를 나타낸다.

Don't **fight with** him – he's bigger than you are. 그와 싸우지 마. 너보다 덩치가 크잖아.
Will you **play** chess **with** me? 나랑 체스 한 게임 할래?

4 부대상황 및 이유

함께 일어나는 상황(부대상황)이나 이유를 나타내는 구를 이끈다

The runners started the race **with a light following wind**.
주자들은 가벼운 순풍을 받으며 경주를 시작했다.

With all this work to do, I won't have time to go out.
할 일이 이렇게 많으니 외출할 시간이 없을 거야.

With friends like you, who needs enemies? 넌 친구가 아니라 원수야.

without도 이와 유사한 용법으로 쓰인다.

Without Emma and Jake, we're going to have trouble finishing the repairs.
엠마와 제이크가 없다면 수리를 마치기 힘들 거야.

5 소유

소유나 휴대, 부착된 것이나 딸린 것 등을 나타낸다.

There are so many people around **with no homes**. (= ... who have no homes.)
주위에 집 없는 사람들이 수두룩하다.

They've bought a house **with a big garden**. 그들은 넓은 정원이 딸린 집을 장만했다.

6 의복, 목소리, 운반 등과 관련된 경우

의복, 안경, 넥타이 등 착용 상태를 언급할 때는 with 대신 in을 쓴다.

Who's the man **in the funny hat**? 우스꽝스러운 모자를 쓴 남자는 누구야?

Could you go and give this paper to the woman **in glasses**?
안경 낀 여자에게 가서 이 서류를 주실래요?

목소리에는 with를 쓰지 않고 in a ... voice를 쓴다.

Why are you talking **in such a loud voice**? 왜 그렇게 소리는 지르는데?

[주의] 교통 수단은 by(예: **by** car, **by** train, NOT ~~with the car, with the train~~), 필기도구는 in
(예: write **in** pencil, write **in** ink)을 쓴다.

by와 with의 차이는 ▶ 416 참조.

with, by는 ▶ 416 참조.

634 worth

1 worth a lot 등

worth 뒤에는 가치와 관련된 표현이 온다.

That piano must be **worth a lot**. 저 피아노는 아주 비쌀 거야.

I don't think their pizzas are **worth the money**. 그 집 피자는 돈값을 못하는 것 같아.

Shall I talk to Rob? ~ It's not **worth the trouble**. 로브에게 얘기할까? ~ 그럴 필요 없어.

가치를 묻는 질문에는 의문사로 what이나 how much를 쓴다.

What/How much is that painting worth? 저 그림은 어느 정도의 가치가 있습니까?

2 a million dollars' worth of ...

worth 앞에 액수를 소유격으로 써서 값어치를 나타낸다.

> They've ordered **a million dollars' worth** of computer software.
> 그들은 백만 달러어치의 컴퓨터 소프트웨어를 주문했다.

3 It's worth talking to Joe; Joe's worth talking to

worth 뒤에 -ing형을 써서 행위의 가치를 나타낸다. 이 경우, -ing형이 이끄는 구를 주어로 쓸 수 없으며 대체로 가주어 it을 쓴다.

> **It's worth talking** to Joe. 조에게 말해야 한다. (NOT ~~Talking to Joe is worth.~~)
> **It isn't worth repairing** the car. 그 차는 수리할 만한 가치가 없다.
> **Is it worth visiting** Leicester? 레스터는 가볼 만해?

또한 -ing형의 목적어(Joe, the car, Leicester)가 문장의 주어가 될 수도 있다.

> **Joe's** worth talking to. 조에게 말해야 한다.
> **The car** isn't worth repairing. 그 차는 수리할 만한 가치가 없다.
> (NOT ~~The car isn't worth repairing it.~~ OR ~~The car isn't worth to be repaired.~~)
> Is **Leicester** worth visiting? 레스터는 가볼 만해?

동사의 목적어가 문장의 주어가 되는 구문(예: She's easy to amuse.)은 ▶ 101.4 참조.

4 It's worth it.

가치 유무를 나타낼 때는 'It's (not) worth it.'을 쓴다.

> If you pay a bit more you get a room to yourself: I think **it's worth it.**
> 돈을 조금만 더 내면 독방을 구할 수 있어. 그만한 가치가 있다고 생각해.
> Should we go and see the castle? ~ No, **it's not worth it.**
> 우리 성 구경하러 갈까? ~ 아니, 거기 볼 거 없어.

5 worthwhile

특히 '시간을 들일 만한 가치가 있다'는 의미로는 worth 대신 worthwhile (또는 worth while)을 쓴다.

> Is it **worthwhile** visiting Leicester? 레스터는 시간 들여서 가볼 만해?

worthwhile 뒤에는 to부정사를 쓸 수 있다.

> We thought it might be **worthwhile to compare** the two years' accounts.
> 우리는 2년 간의 회계를 비교할 필요가 있다고 생각했다.

[주의] 시간이나 노력을 들이는 주체를 표시할 때는 worth somebody's while을 쓴다.

> Would you like to do some gardening for me? I'll make it **worth your while**
> (= ... I'll pay you enough.) 저 대신 정원 좀 손질해 주시겠어요? 그만한 보상은 드리겠습니다.

6 well worth

worth를 강조하여 '~할 가치가 충분히 있다'는 의미로 well을 쓴다.

> Leicester's **well worth** visiting. 레스터는 정말 가볼 만하다. (NOT ... ~~very worth~~ ...)

635 yes, no

1 부정문에 대한 대답

질문의 긍정, 부정 여부에 상관없이 대답하는 내용이 긍정이면 yes, 부정이면 no로 대답한다.

Aren't you going out? ~ **No, I'm not.** 밖에 안 나가? ~ 응, 안 나가. (NOT ~~Yes, I'm not.~~)

I have no money. ~ **No, I haven't** either. 돈이 없어. ~ 나도 없어. (NOT ~~Yes, I haven't too.~~)

Haven't you got a raincoat? ~ **Yes, I have.** 우비 갖고 있지 않아? ~ 응, 있어. (NOT ~~no, I have.~~)

2 반박

부정문이나 부정적 의견에 대해 반박할 때는 주로 단축형 대답을 쓴다(▶308 참조).

The phone isn't working. ~ **(Yes,) it is.**

전화기가 작동이 안 돼. ~ (아냐,) 되잖아. (NOT ~~The phone isn't working. ~ Yes.~~)

긍정문에는 부정의 단축형 대답으로 반박한다.

It's raining. ~ **(No,) it isn't.** 비가 와. ~ (아니,) 안 오는데.

부정의문문의 자세한 내용은 ▶218 참조.
Do/Would you mind ...?에 대한 yes/no 대답은 ▶528 참조.

시간을 나타내는 **yet, still, already**는 ▶595 참조.

zero는 ▶537 참조.

색인

binoculars 단수형이 없는 복수 명사 117.7

bit 121.1; a bit 406; quite a bit 564.4

bitch (금기어/욕설) 335.4-5

black person 335.2

blame to blame 106.2

blast (금기어/욕설) 335.4-5

blessed 발음 191

blind the blind 188.1

bloody (욕설) 335.5; 위치 183.2

blue cold 등과 함께 쓰는 경우 213

boat by boat 142.1; on/in a boat 384.4

bollocks (금기어/욕설) 335.4-5

bored, boring 등 96.3

born, borne 407

borrow, lend 408

both 155; 뒤에 오는 관사의 생략 142 5; both와
all 146.1; both와 both of 155.2; both ... and
228.1

bread 불가산명사 119.3

break 능동 또는 수동의 의미 9.2

bride, bridegroom 328.4

briefly 284.1

bring, take 409; 두 개의 목적어와 함께 쓰는
bring 8.1

bring up, educate 410

Brit 321 유의사항 b

Britain, the United Kingdom, the British
Isles, England 411

British the British 188.2; the British Isles 411

British and American English 319

Briton 321 유의사항 b

broad, wide 412

broadly speaking 문어의 담화 표지어 284.2,
구어의 담화 표지어 301.2

buffalo 복수형 116.3

bugger (금기어/욕설) 335.4-5

bunch 121.4

burst out crying/laughing 100.1

bus by bus 142.1; on a bus 384.4

but (등위접속사) 226.3; but, although, though,
however 371; 함께 쓰지 않는 but과 although
229.5, but 뒤에 오는 단어의 생략 276; may/
might ... but 72.2; 약세형과 강세형 발음
315.3

but ('~을 제외하고') 413.1-3; + to부정사의 to
생략 91.4; but 뒤에 오는 me, him 등 174.2;
next but one, last but two 등 413.1

but ('오로지') 413.4

buy 두 개의 목적어와 함께 쓰는 buy 8.1

by (방법, 도구 등) by와 with 416; 수동태 58; by
Shakespeare, by Mozart 등 212; 과거분사
뒤에 오는 기타 전치사 96.9; by the kilo 등
142.17

by (장소) by와 near 415

by (시간) 414; by와 until 613.6

by all/any/no means 527.2

by car/bus 등 142.1

by far 최상급과 함께 쓰는 경우 207.3

by myself 등 178.7

by the time that 414.1

by the way 301.1

Bye, Bye-bye 329.2

cactus 복수형 117.4

calculations in speech 수식을 말하는 방식
322.21-22

calf 복수형 117.1

call 417; 수동태(예: she was called stupid) 65;
call back 390.5

camped 능동의 의미를 갖는 과거분사 96.4

can, could
의지 79
지시와 요청 80
허락 81
능력 82-83
전형적인 양상 86
can't와 may/might not 71.4
can't와 mustn't 69.2
can't have done 69.4
의문문에 쓰는 can have done 69.4
can see, hear 등 84; can speak, play 83.3
can/could always 83.4
can 또는 will be able 83.1
can의 의미를 정중하게 전달하는 could 82.5
완곡어법의 질문 등에 쓰는 could 311.4
간접화법에 쓰는 could 259.3
'would be able to'를 뜻하는 could 82.5
could (가능성) 71
could와 was able to 82.4; 특정 상황 83.2
could와 was allowed to 등 81.3-5
could have done 82.6
약세형과 강세형 발음 315 3

Canadian English 320.3

can't bear + -ing형 또는 to부정사 105.11

can't help 418

can't seem to 576.4

can't stand + -ing 100.1

capital letters 대문자 341; 콜론 뒤 294.4;
국적을 나타내는 형용사 (예: Italian) 321;

899

does 약세형과 강세형 발음315.3

dogged 발음 191

dollar 322.16

donate 간접목적어를 쓰지 않는 동사 8.6

don't, I'm, I've 등 (축약형) 337

don't be 부정 명령문에 쓰는 경우 224.4

don't mention it 329.19

double negatives 이중 부정 220; 방언에서 쓰는 경우 317.1

doubling consonants 자음 반복(예: big → bigger) 347

doubt (동사) 구문 436; 진행형을 쓰지 않는 동사 4.2

doubt (명사) no doubt 534; if in doubt 244.6

down, up (예: down/up the road) 614

dozen(s) 322.14

Dr 326.3

draughts 복수형이 없는 단수 명사 117.3

dream 전치사 213

dress (명사) 437.1

dress (동사) 437.2-3; 재귀대명사를 쓰지 않는 경우 178.10; dress(ed) 전치사 213

drinking 사교 언어 329.12

drive 전치사 213

dropping words 단어의 생략; ellipsis 참조

drown, be drowned 438

drunken 1.3

due to, owing to 439

duke, duchess 328.4

during, for 440; during과 in 441

Dutch the Dutch 188.2

dyke (모욕적인 말) 335.2

e- (접두사) 338.1

each 153; each of 153.2; each와 every 154; 전치사 없이 쓰는 표현 214.2; 위치 153.3

each other / one another 179; each other / one another와 -selves 179.4

eager + for … to 113.3

early 형용사와 부사 194.1; (부사) 비교급과 최상급 205; early, soon, quickly 591

earth who on earth 등 627

easily 최상급과 함께 쓰는 경우 207.3

east, eastern 등 442; 대문자를 쓰는 경우 442.3

Easter 전치사 386.4

easy 형용사와 부사 194.2; easy for … to 113.4; easy to please 등 101.4; 수식어구와 함께 쓰일 때의 어순 186.5

echo 복수형 116.3

echo questions 메아리 의문문 304

eco- (접두사) 338.1

economic, economical 443

-ed (접미사) 338.4; -ed와 -ing형(분사) SECTIONS 8-10; 발음 44.2; aged, naked 등의 발음 191

educate, bring up 410

-ee (접미사) 338.2

efficient, effective 444

e.g. (= for example) 336.5

either (부사) 위치 199; 부정문에 쓰는 either, also, as well, too 227.3; not … either, neither, nor 227-228; either … or 228.2

either (한정사) 156; either of 156.2; either와 either one 182.5; 'each'를 의미하는 경우 156.5

either … or 228.2

elder, eldest 445; 위치 183.2

elect she was elected President 등 65

electric, electrical 446

elf 복수형 117.1

ellipsis 생략 275-280; 형용사 뒤 278.1; and, but, or 뒤 276; as와 than 뒤 275.7; 조동사 뒤 279; 접속사 뒤 275.11; 한정사 뒤 278.2; if 뒤 244.6; 의문사 뒤 275.8; 문두에서 생략하는 경우 277; 부가의문문 앞 306.8; 광고, 사용 설명서 등 291; 이메일 등 290.2; 기사 헤드라인 292.1; to부정사(예: I don't want to) 280.1; 명사구 278; 대답 275.1; 관사의 생략 142; if의 생략 244.4; 전치사의 생략 214; that 앞의 전치사 생략 210.1; that의 생략 265; 목적격 관계대명사의 생략 234.4; 주격 관계대명사의 생략 237.19; 이해하기 어렵게 하는 생략 285.6-7

else 447; elsewhere 447.6; or else 447.5

emails 290; 단어의 생략 291

embedding 삽입(삽입절) 285.8

emphasis 분열문 273-274; 감정이나 대조적 의미의 강조 313.5

emphatic imperatives 명령의 강조 224.2

en- (접두사) 338.1

-en (접미사) 338.6

-ence, -ency (접미사) 338.2

encourage + 목적어 + to부정사 98

end, finish (동사) 448

end at/in the end 465; either end 156.5

endure + -ing 100.1

end-weight 중요한 정보는 문미에 위치 267.4

England (지역) England, Britain, the United Kingdom, the British Isles 411

England (영국 축구국가대표팀) + 단수형 또는 복수형 128.1

English (언어) 가산명사 120.4

English (국적) the English 188.2

English as a lingua franca 320.4

enjoy 449

enough 위치와 구문 450; time = enough time 등 450.6

enter 전치사 213; 전치사를 쓰지 않는 경우 214.1

entitled 구문 104.2

equipment 불가산명사 119.3

-er (접미사) 338.2

escape + -ing 100.1

escaped 능동의 의미를 갖는 과거분사 96.4

-ese (접미사) 338.3

Eskimo (모욕적인 말) 335.2

especial(ly), special(ly) 451

-ess (접미사) 338.2; actress 등과 같은 단어의 대안 328.4

essential + 가정법 232.2; + for … to 113.4

-ette (접미사) 338.2

Euro- (접두사) 338.1

even 452; even과 also 452.3; 위치 199; 비교급과 함께 쓰는 경우 207.1

even if/though 452.4

even now 452.5

even so 452.5

eventual(ly) 453

ever 454; 비교급과 최상급 뒤에 오는 경우 454.2; than ever 454.2; as ever 454.2; not ever와 never 454.1; ever와 always 454.5; ever와 before 454.4; if ever 244.6; 비긍정어 222; 위치 198.1; who ever 등 627; 현재 완료에 쓰는 경우 47.3; 단순 과거에 쓰는 경우 49.4; ever after 454.5; ever before 454.4; ever since 454.5

ever so/such 455

every 151; every와 all 152; every와 any 162; every와 each 154; every one (of) 151.2; every … but 413.1; every day와 all day 등 152.4; 전치사 없이 쓰는 표현 214.2

every few days 등 151.5

every now and then 151.8

every other 151.8

every single 151.8

every so often 151.8

everybody, everyone 180.1; 차이가 없음 180.1; + 동사의 단수형 180.3; everybody와 all 149; 형용사와 함께 쓸 때의 위치 186.6;

부가의문문 306.5; else와 함께 쓰는 경우 447.1

everyday, every day 151.7

everyone 180; + 동사의 단수형 180.3; everyone과 all 149; everyone과 everybody 180.1; everyone과 every one 180.7; 형용사와 함께 쓸 때의 위치 186.6; 부가의문문 306.5

everything 180; + 동사의 단수형 180.3; everyone과 all 149.1; everything that 233.4; 형용사와 함께 쓸 때의 위치 186.6; 부가의문문 306.5

everywhere 180; + 동사의 단수형 180.3; 형용사와 함께 쓸 때의 위치 186.6

ex- (접두사) 338.1

example + of 213; for example 문어의 담화 표지어 284.2, 구어의 담화 표지어 301.2

except 구문 456; + to부정사의 to 생략 456.5; except와 except for 456; except와 without 456.6; except 뒤에 오는 me, him 등 174.2

excited + by/about 96.9; excited와 exciting 등 96.3

exclamation mark 느낌표 293

exclamations 감탄문 223; 관사(What a …!) 223.2

excuse + -ing 100.1

Excuse me 329.6-7

expect (+ 목적어) + to부정사 97-98; expect, hope, wait, look forward 457; 부정문에 쓰는 경우 219.4; expect so/not 585

experience 가산명사 또는 불가산명사 119.6; experience와 experiment 458

experiment, experience 458

explain 구문 459; 수동태 구문 61; 전치사 213

extent to some extent 등 284.2

extra- (접두사) 338.1

face + -ing 100.1

facing, opposite, in front of 549

fact in fact 문어의 담화 표지어 284.3, 구어의 담화 표지어 301.3; as a matter of fact 구어의 담화 표지어 301.3; the fact that 264.3

faded 능동의 의미를 갖는 과거분사 96.4

fag, faggot (모욕적인 말) 335.2

fail + to부정사 97

fair 형용사와 부사 194.2

fairly, quite, rather, pretty 460

fall ill 394.8

fallen 능동태 과거분사 96.4

family + 단수형 또는 복수형 128.1

fancy + -ing 100.1

far (형용사) 461.4

mile 322.17

milli- (접두사) 338.1

million (a) million 322.10; million과 millions 322.14

mimicked 철자 347.8

mind (동사) 의미, 용법과 구문 528; Do/Would you mind …? 528

mind you 301.2

mine, yours 등 176; a friend of mine 등 177

mini- (접두사) 338.1

ministry + 동사의 단수형 또는 복수형 128.1

mis- (접두사) 338.1

misrelated participles 현수분사구문(예: Looking out of the window, the mountains …) 115.4

Miss 326.1 c, 326.2 b, 326.3

miss (동사) 의미와 구문 529

missing (형용사) 529.5

mistake + for … to 113.5

mistaken (very) much mistaken 96.8

modal auxiliary verbs 서법 조동사의 용법과 의미 SECTION 7; 간접화법에 쓰는 경우 263.3; 질문 등 완곡한 표현에 쓰는 경우 311.4

moment the moment (that) 495

Monday 등 전치사 없이 쓰는 경우 214.3

money 지폐, 동전, 액수 (영국 영어) 322.15; (미국 영어) 322.16; 동사의 단수형과 대명사 129.1

money 불가산명사 119.3

mono- (접두사) 338.1

monthly 형용사와 부사 194.1

more (한정사와 부사) 166; more of 166.1; more과 other 550.3; 비교급에 쓰는 경우 204-205; more and more 206.4; no more과 not any more 535; what is more 284.2

more or less 문어의 담화 표지어 284.3, 구어의 담화 표지어 301.3

more than one + 동사의 단수형 129.3

moreover 284.2

mosquito 복수형 116.3

most (한정사와 부사) 167; most of 167.1; 최상급에 쓰는 경우 204-205; most와 mostly 194.2; 'very'를 의미하는 경우 204.5; 부사로 쓰는 (the) most 167.4

mostly 194.2

mother-in-law 복수형 117.6

mouse 복수형 117.2

mouths 발음 118.4

move 능동 또는 수동의 의미 9.1

mph (= miles per hour) 322.19

Mr, Mrs, Ms 326.1 c, 326.3

much, many 165; as much/many … as 203.5; much/many of 165.2; how much/many 492.5; 과거분사와 함께 쓰는 much와 very 96.8; 부사로 쓰는 much 165.7; much else 447.1; much/many more 207.2; much too 610.3; 비교급과 최상급에 쓰는 much 207

multi- (접두사) 338.1

musical instruments 관사의 사용 142.10

must 확신 69; must have been/done 등 69.4; must not과 can't(영국 영어와 미국 영어) 69.8; 의무 73; must와 have (got) to 75; mustn't와 can't 73.3; mustn't, needn't, don't have to 73.4; must와 should(추론) 69.7; must와 should(의무) 73.8; 과거형 간접화법(추론) 69.6; 과거형 간접화법(의무) 73.7; 약세형과 강세형 발음 315.3

my, your 등 143; my/me smoking 94.3

myself, yourself 등 178

naked 발음 191

names 장소명과 그리스·로마 신화 등장인물의 영어식 표기 327

names, titles 이름과 호칭 (예: Peter, Mr Lewis) 326

nationalities 국적을 나타내는 명사와 형용사(예: Ireland, Irish, an Irishman/woman, the Irish) 321

nature the 없이 쓰는 경우 140.1

near (부사) 비교급과 최상급 205

near (전치사) near와 by 415; near to 531

nearest, next, the next 533

nearly 위치 198.3; nearly, almost, practically 366; never 등과 함께 쓰지 않는 경우 366.3

necessary should와 함께 쓰는 구문 264.6; + for … to 113.4; if necessary 244.6

need (명사) there와 함께 쓰는 구문 20.2; no need for … to 113.5

need (동사) 형태와 용법 532; + 목적어 + to부정사 98; needn't have와 didn't need to 532.6; 간접화법에 쓰는 경우 263.3; needn't, mustn't, don't have to 73.4; need never + to부정사 532.6; 진행형을 쓰지 않는 동사 4.2

negative structures 부정문 217-221

기본 규칙 217

to부정사와 -ing형의 부정문 217.3

부정의문문 218; 감탄문으로 쓰이는 부정의문문 223.4;

914

231.2

on earth who on earth 등 627

on foot 142.1

on holiday 488

on one's own 552.5

on the contrary 담화 표지어 301.2; on the contrary와 on the other hand 428.1

on the one hand 284.2

on the other hand 283.1; 문어의 담화 표지어 284.2, 구어의 담화 표지어 301.2; on the other hand와 however 288.5

on the way, in the way 620.5

on the whole 문어의 담화 표지어 284.2, 구어의 담화 표지어 301.2

on time, in time 608.3

on top of that 301.2

once (접속사) 543

once (부사) once와 one day 542; at once 542; 단순 과거나 과거 완료와 함께 쓰는 경우 54.1

one (숫자) 숫자와 함께 쓰는 one과 a 322.10; one과 a half 478.5; one과 first, two와 second 등 322.6; one Tuesday 등(전치사가 없는 경우) 214.2; one/two more 등 166.3; one of 544

one, you, they(부정 인칭대명사) 181; one's 143.2

one(s) 대체어 182

one another, each other 179; one another와 -selves 179.4

one day, once 542

oneself 178

only 용법과 위치 545; + 도치(주어 앞에 조동사) 270.7; + that을 쓰는 관계사절 233.4; if only 242; not only ... but also 228.4; only today 등 545.4; only too 610.8; the only ... ever 454.2; the only ... to 101.3

onto, on 496

open -self를 쓰지 않는 동사 178.10; 능동 또는 수동의 의미 9.1; open이 사용되지 않는 경우 546.2; open(형용사)과 opened 546

operate 전치사 213

opinion, point of view 557; opinion과 meaning 526.2; in my opinion 197; in my opinion과 according to me 356

opportunity, possibility 547

opposite (형용사) 위치 548; opposite와 contrary 428.2

opposite (명사) quite the opposite 문어의 담화 표지어 284.2, 구어의 담화 표지어 301.2

opposite (전치사) opposite, facing, in front of 549

or, nor 227.1; either ... or 228.2; or 뒤에 오는 단어의 생략 276; or를 쓰는 어구 뒤에 오는 동사의 단수형 또는 복수형 130.4; whether ... or 254; + to부정사의 to 생략 91.4

-or (접미사) 338.2

or else 447.5

or rather 566.4; or rather과 better 402.2; 담화 표지어 301.3

orchestra + 단수형 또는 복수형 128.1

order (동사) + 목적어 + to부정사 98; in order that 588

orders 명령문 224; 명령에 쓰이는 will 73.6; 예견형 명령 39.5; You are to ... 등 42.4

other(s), another 550; other과 different 550.2; other과 more 550.3

ought 형태 76.3; 가능성 70; 의무 76; ought와 should 70, 76; ought와 had better 77.1; ought to have ... 70, 76; 간접화법 263.3

ounce 322.17

our 143; 약세형과 강세형 발음 315.3

ours 176

ourselves 178

-ous (접미사) 338.4

out (of) 551

out- (접두사) 338.1

outskirts 단수형이 없는 복수 명사 117.7

outward(s) 619

over, above 354; over, across, through 357

over- (접두사) 338.1

owe 진행형을 쓰지 않는 동사 4.2; 가목적어 it을 쓰는 경우(예: we owe it to society to) 269.4; 두 개의 목적어를 취하는 동사 8.1

owing to, due to 439

own (한정사) my own 등 552

own 진행형을 쓰지 않는 동사 4.2

ox 복수형 117.2

page on page ... 212

pair 121.3

Paki (모욕적인 말) 335.2

pan- (접두사) 338.1

panicking 등 철자 347.8

pants 단수형이 없는 복수 명사 117.7

paper (불가산명사) paper와 a paper 119.4

paragraphs 단락 286

Pardon? 329.8; Pardon me? 329.8; I beg your pardon 329.7

parking 불가산명사 119.3

persuade + 목적어 + to부정사 98

phenomenon 복수형 117.4

-phile (접미사) 338.2

-phobe, -phobia (접미사) 338.2

phone 전치사 212

photo 복수형 116.3; take a photo 435.6

photo- (접두사) 338.1

phrasal verbs 구동사 12

physics 복수형이 없는 단수 명사 117.3

piano 복수형 116.3

picnickers 등 철자 347.8

picture in a picture 212

piece a piece of 121.1

piece-, group-words 개별/집합을 나타내는
표현 121

pint 영국 영어와 미국 영어 322.17

piss (금기어/욕설) 335.3–5

pity 가산명사 또는 불가산명사 119.6

place 전치사 없이 쓰는 표현 214.11; a place to
live 등 554; a place we can stay 등 237.7;
in the first/second 등 + place: 문어의 담화
표지어 284.1, 구어의 담화 표지어 301.1

place names 장소명과 관사 142.18; 영어식 표기
327

plan (명사) for... to 113.5

plane by plane 142.1; on/in a plane 384.4

play (명사) play와 game 555.1

play (동사) 목적어가 하나인 경우와 둘인 경우 8.7;
play와 act 555.2

please, thank you 556

please 진행형을 쓰지 않는 동사 4.2

pleased 전치사 213; + to부정사 101.1

plenty 172.3

plural 복수형; singular and plural 참조

pm (= in the afternoon/evening) 325.3

Poet Laureate 186.1

poetry 불가산명사 119.3

point at 또는 to 385.3

point 불가산명사로 쓰는 경우 120.2; there's no
point 등 20.2; at which point 237.6

point of view 전치사 212; point of view와
opinion 557

pointless for … to 113.4

police 단수형이 없는 복수 명사 117.7

policeman/woman 328.4

polish 능동 또는 수동의 의미 9.2

polite 전치사 213

politeness 정중한 표현 310–312; 요청할 때
쓰는 의문문 310; 현실과 거리를 두는 동사형

311; 유화적 표현 312; please와 thank you
556

politic, political 558

politics 단수형과 복수형이 같은 경우 117.3;
politics와 policy 559

poly- (접두사) 338.1

poor the poor 188.1

possess 진행형을 쓰지 않는 동사 4.2

possessive 's 소유격 's 123–124, 127; 형태
123; use 124; 분류의 표현 127; 관사의 생략
142.3; the poor 등과 함께 쓰지 않는 경우
188.1; 소유격 또는 전치사 구문 124.2

possessives 소유격; 한정사 역할을 하는
소유격(예: my, your) 143; 소유대명사(예:
mine, yours) 176–177; a friend of mine
등 177; my smoking 등 94.3; 명사 + 's
123–124; possessive 's 참조

possibility, opportunity 547

possible 명사 뒤에 위치 186.2

post 두 개의 목적어를 취하는 동사 8.1

post- (접두사) 338.1

postcards 엽서의 단어 생략 291.2

postman 335.1

postpone -ing 100.1

potato 복수형 116.3

pound (영국 화폐) 322.15

pound (무게 단위) 322.17

practically 위치 198.3; practically, almost,
nearly 366

practise -ing 100.1

pre- (접두사) 338.1

predicative position of adjectives 형용사의
서술적 용법 183.1

predictions 예측; will과 함께 쓰이는 경우
38.2–3

prefer 구문 560; + -ing형 또는 to부정사
105.9; + 목적어 + to부정사 98; prefer -ing to
-ing 104.2; 진행형을 쓰지 않는 동사 4.2

prefixes 338

premises 단수형이 없는 복수 명사 117.7

preparatory it 가주어 및 가목적어 it 268–269;
ing형과 함께 쓰는 경우 268.3; 수동태에 쓰는
경우(예: it was thought that, it was decided
to 등) 63; it … for … to 등 113.4–5

prepare to 97

prepositions 209–214; 특정 단어와 표현 뒤
213; 특정 단어와 표현 앞 212; 문미 209; 최상급
뒤(예: the happiest man in the world 등)
206.7; 장소 384; 방향 385; 시간 386; 전치사

없이 쓰는 표현 214.2; some 또는 관사가 없는 경우 139; some of whom 등 237.9; 약세형과 강세형 발음 315.3

some time, sometime, sometimes 590

somebody, someone 180; 차이가 없는 경우 180.1; 형용사와 함께 쓸 때의 위치 186.6; 부가의문문 306.5; else와 함께 쓰는 경우 447.1

someplace 180.6

something 180; 형용사와 함께 쓸 때의 위치 186.6; something else 447.1; + for … to 113.6; something that 233.4

sometime, once 542; sometime, sometimes, some time 590

sometimes 위치 200.2; 현재 완료와 함께 쓰는 경우 47.4

somewhere 180; 형용사와 함께 쓸 때의 위치 186.6; somewhere else 447.1; somewhere I can lie down 등 237.7

soon 비교급과 최상급 205; soon, early, quickly 591; no sooner, hardly, scarcely 480; as soon as 참조

soprano 복수형 116.3

sorry 전치사 213; + -ing형 또는 to부정사 105.14; that이 뒤에 오지 않는 sorry about 210.2; Sorry와 Excuse me 329.7; Sorry?(다시 한 번 말해 달라고 할 때) 329.8; should와 함께 쓰는 경우 232.5

sort of 592; 담화 표지어 592.3; sort of 뒤 관사의 생략 142.6; these sort of 592

sound 형용사와 부사 194.2; sound와 soundly 194.2

sound (동사) 593; 진행형을 쓰지 않는 동사 4.2

South African English 320.3

south, **southern** 등 442; 대문자를 쓰는 경우 442.3

spacecraft 단수형과 복수형이 같은 경우 117.3

spaghetti 불가산명사 119.5

Spanish the Spanish 188.2

speak to/with 318.9; speak to/with와 talk 594; so to speak 문어의 담화 표지어 284.3, 구어의 담화 표지어 301.3

speaking speaking of/about 301

special(ly), especial(ly) 451

species 단수형과 복수형이 같은 경우 117.3

spectacles 단수형이 없는 복수 명사 117.7

speech 억양; spoken English 참조

spelling 철자 337, 340–351; 축약형(예: I'm, won't) 337; 복수형 116; 3인칭 단수 현재 30; 단순 과거 44; 소유격 's 123.1; 형용사의

비교급과 최상급 204.1; 아포스트로피 340; 대문자 341; 하이픈 342; 숫자(예: forty-one) 322.9; -ise and -ize 343; -able and -ible 344; adverbs ending in -ly 345; -icly와 -ically 339.4; -e로 끝나는 경우 346; 마지막 자음의 반복 347; Y와 i 348; ch와 tch, k와 ck 349; ie와 ei 350; 철자와 발음(까다로운 철자) 351; 영국 영어와 미국 영어의 차이점 319.3; 국가를 지칭하는 형용사(Italian 등) 321; North(ern), South(ern) 등 442; Mr, Mrs, Ms 326.3; 명사 + 명사(예: bathroom, furniture shop) 125.8

spend + 목적어 + -ing형 100.2

spic (모욕적인 말) 335.2

spit 미국 영어의 형태 1.3

spite in spite of 498

split infinitive 분리 부정사 89.7

spoken/written English 구어체와 문어체; spoken 참조

English, written texts

spoken English 구어체 SECTION 27; 대표적인 구문 299; 반복을 피하는 경우 300; 구어의 담화 표지어 301; 평서의문문(예: That's the boss?) 302; 수사의문문(예: Who cares?) 303; 메아리 의문문(예: She's invited how many?) 304; 부가의문문 (개요) 305; 부가의문문(고급 용법) 306; 호응 의문문(예: Was it?) 307; 단축형 대답(예: Yes, he can) 308; so am I, neither do they 등 309; 의문문을 이용한 정중한 표현 310; 완곡어법의 동사형을 이용한 정중한 표현 311; 유화적 표현을 이용한 정중한 표현 312; 비격식체의 관계사 구문 237.17–19; if를 쓰는 비격식체 구문 245; 수식을 말하는 방식 322.21–22; 강세와 리듬 313; 억양 314; 약세형과 강세형 발음 315; 축약형 337

spokesman/woman/person 328.5

spring the를 붙이거나 붙이지 않는 경우 142.9

square foot, mile 등 322.18

staff 단수형이 없는 복수 명사 117.7

stain 능동 또는 수동의 의미 9

stand (can't) stand -ing 100.1; stood 참조

standard English, dialects 표준 영어와 방언 316;

start + -ing형 또는 to부정사 105.10; 능동 또는 수동의 의미 9.1; start와 begin 398; to start with 301.1

state verbs 4.1

statistics 단수형과 복수형이 같은 경우 117.3

stay 394.10; stay and 99.2

there's + 복수 명사 130.6

therefore 접속사가 아닌 부사인 경우 283.1;
구두점 283.1; 담화 표지어 284.2

thermo- (접두사) 338.1

these 144; these kind of 등 592.2

they 173-174; 'he or she'의 의미 175; they,
one, you (부정대명사) 181

thicken 394.9

thief 복수형 117.1

thine 318.10

thing for one thing 301.1; another thing is
301.2

think 의미와 구문 606; think so/not 585; don't
think so / think not 219.3; I think 담화
표지어 301.3; 전치사 213; 진행형을 쓰거나
쓰지 않는 용법 4.3; he is thought to be 64.2;
it was thought that 63; there are thought
to be 64.4

thirsty be thirsty 25.1

this, that 144-145; 전화 통화 331.1; this
Sunday 등(전치사가 없는 경우) 214.2; this
one 182.5; this is the first/last 등: 시제 56;
this is where 274.5; this/that과 it(방금 전에
언급한 내용) 145; 현재 완료나 과거와 함께 쓰는
this week 등 49.3; 현재 완료 진행과 함께 쓰는
this week 등 50.5

those 144; those kind of 등 592.2; those
questioned/selected 등 96.6; that 참조

thou 318.10

though, although, but, however 371; even
though 452.4; though intelligent 등 275.11;
'however'를 의미하는 though 371.4; tired
though she was 등 255; as though 참조

thought 가산명사 또는 불가산명사 119.6; 전치사
213; the thought of -ing 103.1

thousand, a thousand 322.10; thousand(s)
322.14

through, along 368; through, across, over
357; 시간에 쓰는 through 607

throw at/to 385.3; 수동태에 쓰는 경우 62.2; 두
개의 목적어를 취하는 동사 8.1

thunder 불가산명사 119.3

thy 318.10

tight 형용사와 부사 194.2

till 613

time (가산명사 또는 불가산명사) 의미와 구문
608; any time you're in town 등 237.7; by
the time that 414.1; in a month's time 등
386.6; time to 502.1; time for … to 113.5;

it's time you went 등 502.2; on/in time
212; What time …? 386.7; some time,
sometime, sometimes 590; 시간 말하기 325

time, tense 시간과 시제 2.2

tired of -ing 103.1

titles, names 호칭과 이름(예: Mr Lewis, Peter)
326; Ms 326.3

tits (금기어/욕설) 335.1-2, 335.5

to (부정사 표지어) 89.6; to부정사 대신 to만 쓰는
경우 280.1; 약세형과 강세형 발음 315.3

to (전치사) to와 at/in 385; to와 until/till 613.2;
where 뒤에서의 생략 624; to -ing 104.2;
to bed/school/hospital 등 142.1; 약세형과
강세형 발음 315.3

to blame 106.2

to hear her talk, you'd think, to see them,
you'd think 등 114.2

to some/a great extent 284.2

to start with 담화 표지어 301.1

to sum up 284.1

to tell the truth 301.3

today 현재 완료나 과거와 함께 쓰는 경우 49.3

tomato 복수형 116.3

tonight 609

too (부사) too, also, as well 369; 부정문에 쓰는
경우 227.2; 위치 369.1; me too 369.3

too (한정사) 구문과 의미 610; too와 very 610.1;
too와 too much 610.2; much too, far too 등
610.3; 형용사와 함께 쓸 때의 특별한 어순 187

too much/many 611; too much와 too 610.2

tooth 복수형 117.2

toothache 가산명사 또는 불가산명사 119.7

tornado 복수형 116.3

toward(s) 619.3

town 관사 없이 쓰는 표현 142.1; town과 city
420; the town 141.4

traffic 불가산명사 119.3

train by train 142.1; on a train 384.4

trans- (접두사) 338.1

translate 전치사 213

travel (불가산명사) travel과 journey 119.3;
가산명사로 쓰는 경우 120.3; travel, journey,
trip, voyage 612

travelling 등 철자 347.6

tri- (접두사) 338.1

trip 전치사 213; Have you had / Did you have
a good trip? 329.9; trip, travel, journey,
voyage 612

troops 단수형이 없는 복수 명사 117.7

뒤에서 생략되는 경우 237.7; no matter when 253; when -ing 115.6; when, as, while 251; when else 447.1; when ever 627; when turning, when ready 등 251.5

whenever 252; whenever와 no matter when 253.2; whenever else 447.1

where + to부정사 262.2; somewhere, anywhere 뒤에서 생략되는 경우 237.7; 관계사 구문에 쓰는 경우(예: the place where 등) 233.9; no matter where 253.2; to의 생략 624; where else 447.1; where on earth, the hell, the fuck 등 627

where's + 복수 명사 130.6

whereas 284.2

wherever 252; wherever와 no matter where 253.2

whether + 미래를 나타내는 현재 시제 231.2; whether와 if 261; 간접의문문에 쓰는 경우 260.3; whether ... or 254

which (의문사) 625; which of 625.3; which one 182.5; no matter which 253 which를 주어로 하는 의문문 216.6; which, what, who 625; 간접의문문에서의 어순 263.7

which (관계대명사) (예: the car which …) 233-234; 문장 전체를 받는 경우(예: which surprised everybody) 233.8; 고급 용법 237; in which case 등 237.6; whichever와 no matter which 등 237.9; 집합명사와 쓰이는 which 또는 who(예: team. Family 등) 128.1

whichever 252; which와 no matter which 253.2

while, as, when 251; while asleep 등 275.11; while in Germany 등 251.5; 대조 284.2; while -ing 115.6

who (의문사) 625; who와 whom 626.1; 주어로 who를 쓰는 의문문 216.6; 약세형과 강세형 발음 315.3; with else 447.1

who (관계대명사) (예: the man who …) 233-234; 고급 용법 237; 집합명사와 쓰이는 who 또는 which(예: team. Family 등) 128.1; he/she who 174.9; I who, you who 등 237.13; no matter who 253; who와 whom 626.2; 'the person who'의 의미 237.21

who, which, what 625

who ever 627

who on earth, the hell, the fuck 등 627

whoever 252; whoever와 no matter who 253.2; whoever else 447.1

whole, all 150; the whole of 150.5; on the

whole 문어의 담화 표지어 284.2, 구어의 담화 표지어 301.2

whom (의문사) 626.1

whom (관계대명사) (예: the person whom …) 233-234; 고급 용법 237; some of whom 등 237.9; Who와 whom 626.2; who(m) he thought … 등 626.3

whore (금기어/욕설) 335.3-5

who's, whose 629

whose (소유를 나타내는 의문사) 628; 전치사의 위치 628.2; whose가 주어로 쓰인 의문문 216.6; whose와 who's 629

whose (관계대명사) (예: the person whose keys I found) 235; no matter whose 253; whose, of whom/which, that ... of 235.2; whose와 who's 629

why + to부정사의 to 생략 630.3; why와 why not 630; 관계사 구문에 쓰는 경우(예: the reason why) 233.9; why, what, how 492.4; else와 함께 쓰이는 경우 447.1

why ever 627

why on earth, the hell, the fuck 등 627

Why should she? 등 303.2

wicked 발음 191

wide 형용사와 부사 194.2; wide와 broad 412; wide와 large 404.4; wide와 widely 194.2

widen 394.9

widow, widower 328.4

wife 복수형 117.1

will 미래 조동사 38; will과 shall 38.1; 고급 용법 39; 강한 의무 73; 의지 79; 입장 표명 79.1; 거절 79.2; 약속과 협박 79.3; 지시와 요청 80; 전형적인 양상 86; 비난 86.3; if절에 쓰이는 경우 243; 약세형과 강세형 발음 315.3

willing for ... to 113.3

win, beat 392

wind, wound 1.2

winter the를 붙이거나 붙이지 않는 경우 142.9

wish (명사) should와 함께 쓰는 구문 264.6

wish (동사) 의미와 구문 632; + 목적어 + to부정사 98; 진행형을 쓰지 않는 동사 4.2; wish 뒤의 시제 632.4; wish … would 632.5; 두 개의 목적어를 취하는 동사 8.1

wishes 안부를 전하는 경우 329.13

with 의미와 용법 633; with와 by(도구, 방법 등) 416

with reference to 284.1

without + -ing 115.6; without과 except 456.6; without과 instead of 500.2